U0915752

厦門大學

2024

Xiamen University Almanac

厦门大学年鉴编辑委员会　编

厦门大学出版社
XIAMEN UNIVERSITY PRESS
国家一级出版社
全国百佳图书出版单位

图书在版编目（CIP）数据

厦门大学年鉴. 2024 / 厦门大学年鉴编辑委员会编. 厦门 ：厦门大学出版社，2024. 12. -- ISBN 978-7-5615-9649-4

Ⅰ. G649.285.73-54

中国国家版本馆 CIP 数据核字第 2024UL5423 号

责任编辑 李峰伟 王洪春
美术编辑 李夏凌
技术编辑 许克华

出版发行 厦门大学出版社
社　　址 厦门市软件园二期望海路 39 号
邮政编码 361008
总　　机 0592-2181111 0592-2181406(传真)
营销中心 0592-2184458 0592-2181365
网　　址 http://www.xmupress.com
邮　　箱 xmup@xmupress.com
印　　刷 厦门集大印刷有限公司

开本 889 mm×1 194 mm 1/16
印张 37.75
插页 14
字数 1 630 千字
版次 2024 年 12 月第 1 版
印次 2024 年 12 月第 1 次印刷
定价 198.00 元

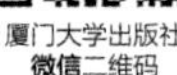
厦门大学出版社
微信二维码

厦门大学出版社
微博二维码

3 月 15 日，厦门大学传达学习 2023 年全国两会精神大会在科学艺术中心召开。

4 月 13 日，厦门大学学习贯彻习近平新时代中国特色社会主义思想主题教育动员大会在科学艺术中心召开。

9 月 1 日，中国共产党厦门大学第十二次党员代表大会在科学艺术中心开幕。

4 月 6 日，厦门大学建校 102 周年发展大会在建南大会堂召开。

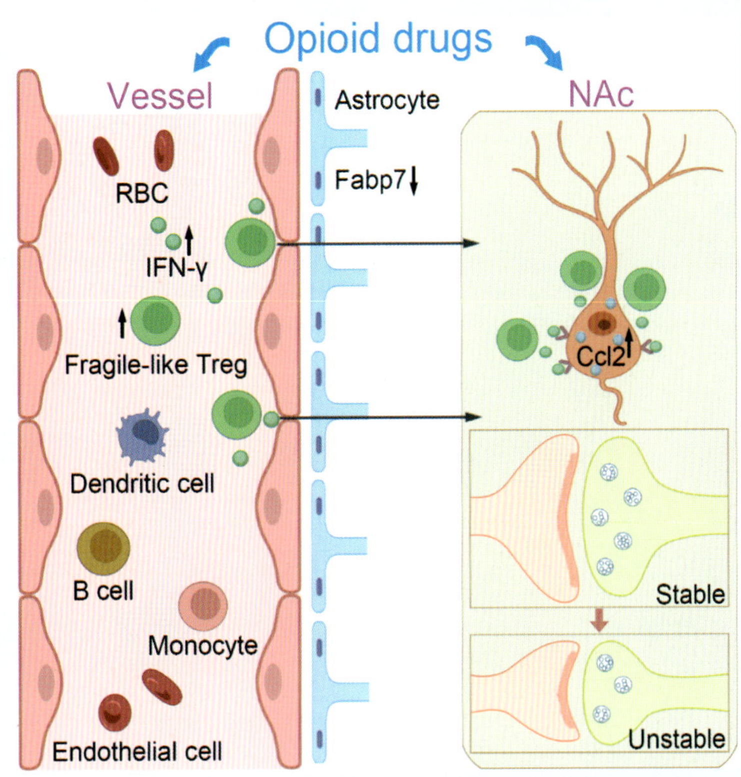

1 月 19 日，医学院王科嘉团队在 *Cell* 期刊发表题为“Opioid-induced Fragile-like Regulatory T Cells Contribute to Withdrawal”的研究成果，围绕外周免疫如何影响中枢神经活动这一关键问题，试图阐明外周免疫与成瘾行为之间的关联及其机制。

2 月 17 日，何梁何利基金 2021 和 2022 年度颁奖大会在北京举行。厦门大学化学化工学院郑南峰教授荣获2021年度何梁何利基金“科学与技术创新奖（青年创新奖）”。

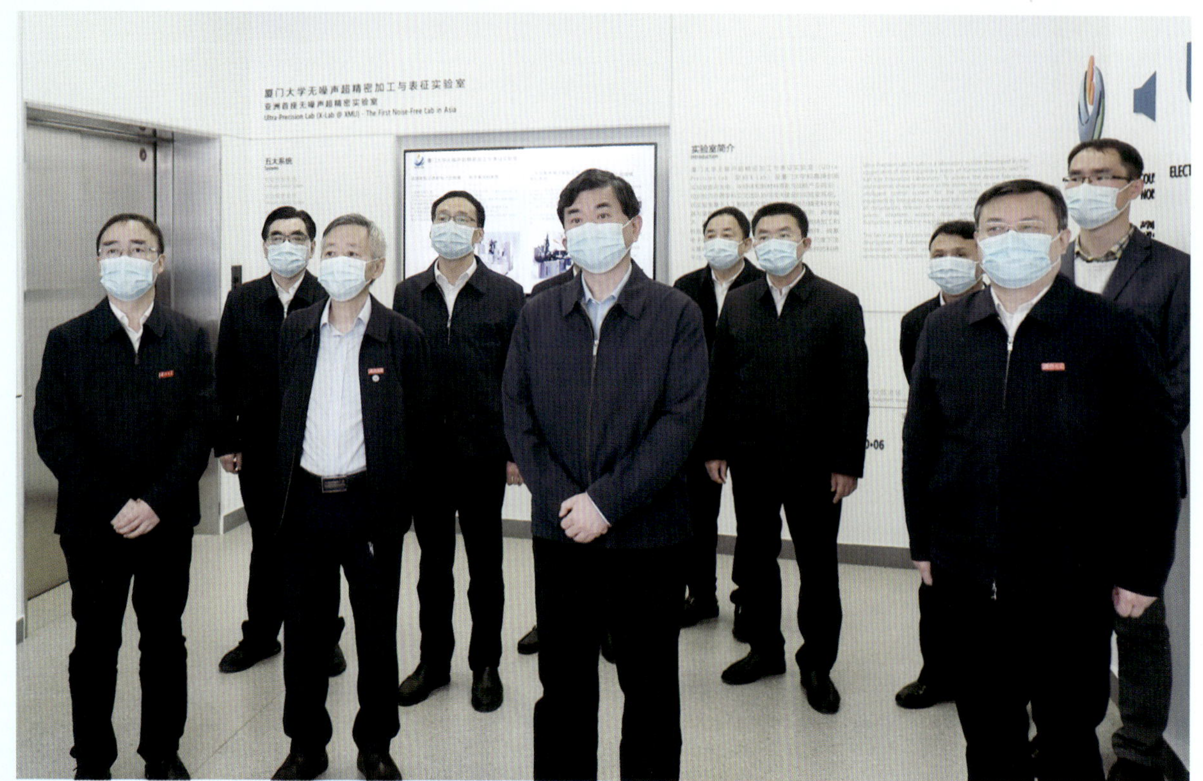

2 月 18 日，福建省委书记周祖翼调研厦门大学科技创新平台建设情况。

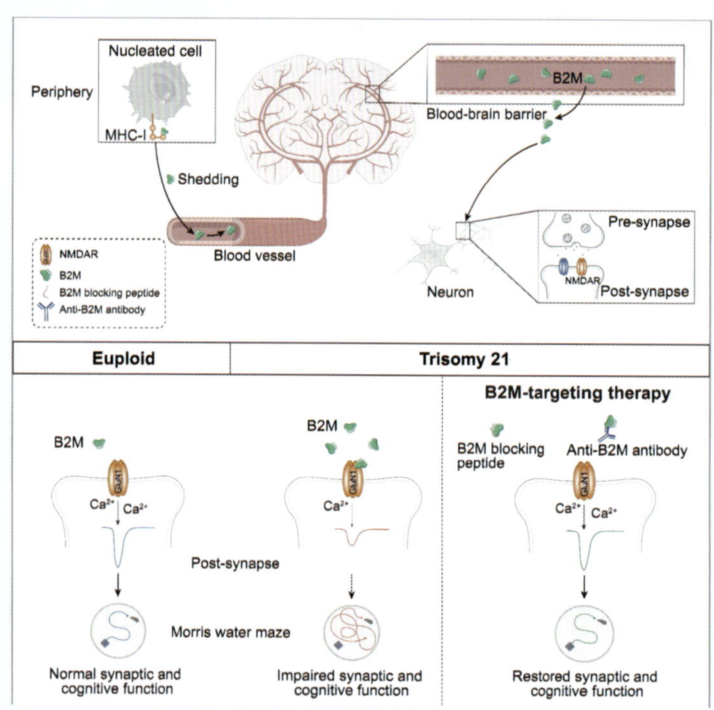

3 月 2 日，厦门大学医学院王鑫教授团队在 *Cell* 期刊发表题为“β2-microglobulin Functions as An Endogenous NMDAR Antagonist to Impair Synaptic Function”的研究成果，解析了唐氏综合征外周免疫与中枢神经系统病理的关联，为理解唐氏认知损伤的机制提供全新视角。

3 月 15 日，福建省高等教育研究院揭牌仪式在黄宜弘楼举行。

3 月 17 日，科技部高技术研究发展中心发布“2022 年度中国科学十大进展”。厦门大学化学化工学院、固体表面物理化学国家重点实验室谢素原院士团队和袁友珠教授团队研究成果“温和压力条件下实现乙二醇合成”入选。

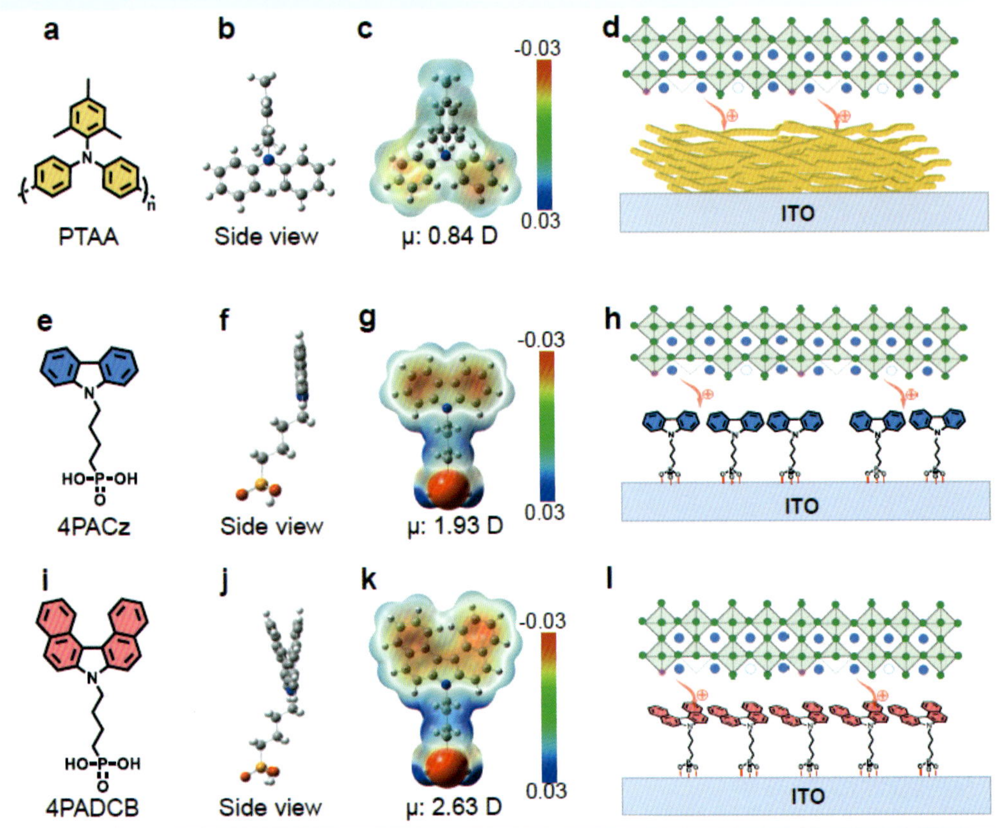

3 月 29 日，厦门大学柔性电子（未来技术）研究院唐卫华教授团队与四川大学、南京理工大学、德国波茨坦大学以及瑞士联邦材料科学与技术研究所（Empa）合作，在 *Nature* 期刊发表题为“All-perovskite Tandem 1 cm^2 Cells with Improved Interface Quality”的研究成果，报道了 1 cm^2 全钙钛矿叠层太阳电池的最新研究进展。

4 月 6 日，厦门大学思源餐厅落成暨启用。

4 月 8 日，由福建省委宣传部、福建省委教育工委、福建省教育厅指导，厦门大学联合厦门市集美区、同安区、翔安区和泉州市南安市共同打造的“行见八闽”福建省大思政课研学实践圈建设推进会在厦门大学翔安校区举行。

4 月 9 日，中国科学院院士、厦门大学化学化工学院教授孙世刚荣获第四届“杰出教学奖”，厦门大学 2012 级医学博士肖传兴荣获第四届“创新创业英才奖”。

5 月 4 日，厦门市与厦门大学市校合作联席会议在厦门海悦山庄召开，厦门市委书记崔永辉、市长黄文辉、市人大常委会主任杨国豪、市政协主席魏克良，厦门大学党委书记张荣、校长张宗益出席会议。

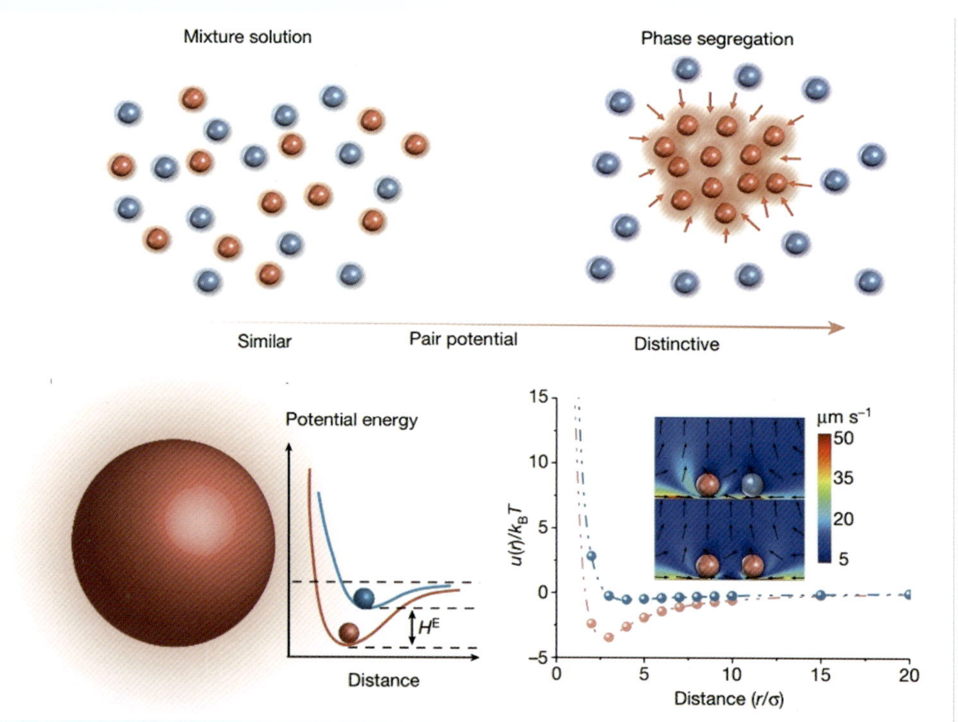

5 月 17 日，厦门大学化学化工学院侯旭团队副教授郑靖与合作者在 *Nature* 期刊发表题为“Photochromism from Wavelength-selective Colloidal Phase Segregation”的研究成果，报道了一种新型光致变色活性胶体材料的开发。

5 月 30 日，中国科学院院士、厦门大学化学化工学院教授赵玉芬团队牵头，联合中国科学院上海技术物理研究所、浙江工商大学、宁波大学承担的“蛋白与核酸共起源及密码子起源的分子进化研究”项目，跟随神舟十六号进驻空间站问天舱开展在轨实验。

6 月 1 日，厦门大学幼儿园建园 70 周年大会暨文艺汇演在建南大会堂举行。

6 月 6 日，厦门大学 － 山东大学战略合作签约仪式在山东大学举行。

6 月 27 日，厦门大学 2023 届毕业典礼暨学位授予仪式在建南大会堂举行。

6 月 30 日，厦门大学庆祝中国共产党成立 102 周年暨 2022—2023 年“两优一先”表彰会在科学艺术中心召开。

7 月 17 日，厦门大学生命科学学院邓贤明教授获第五届“科学探索奖”。

知识产权管理体系认证证书

证书号码：165IPG230005R0L

兹证明

厦门大学

注册地址：福建省厦门市思明南路 422 号

经营地址：福建省厦门市思明区思明南路 422 号
福建省厦门市翔安区新店镇翔安南路 4221 号
福建省漳州市漳州招商局经济技术开发区南滨大道 300 号

知识产权管理体系符合标准：

GB/T33251-2016

通过认证的范围如下：

哲学、经济学、法学、教育学、文学、历史学、管理学的教学、科学研究，理学、工学、医学的教学、科学研究、成果转化的知识产权管理

注：认证注册范围仅限国家法律法规允许的相关活动

初次发证日期：2023 年 07 月 24 日　　有效期至：2026 年 07 月 23 日

本证书持有者的管理体系持续符合上述标准的运行条件下，证书有效期为三年，证书有效性通过年度监督确认保持。证书有效信息可登陆国家认证认可监督委员会官方网站 www.cnca.gov.cn 或中知（北京）认证有限公司官方网站查询。

签发：

本次发证日期：2023 年 07 月 24 日

中知（北京）认证有限公司

地址：北京市海淀区花园路5号133幢3层302室（100088）

http://www.zzbjrz.com

7 月 24 日，厦门大学通过由国家知识产权局、教育部和中国标准化研究院联合编制的《高等学校知识产权管理规范》国家标准审核认证。

8 月 30 日，国家传染病诊断试剂与疫苗工程技术研究中心（厦门大学）教师团队入选第三批“全国高校黄大年式教师团队”。

8 月 31 日，新一轮本科教育教学审核评估动员会暨厦门大学 2023 年人才培养工作会在科学艺术中心召开。会上，校长张宗益为首届“厦门大学南强教学名师奖励计划”获奖教师和团队颁发荣誉证书。

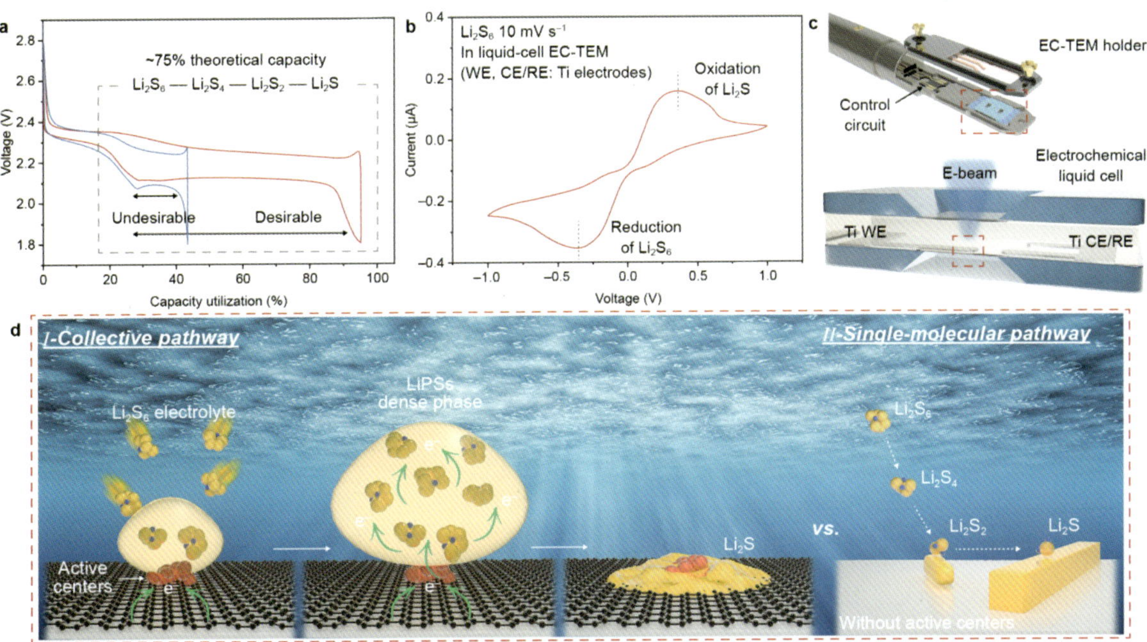

9 月 6 日，厦门大学化学化工学院廖洪钢教授、孙世刚院士团队，与北京化工大学陈建峰院士团队和美国阿贡国家实验室徐桂良、Khalil Amine 研究员团队合作，在 *Nature* 期刊发表题为“Visualizing Interfacial Collective Reaction Behaviour of Li-S Batteries”的研究成果，首次发现了锂硫电池电荷储存聚集反应新机制。

9 月 7 日，厦门大学 2023 级新生开学典礼在建南大会堂举行。

9 月 8 日，厦门大学 2023 年新教职工入职典礼在科学艺术中心举行。

9 月 16 日至 17 日，厦门大学新一届党委常委集体赴赣州、龙岩学习调研。

9 月 21 日，厦门大学国际关系学院／南洋研究院马来西亚工作站揭牌仪式在吉隆坡马来亚大学举行。

10月3日，厦门大学马来西亚分校共建协议签署十周年座谈会暨“一带一路”研讨会在科学艺术中心举行。

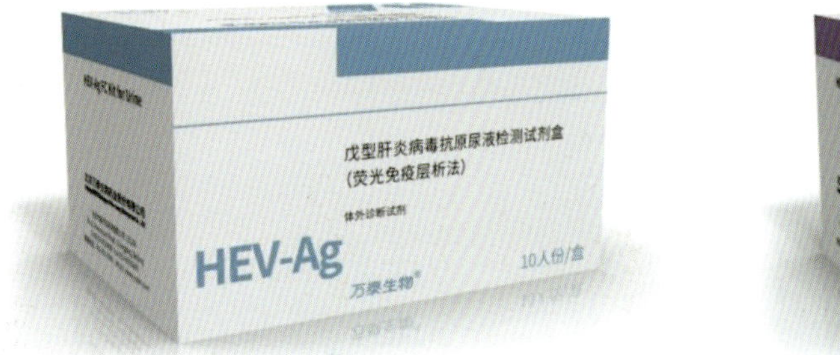

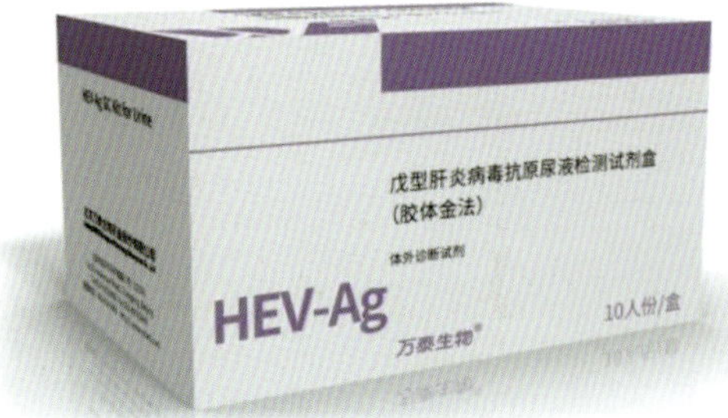

10月12日，由厦门大学、中国食品药品检定研究院和万泰生物联合研制的戊型肝炎病毒抗原尿液检测试剂盒（荧光免疫层析法、胶体金法）获国家药品监督管理局批准上市。

10 月 16 日至 20 日，校党委书记张荣率团赴港澳交流。

10 月 21 日，厦门大学嘉庚学院建校二十周年庆祝大会在漳州校区举行。

10 月 25 日，全国政协副主席梁振英率港区全国政协委员考察团来校调研。

10 月 26 日，澳门特别行政区行政长官贺一诚一行来校调研。

10 月 27 日，校长张宗益率团赴金门大学交流。

10 月 29 日，“2023 海上丝绸之路国际产学研用合作会议”开幕式在厦门国际会议中心酒店举行。

11 月 8 日至 11 日，第二届海洋负排放开放科学大会在厦门举办，会上举行了 ONCE 计划系列成果发布仪式。

11 月 16 日，厦门大学组织参与的“中国－金砖国家新时代科创孵化园”在厦门正式启动建设。

11 月 17 日，*Science* 期刊以封面论文形式刊发厦门大学马来西亚分校能源与化工学院温国绅副教授团队最新研究成果“Curbing Global Solid Waste Emissions toward Net-zero Warming Futures”，聚焦通过改善全球固体废物管理，探索减缓气候变暖的新途径。

11 月 22 日，厦门大学郑南峰教授（化学部）、张荣教授（信息技术科学部）当选中国科学院院士，夏宁邵教授（医药卫生学部）当选中国工程院院士。

11 月 28 日，厦门大学原创话剧《哥德巴赫猜想》亮相国家大剧院。

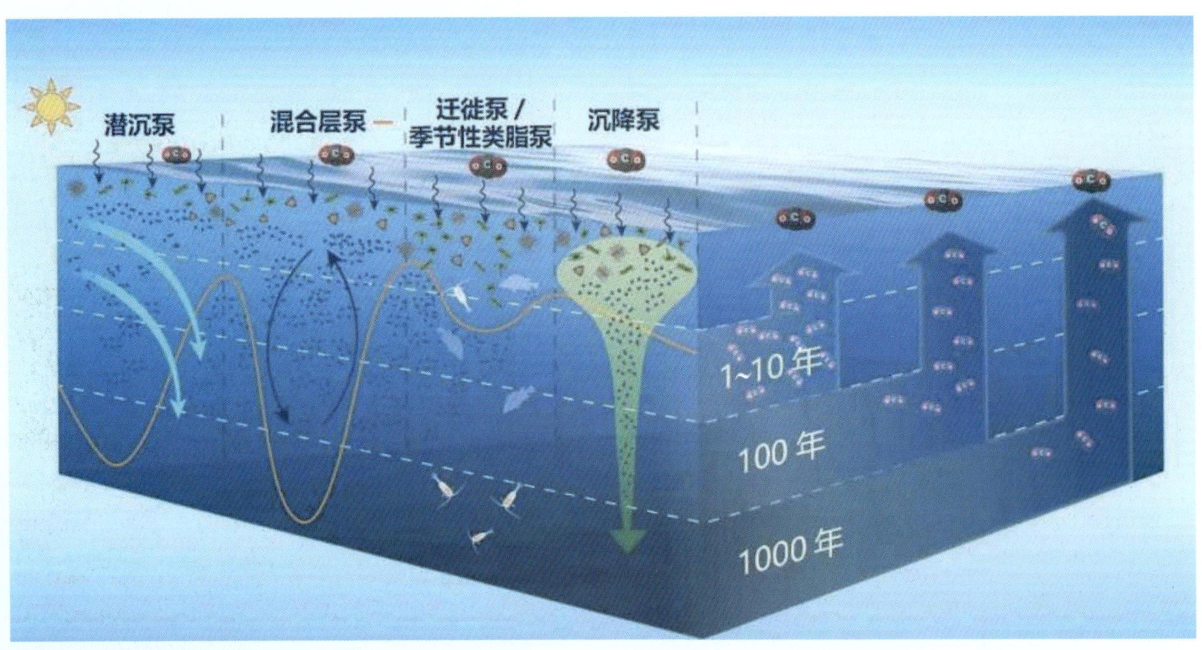

12 月 6 日，厦门大学海洋与地球学院、近海海洋环境科学国家重点实验室王为磊教授联合国内外研究人员在 *Nature* 期刊发表题为“Biological Carbon Pump Estimate Based on Multidecadal Hydrographic Data”的研究成果，报道了海洋生物碳泵领域的最新研究进展。

12 月 10 日，2023 高等教育国际论坛年会在厦门大学举办。

12 月 10 日至 16 日，校党委书记张荣率团访问东南亚。

12 月 19 日，中国科学院院士、厦门大学生命科学学院教授林圣彩荣获 2023 年度何梁何利基金“科学与技术进步奖”（生命科学奖）。

12 月 20 日，柬埔寨国王诺罗敦 · 西哈莫尼来访厦门大学。

12 月 22 日，厦门大学本科教育教学审核评估专家意见交流会在科学艺术中心召开。

12 月 27 日，厦门大学首届“十佳党建品牌”现场展评暨颁奖仪式在科学艺术中心举行。

《厦门大学年鉴 2024》编辑委员会

《厦门大学年鉴 2024》编辑部

编 纂 说 明

年鉴是全面记录一个单位事业发展情况的年度权威性资料工具书，具有资政、育人、存史、宣传的作用。《厦门大学年鉴》本着"对历史负责、供未来借鉴"的原则进行编纂，努力做到全面、系统、翔实地反映厦门大学改革发展事业的基本情况，特别是各领域的新进展、新成果。

《厦门大学年鉴 2024》收编事项起自 2023 年 1 月 1 日，讫于 2023 年 12 月 31 日，由图片，特载，专文，厦门大学概况，机构与干部，学院(直属系、直属中心)、研究院及国家级科研平台，党建与思想政治工作，教育教学与学科建设，科学研究与社会服务，管理与后勤保障，嘉庚学院，马来西亚分校，附属医院与附属学校，人物名录，学校文件，表彰与奖励，毕业生名单，2023 年大事记，附录，索引各部分组成。全书以条目为主。全书主体内容分类排列，采用"栏目—分目—条目"三级结构层次。

《厦门大学年鉴 2024》在编纂过程中得到了校内相关单位和部门及厦门大学出版社的大力支持，谨此一并致谢。

《厦门大学年鉴 2024》编辑部

2024 年 5 月

目　　录

·特　载· …………………………………………… (1)

贯彻落实两会精神 持续推动学校事业高质量发展 …………………………………… (1)

厦门大学召开学习贯彻习近平新时代中国特色社会主义思想主题教育总结大会 ……………… (1)

牢记嘱托　勇担使命
为与时俱进建设世界一流大学而团结奋斗
——中共厦门大学第十二次党员代表大会开幕 …… (3)

勇毅前行　奋进一流
——厦门大学召开建校102周年发展大会 ………… (5)

厦门大学本科教育教学审核评估专家意见交流会举行 …………………………………… (6)

重磅！厦门大学新增3位院士 ………………… (8)

牢记嘱托　勇担使命
为与时俱进建设世界一流大学而团结奋斗
——在中国共产党厦门大学第十二次党员代表大会上的报告 …………………………………………… (8)

厦门大学2023年工作计划要点 ………………… (19)

厦门大学2023年工作总结 ……………………… (22)

·专　文· …………………………………………… (25)

在厦门大学庆祝中国共产党成立102周年暨2022—2023年"两优一先"表彰会上的讲话 ……………………………………… 张　荣(25)

牢记殷殷嘱托　巩固拓展成果
奋力谱写新时代与时俱进建设世界一流大学的"厦大篇章"
——在厦门大学学习贯彻习近平新时代中国特色社会主义思想主题教育总结大会上的讲话 …… 张　荣(27)

一刻不停推进全面从严治党　锲而不舍狠抓作风建设
为与时俱进建设世界一流大学提供坚强保证
——在厦门大学2023年全面从严治党工作会议暨警示教育大会上的讲话 ………… 张　荣(31)

在校党委理论学习中心组与教育研究院党委专题联学上的讲话 ……………………… 张　荣(35)

与时俱进　争创一流
为推进中国式现代化贡献厦大力量
——在厦门大学建校102周年发展大会上的视频致辞 ……………………………… 张　荣(37)

在本科教育教学审核评估评建工作领导小组第一次会议上的讲话 ……… 张　荣(38)

强国有我，青春有为
——在厦门大学2023年赴西部、基层、国家重要行业就业毕业生出征仪式上的讲话 ………… 张　荣(39)

在厦门大学2023年新教职工入职典礼上的讲话 ……………………………………… 张　荣(41)

牢记嘱托　勇担使命
奋力答好"强国建设、厦大何为"时代课题
——在教育强国战略咨询会(粤港澳大湾区)上的发言 …………………………………… 张　荣(43)

打造中国高等教育东南中心　与时俱进建设世界一流大学 ………………………………… 张　荣(45)

秉持立校志向　奋楫逐梦一流
——在厦门大学建校102周年发展大会上的讲话 ……………………………………… 张宗益(48)

以数字经济高质量发展
赋能福建现代化经济体系建设
——在省委理论学习中心组上的发言 …… 张宗益(50)

聚焦急需　深化融合　厚植土壤
推动我校基础研究实现高质量发展
——在学习贯彻习近平新时代中国特色社会主义思想主题教育读书班第五次专题学习上的发言 … 张宗益(52)

在大模型时代主动进化　踏浪前行
——在厦门大学2023届毕业典礼上的讲话 ……………………………………… 张宗益(53)

拥抱大学　臻于至善
——在厦门大学2023级新生开学典礼上的讲话 ……………………………………… 张宗益(54)

构建"名城＋名校"命运共同体
携手奋进高质量发展之路
——在第四届中国城市与高校发展大会上的主旨报告 ………………………………… 张宗益(56)

打造融合式创新生态
推动构建中法非教育科研共同体
——在第五届中法非三方高等教育校长论坛上的发言 …………………………………… 张宗益(58)

数字化时代对高等教育人才培养的挑战
——在2023高等教育国际论坛年会上的报告 …………………………………… 张宗益(59)

向世界发出中国学者声音 ……………… 张宗益(60)

以教育评价改革为牵引
塑造学校高质量发展新动能新优势 … 张宗益(61)

·厦门大学概况· …………………………… (66)

学校简介 ………………………………………… (66)

2023 年学校基本数据 …… (67)

· 机构与干部 · …… (70)
中共厦门大学委员会 …… (70)
厦门大学行政领导 …… (70)
中共厦门大学纪律检查委员会 …… (70)
厦门大学校务委员会 …… (70)
厦门大学学术委员会 …… (70)
厦门大学学位评定委员会 …… (71)
厦门大学学部委员会 …… (71)
厦门大学工会委员会委员 …… (71)
民主党派、团体负责人 …… (71)
厦门大学党政部门主要负责人 …… (72)
厦门大学派出机构主要负责人 …… (73)
厦门大学直属单位主要负责人 …… (73)
厦门大学产业与后勤单位主要负责人 …… (74)
厦门大学群众团体主要负责人 …… (74)
厦门大学教学科研单位主要负责人 …… (75)
厦门大学嘉庚学院负责人 …… (77)
厦门大学附属机构负责人 …… (78)

· 学院(直属系、直属中心)、研究院及国家级科研平台 · …… (79)
中国语言文学系 …… (79)
历史与文化遗产学院 …… (84)
哲学系 …… (90)
新闻传播学院 …… (94)
外文学院 …… (98)
艺术学院 …… (101)
国际中文教育学院/海外教育学院 …… (104)
国际学院 …… (107)
创意与创新学院 …… (110)
电影学院 …… (112)
人文与艺术高等研究院 …… (120)
经济学院 …… (120)
王亚南经济研究院 …… (132)
邹至庄经济研究院 …… (134)
管理学院 …… (138)
财务管理与会计研究院 …… (145)
法学院 …… (147)
公共事务学院/公共政策研究院 …… (153)
马克思主义学院 …… (158)
国际关系学院/南洋研究院 …… (162)
教育研究院 …… (165)
台湾研究院 …… (170)
体育教学部 …… (172)
继续教育学院 …… (175)
社会与人类学院 …… (176)
一带一路研究院 …… (182)
数学科学学院 …… (184)
物理科学与技术学院 …… (187)
化学化工学院 …… (192)
信息学院(特色化示范性软件学院) …… (197)
材料学院 …… (201)
建筑与土木工程学院 …… (204)
能源学院 …… (208)
萨本栋微米纳米科学技术研究院 …… (211)
航空航天学院 …… (214)
电子科学与技术学院(国家示范性微电子学院) …… (217)
生命科学学院 …… (220)
公共卫生学院 …… (223)
药学院 …… (226)
医学院 …… (231)
海洋与地球学院 …… (236)
环境与生态学院 …… (241)
碳中和创新研究中心 …… (245)
两岸关系和平发展协同创新中心 …… (248)
国家集成电路产教融合创新平台 …… (249)
固体表面物理化学国家重点实验室 …… (250)
醇醚酯化工清洁生产国家工程实验室/高端电子化学品国家工程研究中心(重组) …… (251)
新能源汽车动力电源技术国家地方联合工程实验室 …… (252)
纳米材料制备技术国家地方联合工程研究中心 …… (252)
能源材料化学协同创新中心 …… (253)
细胞应激生物学国家重点实验室 …… (253)
分子疫苗学和分子诊断学国家重点实验室 …… (256)
国家传染病诊断试剂与疫苗工程技术研究中心 …… (257)
天然产物源靶向药物国家地方联合工程研究中心 …… (258)
近海海洋环境科学国家重点实验室 …… (259)
福建台湾海峡海洋生态系统国家野外科学观测研究站 …… (262)
嘉庚创新实验室 …… (263)
翔安创新实验室 …… (266)

· 党建与思想政治工作 · …… (267)
组织工作 …… (267)
宣传工作 …… (270)
统战工作 …… (272)

纪检监察工作 …… (276)
巡视工作 …… (278)
教师工作 …… (279)
学生工作 …… (281)
离退休工作 …… (285)
党委党校工作 …… (287)
机关党委工作 …… (287)
保卫与综治工作 …… (289)
工会工作 …… (292)
共青团工作 …… (295)
妇委会工作 …… (306)

·教育教学与学科建设· …… (308)
本科生教育 …… (308)
研究生教育 …… (327)
美育与通识教育 …… (332)
继续教育 …… (333)
海外教育 …… (334)

·科学研究与社会服务· …… (336)
自然科学与技术研究 …… (336)
人文社会科学研究 …… (342)
产业化与经营性资产管理 …… (357)
资产经营管理 …… (357)
国家大学科技园 …… (358)
产业技术研究院 …… (358)
主要教学科研服务机构 …… (359)
图书馆 …… (359)
档案馆/文博管理中心 …… (361)
现代教育技术与实践训练中心 …… (362)
信息与网络中心 …… (363)
实验动物中心 …… (364)
《厦门大学学报(自然科学版)》编辑部 …… (365)
《厦门大学学报(哲学社会科学版)》编辑部 …… (366)
厦门大学出版社 …… (367)
后勤集团 …… (370)
分析测试中心 …… (372)
国际学术交流中心 …… (373)
定点与挂钩帮扶工作 …… (374)
对口支援工作 …… (375)

·管理与后勤保障· …… (377)
人事管理 …… (377)
政策研究与发展规划 …… (379)
国内合作 …… (381)
财务工作 …… (384)
审计工作 …… (385)
外事工作 …… (385)
资产与后勤事务管理 …… (399)
招投标工作 …… (400)
实验室与设备管理 …… (401)
基建工作 …… (403)
医科管理 …… (403)
校友会与教育基金会工作 …… (404)
校友工作 …… (404)
教育基金会工作 …… (405)
校区管理 …… (406)
漳州校区 …… (406)
翔安校区 …… (407)

·嘉庚学院· …… (410)

·马来西亚分校· …… (412)

·附属医院与附属学校· …… (413)
附属医院 …… (413)
厦门大学附属翔安医院 …… (413)
厦门大学附属中山医院 …… (415)
厦门大学附属东南医院 …… (417)
厦门大学附属厦门眼科中心 …… (417)
厦门大学附属东方医院 …… (418)
厦门大学附属第一医院 …… (418)
厦门大学附属成功医院 …… (421)
厦门大学附属福州第二医院 …… (422)
厦门大学附属心血管病医院 …… (422)
厦门大学附属妇女儿童医院 …… (424)
厦门大学附属龙岩中医院 …… (426)
附属学校 …… (427)
厦门大学附属实验中学 …… (427)
厦门大学附属科技中学 …… (428)
厦门大学附属演武小学 …… (429)
厦门大学附属音乐学校 …… (430)
厦门大学附属实验小学 …… (431)
厦门大学附属第二中学 …… (431)

·人物名录· …… (433)
中国科学院院士 …… (433)
中国工程院院士 …… (433)
中国科学院外籍院士 …… (433)
发展中国家科学院院士 …… (433)
中国医学科学院学术咨询委员会学部委员 …… (433)
厦门大学陈嘉庚讲席教授 …… (433)

厦门大学“唐世凤”海洋学科讲席教授 ……… (433)
厦门大学“亿联”管理学科讲席教授 ……… (433)
厦门大学南强特聘教授 ……… (433)
厦门大学南强重点岗位教授 ……… (433)
在岗教授名录 ……… (433)
逝世人物名单 ……… (435)

· 学校文件 · ……… (436)
党委工作文件选目 ……… (436)
行政工作文件选目 ……… (445)

· 表彰与奖励 · ……… (455)
2023 年各项奖教金获奖名单 ……… (455)
2023 年学生表彰与奖励名单 ……… (458)
2022 年度厦门大学共青团工作先进集体、先进个人名单 ……… (504)

· 毕业生名单 · ……… (515)
毕业本科生名单 ……… (515)
2023 年毕业国内硕士 ……… (535)
2023 年毕业国内博士 ……… (545)
外籍毕业本科生名单 ……… (548)
外籍毕业研究生名单 ……… (549)
双学位毕业生名单 ……… (551)

· 2023 年大事记 · ……… (558)

· 附　录 · ……… (562)
校　历 ……… (562)
媒体消息索引 ……… (564)

· 索　引 · ……… (571)

·特 载·

贯彻落实两会精神 持续推动学校事业高质量发展

3月15日下午，学校召开传达学习2023年全国两会精神大会，传达学习习近平总书记在全国两会上的重要讲话精神和全国两会精神。全国人大代表、校党委书记张荣，全国人大代表、经济学院教授潘越，全国政协委员、信息学院教授廖明宏先后传达全国两会精神。校长张宗益主持会议。

会上，张荣结合自己的参会感受和深切体会传达了今年全国两会精神，重点就大会概况和习近平总书记重要讲话精神进行传达学习，也对抓好下一阶段的学习贯彻工作提出明确要求。潘越和廖明宏分别围绕大会主要精神、政府工作报告和政协常委会报告、福建代表团履职情况、党和国家领导人参加福建团审议情况等作了具体介绍。

会议指出，今年的全国两会是在全国上下深入学习宣传贯彻党的二十大精神，推动新时期高质量发展的关键时期，召开的一次十分重要的会议，备受瞩目、影响深远。大会高度评价过去五年党和国家事业取得的举世瞩目的重大成就，选举和决定新一届国家机构领导人员，审议并批准了政府工作报告和其他各项重要报告，审议通过关于修改立法法的决定，审议批准国务院机构改革方案，鼓舞人心、催人奋进，凝聚起建设中国式现代化的广泛共识与强大力量。要深入学习领会习近平总书记在两会期间的重要讲话精神，深刻领悟“两个确立”的决定性意义，坚决做到“两个维护”，把学习贯彻习近平总书记在两会期间的重要讲话精神与学习贯彻习近平新时代中国特色社会主义思想结合起来，与学习贯彻习近平总书记关于教育的重要论述结合起来，与贯彻落实习近平总书记致厦门大学建校100周年重要贺信精神结合起来，更加自觉地用以武装头脑、指导实践、推动工作。

会议要求，学习贯彻全国两会精神，是当前和今后一个时期学校的一项重大政治任务，要坚持以习近平新时代中国特色社会主义思想为指导，把学习贯彻全国两会精神与贯彻落实党的二十大精神结合起来，以高度的政治责任感抓好学习宣传贯彻工作，原原本本学、认认真真悟，形成一级抓一级、层层抓落实的热潮。各单位负责同志要率先开展学习，研究思考本系统、本单位贯彻落实的具体措施，引导师生认真学习会议精神、深刻领会精髓要义，切实把思想和行动统一到全国两会的部署要求上来。

会议强调，今年是全面贯彻落实党的二十大精神的开局之年，是实施“十四五”规划承上启下的攻坚之年，也是学校打牢基础、加速发展的关键之年。习近平总书记在全国两会上多次谈到“高质量发展”，为我们高质量建设世界一流大学提供了重要指导。要坚定推动高质量发展的信心决心，努力增强推动高质量发展本领，认真学习研究全国两会各类报告中传递出的新政策、新形势、新导向，准确把握发展机遇，结合学校实际找准切入点和着力点，做出前瞻性的布局和安排，以更高的政治站位、更强的使命担当、更足的发展信心、更实的工作举措持续推动学校事业高质量发展，为教育、科技、人才发挥基础性、战略性支撑作用作出厦大贡献，以优异的成绩迎接学校第十二次党代会胜利召开，努力在以中国式现代化全面推进中华民族伟大复兴的新征程上作出新的更大贡献。

校领导、党委常委、校长助理，院士，校党委委员、校纪委委员，在任全国、省、市人大代表及政协委员，民主党派中央委员，省市主、副委，统战团体全国委员，学校各民主党派、统战团体负责人，副处级以上干部，教工党支部书记，离退休老同志代表，学院团委书记、副书记，辅导员参加会议。

厦门大学召开学习贯彻习近平新时代中国特色社会主义思想主题教育总结大会

9月8日，厦门大学召开学习贯彻习近平新时代中国特色社会主义思想主题教育总结大会。中央第五十七指导组副组长孟庆瑜出席会议并讲话，指导组成员江红波、崔乃鹏、刘诗林，教育部直属高校党建工作联络员陈子辰到会指导。校党委书记张荣作主题教育总结讲话，校长、校党委副书记张宗益主持大会。校领导、校党委常委、校长助理、校关工委负责人，学校基层党建工作联络员，学校主题教育领导小组办公室及巡回指导组成员，全校党员处级领导干部、学校第十二次党代会部分代表、党务秘书（组织员）、师生党员代表参加会议。

张荣指出，近五个月来，在中央第五十七指导组的精心指导下，学校党委牢牢把握“学思想、强党性、重实践、建新功”的总要求，聚焦学习贯彻习近平新时代中国特色社会主义思想这条主线，周密部署、认真组织、系统推进，切实把习近平新时代中国特色社会主义思想转化为坚定理想、锤炼党性和指导实践、推动工作的强大力量，把习近平总书记对厦大的关心关爱和殷殷嘱托转化为勇担使命、奋发有为的实际行动，在以学铸魂、以学增智、以学正风、以学促干方面取得了实实在在的成效。

张荣指出，学校党委坚决贯彻落实习近平总书记关于开展主题教育的重要讲话和重要指示精神，坚持“五项重点措施”一体推进、贯穿始终。一是以理论学习筑牢思想根基，把“学思想”摆在首位，坚持原原本本学、联系实际学、及时跟进学，以上率下、上下同步。二是以调查研究破解难点堵点，强化领题调研，聚焦解题攻关，突出破题见效，在调查研究中加深对党的创新理论的理解。三是以推动发展检验工作成效，坚持将开展主题教育与统筹推进“十四五”规划实施和新一轮“双一流”建设相结合，推动学校各项事业实现高质量发展。四是以检视整改解决实际问题，多渠道系统梳理问题，逐一列出“问题整改整治清单”，持续推动解决真问题、真解决问题、问题真解决。五是以建章立制形成长效做法，优化学习机制，强化落实制度，健全制度体系，坚持“当下改”与“长久立”相结合，确保常态长效。

张荣指出，主题教育开展以来，全校各级党组织和广大党员、干部深刻领悟、彰显责任，善始善终、慎终如始开展好主题教育，总体上达到了五个方面的具体目标。一是在深学细悟、知行合一中实现凝心铸魂。通过“领学、督学、研学、互学、自学”等多元化理论武装和读书班、理论宣讲、微党课、知识竞赛等多样化学习活动，广大党员、干部原原本本学、及时跟进学、联系实际学，理想信念更加坚定，学用结合更加有力，学习贯彻习近平新时代中国特色社会主义思想的深化、内化、转化工作取得实效。二是在深信笃行、干事创业中锤炼政治忠诚。各级党组织和广大党员、干部在开展主题教育的热潮中接受全面深刻的政治教育、思想淬炼、精神洗礼，对党忠诚的政治品格持续铸牢，干事创业的精气神持续增强。三是在深度融合、争创一流中促进事业发展。将党建和事业发展深度融合体现在学校发展的中长期目标与规划中，纳入学校“十四五”规划实施和第十二次党代会战略部署，坚持将开展主题教育与筹备党代会相结合，一体谋划，一体推进，与时俱进建设世界一流大学更有成效。四是在深调细研、群策群力中着力为民造福。坚持“大主题、小切口，全覆盖、不重复，抓统筹、防扎堆”的调研思路，广大党员领导干部深入一线开展调查研究，做到同题共问、共研、共解、共答。各级党组织坚持边学习、边对照、边检视、边整改，形成台账式管理、项目化推进、精细化落实的整改思路，提出解决办学治校中难题的新理念新办法。五是在求真务实、正风肃纪中营造良好生态。广大党员、干部大兴务实之风，面对面倾听师生心声、回应师生关切，狠抓落实的作风形成声势。内部巡视、审计审查、落实全面从严治党主体责任情况检查等工作有序开展，党风廉政建设治心管行。

张荣表示，学校开展主题教育取得了明显成效、赢得了师生普遍认可、得到了社会各界广泛关注。主题教育的深入开展和成功实践启示我们：必须紧扣时代主线，突出目标使命。要聚焦学习习近平新时代中国特色社会主义思想这个主题，紧扣立德树人根本任务，让主题教育切实发挥动员全校党员、干部为完成学校目标使命而团结奋斗的重要作用。必须胸怀“国之大者”，突出真学深学。要坚持在深学笃行习近平新时代中国特色社会主义思想上下功夫，坚持原原本本消化，层层递进深化，积极识变应变求变。必须强调学用结合，突出知行合一。要注重对习近平新时代中国特色社会主义思想学习成果的转化，将求真务实、真抓实干放在首位，坚决反对和防止形式主义。必须务求上下贯通，突出严督实导。确保主题教育高质量、好效果，必须坚持一流标准，严督实导、以导带督，及时发现问题、精准纠正偏差、总结推广经验、确保工作见行见效。

张荣强调，对照中央要求、发展需要和师生期望，我们还存在一定的差距和不足。各级党组织、党员干部要在接下来的工作中坚持实践实干实效的标准导向，增强为长远发展谋划的使命感责任感，做好利长远补短板促发展的实事好事。一是要在以学铸魂上久久为功，坚定理想信念、凝聚众行之志。要按照主题教育的标准和要求，坚持不懈用习近平新时代中国特色社会主义思想凝心铸魂，与全面贯彻党的二十大精神结合起来，与深入学习贯彻学校第十二次党代会精神结合起来，不断增进对党的创新理论的政治认同、思想认同、理论认同、情感认同。要自觉在思想上政治上行动上同以习近平同志为核心的党中央保持高度一致，不断完善习近平总书记重要讲话重要指示批示精神和党中央重大决策部署的贯彻落实闭环工作机制，以实际行动坚定捍卫“两个确立”、坚决做到“两个维护”。二是要在以学增智上久久为功，夯实理论功底、提高履职本领。要健全理论学习长效机制，落实“第一议题”制度，深刻领会习近平新时代中国特色社会主义思想的世界观和方法论，坚持好、运用好“六个必须坚持”的立场观点方法。要更加自觉地从党的创新理论中寻找破解难题、开创事业新局面的“金钥匙”，把其中蕴含的领导方法、思想方法、工作方法转化推动学校高质量发展的思路举措，在破解发展难题、服务师生员工、防范化解风险中夯实能力本领。三是要在以学正风上久久为功，勇于刀刃向内、永葆清廉本色。要深入学习贯彻习近平总书记关于党的建设的重要思想，打好自我革命“组合拳”，牢记“两个永远在路上”，坚定不移推动全面从严治党向纵深发展，为与时俱进建设世界一流大学提供坚强政治保障。要锲而不舍落实中央八项规定及其实施细则精神，大力弘扬"马上就办、真抓实干""四下基层"等优良传统作风，驰而不息纠"四风"树新风，推动形成更加风清气正的政治生态和崇尚廉洁的校园风尚。四是要在以学促干上久久为功，强化担当作为、推动事业发展。要深刻把握新时代新征程上高等教育的新使命新任务，不断提高政治站位、增强发展信心、鼓足工作干劲，为谱写"强国建设、厦大何为"的时代篇章贡献力量。要进一步强化宗旨意识，更好践行以人民为中心的发展思想，自觉问计于师生、问需于师生，自觉同师生想在一起、干在一起，用心用情用力解决好师生员工急难愁盼问题，切实把惠民生、暖民心、顺民意工作做到师生员工心坎上，不断增强师生的获得感、幸福感、安全感。

张荣强调，在新的历史起点上，要始终坚守为党育人、为国育才的初心使命，按照学习贯彻习近平新时代中国特色社会主义思想主题教育第一批总结暨第二批部署会议精神，认真落实学校第十二次党代会的部署要求，总结好主题教育有效做法和成功经验，建立健全主题教育长效机制，善始善终、善作善成，以抓铁有痕、踏石留印的决心和力度，以驰而不息、细细耕耘的韧劲和态度，着力打造中国高等教育东南中心、与时俱进建设世界一流大学，以更加优异的成绩为中国式现代化作出新的更大贡献。

张宗益表示，全校各级党组织和全体党员干部要认真学习领会并抓好贯彻落实中央第五十七指导组提出的要求与建议，自觉把思想和行动统一到党中央决策部署上来，强化使命担当、增强行动自觉，坚定不移用习近平新时代中国特色社会主义思想指导实践、推动工作。一要持续深化理论武装，提升办学治校能力。要坚持学思用贯通、知信行统一，把学懂弄通做实习近平新时代中国特色社会主义思想作为重大政治责任、长期政治任务，持续全面系统学、深入思考学、联系实际学、及时跟进学，运用好贯穿其中的立场观点方法，不断提升与时俱进建设世界一流大学的能力和水平。二要全面抓好整改落实，巩固主题教育成果。要进一步深入学习领会习近平总书记关于主题教育系列重要讲话和重要指示批示精神，以正视问题的自觉和刀刃向内的勇气，持续抓好学校主题教育各项整改任务落实，继续深化专项整治，以实际成效检验教育成果，努力交出让广大师生满意、经得起历史检验的答卷。三要建立健全长效机制，推动事业纵深发展。要把做好学校主题教育"后半篇文章"和贯彻落实学校第十二次党代会精神相结合，对主题教育中学习贯彻习近平新时代中国特色社会主义思想的好做法好经验，及时以制度形式固定下来，坚持标本兼治，强化制度执行，持续塑造学校事业发展新动能新优势。四要强化一流党建引领，凝聚团结奋进力量。要深入贯彻落实新时代党的建设总要求和新时代党的组织路线，积极探索党建与事业发展深度融合的方法路径，将党建优势转化为最大的发展优势，提振全校师生员工干事创业精气神，激发担当作为新活力，抢抓机遇、乘势而上，以一流党建凝聚起团结奋斗的磅礴伟力。

牢记嘱托　勇担使命
为与时俱进建设世界一流大学而团结奋斗

——中共厦门大学第十二次党员代表大会开幕

9月1日上午，中国共产党厦门大学第十二次党员代表大会在厦门大学科学艺术中心三楼报告厅隆重开幕。大会主席团成员在主席台就座。

这次大会，是学校全面贯彻党的二十大精神、深入开展学习贯彻习近平新时代中国特色社会主义思想主题教育、全面开启与时俱进建设世界一流大学新征程的关键时期召开的一次十分重要的会议。大会的主题是：高举中国特色社会主义伟大旗帜，全面贯彻习近平新时代中国特色社会主义思想和党的二十大精神，以习近平总书记致厦门大学建校100周年重要贺信精神领航，弘扬嘉庚精神，再攀南强新峰，牢记嘱托、勇担使命，与时俱进建设世界一流大学，为以中国式现代化全面推进中华民族伟大复兴作出新的更大贡献。

中共福建省委常委、宣传部部长张彦，教育部学位管理与研究生教育司司长、国务院学位委员会办公室副主任洪大用，中共厦门市委常委、组织部部长陈沈阳，教育部直属高校党建工作联络员陈子辰，中共福建省委办公厅副主任林端宇，中共福建省委宣传部副部长刘伟泽，中共福建省委教育工委副书记、福建省教育厅党组成员林生，中共漳州市委常委、宣传部部长、统战部部长吴卫红，中共厦门市委教育工委书记、教育局局长陈珍，中共思明区委副书记林跃锋，中共翔安区委副书记温普华应邀出席大会并在主席台就座。

当天的会场内气氛庄严热烈。主席台上方悬挂着"中国共产党厦门大学第十二次党员代表大会"的会标，后幕正中是镰刀和锤头组成的党徽，10面鲜艳的红旗分列两侧，会场后面伫立的展板上书写着"牢记嘱托、勇担使命，为与时俱进建设世界一流大学而团结奋斗！"的大幅标语。

大会由大会执行主席张宗益主持。上午9时，大会开始，全场起立，高唱中华人民共和国国歌。

洪大用、陈沈阳、张彦先后发表讲话，祝贺大会胜利召开，充分肯定学校第十一次党代会以来，在学校党委领导下，学校党的建设和事业发展取得的成绩。

洪大用在讲话中充分肯定了百余年来厦门大学为国

家富强、民族振兴和社会进步作出的重要贡献。他表示，自第十一次党代会以来，学校党委团结带领全校党员和师生员工，以习近平总书记致厦门大学建校 100 周年重要贺信精神领航，认真贯彻落实党中央各项决策部署，扛起管党治校政治责任，学校各项事业实现新突破、迈上新台阶。他希望全体代表以高度的政治责任感和历史使命感，按照党章规定和民主集中制原则，认真履行代表职责，严格遵守大会纪律，正确行使民主权利，选举出信念坚定、为民服务、勤政务实、敢于担当、清正廉洁的新一届党委、纪委领导集体。

洪大用代表教育部党组对新一届学校党委提出三点期望：一要用习近平新时代中国特色社会主义思想凝心铸魂，教育引导全校师生员工更加深刻领悟“两个确立”的决定性意义，进一步增强“四个意识”、坚定“四个自信”、做到“两个维护”；二要胸怀“国之大者”，聚力强国建设、民族复兴，全面贯彻党的教育方针，落实立德树人根本任务，把党的二十大精神和习近平总书记重要贺信精神落实到管党治校各个方面；三要深入学习贯彻全国组织工作会议精神，深刻领会习近平总书记关于党的建设的重要思想，坚持不懈推进全面从严治党，为中国特色世界一流大学建设提供坚强的组织保证。

陈沈阳表示，作为在厦高校的“排头兵”，厦门大学始终与厦门建设发展紧密相连、同频共振，坚持扎根厦门、融入厦门、服务厦门，成为厦门高层次人才集聚的高地、技术创新的源泉、政府决策的智库，为推动厦门经济社会发展作出了突出贡献。他希望厦门大学继续发挥人才培养、科技创新、文化传承、社会服务方面的综合优势，以更高站位把服务国家战略与助力厦门经济社会发展有机结合起来，立足厦门、放眼全国、面向世界，在服务发展中与时俱进建设世界一流大学；希望厦门大学在新一届校党委领导下，牢记嘱托、真抓实干，勇立潮头、勇毅前行，在新时代新征程上彰显新担当、展示新作为，为推进强国建设、民族复兴和地方发展作出新的更大贡献。

张彦表示，厦门大学是我国高等教育事业发展“国家队”的重要成员，也是福建高等教育战线的“排头兵”。十一次党代会召开以来，学校党委认真学习贯彻习近平新时代中国特色社会主义思想，牢记嘱托、感恩奋进，坚持以习近平总书记重要贺信精神为指引，推动学校各项事业取得新进展新成效。希望厦门大学以这次党代会召开为契机，深入学习宣传贯彻习近平新时代中国特色社会主义思想和党的二十大精神，以习近平总书记重要贺信精神领航，坚守为党育人、为国育才使命，以团结汇聚力量、以奋斗创造未来，加快“双一流”建设步伐，更好服务国家战略和福建发展，奋力书写教育强国建设的“厦大篇章”。

张彦代表中共福建省委向厦门大学提出四点希望：一是坚持和加强党的全面领导，牢牢把握社会主义办学方向；二是落实立德树人根本任务，培养担当民族复兴大任的时代新人；三是聚焦内涵式高质量发展，加快推进“双一流”建设；四是服务和融入新发展格局，为新福建建设提供更大支撑。他表示，福建省委、省政府将一如既往地为厦门大学踔厉奋发的发展创造良好的条件，全力支持厦门大学建设世界一流大学。

张荣同志代表中共厦门大学第十一届委员会向大会做题为《牢记嘱托 勇担使命 为与时俱进建设世界一流大学而团结奋斗》的报告。报告共分五个部分：一、深学笃行、砥砺奋进的五年；二、与时俱进建设世界一流大学的新使命新任务；三、坚持内涵式高质量发展，全方位推进一流大学建设；四、深化治理体系改革，塑造高质量发展新动能新优势；五、坚持党的全面领导，全面加强党的建设，为与时俱进建设世界一流大学提供坚强政治保障。

百年厦大风华正茂，时代征程熠熠生辉。张荣在报告中指出，五年来，学校党委在以习近平同志为核心的党中央坚强领导下，以习近平新时代中国特色社会主义思想为指导，全面贯彻党的十九大和十九届历次全会精神，深入学习贯彻党的二十大精神，团结带领全校党员干部和师生员工，直面百年变局和世纪疫情叠加的复杂严峻形势，迎难而上、守正创新，谋划实施“十四五”规划，扎实推进“双一流”建设，在与时俱进建设世界一流大学新征程中勇毅前行。

张荣强调，迈上新百年征程的厦门大学，迎来了成就梦想、教育强国的战略机遇期，必须保持永不懈怠的精神状态和一往无前的奋斗姿态，深刻回答好“强国建设、厦大何为”的时代课题。

张荣指出，与时俱进，首要是以习近平总书记的殷切嘱托为根本指引。要牢记嘱托、勇担使命，全面落实习近平同志在厦门大学建校 80 周年、90 周年、100 周年的重要讲话和重要贺信中对学校一脉相承的期许和要求，落实立德树人根本任务，牢记为党育人、为国育才使命，积极弘扬嘉庚精神，切实增强感恩奋进、实干争先的高度自觉，不断解放思想，敢为人先，推进治理体系和治理能力现代化，全面提升服务区域发展和国家战略能力，在中国式现代化进程中不断作出厦大贡献，奋力谱写中国特色世界一流大学建设的厦大篇章。与时俱进，就是要继续拓展和丰富一流大学的新时代内涵。以一流党建引领一流大学建设，以一流体系支撑一流大学发展，以一流生态涵育一流大学文化，以一流能力展现一流大学作为。与时俱进，就是要紧密对接中国式现代化的重大战略部署。要立足东南、面向世界，在教育强国建设中找准学校建设世界一流大学的目标定位和实现路径，充分发挥“侨、台、特、海”区位优势，彰显“海峡、海丝、海洋”办学特色，在与时俱进建设世界一流大学中，建成中国高等教育东南中心，打造教育强国的东南梁柱、两岸融合发展的东南窗口、中外文明交流互鉴的东南灯塔，成为国家东南人才中心和创新高地。

依据当前的历史方位、历史使命和前进方向，张荣在报告中提出，从现在起，学校的中心任务是：以高质量党建引领学校事业高质量发展，全面建设中国特色世界一流大学，全力推进教育强国建设，加快建成国家高等教育东南中心，为中国式现代化提供强有力的支撑。为此，学校总的战略安排是分两步走：到 2035 年跻身世界一流大学行列，到 21 世纪中叶进入世界一流大学前列。

张荣强调，与时俱进建设世界一流大学必须牢牢坚持和加强党的全面领导；坚持立德树人根本任务；坚持服务“国之大者”；坚持以师生为中心；坚持改革创新发展；坚持弘扬厦大精神。

张荣指出，高质量发展是建设世界一流大学的首要任务，要完整、准确、全面贯彻新发展理念，注重内涵、优化结构，不断增强核心竞争力，全方位推进学校各项事业高质量发展。在内涵式高质量发展方面，厦大将聚焦立德树人，打造拔尖创新人才自主培养的重要基地；坚持人才强校，打造近悦远来活力迸发的重要人才中心；优化学科布局，打造特色彰显交叉融合的学科高地；强化创新驱动，打造服务国家和区域发展的战略要地；勇担文化使命，打造引领传承创新的文化桥堡；推动聚力融通，打造高水平向心凝聚的南强阵地；致力文明互鉴，打造助推人类命运共同体构建的前沿支点。在深化治理体系改革方面，厦大将深化教育评价改革，打造正向激励的评价体系；深化管理模式改革，打造健全先进的制度体系；深化生态系统改革，打造开放包容的人文环境；深化资源配置改革，打造支撑有力的保障体系。

张荣在报告中提出，厦大将坚持和加强党对学校的全面领导，持之以恒用习近平新时代中国特色社会主义思想武装头脑，守正创新推进思想政治工作，深入推进党建与事业发展深度融合，全面夯实基层组织建设，着力锻造高素质专业化干部队伍，毫不松懈推进全面从严治党向纵深发展，同心共建世界一流大学。

报告最后，张荣号召全校上下要更加紧密地团结在以习近平同志为核心的党中央周围，高举中国特色社会主义伟大旗帜，坚定不移以党的二十大精神为指引，以习近平总书记重要贺信精神领航，以团结汇聚力量、以奋斗创造未来，在新时代新征程上奋力谱写与时俱进建设世界一流大学的崭新篇章，为全面建成社会主义现代化强国、以中国式现代化全面推进中华民族伟大复兴作出新的更大贡献！

学校的全国人大代表、全国政协委员，福建省人大、省政协领导，学校老领导、老同志，副校长，院士，原校党委常委、校长助理，学校各民主党派和团体负责人、无党派人士，上届党委委员、纪委委员，各学院（研究院、直属系）领导、机关职能部门和直属单位负责人，国家级和部级科研平台、研究基地负责人，附属医院、附属学校负责人应邀参加大会。

勇毅前行　奋进一流

——厦门大学召开建校102周年发展大会

4月6日上午，学校以线上线下相结合的方式召开厦门大学建校102周年发展大会，激励师生坚定信心、团结奋斗，与时俱进建设世界一流大学，在以中国式现代化全面推进中华民族伟大复兴的新征程上作出厦门大学新的更大贡献。校党委书记张荣、校长张宗益致辞。校党委常务副书记林东伟主持大会。大会同时通过网络直播。

大会在雄壮的国歌声中开始。

会上，全体人员观看了厦门大学学习贯彻党的二十大精神纪实视频，共同回顾一段时间以来，厦门大学贯彻落实党的二十大精神的举措、做法和成效。

张荣代表学校向全校师生员工、海内外校友，及长期以来关心、支持、帮助厦门大学建设发展的各级党委、政府和社会各界表示崇高敬意和衷心感谢。

张荣表示，2021年的今天，在隆重庆祝厦门大学建校100周年的重要时刻，习近平总书记专门发来贺信，殷切期望学校“与时俱进建设世界一流大学”。在习近平总书记重要贺信精神的指引下，厦门大学顺利迈上了新百年征程，深入推进“双一流”建设，稳步实施“十四五”规划，学校事业呈现出良好的发展态势，一幅建设中国特色世界一流大学的美好画卷正徐徐展开。

张荣强调，自创办之日起，厦门大学就始终把自身发展同国家民族前途命运、同推动国家现代化进程紧紧联系在一起。在推进中国式现代化新征程上，要坚持和加强党对学校的全面领导，坚守立德树人的初心使命，着力培养堪当民族复兴大任的时代新人；涵养科教兴国的报国情怀，全面提升服务区域发展和国家战略能力；增强改革创新的发展动力，以更加自信的精神风貌屹立于世界高等教育之林；激扬敢拼善赢的进取精神，推动学校各项工作赶超进位、提质增效，在服务中国式现代化中“放一异彩”；践行团结奋斗的时代要求，最大程度地凝聚起全体师生校友和社会各界的智慧与力量，与时俱进、争创一流，不断打开中国特色世界一流大学建设新天地，在以中国式现代化全面推进中华民族伟大复兴的新征程上书写厦大荣光，为强国建设、民族复兴伟业添砖加瓦、增光添彩。

张宗益指出，落其实者思其树，饮其流者怀其源。102年来，厦门大学始终秉持嘉庚先生立校志向，为国家富强、民族振兴和人民福祉砥砺前行，世界一流大学建设的新动能新优势持续塑造。

张宗益强调，当前，我国正处于加快建设教育强国、科技强国、人才强国的关键时期。面对新形势新任务，厦门大学应牢固树立“国家队”意识，不断丰富一流大学的时代内涵，主动担当一流大学的使命重任。要引领“以期养成高尚之人格”的价值取向，坚持把提高人才培养质量作为学校的首要任务，用习近平新时代中国特色社会主义思想铸魂育人，弘扬优良校风，在固本强基中培育时代新人，不断为中国式现代化提供强有力的人才支撑；要培育“养成真正研究之精神"的创新文化，聚力打造国家战略科技力量，加强学科顶层设计，大力推进人才评价机制改革，加大青年人才支持力度，打造内外并轨、文理并重、梯次递进、全程激励的可持续人才体系，主动融入国家创新体系和全球创新网络，在自强创新中勇攀科学高峰；要彰显"为吾国放一异彩"的时代担当，在全面建设社会主义现代化国家中找准厦大坐标，深化拓展与国家部委、行业头部企业和一流科研院所的合作，建设一批具有中国特色的新型高端智库，精耕细作对台交流"前沿重镇"，全面深化与福建省九市一区战略合作，努力形成更为完善的支撑国家和区域经济社会发展的服务体系；要涵养"与世界各大学相颉颃"的开放胸襟，全面提升国际交流与合作水平，以开放大格局构筑发展新优势，努力让马来西亚分校成为"一带一路"共建国家教育科学文化交流的战略支点，在包容互鉴中传播中华文化，在奋楫逐梦一流中写好属于厦大人的奋进华章。

张宗益表示，建设世界一流大学的伟大事业，离不开和谐团结的干事创业氛围。一代代厦大人在各行各业勤勉努力，在各自岗位奋发进取，为母校赢得了广泛声誉。母校与校友始终是休戚相关的发展共同体，厦大前进的步伐离不开校友们的支持，厦大取得的成就离不开校友们的奋斗。希望海内外校友一如既往地关心和支持母校的建设发展，共同谱写厦门大学高质量发展的崭新篇章。

校友代表，1981 级生物学系校友、欧洲科学院院士、德国国家工程院院士、山东大学微生物技术国家重点实验室主任、微生物技术研究院院长张友明教授表示，母校百年的历史文化传统，已沉淀为独具魅力的厦大基因，涵养着厦大人的灵魂与气质。母校的优良校风激励自己在生物医学领域不断探索，用科技报国践行厦大科研人的使命与担当。

教师代表，新加坡工程院院士、厦门大学陈嘉庚讲席教授、工程技术学部主任、萨本栋微米纳米科学技术研究院院长洪明辉教授分享了他在厦大学习、工作、出国深造后再度回归母校的经历，他表示，嘉庚先生的爱国精神是海外游子心中的一束光芒，激励我们成长，照亮前行之路。

教师代表，经济学院统计学与数据科学系、王亚南经济研究院刘婧媛教授以自己为例生动讲述了一名青年教师在厦大的成长故事。她说，作为厦大教师最大的荣光，就是把厦大"爱国、革命、自强、科学"的优良校风无限地传承下去，让学生眼里有光、心中有梦想。

学生代表，2021 年度"中国大学生自强之星标兵"奖学金获得者、海洋与地球学院 2020 级硕士生许继聪说，要牢记习近平总书记的殷切嘱托，努力学习，增长本领，怀抱梦想又脚踏实地，做新时代的理想者、担当者、吃苦者、奋斗者。

大会颁发了南强杰出贡献奖，今年奖项授予为学校发展作出突出贡献的公共政策研究院、公共事务学院陈振明教授，中国科学院院士、化学化工学院孙世刚教授，中国科学院院士、海洋与地球学院戴民汉教授。

会上，厦门大学与中国外文出版发行事业局签署战略合作协议，与三明学院、广西师范大学签署对口支援协议，与长汀县人民政府签署对口支持协议。

大会在激昂的校歌声中结束。

南京大学原党委书记洪银兴，陈嘉庚先生孙女陈佩仪、曾孙陈铭、外曾孙曾文正及夫人彭敏慧，中国科学院院士田中群，校友、美国国家工程院院士孙勇奎，中国外文局机关党委常务副书记闵艺，中国外文局人事部副主任袁绍爽，尼日利亚纳姆迪·阿齐克韦大学校长查尔斯·埃赛莫奈，香港大学副校长宫鹏，广西师范大学校长贺祖斌，三明学院党委书记赖锦隆、校长王乾廷，广西师范大学党委副书记赵铁，长汀县委书记赖进益，长汀县委常委、常务副县长陈其民，长汀县委常委、组织部部长陈蔚华，台湾著名艺术家和收藏家、台湾"中华文化艺术基金会"主席许伯夷及夫人黄扬婷，厦门大学旅港校友会理事长黄隆基，厦门大学广东校友会理事长黄国典，厦门大学深圳校友会理事长孙小荔，厦门大学 1988 级校友联谊会会长杨永东，厦门大学内蒙古校友会会长于树军，厦门大学校领导、老领导，校友代表、捐赠者和设奖单位代表、专家学者、新闻媒体记者、附属单位代表、全校各单位负责人和师生代表等 2000 多人参加大会。

全校各单位教职工代表、全球各地校友会校友通过网络直播视频观看了大会实况。

厦门大学本科教育教学审核评估专家意见交流会举行

12 月 22 日上午，厦门大学本科教育教学审核评估专家意见交流会在科学艺术中心音乐厅举行。专家组组长、中国科学院院士、兰州大学校长严纯华及专家组成员，教育部教育质量评估中心副主任李智，中国科学院院士、厦门大学党委书记张荣，校长张宗益等校领导出席会议。会议由严纯华主持。

严纯华代表专家组交流总体意见。通过线上全面考察和入校深度核查，专家组一致认为，厦门大学坚持和加强党的全面领导，全面落实立德树人根本任务，是中国东南高等教育重镇，也是中国高等教育现代化建设中的重要力量。学校党政领导班子高度重视人才培养工作，始终坚持人才培养在学校事业发展中的中心位置，持续深化教育教学改革，形成了一批在全国具有引领性的教育教学成果，塑造了具有中国特色、厦大风格的人才自主培养体系。专家组认为，厦门大学本科教育教学具有五大方面的成效和特色：一是坚持立德树人根本任务，涵育了一流育人生态。二是立足全面提高人才自主培养质量，塑造中国特色、世界标准、厦大风格的质量文化。三是深化推进教育教学改革，形成了具有鲜明特色的“五育并举”教育体系。四是交叉融通，科教融汇，构建了拔尖创新人才成长的多元机制。五是充分发挥学校区位优势，走出了一条中国气派、厦大特色的高等教育国际化办学新路。

严纯华代表专家组就厦门大学本科教育教学工作提出四点建议：一是进一步加大落实立德树人根本任务的力度；二是要确保质量保障体系落实落地；三是要将学生中心理念融入学校教育教学的方方面面；四是要持续深化教育教学综合改革。在本次评估过程中，专家组还针对上一轮厦门大学接受教育部本科教学评估审核评估的整改情况进行了核查。结果表明，厦门大学持续改进、逐条落实了整改意见，整改措施有力、成效显著。

专家组各成员、青年教师、学生观察员等根据自己在校期间的考察情况和切身体会，交流了评估考察意见。大家认为，厦门大学在本科教育教学方面的工作举措扎实有效，人才培养成效明显，形成了一些值得推广借鉴的经验做法。专家组成员还就进一步发挥学校独特区位优势、加强教育数字化改革、提升国际化办学能力、推进学科专业均衡发展、加强新时代师资队伍建设、推广产教融合人才培养经验等方面提出意见建议。

张荣、张宗益向参与学校审核评估的线上专家和入校考察的各位专家表示衷心感谢。

张宗益表示，此次本科教育教学审核评估坚持问题导向、目标导向、效果导向，充分体现了落实中共中央教育评价改革要求和新时代教育督导体制机制改革要求。专家组对学校本科教育教学取得的成绩给予了充分肯定，指出了存在的差距和不足，也提出了中肯和宝贵的改进建议。这些反馈意见既是一份权威的“体检报告”，更是提升学校办学水平的助推器。学校将认真研究制定整改方案，高质量做好审核评估的“后半篇文章”。一是凝聚师生共识，切实提升人才自主培养质量。切实把整改提升作为学校补短板、强弱项、固底板、扬优势的重要契机，将构建自觉、自省、自律、自查、自纠的大学质量文化要求内化为全校教职员工的思想自觉和行动自觉。二是强化高质量人才培养目标，全力推动评估整改任务落实落细。坚持标本兼治，做到“当下改”与“长远立”相结合，将整改成效转化为提升人才培养质量的有力支撑。三是深化改革创新，加快推进内涵建设提质增效。牢牢抓住全面提高人才培养能力这个核心点，以促进学生全面发展为中心深化教育教学和专业供给侧结构性改革，大力加强制度环境建设和人文环境建设。

张荣表示，专家组以高度责任感为学校本科教育教学工作提出了许多中肯且宝贵的意见和建议，为学校进一步深化本科教育教学改革、完善拔尖创新人才培养体系、全面提升人才自主培养质量指明了努力的方向。学校将全力做好问题整改和持续改进，切实达到“以评促建、以评促改、以评促管、以评促强”的评估目的。一是要把牢正确方向，更有力度落实立德树人根本任务。进一步强化对学生的思想导航，把立德树人成效作为评价各项工作的根本标准。二是要坚持党建引领，更有深度推动与教育教学融合发展。积极推进党建工作与本科人才培养深度融合，把“四个面向”融入人才培养各环节，推动师生党建与教学科研组织深度融合，把党建力量融入育人各项工作中。三是要落实“三全育人”，更有广度凝聚育人合力。坚持把思想政治工作贯穿本科教育教学全过程，加强“大思政课”建设，有效整合育人资源，不断完善协同育人体系。学校将以此次审核评估为契机，结合贯彻落实学校第十二次党代会精神，积极探索走出教育、科技、人才一体统筹推进的厦大新路，努力打造国家东南人才中心和创新高地，以实际行动书写“强国建设、厦大何为”的优异答卷。

李智代表教育部教育质量评估中心向专家们全身心的投入和不辞辛劳的付出表示感谢。他表示，这次对厦门大学开展本科教育教学审核评估，感受到了厦门大学光荣的办学传统和鲜明的办学特色，以学生为中心的教学理念深入落实在学校办学的全方位全过程，也感受到了学校对本科教育教学工作的高度重视和改革探索。他围绕学校如何高站位、高质量做好评估“后半篇文章”提出了三点要求：一是以评定向，以实施审核评估为牵引，增强学校服务国家战略的行动力。二是以评促强，以增强育人能力为核心，提高学校自主培养拔尖创新人才的水平。三是以评促改，以实现高质量发展、持续领跑为目标，实现学校办学治学和治理能力的跃升。他希望厦门大学能够将评估的效能发挥到最大化，用评估牵引学校高质量发展，继续履行好高水平大学的使命担当，书写新时代服务国家战略的“厦大答卷”。祝愿厦门大学走好建设教育强国的第一方阵，越办越好，越办越强！

本轮审核评估按照线上入校一体化设计开展。11月23日起，由21名专家组成的线上评估专家组，通过全面审读评估材料、线上访(座)谈、听课看课等审核考察学校本科教育教学情况。12月20日至22日，入校评估组的11名专家考察了校史馆、本科教育教学展和新工科大楼等，通过走访调研、听课看课、座谈访谈、查阅资料等方式，对学校本科教育教学情况进行深入全面了解。

校领导、校党委常委、校长助理，副处级以上干部，学生工作部(处)、教务处、评估与建设工作办公室全体工作人员，全体本科教学秘书参加会议。

重磅！厦门大学新增 3 位院士

11 月 22 日，中国科学院发布《关于公布 2023 年中国科学院院士增选当选院士名单的公告》，学校郑南峰教授（化学部）、张荣教授（信息技术科学部）当选中国科学院院士。中国工程院发布《关于公布中国工程院 2023 年院士增选当选院士名单的公告》，学校夏宁邵教授（医药卫生学部）当选中国工程院院士。

郑南峰，中国科学院院士，厦门大学化学化工学院教授、嘉庚创新实验室主任、纳米材料制备技术国家地方联合工程研究中心主任。

主要从事表界面配位化学研究，致力于在分子水平上理解无机功能材料化学性能调控的本质，破解了系列典型金属-有机界面和金属-载体界面的分子层面结构，发现了无机/有机配位小分子修饰对精准控制金属纳米材料催化和防腐性能的规律，开发了全新的高选择性加氢催化技术和有重大产业应用前景的铜浆技术，成为相关领域的重要领跑者。担任国家重点研发计划项目首席科学家，积极推动表界面配位化学基础研究到实际应用的全链条化。

教育部“长江学者奖励计划”特聘教授、国家杰出青年科学基金获得者、“国家特支计划”科技创新领军人才、国家百千万人才工程入选者、新基石研究员。以第一完成人获国家自然科学奖二等奖、首届科学探索奖、何梁何利基金“科学与技术创新奖”、教育部青年科学奖、中国青年科技奖、中国化学会—英国皇家化学会青年化学奖、东京大学 ZASSHI-KAI 讲席奖、中国化学会青年化学奖等。

张荣，中国科学院院士，厦门大学党委书记、厦门大学国家集成电路产教融合创新平台主任，厦门市未来显示技术研究院院长，第十三、十四届全国人大代表。

长期致力于半导体新材料、器件和物理研究，是我国最早从事宽禁带半导体研究的科学家之一。曾任国家“973”计划首席科学家。在解决基础物理问题、攻克材料制备难题的基础上，成功研制新型高性能紫外探测和固态光源器件，开拓高灵敏空天日盲紫外探测成像等重要应用领域，取得了系统性、创造性成就，产生重大社会经济效益。

教育部“长江学者奖励计划”特聘教授、国家杰出青年科学基金获得者，入选国家自然科学基金创新群体、科技部重点领域创新团队。曾获国家技术发明奖二等奖、国家自然科学奖二等奖、国家教学成果奖二等奖和国家技术发明奖三等奖各 1 项，何梁何利基金“科学与技术进步奖”，省部级科技一等奖 3 项。

夏宁邵，中国工程院院士，厦门大学生命科学学院/公共卫生学院教授、国家传染病诊断试剂与疫苗工程技术研究中心主任、传染病疫苗研发全国重点实验室主任、翔安创新实验室主任，曾任厦门大学公共卫生学院院长。

长期从事传染病疫苗和诊断试剂创新与转化应用研究，开创了原核表达类病毒颗粒人用疫苗工程技术体系，完成了一系列传染病疫苗和诊断试剂的转化应用，研发上市了全球首个戊肝疫苗、首个国产人乳头瘤病毒（HPV）疫苗、全球首个鼻喷流感病毒载体新冠疫苗、新一代国际“金标准”戊肝诊断试剂、全球首个艾滋尿液抗体自检试剂、全球首个新冠总抗体诊断试剂、首个国产艾滋第三代诊断试剂等创新产品。

中国医学科学院学部委员、国家杰出青年科学基金获得者、教育部“长江学者奖励计划”特岗学者、“国家特支计划”科技创新领军人才、全国先进工作者、全国杰出专业技术人才、国家百千万人才工程入选者。以第一完成人获国家技术发明奖二等奖、国家科技进步奖二等奖、全国创新争先奖、中国专利金奖、福建省科技重大贡献奖、厦门市科技重大贡献奖、求是杰出科技成就集体奖、转化医学杰出贡献奖。

牢记嘱托　勇担使命
为与时俱进建设世界一流大学而团结奋斗

——在中国共产党厦门大学第十二次党员代表大会上的报告

（2023 年 9 月 1 日）

张　荣

同志们：

现在，我代表中国共产党厦门大学第十一届委员会向大会作报告，请各位代表审议。

中国共产党厦门大学第十二次党员代表大会，是学校全面贯彻党的二十大精神、深入开展学习贯彻习近平新时代中国特色社会主义思想主题教育、全面开启与时俱进建设世界一流大学新征程的关键时期召开的一次十分重要的会议。

大会的主题是：高举中国特色社会主义伟大旗帜，全面贯彻习近平新时代中国特色社会主义思想和党的二十大精神，以习近平总书记致厦门大学建校100周年重要贺信精神领航，弘扬嘉庚精神，再攀南强新峰，牢记嘱托、勇担使命，与时俱进建设世界一流大学，为以中国式现代化全面推进中华民族伟大复兴作出新的更大贡献。

一、深学笃行、砥砺奋进的五年

过去五年，在厦门大学百年发展进程中极不平凡。2021年，在百年校庆之际，习近平总书记专门发来贺信，向学校全体师生员工和海内外校友致以热烈的祝贺和诚挚的问候，并赋予学校与时俱进建设世界一流大学的光荣使命，为学校新百年发展指明了前进方向、提供了根本遵循，极大激发了全体师生员工的爱国之情、报国之志，极大增强了厦大人的自豪感、使命感和责任感，更加坚定了我们建设世界一流大学的信心和决心。

百年厦大风华正茂，时代征程熠熠生辉。五年来，学校党委在以习近平同志为核心的党中央坚强领导下，以习近平新时代中国特色社会主义思想为指导，全面贯彻党的十九大和十九届历次全会精神，深入学习贯彻党的二十大精神，团结带领全校党员干部和师生员工，直面百年变局和世纪疫情叠加的复杂严峻形势，迎难而上、守正创新，谋划实施“十四五”规划，扎实推进“双一流”建设，在与时俱进建设世界一流大学新征程中勇毅前行。

五年来，我们坚定拥护“两个确立”、坚决做到“两个维护”，确保党中央重大决策部署在学校落地生根。

“两个确立”深入人心。严格落实“第一议题”制度和党委理论学习中心组学习制度，扎实开展“不忘初心、牢记使命”主题教育，党史学习教育和学习贯彻习近平新时代中国特色社会主义思想主题教育。加强理论研究阐释，成立福建省习近平新时代中国特色社会主义思想研究中心厦门大学研究基地、厦门大学习近平总书记关于教育的重要论述研究中心、厦门大学中国式现代化研究院和福建省习近平新时代中国特色社会主义思想大学生研习社（厦门大学），推动习近平新时代中国特色社会主义思想进教材、进课堂、进头脑。建立学习贯彻落实习近平总书记重要讲话重要指示批示精神闭环工作机制，不折不扣地把以习近平同志为核心的党中央各项决策部署落到实处，切实把“两个确立”转化为坚决做到“两个维护”的实际行动，把广大师生员工对习近平总书记的深厚感情转化为干事创业的强大动力。

重要贺信精神深化落实。持续推动学习贯彻习近平总书记重要贺信精神走深走实，研究制定《关于深入学习贯彻习近平总书记重要贺信精神，与时俱进建设世界一流大学的决定》和行动方案。编制《习近平同志关心厦门大学发展纪事汇编》，建成“把厦门大学办得更好”专题学习空间，贯通学习习近平同志在学校建校80周年、90周年、100周年时发表的重要讲话和重要贺信精神，在深学深悟中强化责任担当，在对标对表中加快推动发展，努力把习近平总书记对学校的殷切期望变成美好现实。

中央巡视整改扎实有力。坚决服从党中央决策部署，积极配合中央巡视组对校党委的政治巡视，以高度的政治责任感把接受巡视作为寻找工作差距、促进学校发展的政治体检，针对巡视中指出的问题做到即知即改、立行立改。坚决扛起中央巡视整改主体责任，认真制定整改方案，逐项明确整改措施，抓好巡视整改任务落实。持续推进国家审计整改。坚持“四个融入”，建立健全各项制度，提高管党治校水平，奋力开创各项工作新局面。

疫情防控工作成效显著。积极稳妥、科学精准抓好疫情防控，因时因势优化调整防控政策措施，全力保障学校正常教学科研秩序，全力守护师生员工身体健康和生命安全。第一时间组织开展应急科研攻关，全球首个鼻喷流感病毒载体新冠肺炎疫苗获批紧急使用，研制出世界上品种最全、先进可靠的新冠病毒系列检测试剂，获世界卫生组织优先推荐，并在全球评估中进入检测性能最优名单。广大党员、干部和师生员工积极投身抗击疫情第一线，附属医院医护人员驰援全国疫情防控前线。2个集体、3名个人分别获评全国抗击新冠肺炎疫情先进集体和先进个人。

脱贫攻坚与乡村振兴彰显担当。坚决贯彻落实中央脱贫攻坚与乡村振兴战略部署，深度融入闽宁对口扶贫协作大局，强化科技赋能和产业帮扶，倾情帮助宁夏隆德县高质量脱贫摘帽、实现巩固拓展脱贫攻坚成果同乡村振兴有效衔接。连续四年获中央单位定点帮扶工作成效考核最高等次评价，入选联合国第三届“全球减贫案例征集活动”最佳案例，三次入选教育部直属高校精准扶贫精准脱贫典型项目。研究生支教团作为“闽宁对口扶贫协作援宁群体”的一部分被中宣部授予“时代楷模”称号。

五年来，我们倾力锻造一流党建，提升党建工作质量，把学校建设成为坚持党的全面领导的坚强阵地。

党的领导更加坚强有力。学校党组织关系由厦门市委转隶福建省委，党的领导有了更坚强的组织保证。学校坚持和完善党委领导下的校长负责制，修订完善党委全委会会议、党委常委会会议、校长办公会议议事规则，贯彻民主集中制，严格落实“三重一大”决策制度。将加强党的全面领导和党的建设贯穿学校事业发展全过程，推动党建与事业发展深度融合，着力将党的领导制度优势转化为高质量发展效能。推进新时代高校党建“双创”工作，入选“全省党建工作示范高校”。完善党建工作体系，设立“党建提升与管理创新奖”，不断提升基层党建工作质量，2个学院党委、5个党支部分别入选全国高校党建工作标杆院系和样板支部。建立健全干部队伍建设“选育管用”全链条制度，选人用人规范化科学化水平进一步提升，优秀年轻干部队伍建设力度不断加强。选优配强党支部书记，建强基层党组织战斗堡垒，“双带头人”教师党支部书记选拔方式实现全覆盖。五年来共发展党员11510人。坚持党管意识形态工作，压实主体责任，切实保障学校政治安全与意识形态安全。

“大思政”育人格局逐步形成。全面推进思政课程和课程思政建设，开展“把青春华章写在祖国大地上”网络宣传和“行见八闽”研学实践等大思政课主题活动。校领导带头参与集体备课、走进思政课堂，打造“扬才开讲了”“囊萤星火青年讲师团”等微党课品牌。依托关工委等平台，发挥学校“五老”作用，推动“三全育人”工作创新，入选首批教育部“一站式”学生社区综合管理模式建设试点高校。实施课程思政建设示范工程，获批教育部课程思政教学研究示范中心。编创《陈嘉庚》《长汀往事》《遥望海天月》《哥德巴赫猜想》等校史精品剧目，推出《为吾国放一异彩——厦门大学与伟大祖国》《王亚南全集》等近 200 种百年校庆出版物，充分发挥百年校庆的思政育人功能。加强思政课教师队伍建设，辅导员队伍专业化职业化程度不断提高，入选首批教育部“全国高校思想政治工作队伍培训研修中心”建设高校。

全面从严治党纵深推进。深化纪检监察体制改革，完善纪检监察机构设置，为纪检监察工作高质量发展奠定了制度基础。召开全面从严治党警示教育大会，开展全面从严治党主体责任落实情况检查，督促管党治党主体责任层层传导、落实到位。扎实开展内部巡视工作，完成一届党委任期内巡视监督全覆盖。锲而不舍落实中央八项规定及其实施细则精神，聚焦“关键少数”，强化对“一把手”和领导班子监督。弘扬践行“四下基层”“马上就办、真抓实干”优良作风，落实福建省委“深学争优、敢为争先、实干争效”行动，驰而不息纠“四风”树新风。运用监督执纪“四种形态”，营造风清气正政治生态。

五年来，我们着力打造一流能力，提升办学治校水平，各项事业实现跨越式发展。

育人质量实现新提升。推进“三个转变”，实施一流本科教育行动计划，高质量人才培养体系逐步完善。组建美育与通识教育中心，探索具有厦大特色的体育、美育、劳动教育新方式。推进研究生分类培养，启动南强优秀博士生培育计划，入选全国首批学位授权自主审核单位和首批“工程硕博士培养改革专项试点高校”，获“中国研究生创新实践系列大赛十年发展重要贡献单位”。以第一单位获国家级教学成果奖 19 项，获批国家一流本科专业 64 个、国家一流本科课程 72 门。新增集成电路、医学攻关 2 个国家产教融合创新平台。8 个学科入选教育部基础学科拔尖学生培养计划 2.0 基地，在 6 个专业(类)启动“强基计划”。成功承办第四届中国“互联网+”大学生创新创业大赛，在第四、六届大赛中夺得总决赛亚军。学校入选国家双创示范基地、教育部深化创新创业教育改革示范高校和创新创业教育实践基地。深入开展访企拓岗，促进毕业生高质量充分就业，赴重点行业、重点领域就业占比逐年提高。

科研水平迈上新台阶。深入开展基础性、原创性、前瞻性科学研究，在能源材料、生物医药、智能制造、航空航天、集成电路、人工智能、海洋与生态环境等领域产出一批高显示度成果。牵头海洋负排放国际大科学计划入围联合国十年规划项目，先后获批国家自然科学基金委管理科学部、海洋科学领域首个基础科学中心项目；获批国家社科基金重大项目、教育部哲学社会科学研究重大课题攻关项目 59 项，国家社科基金各类项目立项总数连续三年位居全国第一。以第一单位获国家科学技术奖 3 项，入选“中国科学十大进展”1 项，获第八届高校人文社科优秀成果奖 18 项，福建省第十三、十四届社科优秀成果奖 228 项。推进国家重点实验室、高端电子化学品国家工程研究中心重组，加快推进能源材料、生物制品科学与技术福建省创新实验室建设，新增国家级科研平台 8 个、省部级科研平台 35 个。以第一或通讯作者单位累计在《自然》《科学》《细胞》上发表学术论文 17 篇，创历史新高。围绕高等教育、两岸关系、“一带一路”、宏观经济、能源经济、公共治理、共同富裕等中国式现代化重大理论和现实问题提供高质量决策咨询服务。五年来，科研经费翻了近一番。

服务发展取得新突破。完善科技成果转移转化制度，成立嘉庚高新技术研究院，一大批科研成果实现落地转化。研制首个国产宫颈癌疫苗获世界卫生组织 PQ 认证，研发颗粒阻尼技术助力“长征五号 B”运载火箭首飞告捷和北京冬奥列车减振降噪，“海丝”卫星上天观海，成功发射“嘉庚一号”新型带翼可回收重复使用火箭、“本栋”系列新技术火箭，成功首飞“南强一号”新型固定翼无人机，建成亚洲第一座“无噪声实验室”，助推国家和区域战略性新兴产业发展。拓展与地方政府、兄弟院校和头部企业的战略合作，连续多年召开厦门大学与福建省九市一区校地战略合作工作会议，共建“八闽园”，打造校地合作新地标。推进地方研究院建设，挂钩帮扶漳州诏安、龙岩新罗、南平光泽，服务福建全方位推进高质量发展超越。深化与厦门市战略合作，成立厦门金砖新工业能力提升培训基地，实施“南强兴鹭”“大厦栋梁”计划，打造名城名校深度融合典范。扎实推进两岸教育交流，与42 所台港澳地区高校深入开展合作，打造“花开中国”名校台港澳青年互访计划等品牌活动。对口支援贵州师范大学、西藏民族大学、青海民族大学等西部高校，服务西部高等教育振兴。

对外交流合作打开新通道。高标准创办中外合作办学机构厦门大学—英国创意艺术大学创意与创新学院，开展中国—OECD 联合培养税务法学硕士项目，成立中俄数字经济研究中心，推进中国—东盟海洋学院建设。与 53 所世界一流大学开展实质性交流合作，牵头发起成立“21 世纪海上丝绸之路”大学联盟，举办海上丝绸之路国际产学研用合作会议。马来西亚分校已培养毕业生 4813 人，形成了本硕博人才培养体系。顺利完成孔子学院转隶工作，多次荣获“孔子学院先进中方合作机构”称号，新建德国特里尔孔子学院、法国蔚蓝海岸孔子学院、美国特拉华州立大学中国语言文化研究中心。深入贯彻落实习近平总书记给潘维廉教授回信精神，支持知华友华外籍师生讲好中国故事。

五年来，我们努力构建一流体系，全面深化综合改革，不断激发办学活力。

人才体系不断健全。深化人才发展体制机制改革，实施新时代卓越人才战略，高层次人才和团队建设实现新突破。新增中国科学院院士 2 人、俄罗斯科学院外籍院士 1 人，全职引进发展中国家科学院院士、新加坡工程院院士各 1 人；新增国家级人才 233 人次，其中青年人才 150 人次，五年来国家级高层次人才总量翻了一番。获全国创新争先奖 4 人、何梁何利奖 2 人、科学探索奖 6 人、中国青年科技奖3人、中国青年女科学家奖1人、全国杰出专业技术人才1人。一体推进教师思想政治和师德师风建设工作，涌现出全国高校黄大年式教师团队、全国教育系统先进集体、全国教育世家、全国杰出教学奖获得者等一批师德典范。

学科体系持续优化。推进学科布局优化调整，在全国第五轮学科评估中，高峰学科、优势学科数量实现倍增，取得历史最好成绩。高质量完成首轮"双一流"建设任务，整体发展水平、可持续发展能力、成长提升程度均获评第一档"显著"。在新一轮"双一流"建设中，教育学、化学、海洋科学、生物学、生态学、统计学6个学科入选一流学科建设名单。大力推进文史哲、社会学、人类学、软件工程、机械工程等学科优化重组。加强交叉学科布局，推进学科交叉中心建设，设立交叉学科论坛，组建电影学院、人文与艺术高等研究院、生物人类学实验室、国家健康医疗大数据研究院等大跨度学科交叉平台，学科交叉融合不断深入。

治理体系逐步完善。深化新时代教育评价改革，以评价改革牵引管理改革，形成以教育教学评价、教师评价、科研评价、用人评价为核心的评价体系。全面推进依法治校，完成《厦门大学章程》修订工作，成立新一届校务委员会、预算工作委员会、教学委员会，完善教代会、工代会制度，推进民主决策、科学决策。优化机关部门职责，健全校院两级管理体制，学院办学自主权进一步扩大。加强内控体系建设，完善审计体制机制，风险防范能力明显提高。

五年来，我们坚持共享发展，全面强化服务保障，凝聚发展合力和向心力。

民生福祉不断提升。实施暖心资助工程，设立"箪食瓢饮、衔环涌泉"项目，打造厦大特色资助育人品牌。五年来累计发放学生奖助学金超过20亿元，实现家庭经济困难资助全员覆盖。用心用情做好离退休工作，千方百计提高离退休教职工生活待遇，更好满足离退休教职工对美好生活的期待。办好厦大幼儿园，支持办好附属中小学，保障教职工子女就学，举办暑期教职工子女夏令营，解决教职工的后顾之忧。附属翔安医院正式启用，为师生员工和周边民众提供更好的医疗卫生保障。新增并改造一批教职工周转房和博士后公寓，完成大生里教工住宅危房改造，老旧住宅加装电梯并完善周边设施。翔安东园保障性住房项目完成主体结构封顶，翔安校区学生公寓五期和思源餐厅投入使用。急难愁盼问题的有效解决，进一步提升了师生员工的获得感、幸福感。

发展合力更加汇聚。积极向中央、国家部委以及地方党委政府争取支持，推动教育部、福建省和厦门市签署新一轮重点共建厦门大学协议，为学校高质量发展创造了必要的条件。成功举办百年校庆系列活动，弘扬嘉庚精神，凝聚奋进力量，提高了学校的美誉度和影响力。加快构建大统战工作格局，加强党外知识分子工作，为各民主党派提供更为广阔的履职平台。加强教代会、工会、关工委、妇委会建设，深化共青团改革，进一步发挥群团组织的桥梁纽带作用。扎实推进校友会组织建设，高标准服务全球校友，厚植厦大校友品牌优势。

办学条件持续改善。推进法学院扩建、海韵二期建设，新工科研发大楼、生物安全三级实验室大楼落成，多校区办学管理运行机制进一步优化、一体化建设进一步规范。启动"奋进新百年、共筑新伟业"捐赠行动计划，有力支持了学校事业的快速发展。获批成立国家级古籍修复技艺传习中心厦门大学传习所，建设王亚南纪念馆，完善百年校史馆、人类博物馆、革命史展览馆等历史文化展馆群。构建一流图书文献信息资源保障，图书馆获中国高校人文社会科学文献中心优质服务一等奖。后勤集团有力保障学校事业发展，水电服务中心维修部获评"全国青年文明号"。厦大出版社连续多年获全国社会效益考评优秀。扎实推进健康校园、平安校园、宁静校园、智慧校园等建设，建立健全防范化解安全稳定风险工作机制，营造了温馨和谐、安全有序的发展环境。推进信息化建设，优化办事流程，"数据多跑路、师生少跑腿"取得实效。完成校办企业体制改革，加强国有资产管理和采购管理。加强仪器设备和实验室管理，重大科研基础设施与大型科研仪器开放共享在科技部、财政部的评价考核中3次获评优秀。拓展筹资渠道，学校固定资产总值增长53.35%，综合办学收入增长35.82%。

百年征程波澜壮阔，五年答卷振奋人心。我们所取得的一切成就，都是以习近平同志为核心的党中央坚强领导和亲切关怀的结果，是教育部、福建省委的正确领导和福建，厦门各级党委、政府大力支持的结果，是历届校党委、校行政接续奋斗的结果，是全校共产党员勠力团结，全体师生员工共同努力以及广大校友和社会各界、海内外朋友关心帮助的结果。在此，我谨代表中共厦门大学第十一届委员会，向大家表示衷心的感谢，致以崇高的敬意！

回首既往，总结五年来的工作，我们深切体会到：必须把坚持和加强党的全面领导作为根本保证，发挥政治优势，把牢正确办学方向；必须把服务党和国家事业发展作为崇高追求，扎根中国大地办大学，矢志国家富强、民族复兴；必须把立德树人作为根本任务，不断提高人才培养质量，办好人民满意的教育；必须把人才队伍作为关键力量，深入实施卓越人才战略，不断增强学校核心竞争力；必须把深化改革作为强劲动力，以创新驱动高质量发展；必须把依靠师生、凝聚各方作为基本方略，最大程度汇聚力量共同推动学校事业发展。

眺望前路，筑梦一流，我们也必须清醒地认识到，对标以习近平同志为核心的党中央的重要期许，对表教育强国建设的重大部署，对比世界一流大学的发展态势，对照师生员工和人民群众的热切期盼，我们的很多工作还亟须加强和提升：在加强党的全面领导、推进全面从严治党方面，与党中央的要求还存在差距；在全面贯彻党的教育方针方面，政治站位和思想认识还需进一步提高；在落实立德树人根本任务方面，思想政治工作仍需加大力度、务求实效，拔尖创新人才自主培养能力和质量有待进一步提高；在服务区域发展和国家战略能力方面，具有国际影响力的学术大师和领军人才体量偏小，青年人才队伍、高水平科研团队建设亟待新突破，标志性科研成果产出不够，高峰学科和优势学科建设需要增强；在内涵式高质量发展方面，不平衡不充分问题依然存在，治理体系和治理能力现代化仍需大力推进；在解放思想、改革创新方面，闯的劲头、创的动力不足，敢拼会赢、责任担当意识不强，真抓实干、务求实效作风不硬。对此，我们必须高度重视，在今后工作中坚持大兴调查研究之风，加大解决实际问题力度，推动解决真问题、真解决问题、问题真解决，在新时代新征程上谱写新篇章、创造新业绩，决不辜负习近平总书记和党中央的期望。

二、与时俱进建设世界一流大学的新使命新任务

强国必先强教，建设教育强国，龙头是高等教育，重中之重在一流大学。厦门大学为国而立、因国而兴。一百多年来，学校始终与祖国同呼吸、与民族共命运、与时代同步伐，在服务国家发展中逐步成长起来，成为国家一流大学群体的重要一员。当前，“两个大局”相互交织，新一轮科技革命和产业变革迅猛发展，创新成为大国综合国力较量的决定性因素。教育、科技、人才是全面建设社会主义现代化国家的基础性、战略性支撑，是创新能力建设一体化推进的关键要素。一流大学作为科技第一生产力、人才第一资源、创新第一动力的重要结合点，是大国博弈的“战略重器”，是党和国家超前布局、应对变局、开拓新局的关键力量。

我国正全力加快建设教育强国，一批高校正奋力推进世界一流大学建设。迈上新百年征程的厦门大学，迎来了成就梦想、教育强国的战略机遇期，进入了赶超跃升、迈向一流的攻坚冲刺期，但也处于逆水行舟、滚石上山的负重承压期。机遇前所未有，挑战也前所未有。我们必须以舍我其谁、担当作为的使命感，时不我待、只争朝夕的责任感，不进则退、慢进亦退的紧迫感，保持永不懈怠的精神状态和一往无前的奋斗姿态，深刻回答好“强国建设、厦大何为”的时代课题。

思想决定方向，使命引领未来。与时俱进，首要是以习近平总书记的殷切嘱托为根本指引。习近平总书记长期关心厦大发展、关爱厦大师生，对学校建设发展高度重视、大力支持。每逢改革发展的关键节点，习近平总书记都给予学校悉心指导、把脉定向。在庆祝建校 80 周年之际，习近平同志出席庆祝活动并致辞，希望学校建设成为我国特别是东南部地区高水平创新人才培养、高新技术研究和成果转化、高层次决策咨询的重要基地；在庆祝建校 90 周年之际，习近平同志发来贺信，希望学校牢记办学使命，不断开拓创新，更好地服务国家和海峡西岸经济社会发展；在庆祝建校 100 周年开启新征程的关键时刻，习近平总书记再次发来充满深情厚爱的重要贺信，肯定学校为国家富强、人民幸福和中华文化海外传播作出的积极贡献，希望学校与时俱进建设世界一流大学。习近平总书记的殷切嘱托，为我们奋进新征程、再创新辉煌提供了根本遵循、注入了强大动力。

——我们要牢记嘱托、勇担使命，始终以习近平总书记赋予的光荣使命为奋斗目标。习近平总书记为厦大擘画发展蓝图，希望学校与时俱进建设世界一流大学，为增强中华民族凝聚力和向心力，为全面建设社会主义现代化国家、实现中华民族伟大复兴的中国梦作出新的更大贡献。我们要深刻领会习近平总书记对厦大的期待期望，胸怀“两个大局”，在强国建设中找准位置，抢抓机遇，锐意进取，奋勇争先，更加明确学校在科教兴国战略、人才强国战略、创新驱动发展战略和推进祖国统一大业中的地位作用，“努力把厦门大学办得更好”，在中国式现代化进程中不断作出厦大贡献。

——我们要牢记嘱托、勇担使命，始终以习近平总书记的谆谆教诲为行动指南。全面提升服务区域发展和国家战略能力，是习近平总书记对新时代厦门大学建设发展提出的明确要求。我们要深刻把握习近平总书记为学校发展指明的方向，不忘立德树人初心，牢记为党育人、为国育才使命，“继续练好内功，更新观念，突出重点、特色”“把为所在地区服务与为全国服务统一起来”，发挥“厦大效应”，更好地在“科教兴国”“科教兴省”战略中发挥示范带头作用，奋力谱写中国特色世界一流大学建设的厦大篇章。

——我们要牢记嘱托、勇担使命，始终以习近平总书记对学校改革创新的重要指导为突破路径。习近平总书记始终希望厦大开拓进取、加快发展，突出办学特色，提高办学质量。我们要深刻领悟习近平总书记对学校改革发展提出的指导要求，不断解放思想，敢为人先，进一步“激活体制，激励效益，抓好体制创新、科技创新和科技成果的转化”，着力破除制约高质量发展的体制机制障碍，推进治理体系和治理能力现代化，为中国式高等教育现代化提供厦大经验。

——我们要牢记嘱托、勇担使命，始终以习近平总书记对学校弘扬优良传统的指示要求为精神动力。习近平总书记在重要贺信中高度肯定了厦大的光荣传统、办学成效、优良校风和鲜明特色，这是对我们的极大鼓励和莫大鞭策。我们要深刻体认习近平总书记对学校一以贯之的深情厚望，弘扬嘉庚精神，切实增强感恩奋进、实干争先的高度自觉，“学习老一辈科学家的奉献精神和敬业精神”，坚定发展信心，凝聚发展共识，汇聚起共建世界一流大学的厦大力量。

追求一流是一个永无止境、不断超越的过程，一流大学建设也是一个认识不断升华、实践不断深化的过程。与时俱进，就是要继续拓展和丰富一流大学的新时代内涵。面向新百年，我们要以更高站位、更加开放的视角加快理念更新、战略迭代，走出一条建设中国特色世界一流大学的新路。

——以一流党建引领一流大学建设。党建引领高校事业发展是社会主义大学的制度优势。我们要发挥学校党委总揽全局、协调各方的领导作用，切实把党的领导优势转化成最大发展优势，推进党建与事业发展深度融合，以“双重动力”保障一流大学建设行稳致远。

——以一流体系支撑一流大学发展。一流的办学体系是支撑一流大学的四梁八柱。我们要加快形成更高水平、一体贯通的育人体系，构筑群峰崛起、交叉融合的学科体系，打造大师云集、英才辈出的人才体系，构建系统完备、效能彰显的治理体系，优化全面有力、持续健康的保障体系，夯实一流大学高质量发展的根基。

——以一流生态涵育一流大学文化。一流的大学生态是孕育一流、激发一流的土壤。我们要强化一流意识，以卓越为理念，以至善为追求，以体制机制创新为突破，大力培育一流的政治生态、育人生态、创新生态和服务生态，弘扬优良党风校风教风学风，努力形成“最新最完善之文化”。

——以一流能力展现一流大学作为。一流的办学能力是展现一流作为的基础和条件。我们要对标世界一流，全面增强人才培养、科学研究、社会服务、文化传承创新、国际交流合作能力，以提升自身能级高位服务国家和区域发展，努力培育一流人才、创造一流成果、作出一流贡献。

理念指导实践，目标牵引战略。与时俱进，就是要紧密对接中国式现代化的重大战略部署。我们要把实现自身发展的“小逻辑”统一于服务国家发展的“大逻辑”，始终与党和国家同向同行、与强国建设同频共振。

党的二十大提出全面建成社会主义现代化强国的“两步走”总体战略安排，这是我们与时俱进谋划新百年发展的基本遵循。我们要贯彻落实习近平总书记关于教育强国建设的重要讲话精神，深刻把握学校在“全国一盘棋”中所处的独特地位，全面落实习近平同志在厦门大学建校80周年、90周年、100周年的重要讲话和重要贺信中对学校一脉相承的期许和要求。我们要秉持嘉庚先生的立校志向，不负先贤苦心，努力把学校建成“我国南部之科学中心点”“文化中心点”“东南亚之理想大学”。我们要扎根福建、立足东南、面向世界，跳出厦大看厦大，跳出厦大办厦大，建设成为与东南亚各国及台港澳地区教育、科技、文化交流的窗口，着力服务祖国统一大业，在教育强国中找准学校建设世界一流大学的目标定位。

习近平总书记指出，“办好中国的世界一流大学，必须有中国特色”。世界一流大学都有各自独特的使命任务和优势特色，一个国家的高等教育体系需要有一流大学群体的有力支撑，正是一流大学的多样性，使一流大学成为一个群体而不是千篇一律、千校一面。我们要充分发挥“侨、台、特、海”区位优势，彰显“海峡、海丝、海洋”办学特色，在与时俱进建设世界一流大学中，建成中国高等教育东南中心，成为国家东南人才中心和创新高地。这是百余年厦门大学办学治校的历史逻辑、实践逻辑和发展逻辑相统一的结果，是建设具有厦大风格的中国特色世界一流大学责无旁贷的使命和责任。

建设中国高等教育东南中心，要求我们强化自身在东南区域高等教育的“头雁”地位，发挥龙头牵引作用，打造教育强国的东南梁柱；要求我们强化自身作为两岸教育、文化、学术交流的重镇，发挥示范引领作用，打造两岸融合发展的东南窗口；要求我们强化自身面向东南亚、面向“一带一路”的桥梁纽带功能，发挥辐射带动作用，打造增强中华民族凝聚力和向心力、促进中外文明交流互鉴的东南灯塔。

从现在起，我们的中心任务是：以高质量党建引领学校事业高质量发展，全面建设中国特色世界一流大学，全力推进教育强国建设，加快建成国家高等教育东南中心，为中国式现代化提供强有力支撑。为此，学校总的战略安排是分两步走：到2035年跻身世界一流大学行列；到21世纪中叶进入世界一流大学前列。

到2035年，学校的远景目标是：党建引领发展的优势更加彰显，办学活力和创新动能更加澎湃，人才自主培养、科研创新和社会服务能力全面增强，文化引领效应更加凸显，在中国式教育现代化建设中走在前列，建成高水平中国高等教育东南中心，为全球高等教育作出更大贡献。在此基础上，我们继续奋斗，乘势而上，到21世纪中叶，进入世界一流大学前列，为全面建成社会主义现代化强国、为人类文明进步作出卓越贡献。

未来五年，学校的总体目标是：党对学校的全面领导更加坚强有力，高质量人才培养体系更加健全完备，产出一批高显示度原创性引领性成果，哲学社会科学的影响力显著提升，更多学科进入国内领先、世界一流行列，加快建设中国高等教育东南中心，涌现一批享有国际声誉的战略科学家和具有全球竞争力的青年领军人才，学校国际竞争力持续增强，加速迈进“双一流”建设大学方阵前列、加快迈向世界一流大学行列。

建设世界一流大学是一项伟大而艰巨的事业，前途光明，任重道远，我们要勇挑重担、真抓实干，为与时俱进建设世界一流大学而团结奋斗。前进道路上，必须牢牢坚持以下重大原则：

——坚持和加强党的全面领导。深刻领悟“两个确立”的决定性意义，增强“四个意识”、坚定“四个自信”、做到“两个维护”，夯实党的全面领导的强大基础，确保党中央决策部署在学校得到全面贯彻落实。

——坚持立德树人根本任务。以为党育人、为国育才为根本目标，树牢人才培养中心地位，加强拔尖创新人才的有组织培养，促进学生全面发展，着力培养在社会主义现代化建设中可堪大用、能担重任的栋梁之材。

——坚持服务“国之大者”。胸怀“两个大局”，自觉将一流大学建设与服务国家发展有机融合起来，全面提升服务区域发展和国家战略能力，成为国家核心利益的坚定维护者和中华民族伟大复兴的积极贡献者。

——坚持以师生为中心。尊重师生主体地位，把握师生需求，维护师生利益，激发师生智慧，坚持发展为了师生、发展依靠师生、发展成果由师生共享，让全体师生在一流大学建设中更好地实现人生出彩。

——坚持改革创新发展。发扬敢为人先、敢闯会创的传统，准确识变、科学应变、主动求变，深入推进改革创新，大力加强基础学科、新兴学科和交叉学科建设，为一流大学建设蓄势赋能。

——坚持弘扬厦大精神。以“嘉庚精神”为源流，以“自强不息、止于至善”校训为精髓，发扬“爱国、革命、自强、科学”的优良校风，阐扬“感恩、开放、创新、和谐”的文化特质，弘扬“与时俱进、勇立潮头”的时代精神，凝聚起共筑世界一流大学的强大合力。

同志们！与时俱进建设世界一流大学，是厦门大学奋进新百年最鲜明的主题，也是厦门大学建功新时代最激昂的乐章。站在新的历史方位上，我们正处在大有可为、大有作为的最好时期。目标令人鼓舞、催人奋进，我们这一代厦大人使命光荣、责任重大。我们务必不忘初心、牢记使命，务必谦虚谨慎、艰苦奋斗，务必敢于斗争、善于斗争，把握历史机遇、增强历史主动，推动学校各项事业在更高层次实现新的历史性跨越。

三、坚持内涵式高质量发展，全方位推进一流大学建设

高质量发展是建设世界一流大学的首要任务。首先是推进厦大的高质量发展，在此基础上更好地服务支撑全局的高质量发展。我们要完整、准确、全面贯彻新发展理念，注重内涵、优化结构，全面推动能级提升，不断增强核心竞争力，全方位推进学校各项事业高质量发展。

（一）聚焦立德树人，打造拔尖创新人才自主培养的重要基地

只有培养出一流人才的高校，才能够成为世界一流大学。我们要切实落实立德树人根本任务，实施“博学至善”行动，坚持育人为本、质量为先，通过有组织拔尖创新人才培养，走好人才自主培养之路，造就更多具有引领性、人文性、时代性、开放性的卓越人才。

强化思想引领。坚持用习近平新时代中国特色社会主义思想铸魂育人，深入推进“时代新人铸魂工程”，推动习近平新时代中国特色社会主义思想和党的二十大精神进教材、进课堂、进头脑。加强“大思政课”建设，持续深化思政课“三位一体”教学模式改革，为学生提供更丰富的成长体验和更广阔的实践舞台。深化“三全育人”综合改革，推进“一站式”学生社区建设，拓展“青年马克思主义者培养工程”，夯实青年学生信仰信念之基。加强思想政治课教师和辅导员队伍建设，全方位提升思想政治工作队伍素质能力，以一流的思想政治工作成效促进学生成长成才。

创新培养模式。深化“三个转变”改革，推进教育数字化转型，构建“智慧学习、智慧教学”新形态。畅通创新平台向人才培养开放的通道，以高水平科学研究带动高水平人才培养。以需求为导向，以学科为依托，探索拔尖创新型、卓越应用型、交叉复合型人才分层培养体系。优化专业结构，促进交叉融合，打造一流本科专业体系，强化本硕博贯通培养。深入推进科教融汇、产教融合，聚焦国家战略紧缺和新兴交叉领域，深入实施“南强基础学科拔尖创新人才培养计划”“南强优秀博士生培育计划”“工程硕博士培养专项”，深化专业学位研究生改革，构建卓越研究生分类培养体系。完善教学内部质量保障机制，提升教师教学能力，打造师生成长共同体。

注重能力养成。强化“五育”融合，健全学风建设长效机制，深化通识教育改革，加强体育、美育和劳动教育，推进高水平心理健康教育，促进学生全面发展。注重学生创意创新和批判性思维培育，依托国家双创示范基地等平台，推动产教融合协同育人，以“互联网＋”大赛、“挑战杯”竞赛等为抓手，以赛促教、以赛促学、以赛促创，培养敢闯会创的拔尖创新人才。构建高质量就业育人体系，健全重要行业和关键领域人才培养输送机制，鼓励学生把个人理想追求融入党和国家发展大局，引导学生建功立业新时代。

（二）坚持人才强校，打造近悦远来活力迸发的重要人才中心

一流大学建设，归根结底要靠一流人才。我们要坚持党管人才，强化人才是第一资源的理念，实施“群贤竞秀”行动，全方位培养、引进、用好人才，以人才引领驱动，打造国家战略人才力量的东南中心，强化现代化建设的人才支撑。

深化人才制度改革。坚持和加强党对人才工作的全面领导，健全学校党委牵头抓总、学院党委主体负责、基层党支部引领关怀的党管人才工作体系，优化校院联动、部门协同、运转有序的人才工作格局。推行人才引育目标责任制，健全“一把手”抓人才机制，推动各单位领导班子积极担负起发掘、培养、凝聚优秀人才的职责。坚持将师德师风作为人才引进、职务评聘、考核评优的首要要求和第一标准。加强人才服务保障，用好人才引进“绿色通道”，缩短人才引进周期，提高人才引进效率。

完善卓越人才体系。坚持培养和引进并重，统筹做好人才“育引用留”工作，拓展人才引进渠道，着力打造聚才引才的强磁场。立足全球视野，以高层次人才为突破口，大力引进领军人才、急需紧缺人才、优秀青年人才。探索在人文社科领域试点设立冠名讲席教授岗位，完善以讲席教授、南强特聘教授、南强重点岗位教授、南强青年拔尖人才等为主体的人才体系，健全内外并轨、梯次递进、全程激励的人才发展机制。优化、均衡各学科人才布局，发挥优势学科人才池作用，建设科学的人才梯队。

优化人才资源配置。坚持以一流为目标，着力构建竞争性资源配置体系。强化机构编制工作的政治属性，合理设置人员编制岗位结构比例，优先保障教学科研需求，向重点学科、特色学科和重要管理岗位倾斜，提升编制岗位使用效益。推动专职科研队伍建设，完善博士后制度，持续提升博士后招收竞争力，不断加强学科研究力量。加大对新引进青年教师的支持力度，着力吸引和培养一批青年学术英才和学科带头人后备人才。提升专业技术队伍支撑服务能力和水平，打造适应一流大学建设需要的高素质党政管理队伍。

（三）优化学科布局，打造特色彰显交叉融合的学科高地

一流学科是一流大学建设之基。我们要以学科建设为主轴，实施“筑峰扬优”行动，统筹学科发展，发挥综合优势，促进交叉融合，打造更多高峰学科、优势学科，建强一流学科体系。

聚焦拔尖筑峰。坚持“强重点、显特色、上水平、创一流”，加快一流学科和优势学科建设，打造学科建设共同体，建强“6＋5＋1＋N”梯次建设、分类发展的学科体系。拓展领跑学科优势，支持一流学科在原始创新、重大理论

和关键技术突破等方面集中发力，冲击世界顶尖水平。激励不同类型学科围绕特色提升质量和竞争力，在不同领域和方向建成一流。加大资源统筹力度，给予优势学科和基础学科长期稳定支持，形成有利于孕育更多高峰学科的资源配置方式。

强化学科牵引。加强学科前瞻性布局和战略性部署，系统谋划学科重点建设方向和领域。通过学科专业与产业链、创新链、人才链深度融合，加强学科、平台、队伍一体化建设，构建具有持续竞争力的学科结构体系。建立学科准入、调整机制，充分发挥学科评估和学位授权点合格评估的导向作用，推动形成与生源、就业、培养质量、资源配置挂钩的学科专业动态调节机制，驱动学科专业良性竞争与协同发展。

推动交叉创新。有效整合优势学科、特色重点学科和一流创新平台，建设学科交叉中心。瞄准新兴方向和前沿领域，做优做强基础学科，支持文理工医交叉，加快建设新文科、新工科、新医科，培育学科新增长点。建立跨学科教师联合聘用、招生联合培养、团队成果认定等管理体制机制，营造有利于学科交叉和交叉学科发展的良好氛围。

（四）强化创新驱动，打造服务国家和区域发展的战略要地

世界一流大学都是在服务自己国家发展中成长起来的。我们要坚持“四个面向”，实施“创新赋能”行动，构建“顶天立地”服务格局，成为国家东南创新高地，以有组织科研推进有组织服务国家和区域经济社会发展，彰显“国家队”担当。

支撑高水平科技自立自强。全面提升“从0到1”自主创新能力，有组织推进战略导向的体系化基础研究、前沿导向的探索性基础研究、市场导向的应用性基础研究，探索符合基础研究规律的全周期支持模式，鼓励自由探索式研究和非共识创新研究。在能源材料、生命健康、海洋环境、空天技术、人工智能、集成电路、碳达峰碳中和等领域，加快布局大科学计划、大科学平台、大科学装置，积极融入国家实验室体系，着力打造“国之重器”。加强科技创新战略规划，主动融入国家和区域创新体系，不断提升关键核心技术协同攻坚能力，完善基础研究、应用研究、成果转化为一体的全链条协同发展机制。提升科技期刊学术质量与影响力，打造学术发表的主场优势，不断巩固和拓展高水平学术阵地。

服务建构中国自主知识体系。充分挖掘福建作为习近平新时代中国特色社会主义思想重要孕育地和实践地的深厚资源，加强习近平新时代中国特色社会主义思想研究，推动学科化构建、学理化阐释、学术化表达。深入实施人文社会科学提升计划，加强高水平人文社科人才队伍建设，促进中国特色哲学社会科学学科体系、学术体系和话语体系发展，打造中国特色哲学社会科学的“厦大学派”。办好哲学社会科学期刊，推进文科实验室建设和哲学社会科学研究范式转型，培育一批经世致用的新型高端智库，不断增强厦大学术影响力和话语权。

融入构建新发展格局。主动融入粤港澳大湾区、长三角一体化、西部大开发等国家区域发展战略。加强与国家部委合作，深化拓展与地方政府、科研院所、行业组织合作的广度深度，加强与头部企业、骨干企业、上市公司创新合作，完善地方研究院建设体制机制，不断开辟服务发展新赛道。做好对口支援和定点帮扶工作，巩固拓展脱贫攻坚成果，服务乡村振兴战略。发挥教育资源优势，为社会提供广泛优质的继续教育，服务学习型大国建设。

全面服务新福建建设。深化拓展与福建省九市一区战略合作，全面实施服务福建全方位推进高质量发展超越行动计划，加快福建省创新实验室建设，推动更多创新成果在闽落地转化。推进厦门大学福州校区建设，建强福建省高等教育研究院，服务教育强省战略。积极参与闽西南、闽东北两大协同发展区建设，建好厦门金砖新工业能力提升培训基地（厦门大学），主动融入、服务厦门综合改革试点。

（五）勇担文化使命，打造引领传承创新的文化桥堡

一流大学是文化传承创新的践行者和引领者。我们要坚守中华文化立场，自觉肩负起文化兴国、文化强国的重要责任，实施“笃信培根”行动，推动中华优秀传统文化创造性转化、创新性发展，服务建设中华民族现代文明。

夯实中国式现代化思想根基。加强马克思主义理论学科建设，建好福建省习近平新时代中国特色社会主义思想研究中心厦门大学研究基地、厦门大学习近平总书记关于教育的重要论述研究中心等平台。深入研究习近平总书记在闽工作期间关于中国式现代化的思考和实践，发挥好厦门大学中国式现代化研究院的作用，全方位多角度研究中国式现代化重大理论与现实问题。加强对中华文明宝库的挖掘整理，用马克思主义激活中华优秀传统文化的生命力并赋予新的时代内涵，促进马克思主义同中华优秀传统文化相结合，为开辟马克思主义中国化时代化新境界作出新贡献。

高水平推动中华文化海外传播。坚定文化自信，树立国际视野，发挥面向海丝、面向东南亚的优势，加强中华文化海外传播话语体系建设，在交流互鉴中提升中华文化的传播力、感召力、亲和力。推进国际中文教育内涵式发展，办好孔子学院，充分发挥马来西亚分校作为中华文化海外传播基地的作用，拓展中华文化海外传播新路径。促进外籍师生学习领悟中华文化，优化文化传播平台，努力探索跨文化传播的厦大模式。

构筑先进文化高地。用好人文、艺术、影视、创意等学科领域优势，推动文化繁荣，拓展中国特色社会主义道路的文化根基，在传承中华优秀传统文化中推进文化创新。赓续厦大百年文脉，提炼展示厦大精神的文化精髓，充分发挥大学文化的示范、引领和辐射作用。实施校园文化建设重点工程，打造原创校园文化精品力作，开展品味高雅校园文化活动，形成百花齐放、美美与共的校园文化氛围。加强文化展馆场所建设，提升校园文化功能。

（六）推动聚力融通，打造高水平向心凝聚的南强阵地

一流大学是凝聚中华民族团结奋进力量的重要阵地。我们要充分发挥学校链接海峡两岸、联通海外侨胞的重要

枢纽作用，实施“聚力报国”行动，凝聚人心、汇聚力量，为增强中华民族凝聚力和向心力作出新贡献。

探索两岸高等教育融合发展新路。贯彻新时代党解决台湾问题的总体方略，积极融入两岸融合发展示范区建设，发挥学校涉台研究、对台交流、与台合作优势，实施两岸高等教育融合发展能力提升计划，建好两岸高等教育融合发展实践基地，培养祖国统一所需的复合型人才。加强与台湾地区高校、企业及社会各界交流合作，打造台湾师生登陆“第一家园”，吸引台湾优秀人才来校学习工作创业，推动两岸青年共同弘扬中华文化，增进两岸同胞心灵契合。推进台湾研究院国家高端智库建设，服务党和国家对台决策。

密切港澳教育交流合作。搭建交流合作平台，增进师生互动，共同开展爱国主义教育，发展壮大爱国爱港爱澳力量。推进与港澳高校高水平务实合作，建立面向青年教师和优秀学生的访学机制，推进教师互聘，搭建多层次、多领域、多形式的校际交流合作网络。支持院系与港澳高校、企业、科研机构联合设立实验室，共建优势学科，协同开展合作，共同服务强国建设。

促进海内外中华儿女大团结。厚植师生爱国情怀，深入实施“石榴籽”育人工程，加强厦门大学铸牢中华民族共同体意识研究基地建设。发挥学校“侨”的优势，依托海外校友力量，提升在海内外侨界的影响力，着力凝聚侨心、汇集侨智、发挥侨力。加强南洋问题和华人华侨研究，着力培养复合型侨务专门人才，深化海内外中华儿女的共同文化认同，形成同心共圆中国梦的强大合力。

(七)致力文明互鉴，打造助推人类命运共同体构建的前沿支点

一流大学是文明交流互鉴的有力推动者。我们要坚持“引进来”和“走出去”相结合，实施“协同万方”行动，有效利用世界一流教育资源和创新要素，促进世界一流大学建设，推动人类文明进步。

构建高水平开放办学新格局。探索国际合作新机制，办好创意与创新学院和中国—OECD联合培养税务法学硕士项目，推进中外合作办学提质增效。积极参与中外高级别人文交流，加强与世界主要大国、周边重点国家、金砖国家的教育文化合作，汇聚全球优质教育资源，深化国际交流合作载体和平台建设，建强“21世纪海上丝绸之路”大学联盟，建好中俄数字经济研究中心。实施世界名校交流计划，加大力度支持学生出国(境)交流学习和深造，提升学生参与国际事务和国际竞争的能力。提升管理服务水平，引进更多高层次外籍教师来校工作。鼓励教师积极参与重要国际学术会议，融入国际学术共同体，扩大全球和区域学术影响力。服务“一带一路”建设，全面提升马来西亚分校办学水平，建好中国—东盟海洋学院，走出具有中国特色的海外办学新路，扩大中国教育的全球影响力。

加强来华留学质量建设。打造“留学中国”精品项目，优化留学教育教学体系，完善符合国际人才培养规律和学科特色的培养方案，拓展留学生来源，扩大留学生规模，推动留学生教育量质齐升，打造优质留学目的地。深入开展“知行中国——全球青年领袖计划”，促进中外学生对话交流，弘扬和平、发展、公平、正义、民主、自由的全人类共同价值，加深留学生对中国的了解和认同。

积极参与全球治理。深入开展新青年全球胜任力人才培养项目，着力培养国际组织和全球治理人才。举办高影响力国际学术会议，鼓励支持教师在国际组织、重要学术刊物等任职，主动参与或牵头组织全球性和区域性的重大科学计划和科学工程。以对外文化、教育、体育、艺术等项目为载体，加强与联合国、国际组织及区域组织的交流与合作，积极参与国际规则、标准制定与实施，为全球治理贡献厦大智慧。

四、深化治理体系改革，塑造高质量发展新动能新优势

推进大学治理体系和治理能力现代化是建设世界一流大学的必由之路。我们要按照责权利相统一的原则，实施“改革自强”行动，围绕“三个有组织”深化综合改革，通过“两个先行先试”促进教育、科技、人才一体化发展，形成具有厦大特色的一流治理体系。

(一)深化教育评价改革，打造正向激励的评价体系

评价是“指挥棒”，关乎办学方向和办学活力。我们要深化教育评价改革，注重改革的系统性、整体性、协同性，构建有利于人才成长的培养机制、有利于人尽其才的使用机制、有利于各展其能的激励机制、有利于各类人才脱颖而出的竞争机制。

深化教育教学评价改革。坚持把立德树人成效作为评价的根本标准，引导全员树立科学的育人目标。坚持以德为先、能力为重，改进学生评价，创新德智体美劳过程性评价办法，完善综合素质评价体系。深入推进基础学科拔尖创新人才选拔，建立长周期贯通培养的拔尖创新人才早期发现和培育机制。改革招生录取机制，探索基于统一高考和高中学业水平考试成绩、参考综合素质评价的多元录取机制，形成科学的人才选拔评价标准。完善教学评价并加强结果运用，突出教育教学实绩，加大教师表彰力度，健全教师荣誉制度。

深化人才评价体系改革。优化各学科各类人才岗位评价指标，完善人才引进评价标准。按照等质等效原则，完善优质优先、分级分类的聘任考核评价指标，充分尊重基础研究规律和取得成果的时间运转周期，构建聘期考核、项目周期考核等过程性和结果性相结合的考核评价新范式，以代表性成果和实际贡献作为岗位等级聘用的重要依据。将专业技术岗位等级聘用改革纳入教师职务聘任和绩效考核评价改革中统筹考虑、一体谋划。建立团队与个人考核相结合的评价方式，形成“共识、共担、共创、共享”的团队评价激励机制。

深化科研创新评价改革。完善“揭榜挂帅”机制，鼓励科研人员牵头承担重大项目。建立基于学科发展特点，综合考量学术贡献、创新质量、知识技术输出能力和社会影响力的科研评价体系。完善自由探索型和目标导向型分类评价，着重评价提出和解决重大前沿问题的原创能力、成果价值、学术影响等，推行代表性成果评价，完善同行专

家评议制度。探索建立促进跨学科合作的考核评价和成果互认机制、交叉研究成果评审认定机制，促进学科交叉融合和交叉学科发展。

（二）深化管理模式改革，打造健全先进的制度体系

坚持和完善中国特色现代大学制度是建设世界一流大学的必然要求。我们要深入推进全面依法治校，完善以大学章程为核心的现代大学制度体系，把中国特色社会主义制度优势更好地转化为大学治理效能。

推进法治厦大建设。以《厦门大学章程》为核心，坚持并不断完善中国特色现代大学制度，着力构建系统完备、科学规范、运行高效、有力支撑一流大学建设的制度体系。完善和落实好校务委员会、教代会、工代会、学代会、研代会等制度，构建多方参与、共同治理、共谋发展的管理体制，完善信息公开机制，保障师生民主管理和民主监督权利。加强内控建设，完善保密制度和网络安全管理制度，防范化解内部风险。坚持依法审计，完善学校审计工作体制机制，更好发挥审计监督作用。

完善学术治理。健全学术治理体系，加强学术委员会、学位评定委员会、教学委员会建设，强化各委员会在学术事务的审议、评定和咨询等方面的作用。完善学部、院系学术组织运行机制，激发基层学术组织创新活力，促进形式多样的学科交叉研究。

深化校院两级管理体制改革。夯实学院办学主体责任，坚持和完善学院党委会（党总支）会议制度和党政联席会议制度，提高学院自我管理、自主发展能力。深入推进综合改革，逐步扩大学院办学自主权，在“放管服”改革中激发学院办学活力。推进机关管理服务方式转变，加强职能部门在政策研究、宏观调控和统筹协调等方面的作用。

（三）深化生态系统改革，打造开放包容的人文环境

一流的校园生态是涵育一流大学文化、产出一流成果、培育一流人才的基础。我们要深化体制机制改革，努力构建契合一流大学建设需要、充满生机活力的生态体系，为师生成长成才提供协调有序、良性循环的健康校园生态。

塑造优良育人生态。推动学校、学院、教师同向发力，树立全员重育、教师乐教、学生爱学的教风学风。深入实施南强教学名师奖励计划，发挥优秀教师榜样带动作用，持续深化全员、全过程、全方位育人。加快构建与高水平人才培养体系相适配的育人环境，打造处处能学、时时可学的书香校园。

涵养协同创新生态。大力弘扬新时代科学家精神，鼓励不同创新文化交汇碰撞，形成多元共存、保护创新、宽容失败的竞合机制，培育包容和谐的创新生态和创新文化。发扬“传帮带”传统，引导学术带头人成为甘为人梯、奖掖后学的表率，让更多青年才俊竞相涌现。尊重学术自由，遵守学术规范，坚守学术品格，严肃查处学术不端行为，营造浓厚学术氛围。

营造人本服务生态。强化以教学科研为重心的服务理念，形成尊师爱生敬教的良好风尚，打造有态度、有理念、有方法、有机制的“四有”服务体系。畅通师生意见表达渠道，加强沟通交流，着力解决师生员工急难愁盼问题。强化机关部门协同合作，改进服务方式，不断提高行政服务效能，推动尊重学生、尊敬学者、尊崇学术的价值理念深入人心。

（四）深化资源配置改革，打造支撑有力的保障体系

建设世界一流大学，离不开一流的综合保障体系。我们要坚持师生至上，秉持共建共治共享理念，在发展中保障和改善民生，不断提高师生员工生活品质，共同创造美好校园。

提升资源筹集和配置能力。完善校院两级资源筹措体系，多元化拓宽筹资渠道，统筹优化办学资源配置。提高科技成果转化收入，增加学校办学收益。创新教学科研单位用房使用管理模式，提高公共资源使用效率，提升大型科研仪器的科学配置与开放共享水平。加强校办企业和国有资产规范管理，确保国有资产保值增值。坚持勤俭办学，大力推进节约型校园建设，全面提升多校区办学综合效能。

持续改善民生。稳步推出更多暖民心的举措，努力提高教职工待遇。加快推动翔安东园保障性住房项目全面竣工，推进老旧小区改造，千方百计帮助教职工解决住房问题。支持办好附属中小学、幼儿园，更好解决教职工子女入学问题。依托附属医院，提高师生员工健康服务水平。精准精细做好离退休工作，不断增强老同志获得感、幸福感和安全感。优化学生资助体系，帮助困难学生健康成长。完善一流后勤服务体系，提高公共服务保障能力。坚持统筹好发展和安全，推进高水平平安厦大建设。

大力推进教育数字化转型。以数字化、网络化、智能化推进流程再造，促进数字技术与教育教学融合发展。实施教学科研硬件设施优化提升工程，提高校园信息化整体水平，加强图书、档案、文博的数字化建设，为师生创造更加智能便捷的工作、学习与生活环境。适应教育数字化带来的教育理念创新和教学模式变革，推进数字资源的应用与共享，打造智慧教育新生态。

五、坚持党的全面领导，全面加强党的建设，为与时俱进建设世界一流大学提供坚强政治保障

坚持党的全面领导、以党建引领学校事业高质量发展是中国特色社会主义大学的本质属性，也是建设中国特色世界一流大学的制度优势。我们要深刻领悟“两个确立”的决定性意义，增强“四个意识”、坚定“四个自信”、做到“两个维护”，学习贯彻习近平总书记关于党的建设的重要思想，全面落实新时代党的建设总要求，毫不动摇地坚持和加强党对学校的全面领导，坚定不移全面从严治党，实施“党建引领”行动，弘扬伟大建党精神，推进党的建设与事业发展深度融合，为一流大学建设保驾护航。

（一）坚持和加强党对学校的全面领导

坚决扛好管党治党、办学治校主体责任，全面、系统、整体地把党的领导落实到办学治校全过程各方面。坚持“第一议题”制度，不断提高政治判断力、政治领悟力、政治执行力，始终在思想上政治上行动上同以习近平同志为核心的党中央保持高度一致。健全学习贯彻落实习近平总

书记重要讲话重要指示批示精神闭环工作机制，确保不折不扣贯彻落实。坚持和完善党委领导下的校长负责制，不断健全党的领导的组织体系、制度体系、工作机制，充分发挥学校党委把方向、管大局、作决策、抓班子、带队伍、保落实的领导作用。完善党委统一领导、督查部门牵头抓总、业务单位分工负责、各方力量协同联动的督查工作体系，推进督查工作常态化、融入化、协同化。

（二）持之以恒用习近平新时代中国特色社会主义思想武装头脑

坚持不懈用习近平新时代中国特色社会主义思想凝心铸魂，巩固拓展党史学习教育成果，持续开展学习贯彻习近平新时代中国特色社会主义思想主题教育，引导师生以学铸魂、以学增智、以学正风、以学促干。强化思想理论建设，更好发挥党委理论学习中心组示范带动作用，完善全面重点学、及时跟进学机制，学深悟透习近平新时代中国特色社会主义思想。建强以习近平新时代中国特色社会主义思想为核心内容的课程群，完善必修课加选修课的课程体系。完善意识形态工作机制，强化意识形态阵地管理，牢牢把握意识形态工作领导权、管理权、话语权。

（三）守正创新推进思想政治工作

坚持把思想政治工作贯穿教育教学全过程，贯通学科体系、教学体系、教材体系、管理体系，全面提升思政课程和课程思政质量。推动理想信念教育常态化、制度化，加强“四史”教育，引导师生不断坚定“四个自信”，厚植爱国情怀，自觉成为中华传统美德的传承者、社会主义核心价值观的践行者。引导教师全面落实“四个相统一”、“四个引路人”和“四有”好老师标准要求，做学生为学、为事、为人的大先生。坚持弘扬主旋律、传递正能量，推进校园媒体融合发展，不断提升内容供给的思想内涵。实施浸润式思政教育，发挥福建省习近平新时代中国特色社会主义思想大学生研习社（厦门大学）的作用，深化学生对马克思主义理论的理解和应用，用党的科学理论武装青年。

（四）深入推进党建与事业发展深度融合

探索以“双重责任—双重动力—双重保障”为主线的“一融双高”厦大融合实践，构建党委领导、党政协同、学院落实、师生参与、制度保障的体制机制，实现党建与事业发展双向赋能。着力推动机制融合、队伍融合、文化融合和平台融合，总结凝练一批探索实践深度融合的经验案例，为深入推进融合工作提供方法借鉴和路径指导。找准党建工作服务党和国家发展大局、服务学校中心工作的切入点和结合点，精心设计强化基层党组织、广大党员作用发挥的有效载体和工作抓手，以高质量党建引领学校事业高质量发展。

（五）全面夯实基层组织建设

打造上下贯通、执行有力、引领一流的组织体系，整体性提升学校党建工作质量。推行“培先培优”计划，增强基层党组织政治功能和组织功能，深化新时代高校党建示范创建和质量创优工作，加强“党建提升与管理创新奖”的示范带动，打造一批有影响力的党建特色品牌。推行“领雁领航”计划，推进“双带头人”教师党支部书记和“扬才计划”学生党支部书记培养项目，建强基层党务工作队伍，发挥基层党建工作联络员作用，加强党员教育管理，强化对专家人才、青年教师骨干的政治引领和政治吸纳。推行“提质提效”计划，重视党支部建设，完善党支部工作标准，建立后进党支部定期排查和定点联系、结对帮扶、教育培训等工作机制，推动基层党组织全面进步、全面过硬。

（六）着力锻造高素质专业化干部队伍

坚持党管干部，落实新时代好干部标准，加强干部工作统筹谋划，扩大选人用人视野，优化干部队伍结构，选优配强各级领导班子，建设堪当民族复兴重任的高素质干部队伍。坚持把政治标准放在首位，做深做实干部素质考察，突出把好政治关、廉洁关。健全培养选拔优秀年轻干部常态化工作机制，强化年轻干部的跟踪培养和监督管理。推进干部校内外交流轮岗、挂职任职，完善多层次立体化干部教育培训体系，重点强化思想淬炼、政治历练、实践锻炼、专业训练。从严从实加强干部监督管理，健全干部考核评价体系，强化考核评价和结果运用，推动干部能上能下走向深入。坚持严管和厚爱相结合，落实“三个区分开来”，激励干部担当作为、提振干事创业精气神。

（七）毫不松懈推进全面从严治党向纵深发展

全面从严治党永远在路上，党的自我革命永远在路上。必须聚焦“两个维护”，推进政治监督具体化、精准化、常态化，加强对“一把手”和领导班子监督，严格落实“一岗双责”，把履行主体责任、监督责任、协助职责统筹起来，健全全面从严治党主体责任体系，层层压实管党治党责任。构建党内外“大监督”体系，以党内监督贯通各类监督协同发力，紧盯重点领域、关键环节和重要岗位，推动监管常在、形成常态、实现长效。加强新时代校园廉洁文化建设，一体推进不敢腐、不能腐、不想腐，让正风肃纪与深化改革、促进治理、推动发展贯通起来。持之以恒贯彻落实中央八项规定精神，深入整治群众身边的不正之风和“微腐败”，坚决纠治“四风”，推进作风建设常态化长效化。深化中央巡视整改，加强内部巡视和巡视整改成果的运用，真正做到以巡促改、以巡促建、以巡促治。打造忠诚干净担当、敢于善于斗争的纪检监察铁军，推进纪检监察工作规范化、法治化、正规化。

（八）同心共建世界一流大学

加强统战工作，加强对党外知识分子的思想引领，支持民主党派和人民团体建设，引导广大统战成员同心共筑厦大梦。增强工会、共青团、妇委会的政治性、先进性、群众性，支持学生会、研究生会依照章程独立自主开展工作，最大限度调动广大师生员工参与一流大学建设的积极性。推进关工委工作，搭建平台、创造条件，积极引导老同志为育人继续作出贡献。加强和创新校友工作，完善校友联络体系，更加精细高效地做好校友服务，凝聚校友共同推动世界一流大学建设。广泛团结社会各界人士和海内外朋友，最大程度汇聚推动学校发展的智慧和力量。

青年兴则国家兴，青年强则国家强。大学对青年成长成才发挥着重要作用，我们要教育引导广大青年坚定不移听党话、跟党走，怀抱梦想又脚踏实地，敢想敢为又善作善成，立志做有理想、敢担当、能吃苦、肯奋斗的新时代好青年，在中国式现代化建设中挺膺担当，在强国建设、民族复兴伟业中展现更多的厦大青春力量！

同志们！站在新的历史起点，全校上下要更加紧密地团结在以习近平同志为核心的党中央周围，高举中国特色社会主义伟大旗帜，坚定不移以党的二十大精神为指引，巩固拓展学习贯彻习近平新时代中国特色社会主义思想主题教育成果，以习近平总书记重要贺信精神领航，以团结汇聚力量、以奋斗创造未来，在新时代新征程上奋力谱写与时俱进建设世界一流大学的崭新篇章，为全面建成社会主义现代化强国、以中国式现代化全面推进中华民族伟大复兴作出新的更大贡献！

厦门大学2023年工作计划要点

2023年是全面贯彻落实党的二十大精神的开局之年，也是学校深入推进"十四五"规划实施和第二轮"双一流"建设的关键一年，学校将召开第十二次党代会。学校工作总体思路是：以习近平新时代中国特色社会主义思想为指导，紧紧围绕深入学习贯彻党的二十大精神这条主线，认真贯彻落实习近平总书记关于教育的重要论述，深刻领悟"两个确立"的决定性意义，增强"四个意识"、坚定"四个自信"、做到"两个维护"，加强党对学校工作的全面领导，全面贯彻党的教育方针，切实落实立德树人根本任务，推动党建与事业发展深度融合，持续塑造学校发展新动能新优势，不断打开中国特色世界一流大学建设新天地，为加快建设教育强国、科技强国、人才强国贡献更大力量。

1.坚持不懈用习近平新时代中国特色社会主义思想和党的二十大精神武装师生头脑。按照党中央统一部署，扎实开展主题教育。深入贯彻落实党的二十大精神，举办处级领导干部集中轮训班，抓好《中共厦门大学委员会关于深入学习贯彻党的二十大精神 在推进中国式现代化进程中与时俱进建设世界一流大学的决定》实施的督促检查。全面推动习近平新时代中国特色社会主义思想进教材、进课堂、进头脑，更好发挥党委中心组学习示范带动作用，开展党员和干部学习班、党校名家讲坛和网络培训。依托习近平新时代中国特色社会主义思想研究中心、习近平教育论述研究中心和中国式现代化研究院，加强对党的创新理论的研究阐释。

牵头单位：宣传部、组织部/党的建设工作办公室、党委政策研究室/发展规划办公室、督促检查工作办公室、党委党校、社会科学研究处

2.不断健全完善党的全面领导体制机制。坚持"第一议题"制度，完善习近平总书记重要讲话重要指示批示精神和党中央重大决策部署的贯彻落实机制。严格执行党委领导下的校长负责制，完善"三重一大"决策制度。加强党建与事业发展深度融合理论与实践探索，出版《高校党建与事业发展深度融合——厦门大学的探索与实践》。完善督查工作机制，构建"大督查"工作格局，推动上级决策部署和学校重要决定落地见效。

牵头单位：学校办公室、组织部/党的建设工作办公室、党委政策研究室/发展规划办公室、督促检查工作办公室

3.认真筹备召开学校第十二次党代会。全面总结学校第十一次党代会以来党的建设和事业发展的经验，科学制定新的五年学校各项事业的目标任务和思路举措，起草好第十二次党代会相关文件。做好党代会代表的推荐提名考察和选举、校"两委"人选的推荐提名、大会选举等各项筹备工作。坚持网上网下一体、内宣外宣联动，营造良好氛围。

牵头单位：第十二次党代会筹备工作领导小组

4.着力建设高素质干部人才队伍。完善选人用人制度体系，选优配强二级单位领导班子，加强"一把手"选配，推进干部交流轮岗、多岗位锻炼。开展优秀年轻干部队伍调研，加强年轻干部培养和储备。着力提高干部队伍专业化能力，办好书记院长履职能力培训班。建立健全干部管理和监督机制，修订中层领导人员能上能下实施细则等制度。召开全校人才工作会议，修订引进人才思想政治考察实施办法，加强高层次人才选聘、管理和服务工作。

牵头单位：组织部/党的建设工作办公室、党委党校、党委人才工作办公室/人事处

5.严格抓好基层党建工作责任落实。召开基层党委（党总支）书记抓基层党建工作述职评议会，抓好党支部书记述职评议考核。健全院系党委会会议、党政联席会议议事规则和党建工作调研督导机制。纵深推进基层党组织标准化规范化建设，整顿软弱涣散党支部。巩固深化新时代高校党建示范创建和质量创优工作，发挥示范创建单位引领带动作用。加强特色党建品牌培育工作，开展"十佳党建品牌"评选。严格党员发展教育管理，加大在专任教师中发展党员力度。

牵头单位：组织部/党的建设工作办公室、教师工作部、学生工作部（处）

6.驰而不息推进全面从严治党。修订校院两级落实全面从严治党主体责任清单，深入开展主体责任落实情况检查。围绕学习贯彻党的二十大精神、巩固拓展中央巡视整改成果等开展监督检查，推进政治监督具体化、精准化、常态化。紧盯重点领域关键环节开展专项监督、"点穴式"督导，加强对"一把手"和领导班子的监督。健全中央巡视整改常态长效机制，推动巡视整改走深走实。做好十一届党委巡视全覆盖总结提升工作，制定校内巡视工作新一轮五年规划。修订贯彻落实中央八项规定及其实施细则精神

的实施办法，持续深化纠“四风”树新风。创新全面从严治党警示教育机制，加强新时代廉洁文化建设。

牵头单位：纪检监察机构、巡视工作领导小组办公室、组织部/党的建设工作办公室、学校办公室

7.扎实做好统战、工青妇、离退休、校友和基金会工作。制定加强新时代统战工作实施意见，编印基层统战工作手册，加强网络统战工作，完善“大统战”格局。召开八届三次教代会暨二十三届三次工代会，启动基层部门工会换届选举工作。关爱女性、离退休教职工健康，办好“全国高校示范老年大学”，支持老教授贡献智慧和力量，做好关心下一代工作。加强党建带团建，改革创新共青团工作，实施基层团组织赋能行动，深化学生会组织和学生社团改革，构建共青团思想政治引领新格局。深化校院两级校友工作机制，完善校友联络和服务工作，推动全球各地校友会规范化建设。推动大额承诺捐赠项目落地落实，加强捐赠资源拓展和捐赠配套服务工作，做好资金保值增值。

牵头单位：统战部、校工会、校妇委会、校团委、离退休工作部(处)、校友总会秘书处、教育发展基金会秘书处

8.做好疫情防控和校园安全稳定工作。稳妥有序推进新型冠状病毒感染“乙类乙管”工作，加强健康驿站建设，做好防疫物资药品储备保障，强化日常健康教育指导。严格落实意识形态工作责任制，加强意识形态安全预警监测、分析研判和风险防控，开展舆情应对培训和提醒指导工作。建立联防联控机制，严防校园传教和宗教渗透。推进技防智治建设，构筑安全防控体系。完善应急预案体系，健全校园安全风险分级管控和隐患排查治理双重预防机制。加强实验室安全管理，抓好安全隐患整改落实。完善保密管理制度和防护措施，完成保密资格认定检查工作。落实网络安全管理制度和责任制，开展攻防演习，提升网络安全保障能力。

牵头单位：应急管理办公室、宣传部、统战部、保卫部(处)、教师工作部、学生工作部(处)、实验室与设备管理处、保密办公室、信息与网络中心

9.提升思想政治工作水平。开展“高举伟大旗帜 争做时代新人”活动，打造“囊萤星火”特色青年理论宣讲品牌。推进“青马工程”和“马研班”建设，争创省级青马工程基地。深化“三全育人”综合改革，制定建设任务方案，加强“一站式”学生社区综合管理模式建设试点工作。深入实施实践育人行动、青年志愿者行动、文化育人行动，推进实践项目品牌化建设。举办专题展览和文博专项活动，发挥博物馆、展览馆和档案馆育人作用。构建精准职业生涯辅导体系，促进毕业生更加充分更高质量就业，增强就业育人实效。办好“行远班”，加强台港澳学生国情教育。做深“石榴籽”育人工程，推进铸牢中华民族共同体意识教育。深入开展师德师风“三个一”提升计划，办好师德师风讲堂。做好师德考核管理，加强教师违规信息沟通联动，健全开展案例警示教育的长效机制。

牵头单位：宣传部、学生工作部(处)、校团委、校工会、档案馆、文博管理中心、教师工作部、党委人才工作办公室/人事处、纪检监察机构

10.推动思政课程与课程思政建设走深走实。深化思政课教学改革，丰富专题教学内容，用好网络教学，做实实践教学，增强学生获得感。夯实课程思政教学研究示范中心建设，持续开展课程思政示范课程、优秀教学案例等遴选建设工作，建设“案例＋微课”资源库，以示范引领辐射带动整体提升。加强“大思政课”建设，开展“行见八闽”实践研学，建设大中小学一体化大思政课实践研学资源平台示范点。

牵头单位：研究生院、教务处、马克思主义学院、教师发展中心、宣传部

11.深入推进“十四五”规划实施和第二轮“双一流”建设。健全“十四五”规划实施监测机制，加强中期目标监测，强化监测成果运用。修订“双一流”建设管理办法、专项资金管理办法，做好年度经费预算安排、项目组织实施、绩效自评等工作。推进教育领域扩大投资后续工作。

牵头单位：党委政策研究室/发展规划办公室、研究生院/学科建设办公室

12.提升内部治理效能。对标构建重塑高等教育评价体系的要求，深入推进新时代教育评价改革。推进全面依法治校，健全法治工作联络员机制和法治述职考核体系，加强规章制度审查，做好合同管理工作，防范化解涉诉风险。深入推进全面实施预算绩效管理，完善内部审计制度体系建设，构建大数据审计工作模式。加强内控建设，提高风险防范意识。加强学校数据管理和数据库建设，用好第三方数据库跟踪学校发展指标变动情况，为科学决策提供数据基础。深化多校区办学机制改革，进一步明确权责清单，规范运行机制，提升管理效能。巩固非学历教育领域问题专项整治成果，理顺各类非学历教育归口管理机制。

牵头单位：党委政策研究室/发展规划办公室、依法治校办公室/合同管理办公室、财务处、审计处、漳州校区管委会、翔安校区管委会、继续教育管理处

13.加强学科建设。坚持“筑峰扬优、交叉创新”，加快推进一流学科和优势学科建设，构建“6＋5＋1＋N”梯次建设、分类发展的学科建设体系，打造“学科建设共同体”。坚持找差距、补短板、强优势，全面分析总结第五轮学科评估结果。完善学科动态跟踪和调整机制，优化学科布局，推动更多学科提质升档，促进学科高质量发展。

牵头单位：研究生院/学科建设办公室

14.深化教育教学综合改革。实施分省(市)招生宣传学院负责制。优化工程硕博士和海外直博专项招生方案。完善多元录取的招生考试选拔机制，推动考试组织方式改革，建立命题质量反馈机制。强化质量标准建设，完善教育教学质量保障体系，提高人才自主培养质量。推进本硕博一体化，完善本硕博贯通培养机制。加强教育教学改革揭榜挂帅项目建设，打造一批系统性示范性改革项目。推动实验教学改革创新。构建数字教育生态体系。巩固传统优势教材，推进新兴领域、新形态教材建设，建立教材奖励制度。

牵头单位：招生与考试办公室、研究生院、教务处、现

代教育技术与实践训练中心

15.提高本科生培养质量。调整优化专业结构，建立“新增—升级/改造—撤销”专业动态调整机制。建立健全课程共建共享机制，探索建立荣誉课程评价体系。深入实施强基计划、基础学科拔尖学生培养计划2.0，完善强基计划学生本研一体化培养方案。提高教学实验室建设水平，探索实验室共建共享机制，出台本科实验教学管理办法。做好新一轮本科教育教学审核评估迎评工作，以评促建、以评促改、以评促管、以评促强。

牵头单位：教务处、学生工作部(处)

16.提高研究生培养质量。完善“南强优秀博士生培育计划”，制定个性化培养方案。开展工程硕博士专项改革试点。推动专业学位研究生教育改革，出台培养管理办法，聘任首批校级“行业产业导师”。加强研究生培养全程质量监控，建立学业进展追踪机制。加强学位授予质量建设，制定工作细则和学位论文质量管理办法。严格博士生中期考核制度，出台博士研究生申请学位创新成果认定的实施细则。

牵头单位：研究生院

17.促进学生全面发展。推进写作教学中心建设，开设中文写作全校性选择性必修课程，试点开设英文写作工作坊。深化体育社团和群众性体育活动改革，完善课外锻炼机制，举办首届体育文化节。深化美育教学改革，丰富美育第二课堂，拓展美育实践基地。推进劳动教育课程实践环节落地见效，加强劳育实践基地建设。深化创新创业教育改革，建设国家双创示范基地、国家级创新创业教育实践基地。

牵头单位：美育与通识教育中心、体育教学部、教务处、学生工作部(处)、校团委

18.推进人才人事制度改革。完善人才引进评价体系，优化各学科人才岗位评价标准，强化精准引才。落实人才育引目标责任制，完善二级学院和部门人才育引评价，探索建立“总量—人均—增速”绩效评价标准。完善聘任聘用制度，打造高质量职称评审体系，做好长聘评估工作。优化教师岗位绩效评价体系，完善学术成果认定方案。改革专业技术岗位等级聘用办法。完善博士后制度改革方案、专职科研队伍设置与管理办法。加强机构编制管理，推进新一轮定岗定编工作。

牵头单位：党委人才工作办公室/人事处、科学技术处、社会科学研究处

19.增强科研创新活力。深化科研“放管服”工作，赋予科研人员科研经费使用管理自主权，激发科研活力。聚焦战略必争领域、关键领域产业链需求，培育、凝练重大攻关项目。推进全国重点实验室、高端电子化学品国家工程研究中心重组工作。推进嘉庚创新实验室、翔安创新实验室和福建海洋创新实验室建设，争创能源和海洋领域国家实验室福建基地。谋划建设国家储能技术产教融合创新平台，加快建设国家疫苗攻关产教融合创新平台，做好集成电路产教融合创新平台验收。推进中俄数字经济研究中心建设。推动文科实验室建设，争创教育部哲学社会科学实验室。加强中国式现代化研究院建设，推动研究成果产出转化。加快推进人文与艺术高等研究院建设，推进科技哲学等五个交叉学科平台建设。推进中国特色新型智库建设。

牵头单位：科学技术处、社会科学研究处

20.加强科技成果转化和社会服务。修订科技成果转移转化组织实施管理办法，做好国家知识产权示范高校验收和贯标认证工作，推进国家知识产权示范高校建设。深入拓展与国家部委、地方政府、行业企业的战略合作，推进福州校区建设，共建衢州高端电子化学品创新研究院。推进厦门科学城、科技园集美园区建设。加强与地方政府、大型企业及行业学会的联络，扩大培训基地，拓宽非学历教育渠道。启动实施人社部、工信部重点培训基地和项目，开展非学历教育督导检查。做好定点帮扶隆德县与挂钩帮扶光泽县工作，深化协同教育振兴乡村和振兴乡村教育，构建科技创新服务体系，全面推进“五大振兴”。做好新增的广西师范大学、三明学院对口支援工作。

牵头单位：资产经营有限公司、国内合作办公室、继续教育管理处、乡村振兴办公室、科学技术处、社会科学研究处

21.扩大高水平教育对外开放。深化与世界顶尖大学务实合作，开展学分互认、学位互授联授。打造一批精品留学项目，扩大留学生规模和质量。推进“21世纪海上丝绸之路”大学联盟建设，办好国际产学研用合作会议。成立中美高校国际中文教师联盟。推进马来西亚分校建设，拓展全球招生，完善人才培养体系，探索总校、分校联合培养外籍生模式。实施教育部对台教育交流项目和两岸高等教育融合发展能力提升项目，办好台港澳学生研习营活动。推进厦门大学澳门中心建设，推动设立和筹集厦门大学澳门教育发展基金。

牵头单位：国际合作与交流处/台港澳事务办公室/海外办学事务办公室、国际中文教育学院/海外教育学院、马来西亚分校、校团委

22.推进基本建设和修缮工程项目。推进海韵园二期、法学院扩建工程建设。推动地铁3号线跨演武路地下人行和车行通道方案设计及项目建设。完成P3实验室工艺工程及翔安校区思源餐厅建设，推动翔安校区博士后公寓一期工程等项目前期工作。完成海滨新区1—3及石井片区学生宿舍修缮、翔安校区新工科大楼和西部片区装修改造、爱秋体育馆和翔安校区学生活动中心修缮等项目。完成漳州校区部分老旧供配电设备改造工程、生化主楼自行车停车场建设。

牵头单位：基建处、资产与后勤事务管理处、漳州校区管委会、翔安校区管委会

23.加强采购和国有资产管理。做好货物、服务和工程采购工作，提升采购绩效。全面推行政府采购负面清单，规范采购流程和行为，防范廉政风险。加强商业店面价值评估、招租和管理，做好部分教学科研单位用房调整工作。完成企业体制改革，深化企业规范管理。

牵头单位：资产与后勤事务管理处、招投标中心、资产

经营有限公司

24.提高公共服务供给能力。深入推进贵重仪器设备开放共享，制定贵重实验仪器设备评价考核管理办法等制度。推进学生宿舍无线网络建设与数据中心机房扩建工程，实施办公自动化等关键业务系统国产化改造，做好新一代云视频会议系统服务平台建设。加强全校文献资源建设与管理，加快数字化转型，提升图书馆空间服务与保障水平。完成档案资源管理系统三期项目验收，启动四期项目建设。改进学籍学位档案管理利用系统。

牵头单位：实验室与设备管理处、信息与网络中心、图书馆、档案馆

25.改善师生学习生活条件。完成大生里回迁交房等后续工作，完成121套高林、五缘湾未配售房源产权办理，推进海韵北区安置房及车位分户产权以及原白城拆迁安置房产权证办理。推进5D管理和智慧后勤建设，启用运营翔安校区思源餐厅。加强电动自行车综合治理，推进翔安校区实体书店和快递服务楼建设。推进高水平开办厦门大学附属翔安实验学校，推动建设厦门大学附属学校。申报设立CET漳州校区考点。完善学生精准资助工作体系，优化应急资助机制。

牵头单位：资产与后勤事务管理处、后勤集团、保卫部(处)、漳州校区管委会、翔安校区管委会、教务处、学生工作部(处)

厦门大学2023年工作总结

2023年，厦门大学坚持以习近平新时代中国特色社会主义思想为指导，按照党中央决策部署和教育部党组、福建省委工作要求，扎实开展学习贯彻习近平新时代中国特色社会主义思想主题教育，全面贯彻落实党的二十大精神，胜利召开学校第十二次党代会，党对学校工作的全面领导更加坚强有力，“十四五”规划实施和“双一流”建设持续深入推进，各项事业发展打开新天地，与时俱进建设世界一流大学跃上新台阶，在回答“教育强国、厦大何为”时代课题中展现新作为。

一、学习贯彻习近平新时代中国特色社会主义思想和党的二十大精神取得新成效

扎实开展学习贯彻习近平新时代中国特色社会主义思想主题教育，校领导班子带头开展7次读书班集中学习研讨，基层党委(党总支)理论学习中心组、读书班以及党支部“三会一课”围绕专题内容广泛开展集中学习研讨；校级领导聚焦9个专题开展调研活动103场，学校二级单位完成调研课题311项；抓好检视整改，全校共确定校级层面问题209项(其中87项专项整治问题)，全覆盖开展整改整治工作；在以学铸魂、以学增智、以学正风、以学促干方面取得了实实在在的成效，中央第57指导组对学校主题教育开展情况给予了充分肯定。编印《党的十八大以来习近平总书记对高校系列重要指示批示精神资料汇编》《习近平同志关心厦门大学发展纪事汇编》，建设“把厦门大学办得更好”专题学习空间。全面学习贯彻党的二十大精神，举办处级领导干部学习贯彻党的二十大精神集中轮训班等各类学习班20期、党校名家讲坛9场，累计培训11657人次；出台贯彻落实党的二十大精神的“决定”，开展专项督查，推动党的二十大精神在学校落地生根。建立贯彻落实习近平总书记重要指示批示精神闭环机制，定期更新贯彻落实台账。按照省委部署，深入开展“深学争优、敢为争先、实干争效”行动，出台贯彻落实的系列举措。

二、学校第十二次党代会擘画新蓝图

深入贯彻落实习近平总书记对学校的殷切嘱托，勇担教育强国使命，全面总结第十一次党代会以来学校工作成绩，深入分析高质量发展的瓶颈，进一步明确学校未来一段时期的中心任务和“两步走”战略部署，科学谋划了“1＋7＋1”行动。会议选举产生了新一届校党委和校纪委，组织新一届校党委常委集体赴赣州、龙岩学习调研，汲取奋进伟力。成立党代会精神宣讲团，开展宣讲活动近100场，开设“理论面对面”“奋进”“微聚焦”等专栏，出台党代会目标任务分解方案，研究制定加快打造中国高等教育东南中心、深入推进世界一流大学建设行动计划，推动党代会各项决策部署贯彻落实。

三、党的全面领导和党的建设工作开创新局面

严格落实“第一议题”制度，认真执行党委领导下的校长负责制，进一步细化学校“三重一大”决策事项，完善全校党委系统、行政系统工作会制度。修订院(系)党委会(党总支)会议和党政联席会议议事规则，完善基层党的制度体系和工作机制。出台学校关于推进党建与事业发展深度融合的指导意见，出版《高校党建与事业发展深度融合——厦门大学的探索与实践》，探索以“双重责任—双重动力—双重保障”为主线的“一融双高”厦大融合实践路径。开展优秀年轻干部队伍调研，加强年轻干部培养和储备，选任中层领导人员51人，交流轮岗42人。修订引进人才思想政治考察实施办法，加强人才政治引领和政治吸纳，提升人才服务保障水平；新发展专任教师党员18名，其中在省部级以上高层次人才中发展党员8名。推动新时代高校党建“双创”工作，出台教师党支部建设工作标准、发展教师党员工作等制度文件，开展离退休教职工“六好”示范党支部创建工作，举办首届“十佳党建品牌”评选活动，入选教育部“高校师生党员基本培训全覆盖”试点单位。召开全面从严治党工作会议暨警示教育大会，修订校院两级落实全面从严治党主体责任清单等制度文件，开展

全面从严治党主体责任落实情况检查。推进中央巡视整改任务落实，143项整改举措已完成142项。持续落实国家审计和四个领域专项清理整改工作，完成审计问题整改147条。建立纪检监察机构与校党委会商机制，出台纪检监察监督巡视监督与审计监督财会监督贯通协同的实施细则。实现一届党委任期内巡视全覆盖，制定巡视工作新的五年规划，开展十二届党委第一轮巡视工作。修订贯彻落实中央八项规定精神及实施细则的实施办法，驰而不息纠“四风”树新风。强化监督执纪，给予函询诫勉3人次、党政纪处分4人次。压紧压实意识形态工作责任，加强意识形态阵地管理。完善应急预案体系，做好值班值守工作，有效防御“杜苏芮”等台风，有力防控新冠疫情和冬季流行性疾病，妥善化解各类矛盾纠纷，校园总体保持安全稳定。完善保密管理制度和防护措施，顺利通过保密资格认定现场审查。

四、统战、群团和离退休工作汇聚新合力

开展“凝心铸魂强根基、团结奋进新征程”主题教育，加强党外代表人士队伍建设，举办“铸牢中华民族共同体意识主题月”系列活动，推动中华民族共同体意识入脑入心。召开八届三次教代会暨二十三届三次工代会，做好教职工病困慰问、福利发放及文体活动等工作，1人获评“全国巾帼建功标兵”称号。贯彻团十九大部署，抓实团员和青年主题教育，深化学生会组织和学生社团改革。调整离退休人员待遇，按照厦门市事业单位标准发放生活补贴；精细化开展离退休工作，举办2023年度教职工荣休仪式；启用离退休教职工南光学习活动中心。推动校友工作与学校人才培养、招生宣传、社会服务更加紧密结合，校友组织规范化和信息化建设工作取得新进展。拓宽筹资渠道，新增捐赠协议86项。捐赠收入财政配比通过合格率99.73%，合格项目数、捐赠收入总额、获配比金额均在全国高校中排名第一。

五、思想政治工作走出新路径

实施“时代新人铸魂工程”，深化“三全育人”综合改革，完善“十大育人”体系，持续推进“一站式”学生社区建设。全面推进“大思政课”建设，“行见八闽”研学实践圈建设取得实效。推动习近平新时代中国特色社会主义思想进教材、进课堂、进头脑。加强思政课程和课程思政建设，新立项示范建设课程53门、示范专业6个，上线课程思政教学资源综合平台。聘任思政课教师28人，完成首批学院党委副书记教师职称评定工作，获教育部高校思想政治工作精品项目立项。打造芙蓉二“青马工程”实践基地，开展“颉颃计划”大学生海外社会实践，实施“花开中国”名校台港澳青年互访计划，举办“情牵厦金”两岸青年学子文化研习营并获国台办点赞；研究生支教团“这条小鱼在乎”育人故事引发全网强烈反响，1人获第十四届中国青年志愿者优秀个人奖。深入实施校园文化育人工程，《哥德巴赫猜想》原创话剧在国家大剧院上演。推进师德师风提升计划，建立健全教职员工准入查询制度，实施师德考核管理，召开师德师风建设工作推进会；大力弘扬教育家精神，举办首届新教职工入职典礼，进一步做好岗前培训。强化先进典型示范引领，公共卫生学院国家传染病诊断试剂与疫苗工程技术研究中心教师团队入选第三批“全国高校黄大年式教师团队”，表彰学校首批“服务育人示范岗”。

六、重点建设改革任务取得新进展

推进第二轮“双一流”建设，完成中期自评工作。优化学科专业结构，新增航空宇航科学与技术、基础医学、药学3个一级学科博士学位授权点和知识产权、体育2个硕士专业学位授权点，6个本科专业停止招生。航空航天学院、萨本栋微米纳米科学技术研究院、医学院、电影学院等建设改革深入推进。推进学科交叉和交叉学科建设，举办交叉学科论坛。加快“十四五”规划实施，健全规划实施监测机制，开展规划实施中期评估，推动规划关键指标和目标任务落实。深化新时代教育评价改革，开展阶段评估，聚焦关键内涵指标加快推进相关领域评价体系改革工作。推进学校治理体系现代化，《厦门大学章程》修订获教育部核准发布；进一步完善内控制度和廉政风险防控体系，建立法治工作联络员机制，规范教学科研单位合同管理。

七、人才培养质量得到新提升

推进本科招生宣传学院包省制改革，优化研究生招生模式，整体生源质量稳中有升。完成新一轮本科教育教学审核评估工作，建立本科生学业预警等质量保障机制，审核评估获教育部专家组肯定。以第一单位获2022年国家级教学成果奖13项，并列全国高校第十位。28门课程入选国家级一流本科课程，获教育部第四届杰出教学奖1项、创新创业英才奖1项。入选教育部首批“国优计划”试点高校和首批“涉外法治人才协同培养创新基地（培育）”名单，数学、物理、经济、化学、生物科学入选教育部本科教育教学改革工作计划（“101计划”）工作组单位名单。实施南强教学名师奖励计划，首批表彰7名教师和3个教学团队。探索拔尖创新人才培养模式，优化强基计划转段培养方案，完善南强优博培育实施办法，出台博士研究生申请学位创新成果认定实施细则。促进学生全面发展，推进美育第二课堂和写作课程建设；探索体教融合新实践，举办首届体育文化节。师生团队在各类高水平科创竞赛、学业竞赛中斩获佳绩，获评“中国研究生创新实践系列大赛十年发展重要贡献单位”。加强教材建设与管理，4本教材入选“十四五”首批职业教育国家规划教材。推动毕业生更充分更高质量就业，总体去向落实率95.10%，本科深造率53.59%，到国家重点行业和领域就业比例58.2%。

八、人才队伍建设迸发新活力

新增中国科学院院士2人、中国工程院院士1人。新增国家级领军人才17人，其中国家重大引才计划领军人才3人、教育部“长江学者奖励计划”特聘教授3人、教育部“长江学者奖励计划”校企联聘学者2人，国家杰出青年科学基金获得者4人、“国家特支计划”领军人才5人；新增国家级青年人才39人，其中国家重大引才计划青年人才20人、教育部“长江学者奖励计划”青年学者4人、“国家特支计划”青年拔尖人才7人、国家优秀青年科学基金获得者8人。50人入选国家资助博士后研究人员计划，其中4人入选“博新计划”。1人获全国创新争先奖，2人获何梁何利奖，1 人入选第二届“新基石研究员”，1 人获科学探索奖。完善卓越人才体系，在人文社科领域试点设立冠名讲席教授岗位，试行专职科研岗位设置与管理办法。加大人才引育力度，推进人才引育目标责任制实施。

九、科研创新水平再攀新高峰

海洋负排放(ONCE)国际大科学计划获批立项，是中央科技委审批通过的第一个、国务院批复立项的第二个国际大科学计划；推进国家重点实验室重组，获批传染病疫苗研发全国重点实验室、医学攻关国家产教融合创新平台、多媒体可信感知与高效计算教育部重点实验室、教育部干眼医药基础研究创新中心；推进嘉庚创新实验室、翔安创新实验室高水平建设，加快筹建福建海洋创新实验室；获批铸牢中华民族共同体意识研究基地和国家革命文物协同研究中心 2 个全国性科研平台；获批福建省首批哲学社会科学重点实验室 8 个，精简校级文科科研机构设置。获科技部重点研发牵头项目 15 个，主持课题 24 项；获国家自然科学基金 345 项；国家社科基金各类立项总数位居全国高校第四，其中冷门绝学研究专项数量位居全国高校第一。以第一或通讯作者单位在《自然》《科学》《细胞》正刊发表论文 7 篇；1 项成果入选 2022 年度中国科学十大进展；以第一单位获福建科学技术奖 22 项，获福建省第十五届社会科学优秀成果奖 114 项，首次在科技奖、社科奖获奖总数及一等奖数量上均位列全省第一。

十、服务发展能力实现新突破

与中国外文局、中国日报社、中国金融期货交易所、山东大学、苏州国家实验室等单位建立战略合作关系。深化拓展与四川省、重庆市、山西省、广西壮族自治区、宁夏回族自治区等校地合作。与衢州市共建衢州高端电子化学品创新研究院。融入新福建建设，共建福建省高等教育研究院，与泉州市、龙岩市等签署校地合作协议，做好省内高校对口支援工作。与厦门市召开第三次市校合作联席会议，加快打造“名城＋名校”的典范样板。与厦门市共建世界知识产权组织在华技术与创新支持中心，通过高等学校知识产权管理体系认证。组织参与金砖国家新工业革命伙伴关系创新基地发展报告撰写和中国—金砖国家新时代科创孵化园建设，扎实推动综合服务中心运营。全球首个戊型肝炎病毒抗原尿液检测试剂盒、全球首条 23.5 英寸 Micro-LED 激光巨量转移示范线、高性能兆瓦级 PEM 制氢装备等系列成果助力产业发展。围绕两岸关系、高等教育、经济政策、公共治理等领域，为各级党委、政府提供了高质量咨政服务。圆满完成中央定点帮扶和福建省挂钩帮扶任务，连续 4 年获评中央单位定点帮扶工作成效考核评价最高等次，产业帮扶案例获评教育部第七届、第八届直属高校精准帮扶典型项目。签署新一轮市校共建厦门大学附属翔安医院协议，厦门大学附属龙岩中医院揭牌。加大继续教育资源供给，培训规模和培训收入均创历史新高，入选教育部学习型社会建设(高等继续教育领域)重点培育建设任务 1 项。

十一、对外交流合作开辟新赛道

深入总结马来西亚分校办学十周年经验及成效，举办办学成果展及交流座谈会。马来西亚分校新增神经科学和行为学、工程学进入 ESI 全球前 1%，本硕博专业设置规模扩大，1 人获评马来西亚杰出青年教育工作者。落实中央支持福建探索两岸融合发展新路的战略部署，提升服务两岸高等教育融合发展能力，深化与金门大学等台湾高校交流合作，着力打造台湾师生登陆“第一家园”。积极融入粤港澳大湾区建设，拓展与香港科技大学等高校的多领域合作。进一步发挥区位优势，加强与东南亚国家高校的务实合作。与纽约电影学院等 23 所世界知名高校新签协议，举办 2023 高等教育国际论坛年会。加强多边交流合作，推进“21 世纪海上丝绸之路”大学联盟建设，举办海上丝绸之路国际产学研用合作会议。

十二、办学条件和师生保障获得新改善

积极争取财政资金，学校本级综合财务收入到账 68.43 亿元。翔安校区动物及生物安全三级实验室工艺工程，信息学院 5、6 号楼改扩建工程顺利竣工。地铁 3 号线跨演武路地下车行通道开工建设，海韵园二期、法学院扩建、翔安校区博士后公寓一期 A 地块、快递服务中心等项目有序推进。完成思明校区新区 1 至 3 号楼学生宿舍、翔安校区西部片区及学生活动中心修缮，完成思明、翔安校区雨污分流改造。完成信息学院和电子科学与技术学院搬迁翔安校区工作；做好学校第一批老旧小区改造、大生里教工住宅回迁。翔安东园保障性人才房一期竣工建成，二期开工建设；漳州校区教师公寓二期主体全部完工；高林、五缘湾未配售房源及海韵北区产权办理均取得重要进展。实验室安全管理体系更加健全，在科技部、财政部组织的科研仪器与设施开放共享评价考核中获评“优秀”，位居全国高校第六。完成“新囊萤计划”项目建设，为在校生提供全校区免费 Wi-Fi 接入服务；做好办公自动化等关键业务软件国产化改造。完成鲁迅纪念馆展陈更新，推进档案文博数智化建设，推出校史馆和革命史馆线上 VR 展馆。智慧图书馆建设稳步推进，便捷式开展科技查新、成果收录引用证明等学科咨询服务。推动翔安校区周边基础教育资源提质升级，推进附属翔安实验学校高水平办学，签署市校共建厦门大学附属学校框架协议。推进一流后勤建设，1 个集体获评“全国青年文明号”，翔安校区思源餐厅建成开业。成功申报设置漳州校区 CET 考点，翔安校区新华书店校园店及美育与通识教育中心博雅空间投入使用。成功举办嘉庚学院建校 20 周年系列庆祝活动。提升幼儿园办园水平，举办建园 70 周年庆祝活动。思明校区、翔安校区电动自行车综合治理平稳推进。深入践行“四下基层”工作制度，聚焦师生急难愁盼问题开展调查研究，师生员工的获得感、幸福感得到进一步提升。

·专　文·

在厦门大学庆祝中国共产党成立102周年暨2022—2023年“两优一先”表彰会上的讲话

（2023年6月30日）

张　荣

同志们：

在全党深入开展学习贯彻习近平新时代中国特色社会主义思想主题教育之际，我们在这里举行庆祝中国共产党成立102周年暨2022—2023年“两优一先”表彰会，学习贯彻习近平总书记重要指示精神，表彰一批先进典型，激励全校各级党组织和广大党员、党务工作者弘扬伟大建党精神，在以高质量党建引领学校事业高质量发展征程中对标先进、争创一流。学校党委为23位老同志发放了“光荣在党50年”纪念章，新聘了一批基层党建工作联络员，表彰了5个党建提升与管理创新奖获奖团队、100名优秀共产党员、30名优秀党务工作者和30个先进基层党组织。在此，我代表学校党委，向所有在学校发展中作出重要贡献的老党员、老同志致以崇高的敬意，向本次受到表彰的所有集体和个人表示热烈的祝贺！同时，也向辛勤奋战在全校各个岗位上的师生党员致以节日的问候！

令我们倍感振奋的是，在即将迎来中国共产党成立102周年之际，习近平总书记对党的建设和组织工作作出重要指示，并代表党中央向全国广大共产党员致以节日的问候。习近平总书记强调：“实现党在新时代新征程的使命任务，党的建设和组织工作要有新担当新作为。要坚持以习近平新时代中国特色社会主义思想为指导，全面贯彻党的二十大精神，深刻领会党中央关于党的建设的重要思想，深入落实新时代党的建设总要求和新时代党的组织路线，深入推进新时代党的建设新的伟大工程，以坚持和加强党中央集中统一领导为最高原则，以忠诚为党护党、全力兴党强党为根本使命，以解决大党独有难题、健全全面从严治党体系为重大任务，坚持不懈用党的创新理论统一全党思想意志行动，不断严密上下贯通、执行有力的组织体系，着力建强堪当民族复兴重任的高素质执政骨干队伍，加快建设世界重要人才中心和创新高地，持续深化模范部门和过硬队伍建设，不断提高组织工作质量，为更好地以党的伟大自我革命引领伟大社会革命，推进强国建设、民族复兴伟业提供坚强组织保证。”习近平总书记的重要指示，为做好党的建设和组织工作指明了前进方向。我们要深入学习领会、认真贯彻落实，不断推动学校党建工作开创新局面。

回顾一年来，学校党委坚持以习近平新时代中国特色社会主义思想为指导，全面贯彻党的二十大精神，落实落细立德树人根本任务，积极探索党建与事业发展深度融合的方法路径，党对学校工作的全面领导更加坚强有力，高质量的党建工作为学校内涵式高质量发展赋予了强大动力。

一是党组织政治功能和组织功能持续增强。我们坚定拥护“两个确立”、坚决做到“两个维护”，不断健全学习贯彻习近平总书记重要讲话重要指示批示精神和党中央决策部署的工作机制，持续推动学习贯彻党的二十大精神和习近平总书记重要贺信精神落地生根。我们认真筹备第十二次党代会，科学谋划新时代新征程办学治校的总体思路和战略部署，努力把习近平总书记对学校的殷殷嘱托变成美好现实。我们坚持抓基层强基础，巩固拓展新时代高校党建示范创建和质量创优工作，打造一批具有厦大特色的党建工作品牌，努力把基层党组织建设成为引领改革发展的坚强战斗堡垒。

二是主题教育走深走实见行见效。我们坚决贯彻落实党中央决策部署，高起点谋划、高质量开展主题教育。坚持把学深悟透习近平新时代中国特色社会主义思想摆在首位，牢记嘱托学、全面系统学、及时跟进学，在突出重点、融会贯通上下功夫；坚持把做好调查研究作为开展主题教育的政治要求和工作抓手，广泛开展调查研究，在解题攻关、破题见效上下功夫；坚持把习近平总书记对高等教育、对学校改革发展的殷切期望作为根本遵循，查找差距、研提对策，在真查实改、贯穿始终上下功夫；坚持将开展主题教育与推动学校事业发展紧密结合，用好调查研究成果和检视整改清单，在凝心聚力、提神振气上下功夫。广大党员、干部对习近平新时代中国特色社会主义思想的理解更加深刻，推动学校内涵式高质量发展的精气神更加昂扬。

三是党建与事业发展融合更有深度。我们把加快推进党建与事业发展深度融合作为与时俱进建设世界一流大学的战略支撑、实践路径和动力保障，坚决克服百年变局和世纪疫情交织叠加带来的困难挑战，人才培养和队伍建设取得积极成效，学科建设和科研成果实现重大突破，在服务国家战略中彰显厦大担当，在教育对外开放中贡献厦大力量，推动学校内涵式高质量发展的倍增效应更加凸显。马上要出版的《高校党建与事业发展深度融合：厦门大学的探索与实践》一书，集中展现了学校探索与实践深度融合的成果和经验，为推动高校党建与高等教育事业发展深度融合提供了“厦大示范”。

习近平总书记指出，建设教育强国，龙头是高等教育。面对党和国家对一流大学建设提出的更高要求、更高期待，迈上新征程的厦门大学，迎来了成就梦想、教育强国的战略机遇期，进入了赶超跃升、迈向一流的攻坚冲刺期，但也处于逆水行舟、滚石上山的负重承压期。机遇前所未有，挑战也前所未有。学校第十二次党代会召开在即，与时俱进建设世界一流大学的使命在肩，我们要认真贯彻落实习近平总书记重要指示精神，坚持以高质量党建引领学校事业高质量发展，聚焦具有全局性意义的战略重点，选取好具有关键性、牵引性、突破性作用的战略支点，着力推进赋能教育强国建设的重点任务。借此机会，我提几点意见。

第一，提高政治站位，在深学细悟中强化使命担当。习近平总书记指出：“我们的高校是党领导下的高校，是中国特色社会主义高校。”坚持党的全面领导，是办好中国特色社会主义大学的根本保证，也是建设中国特色世界一流大学的制度优势。我们要毫不动摇地坚持和加强党对学校的全面领导，坚定社会主义办学方向，加快推进党建与事业发展深度融合，深入落实立德树人根本任务，确保党的教育方针和党中央决策部署在学校得到贯彻落实。要把党的政治建设摆在首位，认真执行“第一议题”制度，不断提高政治判断力、政治领悟力、政治执行力，不折不扣贯彻落实习近平总书记重要指示批示精神和党中央重大决策部署，自觉在思想上政治上行动上同以习近平同志为核心的党中央保持高度一致。要持之以恒在学懂弄通做实习近平新时代中国特色社会主义思想上下功夫，持之以恒学思想、永葆忠诚强党性、立足岗位重实践、团结奋斗建新功，真正把学习成果转化为坚定理想、锤炼党性和指导实践、推动工作的强大力量。

第二，压紧压实责任，在对标对表中夯实组织基础。习近平总书记指出：“坚持大抓基层的鲜明导向，把基层党组织建设成为有效实现党的领导的坚强战斗堡垒，激励党员发挥先锋模范作用。”从高校来看，将全面从严治党不断引向深入的重点在基层，关键在支部。我们要牢牢抓住基层党建工作责任制这个“牛鼻子”，压紧压实基层党建工作主体责任，持之以恒推进全面从严治党。要坚持清单定责，不断健全完善各类责任清单，明确党组织书记第一责任人责任、班子成员“一岗双责”要求，推动各级党组织和党员领导干部各司其职、各负其责，把全面从严治党主体责任放在心上、扛在肩上、抓在手上。要持续抓好《中国共产党普通高等学校基层组织工作条例》的贯彻落实，督促基层党委、党总支强化政治功能，履行政治责任，切实做到“五个到位”；推动党支部加强标准化规范化建设，落实“七个有力”，增强内生动力，成为学校党建与事业融合发展的坚强战斗堡垒；引导广大党员坚定理想信念，在学校改革发展重大任务中奋勇争先，在面对急难险重任务时冲锋在前，充分发挥先锋模范作用。

第三，强化党建引领，在凝心聚力中推动事业发展。习近平总书记指出：“要加快建设教育强国，为中华民族伟大复兴提供有力支撑。”“把加快建设中国特色、世界一流的大学和优势学科作为重中之重。”这一重要论断，凸显了一流大学在强国建设中的重要地位和作用。厦门大学是国家“双一流”建设高校，我们要胸怀“两个大局”、心系“国之大者”，进一步提升创建世界一流大学的自豪感和使命感，以更有担当、更有作为的姿态推动事业发展。要始终牢记我们党全心全意为人民服务的宗旨，走好群众路线，持续深入开展调查研究、提升服务人民群众的本领，特别是要用好本次主题教育的调查研究成果，切实解决师生员工急难愁盼问题，用心用情提升师生的幸福感、获得感。要深化党建与事业发展“一盘棋”理念，以系统化思维整体推进党建与事业发展深度融合，探索创新做法、积极破解难题，全面提升服务区域发展和国家战略能力，并引导师生矢志投身教育强国、科技强国、人才强国建设，真正实现以高质量党建引领学校事业高质量发展。

同志们，新使命催人奋进，新征程任重道远。越是到了改革发展的关键时期，我们越要坚持和加强党对学校工作的全面领导、坚定不移推进全面从严治党，切实将党建优势转化为发展优势、将党建资源转化为发展资源，让党旗在一流大学建设中高高飘扬、让党徽在学校改革发展中熠熠生辉。让我们更加紧密地团结在以习近平同志为核心的党中央周围，进一步将习近平总书记对学校一如既往的关心关怀和深情厚爱转化为推动学校事业发展的强大精神动力，勇立潮头、与时俱进，奋力谱写中国特色世界一流大学建设厦大篇章，深刻回答好“强国建设、厦大何为”时代课题，以实际行动迎接学校第十二次党代会胜利召开！

谢谢大家！

牢记殷殷嘱托　巩固拓展成果
奋力谱写新时代与时俱进建设世界一流大学的“厦大篇章”

——在厦门大学学习贯彻习近平新时代中国特色社会主义思想主题教育总结大会上的讲话

（2023年9月8日）

张　荣

尊敬的中央指导组孟庆瑜副组长，

教育部党建工作联络员陈子辰同志，

老师们、同学们：

根据中央统一部署，学校作为第一批参加单位全面开展了学习贯彻习近平新时代中国特色社会主义思想主题教育。9月5日，学习贯彻习近平新时代中国特色社会主义思想主题教育第一批总结暨第二批部署会议在京召开。中共中央政治局常委、中央学习贯彻习近平新时代中国特色社会主义思想主题教育领导小组组长蔡奇出席会议并讲话。蔡奇同志指出，在党中央坚强领导下，第一批主题教育在以学铸魂、以学增智、以学正风、以学促干上取得明显成效。

近5个月来，我校牢牢把握“学思想、强党性、重实践、建新功”的总要求，聚焦学习贯彻习近平新时代中国特色社会主义思想这条主线，周密部署、认真组织、系统推进，切实把习近平新时代中国特色社会主义思想转化为坚定理想、锤炼党性和指导实践、推动工作的强大力量，把习近平总书记对我校的关心关爱和殷殷嘱托转化为勇担使命、奋发有为的实际行动，在以学铸魂、以学增智、以学正风、以学促干方面取得了实实在在的成效。

学校主题教育成效的取得，离不开中央第五十七指导组的悉心关怀和精心指导。指导组6次莅校深入指导，坚持严督实导、同题共答，推动我校主题教育深入扎实开展。在此，我谨代表学校对中央第五十七指导组的关心指导表示最诚挚的谢意！

下面，我就学校开展主题教育有关情况汇报如下。

一、系统谋划、精准发力，重点举措专注专为

学校党委坚决贯彻落实习近平总书记关于开展主题教育的重要讲话和重要指示精神，坚持“五项重点措施”一体推进、贯穿始终。

（一）以理论学习筑牢思想根基

我们将“学思想”摆在首位，以上率下、上下同步，引导党员干部深刻领悟习近平新时代中国特色社会主义思想的真理力量、思想力量、实践力量。

一是原原本本学。全校党员、干部认真学习党的二十大报告和党章，学习习近平总书记重要讲话重要指示批示精神，研读必读书目，延伸选读书目。校领导班子采用重大主题集体研习的方式，带头开展7次读书班集中学习研讨、5次理论学习中心组学习。面向处级领导干部举办“2＋2＋3”模式的7天读书班。各二级单位、党支部同步开展，组织广大党员、干部进行读书班集中学习研讨532次、党委（党总支）理论学习中心组学习312次、党支部“三会一课”和“固定党日＋”活动3600余次。

二是及时跟进学。全校党员、干部及时围绕习近平总书记关于以学铸魂、以学增智、以学正风、以学促干的阐释以及在中央政治局第五次集体学习时的重要讲话精神，围绕浙江“千万工程”经验案例等内容跟进学习，不断提高政治判断力、政治领悟力、政治执行力。学校党委与教育研究院党委专题联学习近平总书记关于教育的重要论述，与历史与文化遗产学院党委专题联学习近平总书记在文化传承发展座谈会上的重要讲话精神。各二级单位、党支部结合学科优势和专业特色，与校内外共建单位广泛开展联学共研，进一步把理论学习转化为推动工作的强劲动力。

三是联系实际学。全校党员、干部注重“干什么就重点学什么、缺什么就重点补什么”，增强学习的针对性和实效性。学校党委编印《党的十八大以来习近平总书记对高校系列重要指示批示精神资料汇编》《习近平同志关心厦门大学发展纪事汇编》，建设“把厦门大学办得更好”专题学习空间，校领导班子开展“牢记殷殷嘱托，汲取奋进力量”专题学习，全校二级单位同步全覆盖开展集中学习研讨。各二级单位广泛组织党员、干部赴全国各地红色教育基地开展现场教学，循迹溯源学思想、促践行。校领导班子成员分别讲授专题党课，各二级单位党员领导干部336人到所分管领域、所联系单位、所在党支部交流运用党的创新理论解决实际问题的案例和体会。

（二）以调查研究破解难点堵点

学校党委坚持把做好调查研究作为开展主题教育的政治要求和工作抓手，在调查研究中加深对党的创新理论的理解。

一是强化领题调研。出台《关于在全校大兴调查研究的实施方案》，紧紧围绕学校中心工作和重点任务，聚焦10个方面重点问题开展调研。制定主题教育校级领导班子专题调研方案，班子成员每人领题调研，形成9个专题并细化制定调研方案，深入基层一线，共计开展调研活动103场。各二级单位全面开展问题排查和难点梳理，构建“班子研题、成员领题、集体破题”的工作链条，综合运用实地考察、座谈交流、个人访谈、专家咨询、问卷调查等方式，完成调研课题311项、形成调研报告154份。

二是聚焦解题攻关。学校党委深入分析推进“双一流”建设、全面提升服务区域发展和国家战略能力上的堵点淤点难点，召开“与时俱进建设世界一流大学”等座谈会，组团赴国内外高水平大学、国家实验室、知名企业实地调研，科学谋划建设世界一流大学的战略任务、战略工程；聚焦“民生民心民声”，深入老旧小区、学生宿舍开展改造可行性分析，以召开教代会和工代会为契机，组织参会代表围绕多校区管理、民生服务等师生关切的热点问题建言献策，进一步强化办学条件保障。各二级单位围绕党建引领、学科建设、队伍建设等重点难点问题，有针对性开展专项调研，切实提出清单式的改进举措，用调查研究解决事业发展问题。

三是突出破题见效。学校党委、二级单位认真召开调研成果交流会，运用《牢记殷殷嘱托 奋进一流征程——厦门大学以习近平总书记重要贺信精神领航事业发展案例》进行典型剖析，分享调查研究的成果成效，提出解决重点难点问题的思路办法。聚焦制约改革发展的关键问题，紧盯师生关切的急难愁盼问题，校院两级召开专题会议研究落实调研报告中的重点内容，推动形成必要的文件、方案或举措。制定调研成果转化运用清单，加强对调研课题完成情况、问题解决情况的督查督办和跟踪问效。

(三)以推动发展检验工作成效

学校党委坚持将开展主题教育与统筹推进“十四五”规划实施和新一轮“双一流”建设相结合，推动学校各项事业实现高质量发展。

一是深入实施“十四五”规划。推动执行《厦门大学中长期事业发展规划编制、实施与监测管理暂行办法》，进一步健全规划实施监测机制，完善常态化实施监测路径，完成 2022 年度学校和学院的规划实施监测报告。加强“十四五”规划监测成果运用，坚持问题导向，启动学校“十四五”规划中期评估工作。

二是深入推进“双一流”建设。开展第二轮“双一流”建设中期自评工作，完成 2022 年绩效自评总结，制定 2023 年“双一流”建设项目具体实施方案，开展年度项目申报及立项。持续推进“筑峰计划”，集中优势资源，重点建设 6 个一流建设学科，推动学科共同体建设。确定 18 个学科作为省第二轮“双一流”建设学科。持续推进“扬优计划”和学科交叉专项，支持五大优势特色学科交叉领域，促进学科交叉融合。

三是深入推进综合改革。深化教育评价改革，坚持破立并举，聚焦育人评价、人才评价、科研评价等关键环节，加快推进相关领域评价体系改革工作。深化高等教育综合改革，按照教育部工作部署，围绕“三个有组织”深化改革创新，做好学校综合改革试点方案的编制工作。

(四)以检视整改解决实际问题

学校党委多渠道系统梳理问题，逐一列出“问题整改整治清单”，持续推动解决真问题、真解决问题、问题真解决。

一是严格问题管理。全校各单位统筹调查研究等 8 个来源，紧盯薄弱环节和突出矛盾，全面、深入梳理问题，并就其中群众反映强烈、长期没有解决的突出问题，制定专项整治方案。全校共确定校级层面问题 30 项(其中确定涉及干部、人才、民生等 7 个专项整治问题)，二级单位层面问题 179 项(其中 80 项列入专项整治)。对全校整改整治问题实行动态管理，每两周集中更新完善问题清单及整改整治工作台账，制定验收销号程序。

二是着力整改整治。对列入清单的问题逐一分析，明确整改措施、目标、时限、牵头领导和责任单位。校领导班子带头挂帅，各二级单位领导班子齐心发力，紧盯不放、一抓到底。专门聚焦基层治理不良现象、树立和践行正确政绩观、防止和克服形式主义等开展专项整治，对师生反映强烈的电动车管理等问题重点整治，对党的十九大以来学校基建、民生等项目进行全面梳理和审视评估，对是否存在统计造假进行自查自纠，对形式主义和“低级红”“高级黑”风险隐患逐一排查。

三是强化责任落实。学校党委压茬推进整改整治工作落实情况督办，成立工作专班，紧盯问题清单，深入分析整改措施是否具体可行，确保条条整改、件件落实。校院两级开展整改整治工作推进会，对本单位问题清单开展“回头看”。全校各单位高质量召开专题民主生活会，结合反面典型案例全覆盖深入剖析，党员干部对照要求深入查摆问题，深刻剖析根源，细化整改措施，明确整改时限和责任，确保从严从细从实抓好整改落实。

(五)以建章立制形成长效做法

学校党委坚持“当下改”与“长久立”相结合，对主题教育中的好做法好经验，及时以制度形式固定下来，确保常态长效。

一是优化学习机制。学校党委坚持把深学细悟习近平新时代中国特色社会主义思想作为管党治党的重要责任，强化“第一议题”制度，定期编印《理论宣传月报》、党委(党总支)理论学习中心组建议专题和参考篇目，不断增强党的创新理论学习的系统性和针对性。各二级单位把集中教育和经常性教育相结合，进一步完善“双周政治理论学习”“三会一课”等实施办法。

二是强化落实制度。学校党委紧盯贯彻落实的工作环节，紧密结合不同领域、不同群体的重点任务、工作职责，综合运用内部巡视、干部考核、专项督查等方式，严实督导落实习近平总书记重要讲话重要指示批示精神和党中央决策部署的情况。各二级单位在规划制定、工作总结、学科评估、考核测评等重要节点，自觉把学习、运用党的创新理论作为开展工作、检验成效的重要标准。

三是健全制度体系。学校党委修订校院两级落实全面从严治党主体责任清单、院(系)党委会(党总支)会议和党政联席会议议事规则等制度，进一步制定规范性文件 54 份，涉及人才培养、教师队伍建设、科技成果转化、国有资产管理、信访举报工作等方面。各二级单位立足本单位中心工作和重点任务，针对师德师风建设、课程教材管理、科研组织管理等事项，共制定和修订制度文件 258 份。

二、真抓实干、善作善成，工作推进有力有效

主题教育开展以来，全校各级党组织和广大党员、干部深刻领悟、彰显责任，在理论学习、调查研究中悟初心、明使命，在检视整改、推动发展中践初心、担使命，善始善终、慎终如始开展好主题教育，确保实现“凝心铸魂筑牢根本、锤炼品格强化忠诚、实干担当促进发展、践行宗旨为民造福、廉洁奉公树立新风”的具体目标，努力交出厦大优异答卷。

（一）在深学细悟、知行合一中实现凝心铸魂

一是理想信念更加坚定。广大党员、干部原原本本学、及时跟进学、联系实际学，全面领会习近平新时代中国特色社会主义思想的核心要义、精神实质、丰富内涵、实践要求，对党的价值追求和前进方向的高度政治认同进一步增强。“领学、督学、研学、互学、自学”等多元化理论武装扎实开展，读书班、理论宣讲、微党课、知识竞赛等多样化学习活动不断拓展，实现了主题教育由“关键少数”覆盖到“绝大多数”，广大党员、干部党性修养和理论水平进一步提升，更加深刻理解以党的创新理论指导中国特色世界一流大学建设的历史使命和现实意义。

二是学用结合更加有力。各级党组织和广大党员、干部充分发扬理论联系实际的优良学风，学习贯彻习近平新时代中国特色社会主义思想的深化、内化、转化工作取得实效。以习近平新时代中国特色社会主义思想为核心内容的思政课建设持续加强，党的创新理论“三进”工作质量不断提升，“行见八闽”大思政课研学实践圈日趋成熟，“大思政”育人格局逐步形成。理论宣讲“厦大矩阵”持续深化，“校领导带头讲、党员领导干部经常讲、党组织书记人人讲”蔚然成风。党的理论研究阐释不断加强，福建省习近平新时代中国特色社会主义思想研究中心厦门大学研究基地、厦门大学习近平总书记关于教育的重要论述研究中心、厦门大学中国式现代化研究院等重要平台持续发力，《厦大党政工作研究》开设专栏，全方位多角度研究重大理论与现实问题。主题教育期间，我校有4个项目获研究阐释党的二十大精神国家社科基金重大项目立项，位列全国高校第六位。

（二）在深信笃行、干事创业中锤炼政治忠诚

一是对党忠诚的政治品格持续铸牢。各级党组织和广大党员、干部在开展主题教育的热潮中接受全面深刻的政治教育、思想淬炼、精神洗礼，“政治三力”不断提高，确保在政治立场、政治方向、政治原则、政治道路上始终同党中央保持高度一致。各级党组织学习贯彻习近平总书记重要讲话重要指示批示精神的闭环工作机制不断完善，广大党员、干部把对党忠诚体现到贯彻落实好党中央决策部署的实际行动上的自觉性进一步提升，坚定捍卫“两个确立”、坚决做到“两个维护”。

二是干事创业的精气神持续增强。举行一系列理论和实践培训，推进以训促学、以训提气，有效推动广大党员、干部真正把兴党本领、强国本领、看家本领学到手。新时代高校党建“双创”工作、“两优一先”表彰、“党建提升与管理创新奖”评选等一系列激励机制不断完善，广大党员、干部在党代会筹备、本科教育教学审核评估、一流学科建设、重点领域科研攻关、防台防汛等一系列急难险重任务中恪尽职守、担当作为，迎难而上、敢于斗争，全校对标对表、创先争优的氛围更加浓厚。

（三）在深度融合、争创一流中促进事业发展

一是党建与事业发展融合更有深度。将党建和事业发展深度融合体现在学校发展的中长期目标与规划中，纳入学校“十四五”规划实施和第十二次党代会战略部署。以“双重责任—双重动力—双重保障”为主线的“一融双高”厦大融合实践探索更加深入，出版《高校党建与事业发展深度融合：厦门大学的探索与实践》一书，为高校深入推进融合工作提供了方法借鉴和路径参考，广大党员、干部对推动深度融合的价值理念更加认同。

二是胜利召开学校第十二次党代会更聚人心。我校坚持将开展主题教育与筹备党代会相结合，一体谋划，一体推进。通过大学习、大调查、大讨论，深刻理解高远使命引领下的世界一流大学发展战略，深入分析学校发展存在的突出问题和面临的形势，着力解决对照习近平总书记殷切期望还存在明显差距和不足，明确了与时俱进建设世界一流大学的主题主旨，科学谋划了学校“两步走”战略安排和未来五年的总体目标、中心任务以及行动路径，提出了加快建设中国高等教育东南中心的时代使命，明晰学校自身所处的历史方位和肩负的使命责任。学校党代会的胜利召开，令全校上下深感振奋和鼓舞，倍增了信心和力量，最大程度地凝聚了与时俱进建设世界一流大学的广泛共识，为学校在新时代新征程加快建设中国特色世界一流大学指明了前进方向、确立了行动指南。

三是与时俱进建设世界一流大学更有成效。通过开展主题教育，我校各项事业取得了新成绩。新增28门国家一流本科课程，4本教材入选“十四五”首批职业教育国家规划教材。推进本科生创新实践平台建设，获评“中国研究生创新实践系列大赛十年发展重要贡献单位”。作为第一单位获新一轮国家级教学成果奖13项，创历届最好成绩。获第四届杰出教学奖1项。新增国家重大引才计划人才、“长江学者”、国家杰青等高层次人才40人；新获“科学探索奖”“全国创新争先奖”“全国高校黄大年式教师团队”。新获批1个全国重点实验室、1个教育部重点实验室、1个教育部基础研究创新中心；获批国家革命文物协同研究中心、厦门大学铸牢中华民族共同体意识研究基地。海洋负排放国际大科学计划取得重要进展。5个项目获国家社科基金中华学术外译项目立项，位列全国高校第四位。以第一或通讯作者单位在《自然》《细胞》发表论文5篇。创新研制“本栋一号”“本栋二号”两枚新技术火箭并成功发射。与多个国家机关、省内外企事业单位拓展战略合作，全面融入和服务新福建建设。连续4年获评中央单位定点帮扶工作成效考核评价最高等次“好”。深化两岸融合发展，建设“两岸高等教育融合发展实践基地”，组织的两岸青年学子文化研习营活动获国台办点赞。我校通过高等学校知识产权管理体系认证，上半年科技成果转移转化到账达1.17亿元，实现新突破。积极推进马来西亚分校建设，2023年毕业学生979人，新增本科专业传播学。加强全球校际合作，与多所高校签署合作协议；“中国—OECD联合培养税务法学硕士项目”学生代表队在“第七届全球税收协定评论大学竞赛”总决赛中夺得冠军。推进“21世纪海上丝绸之路”大学联盟建设，加强孔子学院建设，服务构建人类命运共同体。

（四）在深调细研、群策群力中着力为民造福

一是解剖式调查研究深挖深究。各级党组织坚持把大兴调查研究作为解新题破难题、筑牢高质量发展根基的重要举措，广大党员领导干部扑下身子、深入一线开展调查研究，“大主题、小切口，全覆盖、不重复，抓统筹、防扎堆”的调研思路深得人心，同题共问、共研、共解、共答的协作氛围更加浓厚，全覆盖开展调研成果交流会有效推动调研成果转化为解决问题的实际行动，形成共促发展的强大合力。

二是系统性整改整治落实落细。各级党组织坚持边学习、边对照、边检视、边整改，找准查实突出问题，形成全面、准确、有分量的问题清单，对师生急难愁盼问题和民生突出问题开展专项整治，形成台账式管理、项目化推进、精细化落实的整改思路，提出解决办学治校中难题的新理念新办法，一批“老大难”的问题得以有效解决、一批管长远的制度逐步建立完善。

（五）在求真务实、正风肃纪中营造良好生态

一是狠抓落实的作风形成声势。“凝聚共识、紧抓落实”成为各级党组织、党员干部的思想自觉和行动自觉。广大党员、干部大兴务实之风，到困难多、群众意见集中、工作打不开局面的地方和单位面对面倾听师生心声、回应师生关切已成为良好风尚，积极主动抓落实、聚合众力抓落实、以钉钉子精神抓落实、聚焦实际问题抓落实的工作理念深入人心，在抓好主题教育各项任务落实上取得实实在在成效，在力戒形式主义、官僚主义上取得明显实质性进展。

二是党风廉政建设治心管行。《中共厦门大学纪律检查委员会关于落实政治监督具体化常态化的实施办法》稳步推进，内部巡视、审计审查、落实全面从严治党主体责任情况检查等工作有序开展，常态化工作督查力度不断加强。领导班子和党员领导干部从思想根源上筑牢防线，坚守法纪红线，进一步牢固树立正确的权力观、政绩观和事业观，拒腐防变的能力不断提高，贯彻落实中央八项规定及其实施细则精神的意志不断增强。

三、总结提升、融会贯通，成果经验共享共鉴

学校开展主题教育取得了明显成效、赢得了师生普遍认可、得到了社会各界广泛关注，新华社、《人民日报》、《光明日报》、中央电视台、《中国教育报》、《福建日报》等中央和地方权威媒体多次报道我校主题教育开展情况，充分展现了学校以主题教育推动事业发展的工作成果和浓厚氛围。我校收获了一些有益的启示，凝练了一些成功的经验。

一是必须紧扣时代主线，突出目标使命。善于把握时代脉搏、紧抓现实任务是我们党始终如一的优良传统。开展好主题教育，要聚焦学习习近平新时代中国特色社会主义思想这个主题，紧扣立德树人根本任务，让主题教育切实发挥动员全校党员、干部为完成学校目标使命而团结奋斗的重要作用。厦门大学是一流大学建设的“国家队”，在开展主题教育过程中，我校始终围绕“强国建设、厦大何为”这个时代命题，将习近平总书记关于教育的重要论述和致我校的重要贺信精神等作为学习重点内容，将“与时俱进建设世界一流大学”的办学追求贯穿主题教育各项举措，把学习成效转化为做好本职工作、推动事业发展的生动实践。

二是必须胸怀“国之大者”，突出真学深学。这次主题教育，是要用党的创新理论武装全党，推动全党全国人民在习近平新时代中国特色社会主义思想旗帜下实现更加空前的团结统一，朝着强国建设、民族复兴目标不断迈进。开展好主题教育，要坚持在深学笃行习近平新时代中国特色社会主义思想上下功夫，坚持原原本本消化，层层递进深化，积极识变应变求变。我校以大联学、大讨论的方式，围绕习近平新时代中国特色社会主义思想展开深入研讨和交流，不断从学校的创造性实践中总结新鲜经验，凝练出具有厦大实践特点的成果经验，引导广大党员、干部胸怀“国之大者”，紧扣学校高质量发展的各项目标任务，活学活用马克思主义立场观点方法指导具体实践、推动事业发展。

三是必须强调学用结合，突出知行合一。习近平总书记在江苏考察时对本次主题教育的“以学促干”作出重要阐释，指出要坚持学思用贯通、知信行统一，匡正干的导向，增强干的动力，形成干的合力，在以学促干上取得实实在在的成效。开展好本次主题教育，要注重对习近平新时代中国特色社会主义思想学习成果的转化，将求真务实、真抓实干放在首位，坚决反对和防止形式主义。我校以主题教育凝心聚力，将开展主题教育与谋划使命目标一体推进，与对接国家和区域发展重大战略一体推进，与解决学校改革发展稳定的突出问题和紧迫问题一体推进，有效推进问题和矛盾的检视整改，真正将主题教育落到实处，达到预期的目的和效果。

四是必须务求上下贯通，突出严督实导。确保主题教育高质量、好效果，必须坚持一流标准，严督实导、以导带督，及时发现问题、精准纠正偏差、总结推广经验、确保工作见行见效。我校坚持高站位谋划、高质量推进，成立主题教育领导小组及其办公室，建立健全工作机制，充分发挥校内 7 个巡回指导组的重要作用，让各级党组织开展主题教育真正做到上下联动、一体贯通。在中央第五十七指导组的示范下，我校坚持运用“四全”工作法扎实开展巡回指导，在“全员学习培训”上明方向、在“全面跟进沟通”上建机制、在“全过程指导”上下功夫、在“全方位检查督促”上求实效，确保了主题教育的严肃性和实效性。

四、昂扬奋进、久久为功，巩固拓展求实求效

对照中央要求、发展需要和师生期望，我们还存在一定的差距和不足，还要继续抓好主题教育成果巩固与日常工作衔接，以主题教育的成果成效提振大干之志、狠下实干之功，始终保持昂扬奋发状态、永葆拼搏奋进姿态。深化主题教育成果关键靠干部、关键看执行。各级党组织、党员干部要在接下来的工作中坚持实践实干实效的标准导向，增强为长远发展谋划的使命感责任感，做好利长远补短板促发展的实事好事。

一是要在以学铸魂上久久为功，坚定理想信念、凝聚

众行之志。要按照主题教育的标准和要求，坚持不懈用习近平新时代中国特色社会主义思想凝心铸魂，与全面贯彻党的二十大精神结合起来，与深入学习贯彻学校第十二次党代会精神结合起来，不断增进对党的创新理论的政治认同、思想认同、理论认同、情感认同。要自觉在思想上政治上行动上同以习近平同志为核心的党中央保持高度一致，不断完善习近平总书记重要讲话重要指示批示精神和党中央重大决策部署的贯彻落实闭环工作机制，以实际行动坚定捍卫"两个确立"、坚决做到"两个维护"。

二是要在以学增智上久久为功，夯实理论功底、提高履职本领。要健全理论学习长效机制，落实"第一议题"制度，深刻领会习近平新时代中国特色社会主义思想的世界观和方法论，坚持好、运用好"六个必须坚持"的立场观点方法。要更加自觉地从党的创新理论中寻找破解难题、开创事业新局面的"金钥匙"，把其中蕴含的领导方法、思想方法、工作方法转化为推动学校高质量发展的思路举措，在破解发展难题、服务师生员工、防范化解风险中夯实能力本领。

三是要在以学正风上久久为功，勇于刀刃向内、永葆清廉本色。要深入学习贯彻习近平总书记关于党的建设的重要思想，打好自我革命"组合拳"，牢记"两个永远在路上"，坚定不移推动全面从严治党向纵深发展，为与时俱进建设世界一流大学提供坚强政治保障。要锲而不舍落实中央八项规定及其实施细则精神，大力弘扬"马上就办、真抓实干""四下基层"等优良传统作风，驰而不息纠"四风"树新风，推动形成更加风清气正的政治生态和崇尚廉洁的校园风尚。

四是要在以学促干上久久为功，强化担当作为、推动事业发展。要深刻把握新时代新征程上高等教育的新使命新任务，不断提高政治站位、增强发展信心、鼓足工作干劲，为谱写"强国建设、厦大何为"的时代篇章贡献力量。要进一步强化宗旨意识，更好践行以人民为中心的发展思想，自觉问计于师生、问需于师生，自觉同师生想在一起、干在一起，用心用情用力解决好师生员工急难愁盼问题，切实把惠民生、暖民心、顺民意工作做到师生员工心坎上，不断增强师生的获得感、幸福感、安全感。

同志们，上周我校胜利召开了第十二次党代会，在新的历史起点上，我们要始终坚守为党育人、为国育才的初心使命，按照学习贯彻习近平新时代中国特色社会主义思想主题教育第一批总结暨第二批部署会议精神，认真落实学校第十二次党代会的部署要求，总结好主题教育有效做法和成功经验，建立健全主题教育长效机制，善始善终、善作善成，以抓铁有痕、踏石留印的决心和力度，以驰而不息、细细耕耘的韧劲和态度，着力打造中国高等教育东南中心、与时俱进建设世界一流大学，以更加优异的成绩为中国式现代化作出新的更大贡献。

谢谢大家！

一刻不停推进全面从严治党　锲而不舍狠抓作风建设为与时俱进建设世界一流大学提供坚强保证

——在厦门大学2023年全面从严治党工作会议暨警示教育大会上的讲话

（2023年11月21日）

张　荣

同志们：

为切实推动全面从严治党各项部署要求在学校落实落地，今天，我们在这里召开学校第十二次党代会之后的第一次全面从严治党工作会议暨警示教育大会。会议的主要任务是：以习近平新时代中国特色社会主义思想为指导，深入学习贯彻党的二十大精神和习近平总书记在二十届中央纪委二次全会上的重要讲话精神，贯彻落实学校第十二次党代会精神，以彻底的自我革命精神一刻不停推进全面从严治党，以新作风引领一流生态营造，以新气象推动一流大学发展，为建设中国高等教育东南中心蓄势赋能，为与时俱进建设世界一流大学提供坚强保证。下面，我主要讲4方面意见。

一、提高政治站位，强化政治担当，深刻领会新时代全面从严治党工作的新部署新要求

在党的二十大报告中，习近平总书记着眼新时代新征程我们党的使命任务，指出"全面从严治党是党永葆生机活力、走好新的赶考之路的必由之路"，并从7个方面对"坚定不移全面从严治党"提出明确要求；在中央纪委二次全会上，总书记深刻分析大党独有难题的形成原因、主要表现和破解之道，深刻阐述健全全面从严治党体系的目标任务和实践要求，对新征程上一刻不停推进全面从严治党作出战略部署。全面从严治党是"中国特色"的本质要求，是实现世界一流大学建设目标的根本保证。学校各级党组织和广大党员干部要认真学习领会习近平总书记重要讲话精神，深刻领悟丰富内涵，切实打牢全面从严治党的思想根基。

一是深刻认识解决大党独有难题的深邃思考。习近平总书记在党的二十大郑重提出全党"必须时刻保持解决大党独有难题的清醒和坚定"；在中央纪委二次全会上，用"六个如何始终"集中概括了我们党必须解决的独有难题。这是总书记立足"两个大局"，站在事关党长期执政、国家长治久安、人民幸福安康的高度，深刻把握党的根本性质和党情发展变化，对全面从严治党提出的崭新命题和重大课题。我们要深刻认识解决大党独有难题，是实现新时代新征程党的使命任务必须迈过的一道坎，是全面从严治党适应新形势新要求必须啃下的硬骨头；必须始终坚持问题导向，保持战略定力，增强历史自觉，发扬彻底的自我革命精神，把严的基调、严的措施、严的氛围长期坚持下去，把党的伟大自我革命进行到底。高校作为立德树人的重要阵地，必须坚持党对学校的全面领导，坚定不移推动全面从严治党向纵深发展，才能成为培养社会主义建设者和接班人的坚强阵地。

二是深刻领会健全全面从严治党体系的目标要求。习近平总书记在党的二十大首次提出“健全全面从严治党体系”，在中央纪委二次全会上深刻阐述了健全全面从严治党体系的目标要求。总书记强调，构建全面从严治党体系是一项具有全局性、开创性的工作。新时代 10 年，我们党已初步构建起全面从严治党体系。我们要深刻领会全面从严治党体系是一个内涵丰富、功能完备、科学规范、运行高效的动态系统，必须把全面从严治党体系贯穿政治建设、思想建设、组织建设、作风建设、纪律建设、制度建设和反腐败斗争等党的建设各方面，涵盖思想从严、监督从严、执纪从严、治吏从严、作风从严、反腐从严各环节。身处教育系统，我们要深刻把握高校办学规律和一流大学建设规律，不断健全学校全面从严治党体系，推动形成各负其责、统一协调的管党治校责任格局，进一步提升制度化、规范化、科学化水平，努力将全面从严治党的制度优势转化为实现管党治校、良管善治的治理效能。

三是深刻把握围绕中心大局推进全面从严治党的格局站位。习近平总书记在中央纪委二次全会上，从 5 个方面对当前和今后一个时期全面从严治党工作要围绕中心大局、保障落地见效作出重大部署。这为我们持续推进全面从严治党提供了根本遵循。我们要“跳出教育看教育”，深刻把握党的二十大赋予高等教育的重大时代使命，紧紧围绕党和国家事业发展大局，正确研判当前科技革命和产业变革对高等教育发展的深远影响，深入推进教育、科技、人才“三位一体”发展，更好服务社会主义现代化强国建设。我们也要“跳出厦大看厦大”，找准服务教育强国建设的着力点，把全面从严治党要求贯彻落实到建设中国高等教育东南中心的全过程各方面，深刻回答好“强国建设、厦大何为”的时代课题。

四是深刻理解新时代加强作风建设的使命必然。加强和改进党的作风建设对巩固党的执政地位至关重要，关系人心向背，关系党的生死存亡。在革命、建设和改革的长期实践中，特别是在每一个重大转折时期，面对新的形势和任务，我们党总是把加强作风建设摆在突出位置，使党经受住了一次次严峻考验。新时代 10 年，以习近平同志为核心的党中央，以制定和落实中央八项规定开局破题，持续纠治“四风”，刹住了一些长期没有刹住的歪风，纠治了一些多年未除的顽瘴痼疾，以作风建设新气象赢得人民群众信任拥护。今年 6 月，总书记在内蒙古考察时，围绕“以学正风”强调要“大兴务实之风”“弘扬清廉之风”“养成俭朴之风”。在贯彻落实党的二十大精神的开局之年，总书记再次强调正风肃纪，更加凸显了作风建设的重要性。当前，全校上下正深入学习贯彻第十二次党代会精神，学校正处在与时俱进建设世界一流大学的关键时期，迎来的机遇前所未有，但面临的挑战也前所未有，迫切需要全校师生团结一心，以更加优良的作风攻坚克难、一往无前，把学校事业发展推向新的高度。

二、总结经验做法，正视差距不足，在新征程准确把握新形势新方位

一年多来，我校深入贯彻落实党中央全面从严治党战略部署，充分发挥政治引领和政治保障作用，为学校“双一流”建设提供了坚强保证。一是开展学习贯彻习近平新时代中国特色社会主义思想主题教育取得实效。校党委牢牢把握“学思想、强党性、重实践、建新功”的总要求，聚焦主线、周密部署、认真组织、系统推进。全校各级党组织和广大党员干部在以学铸魂、以学增智、以学正风、以学促干方面取得了扎实成效。中央第五十七指导组对我校主题教育开展情况给予了充分肯定。二是胜利召开学校第十二次党代会。对标对表习近平总书记的殷切期望，深入分析我校发展面临的形势和存在的问题，提出了加快建设中国高等教育东南中心的时代使命，凝聚了发展共识，为我校在新征程上与时俱进建设世界一流大学确立了行动指南。三是党对学校的全面领导更加有力。坚持并不断完善党委领导下的校长负责制，建立贯彻落实习近平总书记重要讲话重要指示批示精神闭环工作机制，深入贯彻党的二十大精神和重要贺信精神，开展专项督查，确保党中央重大决策部署在学校落地生根。四是党建工作质量稳步提升。将加强党的建设贯穿学校事业发展全过程，推进新时代高校党建“双创”工作，选人用人规范化科学化水平进一步提升，优秀年轻干部队伍建设力度不断加强，推动党建与事业发展深度融合取得新进展，着力将党的领导制度优势转化为高质量发展势能。五是全面从严治党不断向纵深推进。持续抓好中央巡视后续常态化整改，扎实推动解决中管高校突出问题集中整治，启动新一届校党委首轮巡视工作。修订校院两级落实全面从严治党主体责任清单等制度文件，开展全面从严治党主体责任落实情况检查，督促管党治党主体责任层层传导、落实到位。六是作风建设取得新成效。深入贯彻落实中央八项规定精神，大力弘扬习近平总书记在福建工作期间倡导的“四下基层”“马上就办、真抓实干”优良传统作风，弘扬厦大百年办学传统，进一步凝聚了团结奋斗、干事创业的向心合力。

以上这些成绩的取得，是全校党员干部和师生员工共同努力的结果，在此，我代表学校向大家的辛勤付出表示衷心的感谢！

同时，我们也清醒地看到，对标党中央全面从严治党的要求，对表教育强国建设的重大部署，对照师生员工的热切期盼，学校全面从严治党工作还有差距，主要表现在：一是对全面从严治党的认识还有不足。部分单位未深入学习贯彻党中央关于全面从严治党的部署要求，缺乏对全面从严治党面临形势的判断和认识，全年未召开专题会议或较少专题研究本单位全面从严治党工作，具体行动和措施不多。二是全面从严治党主体责任落实还不够到位。部分单位领导班子成员履行"一岗双责"责任意识不够强，述职报告中未对落实全面从严治党主体责任进行汇报，层层传导责任压力不够，对分管领域的督促检查比较薄弱。廉洁教育、纪法警示教育未能制度化常态化，构建风清气正的校园政治生态还有差距。三是对权力运行全过程的监督制约有不足。对重点领域、关键环节的监督管理还不够，招生考试、科研经费、基建后勤、招标采购等部位廉洁风险隐患仍然存在，部分单位选人用人、财务决策等过程的透明度不够，科研经费管理使用方面仍发现违规违纪问题。四是在作风建设方面还存在着与争创一流不相适应的问题。形式主义、官僚主义问题依然存在。部分单位做工作、办活动有重痕迹、轻实效倾向，"文山会海"、信息反复报送、报送材料过急等现象仍时有发生；部分单位管理简单化，在制定规章制度时，征求师生意见建议不充分，导致不符合实际、执行效果不佳。维护师生切实利益问题不够主动。部分单位领导班子成员深入师生员工不够，服务意识不强，与普通学生、年轻教师、退休教师等交流较少；部分单位对师生的诉求重视不够，直面困难创造性开展工作不足，存在反馈和沟通问题不及时、不顺畅的现象；师德失范、学术不端、教风学风等问题仍需警惕。主动干事创业的精气神有待进一步增强。有些同志在工作中只顾眼前事、只盯自己事，没有把工作放到学校发展大局中去谋划，"差不多""过得去"的心态还不同程度存在；有些同志选择"躺平"，当"佛系干部"，劲头不足，缺乏斗志，甚至不担当不作为乱作为；有些同事抓落实的韧劲不足，把说了当做了、把做了当成了、把成了当好了。这与我们倡导的一流标准、一流理念是背道而驰的。以上这些问题，尤其是一些长期存在的顽瘴痼疾必须引起我们高度重视并加以解决。

三、扛起政治责任，不折不扣落实，扎实推进学校全面从严治党工作取得新成效新突破

学校第十二次党代会已经就全面从严治党工作进行了总体部署，接下来关键要抓好贯彻落实。下面，我就做好下一阶段的全面从严治党工作，讲几个重点问题。

一是坚持以党的政治建设为统领，坚定践行"两个维护"政治责任。党的政治建设是党的根本性建设，是"灵魂"和"根基"，决定了党的建设的方向和效果。我们要始终把党的政治建设摆在首位，坚持以实际行动深入践行"两个维护"，始终在思想上政治上行动上同以习近平同志为核心的党中央保持高度一致，将全面从严治党要求落实到管党治党、办学治校各领域各方面，确保党中央重大决策部署在学校得到有效贯彻落实。要坚持不懈用习近平新时代中国特色社会主义思想凝心铸魂，坚持"第一议题"制度，及时跟进学习习近平总书记最新重要讲话重要指示批示精神，推动习近平新时代中国特色社会主义思想进教材、进课堂、进头脑，切实把党的创新理论贯彻落实到学校工作全过程各方面。要全面贯彻落实习近平总书记重要贺信精神，牢记殷殷嘱托，胸怀"两个大局"，勇担建设中国高等教育东南中心的使命，围绕"1＋7＋1"行动进一步细化目标任务和实施方案，切实做到战略清楚、目标清楚、问题清楚、路径清楚、效果清楚。

二是不断健全全面从严治党体系，切实落实全面从严治党部署要求。习近平总书记在中央纪委二次全会上提出了内容上全涵盖、对象上全覆盖、责任上全链条、制度上全贯通的总体部署。我们要以此为要求，健全全面从严治党体系。要全方位全过程推进全面从严治党，确保党的建设推进到哪里，全面从严治党体系就构建到哪里，切实将党的建设与学校改革发展同谋划、同部署、同推进、同考核，把全的要求、严的基调、治的理念落实到学校党的建设全过程各方面。要突出"关键少数"强化教育管理监督，既面向各基层党组织和广大师生党员严格教育管理监督，又突出重点，加强对"一把手"和领导班子的监督，督促其严于律己、严负其责、严管所辖，在管党治党上没有特殊党员、不留任何死角和空白。要牢牢抓住全面从严治党主体责任"牛鼻子"，压紧压实管党治校责任。基层党委(党总支)书记要扛起第一责任人责任，领导班子其他成员要切实担负"一岗双责"。要敢于斗争、善于斗争，用好问责利器，坚持失责必问、问责必严，对存在失职失责问题的党员干部严肃追责问责。要健全制度体系强化制度执行，用制度促进全面从严治党体系贯通、联动，狠抓制度执行，真正实现制度治党、依规治党。

三是切实层层传导管党治党责任，推动全面从严治党向基层延伸。今年，学校修订了基层党委(党总支)落实全面从严治党主体责任清单(示范文本)，对落实全面从严治党各项工作提出了新要求。各单位要认真抓好落实，切实压紧压实全面从严治党主体责任，真正把主体责任扛在肩上、落实在行动上，把持续从严的强烈信号传递到位，推动形成一级抓一级、层层抓落实的责任体系。要突出"大抓基层"的鲜明导向，抓好基层党建工作责任落实，发挥示范创建单位引领带动作用，建强基层党务工作队伍，进一步加强党支部建设，打造上下贯通、执行有力、引领一流的组织体系，整体性提升我校基层党建工作质量。要着力推进党建与事业发展深度融合，找准党建工作服务党和国家发展大局、服务学校中心工作的切入点和结合点，着力在机制融合、队伍融合、文化融合、平台融合上下功夫，不断增强基层党组织政治功能和组织功能。

四是始终坚持严的主基调不动摇，进一步发挥监督重要基础作用。巡视监督是党和国家监督体系的重要组成部分，是全面从严治党的战略性制度安排，也是学校管党治党、办学治校的重要抓手。要继续深化政治巡视，贯彻"发现问题、形成震慑、推动改革、促进发展"的中央巡视工作方针，严格落实中央巡视整改要求，以钉钉子精神抓好后续整改落实，持续推动共性问题和深层次问题有效解决，切实彰显巡视利剑作用。纪检监察机关是党内监督和监察监督的专责机关，要围绕党和国家工作大局、学校"双一流"建设开展监督检查，推进政治监督具体化、精准化、常态化，用高质量监督护航党中央决策部署落实落地。要推动纪检监察工作高质量发展，使纪委专责监督与学校党委全面监督、党的工作部门职能监督、党的基层组织日常监督、党员民主监督上下贯通，与巡视、督查、组织、意识形态、教师工作等部门监督耦合联动，实现党内监督全覆盖。要不断完善学校内部监督体系，健全党内监督与人事、财务、审计、科研管理、学术学风等职能监督的协作配合机制，切实强化主体责任与监督责任贯通融合。

四、锻造优良作风，营造一流生态，为建设中国高等教育东南中心开辟新气象新局面

优良作风是建设世界一流大学的重要保障。在2019年学校召开的深化作风建设推进会上，我曾经说过，要把作风建设放到百年建校史和办学史中去体悟，要放到高等教育本源和内生要求中去把握，要放到建设世界一流大学的战略布局中去认识。当前，我们已经迈上了建设中国特色世界一流大学的新征程，如何以新作风新气象激发一流大学建设新动能显得尤为重要。在学校第十二次党代会上，我们进一步拓展丰富了一流大学的新时代内涵，突出要以一流生态涵育一流大学文化，把一流生态作为一流大学建设的重要内容。为此，我们要强化一流意识，以卓越为理念，以至善为追求，以体制机制创新为突破，大力培育一流的政治生态、育人生态、创新生态和服务生态，弘扬优良党风校风教风学风，努力形成“最新最完善之文化”，将好作风弘扬在新百年。

下面，我跟大家交流四点意见：

一是强化“党性党风党纪”正作风。习近平总书记深刻指出：“党性、党风、党纪是有机整体，党性是根本，党风是表现，党纪是保障。”全面从严治党越是往纵深推进，越需要坚持党性党风党纪一起抓。

今年，我们深入开展了学习贯彻习近平新时代中国特色社会主义思想主题教育，坚持以学铸魂、以学增智、以学正风、以学促干，在作风建设上取得了新成效。我们要巩固主题教育成果，继续加强党性教育，弘扬伟大建党精神，推动全体党员赓续红色血脉、砥砺初心使命、锤炼党性修养、磨砺斗争本领，做到敢为人先、敢闯会创、求真务实、真抓实干，永葆共产党人的政治本色。要持续深化落实中央八项规定精神，持续深化纠治“四风”树新风。学校根据中央和教育部、福建省最新精神修订了贯彻落实中央八项规定精神及实施细则的实施办法，近日已经按照内部文件形式印发给全校各单位，请各单位认真组织学习并抓好贯彻落实。要进一步弘扬“四下基层”优良作风，促进党员、干部特别是领导干部带头深入调查研究，切实为师生办实事、解难题。要引导党员对照党章党规党纪严格要求自己，增强党员意识、发挥先锋模范作用。党的二十大新修订的党章进一步划定了党员、干部工作生活的高线和底线，党员特别是领导干部要牢固树立党章意识，更加自觉学习党章、遵守党章、贯彻党章、维护党章。要坚持标本兼治，一体推进不敢腐、不能腐、不想腐。加强新时代廉洁文化建设，贯通纪律教育、党性教育和廉洁文化教育，加大通报曝光、警示教育力度，督促党员干部带头修身律己、廉洁齐家，在任何时候任何情况下都知敬畏存戒惧守底线。这里我要强调一下，年轻干部是学校发展的生力军和接班人，我们要站在确保一流大学建设事业后继有人的高度切实加强对年轻干部的教育管理监督，教育引导他们增强纪律规矩意识、筑牢拒腐防变思想防线，时刻警惕由风变腐，防止小错酿成大错，切莫让成长“黄金期”变成贪腐“危险期”。

二是聚焦“校风教风学风”强作风。高校是知识集聚的殿堂，是立德树人的阵地。全面从严治党不能仅局限于正风、肃纪、反腐上，也要具体体现在校风学风、师德师风上。

习近平总书记在致我校建校100周年贺信中，充分肯定了我校形成的优良校风。我们要牢记嘱托，传承百年办学优良传统，以“嘉庚精神”为源流，弘扬“与时俱进、勇立潮头”的时代精神，切实增强感恩奋进、实干争先的高度自觉，汇聚起共建世界一流大学的厦大力量。要大力加强师德师风建设。今年教育部召开的年度会议上，抓师德违规问题就是其中一项重点工作，我校也召开了师德师风建设工作推进会。各单位要落实师德师风第一标准，引导教师以德立身、以德立学、以德施教，争做学生“四有”好老师，当好学生成长的引路人；要强化教育涵养、考核评价、惩戒警示一体化推进，对师德违规问题“零容忍”。要加强学风建设。学生工作部前段时间做了一个调研，虽然总体情况良好，但也反映出一些学风不严不实的隐患，必须引起高度警觉。我们要推动学校、学院、教师同向发力，让各类教育教学主体、要素、环节和资源高度匹配学生的成长需求，树立全员重育、教师乐教、学生爱学的教风学风。今年，教育部也高度重视学术不端行为，视之为“灰犀牛”问题。我们也要高度重视学术不端问题，严肃查处学术不端行为，营造浓厚的学术氛围，培育包容和谐的创新生态和创新文化。

三是突出“效率效能效益”优作风。大学是一个特殊的社会组织，具有特殊的管理定位和人员构成，我们的工作对象、服务对象是广大师生，管理者与师生之间的关系是服务与被服务、合作共生的关系。这就决定了我们对作风建设有更高的要求，表现为工作要更显效率、更具效能、更有效益。

更显效率，体现在我们工作中就是“快”字当头，做到反应快、行动快、落实快。当前学校发展面临激烈的外部竞争，很多机遇稍纵即逝，容不得我们慢一些、拖一会、等一下。我们要大力弘扬总书记在闽工作期间亲自倡导和践行的“马上就办、真抓实干”优良作风，以时不我待、只争朝夕的责任感，以不进则退、慢进亦退的紧迫感，立足于早、着眼于快、致力于好，紧抓快办，办出成效。更具效能，体现的就是服务的品质。习近平同志在闽工作期间，高度重视并亲自谋划机关效能建设，倡导“一栋楼”办公、整合建立“12345便民服务平台”，这些探索与实践至今仍在发挥作用并持续完善。各单位要注重效能建设，深化“放管服”改革，把工作更多地聚焦到“优化服务”上，进一步简政放权，简化办事流程，推进制度创新，善于用制度管人管事，最大限度方便师生员工办事，为师生员工干事创业提供更好更便利的服务。更有效益，体现的是如何以更小的投入获得更大的产出。受当前内外部大形势的影响，学校发展也面临着严峻的资金资源压力。但在平时的工作中，我们仍可看到不少资源闲置浪费的现象，既有“舌尖上”的餐饮浪费，也有滥用科研经费、仪器设备重复购置和利用率低、办公及人力资源浪费等问题。因此，各单位树牢“过紧日子”的思想，秉持嘉庚先生“无为之费一文宜惜，正当之消千金慷慨”的优良作风，厉行节约、反对浪费，切实提高资源使用效益，真正实现内涵式高质量发展。

四是立足“常态长效长远”抓作风。作风问题具有反复性、顽固性。习近平总书记指出，“解决作风建设方面存在的问题，根本要靠坚持不懈，抓常、抓细、抓长”。我们必须发扬钉钉子精神，保持韧劲、保持耐性，持之以恒做实做细做好作风建设各项工作。

一方面，要把好的经验做法上升为制度，按照“于法周延、于事简便”的原则，完善深化作风建设的配套制度，推动建章立制、堵塞漏洞，扎好制度“笼子”，使作风建设制度化真正落到实处。另一方面，我们要把好的制度执行到位、落到实处。学校已经在作风建设方面制定了一系列规章制度，比如《厦门大学关于加强和改进工作作风的若干措施》等。各单位要狠抓制度落实，以制度执行的实际成效检验作风建设成果。同时，要深入开展时代新风宣传教育，积极选树典型，总结推广经验，将新时代作风建设成效转化为实现管党治校、良管善治的治理效能，转化为担当作为、干事创业的强大动力，为与时俱进建设世界一流大学提供坚强作风保证。

同志们，学校第十二次党代会明确了与时俱进建设世界一流大学的新使命新任务。站在新的历史起点，让我们更加紧密地团结在以习近平同志为核心的党中央周围，坚定不移以党的二十大精神为指引，以习近平总书记重要贺信精神领航，坚决贯彻党的自我革命战略部署和全面从严治党战略方针，一刻不停推进全面从严治党，锲而不舍狠抓作风建设，着力打造中国高等教育东南中心，以更加优异的成绩为中国式现代化作出厦门大学新的更大贡献。

我就讲这些，谢谢大家！

在校党委理论学习中心组与教育研究院党委专题联学上的讲话

（2023年6月15日）

张　荣

同志们：

中共中央政治局5月29日就建设教育强国进行第五次集体学习。习近平总书记在主持学习时，首次从“战略先导”“重要支撑”“有效途径”“基础工程”4个维度，系统阐释了建设教育强国在全面建成社会主义现代化强国、实现高水平科技自立自强、促进全体人民共同富裕和以中国式现代化全面推进中华民族伟大复兴中的重大意义，令每一位教育工作者深受鼓舞、倍感振奋，更为我们加快推进中国特色世界一流大学建设、办好人民满意的教育指明了前进方向、提供了根本遵循。

党的十八大以来，习近平总书记以马克思主义政治家、思想家、战略家的深刻洞察力、敏锐判断力、理论创造力，就教育改革发展提出一系列新理念新思想新观点，形成了关于教育的重要论述，为我们加快建设中国特色世界一流大学提供了科学指引。下面，根据会议安排，我代表校党委理论学习中心组发言。当前，学校正在积极推进第十二次党代会筹备工作，前瞻思考和系统谋划学校未来5年乃至更长时期的发展思路和战略部署，努力把一流大学建设全面推向前进。在这里，我想结合学习心得和工作思考，围绕“与时俱进建设世界一流大学，勇立潮头投身教育强国实践”，就贯彻落实习近平总书记重要讲话精神和大家作一下交流。

一是坚持党的全面领导，确保一流大学建设行稳致远。习近平总书记明确指出，我们要建设的教育强国，是中国特色社会主义教育强国。这一重要论断，赋予了教育发展清晰而坚定的战略定位，意义重大且深远。我们要深刻理解建设中国特色社会主义教育强国的价值内涵，从加快推进中国特色社会主义教育强国建设的全局来领会高等教育的使命任务，坚定建设中国特色世界一流大学的前进方向，确保学校事业发展不偏向、不迷航。我们必须牢牢掌握党对学校工作的领导权，以召开第十二次党代会为契机，全面加强党的建设和思想政治工作，着力推进党建与事业发展深度融合，使学校始终成为坚持党的领导的坚强阵地。要以开展主题教育为契机，全面系统理解习近平新时代中国特色社会主义思想，更好把握这一重要思想的历史逻辑、理论逻辑、实践逻辑，不断增进政治认同、思想认同、情感认同，更加坚定拥护“两个确立”、坚决做到“两个维护”。要从更高站位、更深层次感悟体认习近平总书记对厦门大学的亲切关怀和深情厚望，坚持以习近平总书记重要贺信精神领航，牢记嘱托、感恩奋进，强化对标对表，主动担当作为，不断开创与时俱进建设世界一流大学新局面，努力在中国式现代化新征程上展现厦大担当、作出厦大贡献。

二是坚守立德树人初心，夯实一流大学建设立身之本。习近平总书记强调，培养什么人、怎样培养人、为谁培养人是教育的根本问题，也是建设教育强国的核心课题。忘掉这个根本问题，回答不好这个核心课题，高校立德树人根本任务就无法得到有效保证，建设教育强国也就自然无从谈起。因此，服务建设教育强国，归根结底要落实到学校教书育人过程中。要坚持马克思主义指导地位，持续推动习近平新时代中国特色社会主义思想进教材、进课堂、进头脑，讲深讲透马克思主义中国化时代化最新成果，更加自觉地用党的创新理论铸魂育人。要把立德树人内化到学校建设和管理的各领域、各方面、各环节，做到以树人为核心，以立德为根本。要讲好思政课这一关键课程，加快推进“大思政课”建设，更好运用周边地区的优势资源，推进大中小学共享思政教育资源、共研教学方式、共育党建活动品牌，为学生提供更丰富多样的成长体验和更广阔的实践舞台。要加强教师队伍建设，不断完善师德师风建设长效机制，引导教师全面落实“四个相统一”和“四有”好老师标准要求，做学生为学、为事、为人的大先生。要积极应对互联网时代带来的机遇和挑战，既要最大程度用现代信息技术赋能高质量人才培养，也要做好学校网络思想政治工作，切实守好意识形态主阵地。

三是深化改革创新赋能，促进一流大学建设活力奔涌。习近平总书记强调，从教育大国到教育强国是一个系统性跃升和质变，必须以改革创新为动力。这一重要论断是应对新时代教育发展内部矛盾、外部挑战的重要法宝，也是建设教育强国的重要动力源，为建设教育强国指明了方向和路径。“惟改革者进，惟创新者强，惟改革创新者胜”，改革创新是高校破除体制机制障碍、解决卡点瓶颈问题、实现高质量发展的必由之路。上次吴岩副部长来校调研时，我记得就在这个会议室，他讲了一句话：“除了创新，中国高等教育别无他途。”我们要坚持系统观念，统筹推进育人方式、办学模式、管理体制、保障机制改革，坚决破除一切制约教育高质量发展的思想观念束缚和体制机制弊端，全面提高治理体系和治理能力现代化水平。要着力深化教育评价改革，更加注重改革的系统性、整体性、协同性，精心编制学校综合改革试点方案，不断塑造发展新动能新优势，将自身发展的“小逻辑”融入经济社会发展的“大逻辑”，在实现自身高质量发展的同时更好地服务经济社会高质量发展，深刻回答好“教育强国、厦大何为”的时代课题。要提高对外开放办学水平，深化各类国际交流合作载体和平台建设，有效利用世界一流教育资源和创新要素，更加主动地参与全球教育治理，着力提升在国际高等教育中的影响力和话语权。

四是塑造优良大学生态，推动一流大学建设提质增效。习近平总书记在阐述“加快建设高质量教育体系”时，强调要“形成健康的教育环境和生态”。健康的教育生态既是构建高质量教育体系的必要条件，也是高质量教育体系的重要特征。我们要进一步增强一流意识、营造一流氛围，在深化一流党建、优化一流体系、强化一流能力的基础上，努力构建彰显新发展理念、契合一流大学建设需要、充满生机活力而又协调有序、体现良性循环的一流生态。要厚植一流政治生态，坚定不移推进全面从严治党，把基层党组织建设成为坚强战斗堡垒，激励党员发挥先锋模范作用，驰而不息加强作风建设，让“马上就办、真抓实干”在校园蔚然成风。要涵养一流创新生态，大力弘扬新时代科学家精神，鼓励不同创新文化交汇碰撞，形成多元共存、保护创新、宽容失败的良好氛围，让各类优秀人才尽展其能、更多科研成果竞相涌现。要塑造一流育人生态，加快构建与高水平人才培养体系相适配的物质文化与精神文化环境，创造良好的学习条件，打造处处能学、时时可学的书香校园。要营造一流服务生态，强化以教学科研为重心的服务意识，形成尊师爱生敬教的良好风尚，不断提高行政服务效能，推动尊重学生、尊敬学者、尊崇学术的价值理念更加深入人心。当前，我们正在深入开展主题教育，努力做到以学铸魂、以学增智、以学正风、以学促干，依靠学习打开事业发展新天地。我们要把学习贯彻习近平总书记重要讲话精神作为开展主题教育的重要内容，与学习贯彻习近平总书记关于教育的重要论述紧密结合起来，与贯彻落实习近平总书记重要贺信精神紧密结合起来，与加快推进中国特色世界一流大学建设紧密结合起来，不断推动主题教育见行见效、走深走实。

理论是实践的先导，思想是行动的指南。我很高兴得知，厦门大学习近平总书记关于教育的重要论述研究中心取得了一系列建设成果，发展态势值得肯定。希望中心继续整合优势研究力量，强化有组织科研，深入研究习近平总书记关于教育的重要论述提出的一系列新思想、新范畴，加快推进教育学领域自主的知识体系建构，努力成为在全国有重要影响、发挥重大作用的研究基地、宣传平台、高端智库，为推动党的理论创新、服务教育发展提供决策参考和学理支撑。

同时，要用好校本资源，把习近平总书记对厦门大学的关心、关注、关怀、关爱和学习贯彻习近平新时代中国特色社会主义思想紧密结合起来，进一步加强学术研究和理论诠释，不断增强研究的体系化和学理化。要深入系统整理学校100多年的办学历史和优良传统，梳理出清晰脉络、形成新的办学理念，特别是弘扬新时代厦大精神，与时俱进建设世界一流大学。

同志们！扎根中国大地，教育才有根；坚持党的领导，教育才有魂；践行立德树人，教育才有梦。面对国内外复杂形势，学校迎来了战略机遇期，也进入了改革冲刺期。我们要坚持以习近平总书记关于教育的重要论述为指导，深刻领会习近平总书记重要讲话精神，不断增强紧迫感、使命感和责任感，秉持教育情怀，扎根教育领域，锚定教育强国目标，躬身教育强国实践，为全面推进中华民族伟大复兴提供更加有力的基础性、战略性支撑。

谢谢大家！

与时俱进　争创一流
为推进中国式现代化贡献厦大力量

——在厦门大学建校102周年发展大会上的视频致辞

（2023年4月6日）

张　荣

尊敬的各位领导、各位来宾，

老师们、同学们、校友们：

大家好！

在全党全国各族人民深入学习贯彻党的二十大精神之际，我们迎来了厦门大学建校102周年的美好日子。首先，我谨代表厦门大学，向线上线下参加建校102周年发展大会的广大师生员工、海内外校友致以节日的问候！同时也借此机会向关心支持学校建设发展的各级党委、政府和社会各界表示衷心的感谢！

2021年的今天，在我们隆重庆祝厦门大学建校100周年的重要时刻，习近平总书记专门发来贺信，殷切期望学校“与时俱进建设世界一流大学”。两年过去了，习近平总书记的殷殷嘱托言犹在耳，当时的感人场景仍然历历在目。在习近平总书记重要贺信精神的指引下，厦门大学顺利迈上了新百年征程，深入推进“双一流”建设，稳步实施“十四五”规划，学校事业呈现出良好的发展态势，一幅建设中国特色世界一流大学的美好画卷正徐徐展开。

党的二十大擘画了以中国式现代化全面推进中华民族伟大复兴的宏伟蓝图，吹响了全面建设社会主义现代化国家的强劲号角，创造性地将教育强国、科技强国、人才强国3项战略整合在一起，赋予了高等教育前所未有的崇高使命。今年政府工作报告明确提出要“推进高等教育创新”。可以说，党和国家在以中国式现代化全面推进中华民族伟大复兴的新征程上，对高等教育提出了更高要求。

百余年前，中华民族内忧外患、危机重重，中国人民和无数仁人志士苦苦探寻现代化道路。陈嘉庚先生坚信“国家之富强，全在乎国民。国民之发展，全在乎教育”，期望通过振兴教育来实现国家富强的目的，倾资创办了厦门大学。自创办之日起，厦门大学就始终把自身发展同国家民族前途命运、同推动国家现代化进程紧紧联系在一起。今天，在习近平总书记重要贺信发表两周年之际，我们召开建校102周年发展大会，就是要坚持和加强党对学校的全面领导，在推进中国式现代化的新征程上与时俱进、争创一流，以高质量内涵式发展的新成效，回答好“强国建设、厦大何为”这一时代课题，不辜负习近平总书记的深情厚望。

与时俱进、争创一流，就要坚守立德树人的初心使命，全面贯彻党的教育方针，秉持嘉庚先生立校志向，把为党育人、为国育才作为职责使命，全面提高人才自主培养质量，坚持“五育并举”，围绕“有情怀、高素质、宽基础、强创意”的育人目标，在加快推进教育现代化的新征程中，着力培养堪当民族复兴大任的时代新人。

与时俱进、争创一流，就要涵养科教兴国的报国情怀，始终胸怀“国之大者”，把服务国家战略作为至高追求和实现自身发展的方法路径，全面提升服务区域发展和国家战略能力，重塑校园创新生态，打造战略科技力量，加强有组织科研，勇闯科研创新“无人区”，集聚力量打好关键核心技术攻坚战，更好支撑高水平科技自立自强。创新性继承、创造性发展中华优秀传统文化，在不断繁荣发展哲学社会科学的进程中，努力建构我国自主知识体系和话语体系。

与时俱进、争创一流，就要增强改革创新的发展动力，完整、准确、全面贯彻新发展理念，深化新时代教育评价改革，着力破除制约发展的体制机制障碍，激发内生动力，释放发展活力。坚持胸怀天下、开放办学，发挥海峡、海丝、海洋“三海”优势，彰显建设“世界之大学”的襟怀和气度，以更加自信的精神风貌屹立于世界高等教育之林。

与时俱进、争创一流，就要激扬敢拼善赢的进取精神，牢记“自强不息、止于至善”的校训，保持战略定力，发扬斗争精神，勇于攻坚克难，不断增强争优、争先、争效意识，以“拼”的精神、“闯”的劲头、“实”的干劲，推动学校各项工作赶超进位、提质增效，在服务中国式现代化中“放一异彩”。

与时俱进、争创一流，就要践行团结奋斗的时代要求，最大程度地凝聚起全体师生校友和社会各界的智慧与力量。1919年，陈嘉庚先生号召筹办厦大时恳切地说：“勿自馁其志，而视为杯水车薪，无裨大局。须知众擎易举，众志成城，是所深望诸海内外同胞也。”今天，我们越是接近建成世界一流大学的梦想，越要携手同心、不懈奋斗，向着未来再出发。

老师们、同学们、校友们！东风浩荡满眼春，踏浪高歌启新程。让我们更加紧密地团结在以习近平同志为核心的党中央周围，坚定拥护“两个确立”、坚决做到“两个维护”，把对习近平总书记的深情爱戴转化为干事创业的强大动力，保持与时俱进的精神状态和争创一流的昂扬斗志，不断打开中国特色世界一流大学建设新天地，在以中国式现代化全面推进中华民族伟大复兴的新征程上书写厦大荣光，为强国建设、民族复兴伟业添砖加瓦、增光添彩。

谢谢大家！

在本科教育教学审核评估评建工作领导小组第一次会议上的讲话

（2023年1月13日）

张　荣

同志们：

在全国范围内开展新一轮审核评估，是加快建设高质量教育体系的重大举措，是对中央深化教育评价改革要求的具体落实。刚才，王程同志汇报了新一轮本科教育教学审核评估工作进展情况，大家共同讨论审议了评估工作方案，张校长对迎评促建工作提出了要求。虽然审核评估工作非常紧迫，但各单位都十分重视，扎实推进相关工作，大家辛苦了！

近年来，党和国家对全面提高高等教育质量、建设高等教育强国作出战略部署，比以往任何时候都更加重视高等教育评估工作。2020年，中央陆续出台了《深化新时代教育评价改革总体方案》《关于深化新时代教育督导体制机制改革的意见》，要求推进高校分类评价，引导不同类型高校科学定位，办出特色和水平。认真做好新一轮教育教学审核评估工作，对我们认真学习贯彻党的二十大精神，深入贯彻落实习近平总书记重要贺信精神，落实中央教育评价改革要求，坚定正确办学方向，抓实人才培养质量"最后一公里"，具有十分重要的意义。

首先，做好新一轮审核评估工作是学校新百年坚定社会主义办学方向、培养时代新人的要求。高校的根本任务是立德树人。新一轮审核评估通过设立以"立德树人"为统领的评估指标体系，将党的领导、思政教育、学生发展、师德师风、质量保障能力等中央关心、社会关注、群众关切的内容，以及高校改革发展的核心任务要求作为评估重点，引导高校把牢社会主义办学方向、构建"三全育人"格局，培养德智体美劳全面发展的社会主义建设者和接班人。无论是量化还是定性的指标，体现的都是刚性要求，有利于进一步推动立德树人相关要求在学校落实落细。

其次，做好新一轮审核评估工作是学校新百年进一步夯实本科教育基础地位和人才培养中心地位的要求。本科教育是大学的底色，全面振兴本科教育是实现高等教育高质量内涵式发展的战略部署。实现建设世界一流大学的目标离不开本科教育水平的提升。评估指标体系从办学理念、领导力量、资源投入、运行体系等各个方面，对我们本科教学的方方面面都有相应要求，并促使我们必须把人才培养质量要求落实到课堂、教师，特别是学生的学习成效上，真正做到"以本为本"。

最后，做好新一轮审核评估工作是学校新百年全面检视立德树人成效、推进人才培养高质量发展的要求。高等教育评估是现代高等教育体系的重要组成部分。实践证明，评估对推动高等教育质量提升、保证高等教育健康发展具有不可替代的作用。新一轮评估将深挖学校教学常态数据资源，对本科教育教学工作进行全面审视，突显"诊断开方"的初衷。在此基础上，强化评估整改，建立"回头看"督导复查机制，并综合运用督导、通报、问责等手段，把审核评估结果、督导复查结果与本科招生计划、新设本科专业备案等资源配置手段挂钩。这要求我们必须认真盘点自身成绩和不足、深入反思立德树人成效，持续推进人才培养高质量发展。

我校在近两轮教育部审核评估中均获得了较好的评价，在上一轮评估中，专家组评价学校"教学改革措施得力，在全国高校具有引领和示范作用"。新一轮评估已迫在眉睫，要坚持以评促建、以评促改、以评促管、以评促强，加快一流本科教育建设，全面提高人才培养质量。

一是提高政治站位，充分认识审核评估的重要性和紧迫性。立德树人是高校的立身之本。党的十八大以来，习近平总书记高度重视立德树人的重要地位和作用，强调"要把立德树人内化到大学建设和管理各领域、各方面、各环节，做到以树人为核心，以立德为根本"。新一轮评估的首要要求是立德树人，强调要用立德树人根本任务统领学校一切工作，落实党的全面领导，坚持社会主义办学方向，全面贯彻党的教育方针，坚持扎根中国大地办教育，坚持"四为服务"（即教育为人民服务、为中国共产党治国理政服务、为巩固和发展中国特色社会主义制度服务、为改革开放和社会主义现代化建设服务），培养堪当民族复兴重任的时代新人。

二是紧扣评估要求，推动教育教学改革再深化。人才培养是学校中心工作中的中心、基本职能中的基本，所有工作都要围绕人才培养来开展。新一轮审核评估紧扣人才培养这一核心任务，针对学校在科研评价和人才评价方面存在的"五唯"顽疾，加强办学方向、育人过程、学生发展、质量保障体系建设等方面的审核，这要求学校必须把握人才培养中心地位，把改革对学校、教师和学生的评价作为核心要素。改革教师评价，把师德师风作为评价第一标准，突出教书育人实绩，引导教师认真践行教书育人使命。改革对学生的评价，实施多元主体评价，从不同角度了解在校生学习体验和学校人才培养情况等，引导学生树立科学成才观念，完善德育评价，重视体育、美育、劳动教育，促进学生全面发展。

三是强化责任担当，加快构建"三全育人"工作新格局。新一轮审核评估从"本科教学评估"变成了"本科教育教学评估"，从字面上看只是增加了"教育"两个字，但实际上内涵和外延都发生了变化，从之前聚焦教学工作转向了聚焦教学基础上的育人工作，目的是全面落实立德树人根本任务，回应"培养什么人、怎样培养人、为谁培养人"这个根本问题。因此，要推动各单位主动参与、密切配合、形成合力，从抓好后继有人这个根本大计出发，以"十大育人"体系为基础，加快构建培养目标一致、职责分工合理、育人合力显著的立德树人工作格局。

四是把握重要契机，统筹推进学校高质量内涵式发展。新一轮审核评估紧扣未来五年高校评估着力点，与“十四五”规划同步，评估重点是本科教育教学质量保障能力和综合改革举措与成效，前者重在考察某一时间点的现状和水平，后者更多地从理念、举措、实施成效等多个维度来突出动态的过程。上一轮评估经验表明，审核评估工作对高校教学工作的推动是实实在在的。要把审核评估与“十四五”规划实施相结合，与学校年度重点工作任务推进相结合，谋划做好学校事业发展、人才培养体系、学科专业布局、课程体系、管理体制、资源条件配置、保障机制、办学模式、育人方式等各项工作，以高质量审核评估为学校高质量内涵式发展注入新活力。

五是完善体系建设，构建卓越教育质量文化。新一轮审核评估实施方案提出了一系列有关“质量文化”的要求。要推动形成以持续提升教育教学质量为目标的文化价值体系，从外部的、强制的、被动的作为，上升到内生的、自觉的、主动追求的境界。学校经过上轮评估并依托联合国IQA项目，已基本建立起国际标准、中国特色的厦大IQA体系，这是学校的重要优势。要全面对接国际先进理念，推动质量保障体系和文化深入各职能部门、各院系和广大教职人员的日常工作中，优化校内外协同联动的诊断改进机制，全面形成质量立校的良好氛围。

同志们，新一轮审核评估工作的集结号和冲锋号已经吹响。让我们以新一轮审核评估为契机，认认真真、扎扎实实地做好审核评估工作，不断提高人才培养质量，加快实现高质量内涵式发展，深入推进第二轮“双一流”建设，为建成高等教育强国、科技强国、人才强国贡献厦大智慧和力量。

谢谢大家！

强国有我，青春有为

——在厦门大学2023年赴西部、基层、国家重要行业就业毕业生出征仪式上的讲话

（2023年6月21日）

张　荣

尊敬的各位来宾，老师们、同学们：

上午好！

凤凰花开骊歌响，白鹭翱翔乘风起。今天，我们相聚一堂，隆重举行厦门大学2023年赴西部、基层、国家重要行业就业毕业生出征仪式。引导毕业生到祖国最需要的地方建功立业是学校的优良传统，也是学校的光荣使命。在此，我代表学校向你们，并通过大家向即将奔赴工作岗位的2023届毕业生们致以亲切的问候和美好的祝愿！

就业是发展之基，也是民生之本，一头连着经济大势，一头连着千家万户。党的十八大以来，以习近平同志为核心的党中央始终高度重视就业这个最大的民生，多次强调要坚持就业优先战略，把解决就业问题放在更加突出的位置，努力创造更多就业岗位。习近平总书记多次对做好高校毕业生就业工作作出重要指示批示，强调“要在推动高质量发展中强化就业优先导向”“强化就业优先政策，健全就业促进机制，促进高质量充分就业”，体现了对高校毕业生的亲切关怀，为高校做好毕业生就业工作创造了良好的大环境。

作为国家“双一流”建设高校，厦门大学坚守立德树人初心，牢记为党育人、为国育才使命，全面提高人才自主培养质量，把源源不断为国家输送优秀毕业生摆在重要位置，鼓励更多优秀毕业生前往祖国最需要的地方贡献青春力量。一是筑牢就业育人高地。倡导“国家至上，事业为先”的就业理念，将就业教育融入“十大育人”体系和“三全育人”综合改革工作中，引导学生树立正确世界观、人生观、价值观，将爱党爱国爱校情怀融入未来职业发展。就业是人生旅途中的重要时点，选择什么样的职业，一定意义上就是选择了什么样的人生，就能在未来作出什么样的贡献。二是改革人才培养模式。围绕国家重大战略需求，优化学科专业布局，提升高精尖人才培养质量和规模，形成人才全面培养、垂直输出的格局。深化人才培养机制改革，强化“以学生为中心、以学为中心、个性化培养”，努力创设有利成长的良好条件。三是拓宽重点就业渠道。充分利用政策性岗位，深化校地合作、校企合作，与重点央企、重点民企、高科技企业进行深层次对接，持续深化“访企拓岗促就业”专项行动，新开辟了近2500个就业岗位。加大向西部、基层的人才输送力度，与中西部地区政府部门、大型科研院所及国家重要行业用人单位签署战略合作协议，为毕业生创造更多好的就业机会。四是加强就业指导服务。开展就业技能培训，提升学生就业求职能力，完善就业育人课程支持体系，推进实施“宏志助航计划”，强化重点、困难学生群体帮扶。近年来，学校毕业生年度毕业去向落实率保持较高水平，到国家重要行业和领域就业比例持续增长、占比过半，为服务国家发展战略作出了积极贡献。

今年是全面贯彻落实党的二十大精神开局之年，也是实施“十四五”规划承前启后的关键一年。作为今年的毕业生，同学们赴西部、基层、国家重要行业就业，正迎来施展才干的广阔舞台。刚才，我们的校友、教师代表和毕业生代表，分享了各自的职业选择和奋斗事迹，我深有感触。

叶建初校友一直从事环氧丙烷先进制造技术的研发工作，带领团队打破国外公司的技术封锁，研发的技术达到国际领先水平，为促进产业技术升级、补足企业产业短板、支撑产业集群发展奠定了坚实基础。杜俊霞校友在新疆阿克苏市驻村扶贫3年期间，与全村184户村民同吃、同住、同劳动，用真心真情真诚服务基层的广大群众，赢得了群众的认可。起超校友当过驻村第一书记，曾作为唯一的本地医生参与公立医院等级创建工作和抗疫工作，扎根于这个雅鲁藏布江中游的西藏小县城，数年如一日挥洒着青春热血。3位校友的经历再次证明，“青年时代，选择吃苦也就选择了收获，选择奉献也就选择了高尚”。他们是厦大数十万毕业生中的优秀代表，希望同学们以他们为榜样，不负青春韶华、不负人民期许，以青春之力投身中国式现代化伟大实践，在实现中国梦这场历史接力赛中跑出当代青年的最好成绩。

光阴荏苒，岁月如梭，转眼间和大家度过了完整的大学时光，这段美好记忆将长留心间。我们共同庆祝建党百年，对党的无限热爱根植于心、对党的无限忠诚充分表露；我们一起为母校百岁庆生，见证她的“高光时刻”，作为厦大人的自豪感油然而生；我们认真学习习近平总书记重要贺信，牢记嘱托、感恩奋进，与时俱进建设世界一流大学的步伐坚定自信；我们众志成城、抗击疫情，在真诚守护这座美丽校园的同时，为全国疫情防控大局作出厦大贡献……此时此刻，这一幕幕感人场面浮现脑海，恍若昨日，令人感慨万千。“凡为过往，皆为序章”，相信这些经历将成为同学们人生旅途上一笔宝贵的精神财富。这段时间，我读到同学们把关于厦大的一切放到毕业论文最后的致谢中，看到同学们把最美好的记忆定格在火红凤凰花的毕业照里，听到同学们背起行囊到祖国最需要的地方去建功立业的铮铮誓言。作为老师，我们感到十分欣慰。借这个难得的机会，在你们即将踏上人生道路新征程之际，我代表学校向大家提几点希望：

一是坚守忠诚之心，树牢理想信念。“立足新时代新征程，中国青年的奋斗目标和前行方向归结到一点，就是坚定不移听党话、跟党走，努力成长为堪当民族复兴重任的时代新人。”这是习近平总书记对亿万青年的寄语，也是青年人肩负的时代使命。火热的青春需要树立远大理想，志存高远方能登高望远，胸怀天下才可大展宏图。陈嘉庚先生曾说过：“对于国家，当尽国民之责任，凡分所应尽者，务必有以报国家。”在嘉庚精神的感召之下，一代又一代厦大人始终为国家为民族奉献着自己的青春。上个月，厦门大学研究生支教团一则名叫“这条小鱼在乎”的奖助学金报道在朋友圈“刷屏”，获得广大网友的关注和点赞。研支团从1999年起就一直扎根宁夏支教，接续24年，从未间断，书写了厦大学子的使命担当，作为闽宁协作群体的一部分被中宣部授予“时代楷模”称号。当前，实现中华民族伟大复兴的接力棒已经交付到你们手上，希望你们坚定理想信念，增强做中国人的志气、骨气、底气，在强国建设、民族复兴伟业中放飞人生梦想、实现人生价值。迈上人生新征程，同学们要胸怀“国之大者”，把牢青春航向，把自己的理想同祖国的前途、自己的人生同民族的命运紧密联系在一起，将自身发展的“小逻辑”融入国家和区域经济社会发展的“大逻辑”中，把干事创业、成就人生的“小时代”融入机遇纷呈、激情燃烧的“大时代”中，始终与祖国同呼吸、与人民共命运，让青春在祖国和人民最需要的地方绽放绚丽之花。刚才，张宇同学选择到宁夏基层工作，又一次展现了厦大人的家国情怀，续写了闽宁协作山海情的最新篇章。

二是坚守进取之心，彰显担当作为。党的二十大擘画了全面建成社会主义现代化强国、以中国式现代化全面推进中华民族伟大复兴的宏伟蓝图，吹响了奋进新征程的时代号角。新征程是充满光荣和梦想的远征，青年生逢其时、重任在肩。新时代既为同学们大显身手、竞展风采提供了广阔舞台，又对大家的能力素质提出了新的更高要求。大家即将作别校园，似乎也将告别挑灯夜读、闻鸡起舞，但学知识、长本领是一辈子的事情。如今，知识迭代更新的速度日新月异，学习稍有懈怠，就会落伍于时代。面对层出不穷的新事物、新情况，大家要时刻增强知识更新的紧迫感，不断开拓学习视野、创新思维方式，在未来的人生道路上赢得主动、赢得优势，始终保持昂扬向上、奋发有为的精神状态，以真才实学服务人民、贡献国家。工作岗位是施展才华的大好舞台，也是砥砺磨炼的宝贵平台。今年是我校校友陈景润先生诞辰90周年，他一生在数学王国里遨游，攻克了世界著名数学难题“哥德巴赫猜想”中的“1+2”，到今天这依然是摘取这颗数学王冠上明珠过程中的最好结果。刚才叶建初校友的成长经历正是厦大人自强科学精神的最好诠释。志之所趋，无远弗届。只要沉下心来用心去做，始终朝着梦想前行，就没有到达不了的彼岸、没有实现不了的梦想。迈上人生新征程，同学们要胸怀“两个大局”，秉承校训“自强不息、止于至善”的教诲，践行“勇立潮头、与时俱进”的新时代厦大精神，用双手拥抱这个大有可为也一定能够大有作为的时代，保持积极上进的奋进姿态，在工作岗位中经风雨、长才干，在更加壮阔的征程上扬帆起航、乘风破浪。

三是坚守实干之心，涵养吃苦精神。实干兴邦，空谈误国。奋斗不只是响亮的口号，而是要在做好每一件小事、完成每一项任务、履行每一项职责中见精神。正如习近平总书记指出的，“只有真抓才能攻坚克难，只有实干才能梦想成真”。大道至简，实干为要，实干是最质朴的方法论和最可靠的成功秘诀。只有不驰于空想、不骛于虚声，鼓实劲、出实招、求实效，才能够成就一番功业。“不积跬步无以至千里，不积小流无以成江海”，小到修身，大到治国，没有一番扎实的专业功夫和吃苦耐劳的实干精神，一切都是空谈。习近平总书记对自己的首要要求是“自找苦吃”，提倡年轻人“自找苦吃”，在厦门工作期间曾嘱咐厦大学子张宏樑工作后一定要下基层，要“自找苦吃”。今年五四青年节前夕，习近平给中国农业大学科技小院的学生回信再次赞赏青年“自找苦吃”，强调“新时代中国青年就应该有这股精气神”。新时代青年要崇尚实干、“自找苦吃”，做到勤学、修德、明辨、笃实，把个人梦想汇入时代洪流，让蓬勃青春与家国情怀同频共振，激发出最强劲的奋斗力量，绽放出青春最美丽的光芒。再苦的事分摊到每一天就更能坦然面对，再小的事坚持若干年，就能取得不一般的成就。刚刚，杜俊霞、起超两位校友讲了他们的故事，很多事很具体，看上去也很小，其实也很苦，但他们坚持下来了，就有了不一样的收获。迈上人生新征程，同学们要怀抱梦想又脚踏实地，敢想敢为又善作善成，发扬吃苦耐劳、自力更生、艰苦奋斗的精神，在机遇面前主动出击，在困难面前迎难而上，在风险面前积极应对，向下扎根、向上生长，在奔跑中拥抱梦想，用汗水浇灌未来，不断收获成长、收获进步。

四是坚守律己之心，筑牢奋斗根基。“青年者，国家之魂。”青年崇廉尚洁、严以律己，国家就能正气充盈、永葆青春活力。习近平总书记曾勉励青年，要涵养廉洁自律的道德修为，心有所畏、言有所戒、行有所止，不断锤炼意志力、坚忍力、自制力，做一个一心为公、一身正气、一尘不染的人。作为刚刚步入社会的青年，要牢记习近平总书记殷殷嘱托，坚持走正确的道路，以内无妄思保证外无妄动，保持纯洁干净的真心、本心、初心，从小事小节上正心明道、怀德自重。要严于律己，有规则意识、有纪律意识、有法治意识，心存敬畏、谨言慎行，把他律要求转化为内在追求，保持政治上清醒、经济上干净、作风上正派，做到不放纵、不越轨、不逾矩。习近平总书记肯定“厦门大学是一所具有光荣传统的大学”。在这里，诞生了福建省第一个中共党组织——中共厦门大学党支部。作为首任书记，厦大学子罗扬才面对敌人的威逼利诱，始终立场坚定、丝毫不为所动，最终为真理而献出年轻生命，树立起一座不朽的丰碑。迈上人生新征程，同学们要大力弘扬伟大建党精神，传承厦大先贤的崇高风骨，保持定力、勿忘心安，坦坦荡荡做人、干干净净做事，在奋斗道路上行稳致远，一步一个脚印、一步一个台阶，在笃定前行中实现人生理想，不辜负学校的培养和厚望。

团结才能胜利，奋斗才会成功。刚刚召开的共青团十九大，号召广大青年为强国建设、民族复兴伟业团结奋斗。团结就是力量，如果一个单位氛围是和睦的，心往一处想、劲往一处使，事业就会无往不胜、蒸蒸日上；奋斗开创未来，如果一个单位姿态是进取的，以一流干劲、创一流业绩，事业就会永葆活力、生生不息。我们不管到哪个单位，总希望能够心情舒畅、心无旁骛地投入工作、作出业绩，希望单位发展越来越好。同学们走上新岗位后，要秉承厦大人“感恩、开放、创新、和谐”的精神品格，在重大问题上以全局利益为重，在全局中明确自我发展定位，尽快转变角色，主动适应岗位，既做到与人为善，又能够带动他人，引领塑造团结向上、携手打拼的良好生态，展现出厦大学子应有的素质和风采。

同学们！“千淘万漉虽辛苦，吹尽狂沙始到金”，不凡的征程、艰苦的创业，从来历练着敢于担当、善于作为的时代英才。同学们选择到艰苦环境中磨砺意志，在基层实践中锻炼成长，为国家所需奉献青春，也就选择了坚守与担当、选择了拼搏与奉献。心之所向，便是阳光；无所畏惧，便是远方。真诚期待你们牢记“强国有我，青春有为”的誓言，接过历史的接力棒，不负青春韶华，不负时代重托，在新时代新征程上挺膺担当、奋发有为，创造无愧于时代、无愧于人民、无愧于历史的业绩，为强国建设、民族复兴伟业添砖加瓦、增光添彩！

“凡我所在，便是厦大。”一所大学的荣光，不仅源于她的校园，而且源于她的校友。希望你们无论从事什么工作，无论身在何处，都始终牢记：你们永远是厦大人，你们在哪里，厦大就在哪里！这里面有两层含义：第一层含义是你在哪里母校的关怀和温暖就在哪里，你们是母校心中最重的牵挂，母校永远是你们温暖的家园、心灵的港湾；另一层含义是你在哪里母校的旗帜就在哪里，母校把最重的责任交到你们手上，你们要用最好的表现作出应有的贡献。

最后，衷心祝愿同学们一帆风顺、前程似锦！欢迎你们常回家看看！

我就讲这些，谢谢大家！

在厦门大学2023年新教职工入职典礼上的讲话

（2023年9月8日）

张　荣

老师们、同学们、同志们：

大家上午好！

在第39个教师节即将到来之际，我们在这里隆重举行厦门大学2023年新教职工入职典礼，旨在弘扬尊师重教风尚，表达学校对新教职工的热烈祝贺、热忱欢迎和热切期待！表达对教师和教育工作者这一神圣职业的敬重、敬仰和敬畏！激励广大教师不忘初心、牢记使命，争做“四有”好老师，当好学生引路人。在此，我谨代表校党委、校行政，向辛勤耕耘在学校教学科研、管理服务、后勤保障的全体教职员工，向为国家教育事业和学校改革发展作出了贡献的离退休老教师、老同志们，致以节日的问候和崇高的敬意！

“国将兴，必贵师而重傅。贵师而重傅，则法度存。”中华民族有着尊师重教、贵师重傅的悠久传统，留下了许多求贤若渴、任人唯贤的感人故事，积淀了丰富宝贵、博大精深的教育思想。正是因为重视教育，重视师道传承，中华文明才没有中断并得以很好地传承和发展。新中国成立以来，特别是改革开放 40 多年来，在党中央的高度重视和亲切关怀下，国家教育事业取得了非凡的成就，教育事业成为全社会共同关心的事业。为弘扬尊师重教社会风尚，国家从 1985 年开始，将每年 9 月 10 日设为教师节。教师节定在新学年伊始，就是希望学生在感念师恩中开启新的学年，希望教师在荣耀与责任中书写教书育人事业新的篇章。

党的十八大以来，以习近平同志为核心的党中央坚持把教育作为国之大计、党之大计，作出加快教育现代化、建设教育强国的重大决策，推动新时代教育事业取得历史性成就、发生格局性变化。习近平总书记高度重视教师队伍建设，强调教师作为立教之本、兴教之源，是我们全部教育的起点。要把教师队伍建设作为建设教育强国最重要的基础工作来抓，弘扬尊师重教社会风尚，提高教师政治地位、社会地位、职业地位，使教师成为最受社会尊重的职业之一，支持和吸引优秀人才热心从教、精心从教、长期从教、终身从教。习近平总书记一直倡导在全社会营造尊师重教的良好风尚，并身体力行、作出表率。在福建工作期间，总书记多次到厦大慰问教师，亲切看望老教授，与不少教师、学者结下深厚情谊。2019 年农历新年前夕，总书记专门给我校潘维廉教授回信，祝贺他的新书出版，称赞他“不见外”，感谢他把人生 30 年的宝贵时光献给了中国的教育事业，被传为佳话。

厦门大学历来重视教师队伍建设。早在创办之初，校主陈嘉庚先生就提出“独是师资一项，最为无上第一要切”，将打造一流师资摆在学校办学的重要位置。一百多年来，我校敞开胸怀，荟萃英才，坚持以大楼之基，用大师之德，育大爱之才，在不断发展壮大过程中打造了具有国际竞争力的教师队伍，形成了海纳百川、开放包容、厚待人才、善待教工的良好氛围。近年来，我校深入学习贯彻习近平总书记关于教师队伍建设的重要论述，全面加强党委对教师工作的领导，努力培养造就一支师德高尚、业务精湛、结构合理、充满活力的高素质专业化教师队伍。广大教职工牢记为党育人、为国育才使命，在教书育人、科研攻关、管理保障的岗位上默默奉献、辛勤耕耘，培育了大批优秀人才，取得了突出的教学科研成果，涌现出全国教育系统先进集体、全国模范教师、全国教书育人楷模、全国高校黄大年式教师团队、全国优秀科技工作者、全国三八红旗手等教师典范。

刚才，全体新教职工佩戴上了厦门大学校徽，进行了人民教师宣誓，标志着你们正式成为一名光荣的人民教师，在厦大开启人生新的起点，担负起教书育人的神圣使命。两位同学深情朗诵了《师者》，表达了对老师深深的敬意，感情真挚，感人肺腑。新教职工代表修鹏老师结合自己的学习工作实际，作了精彩发言，表达了做“四有”好老师、当好学生引路人的美好愿望和坚定信心，我听后很有感触、深受启发。

当前，我校迈上了中国特色世界一流大学建设新征程。上周，学校胜利召开第十二次党代会，明确“两步走”战略部署，提出了打造中国高等教育东南中心的特殊使命，科学制定了与时俱进建设世界一流大学的思路举措和行动安排。围绕新的发展目标，我校必将把世界一流大学建设推向新的高度，也必然比任何时候更期待优秀人才的加入、更需要新鲜血液的注入！借此机会，我谈几点想法，与各位老师共勉。

一是坚定理想信念，做核心价值的践行者。习近平总书记指出，“高校教师要坚持教育者先受教育，努力成为先进思想文化的传播者、党执政的坚定支持者，更好担起学生健康成长指导者和引路人的责任”。我们要全面贯彻落实习近平总书记关于教育的重要论述，深刻领悟“两个确立”的决定性意义，增强“四个意识”、坚定“四个自信”、做到“两个维护”。要深入学习贯彻党的二十大精神，深刻认识高校教师在教育强国、科技强国、人才强国建设中肩负的光荣使命与重大责任，牢固树立“躬耕教坛，强国有我”的志向与抱负，以培养堪当民族复兴大任的时代新人为己任。要坚持不懈用习近平新时代中国特色社会主义思想培根铸魂，做社会主义核心价值观的坚定信仰者、积极传播者和模范践行者，以坚定的共产主义理想和中国特色社会主义信念激励学生，以爱国报国的深厚价值情怀滋养学生，教育和引导学生树立坚定的理想信念和正确的世界观、人生观、价值观，坚定不移听党话、矢志不移跟党走，为实现中华民族伟大复兴而努力奋斗。

二是落实立德树人，做学生成长的引路人。教师作为人类灵魂的工程师，肩负着塑造灵魂、塑造生命、塑造新人的时代重任，教师的人格魅力、道德水准，直接影响教师队伍整体素质，关乎“培养什么人、怎样培养人、为谁培养人”这个根本问题。党的十八大以来，习近平总书记就加强教师队伍建设多次作出重要指示批示，先后对广大教师提出“三个牢固树立”“四有好老师”“四个引路人”“四个相统一”等新时代师德要求。今年 5 月 29 日，习近平总书记在中共中央政治局第五次集体学习时强调，要加强师德师风建设，引导广大教师坚定理想信念、陶冶道德情操、涵养扎实学识、勤修仁爱之心。今天，我们向新教职工赠送的《我的厦大老师》，就收集整理了广大校友关于厦大老师的感人故事，展示了我校教师“学为人师、行为世范”的集体群像。希望大家以这些师德楷模为榜样，以德立身、以德立学、以德施教，严慈相济，诲人不倦，真心关爱学生，严格要求学生，争做学生“四有”好老师，当好学生成长的引路人，努力培养堪当民族复兴重任的国之栋梁。希望大家像珍爱生命一样传承师道，自觉践行新时代高校教师职业行为十项准则，维护教师形象，提振师道尊严，真正把为人、为事、为学统一起来，在言传身教中塑造学生的品格、品行、品味，努力成为“大先生”。

三是心怀“国之大者”，做强国建设的排头兵。当前，“两个大局”深度交织演进，新一轮科技革命和产业变革深入发展，创新愈发成为大国综合国力较量的决定性因素。高校作为教育、科技、人才的重要结合点，是大国博弈的

“战略重器”。新征程上，党和国家期待高校担起更大责任、作出更大贡献。希望大家心怀“国之大者”，把实现个人发展的“小逻辑”统一于服务国家发展的“大逻辑”中，自觉将教学科研工作与服务国家战略有机融合起来，不断完善知识体系，努力提升专业水平，更好担负起国家赋予我们的育人使命、强国责任。希望大家围绕“四个面向”，积极投身重大科技攻关和理论创新，着力突破“卡脖子”技术，研究中国式现代化重大理论与现实问题，把论文写在祖国大地上，回答好中国之问、世界之问、人民之问、时代之问。

四是弘扬优良传统，做爱校荣校的厦大人。习近平总书记在致我校建校100周年重要贺信中指出，“厦门大学是一所具有光荣传统的大学”“学校秉持爱国华侨领袖陈嘉庚先生的立校志向，形成了‘爱国、革命、自强、科学’的优良校风”。嘉庚精神是厦大精神的源流。今天赠送大家的另一本书，就是嘉庚先生著的《南侨回忆录》。他在书中详细讲述40多年的人生经历，记录了南洋华侨为襄助祖国抗战而作出的贡献，并陈述了他为发展教育和社会进步所进行的种种艰苦卓绝的奋斗。这本书集中体现了嘉庚先生的精神品格和崇高理想。希望大家认真品读，深入学习了解学校百年办学的优良传统，传承弘扬嘉庚精神，秉承“自强不息、止于至善”的校训，弘扬“爱国、革命、自强、科学”的优良校风，自信自强，爱岗敬业，把爱校荣校体现在具体行动上，以主人翁精神不断增强学校的凝聚力、向心力，推动学校高质量发展。

老师们、同学们！百年大计，教育为本。教育大计，教师为本。努力培养造就一大批一流教师，不断提高教师队伍整体素质，是党和国家立足“两个大局”战略高度对教师工作提出的新使命新要求。我校第十二次党代会明确提出实施“群贤竞秀”行动，强化人才是第一资源的理念，全方位培养、引进、用好人才，以人才引领驱动，着力打造国家战略人才力量的东南中心。学校也将为各位老师来校工作生活创造更良好的条件。希望大家坚守立德树人根本，把全部精力和满腔真情奉献给教育事业，在教书育人的工作中不断创造新业绩，努力培养强国建设的栋梁之材，为以中国式现代化全面推进中华民族伟大复兴作出新贡献！

最后，衷心祝愿包括新教职工在内的各位老师教师节快乐、身体健康、工作顺利！

谢谢大家！

牢记嘱托　勇担使命
奋力答好“强国建设、厦大何为”时代课题

——在教育强国战略咨询会(粤港澳大湾区)上的发言

(2023年7月22日)

张　荣

尊敬的黄坤明书记、怀进鹏部长、王伟中省长，

各位领导、专家，同志们：

厦门大学深入贯彻落实党的二十大精神，以习近平总书记致我校建校100周年重要贺信精神领航，紧紧围绕国家和区域重大战略，结合开展主题教育和谋划学校第十二次党代会，深入开展调查研究，推进综合改革创新，与时俱进建设世界一流大学。下面，结合近段时间的思考，就教育强国建设和我校探索实践，汇报三个方面内容。

一、在大格局中谋划学校发展

经过百年来的发展，我校在国家高等教育体系中形成了特有的优势、发挥着独特的作用，归结为海峡、海丝、海洋“三海”特色。在教育强国建设的新征程上，我们积极思考“厦大何为”，首先是要想清楚我们在强国建设的大格局中如何发挥特色、找准定位。习近平同志在我校80周年、90周年、100周年校庆时都给予了重要指导指引。在庆祝建校80周年之际，习近平同志出席庆祝活动并致辞，希望我校建设成为我国特别是东南部地区高水平创新人才培养、高新技术研究和成果转化、高层次决策咨询的重要基地；在庆祝建校90周年之际，习近平同志发来贺信，希望我校牢记办学使命，不断开拓创新，更好地服务国家和海峡西岸经济社会发展；在庆祝建校100周年开启新征程的关键时刻，习近平总书记再次发来重要贺信，希望我校全面提升服务区域发展和国家战略能力。其中，一脉相承的是对我校立足东南区域发展的殷殷嘱托。这与陈嘉庚先生的立校志向是一致的。

当前，我们正在加快推进中国特色世界一流大学建设，这是教育强国建设的“重中之重”任务。作为地处东南沿海的“双一流”建设高校，我们要牢记嘱托，深刻把握学校在“全国一盘棋”中所处的独特地位，跳出厦大看厦大，跳出厦大办厦大，在教育强国建设中自觉承担起应有的特殊使命，建设中国高等教育东南中心，打造东南人才中心和创新高地。

因此，我们要强化自身在福建及周边区域的“国家队”角色，联动粤港澳大湾区，发挥牵引作用，打造教育强国建设的东南梁柱。怀部长在京津冀地区战略咨询会上提出，要筑牢教育强国大厦的四梁八柱，我们就是要筑牢这个大厦的东南梁柱。我们要强化自身作为两岸教育、文化、学术交流的重镇，发挥示范作用，打造促进两岸融合发展的

东南窗口。中央支持福建建设两岸融合发展示范区，这是党和国家赋予福建的使命，我校也责无旁贷。我们要强化自身在面向东南亚、面向"一带一路"、联通海外侨胞的桥梁纽带作用，发挥辐射引领作用，打造增强中华民族凝聚力和向心力、促进中外文明交流互鉴的东南灯塔，为中国式现代化提供有力支撑。

二、在大规律中把握有效方略

党的二十大报告首次对教育、科技、人才进行"三位一体"统筹安排、一体部署，彰显了三者协同推进对强国建设的重大现实意义和深远战略考量。一流大学是集教育、科技、人才于一身的共同体。我们要深刻把握三者协同发展的大规律，坚持创新核心地位，有机融合教育链、创新链、人才链、产业链，切实增强对中国式现代化的人才和创新支撑。

坚持创新核心地位，就是要让一切资源要素都围绕着创新"转"。在学科建设上，高校要聚焦"国之大者"，强化学科牵引，加强不同学科间的优化整合重塑，完善跨学科管理体制机制，敢于发展新兴领域，谋划新的增长点，尽快抢占学科制高点。在科技创新上，高校要围绕"四个面向"，聚焦"卡脖子"问题，强化项目、平台、团队的一体化建设，推动"从 0 到 1"自主创新能力全面提升，完善基础研究、应用研究到成果转化的全链条协同创新机制，形成重大科技问题攻关合力。在人才工作上，高校要加强战略科学家、青年领军人才的培育，特别要把引进汇聚全球顶尖人才作为一项战略任务来抓，构建常态化的海外人才交流合作网络，形成有效吸引海外优秀人才来华创新创业的强磁场。无论是学科、科技，还是人才，最终都聚合到高校的人才培养上，以源源不断为国家培养输送拔尖创新人才。

三、在大改革中寻求突破路径

习近平总书记强调，从教育大国到教育强国是一个系统性跃升和质变，必须以改革创新为动力。高校必须强化系统观念，坚持目标导向、问题导向、效果导向有机统一，以"两个先行先试"发力"三个有组织"。

一是发力有组织拔尖创新人才培养。拔尖创新人才是关系国家长远发展的战略力量，需要处理好年龄与周期、教学与科研、本土与国际的关系，探索跨越学习阶段、跨越学科边界、融通中外的培养方式，重点挖掘、造就有潜质的拔尖人才。近年来，我校深入推进"三个转变"，推进本研贯通培养，构建本硕博衔接的知识结构、课程体系、培养模式，立足拔尖学生个性化、多样化需求，打造创新人才培养高地。我们也充分利用国际优质资源，"为我所用"，提升人才自主培养能力。我校与英国创意艺术大学联合设立创意与创新学院，探索"跨文化、跨学科"的国际化创意人才培养新模式。开创国内高校先河，与经合组织(OECD)联合培养税务法学硕士，合作培养高素质复合型税务人才。由诺贝尔奖获得者博伊特勒教授领衔，组建书院，汇聚全球顶尖科学家开设拔尖班，让更多学生在本土成长成才。在"引进来"的同时，我们也积极"走出去"。在马来西亚建设分校，探索既立足本土又对接国际的人才培养模式，发挥试验田作用，高位服务"一带一路"建设。

二是发力有组织科研。高校是基础研究的主力军和科技突破的策源地，必须自觉承担起支撑高水平科技自立自强的使命，深入推进科研组织模式变革，推动科学研究向"指向型"发展、科研模式向"团队型"发展、科研管理向"组织型"发展。近年来，我校主动融入国家战略，以团队集聚、项目协同、平台支撑、目标牵引为形式，通过大科学计划、大科学平台、大科学装置等把科研团队聚合起来，积极打造国家战略科技力量。我校牵头的海洋负排放国际大科学计划被纳入联合国"海洋科学促进可持续发展十年"行动方案，成为碳中和领域我国第一个获联合国批准的国际大科学计划。我校先后获批国家自然科学基金委管理科学部、海洋科学领域首个基础科学中心项目。我校也积极对接产业前沿，在能源材料、生物制品等领域获批建设省创新实验室，着力推进产学研协同创新，今年海洋领域的省创新实验室建设也将取得实质性进展。疫情期间，我们第一时间组织开展应急科研攻关，研制的全球首个鼻喷流感病毒载体新冠肺炎疫苗获批紧急使用，研制出世界上品种最全的新冠病毒系列检测试剂，并在全球评估中进入检测性能最优名单，获世界卫生组织优先向全球推荐。

三是发力有组织服务国家和区域发展。区域高质量发展需要一流大学群体的支撑。作为祖国大陆距离台湾地区最近的一流大学，我校在对台招生、涉台研究、与台交流、入台驻点等方面具有独特优势、走在前列。我们希望联合粤港澳大湾区的高校，共同构建海峡两岸高等教育融合发展示范区，聚焦台湾地区优势产业领域，在人才培养、科技创新、产教融合、成果转化等方面加强合作，努力探索两岸融合发展新路，服务祖国统一大业。此外，我校在粤港澳大湾区拥有众多校友，我们要充分依托校友企业和校友资源，深度融入大湾区建设，携手大湾区高校，优势互补，共同承担国家大项目、建设大平台、承建大装置，共同打造区域人才中心和创新高地，在助力区域经济发展和创新体系建设中展现更大作为。

总体来说，这是一次使命引领的改革创新。我们有信心做好综合改革。我们愿与大湾区高校一起，共同探索中国特色世界一流大学建设新路，在教育强国建设进程中发挥示范引领作用。

以上是我的汇报，谢谢！

打造中国高等教育东南中心　与时俱进建设世界一流大学

（发表于《厦门大学党政工作研究》2023年第2期）

张　荣

强国必先强教。建设教育强国，龙头是高等教育，重中之重在一流大学。一流大学作为科技第一生产力、人才第一资源、创新第一动力的重要结合点，是大国博弈的“战略重器”，是党和国家超前布局、应对变局、开拓新局的关键力量。厦门大学为国而立、因国而兴。一百多年来，学校始终与祖国同呼吸、与民族共命运、与时代同步伐，在服务国家发展中逐步成长起来，成为国家一流大学群体的重要一员。面向新时代新征程，厦门大学必须牢记嘱托、勇担使命，秉持陈嘉庚先生的立校志向，接续奋进，打造中国高等教育东南中心，与时俱进建设世界一流大学，奋力书写好“强国建设、厦大何为”的时代答卷。

一、在大格局中找准使命方位

党的二十大对全面推进中华民族伟大复兴作出一系列重大部署，更加明确了一流大学在推进中国式现代化进程中的目标方向、战略地位和使命任务。习近平总书记在主持中共中央政治局第五次集体学习时，从“战略先导”“重要支撑”“有效途径”“基础工程”四个维度，系统阐释了建设教育强国的重大意义，科学全面回答了建设教育强国的一系列重大问题，更加彰显了一流大学在建设教育强国中的重要作用。必须从中国式现代化布局和建设教育强国的大格局中，深入思考自身所处的时代方位，从历史逻辑、实践逻辑和发展逻辑三个层面，深刻认识我校在与时俱进建设世界一流大学进程中打造中国高等教育东南中心的时代使命和独特任务。

（一）从历史逻辑看，建设中国高等教育东南中心始终在习近平同志对厦门大学发展一以贯之的期望和要求中

习近平总书记长期关心厦门大学的建设、改革与发展，在厦门、福建工作期间，多次到我校考察调研、指导工作，到中央工作后，仍牵挂着厦大、心系着厦大师生，对我校建设发展高度重视、大力支持。特别是在我校建校80周年、90周年、100周年的关键时刻，习近平同志分别发表讲话、发来贺信，对学校关键时期的发展给予悉心指导、把脉定向。在厦大庆祝建校80周年之际，习近平同志出席庆祝活动并致辞，希望我校建设成为我国特别是东南部地区高水平创新人才培养、高新技术研究和成果转化、高层次决策咨询的重要基地，为迈入21世纪的厦门大学指明了前进方向；在厦大庆祝建校90周年之际，习近平同志发来贺信，希望我校继续弘扬嘉庚精神，牢记办学使命，不断开拓创新，突出办学特色，提高办学质量，更好地服务国家和海峡西岸经济社会发展，为我校谋划新的发展目标、开启建设世界一流大学进程提供了重要指引；在厦大庆祝建校100周年开启新征程的关键时刻，习近平总书记再次发来重要贺信，希望我校全面贯彻党的教育方针，切实落实立德树人根本任务，为党育人、为国育才，与时俱进建设世界一流大学，全面提升服务区域发展和国家战略能力，为增强中华民族凝聚力和向心力，为全面建设社会主义现代化国家、实现中华民族伟大复兴的中国梦作出新的更大贡献，为我校全面开启新百年新征程、奋进第二个百年发展目标提供了根本遵循和行动指南。习近平同志的重要讲话重要贺信精神，一脉相承的是对我校发挥区位优势、立足东南区域发展的殷殷嘱托，一以贯之的是对我校以祖国东南为支点、服务国家发展的殷切期盼。我们要牢记嘱托，切实担负起建设中国高等教育东南中心的光荣使命。

（二）从实践逻辑看，建设中国高等教育东南中心贯穿于厦门大学百年办学实践的探索和坚守中

厦门大学作为我国近代教育史上第一所华侨创办的大学，设立于祖国东南门户厦门，自创办之日起就打下了深深的“东南”烙印。百年来，厦大始终秉持陈嘉庚先生的立校志向，在立足东南、扎根东南的执着与坚守中谱写出服务区域和国家发展的南强篇章。建校初期，陈嘉庚先生就期望厦大成为“南方之强”，“为吾国放一异彩”。时任学校领导希望厦大通过建设，成为我国南部之“科学中心点”“文化中心点”。学校学科设置、生源招收、毕业生去向等均与东南面向密不可分。抗战时期，在国内高校纷纷内迁办学时，厦大留在闽粤赣交界的山城长汀。时任校长萨本栋认为，“要留在东南最偏远的福建省内，以免东南青年向隅”，正是体现了要肩负起东南教育重任的战略考量和胸襟气度。彼时厦大卓越的办学成绩让“南方之强”闻名遐迩，获得了“东南最佳大学”“东南最高学府”的美誉。新中国成立后，学校迎来发展新阶段，逐步明确形成面向东南亚、面向海洋的发展方向。改革开放后，学校紧紧抓住特区发展机遇，主动谋划，在“特”字上做文章、在“高”字上下功夫，充分发挥“侨台特海”办学特色和区位优势，使我校成为我国与东南亚各国及台港澳地区教育、科技、文化交流的窗口。21世纪以来，学校紧紧立足福建，继续巩固在东南亚和台港澳地区的较高声誉，推进文化交流交融。特别是党的十八大以来，学校扎根八闽大地，构建“三校区一分校”办学格局，积极推动两岸融合发展，主动面向东南亚、服务“一带一路”建设，成为促进人文交流的东南桥堡，为中华文化海外传播作出了积极贡献。厦门大学的百年发展史，也是一部立足祖国东南、立志打造中国高等教育东南中心的探索史、实践史。我们要秉承陈嘉庚先生立校志向，赓续南强薪火，不断书写“南方之强”新篇章。

（三）从发展逻辑看，建设中国高等教育东南中心体现于对“厦大风格”时代内涵的不断深化和升华中

习近平总书记指出，“办好中国的世界一流大学，必须有中国特色”“世界上不会有第二个哈佛、牛津、斯坦福、麻省理工、剑桥，但会有第一个北大、清华、浙大、复旦、南大

等中国著名学府"。强国建设需要一流大学群体的有力支撑。这个群体不是千篇一律、千校一面，而是具有多样性、生态性，群体中的每一所高校都承担着独特使命，协同支撑强国建设。厦大在百年办学历程中，形成了鲜明的办学特色，在服务国家发展中扮演着独特作用。在"双一流"建设中，我校明确了"中国特色、世界一流、厦大风格"的建设目标。迈上新征程，伴随着中国高等教育的大踏步大发展，我们要跳出厦大看厦大、跳出厦大办厦大，深入思考"厦大风格"的新时代内涵，既要准确分析学校的世界坐标，与时俱进建设世界一流大学，同时还要精准定位学校的中国坐标，深刻把握学校在"全国一盘棋"中所处的特殊地位，综合考量自身在全国一流大学群体中的发展态势，传承"侨台特海"优势，发挥海峡、海丝、海洋"三海"特色，着力打造中国高等教育的"东南一极"，真正形成有力支撑教育强国建设的"南方之强"。要强化自身在东南区域高等教育的"头雁"效应，发挥龙头牵引作用，打造教育强国的东南梁柱；强化自身作为两岸教育、文化、学术交流的重镇地位，发挥示范引领作用，打造两岸融合发展的东南窗口；强化自身在面向东南亚、面向"一带一路"的桥梁纽带功能，发挥辐射带动作用，打造增强中华民族凝聚力和向心力、促进中外文明交流互鉴的东南灯塔。

二、在大谋划中把握内在规律

谋划建设中国高等教育东南中心，与建设世界一流大学的目标是内在一体的。要谋划推动厦门大学新发展，就需要深刻把握好与时俱进建设世界一流大学与打造中国高等教育东南中心的内在耦合关系。

(一)与时俱进建设世界一流大学是新百年厦门大学的主题主旨

陈嘉庚先生怀抱建设"世界之大学"的宏愿创办了厦门大学。一百多年来，一代代厦大人坚守理想、秉持志向，开拓进取、接续奋斗，实现了历史性发展飞跃。特别是党的十八大以来，伴随着中国高等教育和一流大学建设事业蒸蒸日上，学校实现了发展新跨越、新提升，入选国家"双一流"建设高校，顺利实现第一个百年发展目标，并全面开启了建设中国特色世界一流大学的新征程。追求一流是一个永无止境、不断超越的过程。面向新百年，与时俱进建设世界一流大学是习近平总书记赋予的光荣使命，也是厦门大学继往开来实现自身发展的不懈追求，构成了学校奋进新百年的时代主题。要以更高站位、更加开放的视角重新审视一流大学，不断拓展和丰富内涵，坚持以一流党建引领一流大学建设，以一流体系支撑一流大学发展，以一流生态涵育一流大学文化，以一流能力展现一流大学作为，努力培育一流人才、打造一流学科、创造一流成果、作出一流贡献，尽早实现世界一流大学的梦想。

(二)打造中国高等教育东南中心是新时代厦门大学的应然路径

教育、科技、人才在推进中国式现代化进程中具有战略性、支撑性地位和作用。当前，教育部正在实施高等教育综合改革试点战略工程，主要目标就是聚焦创新，不断提高人才创新能力和科技创新能力，为实现中国式现代化提供强有力的基础支撑和战略先导力量。近段时间以来，教育部已先后召开了上海、京津冀地区、中西部地区、中部地区、东北地区、粤港澳大湾区、新疆等区域的教育强国战略咨询会，主要目的就是推动"两个先行先试"，引导高校强化"三个有组织"，筑牢教育强国大厦的四梁八柱，促进高等教育更好适配、更好服务国家重大战略和区域经济社会发展。福建是习近平新时代中国特色社会主义思想的重要孕育地和实践地。2021 年 3 月，习近平总书记在福建考察时明确提出"四个更大"重要要求。在厦门经济特区建设 40 周年之际，习近平总书记发来贺信，勉励特区在新征程上全面深化改革开放，推动高质量发展，促进两岸融合发展，努力率先实现社会主义现代化。近年来，中央支持福建建设 21 世纪海上丝绸之路核心区、福厦泉国家自主创新示范区、国家生态文明试验区、两岸融合发展示范区等多重使命，支持厦门综合改革试点，福建在强国建设中的地位和作用日益凸显。作为地处祖国东南沿海的一流大学建设"国家队"，厦门大学必须强化使命担当，责无旁贷自觉承担起服务东南区域经济社会发展的责任，在服务区域发展中争创一流、筑峰造极，为国家区域发展战略提供有力支撑和示范引领。

(三)两者统一于答好"强国建设、厦大何为"时代课题

与时俱进建设世界一流大学与打造中国高等教育东南中心，两者是有机统一的。建设世界一流大学是厦大的发展目标，打造中国高等教育东南中心是立足新时代为实现这一目标提供的切实可行的路径方向，是学校建设世界一流大学在新征程中的使命表达和功能定位，是建设中国特色世界一流大学的新路探索。两者也是相互伴随的。打造中国高等教育东南中心既是一个目标追求的过程，也是一个阶段达成的结果。在目标追求过程中，打造中国高等教育东南中心与建设世界一流大学是相伴相生的，推进中国高等教育东南中心建设的过程，也是与时俱进建设世界一流大学的过程。在阶段结果表现中，建成中国高等教育东南中心，形成强有力支撑教育强国建设的"东南一极"，是实现世界一流大学目标的标志性呈现，是世界一流大学建设的重要成果。因此，要一体理解、深刻把握两者的内在关联，把两者统一于答好"强国建设、厦大何为"时代课题中，最终体现在服务教育强国建设、服务区域和国家发展战略当中。

三、在大发展中寻求突破路径

目标决定方向，使命牵引行动。要立足打造中国高等教育东南中心，坚持系统思维，不断解放思想、敢为人先，加强体制机制创新，深化治理体系改革，奋力谱写与时俱进建设世界一流大学的崭新篇章。

(一)坚持自立自强，着力打造教育强国的东南梁柱

秉持内涵式高质量发展，遵循教育、科技、人才协同发展规律，推动有机融合，全方位提升发展能级，打造支撑教育强国建设的东南梁柱，构筑东南人才中心和创新高地。

构筑创新人才培养的东南基地。牢记为党育人、为国育才初心使命，坚持立德树人根本任务，深化"五育"并举，健全"三全育人"工作格局，强化对学生的思想导航和价值

引领，引领学生建功立业新时代，着力培养在社会主义现代化建设中可堪大用、能担重任的栋梁之材。加强有组织拔尖创新人才培养，深入推进“三个转变”，深化本研贯通培养，完善本硕博衔接的知识结构、课程体系、培养模式，走好自主培养道路，努力造就更多具有引领性、人文性、时代性、开放性的创新型人才。

构筑优势学科集群的东南重地。加强学科顶层设计和前瞻部署，按照“强重点、显特色、上水平、创一流”的思路，不断完善梯次建设、分类发展的学科体系，打造学科建设共同体。坚持拔尖筑峰，巩固领跑学科优势，支持若干学科和学科方向在原始创新和重大理论创新、关键技术突破上集中发力，冲击世界顶尖水平。瞄准新兴方向和前沿领域，完善有利于学科交叉融合的资源配置机制，推进学科优化整合，敢于发展新兴领域，谋划新的增长点，尽快抢占学科制高点。

构筑高端人才汇聚的东南福地。坚持党管人才，强化人才是第一资源的理念，加强战略科学家、青年领军人才培育，重点引进汇聚全球顶尖人才，构建常态化的海外人才交流合作网络，形成有效吸引海外优秀人才来校创新创业的强磁场。完善内外并轨、梯次递进、全程激励的人才发展机制，优化各学科人才布局，建强卓越人才体系。深化人才评价改革，营造真心爱才、悉心育才、倾心引才、精心用才的良好氛围，营造有利于人才脱颖而出的制度环境。

构筑创新驱动发展的东南高地。发挥高校基础研究主力军和科技突破策源地作用，围绕“四个面向”，聚焦“卡脖子”问题，强化项目、平台、团队的一体化建设，推动“从0到1”自主创新能力全面提升，完善基础研究、应用研究到成果转化的全链条协同创新机制，形成重大科技问题攻关合力。加强有组织科研，推动科学研究向“指向型”发展、科研模式向“团队型”发展、科研管理向“组织型”发展，以团队集聚、项目协同、平台支撑、目标牵引为形式，通过大科学计划、大科学平台、大科学装置等聚合科研团队和创新资源，积极打造国家战略科技力量。

(二)坚持交心交融，着力打造两岸融合发展的东南窗口

贯彻新时代党解决台湾问题的总体方略，发挥学校对台交流、与台合作、涉台研究优势，突出先行示范作用，积极融入两岸融合发展示范区建设，打造两岸教育科技文化交流的前沿重镇。

建设两岸交流合作的重要前沿。积极探索两岸高等教育融合发展新路，实施两岸高等教育融合发展能力提升计划。加强与台湾高校的务实合作，推动开展联合培养、共建平台、科研合作、学术交流、师生互访，提升两岸高等教育合作层次和水平。积极对接台湾高新技术产业，重点在电子信息、集成电路、精密制造、海洋生态、生物医药等领域先行先试，助力推动两岸创新链、产业链、人才链的深度融合。汇聚两岸创新创业资源，加强创新创业公共服务资源开放共享，积极吸聚台湾青年创新创业。

建设台湾师生登陆的第一家园。尊重、关爱、造福台湾师生，完善政策条件，优化服务保障，让广大台湾师生愿意来、留得住、融得进、发展好。推动两岸青年共同弘扬中华文化，通过开展两岸青年学子论坛、两岸大学生闽南文化研习夏令营等形式，打造两岸青年学生交流品牌项目，增进两岸青年互信共融，增强台湾青年对中华民族、对伟大祖国的认知和感情。做好台湾学生招生培养、教育管理等工作，吸引更多台湾高层次人才来校工作交流。

建设对台决策咨询的首选智库。加强台湾研究院高端智库建设，提升决策咨询服务能力，为新时代对台工作提供智力支持。把握台湾地区脉动，客观反映岛内社情民意，主动做好中央及有关部门对台决策咨询服务工作，为深化两岸各领域融合发展和推进祖国完全统一进程提供更有力支撑。

(三)坚持同心同愿，着力打造增强中华民族凝聚力和向心力、促进中外文明交流互鉴的东南灯塔

胸怀“两个大局”，秉持开放包容的精神，在传承创新中华文化、提升国家文化软实力中扮演更重要的角色、发挥更重要的作用，为增强中华民族凝聚力和向心力、为推动人类文明进步作出新的贡献。

勇当中华文化传承创新的中坚力量。坚定文化自信，自觉肩负起服务文化立国、文化兴国、文化强国的重要使命。加强和深化马克思主义理论研究，推进“两个结合”，夯实中国式现代化思想根基。努力构建中国特色哲学社会科学学科体系、学术体系、话语体系，打造“厦大学派”。坚持守正创新，持续加强对中华优秀传统文化特别是东南区域文化的挖掘、研究和阐释，推动创造性转化、创新性发展，服务建设中华民族现代文明。赓续厦大百年文脉，实施文化引领工程，提升学校文化引领能力。

勇当中华民族向心凝聚的推动力量。加强厦门大学铸牢中华民族共同体意识研究基地建设，探索具有福建特色的铸牢中华民族共同体意识理论研究体系，服务福建建设成为中华民族团结进步的窗口。广泛汇聚“侨”的优势，依托海外校友力量，提升在海内外侨界的影响力，着力凝聚侨心、汇集侨智、发挥侨力。加强南洋问题和华人华侨研究，着力培养复合型侨务专门人才，夯实海内外中华儿女的共同文化认同。深化与港澳地区的人文交流合作，主动融入粤港澳大湾区建设，吸引港澳高校师生来校学习工作，持续深化与港澳同胞的深度交流交往，增强港澳同胞对祖国的认同感和向心力。

勇当中华文化海外传播的先锋力量。坚守中华文化立场，发挥面向海丝、面向东南亚的优势，加强文化海外传播话语体系建设，打造融通中外的新概念新范畴新表达，推动中华文化更好走向世界。搭建高层次国际交流合作平台，加强与世界主要大国、周边重点国家、金砖国家的教育文化合作。充分发挥马来西亚分校战略支点作用，依托孔子学院、“21世纪海上丝绸之路”大学联盟等平台，推进国际中文教育内涵式发展，支持知华友华人士讲好中国故事，持续完善中华文化海外传播新格局，不断扩大和提升中华文化的国际话语权和全球影响力，服务构建人类命运共同体。

秉持立校志向　奋楫逐梦一流

——在厦门大学建校102周年发展大会上的讲话

（2023年4月6日）

张宗益

尊敬的各位来宾、各位校友，

亲爱的老师们、同学们：

大家上午好！

四海春风恰，八方游子归。在这万物复苏、生机勃勃的仲春时节，我们迎来了厦门大学102周年华诞。今天，我们相聚在建南大会堂，庆祝这个属于全体厦大人的节日，共叙情缘、共话发展、共谋未来。在此，我谨代表厦门大学，向全校师生员工、广大海内外校友致以诚挚的问候和美好的祝愿！向长期以来关心、支持、帮助厦门大学建设发展的各级领导、各界朋友表示崇高的敬意和衷心的感谢！

党的二十大报告指出"教育、科技、人才是全面建设社会主义现代化国家的基础性、战略性支撑"，强调"深入实施科教兴国战略、人才强国战略、创新驱动发展战略"，深刻阐明了新时代加快建设教育强国的重大战略意义。两年前的今天，习近平总书记在厦门大学庆祝建校100周年的重要时刻发来贺信，充分肯定了厦门大学的光荣传统、办学成效、优良校风和鲜明特色，并对我校新百年发展寄予新希望，为学校奋进新征程指明了前进方向、注入了强大动力。两年来，我们坚持以习近平总书记重要贺信精神领航，全面贯彻党的教育方针，切实落实立德树人根本任务，深入实施"十四五"规划，扎实推进第二轮"双一流"建设，党对学校工作的全面领导更加坚强有力，世界一流大学建设的新动能新优势持续塑造，学校各项事业发展取得了喜人的进步。

落其实者思其树，饮其流者怀其源。建校102年来，厦门大学的变化日新月异，但不变的是在每年建校日这个慎终追远的日子，我们都无比怀念校主陈嘉庚先生。102年前，陈嘉庚先生深感华夏大地"门户洞开，强邻环伺，存亡绝续，迫于眉睫"，坚定地认为"国家之富强，全在乎国民。国民之发展，全在乎教育"，倾资创办厦门大学，开创了中国近代教育史上华侨办大学之先河。嘉庚先生一生在政治、经济、社会活动、文化教育等方面的崇高品质，构成了伟大的"嘉庚精神"，成为厦门大学建设发展绵绵不息的精神动力和力量源泉。102年来，厦门大学始终秉持嘉庚先生立校志向，为国家富强、民族振兴和人民福祉，披荆斩棘、砥砺前行。

102年来，我们始终坚守忠诚爱国的大情怀，培根铸魂、薪火相传。陈嘉庚先生爱国兴学，投身救亡斗争，推动华侨团结，争取民族解放，将对国家民族的满腔赤诚融入教育救国的不懈探索，赋予了厦门大学忠诚爱国的鲜亮底色。一代代厦大人以赤诚之心诠释爱国之情，书写了许多可歌可泣的故事。罗扬才烈士领导厦大党组织、党员和进步师生为中华民族独立解放而奔走，以囊萤之光照亮八闽大地；萨本栋校长带领师生内迁长汀奋发图强，在烽火年代铸就了"南方之强"的辉煌；王亚南校长身体力行倡导"站在中国人立场来研究经济学"，成为马克思主义经济理论中国化的先驱者；陈景润学长用尽半生心血完成"哥德巴赫猜想1＋2"世纪难题，激励青年发愤图强，勇攀科学高峰。一百多年来，高捷成、白雪娇、卢嘉锡、蔡启瑞等一个又一个杰出的爱国者，传承嘉庚先生"志怀祖国，希图报效"的宏愿，让忠诚爱国内化于心、外化于行。

102年来，我们始终坚守科教报国的大担当，攻坚克难、守正创新。建校之初，厦门大学就确定了校名、校歌、校训及一系列完备的现代大学制度，瞄准教育救国所需，开设了师范、教育、商学等专业。抗战时期，厦大在战火威胁中推进学科专业发展，开创中国大陆第一个航空系、第一个机电工程系、第一个海洋系等，形成了文、理、工多学科发展的综合性大学格局，在艰难办学中树立起了高等教育的丰碑。新中国成立后，厦大积极配合国家战略所需，全力支持全国高校院系调整。改革开放以来，厦大以国家需求为牵引，为国家输送了第一位会计学博士、第一位审计学博士、第一位财政学博士、第一位海洋学博士、第一位高等教育博士。进入新时代，学校先后入选211工程、985工程、"双一流"A类高校，19个学科进入ESI全球前1%，在建成世界知名高水平研究型大学的基础上向着建设世界一流大学的目标加速迈进。

102年来，我们始终坚守实干强国的大作为，笃行不怠、玉汝于成。建校伊始，《厦门大学布告》就指出，"本大学之企图……使我国得为发达科学，树立文化之国家，而与世界各强国居同等之地位"。在国土相继沦陷之时，萨本栋校长希望学生"时刻不忘救国的责任"，并以"准备建国人才"的眼光增设会计、银行、机电等系，撑起中国高等教育的东南半壁。新中国成立后，厦大校园地处前线，几经炮击，师生员工众志成城、坚持科研学习，淬炼成了"英雄大学"美名。近年来，学校坚持"四个面向"，在服务区域发展和国家战略中展现了应有的担当。例如，在两岸关系发展、南洋研究、经济管理、能源政策等领域的决策咨询中发挥越来越重要的作用；对口帮扶宁夏隆德县实现高质量脱贫摘帽；推动首个国产宫颈癌疫苗、鼻喷流感病毒载体新冠肺炎疫苗等一批成果成功落地。前不久，学校研究成果入选2022年度中国科学十大进展，未来将用具有我国自主知识产权的关键核心技术大规模生产乙二醇。

102年来,我们始终坚守放眼世界的大格局,弦歌不辍、履践致远。自诞生之日起,陈嘉庚先生就为厦门大学定下了"世界之大学"的办学目标。《厦门大学校旨》也载明,"国文之外特别注重英文一科,一方面使有志深造之学生,能与世界各国学术之相接近,一方面使不识国文之外国学生亦得有就学本大学之机会"。建校百余年来,学校坚持海纳百川、兼容并包的理念,在开放办学道路上奔跑前行。持续推进"G50战略伙伴计划",与众多国外顶尖大学建立了务实的合作关系;发起成立"21世纪海上丝绸之路"大学联盟,5年来,得到了越来越多高校的响应;牵头的海洋负排放国际大科学计划成功入围联合国十年规划项目,已汇聚全球33个国家70多所科研院校数百名专家学者。马来西亚分校以逐年稳步提升的办学水平,为"一带一路"高质量发展提供重要的人才支撑和智力支持。跨越时光的长河,厦大"面向世界、开放办学"的胸怀愈发宽广,成为厦大的特有气质。

老师们,同学们,校友们!

在厦门大学102年的光辉岁月里,我们始终把服务国家作为最高追求,把厦大发展融入中国梦,在服务发展中实现厦大梦。当前,世界百年未有之大变局加速演进,世界大变局与中国大发展历史性交汇,我国正处于加快建设教育强国、科技强国、人才强国的关键时期。面对新形势新任务,厦门大学应当想国家之所想、急国家之所急、应国家之所需,牢固树立"国家队"意识,不断丰富一流大学的时代内涵,主动担当一流大学的使命重任,推动内涵发展、特色发展和高质量发展,在奋楫逐梦一流中写好属于厦大人的"奋进华章"。

奋楫逐梦一流,就是要引领"以期养成高尚之人格"的价值取向,在固本强基中培育时代新人。大学是孕育人才、汇聚人才、各类人才施展才华的重要场所。我们要全面贯彻党的教育方针,坚守为党育人、为国育才的初心使命,坚持把提高人才培养质量作为学校的首要任务,用习近平新时代中国特色社会主义思想铸魂育人,弘扬"爱国、革命、自强、科学"的优良校风,以更加强烈的历史主动精神实施"育人优先"战略,构建"五育并举"与"三全育人"有机融合的育人体系,全面提高人才自主培养质量,着力培养更多具有家国情怀、高尚品德、卓越才干、远大志向、世界眼光,能担当民族复兴大任的时代新人,不断为中国式现代化提供强有力的人才支撑。

奋楫逐梦一流,就是要培育"养成真正研究之精神"的创新文化,在自强创新中勇攀科学高峰。大学是基础研究的主力军和科技创新的生力军。我们要加强顶层谋划和前瞻布局,主动融入国家创新体系和全球创新网络,瞄准国家重大需求和国际学术前沿,深化科研体制机制改革,增强"从0到1"的原始创新能力;高站位推进大科学装置建设和国际大科学计划,不断提升承担重大科研项目和产出重大成果的能力,聚力打造国家战略科技力量。加强学科顶层设计,发挥学科综合优势,深入推动学科交叉融合,培育学科新增长点。强化"人才是第一资源",以教育评价改革牵引管理体制变革,大力推进人才评价机制改革,加大青年人才支持力度,打造内外并轨、文理并重、梯次递进、全程激励的可持续人才体系,加快建设重要人才中心和创新高地,支撑高水平科技自立自强。

奋楫逐梦一流,就是要彰显"为吾国放一异彩"的时代担当,在顶天立地中服务国家大局。大学是引领社会发展的重要引擎。我们要聚焦"国之大者",实施"创新服务"战略,在全面建设社会主义现代化国家中找准厦大坐标,努力形成更为完善的支撑国家和区域经济社会发展的服务体系。深化拓展与国家部委、行业头部企业和一流科研院所的合作,打开服务国家战略新通道。聚焦以中国式现代化全面推进中华民族伟大复兴的重大理论和现实问题,建设一批具有中国特色的新型高端智库,精耕细作对台交流"前沿重镇",提升咨政建言质量。充分发挥区域高等教育"领头羊"示范引领效应,全面深化与福建省九市一区战略合作,服务福建全方位推进高质量发展超越。

奋楫逐梦一流,就是要涵养"与世界各大学相颉颃"的开放胸襟,在包容互鉴中传播中华文化。大学的重要价值在于传承文化、塑造未来。我们要扩大开放办学传播中华文化,充分发挥"海峡、海丝、海洋"和"侨、台、特、海"优势特色,积极创新对外交流方式,全面提升国际交流与合作水平,以开放大格局构筑发展新优势。坚持创造性转化、创新性发展,加强对中华优秀传统文化的挖掘、研究和阐释,推动中华文化海外传播,促进文明交流互鉴。发挥马来西亚分校在"一带一路"建设中的特殊作用,打造一流人才培养体系、一流国际化师资队伍、多元文化并存的和谐校园,努力成为"一带一路"共建国家教育科学文化交流的战略支点。

老师们,同学们,校友们!

党的二十大报告强调:"团结奋斗是中国人民创造历史伟业的必由之路。"全面建设社会主义现代化国家需要团结奋斗,建设世界一流大学同样需要团结奋斗。我们的文化基因有着得天独厚的优势,为营造和谐团结的干事创业氛围打下了坚实基础。新征程上,我们要调动一切积极因素,凝聚一切积极力量,集智攻关、团结协作、敢为人先,引导更广泛的力量参与到建设世界一流大学的伟大事业中来。

校友是学校最宝贵的资源,是学校最闪亮的名片,母校是校友一辈子的情怀和标签。社会对一所大学的评价,取决于这所大学所培养的毕业生的发展水平和社会贡献。从1926年第一届35位毕业生走出校门开始,厦门大学为社会培养输送了一批又一批的优秀人才。无论是扎根学校辛勤耕耘、无私奉献的师生,还是从厦大校园走向五湖四海的广大校友,一代代厦大人在各行各业勤勉努力,在各自岗位奋发进取,创造了一个个不凡的业绩,为母校赢得了广泛的声誉。母校与校友始终是休戚相关的发展共同体,厦大前进的步伐离不开校友们的支持,厦大取得的成就离不开校友们的奋斗。希望海内外校友一如既往地关心和支持母校的建设发展,与我们一道,共同谱写厦门大学高质量发展的崭新篇章。

老师们，同学们，校友们！

道阻且长，行则将至，行而不辍，未来可期。当前，以中国式现代化全面推进中华民族伟大复兴的宏伟蓝图正在徐徐展开。让我们更加紧密地团结在以习近平同志为核心的党中央周围，全面贯彻落实党的二十大精神，胸怀"两个大局"，心系"国之大者"，踔厉奋发、勇毅前行，以更加优异的成绩迎接学校第十二次党代会的胜利召开，在民族复兴征程上交出属于厦门大学的高质量答卷！

谢谢大家！

以数字经济高质量发展
赋能福建现代化经济体系建设

——在省委理论学习中心组上的发言

（2023 年 6 月 19 日）

张宗益

党的二十大对加快建设现代化经济体系作出新的战略部署，明确提出要"加快发展数字经济，促进数字经济和实体经济深度融合，打造具有国际竞争力的数字产业集群"。当前，我国数字经济整体呈现蓬勃向上的发展态势。从规模看，2022 年，我国数字经济规模达 50.2 万亿元，同比增长 4.68 万亿元，占 GDP 比重达 41.5%，总规模稳居世界第二。从增速看，自 2012 年以来，我国数字经济增速已连续 11 年显著高于同期 GDP 名义增速，2022 年数字经济同比名义增长 10.3%，展现出强劲的发展韧性和潜力。

早在 2000 年，时任福建省省长的习近平同志亲自擘画了"数字福建"宏伟蓝图。2021 年，习近平总书记再次亲临福建考察，提出"四个更大"重要要求，殷切期望福建"在加快建设现代化经济体系上取得更大进步"。福建全省上下始终牢记嘱托、感恩奋进，将数字化发展摆在经济高质量发展的重要位置，以数字经济助推福建经济高质量发展。新征程上，我们要进一步坚定方向，找准福建数字经济发展的关键突破口，进一步塑造福建现代化产业体系建设新动能新优势。下面，我围绕以数字经济高质量发展赋能福建现代经济体系建设，谈几点认识和体会。

一、加快推进数字新基建新服务，构筑适应城乡区域均衡发展的数字产业创新体系

《福建省做大做强做优数字经济行动计划（2022—2025 年）》将"新型基础设施支撑引领作用进一步凸显"确立为主要目标之一。为此，在推进网络基础建设、算力基础建设、融合基础设施为主体的"数字新基建"中，尤其要注意消除"数字鸿沟"。

一是推动省内"城数乡算"，建设大型 AI 计算中心。当前，新一轮人工智能浪潮正扑面而来，数据中心的建设需求呈现出指数增长的走势。随着以 GPT 模型为代表的生成式人工智能大模型的快速迭代，生成式人工智能对 AI 服务器的需求激增。从全国范围看，在"东数西算"大布局下，贵州获批建设全国一体化算力网络国家枢纽节点，华为云全球总部落地贵州，贵阳贵安成为全球集聚超大型数据中心最多的地区之一，数字经济占比达 34%、增速连续 6 年位居全国第一。预计到 2025 年，贵州数据中心标准机架将达到 80 万架。从福建看，今年福建全省在用数据中心机架数量约 10 万个，设计上对高功率的 AI 算力设施支持不足。福建虽地处东部，但拥有多变的地形，利用福建山区平均气温较低的优势，仍然可以推动实施省内"城数乡算"，建设大型的 AI 计算中心。福建漫长的海岸线和濒临的东海也是建设海底数据中心的理想环境，微软、谷歌等国际互联网云服务巨头已经成功建设海底数据中心并投入运行。沿海城市附近的海底数据中心不仅具有更好的散热条件，而且可以缩短数据中心与用户之间的距离，为用户带来更好的网络体验，同时也能够有效缓解人口聚集地区对云计算基础设施的需求压力。

二是发展智能企业服务，赋能传统行业提高生产效率。作为数字产业化和产业数字化的交融点，智能企业服务基于数据基础和人工智能提供数字技术、产品、服务、基础设施和解决方案，自 2018 年以来已成功在资本市场融资超 700 次。广州、深圳、苏州、青岛等城市，已经开始推进人工智能产业园区布局、设计与建设。福建在数字产业建设布局中，可以发挥小城镇建设成本优势与产业园区维护成本优势，在中心城市周边发展智算中心和智能园区，提供普惠算力、算法服务、应用孵化、产业集聚、人才培养等服务，从而吸引上下游企业集聚，推动东南沿海千行百业智能升级。

二、重点布局数字产业链，构建以龙头企业带动产业链技术创新为引领的数字产业集群

从发展的成功经验看，深圳作为国内数字经济发展的先行者，依托富士康、腾讯等龙头企业以及 5 万多家工业企业，打造互联网产业集群，构建龙头企业引领、中小企业协同的工业互联网生态，企业数字化转型成果取得了很好成效。福建现有 50 多家数字经济企业在专业细分领域居全国之首乃至全球领先水平，但还缺乏有引领性的、能带动全产业链发展的龙头企业。以龙头企业带动产业链技术创新，是推动数字产业高质量发展的关键路径。

一是加强数字技术自主创新能力。相关数据显示，截至2022年底，全国数字经济核心产业专利申请公开量最多的省份为广东省，达到209.7万件，占全国的比例为20.0%，江苏省、北京市、浙江省、上海市分列第二至第五位，专利申请公开量分别占比14.1%、10.4%、8.6%、6.1%。福建数字经济核心产业专利申请公开量、占比分别为27.5万件、2.6%，排在全国第十位，与头部省份仍有一定差距。福建应加大数字技术创新的政策引领力度，注重分类施策、精准施策，为数字技术自主创新营造良好的发展和应用环境。比如，组织科技创新骨干企业与高水平高校、科研院所等，围绕关键核心技术和前沿理论持续开展研发创新，引导创新资源向高端芯片、核心电子元器件、工业软件、智能制造等关键核心技术聚集，加速突破关键技术"卡脖子"问题。加大融资政策支持力度，引导支持风险投资和创投资源向重点领域数字产业"输血"，助力企业提高数字技术创新能力，增强产业韧性和创新活力。进一步促进产教融合，发挥高校作为我省发展的"智慧引擎"作用，促进高校科研成果落地转化，推动形成"基础研究＋技术攻关＋成果产业化"的全过程创新生态链。

二是重点扶持"链主型"龙头企业，培育战略性新兴产业集群。2022年底，工信部公布的45个国家先进制造业集群名单中，宁德市动力电池集群是福建省唯一入围的国家先进制造业集群。福建要以宁德时代等链主型龙头企业为示范，瞄准培育世界级先进制造业集群目标，尽快出台、完善具有地方特色的链主企业培育发展政策体系，充分发挥链主企业"以大带小""以点带链"的产业链影响力，构建以链主企业为中心、成员企业协同参与的产业链生态，最终形成全产业链生态红利的良性发展格局。在培育新兴产业方面，福建可重点扶持引导企业发展核心关键行业，为其提供天使投资。例如，福建有多个软件产业园，但还缺乏全球知名的拳头产品。工业软件核心技术关系产业数字化转型与产业链安全，但当前我国工业软件大量依靠国外，国产自主设计的工业软件核心竞争力仍然不足，福建可加大力度支持本土企业积极探索实践，加快工业软件核心技术的自主化进程。

三、发掘数据要素价值，提升促进数字经济高质量发展的改革创新能力

数字经济发展，带来了爆发式的数据增长。习近平总书记指出："在互联网经济时代，数据是新的生产要素，是基础性资源和战略性资源，也是重要生产力。"我们要加快构建以数据为关键要素的数字经济，提升促进数字经济高质量发展的改革创新能力。

一是充分利用数据要素发展新型生产力。数据交易标的应是经过高度数据汇集、数据清洗和数据标注的标准化数据产品。目前，数据采集、数据清洗已初步形成产业体系，建议福建根据区域经济发展状况和人才层次培养差异来发展相关产业，在东部沿海地区侧重发展数据采集应用，其他地区侧重推进数据加工基地建设，引入专注数据采集制作、深度加工等环节的数据服务商，支持大专院校培养数据加工的专业性技能人才，培育一批数据要素型企业。

二是理顺数据价值发现和价值分配机制。数据要素高效流通是实现数据资产价值化的关键，数据交易所是数据资产价值发挥的核心。截至2022年底，全国各地成立各类区域性交易所、行业性数据交易平台共48家。福建已于2022年7月成立福建大数据交易所，已正式投入运营使用，场内数据交易累计金额突破2亿元。但数据交易所作为合法合规的场内交易渠道，场内交易规模在全国数据交易规模全量中的占比较低。全国信标委大数据标准工作组统计，其中以数据交易所为主导的场内交易仅占比2%～3%，非公开、点对点的场外交易占比较高。结合国家工信安全中心发展研究中心测算数据，预计2025年数据要素市场规模将达到约1800亿。可见，围绕中国数据交易所打造的数据要素场内交易市场不够活跃、流动性较低且收益受限。整体上看，无论是数据确权还是数据定价，当前都处于初级阶段，建议福建在优化交易规则、探索定价模式上开展更多探索。

作为新型经济形态，数字经济具有高创新性和广覆盖性的特点，但伴随而来的是高风险性和不确定性。因此，数字经济的高质量发展离不开良好的治理体系和制度体系。政府应坚持促进发展和监管规范两手抓，营造宽松良好的营商环境，充分发挥市场调节作用，激励各类市场主体不断增强发展活力、竞争活力和创新活力。与此同时，应重点关注数字经济天然的网络效应带来的加剧发展不平衡等副作用，建立完善的监管体系，保护数字经济市场的均衡发展和数字经济各方参与者的合法利益，探索形成"政府引导、放管结合、企业创新、多元参与、社会监督"的治理模式。

当今世界，数字经济作为未来经济发展的重要方向之一，前景广阔、大有可为。作为数字经济先行者，福建已经积累了创新领跑的深厚底气，只有积极抢占战略制高点，加快打造数字经济新引擎，才能不断开创福建现代化经济体系建设新局面，为全方位推进高质量发展提供强有力支撑，在推进中国式现代化中展现福建作为、彰显福建担当。

聚焦急需　深化融合　厚植土壤
推动我校基础研究实现高质量发展

——在学习贯彻习近平新时代中国特色社会主义思想主题教育读书班第五次专题学习上的发言

(2023 年 6 月 5 日)

张宗益

习近平总书记在中共中央政治局第三次集体学习时发表的重要讲话中指出,"加强基础研究,是实现高水平科技自立自强的迫切要求,是建设世界科技强国的必由之路"。今年全国两会期间,有一组数据引发社会广泛关注:我国基础研究经费五年增长 1 倍、全社会研发经费投入强度从 2.1%提高到 2.5%以上、基础研究占全社会研发投入比例连续四年超过 6%……这些数字背后,展现了我国基础科学研究蓬勃发展的势头,也体现了筑牢创新"基石"的国家意志。高校是国家战略科技力量的重要组成部分,厦门大学作为高等教育"国家队"的成员,必须进一步强化基础研究的前瞻性、战略性、系统性布局,下好"先手棋",塑造"新优势",努力为国家高水平科技自立自强贡献智慧和力量。我谈三点认识和体会。

一、要聚焦急需,打破边界

想国家之所想,急国家之所急,应国家之所需,是学校新一轮"双一流"建设期的主旋律。我们要持续强化同国家战略目标、战略任务的对接,瞄准国家重大需求和"卡脖子"技术瓶颈,加强对原创性、系统性、引领性基础研究和应用基础研究的支持,提升解决重大问题能力。目前我们学校的科研工作与中国科学院等一流科研院所相比,在服务国家重大战略需求、解决"卡脖子"技术上反应还不够快,显示度还不够高。我们要着力重构科研组织模式,大力推进学科交叉融合,以构建跨学科平台、基地、团队为抓手,推进校内协同创新,发挥科研人员"1+1>2"的累加效应,推动院系、学科、教师的深度合作和联合攻关,探索形成以重大科学问题为导向和以国家重大需求为目标的科研组织模式,进一步提升对国家发展急需科技的快速响应能力。要主动对接国家部委,重点围绕能源材料化学、生命健康、海洋科技、新一代信息技术等领域,推进高水平基础研究创新平台重组、提升和新建,并争创能源领域国家实验室福建基地及海洋国家实验室福建基地,高站位谋划建设智慧储能、高温高压高速极端环境、海洋气候环境模拟实验体系等重大科技基础设施,精心打造"国之重器",为突破世界科技前沿和解决经济主战场中的国家重大需求提供坚实的战略资源保障。

二、要深化融合,打通链条

习近平总书记指出:"鼓励科研机构、高校同企业开展联合攻关。"打通从基础研究、应用开发、成果转移到产业化的"全链条创新",是高校成为加速创新驱动发展、催化产业技术变革重要策源地的关键所在。头部企业作为行业的领先代表,是创新生态的重要引领者。我们要不断优化战略合作布局,加强与事关国家重大需求及国家安全的行业头部企业开展实质性合作,为其提供源头性基础研究创新成果,加快实现关键核心技术重大突破。要有效整合"国家急需""行业痛点""厦大所长",形成明确的校企联合攻关目标导向。在持续开展高水平自由探索研究的基础上,构建"企业出题,厦大答题"的科研选题模式,加快实现科研选题从"兴趣型"向"兴趣型"和"指向型"并重转变。要积极探索有组织的拔尖创新人才培养,加强科教、产教、军教资源统筹协调和顶层设计,聚焦国家紧缺急需战略性人才布局,以"卡脖子"领域联合攻关项目为导向,与头部企业、军工单位等合作探索"订单式"培养等改革。近期,我们拟推动厦门市、厦门大学和李泽湘教授团队联合筹建厦门科创基地,共同探索构建基于新工科教育的创业生态体系,打通产业和学校的边界,深度推进产学研融合发展。

三、要厚植土壤,打足底气

习近平总书记强调:"要深化科技体制改革,大力培育创新文化,健全科技评价体系和激励机制,为创新人才脱颖而出、尽展才华创造良好环境。"基础研究周期长、不确定因素多、出成果慢,但往往能产生重大原创性成果。只有厚植基础研究的土壤,才能培育出重大成果的参天大树。我们要着力构建良好的制度体系和人文环境,建立完善充分赋权、松绑减负、弹性容错的科研管理和服务支撑机制,让科研人员轻装上阵,心无旁骛地开展科研攻关。要发挥好评价和资源分配等政策"指挥棒"作用,推进基于分类导向、贡献导向和发展导向为特色的科研评价改革,建立与岗位特点、学科特色和研究性质相适应的评价指标,聚焦原始创新性、代表性成果和实际贡献度等关键点,对不同领域、不同岗位人员实行差别化评价。要持续加强人文环境建设,大力弘扬科学家精神,传承"爱国、革命、自强、科学"的优良校风,引导科研人员坐住、坐稳"冷板凳",把论文写在祖国大地上。要进一步发挥"传帮带"作用,重视青年人才队伍建设,让他们在挑大梁、担重任、当主角的过程中,逐渐成长为战略型科学家,不断形成风清气正、开放平等的创新文化氛围。

在大模型时代主动进化　踏浪前行

——在厦门大学2023届毕业典礼上的讲话

(2023年6月27日)

张宗益

尊敬的各位老师、各位家长、各位来宾,

亲爱的同学们:

六月蝉鸣,凤凰花开,又是一年骊歌起。今天,我们欢聚在这里,隆重举行厦门大学2023届毕业典礼暨学位授予仪式,共同分享属于你们的荣耀时刻。首先,我代表学校向所有圆满完成学业的毕业生表示热烈的祝贺!祝贺你们扬帆起航,开启人生旅程新篇章!

借此机会,我也要衷心地感谢你们,感谢你们在意气风发的最美年华,选择了与厦门大学相遇、相知、相伴、相守。正是因为见证了一代代南强学子的青春印记,厦门大学才能走过102载,犹葆活力。我还希望你们和我一起,向陪伴你们一路成长的父母、老师、同伴和亲友们道一声感谢!“确认过眼神”,他们都是心甘情愿为你付出的人。让我们一起用热烈的掌声感恩他们!

今年毕业的同学们,可谓“风云际会”。在厦大求学生活的几年里,你们见证了新中国成立70周年、建党100周年、党的二十大胜利召开等繁景盛况,目睹了“神舟”飞天、“嫦娥”揽月等“国之重器”的诞生,参与奉献了无与伦比的厦大百年校庆盛典,你们成长的每一步都与这个伟大的时代“双向奔赴”。与此同时,你们也面临着许多前所未有和意想不到的挑战:百年未有之大变局加速演进,世纪疫情打乱了正常的生活节奏,以ChatGPT为代表的生成式人工智能横空出世,大模型、大数据、大算力强烈冲击着我们的学习、工作和生活方式。

微软创始人比尔·盖茨认为,“ChatGPT出现的意义,不亚于互联网和个人电脑的诞生”。作为一种革命性的AI大语言模型,ChatGPT通过融合人工智能算法、算力及海量数据,具备了能够处理当今人类几乎所有学科和知识的能力。它能作诗写论文,能谱曲编代码,还能翻唱歌曲、进行艺术创作……可以预见,随着大模型的不断发展与突破,人工智能将会变得越来越“聪明”,“智能涌现”也引发了人们对于“被AI取代”的惶恐与不安。大模型科技浪潮带来的颠覆性变革,对于每个人而言都是一场重大考验。我们比以往任何时候都更加需要思考,人类该如何迎接和拥抱“万物懂我”的AI时代,如何才能更好地把握未来?作为师长,在你们即将奔赴新征程去大展拳脚之际,我想以“主动进化、踏浪前行”为主题,与大家交流共勉。

主动进化、踏浪前行,做践行终身学习的能者。

历史学家尤瓦尔·赫拉利在《未来简史》中提到:“传统上,人生主要分为两大时期:学习期和工作期。但未来社会这种传统模式将很快过时。想要不被淘汰,只有一条路:一辈子不断学习,不断打造全新的自己。”当前,人类知识总量的爆炸式增长叠加人工智能的飞速发展,终身学习已经成为新技术变革下的一种必要生存能力。大模型时代的终身学习,已经不局限于知识的获取和积累,更是底层逻辑的不断提升和知识持续创新的过程。

在终身学习中始终保持好奇心。好奇心是人类探索世界、追求知识的驱动力,它激发我们主动探究事物背后的原理和机制。爱因斯坦曾说过:“我没有特别的天赋,只有强烈的好奇心。”尽管生成式人工智能可以为我们提供海量的已知知识,但它无法替代人类对于未知领域的探索与创新。我校赵玉芬院士团队怀着对地球生命从哪里来的好奇心,20余年来克服重重困难,大胆尝试验证,不久前其密码子的化学起源科研项目搭乘神舟十六号入驻中国空间站,将在轨实验的设想照进现实。同学们,好奇心永远是一种宝贵的品质和财富,即使在生成式人工智能时代,好奇心和探索欲依然能有效持续拓展我们的认知边界,不断帮助我们挑战自我、突破自我,成为更有智慧的人。

在终身学习中不断拥抱新改变。当前,随着AI技术的不断发展和应用,人工智能在越来越多领域展现出巨大潜力,正在形成人机协同、脑机融合等人与机器共存、物理世界与虚拟世界交互的智能新形态,这将对人类产生深远的影响。纵观历史上的科技革命,每一次技术变革都会引发大量传统行业和领域的消失,但与此同时也催生出无数新兴的行业和机会。据预测,未来5年内,全球近四分之一的工作岗位将发生变化。如何主动学习和运用人工智能等新技术、新工具,与之建立优势互补的伙伴关系,延展我们的智力和创造力,将决定我们能否持续保持自身的独特竞争优势。

主动进化、踏浪前行,做升级思维模式的智者。

思维模式是我们诠释世界的思考方式和逻辑方法,它的差异决定了思想和行为的不同。在人工智能的加持下,世间万物呈现出更加复杂的多面性、关联性和虚拟性,唯有持续升级思维模式,我们才能跳出点、线、面的局限,从三维的现实空间进入现实与虚拟交互的多维空间,在更多维度上把握事物的本质,及时有效地应对新情况、新变化。

在升级思维模式中做到跨界融合。大模型具有的广泛学习和生成能力,使得知识边界愈加模糊。当今世界,技术创新和突破往往呈现出集群化特征,行业交织、领域交叉、知识交融成为新的重要标志。许多重大现实问题变得更加错综复杂,已经无法靠单一学科和专业来解决,必须通过交叉科学的思维方式来审视和应对,而这依然是现代高等教育的痛点。大家熟知的纳米科学、基因工程、登月计划等，都是在知识的跨界融合中取得的重大突破。希望同学们今后更有意识地训练跨界思维能力，不仅要在自身的专业领域内耕耘，更要自觉地去拓展思维的宽度，通过跨领域知识的不断交汇、碰撞和重组，以更广阔的多视角去认识和理解这个世界，用跨界思维看待问题、提出解决方案，从而更好地赢得未来的主动权。

在升级思维模式中学会深度思考。身处碎片化信息洪流中，希望同学们不要只做知识的搬运工，而要在深度思考中更好地洞悉事物的本质和规律。深度思考能力是一个人具备高级认知能力的体现。诺贝尔物理学奖获得者兰姆认为："你可以从别人那里汲取某些思想，但必须用你自己的方式加以思考，在你的模子里铸成你思想的砂型。"只有经过思考的东西，才会真正被吸收，纳入个人的认知结构中，融进个体的思维方式里，最终升华成为思想体系。深度思考，就是要坚持不懈地深挖事物的本来面目，去粗取精、去伪存真，不断加深对事物的理解和认知；从客观和理性的视角去认识飞速变化的世界，实现个人的持续成长。

主动进化、踏浪前行，做打破常规束缚的勇者。

在充满不确定的时代，大至经济民生，小至个人决策，都面临着许多不可控、不可预见的复杂问题。人工智能的飞速发展，让更多"不可能"成为"可能"，但也加速衍生了一系列新问题新挑战。唯有迎难而上、打破常规，才能在破解难题中不断实现能力进阶。

在打破常规束缚中勇于探索尝试。AI 技术的进步提供了前所未有的机会和创造空间，让我们有更多可能性去解决许多"悬而未决"的难题。比如，大模型的出现为自动驾驶带来了新的可能性；人工智能通过预测药物的疗效将为患者提供高度个性化的治疗方案；等等。新的颠覆性技术和工具的应用，让我们在不确定的变化中获得新机会。希望同学们大胆尝试，在反复试错中问寻真理、走向成功；在未来的生活、工作中主动跨出"舒适区"，挑战"不可能"，怀揣冒险精神，破除条条框框，善于运用新技术、新手段，探索解决问题的新思路、新方法，在别人没有走过的路上收获别样的风景。

在打破常规束缚中勇于批判质疑。"欲思其利，必虑其害，欲思其成，必虑其败。"只有深刻认识事物的两面性，以辩证的思维、批判的眼光去分析和理解问题，才能在纵横交错的因素中掌握打破常规的主动权。生成式人工智能给了我们前所未有的便利性，在更易于拥有"答案"的时代，更要勇于批判质疑。人工智能本身并非完美无缺的，它的发展也带来了诸如数据安全、伦理道德、法律责任等潜在风险，我们必须学会更好地以批判性思维审视、反思大模型带来的影响和改变，未雨绸缪、趋利避害。同学们，在生成式人工智能即将成为常态的时候，唯有打破人工智能本身带来的新的"常规束缚"，坚持独立思考，不盲从、不偏见，敢于发现问题、善于解决问题，方能"不畏浮云遮望眼"，在未来的人生道路上飞得更高、走得更远。

"大风泱泱，大潮滂滂。"同学们，每一代青年都有自己的际遇和机缘，生逢盛世，当不负盛世！你们是党的二十大开启新征程后的第一批厦大毕业生，希望你们志存高远、胸怀天下，牢记习近平总书记的嘱托："用脚步丈量祖国大地，用眼睛发现中国精神，用耳朵倾听人民呼声，用内心感应时代脉搏"，在这个大变局、大变革和大调整交织时期，面对大模型、大数据和大算力，自信从容、敢为人先，致知于无央、充爱于无疆，到祖国和人民最需要的地方创造属于自己的精彩人生，在以中国式现代化全面推进中华民族伟大复兴的强国伟业中书写厦大人的"诗与远方"。

同学们，你们即将从厦大出发，此去繁花似锦，相逢依旧如故。无论春秋寒暑，无论天南地北，母校都会一直牵挂着你、关注着你、祝福着你，"思明南路 422 号""翔安南路 4221 号""南滨大道 300 号"，永远是你们回忆当中最温暖的地标。期待大家常回来看看！

祝愿你们以梦为马、不负韶华，鲲鹏展翅、扶摇万里！

谢谢大家！

拥抱大学　臻于至善

——在厦门大学 2023 级新生开学典礼上的讲话

（2023 年 9 月 7 日）

张宗益

亲爱的同学们、老师们，

尊敬的中国人民解放军承训部队官兵同志们，

尊敬的各位家长、各位朋友：

大家上午好！

巍巍建南，襟怀山海；泱泱大学，止于至善。今天，美丽的厦大校园迎来了 13000 多名来自五湖四海的新同学。你们的到来，为走过 102 载光辉历程的百年学府增添了青春活力、注入了蓬勃生机。在此，我谨代表学校全体师生员工，祝贺你们"跨越山和大海"来到心仪的大学，欢迎你们选择厦大作为"梦开始的地方"，翻开人生崭新篇章。

时光之河川流不息，每一代青年都面临着不同的人生际遇和时代课题。当前，百年未有之大变局加速演进，世界之变、时代之变、历史之变的特征更加明显，生成式人工智能技术的飞速发展，正在深刻改变着我们的社会和生活方式。在这样一个充满机遇与挑战的大变革时代，抢占新一轮科技革命和产业变革的制高点，是中华民族伟大复兴赢得战略主动的关键，这也更加呼唤当代青年躬逢其盛，成为强国建设中挺膺担当的先锋力量。在即将开启青春新航程的重要时刻，我想请同学们认真思考几个问题：大学之大，大在何处？如何更好地去拥抱大学？未来要成为什么样的人，以及怎样才能成为那样的人？今天借此机会，我想与各位新厦大人分享一些认识和体会。

大学之大，在于理想之远大。纵观古今中外大学，一个共同特征就是有着远大的理想，为自己的国家、民族、社会的发展进步服务。北宋大家张载著名的“横渠四句”——“为天地立心，为生民立命，为往圣继绝学，为万世开太平”，道出了大学教育的宗旨。现代大学是人才培养的中心、科技创新的摇篮、社会服务的沃土和人类文明的高地，肩负着更加神圣的使命。102年前，校主陈嘉庚先生怀抱“教育救国”的崇高理想倾资创办厦门大学，自建校起便志在办成“世界之大学”，要“为吾国放一异彩”。刚刚闭幕的学校第十二次党代会再一次明确了建设中国特色世界一流大学的宏伟目标，更是彰显了南方之强“志怀祖国，希图报效”的宏愿与追求。同学们拥抱大学，就是要与大学一道，敢于筑梦、勇于追梦、勤于圆梦，在为国为民的赤诚奉献中成就更高境界的人生。

大学之大，在于精神之伟大。教育家汤用彤先生曾说过：“大学精神之于大学，犹如人之灵魂之于身体。”大学精神承载着大学的历史传统，彰显了大学的核心价值，一所大学正是凭其独特的精神文化而屹立于世界大学之林。习近平总书记在致厦门大学建校100周年贺信中，充分肯定了厦大是一所具有光荣传统的大学。建校百余年来，厦门大学历经风雨淬炼、岁月洗礼，铸就了厦大人心中的精神坐标——“厦大精神”，它以“嘉庚精神”为源流，以“自强不息、止于至善”校训为精髓，以“爱国、革命、自强、科学”的优良校风为内核，以“感恩、开放、创新、和谐”的文化特质为品格，以“与时俱进、勇立潮头”的时代精神为追求。同学们拥抱大学，就是要用心体悟这些在历史长河中积淀下来的精神特质，在文化滋养与浸润中陶冶品性德行，塑造高尚人格。

大学之大，在于致知之广大。大学是问学求真的知识殿堂，汇集了从历史到现实、从物质世界到精神世界之探究，是钻研“大学问”之地。大学旨在培养能以超凡智慧探索宇宙与人类奥秘，具有创造力的卓越人才，是培养“大智慧”之地。“大学者，非有大楼之谓也，有大师之谓也”，大学还是“大先生”的汇聚之地。厦门大学自创建之初便以“研究高深学问，养成专门人才，阐扬世界文化”为办学宗旨，广揽英才、精深学术，谢希德、卢嘉锡、陈景润等60多位院士曾于此学习工作，这里聚集了世界一流的教学科研团队，创造了一项又一项国际领先的创新成果，先后为国家培养了50多万优秀人才。同学们拥抱大学，就是要心怀热爱、追寻真理，在孜孜不倦的求索中掌握已知、探究未知、创造新知，为未来发展打牢坚实根基。

大学之大，在于胸怀之宽大。大学最具“世界胸怀”，是各国先进知识文化的集散地，是尊重国别差异和守护人类文明多样性的先行者。大学素来“一视同仁”，为不同文化和社会背景的人提供平等的学习机会。大学崇尚“兼容并包”，不同学术风格和研究方向得以自由发展，各种思想、文化和观念不断碰撞融合，在“和而不同”中发展壮大。厦门大学因海而生、伴海而长，拥有独特的“海峡、海丝、海洋”优势，这也造就了厦大海纳百川、胸怀世界的气度和博集东西、开放办学的格局。作为中国对外合作交流最活跃的高校之一，不同肤色、不同国籍的学生在厦大共聚一堂，不同特质的文化、不同观点的学说在这里相互交融，碰撞出新的火花。同学们拥抱大学，就是要培养开放心态和对多元文化的理解力，在兼收并蓄中汲取世界文明的养分，以自信自强之姿在广阔舞台上施展智慧。

同学们，你们选择了厦大，便是选择了成为一名有理想、有精神、有学识、有胸怀的厦大人。大学之大不仅在于达其高、承其重，还体现在对极致的追求上。校训里的“止于至善”就表明了厦门大学应永无止息地探寻“事理之极致”，追求科学真理和人格精神的最高境界，在启智和修德上达到完美。作为你们的校长和师长，我有四点期待与大家共勉。

一是志存高远，实现人生价值的极臻。立志是做学问的第一课，没有志向，青春岁月就会像无舵之舟漂泊不定。马克思17岁即立志为全人类而工作；周恩来13岁时就立下“为中华之崛起而读书”的远大志向。纵观他们的一生，无不成就一番大事业，这与他们早立志、立长志密不可分。胸怀大志，方可成大业。一个人如果没有高远的志向，取得一点成绩就沾沾自喜、止步不前，沉溺于“小确幸”的安逸生活，即便才华出众，也必然成就有限。同学们，你们圆满实现了考上厦大的目标，现在的你们要开始制定下一阶段的人生规划。作为同龄人中的佼佼者，希望大家“弃燕雀之小志，慕鸿鹄以高翔”，怀揣超越学历与求职的远大志向，以“强国一代”为使命坐标，把个人志向融入党和国家事业之中，保持锐意进取的韧劲和“自找苦吃”的斗志，树立更高的学习目标、更远的学业追求，练就真功夫、硬本领，努力成长为可堪大用、能担重任的栋梁之材，让青春芳华在祖国西部、基层一线、重点行业和关键岗位的“大熔炉”里淬火成钢，绽放出绚丽光彩。

二是博学慎思，塑造底层认知的极简。大道至简、悟在天成，纷繁复杂的表象背后，事物运行的内在机理和底层逻辑往往是简单的。但要从繁杂中发现简单、从表象中看透本质，首先需要做到深积学养、“把书读厚”。在这个知识大爆炸的时代，知识的边界被不断打破，许多重大现实问题已经无法靠单一学科和专业来解决，跨界融合、学科交叉已成为一种必然的趋势。“无用之用，方为大用”，希望同学们在学习中超越功利性和实用性，充分利用好学校提供给大家的各类平台和机会，把全部时间和精力投入学习中去，在深入钻研本专业知识的同时广泛涉猎各个领域，既学有所长又博学众长，建立起符合时代要求的多元知识结构。同时，要学会深度思考、“把书读薄”，不断加深对事物本质的认知和理解，在洞悉现象底层规律的基础上，化繁为简、去伪存真，集中精力解决关键核心问题，以“极简”的智慧应对复杂多变的新挑战。

三是求真笃行，追求创新创造的极致。青年是社会上最具创新热情、创新能力的群体，理应走在追求真理、创新创造的最前列。同学们可能不知道，世界上第一个研制成功并获准上市的预防戊型肝炎疫苗，就是由我校一群平均年龄不到30岁的科研人员攻关完成的，团队中70%以上成员为在读的本硕博学生。就在昨天，我校科研团队在*Nature*杂志上发表了揭示电荷储存聚集反应新机制的论文，这项研究或将以全新角度推动锂硫电池发展，论文的第一作者是化学化工学院一名二年级的博士生。同学们，你们都具备很强的创新创造能力，希望大家以“敢为天下先”的勇气和科学怀疑、理性批判的精神，想常人之不敢想、做常人之不敢做，大胆假设、小心求证，勇闯“从0到1”无人区。要既读好万卷书，更行稳万里路，做到知行合一、学以致用，把论文写在祖国大地上，在回应时代之变、关切人民之需中瞄准创新方向，用无畏脚步丈量科研梦想，攻坚“卡脖子”难题，在实现高水平科技自立自强的赛道上奋力跑出厦大青年的最好成绩。

四是立德修心，涵养人格品性的极美。厦大被誉为中国最美的大学校园之一，这种美不仅体现于自然之美、建筑之美，更体现在人性之美、底蕴之美上。两千多年来，君子一直被奉为中国人完美人格象征和道德典范，君子文化也成为中华民族特有的精神标识。孔子有云：“宽柔以教，不报无道，南方之强也。君子居之。”厦门大学被称为“南方之强”，正是在于其追求的是具有德性气质的君子之强，彰显的是柔中带刚、刚柔并济的君子智慧。孔子还指出，“质胜文则野，文胜质则史，文质彬彬，然后君子”。所谓“质”，是人与生俱来的本真性格；所谓“文”，是人经过教化后的道德素养。一个人如果质多而文少，就容易粗野鲁莽；如果文多而质少，就容易华而不实。唯有文与质搭配适宜，既有刚健质朴的天性真情，又有高雅的人文底蕴和品德修养，才能成就“文质彬彬”的君子人格之美。

苍穹不负少年意，岁月不枉赶路人。习近平总书记多次指出，“奋斗是青春最亮丽的底色，行动是青年最有效的磨砺”。亲爱的同学们，你们的厦大旅程已然开启。面对时代的召唤、面对青春的邀约，希望你们引吭高歌、逐梦前行，臻于至善、履践致远，用奋斗和汗水成就更好的自己，在新的赶考之路上书写不负韶华的青春答卷！

最后，衷心祝愿同学们在厦园这片沃土上，学习如思源谷里的高山榕枝繁叶茂，生活如演武场边的四季桂芳香四溢，前程如芙蓉湖畔的凤凰花火红灿烂！

构建“名城+名校”命运共同体 携手奋进高质量发展之路

——在第四届中国城市与高校发展大会上的主旨报告

（2023年10月12日）

张宗益

尊敬的各位领导、各位同仁：

非常荣幸能够来到海滨之城青岛参加本次大会，和大家一起探讨城市与大学的关系，交流厦门市与厦门大学市校融合发展的实践与思考。

依托城市、融入城市、引领城市，是世界一流大学建设的必由之路，也是厦门大学在长期办学实践中形成的共识。1921年，爱国华侨领袖陈嘉庚先生以教育报国的远见卓识，倾资在其家乡厦门创办了厦门大学。一所著名大学由当地人回乡创办，这样的关系在中国高教史上也是唯一的。102年来，厦大与厦门相依相伴、相濡以沫，共同孕育出这所大学的丰厚底蕴和这座城市的独特性。尤其令我们感恩奋进的是，厦大与厦门一直得到习近平总书记的亲切关怀和亲自指引。总书记在厦门工作期间，经常联系厦大师生，听取他们对厦门城市发展的意见建议；在参加十三届全国人大二次会议福建代表团会议时他还指出，“厦门大学对厦门的发展功不可没”；2021年，厦大和厦门都收到了总书记的重要贺信。在致厦门大学建校100周年贺信中，总书记高度肯定了学校的办学成就，并希望学校“与时俱进建设一流大学，全面提升服务区域发展和国家战略能力”。在致厦门经济特区建设40周年贺信中，总书记要求厦门勇立潮头、勇毅前行，努力率先实现社会主义现代化。习近平总书记的殷殷嘱托赋予我们致力服务和推进中国式现代化的共同使命，也指引我们在更高水平推动校城融合再上新台阶。下面，结合厦大与厦门推动融合发展的探索实践，我谈4点认识和体会。

一、大学的成长与城市的发展双向赋能

城市孕育大学，为大学提供资金、土地、产业和政策等软硬件支持；大学反哺城市，为城市发展注入教育、科技、人才等智力资源。这种共生共荣的关系生动体现在厦门与厦大身上。早在20世纪90年代，厦门就和原国家教委签订共建厦大的协议，这也被认为是高校和所在地共建的范本；1993年，厦门市委市政府积极倡导并组织厦门26家外经贸企业先后捐资2000万，成立“厦门市外经贸企业厦门大学教育发展基金会”，开创了企业联合支持高校办学的先河；2000年以来，厦门市连续5次与教育部、福建省签署了重点共建厦门大学协议，形成了部省市三方共建的优

良传统。厦大也自觉把立足厦门、服务厦门作为义不容辞的责任和使命，始终秉持"厦大是国家重点大学，但首先是福建的大学、厦门的大学；厦大要服务全国，但首先要服务福建、服务厦门"的理念，引导全校师生自觉在观念和行动上全面融入厦门的经济社会发展，充分发挥学科优势和人才优势，扎扎实实为厦门的发展提供人才和智力支撑。如今，"厦大的事就是厦门的事，厦门的事就是厦大的事"，已经成为市校之间共有的默契。2020年市校联席会议制度建立以来，双方融合发展进入了新阶段，机制更加完善、沟通更加顺畅、合作更加紧密，打造了"名城＋名校"深度融合发展的典范。当前，我国经济进入创新驱动高质量发展的新阶段，全国各地市对于大学尤其是一流大学的知识溢出效应有着更为迫切的需求，纷纷把建设一流大学作为地区创新发展的关键要素。大学也越来越需要依靠并融入地方发展，才能在"千帆竞发、百舸争流"的高等教育竞争中脱颖而出。厦大与厦门的共建实践证明，唯有双向奔赴、双向赋能，市校才能真正实现互动发展、融合发展。

二、大学的创新与城市的转型相互牵引

城市产业升级需要源源不断的人才支撑和创新动力，大学作为人才集聚和培养高地、科技创新策源高地，其具备的得天独厚优势高度契合城市发展所需。新一轮科技革命以来，产学研深度融合成为大势所趋。作为我国改革开放的排头兵，厦门近年来致力于以科技创新引领城市发展动能转换，确立了"4＋4＋6"梯次发展的现代产业体系。厦大从厦门战略性新兴产业发展需求出发，推进创新平台建设和团队建设，为厦门产业转型升级提供科技创新动力。在产教融合方面，双方高标准共建医学院、电影学院、国家大学科技园以及创新实验室等平台，携手推动建设智慧储能等大科学装置，加强产业关键核心技术攻关，助推打造具有竞争优势的产业集群。近3年来，厦大在厦转化的科技成果占转化总量比重超60%。在育引融合方面，厦大是厦门市最重要的人才蓄水池和最具吸引力的引才平台，近10年来，厦大年均引才从218人增长到315人；超百名毕业生在厦门市自主创业，诞生了美亚柏科、艾德生物等一批校友企业……这些高层次人才也成为服务厦门经济社会发展的重要支撑力量。面向未来，大学与城市要进一步探索产教城融合发展的新模式，以更宽的视野开展有组织科研、有组织拔尖创新人才培养，对接城市主导产业集群布局高校的学科集群、专业集群，加强急需人才培养，推进科技成果及时转化和产业化，打造基础研究、应用开发、成果转移和产业化完整链条，让科技创新的"关键变量"转化成为城市高质量发展的"最大增量"。

三、大学的优势与城市的区位互利共生

城市是大学的"发展源"，一所大学所处的地理位置特点，直接关乎其学术环境、科研条件等资源优势。厦门地处东南沿海，面对台湾，是我国著名的侨乡和台胞祖籍地，厦大的学科优势就与这种独特的地理位置和区位特征有着紧密联系，形成了"侨、台、特、海"特色和"海峡、海丝、海洋"优势。比如在海洋研究方面，厦门因海而生、因海而兴，早在1923年，厦大动物学系美籍教授史莱德在厦门海域大量发现脊索动物演化发育的"活化石"文昌鱼，研究成果发表于世界顶级学术期刊*Science*，全球各地生物研究机构纷纷来信索购文昌鱼标本，厦大海洋科学研究由此闻名。如今的厦大海洋学科优势愈发明显，已经成为我国海洋科学研究与人才培养的"重镇"，在国际上享有嘉誉。去年，由厦大牵头的海洋负排放国际大科学计划成功入围联合国十年规划项目，成为碳中和领域我国第一个获联合国批准的国际大科学计划。在对台研究方面，厦门经济特区因"台"而设，因"台"而特，厦大充分发挥这一得天独厚的地理条件和人文优势，于1980年便成立了海内外最早公开成立的台湾研究学术机构，积极开展对台发展研究，打造国家高端智库，已成为台湾研究的重镇和两岸学术、文化交流的前沿。近10年，厦大接收台湾高校交换生600余人，逾万名师生开展两岸互访，出版涉台学术专著300余部，承担国家及中央有关部委等各类涉台项目300余项。前不久，党中央、国务院赋予福建探索海峡两岸融合发展新路、建设两岸融合发展示范区的新使命，这也是厦门市和厦门大学服务国家重大战略、加快融合发展的新机遇。下一步，我们将用足用活先行先试政策，发挥对台优势和学科优势，加快建设两岸高等教育融合发展改革先行区，不断培育新的学科增长点，与台湾大学、金门大学等高校建立两岸跨学科、跨产业合作机制，着力培养复合型台湾治理储备人才，打造促进两岸融合的重要人才中心和创新高地，为推动两岸和平统一贡献高等教育力量。

四、大学的开放与城市的包容同频共振

城市国际化是大学国际化必备的外部环境和条件，大学国际化是城市国际化重要的品牌和标识。作为我国首批经济特区之一，开放是厦门鲜明的城市底色，也成为厦大与生俱来的基因。早在创建之初，厦大校主陈嘉庚先生就把"阐扬世界文化"作为办学宗旨之一，期望建立一所"能与世界各大学相颉颃"的大学。作为海上丝绸之路和陆上丝绸之路交会的支点城市，厦门对接东南亚、联动"一带一路"，其开放性和包容性为厦大推进开放办学创造了先天条件。厦大也成为厦门走向国际化的先驱，已与53所世界前200名高水平大学开展实质合作，成立中外合作办学机构创意与创新学院，发起组建"21世纪海上丝绸之路"大学联盟，在五大洲12个国家建设14所孔子学院，是"双一流"建设高校中承建数量最多、孔子学院分布最广的中方合作院校之一。值得一提的是，厦门与马来西亚有着良好的合作关系，厦大于2013年在吉隆坡创办马来西亚分校，成为中国首个在海外建设独立校园的大学，已培养了4000多名高素质复合型的国际化人才，为推进"一带一路"建设与发展注入新的力量，同时也有力提升了厦门在东南亚国家的知名度和影响力。对一个城市来说，国际化战略已成为现阶段城市发展的重要路径，城市地位竞争越来越表现为国际化取向的功能竞争、发展竞争。对一所大学而言，国际化水平也是体现其全球竞争力的重要指标。城市国际化加速大学开放办学的步伐，大学国际化所产生的教育、学术和文化磁场，对城市国际化带来强大的辐射作用。市校唯有相依而行融入世界发展潮流，才能成为彼此印照的"国际名片"。

最后，诚挚邀请各位领导和专家朋友到美丽的厦门和厦门大学指导交流。谢谢大家！

打造融合式创新生态
推动构建中法非教育科研共同体

——在第五届中法非三方高等教育校长论坛上的发言

（2023年11月28日）

张宗益

尊敬的各位校长、各位嘉宾，

女士们、先生们：

大家好！首先，热烈祝贺武汉大学130周年华诞！很高兴能够受邀参加本届中法非三方高等教育校长论坛。

当前，随着科技发展进入大科学时代，科学研究范式发生深刻变革，创新活动不断突破地域、组织和技术的界限，融合式创新趋势更加明显。大学作为教育、科技、人才最集中的交汇点，在构建全球开放创新生态中理应扮演好先行者和推动者的角色。厦门大学由著名华侨领袖陈嘉庚先生于1921年创办，自诞生之日起即定下了"世界之大学"的办学目标。建校之初，就有留学法国的优秀毕业生到厦门大学任教，中国细胞生物学的奠基人、厦门大学第四任校长汪德耀教授就是法国尼斯大学毕业的博士。102年来，学校积极拓展高层次国际合作，已与全球266所知名高校建立伙伴关系，其中就包括18所法国高校和3所非洲高校。目前，在我校就读的法国和非洲籍留学生有174人。我们还在全球12个国家共建了14所孔子学院和1个中国语言文化研究中心，在法国和非洲的有蔚蓝海岸孔子学院、南非斯坦陵布什大学孔子学院和尼日利亚纳姆迪·阿齐克韦大学孔子学院。可以说，与法非高校开展常态化交流合作，已经成为厦门大学国际化办学的鲜明特征。下面，我围绕打造融合式创新生态、推动构建中法非教育科研共同体，谈一些思考和体会。

一是强化开放办学，构建国际胜任人才协同培养共同体。青年是世界的未来，大学则是塑造未来的地方。培养具有国际视野、通晓国际规则、能够参与全球治理的国际化人才是我们共同的价值追求，中法非高等教育合作首先应将人才的协同培养放在更加突出的位置。2013年，厦门大学开中国高等教育走出去之先河，在马来西亚建设具有独立校园、多层次办学的海外分校，目前拥有来自包括中国、马来西亚以及非洲赞比亚、肯尼亚等在内的全球40多个国家和地区的学生7300余人，已有5届、4800多名毕业生，培养了一大批具有跨文化交流能力和全球胜任力的优秀青年。去年9月，我校还与中国国家税务总局、财政部以及经合组织合作开展了"中国—OECD联合培养税务法学硕士项目"，旨在帮助中国及其他发展中国家培养熟悉国际税收规则、具备专业知识背景的高素质复合型税务人才。项目启动2年来，有40%的学员是来自非洲国家。面对当今世界的变乱交织，我们希望各高校能够充分发挥本校学科优势和资源优势，进一步探索国际胜任人才的联合培养路径与模式，努力输送更多能够引领世界未来发展的复合型创新人才。

二是强化联合攻关，构建重大科技前沿协同创新共同体。在气候变化、公共卫生、粮食安全等全球性挑战面前，任何国家都不可能独善其身，解决这些问题的关键变量在于科技创新。大学是全球原始创新和重大科技突破的重要策源地，应当以构建人类命运共同体为价值导向，加强国际科技创新合作，共同破解"世界怎么了、我们怎么办"的时代课题。2017年，厦门大学依托海洋科学等优势学科，牵头发起了海洋负排放国际大科学计划，并于去年6月被正式纳入"联合国海洋科学促进可持续发展十年"行动方案，成为碳中和领域中国第一个获联合国批准的国际大科学计划。该计划旨在推出海洋负排放国际标准体系，为全球"碳中和"目标提供科技支撑。目前，已有全球33个国家的79所科研院校参与，其中包括索邦大学等3所法国高校和南非比勒陀利亚大学。生态化、开放性是科技发展的时代潮流，我们希望各高校能够围绕重大科技前沿，建立联合攻关合作机制、打造联合攻关团队、共担联合攻关项目，让国际创新资源充分涌流。同时，还要加快构建与中法非乃至全球大学融合式创新合作相适应的治理体系，在规制协调、标准互认、知识产权保护、数据跨境流动等领域形成高水平约束。

三是强化互通共享，构建多边科研平台协同建设共同体。中国有句俗话叫"没有金刚钻，别揽瓷器活"。尖端实验室和大型科研设施是人类探索未知世界、实现技术变革的基础保障。上个月，中国国家主席习近平在第三届"一带一路"国际合作高峰论坛上表示："未来5年把同各方共建的联合实验室扩大到100家，支持各国青年科学家来华短期工作。"厦门大学现有重点实验室、工程技术研究中心、野外科学观测研究站等各类重大科研平台19个，能够为优秀的科学家和研究人员提供良好环境和发展舞台。早在2006年，我校就与法国国家科学研究中心、巴黎高等师范学院共建联合实验室，在电化学和生物技术的交叉和前沿领域取得了一系列成果。2018年，我校还发起成立了

"21世纪海上丝绸之路"大学联盟,已吸纳来自20个国家和地区的66所成员高校,在促进国际产学研用多边合作上发挥了积极作用。近期,我们还将与厦门市联合启动智慧储能大科学装置建设,进一步推进新型储能关键技术研发。我们真诚地期待,与中法非高校以增进人类福祉为目标,联合建设更多高能级科研创新平台,推动重大科研基础设施和大型科研仪器开放共享,携手共谋产学研用相结合的合作发展新路。

各位校长,各位来宾!法国人常说,"单燕不成春"。非洲也有句谚语,"独行快,众行远"。我们坚信,深度融合、开放共享、协同发展是时代大势、全球大势。厦门大学期盼与法国和非洲更多高校开展实质性合作,勠力同心打造融合式创新生态,为实现人类共同繁荣的未来贡献力量!

数字化时代对高等教育人才培养的挑战

——在2023高等教育国际论坛年会上的报告

(2023年12月10日)

张宗益

各位朋友,女士们、先生们:

大家上午好!

当前,以ChatGPT为代表的生成式人工智能技术的飞速发展,不仅深刻改变了人类工作、学习、生活和认知方式,也深层次影响着高校的发展理念、办学体系和人才培养模式,给高等教育的未来发展带来了新的机遇与挑战。高等教育的根本任务是人才培养,今天我想围绕这一主题,与大家交流一些思考和体会。

一、数字化时代高等教育人才培养呈现的新特征

伴随着生成式人工智能技术在各行业、各领域的创新应用,教育在不断被重新认识和再定义,高等教育人才培养至少呈现出以下几个方面的新特征。

一是师生关系的改变。在传统教与学的模式下,教师主要承担知识技能传授者的角色,学生是知识技能的被动接收者。数字化时代知识封锁性、垄断性基本被打破,师生关系已然发生了重要转变,逐渐由传统的权威服从转变为独立平等,以"师生"为主的二元主体关系将被新型"教师—学生—AI"多元主体的交互结构取而代之。这种交互结构要求教师拥有良好的人机协作能力,能够激发师生开展开放性、探索性的深度学习,教师也将从知识的传授者向活动的组织者、人格的引领者和道德的培养者转变。

二是培养重心的转移。生成式人工智能技术的应用减轻了常规工作的负担,提升了教学与学习效率和精准性,甚至让每个人都拥有自己的人工智能助理和私人学习顾问。随着知识和信息变得唾手可得,单一学科、批量生产的工业化教学和管理模式将不再适应数字化时代的人才培养,"知识储备"型人才已难以适应时代要求。在知识学习的基础上,培养学生的批判性思维、创造性思维、跨学科思维、多学科思维和解决问题的综合能力将成为人才培养的重心。

三是对话教学的回归。过去,我们通过长辈、老师和课堂等获取新的知识。随着互联网技术的发展,搜索引擎成为人们获取信息和主动求知的主流方式。而生成式人工智能出现后,学习方式又从"搜索就是学习",逐步转向具有古老传统的对话式学习。始于孔子与苏格拉底等古代先哲的对话式学习,将借助人工智能技术回归到我们的教育生态之中。这种学习模式将促进学生深度学习和认知加工,增进学生与老师之间、学生与学生之间的双向互动和深度参与,促进师生共同成长。

二、数字化时代对高等教育人才培养带来的新挑战

高等教育数字化转型涵盖了用数字技术改变传统的学习过程、教学过程和管理过程,这也倒逼全球的教育工作者重新思考未来教育的逻辑起点,对学生、教师和学校都带来了全新的考验。

一是学生转变思维观念和学习方式的挑战。传统的学校教学为学生提供的是大众化、标准化、灌输式的教育,生成式人工智能技术背景下,要求实现向探究式学习转变,学生不仅要掌握不断进化、迭代和升级的新知识,更要学会自主学习,培育和提升数字素养,学会如何批判性地思考和解决问题,注重团队合作并掌握人机协作方式,随时随地获取知识、提升认知,实现个性化发展。与此同时,学生还需要具备使用AI工具学习、执行创造性任务以及人机协作解决问题的能力,并进一步建立起超越AI的核心竞争力。

二是教师提升教学能力和综合素质的挑战。教育数字化背景下,比拼的不是老师纯粹的知识储备量,而是融会贯通的综合素质。高等教育人才培养将由知识传授为主,转变为思维训练和能力培养为主,这对教师来说意味着知识结构、教学习惯和思维观念的转变。教师必须学会使用人工智能,主动了解技术前沿动态,既要具备学科内容、教学方法等实践性知识结构,还要掌握技术知识。教师想要教给学生智慧和认知,就需要教师站得更高、看得更远、想得更深刻,恰如其分地激发学生自主探究的兴趣,帮助和引导学生增强人类独有的思维力量,提升人工智能所难以替代的创新能力、创新意识和批判精神。

三是学校升级教育环境和治理能力的挑战。数字化

时代,"人人皆学、处处能学、时时可学"的教育生态正在逐步形成,正式教育与非正式教育的界限日益变得模糊,这极大改变了教学环境,冲击着高校的治理体系。学校要为教和学的资源配置、教和学关系的转换提供新的空间,为学生提供研讨、探究和创新的体验空间,打造深入应用场景、解决实际问题、探索真知的开放场域,加快形成有教无类、因材施教和教学相长的包容性智慧教育范式。同时,数字技术的大规模应用也推动高校治理方式发生转变,比如,AI 技术使决策更科学、更精准,让校园服务更智能、自动化程度更高的同时,也带来了更大的复杂性、模糊性和不确定性;AI 为大学生个性化、弹性化、定制化学习提供技术支撑,但对人的协调能力、制度弹性也提出了更高要求;等等。

三、数字化时代创新人才培养模式的厦大探索

近年来,厦门大学积极探索数字化时代人才培养和教育治理新模式。一是大力培养复合型创新人才。学校深入推进以教师为中心向以学生为中心转变、以教为中心向以学为中心转变、统一模式培养向个性需求培养转变,构筑通识教育平台、专业教育平台和多元个性发展平台的"两类型、三平台"课程教学体系。在人才培养方案中突出"宽口径、厚基础"大类平台课程,"少而精"核心课程,"本研贯通、交叉多元"任选课程体系建设。二是探索构建定制化培养体系。推进现代信息技术与教育教学深度融合,积极建设云端课堂和智慧教室,搭建全方位联动的智能信息服务体系,支撑混合式教研创新和高效教学服务管理。推进全面放开转专业、选课程、选教师,为学生提供个性化成长舞台。推动科研实验室、平台等向本科生开放,引导拔尖学生早进国家级平台参与重大课题和科研创新;实施"南强优秀博士生培育计划",吸引优秀本硕学生报考博士研究生,促进本研贯通培养,为因材施教创造条件。三是推动教师主动拥抱新技术。强化教师队伍培训,开展人工智能助推教师队伍建设试点,鼓励师生在教学中应用 AI 技术,通过虚拟现实、人机交互等技术打造虚拟仿真实验与实践教学课程,在创新教学方式上先行先试,推动教育教学提质增效。

各位校长,女士们、先生们!高等教育作为科技第一生产力、人才第一资源、创新第一动力的交叉结合点,将越来越被赋予培养人的想象力和高阶思维能力的重任,大学的发展形式也将在智能化、信息化基础上产生出新形态、新模式、新范式。大学应始终保持开放心态,主动拥抱技术变革,创新教育教学理念,促进教研相长共生,为全面提升人才培养质量创造优质环境。期待与国内外高校一道,通过汇聚全球智慧,凝聚各方力量,为推动数字化时代高等教育人才培养转型升级注入强大动能,拥抱全球教育创新的新机遇。

谢谢大家!

向世界发出中国学者声音

(发表于 2023 年 6 月 12 日《人民日报》09 版)

张宗益

习近平总书记指出:"认识世界发展大势,跟上时代潮流,是一个极为重要并且常做常新的课题。"当前,世界百年未有之大变局加速演进,世界进入新的动荡变革期,迫切需要回答好"世界怎么了""人类向何处去"的时代之题。在这一过程中,哲学社会科学具有不可替代的重要地位,哲学社会科学工作者肩负着时代所赋予的光荣使命。

察势者明,趋势者智。科学回答世界之问,首先要深刻认识和把握世情。当前,世界之变、时代之变、历史之变正以前所未有的方式展开。环顾全球,国际形势纷繁复杂、变乱交织,不稳定、不确定、难预料成为常态。世纪疫情影响深远,逆全球化思潮抬头,单边主义、保护主义明显上升,局部冲突和动荡频发,世界经济复苏乏力,气候变化、粮食危机、能源危机等全球性问题加剧。同时,从全局和长远看,世界多极化、经济全球化是大局大势,共同安全、综合安全、合作安全、可持续安全是大局大势,不同文明包容互鉴、共存共荣是大局大势,保护地球家园、迈向绿色低碳可持续发展是大局大势,和平、发展、合作、共赢的历史潮流不可阻挡。

我们所处的是一个充满挑战的时代,也是一个充满希望的时代。面对动荡变革的世界,如何推动贸易和投资自由化便利化,推进双边、区域和多边合作,共同营造有利于发展的国际环境?如何推进国际关系民主化,推动全球治理朝着更加公正合理的方向发展?如何加强科技合作,通过科技创新共同探索解决重要全球性问题的途径和方法,更好增进人类福祉?如何推动绿色低碳发展、完善全球环境治理,推动建设一个清洁美丽的世界?等等。这些问题需要不断在实践和理论上进行探索回答。

中国是世界的一部分,作为胸怀天下的文明古国和发展中大国,回答好世界之问,必然要求我们有深邃的历史视野、广阔的世界眼光、海纳百川的胸襟气度,在贴近社会现实、映照实践经验、呼应人民意愿的同时,始终以开放包容的态度吸收借鉴人类文明一切优秀成果。至关重要的是,放眼世界要以观照中国为前提,我们要按照立足中国、借鉴国外,挖掘历史、把握当代,关怀人类、面向未来的思路,不断推进学科体系、学术体系、话语体系建设和创新,努力构建全方位、全领域、全要素的哲学社会科学体系,充分体现中国特色、中国风格、中国气派。

回答好世界之问是一个综合性的时代课题,需要不同学科理论视角的融汇。单一的学科类别和研究视角难以全面把握和审视当今世界面临的难题和挑战，无法深入探究其本质和规律，进而提出具有原创性、可行性的观点方法。我们需要加强传统学科、新兴学科、前沿学科以及不同领域学科的协同联动，突破既有学科边界，实现不同学科研究范式之间的交叉融合、协同创新，进而形成综合性、系统性理论，助力解决人类面临的新问题、新挑战。

学术体系是“三大体系”建设的中间环节，由学科性质和任务所规定，又引导着话语体系建设，其中以学术的理论体系最为重要。这要求哲学社会科学工作者站在时代发展前沿，保持观察思考世界和中国的敏锐性和前瞻性，关注并研究经济社会发展中的重大问题，寻求解决问题之道。要坚持以马克思主义为指导，在研究上多下功夫，注重逻辑与历史、理论与实践、学术与政治、知识与价值相统一，从学理层面进行提炼和阐释，在国际环境、思想理论、思维方法和政策原则等方面着力提出体现中国立场、中国智慧、中国价值的理念、主张、方案。

话语体系作为思想理论体系和知识体系的外在表达形式，是哲学社会科学发挥作用、回答好世界之问十分重要的一环。思想认识是通过概念、范畴来表达的，没有较为成熟的核心范畴和理论命题，就很难有成熟的话语体系。要围绕世界发展面临的重大问题，立足人类社会发展实践，运用好马克思主义、中华优秀传统文化以及国外哲学社会科学的有益资源，不断进行话语创新，善于提炼标识性概念，打造易于为国际社会所理解和接受的新概念新范畴新表述，形成自主的解释权和话语权。不仅要能解释过去，还要能说明现在和引领未来，引导国际学术界展开研究和讨论，从而更好向国际社会叙述、解释、呈现和宣介中国理念和中国主张，向世界发出中国学者的声音。

以教育评价改革为牵引
塑造学校高质量发展新动能新优势

（发表于《厦大党政工作研究》2023 年第 4 期）

张宗益

教育评价改革事关教育发展方向，事关建设教育强国成败。党的十八大以来，习近平总书记站在党和国家事业发展全局的高度，就深化教育评价改革作出一系列重要指示批示，为新时代高等教育改革发展指明了方向、提供了遵循。2020 年，中共中央、国务院印发《深化新时代教育评价改革总体方案》（以下简称《总体方案》），这是新中国第一个关于教育评价系统性改革的文件。2023 年 5 月，习近平总书记在中共中央政治局第五次集体学习时再次强调，“要在全社会树立科学的人才观、成才观、教育观，加快扭转教育功利化倾向，形成健康的教育环境和生态”“要紧扣建设教育强国目标，深化新时代教育评价改革，构建多元主体参与、符合我国实际、具有世界水平的教育评价体系”。高校作为科技第一生产力、创新第一动力和人才第一资源的重要结合点，迫切需要把评价导向聚焦到时代之需、国家之需、民族之需上，答好创新和人才“两道大题”。厦门大学高度重视深化新时代教育评价改革工作，深入贯彻落实《总体方案》精神，将教育评价改革列入学校“十四五”规划和新一轮“双一流”建设的重点任务，推动教育评价改革改在深处落到实处，不断激发和释放办学活力，开创新百年与时俱进建设世界一流大学的新局面。

一、厦门大学深化新时代教育评价改革的探索与实践

学校于 2021 年 4 月编制出台《厦门大学落实〈深化新时代教育评价改革总体方案〉的工作方案》，明确 4 个领域、20 个重点任务，逐项列出对照落实举措，形成包含 95 条具体举措的“工作清单”，并针对排查情况形成“负面清单”，制定工作进度时间表，实施“挂图作战”，确保各项改革举措落地见效。

（一）聚焦立德树人

学校牢记为党育人、为国育才使命，始终把立德树人成效作为评价一切工作的出发点和落脚点，夯实人才培养中心地位，强化人才培养质量导向，着力推动改革与育人深度融合、高效联动。

以思想政治教育工作牵引学校综合改革，完善“大思政课”建设体制机制，构筑形成以思政课程为核心、以专业课程为重点、以通识课程为拓展、以实践类课程为补充的“1＋3”思政教育体系；实施课程思政建设示范工程，促进课程思政与思政课程同频共振。规范学生学业评价，强化以能力为主线，能力与知识并重、过程性和结果性评价相结合的学业评价考核。构建学生多元评价标准，紧紧围绕提高人才培养质量这一关键点，出台《厦门大学本科生创新学分认定办法》《厦门大学博士研究生申请学位创新成果认定实施细则》等制度文件，进一步破除“唯分数、唯论文”的评价导向。建立内部质量评价体系及持续改进闭环工作机制，推动“生源质量—培养环节—毕业质量—毕业生跟踪调查”全周期跟踪与监测。2022 届毕业生到国家重点行业和领域就业率达 52.6％，实现连续 7 年正增长；近 5 年用人单位对我校毕业生的工作表现整体满意度均在 95％以上。

（二）聚焦破除“五唯”

学校以教师绩效考核评价改革为突破口，突出质量和

贡献导向，强化绩效意识，完善有利于创新的科研评价激励机制，以“多维”评价破“五唯”，营造各类人才竞相成长发展的积极生态。

完善南强卓越人才体系，让人文社科和理工医科的人才能够获得同等激励、同等发展的机会，让有“帽子”、无“帽子”的人才同台竞技，使做出同等业绩的无“帽子”人才也能得到同等支持，推进人才称号回归学术性、荣誉性。深化等效评价，将单一评价转变为以学术水准为核心的综合评价，新增教改项目、教学获奖、成果转化、咨询报告等业绩等效选项，激励广大教师各尽其能、各显其功。架设人才成长“特殊通道”，对于在教育教学、科学研究和社会服务等方面作出特别贡献或取得标志性成果的优秀人才，允许其通过代表性成果评价、破格聘用等特别程序申请聘任相应教师职务。推动完善以质量、水平、贡献为杠杆的科研评价体系，制定出台新的理工医科、人文社科科研绩效奖励办法，鼓励引导科研人员冲击重大项目，产出重大成果。

（三）聚焦评价机制

学校坚持系统推进各类评价改革，针对不同主体、不同类型、不同领域特点，做到分类设计、统筹兼顾、有机协调，增强评价改革的系统性、整体性、协同性，构建科学评价体系，树立科学的教育发展观、人才成长观、选人用人观。

按照人文社科、理工医地等不同学部，同时兼顾艺术、建筑、临床医学等特殊学科制定相应的评价标准，由各学院在不低于学校标准的基础上制定实施细则，使评价标准充分反映学科发展规律，契合学科发展阶段和发展状态。试点在国家“双一流”建设学科和 A 类学科所在学院建立“人才特区”，将年度引才专项经费整体“打包”给学院，赋予学院更大的引才主导权和经费统筹权。不断优化人才培养目标责任制，推动各学院形成高质量、有特色的人才自主培养模式，建立“招生—培养”一体、覆盖教学关键环节的目标责任指标体系。学校逐步形成校院两级协同推进的改革机制，各学院结合各自学科特点开展了有益探索。例如，化学化工学院单设教学类高聘岗位激励教师专注教学；生命科学学院探索建立不同系列队伍“立交桥”实现工程技术人员与专任教师互转；航空航天学院注重教师多元评价，突出教师公共服务考核占比 20%；公共事务学院构建“前期孕育、中期产出、后期激励”三位一体的科研成果评价体系；等等。

（四）聚焦文化生态

评价改革最终是要营造积极向上的大学人文环境。学校强化方向引领，坚持师德师风第一标准，引导教师潜心教书育人，让尊师重教成为学校最美风尚，加快构建与高水平人才培养体系相适配的育人环境。

完善教师职业操守和学术道德制度体系，建立教职员工准入查询制度，在招聘引进、晋级晋升、评奖评优、考核评价等环节将师德考核摆在首要位置。出台《厦门大学关于教授为本科生上课的规定》，将教授、副教授为本科生上课纳入年度、聘期考核“底线”要求。出台《南强教学名师奖励计划》，设立“南强卓越教学名师”“南强卓越教学团队”，激励教学科研一线教师争做有大学问、大情怀、大格局、大境界的“大先生”，提升教书育人的荣誉感和使命感。2023 年，共有 7 名教师、3 个教学团队入选学校首批卓越教学名师、卓越教学团队名单，通过典型示范促进学校人才培养水平持续提升。近年来，学校涌现出全国黄大年式教师团队、全国教育系统先进集体、全国教育世家、全国杰出教学奖等一批师德先进典型，师德师风呈现昂扬向上的良好风貌。

二、推进教育评价改革过程中存在的薄弱环节

在推进教育评价改革过程中，学校集思广益、积极探索，取得了阶段性成效。但面对加快建设教育强国的新形势新任务，还有许多亟待啃掉的“硬骨头”和尚未解决的难点问题，需要我们进一步解放思想，驰而不息推进改革创新再深入。

（一）评价标准的与时俱进有待强化

对标对表党和国家关于教育评价改革的最新要求，目前学校的相关评价标准还不够与时俱进，一流导向还不够凸显。比如，在立德树人评价方面，拔尖创新人才的评价区分不明显，缺乏个性化的培养方案和突出学科前沿、注重学生创新思维培养的课程体系，现有的激励办法还不能有效发挥引导作用赋能人才培养。学生的德育评价、体育评价、美育评价、劳育评价等仍要进一步完善相关标准。科研一线教师、高层次人才投入教学工作量还不足，国家级高层次人才的人均授课门次目前仍低于全校平均水平。在科研评价方面，尚未能瞄准学术前沿，与兄弟高校相比还有差距，特别是在质量导向上还需进一步强化。现行的指标体系中仍有 JCR 分区、专利数量等指标；期刊目录质量参差不齐，还存在与学科发展不匹配、未能有效引导教师追求卓越等问题。一些新兴学科、交叉学科领域非共识性研究的成果认定机制也还尚未建立。在学科专业评价方面，目前学校本科专业数量偏多，部分专业质量还不高，专业精度有待提升，学校层面尚未形成本科专业建设质量标准及相对稳定的专业动态调整机制。

（二）改革工作的联动协同有待加强

推进评价改革工作需要将“全校一盘棋”理念贯穿全过程、各方面。当前，对于人才培养、科学研究、社会服务等方面的评价和成果认定还需要做进一步的通盘考虑，以评价改革牵引学校事业释放发展活力的整体性还不够明显。比如，校院两级的人才权限和责任还需更加明晰，学院、研究院的主体作用还没有充分发挥，部分用人单位主动延揽人才和培养人才的意识还有待加强；有利于推进协同创新、学科交叉、团队融合的人事管理体制机制还需进一步健全。另外，全校各单位对于评价改革工作的重视程度不一，个别单位存在改革内生动力不足的现象；不同学部在推进评价改革工作的进度、广度和深度存在一定差距，对于评价标准的把关也还存在较大差异，不同学科之间在指标体系构建上存在一定的不平衡，学部在评价改革工作中的活力还有待激发。由于评价改革内容涉及方方面面，需要统筹谋划、有效衔接，学校相关职能部门协同推进改革的工作机制也亟待进一步健全。

（三）分类评价的制度体系有待完善

分类评价的目的是鼓励差异化发展，各尽所能、各展所长。目前学校在差异化评价上仍显不足，分类评价还缺乏精准的制度体系，仍需进一步统筹兼顾不同学部和学院实际，构建体现学科差异性和多样性的评价体系。在人才评价方面，包括应用于人才岗位、职务聘任、绩效考核等方面的评价指标体系还有待进一步精准优化。同时，当前学校队伍建设中存在的一些问题也需要通过精准的分类评价制度改革加以解决。比如，人文社科高层次人才的支持政策还有待完善；不同类别青年人才数量和质量仍需进一步提升；博士后等青年科技人才队伍规模偏小，博士后作为优秀师资储备的作用尚不明显；等等。在科研评价方面，同行评价仍需持续加强，业内认可、社会认可的衡量标准以及一流大学的价值追求还要进一步强化。目前，学校科研成果评价标准主要由校级层面来制定，还缺乏针对学科本身、由学科同行主导的评价体系。此外，为确保学术同行评议的公正客观，在专家遴选机制、评议标准、评议监督等方面也需要不断健全完善。鼓励和引导教师从事长周期基础研究、团队合作的考核评价机制还不够健全，仍需进一步试点探索。

（四）制度执行的成效发挥有待提升

近年来，学校修订或新出台了一系列评价制度，但还存在制度执行不够到位、制度设计仍需继续优化等问题，预期成效还不够明显。比如，在人才评价方面，学校“南强青年拔尖人才支持计划”已实施5年，其中的B类人才成长为国家级人才的比例还不够高，人文社科相对于理工医科在人选质量和数量上均偏低。在专任教师聘期考核上，学校各基层单位执行评价标准的尺度松紧不一，有的单位未严格按照标准执行，存在“应降未降”等问题。在教师教学评价方面，学校2021年出台《厦门大学教材管理办法》，建立了优秀教材编写激励保障机制。但目前学校高水平教师编写教材的积极性仍偏低，高质量教材、新形态（数字）教材偏少，国家层面教材建设和“马工程”教材编写工作参与度不足。在学生学业评价方面，虽然学校已制定出台本科生学业预警管理办法，但部分院系对学生学业预警的重视程度还不够，尚未将学业管理由“事后处理型”向“事前事中预防型”转变。博士研究生申请学位的创新成果认定类型仍然较为单一；专业学位与学术学位博士研究生申请学位时，在要求上还存在同质化问题。

三、在守正创新中加快构建具有厦大特色的教育评价体系

教育评价改革是一项系统工程，非一日之功。学校将对标对表党的二十大对深化教育领域综合改革、完善教育评价体系提出的新部署新要求，持续深入探索、大胆实践，坚持破立结合、系统推进，努力构建具有厦大特色的教育评价体系，为新时代教育评价改革贡献“厦大方案”。

（一）完善标准，形成正向激励效应

以争创世界一流为目标，聚焦落实立德树人根本任务，完善评价标准，构建有利于内涵式高质量发展的评价激励机制，为学校事业发展注入强大动力。

1.立足拔尖创新人才培养，完善教育教学评价标准

坚定“中国的大学是能够培养出大师来的”自信，聚焦国家重大战略需求不断提升人才自主培养能力，着力培养在社会主义现代化建设中可堪大用、能担重任的栋梁之材。深化立德树人评价机制改革，坚持“五育并举”的评价导向，突出价值塑造、素质养成和能力培养，创新德智体美劳过程性评价办法，探索建立以“思想品德素质、学业文化素质、生理心理素质、知美审美素质、劳动技能素质”为核心内容的学生综合素质评价指标体系，促进学生全面发展。研究制定更加科学、规范、合理的教师教学评价方案和学生学业评价方案，坚持定性与定量、过程与结果相结合，因材施教、知行合一，探索对顶尖人才的早期发现和培育机制，建立顶尖人才长周期贯通培养的评价体系。研究制定本科荣誉课程实施办法，使学术的含金量更高、内容更具挑战性。

2.立足高质量发展，完善内涵关键指标体系

坚持从外延向内涵、从量变向质变转换的价值旨向，围绕一流大学建设目标，优化形成有利于高质量发展的内涵关键评价指标体系。比如，围绕学术评价，坚持面向世界学术前沿，对标国际一流标准，完善评价体系，更加注重引导学科发表高水平成果，增强国际竞争力；围绕高水平科研，坚决破除“唯论文”导向，更加关注科研成果的质量而非数量；围绕高层次人才队伍建设，更加关注在两院院士、长江学者、国家杰青、“四青”人才等国家高端人才方面的培育情况；围绕学生培养质量，更加关注学生深造率和就业率，特别是学生到国内外一流大学的深造率，到国家重点行业领域的就业率；围绕国际化办学，更加关注留学生培养的规模和质量。通过设置科学合理、追求一流的指标体系，不断推动一流大学建设能力的全面提升。

（二）分类导向，构建科学评价体系

以“多维”破“五唯”，着力破除“一刀切”，把握好人才作为一流大学建设的第一资源，发挥好创新作为引领一流大学发展的第一动力，按照等质等效、对标一流的原则，建立科学合理的分类评价体系。

1.尊重人才成长规律

优化各学科人才岗位评价指标，进一步完善优质优先、分级分类的考核指标体系，推动不同学科间人才均衡发展。继续完善等效评价，在保持学术水准的基础上，增加可评价成果形式和范围，相较于原有的教学工作量、科研课题、研究成果和获奖等基本评价指标，充分结合不同学科特点和教学科研总体要求等，新增教改项目、教学获奖、创新创业、成果转化、咨询报告等业绩等效选项，保障业绩可比性和质量一致性，激励广大教师各尽其能、各建功业。架设人才成长“特殊通道”，同等对待相同质量水平的教学成果和科研成果，重视教学工作量以外的教学业绩，以及经费、论文、奖项以外的科研成果和社会服务业绩；持续健全完善特别程序申请制度，对于在教学、科研和社会服务等方面作出特别贡献的优秀人才，通过代表作评

审、院长特别提名、院士特别举荐或破格聘用等多种方式，实现择优聘任。制定青年教师、博士后支持计划，为青年人才全身心投入教学科研营造良好氛围。

2.尊重科学研究规律

把握科研渐进性和成果阶段性特点，支持科研差异化发展，针对基础研究、应用研究、技术开发等不同种类成果分类开展评价。充分尊重基础研究规律和取得突破性成果的时间运转周期，完善自由探索型和目标导向型分类评价，着重评价其提出和解决重大前沿问题的原创能力、成果价值、学术影响等，减少考核频次，构建聘期考核、项目周期考核等过程性和结果性相结合的考核评价新范式。根据科研协同创新发展规律，探索建立促进跨学科合作的考核评价和成果互认机制、非共识交叉研究成果评审认定机制，根据以个人或团队为单位的不同，采取差异化考核评价方式，形成"共识、共担、共创、共享"的团队评价激励机制，促进跨学科合作和成果互认。

（三）学科牵引，促进交叉融合发展

一流学科是建设一流大学的基础，也是高校办学质量和声誉的重要载体。要以学科为牵引，完善有利于群峰竞秀、交叉融合的学科发展机制，打造更多优势学科、高峰学科，建强一流学科体系。

1.构建一流学科建设的有效路径

坚持"筑峰扬优、交叉培新"，夯实"6＋5＋1＋N"梯次建设、分类发展的学科体系，集中优势资源，加大支持力度，重点建设好化学、生物学、海洋科学、生态学、统计学和教育学 6 个一流建设学科；着力建设法治与公共治理、材料与智能制造、公共卫生与转化医学等五大优势特色领域，加强马克思主义理论学科建设。通过以一流建设学科为龙头，拔尖筑峰，打造学科建设共同体，建强一流学科体系。

2.构建推动学科交叉创新的新机制

聚焦有组织服务国家和区域经济社会发展需要，瞄准新兴方向和前沿领域，成立交叉学部，推进学科交叉融合，加快建设新工科、新医科、新文科以及基础学科。建立"揭榜挂帅"的新兴学科建设模式，鼓励自由探索式研究和非共识创新研究，培育学科新增长点，为学校可持续发展打下坚实的学科基础。建立健全跨学科教师联合聘用、招生联合培养、团队成果认定等管理体制机制，营造有利于学科交叉和交叉学科发展的良好氛围。学科评价指标中，引入学科共同体或学术共同体的维度，引导学科往交叉学科的大方向、大项目发展。

3.构建学科优化调整的评价和资源配置机制

加大学科建设资源统筹力度，给予优势学科和基础学科长期稳定的支持，形成有利于孕育更多高峰学科的资源配置机制。优化学科布局结构，建立完善学科准入、调整机制，充分发挥学科评估等的导向作用，推动形成与生源、就业、培养质量、资源配置挂钩的学科专业动态调节机制，驱动学科专业良性竞争与协同发展。

（四）释放活力，激发学院办学动能

学院是高校的基础教学科研单位，是大学基本职能的具体执行者。如何发挥学院在建设一流大学中的主体作用，激发基层改革发展活力，是教育评价改革的重要课题。要继续深化校院两级管理体制改革，进一步厘清校院之间的权责关系，赋予学院更大的办学自主权，坚持上下联动、校院协同，引导学院结合各自学科发展需求、自身发展特点盘活资源，促进资源使用效益最大化。

1.优化"教学包"

人才培养是学校的中心工作，教学质量关乎学校办学声誉和地位。要继续面向各学院推行人才培养目标责任制，强化学院作为教学一线单位的属性，构建不同阶段、不同教学环节、不同教学岗位的目标责任体系，以年度为单位组织专家依据各目标责任书进行考核，根据考核结果划拨改革经费，推动教学质量持续提升，激发学院教学改革活力。

2.优化"人才包"

人才以及围绕人才的资源配置，是校院之间权责关系的焦点。学院作为人才引育和使用的主体，应当在人才事项上有更大的话语权。要注重发挥学院"以才引才、以才荐才"的主动性，实施"校院二级、以院为主"的精准引才计划，依托国家、省市和学校的引才政策，面向全球招聘优秀人才。完善"人才特区"建设，赋予学院更大的引才主导权和经费统筹权。推进对各学院的工程技术队伍进行校内岗位工资"打包"，推动工程技术队伍优化提升。推行人才引育目标责任制，健全"一把手"抓人才机制，推动各单位领导班子积极担负起发掘、培养、凝聚优秀人才的职责。

3.优化"绩效包"

按照分权、分科、分类的原则，引导各学院根据学科特点及学科发展需求，将定量评价和定性评价相结合，重点评价学术贡献、社会贡献以及支撑人才培养情况等内涵核心指标，适当结合职能部门评价，坚持发展性调控思路，形成以质量、绩效、贡献为导向的绩效评价体系。

（五）优化生态，营造良好人文环境

人文环境是学校的软环境，是打上文化烙印、渗透人文精神的生活环境。良好的人文环境，有利于营造和谐、包容、团结、奋进的正向氛围，形成积极的竞争合作态势，涵育群贤毕至、良性竞合的健康生态。教授治学作为现代大学制度的题中应有之义，必须充分发挥教授治学在推进一流人文环境建设中的重要作用。

1.强化学术共同体作用

加强学术共同体建设，建立完善学术共同体评价机制，尊重学术共同体的学术判断，切实发挥其在学术标准制定和学术评价过程中的作用。提高学术共同体的学术素养、学术品格与学术自律，加强学术道德建设与科研诚信观念培育，构建平等对话的、和谐的学术共同体文化，净化学术风气，优化学术生态，让学术评价回归学术。

2.完善学术治理体系

完善各类学术组织和学术机构职责，理顺教授治学的运作机制，健全和维护以学术委员会为核心的学术组织架构，强化学术委员会在学术事务的审议、评定和咨询等方面的作用。优化学部委员会功能，重视学部委员会在学科规划、人才评价、重点资源配置等学术事务的咨询审议作用，进一步推动跨院系、跨学科的学术治理。健全学位评定委员会、教授委员会等机构，充分发挥专家、教授在办学治教中的主体作用，逐步建立学术权力主导的内部学术事务决策机制。完善院系学术组织运行机制，激发基层学术组织创新活力，优化学术资源，提高学术水平。加强教学委员会建设，发挥其对学校教育教学事务的研究、咨询、指导和监督功能。

·厦门大学概况·

学校简介

厦门大学(Xiamen University),简称厦大(XMU),由著名爱国华侨领袖陈嘉庚先生于1921年创办,是中国近代教育史上第一所华侨创办的大学,也是一所与中国共产党同龄的大学。在建校100周年之际,中共中央总书记、国家主席、中央军委主席习近平向学校发来贺信。贺信指出,厦门大学是一所具有光荣传统的大学。100年来,学校秉持爱国华侨领袖陈嘉庚先生的立校志向,形成了"爱国、革命、自强、科学"的优良校风,打造了鲜明的办学特色,培养了大批优秀人才,为国家富强、人民幸福和中华文化海外传播做出了积极贡献。

学校发挥"侨、台、特、海"区位优势,彰显"海峡、海丝、海洋"办学特色,先后进入全国重点大学、"211工程"、"985工程"和"双一流"建设高校行列。学校建有思明校区、漳州校区、翔安校区和马来西亚分校,设有6个学部、34个学院(直属系、直属中心)和17个研究院,形成了覆盖哲学、经济学、法学、教育学、文学、历史学、理学、工学、医学、管理学、艺术学、交叉学科12个学科门类的学科体系,设有36个博士后流动站。2022年,学校入选国家公布的第二轮"双一流"建设高校名单,化学、生物学、海洋科学、生态学、统计学、教育学共6个学科入选第二轮"双一流"建设学科名单。在全国新一轮学科评估中,高峰学科、优势学科数量实现倍增,取得历史最好成绩。

学校坚持人才强校,师资力量雄厚。现有专任教师近3000人,其中,教授、副教授占比74%。共有两院院士35人(含双聘18人),发展中国家科学院院士4人,中国医学科学院学部委员4人,国家重点研发计划项目负责人56人,国家级领军人才179人次,国家级青年人才223人次;国家创新研究群体12个、国家自然科学基金基础科学中心项目2个、教育部创新团队9个,国家级教学名师6人,涌现出全国高校黄大年式教师团队、全国教育系统先进集体、全国教育世家、全国杰出教学奖获得者等一批师德典范。

学校坚持立德树人,育人成效显著。建校以来,已先后为国家输送了50多万名优秀人才。现有在校学生46000余人,其中本科生21000余人、硕士研究生19000余人、博士研究生5700余人。学校内部质量保障体系入选联合国教科文组织"高等教育内部质量保障优秀原则和创新实践研究典型案例",是中国也是东亚地区唯一入选高校。学校以第一完成单位获2022年国家级高等教育教学成果奖一等奖1项、二等奖12项。8个学科入选教育部基础学科拔尖学生培养计划2.0基地;11个专业(13个项目)入选教育部卓越人才教育培养计划;64个专业入选国家级一流专业建设点;72门课程入选国家一流本科课程。学校入选教育部课程思政教学研究示范中心,2门课程入选教育部课程思政示范课程。现有6个国家级实验教学示范中心、3个国家级虚拟仿真实验教学中心、1个国家临床教学培训示范中心、3个国家级大学生校外实践教育基地。学校入选国家大众创业万众创新示范基地、教育部国家级创新创业教育实践基地。46名教师入选2018—2022年教育部高等学校教学指导委员会。

学校坚持"四个面向",以有组织科研推进有组织服务国家和区域经济社会发展。现设有300多个研究机构,其中国家(全国)重点实验室6个,国家级协同创新中心2个,国家工程技术研究中心1个,国家工程实验室1个,国家地方联合工程研究中心(实验室)5个,国家产教融合创新平台2个,国家野外科学观测研究站1个,国家高端智库(培育)1个,教育部集成攻关大平台1个,教育部重点实验室6个,教育部工程研究中心3个,教育部研究创新中心1个,教育部野外科学观测研究站1个,教育部人文社科重点研究基地5个,铸牢中华民族共同体意识研究基地1个,省部共建协同创新中心1个,文化和旅游部重点实验室1个,国家药监局重点实验室1个,国家能源局创新研发中心1个。学校牵头发起的"海洋负排放"国际大科学计划被纳入联合国"海洋科学促进可持续发展十年"行动方案,成为碳中和领域我国第一个获联合国批准的国际大科学计划。

学校坚持开放办学,构建高水平国际化办学新格局。已与境外270所高校签署了校际合作协议,与54所世界知名高校开展实质性交流合作,牵头发起成立"21世纪海上丝绸之路"大学联盟。学校贯彻落实中央支持福建探索两岸融合发展新路的战略部署,积极推进两岸高等教育融合发展,打造台湾师生登陆"第一家园",已成为台湾研究的重镇和两岸学术、文化交流的前沿。学校积极参与国际中文教育工作,已在五大洲12个国家建设14所孔子学院、1所中国语言文化研究中心和42所附属孔子课堂,是"双一流"建设高校中承建数量最多、孔子学院分布最广的中方合作院校之一。2013年9月,厦门大学马来西亚分校获批建设,成为第一所也是目前唯一一所由中国"双一流"建设高校全资设立的,具有独立校园、开展多学科多层次办学的海外分校,被誉为镶嵌在"一带一路"上的一颗明珠;已开设23个本科专业、11个硕士专业、6个博士专业,3个学科进入ESI全球前1%,在校生7100余人、教职员工500余人,生源主要来自"一带一路"沿线的40多个国家和地区。

2023年9月，学校胜利召开第十二次党员代表大会，明确到2035年跻身世界一流大学行列、到本世纪中叶进入世界一流大学前列的“两步走”战略安排，提出建成中国高等教育东南中心、与时俱进建设世界一流大学的发展目标。面向新征程，厦门大学坚持以习近平总书记重要贺信精神领航，牢记嘱托、勇担使命，奋力谱写中国特色、世界一流大学建设的厦大篇章，为以中国式现代化全面推进强国建设、民族复兴伟业做出新的更大贡献！（以上数据截至2023年12月31日）

2023年学校基本数据

（统计截止日期：2023年9月30日）

一、基本数据	
校园面积（学校产权）	4919974.53平方米
校舍建筑面积（学校产权）	2391118.98平方米
图书馆藏书	
一般藏书	473.1904万册
电子图书	3007679册
电子期刊	1243291册
固定资产总额	1513353万元
其中：教学科研仪器设备资产值	547413万元
二、教职工人数（单位：人）	
（一）在职教职工	5669
其中：	
两院院士	
中国科学院院士	13
中国工程院院士	
共产党员	3583
专任教师	2992
其中：	
正高级	1025
副高级	1095
中级	745
初级	127
博士学历	2547
硕士学历	393
本科学历	51
专科及以下	1
行政人员	998
教辅人员	1069
工勤人员	15
专职科研人员	595

其他附设机构人员	
(二)其他人员	
校外教师	206
行业导师	1342
外籍教师	159
离退休人员	2562
附属中小学幼儿园教职工	14
三、在校学生人数(单位:人)	
(一)全日制学生	
本科学生	21030
组成如下:	
一年级	5077
二年级	5080
三年级	5006
四年级	5522
五年级及以上	345
其中:	
女生	10424
共产党员	1895
华侨、港澳台	703
硕士研究生	19891
组成如下:	
一年级	6219
二年级	6228
三年级及以上	7444
其中:	
女生	10574
共产党员	5182
华侨港澳台	218
博士研究生	5830
组成如下:	
一年级	1365
二年级	1244
三年级	1149
四年级及以上	2072
其中:	
女生	2466

共产党员	2687
华侨港澳台	105
(二)成人本科学生	0
组成如下：	
一年级	
二年级	
三年级及以上	0
(三)网络本科生	12850
(四)外国留学生	1184
其中：	
博士生	137
硕士生	181
本科生	535
培训生	331

四、博士后人数(单位:人)

在站人数	595

五、专业情况

本科专业	104
硕士学位授权一级学科点	46
硕士学位授权二级学科点(不含一级学科覆盖点)	
博士学位授权一级学科点	42
博士学位授权二级学科点(不含一级学科覆盖点)	
国家一流学科数量	6
省级一流学科数量	
博士后科研流动站	32

·机构与干部·

中共厦门大学委员会

（2023 年 12 月 31 日在任）

党委书记：张　荣

党委常务副书记：林东伟

党委副书记：张宗益　全　海　徐进功

常务委员会委员（按姓氏笔画排序）：

方　颖　邓朝晖　全　海　江云宝　孙　理　邱伟杰　张　荣　张宗益　林东伟　徐进功　高和荣　黎永强

委　员（按姓氏笔画排序）：

王　程　王沈扬　尤延铖　方　颖　邓贤明　邓朝晖　全　海　江云宝　孙　理　纪荣嵘　李　军　李　峰　李智勇　邱伟杰　张　荣　张明智　张宗益　陈怀锋　陈雪玲　林东伟　洪春生　洪海松　徐进功　高忠华　高和荣　曾云声　黎永强

厦门大学行政领导

（2023 年 12 月 31 日在任）

校　长：张宗益

副校长：邓朝晖　邱伟杰　江云宝　方　颖　史大林

校长助理：陈　光　李智勇

中共厦门大学纪律检查委员会

（2023 年 12 月 31 日在任）

书　记：全　海

副书记：黄宝秋　刘　宁

委　员（按姓氏笔画为序）：

王　晟　左正宏　石慧霞　全　海　刘　宁　宋　毅　张　军　张艳涛　陈东军　洪真裁　黄宝秋　葛郝锐　曾　铮　廖　青　潘　越

厦门大学校务委员会

（2023 年 12 月 31 日在任）

主　任：张　荣

副主任（按姓氏笔画排序）：

计国君　王瑞芳　田中群　邬大光　苏清伟　张建霖　赖虹凯　谭绍滨　戴民汉

委　员（按姓氏笔画排序）：

王瑞芳　尤延铖　方陶陶　计国君　田中群　白锡能　朱　菁　朱崇实　全　海　邬大光　庄国土　刘国深　刘祖国　刘海峰　孙世刚　苏　力　苏清伟　李庆顺　李美华　杨　灿　杨　柳　张　荣　张国君　张建霖　张晓坤　陈　忠　陈支平　陈怀锋　陈振明　陈雪玲　林东伟　林圣彩　林亚南　林伯强　郑兰荪　赵玉芬　胡　荣　洪秋霞　洪海松　夏宁邵　徐梦秋　翁君奕　凌世德　彭栋梁　蒋　月　韩家淮　焦念志　赖虹凯　廖明宏　廖益新　谭绍滨　戴民汉

秘书长：陈怀锋

厦门大学学术委员会

（2023 年 12 月 31 日在任）

主　任：万惠霖

副主任（按姓氏笔画排序）：

田中群　陈支平　翁君奕　韩家淮　戴民汉

委　员（按姓氏笔画排序）：

万惠霖　王绍森　田中群　白锡能　邬大光　刘祖国　刘震宇　孙世刚　苏　力　李　军　杨信彰　张　馨　张立平　张晓坤　张铭清　陈支平　陈金灿　陈振明　林亚南　周　宁　柳清伙　洪永淼　夏宁邵　徐梦秋　翁君奕　黄邦钦　韩家淮　焦念志　廖益新　戴民汉

厦门大学学位评定委员会

（2023 年 12 月 31 日在任）

主　席：张宗益

副主席：张　荣　周大旺

委　员（按姓氏笔画排序）：

于文轩　王　程　尤延铖　方　颖　邓贤明
田中群　史大林　吕永龙　朱　菁　刘　文
刘　赦　江云宝　李晓红　吴超鹏　别敦荣
余清楚　宋方青　张　军　张　荣　张宗益
张建霖　陈　忠　陈　菁　陈张海　林　鹿
周大旺　周颖刚　胡　荣　洪明辉　徐进功
韩家淮　谢兆雄　解荣军　谭绍滨

秘书长：欧阳高亮

副秘书长：范丽娟　陈雪芬　刘俊英　邱文华

厦门大学学部委员会

（2023 年 12 月 31 日在任）

一、人文与艺术学部

主　任：郑振满

委　员（按姓氏笔画排序）：

王日根　朱　菁　刘　赦　李　淼　李晓红
余清楚　辛志英　陈　菁　郑振满　段永纯
耿　虎

二、社会科学学部

主　任：陈振明

委　员（按姓氏笔画排序）：

方　颖　龙小宁　冯立军　朱仁显　刘振天
李　鹏　李建发　吴超鹏　别敦荣　宋方青
张兴祥　陈振明　林伯强　周颖刚　胡　荣
徐进功　徐崇利　彭丽芳

三、自然科学学部

主　任：孙世刚

副主任：谢素原

委　员（按姓氏笔画排序）：

方陶陶　江云宝　孙世刚　吴晨旭　陈张海
陈焕阳　黄培强　谢兆雄　谢素原　谭　忠
谭绍滨　熊　涛　颜晓梅

四、工程技术学部

主　任：田中群

副主任：尤延铖

委　员（按姓氏笔画排序）：

于大全　王东东　王绍森　尤延铖　石江宏
田中群　纪荣嵘　陈　忠　林　鹿　周　伟
赵金保　洪文晶　卿新林　彭栋梁　解荣军

五、医学与生命科学学部

主　任：韩家淮

副主任：彭志海

委　员（按姓氏笔画排序）：

王　鑫　邓贤明　任建林　刘　文　杜　丹
李　炜　张　军　陈兰芬　陈学勤　夏宁邵
黄　烯　曹　彬　彭志海　韩家淮　戴翠莲

六、地球科学与技术学部

主　任：戴民汉

副主任：史大林　吕永龙

委　员（按姓氏笔画排序）：

于　鑫　王大志　王克坚　史大林　白敏冬
吕永龙　刘志宇　张宜辉　段安民　黄邦钦
焦念志　戴民汉

厦门大学工会委员会委员

（2023 年 12 月 31 日在任）

委　员（按姓氏笔画排序）：

王　鹏　王艺宏　王智兰　邓泽君　邓朝晖
白沚凡　朱　铉　李明哲　李骁麟　肖宁遥
吴　翀　吴旭莉　余炳建　沈桂平　迟月利
陈　文　陈　芃　陈　伟　陈　玲　陈小芬
林庆同　茹晓燕　侯　旭　洪秋霞　黄宇霞
楼红英　蔡伟毅

民主党派、团体负责人

（2023 年 12 月 31 日在任）

民革厦门大学总支主委：缪朝炜
民盟厦门大学基层委员会主委：刘志宇
民建厦门大学总支主委：陈　闯
民进厦门大学总支主委：陈能汪
农工党厦门大学总支主委：曹泽星
致公党厦门大学总支主委：李美华
九三学社厦门大学委员会主委：任　斌
台盟厦门大学支部主委：张　黎
厦门大学侨联主席：程　璇
厦门大学台联会会长：空　缺
厦门大学台属联会长：王光国
厦门大学欧美同学会（原厦门大学留学生同学会）：李晓红

厦门大学党政部门主要负责人

（2023 年 12 月 31 日在任）

单　　位	职　　务	负责人
学校办公室	主　任	陈怀锋
纪律检查委员会、国家监委驻厦门大学监察专员办公室	书　记	全　海
	副书记	黄宝秋
	副书记	刘　宁
巡视工作领导小组办公室	主　任	洪真裁
组织部/党的建设工作办公室	部　长	孙　理
	主　任	葛郝锐
宣传部/教师工作部	部　长	高和荣
统战部	部　长	孙　理
学生工作部（处）/人民武装部	部（处）长	洪春生
离退休工作部（处）	部（处）长	曾坤瑜
离休干部党总支	书　记	曾坤瑜
保卫部（处）	部（处）长	徐跃进
党　校	校　长	张　荣
	副校长	张艳涛
机关党委	书　记	陈雪玲
党委人才工作办公室/人事处	主　任	江云宝
	处　长	李　军
党委政策研究室/发展规划办公室	主　任	杨　柳
研究生院	院　长	张宗益
	常务副院长	谢兆雄
教务处	处　长	王　程
科学技术处	处　长	纪荣嵘
社会科学研究处	处　长	潘　越
招生与考试办公室	主　任	陈　芃
国际合作与交流处/台港澳事务办公室/海外办学事务办公室	处长/主任	—
审计处	处　长	廖　青
财务处	处　长	曾云声
资产与后勤事务管理处	处　长	王沈扬

续表

单　　位	职　　务	负责人
实验室与设备管理处	处　长	余自中
基建处	处　长	—
医科建设与管理办公室	主　任	李　峰
继续教育管理处	处　长	孙梓光
国内合作办公室	主　任	林奋强

厦门大学派出机构主要负责人

（2023年12月31日在任）

单　　位	职　　务	负责人
漳州校区管委会	主　任	黎永强
翔安校区管委会	主　任	陈　光
深圳研究院	院　长	谭　忠

厦门大学直属单位主要负责人

（2023年12月31日在任）

单　　位	职　　务	负责人
图书馆	党委书记	侯利标
	馆　长	钞晓鸿
档案馆	馆　长	王瑛慧
信息与网络中心	主　任	许卓斌
学报（哲学社会科学版）编辑部	主　任	黄寿峰
学报（自然科学版）编辑部	主　任	—
出版社	党总支书记	张　伟
	社　长	郑文礼
	总编辑	施高翔
继续教育学院	党总支书记	吴国瑛
	院　长	许和山

续表

单　　位	职　　务	负责人
教师发展中心	主　任	计国君
	副主任	薛成龙
现代教育技术与实践训练中心	主　任	王　程
实验动物中心	主　任	韩家淮
校医院	院　长	何伟玲
招投标中心	主　任	崔庆炜
美育与通识教育中心	主　任	—

厦门大学产业与后勤单位主要负责人

（2023 年 12 月 31 日在任）

单位名称	职　　务	负责人
资产经营有限公司	党委书记	伍伟平
	总经理	沈小平
产业技术研究院	院　长	沈小平
后勤集团	党委书记	杨云良
	总经理	杨　旸

厦门大学群众团体主要负责人

（2023 年 12 月 31 日在任）

单　　位	职　　务	负责人
工会委员会	主　席	邓朝晖
	常务副主席	洪秋霞
共青团厦门大学委员会	书　记	洪海松
妇女委员会	主　任	陈小芬
校友总会秘书处	秘书长	王智兰
教育发展基金会秘书处	秘书长	赵晓慧

厦门大学教学科研单位主要负责人

（2023年12月31日在任）

单位名称	职　　务	负责人
中国语言文学系	党委书记	黄宇霞
	主　任	—
历史与文化遗产学院	党委书记	陈锦华
	院　长	张　侃
哲学系	党委书记	杨　松
	主　任	朱　菁
国学研究院	院　长	陈支平
革命文物协同研究中心	主　任	—
	执行主任	—
新闻传播学院	党委书记	曾　铮
	院　长	林升栋
外文学院	党委书记	徐　琪
	院　长	陈　菁
艺术学院	党委书记	张必华
	院　长	刘　赦
	常务副院长	吴荣华
国际中文教育学院/海外教育学院	党委书记	范　丽
	院　长	陈志伟
国际学院	党委书记	周　蕾
	院　长	陶　涛
创意与创新学院	党委书记	王　艺
	院　长	秦　俭
电影学院	党委书记	林公明
	院　长	黄建新
	常务副院长	谢晓晶
	常务副院长(副处级)	李晓红
人文与艺术高等研究院	院　长	易中天
	执行院长	邹振东
经济学院	党委书记	高忠华
	院　长	周颖刚
王亚南经济研究院	院　长	周颖刚
邹至庄经济研究院	院　长	洪永淼

续表

单位名称	职　务	负责人
管理学院	党委书记	张明智
	院　长	吴超鹏
财务管理与会计研究院	院　长	—
法学院	党委书记	何丽新
	院　长	宋方青
知识产权研究院	院　长	林秀芹
公共事务学院	党委书记	刘艳杰
	院　长	于文轩
公共政策研究院	院　长	陈振明
马克思主义学院	党委书记	石红梅
	院　长	徐进功
	常务副院长	张有奎
国际关系学院/南洋研究院	党委书记	邱旺土
	院　长	高艳杰
教育研究院	党委书记	刘振天
	院　长	别敦荣
台湾研究院	党委书记	郭锦星
	院　长	李　鹏
体育教学部	党委书记	郑树东
	主　任	林致诚
社会与人类学院	党委书记	王晓丽
	院　长	胡　荣
一带一路研究院	院　长	—
	常务副院长	陈武元
数学科学学院	党委书记	张清榕
	院　长	谭绍滨
物理科学与技术学院	党委书记	李书平
	院　长	陈张海
化学化工学院	党委书记	宋　毅
	院　长	任　斌
信息学院(特色化示范性软件学院)	党委书记	刘　弢
	院　长	—
材料学院	党委书记	刘立荣
	院　长	解荣军
人工智能研究院	院　长	陈　纯

续表

单位名称	职　　务	负责人
建筑与土木工程学院	党委书记	王绍森
	院　长	张建霖
能源学院	党委书记	王洁松
	副院长(主持工作)	郑志锋
萨本栋微米纳米科学技术研究院	院　长	洪明辉
航空航天学院	党委书记	廖志丹
	院　长	—
	常务副院长	尤延铖
电子科学与技术学院(国家示范性微电子学院)	党委书记	石慧霞
	院　长	陈　忠
柔性电子(未来技术)研究院	党委书记	—
	院　长	—
	常务副院长	—
生命科学学院	党委书记	马进龙
	院　长	邓贤明
公共卫生学院	党委书记	张　琥
	院　长	张　军
药学院	党委书记	宋友良
	院　长	刘　文
医学院	党委书记	李　峰
	院　长	韩家淮
海洋与地球学院	党委书记	吴立武
	院　长	史大林
环境与生态学院	党委书记	王　晟
	院　长	吕永龙
碳中和创新研究中心	执行主任	—

厦门大学嘉庚学院负责人

(2023年12月31日在任)

单位名称	职　　务	负责人
嘉庚学院	党委书记	邱伟杰
	常务副书记	黎永强
	院长	王瑞芳

厦门大学附属机构负责人

（2023 年 12 月 31 日在任）

单位名称	职　　务	负责人
附属中山医院	党委书记	吴启锋
	院　长	蔡建春
附属东南医院	政　委	郝国伟
	院　长	莫　群
附属厦门眼科中心	党委书记	刘旭阳
	执行总经理	姚郑玲玲
附属东方医院	政　委	刘振东
	院　长	徐晓莉
附属第一医院	党委书记	郑林雄
	院　长	王占祥
附属成功医院	政　委	陈明花
	院　长	樊　伟
附属福州第二医院	党委书记	侯　林
	院　长	林凤飞
附属心血管病医院	党委书记	白鹏飞
	院　长	王　焱
附属翔安医院	党委书记	张建安
	院　长	陈洪铎
	执行院长	张国君
附属妇女儿童医院	党委书记	倪宏英
	院　长	苏志英
附属龙岩中医院	党委书记	郭　伟
	院　长	阙秀琴
附属实验中学（漳州）	党委书记	廖建勤
	校　长	姚跃林
附属科技中学	校　长	詹功祚
附属第二中学	党委书记、校长	王守琼
附属演武小学	党委书记、校长	王志勤
附属音乐学校	党委书记、校长	谭筱英
附属实验小学（漳州）	党支部书记、校长	邱桂华
附属翔安实验学校	校　长	刘　杨

· 学院(直属系、直属中心)、研究院及国家级科研平台 ·

中国语言文学系

【概况】 中国语言文学系现为厦门大学直属系,拥有2个教育部批准成立的科研机构——中国语言文学研究所和国家语言文字推广基地;1个教育部语信司与厦门大学共建的国家语委科研机构——国家语言监测与研究教育教材中心;设有古籍整理研究所、东南亚华文文学研究中心、国际汉语史研究中心、普通话培训测试中心4个校批研究机构。出版有《厦大中文学报》《国际汉语史研究》等学术刊物。

中国语言文学系现设汉语言文学、汉语言2个本科专业,拥有2个国家级一流本科专业,1门国家级精品课程,1个福建省重点学科和1个福建省特色专业,1个校级以上实践教学基地。拥有中国语言文学一级学科博士学位授权点,文艺学、语言学及应用语言学、汉语言文字学、中国古典文献学、中国古代文学、中国现当代文学、比较文学和世界文学7个二级学科博士学位授权点,设有中国语言文学博士后流动站。

中国语言文学系现有专任教师47名,拥有国家级有突出贡献专家1人,教育部教学指导委员会成员1人,教育部新世纪优秀人才支持计划入选者1人,福建省"闽江学者"特聘教授1人,厦门大学南强重点岗位教授4人,厦门大学南强青年拔尖人才3人。高级职称人员占全系专任教师总数的70%,具有博士学位者占全系专任教师总数的100%。

中国语言文学系现有在校学生562人,其中本科生365人(含学历本科留学生2人)、硕士研究生127人(含学历硕士留学生7人)、博士研究生70人(含学历博士留学生11人)。2023年,中国语言文学系招收博士研究生13人(含外国留学生1人),硕士研究生40人(含外国留学生1人),本科生84人;毕业学生147人,其中博士研究生11人,硕士研究生44人,本科生92人。

年内,新立项国家社科基金重大项目1个,国家社科基金重点项目1个,国家社科基金一般(青年)项目2个。教师科研成果获福建省第十五届社会科学优秀成果奖3项,获厦门市第十二次社会科学优秀成果奖8项,获第七届厦门文学艺术奖1项。5名教师获2022年度厦门大学科研绩效表彰。

教师7人次赴美国、英国、德国、日本等地进行合作研究、访问考察。1名本科生入选剑桥大学"工程思维及系统设计"科研学术项目,2名硕士生获得前往中国台湾和中国澳门参加学术交流与会议的资格,3名本科生入选校台港澳办2023年秋季赴台高校交流项目,分别赴台湾中山大学、台北大学和逢甲大学交流学习。现有外籍博士后1人,有长期台港教师2人。本年度邀请外籍学者开设讲座10场,邀请台港澳专家学者开设讲座4场。

团学工作成绩突出,2个团支部获"厦门大学五四红旗团支部",2名学生获"厦门大学优秀团支部书记",9人获"厦门大学优秀共青团员"。1人获"厦门大学优秀共青团干部"和"厦门大学优秀党务工作者",并在厦门大学2023年辅导员工作考核中获评"优秀"。1人获评厦门大学第五届辅导员素质能力大赛三等奖。本科生第二党支部获厦门大学"追梦二十大 勇踏新征程"之最佳户外特色"固定党日+"策划大赛二等奖,2023级本科2班被评为"十佳网络文明班级"和"厦门大学优良学风建设试点班级"。校园文化活动成效显著,学生主创的剧目《洄流》在"看万山红遍"厦大青年学习展演中国共产党人的精神谱系主题团日展演比赛中获三等奖;学生参与的剧目《忆二七精神,感英烈之魂——纪念京汉铁路工人大罢工一百周年》在"学史铸魂悟初心,踔厉奋发担使命"学习贯彻党的二十大精神党史故事汇决赛中获二等奖;中国语言文学系获校园文化活动专项学生工作特色单位。学业竞赛成绩优异,获厦门大学"互联网+"大学生创新创业大赛红旅赛道创意组银奖1项,实现零的突破。以中国语言文学系学生为主力组建的厦门大学代表队在全国港澳台大学生中华文化知识大赛中获"全国十强"。　(哈飞飞　吕凤楠　田苗瑞)

【开展学习贯彻习近平新时代中国特色社会主义思想主题教育】 自4月起,开展学习贯彻习近平新时代中国特色社会主义思想主题教育。通过集中学习、党员领导干部上党课、师生座谈会、专家研讨会、谈心谈话、问卷调查、实地调研等形式,梳理出整改问题清单。截至12月底,关键整改问题规章制度体系化已基本完成,人才引育工作稳步推进。

(蔡　伦)

【开展本科教育教学审核评估工作】 1—12月,按照学校统一部署,对照评估指标体系,逐步开展本科教学教育审核评估工作,先后召开本科教育教学专家研讨论证会、教育教学思想研讨会、教师座谈会、在校生座谈会、毕业生座谈会、用人单位座谈会等,完成近3年教学档案自查整改,修订人才培养方案,以迎评工作为契机,推动本科教育教学质量提升。

(韩　璟)

2023 年度中国语言文学系基本情况

统计项目	数量
本科生数(人)	365
硕士研究生数(人)	127
其中:专业学位硕士研究生数(人)	
博士研究生数(人)	70
其中:专业学位博士研究生数(人)	
其中:学历留学生数(人)	20
本科毕业生毕业去向落实率(%)	86.7
硕士毕业生毕业去向落实率(%)	95.12
博士毕业生毕业去向落实率(%)	100
本科毕业生升学、出国(境)率(%)	44.4
毕业生到重要行业和领域就业率(%)	42.7
专任教师数(人)	47
非全职教师数(人)	
专职科研队伍数(人)	8
教授数/正高级数(人)	19
副教授数/副高级数(人)	14
具有博士学位专任教师数(人)	47
具有海外学习交流一年(或 10 个月)以上经历教师数(人)	28
45 岁以下(含)专任教师数(人)	22
发展中国家科学院院士(人)	
教育部"长江学者奖励计划"特聘教授(人)	
教育部"长江学者奖励计划"青年学者(人)	
国家杰出青年科学基金获得者(人)	
"国家特支计划"领军人才(人)	
"国家特支计划"青年拔尖人才(人)	
国家百千万人才工程入选者(人)	
国家级教学名师(人)	
国家优秀青年科学基金获得者(人)	
教育部新(跨)世纪优秀人才(人)	1
福建省"闽江学者"特聘教授(人)	1
国家教学成果奖(项)※	
国家级一流本科专业(个)	2
中国"互联网+"大学生创新创业大赛获奖数(项)※	
国家"2011 协同创新中心"(个)	
国家高端智库(含培育)(个)	
高等学校学科创新引智基地("111"计划)(个)	
教育部重点实验室(个)	
教育部人文社会科学重点研究基地(个)	

统计项目	数量
教育部国别和区域研究中心(个)	
其他部委研究基地(个)	2
福建省"2011 协同创新中心"(个)	
福建省重点实验室(个)	
福建省高等学校文科研究基地(个)	
福建省社科研究基地(含马工程)(个)	
福建省特色新型智库(个)	
福建省重点智库(含培育单位)(个)	
其他部省级平台(请注明)(个)	
国家自然科学基金项目(个)※	
国家社会科学基金项目(个)※	4
国家社会科学基金重大项目(个)※	1
教育部人文社会科学研究重大课题攻关项目(个)※	
教育部人文社会科学重点研究基地重大项目(个)※	
教育部人文社会科学研究一般项目(个)※	
其他部委项目(个)※	
福建省社会科学基金重大项目(个)※	
纵向科研经费(到位)(万元)※	171.09
横向科研经费(到位)(万元)※	28.51
高校科学研究优秀成果奖(人文社会科学)(项)※	
福建省社会科学优秀成果奖(项)※	3
其他部省级奖项(请注明)(项)※	
发表文章总数(篇)※	67
其中:《中国社会科学》发文数(篇)※	
《新华文摘》转载数(篇)※	1
国际代表性刊物发文数(篇)※	
出版专著(部)※	4
决策咨询报告(获采纳/批示)(篇)※	3
学生出国(境)交流(人次)※	6
教师出国(境)交流(人次)※	7
主办国际学术会议(次数)※	
主办两岸学术会议(次数)※	
境外合作高校或机构(所)	
签订境外合作协议(份)	
邀请国外学者数(人)※	7
邀请台港澳地区学者数(人)※	4
国(境)外学生来校数(人)※	4

【完善规章制度建设】 5—12月,推动制度化和规范化建设,改进工作作风,提升工作效能,推动事业发展,系学科建设取得突破性进展,软科排名上升。制定修订规章制度45项,涵盖三重一大事项、教研室工作、奖助学金评定、教师图书出版和学术活动资助、课程培育资助、合同签订、非学历教育经费管理、财务报销流程等方面。完善教研室工作例会和党政管理人员工作例会制度,制定公文发布、业务接待、宣传报道等工作流程与规范。（哈飞飞）

【前往国内知名高校开展学科调研】 5—11月,系党委书记黄宇霞带队前往复旦大学、北京大学、清华大学、北京师范大学、南京大学5所国内知名高校,实地调研中文学科发展情况,学习先进经验,并就拔尖人才培养、教师评价改革、学科特色凝练等方面深入探讨,形成内容翔实、思路和举措明确的调研报告,由黄宇霞在校行政系统会与系教职工大会上分别汇报。（哈飞飞）

【广泛开展校友走访】 5—11月,系党委书记黄宇霞带队走访北京、上海、南京、福州、平潭、厦门等地校友,举办校友座谈会,参访校友企业,联络校友情谊,共商母系事业发展。同时,推动校友会建设,举办厦门校友会中文分会与中文系学科建设座谈会,筹备成立厦门大学上海校友会中文分会和厦门大学北京校友会中文分会。（哈飞飞）

【国家、省社科基金项目立项成绩突出】 8月18日,2023年度福建省社会科学基金项目立项结果公布,钟雪珂助理教授、奥斯曼·阿卜杜克热木博士后获福建省社科基金青年项目立项。9月22日,2023年国家社会科学基金年度项目和青年项目立项结果公布,代迅教授获国家社科基金重点项目立项;暨慧琳、杨望龙2名助理教授获国家社科基金青年项目立项。12月28日,2023年度国家社科基金重大项目立项名单公布,徐勇教授担任首席专家的20世纪中国文学"选本学"研究项目获批立项。（吴志友）

【科创工作取得新进展】 立项23个大学生创新创业训练计划项目,其中国家级3个、省级6个、校级7个、院级7个。举办5项校级学业竞赛,为历年最多。闽南方言活杂传承——人工智能赋能乡音保护项目获"宝太杯"第九届厦门大学"互联网+"大学生创新创业大赛红旅赛道创意组银奖,入选"宝太杯"第九届厦门大学"互联网+"大学生创新创业大赛"青年红色筑梦之旅"活动重点项目。（韩　璟　林慧玲）

【研究生培养卓有成效】 研究生在《语言教学与研究》《厦门大学学报(哲学社会科学版)》《古汉语研究》《当代作家评论》等学术刊物上发表论文30多篇。获评福建省优秀博士学位论文1项、福建省优秀硕士学位论文1项。2名博士研究生入选"南强优秀博士生培育计划"。（韩　璟　林慧玲）

【3名教师入选"福建省高层次人才"项目】 3名教师入选"福建省高层次人才"项目,其中,A类人才、B类人才、C类人才各1名。（吴志友）

【持续开展学生志愿服务】 组织32场志愿服务活动,参与规模达1060人次。开设6期"烹茶煮韵"美育课堂,构建"团组织+社工+志愿者+社会各界力量"的"3+N"模式。开展11期厦门人图书馆公益课堂,举办"后勤集团员工子女辅导小课堂"。（李莹斌）

【开展职业规划和就业指导活动】 开展系列职业生涯规划教育和就业指导活动,举办考研、保研、出国出境等升学经验分享会,组织考公考编和简历撰写指导,召开毕业生座谈会,组织访企拓岗,带领学生实地参访做好人才推介对接。组织学生参加厦门大学学生职业规划大赛,1名学生获成长赛道二等奖,1名学生获就业赛道三等奖,1名教师获评优秀指导老师。（田苗瑞　吕凤楠）

【举办大学悦读·阅读大学"书香校园"读书报告大赛】 2022年11月—2023年4月,举办大学悦读·阅读大学第十四届"书香校园"读书报告大赛,旨在发挥读书育人作用,营造"爱读书、读好书、善读书"的良好校园文化氛围,来自27个院系的111份作品进入校级复赛,12个作品进入决赛。本次活动总结《以四个"深度"打造校园读书品牌活动,助推书香校园建设》获得中国大学生在线2023"悦读青春"全国百场百所百名读书特色推选展示活动特色活动类优秀作品。（吕凤楠）

【举办"学习宣传贯彻党的二十大精神"征文比赛】 1—4月,面向中文系、历史与文化遗产学院、哲学系学生举办"学习宣传贯彻党的二十大精神"征文比赛,共收到23篇征文,评出一等奖1名、二等奖2名、三等奖5名、优秀奖4名、积极参与奖11名。（蔡　伦）

【国家语言文字推广基地(厦门大学)中期检查优秀】 2月,教育部语用司通报首批国家语言文字推广基地中期检查结果,国家语言文字推广基地(厦门大学)获评"优秀"。（吴志友）

【召开党支部书记抓基层党建工作述职评议会】 2月23日,召开2022年度中国语言文学系党支部书记抓基层党建工作述职评议会,交流支部工作经验,研究夯实支部党建工作发挥战斗堡垒作用的有效举措。（蔡　伦）

【八项成果入选厦门市第十二次社会科学优秀成果】 2月23日,厦门市人民政府公布厦门市第十二次社会科学优秀成果,中国语言文学系获一等奖2项、二等奖1项、三等奖5项。（吴志友）

【举办厦门大学党委党校第91期、第93期党的基本知识学习班】 3—4月,举办厦门大学党委党校第91期(学生)党的基本知识学习班;10月,举办厦门大学党委党校第93期(学生)党的基本知识学习班;经过7场专题党课学习、2次小组讨论提升和在线考试测评,两期37名学员完成学习任务结业。（蔡　伦）

【举办八场南强学术讲座】 3—11月,邀请张福贵、张清华、张旭东、南帆、刘海涛、顾黔、张江、徐粤春8名知名学者来校举办南强学术讲座。校党委书记张荣为张江颁发"南强学术讲座"纪念牌,校长张宗益为张旭东颁发"南强学术讲座"纪念牌。（吴志友）

【举办本科教育教学专家研讨论证会】 3月5日，中国语言文学系本科教育教学专家研讨论证会举行。教育部中文专业类教学指导委员会主任委员、吉林大学哲学社会科学资深教授张福贵，暨南大学文学院教授、国家教学名师、广东省作协主席蒋述卓，北京大学中文系主任杜晓勤，北京师范大学文学院教授、北京师范大学国际写作中心执行主任张清华，中国社会科学院大学教授、《中国社会科学杂志》副总编辑王兆胜，北京语言大学汉语国际教育研究院副院长、中国中文信息学会语言与知识计算专业委员会委员王治敏6名专家与会，对厦门大学中文学科本科人才培养、专业课程设置、师资队伍建设等方面予以建议与指导。（吴志友）

【吴在庆参与编撰的《新修增订注释全唐诗》出版】 3月15日，吴在庆参与编撰的《新修增订注释全唐诗》出版发布会在京举行，此次修订吸收了当代唐诗研究的最新成果，新增注释10000余条，对2000多名作者小传和注释做了补充和订正，展现了《全唐诗》整理注释的新面貌，中国社会科学院院长、党组书记高翔出席发布会。（哈飞飞）

【成立中国语言文学系工会委员会和妇女委员会】 3月24日，召开全体教职工大会及全体女教职工和女学生代表大会，选举产生中国语言文学系第一届工会委员会、第一届妇女委员会。（陈磊明）

【举办首期“扬才计划”党员骨干能力提升培训班】 4月13日，举行首期“扬才计划”党员骨干能力提升培训班开班式。4月21日，培训班成员前往泉州晋江经验馆、郑成功纪念馆和安平桥开展实践教学活动。4月15日，组织党务骨干参加党务工作能力提升班。“扬才计划”党员骨干能力提升培训班的举办，提升了学生党支部书记和党员骨干的理论素养与党务能力，引导学生更好发挥“领头雁”作用，推动学生党支部工作质量再上新台阶。（蔡伦）

【举办中华姓氏源流知识竞赛】 4—10月，举办厦门大学第一届中华姓氏知识与能力竞赛，来自21个院系的69名选手参赛，9名选手进入决赛，其中3名选手代表学校参加海峡两岸青少年中华姓氏源流知识竞赛，获得大学生组团体三等奖，学校获优秀组织奖。（田苗瑞）

【举办鼓浪文学大奖赛】 4—11月，与福建省作家协会等单位合办“新南方·鼓浪杯”文学创作与评论大奖赛，赛事面向全国100余所高校学生征集稿件1500余份。11月26日，在厦门大学举行颁奖大会，南帆、汪文顶、陈春洋、文贵良、崔庆蕾、行超等嘉宾为获奖选手颁奖，大会获《文艺报》、《中国艺术报》、《中国青年报》、《厦门日报》、中国文艺网等媒体报道。（吕凤楠）

【举办第二届语言政策智库论坛】 4月7—8日，第二届语言政策智库论坛暨教育部哲学社会科学重大课题攻关项目“海峡两岸统一进程中的语言政策研究”研讨会在厦门大学举行，来自国内高校的50余名专家学者参会，大会围绕两岸统一进程中的语言政策研究、以语言政策铸牢中华民族共同体意识、国家语言治理体系与语言规划研究等方面进行研讨。（吴志友）

【举办中国语言文字与海洋文明高端论坛】 4月25—29日，中国语言文字与海洋文明高端论坛暨国家社科基金重大招标项目“出土文献与商周至两汉汉语上古音演变史研究”开题论证会在鼓浪屿举行，来自国内高校的60余名专家学者与会，会议就雅言通语的演变史、中古声韵系统的上古来源、上古汉语音变研究、海洋文明与汉语词汇发展史、海洋文明与汉语方言演变史、古代文献中的海洋文化等问题开展前沿交流。（吴志友）

【获批校级课程思政示范课程建设项目】 4月，王烨教授负责的研究生课程“中国现代文学专题研究”获批校级课程思政示范课程建设项目，该项目系与马克思主义学院合作共建。（韩璟）

【举办中国式现代化与中国语言学科发展研讨会】 4月28日，中国式现代化与中国语言学科发展研讨会举行，会议由厦门大学中国式现代化研究院和中国语言文学系共同主办，20余名中国语言学科知名专家参会，围绕中国式现代化与中国语言学科发展的重大理论与实践问题，聚焦厦门大学中国语言学科建设开展深入交流。（吴志友）

【黄宇霞任系党委书记】 5月9日，校党委召开干部任免宣布大会，宣布校党委关于中国语言文学系党委书记的任免决定，黄宇霞任中共厦门大学中国语言文学系委员会委员、书记，高忠华不再担任中共厦门大学中国语言文学系委员会书记、委员职务。（蔡伦）

【获首届“南强卓越教学名师”奖】 5月22日，厦门大学公布2023年“厦门大学南强教学名师奖励计划”首批入选名单，李菁副教授获“南强卓越教学名师”奖。（吴志友）

【开展招生宣传工作】 6—11月，组建厦门大学南平招生宣传组，前往当地中学开展优质生源基地授牌、座谈会、科普讲座、学科宣讲和高招季咨询活动，组建招生咨询QQ群开展常态化招生咨询和宣讲。（韩璟）

【举办“学术研究与文艺批评”青年批评家论坛】 6月10日，“学术研究与文艺批评”青年批评家论坛暨福建省文联文艺评论工作进校园活动在厦门大学举办，会议围绕培养福建青年批评家、传承创新“闽派批评”等展开交流。福建省文联党组成员、副主席、省作协主席陈毅达，校党委副书记全海参加会议，共同为“福建文艺评论基地（厦门大学中国语言文学系）”揭牌。（吴志友）

【召开离退休教师座谈会】 6月19日，召开退休教师座谈会，林事恒、周长楫、林宝卿、杨聪凤、林兴宅、俞兆平、林寒生、叶宝奎、朱水涌、林丹娅、黎兰等11名退休教师，结合多年的工作经验和学术经验，围绕人才培养、发展特色研究、教师队伍建设、学术环境等方面献言献策。座谈会作为系党委和工会重点推进的一项工作，旨在承继学科优良传统，凝心聚力共谋事业发展。（陈磊明 苏永延）

【举行“回忆往昔，扬帆起航”毕业典礼】 6月25日，中国语言文学系2023届毕业典礼在联兴楼多功能厅举办，系党政领导、全体教职工和2023届毕业生参加典礼。教师代表和毕业学生代表发表感言,导师为毕业生援正流苏、赠送纪念品,系党委书记黄宇霞为奔赴各行各业学生出征授旗。毕业典礼后还举行了毕业会餐大联欢。　(哈飞飞)

【召开庆祝中国共产党成立102周年暨"两优一先"表彰会议】 6月29日,召开庆祝中国共产党成立102周年暨"两优一先"表彰会议,表彰22名校级系级优秀共产党员、3名校级系级优秀党务工作者和2个先进党支部。新发展党员进行入党宣誓、老党员重温入党誓词。系党委书记黄宇霞做题为"迈向新征程,创造新伟业——解读党的二十大报告中党的历史使命"的报告。　(蔡　伦)

【举办专项推普培训助力乡村振兴】 7月1日—8月15日,国家语言文字推广基地(厦门大学)对口青海省玉树藏族自治州称多县100名中小学教师(其中94%为藏族、土族),开展国家乡村振兴重点帮扶县教师国家通用语言文字能力提升在线示范培训专项工作。　(吴志友)

【选举出席中共厦门大学第十二次党员代表大会代表】 7月18日,召开中国语言文学系全体党员大会,选举出席中共厦门大学第十二次党员代表大会代表。　(蔡　伦)

【李菁主讲《百家讲坛》】 8月6—12日,李菁副教授受邀在中央电视台《百家讲坛》节目讲授《诗词红楼》(第三部)。　(吴志友)

【开发闽南方言智能语音项目】 8月10日,与世界晋江青年联谊会签约合作开发闽南方言(晋腔)智能语音项目,致力于完善和升级闽南方言人工智能语音系统,该项目由许彬彬助理教授负责。　(吴志友)

【举行2023级新生开学典礼】 9月15日,中国语言文学系2023级新生开学典礼在联兴楼多功能厅举办。系党委书记黄宇霞以弘扬"知无央"的科学精神、厚植"爱无疆"的人文情怀,期冀新生们不负校主陈嘉庚先生的期望,"为吾国放一异彩"而奋进。1978级系友、福州校友会会长、中福海峡(平潭)发展股份有限公司董事长刘平山作为校友代表发言,回答了"学中文有什么用"的问题。开学典礼上每名新生为厦门大学教育发展基金会的"奋进新百年、共筑新伟业"行动计划捐赠一元钱,寓意"一元复始,万象更新"。　(哈飞飞)

【《国际汉语史研究》创刊】 10月,由中国语言文学系主编的学术刊物《国际汉语史研究》创刊发行,刊物立足于"域外之眼""多元文化互动"等角度,展示国际汉语史研究的最新成果,以期建立国际汉语学史的学科概念,并促进汉语史研究、汉学研究、汉籍文献语言研究的系统认识和深入开展。　(陈明娥)

【《日本藏〈韵镜〉文献汇刊及释要》出版】 10月26日,由李无未、钟雪珂、李逊合作编著的《日本藏〈韵镜〉文献汇刊及释要》出版,全书共12册(16本),此次大规模影印和出版日本藏《韵镜》文献,是国内外《韵镜》学史第一次,将有力推动《韵镜》学史及相关问题研究。　(吴志友)

【语言学综合实验室修缮完成】 11月,语言学综合实验室修缮完成。实验室承载语言数据采集、信息汇总分析和普通话测试等多项功能,致力于推进新文科实验室建设和语言学跨学科研究。　(哈飞飞)

【举办"经典重释与文化传承"学术论坛】 11月16日,"经典重释与文化传承"学术论坛暨《南方文坛》2023年度优秀论文颁奖活动在科学艺术中心一楼多功能厅举行,中国作协党组成员、副主席、书记处书记吴义勤出席并致辞。校党委副书记全海,福建省社科院研究员南帆,福建师范大学原副校长汪文顶,广西文联党组成员、副主席、《南方文坛》主编匡达蔼,厦门市文联副主席陈春洋,以及来自全国各地的20余名作家、批评家,高校师生近120人参加活动。系党委书记黄宇霞主持论坛开幕式,《南方文坛》副主编曾攀主持颁奖仪式。　(吴志友)

【《中国教师报》报道苏新春事迹】 11月23日,《中国教育报》报道在喀什大学支教的银龄教师苏新春全心全力融入教育强国建设的事迹。　(哈飞飞)

【举办2023汉语言文字应用系列大赛】 11月25日,"书香新时代'典'亮新征程"厦门大学2023汉语经典诗文诵读·诗词讲解大赛决赛暨2023汉语言文字应用系列大赛颁奖仪式在科学艺术中心一楼多功能厅举行。本届大赛由"汉语经典诗文诵读大赛""诗词讲解大赛""规范汉字书写大赛"3个系列比赛组成,旨在通过诵读、讲解、书写的语言文字表现形式,弘扬中华优秀语言文化,提升大学生人文素养,丰富校园学术文化氛围。　(吴志友)

【教研室主任换届】 12月,完成新一轮教研室主任换届,肖湛、景欣悦、叶玉英、李湘、赵怿怡、周湘鲁、洪迎华分别被任命为各教研室新一届主任。　(蔡　伦)

【举办"红心向党"成长营之学生新发展党员2023年集中培训班】 12月,举办"红心向党"成长营之学生新发展党员2023年集中培训班,通过专题党课、实践教学和小组讨论等形式,完成对28名学员的党性教育。　(蔡　伦)

【举办第一期"先锋中文·扬帆起航"党员教育培训活动】 12月2日,第一期"先锋中文·扬帆起航"党员教育培训班组织师生党员、入党积极分子前往漳州东山岛开展"弘扬红色精神 传承革命传统"实践教学活动。　(蔡　伦)

【举办首期"鼓浪学术波"活动】 12月7日,与人文与艺术高等研究院共同主办的首期"鼓浪学术波"活动在鼓浪屿举行。人文与艺术高等研究院院长易中天教授和执行院长邹振东教授联合主持会议,中国社会科学院研究员、深圳大学人文学院院长高建平教授,上海交通大学人文学院院长王宁教授,北京师范大学文艺学研究中心主任王一川教授,清华大学中国语言文学系李守奎教授,河北大学副校长过常宝教授,南京大学文学院院长董晓教授,武汉大学文学院院长于亭教授等为厦门大学中国语言文学学科发展建言献策。　(吴志友)

【厦门大学国际汉语史研究中心获评校级优秀科研机构】 12月22日,厦门大学文科校级科研机构2023年度工作会议在颂恩楼举行,国际汉语史研究中心获评"厦门大学2020—2022

年度优秀校级科研机构”，中心负责人李无未教授作为获奖代表分享经验。（吴志友）

【叶玉英获第二届唐作藩音韵学奖】 12 月 24 日，在北京语言大学举办的中国音韵学第三届学术研讨会上，叶玉英教授著作《古文字构形与上古音研究》获唐作藩音韵学奖（二等奖）。（吴志友）

【举行中国语言文学系“青骄汇”成立暨 2023 年新教师入职仪式】 12 月 25 日，举行中国语言文学系“青骄汇”成立暨 2023 年新教师入职仪式。“青骄汇”的成立将为青年教职工提供学术探讨、工作交流和日常沟通的平台，新入职教师与“银发学科带头人”结对带教，作为青年教职工实施“1＋1＋1 名师引路”方案的重要组成部分，将有力促进青年教师在教学和科研方面的快速成长。（陈磊明）

【俞兆平参与福建省思政节目录制】 12 月 27 日，俞兆平教授受邀参与中共福建省委宣传部、中共福建省委教育工作委员会、福建省教育厅主办的《百年天演 鉴知未来——福建省大中小学同上一堂思政课》，节目在福建电视台、“学习强国”等平台播出。（吴志友）

历史与文化遗产学院

【概况】 历史与文化遗产学院下设历史学系、考古学系，现拥有中国史、世界史、考古学一级学科及相应的 3 个博士后流动站。同时设有厦门大学中华民族研究中心、厦门大学国家革命文物协同研究中心 2 个国家级平台，历史研究所、中国社会经济研究中心、鼓浪屿研究中心、科技考古实验室、中国海关史研究中心、美国史研究所、民间历史文献研究中心、闽商研究中心、海洋战略与空间研究中心、海洋考古研究中心、陈嘉庚研究中心等科研机构。厦门大学国学研究院挂靠历史与文化遗产学院。

学院现有在职专任教师 53 人，其中获“国家特支计划”青年拔尖人才、教育部新世纪优秀人才、南强青年拔尖人才、福建省高层次人才、福建省特支计划“双百计划”、福建省“闽江学者”特聘教授、厦门市高层次人才、厦门大学特聘教授 34 人。学院现有在职教授 18 人，副教授 22 人，博导 24 人，博士后流动站在职博士后 10 人。

学院现有学生 500 人，其中本科生 222 人，硕士研究生 177 人，博士研究生 101 人，学生党支部 5 个，本科和研究生团支部 14 个。

年内，学院党委领导全体师生员工深入学习贯彻习近平新时代中国特色社会主义思想，主题教育成效显著，组织完成 7 次中心组学习研讨、8 次学院读书班学习、5 次专题党课、6 场调研座谈。对标对表完成全面从严治党责任清单，组织召开 21 次党委会、16 次理论学习中心组学习、6 次党建思政工作例会、4 期师德师风讲堂，强化有组织科研工作能力，推动学科内涵式高质量发展。

学院服务国家重大战略需求，学科平台取得历史性突破。国家级学科平台建设取得从 0 到 1 的突破。4 月，中央宣传部、统战部、教育部和国家民委批示厦门大学获立铸牢中华民族共同体意识研究中心——中华民族研究中心。7 月，新增国家文物局和教育部批准的国家革命文物协同研究中心（培育）。学院获批建设 2 个省级新文科和交叉学科平台。10 月，科技考古实验室获批福建省首批哲学社会科学重点实验室（培育），鼓浪屿研究中心获批福建省社会科学研究基地。

学院 7 项科研成果获福建省第十五届社会科学优秀成果奖，8 项成果获厦门市第十二次社会科学优秀成果奖。《中国社会经济史研究》期刊获郭沫若中国历史学奖——优秀史学刊物奖。陈支平教授著作《台湾通史》获第八届中华优秀出版物（图书）奖。获国家社科基金冷门绝学团队项目 1 个，教育部人文社会科学重点研究基地重大项目 2 个，国家社科基金年度项目立项 6 个，国家自然科学基金青年项目 1 个，福建省社会科学基金项目 5 个，其他类纵向项目 1 个，部委项目 1 个。本年度学院共发表论文 48 篇，其中最优刊物 10 篇，一类核心 17 篇，出版著作 7 部。学院到账纵向科研经费 500.34 万元，横向科研经费 2185.78 万元，共计 2686.12 万元，位列全校文科第一。

学院聚焦标志性教学改革成果，拔尖人才的培养体系不断完善。郑振满教授团队新获国家级教学成果奖二等奖，张侃教授团队新获省级教学成果奖一等奖；李莉教授团队获立福建省教育教学研究重大项目，陈永福“虚拟现实技术在明清史教学中的应用”入选教育部产学合作协同育人项目，其他教师获福建省教育教学专项研究重大项目 3 个。张侃教授获 2023 年宝钢优秀教师奖，张闻捷教授获福建省优秀教师。学院获本科生和研究生教学单位考核目标责任制“进步之星”奖。

学院圆满完成 2023 级强基计划的招考工作、2020 级“强基计划”的 16 名学生转段工作。完成 2020 级 29 名本科生保研工作，100％保送到“985”或双一流高校深造。硕士研究生招生 53 人，本科来自双一流学校占比 74％；博士研究生招生 21 人，硕士来自双一流学校占比 76％。4 人入选南强优博名单。强基计划和拔尖 2.0 学生赴宁夏、甘肃等田野考察与调研，《中国青年报》《福建日报》《厦门日报》等媒体报道实践成果。

学院组织成立厦门大学厦门校友会历史分会，并筹划成立北京、广州、福州、杭州分会。积极开展校地合作，与龙岩市公安局等 7 家单位签订战略协议。探索非学历继续教育培训服务改革，举办来自新疆、四川、广东、宁夏、内蒙古、江苏、浙江、贵州、甘肃、云南、福建、陕西、北京等 21 个省（区、市）内部培训班 130 个班，收入 1342.92 万元。

学院教师 20 人次赴美国、德国、马来西亚等地进行合作研究、访问考察、参加会议，学生 8 人次通过校院际交流项目、研究生国（境）外交流访学和自费的形式赴国境外进行学习和交流。学院举办国际会议 1 场，邀请国外专家开设讲座 6 场，学院与澳门大学签订院级学生交换协议 1 份，有长期台港澳教师 1 人，邀请台港澳专家学者开设讲座 3 场。（朱艺楚）

2023 年度历史与文化遗产学院基本情况

统计项目	数量
本科生数(人)	222
硕士研究生数(人)	177
其中:专业学位硕士研究生数(人)	59
博士研究生数(人)	101
其中:专业学位博士研究生数(人)	
其中:学历留学生数(人)	7
本科毕业生毕业去向落实率(%)	92.3
硕士毕业生毕业去向落实率(%)	98.08
博士毕业生毕业去向落实率(%)	100
本科毕业生升学、出国(境)率(%)	51.3
毕业生到重要行业和领域就业率(%)	42.1
专任教师数(人)	53
非全职教师数(人)	6
专职科研队伍数(人)	9
教授数/正高级数(人)	18
副教授数/副高级数(人)	22
具有博士学位专任教师数(人)	53
具有海外学习交流一年(或 10 个月)以上经历教师数(人)	30
45 岁以下(含)专任教师数(人)	30
发展中国家科学院院士(人)	
教育部“长江学者奖励计划”特聘教授(人)	
教育部“长江学者奖励计划”青年学者(人)	
国家杰出青年科学基金获得者(人)	
“国家特支计划”领军人才(人)	
“国家特支计划”青年拔尖人才(人)	1
国家百千万人才工程入选者(人)	
国家级教学名师(人)	
国家优秀青年科学基金获得者(人)	
教育部新(跨)世纪优秀人才(人)	5
福建省“闽江学者”特聘教授(人)	3
国家教学成果奖(项)※	
国家级一流本科专业(个)	1
中国“互联网＋”大学生创新创业大赛获奖数(项)※	
国家“2011 协同创新中心”(个)	
国家高端智库(含培育)(个)	
高等学校学科创新引智基地(“111”计划)(个)	
教育部重点实验室(个)	
教育部人文社会科学重点研究基地(个)	

统计项目	数量
教育部国别和区域研究中心(个)	
其他部委研究基地(个)	
福建省“2011 协同创新中心”(个)	
福建省重点实验室(个)	
福建省高等学校文科研究基地(个)	
福建省社科研究基地(含马工程)(个)	1
福建省特色新型智库(个)	
福建省重点智库(含培育单位)(个)	
其他部省级平台(请注明)(个)	
国家自然科学基金项目(个)※	1
国家社会科学基金项目(个)※	6
国家社会科学基金重大项目(个)※	1
教育部人文社会科学研究重大课题攻关项目(个)※	1
教育部人文社会科学重点研究基地重大项目(个)※	2
教育部人文社会科学研究一般项目(个)※	
其他部委项目(个)※	1
福建省社会科学基金重大项目(个)※	
纵向科研经费(到位)(万元)※	500.34
横向科研经费(到位)(万元)※	2185.78
高校科学研究优秀成果奖(人文社会科学)(项)※	
福建省社会科学优秀成果奖(项)※	7
其他部省级奖项(请注明)(项)※	
发表文章总数(篇)※	48
其中:《中国社会科学》发文数(篇)※	
《新华文摘》转载数(篇)※	
国际代表性刊物发文数(篇)※	
出版专著(部)※	7
决策咨询报告(获采纳/批示)(篇)※	
学生出国(境)交流(人次)※	8
教师出国(境)交流(人次)※	20
主办国际学术会议(次数)※	
主办两岸学术会议(次数)※	
境外合作高校或机构(所)	
签订境外合作协议(份)	1
邀请国外学者数(人)※	6
邀请台港澳地区学者数(人)※	6
国(境)外学生来校数(人)※	5

【召开新学期教职工大会】 2月17日，学院在南光楼召开新学期教职工大会。大会由院党委书记陈锦华主持，学院党政领导班子、全体教职工参加会议。会上，全体教职工观看《开局之年 关键一课》视频；张侃院长做学院学科建设工作报告；大会通过无记名投票方式选举出靳小龙等7名教职工担任学院第一届工会委员会委员；李莉副院长总结学院本科教育教学审核评估工作进展，着重介绍评估工作的流程安排与亮点工作。

（朱艺楚）

【召开2022年度党支部书记抓基层党建工作述职评议会】 3月2日，学院召开2022年度党支部书记抓基层党建工作述职评议会。6名党支部书记依次述职，学院领导逐一点评。

（胡　雯）

【学习宣传贯彻党的二十大精神调研】 3月9日，教育部直属高校党建工作联络员陈子辰到学院调研学习宣传贯彻党的二十大精神开展情况，充分肯定学院在学习贯彻党的二十大精神工作中取得的成效，希望学院继续以党的二十大精神为指导，进一步加强战略规划、凝心聚力，以高质量党建引领推动学院高质量发展。

（胡　雯）

【召开主题教育动员大会】 4月20日，学院召开学习贯彻习近平新时代中国特色社会主义思想主题教育动员会议，旨在结合学科特点周密部署、扎实推进主题教育，推动党建和事业发展深度融合，开创学院发展新局面。（胡　雯）

【与海军某部开展主题教育联学共建】 4月25日，学院与艺术学院、海军某部主题教育联学共建在某海军码头举行，学院师生在现场教学中感受习近平总书记建设海洋强国的“蓝色信念”和“海洋情怀”，上好主题教育“第一课”。（胡　雯）

【与中央苏区(闽西)历史博物馆开展主题教育联学共建】 5月15—16日，学院与中央苏区(闽西)历史博物馆开展主题教育联学共建，通过现场教学、讲座交流、专题研讨等形式，聚焦红色闽西的革命历史，研讨革命文物的协同研究，把握中国式现代化的历史维度。（胡　雯）

【与厦门市博物馆开展主题教育联学共建】 6月21日，学院赴厦门市博物馆开展主题教育联学共建和专题调研，就推动申请设立博物馆专业硕士(在职)听取行业专家意见。

（胡　雯）

【召开主题教育调研成果交流会暨学科规划座谈会】 6月29日，学院召开主题教育调研成果交流会暨学科规划座谈会，聚焦调研主题、交流调研成果。（胡　雯）

【参加林东伟常务副书记思政课】 7月1日，校党委常务副书记林东伟为学院学子讲授“赓续历史文脉 谱写青春华章——深入学习贯彻习近平总书记在文化传承发展座谈会上的重要讲话精神”的思政课。

（胡　雯）

【举办学院主题教育读书班实践教学】 7月1—2日，学院举办主题教育读书班实践教学，组织教职工党员赴三明市万寿岩遗址，深入学习习近平总书记关于历史文化遗产保护和生态文明建设的生动实践。

（胡　雯）

【与校党委中心组举行主题教育专题联学】 7月11日，校党委理论学习中心组与学院党委举行主题教育专题联学，深入学习领会习近平总书记在文化传承发展座谈会上的重要讲话精神。（胡　雯）

【召开主题教育整改整治工作推进会暨调研报告专题研究会】 7月20日，院党委召开主题教育整改整治工作推进会暨调研报告专题研究会，党政领导班子成员集体研究调研报告中的每一个问题，并逐一汇报自己负责问题的整改整治工作最新进展。

（胡　雯）

【召开党员大会】 7月20日，学院召开党员大会，选举学院出席学校第十二次党员代表大会的代表。全院70名正式党员参加会议。（胡　雯）

【召开主题教育专题民主生活会】 8月24日，学院召开学习贯彻习近平新时代中国特色社会主义思想主题教育专题民主生活会。民主生活会上学院领导班子聚焦学思想、强党性、重实践、建新功总要求，检视问题、深刻剖析，落实整改责任，旨在持续推进全面从严治党向纵深发展，以高质量党建引领学院高质量发展。

（胡　雯）

【召开传达学习学校第十二次党代会精神暨新学期工作布置会】 9月11日，学院召开传达学习学校第十二次党代会精神暨新学期工作布置会。会上学习学校第十二次党代会精神，进一步明确学院建设发展的定位、方向与重点。（胡　雯）

【召开干部试用期满考核会暨全体教职工大会】 10月26日，学院召开干部试用期满考核会暨全体教职工大会，组织部干部考察组、全体在职教职工参加会议。院党委书记陈锦华、院长张侃、副院长李莉、副院长张闻捷分别进行个人试用期满考核述职。

（胡　雯）

【获厦门大学首届“十佳党建品牌”】 12月27日晚，厦门大学首届“十佳党建品牌”评选活动在科学艺术中心音乐厅落下帷幕。学院党建品牌“红色史纪”在经过材料初评、实地考评和现场展评3个环节的比拼后，斩获殊荣。（胡　雯）

【与退役军人事务部烈士纪念设施保护中心交流座谈】 11月30日，退役军人事务部烈士纪念设施保护中心副主任奚玉峰一行来校会谈，双方就进一步深化校地合作，推动英烈文化研究与传承进行深入交流。

（胡　雯）

【赴广州开展学科调研】 12月3—4日，学院前往广州开展学科调研，与广东省社会科学院历史与孙中山研究所、中山大学历史学系就学科建设和人才培养方面的优良经验与做法进行深入学习与交流。（胡　雯）

【与厦门工商旅游学校“共建实习实训基地”】 2月16日下午，历史与文化遗产学院、厦门工商旅游学校“共建实习实训基地”签约仪式暨座谈会在南光一举行，院党委书记陈锦华、院长张侃，厦门工商旅游学校党委书记、校长杨经葵和双方单位相关领导、老师参加活动，活动由陈锦华主持。双方签署《厦门大学历史与文化遗产学院 厦门工商旅游学校 共建实习实训基地协议书》，并就如何落实

学科人才培养、学科建设等事宜进行深入交流。（洪鹭珍）

【与万寿岩遗址保护中心签署共建协议】 4月8日，万寿岩遗址保护中心一行莅临学院指导，在南光一召开座谈会，院党委书记陈锦华、院长张侃、院党委副书记张晗、院团委书记王旖旎、辅导员冯璐出席会议，与万寿岩遗址保护中心签署共建协议。

（洪鹭珍）

【与龙岩市公安局签署战略合作协议】 12月26日，学院与龙岩市公安局战略合作协议签约仪式举行，双方同意按照“优势互补、资源共享、务实高效、互惠共赢”的原则，开展理论研究、文化建设、决策咨询、干部教育培训等合作，充分发挥各自优势，拓展合作领域，提升合作层次。

（胡　雯）

【多名教师获学校奖教金】 陈博翼获2023年柳玉滨青年科研奖；刁培俊获2023年中国银行奖教金；赖国栋获2023年闽都陈嘉庚公益基金会·厦门国际银行奖教金。（陈锦英）

【完成本科教育教学评估工作】 3月，学院提交本科教育教学审核评估3万字自评报告，审核评估支撑材料近200页，评估核心定量指标数据70项。11月20日—12月10日线上评估专家到学院检查10余次，检查内容包含听课、课程档案、试卷、毕业论文、培养方案、领导访谈、专任教师访谈、学生座谈等。12月19日线下专家入校，学院博士后蔡诚参加青年教师及博士后座谈。（范燕芳）

【获厦门大学特等奖、福建省教学成果奖一等奖】 张侃、李莉、张闻捷、林枫、水海刚、靳小龙、郑振满、王日根完成的“强基为本，多维融入，全程育人的历史学拔尖人才培养体系”获厦门大学特等奖、福建省教学成果奖一等奖。（范燕芳）

【完成定点招生宣传工作】 完成浙江省招生宣传工作，举办高招咨询会32场，开展科普讲座9场，开展招生宣讲3场。录取位次比上一年提升93位。（范燕芳）

【多名本科生表现优异】 2020级王思衡在《羊城晚报》发表《如何做一个领导者》；2020级黎佳韵在《海洋史研究》（第二十一辑）发表《厦门湾青屿灯塔考察报告》；2020级强基本科生于悦获第八届中国国际互联网＋大学生创新创业大赛银奖；2020级杨若凡、张含笑获第十八届全国大学生作文大赛三等奖；2020级白雅璇获第五届全国大学生语言文学能力大赛二等奖，2023“读者杯”青少年文学大赛知识挑战赛一等奖；2020级张含笑获第五届全国大学生语言文学能力大赛二等奖；2022级吴佳桐获首届全国大学生体育新闻写作大赛二等奖；2020级强基生江韵琳参加第十三届西安史学“新潮”论坛获优秀论文奖，获第九届全国大学生家史大赛三等奖；2022级陈寒荟获第九届福建省“互联网＋”大学生创新创业大赛银奖；2022级强基生尤章恒获2023年全国大学生英语竞赛（NECCS）C类三等奖；2020级胡其凡、周逸驰论文入围参加中山大学第二届全国历史学本科拔尖学生学术论坛；2020级温涵雪获第九届墨尔本国际器乐声乐大赛中国赛区预选赛一等奖；2020级李岚获中国·将乐Ⅰ皮划艇桨板马拉松公开赛第五名，第六届中国大学生皮划艇锦标赛甲组女子单人皮划艇3000米第二名，甲组混合双人皮划艇500米第三名。（范燕芳）

【研究生田野调查基金项目立项三个】 3名博士生获得厦门大学田野基金资助，分别为王位的“帝国进峒：明清川东南民族地区的族群与移民社会”、彭兴的“近代四川基层融资市场的商事习惯与司法实践”和秦文博的“战争与市场：沦陷时期广州的米粮运销研究（1938—1945）”。（蓝　月）

【“民间历史文献学课程体系与实践教学创新”获国家级教学成果奖】 郑振满、饶伟新、郑莉、张侃、黄向春、梁勇、杨帆、陶继平、Kenneth Dean，Michael Szonyi完成的“民间历史文献学课程体系与实践教学创新”，获2022年国家级教学成果奖二等奖。

（蓝　月　范燕芳）

【研究生实践团队获奖】 “平潭西营遗址的发掘与壳丘头遗址群的实地调研”获2022—2023学年寒假“我和我身边的中华优秀传统文化”优秀实践成果奖。（蓝　月）

【多名研究生获奖】 杨丰宁硕士学位论文《清代湖南的押租制与地权结构》获评福建省研究生优秀学位论文，指导老师王日根。李睿《丸山真男的幕末维新“开国”批判——从“开国”出发的讨论》获复旦大学历史学系2023年“博思”史学奖优秀奖；李宝《仁政的想象——清初轻徭薄赋观的建构与区域税负水平差异》获复旦大学历史学系2023年“博思”史学奖三等奖；李澄《何以为吏：秦及汉初以保举制主导的选官制度新证》获南京大学历史学院第四届茅家琦史学论坛二等奖及第三届中山大学史学论坛三等奖；刘朝《勃艮第大公国的崩溃：地方主义与集权化的博弈》获首届“励耘”全国历史学研究生论文竞赛二等奖及复旦大学历史学系2023年“博思”史学奖优秀奖；2020级硕士生姚秀雅获亚南奖学金、2021级硕士生张子珂获国家奖学金。（蓝　月）

【平台进展取得历史性突破】 4月，中央宣传部、统战部、教育部和国家民委批示厦门大学获立铸牢中华民族共同体意识研究中心——中华民族研究中心。7月，新增国家文物局和教育部批准的国家革命文物协同研究中心（培育）。获批建设2个省级新文科和交叉学科平台。10月，科技考古实验室获批福建省首批哲学社会科学重点实验室（培育），鼓浪屿研究中心获批福建省社会科学研究基地。（陈沁菲）

【《台湾通史（六卷本）》获省第十五届社科优秀成果奖一等奖及第八届中华优秀出版物奖】 《台湾通史》（六卷本）共162万余字，分为上古至明代卷、明郑卷、清代上卷、清代下卷、日本殖民统治时期卷和现代卷6卷。全书在充分吸纳近年来海峡两岸台湾史研究的最新成果基础上，全景式地反映台湾自远古以来直至当代的发展历程，全面梳理台湾地区政治、经济、社会、文化等各方面的历史，充分展现台湾的命运始终与祖国休戚相关的历史过程，以确凿证据证明两岸同胞是血脉相连的一家人，是中国大陆出版的第一部《台湾通史》，也是迄今为止时间跨度最长、涵盖内容最全面、篇幅最大的一部台湾通史。其撰

写由海峡两岸学者通力合作、共同完成。（庄婉婷）

【党团联合教育活动有特色】 学院积极探索党团思政教育新模式，以当代青年喜闻乐见的形式推动党团建设。“4·23”中国人民解放军海军建军节前后，与海洋与地球学院、中国人民解放军海军驻厦某部共同开展“青春献礼二十大，向海图强新征程”学习活动，登军舰、听党课，激发青年学生向海图强的责任担当。与北京大学、清华大学等7所高校联合举办“历史学如何服务社会”研讨会。（王旖旎）

【参加“追忆红色沃土，谱写青春故事”厦门大学首届红色剧本杀创作大赛】 来自26个学院的190名学生参加厦门大学首届红色剧本杀创作大赛，12支队伍进入决赛展演环节。大赛受学习强国、《厦门日报》等实时报道。该项目同时被中央保密办、国家保密局指导全国保密工作的中央级综合性公开刊物《保密工作》专版介绍。（王旖旎 胡雯）

【团学工作取得进步】 学院1个团支部获得“厦门大学五四红旗团支部”，2名学生获评“厦门大学优秀团总支（团支部）书记”，9名学生获评“厦门大学优秀共青团员”；院研究生会获评“优秀院研究生会”。《关于提升博物馆育人功能的提案》获2023年福建省青少年模拟政协提案征集活动最佳作品（共10件）。（王旖旎）

【学工队伍理论和实践研究新突破】 张晗和王牧焜撰写的《立足学科专业特色 探索思政教育新模式》以及邓泽村和王旖旎撰写的《挖掘革命文物的史证价值 加强革命传统教育》刊发在《厦大党政工作研究》2023年第1期。王旖旎撰写的《“凝‘剧’力”红色剧本杀多元赋能思政教育新模式》获厦门大学2023年学生工作典型案例征集活动一等奖，入选2023年福建省高校团学组织优秀育人项目。王旖旎主持厦门大学团委“团史中的厦大”委托专项课题一项。（王旖旎）

【毕业生专场招聘会】 4月27日，在三家村学生活动广场举办“厦门大学人文社科专场学生就业暨实习见习招聘会”，吸引来自24家单位，涵盖培训讲师、宣传策划、新媒体运营、人事行政、社工等近百种与人文学科密切相关的岗位，其中有25家提供实习机会。发布招聘信息每周汇总推送29条，全年共提供就业岗位超1万个。（王旖旎）

【打造“山海计划”学生志愿服务项目品牌体系】 学院团员在志愿汇平台志愿者注册为100%。构建“山海计划”志愿服务体系，培养学生社会责任感。该体系覆盖山区留守儿童、务工子女和社区儿童，利用周末和节假日长期在厦门演武社区、后勤集团等地方和单位开展有规划、持续性的支教活动；和宁夏固原市隆德县沙塘镇张树村村委共建，帮扶建立青少年阅读角，打造周末阅读领学志愿服务。“山海计划”本年度安排志愿服务22批次，对青少年进行革命史教育，指导阅读经典，在提升青少年文学素养的同时，积极关注留守儿童心理健康问题；为后勤集团职工子女设立小课堂6期，在志愿者、学生、家长之间都取得了较好反馈；打造“访客中心爱心公益图书角”，通过公益义卖筹集资金来进一步支持“山海计划”的开展，开创出一条新的公益道路模式。（王旖旎）

【社会实践活动内容丰富、成果显著】 学院共组建19支实践队伍，其中5支为校暑期社会实践重点队，总计289名学生参与各种类型的社会实践，覆盖本硕博各年级，占比60.58%；实践内容涉及文化路线探索、支教志愿服务、专业实践等各个方面。学院单列专项经费，支持学生参加“颉颃计划”大学生海外社会实践项目，本年度共有3人参与该实践项目。获评3个优秀社会实践团队，1个优秀调研报告，1名老师获评优秀带队教师，9名学生获评积极分子。“白鹭衔珠”实践队的调研报告获2022年福建省“三下乡”社会实践优秀团队和“铸牢中华民族共同体意识‘百校进百村’社会实践”优秀调研报告。“风雨无阻厦田野”实践队的调研报告《平潭西营一直的发掘与壳丘头遗址群的实地调研》获得福建省2022—2023学年寒假“我和我身边的中华优秀传统文化”主题社会实践优秀实践成果奖。（王旖旎）

【打造精品社团，彰显办学特色】 学院2个社团继续依托学科优势，构建专业性社团与学科“互惠式”发展。史韵学社协办厦门大学首届非物质文化遗产进校园大赛，与北京师范大学历史学院“春秋人文报社”联合举办“全国高校大学生家史大赛”；琼华汉服社举办7场大型汉服展演活动，受到思明、翔安2个校区学生对中华传统服饰的关注与喜爱。强化社团管理，院党委审议通过《厦门大学历史与文化遗产学院社团管理规定（2023年修订版）》。（王旖旎）

【“好有‘夷’市”武夷非遗进校园】 院团委与武夷山市团市委联合举办“好有‘夷’市”武夷非遗进校园活动，为全校师生带来以世界非物质文化遗产武夷山茶叶制作技艺为代表的多个非遗技艺展示，逾5000人参与此次非遗进校园活动。非遗进校园是“校地合作”共同推进中华优秀传统文化的传承与创新的有效举措，也是推动人才培养与地方产业发展同频共振的创新尝试。（王旖旎 杨雨岚）

【考古国际合作发展】 经与广西文物保护与考古研究所磋商，拟和越南社会科学院考古研究所合作发掘越南史前遗址，现已签订“文物保护与考古研究所 厦门大学历史与文化遗产学院联合开展越南考古发掘合作协议”，相关工作也在稳步推进。（陈思霖）

【举办“中国式现代化与历史学科高质量发展”论坛】 4月8—9日，厦门大学举办“中国式现代化与历史学科高质量发展”论坛，校长张宗益，国务院学位委员会学科评议组成员，教育部高等学校历史学教学指导委员会成员，国内知名高校、科研院所等70多名嘉宾代表出席开幕式。会上，进行历史与文化遗产学院揭牌仪式。（朱艺楚 胡雯）

【举办“厦门大学—东京大学近代史研究生”论坛】 4月23日，举办“厦门大学—东京大学近代史研究生”论坛。此次论坛以两校学生为主体，旨在发挥哲学社会科学在融通中外文化、增进文明交流中的独特作用,传播中国声音、中国理论、中国思想,通过学术交流增加本校学生的眼界,扩展研究领域,加强中外学术、思想交流。（陈思霖）

【举办“哈佛-燕京学社宣讲”活动】 6月9日上午,美国哈佛-燕京学社(Harvard Yenching Institute, HYI)副院长李若虹(Ruohong Li)博士来访学校,面向学校人文社科领域青年教师、博士研究生举办访问学者项目(Visiting Scholars Program)宣讲活动。本次活动由国际合作与交流处主办,学院承办。（陈思霖）

【举办“何以为国:晚清政府国家治理”研讨会】 7月7日,“何以为国:晚清政府国家治理”研讨会举办。研讨会邀请国内各大学与研究机构的20名重要中青年学者,讨论近代以来政府国家治理能力,为当代中国的特色实践提供经验参考。（陈沁菲）

【举办“闽台文化遗产与海洋文明学术”研讨会】 7月25日,“闽台文化遗产与海洋文明学术”研讨会举办,来自北京大学、故宫博物院、北京科技大学等学者参会,为学院师生做讲座。（陈沁菲）

【举办“闽台地方文献与数字人文工作坊”】 学院主办、厦门大学民间历史文献研究中心承办的“闽台地方文献与数字人文工作坊”于9月2—5日在闽省福州市永泰县举行,项目入选2023年厦门大学两岸高等教育融合发展能力提升计划立项名单,项目负责人为郑振满教授。（陈思霖）

【博士生为外交官做专题讲座】 9月5日,应中国驻瑞典大使馆邀请,学院2020级博士生刘俊豪为中国驻瑞典外交官做题为《瑞典历史与现实1523—2023》的专题讲座。本次活动采取线下与线上相结合的方式,由中国驻瑞典大使馆教育参赞黄立琼主持,中国驻瑞典大使馆政务参赞(全权代办)及全体外交官一同出席。（陈思霖）

【举行“理论与史学论坛2023”学术研讨会】 10月27—29日,“理论与史学论坛2023”学术研讨会在厦门大学举行,来自中国社会科学院、北京大学、厦门大学等国内相关领域的近40名专家学者参加会议,围绕研讨会主题“思想·实践·理论——新时代史学自主知识体系建构”展开对话交流。会议得到《中国社会科学报》报道。（陈沁菲　胡　雯）

【举办“转化与发展:朱子学的回顾与展望学术研讨会暨中国朱子学会2023年年会”】 10月27—30日,“转化与发展:朱子学的回顾与展望学术研讨会暨中国朱子学会2023年年会”在西安召开。本次会议由中国朱子学会、陕西师范大学共同主办,来自全国各高校、科研机构的100余名学者参与本次会议。厦门大学原校长、中国朱子学会会长朱崇实教授通过视频致辞,中国朱子学会常务副会长、厦门大学国学研究院院长陈支平教授宣读成立二级学会的批复。（庄婉婷）

【举行“华侨华人与中国教育现代化”学术研讨会】 10月27—29日,“华侨华人与中国教育现代化”学术研讨会在厦门大学召开,海内外学者围绕“华侨华人与中国教育现代化”这一主题进行为期2天的研讨,深入探讨华侨兴教的历史意义与当代内涵。会议受到《人民日报(海外版)》专版报道。（陈沁菲　胡　雯）

【举行“考古学术研讨会暨东南考古研究中心揭牌仪式”】 11月4日,“中国式现代化与文化自信——新时代考古学科的使命与担当”学术研讨会暨东南考古研究中心揭牌仪式召开,来自多个兄弟高校和科研院所的专家学者齐聚一堂,共同庆祝厦门大学考古学专业正式创办50周年暨东南考古研究中心成立。会议得到《新福建》报道。（陈沁菲　胡　雯）

【承办“首届新文科沙龙”】 11月16日,由社科处主办、学院承办的新文科视野中的历史文化遗产保护与利用——以鼓浪屿世界文化遗产为例沙龙举办,邀请近20名校内外历史文化遗产领域的学者、实务专家与专业人士从历史学、考古学、博物馆学、文化遗产学、建筑学、社会学、人类学、法学、数字人文、文物修复等学科视角,就文化遗产保护和利用的前沿问题与研究动向展开学术交流,助力共同推动跨学科多维互动。（陈沁菲）

【举办“近代中国的法律与社会”学术研讨会】 11月17日,“近代中国的法律与社会”学术研讨会举办。本次论坛由中国社会科学院近代史研究所、厦门大学历史与文化遗产学院联合主办。清华大学、复旦大学、华中师范大学等高校教授以及《近代史研究》《光明日报》《历史研究》等期刊主编参会。（陈沁菲）

【举办第三届“环中国海海洋文化遗产调查与研究”学术研讨会】 11月28日,第三届“环中国海海洋文化遗产调查与研究”学术研讨会举办,会议邀请来自国家文物局、山东大学、北京大学、中国文化遗产研究院、中国科学院、故宫博物院等近百名学者、专家参与,促进海洋遗产研究领域成果交流和学术合作。（陈沁菲）

【举办“《海上丝绸之路文献集成·历代史籍编》新书首发式暨海上丝绸之路历史文献”国际学术研讨会】 11月26日,“《海上丝绸之路文献集成·历代史籍编》新书首发式暨海上丝绸之路历史文献”国际学术研讨会在福州召开。福建省委常委、宣传部部长张彦出席首发式并讲话,中山大学党委书记、历史学系教授、《海上丝绸之路文献集成》总主编陈春声致辞,全国台湾研究会第七届理事会会长汪毅夫出席。海峡出版发行集团党委书记、董事长黄苇洲介绍《海上丝绸之路文献集成》立项与出版情况,《海上丝绸之路文献集成》总主编、学校国学研究院院长、历史与文化遗产学院教授陈支平介绍项目编纂情况。《海上丝绸之路文献集成》整体出版规模计划为800册,正式面世的首批成果《历代史籍编》共140册,收录记载古代中国“海丝”历史的337种史部著述。新书首发式上举行《海上丝绸之路文献集成》首批成果《历代史籍编》揭幕仪式,同时向中国历史研究院、中国国家图书馆、厦门大学图书馆、中山大学图书馆、新加坡国立大学中文图书馆等8家科研典藏机构赠送新书。新书首发式结束后,召开海上丝绸之路历史文献国际学术研讨会。（庄婉婷）

【举办第五届历史考古青年论坛】 12月1日,第五届历史考古青年论坛举办，会议汇集中国社会科学院考古研究所、北京大学、中国人民大学、北京师范大学、中央美术学院、南开大学、吉林大学、山东大学、西北大学、郑州大学、四川大学、武汉大学、中山大学、厦门大学等高校与科研机构的青年学者、研究生代表。本期论坛以“礼器、礼制、礼义”为主题，佳作荟萃，特邀高崇文教授致辞，齐东方、杭侃、徐良高、李梅田、彭善国、刘瑞6名著名考古学家担任点评嘉宾。（陈沁菲）

【举办“厦门大学中华民族研究中心揭牌仪式暨东南首届铸牢中华民族共同体意识研究高端论坛”】 12月22日，“厦门大学中华民族研究中心揭牌仪式暨东南首届铸牢中华民族共同体意识研究高端论坛”举办，来自南京大学、东南大学、中山大学等高校60多名专家参与。（陈沁菲）

【举办江西省文博领航人才研修班】 学院为江西省文旅厅提供高层次专业教育培训服务，举办3个月的文博领航人才研修班（第3期）。（陈锦英）

【举办首届中小学生暑期夏令营】 学院首次举办的暑期中学生文史拓展营，吸引来自北京、广州、常熟、福州等地优秀中学生参与，开展专题讲座、文史实践课、参访课、破冰团建活动等，加深中学生对历史、考古学科的认识，吸引优质生源。（洪鹭珍）

哲学系

【概况】 哲学系现有哲学一级学科博士授权点，设有马克思主义哲学、中国哲学、外国哲学、科学技术哲学、逻辑学、宗教学、伦理学以及国学（目录外二级学科）8个二级学科。建有1个福建省高等学校文科研究基地——厦门大学哲学与当代社会研究中心；1个福建省社会科学研究基地——厦门大学马克思主义的规范与认知理论研究中心；3个校级研究机构——知识论与认知科学研究中心、道学与传统文化研究中心、宗教学研究所；系内设有9个研究中心——规范理论研究中心、佛学研究中心、朱子学文献中心、南强儿童哲学研究中心、伦理学跨学科研究中心、马克思主义与中华优秀传统文化研究中心、游戏哲学研究中心、中华优秀传统文化与现代管理智慧研究中心、哲学与心理学交叉研究中心。国家二级学会“中国知识论专业委员会”挂靠哲学系。

厦门大学哲学学科是福建省重点学科，哲学专业于2020年入选教育部首批“强基计划”，本年度招收第四届“强基计划”学生。2022年，哲学专业获批国家级一流本科专业建设点。

哲学系现有在职专任教师37人，其中教育部“长江学者奖励计划”特聘教授1人，福建省“闽江学者”特聘教授6人，教育部新世纪优秀人才支持计划入选者2人，福建省新世纪优秀人才支持计划入选者3人，南强青年拔尖人才A类4人，南强青年拔尖人才B类1人，南强青年拔尖人才支持计划培育人选2人。高级职称人员占全系专任教师总数的78.38%，具有博士学位人员占全系专任教师总数的100%。本年度，5名教师入选“福建省高层次人才”项目，1名教师入选“厦门市高层次人才”项目，1名教师入选“厦门市高层次留学人员”项目。本年度引进联合培养博士后2名。

哲学系现有在校学生314人（不含大类学生），其中本科生153人、硕士研究生72人、博士研究生89人。2023年，“强基计划”专项招生15人，招收硕士研究生25人，博士研究生15人。毕业本科生22人，硕士研究生20人，博士研究生7人。

年内新立项国家社科基金冷门绝学研究专项1个、年度项目5个（重点项目2个、一般项目2个、青年项目1个）、后期资助项目1个；福建省社会科学基金博士扶持项目1个、（马工程）重点项目1个、青年学者论坛——特别委托项目1个、创新战略研究项目1个，另有厦门市社会科学调研课题重点项目1个，年度共计立项13个。全年举办学术讲座65场、学术会议12场。师生发表论文77篇，论著8部。（朱晓芳）

【获福建省2022年本科高校教育教学研究项目立项两个】 1月6日，福建省2022年本科高校教育教学研究项目立项结果公布。曹剑波教授主持的课题“哲学专业本科生‘全方位践行力’培养研究”获批一般项目，何纯秀副教授主持的课题“普通高中学业水平选择性考试政治学科命题质量保障机制研究”获批教育考试招生制度改革专项项目。（肖章文）

【张曦教授新著入选《光明日报》“光明书榜”】 1月，由生活·读书·新知三联书店出版的张曦教授新著《观念的形状：文物里的中国哲学》，入选《光明日报》“光明书榜”。（李文娟）

【哲学系本科生获评首届“厦门大学志愿服务金木棉奖章个人标兵”称号】 3月5日，在三家村学生活动广场举办的表彰仪式上，2021级本科生谢馨平因2022年度志愿服务表现突出，获评首届“厦门大学志愿服务金木棉奖章个人标兵”称号。（蔡振磊）

【举办第一届强基哲学本科生联合论坛（厦门大学—山东大学）】 3月11日，第一届强基哲学本科生联合论坛在厦门大学举办，论坛由哲学系与山东大学哲学与社会发展学院联合主办。论坛分为技术与生存、宗教与社会、理性与浪漫、理与心、自由与逍遥、语意与现实以及分类与推理等不同主题，两校学生在此次联合论坛中相互交流、相互借鉴，擦出思想的火花。（肖章文）

【成立哲学系工会】 3月20日，召开工会会员大会。大会选举产生哲学系第一届工会委员会委员。新一届工会委员会召开第一次全体会议，选举产生主席、副主席，何纯秀任主席、朱晓芳任副主席。（朱晓芳）

【朱菁教授入选2022“中国高被引学者”榜单】 3月28日，全球信息分析公司爱思唯尔（Elsevier）正式发布2022“中国高被引学者”榜单。朱菁教授继2020年、2021年之后，连续3年入选哲学领域的高被引学者榜单。（李文娟）

2023 年度哲学系基本情况

统计项目	数量
本科生数(人)	153
硕士研究生数(人)	72
其中:专业学位硕士研究生数(人)	
博士研究生数(人)	89
其中:专业学位博士研究生数(人)	
其中:学历留学生数(人)	4
本科毕业生毕业去向落实率(%)	82.6
硕士毕业生毕业去向落实率(%)	85
博士毕业生毕业去向落实率(%)	100
本科毕业生升学、出国(境)率(%)	56.5
毕业生到重要行业和领域就业率(%)	68.4
专任教师数(人)	37
非全职教师数(人)	4
专职科研队伍数(人)	13
教授数/正高级数(人)	18
副教授数/副高级数(人)	11
具有博士学位专任教师数(人)	37
具有海外学习交流一年(或 10 个月)以上经历教师数(人)	25
45 岁以下(含)专任教师数(人)	21
发展中国家科学院院士(人)	
教育部“长江学者奖励计划”特聘教授(人)	1
教育部“长江学者奖励计划”青年学者(人)	
国家杰出青年科学基金获得者(人)	
“国家特支计划”领军人才(人)	
“国家特支计划”青年拔尖人才(人)	
国家百千万人才工程入选者(人)	
国家级教学名师(人)	
国家优秀青年科学基金获得者(人)	
教育部新(跨)世纪优秀人才(人)	2
福建省“闽江学者”特聘教授(人)	6
国家教学成果奖(项)※	
国家级一流本科专业(个)	1
中国“互联网+”大学生创新创业大赛获奖数(项)※	
国家“2011 协同创新中心”(个)	
国家高端智库(含培育)(个)	
高等学校学科创新引智基地(“111”计划)(个)	
教育部重点实验室(个)	
教育部人文社会科学重点研究基地(个)	

统计项目	数量
教育部国别和区域研究中心(个)	
其他部委研究基地(个)	
福建省“2011 协同创新中心”(个)	
福建省重点实验室(个)	
福建省高等学校文科研究基地(个)	1
福建省社科研究基地(含马工程)(个)	1
福建省特色新型智库(个)	
福建省重点智库(含培育单位)(个)	
其他部省级平台(请注明)(个)	
国家自然科学基金项目(个)※	
国家社会科学基金项目(个)※	7
国家社会科学基金重大项目(个)※	1
教育部人文社会科学研究重大课题攻关项目(个)※	
教育部人文社会科学重点研究基地重大项目(个)※	1
教育部人文社会科学研究一般项目(个)※	
其他部委项目(个)※	
福建省社会科学基金重大项目(个)※	
纵向科研经费(到位)(万元)※	231.06
横向科研经费(到位)(万元)※	55
高校科学研究优秀成果奖(人文社会科学)(项)※	
福建省社会科学优秀成果奖(项)※	7
其他部省级奖项(请注明)(项)※	
发表文章总数(篇)※	77
其中:《中国社会科学》发文数(篇)※	
《新华文摘》转载数(篇)※	
国际代表性刊物发文数(篇)※	
出版专著(部)※	8
决策咨询报告(获采纳/批示)(篇)※	
学生出国(境)交流(人次)※	9
教师出国(境)交流(人次)※	6
主办国际学术会议(次数)※	
主办两岸学术会议(次数)※	
境外合作高校或机构(所)	
签订境外合作协议(份)	2
邀请国外学者数(人)※	7
邀请台港澳地区学者数(人)※	3
国(境)外学生来校数(人)※	

【开展学习贯彻习近平新时代中国特色社会主义思想主题教育】 4—8月，哲学系牢牢把握“学思想、强党性、重实践、建新功”的总要求，聚焦学习贯彻习近平新时代中国特色社会主义思想这一根本任务，用党的创新理论统一思想、统一意志、统一行动，紧扣“凝心铸魂筑牢根本、锤炼品格强化忠诚、实干担当促进发展、践行宗旨为民造福、廉洁奉公树立新风”的具体目标，以高度的责任心、强烈的使命感和高效的执行力推进学习贯彻习近平新时代中国特色社会主义思想主题教育走深走实。　(江丽陈)

【召开本科教育教学审核评估专家论证会】 4月22日，哲学系召开本科教育教学审核评估专家论证会。中山大学哲学系副主任沈榆平、同济大学哲学系主任陈畅、华侨大学哲学与社会发展学院副院长常旭旻等专家受邀出席会议。厦门大学教务处副处长何海涛，系党委书记杨松、主任朱菁、副主任林育川以及哲学系部分教师、行政人员共同参会。全体参会教师针对哲学系的课程设置、培养方案调整、教学实践和招生政策制定等方面的工作展开积极讨论。

(蔡文倩)

【哲学系第一届教授委员会成立】 为发挥教学与科研人员在哲学系改革、建设和发展中的作用，发扬学术民主，实现科学决策，3月20日，经哲学系全体在职教师及工程、实验等专业技术人员选举，哲学系第一届教授委员会宣告成立，11名教授当选委员。4月22日，经第一届教授委员会全体委员推选，黄永锋任主任，王波任副主任。　(符　芊)

【举行2023届毕业典礼】 6月26日，哲学系2023届毕业典礼在联兴楼多功能厅举办，系领导班子、教师代表、行政人员及毕业生家长代表参加本次活动。典礼由系党委书记杨松主持。此外，还为毕业生党员举办红色毕业会。　(蔡振磊)

【漳州招生宣传组赴漳州地区重点中学开展招生宣传活动】 6月26—29日，哲学系漳州招生宣传组分别前往漳州一中、厦门大学附属实验中学、漳浦一中、龙海一中、漳州华阳体育馆等地开展高招咨询会和交流座谈，为考生和家长提供个性化建议，协助考生科学合理填报志愿。同时在漳浦一中进行“厦门大学优质生源基地”授牌，建立与该校的常态化合作关系。　(蔡文倩)

【组织强基班学生赴武夷山开展历史文化考察活动】 6月28—30日，系副主任林育川，强基班主任赵海丞、张艳超带队，组织强基班学生赴武夷山闽北革命历史纪念馆、武夷书院等地开展历史文化考察活动，拓展强基班学生第二课堂实践。

(蔡文倩)

【与闽南师范大学泉州洛江附属小学签订教研实践基地合作协议】 6月28日，系副主任林育川和青年教师李璐楠、郭伟峰，赴泉州闽南师范大学洛江附属小学举行厦门大学哲学系—闽南师大洛江附小教研实践基地签约和授牌仪式，新增以儿童哲学和国学教育为核心内容的学生教学实践基地。闽南师大洛江附小校长陈松信和校党支部书记刘兴法等校领导出席签约授牌仪式。

(蔡文倩)

【与中盐金坛公司联合开展主题调研实践活动】 7月1—8日，哲学系联合中盐金坛盐化有限责任公司开展社会实践，厦门大学道学与传统文化研究中心主任、博士生导师黄永锋教授带队，共21名本硕博学生参与其中。本次实践包含“中盐金坛公司—清华、厦大”见面会、参观盐厂、中医药养生、《道德经》易解主题讲座、对标管理课题汇报会、雅集、读书会等环节。　(蔡文倩)

【举办第三期全国知识论研究生暑期学校】 7月1—14日，与研究生院联合举办为期14天的第三期全国知识论研究生暑期学校。本期暑期学校邀请10余名国内知识论领域杰出专家学者担任课程与讲座主讲人，以主题讲座、专题课程、圆桌交流、参观实践、写作训练等形式展开，为来自国内外114所高校与科研院所的300余名优秀青年学生提供20余场知识论讲座和座谈会，线上共计6000多人次参与活动。　(蔡文倩)

【承办第五期全球汉语儿童哲学理论与实践公益暑期学校】 7月2—7日，由研究生院主办，哲学系、江苏宏德文化出版基金会和南强儿童哲学研究中心承办的厦门大学“汉语儿童哲学理论与实践(第五期)”公益暑期学校在厦门大学举办，为儿童哲学专家学者和学员们提供互相交流、讨论和学习的机会。　(肖章文)

【研究团队联合发布游戏人工智能报告】 7月6—8日，以“智联世界生成未来”为主题的2023世界人工智能大会(WAIC)在上海召开。在大会“游戏人工智能前沿探索暨高校联合研究中心启动论坛”上，哲学系游戏哲学研究中心、深圳市人工智能行业协会、上海市人工智能与社会研究会联合发布《“玩转”人工智能——游戏人工智能产业观察报告》，并与国内多所高校研究团队推动筹备成立“游戏人工智能高校联合研究中心”，旨在持续深化国内游戏人工智能的研究。

(李文娟)

【举办“厦门大学哲学系2023年优秀大学生夏令营”】 7月11—14日，举办“厦门大学哲学系2023优秀大学生夏令营”。其间开展学术讲座、二级学科师生见面交流会、参观厦大校史馆和鲁迅纪念馆等活动。来自全国各高校的40名优秀大学生参加此次夏令营。　(蔡文倩)

【召开哲学一级学科学位授权点专家现场评估会议】 7月31日，哲学一级学科学位授权点专家现场评估会议在南光一召开，会议邀请国务院学位委员会第八届学科评议组成员、中山大学哲学系(珠海)系主任陈建洪，山东大学哲学与社会发展学院院长刘森林，华侨大学哲学与社会发展学院院长许斗斗，华东师范大学哲学系主任刘梁剑，华中科技大学哲学学院副院长徐敏，厦门大学研究生院学位管理办公室副主任范丽娟、哲学系领导、学位评定分委会成员和教研室主任参会。经过学位授权点汇报情况、专家组问询、教师—学生座谈等评估环节，专家组形成意见并反馈本学位点评估结果(合格)。　(蔡文倩)

【干部任免】 8月2日，学校召开哲学系干部任免宣布会议，校党委常委、组织部部长孙理代表校党委宣读干部任免决定，任命王晓萌为中共厦门大学哲学系委员会委员、副书记，免去杨机像中共厦门大学哲学系委员会副书记、委员职务。（江丽陈）

【获福建省2023年本科高校教育教学研究项目立项一个】 9月7日，朱菁教授主持的课题"新文科建设背景下哲学学科自主拔尖创新人才培养路径探索"获批福建省2023年本科高校教育教学研究一般项目。（肖章文）

【退休教师高令印著作被评为2022—2023年度"闽版好书"】 9月，福建省新闻出版局发起2022—2023年度"闽版好书"投票评选活动，高令印教授与薛鹏志合著的《福建理学史》获评"闽版好书"。"闽版好书"评选活动旨在扎实推进福建省出版繁荣，鼓励闽版精品图书生产，提升福建出版影响力，推动全民阅读工作，营造"书香八闽"浓厚氛围。（李文娟）

【多名教师获2023年国家社科基金项目立项】 陈玲"古籍子部谱录类科技思想的收集整理及其现代价值研究"立为国家社科基金冷门绝学研究专项学术团队项目；林育川"习近平总书记关于尊重和保障人权重要论述研究"、冯兵"《北溪字义》通释与研究"立为国家社科基金重点项目；杨松"世界观转变与形成时期的马克思思想规范性维度研究（1837—1848）"、杨仕健"科学哲学视野下的微生物学范式转变研究"立为国家社科基金一般项目；田海滨"当代知识规范问题研究"立为国家社科基金青年项目；林哲"非经典（剩余）逻辑判定问题的一般性研究"立为国家社科基金后期资助一般项目。冯兵承担国家社科基金重大项目"中国礼学大百科全书"子课题"礼学人物思想事件编"。（李文娟）

【获多项省市校科研奖项】 7名教师获第十五届福建省社会科学优秀成果奖：王波获一等奖，曹剑波、冯兵获二等奖，朱菁、谢晓东获三等奖，曹青云、郭伟峰获青年佳作奖。黄永锋等人获江苏省第十七届哲学社会科学优秀成果奖二等奖。张会永获第八届中国伦理学大会优秀论文奖。4人获厦门市第十二次社会科学优秀成果奖：曹剑波获一等奖，王晓阳获二等奖，刘泽亮、杨仕健获三等奖。王波和曹剑波获2022年度厦门大学人文社科科研高水平成果绩效奖。黄永锋负责的厦门大学道学与传统文化研究中心获评厦门大学2020—2022年度优秀校级科研机构。（李文娟）

【举办第四届"南强哲学"本科生学术论文竞赛】 10月23日，第四届"南强哲学"本科生学术论文竞赛颁奖仪式举行，本次竞赛7月开始征稿，9月公布入围名单并邀请各学科相关教师进行论文评审，举办论文答辩，核算成绩，共评选出18篇优秀论文，其中一等奖1篇、二等奖4篇、三等奖4篇、优秀奖9篇。本次竞赛旨在激发学校哲学爱好者的智慧，培养学生的创新能力和实践能力，鼓励广大学生积极参与，共同探索哲学学科在当今时代的价值与意义，使其焕发出更强大的生命力。（肖章文）

【青年教师王凯立获厦门大学第十八届青年教师教学比赛文科组一等奖】 11月13日，王凯立获厦门大学第十八届青年教师教学比赛文科组一等奖。本届教学比赛以"迎评促建，推动本科教育高质量发展"为主题，自3月份启动，历经学院选拔赛，学校初赛、决赛，共31个学院的96个团队161名教师参加校赛，最终14名教师（团队）获一等奖，35名教师（团队）获二等奖。（肖章文）

【召开"哲学之道"第十七届博士生学术论坛】 11月18日，"哲学之道"第十七届博士生学术论坛在厦门大学举办。本次论坛由厦门大学研究生院、华东师范大学研究生院主办，厦门大学哲学系、华东师范大学哲学系承办，并由《华东师范大学学报（哲社版）》编辑部、《思想与文化》编辑部、华东师范大学中国智慧研究院、厦门大学马克思主义与中华优秀传统文化研究中心共同协办，共评选出24篇优秀研究生论文，哲学系10名博士生获奖。（蔡文倩）

【主办厦门大学第十一届逻辑思维能力竞赛】 11月19日，厦门大学第十一届逻辑思维能力竞赛落幕。本次大赛实际参赛人数共计662人，是厦门大学哲学学科百年回眸与创新发展系列活动之一。秉承陈嘉庚先生"研究高深学问，养成专门人才，阐扬世界文化"之宗旨，本次活动致力于提高学生的逻辑思维能力和逻辑综合素养，推广与普及逻辑学知识，使逻辑学更加深入师生日常生活。（肖章文）

【获厦门大学课程思政示范课程和教学研究项目各一个】 12月1日，唐瑭教授主持的课题"马克思主义原著研读"获批校级课程思政示范课程建设项目（本科生）、陈玲教授主持的课题"科学技术史课程思政与哲学一流专业建设研究"获批校级课程思政教学研究项目（研究生）。（肖章文　蔡文倩）

【举行厦门大学哲学学科百年回眸与创新发展大会】 12月2日，厦门大学哲学学科百年回眸与创新发展大会在科学艺术中心音乐厅举行，大会邀请国内外知名学者、海内外系友、关心支持哲学学科发展的社会各界人士、嘉宾等，与全系师生共同追忆不凡的百年奋斗历程，共谋学科发展新蓝图。大会主题是：栉风沐雨百载行，哲海弄潮涛头立。中国科学院院士、校党委书记张荣出席大会并致辞。出席会议的中国人民大学荣誉一级教授刘大椿将厦大哲学百年历史总结为12个字：不懈奋斗，逆势成长，终成大器。会议回顾百年来厦大哲学人的故事，并编撰《厦大哲学·学科百年》纪念册。（朱晓芳）

【举办厦门大学哲学系杰出系友论坛】 12月2日，杰出系友论坛在南光楼举行，本次论坛为哲学学科百年回眸与创新发展系列活动之一。历届系友代表、哲学系师生出席本次论坛，畅叙情谊，共展未来。林劲、詹石窗、王太钧、林滨、苏立波、朱耀垠、石慧霞、林锋、曾小兵、刘小涛、金太军11名系友代表根据自身求学和从业经历向在场师生分享人生感悟。（朱晓芳）

【举办"中国式现代化与哲学学科创新发展学术研讨会"】 12月2日，"中国式现代化与哲学学科创新发展学术研讨会”召开。正值厦门大学哲学学科百年回眸与未来展望的历史时刻，面对快速变化的世界和中国，本次论坛以“中国式现代化与哲学学科创新发展”为主题，勇于推进习近平总书记强调的理论创新，科学回答中国之问、世界之问、人民之问、时代之问。（李文娟）

【厦门大学漳州招生宣传组赴漳州实验中学开展招生宣传活动】 12月7日，厦门大学漳州宣传组组长、系主任朱菁教授带队参加漳州实验中学第五届大学节，进行“厦门大学优质生源基地”授牌，推进漳州实验中学优质生源基地建设，并开展“教授进中学”科普讲座、招生宣讲等活动，让优秀学生进一步了解厦门大学。

（蔡文倩）

【获“厦门大学优良学风建设试点班级”“厦门大学2023年优秀网络文明班级”称号】 2023级本科班积极开展班级文化建设、班级学风建设，组织班级同学参与朋辈导师课堂和各项集体活动，取得良好效果，增强班级凝聚力。班级获“厦门大学优良学风建设试点班级”“厦门大学2023年优秀网络文明班级”称号，辅导员蔡振磊被评为“优秀指导老师”。

（蔡振磊）

【创建“厦门大学哲学系马克思主义与中华优秀传统文化研修班”】 12月，哲学系创建“厦门大学哲学系马克思主义与中华优秀传统文化研修班”，旨在通过加强对青年学生的思想引领和学术提升，切实为党和国家培养一批具有忠诚的政治品格、浓厚的家国情怀、扎实的马克思主义和国学理论功底、业务能力和社会实践能力突出的高素质青年骨干，以进一步贯彻落实习近平新时代中国特色社会主义思想，切实把党的二十大提出的“第二个结合”的要求在人才培养中落地生根。（江丽陈）

【杨松教授课程上线新华思政平台】 12月20日，杨松教授的课程思政示范课程“马克思主义哲学原理”作为优秀案例在新华思政平台展播。

（肖章文）

新闻传播学院

【概况】 新闻传播学院设有新闻学系、广告学系、传播学系3个系，新闻学、广播电视学、广告学、传播学、国际新闻与传播5个本科专业。拥有新闻传播学一级学科博士学位授予权，新闻传播学一级学科硕士学位授予权，新闻传播学硕士专业学位授予权，传播学省级重点学科，新闻传播学博士后流动站。设有新闻传播学省级实验教学示范中心，以及与校党委宣传部联合建设的教育部教育融媒体建设试点单位厦门大学教育融媒体中心。现有福建省高等学校人文社会科学研究基地·中华文化传播研究中心，有传播研究所、海峡媒体研究中心、品牌与广告研究中心、舆论研究中心、马克思主义新闻观研究与教育中心、国际传播研究中心（2023年成立）6个校级科研机构。2014年以来，福建省委宣传部与厦门大学共建新闻传播学院，设有厦门大学福建媒体发展研究院和厦门大学福建媒体发展与对外传播协同创新中心2个共建科研平台。

学院现有在职教职工63人。包括专任教师41人，党政管理人员15人。专任教师中教授11人，副教授20人，高级职称人员占全院专任教师总数76.19%，专任教师中具有博士学位者占全院专任教师总数95.24%。有国家万人计划哲学社会科学领军人才、中宣部文化名家暨“四个一批”人才、享受国务院政府特殊津贴1人，教育部教学指导委员会成员1人，福建省新世纪优秀人才支持计划入选者3人，福建省特殊支持“双百计划”哲学社会科学领军人才1人，福建省“百人计划”（台湾人才）2人，福建省高层次人才13人，厦门市高层次人才32人，厦门市台湾特聘专家2人，厦门大学南强重点岗位教授1人，厦门大学南强青年拔尖人才B类人才1人。现有博士研究生指导教师12人，其中2023年新增1人；硕士研究生指导教师41人，其中2023年新增1人。新闻传播学博士后流动站在站博士后7人，进站5人，出站2人。

截至12月31日，学院有在校学生1087人。其中，本科生595人，硕士研究生418人，博士研究生74人，学历留学生47人。共招收博士研究生16人，硕士研究生136人（含外国留学生2人），本科生127人（含外国留学生16人，台港澳学生11人）。共毕业博士研究生13人，硕士研究生124人，本科生145人。继续深化教育教学综合改革，获批国家级线下一流本科课程1门，省级线下一流本科课程1门；在学业竞赛中获国家级大赛一等奖1项，二等奖8项，三等奖9项，优秀奖6项；获省级大赛一等奖12项，二等奖25项，三等奖58项，优秀奖及入围奖38项。

全年科研到账经费346.31万元。科研项目立项24个，其中纵向立项10个，横向立项14个。纵向项目中国家社科基金2个，省社科规划项目立项4个，其他纵向4个。发表论文48篇，其中在《新闻与传播研究》《国际新闻界》《现代传播》《新闻大学》新闻传播学科权威期刊发表高水平论文10篇，SSCI期刊9篇，出版著作5部，研究咨询报告7篇被相关政府部门借鉴采纳，获第十五届福建省社科优秀成果奖三等奖2项。

师生出国出境交流访学50人次，选派2名学生赴联合国纽约总部实习。（郭婉玲）

【教育部直属高校党建工作联络员陈子辰到学院调研】 3月9日，教育部直属高校党建工作联络员陈子辰到学院调研指导学习宣传贯彻党的二十大精神工作开展情况。院党委书记曾铮从“学”“研”“宣”“融”4个方面做专题汇报，院党委副书记、副院长、团委书记、“马新班”先锋党支部书记等分别做补充汇报。陈子辰对学院党委工作给予充分肯定，对学院未来发展寄予殷切期望，提出4项要求。

（黄　文）

2023年度新闻传播学院基本情况

统计项目	数量
本科生数(人)	595
硕士研究生数(人)	418
其中:专业学位硕士研究生数(人)	278
博士研究生数(人)	74
其中:专业学位博士研究生数(人)	
其中:学历留学生数(人)	47
本科毕业生毕业去向落实率(%)	90.6
硕士毕业生毕业去向落实率(%)	94.78
博士毕业生毕业去向落实率(%)	100
本科毕业生升学、出国(境)率(%)	47
毕业生到重要行业和领域就业率(%)	60
专任教师数(人)	41
非全职教师数(人)	11
专职科研队伍数(人)	7
教授数/正高级数(人)	11
副教授数/副高级数(人)	20
具有博士学位专任教师数(人)	40
具有海外学习交流一年(或10个月)以上经历教师数(人)	33
45岁以下(含)专任教师数(人)	19
发展中国家科学院院士(人)	
教育部"长江学者奖励计划"特聘教授(人)	
教育部"长江学者奖励计划"青年学者(人)	
国家杰出青年科学基金获得者(人)	
"国家特支计划"领军人才(人)	1
"国家特支计划"青年拔尖人才(人)	
国家百千万人才工程入选者(人)	
国家级教学名师(人)	
国家优秀青年科学基金获得者(人)	
教育部新(跨)世纪优秀人才(人)	1
福建省"闽江学者"特聘教授(人)	
国家教学成果奖(项)※	
国家级一流本科专业(个)	2
中国"互联网+"大学生创新创业大赛获奖数(项)※	
国家"2011协同创新中心"(个)	
国家高端智库(含培育)(个)	
高等学校学科创新引智基地("111"计划)(个)	
教育部重点实验室(个)	
教育部人文社会科学重点研究基地(个)	
教育部国别和区域研究中心(个)	
其他部委研究基地(个)	
福建省"2011协同创新中心"(个)	
福建省重点实验室(个)	
福建省高等学校文科研究基地(个)	1
福建省社科研究基地(含马工程)(个)	
福建省特色新型智库(个)	
福建省重点智库(含培育单位)(个)	1
其他部省级平台(请注明)(个)	
国家自然科学基金项目(个)※	
国家社会科学基金项目(个)※	2
国家社会科学基金重大项目(个)※	
教育部人文社会科学研究重大课题攻关项目(个)※	
教育部人文社会科学重点研究基地重大项目(个)※	
教育部人文社会科学研究一般项目(个)※	
其他部委项目(个)※	
福建省社会科学基金重大项目(个)※	
纵向科研经费(到位)(万元)※	161.09
横向科研经费(到位)(万元)※	185.22
高校科学研究优秀成果奖(人文社会科学)(项)※	
福建省社会科学优秀成果奖(项)※	2
其他部省级奖项(请注明)(项)※	
发表文章总数(篇)※	48
其中:《中国社会科学》发文数(篇)※	
《新华文摘》转载数(篇)※	
国际代表性刊物发文数(篇)※	
出版专著(部)※	5
决策咨询报告(获采纳/批示)(篇)※	7
学生出国(境)交流(人次)※	33
教师出国(境)交流(人次)※	17
主办国际学术会议(次数)※	
主办两岸学术会议(次数)※	
境外合作高校或机构(所)	1
签订境外合作协议(份)	
邀请国外学者数(人)※	4
邀请台港澳地区学者数(人)※	3
国(境)外学生来校数(人)※	16

【组织培训班赴龙岩开展实践考察】 3 月 17—19 日，学院组织党委委员、党支部书记、支委培训班赴龙岩市连城县、武平县、上杭县等地，围绕红色文化、中华优秀传统文化、绿色发展、县级融媒体建设等主题开展实践考察。（黄　文）

【中国式现代化视域下新闻传播学科创新论坛顺利举办】 4 月 2 日，由学院与厦门大学中国式现代化研究院联合主办的中国式现代化视域下新闻传播学科创新论坛在厦门大学举行。论坛以“中国式现代化中的人文科学：使命、担当与情怀”为主题，全国 27 所高校、科研院所学科带头人和业界专家参加论坛，围绕中国式现代化进程中的新闻传播学科体系、话语体系、学术体系创新等主题进行交流研讨。（郭婉玲）

【“党课新传说”青年讲师团成立】 4 月 3 日，学院“党课新传说”青年讲师团成立暨开讲仪式在自钦楼二楼多功能厅举行。6 组青年讲师结合自身经历，以青年新闻人视角生动讲述党史校史故事，3 人获“金牌讲师”称号。（黄　文）

【四人入选福建省高层次人才】 4 月 4 日，余清楚入选福建省高层次人才 A 类人才；7 月 21 日，谢清果由福建省高层次人才 C 类人才晋级 A 类人才；12 月 14 日，曾秀芹入选 B 类人才、陈素白入选 C 类人才。

（胡泽红）

【两人入选 2022 年度高校与新闻单位互聘交流“双千计划”】 4 月 11 日，教育部办公厅和中央宣传部办公厅公布高校与新闻单位互聘交流“双千计划”2022 年度入选人员名单，乐媛、唐次妹入选。（胡泽红）

【厦门大学首届新青年全球胜任力人才培养项目开班】 4 月 26 日，厦门大学首届新青年全球胜任力人才培养项目开班仪式在至善楼 411 会议室举行。国际处副处长刘婉玉、学院副院长苏俊斌、传播学系教师李展等以及首届 24 名学生参加，开班仪式由李展主持。（李　鑫）

【厦门大学传播研究所、华夏传播研究会举办系列学术研讨会】 5 月 12—13 日，庆祝厦门大学传播研究所成立三十周年暨第三届华夏文明与传播学中国化高峰论坛在厦门大学召开，论坛由学院主办，厦门大学传播研究所承办。10 月 28—29 日，由华夏传播研究会、中国新闻史学会符号传播专业委员会、中国中外文艺理论学会文化与传播符号学专业委员会、中华多民族文化凝聚与全球传播省部共建协同创新中心、“丝绸之路”与中华民族共同体研究分中心主办，西北民族大学新闻传播学院、中华民族共享文化符号传播研究所承办的“文化融合 · 意义共享 · 国际传播”：2023 年第三届华夏丝路符号传播研讨会在西北民族大学召开。12 月 9—10 日，由华夏传播研究会、河北大学新闻传播学院及江苏宏德文化出版基金会主办的第二届华夏文明传播与企业家精神培育研讨会在河北大学举行，全国 81 所高校 200 人展开交流研讨。（谢清果）

【举办“囊萤书院”启动仪式暨首场专题报告】 5 月 15 日，学院“囊萤书院”预备党员与入党积极分子培养计划启动仪式在科学艺术中心音乐厅举行。校领导、校机关部处领导为“囊萤书院”先锋党支部、先锋团支部、预备党员与入党积极分子培训班和中国化时代化的马克思主义研习社授旗。马克思主义学院常务副院长、博士生导师张有奎教授为“囊萤书院”做首场理论报告。（黄　文）

【主办第九届两岸大学生影像联展暨凤凰花季毕业影展】 5 月 26—30 日，学院主办的第九届两岸大学生影像联展暨凤凰花季毕业影展在厦门大学举行。本届影展共收到 34 所学校的 145 部作品，其中 26 所大陆高校 102 部，澳门地区 2 部，8 所台湾地区高校 38 部。47 部入围作品（36 部长片、11 部短视频）在本次影展上放映。本届影展主题为“光影归厦，共觅流光”，是近年来台湾地区高校参展数量最多的一届，共有台湾政治大学、台湾艺术大学、台湾中国文化大学等 9 支台湾高校团队、45 人来到现场参加线下展映。（迟月利）

【两门课程分别被认定为国家级和省级一流本科课程】 5 月 30 日，根据《教育部关于公布第二批国家级一流本科课程认定结果的通知》（教高函〔2023〕7 号），曾秀芹教授团队主讲的“广告心理学”课程被认定为国家级线下一流本科课程。11 月 10 日，《福建省教育厅办公室关于开展 2023 年一流本科课程认定及推荐工作的通知》（闽教办高〔2023〕2 号），陈素白教授主讲的“市场调查”课程被认定为省级线下一流本科课程。（李　鑫）

【主办第十六届厦门大学毕业生摄影展暨广告作品展】 6 月 2—9 日，由学院与校团委联合主办的第十六届厦门大学毕业生摄影展暨广告作品展举行。本届摄影展共收到校内外 720 份摄影作品和广告作品投稿，最终入围作品分为“光影一厦”“无尽厦日”“时光切片”在自钦楼学生活动中心一楼展厅展出。校党委副书记徐进功等领导和嘉宾参加活动开幕式。

（王涵霏）

【学院教授委员会成功换届】 6 月 8 日，经学校专业技术职务聘任委员会 2023 年第三次会议研究，同意学院教授委员会换届名单。新一届学院教授委员会主任：黄合水，副主任：殷琦、曾秀芹、邱红峰，委员：王霏、吴琳琳、邱红峰、邹振东、陈晓彦、陈嬿如、殷琦、黄合水、阎立峰、曾秀芹、熊慧。

（胡泽红）

【承办 2023 年“看中国 · 外国青年影像计划 · 福建行”项目】 6 月 21 日，2023 年“看中国 · 外国青年影像计划 · 福建行”在厦门大学启动，来自新加坡、西班牙、墨西哥、葡萄牙、牙买加 5 个国家的 9 名外国青年以“民居 · 民歌 · 民风”为主题，围绕“福建端午、厦门涂鸦、集美大社、福建新式茶饮、泉州宗教、安溪茶园、福州茉莉花茶、福建土楼、永春纸织画”9 个故事进行拍摄。经过为期 17 天的文化体验和影像创作，完成 9 部精彩影片，用影像展现外国青年眼中的中国，展示中华文化的魅力。影片得到社会各界媒体广泛关注，共有 12 家媒体进行跟踪报道。（迟月利）

【院党委书记曾铮在《瞭望》发表文章】 6 月 26 日，《瞭望》第 26 期推出《解码中国新闻学院中坚力量》专题，曾铮应《瞭望》编辑部之约撰稿，以《厦门大学新闻传播学院：承嘉庚爱

国之精神　谱新闻教育新篇章》为题,回顾历史,总结经验,展望未来。(郭婉玲)

【举行“马克思主义新闻观”集体备课会】 6月30日,“马克思主义新闻观”集体备课会在至善楼411举行,会议采用线上线下相结合的方式。中国人民大学马克思主义理论研究和建设工程新闻传播学科首席专家郑保卫,中国人民大学马克思主义新闻观研究中心主任邓绍根,中央广播电视总台CGTN音频部副主任陈枫,厦门广电集团新闻中心副主任郑红,厦门大学教务处副处长黄艳萍,马克思主义学院副院长原宗丽,新闻传播学院党政领导,“马克思主义新闻观”课程任课教师、助教及选课学生代表等20名师生参加,人民网对本次集体备课会进行报道。(郭婉玲)

【学院获评厦门大学“先进基层党组织”】 6月30日,在厦门大学庆祝中国共产党成立102周年暨2022—2023年“两优一先”表彰会上,学院党委荣获“厦门大学先进基层党组织”。(黄　文)

【举行庆祝中国共产党成立102周年暨2022—2023年“两优一先”表彰大会】 7月3日,学院在南光二4楼报告厅举行庆祝中国共产党成立102周年暨2022—2023年“两优一先”表彰大会。3个先进集体和16名先进个人受到表彰。院党委书记曾铮为师生党员讲党课。新老党员面向党旗庄严宣誓并于会后参观学习厦门大学“砥砺奋进的五年”主题展览。(黄　文)

【承办2023中国网络文明大会网络辟谣论坛】 7月19日,学院与中国科技出版社联合承办的2023中国网络文明大会网络辟谣论坛在厦门国际会议中心举行。来自中央和国家机关有关部门、地方网信部门、有关人民团体、中央重点新闻网站、大型商网平台、行业协会以及高校等方面的代表参加会议,聚焦协力共治谣言、打造清朗阵地、推动网络文明建设、汇聚向上向善力量等议题进行交流研讨。本次论坛取得圆满成功,余清楚、苏俊斌受到中央网信办表扬。(郭婉玲)

【荣获2022年度研究生教学单位“示范引领奖”】 7月30日,学校发布《关于公布2022年度目标责任制考核结果的通知》(厦大教〔2023〕78号),学院荣获2022年度目标责任制考核研究生教学单位“示范引领奖”。(陈少珺)

【学院博士生实践队调研报告获福建省委领导批示】 由李芬芬、苏俊斌担任指导教师的社会实践项目“厦门大学博士团地方经济发展服务团融媒体党员实践队”,以“新传博士团助力基层融媒体传播实践——以福建省龙岩市融媒体建设为例”为选题形成调研报告,通过解剖武平县融媒体中心案例,揭示全国山区县域推进融媒体建设所面临的深层次问题并提出对策建议。8月15日,该调研报告被福建省委的《宣传思想工作》《福建文化调研》采纳,并得到省委领导批示。(苏俊斌)

【承办福建省推进地市级媒体深度融合研讨交流会】 8月31日,由中共福建省委宣传部主办,学院承办的福建省推进地市级媒体深度融合研讨交流会在厦门大学举行,福建省委常委、宣传部部长张彦参加会议并讲话。来自《新闻战线》杂志社、北京大学、中国人民大学的专家学者分别做主旨演讲,为福建省地市级媒体融合发展把脉问诊、献计献策。会议还为全省县级融媒体中心2022年度30强颁发奖牌。(张　丽)

【厦门大学三海(海峡、海丝、海洋)国际新闻传播大数据实验室被评为省级重点实验室培育单位】 9月28日,根据《福建省哲学社会科学规划领导小组关于公布福建省哲学社会科学重点实验室名单的通知》(闽社科规〔2023〕2号),厦门大学三海(海峡、海丝、海洋)国际新闻传播大数据实验室被确定为福建省哲学社会科学重点实验室培育单位。(张　丽)

【厦门大学中华文化传播研究中心获两个省委新型智库项目】 福建省高校人文社科研究基地·厦门大学中华文化传播研究中心,申报的“增强‘文化强省’感召力影响力的福建区域影视研究:脉络绘制、功能价值与发展省思”和“推进中华文明的福建标识培育研究”2个项目分获重大和重点立项,项目有4篇研究成果入选《智库专报》,获省委领导批示。9月28日,获批成立“厦门大学福建文化传承发展研究中心”为省级新型智库重点培育单位。(谢清果)

【黄辉荣获第二届福建省“最美高校辅导员提名人物”称号】 10月31日,第二届福建省“最美高校辅导员”发布仪式在福州大学旗山校区举行。党委副书记、副教授黄辉荣获福建省“最美高校辅导员提名人物”称号。(黄　文)

【举办“2023全国广告学术研讨会暨厦门大学广告学专业创办40周年庆”】 11月18日,与中国广告协会学术与教育工作委员会共同主办的“2023全国广告学术研讨会暨厦门大学广告学专业创办40周年庆”在厦门大学科学艺术中心举行。副校长邓朝晖,国际广告协会全球副主席,中国广告协会会长张国华,中国广告协会秘书长王英偶,以及中国广告协会广告学术与教育工作委员会常委、委员代表,学校机关部处,兄弟学院领导,学院退休老同志,院友代表,师生代表600人参加会议。会议开幕式由院党委书记曾铮主持。活动设主旨论坛、圆桌论坛、第四届广告与品牌论坛和8场平行论坛。开幕式上,中国广告协会发布中国广告教育40年发展光荣榜,陈扬明入选中国广告教育40年致敬人物,陈培爱、朱月昌入选中国广告教育40年卓越成就人物,黄合水入选中国广告教育40年突出贡献人物,陈素白入选中国广告教育40年新锐领军人物。(郭婉玲)

【厦门大学国际传播研究中心揭牌仪式暨多学科视域下的国际传播研究学术研讨会举行】 11月26日,厦门大学国际传播研究中心揭牌仪式暨多学科视域下的国际传播研究学术研讨会在厦门大学科学艺术中心举行。专家学者围绕国际传播学科的前沿问题进行探讨交流。(张　丽)

【第三届“一带一路”国际传播能力建设论坛召开】 12月10日,由中共陕西省委宣传部、中共陕西省委网信办、中国公共关系协会指导,学院与西安交通大学新闻与新媒体学院共同主办的第三届“一带一路”国际传播能力建设论坛在中国陕西西安举办。相关政府部门、高等院校、媒体业界、智库单位的260名代表参会。

（张　丽）

【获省优秀硕士学位论文】 12月15日，李展副教授指导的硕士牛榕婷的学位论文《强大的战略竞争对手：美国精英报纸关于“中美高层战略对话”的报道建构的中国形象》获2022年福建省优秀硕士学位论文。

（陈少珺）

【举办全球气候治理的中国方案与国际传播学术研讨会】 12月16日，全球气候治理的中国方案与国际传播学术研讨会在学院南光报告厅举行。本次会议由中国气候传播项目中心与厦门大学新闻传播学院联合主办，厦门大学福建媒体发展研究院和广西大学气候与健康传播研究中心协办，来自34所高校科研院所的新闻传播学、海洋学、气象学、社会学等多个学科的60名学者参加会议，共同探讨气候治理与国际传播的现状与发展。

（张　丽）

【“党建引领育‘新’人”项目获评厦门大学首届“十佳党建品牌”】 12月27日，学院“党建引领育‘新’人”项目在经过材料初评、实地考评和现场展评3个环节的角逐后，获评厦门大学首届“十佳党建品牌”。（黄　文）

【学院学生工作创佳绩】 1月15日，在厦门大学2022年学生工作总结表彰大会上，学院荣获“2022年学生工作先进单位”“2022年学生工作特色单位”“2022年学生工作奋进单位”。3月，全国高校思想政治工作网报道学院深入学习宣传贯彻党的二十大精神典型经验。5月，“马新班”先锋团支部获福建省五四红旗团支部。暑假期间，学院组织56支社会实践队、319名学生深入开展社会实践，组织17支“兴青年”专项实践队，重点围绕乡村振兴、媒体融合、福文化、海外传播等开展调研，6支团队获校级暑期优秀团队，26名学生获校暑期社会实践积极分子，4名教师获校优秀带队教师。（王涵霏）

外文学院

【概况】 外文学院下设英语语言文学系、外语教学部、日语语言文学系、欧洲语言文学系、法语语言文学系5个系部。设有1个一级学科博士点和博士后科研流动站（外国语言文学），4个二级学科博士招生专业（英语语言文学、外国语言学及应用语言学、日语语言文学和德语语言文学），1个一级学科硕士点（下设英语语言文学、外国语言学及应用语言学、日语语言文学、法语语言文学、俄语语言文学、德语语言文学等学科点）和英语、日语2个翻译硕士专业学位点；设有英语、日语、法语、俄语、德语、西班牙语6个本科专业。英语、俄语、日语专业分别于2019年、2020年、2021年入选国家级一流本科专业建设点，法语专业于2021年入选省级一流本科专业建设点。学院还设有厦门大学语言认知智能实验室（首批福建省哲学社会科学重点实验室）、厦门大学外国语言文学研究所、日本语教育研究中心、口译学研究所、双语词典与双语语言文化研究中心、比较文学与跨文化研究中心、文明交流互鉴研究中心等研究机构及外语实验教学中心。

学院现有在职教职工181人，其中专任教师150人，语言为主型外籍教师12人，党政管理人员11人，辅导员4人，专业技术人员4人。专任教师中，教授17人，副教授60人；博士生导师7人，硕士生导师74人。此外，学院还聘有讲座教授3人。学院2023年招收学生367人（含国际学生3人），其中本科生249人，硕士研究生105人，博士研究生13人。

（张　彬）

【开展学习贯彻习近平新时代中国特色社会主义思想主题教育】 扎实推进学习贯彻习近平新时代中国特色社会主义思想主题教育，坚持学思用贯通、知信行统一。立足责任担当带头学，采取专题报告、交流研讨、实践教学等形式，组织8次党员领导干部主题教育读书班集中学习，全年开展12次理论学习中心组学习，筑牢政治忠诚。立足学科特色深入学，设立“推动文明交流互鉴”“课程思政与‘三进’工作”“贯彻总体国家安全观”等特色自选主题。立足工作重点联动学，与厦门市金砖办联合开展主题教育读书班学习，推动双方合作走深走实。组织党委委员、党支部书记赴晋江开展实践研学，学习“晋江经验”和“敢拼、爱拼、善拼，敢为天下先”的晋江精神。分层分类全面学，各党支部组织“学思想”“强党性”“重实践”“建新功”4次主题教育集中学习交流，开展与官任社区联学共建、《长空之王》观影教学、爱国主题具象诗创作大赛等特色活动。

（余晓芳）

【举办厦门大学外文学科创建100周年系列活动】 4月8日上午，外文学科创建100周年发展大会在思明校区科学艺术中心报告厅举行。校长张宗益，教育部高等学校大学外语教学指导委员会主任委员、浙江大学副校长何莲珍，教育部高等学校外语专业教学指导委员会副主任委员、俄语专业教学指导分委会主任委员、大连外国语大学校长刘宏，中国外文局原副局长、中国翻译协会常务副会长黄友义现场致辞，国务院学科评议组召集人、上海外国语大学副校长查明建，哈佛大学拜伦和安妮塔·维恩英语及比较文学讲席教授、梅隆戏剧与表演中心主任马丁·普契纳通过视频致辞。大会由院党委书记徐琪主持，院长陈菁做厦门大学外文学科百年发展报告。大会同时通过福建发布、厦门大学官方视频号等6家平台进行网络直播，人民网、文汇报、厦门大学新闻网等校内外12家媒体连续发表报道18篇。活动期间，学院另举办厦门大学外文学科新百年系列高端学术论坛、“致青春·向未来”外文学科创建100周年文艺晚会、“致敬青春·筑梦人生”外文学院院友论坛、“欢迎回家”系列师生交流会、纪念日语专业成立50周年活动以及“百年华诞杯”足球友谊赛等系列活动。

（张　彬）

2023年度外文学院基本情况

统计项目	数量
本科生数(人)	913
硕士研究生数(人)	346
其中:专业学位硕士研究生数(人)	222
博士研究生数(人)	68
其中:专业学位博士研究生数(人)	
其中:学历留学生数(人)	19
本科毕业生毕业去向落实率(%)	96.2
硕士毕业生毕业去向落实率(%)	94.95
博士毕业生毕业去向落实率(%)	100
本科毕业生升学、出国(境)率(%)	55.1
毕业生到重要行业和领域就业率(%)	43.5
专任教师数(人)	150
非全职教师数(人)	4
专职科研队伍数(人)	2
教授数/正高级数(人)	17
副教授数/副高级数(人)	60
具有博士学位专任教师数(人)	106
具有海外学习交流一年(或10个月)以上经历教师数(人)	108
45岁以下(含)专任教师数(人)	78
发展中国家科学院院士(人)	
教育部"长江学者奖励计划"特聘教授(人)	
教育部"长江学者奖励计划"青年学者(人)	
国家杰出青年科学基金获得者(人)	
"国家特支计划"领军人才(人)	
"国家特支计划"青年拔尖人才(人)	
国家百千万人才工程入选者(人)	
国家级教学名师(人)	
国家优秀青年科学基金获得者(人)	
教育部新(跨)世纪优秀人才(人)	1
福建省"闽江学者"特聘教授(人)	
国家教学成果奖(项)※	
国家级一流本科专业(个)	3
中国"互联网+"大学生创新创业大赛获奖数(项)※	
国家"2011协同创新中心"(个)	
国家高端智库(含培育)(个)	
高等学校学科创新引智基地("111"计划)(个)	
教育部重点实验室(个)	
教育部人文社会科学重点研究基地(个)	

统计项目	数量
教育部国别和区域研究中心(个)	
其他部委研究基地(个)	
福建省"2011协同创新中心"(个)	
福建省重点实验室(个)	
福建省高等学校文科研究基地(个)	
福建省社科研究基地(含马工程)(个)	
福建省特色新型智库(个)	
福建省重点智库(含培育单位)(个)	
其他部省级平台(请注明)(个)	
国家自然科学基金项目(个)※	
国家社会科学基金项目(个)※	6
国家社会科学基金重大项目(个)※	
教育部人文社会科学研究重大课题攻关项目(个)※	
教育部人文社会科学重点研究基地重大项目(个)※	
教育部人文社会科学研究一般项目(个)※	1
其他部委项目(个)※	
福建省社会科学基金重大项目(个)※	
纵向科研经费(到位)(万元)※	233.39
横向科研经费(到位)(万元)※	55.8
高校科学研究优秀成果奖(人文社会科学)(项)※	
福建省社会科学优秀成果奖(项)※	3
其他部省级奖项(请注明)(项)※	
发表文章总数(篇)※	54
其中:《中国社会科学》发文数(篇)※	
《新华文摘》转载数(篇)※	
国际代表性刊物发文数(篇)※	
出版专著(部)※	16
决策咨询报告(获采纳/批示)(篇)※	
学生出国(境)交流(人次)※	93
教师出国(境)交流(人次)※	32
主办国际学术会议(次数)※	2
主办两岸学术会议(次数)※	
境外合作高校或机构(所)	1
签订境外合作协议(份)	1
邀请国外学者数(人)※	18
邀请台港澳地区学者数(人)※	8
国(境)外学生来校数(人)※	1

【成立“厦门大学文明交流互鉴研究中心”】 为贯彻落实党的二十大精神，深化中外文明交流互鉴、推动中华文化海外传播、落实全球文明发展倡议，结合外文学科创建100周年的重要契机，学院成立校级科研机构“厦门大学文明交流互鉴研究中心”，旨在加快国别与区域研究学科建设，加深各文明和文化的沟通与理解，推动中外人文交流。中国外文出版发行事业局当代中国与世界研究院、福建省人民政府新闻办公室、厦门市金砖创新基地建设领导小组办公室参与中心合作建设。

（朱清坤　汪　怡）

【推动国内合作高端平台建设】 2月3日，学院与福建省广播影视集团科技文体传媒中心签订战略合作协议。4月6日，在厦门大学建校102周年发展大会上，学院推动厦门大学与中国外文局签署战略合作协议，双方在人才培养、科研合作、翻译实践、社会服务和对外交流等多个领域开展务实合作，学院与中国外文局签订实习实践专项协议。6月21日，在中共福建省委宣传部指导下，福建国际传播中心成立，学院和厦门大学文明交流互鉴研究中心成为福建国际传播中心厦大基地的执行单位，承接福建省国际传播委托项目，获福建省社科基金特别委托省中华文化外译传播专项课题立项，助推福建省对外宣传工作。10月15—16日，推动厦门大学作为首届理事会成员参加“一带一路”语言教育文化组织联盟成立仪式，学院作为厦大具体执行单位，为创新外语教育人才培养模式、构建人类命运共同体贡献更多厦大力量。10月18日，学院与厦门工信国际科技发展有限责任公司签署共建校外实践教育基地合作协议。12月14日，厦门大学文明交流互鉴研究中心与青岛一战遗址博物馆签订合作备忘录。此外，学院持续深化与厦门市金砖办合作，承接金砖办大批量文件翻译工作，获合作单位高度肯定。

（汪　怡　唐　祯）

【举办外文学科新百年系列高端学术活动】 为促进世界人文交流互鉴，学院于3—4月以线上方式举办“厦门大学外文学科新百年系列高端学术论坛”。10—12月，学院举办《外国文学评论》第十九届学术研讨会、教育部高等学校外国语言文学类专业教学指导委员会德语专业教学指导分委员会2023年会、第四届厦门大学口译教学开放课堂暨骨干教师高级研修班，邀请国内外知名专家学者参加，通过搭建具有国际水准的高端学术交流平台，促进外国语言文学学科建设，推动构建中国特色话语体系。

（朱清坤）

【国家社科基金中华学术外译项目立项数位列全国高校第四位】 5月5日，全国哲学社会科学工作办公室公布2022—2023年度国家社科基金中华学术外译项目立项名单，学院5个项目获立项（其中1个为重点项目），立项数位列全国高校第四位，这也是学院历年来获批国家社科基金中华学术外译项目数量最多的一次。

（朱清坤）

【获评厦门大学离退休教职工“六好”示范党支部】 根据《关于公布厦门大学离退休教职工“六好”示范党支部创建名单的通知》（〔2023〕厦大离退休4号），5月15日，外文学院退休教工党支部获评厦门大学离退休教职工“六好”示范党支部。

（余晓芳）

【举办第九届海峡两岸口译大赛总决赛】 5月20日，学院与澳门大学人文学院、口译教育评价联盟及澳门翻译员联合会联合主办第九届海峡两岸口译大赛总决赛。该赛事由厦门大学2009年发起，为全国最负盛名的口译比赛之一。本届总决赛于澳门大学举行，来自内地以及港澳台地区的参赛选手同台竞技，院长陈菁受邀出席大赛并担任比赛评审。

（张　彬）

【获多项高水平教学成果】 5月30日，教育部发布《教育部关于公布第二批国家级一流本科课程认定结果的通知》（教高函〔2023〕7号），徐琪教授主持的“俄罗斯文化之旅”及江桂英教授主持的“学术英语写作基础”获评国家级线上一流本科课程。12月1日，福建省教育厅公布的《福建省教育厅关于公布高校虚拟教研室建设点名单的通知》（闽教高〔2023〕24号），徐琪教授负责的“一流俄语专业建设虚拟教研室”获首批省级虚拟教研室建设点项目立项。

（陈雯娜）

【“红色外文”工作团队获评厦门大学党建提升与管理创新奖】 6月21日，根据《关于表彰2022年厦门大学党建提升与管理创新奖的决定》（厦大委组〔2023〕137号），“红色外文”工作团队获评厦门大学党建提升与管理创新奖。6月30日，在厦门大学庆祝中国共产党成立102周年暨2022—2023年“两优一先”表彰会上，院党委书记徐琪代表学院领奖并做典型发言。

（余晓芳）

【一批党支部和党员受到校党委、院党委表彰】 6月底，学院本科生第一党支部获评厦门大学先进基层党组织，黄妍艳、孔雯获评厦门大学优秀共产党员，吴珊珊获评厦门大学优秀党务工作者。2个先进党支部、2名优秀党支部书记、3名优秀党务工作者、30名优秀共产党员受到学院党委表彰。退休党员职工雷天放老师荣获“光荣在党50年”纪念章。（余晓芳）

【学院党政领导班子聚焦学科建设开展集中调研】 7月中旬，学院党政领导班子赴山东大学外国语学院、中国外文出版发行事业局、中国联合国协会、中国人民警察大学维和警察培训中心、商务印书馆、北京师范大学外国语言文学学院、中国科学院大学外语系、北京外国语大学、北京大学外国语学院、中国日报社、人民网、国家留学基金委等单位调研，学习借鉴一流学科建设的发展思路和创新举措，深化拓展与重点单位的友好交流和务实合作，了解把握国别区域研究及外语高层次人才培养的最新需求和政策支持。

（汪　怡）

【选举产生学院出席厦门大学第十二次党代会代表】 7月20日，中国共产党厦门大学外文学院党员大会在南光三举行。与会党员选举产生学院出席厦门大学第十二次党代会7名代表（按姓氏笔画为序）：苏伟、辛志英、沈丽秀、张礼龙、张胜强、徐琪、戴鸿斌。

（余晓芳）

【深入学习贯彻厦门大学第十二次党代会精神】 学院党委通过中心组学

习、党支部书记例会、党支部“固定党日+”活动等，组织全院师生深入学习贯彻厦门大学第十二次党代会精神，深入贯彻落实“1+7+1”行动计划，牢记嘱托、勇担使命，为与时俱进建设世界一流大学凝聚师生共识，做出外文贡献。（余晓芳）

【学生工作成绩喜人】 获厦门大学2023年“学习贯彻党的二十大精神”重点工作先进单位、厦门大学2022—2023学年体育先进学院、厦门大学第十六届心理剧大赛“最佳组织奖”、啦啦操锦标赛“最佳组织奖”等称号。学生参加厦门大学“舞林大会”暨福建省高校体育舞蹈邀请赛荣获团体总分第一名；学生辩论队在厦门大学2023新生辩论赛中获亚军，范家瑞获“最佳辩手”称号。组建110支队伍、733人参加暑期社会实践，11支队伍获校级优秀团队，学院获评“先进单位”。学院青年志愿者协会获“厦门大学志愿服务金木棉奖章集体”，2名学生获“厦门大学志愿服务金木棉奖章个人”。承办厦门大学第五届“拥抱阳光，守护成长”心理知识竞赛，2支队伍分获一等奖和二等奖，学院获“优秀组织奖”。（吴珊珊）

【高水平合作项目带动国际化水平显著提升】 4月28日，学院积极推动学校与威尼斯大学签署校际合作谅解备忘录和补充协议，在人才培养、学科建设、科研合作等方面深入交流、共谋发展，助力中意人文交流互鉴和教育高质量合作。9月10日，学院与爱尔兰都柏林城市大学应用语言学与跨文化研究学院签订翻译技术理学硕士学位或翻译学文学硕士学位联合培养项目协议，是学院首个国际合作双硕士联合培养项目。上半年，学院推动教学为主型外籍教师薪酬改革有关方案，提升外教薪资待遇，建立多劳多得、优劳优酬的奖励绩效体系，具有博士学位的外籍教师比例显著提升。师生出国交流比例大幅增长。（汪　怡）

【厦门大学语言认知智能实验室入选首批福建省哲学社会科学重点实验室】 9月28日，厦门大学语言认知智能实验室入选首批福建省哲学社会科学重点实验室。该实验室依托外国语言文学学科，是学校重点建设的集科研、教学、社会服务等功能于一体的文科实验室。秉承“科学规划、项目牵引、资源共享、特色鲜明”的理念，实验室立足学校外文学科传统优势，凝聚国内外交叉学科的资源，瞄准人工智能与人类语言科学前沿，着力开展“语言发展与障碍研究”“语言智能与测评研究”“人工与机器翻译的质量与接受度量化诊断研究”，带动学科理论创新、制度创新和实践创新，推动前沿技术赋能语言与翻译研究的突破性进展，引领外语教育信息化、智能化。（朱清坤）

【获评“厦门大学定点扶贫和帮扶工作先进集体”】 10月17日，根据《关于表彰厦门大学定点扶贫和帮扶工作先进集体及个人的决定》(厦大综〔2023〕45号)，学院获评“厦门大学定点扶贫和帮扶工作先进集体”。

（余晓芳）

【举办厦门大学第四届多语种诗歌诵读大赛决赛暨中英文原创诗歌大赛】 12月10日，学院举办“诗情厦绎·丝路颂”厦门大学第四届多语种诗歌诵读大赛决赛暨中英文原创诗歌大赛，共有来自全校10多个学院的200余名学生参与，以诗歌和音乐为载体，弘扬丝路精神，抒发爱国情怀。

（吴珊珊）

【以评促建推进学科综合实力稳步提升】 6月5—6日，学院顺利完成“外国语言文学”一级学科博士学位授权点和“翻译”硕士专业学位授权点合格评估的专家现场评估工作，专家组一致认为，“该(翻译硕士专业)学位点已达到全国性的示范引领地位”。11月23日至12月14日，新一轮本科教育教学审核评估工作组专家通过审读评估材料、线上座谈、听课看课等形式审核考察学院本科教育教学情况。12月20—22日，入校评估的部分专家通过听课看课、座谈访谈等方式，对学院本科教育教学情况进行现场考察。（陈雯娜　邹柳新）

【举办第十六届研究生学术研讨会暨第六届外国语言文学博士论坛】 12月8—10日，学院举办第十六届研究生学术研讨会暨第六届外国语言文学博士论坛，共收到校内外投稿论文160篇，设立15个答辩小组。学院自2008年创办该项学术赛事以来，累计共收到投稿论文1742篇。

（邹柳新）

【“红色译员·‘译’心向党”入选厦门大学首届“十佳党建品牌”】 10月至12月，“红色译员·‘译’心向党”品牌顺利通过材料初评、实地考评、现场展评3个环节，入选厦门大学首届“十佳党建品牌”称号，为“红色外文”党建工作体系建设再添佳绩。

（余晓芳）

艺术学院

【概况】 艺术学院拥有美术学、艺术硕士一级学科硕士授权点，设有美术系和音乐系，美术系设有艺术教育专业(美术教育方向)、绘画专业(含中国画、油画、漆画、雕塑方向)，音乐系设有音乐学专业(音乐教育、音乐学理论)、音乐表演专业(声乐、键盘、民族器乐、西洋管弦乐方向)、舞蹈表演专业。

学院现有在职教职工87人，其中专任教师70人，教授11人，副教授25人，助理教授32人，助教2人，驻校名家4人，讲座教授2人，业界专家2人。在校学生879名。学院现有教学楼1.6万平方米，配备标准化的美术展览馆、音乐厅、合唱厅、画室、琴房、录音棚和艺术图书资料室等设施。

年内，学院获各类奖120项，其中，美术系师生参加省部级以上展览获奖入选超100项，音乐系师生参加各类音乐比赛获奖23项。

年内，学院科研立项经费165.49万元，其中横向经费141万元，纵向经费24.49万元。

学院秉承“自强不息，止于至善”的校训，以综合性大学为依托，以艺术创作为中心，以学兼中西为基础，以全面的人文素养和坚实的创新能力并重的培养模式，造就“德才兼备”的新时代艺术创作、艺术表演、艺术研究、艺术教育的高层次人才。

（李新元）

2023 年度艺术学院基本情况

统计项目	数量	统计项目	数量
本科生数(人)	778	教育部国别和区域研究中心(个)	
硕士研究生数(人)	101	其他部委研究基地(个)	
其中:专业学位硕士研究生数(人)	26	福建省"2011 协同创新中心"(个)	
博士研究生数(人)		福建省重点实验室(个)	
其中:专业学位博士研究生数(人)		福建省高等学校文科研究基地(个)	
其中:学历留学生数(人)	2	福建省社科研究基地(含马工程)(个)	
本科毕业生毕业去向落实率(%)	97.7	福建省特色新型智库(个)	
硕士毕业生毕业去向落实率(%)	98.46	福建省重点智库(含培育单位)(个)	
博士毕业生毕业去向落实率(%)		其他部省级平台(请注明)(个)	
本科毕业生升学、出国(境)率(%)	30.7	国家自然科学基金项目(个)※	
毕业生到重要行业和领域就业率(%)	23.5	国家社会科学基金项目(个)※	
专任教师数(人)	70	国家社会科学基金重大项目(个)※	
非全职教师数(人)	9	教育部人文社会科学研究重大课题攻关项目(个)※	
专职科研队伍数(人)	1	教育部人文社会科学重点研究基地重大项目(个)※	
教授数/正高级数(人)	11	教育部人文社会科学研究一般项目(个)※	
副教授数/副高级数(人)	25	其他部委项目(个)※	
具有博士学位专任教师数(人)	16	福建省社会科学基金重大项目(个)※	
具有海外学习交流一年(或 10 个月)以上经历教师数(人)	28	纵向科研经费(到位)(万元)※	24.49
45 岁以下(含)专任教师数(人)	37	横向科研经费(到位)(万元)※	141
发展中国家科学院院士(人)		高校科学研究优秀成果奖(人文社会科学)(项)※	
教育部"长江学者奖励计划"特聘教授(人)		福建省社会科学优秀成果奖(项)※	
教育部"长江学者奖励计划"青年学者(人)		其他部省级奖项(请注明)(项)※	
国家杰出青年科学基金获得者(人)		发表文章总数(篇)※	10
"国家特支计划"领军人才(人)		其中:《中国社会科学》发文数(篇)※	
"国家特支计划"青年拔尖人才(人)		《新华文摘》转载数(篇)※	
国家百千万人才工程入选者(人)		国际代表性刊物发文数(篇)※	
国家级教学名师(人)		出版专著(部)※	2
国家优秀青年科学基金获得者(人)		决策咨询报告(获采纳/批示)(篇)※	
教育部新(跨)世纪优秀人才(人)		学生出国(境)交流(人次)※	4
福建省"闽江学者"特聘教授(人)		教师出国(境)交流(人次)※	4
国家教学成果奖(项)※		主办国际学术会议(次数)※	
国家级一流本科专业(个)	2	主办两岸学术会议(次数)※	
中国"互联网+"大学生创新创业大赛获奖数(项)※		境外合作高校或机构(所)	
国家"2011 协同创新中心"(个)		签订境外合作协议(份)	
国家高端智库(含培育)(个)		邀请国外学者数(人)※	5
高等学校学科创新引智基地("111"计划)(个)		邀请台港澳地区学者数(人)※	
教育部重点实验室(个)		国(境)外学生来校数(人)※	1
教育部人文社会科学重点研究基地(个)			

【扎实开展政治理论学习】　开展党委理论学习中心组学习18场,固定党日活动40场,开展双周政治理论学习50场。学院党委组织党员干部听讲座、登军舰、进展馆、走现场,各支部通过收看视频、交流研讨等形式开展学习。　(林轶凡)

【艺术党课获厦门大学"十佳党建品牌"】　艺术党课荣获福建省高校网络教育优秀作品推选展示活动一等奖。12月,艺术党课荣获厦门大学"十佳党建品牌"。　(林轶凡)

【做好网络宣传与监管工作】　严守网络阵地,强化对微信群、QQ群、自媒体等的监管,对学院网站、官微、视频号等新闻平台严格内容把关,实行"先审后发";出台《厦门大学艺术学院网络直播管理办法》,管理规范师生音乐会直播秩序。通过学院官网、官微、电子屏、横幅海报等宣传阵地加强正面宣传引导,全年发布专题稿件200篇,积极宣传学院办学成就。

(林轶凡)

【加强师德师风建设】　实施"思想铸魂"行动、"典型赋能"行动、"固本强基"行动、关键群体"教育提升"行动等切实提升教师思想政治素质和职业道德水平,着力打造高素质专业化创新型教师队伍。召开师德师风建设推进会、全院教职工大会等,"书记亮警示"引导教师自律,"院长谈准则"明确师德规范。坚持党管人才原则,严把人才"入口关",严格程序,认真组织开展新聘、高聘和各类人才申报工作的思想政治考察。年内,院党委副书记王艺宏获评厦门大学优秀共产党员称号,美术系教师张玉惠加入福建省青年联合会并担任委员,谢婷婷荣获2023年度厦门大学辅导员职业能力竞赛一等奖。　(林轶凡)

【举办建院40周年学科发展系列活动】　学院举办建院40周年系列学术活动,涵盖学科发展大会、美术系教师优秀作品展、音乐系专场音乐会、"弥散"——中国当代大漆艺术展、诏安画派高峰学术论坛、学术讲座、院友分享会,向社会各界展示办学成果。邀请朱尽晖、吕品昌、苏新平、贺丹、张晓凌、冯令刚、余辉、项阳等15名国内顶尖学者专家参与学科发展大会及学术讲座论坛,先后举办8场学术讲座、诏安画派高峰学术论坛、手风琴研讨周等。学院领导班子走访厦门大学福州校友会艺术分会,实地走访11名杰出院友,联系200名院友,举行2场院友分享会。系列活动获央广网、中国新闻网、《福建日报》等8家媒体报道,累计100万人次阅读。　(李新元　吴昱霖)

【加强学科建设】　艺术硕士学位授权点整改工作经过近2年的完善提升,于9月恢复艺术硕士美术、音乐、艺术设计领域的招生。2023级艺术硕士招生计划数为20,报考人数143,报考录取率14%。为提升艺术硕士培养质量,学院依照《艺术硕士指导性培养方案》对艺术硕士音乐、美术、艺术设计3个领域的培养方案进行大幅度调整。下一年度,艺术硕士专业学位调整为美术与书法、音乐、设计专业学位类别,学术型学位授权点(美术学、音乐与舞蹈学)统一调整为艺术学一级学科并开始招生。

(陈缪思)

【聚焦多元化师资培养】　学院引进2名年轻优秀教师,其中1名为第十三届中国音乐金钟奖古筝比赛金钟奖获得者,1名为艺术、媒体等多学科表现突出的北京大学博士。在厦门大学第十八届教学比赛中,音乐系新进教师俞梦烨获文科组二等奖。学院有2名青年教师取得博士学位,2名教师在海外攻读博士。

(张　奕)

【深化国际合作,推进交流学习】　年内,出境交流师生数量明显增加,境外高校申请来校访问交流次数增多。师生因公因私出境8人次,意大利卡拉拉美术学院、英国卡迪夫大学、马来西亚理科大学等高校来院开展交流合作洽谈会。　(张　奕)

【科研项目取得新突破】　学院共立项1个福建省课题——刘洋"'国立福建音专'大提琴教育史研究(1938—1949)",到账经费4万元,李娜、廖美群、吕璜、刘洋、杨绿荫、钱陈翔、李大伟、方广智8名教师获横向课题立项,到账经费157.4万元,全年到账经费161.4万元;全院教师共发表论文10篇,其中包括2篇一类核心论文,1篇中国人民大学复印报刊资料转载论文,1篇SCI论文,1篇EI论文;共有2本著作出版,崔旭《人类学视域下的南音文化空间研究》与倪宇婷《鼓浪屿博物馆群的文化营销策略》;郭伟的"和声里的中国精神"——指挥专场音乐会入选2023年度厦门市文艺发展专项资金资助项目并获奖励。

(俞梦烨)

【人才培养成效显著】　美术系师生作品在国家级、省级各类大展中入选、获奖100件,其中漆画教研室6幅作品入选第六届全国漆画展与2023年全国漆画邀请展;10件学生作品入选福建省美协主办的第二届福建省高校大学生雕塑作品展,过半数获"优秀作品奖";学生作品获第十届福建省百花文艺奖一等奖;音乐系学生在2023国民音乐教育大会"万叶杯"论文征集评选活动中获二等奖、三等奖,在第八届"吟飞"国际电子管风琴比赛总决赛中获一等奖,在第十届福建省电子键盘器乐展演获一等奖、三等奖,在第六届哈尔滨国际手风琴艺术周中获室内乐、展演组双铜奖,在第八届"鹦鹉杯"手风琴艺术节中获室内乐、展演组双银奖,师生代表队参加2023年福建省普通高等学校音乐教育专业学生基本功展示获团体二等奖、个人全能三等奖。在第七届福建省大学生艺术节中,学院斩获11项奖项,其中一等奖6个,二等奖1个,三等奖2个,优秀创作奖2个。

2023届硕士毕业生就业率达98.46%,本科毕业生就业率高达97.7%,向全国各地高校、中小学校、企事业单位输送大量优秀艺术人才。

(杨绿荫　李大伟)

【精品展演繁荣校园文化】　学院举办教师专场音乐会与"群贤毕至——厦门大学百年华诞书画作品展";4月,学院60余名师生受邀参与第九届鼓浪屿诗歌节开幕式音乐会演出录制;5月,由艺术学院主办,学院青年教师团队担任主创的校园首部原创音乐剧《最美的青春》在建南大会堂演出;6月,2023届美术系本科、研究生优秀美术作品展在厦门市美术馆开幕;12月,艺术学院学生参与的原创校史剧《哥德巴赫猜想》在国家大剧院演出；教师郭伟在“欧亚国际艺术节——伟大的丝绸之路”开幕式上指挥演出《黄河大合唱》；教师黄飞带领厦门大学交响乐团在鼓浪屿弦乐艺术周开幕式音乐会、厦门市“筑梦新征程，点亮半边天”、“三八”国际妇女节专场音乐会上演出。（吴昱霖）

【继续教育工作从“无”到“有”】 学院承接来自四川、新疆、陕西等10个省市地区的共31个培训班，累计为1700人开设丰富多样、针对性强的培训课程，共计收入263.7万元。（吴昱霖）

【推动美育教育纳入人才培养过程】 在校内开设21门美育课程，如“走进博物馆”“走进音乐厅”等，1门课程获厦门大学美育第二课堂立项。推出剧目实践类、展览展示类、学生社团类、社会实践类等美育第二课堂课程。美术系教师李大伟，音乐系教师王义彬、俞梦烨获校级课程思政示范课程立项。（倪宇婷）

【校地共建探索社会美育服务新路径】 学院与厦门中小学、福清市、光泽县、东山县共建艺术教学实践基地，送美育进校。邀请中央音乐学院交响乐团进校演出。受邀参加美育交流座谈会，与清华大学、北京航空航天大学美育中心、苏州市教育局、上海理工大学等单位开展工作交流。（吴昱霖）

【艺术赋能乡村振兴，扮靓乡村“好风景”】 组建社会实践队赴宁夏隆德、福建光泽开展艺术墙绘、美育课堂、户外写生、非遗与物质文化遗产调研，帮助打造当地特色文化名片，扎实推进文化扶贫，让艺术实践助力乡村文化振兴。荣获“厦门大学定点扶贫和帮扶工作先进集体”，杨寒松教授获评“厦门大学定点扶贫和帮扶先进个人”。（吴昱霖）

【学生积极参与各项活动】 研究生第一党支部走进社区、军营，开展社区艺术墙绘、面向残疾人的艺术培训、为社区居民绘制肖像画等活动；文艺先锋团赴角屿岛演出向驻厦官兵将士送去中秋慰问和祝福。200名学生志愿者投入学院举办、承接的大型活动中，先后完成建院40周年学科发展大会系列活动、第七届福建省大学生艺术节初赛及决赛的保障工作。（陈国全）

【学院在第十六届校园心理剧大赛中获二等奖】 12月1日，学院作品《是我，是我》获厦门大学第十六届心理剧大赛二等奖。（陈国全）

【学院项目在学术科创竞赛中获奖】 4月2日，由杨绿荫副教授和团委书记陈国全指导，7名学生完成的项目“多学科视域下九龙江口疍民群体文化生活现状研究”获“挑战杯”厦门大学学生课外学术科技作品竞赛决赛三等奖。（陈国全）

国际中文教育学院/海外教育学院

【概况】 国际中文教育学院/海外教育学院现设有华文系、中外语言交流合作中心、汉语国际推广南方基地、港澳台先修部等机构，是国家语委汉语口语水平考试和汉语水平考试考点；有语言学及应用语言学、对外汉语教学、国际汉语教育3个学术学位硕士点以及汉语国际教育专业学位硕士点，对外汉语教学、国际汉语教育2个博士点。年内，“汉语国际教育”专业硕士学位经评估获“A”类学科认证，博士后导师资格也取得突破。

学院现有在职教职员工97人，其中专任教师59人，党政管理人员13人，专职辅导员1人，专业技术人员3人，自聘人员15人。专任教师中教授6人，副教授16人，助理教授17人；硕士生导师22人。

学院现有各类学生241人，包括本科生29人，硕士研究生210人，博士研究生2人(其中学历留学生123人)。学生总人数达到2019年的88%，已基本全面恢复。2023届港澳台侨联考班学生191人，参加联考学生186人，录取到“双一流”院校104人，占比56%，其中985院校20人(含厦门大学3人)，占比11%。截至12月底，学院2023届硕士研究生共61人，签约就业与升学的总人数为60人，就业率98.36%，全校综合排名第三。

年内，学生培养工作取得丰硕成果。学院结合专业特色，开展“中国日”文化节、“文化大讲堂”、“慧识中国”、“非遗进课堂”、“汉语角”等特色文化品牌活动，弘扬中华优秀传统文化，讲好中国故事，传播好中国声音，不断营造开放、包容、自信、宽广的校园文化氛围。2020级研究生罗亦纾获评2023年福建省“优秀共青团员”称号，为全校唯一获评团员；“西部计划”志愿服务团队获厦门大学2022年度通报表扬；2020级研究生范梓硕、罗亦纾获2022年全校仅10个名额的厦门大学志愿服务“金木棉奖章”个人标兵称号；2020级研究生赵婉君、2022级研究生段若琳在厦门大学“党的二十大和我的人生路”征文比赛中分别获二等奖；在2022年厦门大学“闽都·嘉庚杯”讲解员风采大赛中，2022级研究生谷朝萌获二等奖，学院获优秀组织奖；在“宝太杯”第九届厦门大学“互联网＋”大学生创新创业大赛中，学院“互联网驱动龙人古琴非遗文化传播”项目获红旅赛道公益组铜奖，这也是学院研究生首次在该项赛事中获奖。在学院承办的福建省“让世界看见福文化”短视频采风大赛中，泰国学生周惠玲获一等奖，另有3个作品获三等奖，包揽海外孔院4个专项奖；在中国教育电视台与新航道国际教育集团联合举办的第三届“用英语讲中国故事”比赛中，乌克兰学生陈悟空作为25人之一进入决赛并获来华留学生组“传播之星”；在厦门大学第十届高尔夫邀请赛中，泰国学生布莱恩、吉艾获学生组个人总杆冠军及第四名，团体第二名。

年内，学院各类科研项目取得进展，科研到账经费超额166%完成任务。学院连续2年获厦门大学人文社科类“科研进步奖”，1名教师获省社科优秀成果奖，2名教师获厦门市社科优秀成果奖，1名教师荣获厦门大学人文社科类“科研进步奖”。获批8个区域国别项目，5个重点基地项目。

作为最早参与孔子学院建设的高校之一，厦门大学已与五大洲的12个国家合作建设14所孔子学院、

2023 年度国际中文教育学院/海外教育学院基本情况

统计项目	数量
本科生数(人)	29
硕士研究生数(人)	210
其中:专业学位硕士研究生数(人)	189
博士研究生数(人)	2
其中:专业学位博士研究生数(人)	
其中:学历留学生数(人)	123
本科毕业生毕业去向落实率(%)	
硕士毕业生毕业去向落实率(%)	98.36
博士毕业生毕业去向落实率(%)	
本科毕业生升学、出国(境)率(%)	
毕业生到重要行业和领域就业率(%)	33.3
专任教师数(人)	59
非全职教师数(人)	1
专职科研队伍数(人)	
教授数/正高级数(人)	6
副教授数/副高级数(人)	16
具有博士学位专任教师数(人)	32
具有海外学习交流一年(或 10 个月)以上经历教师数(人)	40
45 岁以下(含)专任教师数(人)	36
发展中国家科学院院士(人)	
教育部"长江学者奖励计划"特聘教授(人)	
教育部"长江学者奖励计划"青年学者(人)	
国家杰出青年科学基金获得者(人)	
"国家特支计划"领军人才(人)	
"国家特支计划"青年拔尖人才(人)	
国家百千万人才工程入选者(人)	
国家级教学名师(人)	
国家优秀青年科学基金获得者(人)	
教育部新(跨)世纪优秀人才(人)	
福建省"闽江学者"特聘教授(人)	
国家教学成果奖(项)※	
国家级一流本科专业(个)	
中国"互联网+"大学生创新创业大赛获奖数(项)※	
国家"2011 协同创新中心"(个)	
国家高端智库(含培育)(个)	
高等学校学科创新引智基地("111"计划)(个)	
教育部重点实验室(个)	
教育部人文社会科学重点研究基地(个)	
教育部国别和区域研究中心(个)	
其他部委研究基地(个)	
福建省"2011 协同创新中心"(个)	
福建省重点实验室(个)	
福建省高等学校文科研究基地(个)	
福建省社科研究基地(含马工程)(个)	
福建省特色新型智库(个)	
福建省重点智库(含培育单位)(个)	
其他部省级平台(请注明)(个)	
国家自然科学基金项目(个)※	
国家社会科学基金项目(个)※	1
国家社会科学基金重大项目(个)※	
教育部人文社会科学研究重大课题攻关项目(个)※	
教育部人文社会科学重点研究基地重大项目(个)※	
教育部人文社会科学研究一般项目(个)※	
其他部委项目(个)※	2
福建省社会科学基金重大项目(个)※	
纵向科研经费(到位)(万元)※	231.58
横向科研经费(到位)(万元)※	3.3
高校科学研究优秀成果奖(人文社会科学)(项)※	
福建省社会科学优秀成果奖(项)※	1
其他部省级奖项(请注明)(项)※	
发表文章总数(篇)※	15
其中:《中国社会科学》发文数(篇)※	
《新华文摘》转载数(篇)※	
国际代表性刊物发文数(篇)※	
出版专著(部)※	
决策咨询报告(获采纳/批示)(篇)※	
学生出国(境)交流(人次)※	23
教师出国(境)交流(人次)※	25
主办国际学术会议(次数)※	1
主办两岸学术会议(次数)※	
境外合作高校或机构(所)	1
签订境外合作协议(份)	1
邀请国外学者数(人)※	4
邀请台港澳地区学者数(人)※	
国(境)外学生来校数(人)※	23

1 所中国语言文化研究中心和 42 个附属孔子课堂。海外承建孔子学院在岗中方人员共计 110 人，其中，中方院长 14 人，国际中文教师 71 人，国际中文教师志愿者 22 人，另有海外志愿者 3 人。2023 年，累计选派并办理赴任手续 78 人（中方院长 4 人、国际中文教师 38 人、国际中文教师志愿者 36 人）；另办理 31 人延期手续（中方院长 4 人、国际中文教师 21 人、国际中文教师志愿者 6 人），以及“专兼职本土教师”新申请 6 人，本土中文教师 3 人岗位的审批、上报、拨款手续。年内，承建孔子学院及附属孔子课堂注册学员 31180 人；举办文化活动 706 场，受众达 83485 人；推荐获各类奖学金人数 91 人；组织参加各类汉语考试 4575 人次；孔子学院专用办学场所面积 21417 平方米，藏书 55067 册。

（何冬梅　洪　伟　李洋慧　许姣姣　陈艺新　邓　娟）

【校领导访问多所孔子学院】　学校高度重视海外共建孔子学院的建设与发展，校领导访问多所共建孔子学院。6 月，校长张宗益一行访问菲律宾大学及菲律宾大学孔子学院；9 月，副校长方颖、院长陈志伟一行访问美国并参加特拉华州立大学中国语言文化研究中心揭牌仪式；10 月，校党委常务副书记林东伟、院党委书记范丽一行访问马耳他大学孔子学院；12 月，校党委常委孙理、校长助理李智勇等一行访问泰国皇太后大学孔子学院。（何冬梅）

【举办中国式现代化与国际中文教育发展论坛】　4 月 7 日，由厦门大学主办，厦门大学中国式现代化研究院、学院承办的中国式现代化与国际中文教育发展论坛以线上线下相结合的形式在学校科学艺术中心举行，来自多个高校、机构的 50 余名专家学者及师生近 200 人汇聚一堂，对国际中文教育的现代化发展进行深入探讨。

（徐艳艳）

【承办 2023 年来华留学教育管理研究学术研讨会】　11 月 10—11 日，由中国高等教育学会外国留学生教育管理分会和中国高等教育培训中心主办，学院承办的 2023 年来华留学教育管理研究学术研讨会在厦门举行，来自 125 所高校的 206 名来华留学界的专家学者参加。国家留学基金管理委员会党委书记、秘书长生建学参加开幕式并做主旨发言。（洪　伟）

【举办“国际中文教育数智化发展”智库论坛】　11 月 24—26 日，学院联合北京语言大学国际中文教育研究院、浙江师范大学国际中文教育研究院、国际中文教育发展智库联合体主办“国际中文教育数智化发展”智库论坛，来自 69 所高校的 120 多名国际中文教育领域的专家和知名学者展开主旨演讲与研讨，分享数智化教育的新趋势、新思想与新技术。

（许姣姣　徐艳艳）

【持续创新文化品牌建设】　学院继续打造“文化大讲堂”品牌，3 月举办第二期传统文化进社区暨“国风文化社”成立仪式，6 月举办第三期厦门“非遗在社区 · 百社计划”学生专场活动，7 月举办第四期“讲中国故事，促文明互鉴”中外师生读书沙龙，11 月举办第五期“听潘维廉教授讲述厦门大学故事”。

（何冬梅　吴群彬　王俊卫）

【积极申报国际中文教育基地项目】　学院积极申报国际中文教育基地，目前项目进入教育部中外语言交流合作中心专家评审阶段。在此基础上，学校申报并获批 2024 年基地重点项目 3 个，获批项目金额 70 万元。

（朱　宇　郭建花　何冬梅）

【积极申报 2023 年度海丝文化交流项目】　学院获批福建省宣传部和教育厅海丝文化交流项目，与泰国皇太后大学孔子学院、菲律宾大学孔子学院、土耳其中东技术大学孔子学院联合开展多场“海丝三巡系列活动”。

（何冬梅）

【学院海外远程教育发展显成效】　6 月，院党委书记范丽一行访问泰国皇太后大学孔子学院，推动“厦门大学国际中文教育学院远程教育海外课程中心”在皇太后大学孔子学院挂牌成立。（洪　伟　张　峰）

【学院共建多个教育实践基地】　学院与多所知名公司/企业达成多个合作意向，并与厦门市对外服务中心有限公司、龙人古琴研究院、福建省广播影视集团科技文体传媒中心、建发汽车集团、厦门凯惠服饰有限公司、广东汕头华侨中学等单位共建教育实践基地，共商合作新路径，以发挥各自优势，创新人才培养模式，为学生实习、就业提供更广阔的平台。

（陈艺新）

【推动共建国际中医药文化交流基地】　6 月，院长陈志伟一行到厦门市中医院洽谈合作，推动与厦门市中医院共建国际中医药文化交流基地项目，致力于中医药文化与知识的推广传播。（陈艺新　何冬梅）

【学院积极开展对内对外调研交流】　学院先后与北京大学、北京师范大学等多所高校开展调研交流，探讨孔子学院管理与发展，研究如何借助孔子学院平台服务学校招生就业、人才培养等。5 月，校长助理方颖参加辽宁省国际中文教育协作机制建设工作会议暨“中国高校国际中文教育办学主体作用”高端论坛，并做题为“打造‘四为’高校，构建国际中文教育办学主体作用新格局”的主旨报告；5 月，院长陈志伟一行赴波兰、法国访问，协调解决孔子学院面临的困难；6 月，院党委书记范丽一行访问泰国皇太后大学孔子学院、美赛光明华侨公学、中国驻泰大使馆、教育部中外语言交流合作中心曼谷中心、菲律宾侨中学院、菲律宾华教中心、菲律宾大学孔子学院等学校和机构，洽谈交流合作；7 月，院长陈志伟一行对越南 6 所高校进行访问，以深化中越两国教育合作，拓展学校国际交流；11 月，院长陈志伟一行出访新加坡，推动联络校友、引进人才等事宜。此外，学院领导还与英国华威大学、印度国际大学中国学院来访人士洽谈，以推动两校、两院合作可持续发展。

（何冬梅　洪　伟）

【美国特拉华州立大学中国语言文化研究中心揭牌仪式】　9 月，学校与美国特拉华州立大学共建的中国语言文化研究中心在特拉华州首府多佛举行揭牌仪式，副校长方颖参加揭牌仪式并致辞，学院院长陈志伟陪同参加并共同揭牌。（何冬梅）

【续签土耳其孔子学院协议】　2 月，经与土耳其中东技术大学和中国国际中文教育基金会多次协商沟通，学

校推动与中东技术大学孔子学院三方合作协议续签。（何冬梅）

【召开多所孔子学院年度理事会】 学校与多所共建孔子学院共同召开年度理事会，包括英国卡迪夫大学孔子学院、英国纽卡斯尔大学孔子学院、美国圣地亚哥孔子学院、尼日利亚纳姆迪·阿齐克韦大学孔子学院、马耳他大学孔子学院、德国特里尔孔子学院、新西兰惠灵顿维多利亚大学孔子学院、英国南安普顿大学孔子学院等。（何冬梅）

【加强对外宣传力度】 各孔子学院全球发布新闻1344篇，此外相关新闻还获中国环球电视网（China Global Television Network）、孔子学院公众号、中文联盟网站、中央电视台中文国际频道（China Central Television International）、央视新闻客户端、中国新闻社、中国国际广播电台、《中国教育报》、《欧洲时报》等多家媒体报道。（蒋　丽）

【落实中方院长工作例会制度】 学院于1月、4月、6月、10月召开4次孔子学院中方院长季度例会，聚焦学校孔子学院发展，邀请多名中方院长围绕本年度工作计划进行讨论，为高效推进孔子学院下一阶段的工作提供有力保障。（何冬梅）

【孔子学院积极举办丰富多彩的文化活动】 各孔子学院依托自身资源，积极举办中国文化活动646场，受众达8万余人。如泰国皇太后大学孔子学院举办多彩文化营及汉语达人秀活动，英国卡迪夫大学孔子学院在多地举办中国日活动，英国纽卡斯尔大学孔子学院举办中华文化系列活动，南非斯坦陵布什大学孔子学院参加斯大校园系列迎新活动以及中国文化月活动，加拿大圣玛丽大学孔子学院开展“中文＋中医”主题元宵节活动，法国蔚蓝海岸孔子学院举办“中国文化工作坊”，德国特里尔孔子学院举办画展、摄影展和音乐会等活动，马耳他大学孔子学院在汉语教学点开展“小小考古家”活动，新西兰惠灵顿维多利亚大学孔子学院教学点惠灵顿女子中学欢庆新西兰中文周。（何冬梅）

【海外孔子学院比赛获佳绩】 各孔子学院积极参与各项活动和比赛，并斩获多项佳绩。尼日利亚纳姆迪·阿齐克韦大学校长、孔子学院分获中国驻拉各斯总领馆颁发的“中尼友谊贡献奖”；菲律宾大学孔子学院外方院长获2023年“孔子学院院长纪念奖章”；尼日利亚纳姆迪·阿齐克韦大学孔子学院学生获2023年“汉字缘”国际故事大会全球冠军、“特等奖”；在第22届“汉语桥”世界大学生中文比赛中，泰国皇太后大学孔子学院学生获亚洲冠军（全球五强），尼日利亚纳姆迪·阿齐克韦大学孔子学院学生获三等奖、“最佳网络人气奖”；在第16届“汉语桥”世界中学生中文比赛中，尼日利亚纳姆迪·阿齐克韦大学孔子学院选手获非洲冠军（全球五强）、新西兰惠灵顿维多利亚大学孔子学院选手获大洋洲冠军（全球五强）；在“让世界看见福文化”短视频采风大赛中，学院及孔子学院师生获1个一等奖、3个三等奖，并包揽海外孔子学院4个专项奖（尼日利亚纳姆迪·阿齐克韦大学孔子学院2个、德国特里尔孔子学院1个、英国卡迪夫大学孔子学院1个）；在第三届“最·孔院”全球短视频征集活动中，泰国皇太后大学孔子学院获3个奖项，南非斯坦陵布什大学孔子学院获1个奖项。（何冬梅）

国际学院

【概况】 作为学校专门从事出国留学教育的学院，国际学院是学校国际化办学的重要组成部分，为中国学生提供接受国际教育的平台，促进中外教育的优势互补与有效衔接，努力构建融通中外的教育体系，为实现中国梦培养具有全球胜任力的人才。目前已与英国、美国、澳大利亚、新加坡、日本等国家60多所知名大学合作本、硕阶段的教育，学科门类涵盖经济、管理、信息技术、艺术多个领域。年内，学院共有本科及硕士层次留学项目6个。

学院现有党政管理人员11人，教师34人，劳务派遣人员32人。

各类毕业生去向：中外合作办学本科项目2023届毕业生总数为174人，毕业去向落实率为96.5%，升学率为64.2%。出国(境)深造人数为87人，占毕业生总数的50%，其中95.4%进入世界前100强的国(境)外高校深造（参照2023年QS世界大学排名）。境内升学24人，占毕业生总数的13.8%，其中推免研究生录取17人。签约就业34人，占毕业生总数的19.5%，就职单位包含华为技术有限公司、国家电网、中信证券、中国建设银行、中国工商银行、招商银行、厦门国贸、厦门象屿股份有限公司、四大会计师事务所等知名企业。

学院自主留学项目毕业生325人，毕业生中有279名学生获海外院校录取通知书，将赴英国、澳大利亚、新加坡、日本、加拿大等合作院校续本深造，留学申请录取率86%；参照QS世界大学综合排名和泰晤士高等教育世界大学综合排名，出国深造学生中有88人申请入读世界排名前200名的海外院校，名校录取率27%。（颜彩蓉）

【中外合作办学项目学生培养质量显著提升、都柏林项目平稳结束】 学院坚持以学生培养为中心，高度重视人才培养质量的提升。年内，中外合作办学本科项目学生培养质量显著提升，毕业生去向落实率和升学率在全校31个本科生培养单位中均位列第三，出国(境)深造人数位列全校第一，连续4年研究生推免成功率达100%，其中3人分别被北京大学和清华大学录取，占比全校最高。

学院对学业困难学生采取切实可行的帮扶措施，高度重视延期毕业生日常管理及学业安排，完成重修课程的匹配及选课。安排专员及分管学生工作副书记定期与延期毕业学生谈心谈话，了解其学业、生活及身心状况，“一人一策”帮助学生顺利完成学业。做好与都柏林商学院的沟通对接，帮助赴都柏林商学院学生顺利完成外方课程。年内，中外合作办学都柏林本科项目平稳顺利结束。（严欣怡）

2023 年度国际学院基本情况

统计项目	数量
本科生数(人)	5
硕士研究生数(人)	
其中:专业学位硕士研究生数(人)	
博士研究生数(人)	
其中:专业学位博士研究生数(人)	
其中:学历留学生数(人)	
本科毕业生毕业去向落实率(%)	96.5
硕士毕业生毕业去向落实率(%)	
博士毕业生毕业去向落实率(%)	
本科毕业生升学、出国(境)率(%)	64.2
毕业生到重要行业和领域就业率(%)	72.4
专任教师数(人)	34
非全职教师数(人)	
专职科研队伍数(人)	
教授数/正高级数(人)	
副教授数/副高级数(人)	
具有博士学位专任教师数(人)	3
具有海外学习交流一年(或 10 个月)以上经历教师数(人)	28
45 岁以下(含)专任教师数(人)	28
发展中国家科学院院士(人)	
教育部"长江学者奖励计划"特聘教授(人)	
教育部"长江学者奖励计划"青年学者(人)	
国家杰出青年科学基金获得者(人)	
"国家特支计划"领军人才(人)	
"国家特支计划"青年拔尖人才(人)	
国家百千万人才工程入选者(人)	
国家级教学名师(人)	
国家优秀青年科学基金获得者(人)	
教育部新(跨)世纪优秀人才(人)	
福建省"闽江学者"特聘教授(人)	
国家教学成果奖(项)※	
国家级一流本科专业(个)	
中国"互联网+"大学生创新创业大赛获奖数(项)※	
国家"2011 协同创新中心"(个)	
国家高端智库(含培育)(个)	
高等学校学科创新引智基地("111"计划)(个)	
教育部重点实验室(个)	
教育部人文社会科学重点研究基地(个)	

统计项目	数量
教育部国别和区域研究中心(个)	
其他部委研究基地(个)	
福建省"2011 协同创新中心"(个)	
福建省重点实验室(个)	
福建省高等学校文科研究基地(个)	
福建省社科研究基地(含马工程)(个)	
福建省特色新型智库(个)	
福建省重点智库(含培育单位)(个)	
其他部省级平台(请注明)(个)	
国家自然科学基金项目(个)※	
国家社会科学基金项目(个)※	
国家社会科学基金重大项目(个)※	
教育部人文社会科学研究重大课题攻关项目(个)※	
教育部人文社会科学重点研究基地重大项目(个)※	
教育部人文社会科学研究一般项目(个)※	
其他部委项目(个)※	
福建省社会科学基金重大项目(个)※	
纵向科研经费(到位)(万元)※	
横向科研经费(到位)(万元)※	
高校科学研究优秀成果奖(人文社会科学)(项)※	
福建省社会科学优秀成果奖(项)※	
其他部省级奖项(请注明)(项)※	
发表文章总数(篇)※	
其中:《中国社会科学》发文数(篇)※	
《新华文摘》转载数(篇)※	
国际代表性刊物发文数(篇)※	
出版专著(部)※	
决策咨询报告(获采纳/批示)(篇)※	
学生出国(境)交流(人次)※	
教师出国(境)交流(人次)※	13
主办国际学术会议(次数)※	
主办两岸学术会议(次数)※	
境外合作高校或机构(所)	
签订境外合作协议(份)	1
邀请国外学者数(人)※	1
邀请台港澳地区学者数(人)※	
国(境)外学生来校数(人)※	

【调整自主留学项目教育教学评价举措】 根据学院办学定位的调整，学院实施以提高培训成效为改革目标的教育教学评价方法，对教师所教授学生完成第一年学习后雅思成绩的达标率和每门专业课第一次考试通过率提出明确要求，将学生上课的出勤率与教师教学技能竞赛关联起来，并在教师教学水平和能力考核中占重要比例。年内，自主留学项目学生培养质量稳步提升，学生留学录取率及出国深造率逐年提高，多名学生获英国、日本、新加坡等国大学各类奖学金。2020 级预本硕连读项目洪永旭同学参加英国赫尔大学学生大使比赛获“才艺之星”称号；2020 级预本硕连读项目贺英杰同学被评为英国德蒙福特大学“学生大使”。

(陈寒梅　尚　颖)

【注重教研相长】 年内，院长陶涛作为总协调人的教育部留学服务中心课题“英国高等文凭项目 20 周年成功总结”按时完成，获教育部留学服务中心和专家们的高度肯定。11 月，教师吴泓在《高等理科教育》上发表《英国高等教育文凭项目的学生学业评价模式：构成、特征与推广》研究论文，是该领域在国内发表的第一篇研究论文；8 月，辅导员温聪聪的论文《不同背景大学生思政课学习满意度的现状和影响机制探析——基于国家大学生学情调查(NCSS)》发表于《教育学术月刊》；教师刘佳丽的论文《高等教育质量保障体系的中西方对比研究》发表于《知识—力量》2023 年第 4 期；郭慧玲的论文《基于人工智能时代高校艺术设计教学改革创新》发表于《教学与研究》2023 年第 12 期。

(郭慧玲)

【学生管理不断精细化】 学院推动建立全员育人“班级工作坊”，用好学生班级及学生社区两个教育管理阵地，指导“学生发展中心”开展各项服务学生成长的活动项目。年内，学院开展校区及学院志愿服务活动 200 人次，通过《遥望海天月》演出、校运会、新生杯篮球赛、新年音乐会、师生羽毛球赛、心理素质拓展、防诈骗宣传等系列活动，培养学生责任感，增强归属感及荣誉感。11 月，学院成功举办《青春逢盛世 奋斗正当时——国际学院 2023 年文艺晚会》，展现厦门大学深厚的文化底蕴和多彩的校园生活，彰显国际学生自强不息的精神力量，凝聚学院特色育人理念，激励每一名国际学生努力成为民间交流使者，向世界讲好中国故事。

学工组依托社区工作，从学生日常起居入手，深入学生，加强管理，教育引导学生养成良好生活习惯，依照德智体美劳五育并举要求，开展有意义的文体活动、宿舍文明等助力学生学业。依托班级推动三全育人工作坊建设，着眼班级学风建设，凝聚班主任、辅导员、行政教辅 3 个角色的分工协作。

(苏　德)

【“三全育人”再创佳绩】 深化“一站式”学生社区综合管理模式改革。9 月，学院在学生社区设立工作驿站，全体辅导员搬迁至园区办公，为辅导员在社区开展学生工作提供便利。

探索具有学院特色的思政育人体系。年内，学院开设思政课程 26 门次，覆盖学生 7200 人次；开设课程思政 4 门，覆盖学生 2100 多人次；开设留学特色思政课程 6 门次。课堂之外，依托不同节点开展形式多样的思政主题教育、社会实践和志愿服务活动。

文体育人成效显著。年内，学院获厦门大学“联通杯”新生篮球联赛冠军，这是学院男篮自 2018 年以来第三次在全校联赛上夺冠；在厦门大学第 24 届羽毛球混合团体赛中获第七名；在厦门大学第 58 届学生田径运动会中，获团体本科生组第 14 名的历史最好成绩。

(马　红　罗流河)

【成立学院学生党支部】 成立学院学生党支部，通过群团推优发展 3 名入党积极分子。12 月，学生党支部利用“固定党日＋”活动，组织自主项目，入党积极分子、团员代表前往漳州芝山红楼，引领学生学习革命先辈追求真理、无畏牺牲精神；前往漳州艺术馆沉浸式体验闽南非物质文化遗产的瑰丽，厚植文化自信。

(马　红　罗流河)

【学院积极拓展优质合作项目并取得新进展】 12 月，学院与美国纽约电影学院签署合作协议，报教育部留学服务中心备案，正式开展 2＋2 艺术设计项目摄影专业的合作；与澳大利亚詹姆斯库克大学新加坡校区在原有 SQA-AD 项目合作基础上，进一步开展 2＋2 出国留学培训项目，完成国际商务、商务会计、金融服务、酒店管理等专业的课程匹配(双方授权函正在备案中)。

学院不断深化与英国、爱尔兰、加拿大及日本等高校的合作，7 月，院长陶涛率团前往英国及爱尔兰，分别对英国德蒙福特大学、赫尔大学及爱尔兰都柏林商学院进行访问，进一步明确开设专业和课程设置的方向及教学的要求；10 月，应加拿大加西大学董事会主席邀请，院长陶涛出席巴希尔·马库教授担任该校校长的就职典礼，与该校管理团队就未来两校建立合作进行深入探讨交流；应日本静冈产业大学校长堀川知廣的邀请，院长陶涛率团访问该校，与该校理事长三枝幸夫教授、校长堀川知廣教授、副校长田畑和彦教授等进行座谈交流，并看望学院就读学生。

(陈健茹　苏　璟)

【积极参与中国(教育部)留学服务中心主办的各项活动】 4 月，在“2023 中国留学论坛”中，院长陶涛受聘担任首届出国留学培训项目专家委员会专家，并代表“英国高等教育文凭项目 20 年成果总结”课题组做了题为“精彩纷呈 成就梦想”的报告，全面梳理英国高等教育文凭项目落地中国 20 年的成果和经验，得到中留服、吟虹公司和其他与会代表们的充分肯定；9 月，在 2023 年英国高等教育文凭项目第八届咨询专家组会议中，院长陶涛作为专家组组长受邀参会并主持会议；10 月，在 2023 出国留学培训项目中外合作伙伴交流活动中，院长陶涛率团参会，并主持“培训课程标准与质量保障”组别的研讨与交流。

(陈健茹　苏　璟)

【校友工作取得新进展】 年内，学院校友正式纳入厦门大学校友系统。学院成立新一轮校友工作领导小组及工作小组，走访深圳、厦门校友，先后与 2006 级九州之星集团董事长俞培众、深圳前海中策投资有限公司总裁蒋双栋、深圳极客森运营管理有限公司执行董事李虹，2007 级厦门新景地集团常务副总经理钟森鑫，2009 级厦门龙中汇药业有限公司与赫尔希（厦门）健康管理有限公司创办人林少青，2011 级数智引力（厦门）运动科技有限公司创始人林承瑜，2013 级厦门渊行文化传媒有限公司董事兼联合创始人张锦凤等校友开展座谈交流，鼓励校友持续关心和支持学院及母校的发展建设，以实际行动回馈学院和母校。

年内，学院成功举办校友返校日系列活动，来自厦门及周边地区近百名校友携家人相聚漳校，围绕学校、学院及新一届校友会的建设与发展建言献策，稳步推进学院校友会换届及成立分会等相关事宜，为 2025 年学院 20 周年庆筹备工作打下坚实基础。（苏 璟 颜彩蓉）

【完成校区搬迁工作】 7 月底，学院圆满完成跨校区搬迁及安置工作，自秋季学期起在漳州校区办学。学院积极为师生办实事，多次召开党政联席会专题讨论，调整教师坐班及考勤管理，开通接驳通勤车，解决教师通勤难题；首次为年内退休的 4 名教职员工举办隆重温馨的荣休仪式；组织多场“院长有约”学生座谈，深入了解学生存在的困难与需求，并逐步解决落实，营造良好的学习生活环境。

学院持续优化办学条件，于暑期完成院楼 3～6 层公共区域墙面粉刷修缮工程，提升学院办学环境；完成博学二“一站式”学生工作驿站和学生社区囊萤三第一单元的硬隔离围栏建设，加装门禁安防系统，设置 24 小时值班岗亭，确保学生安全顺利入住。（王学娟 林雪娟）

创意与创新学院

【概况】 创意与创新学院（Institute of Creativity and Innovation，简称 ICI）是厦门大学与英国创意艺术大学在艺术设计领域开展合作，经教育部 2019 年批准成立的厦门大学首个中外合作办学机构。学院现开设视觉传达设计、环境设计、数字媒体艺术 3 个本科专业，学制均为 4 年，学业全部在国内完成。学生完成规定的学业并成绩合格后，达到毕业要求的将获得厦门大学本科毕业证书；符合学位授予条件的，将获得厦门大学学士学位证书和英国创意艺术大学颁发的学士学位证书。

学院现有教职工 92 人。中方教职工 61 人，其中教授 2 人，副教授 12 人，助理教授、助教 10 人，助教（教辅）14 人；英方教职工 31 人，其中专任教师 28 人，行政管理人员 3 人。

学院现有本科生 1015 人，其中视觉传达专业 407 人，环境设计专业 311 人，数字媒体艺术专业 297 人。

学院新立项教育部人文社会科学研究青年基金 1 个，福建省社会科学基金一般项目 1 个，横向项目 5 个，到账经费 70.232 万元。发表 3 篇一类核心刊物学术论文，均为 SCI/SSCI 收录期刊，获厦门市第十二次社会科学优秀成果奖三等奖 1 项。

学院始终坚持党的全面领导，落实立德树人根本任务，打开国际优质教育资源引进窗口，深化人才培养改革，压紧压实“课堂教学—实训操作—第二课堂—实习实践”四环紧扣的人才培养链条，继承批判性思维、循环式学习、全英文授课、过程性评价等英式本科教育特点。学生创新实践能力不断提升，年内，获国际及国家级科创竞赛奖项 33 项，其中一等奖 11 项、二等奖 6 项、三等奖 16 项，113 个作品在省市和区域竞赛中获奖，以第一作者署名发表 7 篇学术论文，申获 7 项专利。人才培养成效逐步被国内外同行认可，已有 59 名 2020 级本科生被国内外高校录取，其中 39 人被国内“双一流”高校录取，20 人被 QS 排名前 100 的国外知名高校录取。（陈 稳）

【秦俭带队出国访问】 3 月 22—29 日，院长秦俭、副院长黄琛、助理教授廖博靖，学院秘书陈稳、黄心怡 5 人前往荷兰，到桑德伯格研究院、埃因霍芬理工大学就教学科研合作事项开展交流，面向中国留学生举办青年学者交流会；前往英国，到创意艺术大学就深化合作办学事项开展交流，到皇家艺术学院就学生交流事项开展交流。（周可心）

【举办系列展览】 3 月 3—26 日，学院在学院美术馆举办“字道——汉字设计的现代之路艺术展”。5 月 30 日—6 月16 日，学院在美术馆举办“新 · 视野：中丹字体海报设计展”。展览期间举办视觉设计创新思维与教育系列讲座，邀请中国美术学院韩绪、清华大学美术学院陈楠、波兰居里夫人大学艺术学院许力、南丹麦大学里克 · 汉森（Rikke Hansen）和中央美术学院达利斯 · 刚铎（Darius Gondor）5 名国内外专家学者做主题讲座。（周可馨）

【召开联合管理委员会 2022—2023 年度会议】 6 月 30 日，学院联合管理委员 2022—2023 年度会议在思明校区科学艺术中心召开。会议由校党委书记张荣主持。会议审议通过学院 2022—2023 年度工作报告和 2023—2024 年度工作计划，选举产生新一届联合管理委员会，选举张宗益担任委员会主任。经调整，学院联合管理委员会委员为校长张宗益，副校长方颖，教务处处长王程，海外办学办公室执行主任、国际合作与交流处副处长余宏波，漳州校区管理委员会主任黎永强，学生工作处处长洪春生，创意与创新学院院长秦俭，创意艺术大学校长柏谢尔 · 玛库（Bashir Makhoul）、副校长西蒙 · 麦克林（Simon Macklin）、副校长泰瑞 · 佩克（Terry Perk），创意与创新学院英方副院长菲利普 · 兰伯特（Philip Lambert），国际学院院长于沛沛，第三方高级顾问陆懋祖。（陈 稳）

【举办“创新领域与大学的使命”学术周】 7 月 3—6 日，学院举办“创新领域与大学的使命”学术周，邀请包巴兰教授（Jean-Claude Ruano-Borbalan）来院讲学，共举办 1 场公开讲座、1 场学术座谈会和 2 场研讨会。（周可馨）

【举办首届 ICI 博士论坛】 7 月 7 日，学院举办主题为“创新领域与大学的使命”的首届 ICI 博士论坛，共有 7 名来自不同高校的博士生参会并做报告。（周可馨）

2023 年度创意与创新学院基本情况

统计项目	数量
本科生数(人)	1015
硕士研究生数(人)	
其中:专业学位硕士研究生数(人)	
博士研究生数(人)	
其中:专业学位博士研究生数(人)	
其中:学历留学生数(人)	
本科毕业生毕业去向落实率(%)	
硕士毕业生毕业去向落实率(%)	
博士毕业生毕业去向落实率(%)	
本科毕业生升学、出国(境)率(%)	
毕业生到重要行业和领域就业率(%)	
专任教师数(人)	24
非全职教师数(人)	2
专职科研队伍数(人)	
教授数/正高级数(人)	2
副教授数/副高级数(人)	12
具有博士学位专任教师数(人)	6
具有海外学习交流一年(或 10 个月)以上经历教师数(人)	12
45 岁以下(含)专任教师数(人)	12
发展中国家科学院院士(人)	
教育部“长江学者奖励计划”特聘教授(人)	
教育部“长江学者奖励计划”青年学者(人)	
国家杰出青年科学基金获得者(人)	
“国家特支计划”领军人才(人)	
“国家特支计划”青年拔尖人才(人)	
国家百千万人才工程入选者(人)	
国家级教学名师(人)	
国家优秀青年科学基金获得者(人)	
教育部新(跨)世纪优秀人才(人)	
福建省“闽江学者”特聘教授(人)	
国家教学成果奖(项)※	
国家级一流本科专业(个)	
中国“互联网+”大学生创新创业大赛获奖数(项)※	
国家“2011 协同创新中心”(个)	
国家高端智库(含培育)(个)	
高等学校学科创新引智基地(“111”计划)(个)	
教育部重点实验室(个)	
教育部人文社会科学重点研究基地(个)	

统计项目	数量
教育部国别和区域研究中心(个)	
其他部委研究基地(个)	
福建省“2011 协同创新中心”(个)	
福建省重点实验室(个)	
福建省高等学校文科研究基地(个)	
福建省社科研究基地(含马工程)(个)	
福建省特色新型智库(个)	
福建省重点智库(含培育单位)(个)	
其他部省级平台(请注明)(个)	
国家自然科学基金项目(个)※	
国家社会科学基金项目(个)※	
国家社会科学基金重大项目(个)※	
教育部人文社会科学研究重大课题攻关项目(个)※	
教育部人文社会科学重点研究基地重大项目(个)※	
教育部人文社会科学研究一般项目(个)※	1
其他部委项目(个)※	
福建省社会科学基金重大项目(个)※	
纵向科研经费(到位)(万元)※	774.52
横向科研经费(到位)(万元)※	566.21
高校科学研究优秀成果奖(人文社会科学)(项)※	
福建省社会科学优秀成果奖(项)※	
其他部省级奖项(请注明)(项)※	
发表文章总数(篇)※	9
其中:《中国社会科学》发文数(篇)※	
《新华文摘》转载数(篇)※	
国际代表性刊物发文数(篇)※	
出版专著(部)※	
决策咨询报告(获采纳/批示)(篇)※	
学生出国(境)交流(人次)※	2
教师出国(境)交流(人次)※	15
主办国际学术会议(次数)※	1
主办两岸学术会议(次数)※	
境外合作高校或机构(所)	
签订境外合作协议(份)	
邀请国外学者数(人)※	9
邀请台港澳地区学者数(人)※	
国(境)外学生来校数(人)※	

【甘森忠带队出国访问】 9月3—17日，副院长甘森忠，副教授陈益、吴鑫、钟贞，助理教授马文5人前往英国，到创意艺术大学就深化教学合作与融合事项开展交流。　（周可心）

【黎永强、王艺带队出国访问】 9月17—24日，漳州校区管理委员会主任、学院联合管理委员会成员黎永强，院党总支书记王艺、副书记邹江涛，学院秘书李怡佳、周可心5人前往英国，到创意艺术大学就加强师生交流、毕业生深造、首届学生毕业典礼等事项开展交流；前往英国伦敦大学学院、荷兰海牙皇家艺术学院就学生交流合作、升学深造事项开展交流。

（周可心）

【获评第二届福建省“最美高校辅导员”】 10月24日，中共福建省委宣传部、中共福建省委教育工委公布了第二届福建省“最美高校辅导员”和“最美高校辅导员提名人物”名单，廖炜荣获“最美高校辅导员”称号。

（李怡佳）

【成立创新设计中心】 11月1日，学院与厦门大学建筑设计研究院有限公司签署合作协议，成立“创新设计中心”。　（马春香）

【获学生田径运动会思明赛区本科生组团体总分第四名】 11月3—5日，在厦门大学第58届学生田径运动会中，学院荣获思明赛区本科生组团体总分第四名、体育道德风尚奖。

（廖　炜）

【举办2023年国际艺术与设计院校联盟厦门大学平行会议】 11月3—5日，学院举办2023年国际艺术与设计院校联盟（Cumulus）厦门大学平行会议，会议主题为“设计中的福祉”。本次国际会议共有28人参会，其中中方15人，外方13人。　（周可馨）

电影学院

【概况】 电影学院于2021年4月6日厦门大学百年校庆之际成立，是中国“双一流”“985”高校中第一所电影学院。参与获批建设文化和旅游部重点实验室“闽台非遗文化数字化保护与智能处理文化和旅游部重点实验室”，建设电影产业研究中心、福建电影文化与科技研究中心1个省级智库机构，建设戏剧影视与艺术学研究中心、新媒体动漫研究中心2个校级平台，音像文献中心、非物质文化遗产研究中心、偶戏研究中心、影视制作智能技术研究中心、影像修复实验室、数字媒体计算中心、数据分析理论与算法研究中心、影视创意仿真与美学评价工程技术研究中心、华语电影研究中心9个院级平台，与小知深艺（厦门）人工智能研究院有限公司共建计算艺术联合实验室，与江智（福建）智能科技有限公司共建机器人联合实验室，拥有国内高校最大的5000平方米电影博物馆。

现有首批国家级一流本科专业建设点戏剧影视文学专业，数字媒体技术专业于2022年获批国家级一流本科专业建设点。拥有艺术学一级学科博士点，在艺术学一级学科（艺术学理论、戏剧与影视学、戏曲与曲艺学等方向）、计算机科学与技术一级学科（数字媒体技术方向）招收硕博士研究生，在戏剧与影视、软件工程（数字媒体技术方向）招收专业型硕士研究生。学院教师牵头立项教育部首批虚拟教研室建设试点，获批厦门大学教学成果奖特等奖1项、二等奖2项。

现有全职教师29人，包括教授9人（含全聘教授）、副教授9人、助理教授4人；非全职教师11人，包括驻校名家1人、讲座教授3人、业界名家1人、业界专家6人。其中，国务院艺术学学科评议组成员1人、教育部“长江学者奖励计划”特聘教授1人、“国家特支计划”领军人才1人、教育部新世纪优秀人才1人、中宣部文化名家暨“四个一批”人才1人、教育部高等学校戏剧影视学类专业教学指导委员会委员2人、享受国务院政府特殊津贴专家5人、中国侨联特聘专家1人、福建省“闽江学者”特聘教授1人、福建省哲学社会科学领军人才1人、福建省高等学校新世纪优秀人才2人、福建省百人计划人才1人、福建省文化名家1人。

现有学生293人，其中本科生145人、硕士研究生109人、博士研究生39人。2023届毕业生就业落实率95.3%，其中本科生就业落实率92.3%、硕士生就业落实率100%、博士生就业落实率100%。本科生国内升学比率27%、出国升学比率7.7%。在各类学生创新创业赛事共获奖项14项，其中国家级6项、省部级8项。

学院以厦门大学为第一完成单位发表论文13篇，其中最优刊物2篇、SCI收录8篇、CSSCI收录6篇、CCFB及以上国际顶级学术会议收录9篇；出版专著4部；研究报告2篇；艺术作品1个；申请发明专利18项；申请软件著作权6项。

获批国家社会科学基金国家青年项目1个、一般项目1个，福建省社会科学基金项目1个、省其他厅局项目1个、厦门市科学技术局立项项目2个，获批经费达1204万元。签署横向项目16个，合同立项经费达780.67万元。年内，学院总立项经费达1984.67万元。其中，立项经费达1000万元及以上项目1个，立项经费在100万～1000万元项目2个。全院到账经费共计1396.69万元，纵向经费839.33万元、横向经费557.36万元。

举办国际国内学术会议18场，包括首届华语青年编剧大会、2023年社交型机器人论坛、“光影之间、创新不息”电影交流会、RED影视前沿技术分享交流会、“人文—科技之桥”交叉学科沙龙暨第二届动漫产业年会及第十五届“金海豚奖”进校园活动等。举办“电影名家讲坛”“文艺大家谈”“社交型机器人”等系列学术讲座。

与美国纽约电影学院、新西兰梅西大学创意艺术学院、柬埔寨王国国家电影局等开展国际交流合作，筹建电影学院法国尼斯中心，获批教育部第一批供需对接就业育人项目，与政府、企事业单位等签署合作协议4项，立项校级大学生就业实习基地12个、校外实践教育基地2项。

（韩海雄）

【2022年中国金鸡百花电影节执委会致感谢信】 1月，2022年中国金鸡百花电影节执委会向学院致感谢信。2022年中国金鸡百花电影节暨

2023年度电影学院基本情况

统计项目	数量
本科生数(人)	145
硕士研究生数(人)	109
其中:专业学位硕士研究生数(人)	33
博士研究生数(人)	39
其中:专业学位博士研究生数(人)	
其中:学历留学生数(人)	6
本科毕业生毕业去向落实率(%)	92.3
硕士毕业生毕业去向落实率(%)	100
博士毕业生毕业去向落实率(%)	100
本科毕业生升学、出国(境)率(%)	34.6
毕业生到重要行业和领域就业率(%)	46.2
专任教师数(人)	22
非全职教师数(人)	10
专职科研队伍数(人)	
教授数/正高级数(人)	9
副教授数/副高级数(人)	9
具有博士学位专任教师数(人)	21
具有海外学习交流一年(或10个月)以上经历教师数(人)	15
45岁以下(含)专任教师数(人)	7
发展中国家科学院院士(人)	
教育部"长江学者奖励计划"特聘教授(人)	1
教育部"长江学者奖励计划"青年学者(人)	
国家杰出青年科学基金获得者(人)	
"国家特支计划"领军人才(人)	1
"国家特支计划"青年拔尖人才(人)	
国家百千万人才工程入选者(人)	
国家级教学名师(人)	
国家优秀青年科学基金获得者(人)	
教育部新(跨)世纪优秀人才(人)	1
福建省"闽江学者"特聘教授(人)	1
国家教学成果奖(项)※	
国家级一流本科专业(个)	1
中国"互联网+"大学生创新创业大赛获奖数(项)※	
国家"2011协同创新中心"(个)	
国家高端智库(含培育)(个)	
高等学校学科创新引智基地("111"计划)(个)	
教育部重点实验室(个)	
教育部人文社会科学重点研究基地(个)	
教育部国别和区域研究中心(个)	
其他部委研究基地(个)	
福建省"2011协同创新中心"(个)	
福建省重点实验室(个)	
福建省高等学校文科研究基地(个)	
福建省社科研究基地(含马工程)(个)	
福建省特色新型智库(个)	
福建省重点智库(含培育单位)(个)	1
其他部省级平台(请注明)(个)	0.33
国家自然科学基金项目(个)※	
国家社会科学基金项目(个)※	2
国家社会科学基金重大项目(个)※	
教育部人文社会科学研究重大课题攻关项目(个)※	
教育部人文社会科学重点研究基地重大项目(个)※	
教育部人文社会科学研究一般项目(个)※	
其他部委项目(个)※	
福建省社会科学基金重大项目(个)※	
纵向科研经费(到位)(万元)※	839.33
横向科研经费(到位)(万元)※	557.36
高校科学研究优秀成果奖(人文社会科学)(项)※	
福建省社会科学优秀成果奖(项)※	2
其他部省级奖项(请注明)(项)※	
发表文章总数(篇)※	13
其中:《中国社会科学》发文数(篇)※	
《新华文摘》转载数(篇)※	
国际代表性刊物发文数(篇)※	
出版专著(部)※	4
决策咨询报告(获采纳/批示)(篇)※	2
学生出国(境)交流(人次)※	12
教师出国(境)交流(人次)※	19
主办国际学术会议(次数)※	1
主办两岸学术会议(次数)※	
境外合作高校或机构(所)	2
签订境外合作协议(份)	2
邀请国外学者数(人)※	11
邀请台港澳地区学者数(人)※	3
国(境)外学生来校数(人)※	

第35届中国电影金鸡奖，是党的二十大胜利召开后举办的首个国家级电影文化活动。其间，电影学院举办系列学术活动，组织学生志愿者参与电影节主体活动。（吴　艺）

【召开2022年度中层党员领导干部民主生活会】 1月13日，学院召开2022年度中层党员领导干部民主生活会。校长助理方颖，嘉庚学院纪委书记陈东军，校党建联络员、教育研究院原党委书记郑冰冰到会指导。（吴　艺　潘晨茁）

【举行《中国乒乓之绝地反击》高校特映活动】 2月18日，由学院、厦门恒业影业联合推出的《中国乒乓之绝地反击》高校特映活动——厦大站在思明电影演武分院（厦大科学艺术中心）上演。（吴　艺）

【戏剧影视系教师获厦门市第十二次社会科学优秀成果奖两项】 2月27日，戏剧影视系副教授杨惠玲撰写的著作《明清江南望族与昆曲艺术》获厦门市第十二次社会科学优秀成果奖二等奖，副教授李天撰写的论文《数字人文背景下的文学研究——量化方法在论文类中西文学研究中的比较》获三等奖。（刘凛君）

【王晓红获批国家艺术基金2023年度资助项目】 3月3日，王晓红副教授申报的项目“福建木偶戏编导人才培养”获国家艺术基金（一般项目）2023年度立项资助。9月16日，“福建木偶戏编剧人才培养”项目正式开班。该项目整合福建丰富的戏剧资源，联合专业剧团和民间剧团、文化管理部门和高校，邀请偶戏界及戏剧界资深编、导、研究、评论等方面的专家，发挥高等院校的学术和人才优势，合力培养文化根基深厚、创作能力突出的木偶戏编导新生力量。（王晓红）

【举办奖学金捐赠颁发仪式】 3月10日下午，学院举行奖学金捐赠颁发仪式。清能（福建）智能显示系统有限公司董事长韦安、研究生院培养与管理办公室副主任邱文华、教育发展基金会副秘书长徐滨、院党委书记林公明及获奖学生参加仪式，副院长姚俊峰主持。会上韦安代表公司向厦门大学捐赠5万元人民币设立电影学院奖学金，支持跨学科团队创作闽台文化三维互动展示作品。（郑　娟）

【参加第二十七届香港国际影视展】 3月12—17日，学院应邀参加第二十七届香港国际影视展，在“福建馆”设立展位。副院长李晓红、戏剧影视系主任郑国庆等带队出行，并走访香港科技大学、香港城市大学、香港岭南大学、香港美亚娱乐、香港电影资料馆、香港艺术中心等高校及有关机构，展开为期1周的考察交流。（吴　艺）

【召开2022年度基层团支部工作述职汇报会】 3月14日下午，学院召开团支书述职大会，全面检验各团支部2022年基层团务工作开展情况。院党委副书记张晴、团委书记郑娟、团委兼职副书记石宇涵等参加会议。（郑　娟）

【参加中国电影资料馆安溪数字资源中心启动仪式和校外实习基地揭牌仪式】 3月25日上午，副院长李晓红，戏剧影视系主任郑国庆，戏剧影视系副主任、电影博物馆馆长张艾弓，携“惜影力”电影修复团队60名本科生、研究生，一同赴泉州安溪参与中国电影资料馆安溪数字资源中心启动仪式，开展“行走的思政课”——“职来影往”党建活动。当日，首批企业集中签约入驻安溪数字资源中心，一批学术基地同时揭牌落户。（郑　娟）

【举办戏剧影视学科创办30周年系列活动】 4月，学院举办戏剧影视学科创办30周年系列活动，邀请甘肃省文联主席、纪录片《中国》导演李东珅在翔安校区报告厅举办学术讲座，邀请易中天教授在鼓浪屿人文艺术高等研究院举办“鼓浪学术派”活动。（吴　艺）

【召开用人单位座谈会】 4月11日，学院召开用人单位座谈会。厦门文广影业集团有限公司、厦门春华影视有限公司、厦门上吉时光文化传播有限公司、厦门哲象影业有限公司、厦门百能建设工程有限公司、厦门星镁时代文化传媒有限公司、东娱（福建）文化传媒有限公司、厦门大峡谷影视有限公司、厦门市格瑞银河科技有限公司、像致未至（福州市）文化传媒有限公司、厦门禾旬文化传媒有限公司、厦门电影节有限公司、蒙学动画、后古文化科技有限公司、倍视（厦门）文化发展有限公司、十一维度（厦门）网络科技有限公司等用人单位代表应邀参加。院党委副书记张晴、团委书记郑娟、教学秘书刘凛君等参加会议。座谈会围绕用人单位对实习就业招聘会学生投递简历和面试情况评价、用人需求标准与学院人才培养匹配情况、用人单位结合自身人才需求对学院本科人才培养建议等主题展开交流和讨论。（郑　娟）

【校党委党校一行赴电影学院调研】 4月11日上午，校党委党校副校长、《厦大党政工作研究》主编张艳涛，《厦大党政工作研究》副主编杨旭等一行莅临学院调研。院党委书记林公明、副院长李晓红、党委副书记张晴等参加座谈。林公明建议加强校院两级党校、兄弟学院党委间的沟通交流合作，充分发挥优势、共享资源开展专题活动，不断推进党建和事业发展的深度融合。（郑　娟）

【在第七届厦门大学大学生创新创业年会上获佳绩】 4月14日下午，第七届厦门大学大学生创新创业年会获奖名单揭晓，学院获评教育工作先进集体，张晴获评第七届厦门大学大学生创新创业年会优秀创新创业指导教师，陈文晴等7人获德贞社会课题基金三等奖。（郑　娟）

【积极开展访企拓岗】 4月15日，学院赴福建康之味食品工业有限公司开展“访企拓岗促就业”行动，明确校企联动、合作共赢的重要目标，共同探讨短视频创意大赛、实习就业、校园体育文化等后续合作项目的初步安排。4月21日，赴美图公司总部“访企拓岗促就业”。校企双方实现进一步的供需精准对接，为未来更加紧密的合作奠定基础。5月10—11日，院党委书记林公明、咪咕新空文化科技（厦门）有限公司总经理廖智勇等一行赴平潭综合实验区调研、参加交流座谈，并赴福建省电影发行放映公司、福建电影制片厂和福建帝视科技集团有限公司开展联学调研拓岗。6月29日上午，院党委书记林公明一行赴厦门市思明区委宣传部调研拓岗,就与思明区的合作交流,培养优秀电影人才,服务区域发展,共同推进中国电影行业高质量、高水平的创造创新转化进行交流。12月12日,院党委书记林公明一行赴冠声(厦门)文化传播有限公司调研拓岗,实地考察企业环境,并就需求岗位、人才培养、科学研究、共建合作等进行深入交流。　(郑　娟)

【扎实推进就业实习工作】　学院成功举办厦门大学学生就业暨实习影视专场招聘会,申请成立首批23家厦门大学大学生就业实习基地。

(郑　娟)

【在第十八届“挑战杯”厦门大学学生课外学术科技作品竞赛中斩获佳绩】　4月2日,学院在第十八届“挑战杯”厦门大学学生课外学术科技作品竞赛中喜获一等奖1项、二等奖1项、三等奖1项。其中,由张艾弓副教授指导、2022级硕士生李婧担任负责人的《惜影力:挽救消逝中的历史记忆——中国影像文献抢救性修复模式研究》勇夺一等奖,由王晓红副教授指导、2020级本科生安雨童担任负责人的《非物质文化遗产视域下福建省泉州市木偶戏传承及发展策略研究》摘得二等奖,由姚俊峰教授指导、2022级硕士生陈璟泽担任负责人的《变电站巡检机器人》获得三等奖。

(郑　娟)

【教育部副部长陈杰多次关心电影学院合作办学工作】　4—9月,第二十届中央候补委员、教育部副部长、国家语言文字工作委员会主任、中国工程院院士陈杰多次关心厦门大学与纽约电影学院合作办学、进行中美合拍电影工作,对厦门大学在对外传播、加强中美民间友好关系之间起到的良好作用给予高度肯定。　(刘凛君)

【修复影片《香魂女》在第十三届北京国际电影节展映】　4月20—22日,由厦门大学音像文献中心、厦门大学—爱奇艺电影修复联合实验室修复的影片《香魂女》作为内地唯一参展作品在第十三届北京国际电影节“经典修复单元”连续展映3场。　(张艾弓)

【召开学习贯彻习近平新时代中国特色社会主义思想主题教育动员会】　4月20日下午,院党委书记林公明对开展学习贯彻习近平新时代中国特色社会主义思想主题教育进行动员部署。校第四巡回指导组副组长林木顺,院党委副书记张晴,院党委委员,党群团组织和办公室负责人,各师生党支部书记、委员参加会议。

(吴　艺　潘晨茁)

【录制陈世雄教授原创剧目《嘉庚立志》】　4月23日,原创话剧剧目《嘉庚立志》在厦门市思明区文化馆完成演出拍摄。该剧由陈世雄教授执笔,受陈嘉庚与林文庆在南洋一次同船经历的启发,通过合理构想两人在船上可能的互动,将陈嘉庚先生立志创办厦门大学的过程通过艺术方式表现出来,发扬其心怀家国的爱国主义精神和坚持教育兴国的自强理念,鼓励广大青年学习、传承其精神品格。

(许映婷)

【修复影片《穆桂英挂帅》在洛阳举行全国首映式】　4月26日,由厦门大学音像文献中心、厦门大学—爱奇艺电影修复联合实验室修复的豫剧戏曲片《穆桂英挂帅》(江南电影制片厂,1958)修复版全国首映式在洛阳职业技术学院大剧场举行。中国戏剧家协会副主席、河南省戏剧家协会主席李树建,洛阳职业技术学院院长、党委副书记赵健及党委副书记张晴,音像文献中心主任、戏剧影视系副主任张艾弓等出席。　(张艾弓)

【张艾弓副教授撰写政策咨询报告获省部级领导批示】　5月,由张艾弓副教授撰写的《八闽驻地计划》项目书,获副省长王金福批示推进。张艾弓同时承接中国工业经济联合会《中国工业史——电影篇》撰写项目,梳理与总结中国电影工业的发展历程并展望。　(刘凛君)

【召开本科教育教学评估专家座谈会】　5月13日下午,学院邀请北京大学艺术学院教授、博士生导师,北京大学影视戏剧研究中心主任陈旭光,复旦大学电影艺术研究中心主任、中文系教授、博士生导师周斌,福建师范大学文学院教授林清华参加本科教育教学评估专家座谈会。

(刘凛君)

【举办厦门大学南强学术讲座第1168讲】　5月15日,北京大学艺术学院教授、博士生导师,北京大学影视戏剧研究中心主任,教育部“长江学者”特聘教授陈旭光来校做题为《“作者论”旅行、“主体性”变迁与电影工业美学的伦理问题思考》的学术讲座。

(李　卉)

【举办第十四届“中文有戏”演出季】　5月20—21日,由助理教授许映婷指导、2019级戏剧影视系本科生筹备和组织排演的毕业大戏《代号绿恐龙》在建南大会堂上演。该剧讲述了不被父亲理解的摇滚乐手黄家超意外来到20世纪90年代,与父亲等一众同样热爱摇滚的青年成为朋友,并帮助他们克服重重困难完成乐队表演,实现两代人关于摇滚、青春与理想的对话。　(许映婷)

【承办厦门元宇宙产业博览会数字影视元宇宙专题论坛】　5月21日,由中国机械国际合作股份有限公司主办,学院与倍视(厦门)文化发展有限公司联合承办的数字影视元宇宙专题论坛开幕,与会嘉宾围绕数字影视发展现状、未来数字影视技术与人才培养展开深入探讨。　(李锦泽)

【王晓红入选厦大首批“南强教学名师奖励计划”】　5月16日,戏剧与影视系副教授王晓红入选“南强卓越教学名师奖”。王晓红已获7项高等教育教学成果奖,获批国家艺术基金2023年度艺术人才培训资助项目。

(刘凛君)

【举办首届中国电视剧大会子论坛:“中国科幻剧的理想、实践与未来”主题论坛】　6月6日,电视剧《三体》主创团队走进厦门大学,与电视剧《三体》科学顾问、中国科普作协科学与影视融合专委会副主任、厦门大学电影学院在读博士生王姝展开对谈,围绕“中国科幻剧的理想、实践与未来”主题与师生分享创作体会。

(李锦泽)

【举办主题教育专题党课暨团十九大精神学习会】　6月21日,学院党委召开理论学习中心组(扩大)会,院党委副书记张晴讲授学习贯彻习近平新时代中国特色社会主义思想主题教育专题党课、领学团十九大精神。学院党委理论学习中心组成员、硕士生党支部党员、团学组织负责人、学生社团负责人等参加学习。
(郑　娟)

【组织参加 2023 届毕业典礼】 6月19日上午,厦门大学2023届毕业典礼举行,学院领导、系负责人、专任教师党政干部代表、辅导员、毕业生共同参加。2019级本科生张正慧、石宇涵、杨润宜,2020级硕士生孙亚男,2019级博士生岳宗胜获评"优秀毕业生"。
(郑　娟)

【厦门大学吉林招生组开展2023年度招生宣传工作】 6月23—25日,院党委书记林公明、副书记张晴等吉林招生宣传组成员一行12人、分3组赴长春市、吉林市、延吉市的6所重点中学开展集中宣讲咨询,并授牌优质生源基地校,赴长春电影制片厂开展"访企拓岗促就业"行动。6月28日,招生宣传组召开工作总结会,东北师范大学附属中学受邀于7月3日回访厦门大学。
(刘凛君)

【美国纽约电影学院执行副校长朱宇华来访】 6月26日上午,美国纽约电影学院执行副校长朱宇华(JoyZhu)访问学院,校长张宗益会见。海外办学办执行主任兼国际处副处长余宏波、副院长李晓红参加本次接待。
(吴　艺)

【福建省委宣传部、省电影局来校调研】 6月30日,福建省委宣传部常务副部长、省电影局局长许守尧一行莅院调研。厦门市委宣传部常务副部长、市电影局局长上官军陪同调研。校党委书记张荣、党委副书记徐进功、校长助理方颖出席。
(吴　艺)

【党建工作成效显著】 在校党委召开的"庆祝中国共产党成立102周年暨2022—2023年'两优一先'表彰会"上,学院教工党支部荣获"厦门大学先进基层党组织"称号、硕士生党支部书记柳嘉慧荣获"厦门大学2022—2023年优秀共产党员"称号。
(郑　娟)

【举办2023年厦门大学"电影暑期学校"】 7月3—23日,主办2023年厦门大学"电影暑期学校",邀请井迎瑞、陈旭光、陈晓云、谭政、张燕、姜宇辉、林黎胜、刘晓春、黄骥、大家龙治、伊戈尔·托尔格森(Igor Torgeson)等11名学者、业界专家、导演与技术专家,开设12场讲座,内容涵盖电影创作、电影史、电影理论、电影技术、影像保存等诸多领域,国内外知名高校600余名本科生、硕士生及博士生报名。
(李　卉)

【获批福建省智库重点研究课题一项】 7月,李晓红教授主持课题"文旅融合视域下福建影视主题旅游拓展策略研究——以丝绸之路国际电影节(福州)、中国金鸡百花电影节(厦门)为中心"获批福建省智库重点研究课题。相关成果获省委宣传部、市委宣传部采纳批示。
(吴　艺)

【举办第二届戏曲与非遗工作坊暑期学校】 7月7—17日,戏剧影视系举办第二届戏曲与非遗工作坊暑期学校。共举办10场讲座,从表演、创作与研究等维度展开,涉及的剧种均为国家级非物质文化遗产代表性项目,有莆仙戏、梨园戏、高甲戏、闽剧与京剧等。主讲人多为国家级"非遗"代表性传承人、梅花奖获得者、曹禺剧作奖与文华剧本奖得主。来自国内外各高校100名学生参加。
(杨惠玲)

【访问美国】 7月18—24日,副院长李晓红陪同副校长江云宝等出行美国,拜会驻纽约总领馆,访问哈佛大学、纽约电影学院,看望纽约和波士顿地区校友,召开校友及青年学者交流会。
(吴　艺)

【福建省委常委、省委宣传部部长张彦考察学院建设进度】 7月,福建省委常委、宣传部部长张彦考察电影学院建设进度,院党委书记林公明、副院长李晓红陪同考察。
(刘凛君)

【第九届厦门大学"互联网+"大学生创新创业大赛再创新佳绩】 学院6支队伍在厦门大学第九届"互联网+"大学生创新创业大赛上斩获2金3银1铜的佳绩,勇夺学院在该项赛事上的最佳战绩。其中。姚俊峰教授指导的"变电站巡检机器人"项目获得主赛道研究生初创组金奖,张艾弓副教授指导的"惜影力——守护中国影像文献的'考古队'"项目获得"青年红色筑梦之旅"赛道公益组金奖。
(郑　娟)

【"惜影力"团队赴北京实践】 7月13—16日,学院"惜影力"影像修复实践队赴北京开展调研实践,发挥专业特色,以"追寻领袖足迹,感悟思想伟力""文化传承发展"等为实践主题,在社会实践活动中提高思想觉悟,落实知行合一。
(郑　娟)

【召开党员大会暨党校"光影计划"专题党课】 7月20日,学院召开党员大会暨党校"光影计划"专题党课,选举林公明、王晓红为学院出席中共厦门大学第十二次党员代表大会代表。
(吴　艺　潘晨茁)

【召开学习贯彻习近平新时代中国特色社会主义思想主题教育专题民主生活会】 8月28日上午,学院党委召开学习贯彻习近平新时代中国特色社会主义思想主题教育专题民主生活会。学校主题教育第四巡回指导组副组长林木顺到会指导并做点评。
(吴　艺　潘晨茁)

【出台"拔尖学生培养试验计划"】 9月,学院颁布《厦门大学电影学院"拔尖学生培养试验计划"培养方案细则(试行)》《厦门大学电影学院"拔尖计划培养试验计划"奖学金管理办法(试行)》《厦门大学电影学院"拔尖学生培养试验计划"学术与创作活动资助管理办法(试行)》,经过笔试、面试两轮选拔考核,选出大二、大三共21名本科生进入拔尖班。
(刘凛君)

【获批建设艺术学一级学科博士学位授权点、戏剧与影视专业硕士学位授权点】 9月14日,《国务院学位委员会关于下达有关学位授权点对应调整名单的通知》(学位〔2023〕13号)正式发布,学院原有戏剧与影视学一级学科博士学位授权点获批调整为艺术学一级学科博士学位授权点,新增戏剧与影视专业硕士学位授权点。
(吴　艺)

【获IM两岸青年影展三等奖】 9月11日,戏剧影视系2021级本科生李玲贤、于艾佳等人凭借原创微电影《幕间休息》获第三届IM两岸青年影展智云"从平潭出发"72小时极拍活动三等奖。
(刘凛君)

【与北京字节跳动网络技术有限公司代表交流座谈】 9月1日,学院与字节跳动网络技术有限公司在海韵园行政楼C416举行交流座谈会。北京字节跳动网络技术有限公司教科研行业解决方案高级总监高卿、教科研行业合作经理梅钰,副院长姚俊峰,数字媒体技术系主任刘昆宏、副主任佘莹莹,教授吴清强、吴清锋等参加。

(郑　娟)

【举行2023级新生开学典礼】 9月9日上午,学院举行2023级新生开学典礼。院党委书记林公明、副院长姚俊峰、戏剧影视系主任郑国庆、数字媒体技术系主任刘昆宏、2023级人文科学实验班班主任代表、办公室主任、辅导员和教学秘书以及2023级全体新同学参加本次开学典礼。典礼由院党委副书记张晴主持。

(郑　娟)

【两作品获第九届福建省"互联网+"大学生创新创业大赛金奖】 姚俊峰教授团队《视觉卫士:变电站智能运维系统领航者》、吴清锋教授团队《基于生成式人工智能的青少年创意教育平台》,均获第九届福建省"互联网+"大学生创新创业大赛金奖。

(郑　娟)

【一作品获第十六届"挑战杯"福建省大学生课外学术科技作品竞赛特等奖】 由副院长张艾弓教授、院党委副书记张晴、工程师陈思媛等指导的作品《唤醒"沉睡"的红色影像——基于中国红色影像修复的调研与实践》,荣获第十六届"挑战杯"福建省大学生课外学术科技作品竞赛特等奖,该作品也是厦门大学在"红色专项"活动中唯一荣获特等奖的作品。

(郑　娟)

【一作品斩获全国高校数字艺术大赛等多项大奖】 陈俐燕副教授带领的智影动力实验室团队《少先队歌,从这里唱起》三维动画影片,获2023年全国高校数字艺术大赛三等奖、第11届未来设计师大赛福建赛区一等奖、2023年第七届全国三维数字化创新设计大赛厦门大学选拔赛一等奖等荣誉。该影片先后被《人民日报》、央视频、《中国青年报》、福建教育电视台、厦门电视台等主流媒体报道。

(郑　娟)

【厦门大学电影产业中心获批建设省级智库单位】 9月28日,福建省政研室批示,厦门大学电影产业中心为省级重点培育智库单位。李晓红教授为中心负责人。

(吴　艺)

【与梅西大学创意艺术学院签署《合作意向书》】 9月18日,新西兰惠灵顿市长托芮·法瑙(Tory Whanau)率代表团一行32人来访,学院与梅西大学创意艺术学院签署《合作意向书》。厦门市委常委、宣传部部长吴子东,校党委副书记徐进功与新西兰市领导等共同见证签约仪式。

(吴　艺)

【李晓红教授入选国务院学科评议组艺术学科成员】 9月,首届国务院艺术学学科评议组成员会议在杭州召开,李晓红教授作为第一届评议组成员出席。

(吴　艺)

【与中国唱片集团有限公司签订战略合作协议】 学院与中国唱片集团有限公司签订战略合作协议,该公司创立于1983年,是国内第一家规模化、集团化管理的大型音像出版机构。

(吴　艺)

【一个项目获批国家社科基金2023年度资助项目】 9月22日,王晓红副教授项目"茅盾文学奖作品的话剧改编研究"获批立项国家社科基金年度项目。该项目从"茅盾文学奖作品话剧改编热"现象出发,研究如何通过话剧改编激发原作焕发新的生命力,以促进跨时代、跨文化、跨媒介改编的观念更新和艺术创新,对推动学科建设和科研发展具有重要价值。

(王晓红)

【杨玲入选2023年全球前2%顶尖科学家榜单】 10月4日,爱思唯尔(Elsevier)与美国斯坦福大学(Stanford University)发布全球前2%顶尖科学家榜单(World's Top 2% Scientists)2023年版,戏剧影视系副教授杨玲上榜,是学校首位人文艺术学科入选者。

(吴　艺)

【举行科幻电影与科幻产业学术研讨会暨黄鸣奋教授新书发布会】 10月14日,科幻电影与科幻产业学术研讨会暨黄鸣奋教授新书发布会举行。会议主题为"中国科幻电影的未来之路"。活动受到中新网等媒体报道。

(杨　玲　李　天)

【教师代表出访欧洲】 10月16—27日,戏剧影视系主任郑国庆、副主任张艾弓、助理教授刘金平一行出访荷兰、法国,与荷兰欧中基金会、尤里斯·伊文思欧洲基金会、巴黎中国电影节、巴黎第八大学、法国巴黎实验电影中心等多家机构和个人展开交流合作。

(刘金平)

【申办2025年第二十五届中国高等院校影视学会年会】 10月20—23日,在北京举办的中国高等院校影视学会成立40周年纪念大会暨第二十三届年会上,学院成功申办2025年第二十五届中国高等院校影视学会年会,并作为1993年第六届年会承办方领取中国高等院校影视学会颁发的"致谢状"。

(李　卉)

【在法国巴黎举办中法喜剧电影研讨峰会】 10月22—23日,第十五届巴黎中国电影节在法国国家电影中心举办,学院协办其中的中法喜剧电影研讨峰会。戏剧影视系主任郑国庆教授,副主任、电影博物馆馆长张艾弓副教授,刘金平助理教授一行参加本次活动,并做题为"台湾喜剧电影"和"香港喜剧电影"的学术发言。

(刘金平)

【获第五届福建省大学生戏剧节剧目展演奖项十个】 10月23日,戏剧影视系学生参加第五届福建省大学生戏剧节,演出京剧《锁麟囊·春秋亭》(指导教师杨惠玲教授)、闽剧《双枪陆文龙·爱怨痛别》(指导教师杨惠玲教授)、原创话剧《加密回忆》(指导教师王晓红副教授、许昳婷助理教授)。11月获奖名单公布,京剧《锁麟囊·春秋亭》获演出奖二等奖,表演奖二等奖、三等奖各一个;闽剧《双枪陆文龙·爱怨痛别》获小型、个人剧目奖、三等奖各一个;原创话剧《加密回忆》获剧目奖·二等奖、编剧奖·三等奖(田洋戈、聂在田)、导演奖·三等奖(罗莞萦)、表演奖二等奖(王紫嫣)和三等奖(李静雯)各一个。

(杨惠玲　许昳婷)

【举办美国纪录片《动荡的历史:美国、中国和杜立特空袭东京》放映交流活动】 10月31日,纪录片《动荡的历史:美国、中国和杜立特空袭东京》放映交流活动由厦门大学与纽约电影学院联合承办,受到中国驻纽约总领事馆的指导与关心。纽约电影学院校长迈克尔·杨(Michael Young)、常务副校长朱宇华、纪录片导演比尔·因里诺弗(Bill Einreinhofer),厦门大学副校长方颖,国际合作与交流处副处长(主持工作)余宏波、副处长刘婉玉,学生工作处副处长刘俊英,副院长李晓红等出席。 (吴　艺)

【获“我心中的家国”2023 年福建省大学生戏剧节原创剧本奖项八个】 10 月,2023 年福建省大学生戏剧剧本征集评选活动结果公示。戏剧影视系学生王春龙、张冠力、牟英杰获二等奖,田洋戈、聂在田、王宇晨、任奕洁获三等奖,齐孜睿、卓琦婧、杨润宜、张冠力获提名剧本。 (许映婷)

【获第十八届“挑战杯”全国大学生课外学术科技作品竞赛一等奖】 10 月 28—30 日,参赛作品《唤醒“沉睡”的红色影像——基于中国红色影像修复的调研与实践》在第十八届“挑战杯”全国大学生课外学术科技作品竞赛终审决赛红色专项活动中获一等奖。该作品由副教授张艾弓、院党委副书记张晴、工程师陈思媛、院团委书记郑娟、辅导员潘晨茁等指导,团队由李婧、赵祖一、尤其、杨其洪、袁萌芝、闫羽、姚敬晞、伊帕热·阿不里克木 8 名同学组成。 (郑　娟)

【举办第 36 届中国电影金鸡奖·2023 中国电影教育与产业论坛暨中国电影家协会电影教育与产业发展委员会换届大会】 11 月 2 日,第 36 届中国电影金鸡奖主要活动:2023 中国电影教育与产业论坛暨中国电影家协会电影教育与产业发展委员会第三届换届大会举办。论坛主题为“文明互鉴与国际合作:电影教育与产业发展新态势”,由福建省委宣传部指导,中国电影家协会、福建省电影局、厦门大学共同主办,中国电影家协会电影教育与产业发展委员会、厦门大学电影学院、北京电影学院中国电影产业发展研究院联合承办。 (吴　艺)

【教育部委托拍摄教师节 40 周年献礼片:纪录电影《桃李无言》发布】 11 月 2 日,“有福电影人发展促进会”筹备发布仪式在 2023 年中国金鸡百花电影节期间正式启动。学院作为“有福电影人”发展促进会筹备组成员单位之一,共同启动该项目。2024 年 9 月 10 日教师节 40 周年献礼片:纪录电影《桃李无言》(暂定名)作为福建出品重点影片正式发布。福建省委宣传部常务副部长、省电影局局长许守尧,副校长方颖,总监制、电影学院院长黄建新等出席本次活动。影片受教育部委托,由厦门大学、福建省电影局等单位联合拍摄。 (吴　艺)

【签订《福建省电影局与厦门大学合作支持厦门大学电影学院建设框架协议》】 11 月 2 日,中国电影金鸡奖期间,福建省电影局与厦门大学签署《福建省电影局与厦门大学合作支持厦门大学电影学院建设框架协议》,福建省委宣传部副部长、省电影局局长许守尧、副校长方颖作为双方签约代表。副院长李晓红接受“福建电影文化与科技研究中心”授牌。 (吴　艺)

【主办“光影之间·创新不息”电影交流会】 11 月 2 日,“光影之间·创新不息”电影交流会举办,由厦门海城映象文化传播有限公司总经理林翁章主持。副院长姚俊峰教授代表主办方致辞,院党委书记林公明代表主办单位做总结致辞。演讲嘉宾包括长春电影制片厂国家一级导演张雨东,资深电影从业者田冰,好莱坞大片《魔兽 2》编剧、中国美协会员刘晓。与会人员还有知名导演高希希,江苏作协会员刘晴,厦门海城映象文化传播有限公司董事长刘向群,学院数字媒体技术系教授吴清强等。 (李锦泽)

【召开厦门大学电影学院教师干部会议】 11 月 3 日,学院教师干部会议宣布聘任黄建新为院长、谢晓晶为常务副院长、李晓红为常务副院长(副处级)。 (吴　艺　潘晨茁)

【协办第 36 届中国电影金鸡奖最佳剪辑提名“隐形的艺术”论坛】 11 月 4 日,第 36 届中国电影金鸡奖最佳剪辑提名“隐形的艺术”论坛由中国电影剪辑学会主办,厦门电影节有限公司、学院协办,音库(厦门)传媒有限公司承办,甚妙视觉科技(厦门)有限公司技术支持。该论坛作为金鸡电影节官方配套活动,旨在聚集本届最佳剪辑奖提名影片的剪辑师,分享他们在这些优秀作品中的创作故事和独特的剪辑技法。 (李锦泽)

【获福建省第十五届社会科学优秀成果奖两项】 11 月 16 日,福建省社科联发布福建省第十五届社会科学优秀成果评奖结果,戏剧影视系教授黄鸣奋著作《人工智能与网络文艺》、副教授李天论文《物性工具与图像艺术》获三等奖。 (刘凛君)

【主办厦门大学国际传播研究中心揭牌仪式暨多学科视域下的国际传播研究学术研讨会】 11 月 26 日,厦门大学国际传播研究中心揭牌仪式暨多学科视域下的国际传播研究学术研讨会在思明校区举行,近百名专家学者齐聚鹭岛,共话国际传播。罗幸教授被敦聘为厦门大学国际传播研究中心主任。 (李锦泽)

【姚俊峰教授当选欧洲自然科学院成员】 11 月 28 日,副院长姚俊峰教授成功当选国际上跨地域和学术领域认可度最高、影响最大的科学组织之一的欧洲自然科学院(EANW)成员。 (李锦泽)

【召开第二期厦门市、厦门大学市校共建电影学院专题会】 11 月 29 日,厦门市、厦门大学市校共建电影学院专题会听取市校共建电影学院第二期工作汇报,对市校共建厦门大学电影学院第二期任务完成情况展开评测,考核评分 91 分,较上一年度高 7 分;配套建设 2500 万元经费已拨付到校。 (吴　艺)

【原创剧目《刽子手进戏园》入选“新时代首都原创剧本创作及选题孵化项目”】 11 月,戏剧影视系研究生王春龙原创剧目《刽子手进戏园》入选“新时代首都原创剧本创作及选题孵化项目”,11 月 21 日在北京天桥艺术中心参加剧目推介会,该活动由北京市文化和旅游局主办。 (许映婷)

【姚俊峰教授获 2023 年中国侨联特聘专家建言献策一等奖】 12 月,副院长姚俊峰教授获“中国侨联特聘专家建言献策”一等奖,这是姚俊峰连续第五年获此殊荣。 (李锦泽)

【协办福建省人工智能学会 2023 年学术年会暨第二届闽台非遗数字化保护与智能处理学术会议】 12 月 1—3 日,福建省人工智能学会 2023 年学术年会暨第二届闽台非遗数字化保护与智能处理学术会议在福州永泰召开，主题为“通用智能与语言模型”；同期举办“第二届闽台非遗数字化保护与智能处理会议”，主题为“非遗的智能处理”。会议期间还举行了闽台非遗文化数字化保护与智能处理文化和旅游部重点实验室（以下简称“文旅部重实验室”）工作会议，非遗论坛以及文旅部重实验室发展研讨会。在文旅部重实验室工作会议上，荣誉顾问彭群生教授、学术委员会专家与实验室主任史晓东教授，副主任姚俊峰教授、王量量副教授及多位实验室成员参会。会议设有非遗分论坛，包含3个报告（闽台戏曲唱腔合成研究进展、融合基因学习模型的文化计算研究进展、文化与科技促进文旅产业优质发展）和文旅部重实验室发展研讨会，会议由副院长姚俊峰教授主持。　（李锦泽）

【东北师范大学附属中学来校交流招生工作】 12月7日，东北师范大学附属中学校长邵志豪和研究室主任解庆福来院开展招生工作交流，双方达成初步共识，计划在寒假开展研学旅行计划。同时，学院将推进“教授进中学”活动，激发学生对电影学科的浓厚兴趣，帮助学生提前接触和了解大学生活。　（刘凛君）

【获省级优秀博士生毕业论文、硕士生毕业论文各一篇】 12月15日，2022年福建省研究生优秀学位论文评选结果公布，戏剧影视系博士生游长冬毕业论文《中国电影中的残疾人形象研究》（指导教师黄鸣奋）获省级优秀博士生毕业论文，戏剧影视系硕士生王森《〈第七才子书〉清代刊刻研究》（指导教师杨惠玲）获省级优秀硕士生毕业论文。　（李锦泽　刘凛君）

【戏剧影视系学生参加2023年中国剧协“两新”培训】 12月15—19日，戏剧影视系学生前往福建晋江参加2023年中国剧协“两新”和青年戏剧人才培训班。该培训班由中国戏剧家协会、福建省文艺联合会主办，福建省戏剧家协会、晋江市文艺联合会承办，是第四届全国民营剧团优秀剧目展演的系列活动之一。　（许昳婷）

【在厦门大学2023年暑期社会实践表彰中获多项殊荣】 12月14日，厦门大学2023年暑期社会实践总结表彰大会举行，教师姚俊峰、张晴、郑娟荣获“优秀带队教师”称号，“流篆千古”非遗文化寻访实践队荣获“优秀团队”称号，林莹婷、曹贤鹏、李东芳、欧宜婷、林祺钦获“积极分子”称号。　（郑　娟）

【“光影计划”第一期圆满结业】 12月29日，学院党委党校“光影计划”第一期结业式暨表彰会议举办。院党委书记林公明、副院长姚俊峰、院团委书记郑娟、辅导员潘晨茁，党校学员等参加会议，会议由院党委副书记张晴主持。　（郑　娟）

【香港城市大学创意媒体学院院长艾朗宏来访】 12月17日，香港城市大学电影与媒体艺术讲座教授、创意媒体学院院长、应用计算与互动媒体中心主任艾朗宏（Richard Allen）来访，常务副院长李晓红会见。访问期间，艾朗宏做题为*Why Hitchcock*?（《为什么是希区柯克?》）的学术讲座，学院近百名师生参与。　（刘金平）

【举办“二十世纪下半叶亚洲电影的多元景观国际会议”】 12月18—22日，“二十世纪下半叶亚洲电影的多元景观国际会议”在厦门大学举行。会议旨在探讨亚洲电影在20世纪下半叶发展出的多元的媒介技术、情感结构和美学风格及与亚洲各地社会的协商和互动，邀请香港城市大学创意媒体学院讲座教授艾朗宏（Richard Allen）、香港电影资料馆特约研究员罗卡、哥伦比亚大学东亚语言与文化系副教授钱颖、南洋理工大学传媒学院副教授张建德、香港浸会大学电影学院副教授吴国坤等来自中国、韩国、日本、新加坡、马来西亚和美国等地的近30名资深专家学者和新锐青年学者分享最新研究进展与成果。　（刘金平）

【签订柬埔寨国家电影局与中国厦门大学电影学院《合作发展电影产业人力资源谅解备忘录》】 12月19日，中国·福建厦门—柬埔寨电影周揭幕，柬埔寨王国文化与艺术部电影系系长鲍勃拉与常务副院长李晓红，代表柬埔寨国家电影局与中国厦门大学电影学院签订《合作发展电影产业人力资源谅解备忘录》。12月20日上午，中柬电影大师对话论坛在厦门大学科艺中心举行，校党委副书记全海，中国电影导演、编剧、制片人谢飞等出席本次活动。活动由柬埔寨王国文化与艺术部、福建省电影局、厦门市电影局指导，柬埔寨亚洲电影节组委会、厦门市湖里区文发办、学院联合主办。　（吴　艺）

【举办“谢飞电影作品回顾展”系列活动】 12月19日，由福建省电影局、厦门市电影局指导，厦门市湖里区委宣传部与学院共同主办的“谢飞电影作品回顾展”在厦门大学科学艺术中心开幕，院党委书记林公明、常务副院长李晓红、院党委副书记张晴，电影艺术家谢飞、傅靖生一同出席。本次活动为期4天，展映了包括《东方红》（1965）、《香魂女》（1993）、《蜀山：新蜀山剑侠》（1983）、《黑骏马》（1995）、《益西卓玛》（2000）、《湘女萧萧》（1986）在内的6部经典影片修复版，并安排了映后交流与谢飞新书《电影导演创作》签售会。展映结束后谢飞将《我们的田野》（1983）、《本命年》（1990）、《香魂女》（1993）、《黑骏马》（1995）、《益西卓玛》（2000）、《湘女萧萧》（1986）6部电影的数字拷贝无偿捐献给厦门大学电影博物馆暨音像文献中心，用作教育教学和公益放映活动。　（张艾弓）

【举办2023电影胶片论坛】 12月22日，由福建省电影局、厦门市电影局指导，厦门市湖里区委宣传部与学院共同承办的“2023电影胶片论坛”举办。电影艺术家谢飞、傅靖生、黄骥、大冢龙治、程马志远，来自中国电影资料馆、中央广播电视总台、中影数字制作基地、中影器材公司、北京电影洗印厂、八一电影制片厂、上影集团、西影集团、珠影集团、香港贸易发展局、香港博亚电影修复所、爱奇艺、抖音集团、中国音网、ARRI中国、阅色轩、数字福建云计算公司、帝视科技、先力（厦门）等单位的电影修复专家出席论坛。专家们认为，在数字技术深入发展的今天，胶片电影依旧具有较强的生命力，影视行业不仅要积极利用新技术对其开展保存与修复工作，还要重新发掘电影胶片的潜力，使其在文化传承、教育教学、国际传播等方面发挥积极作用。

(刘凛君)

【主办《三大队》主创团队路演交流活动】 12月25日，电影《三大队》主创团队走进厦门大学科艺中心路演，导演戴墨，制片人赖维佳，演员魏晨、曹炳琨、张子贤、张新成、黄璐等主创成员出席映后交流。(李锦泽)

【与中国戏剧出版社签订《戏剧与影视评论》合作协议】 12月26日，中国戏剧出版社与学院正式签署《戏剧与影视评论》合作协议。根据协议，《戏剧与影视评论》期刊由厦门大学电影学院戏剧影视系主编，期刊为双月刊，全年共6期，国际标准刊号为ISSN 2095—8617，国内统一刊号为CN 10-1338/J。(吴 艺)

【支持"声动鹭岛"影视声音艺术表现和产业发展圆桌论坛】 12月29日，"声动鹭岛"影视声音艺术表现和产业发展圆桌论坛举行。论坛由"声动鹭岛"厦门市首届影视声音艺术嘉年华活动总策划杜远智主持，教育部高等学校戏剧与影视学类专业教学指导委员会委员、厦门大学国际传播研究中心主任罗幸出席论坛并发言。

(李锦泽)

【与纽约电影学院签订学生访学项目协议】 12月29日，厦门大学与纽约电影学院学生访学协议正式签署。副校长方颖、纽约电影学院执行副校长朱宇华(JoyZhu)为双方签约代表。

(吴 艺)

【李晓红担任中国台港电影研究会副会长】 12月，受中国台港电影研究会邀请，李晓红教授兼任中国台港电影研究会第六届理事会副会长。中国台港电影研究会1988年由中共中央宣传部、中共中央统战部批准成立，是在中华人民共和国民政部注册登记的全国性社团法人单位，2019年上级主管部门由国家广播电视总局转隶中共中央宣传部。研究会以促进中华民族电影艺术水平的整体提升和电影事业的繁荣发展为宗旨。

(吴 艺)

人文与艺术高等研究院

【概况】 人文与艺术高等研究院成立于2022年5月31日，2022年12月14日正式揭牌，聘任易中天教授为院长、邹振东教授为执行院长。

作为厦门大学推动人文与艺术学科高质量发展的创新平台，研究院全面贯彻落实党和国家关于哲学社会科学发展有关要求，秉承校主陈嘉庚先生"研究高深学问、养成专门人才、阐扬世界文化"的办学宗旨，创新体制机制，整合学术资源，厚植人文底蕴，汇聚国内外顶尖学者与研究人才，组织开展高水平学术交流活动，推动新文科建设，致力打造一个集开展学术交流、实施育才工程、组织科学研究、助力学科建设、促进美育教育、加强社会服务于一体的交叉平台，为加快构建"中国特色、厦大风格、世界一流"的哲学社会科学赋能。

研究院成立以来，多次开展前期调研，与学校相关职能部门及学院就学科建设、人才培养、队伍建设等进行专题研究，详细梳理学校发展过程中的重点难点，进一步明确研究院的目标使命，为下一阶段建设工作做好统筹谋划。

研究院精心打造"云波派"系列学术品牌，组织开展高水平学术活动，提供高质量多学科交流平台，浓厚校园美育文化氛围。年内共开展5场"海岳学术云"系列讲座，1场"鼓浪学术派"人文艺术沙龙，1场"鼓浪学术波"学者研讨会，参与活动人数超过5000人。活动受到广大师生校友的高度评价，并得到央广网、中新网、《福建日报》、厦门电视台、《厦门日报》、《海峡导报》、东南网等多家主流媒体的报道。(杜 筠)

【举办首期"海岳学术云"系列讲座】 3月31日—4月6日，厦门大学建校102周年校庆期间，研究院在思明校区、翔安校区举办首期"海岳学术云"系列讲座。校党委书记张荣出席首场讲座并致辞，校长张宗益会见嘉宾，校党委副书记徐进功、校长助理李智勇参加活动。院长易中天担任系列讲座的主持人与对话人。活动邀请了马克思主义哲学家、上海纽约大学校长童世骏，著名历史学家葛兆光，文化学家、书法家连辑，电视艺术家李东珅，新东方教育集团董事长俞敏洪5名重量级嘉宾，分别带来题为《"中国向何处去?"——毛泽东〈新民主主义论〉与罗素〈中国问题〉的相互解读》《什么才是好的历史研究——从学术史角度看》《中国书法审美》《历史类纪录片的影像与文本表达》《人生困境可能是老天给你的机会》的精彩讲座。(杜 筠)

【举办首期"鼓浪学术派"人文艺术沙龙】 4月7日，研究院举办首期"鼓浪学术派"人文艺术沙龙，挖掘美育内涵、创新活动形式，将学术沙龙与音乐会巧妙融合，组织百余名师生齐聚一堂，"无主题""近距离"人文交流、艺术鉴赏，共同开启一场特别的人文艺术之旅。(杜 筠)

【举办首期"鼓浪学术波"活动】 12月6—8日，研究院举办首期"鼓浪学术波"活动。活动以"中文学科建设漫谈"为主题，特别邀请了中国社会科学院研究员、深圳大学特聘教授高建平，上海交通大学人文学院院长、教授王宁，北京师范大学文艺学研究中心主任、教授王一川，清华大学中国语言文学系教授李守奎，河北大学副校长、教授过常宝，南京大学文学院院长、教授董晓，武汉大学文学院院长、教授于亭7名知名学者出席。院长易中天、执行院长邹振东，学校社科处处长潘越以及中国语言文学系师生代表参加活动。与会人员聚焦中文学术前沿畅所欲言，就厦门大学中文学科建设提出很多行之有效的意见建议。(杜 筠)

经济学院

【概况】 经济学院渊源于1921年建校初期的商学部。1981年经教育部批准，原厦门大学经济系升格为厦门大学经济学院。

2023 年度经济学院基本情况

统计项目	数量
本科生数(人)	2394
硕士研究生数(人)	1491
其中:专业学位硕士研究生数(人)	879
博士研究生数(人)	257
其中:专业学位博士研究生数(人)	
其中:学历留学生数(人)	39
本科毕业生毕业去向落实率(%)	87
硕士毕业生毕业去向落实率(%)	98.02
博士毕业生毕业去向落实率(%)	100
本科毕业生升学、出国(境)率(%)	53
毕业生到重要行业和领域就业率(%)	67.6
专任教师数(人)	171
非全职教师数(人)	9
专职科研队伍数(人)	14
教授数/正高级数(人)	67
副教授数/副高级数(人)	52
具有博士学位专任教师数(人)	168
具有海外学习交流一年(或 10 个月)以上经历教师数(人)	135
45 岁以下(含)专任教师数(人)	90
发展中国家科学院院士(人)	
教育部"长江学者奖励计划"特聘教授(人)	1
教育部"长江学者奖励计划"青年学者(人)	6
国家杰出青年科学基金获得者(人)	
"国家特支计划"领军人才(人)	1
"国家特支计划"青年拔尖人才(人)	4
国家百千万人才工程入选者(人)	
国家级教学名师(人)	1
国家优秀青年科学基金获得者(人)	1
教育部新(跨)世纪优秀人才(人)	10
福建省"闽江学者"特聘教授(人)	3
国家教学成果奖(项)※	2
国家级一流本科专业(个)	9
中国"互联网+"大学生创新创业大赛获奖数(项)※	
国家"2011 协同创新中心"(个)	
国家高端智库(含培育)(个)	
高等学校学科创新引智基地("111"计划)(个)	
教育部重点实验室(个)	
教育部人文社会科学重点研究基地(个)	2

统计项目	数量
教育部国别和区域研究中心(个)	
其他部委研究基地(个)	
福建省"2011 协同创新中心"(个)	
福建省重点实验室(个)	
福建省高等学校文科研究基地(个)	3
福建省社科研究基地(含马工程)(个)	
福建省特色新型智库(个)	1
福建省重点智库(含培育单位)(个)	1
其他部省级平台(请注明)(个)	
国家自然科学基金项目(个)※	14
国家社会科学基金项目(个)※	18
国家社会科学基金重大项目(个)※	6
教育部人文社会科学研究重大课题攻关项目(个)※	
教育部人文社会科学重点研究基地重大项目(个)※	4
教育部人文社会科学研究一般项目(个)※	5
其他部委项目(个)※	
福建省社会科学基金重大项目(个)※	1
纵向科研经费(到位)(万元)※	1676.92
横向科研经费(到位)(万元)※	741.44
高校科学研究优秀成果奖(人文社会科学)(项)※	
福建省社会科学优秀成果奖(项)※	29
其他部省级奖项(请注明)(项)※	2
发表文章总数(篇)※	307
其中:《中国社会科学》发文数(篇)※	
《新华文摘》转载数(篇)※	1
国际代表性刊物发文数(篇)※	1
出版专著(部)※	6
决策咨询报告(获采纳/批示)(篇)※	28
学生出国(境)交流(人次)※	51
教师出国(境)交流(人次)※	71
主办国际学术会议(次数)※	1
主办两岸学术会议(次数)※	
境外合作高校或机构(所)	2
签订境外合作协议(份)	1
邀请国外学者数(人)※	11
邀请台港澳地区学者数(人)※	24
国(境)外学生来校数(人)※	20

学院现有经济学系、统计学与数据科学系、财政系、金融系、国际经济与贸易系、经济研究所、中国能源经济研究中心 7 个教学科研单位，并设有教学实验中心。拥有多个国家级、省部级重点研究平台和校级研究中心，经济与管理教学实验中心是国家级实验教学示范中心，经济学科虚拟仿真实验教学中心是国家级虚拟仿真实验教学中心，公共财政研究中心、世界经济研究中心是福建省人文社科重点研究基地，社会经济政策量化评估中心是福建省高校特色新型智库，厦门大学中国（福建）自贸区研究院是第一批福建省重点智库建设试点单位。

学院拥有理论经济学、应用经济学和统计学 3 个一级学科、3 个博士后流动站。2007 年，理论经济学和应用经济学双双获评为一级学科国家重点学科，覆盖经济学门类所有学科。2017 年和 2021 年统计学 2 次入选国家“双一流”建设学科。10 月 27 日，高等教育评价专业机构软科正式发布 2023“软科世界一流学科排名”，厦大经济学科的“经济学”世界排名第 50，中国内地大学排名第 4。完成理论经济学、应用经济学、统计学 3 个一级学科博士学位授权点以及金融、应用统计、税务、国际商务、保险、资产评估 6 个专业硕士学位授权点的专家现场评估工作。申请增设数字经济专硕。

学院出版《中国经济问题》（CSSCI 来源期刊）、《经济资料译丛》2 种学术期刊。

学院设有 10 个本科专业，30 个硕士专业，22 个博士专业。其中，经济学、金融学、统计学、财政学、国际经济与贸易、经济统计学、金融工程、国际商务、税收学 9 个本科专业入选国家级一流本科专业建设点，“国际金融学”课程入选教育部课程思政示范项目。现有全日制在校学生 4142 人，其中本科生 2394 人，硕士生 1491 人，博士生 257 人，另有在读经济学本科双学位学生 339 人。2023 届毕业生就业率 92.96%，其中本科毕业生就业率 87%、硕士毕业生就业率 98.02%、博士毕业生就业率 100%。

学院现有专任教师 171 人，其中教授 67 人、副教授 52 人、助理教授 47 人，具有博士学位的教师 168 人。其中（含与王亚南经济研究院双聘），教育部“长江学者奖励计划”特聘教授 1 人，教育部“长江学者”奖励计划青年学者 6 人，国务院学位委员会学科评议组成员 2 人，“国家特支计划”领军人才 1 人，“国家特支计划”青年拔尖人才 4 人，国家优秀青年科学基金获得者 1 人，教育部新世纪优秀人才 10 人（含跨世纪人才），福建省“闽江学者”特聘教授 3 人。

年内，“服务全球化战略，培养高质量人才——经济学科国际化人才培养体系创新”被评为高等教育（本科）国家级教学成果奖一等奖。“融合发展、交叉创新：新文科背景下统计学学科交叉人才培养的创新与实践”被评为高等教育（研究生）国家级教学成果奖二等奖。6 门课程入选第二批国家级一流本科课程，5 门课程入选福建省一流本科课程。（陈启妍）

【杨灿、许永洪分别当选中国统计学会副会长、理事】 1 月 6 日，中国统计学会第十一次全国会员代表大会暨十一届一次理事会议以线上线下相结合的方式在北京召开。统计学与数据科学系杨灿教授继续当选中国统计学会第十一届理事会副会长，许永洪教授经厦门市统计学会推荐当选理事。（潘小佳）

【有序推进本科教育教学审核评估自评自建工作】 2 月 10 日，副院长谢贞发教授主持召开厦大经济学科本科教学委员会 2022—2023 春季学期第一次会议，针对本科教育教学审核评估工作进行专项讨论。副院长（主持工作）周颖刚教授、学院各系分管本科工作领导、学院团委、本科教学秘书等共计 15 人参加会议。与会人员着重就质量保障、课程思政、教学综合改革等部分的自评工作报告修改情况展开讨论，并对支撑材料的梳理等方面问题进行交流。会议还简要就春季学期开学工作准备做相关讨论。（邓晶晶　林安语）

【召开 2022 年度中层党员领导干部民主生活会】 2 月 14 日下午，经济学院和王亚南经济研究院 2022 年度中层党员领导干部民主生活会在经济楼 A417 召开。学校基层党建工作联络员郑保东、第三督导组组长蔡郑伟莅会指导。两院领导班子成员参加会议，学院工会主席、各系（所、中心）正副主任（所长）列席会议。本次会议由院党委书记黄鸿德主持。本次民主生活会的主题是：全面贯彻习近平新时代中国特色社会主义思想，深刻领悟“两个确立”的决定性意义，增强“四个意识”、坚定“四个自信”、做到“两个维护”，团结带领党员领导干部群众以奋发有为的精神贯彻落实党的二十大做出的重大决策部署。

（王婉琼　潘小佳）

【一篇论文在《世界经济》上发表】 2 月 15 日，金融系教授潘越与厦门国家会计学院讲师纪翔阁、厦门大学管理学院财务系助理教授宁博以及金融系 2020 级硕士研究生陈怡萍合作完成的论文《破产审判改革、财政减负与企业降税》在《世界经济》2023 年第 1 期正式刊出。（刘晨宇）

【召开本科教育教学审核评估学生座谈会】 2 月 16 日下午，学院在经济楼 A102 召开学生座谈会。会议由副院长谢贞发主持，财政系副主任林细细、本科部教学秘书参会。为进一步做好 2023 年本科教育教学审核评估迎评工作，经济学科领导班子开展审核评估自评工作，坚持问题导向，以学生为本，倾听大家心声。（陈雅萍）

【经济学系 2022 年“高永福仇璐伉俪奖教金”颁奖仪式举行】 2 月 17 日，经济学系 2022 年首届“高永福仇璐伉俪奖教金”颁奖仪式在经济学院 N302 举行。本次颁奖仪式由经济学系主任张兴祥教授主持。参与本次颁奖仪式的有“高永福仇璐伉俪奖教金”的发起人之一、1999 级经济学系校友仇璐，院党委书记黄鸿德，副院长（主持工作）周颖刚教授，院党委副书记杜海林以及经济学系全体教师。

（黄佳敏）

【召开 2023 年建设与发展务虚会】 2 月 22 日上午，厦大经济学科建设与发展务虚会在经济楼 C208 召开。会议科学谋划 2023 年度经济学科发展思路和工作重点，并就学生培养专项组织厦大经济学科教育教学思想讨论。经济学院、王亚南经济研究院、邹至庄经济研究院领导,系所中心领导,学院国家级人才等,学院工会、办公室、部重室以及各部门负责人、主管,院团委书记,党务秘书,党委组织员等与会。　(潘小佳)

【召开学生就业重点单位座谈会】 2月22日,院团委结合学科评估工作,围绕“经济学院就业赋能站”,邀请厦门市内13家重点用人单位来校开展交流座谈。参与本次座谈会的重点用人单位有厦门市税务局等行政单位,建发股份、象屿股份、厦门航空等世界500强企业,以及中信证券、中国工商银行、中国银行以及招商银行、兴业银行等多家金融机构。座谈会由院党委副书记周蕾主持,副院长谢贞发教授、财政系副主任林细细副教授以及团委书记、辅导员、教学秘书等参会,旨在更加深入地了解用人单位人才需求情况,进一步“访企拓岗促就业”,推动学生培养以及教学工作提升改进。　(吴光锡　叶逸飞)

【召开本科教育教学审核评估毕业生座谈会】 2月22日晚,经济学科毕业生线上座谈会召开。会议由副院长谢贞发主持,各系本科分管领导、辅导员、本科部教学秘书参会。与会的毕业生代表涵盖王亚南经济研究院和经济学系、统计学与数据科学系、财政系、金融系、国际经济与贸易系。大家就毕业生岗位适应情况,毕业生与国家、社会的要求和期望匹配度,毕业生职业满意度和工作成就感,以及对经济学科人才培养的建议展开讨论。　(卢宇琼)

【学院党委召开2022年度教工党支部书记工作述职评议会】 2月23日上午,学院党委在经济楼N501召开2022年度教工党支部书记工作述职评议会。学校基层党建工作联络员郑保东和校党委党建办主任兼组织部副部长、教师工作部副部长廖志丹莅会指导,院党委书记黄鸿德、副书记周蕾和杜海林,学院党委委员、教工党支部书记、党务秘书、党委组织员等参加会议。12名党支部书记依次进行述职,围绕学习贯彻习近平新时代中国特色社会主义思想和党的二十大精神、基层党建服务“国之大者”、落实党建重点任务和基层党建责任制以及查找解决问题情况等方面,汇报支部经验做法,指出目前存在的问题不足,并提出下一阶段工作的思路举措。　(王婉琼　潘小佳)

【召开全国税务专业学位研究生教育指导委员会2023年第一次工作会议】 3月4日,全国税务专业学位研究生教育指导委员会2023年第一次工作会议在颂恩楼召开。会议由税务教指委主办,学院、王亚南经济研究院承办,财政系协办。会议开幕式由税务教指委秘书长童锦治教授主持,校长助理、研究生院常务副院长方颖教授,副院长(主持工作)周颖刚教授先后致辞。随后,税务教指委副主任杨斌教授和国家税务总局教育中心副主任高永清发表讲话。会上,税务教指委与厦门市美亚柏科信息股份有限公司、江苏税软软件科技有限公司签署合作协议。全体税务教指委委员在经济楼进行税务专硕在线示范课程建设的评审。　(潘小佳)

【举行2022年度“鸿儒奖学金”颁奖仪式】 3月14日下午,2022年度“鸿儒奖学金”颁奖仪式在经济楼举行。仪式由金融系副主任赵正堂主持,副院长谢贞发、金融系主任潘越、金融系副主任倪骁然、学院办公室主任林秋泉及本年度获奖学生出席。

(巫启明)

【中国人民大学应用经济学院魏楚副院长一行到访】 3月17日上午,中国人民大学应用经济学院魏楚副院长一行到访经济学科,双方进行座谈交流,王亚南经济研究院副院长牛霖琳、副院长陈海强以及研究生部负责人参加此次座谈。双方在人才培养、学科建设、师资队伍建设、国际合作等多方面展开深入细致交流,包括专硕培养如何更好地让校外导师参与、如何加强国际合作提升国际化人才培养、如何提升专硕品牌建设、如何加强教材建设等。　(鲍未平)

【师生荣获“安子介国际贸易研究奖”】 3月17日,第二十二届“安子介国际贸易研究奖”评选结果揭晓,经济学院国际经济与贸易系多名师生荣获该项奖励,分别是:国际经济与贸易系杨曦、徐扬合作发表在《经济研究》2021年第6期的论文《行业间要素错配、对外贸易与中国实际GDP变动》获优秀论文三等奖;陈爱贞与其博士生及院友合作发表在《中国工业经济》2021年第9期的论文《产业链关联与企业创新》获优秀论文三等奖;国贸系2018级博士生舒中桥获学术鼓励奖。　(李丽蓉)

【第三届习近平经济思想研讨会暨《资本论》数字纪念馆开馆仪式举行】 3月18日,由学院、邹至庄经济研究院、中央编译出版社主办,《中国经济问题》编辑部、《经济社会体制比较》编辑部承办的第三届习近平经济思想研讨会暨《资本论》数字纪念馆开馆仪式在厦门大学举行。校长张宗益、院长周颖刚、中央编译出版社副社长张远航做开幕式致辞,开幕式由院党委书记黄鸿德主持。　(潘小佳)

【《人民日报》理论版、光明日报客户端等报道厦门大学第三届习近平经济思想研讨会】 3月18日,由学院、邹至庄经济研究院、中央编译出版社主办,《中国经济问题》编辑部、《经济社会体制比较》编辑部承办的第三届习近平经济思想研讨会暨《资本论》数字纪念馆开馆仪式召开,活动受到《人民日报》《光明日报》《中国教育报》《中国青年报》等媒体的广泛关注报道。　(潘小佳)

【经济学科新百年暨经济学院成立40周年文艺晚会举行】 3月19日晚,“穿越经·济时光拥抱你”厦门大学经济学科新百年暨经济学院成立40周年文艺晚会在建南大会堂举行。万簇灯火中,经济学科师生、院友相聚一堂,共同见证学科百年奋斗史、建院40周年光辉路。

(谢婷玉　贾谨蔼　林芃君　秦　旋)

【福建省首届审读阅评沙龙在厦门大学举办】 3月19日,福建省首届审读阅评沙龙在思明校区举办。本次沙龙由福建省出版物监测与研究中心、学院联合主办,《中国经济问题》编辑部承办,全省审读专家和期刊主编代表50余名参会。审读专家围绕把方向、抓导向、管阵地、强队伍,推动全省出版战线切实履行职责使命,畅所欲言,交流审读经验,深入探讨在新时代下如何巩固壮大主流舆论,有效提升审读阅评工作水平,促进全省新闻出版业高质量发展。

（潘小佳）

【经济学院党委传达学习全国两会精神】 3月21日下午，学院党委传达学习全国两会精神会议举行，第十四届全国人大代表、金融系教授潘越向学院党委理论学习中心组成员、师生党支部书记和师生代表传达全国两会精神。会议由院党委书记黄鸿德主持。潘越从大会概况、习近平总书记重要讲话精神、大会主要精神、福建代表团履职情况等几个方面进行传达，重点传达习近平总书记在参加江苏代表团、解放军和武警部队代表团、看望民建工商联界全国政协委员和在大会闭幕会上发表的重要讲话精神。（曹啸林）

【一篇论文于经济学国际顶刊 QJE 在线发表】 3月22日，林友宏副教授与美国宾夕法尼亚大学经济系教授 Jesús Fernández-Villaverde、美国乔治梅森大学经济系副教授 Mark Koyama、新加坡国立大学经济系副教授 Tuan-Hwee Sng 合作完成的论文"The Fractured-Land Hypothesis"在经济学五大顶刊之一 *Quarterly Journal of Economics*（QJE）在线发表。（刘晨宇）

【举办 2023 年学生就业暨实习专场招聘会】 3月24日，经济学科 2023 年学生就业暨实习专场招聘会在三家村学生活动广场举行。活动由学校学生就业创业指导中心、学院、王亚南经济研究院、邹至庄经济研究院等单位联合主办，由学院就业创业指导中心承办，活动面向全校 2023 届应届毕业生及有实习需求的在校学生。学院就业创业指导中心深入挖掘用人单位和在校学生需求，积极联络并有针对性地邀请各行业知名企业参会，加大宣传力度，为畅通招聘信息、加速校企对接搭建桥梁。

（林炜彬　苏槵祺　王杏铷　刘镁乔　刘小藩　郭润涵）

【举行首届"高永福仇璐伉俪奖教奖学金"颁奖仪式】 3月24日，首届"高永福仇璐伉俪奖教奖学金"颁奖仪式在学院举行，由经济学系副教授许梦涵主持，院党委副书记杜海林、副院长谢贞发教授、经济学系主任张兴祥教授、经济学系副主任李嘉楠副教授、经济学系工会主席张晶教授、经济学系杨子砚副教授、院团委书记吴光锡参与颁奖仪式。（陈小鸿）

【金山软件创始人、方正集团创始人张旋龙先生一行到访】 3月28日下午，金山软件创始人、方正集团创始人、北大方正集团有限公司董事、方正控股有限公司董事局主席、北京大学教育基金会监事长张旋龙，金方达董事长兼总经理郑朝辉，金山云 AIOT 事业部总经理郭银波等一行到访经济学科，交流探讨双方合作事宜。经济学科各系所中心和部重室教师代表参与交流会。（潘小佳）

【五名教师入选爱思唯尔 2022"中国高被引学者"榜单】 3月28日，爱思唯尔正式发布 2022"中国高被引学者年度榜单"。经济学科共5名教师入选，分别是：应用经济学陈少华，统计学洪永淼，理论经济学孙传旺，应用经济学姚昕，理论经济学张传国（按入选学者姓氏音序排列）。（潘小佳）

【一人获第三届福建省高校教师教学创新大赛正高组二等奖】 3月29—31日，第三届福建省高校教师教学创新大赛在福建师范大学顺利举办，刘婧媛教授荣获正高组二等奖。

（邓晶晶）

【一篇论文被四大学术文摘转载】 3月30日，国际经济与贸易系教授彭水军、中南财经政法大学金融学院助理教授吴腊梅（2022届厦大经济学院博士毕业生）合作发表在《世界经济》2022年第5期的论文《中国在全球价值链中的位置变化及驱动因素》（该期首篇文章），先后被《新华文摘》2022年第16期论点摘编，被《高等学校文科学术文摘》2022年第4期摘要转载，被《中国社会科学文摘》2022年第11期长文转载，被人大复印报刊资料《世界经济导刊》2022年第9期全文转载。（刘晨宇）

【举办 2022—2023 社会实践总结表彰暨 2023 暑期社会实践动员大会】 3月31日中午，经济学科 2022—2023 社会实践总结表彰暨 2023 暑期社会实践动员大会在经济楼 N402 举行。大会由学院团委主办，学院本科生团总支实践中心承办。院党委副书记周蕾、杜海林，院团委书记吴光锡，院团委副书记王华，各辅导员、优秀带队老师代表、优秀实践队代表和各班学生代表出席此次会议。（王　华）

【陈爱贞教授主持的国家社科基金重大项目开题报告和讨论会顺利召开】 4月1日，由国际经济与贸易系教授陈爱贞担任首席专家的 2022 年度国家社科基金重大项目"产业链供应链合作共建'一带一路'高质量发展"开题报告和讨论会通过线上形式召开。

（刘晨宇）

【数字经济与数智金融高端论坛举办】 4月1日，学院、王亚南经济研究院、邹至庄经济研究院与福建省数字经济学科联盟联合主办数字经济与数智金融高端论坛，会议以线上线下相结合的方式举行，邀请相关专家学者就数字经济领域的重要热点问题交流最新研究成果。论坛开幕式由金融系主任潘越教授主持，院长周颖刚教授致开幕辞。本次会议安排4场嘉宾演讲，邀请来自中国科学院数学与系统科学研究院、中国科学院大学、厦门大学、首都经济贸易大学、天津大学、南开大学、福州大学、中国人民大学、上海交通大学、浙江大学的10名专家学者带来前沿分享。

（周梦娜）

【19 名教职人员荣获 2023 年厦门大学奖教金】 4月6日，学校发文公布了 2023 年厦门大学奖教金评选结果，学院、王亚南经济研究院（WISE）、邹至庄经济研究院（Chow Institute）共有19名教职工获个人奖项。

（邵培泽）

【经济学科代表队参与第二届"海峡金融杯"乒乓球比赛】 4月8—9日，厦门市金融系统第二届"海峡金融杯"乒乓球比赛在福隆国家乒乓球训练基地举行，比赛由厦门经济特区金融学会、厦门证券期货基金业协会、厦门市地方金融协会、厦门银行联合举办，共吸引40支队伍、240余名乒乓球爱好者同台竞技，涵盖厦门市金融系统各行业机构，参赛者以球会友、以球联谊，深化两岸金融系统的交流互鉴。（李　祥）

【刘婧媛合作论文于 *Journal of Business & Economic Statistics* 在线发表】 4月12日，刘婧媛教授与北京师范大

学副教授郭旭，宾夕法尼亚州立大学李润泽教授、曾沐冬博士合作的题为“Estimations and Tests for Generalized Mediation Models with High-Dimensional Potential Mediators”的论文在统计学与计量经济学国际权威期刊 *Journal of Business & Economic Statistics* 在线发表。（许有淑）

【中山大学聂海峰做客第八十一期财税名家论坛】 4月20日下午，由财政系主办的“财税名家论坛第八十一讲”学术讲座在经济楼举行。中山大学岭南学院经济学系副教授聂海峰应邀做题为“留抵退税负担机制、消费地原则与政府增值税收入”的学术报告。讲座由副院长谢贞发主持，几十名师生线下参加，1000多人在线观看讲座直播。（丁海婷）

【召开学习贯彻习近平新时代中国特色社会主义思想主题教育动员会议】 4月20日上午，学院党委召开学习贯彻习近平新时代中国特色社会主义思想主题教育动员会议。学校第三巡回指导组副组长余炳建，学校基层党建联络员郑保东到会指导。院党委书记黄鸿德做动员讲话，学院党政班子成员，党委委员，师生党支部委员，党务秘书、组织员、辅导员及师生党员代表参加会议。会议由院党委副书记周蕾主持。（朱国清）

【两个项目获批教育部2022年主题案例征集立项】 5月8日，教育部学位与研究生教育发展中心公布了2022年主题案例征集立项结果，经济学科2个选题获批。其中以周颖刚为首席专家的“美丽中国的三明模式”入选“美丽中国”主题，以陈爱贞为首席专家的“供应链联动创新提升传统产业国际竞争力”入选“中国科创”主题。（刘晨宇）

【财政系李智受邀担任资源环境经济学国际知名SSCI期刊 *Resource and Energy Economics* 副主编】 5月9日，李智副教授受邀担任资源环境经济学SSCI期刊 *Resource and Energy Economics* 副主编(Associate Editor)。该杂志以 *Resources and Energy* 为刊名成立于1978年，1993年改为当前名称，是资源环境经济学领域国际权威期刊之一，主要关注自然资源(可再生和不可再生)的利用和开发、国际贸易和全球环境问题、非市场价值评估方法和创新技术的应用、与环境和自然资源有关的实验经济学、环境政策工具的选择和影响、涉及区域或全球污染以及可再生和不可再生能源与市场之间的关系等前沿问题。（刘晨宇）

【“厦门银行杯”第一届海峡两岸大学生金融创新创意大赛启动仪式举行】 5月9日下午，“厦门银行杯”第一届海峡两岸大学生金融创新创意大赛启动仪式在经济楼N402举行。厦门银行总行行长吴昕颢，台商金融部总经理王汝民，厦门业务管理总部总监助理、公司业务部、台商业务部总经理余勇，厦门业务管理总部台商直营部总经理、江头支行行长杨莹，厦门业务管理总部江头支行行长助理陈静，校长助理方颖，台港澳事务办公室副主任刘文戈，教务处副处长黄艳萍，院长周颖刚，院党委副书记周蕾，副院长郭晔出席。（海峡两岸大学生金融创新创意大赛组委会）

【彭水军、陈雯教授分别当选中国美国经济学会副会长、副秘书长】 5月12—14日，主题为“中国式现代化与中美经贸关系新发展”的中国美国经济学会2023年学术年会暨中美经贸关系发展论坛在武汉大学举办。彭水军教授受邀做了题为“‘开门揖客’到‘借力扬镳’——价值链视角下两个市场两种资源的联动与协调发展”的大会主旨演讲，陈雯、杨曦、杨权等教授通过主持及论文报告等形式参加会议。中国美国经济学会第十一次全国会员代表大会暨换届大会选举产生了第十一届中国美国经济学会的会长、副会长、秘书长、副秘书长、理事等。彭水军当选中国美国经济学会副会长，前副会长庄宗明教授当选学会学术顾问，陈雯教授当选学会副秘书长，蒋冠宏教授、杨曦教授、杨权教授、陈爱贞教授当选学会理事。（陈小鸿）

【“集友银行杯”首届厦门大学经济学科院友乒乓球团体比赛在世纪中心举行】 5月13日，“集友银行杯”首届厦门大学经济学科院友乒乓球团体比赛在世纪中心举行。本次比赛是经济学科新百年系列活动之一，由经济学科主办，集友银行厦门分行、福隆集团支持举办。本次比赛吸引近30名乒乓球爱好者同台竞技，涵盖在校师生、毕业院友，大家以赛为媒，以球联谊，深化了经济学科师生、院友的交流互鉴。（潘小佳）

【“集友银行杯”首届厦门大学经济学科院友羽毛球团体比赛在厦大风雨球馆举行】 5月13日，“集友银行杯”首届厦门大学经济学科院友羽毛球团体比赛在厦大风雨球馆举行。本次比赛是经济学科新百年系列活动之一，比赛由经济学科主办，集友银行厦门分行支持举办。本次比赛吸引30余名羽毛球爱好者同台竞技，涵盖在校师生、毕业院友。（潘小佳）

【第二届“厦大—浙大财政学双边论坛”在厦门大学举办】 5月13日，第二届“厦大—浙大财政学双边论坛”在厦门大学经济楼N501举办。本次论坛由学院、王亚南经济研究院和浙江大学经济学院主办，财政系承办。（潘小佳）

【师生党员赴龙岩市开展学习贯彻习近平新时代中国特色社会主义思想主题教育暨“薪火计划”大思政平台共建活动】 5月13—14日，院党委书记高忠华率师生党员代表赴福建省龙岩市新罗区、长汀县、才溪乡开展学习贯彻习近平新时代中国特色社会主义思想主题教育暨“薪火计划”大思政平台共建活动。（谢婷玉　许　瑶　刘晓燕　李卢瀚）

【一篇论文在 *Journal of Econometrics* 在线发表】 5月15日，财政系助理教授曾颖与美国马里兰大学帕克校区 Guido M. Kuersteiner、Ingmar R. Prucha 合作完成的论文“Efficient Peer Effects Estimators With Group Effects”在计量经济学国际顶尖期刊 *Journal of Econometrics* 在线发表，该刊为学校经济学科认定的A类期刊。（刘晨宇）

【一篇论文在《管理世界》发表】 5月16日，金融系蔡庆丰教授与湖南大学金融与统计学院陈熠辉助理教授(厦门大学2021届经济学博士毕业生)合作完成的论文《财政纵向

失衡、地方激励异化与企业投资》在《管理世界》2023 年第 5 期正式发表。（刘晨宇）

【一篇论文在 *Biometrics* 在线发表】 5 月 17 日，由统计学与数据科学系 2020 级在读博士生李晶茂与其导师组导师方匡南教授、张庆昭教授、耶鲁大学马双鸽教授及上海交通大学徐雅晴助理教授合作完成的论文“Pathological Imaging-assisted Cancer Gene-environment Interaction analysis”，被学界公认的统计学国际权威期刊 *Biometrics* 正式接受并在线发表。（刘晨宇）

【一篇论文在 *Journal of Business & Economic Statistics* 在线发表】 5 月 17 日，统计学与数据科学系、王亚南经济研究院助理教授钟齐先与美国加州大学戴维斯校区 Jane-Ling Wang 合作完成的论文“Neural Networks for Partially Linear Quantile Regression”在统计学与计量经济学国际权威期刊 *Journal of Business & Economic Statistics* 在线发表。（刘晨宇）

【首届中国金融学论坛在厦门大学举行】 5 月 20 日，首届中国金融学论坛举行。百余名来自国内多所科研院校金融学相关专家学者、学术期刊社专家代表莅临参会。会议由中国社会科学院金融研究所联合学院、王亚南经济研究院、邹至庄经济研究院共同主办，金融系承办，并得到厦门国际银行股份有限公司的大力支持。《经济研究》《世界经济》《财贸经济》《经济学动态》《金融评论》《中国经济问题》为本次会议提供学术支持。（何永芳）

【一篇论文在《经济研究》发表】 5 月 23 日，国际经济与贸易系张少军教授、方玉文博士生与国务院发展研究中心发展战略和区域经济研究部李善同研究员合作完成的学术论文《中国经济双循环的贸易利得分析》在《经济研究》2023 年第 4 期正式刊出。该论文是国家自然科学基金面上项目“省际贸易与经济增长：寻找新时代中国经济的新动能”阶段性成果之一。（刘晨宇）

【部门工会组织离退休教工开展春游活动】 5 月 26 日上午，部门工会组织离退休教工赴厦门天竺山森林公园开展春游活动。参加春游活动的老师们一路欢声笑语，其乐融融。（朱国清）

【校党委副书记、纪委书记全海到学院开展主题教育专题调研】 5 月 26 日上午，校党委副书记、纪委书记、国家监委驻厦门大学监察专员全海到学院开展“建立健全全面从严治党体系，为建设一流大学提供有力政治引领和坚强政治保障”主题教育专题调研。校纪委副书记黄宝秋，校纪检监察机构办公室主任邹海燕，院党委书记高忠华，院长周颖刚，院党委副书记杜海林，学校办公室、校纪检监察机构办公室以及学院有关人员参加会议。（彭　巍　王婉琼　潘小佳）

【经济学科发布《中国产业数字化转型指数（2023）》】 5 月 27 日，由学院、王亚南经济研究院、福州大学经济与管理学院主办的福建省数字经济联盟数字经济与经济学理论创新研讨会在福州召开。本次会议围绕“数字经济与经济学理论创新”这一主题，围绕中国式现代化、数字经济、市场机制和大数据问题发表主旨报告，探讨数字经济对经济学研究的变革与机遇。经济学科发布《中国产业数字化转型指数（2023）》，该指数由厦门大学经济学科、中国联通智慧足迹数据科技有限公司等 4 家单位筹建的联合实验室共同研究完成。（周梦娜）

【闽宁财经学科大思政联盟启动，探索新时代高校财经教育的“大思政”建设】 5 月 27 日，由学院、王亚南经济研究院、福州大学经济与管理学院主办的福建省数字经济联盟数字经济与经济学理论创新研讨会在福州召开。会上举行了闽宁财经学科大思政联盟启动仪式。联盟成员代表上台签署名字，标志着闽宁财经学科大思政联盟正式成立。（周梦娜）

【数字经济与经济学理论创新研讨会在福州召开】 5 月 27 日，由学院、王亚南经济研究院、福州大学经济与管理学院主办的福建省数字经济联盟数字经济与经济学理论创新研讨会在福州召开。党的二十大报告提出：“加快发展数字经济，促进数字经济和实体经济深度融合。”本次会议汇聚了数字经济领域卓有建树的理论研究者、实践从业者，体现了数字经济理论与实践交融。（周梦娜）

【一篇论文在《经济学（季刊）》发表】 6 月 2 日，金融系蔡伟毅、中国能源经济研究中心孙传旺以及中国人民大学汉青研究院陈珉昊（厦门大学经济学院 2020 届本科毕业生）合作完成的论文《东道国恐怖活动、中国对外直接投资及其区位偏好转移》在《经济学（季刊）》2023 年第 23 卷第 3 期（总第 94 期）正式刊出。（刘晨宇）

【一篇论文在《经济研究》发表】 6 月 3 日，金融系陈国进、赵向琴与中共福建省委政策研究室经济处陈凌凌、北京航空航天大学经济管理学院金昊合作完成的论文《气候转型风险与宏观经济政策调控》在《经济研究》2023 年第 5 期正式刊出。（刘晨宇）

【首届全国大学生公共经济与政策大赛决赛举行】 6 月 3 日，首届全国大学生公共经济与政策论文大赛决赛在经济楼举行。自 2023 年 3 月份启动报名以来，共有来自全国 88 所高校的 502 支参赛队伍报名，初赛阶段共收到 289 篇论文。经过激烈角逐，最终来自 20 所高校的 36 篇论文进入决赛。决赛设置了开幕式、分组决赛答辩、总决赛答辩、主题演讲和颁奖典礼环节。大赛由厦门大学主办，教务处、学院、王亚南经济研究院承办，北京大学经济学院、山东大学经济学院、上海财经大学公共经济与管理学院、中国人民大学财政金融学院协办，厦门国际银行赞助支持。（王凌霄　陈镇涛　仇聪怡　马子健　张紫欣　孙雨熙）

【彭水军获研究阐释党的二十大精神国家社科基金重大项目立项】 6 月 7 日，全国哲学社会科学工作办公室公布了研究阐释党的二十大精神国家社会科学基金重大项目立项名单，彭水军教授作为首席专家主持申报的项目“新时期开放中提升国际循环质量和水平以畅通国内国际双循环的实现路径研究”获得立项，这是彭水军第二次获得国家社科基金重大

项目立项,也是国际经济与贸易系教师团队自2013年来立项的第七项国家社科基金重大项目。(刘晨宇)

【一篇论文在《经济学(季刊)》发表】 6月8日,财政系梁若冰与鹏华基金管理有限公司蓝天(厦门大学经济学院财政系2020届硕士毕业生)合作完成的论文《行政区扩张、土地出让依赖与城市发展质量:基于卫星灯光数据的准实验研究》在《经济学(季刊)》2023年第23卷第3期(总第94期)正式刊出。(刘晨宇)

【举行"习近平总书记与大学生在一起"学习分享会】 6月9日,厦门大学以"强国有我,青春有为,争做新时代好青年"为主题,举办"习近平总书记与大学生在一起"学习分享会。本场学习分享会由学校党委学生工作部、学院党委、马克思主义学院党委联合主办。学校党委学生工作部、学院、马克思主义学院主要负责人以及思明校区各学院党委副书记、辅导员、2023届毕业生代表参加活动。

(全国高校思想政治工作网)

【六门课程入选第二批国家级一流本科课程】 6月12日,教育部印发《教育部关于公布第二批国家级一流本科课程认定结果的通知》(教高函〔2023〕7号),正式公布第二批国家级一流本科课程认定结果。经济学科共有6门本科课程入选,其中刘婧媛负责的"多元统计分析"、冯峥晖负责的"属性数据分析"入选线上一流课程;周颖刚负责的"金融经济学"、方颖负责的"计量经济学"、潘越负责的"财务报表分析"入选线下一流课程;林文生负责的"税务稽查虚拟仿真实验"入选虚拟仿真实验教学一流课程。(林安语)

【第九届6·15海峡文化与经济发展论坛举办】 6月15日,第九届6·15海峡文化与经济发展论坛在经济楼举办。本次论坛由福建省海峡文化交流中心主办,厦门市陈文龙文化研究会、学院经济发展与传统文化研究中心协办,学院、王亚南经济研究院作为指导单位,主题为"携手弘扬中华传统文化 凝心共促两岸融合发展"。(潘小佳)

【两岸金融交流座谈会在厦大经济学科举行】 6月16日,2023年两岸金融交流合作研讨班之两岸金融交流座谈会在经济楼举行。座谈会议题为"两岸金融创新和融合发展建议",30余名来自海峡两岸的金融高管及经济学科教师代表参与座谈交流。座谈会由厦门大学两岸金融发展研究中心承办,厦门大学金融文化研究院协办。(邵培泽)

【第十六届"魏嵩寿奖学金"颁奖仪式举行】 6月19日下午,国际经济与贸易系第十六届"魏嵩寿奖学金"颁奖仪式在经济楼N501会议室举行。魏嵩寿奖学金基金会理事会副理事长、院党委副书记杜海林,魏嵩寿奖学金基金会理事会副理事长、副院长彭水军,国贸系副主任(主持工作)蒋冠宏、副主任杨曦,国贸系武力超、张少军、陈小鸿等老师及获奖学生出席本次仪式。经个人申请、资格评审,本届共有22名同学获得奖学金,其中博士生2名,硕士生2名,本科生18名。(杨 亮)

【招生宣传组赴河南、北京开展招生宣传】 6月20—30日,经济学科招生宣传组赴河南、北京开展2023年高考招生宣传,此行得到河南校友会、厦门大学对外联络办、北京校友会的鼎力相助。(黄晨希 刘 慧)

【经济学科2023届毕业典礼举行】 6月21日下午,经济学科2023届毕业典礼在建南大会堂举行。院党政领导、系部中心负责人、教师代表、研究生导师、班主任、辅导员、行政和后勤工作人员代表、经济学科2023届本硕博毕业生及其家长参加了典礼。

(卢泽伟 袁晓琦 马子健 吴卓琰 周鼎铭)

【举办第三届"历史视野下的经济发展与思想演进"学术研讨会】 6月22—23日,第三届"历史视野下的经济发展与思想演进"学术研讨会暨2023年全国经济史与思想史博士生论坛在厦门大学举办。本次研讨会是经济学系建系百年系列活动之一。(周梦娜)

【中国特色社会主义财政理论研讨会暨"邓子基文科资深教授百年诞辰纪念活动"举行】 6月24日,中国特色社会主义财政理论研讨会暨"邓子基文科资深教授百年诞辰纪念活动"在厦门大学举行。会议深切缅怀我国著名马克思主义经济学家、财政学家、教育家邓子基先生,并就中国特色社会主义财政理论的发展、运用与前沿问题等内容进行研讨。中国财政学会会长、全国政协外事委员会原主任、财政部原部长楼继伟,福建省委常委、宣传部部长张彦,中国社会科学院副院长、学部委员高培勇,福建省政协副主席、三明市委书记黄如欣,审计署原党组副书记、副审计长董大胜,审计署原党组成员、中央经济责任审计工作联席会议办公室原主任张通,中国税务学会会长、国家税务总局原副局长汪康,中国国际税收研究会会长、国家税务总局原副局长张志勇,中国国际税收研究会副会长、国家税务总局原副局长孙瑞标,中国银行原行长李礼辉,福建省人大常委会原党组书记、副主任徐谦,福建省人大常委会原党组副书记、副主任陈桦,福建省人大常委会原党组书记、副主任雷春美,福建省人大常委会原副主任邓力平,福建省政协原副主席许维泽,校党委书记张荣、校长张宗益、原校长朱崇实等出席大会。张彦、张荣、楼继伟、汪康、福建省邓子基教育基金会执行理事长林英钊依次致辞。研讨会由校党委常务副书记林东伟主持。来自财税及相关主管部门的各级领导,财政学界、财政业界嘉宾,邓子基教授弟子、家乡乡贤代表,邓子基教授铜像捐资人,学校相关职能部门负责同志,经济学科师生代表等300余人参会。

(何永芳)

【金融支持建设海峡两岸融合发展示范区研讨会在厦大经济学科举行】 6月25日,2023年金融支持建设海峡两岸融合发展示范区研讨会在经济楼举行。研讨会议题为"金融支持建设海峡两岸融合发展示范区的建议",10余名来自海峡两岸的银行金融业高管与厦大经济学科、闽江学院、华侨大学教师代表参与座谈交流。本次研讨会由两岸企业家峰会大陆方面金融组、学院、王亚南经济研究院主办,厦门大学两岸金融发展

研究中心承办，闽江学院海峡两岸产业融合发展研究院、华侨大学台湾经济研究所协办。（邵培泽）

【**对外经贸大学原校长施建军院友到访**】 6月27日上午，对外经贸大学原校长施建军院友到访经济学科，与教师代表座谈。院长周颖刚，以及统计学与数据科学系多名教师出席座谈会。周颖刚、统计学与数据科学系主任钟威分别就经济学科和统计学与数据科学系的基本情况进行简要介绍。参会人员重点围绕如何进行有效的有组织科研、如何将学术成果与国家政策更紧密结合、统计学科如何进一步发展做了深入交流。（何永芳）

【**毕业生党员教育大会举行**】 6月27日，为学习宣传贯彻党的二十大精神和深入开展学习贯彻习近平新时代中国特色社会主义思想主题教育，进一步加强毕业生党员理想信念教育、党的宗旨教育、党风廉政教育，引导毕业生党员坚定不移听党话、跟党走，争做勇担民族复兴重任的时代新人，学院在经济楼N302开展经济学科2023届毕业生党员最后一堂党课活动。参会人员有院党委书记高忠华、2023届毕业生党员代表。

（卢泽伟　周鼎铭）

【**教工在厦门大学第30届教工游泳运动会上获团体总分三连冠**】 7月2日，厦门大学第30届教工游泳运动会暨第31届学生游泳运动会在王清明游泳馆落下帷幕。经济学科教工游泳队在本届游泳比赛中表现出色，连续3年获得教工团体总分第一名。

（李　祥）

【**举办习近平经济思想暨政治经济学前沿高级专题系列讲座**】 7月3日，习近平经济思想暨政治经济学前沿高级专题系列讲座第一讲在经济楼举办。习近平经济思想暨政治经济学前沿高级专题系列讲座是学院、王亚南经济研究院开设的本科专业短学期选修课程，通过学术前沿讲座与研究性学习相结合的方式，让学生深入学习习近平经济思想，深刻领会开辟马克思主义中国化时代化新境界。该系列讲座邀请到“习近平经济思想在福建的孕育和实践”项目主要成员以及长期从事政治经济学相关研究的学科带头人或学术骨干主讲。

（陈涵钰）

【**学院党委召开主题教育调研成果交流会**】 7月7日，学院党委召开学习贯彻习近平新时代中国特色社会主义思想主题教育调研成果交流会。学校主题教育第三巡回指导组副组长余炳建到会指导。学院党委委员，学院、王亚南经济研究院处级领导干部，系所主要负责人代表、党支部书记代表等参加会议。会议由院党委书记高忠华主持。（陈秋虹）

【**举办夏季学期杰出校友系列讲座**】 7月，经济学科邀请杰出校友陈剑峰、史纲、潘跃伟等主讲，为同学们带来AI智能、金融、财政、企业创新等方面的实务讲座，为在读学生树立学习榜样，拓宽学术视野，规划职业生涯。

（陈启妍）

【**举行2023年暑期社会实践出征仪式暨安全动员大会**】 7月11日中午，经济学科2023年暑期社会实践出征仪式暨安全动员大会在经济学院N402报告厅举行。院党委副书记杜海林、李静，院团委书记吴光锡，院团委副书记王华、谢婷玉、占群丽，全体辅导员、实践队学生代表参加本次活动。本次暑期社会实践截至目前共有656名同学、79支实践队报名参与暑期社会实践之旅，其中“锦字红书”支教队、“深绿一厦”等5支队伍成功入围南风窗·调研中国全国百强队伍，19支队伍成功入围校级重点队伍。（刘雨桐　郝柏渊）

【**学院党委开展师德师风集中教育和学习**】 7月19日上午，学院党委在经济楼N402开展师德师风集中教育和学习，旨在持续推进学习贯彻习近平新时代中国特色社会主义思想主题教育走深走实，落实教育部及学校关于师德集中学习的有关部署，进一步加强经济学科师德师风建设。

（王常贺）

【**“厦门银行杯”第一届海峡两岸大学生金融创新创意大赛决赛暨颁奖仪式举行**】 7月21日，“厦门银行杯”第一届海峡两岸大学生金融创新创意大赛决赛暨颁奖仪式在思明校区克立楼报告厅举行。淡江大学教务长蔡宗儒教授、金圆统一证券有限公司总裁助理陈隆坚、厦门银行交易银行部总经理黄志强、厦门银行台商金融部总经理助理李清伟、暨南大学经济学院金融系主任沈军教授、君龙人寿保险有限公司副总经理杨梅、淡江大学商管学院院长杨立人教授、淡江大学商管学院统计学系主任杨文副教授、中山大学岭南学院曾燕教授、山东大学经济学院副院长张群姿教授出席答辩会并担任评审嘉宾（按姓名音序排序）。本次决赛由副院长郭晔主持。（陈瑜倩　陈镇涛）

【**“农行杯”第二届厦门大学金融科技创新大赛暨第二届中国研究生金融科技创新大赛校级选拔赛启动仪式举行**】 7月22日上午，“农行杯”第二届厦门大学金融科技创新大赛暨第二届中国研究生金融科技创新大赛校级选拔赛启动仪式在经济楼N302报告厅举行。中国农业银行厦门市分行党委书记、行长吴刚，党委委员、副行长胡敏；副校长方颖，研究生院副院长杨柳，副院长郭晔参加会议，并共同触发启动台，启动赛事。同时，参加会议的还有中国农业银行厦门市分行网络金融部、机构业务部、个人金融部、科技与产品管理部主要负责人，思明支行行长及相关业务骨干，学院学生代表。活动由院党委副书记李静主持。（“农行杯”第二届厦门大学金融科技创新大赛组委会）

【**经济学科国际化人才自主培养成果获国家级教学成果奖一等奖**】 7月24日，教育部公布《关于批准2022年国家级教学成果奖获奖项目的决定》，洪永森等申报的“服务全球化战略，培养高质量人才——经济学科国际化人才培养体系创新”被评为高等教育（本科）国家级教学成果奖一等奖。本次入选项目以国际化人才自主培养体系创新为主题，始于2011年，由时任院长洪永森领衔，经过12年的完善以及实践检验，旨在探索中国经济学人才自主培养的高质量教育体系建设。该成果是学院参评国家级教学成果奖以来第一次以独立完成单位获得的国家级教学成果奖一等奖，也是学校自2005年以来首次以独立完成单位获得的国家级教学成果

奖一等奖。 （邓晶晶）

【统计学学科交叉人才培养创新实践获国家级教学成果奖二等奖】 7月24日，教育部公布《关于批准2022年国家级教学成果奖获奖项目的决定》，由方颖等合作申报的“融合发展、交叉创新：新文科背景下统计学学科交叉人才培养的创新与实践”被评为高等教育（研究生）国家级教学成果奖二等奖。 （邓晶晶）

【2023年马克思主义政治经济学暑期学校开幕】 7月24日，2023年马克思主义政治经济学暑期学校在经济楼开幕。这是该系列暑期学校第七次在厦门大学举办，本次暑期学校由学院、王亚南经济研究院、邹至庄经济研究院主办，《资本论》数字纪念馆承办。 （何永芳）

【举办2023年政治经济学高端论坛】 7月26日，2023年政治经济学高端论坛在经济楼举行。该论坛是马克思主义政治经济学暑期学校的重要组成部分，本届主题为“中国式现代化视野下的政治经济学”，由学院、王亚南经济研究院、邹至庄经济研究院主办，《资本论》数字纪念馆承办。论坛包含开幕演讲、主旨演讲和中青年学者论坛等环节，马克思主义政治经济学暑期学校的授课老师、学员等参会。上午，在院长周颖刚的主持下，开幕式在经济楼报告厅举行，院党委书记高忠华致开幕词。下午，两场中青年学者论坛依次举行，来自国内多所高校的中青年教师带来他们的最新研究报告。中青年学者论坛分别由中国人民大学赵峰教授、厦门大学徐春华助理教授主持。 （何永芳）

【《中国经济问题》影响因子年报各项指标稳中有升】 8月15日，根据中国学术期刊影响因子年报，《中国经济问题》复合类影响因子从2021年的3.521提高到2022年的4.286，期刊综合影响因子由2021年的1.802提高到2022年的2.366，人文社科影响因子由2021年的1.686提高到2022年的2.214，另外复合总被引、期刊综合总被引、被引期刊数和总下载量都有不同程度的提高。从排名上看，本刊影响力指数排名在“中国经济”学科类目43家期刊中排名第七（2021年在40家中排名第七），复合类影响因子在43家期刊中排名第六（2021年在40家中排名第五）。 （《中国经济问题》编辑部）

【一篇论文在国际顶刊 *Games and Economic Behavior* 正式发表】 8月16日，经济学系副教授李梦玲、许梦涵与新加坡南洋理工大学Yohanes E. Riyanto教授合作完成的论文“Prioritized Organ Allocation Rules Under Compatibility Constraints”在博弈论领域国际顶尖期刊*Games and Economic Behavior*正式发表。该刊是厦大经济学科认定的国际A类期刊。 （刘晨宇）

【获14个2023年度国家自然科学基金项目立项】 8月24日，国家自然科学基金委员会公布了2023年度国家自然科学基金集中接收申请项目评审结果，经济学科共有14个项目获得基金资助项目立项，其中面上项目7个，青年科学基金项目7个，获资助直接经费总额为524万元。根据集中接收期申报情况来看，面上项目和青年项目平均资助率达36.5%。 （刘晨宇 许有淑）

【学院党委召开学习贯彻习近平新时代中国特色社会主义思想主题教育专题民主生活会】 8月29日下午，学院党委学习贯彻习近平新时代中国特色社会主义思想主题教育专题民主生活会在经济楼N501召开。校党委委员、基层党建工作联络员王炳华，校纪委委员张必华，校主题教育第三巡回指导组副组长余炳建到会指导，学院、王亚南经济研究院领导班子成员参加会议。会议由院党委书记高忠华主持。 （王婉琼 周梦娜）

【2023级新生开学典礼仪式感拉满】 9月6日上午，经济学科2023级新生开学典礼在建南大会堂举行。院党委书记高忠华，院长周颖刚，院党委副书记杜海林、李静，副院长郭晔、谢贞发，王亚南经济研究院副院长王艺明等院党政领导，系所中心负责人、教师代表、班主任代表、教学秘书、辅导员和2023级全体新生参加典礼。 （王 华）

【一篇论文在 *Journal of Development Economics* 正式发表】 9月7日，助理教授朱炯与中国人民大学刘守英教授、暨南大学马森助理教授和辽宁大学殷立娟助理教授合作完成的论文“Land Titling, Human Capital Misallocation, and Agricultural Productivity in China”正式发表于发展经济学顶级刊物*Journal of Development Economics*。该刊是厦大经济学科认定的国际A类期刊。该文是国家自然科学基金“计量建模与经济政策研究”基础科学中心项目阶段性成果之一。 （刘晨宇）

【潘越获评“福建省优秀教师”】 9月8日，福建省人力资源和社会保障厅、福建省教育厅联合公布了《福建省人力资源和社会保障厅福建省教育厅关于表彰福建省优秀教师和优秀教育工作者的决定》，潘越教授获评“福建省优秀教师”荣誉称号。 （潘小佳）

【“银行与公司金融”青年论坛（2023秋季）举行】 9月16日，“银行与公司金融”青年论坛（2023秋季）在经济楼召开。来自全国各高校的70余名专家学者、硕博研究生参加此次学术交流活动。社科处处长、金融系主任潘越教授，院长周颖刚教授先后为开幕式致辞，金融系副主任倪骁然副教授主持开幕式。 （潘小佳）

【百位专家投教行之“我回母校说投资”暨2023上证杯全国高校ETF菁英选拔赛高校巡讲会在厦大召开】 9月21日，百位专家投教行之“我回母校说投资”暨2023上证杯全国高校ETF菁英选拔赛高校巡讲会在经济楼召开。本次活动由学院、王亚南经济研究院、邹至庄经济研究院联合《上海证券报》、鹏华基金主办，是中国证券投资基金业协会发起的“一司一省一高校”投资者教育系列活动之一。 （潘小佳）

【两名博士生在第五届天津大学博士生学术论坛获奖】 2023第五届天津大学博士生学术论坛经济学学科分论坛论文评选，一等奖1篇（2020级数理统计专业博士生朱美婷），二等奖1篇（2022级西方经济学专业硕博连读生方敏）。 （潘小佳）

【第三届数据科学与现代经济统计论坛举行】 9月23日，第三届数据科学与现代经济统计论坛在厦门大学举行。来自国家统计局统计科学研究所、国内多所高校的数据科学、经济统计学相关专家学者齐聚一堂，分享和探讨数据科学与现代经济统计发展的前沿问题，展望现代信息技术与经济统计融合发展的前景。论坛包含大会主旨报告、杰出青年学者报告、分组报告等环节，共 23 项成果在各环节进行分享和探讨。（何永芳）

【获 18 个 2023 年国家社科基金年度项目和青年项目立项】 9 月 28 日，全国哲学社会科学工作办公室公布了 2023 年国家社科基金年度项目和青年项目正式立项结果，经济学科共有 18 个项目获得立项，其中重点项目 6 个。经济学科此次共 26 人申报，立项率为近 3 年新高，申请书质量持续提升。（刘晨宇）

【一篇论文在《管理世界》发表】 9 月 28 日，经济研究所教授柏培文与中南财经政法大学经济学院副教授张云（厦门大学经济学院政治经济学专业 2022 届博士毕业生）合作完成的论文《数智化如何影响双循环参与度与收入差距——基于省级—行业层面数据》在《管理世界》2023 年第 10 期正式刊出。（刘晨宇）

【学校党委第三巡视组进驻经济学院开展巡视工作】 10 月 17 日下午，校党委第三巡视组巡视经济学院工作动员会在经济楼 N302 会议室召开。校党委巡视工作领导小组成员、校纪委副书记黄宝秋，校党委第三巡视组组长蔡郑伟、副组长毛通文，校党委第三巡视组其他成员，学院在职教职工和部分担任过班子成员的退休干部参加动员大会。大会由院党委书记高忠华主持。（王婉琼　潘小佳）

【廉洁教育工作案例获评教育部优秀作品】 10 月 20 日，教育部办公厅公布了第八届高校廉洁教育系列活动结果，学院工作案例《探索有学科特色的“234”工作体系，创新廉洁教育新模式》入选“案例展示优秀作品”名单，为学校唯一入选案例。（蔡庆淞）

【举行首届“厦门大学—对外经济贸易大学财政学双边论坛”】 10 月 21 日，首届“厦门大学—对外经济贸易大学财政学双边论坛”在经济楼召开，会议由学院、王亚南经济研究院主办，财政系承办。本次双边论坛由开幕式、论文报告及点评、支部建设与人才培养研讨 3 个环节构成。（潘小佳）

【2023“软科世界一流学科排名”发布，经济学居全球前 50】 10 月 27 日，高等教育评价专业机构软科正式发布 2023“软科世界一流学科排名”（ShanghaiRanking's Global Ranking of Academic Subjects）。经济学位列全球排名第 50，中国内地大学排名第 4。（邓晶晶）

【举办第一届“良师益友奖”颁奖大会暨张亦春大讲堂第一讲】 10 月 28 日，经济学科携手张亦春基金会在经济楼举行第一届“良师益友奖”颁奖大会暨张亦春大讲堂第一讲。颁奖大会上，金融系教授朱孟楠、院团委副书记王华、研究生教学秘书吴安婷获得第一届“良师益友奖”。中国建设银行首席财务官，中国建设银行总行资产负债管理部总经理，建信基金党委书记、董事长生柳荣博士以“关于金融服务民营经济高质量发展的思考”为题开讲张亦春大讲堂首讲。颁奖大会由院党委副书记李静主持，院党委书记高忠华、张亦春基金会理事长郑学军博士先后致辞。（潘小佳）

【闽宁财经学科大思政联盟第一届年会在宁夏召开】 10 月 22—23 日，由经济学科倡议成立的“闽宁财经学科大思政联盟”在宁夏大学经济管理学院举行第一次年会，学院、王亚南经济研究院、邹至庄经济研究院，福州大学经济与管理学院，福建农林大学经济与管理学院，华侨大学统计学院/数量经济研究院，集美大学财经学院，闽江学院新华都商学院福建省 6 所高校的教师代表，与宁夏大学经济管理学院、北方民族大学经济学院、宁夏医科大学人文与管理学院、宁夏职业技术学院商学院、宁夏财经职业技术学院金融系、宁夏工商职业技术学院财会金融学院的教师代表就“大思政”建设进行研讨，共 100 余名代表参会。（潘小佳）

【闽宁财经学科携手推进“大思政”建设】 10 月 29 日，“闽宁财经学科大思政联盟”在宁夏召开第一次年会，来自福建省 6 所高校的财经学科教师代表与宁夏地区 6 所高校代表共百余人就财经学科的“大思政”建设进行深入研讨。（邓晶晶）

【赴北京重点生源中学开展招生宣介活动】 10 月 30—31 日，院长周颖刚教授、副院长谢贞发、招生与考试办公室副主任洪镔一行赴中国人民大学附属中学、北京交通大学附属中学、北京市第四中学进行优质生源基地授牌，并与 3 所中学的师生进行座谈交流与招生宣讲，受到合作中学校领导、教学主任、师生代表的热烈欢迎。活动旨在增强学校与北京市优质生源中学的合作，进一步推动学校与北京市重点中学建立长久有效的合作机制。（苏盈莹）

【与厦门市工商联签订共建厦门民营经济研究院协议】 11 月 1 日上午，2023 年厦门企业家日大会在厦门国际会议中心召开，院长周颖刚教授出席大会，并与厦门市工商联签订共建厦门民营经济研究院协议。（王　彧）

【第三届保险与再保险论坛举办】 11 月 4—5 日，第三届保险与再保险论坛在经济楼举行。论坛聚焦“风险减量、科技助推与高质量发展”主题，5 名主旨演讲嘉宾，150 余名来自各大高校、保险行业知名公司、政府监管机构、行业协会代表参会。除主旨演讲，本届论坛还包含 10 组平行分论坛、6 组学生保险产品设计暨案例分析大赛、1 场保险学教材建设研讨会、1 场保险专硕校外导师论坛。（何永芳）

【西南大学经济管理学院教师代表到访】 11 月 6 日上午，西南大学经济管理学院副院长高远东、经济系主任李海明、教学工作办公室主任王小华，以及教师代表陈隆近、刘培森、谢漾等一行来访。副院长谢贞发、王亚南经济研究院副院长王艺明、财政系副主任林细细，以及教师代表高岭、徐春华，行政办公室邓晶晶、张搏等参加会谈。会上，双方就两校的学校概况、学科发展历史与建设情况进行介绍，就人才培养思路与特色、学科建设、师资队伍建设、社会服务等多方面事宜进行深入交流。（邓晶晶）

【召开就业工作专项研讨会】 11月7日上午,经济学科召开就业工作专项研讨会,对就业工作进行专题研讨,剖析问题,明确思路,做出部署,旨在进一步推进高质量充分就业工作。院党委书记高忠华、院长周颖刚等学院党政领导班子成员,各系负责人,院办公室,辅导员等参会。会议由院党委副书记李静主持。

(占群丽)

【黄良文讲坛(第十一讲)举行】 11月11日,黄良文讲坛(第十一讲)在经济楼N302召开。本次讲坛由学院、王亚南经济研究院、邹至庄经济研究院主办,统计学与数据科学系、黄良文统计学科教育发展基金会共同承办。讲坛由良文奖学金颁发仪式、主题演讲、论文报告3个部分组成。

(潘小佳)

【获三个2023年国家社科基金后期资助项目立项】 11月14日,全国哲学社会科学工作办公室公布了2023年国家社科基金后期资助项目和优秀博士论文出版项目正式立项结果,经济学科共有3个项目获得立项。

(刘晨宇)

【找准发力点 培养一流经济人才】 11月14日起,校党委宣传部开设"微聚焦"组图专栏,图文并茂呈现各基层单位学习贯彻落实学校第十二次党代会精神的亮点举措,深入报道学院师生为推进学校各项事业内涵式高质量发展的良好精神风貌。

(邓晶晶)

【学院工会组织离退休教职工郊游活动】 11月14日,学院工会组织离退休教职工游览厦门万石植物园,在舒展身心的同时,增进离退休教职工们的沟通交流。　(郑明雪)

【厦门大学两岸金融发展研究中心与中国银行厦门市分行签订合作协议】 11月14—15日,两岸企业家峰会成立10周年年会在南京市举行。本次年会以"新格局中融合发展和高质量发展"为主题,两岸企业家峰会双方理事会成员、会员、企业家、相关专家学者约800人参加年会各项活动。自2013年成立以来,两岸企业家峰会已在南京、台北、厦门、金门等地举办10次,受到两岸产经各界的积极肯定。

(潘小佳)

【青年教师获两项一等奖和最佳教学设计奖】 11月中旬,厦门大学第十八届教学比赛公布获奖名单,经济学科2名教师在比赛中斩获佳绩。在理论文科组中,梅小玲获得一等奖、最佳教学设计奖;在英语文科组中,王中雷获得一等奖、最佳教学设计奖。

(林安语)

【成立习近平经济思想教研中心】 11月15日,学校成立习近平经济思想教研中心,挂靠经济学科。

(陈启妍)

【五门课程入选2023年福建省一流本科课程】 11月16日,经高校申报推荐及专家评议等程序后,福建省教育厅发布《福建省教育厅关于公布2023年省级一流本科课程名单的通知》,经济学科新增5门课程入选。

(邓晶晶)

【《中国工业经济》第六届应用经济学高端前沿论坛暨"全面建设社会主义现代化国家与中国经济学理论创新"研讨会举行】 11月17—18日,《中国工业经济》第六届应用经济学高端前沿论坛在厦门大学举行。为更好地助力经济高质量发展取得新突破,构建新发展格局和建设现代化经济体系取得更大进展,论坛聚焦"全面建设社会主义现代化国家与中国经济学理论创新"主题。本届论坛包含专题报告、编读见面会、第九届《中国工业经济》优秀论文颁奖、主旨演讲,以及分论坛研讨等环节。

(何永芳)

【中国政治经济学创新论坛暨期刊建设会议举办】 11月25日,中国政治经济学创新论坛在经济楼举办。该论坛是经济学系建系百年大会重要活动之一,含开幕、闭幕主题演讲和分论坛环节,10名来自政治经济学领域的专家带来主题演讲,22篇研究成果在分论坛中被报告分享和研讨。

(何永芳)

【经济学系建系百年系友论坛举办】 11月26日上午,经济学系建系百年系友论坛在经济楼举行。该论坛是经济学系建系百年纪念活动之一,经济学系各届系友齐聚一堂,分享研究成果和行业经验。论坛由经济学系主任张兴祥教授、张晶教授主持。

(何永芳)

【经济学系建系百年发展大会在厦大举行】 11月25—26日,经济学系举行建系百年发展大会,邀请国内经济学学者,学术期刊代表,学校机关部处领导,经济学系离退休老师代表、系友代表、教师代表、学生代表共聚一堂,共庆百年华诞,共商发展大计。

(何永芳)

【学生在校级大学生职业规划大赛中获佳绩】 11月26日,厦门大学"筑梦青春志在四方,规划启航职引未来"大学生职业生涯规划大赛决赛落幕。经济学科学子斩获2个二等奖、2个三等奖,学科获评成长赛道"优秀组织奖",辅导员占群丽获"优秀指导老师"。(占群丽　张韵琪　庄　华)

【经济学科启动"学风徐来"系列行动】 11月27日,"师说·生语"经典原著读书会在学生公寓芙蓉二学习共享空间举行,这也是经济学科"学风徐来"系列主题活动之一。学生工作组充分结合学科实际和学生工作特点,全面实施"学风徐来"行动方案,与教学部门等紧密配合,扎实推进十大举措,努力营造"爱学、互学、竞学"的浓厚风气。　(潘小佳)

【学生在第二届中国研究生金融科技创新大赛中获佳绩】 12月3日,第二届中国研究生金融科技创新大赛总决赛在复旦大学举行。学院"神雕厦绿队""玛卡巴卡队"荣获二等奖、"风控研究小组队""科技易数队"荣获三等奖。　(隋佳航)

【中国特色经济与统计理论研讨会暨"钱伯海文科资深教授铜像落成仪式"举行】 12月9日,中国特色经济与统计理论研讨会暨"钱伯海文科资深教授铜像落成仪式"在厦门大学举行。活动深切缅怀钱伯海先生,并聚焦中国特色经济与统计理论的发展、运用与前沿问题等进行研讨。相关部门领导,兄弟院校代表,钱伯海教授的学生代表、亲属代表,学校领导、职能部门相关负责人,学院领导、各系代表,统计学与数据科学系师生代表、退休教师代表、系友代表等参加活动。"钱伯海文科资深教授铜像落成仪式”在经济楼 N 大厅举行。

（何永芳）

【深入开展“访企拓岗促就业”专项行动】 12 月 10—11 日，院党委书记高忠华，院长周颖刚，校党委专职巡视员、学院原党委书记黄鸿德带队赴杭州、苏州访企拓岗，先后走访杭州银行股份有限公司、中国农业银行股份有限公司苏州分行、昆山厦大创新中心等单位。（占群丽）

【台湾淡江大学商管学院院长到访】 12 月 11 日，台湾淡江大学商管学院院长杨立人教授到访经济学科，副院长郭晔教授、统计学与数据科学系副主任方匡南教授和国际经济与贸易系副主任杨曦教授等与来宾会面，双方进行友好交流座谈。（叶桂香）

【经济学科与福建省烟草专卖局（公司）签署培训合作框架协议】 12 月 13 日上午经济学科、福建省烟草专卖局（公司）培训合作框架协议签约仪式在福建省烟草专卖局教育培训中心举行。院长周颖刚，福建省烟草专卖局（公司）党组成员、副总经理林师训，校党委专职巡视员、学院原党委书记黄鸿德出席仪式。（庄佳盈）

【举行 2023 年退休教师荣休仪式】 12 月 19 日下午，经济学院在 N501 会议室举行郭其友、黄扬铭、林丽清 3 名位老师荣休仪式。院党委书记高忠华、校工会副主席兼学院部门工会主席蔡伟毅教授、学院办公室主任陈启妍、各系工会主席、教职工代表等参加本次活动。（郑明雪）

【举行辅修项目第十三届优秀学生、优秀班干部暨院长提名奖颁奖典礼】 经济学辅修项目第十三届优秀学生、优秀班干部暨院长提名奖颁奖典礼于 12 月 22 日中午在经济楼 N302 举行。学生代表，副院长谢贞发，财政系分管本科教学的副主任林细细，辅修教师代表莫长炜、文娟、徐明生和张玉哲等出席颁奖典礼。典礼由林细细主持。（陈　烽）

【经济学系第十八届系友助学金颁发仪式举行】 12 月 22 日，经济学系第十八届系友助学金颁发仪式在经济楼 N501 举行。院党委副书记杜海林，校工会副主席、学院工会主席蔡伟毅，经济学系代主任张兴祥，1992 级班主任郭其友，系友代表连任、张云龙、陈蕾、谢荣华，经济学院辅导员蔡庆淞及受资助学生出席颁发仪式。

（蔡庆淞）

【2023 年厦门大学国际商务硕士校外导师圆桌会议暨 2022 级国商专硕开题答辩举办】 12 月 23 日，“2023 年厦门大学国际商务硕士校外导师圆桌会议暨 2022 级国商专硕开题答辩”在艾德（福建）投资有限公司和经济楼举办。活动由学院、王亚南经济研究院、邹至庄经济研究院主办，国际经济与贸易系、艾德（福建）投资有限公司承办。（潘小佳）

【11 篇学位论文获评 2022 年福建省研究生优秀学位论文】 12 月，福建省学位委员会办公室公布了 2022 年福建省研究生优秀学位论文评选结果，经济学科共有 11 篇研究生论文获省级优秀学位论文。此次获奖论文领域涵盖理论经济学、应用经济学与统计学 3 个一级学科和 4 个专业学位类别。（曾　敏）

王亚南经济研究院

【概况】 王亚南经济研究院（Wang Yanan Institute for Studies in Economics，以下简称“研究院”或 WISE）成立于 2005 年，是厦门大学为加强和提升经济学科的优势研究水平，促进经济学教学研究的规范化和国际化而建立的一个与国际紧密接轨的新型学术研究与教育的实体性机构。

研究院设有“计量经济理论与应用创新引智基地”、福建省统计科学重点实验室等教研平台。

研究院现有理论经济学、应用经济学和统计学 3 个一级学科、3 个博士后流动站。设有 1 个本科专业，8 个硕士专业，6 个博士专业；现有全日制在校生 420 名，其中本科生 89 名、硕士研究生 241 名（其中专业学位硕士研究生 152 名）、博士研究生 90 名。另有双学位（本科）在读学生 329 名（注：其他学院学生修读）。另，2023 届本科毕业生就业率 89.7%，硕士研究生就业率 98.55%，博士研究生就业率 100%。其中，本科国际化试验班升学率 75.9%，出国深造人数占 35%。

研究院现有 85 名专任教师（其中，36 名主聘在 WISE，另有 49 位双聘编制在经济学院或者邹至庄经济研究院的教师），均具有博士学位。其中，具有海外名校博士学位 70 人（含双聘），占 82.35%（含双聘）。

厦门大学经济学和计量经济学科在全球高等教育研究机构 Quacquarelli Symonds（简称 QS）世界大学学科排名，位列全球 109 强。

（邓晶晶）

【一篇论文于 JASA 在线发表】 3 月 7 日，王中雷副教授与爱荷华州立大学 Jae Kwang Kim 教授、卡尔顿大学 J.N.K. Rao 教授合作的题为“Hypotheses Testing from Complex Survey Data Using Bootstrap Weights: A Unified Approach”的论文在统计学权威期刊 *Journal of the American Statistical Association* 在线发表。

（许有淑）

【美国亚利桑那大学代表来访厦大】 4 月 19 日，亚利桑那大学亚洲招生顾问、中国中心主任张泳（Peter Zhang）以及中国事务顾问张娇（Jacinda Zhang）来访厦大。学校国际合作与交流处美洲事务专员陈薪羽、研究院国际教育合作中心负责人张搏和外事秘书叶桂香等接待来宾。

（陈薪羽　张　搏）

【举办第四届“资源安全与经济科学”研讨会】 5 月 27—28 日，第四届“资源安全与经济科学”研讨会在厦门大学召开，研讨会以“生态产品价值实现的机制与路径”为主题，邀请到国内学术界和政策界知名学者共聚一堂，深入探讨资源、环境和可持续发展相关议题。研讨会由研究院、经济学院、邹至庄经济研究院联合主办。为期 2 天的会议分为主旨演讲、论文报告、圆桌讨论 3 个部分。

（潘小佳）

【英国伯明翰大学 Anindya Banerjee 教授一行到访】 6 月 9 日，英国伯明翰大学（The University of Birmingham，简称UOB）商学院经济系系主任

2023年度王亚南经济研究院基本情况

统计项目	数量
本科生数(人)	89
硕士研究生数(人)	241
其中:专业学位硕士研究生数(人)	152
博士研究生数(人)	90
其中:专业学位博士研究生数(人)	
其中:学历留学生数(人)	17
本科毕业生毕业去向落实率(%)	89.7
硕士毕业生毕业去向落实率(%)	98.55
博士毕业生毕业去向落实率(%)	100
本科毕业生升学、出国(境)率(%)	75.9
毕业生到重要行业和领域就业率(%)	67.1
专任教师数(人)	36
非全职教师数(人)	2
专职科研队伍数(人)	3
教授数/正高级数(人)	10
副教授数/副高级数(人)	13
具有博士学位专任教师数(人)	36
具有海外学习交流一年(或10个月)以上经历教师数(人)	35
45岁以下(含)专任教师数(人)	33
发展中国家科学院院士(人)	
教育部"长江学者奖励计划"特聘教授(人)	1
教育部"长江学者奖励计划"青年学者(人)	3
国家杰出青年科学基金获得者(人)	1
"国家特支计划"领军人才(人)	
"国家特支计划"青年拔尖人才(人)	
国家百千万人才工程人选者(人)	
国家级教学名师(人)	
国家优秀青年科学基金获得者(人)	1
教育部新(跨)世纪优秀人才(人)	1
福建省"闽江学者"特聘教授(人)	1
国家教学成果奖(项)※	0.5
国家级一流本科专业(个)	1
中国"互联网+"大学生创新创业大赛获奖数(项)※	
国家"2011协同创新中心"(个)	
国家高端智库(含培育)(个)	
高等学校学科创新引智基地("111"计划)(个)	
教育部重点实验室(个)	1
教育部人文社会科学重点研究基地(个)	

统计项目	数量
教育部国别和区域研究中心(个)	
其他部委研究基地(个)	
福建省"2011协同创新中心"(个)	
福建省重点实验室(个)	1
福建省高等学校文科研究基地(个)	
福建省社科研究基地(含马工程)(个)	
福建省特色新型智库(个)	
福建省重点智库(含培育单位)(个)	
其他部省级平台(请注明)(个)	
国家自然科学基金项目(个)※	2
国家社会科学基金项目(个)※	
国家社会科学基金重大项目(个)※	
教育部人文社会科学研究重大课题攻关项目(个)※	
教育部人文社会科学重点研究基地重大项目(个)※	
教育部人文社会科学研究一般项目(个)※	3
其他部委项目(个)※	
福建省社会科学基金重大项目(个)※	
纵向科研经费(到位)(万元)※	1814.18
横向科研经费(到位)(万元)※	142.15
高校科学研究优秀成果奖(人文社会科学)(项)※	
福建省社会科学优秀成果奖(项)※	1
其他部省级奖项(请注明)(项)※	
发表文章总数(篇)※	44
其中:《中国社会科学》发文数(篇)※	
《新华文摘》转载数(篇)※	
国际代表性刊物发文数(篇)※	
出版专著(部)※	
决策咨询报告(获采纳/批示)(篇)※	
学生出国(境)交流(人次)※	16
教师出国(境)交流(人次)※	42
主办国际学术会议(次数)※	1
主办两岸学术会议(次数)※	1
境外合作高校或机构(所)	
签订境外合作协议(份)	2
邀请国外学者数(人)※	31
邀请台港澳地区学者数(人)※	4
国(境)外学生来校数(人)※	

Anindya Banerjee 教授、David Dickinson 教授和研究生项目主管 Yao Yao 副教授一行到访经济学科。代表团在经济楼共进行 3 项活动：与 WISE 留学预备课程班的同学们进行 teatime 交流、商讨与改进 WISE-UOB 留学预备课程班的战略合作规划、开展 WISE 留学预备课程班 2024 招生分享会。 （叶艺煌）

【一篇论文于 *Games and Economic Behavior* 在线发表】 6 月 12 日，耿森副教授与加利福尼亚大学圣芭芭拉分校博士生关梦龙（WISE 2017 届本科国际化试验班毕业生）合作完成的论文“Trustworthy by Design”在线发表于博弈论领域国际顶尖期刊 *Games and Economic Behavior*。该刊是厦大经济学科认定的国际 A 类期刊。 （许有淑）

【举办全欧/全英中国经济学会 2023 年会】 7 月 1—2 日，全欧/全英中国经济学会 2023 年会在厦门大学召开，会议以“数字化转型：开放、创新和可持续发展”为主题，邀请到国内外学术界知名学者共聚一堂，深入探讨正在塑造我们未来世界的深刻技术变革。会议由经济学科和全欧/全英中国经济学会主办，杜伦大学商学院、伦敦大学学院（University College London, UCL）巴特莱特学院以及福建省数字经济联盟共同协办，并得到 *Technovation*、*Structural Change and Economic Dynamics*、*Transportation Research Part A: Policy and Practice*、*Journal of Chinese Economic and Business Studies*、*Digital Economy and Sustainable Development*、《中国经济问题》、《计量经济学报》等期刊的支持。本次会议为期一天半，共设置 7 场主旨演讲和 12 场平行论坛。 （周梦娜）

【2023 级研究生新生见面会举办】 9月8日下午，2023 级研究生新生见面会在经济楼 N402 报告厅举行。本次活动面向 WISE 2023 级硕博士研究生新生举办，邀请本院研究生导师参加。老师们向新生表示欢迎，并寄予祝福和期望。 （张宏音）

【中俄数字经济研究中心一行到访】 9 月 25 日，中俄数字经济研究中心俄方执行主任宓河力、中方秘书处干事乔震邦一行到访经济学科，院长周颖刚教授、祝嘉良助理教授等与来宾会面，并就未来合作可能性进行交流座谈。 （叶桂香）

【英国诺丁汉特伦特大学副校长一行到访】 10 月 9 日，英国诺丁汉特伦特大学国际事务副校长 Cillian Ryan 教授、国际处处长 Stephen Williams 先生、全球伙伴关系高级经理（东亚地区）刘沛女士和外事副校长特别顾问陆懋祖教授一行 4 人到访经济学科，院长周颖刚教授等与来宾会面，并就未来合作可能性进行交流座谈。 （叶桂香）

【美国罗格斯大学副校长一行到访】 10 月 30 日，美国罗格斯大学全球事务副校长 Eric Garfunkel 教授、国际分析主管兼全球计划助理院长 Steven Henin 及国际处主管文舒曼女士一行到访经济学科，经济学院副院长林明教授等与来宾会面。 （叶桂香）

【蒙纳士大学商学院副院长一行到访经济学科】 11 月 6 日，澳大利亚蒙纳士大学商学院国际和认证事务副院长 Michaela Rankin 教授、全球事务和伙伴关系主管 Tracy de Silva 女士及学生服务处主管 Charles Elliott 先生一行 3 人到访经济学科，经济学院副院长郭晔教授、经济学科国际教育合作中心主任张宇副教授、经济学科朱浣君副教授等与来宾会面。 （叶桂香）

【爱尔兰都柏林大学商学部副部长一行到访】 11 月 24 日，爱尔兰都柏林大学商学部（College of Business, University College Dublin）全球事务副部长 Don Bredin 教授、招生经理 Ché Smith 一行到访经济学科，院长周颖刚教授、经济学科国际教育合作中心主任张宇副教授、经济学科张晶教授等与来宾会面。 （叶桂香）

【一篇论文于 JASA 在线发表】 12 月 10 日，钟威教授与经济学院统计学与数据科学系 2021 级博士生李卓熹，首都师范大学崔恒建教授、郭文雯副教授合作完成的题为“Semi-Distance Correlation and Its Applications”的学术论文于统计学国际权威期刊 *Journal of the American Statistical Association* 在线发表。 （许有淑）

【俄罗斯联邦政府财政金融大学和中俄数字经济研究中心一行到访】 12 月 6 日，俄罗斯联邦政府财政金融大学（Financial University under the Government of the Russian Federation）国际商务部主任 Marina Amurskaia、国际商务部科研副主任 Andrey Kulikov，中俄数字经济研究中心俄方副主任 Vladislav Guluzinskiy、中方秘书处干事乔震邦、成果转化部负责人李阳和俄方秘书处干事 Sofia Riazanova 一行到访经济学科，院长周颖刚教授、经济学系主任张兴祥教授和祝嘉良助理教授等与来宾会面。 （叶桂香）

【举办“2023 年全国数量经济学博士生学术论坛”】 12 月 16—17 日，由厦门大学、东北财经大学共同主办，研究院、厦门大学经济学院、厦门大学邹至庄经济研究院、东北财经大学经济学院、东北财经大学经济计量分析与预测研究中心承办的“2023 年全国数量经济学博士生学术论坛”在厦门大学举办。 （易梦洁）

邹至庄经济研究院

【概况】 邹至庄经济研究院于 2022 年 5 月正式成立，其前身为成立于 2016 年 11 月的厦门大学邹至庄经济研究中心，是以世界著名经济学家邹至庄教授名字命名的实体教学与研究单位，由邹至庄教授伉俪个人捐款设立，其使命是培养世界一流的经济学家，关注中国经济与政策研究，产出国际一流的原创性成果，成为海峡两岸暨香港、澳门乃至亚洲的经济学国际学术交流中心。

研究院拥有国家自然科学基金“计量建模与经济政策研究”基础科学中心、计量经济学教育部重点实验室（厦门大学）以及厦门大学宏观经济研究中心。“计量建模与经济政策研究”基础科学中心是厦门大学王亚南经济研究院与中国科学院预测科学研究中心联合申请，于 2019 年获批立项的国家自然科学基金委员会管理科学部首个基础科学中心，也是福建省和厦门大学首个国家级基础科学中心。

2023 年度邹至庄经济研究院基本情况

统计项目	数量	统计项目	数量
本科生数(人)	15	教育部国别和区域研究中心(个)	
硕士研究生数(人)	21	其他部委研究基地(个)	
其中:专业学位硕士研究生数(人)		福建省“2011 协同创新中心”(个)	
博士研究生数(人)	54	福建省重点实验室(个)	
其中:专业学位博士研究生数(人)		福建省高等学校文科研究基地(个)	
其中:学历留学生数(人)		福建省社科研究基地(含马工程)(个)	
本科毕业生毕业去向落实率(%)		福建省特色新型智库(个)	
硕士毕业生毕业去向落实率(%)		福建省重点智库(含培育单位)(个)	
博士毕业生毕业去向落实率(%)		其他部省级平台(请注明)(个)	
本科毕业生升学、出国(境)率(%)		国家自然科学基金项目(个)※	1
毕业生到重要行业和领域就业率(%)		国家社会科学基金项目(个)※	
专任教师数(人)	1	国家社会科学基金重大项目(个)※	
非全职教师数(人)	3	教育部人文社会科学研究重大课题攻关项目(个)※	
专职科研队伍数(人)		教育部人文社会科学重点研究基地重大项目(个)※	
教授数/正高级数(人)		教育部人文社会科学研究一般项目(个)※	
副教授数/副高级数(人)		其他部委项目(个)※	
具有博士学位专任教师数(人)	1	福建省社会科学基金重大项目(个)※	
具有海外学习交流一年(或 10 个月)以上经历教师数(人)	1	纵向科研经费(到位)(万元)※	
45 岁以下(含)专任教师数(人)	1	横向科研经费(到位)(万元)※	
发展中国家科学院院士(人)		高校科学研究优秀成果奖(人文社会科学)(项)※	
教育部“长江学者奖励计划”特聘教授(人)		福建省社会科学优秀成果奖(项)※	
教育部“长江学者奖励计划”青年学者(人)		其他部省级奖项(请注明)(项)※	
国家杰出青年科学基金获得者(人)		发表文章总数(篇)※	1
“国家特支计划”领军人才(人)		其中:《中国社会科学》发文数(篇)※	
“国家特支计划”青年拔尖人才(人)		《新华文摘》转载数(篇)※	
国家百千万人才工程入选者(人)		国际代表性刊物发文数(篇)※	
国家级教学名师(人)		出版专著(部)※	
国家优秀青年科学基金获得者(人)		决策咨询报告(获采纳/批示)(篇)※	
教育部新(跨)世纪优秀人才(人)		学生出国(境)交流(人次)※	1
福建省“闽江学者”特聘教授(人)		教师出国(境)交流(人次)※	
国家教学成果奖(项)※		主办国际学术会议(次数)※	1
国家级一流本科专业(个)	0.33	主办两岸学术会议(次数)※	
中国“互联网+”大学生创新创业大赛获奖数(项)※		境外合作高校或机构(所)	
国家“2011 协同创新中心”(个)		签订境外合作协议(份)	2
国家高端智库(含培育)(个)		邀请国外学者数(人)※	1
高等学校学科创新引智基地(“111”计划)(个)		邀请台港澳地区学者数(人)※	
教育部重点实验室(个)		国(境)外学生来校数(人)※	
教育部人文社会科学重点研究基地(个)			

研究院秉承严谨求实的科学探索精神，致力于推进经济学研究范式与研究方法创新，依托在计量经济学、统计学与数据科学、预测科学、政策经济学、数量金融学、国际经济学、资源环境与气候变化经济学等领域的研究优势，积极推动学科交融，致力科学前沿突破，解决共性难题，拓展原创性知识体系；致力于面向国家经济建设与社会治理重大需求，开展有针对性的政策研究，推动新型智库建设；致力于培养以学术为导向，具有扎实经济学理论基础，系统掌握计量经济学原理和应用方法，深刻了解中国经济制度的高端学术型人才。

研究院致力于在计量建模与预测科学领域取得若干重大原创性突破，引领国际学术前沿；培养一批国际一流的经济学家与管理学家，形成冲击若干国际学术大奖的学术实力；建成以量化分析为特色，在国内外有重要影响的科学智库，服务国家社会经济发展重大需求；搭建可与普林斯顿高等研究院相媲美的计量经济学与预测科学国际学术交流中心，推进国际交流；用国际语言讲述“中国故事”，在经济学与管理学若干领域形成有重大国际影响的“中国学派”。

研究院现设有本科项目“邹至庄经济学专业本科创新实验班”，硕士研究生项目“数量经济学学术型硕士”实验班，博士研究生项目——数量经济学、统计学、金融学、区域经济学、劳动经济学、西方经济学等。现有教师编制 50 个，全日制在校生 90 名，其中本科生 15 名、研究生 75 名（学术型硕士研究生 21 名、博士研究生 54 名）。（邓晶晶）

【举办学术沙龙“政府与市场关系研究”内部学术交流会】 2 月 19 日上午，研究院学术沙龙——“政府与市场关系研究”内部学术交流会在经济楼举行。交流会由教育部人文社会科学重点研究基地厦门大学宏观经济研究中心、NSFC“计量建模与经济政策研究”基础科学中心共同举办，旨在凝练科研人员在政府与市场关系方面的研究共识，挖掘相关的潜在重要研究课题。会议以线上线下并行方式举行，9 名主讲嘉宾带来成果分享，约 300 人次线上听会。会议由薛涧坡教授主持，参会嘉宾对各报告进行讨论。（何永芳）

【邀请袁先智教授主讲“金融科技”专题讲座】 3 月 2 日下午，上海翰墨（Hammer）数字科技有限公司首席科学家、华东理工大学商学院特聘教授、中山大学管理学院特聘教授袁先智博士到访厦大经济学科，为广大师生带来题为《“金融科技”与支持业界创新应用介绍》的专题讲座。本讲座为厦门大学富邦大讲堂经济金融系列讲座第一讲，由经济学院、王亚南经济研究院院长周颖刚教授主持，校长助理方颖为袁先智教授颁发纪念牌。（赵　海　张俊凯）

【厦门大学《资本论》数字纪念馆上线】 3 月 18 日，经济学科联合中央编译出版社共建的厦门大学《资本论》数字纪念馆正式上线。海量珍贵文献资源与互联网信息技术结合，全方位、多维度、数字化展现《资本论》，为学习研究《资本论》提供优质共享平台。校长张宗益，院长洪永淼，经济学院党委书记黄鸿德，经济学院、王亚南经济研究院院长周颖刚，福建省出版物监测与研究中心主任、编审欧定敬共同启动厦门大学《资本论》数字纪念馆。（周梦娜）

【举办 2023 数字经济与中国式现代化战略研讨会】 3 月 25 日，2023 数字经济与中国式现代化战略研讨会在经济楼举办。本次会议由中国发展战略学研究会、厦门大学共同主办，研究院与中国发展战略学研究会数字经济战略专业委员会、厦门大学中国式现代化研究院共同承办，中国科学院院刊、中国科学院预测科学研究中心协办。（林安语）

【举办教育部人文社会科学重点研究基地“十四五”重大项目开题报告会】 4 月 16 日下午，教育部人文社会科学重点研究基地“十四五”重大项目开题报告会在经济楼召开。本次会议共有 4 个基地重大项目进行开题报告，各项目负责人汇报项目最新研究成果和研究进展，与会专家分别对各个项目的研究内容、研究意义以及未来研究方向进行点评，并与课题组成员展开热烈的讨论。（何永芳）

【举办“中国宏观经济预测与分析 2023 年春季发布会暨中国经济高质量发展论坛”】 4 月 16 日上午，教育部人文社会科学重点研究基地厦门大学宏观经济研究中心举行“中国宏观经济预测与分析 2023 年春季发布会暨中国经济高质量发展论坛”，发布“中国季度宏观经济模型（CQMM）2023 年春季预测报告”。报告称：今明两年，预计中国经济 GDP 增速分别为 5.75％和 5.62％；宏观政策建议方面，课题组提议适当弱化对经济增速要求，更加强调高质量发展的要求，同时，重塑消费对经济增长的动力支撑。（何永芳）

【薛涧坡受邀担任宏观经济学国际知名 SSCI 期刊 *Journal of Macroeconomics* 副主编】 5 月 8 日，薛涧坡教授受邀担任宏观经济学 SSCI 期刊 *Journal of Macroeconomics* 副主编（Associate Editor）。该杂志成立于 1979 年，是宏观经济学领域国际权威期刊之一，主要关注经济增长、经济波动、货币与财政政策、宏观经济学中的政治经济学、开放经济学、宏观经济中的收入不平等、宏观经济预测等前沿问题。（刘晨宇）

【一篇论文在 *Economic Journal* 在线发表】 5 月 25 日，助理教授冯翔宇作为第一作者与加州大学圣迭戈分校 Nir Jaimovich 教授、Landed Inc.数据分析总监 Krishna Rao、波士顿大学 Stephen J. Terry 助理教授以及蒙特利尔高等商学院 Nicolas Vincent 教授合作完成的论文“Location, Location, Location: Manufacturing and House Price Growth”在经济学国际权威期刊 *Economic Journal* 在线发表，该刊是厦大经济学科认定的国际 A 类期刊。（刘晨宇）

【一篇论文在 *Management Science* 在线发表】 5 月 25 日，助理教授陈德麟独立完成的学术论文“Quality Strategies in Network Markets”在 UTD 24 排名期刊之一 *Management Science* 在线发表。（刘晨宇）

【本科项目启动招生】 7 月 6 日，经学校批准，研究院将于 2023 年 7 月开始招收本科生,组建“邹至庄经济学专业本科创新实验班”(简称“邹至庄班”)。“邹至庄班”是教育部基础学科拔尖学生培养计划2.0基地——厦门大学经济学拔尖学生培养基地的重要组成部分,凝聚了经济学科优质学术资源。首届“邹至庄班”将面向经济学科本科一年级学生开放报名,为有志于在学术道路上探索真知、在交叉科学领域开拓创新、在国际舞台讲述中国故事的学术人才提供更广阔的平台与更坚实的支撑。

(林安语)

【举办2023中国计量经济学教育与研究论坛】 7月7日,“2023中国计量经济学教育与研究论坛:进展、挑战与未来——致礼萧政教授对中国计量经济学的杰出贡献”在经济楼C208举办。论坛由研究院、国家自然科学基金委“计量建模与经济政策研究”基础科学中心主办,中国科学院预测科学研究中心、《计量经济学报》编辑部协办。(潘小佳)

【举办2023面板数据与时间序列计量经济学前沿国际研讨会】 7月8—9日,“2023面板数据与时间序列计量经济学前沿国际研讨会——致礼萧政教授对中国计量经济学的杰出贡献”在经济楼举办。本次国际研讨会由研究院、国家自然科学基金委“计量建模与经济政策研究”基础科学中心主办,中国科学院预测科学研究中心、《计量经济学报》协办。(周梦娜)

【自然科学基金委管理科学部基础科学中心“计量建模与经济政策研究”项目中期检查会在厦门举行】 9月1日,自然科学基金委管理科学部基础科学中心项目“计量建模与经济政策研究”中期检查会在厦门大学举行。自然科学基金委管理科学部主任丁烈云院士、校长张宗益教授出席会议并讲话,自然科学基金委管理科学部副主任刘作仪主持中期检查。

(林安语)

【举办2023级研究生新生师生见面会】 9月9日上午,2023级研究生新生师生见面会在经济楼N203举行。院长洪永淼教授,经济学院、王亚南经济研究院院长周颖刚教授,世界银行发展研究局原首席统计学家陈少华教授,世界银行研究部原资深数据科学家赵清华教授,研究院部分硕博士导师,首届“数量经济学学术型硕士”实验班20名新生、2023级博士研究生新生,以及博士生联谊会骨干成员参加本次活动。见面会由薛涧坡教授主持。(孙蓓蕾)

【世界银行研究部原资深数据科学家赵清华教授开讲“计算原理与Python编程”】 9月22日,由世界银行研究部原资深数据科学家赵清华教授开设的“计算原理与Python编程”正式开课。该课程由研究院、国家自然科学基金委“计量建模与经济政策研究”基础科学中心组织,面向厦门大学经济学科、中国科学院大学经济与管理学院、中国科学院预测科学研究中心3个单位的师生线上线下同步开设,近200名师生参加课程学习。

(潘小佳)

【邀请陈树博士主讲“数字化发展监理与教育典范转移”专题报告】 9月22日下午,厦门大学富邦大讲堂经济金融系列第2期在厦大经济楼开讲。台湾政治大学会计研究所兼任教授、台湾地区投资股份有限公司董事长、台湾证券交易所前董事长陈树博士应邀做题为“数字化发展监理与教育典范转移”的报告。(谢佳玲)

【洪永淼教授出席教育部“101计划”《计量经济学》教材编写第三次研讨会】 9月28日,教育部经济学“101计划”《计量经济学》教材编写第三次研讨会在上海财经大学国家大学科技园国际会议中心举行。会议由上海财经大学经济学院主办,上海财经大学匡时书院协办。上海财经大学校长助理刘莉亚教授,“101计划”“计量经济学”课程联合牵头人、中国科学院数学与系统科学研究院关肇直首席研究员,中国科学院大学经济与管理学院院长、研究院院长洪永淼教授出席会议,就共建优质资源、优化人才培养体系、明确教材编制要点等关键任务进行讨论交流。

(邓晶晶)

【教育部“101计划”计量经济学虚拟教研室举行首次工作会议】 10月3日,教育部“101计划”计量经济学虚拟教研室以线上形式举行首次工作会议。会议由教育部计量经济学课程共同牵头人,中国科学院数学与系统科学研究院关肇直首席研究员,中国科学院大学经济与管理学院院长、研究院院长洪永淼教授和上海财经大学经济学院院长周亚虹教授联合主持,来自厦门大学、上海财经大学、东北财经大学、上海社会科学院、武汉大学等参与“101计划”“计量经济学”本科课程建设与教材编写的骨干成员就创新教研形态、加强教学研究、共建优质资源、开展教师培训等计量经济学虚拟教研室建设的关键任务进行讨论及部署。(邓晶晶)

【邀请丁俊琪博士主讲“美国工业界及学术界研究之比较”专题报告】 10月13日下午,厦门大学富邦大讲堂经济金融系列讲座在经济楼C208报告厅举行,厦门大学校友、丹拉赫集团颇尔公司资深首席科学家(Senior Principal Scientist)丁俊琪博士开讲“美国工业界及学术界研究之比较”。(庞漪林)

【与诺贝尔经济学奖得主萨金特合作共建数量经济学国际学术交流平台】 10月14日,研究院与诺贝尔经济学奖得主托马斯·萨金特(Thomas Sargent)教授创办的QuantEcon数量经济学国际学术平台签署合作协议,共建开放、合作、世界一流的数量经济学大型网络学习平台。

(邓晶晶　陈丽纯)

【金融博物馆理事长王巍博士应邀做客厦大富邦大讲堂】 10月20日,厦门大学富邦大讲堂经济金融系列讲座第四期在经济楼N302报告厅举行,金融博物馆理事长、全联并购公会创始会长王巍博士应邀开讲。讲座开始前,厦门大学经济学科与金融博物馆运营方北京博展文化传媒有限公司举行合作协议签约、揭牌仪式,经济学院党委副书记李静主持仪式,院长洪永淼教授,王巍理事长分别致辞。(潘小佳　雷　娟)

【举办“第三届中国宏观经济预测与政策论坛暨经济展望研讨会”】 10月28日,厦门大学宏观经济研究中心联合《经济研究》编辑部,举行“第三届中国宏观经济预测与政策论

坛暨经济展望研讨会”。来自国内多所知名高校的专家学者在主题演讲和平行论坛中带来宏观经济学相关的前沿成果报告。（何永芳）

【举办 2023 海峡两岸微观经济研讨会】 11 月 4—5 日，研究院于经济楼 C208 举办为期一天半的 2023 海峡两岸微观经济研讨会。会议以小规模、高质量、深度讨论为特点，遴选 13 篇优秀论文，来自台湾和大陆多所知名高校、研究机构的 30 余名学者参会。（潘小佳）

【第三届“全国宏观经济学博士生学术论坛”在厦大举办】 12 月 1 日，第三届“全国宏观经济学博士生学术论坛”在厦门大学举办。论坛设立 7 个平行会场，来自海内外高校的 25 名博士研究生分享最新学术成果，10 余名高水平学者对报告进行点评。论坛还为与会博士生进行职业规划辅导，邀请多名青年学者分享其研究经验。（潘小佳）

【举办“经济波动与增长学术论坛 2023 年会”】 12 月 2—3 日，厦门大学宏观经济研究中心联合经济波动与增长论坛（EFG），在厦门大学举办“经济波动与增长论坛 2023 年会”。来自国内高校的 90 余名学者就货币政策、信贷周期、宏观劳动、企业决策与经济增长等相关议题进行分享与交流。年会邀请专家进行点评和讨论，旨在对入选文章进行深入剖析、犀利点评，以及激烈讨论，帮助宏观经济学者打造出高质量论文。（潘小佳）

【举办“2023 人工智能与数字经济高端论坛”】 12 月 29 日，由研究院、经济学院与王亚南经济研究院和福建省数字经济联盟主办，国家自然科学基金委“计量建模与经济政策研究”基础科学中心协办的“2023 人工智能与数字经济高端论坛”在厦门召开。（潘小佳）

【举办“2023 时间序列计量经济学与应用宏观经济学前沿研讨会”】 12月13 日，由研究院与厦门大学宏观经济研究中心、国家自然科学基金委“计量建模与经济政策研究”基础科学中心、中国科学院预测科学研究中心联合主办的“2023 时间序列计量经济学与应用宏观经济学前沿研讨会”在经济楼成功召开。（林安语）

【学校党委任命薛涧坡、余安旖为副院长】 12 月 28 日下午，校党委在经济楼 N501 召开研究院干部任命宣布会议。校党委常委、副校长方颖，校党委常委、组织部部长、统战部部长孙理出席会议。经济学院、王亚南经济研究院、研究院党政领导班子成员，教工代表参加会议。会议由孙理主持。（王婉琼）

管理学院

【概况】 管理学院现有会计学系、企业管理系、管理科学系、旅游与酒店管理系、财务学系、市场学系 6 个系；工商管理教育中心（The Education Centre of Master of Business Administration，MBA Education Centre）、高级经理教育中心（The Education Centre of Executive Master of Business Administration，EMBA Education Centre）、高层管理教育中心（The Education Centre of Executive Development Program，EDP Education Centre）3 个教学和培训中心；会计发展研究中心、能源经济与能源政策协同创新中心、企业发展战略研究中心、数据挖掘研究中心等 25 个科研机构；神经管理学与人工智能实验室 1 个科研实验室；中国能源政策研究院、中科创业学院、金圆研究院 3 个内设挂靠机构。

学院有工商管理学和管理科学与工程 2 个一级学科，其中工商管理学一级学科为国家重点学科，管理科学与工程一级学科为福建省重点学科。工商管理学科在“2023 软科中国最好学科排名”中位列全国第三。学院现有会计学、审计学、工商管理、人力资源管理、管理科学、电子商务、旅游管理、财务管理、市场营销、酒店管理 10 个本科专业；按会计学类、工商管理类、管理科学与工程类三大类进行本科招生和培养；有会计学、企业管理、技术经济及管理、管理科学与工程、旅游管理、财务学、市场营销学、创业学 8 个学术型硕士研究生和博士研究生专业；有工商管理、会计、审计、项目管理、物流工程与管理、工程管理、旅游管理 7 个专业硕士研究生专业，在全国首次专业学位水平评估中工商管理专业学位获评 A 类；设有工商管理和管理科学与工程 2 个博士后流动站。

学院现有在校本科生 1731 人、硕士研究生 4420 人（其中专业学位硕士研究生 3990 人）、博士研究生 280 人，其中学历留学生 48 人。2023 年学院招收本科生 379 人、硕士研究生 1159 人（其中专业学位硕士研究生 1018 人）、博士研究生 60 人；毕业本科生 419 人、辅修专业 35 人、硕士研究生 895 人（其中专业学位硕士研究生 763 人）、博士研究生 45 人。2023 年授予学士学位 419 人、硕士学位 1065 人（其中硕士专业学位 821 人）、博士学位 45 人。2023 年共培训公开研修课程高管学员 401 人次，培训定制研修课程学员 10703 人次。

学院 2023 届毕业生 1249 人，总体就业率 96.72%。其中，本科毕业生 89.10%，硕士毕业生 100%，博士毕业生 100%。2023 年，学院同招商局地产（厦门）有限公司、潮州三环（集团）股份有限公司、宁夏贺兰山国家森林公园有限公司、宁夏六盘山红军长征景区旅游开发有限公司、旷锐（厦门）科技有限公司、北京新东方前途出国咨询有限公司厦门分公司 6 家企业共建学生就业实习基地。截至 12 月，学院已签约 81 家实习基地，合作单位中有 18 家世界五百强企业、27 家中国五百强企业、52 家上市公司。

学院现有专任教师 162 人，其中教授 62 人、副教授 58 人；博士研究生指导教师 61 人、硕士研究生指导教师 100 人；拥有博士学位教师 159 人，占 98.1%。学院现有国务院学位委员会学科评议组成员 4 人，教育部“长江学者奖励计划”特聘教授 2 人，“国家特支计划”领军人才 3 人，国家百千万人才工程入选者 2 人，教育部“长江学者奖励计划”青年学者 1 人，国家优秀青年科学基金获得者 2 人，“国家特支计划”青年拔尖人才 3 人，国务院政府特殊津贴专家 13 人，教育部新（跨）世纪优秀人才 14 人，福建省

2023 年度管理学院基本情况

统计项目	数量	统计项目	数量
本科生数(人)	1731	教育部国别和区域研究中心(个)	
硕士研究生数(人)	4420	其他部委研究基地(个)	2
其中:专业学位硕士研究生数(人)	3990	福建省"2011 协同创新中心"(个)	1
博士研究生数(人)	280	福建省重点实验室(个)	
其中:专业学位博士研究生数(人)		福建省高等学校文科研究基地(个)	2
其中:学历留学生数(人)	48	福建省社科研究基地(含马工程)(个)	
本科毕业生毕业去向落实率(%)	89.1	福建省特色新型智库(个)	1
硕士毕业生毕业去向落实率(%)	100	福建省重点智库(含培育单位)(个)	2
博士毕业生毕业去向落实率(%)	100	其他部省级平台(请注明)(个)	
本科毕业生升学、出国(境)率(%)	50.5	国家自然科学基金项目(个)※	16
毕业生到重要行业和领域就业率(%)	49.6	国家社会科学基金项目(个)※	6
专任教师数(人)	162	国家社会科学基金重大项目(个)※	1
非全职教师数(人)	23	教育部人文社会科学研究重大课题攻关项目(个)※	
专职科研队伍数(人)	30	教育部人文社会科学重点研究基地重大项目(个)※	
教授数/正高级数(人)	62	教育部人文社会科学研究一般项目(个)※	
副教授数/副高级数(人)	58	其他部委项目(个)※	
具有博士学位专任教师数(人)	159	福建省社会科学基金重大项目(个)※	1
具有海外学习交流一年(或 10 个月)以上经历教师数(人)	115	纵向科研经费(到位)(万元)※	1311.59
45 岁以下(含)专任教师数(人)	91	横向科研经费(到位)(万元)※	895.92
发展中国家科学院院士(人)		高校科学研究优秀成果奖(人文社会科学)(项)※	
教育部"长江学者奖励计划"特聘教授(人)	2	福建省社会科学优秀成果奖(项)※	14
教育部"长江学者奖励计划"青年学者(人)	1	其他部省级奖项(请注明)(项)※	
国家杰出青年科学基金获得者(人)		发表文章总数(篇)※	275
"国家特支计划"领军人才(人)	3	其中:《中国社会科学》发文数(篇)※	
"国家特支计划"青年拔尖人才(人)	3	《新华文摘》转载数(篇)※	
国家百千万人才工程入选者(人)	2	国际代表性刊物发文数(篇)※	8
国家级教学名师(人)		出版专著(部)※	13
国家优秀青年科学基金获得者(人)	2	决策咨询报告(获采纳/批示)(篇)※	53
教育部新(跨)世纪优秀人才(人)	14	学生出国(境)交流(人次)※	129
福建省"闽江学者"特聘教授(人)	6	教师出国(境)交流(人次)※	121
国家教学成果奖(项)※	1	主办国际学术会议(次数)※	1
国家级一流本科专业(个)	8	主办两岸学术会议(次数)※	
中国"互联网+"大学生创新创业大赛获奖数(项)※	1	境外合作高校或机构(所)	1
国家"2011 协同创新中心"(个)		签订境外合作协议(份)	1
国家高端智库(含培育)(个)		邀请国外学者数(人)※	44
高等学校学科创新引智基地("111"计划)(个)		邀请台港澳地区学者数(人)※	28
教育部重点实验室(个)		国(境)外学生来校数(人)※	36
教育部人文社会科学重点研究基地(个)	1		

“闽江学者”特聘教授6人，福建省特支计划“双百计划”入选者6人，福建省百千万人才工程入选者4人，福建省引进高层次创新人才1人，福建省高校领军人才3人，厦门大学南强特聘教授3人，厦门大学南强重点岗位教授5人，厦门大学讲座教授8人。现有在站博士后工作人员27人，其中2023年入站12人。

年内，学院获国家级教学成果奖二等奖1项，国家一流课程2门，高校在线开放课程联盟联席会“慕课十年典型案例”1个，教育部产学研项目4个，福建省本科高校教育教学研究重大项目2个（其中重大项目1个），福建省一流本科课程4门，福建省研究生教育精品课程1门，福建省2023年度“慕课十年典型案例”1个。厦门大学思政示范课程建设项目4个，厦门大学课程思政示范专业1个，厦门大学教材研究与建设基地1个，厦门大学虚拟教研室1个，厦门大学教学改革研究项目4个（其中揭榜挂帅重大项目2个）。

年内，学院科研经费累计到账2207.51万元。新立项课题64个，其中，国家社科基金项目6个（含重大项目1个、一般项目3个、后期资助暨优秀博士论文出版项目2个），国家自然科学基金一般及青年项目16个，财政部“会计名家培养工程”1个，省社会科学规划重大项目1个，省创新战略研究联合项目2个，省高等学校科技创新团队1个，其他类纵向项目3个，横向课题34个。发表学术论文275篇，其中，国际代表性刊物论文8篇、管理学院中文最优刊物论文12篇。出版著作13部。被采纳报告53份，其中，中央、国务院及各部委采纳30份，中央领导做出肯定性批示6份。获福建省第十五届社会科学优秀成果奖14项，其中一等奖2项、二等奖4项、三等奖8项；获厦门市第十二次社会科学优秀成果奖12项，其中一等奖3项、二等奖3项、三等奖6项。举办30场学术会议（含主办、合办、协办），其中国际会议3场、国内会议27场。邀请校外专家举办讲座149场。

学院继续做好AMBA（The Association of MBAs，英国工商管理硕士协会）、EQUIS（The European Foundation for Management Development Quality Improvement System，质量提升认证体系）、AACSB（The Association to Advance Collegiate Schools of Business，美国国际精英商学院联合会）三大国际认证的认证维护和巩固工作。EMBA项目首次参与*Financial Times*（《英国金融时报》）全球EMBA项目排行榜排名，名列第65位。积极构建全球合作网络，已与美国、英国、澳大利亚、瑞典与中国香港等多个国家和地区的多所名校建立联系。继续推进与ACE（Alliance of Chinese and European Business Schools，中欧商学院联盟）、QTEM（Quantitative Techniques for Economics and Management Masters Network，经济管理硕士网络）等国际联盟的良好合作关系。开展新商科海外名师前沿讲堂，邀请国际知名高校学者开设讲座。开展高水平线上国际化师资培训，组织派出5人次赴美国参加哈佛商学院、百森商学院师资培训。联合英国利兹大学、比利时安特卫普大学、斯洛文尼亚卢比尔雅那大学，组织3期博士论坛。学院教师因公出国（境）交流访问121人次，因私出国（境）43人次，线上参加国（境）外学术活动1人次；学生线上参加国（境）外学术活动129人次；接收海外交流生36人。

截至12月底，学院已累计培养各类校友14余万人，现有94个校友组织，其中专业/年级校友分会39个，各类文体俱乐部24个，异地校友组织31个。MBA、EMBA校友羽毛球俱乐部积极参加国内商学院羽毛球赛并取得佳绩；MBA、EMBA和EDP校友在第十一届亚太地区商学院沙漠挑战赛、第十八届玄奘之路戈壁挑战赛、第八届工商大道戈壁远征赛等知名商学院赛事活动中屡创佳绩。凤凰花之约返校、工程管理硕士项目（Master of Engineering Management Program，ME）校友喜乐会、会计硕士专业学位项目（The Master of Professional Accounting Program，MPAcc）校友会财务资本论坛、管理学院校友羽毛球赛等一年一度的校友活动如期举办。（林嘉斌）

【一门课程获2022年福建省级课程思政示范项目立项】 1月6日，蔡宁教授负责的课程“中级财务会计”获2022年福建省级课程思政示范项目立项。（刘银燕）

【台湾万泰科技股份有限公司和湖南康凯生物科技有限公司向学校捐赠ACT银铜钛医用口罩】 3月2日，ACT银铜钛医用口罩捐赠仪式在管理学院举行。在辅仁大学谢邦昌副校长和管理学院朱建平教授的联络推动下，台湾万泰科技股份有限公司和湖南康凯生物科技有限公司联合向厦门大学捐赠ACT银铜钛医用口罩50万片。（林嘉斌）

【召开2022年度学生党支部书记抓基层党建述职评议大会】 3月4日，学院召开2022年度党支部书记抓基层党建工作述职评议大会学生支部专场。49名学生党支部书记聚焦落实新时代党的建设总要求和基层党建工作部署要求，围绕落实支部“七个有力”建设目标，重点就履行党建责任与落实党建重点任务情况进行汇报，总结上一年支部工作的主要做法和成效，分析存在的问题和原因，提出下一步工作思路和措施。（周　颖）

【十个国家自然科学基金项目绩效评估获评优秀】 3月6日，学院10个国家自然科学基金项目在国家自然科学基金结题项目绩效评估中被评为优秀。（吴　琼）

【中国MBA创新创业项目教育联盟发布共识宣言】 3月7日，中国MBA创新创业项目教育联盟发起院校主任会议在厦门大学召开，来自大连理工大学、对外经济贸易大学、哈尔滨工业大学、清华大学、天津大学、西安交通大学、厦门大学、中国科学技术大学、中国科学院大学、中山大学共10所院校发布共识宣言，聚焦中国创新创业MBA教育发展，共同推动联盟发展。（庄慧颖）

【与厦门国宇健康管理中心开展校企党建交流活动】 3月9日，学院党委组织教师前往校友企业厦门国宇健康管理中心开展党建活动，双方围绕“党建推动事业高质量发展”主题进行交流学习。（江　娇）

【召开2022年度教工党支部书记抓基层党建工作述职评议会】 3月13日，学院召开2022年度党支部书记抓基层党建工作述职评议会教工支部专场。12名在职教工党支部书记和支委聚焦落实新时代党的建设总要求和基层党建工作部署要求，围绕落实支部“七个有力”建设目标，履行党建责任与落实党建重点任务情况进行汇报。会议采用“一述一评”方式，党委委员们充分肯定各支部在2022年度开展的工作和取得的成效，并针对支部工作存在的不足及改进措施提出意见和建议，鼓励各党支部书记不断创新工作方式，凝练支部品牌，做好支部的带头人，以高质量的支部党建工作引领系(中心)事业发展、助力学院改革发展。（周　颖）

【国家自然科学基金重大项目结题验收评审会在北京召开】 3月13日，国家自然科学基金委员会管理科学部重大项目“基于中国情景的会计审计与公司财务关键科学问题研究”结题验收评审会在北京召开。由厦门大学吴世农教授牵头，厦门大学、中国人民大学、中山大学、对外经济贸易大学、清华大学联合承担的国家自然科学基金重大项目“基于中国情景的会计审计与公司财务关键科学问题研究”完成结题验收，并获评“优秀”。（吴　琼）

【国家自然科学基金重大项目课题“制度变革、非正式制度因素与会计审计行为研究”结题】 3月13日，杜兴强教授负责的国家自然科学基金重大项目课题“制度变革、非正式制度因素与会计审计行为研究”结题，结项绩效为“优秀”。该课题是会计审计领域内获得立项的第一批国家自然科学基金重大项目课题，也是厦大会计学科历史上第一个国家级重大项目。（刘银燕）

【举办教育部电子商务类专业教学指导委员会第八期专业负责人与骨干教师培训班】 3月21—23日，教育部电子商务类专业教学指导委员会第八期专业负责人与骨干教师培训班在厦门大学举办，来自全国各高校电子商务专业教学一线的80名专业负责人和骨干教师参加。本期培训班是高等学校电子商务类专业教指委为深入贯彻落实教育部关于高等学校课程思政建设工作要求，进一步发挥普通本科教育课程思政示范课程引领带头作用，提升高校一线教师课程思政教学能力的重要举措。（汤晓玲）

【“青选至”学生团队获第六届福建省新时代文明实践志愿服务项目大赛银奖】 3月26日，由省委文明办、团省委、省民政厅、省卫健委、省文旅厅、省生态环境厅、省水利厅、省妇联、省残联、省红十字会、三明市文明委共同主办的2022年福建省新时代文明实践志愿服务项目大赛决赛在三明市委党校进行。大赛共评选出10个金奖项目、15个银奖项目和20个铜奖项目。学院“一村一茶一味道”——“青选至”乡村茶农增收帮扶项目获银奖。（黄劲夫）

【五名学者入选爱思唯尔2021年中国高被引学者】 3月28日，杜兴强、林伯强、吴隆增、杜克锐入选爱思唯尔(Elsevier)工商管理领域中国高被引学者榜单，徐斌入选应用经济学领域中国高被引学者榜单。（吴　琼）

【一个案例入选福建省“慕课十年典型案例”特等奖案例和高校在线开放课程联盟联席会“慕课十年典型案例”】 3月，郭晓梅教授案例《技术赋能，故事激趣——管理会计慕课创新应用》入选福建省2023年“慕课十年典型案例”特等奖案例。5月，该案例入选高校在线开放课程联盟联席会“慕课十年典型案例”。（刘银燕）

【远程沉浸式双向交互案例教室正式交付】 4月7日，学院远程沉浸式双向交互案例教室正式交付使用。该教室由2013级EMBA校友陈智松捐建。2020年12月底，厦门大学百年校庆倒计时100天之际，陈智松向厦门大学捐赠3000万元，成立“智松教育基金”，其中一部分资金用于建设管理学院远程沉浸式双向交互案例教室。（林嘉斌）

【举办第十六届“校际青年会计学者学术论坛”】 4月15—16日，由会计学系、会计发展研究中心联合主办的第十六届“校际青年会计学者学术论坛”在厦门大学召开。来自北京大学、复旦大学、暨南大学、南开大学、厦门大学和中国人民大学众多会计学者参加。（刘银燕）

【举办中国创新创业高峰论坛暨厦门大学MBA创新创业项目发布会】 5月7日，中国创新创业高峰论坛暨厦门大学MBA创新创业项目发布会举办。多名院士、知名学者、行业专家共聚厦大，聚焦管理教育赋能科技创新。厦门大学创新创业MBA项目正式发布。（庄慧颖）

【杜兴强教授当选中国会计学会副会长】 5月12日，杜兴强教授当选中国会计学会第九届理事会副会长，曲晓辉教授、刘峰教授和张国清教授当选理事，黄世忠教授(会计学系兼职博导)当选中国会计学会第九届理事会副会长。（刘银燕）

【组织学生党支部书记赴古田、长汀开展主题教育实践】 5月13—14日，学院党委党校暨第十期党支部书记培训班走进古田、长汀开展为期2天的主题教育实践，在实地走访中深入学习党史、重温革命历程、感悟厦大校史。（周　颖）

【开展主题教育专题学习】 5月23日，学院党委开展学习贯彻习近平新时代中国特色社会主义思想主题教育专题学习，重温习近平总书记致厦门大学建校100周年贺信精神和习近平总书记给潘维廉教授回信精神，要求各党支部将“学思想、强党性、重实践、建新功”的总要求贯穿工作始终，同步、多点、交叉开展主题教育，坚持在“学、思、用”贯通，“知、信、行”统一上下功夫，深入开展实践，争创主题教育特色和党建品牌。（周　颖）

【举行市场学系成立十周年纪念活动】 5月27—28日，市场学系成立十周年纪念活动举办，开展“市场学系校友职场分享会”“博士生交流座谈会”“校友圆桌分享及茶话会”“师生交流会”等系列活动。30多名毕业校友从全国各地返回母校参加活动，与老师和在校生相聚，共同庆祝市场学系十周年生日。（沈阿平）

【两门课程入选国家级一流本科课程】 6月5日，教育部公布第二批国家级一流本科课程认定结果，杜兴强教授的课程“财务会计理论专题”入选线下一流课程、木志荣教授的课程“创业管理”入选线上线下混合式一流课程。（石 云）

【八个本科专业入选2023年软科中国大学专业排名A+专业】 6月15日，高等教育专业评价机构软科发布“2023软科中国大学专业排名”，管理学院会计学、审计学、财务管理、工商管理、人力资源管理、电子商务、旅游管理、酒店管理8个专业入选A+专业。（石 云）

【MPAcc学生获第九届全国MPAcc学生案例大赛特等奖】 6月18日，由上海财经大学承办的2023年第九届MPAcc案例大赛决赛在上海中心大厦陆家嘴国际会计中心举行，会计学系MPAcc学生代表队“舒舒服服”代表队获特等奖，蝉联冠军。会计学系MPAcc参赛队伍近年来先后在2018年、2019年、2022年和2023年共4次摘得全国MPAcc学生案例大赛桂冠。（刘银燕）

【组织退休教工党员开展学习贯彻习近平新时代中国特色社会主义思想主题教育学习和专题调研会】 6月20日，学院举行退休教工党员学习贯彻习近平新时代中国特色社会主义思想主题教育学习会和“话传统、谈复兴、聚力量”专题调研会，进一步引导退休教工党员深入学习习近平新时代中国特色社会主义思想，充分发挥老同志在学院发展、学科建设中的优势作用。（江 娇）

【召开“七一”表彰大会暨新党员宣誓仪式】 6月30日，学院举行“七一”表彰大会暨新党员宣誓仪式，为受表彰的先进基层党组织、优秀共产党员代表、优秀党务工作者代表颁发奖状，向2名老党员颁发“光荣在党50年”纪念章。本年度新发展的43名师生党员代表面向党旗庄严宣誓，与会党员共同重温入党誓词。（江 娇）

【举办学习贯彻习近平新时代中国特色社会主义思想主题教育大联学(第三场)】 7月13日，学习贯彻习近平新时代中国特色社会主义思想主题教育大联学(第三场)在漳州校区举办。此次大联学以“讲好中国故事 传播中华文化”为主题，由校党委学生工作部、学院党委等联合主办，邀请潘维廉教授讲述自己的中国情缘和厦门情结。（揭上锋）

【召开师德师风建设工作推进会】 7月20日，学院召开教职工师德师风集中学习教育会议，传达学校师德师风建设工作推进会精神，集中学习《新时代高校教师职业行为十项准则》《研究生导师指导行为准则》，引导教师以德立身、以德立学、以德施教，营造风清气正的育人环境。（周 颖）

【一项教学成果获国家级教学成果奖二等奖】 7月，教育部公布2022年国家级教学成果奖名单，管理学院“会计学教学模式创新与教材体系改革：AI技术冲击、中国文化嵌入与伦理关注”获国家级教学成果奖二等奖。负责人为杜兴强教授，主要成员包括李建发、刘峰、张国清、蔡宁、郭晓梅、林涛、曾泉、计国君、章永奎、刘潇肖、沈哲、叶军、杨绮、郑伟民。（石 云 刘银燕）

【四个硕士专业学位通过学位授权点合格评估校外专家现场评估】 7月，会计、审计、工程管理和旅游管理4个硕士专业学位先后通过学位授权点合格评估，校外专家现场评估。（李 婧）

【一个党支部通过第二批全国高校“百个研究生样板党支部”创建培育工作验收】 7月28日，教育部公布第二批全国高校“百个研究生样板党支部”和“百名研究生党员标兵”创建培育工作验收通过名单，企业管理系硕士第一党支部位列其中。（蒋超杰）

【获批一门福建省研究生教育精品课程】 8月14日，福建省教育厅公布省级第二批研究生教育项目立项名单，杜兴强教授主讲的“资本市场会计研究”获批福建省研究生教育精品课程。（夏艳辉 刘银燕）

【举办全国MBA培养院校“公司理财”核心课程师资研讨会】 8月25—26日，全国MBA培养院校“公司理财”核心课程师资研讨会在厦门大学举办，全国高校近130名专家学者参会交流，有力推进理财课程的交流与提升，推动中国MBA教育的高质量发展。（庄慧颖）

【召开主题教育专题民主生活会】 8月28日，学院党委召开学习贯彻习近平新时代中国特色社会主义思想主题教育专题民主生活会。校长张宗益、学校主题教育第三巡回指导组组长蔡郑伟到会指导。会议坚持以习近平新时代中国特色社会主义思想为指导，充分发扬党内民主，进行党性分析，深挖思想根源，检视差距不足，逐一明确整改措施，推动全院上下进一步统一思想、统一意志、统一行动，坚定拥护“两个确立”、坚决做到“两个维护”。（周 颖）

【一个项目获评2023年福建省优秀出版项目】 8月30日，福建省新闻出版局公布2023年度省优秀出版项目、省重点出版立项项目名单，杜兴强教授负责的“文化影响与会计审计行为研究”获评2023年福建省优秀出版项目。（刘银燕）

【两个项目获福建省2023年本科高校教育教学研究项目立项】 9月7日，福建省教育厅公布2023年本科高校教育教学研究项目立项名单，蔡宁教授主持的“‘二十大’精神引领下的会计学本科教学改革研究”获重大项目立项，游家兴教授主持的“产校验融合背景下新商科高层次人才深度交叉融合培养探索与实践”获一般项目立项。（夏艳辉 石 云）

【屈文洲教授获评厦门大学2023年“我最喜爱的十位老师”】 9月10日，屈文洲教授获厦门大学2023年“我最喜爱的十位教师”称号，成为管理学院第十位获此殊荣的教师。

（江　娇　庄慧颖）

【一个实验室入选福建省哲学社会科学重点实验室培育名单】 9月28日，福建省哲学社会科学规划领导小组办公室公布首批省级哲学社会科学重点实验室名单，陈亚盛教授负责的厦门大学神经管理学与人工智能实验室入选福建省哲学社会科学重点实验室培育名单。

（吴　琼　刘银燕）

【四篇案例在第十四届“全国百篇优秀管理案例”评选中获奖】 9月，由全国工商管理专业学位研究生教育指导委员会指导、中国管理案例共享中心主办的第十四届“全国百篇优秀管理案例”一般项目及微案例评选公布结果，学院4篇案例获奖。会计学系郭晓梅教授团队、MBA中心陈闯教授团队分别编写的2篇案例获“全国百篇优秀管理案例”(一般项目)，会计学系罗进辉教授团队、厦门大学企业案例研究中心唐绮老师合作团队编写的2篇微案例分别获“全国百篇优秀管理案例”(微案例)。

（刘银燕）

【举办第四届数创金融杯建模大赛】 9月，厦门国际银行、厦门大学数据挖掘研究中心联合举办第四届数创金融杯建模大赛。（孔玲玲）

【六名学者入选全球前2%顶尖科学家榜单】 10月，林伯强、杜兴强、徐斌、张博、杜克锐、龚旭6名学者入选全球前2%顶尖科学家“2022年度科学影响力排行榜”，其中林伯强、徐斌、杜克锐3名学者同时入选“终身科学影响力排行榜”。（吴　琼）

【两个智库获批福建省重点智库培育单位】 10月，福建省新型智库建设工作领导小组公布新一批省重点智库、省重点智库培育单位名单，厦门大学中国营商环境研究中心和厦门大学中国能源政策研究院获批福建省重点智库培育单位。（吴　琼）

【举办首届企业家日活动】 10月21日，厦门大学EMBA中心在建南大会堂举办首届企业家日论坛，论坛主题为“嘉庚精神与中国式现代化”。

（林东富）

【在“挑战杯”全国大学生系列科技学术竞赛中再创佳绩】 5—10月，学院参加第十八届“挑战杯”全国大学生课外学术科技作品竞赛，在校赛阶段获特等奖1项、一等奖2项、三等奖3项，省赛阶段获特等奖2项、一等奖1项，国赛决赛中获主赛道二等奖和三等奖各1项，参赛规模与获奖项目均取得历史性突破。（王　坤）

【在第九届中国国际“互联网+”大学生创新创业大赛中获国赛铜奖】 4—10月，学院参加第九届中国国际“互联网+”大学生创新创业大赛，省赛阶段获金奖1项、银奖2项，国赛阶段获铜奖1项。（王　坤）

【中国高等教育学会创新创业教育分会2023年会召开】 11月4—5日，中国高等教育学会创新创业教育分会2023年会暨“智慧引领 生成未来”创新创业创造主旨论坛在厦门大学举办。来自全国各高校近千名领导和专家学者现场参会，多场论坛共同探讨中国创新创业创造教育高质量发展。人民网、新华网等媒体报道本次会议。（庄慧颖）

【工商管理学科在“2023软科中国最好学科排名”中位列全国第三】 11月8日，高等教育评价专业机构软科正式发布“2023软科中国最好学科排名”。工商管理学科在153所上榜高校中位列全国第三，获评全国排名前3%的“中国顶尖学科”。

（夏艳辉）

【中国金融期货交易所与厦门大学签署合作备忘录】 11月8—9日，中国金融期货交易所、中国证券监督管理委员会厦门监管局来校考察，在管理学院召开“局所校联动”座谈会，与学校签署《投资者教育纳入国民教育体系合作备忘录》，建立战略合作关系。

（彭梅香）

【一人获全国第一届(青年)运动会武术套路比赛铜牌】 11月，2022级旅游与酒店管理系本科生欧阳倩汝代表福建省参加全国第一届学生(青年)运动会武术套路比赛，并获大学组女子自选刀术铜牌、自选棍术第四名、集体项目第七名。（曹惠真）

【承办“群星闪耀”台生成长发展计划】 11月11日，厦门大学两岸高等教育融合发展能力提升计划立项项目——“群星闪耀”台生成长发展计划举行启动仪式，共招募32名台湾学生，87%学员来自管理学院、经济学院，计划通过为期近1年的“创业训练营”“讲座沙龙”“企业参访”“非遗体验”“社会实践”等活动，助力台生融入祖国发展，助力台生成长成才。

（陈亦梅）

【四门课程入选2023年省级一流本科课程】 11月14日，福建省教育厅公布2023年省级一流本科课程名单，学院4门课程入选。其中，郑振龙教授负责的“金融工程”入选线上一流课程，袁喜娜教授负责的“整合营销传播”入选线下一流课程，陈福添副教授负责的“国际企业管理”入选线上线下混合式一流课程，伍晓奕教授负责的“基于数字文旅背景的世界遗产活化与开发利用虚拟仿真项目”入选虚拟仿真一流课程。（石　云）

【一人当选中国统计教育学会副会长】 11月15日，朱建平教授当选中国统计教育学会第八届副会长。

（孔玲玲）

【获厦门大学第一批“服务育人示范岗”单位集体】 11月15日，校工会公布厦门大学第一批“服务育人示范岗”单位集体(个人)名单，学院学生工作组获厦门大学“服务育人示范岗”单位集体荣誉称号。（曹惠真）

【MBA项目获多个奖项】 11月，MBA项目在第十一届腾讯商学院发展论坛上获“2023年度品牌影响力商学院”、中心主任屈文洲教授获“2023年度商科教育杰出学者”。12月，在《经理人》与MBAChina联合发布的“2023年度中国商学院暨MBA项目系列榜单”中获“中国商学院最佳MBA项目TOP7”“中国商学院最佳金融MBA项目TOP4”“中国商学院最佳中外合作项目 TOP3”；在央广网主办、中国 MBA 教育网承办的“2023 央广网 MBA 教育年度大会暨管理的力量论坛”获“2023 年度商科教育科创领先品牌院校”“2023 年度商科教育社会责任 MBA 院校”两大荣誉。（庄慧颖）

【举办中国企业管理案例与质性研究论坛(2023)】 11 月 11—13 日，由中国人民大学商学院主办，学院承办的中国企业管理案例与质性研究论坛(2023)在厦门大学举办。（付 博）

【举办第三届鹭江营销学者论坛】 12 月 2—3 日，第三届鹭江营销学者论坛在厦门大学举办。在市场学系的组织下，鹭江营销学者论坛已举办 3 届，每次会议均邀请 30 名左右知名营销学者演讲分享，国内外高校老师和博士生积极参加，交流互动。（沈阿平）

【开展“石榴花开向未来，挺膺担当育英才”主题联学和学科探索活动】 12 月 7 日，工商类本科生联合第二党支部、2022 级工商管理团支部、“石榴籽”计划学生骨干与厦门大学少数民族预科班联合开展“石榴花开向未来，挺膺担当育英才”主题联学和学科探索活动，重温习近平总书记给潘维廉教授的重要回信精神，深入学习习近平总书记关于加强和改进民族工作的重要思想，铸牢中华民族共同体意识。（揭上锋）

【智能财会联盟第三届年度会议暨“大数据人才交流会”在厦门大学召开】 12 月 8 日，智能财会联盟第三届年度会议暨“大数据人才交流会”在厦门举行。本次论坛以“数据资产：价值创造与经济后果”为主题，来自智能财会联盟的常务理事单位、理事单位、会员单位代表以及全国各高校商学院和财会相关专业负责人、骨干教师等 130 余人相聚厦门，聚焦数据资产研究，探讨数据资产的管理、核算与估值，交流数智时代的会计教材建设。（刘银燕）

【举办中国政府审计研究中心走进国内高校行动计划(厦门大学站)暨 CCGAR 双周论坛第 208 期学术研讨会】 12 月 9 日，“服务会计审计学科建设，中国政府审计研究中心走进国内高校行动计划(厦门大学站)暨 CCGAR 双周论坛第 208 期学术研讨会”在厦门大学举办。东南大学、华中科技大学、兰州大学、南京审计大学、南开大学、厦门大学、中国人民大学、中南财经政法大学和西南财经大学等 70 余所高校和单位近 300 名嘉宾以线下线上结合的方式参加。（刘银燕）

【举办学习宣传贯彻学校第十二次党代会精神报告会】 12 月 13 日，学院举行学习宣传贯彻学校第十二次党代会精神报告会，厦门大学学习宣传贯彻厦门大学第十二次党代会精神宣讲团成员，厦门大学校务委员会副主任、教师发展中心主任，学院计国君教授做题为《厦门大学管理学院的突围之势》讲座。（周 颖）

【七篇论文获评 2022 年福建省研究生优秀学位论文】 12 月 15 日，福建省学位委员会办公室公布 2022 年福建省研究生优秀学位论文评选结果，学院 7 篇研究生学位论文获评 2022 年福建省研究生优秀学位论文，其中 2 篇获选省优秀博士学位论文，5 篇获选省优秀硕士学位论文。（夏艳辉）

【举办“第八届中国管理科学论坛”】 12 月 15—17 日，“第八届中国管理科学论坛”在厦门大学举办。论坛以“中国式现代化与中国管理科学”为主题，就中国式现代化发展背景下各界普遍关心的管理议题，开展跨学科、跨行业、跨区域的学术研讨，促进中国管理科学为中国式现代化提供更好的解决方案。（汤晓玲）

【举行工会会员代表大会暨换届选举大会】 12 月 25 日，学院举行工会会员代表大会暨换届选举大会。第五届工会委员会主席吴翀代表本届工会委员会做工作报告。大会选举产生第六届管理学院工会委员会委员，伍晓奕当选第六届工会委员会主席。（周 颖）

【四个项目获教育部产学研合作协同育人项目立项】 2 月，彭丽芳教授负责的“商务大数据课程建设与师资培训推广”获 2022 年教育部产学合作协同育人项目第二批立项。12 月，罗进辉教授负责的“人工智能时代的商业伦理教学体系改革与实践”、郑伟民副教授负责的“新文科背景下的旅游专业人才培养方案设计与实践研究”、廖阳助理教授负责的“数智时代背景下‘审计学’课程改革实践”获 2023 年教育部产学合作协同育人项目立项。（石 云）

【一个课题获国家社科基金重大项目立项】 12 月 28 日，游家兴教授作为首席专家主持申报的项目“数字中国建设促进经济高质量发展的机制与路径研究”获 2023 年度国家社科基金重大项目立项。（吴 琼）

【EMBA 连续 18 年满意度蝉联第一】 厦门大学 EMBA 项目在《经理人》2023 年第十二届“中国 EMBA 项目排行榜”中位列第五，其中“学员满意度”连续 18 年蝉联全国第一。（林东富）

【中国能源政策研究院召开六场学术会议】 中国能源政策研究院组织 6 场学术会议，与《经济研究》杂志社、西南财经大学合办第五届中国能源环境与气候变化经济学者论坛，与自然资源保护协会(NRDC)合作主办“双碳”目标下电力低碳保供策略与政策研究系列研讨会共 4 期，并举办第二届达沃斯世界经济论坛全球能源社区—中国能源社区论坛。（李 佳）

【发布海西金融、旅游、健康、消费信心指数】 年内，海西金融、旅游、健康、消费信心指数按季度陆续发布。该指数由学院、厦门大学健康医疗大数据国家研究院、辅仁大学 AI 人工智慧发展中心及管理发展部共同发起，厦门大学数据挖掘研究中心、万泰科技股份有限公司共同研发。（孔玲玲）

财务管理与会计研究院

【概况】 财务管理与会计研究院(The Institute for Financial & Accounting Studies, IFAS,以下简称"研究院")成立于2005年,是国家"985工程"高校全国唯一的财务与会计创新基地。

研究院下设"厦门大学中国资本市场研究中心",中心成立于2008年4月6日,是经学校批准成立的校级科研机构。设有"财务与会计创新实验中心",于2014年由厦门大学哲学社会科学繁荣计划资助成立,为财务与会计的教学和研究工作提供平台和支持,在硬件配备和软件设置方面都已达到国内实验室的领先水平,丰富的历史与实时国内外专业数据库资源和数据分析软件资源,极大地方便了研究生、教师和来访学者开展最前沿的实证财务与会计的教学和科研。

研究院从美国、英国、日本、澳大利亚、比利时、法国、新加坡及中国香港和内地著名高校陆续引进优秀青年学者。现有专任教职工13人,与管理学院两院双聘教师5人。其中,专任教师高级职称人员6人,具有海外学习交流一年(或10个月)以上经历教师13人(100%)。研究院博士研究生指导教师4人(含管理学院博士生指导老师2人在研究院招生),硕士研究生指导老师13人(含管理学院硕士生指导老师1人在研究院招生)。

研究院现有在读硕士研究生48人、博士研究生20人(含学历博士留学生20人)。2023年,招收博士研究生5人(其中学历博士留学生3人)、硕士研究生18人(其中学历硕士留学生5人)。2023届毕业博士研究生2人、硕士研究生13人,学生就业率为100%。

年内,多篇论文入选重要国际学术会议,累计参加国际学术会议5人次。 (胡金帅 叶 玲)

【科研水平再上新台阶】 年内,教师在国际知名学术期刊发表(含接受发表,下同)论文6篇,包括1篇国际一类(A+)、3篇国际二类、6篇被SSCI收录。其中,胡金帅教授1篇论文被*Journal of International Business Studies*(《国际商业研究杂志》,JIBS)期刊发表。JIBS是全球商科24本顶级学术期刊(UTD 24, *The University of Texas at Dallas* 24,美国德克萨斯大学达拉斯分校的纳文金达尔管理学院创建的期刊数据库,总共24本期刊,用于对全世界前100名商学院进行排名)之一,在国际商业领域全球排名第一,2022年影响因子为11.6。此外,20篇论文进入再审环节,包括4篇国际一类(2篇A+、2篇A)、13篇国际二类、3篇SSCI。

年内,新立项纵向项目8个,其中国家级项目2个,省级项目4个,厅级项目1个,其他纵向项目1个,新立项项目总经费71万元。目前,教师主持的各类在研纵向项目18个,项目总经费171万元,其中国家级项目5个,省部级项目11个,厅级项目1个,其他纵向项目1个。承担在研省部级以上课题的专任教师达84.6%,承担在研国家级项目的专任教师达38.5%。

胡金帅、于小偶分获福建省第十五届社会科学优秀成果奖三等奖;胡金帅获厦门市"双一流高校建设奖"、厦门大学葛家澍科研奖(厦门大学人文社科最高级别科研奖);于小偶、王荔红分获厦门市第十二次社会科学优秀成果奖一等奖和三等奖;李珊获闽都·国际银行奖教金(科研类);陈晓琦获*Corporate Governance: An International Review*(《公司治理:国际评论》,CGIR)期刊颁发的CGIR 2022年度最佳论文奖;侯芳芳获深圳大学颁发的2023"China Financial Market, Innovation and ESG"(《中国金融市场、创新、ESG》)学术会议论文一等奖。

王荔红入选财政部高层次财会人才素质提升工程(中青年人才培养—学术班),李皖昀入选福建省高层次人才C类人才、厦门市高层次人才C类人才。目前研究院54%的专任教师获/入选省部级以上人才称号或培养工程。 (胡金帅 叶 玲)

【举办"全国优秀大学生暑期夏令营"】 7月10—12日,研究院举办线下"全国优秀大学生暑期夏令营"。此次夏令营共收到来自全国众多知名院校的251份申请,经过综合评定、层层选拔,确定来自南开大学、山东大学、东北大学、四川大学、吉林大学、湖南大学、重庆大学、中南大学、中央民族大学、中南财经政法大学的40余名优秀学生入营。夏令营活动为期3天,主要包括开营仪式、专家讲座、选拔考试等活动,旨在荟萃英才,选拔具有学术热情、学术潜力的出色人才,为营员提供切磋成长、互动交流的平台。活动取得预期的效果,11名营员获学校全国优秀大学生暑期夏令营推免硕士(学术型)拟录取资格,1名营员获直博生拟录取资格,在保持往年推免生人数高占比的情况仍有增量,2023年度推免生占比达85%。 (胡金帅 叶 玲)

【2023年国际研究生专班获立项】 11月,研究院国际硕士项目获厦门大学2023年国际研究生专班立项。

(胡金帅 叶 玲)

【举办"财务管理与会计系列学术论坛"】 年内,研究院共举办24期"财务管理与会计学术论坛",邀请来自美国弗吉尼亚大学、新西兰梅西大学、香港大学、香港城市大学、上海交通大学、上海财经大学、德勤华永会计师事务所等国内外知名学府、会计师事务所的学者做学术演讲。该论坛对学校财会师生接触国际学术和实务前沿,提高科研水平和能力起到积极作用。 (胡金帅 叶 玲)

【开展"硕士留学准备课程项目"】 研究院硕士留学准备课程项目2023年秋季班开班。全面重启美国杜兰大学硕士留学准备课程项目,完成该项目在教育部留学服务中心的备案,商洽与澳大利亚国立大学、莫纳什大学协议续约。 (胡金帅 叶 玲)

【开展厦门大学"外国语言文学类+会计学/财务管理"跨学科人才培养项目】 年内,研究院与外文学院继续开展"外国语言文学类+会计学/财务管理"跨学科人才培养项目,共招收35人。面向全校2021级、2022级共招收辅修本科生37人。2023级辅修本科在籍学生总人数累计72人。

(胡金帅 叶 玲)

2023 年度财务管理与会计研究院基本情况

统计项目	数量	统计项目	数量
本科生数(人)		教育部国别和区域研究中心(个)	
硕士研究生数(人)	48	其他部委研究基地(个)	
其中:专业学位硕士研究生数(人)		福建省"2011 协同创新中心"(个)	
博士研究生数(人)	20	福建省重点实验室(个)	
其中:专业学位博士研究生数(人)		福建省高等学校文科研究基地(个)	
其中:学历留学生数(人)	20	福建省社科研究基地(含马工程)(个)	
本科毕业生毕业去向落实率(%)		福建省特色新型智库(个)	
硕士毕业生毕业去向落实率(%)	100	福建省重点智库(含培育单位)(个)	
博士毕业生毕业去向落实率(%)	100	其他部省级平台(请注明)(个)	
本科毕业生升学、出国(境)率(%)		国家自然科学基金项目(个)※	1
毕业生到重要行业和领域就业率(%)	92.9	国家社会科学基金项目(个)※	1
专任教师数(人)	13	国家社会科学基金重大项目(个)※	
非全职教师数(人)		教育部人文社会科学研究重大课题攻关项目(个)※	
专职科研队伍数(人)		教育部人文社会科学重点研究基地重大项目(个)※	
教授数/正高级数(人)	2	教育部人文社会科学研究一般项目(个)※	
副教授数/副高级数(人)	4	其他部委项目(个)※	
具有博士学位专任教师数(人)	13	福建省社会科学基金重大项目(个)※	
具有海外学习交流一年(或 10 个月)以上经历教师数(人)	13	纵向科研经费(到位)(万元)※	79.19
45 岁以下(含)专任教师数(人)	12	横向科研经费(到位)(万元)※	
发展中国家科学院院士(人)		高校科学研究优秀成果奖(人文社会科学)(项)※	
教育部"长江学者奖励计划"特聘教授(人)		福建省社会科学优秀成果奖(项)※	2
教育部"长江学者奖励计划"青年学者(人)		其他部省级奖项(请注明)(项)※	
国家杰出青年科学基金获得者(人)		发表文章总数(篇)※	6
"国家特支计划"领军人才(人)		其中:《中国社会科学》发文数(篇)※	
"国家特支计划"青年拔尖人才(人)		《新华文摘》转载数(篇)※	
国家百千万人才工程入选者(人)		国际代表性刊物发文数(篇)※	
国家级教学名师(人)		出版专著(部)※	
国家优秀青年科学基金获得者(人)		决策咨询报告(获采纳/批示)(篇)※	
教育部新(跨)世纪优秀人才(人)		学生出国(境)交流(人次)※	3
福建省"闽江学者"特聘教授(人)		教师出国(境)交流(人次)※	5
国家教学成果奖(项)※		主办国际学术会议(次数)※	
国家级一流本科专业(个)		主办两岸学术会议(次数)※	
中国"互联网+"大学生创新创业大赛获奖数(项)※		境外合作高校或机构(所)	1
国家"2011 协同创新中心"(个)		签订境外合作协议(份)	1
国家高端智库(含培育)(个)		邀请国外学者数(人)※	
高等学校学科创新引智基地("111"计划)(个)		邀请台港澳地区学者数(人)※	
教育部重点实验室(个)		国(境)外学生来校数(人)※	
教育部人文社会科学重点研究基地(个)			

法学院

【概况】 法学院设有法理学、法律史、宪法与行政法学、刑法学、民商法学、诉讼法学、经济法学、国际法学、财税法学、海洋法学10个教研室。学院含知识产权研究院、南海研究院。国际法学为国家重点二级学科,法学学科为福建省重点一级学科。在2023年软科中国最好学科——法学的排名中厦门大学法学为A+,位列第12名。学院建有教育部“应用型、复合型卓越法律人才教育培训”基地,司法部现代公共法律服务理论研究与人才培训基地,厦门大学国际经济法研究中心等福建省人文社科基地,国家和社会治理法治化研究中心等福建省高校特色新型智库,厦门大学财税金融法治研究中心、厦门大学立法研究中心等福建省高校科研创新平台,以及其他校批机构、院批科研机构、优势学术团队和厦门大学人文社科创新团队。其中,厦门大学国际法创新团队入选福建省创新团队。厦门大学立法研究中心作为中国首个成员单位加入国际立法协会(International Association of Legislation, IAL)。

学院现有在校本科生593人,硕士研究生1029人(其中专业学位硕士研究生716人),博士研究生199人(含国际博士研究生7人)。

学院共有专任教师91人,其中教授35人,副教授33人,助理教授21人。非全职教师16人,其中名誉教授5人、厦门大学讲座教授3人、兼职教授6人、客座教授1人。法学院现有“国家特支计划”领军人才1人,“国家特支计划”青年拔尖人才1人,教育部“长江学者奖励计划”特聘教授1人,教育部“长江学者奖励计划”青年学者1人,教育部新世纪优秀人才7人,中宣部文化名家暨“四个一批”人才1人,福建省新世纪优秀人才支持计划9人,国家知识产权局“百千万知识产权人才工程百名高层次人才培养计划”2人,国家知识产权局“全国知识产权领军人才”2人,中国法学会资深法学家1人,福建省特殊支持“双百计划”人选——哲学社会科学领军人才1人、青年拔尖人才1人,福建省“闽江学者”特聘教授1人,福建省高校领军人才2人,福建省高层次人才(A类)7人、(B类)6人、(C类)4人,福建省法学英才7人,互聘“双千计划”人选7人,国务院政府特殊津贴2人,省级教学名师1人,入选财政部人才库2人,全国法学学术研究会会长副会长16人次。

年内,新聘助理教授3人;1名南强青年拔尖A类人才完成入职报到;续聘讲座教授2人、兼职教授1人、客座教授1人。宋方青入选国家级法治人才库(基础领域全省唯一)。郑晓剑入选南强青年拔尖A类人才。郭春镇、韩秀丽入选福建省高层次人才A类,郑晓剑、郑晓欧入选福建省高层次人才B类,王云清、熊亚文入选福建省高层次人才C类。8人入选厦门市高层次人才。

年内,发表论文119篇,其中,《中国社会科学》1篇、《法学研究》2篇、《中国法学》3篇、《现代法学》2篇、《法律科学》1篇、《法学家》2篇、《法学》1篇。SSCI刊物论文10篇,最优刊物论文8篇,一类核心刊物论文30篇,二类核心刊物论文18篇。出版或参与撰写各类著作16部,向各级政府部门提供咨询报告19篇,获中共中央办公厅等单位采纳和批示。共获国家社科基金项目7个(重大项目2个,一般项目3个,青年项目1个,后期资助项目1个),福建省社科规划项目7个,横向项目65个,项目总批复金额1010万元。

全年共派出学生出国(境)交流58人次,分赴欧洲(英国牛津大学、荷兰莱顿大学等)、美洲(加拿大约克大学等)、亚洲(日本北海道大学等)、中国台港澳地区(台湾大学、香港城市大学等)等国(境)外地区高校参加CSC博士生联合培养、校际院际交换、访学交流、海外实习等项目。学院派队赴荷兰等参加各项赛事多次获佳绩。

(上官仪　翁炎英　苏晓君　李宏伟)

【参与联合国BBNJ政府间谈判】 应外交部邀请,施余兵教授作为中国代表团成员和专家顾问,分别于3月、6月赴美国纽约联合国总部参加“国家管辖范围以外区域海洋生物多样性(BBNJ)政府间谈判第五届会议续会”和再续会。　(黄宇欣)

【在马来西亚成立知识产权研究中心和工作站并举办论坛】 3月24日,知识产权研究院与厦门大学马来西亚分校合作成立“知识产权与创新研究中心”,旨在推动中国与东南亚各国在知识产权和创新领域的人才培养、学术研究等方面的交流与合作。教育部“长江学者奖励计划”特聘教授龙小宁担任研究中心主任。同日,与厦门大学“一带一路”研究院、厦门大学马来西亚分校在马来西亚联合举办“RCEP框架下知识产权与创新的合作机遇”论坛。来自马来西亚投资发展局,马来西亚科学、工艺及革新部(MOSTI)技术转移与研发商业化部等政界代表,马来西亚中华总商会(ACCCIM)、马来西亚——中国总商会(MCCC)等协会和企业的代表,以及来自马来西亚国防大学、吉隆坡大学、越南经济与法律大学、日本名古屋大学等多所RCEP成员国家高校代表。校党委副书记全海、院党委书记许和山出席论坛开幕式并致辞。

(曹　琳)

【开展学习贯彻习近平新时代中国特色社会主义思想主题教育】 4—8月,学院深入开展学习贯彻习近平新时代中国特色社会主义思想主题教育。举办读书班/中心组专题学习与集中研讨10次,邀请专家做辅导报告3场,开展专题调研6项,形成调研报告6份,检视整改问题24项,专项整改1项,修订、新增规章制度7份,召开调研成果交流会和专题民主生活会各1场,105名师生参与评估测评,测评结果“好”占比90.48%。　(林少婷)

【全光网络改造入选优秀应用案例】 4月,教育部教育信息化技术标准委员会公布《高等学校数字校园建设规范》优秀应用案例,学院《多网融合智慧法学全光网络建设实践》成功入选,学院是唯一以二级学院身份获奖的单位。　(胡方舟)

2023 年度法学院(含南海研究院、知识产权研究院)基本情况

统计项目	数量	统计项目	数量
本科生数(人)	593	教育部国别和区域研究中心(个)	
硕士研究生数(人)	1029	其他部委研究基地(个)	2
其中:专业学位硕士研究生数(人)	716	福建省"2011 协同创新中心"(个)	
博士研究生数(人)	199	福建省重点实验室(个)	
其中:专业学位博士研究生数(人)		福建省高等学校文科研究基地(个)	3
其中:学历留学生数(人)	51	福建省社科研究基地(含马工程)(个)	1
本科毕业生毕业去向落实率(%)	91.2	福建省特色新型智库(个)	2
硕士毕业生毕业去向落实率(%)	99.32	福建省重点智库(含培育单位)(个)	
博士毕业生毕业去向落实率(%)	100	其他部省级平台(请注明)(个)	
本科毕业生升学、出国(境)率(%)	56	国家自然科学基金项目(个)※	1
毕业生到重要行业和领域就业率(%)	58.6	国家社会科学基金项目(个)※	7
专任教师数(人)	91	国家社会科学基金重大项目(个)※	2
非全职教师数(人)	16	教育部人文社会科学研究重大课题攻关项目(个)※	
专职科研队伍数(人)	4	教育部人文社会科学重点研究基地重大项目(个)※	
教授数/正高级数(人)	35	教育部人文社会科学研究一般项目(个)※	
副教授数/副高级数(人)	33	其他部委项目(个)※	
具有博士学位专任教师数(人)	89	福建省社会科学基金重大项目(个)※	
具有海外学习交流一年(或 10 个月)以上经历教师数(人)	52	纵向科研经费(到位)(万元)※	437.74
45 岁以下(含)专任教师数(人)	44	横向科研经费(到位)(万元)※	676.1
发展中国家科学院院士(人)		高校科学研究优秀成果奖(人文社会科学)(项)※	
教育部"长江学者奖励计划"特聘教授(人)	1	福建省社会科学优秀成果奖(项)※	13
教育部"长江学者奖励计划"青年学者(人)	1	其他部省级奖项(请注明)(项)※	1
国家杰出青年科学基金获得者(人)		发表文章总数(篇)※	119
"国家特支计划"领军人才(人)	1	其中:《中国社会科学》发文数(篇)※	1
"国家特支计划"青年拔尖人才(人)	1	《新华文摘》转载数(篇)※	1
国家百千万人才工程入选者(人)	2	国际代表性刊物发文数(篇)※	
国家级教学名师(人)		出版专著(部)※	16
国家优秀青年科学基金获得者(人)		决策咨询报告(获采纳/批示)(篇)※	19
教育部新(跨)世纪优秀人才(人)	7	学生出国(境)交流(人次)※	58
福建省"闽江学者"特聘教授(人)	1	教师出国(境)交流(人次)※	39
国家教学成果奖(项)※		主办国际学术会议(次数)※	1
国家级一流本科专业(个)	1	主办两岸学术会议(次数)※	2
中国"互联网+"大学生创新创业大赛获奖数(项)※		境外合作高校或机构(所)	
国家"2011 协同创新中心"(个)		签订境外合作协议(份)	
国家高端智库(含培育)(个)		邀请国外学者数(人)※	10
高等学校学科创新引智基地("111"计划)(个)		邀请台港澳地区学者数(人)※	2
教育部重点实验室(个)		国(境)外学生来校数(人)※	6
教育部人文社会科学重点研究基地(个)			

【举办知识产权宣传周系列活动】 4月,知识产权研究院围绕“加强知识产权法治保障 有力支持全面创新”主题,通过举行“数字技术变革背景下知识产权保护的机遇与挑战”论坛、厦门法院十大知识产权典型案例发布会、园游会、厦门大学知识产权专员队伍培训会、知识产权进小学等多项活动,向社会普及知识产权知识,传播以“尊重知识,崇尚创新,诚信守法,公平竞争”为核心理念的知识产权文化。　(曹　琳)

【举办“中国式现代化进程中的法治建设研讨会”】 4月6日,学院与厦门大学中国式现代化研究院联合举办“中国式现代化进程中的法治建设研讨会”,校长张宗益、教育部法学教学指导委员会主任委员徐显明教授以及来自全国各地的法学专家参加会议。　(上官仪)

【举办第四届和第五届“厦门大学立法法理学论坛”】 4月21—22日、12月10日,由厦门大学立法研究中心、国家与社会治理法治化研究中心、厦门大学社会治理与软法研究中心、厦门大学法学院共同主办第四届和第五届“厦门大学立法法理学论坛”暨“社会治理与软法”2022年、2023年学术年会。来自全国人大常委会法工委、福建省人大常委会法工委、厦门市人大法制委员会等实务部门、高等院校、科研院所的80余名专家学者和30余名硕博研究生参加会议。　(上官仪)

【“刑事诉讼法学”课程入选第二批国家级一流本科课程】 5月,教育部发布《关于公布第二批国家级一流本科课程认定结果的通知》,学院“刑事诉讼法学”课程被认定为第二批国家级一流本科课程(线下一流课程)。刘学敏教授是课程负责人,陆而启副教授和王天民副教授是主要成员。

(翁炎英)

【在厦门大学第十八届青年教师教学技能比赛中获奖】 5—11月,厦门大学举办第十八届教学比赛,经济法学教研室李天相助理教授荣获二等奖。

(翁炎英)

【召开干部任免宣布会议】 5月9日,校党委在法学院B220会议室召开干部任免宣布会议,任命何丽新同志为中共厦门大学法学院委员会委员、书记;免去许和山同志中共厦门大学法学院委员会书记、委员职务。校党委常务副书记林东伟出席,校党委常委、党委组织部部长、党委统战部部长孙理主持。7月3日,校党委在法学院B220会议室召开干部任命宣布会议,任命张宇斌同志担任法学院党委副书记。校党委常委、组织部部长、统战部部长孙理出席并主持会议。　(林少婷)

【承办厦门大学首届“福籽同心爱中华”主题宣讲比赛】 5月18日,由校党委统战部、党委学生工作部(处)主办,学院党委承办的厦门大学2023年“福籽同心爱中华”主题宣讲比赛决赛在模拟法庭举行。活动吸引了来自25个学院、38支队伍参赛。来自不同学院、不同民族的10组选手在决赛中用生动的语言、饱满的热情,讴歌多民族间互帮互助、相亲相爱的感人事迹,表达了各民族间同呼吸、共命运、心连心的浓厚感情。院党委书记何丽新出席决赛并为获奖选手颁奖。　(刘　茜)

【承办第七届全国法律专业学位研究生法律文书写作大赛】 5月20日,2023年全国法律专业学位研究生法律文书写作大赛决赛在法学院举行。该项赛事由中国法学会法学教育研究会主办,全国法律专业学位研究生教育指导委员会指导,自2017年至今已举办6届。赛事初赛阶段共收到全国208个法律硕士培养单位的2807份有效参赛作品。经过两轮选拔,来自29个培养单位的30名选手进入决赛,最终评选出一等奖2名、二等奖6名、三等奖7名、优秀奖14名以及最佳组织奖4个。重庆大学、新疆大学、西北政法大学和厦门大学荣获最佳组织奖。　(黄艺明)

【获第七届全球税收协定评论大学竞赛冠军】 5月31日,“第七届全球税收协定评论大学竞赛”总决赛在荷兰国际财税文献局(IBFD)位于阿姆斯特丹的总部举行,厦门大学代表队与来自巴西、芬兰和荷兰的高校代表队展开激烈角逐,最终夺得该项竞赛冠军。厦门大学代表队由中国—OECD联合培养税务法学硕士项目2022级中国研究生组成,学院廖益新教授和邱冬梅副教授担任此次比赛的主教练。这也是厦门大学代表队自2018年以来第四次参加该项竞赛。

(董晓晴)

【举办毕业生“毕业一课”和新生“开学第一课”】 6月21日,学院在B138室举办毕业生“毕业一课”。院党委书记何丽新以“不忘初心,‘鹰’向未来”为题,为毕业生党员讲授“毕业一课”暨学习贯彻习近平新时代中国特色社会主义思想主题教育专题党课。9月6日,学院在科艺中心举办新生“开学第一课”。院党委书记何丽新以“新生法律思维的培养”为主题,为全体2023级新生讲授“开学第一课”。

(林少婷)

【中国—OECD联合培养税务法学硕士项目学生多次参加国际会议】 6月29—30日、10月19—20日,应国家税务总局邀请,中国—OECD联合培养税务法学硕士项目国际学生分别赴长沙、北京参加第三届中非经贸博览会、中非经贸深度合作高端研讨会、中非税收征管创新与技术合作研讨会以及税收征管数字化高级别国际研讨会并做主旨演讲。国际会议交流活动加深了国际学生代表们对中非税务合作的理解,打开了更广阔的中非合作视野。　(董晓晴)

【举办第十六届国际法前沿问题暑期研修班】 7月3日,举办第十六届国际法前沿问题暑期研修班。研修班为期3周,应邀前来授课的专家包括:悉尼大学Ben SAUL教授、香港大学赵云教授、贾瓦哈拉尔·尼赫鲁大学Bharat H. DESAI教授、内布拉斯加大学林肯分校Frans G. von der Dunk教授、北京大学赵宏教授以及法学院杨帆博士和郑晓欧博士。本届研修班共吸引来自不同国家和地区的102名学员,包括厦门律协推荐的24名从事涉外法律业务的律师。　(肖　彬)

【举办第15届马可·波罗—郑和国际海洋法律与政策暑期班】 7月2—21日,第15届马可·波罗—郑和国际海洋法律与政策暑期班(Marco Polo—ZHENG He Academy of International Oceans Law and Policy)在厦门大学顺利举办。本届暑期班由学院、厦门大学南海研究院、福建省社科研究基地海洋法与中国东南海疆研究中心与《中华海洋法学评论》编辑部共同主办，为期3周，所有课程均为英文授课。来自国际海洋法法庭、英国中央兰开夏大学、清华大学、葡萄牙卢索佛纳大学、厦门大学的国内外专家学者就国际海洋法领域的前沿议题进行授课或专题演讲。（黄宇欣）

【举办厦门大学国际税法全国暑期学校】 7月17—22日，2023年厦门大学国际税法全国暑期学校在学院圆满完成各项学习交流活动。本次暑期学校为期6天，应邀前来授课的老师除了维也纳经济大学奥地利及国际税法研究中心教学团队的4名成员Marcelo Moura、Oleksandr Nes Terov、Ruth Mirembe、Siddhesh Rao，还有中国国际税收研究会张志勇会长、威韬商务咨询公司（WTS中国）的主管执行合伙人吴智广（Martin Ng）先生、环球律师事务所合伙人赵德铭律师以及厦门大学国际税法与比较税制研究中心（CITACT-XMU）主任廖益新教授和副主任朱炎生教授。本次暑期学校吸引国内各高校老师、学生，税收实务界人士以及来自欧洲高等商学院、墨尔本大学等境外院校的学生共计110多名。（黄小红）

【社会实践活动获多项表彰】 暑期，学院围绕“学习二十大 永远跟党走 奋进新征程”为主题开展社会实践活动。组织35支实践队、300余名鹰园学子参与，近30名教师参与指导。实践队在红色文化传承、法律知识传播、基层数字治理和公民权益保护等实践活动中，亲身体验中国式现代化的伟大变革，感悟习近平新时代中国特色社会主义思想的强大真理力量和实践伟力。在厦门大学2023年暑期社会实践总结表彰中，学院获评“先进单位”，7名教师获评“优秀带队教师”，5支暑期社会实践队获评“优秀团队”，31名学生获评“积极分子”，3篇调研报告（论文）获评“优秀调研报告”。此外，“鹰润童心”实践队从全国172所高校的348支实践队中脱颖而出，以第二名的成绩获评由团中央权益部发起的“法治中国青春行”社会实践专项活动优秀团队，同时还入选由中国青年报社主办的第九届全国大学生暑期实践展示活动全国TOP100项目。（刘 茜）

【开展师德集中学习教育暨法学院师德师风讲堂】 7月19日，学院在模拟法庭报告厅举行师德集中学习教育动员会议暨法学院师德师风讲堂。院党委书记何丽新传达教育部及厦门大学师德师风建设工作推进会精神，以“以案为警，明德修身”为题进行师德师风警示教育。院长宋方青以“强师德铸师魂，争做新时代法学‘大先生’”为题，带领教职工重温习近平总书记关于师德师风的重要论述。法学院组织全体教职工参加国家智慧教育公共服务平台“师德集中学习教育”专题学习，注册参加研修教职工共76人。（林少婷）

【获国家级教学成果奖二等奖】 7月21日，宋方青教授领衔申报的“新时代复合型立法人才培养的模式创新与实践”获2022年高等教育（研究生）国家级教学成果奖二等奖。这是学院历史上研究生教学成果首次获国家级教学成果奖。该教学成果立足于新时代高素质复合型立法人才的培养目标，构建立法人才培养的课程体系和教学体系，形成以实战为导向的实践能力培养路径，培养一批优秀立法人才，为法治人才培养带来示范效应。（黄小红）

【成立厦门大学新时代“漳州110”研究中心】 8月18日，厦门大学与漳州市公安局共同签署《厦门大学与漳州市公安局战略合作协议书》，厦门大学、漳州市公安局新时代“漳州110”研究中心揭牌成立。研究中心依托高校师资力量雄厚、学术资源丰富等优势，开展“漳州110”历史发展传承、队伍传承、精神内涵、实践价值的经验总结及理论研究，同时将为法学学生实践能力培养提供宝贵平台。（李宏伟）

【获批全国首批知识产权硕士专业学位授权点】 9月，经批准，厦门大学成为第一批拥有知识产权硕士专业学位授权点的重点院校。知识产权研究院自2024年起在全国范围内率先开展知识产权硕士专业招生工作，招生计划名额共计10人（含推免生2人和统招8人）。该专业将发挥厦门大学作为综合性大学的学科交叉优势，依托法学、管理学、经济学和化学、生命科学、信息科学等相关理工医科的学科优势，培养我国知识产权强国战略紧缺的高层次、复合型和应用型知识产权人才。（曹 琳）

【承办第三届海丝中央法务区论坛“完善知识产权全链条保护机制”分论坛】 9月7—8日，由海丝中央法务区建设工作领导小组、国际商事争端预防与解决组织主办，厦门市海丝中央法务区建设工作领导小组办公室、厦门市中级人民法院与厦门大学知识产权研究院承办，厦门市知识产权协会、厦门市法学会知识产权法学研究会协办的第三届海丝中央法务区论坛“完善知识产权全链条保护机制”分论坛在厦门大学成功举行。来自国内外学术界、实务界的专家学者出席此次会议，共话完善知识产权全链条保护机制，服务经济高质量发展。（曹 琳）

【举办第十七届国际投资法专题研讨会】 9月9—10日，由商务部条约法律司支持，中国国际经济法学会、厦门大学陈安国际法学发展基金会、海丝中央法务区联合主办的第十七届国际投资法专题研讨会在厦门会展中心举行。本次会议列为中国厦门九八国际投资洽谈会的活动之一，同时在多个网络平台直播，累计线上观众超620万人次，在新浪微博等主流平台获超过1100万的传播量。（肖 彬）

【召开学习贯彻学校第十二次党代会精神会议】 9月14日，学院在B220会议室召开党委理论学习中心组（扩大）会议，学习贯彻学校第十二次党代会精神。校基层党建工作联络员林永生到会指导，学院领导班子成员、校第十二次党代会代表、师生党支部书记、科级干部、学生组织和学生社团代表等参加会议。（林少婷）

【参与国际海洋法法庭口头程序】 9月15日，外交部条法司司长马新民代表中国在国际海洋法法庭涉气候变化咨询意见案口头程序中进行陈述,阐述中国关于管辖权和有关国际气候变化法以及国际海洋法问题的立场和主张。施余兵教授、周琛副教授作为中国代表团成员和顾问赴德国汉堡国际海洋法法庭参加这一程序,为中国代表团提供有力的法律支撑。（黄宇欣）

【完成法学一级学科博士学位授权点、法律硕士专业学位授权点自我评估专家评议】 9月16日,法学一级学科博士学位授权点、法律硕士专业学位授权点自我评估专家评议会顺利举行。现场专家分别是国务院法学学科评议组成员、南京大学法学院院长彭岳教授,国务院法学学科评议组成员、中国海洋大学法学院院长桑本谦教授,全国法律专业学位研究生教育指导委员会委员、中南财经政法大学副校长姚莉教授,全国法律专业学位研究生教育指导委员会委员、中山大学法学院院长张亮教授,全国法律专业学位研究生教育指导委员会委员、北京大学法学院副院长车浩教授,厦门市中级人民法院党组副书记、副院长李志远法官,福建旭丰律师事务所主任、一级律师王桂英律师。经过专家组现场评议,评估结果为合格。（康小宁）

【“国际经济法”上线新华思政平台】 10月,陈欣副教授主讲的“国际经济法”课程在新华网“新华思政”平台上线,这是法学院在该平台上线的首门课程思政示范课程,也是该平台开通以来上线的40门法学类课程之一。“国际经济法”是学院专业必修课,强调思想引领与专业培养目标相结合,采用灵活多样的教学方法和手段,使学生能够运用学到的国际经济法基本原理和具体知识,剖析当代国际经济交往中的重点和热点问题。该课程已获校级课程思政示范课程及校级一流课程立项,并已被推荐参评福建省一流课程。（翁炎英）

【获福建省2023年本科高校教育教学研究项目立项两个】 10月7日,福建省教育厅公布2023年本科高校教育教学研究项目立项名单,王杏飞教授负责的“中国特色法学话语体系背景下‘课程思政’建设研究”获福建省2023年本科高校教育教学研究项目（本科教育类）一般项目暨厦门大学本科教改项目揭榜挂帅一般项目立项,朱炎生教授负责的“产教融合支持下国际税法高端复合型国际化人才培养新模式探索”获福建省2023年本科高校教育教学研究项目立项(研究生教育类)。（翁炎英　黄小红）

【中国—OECD联合培养税务法学硕士项目首次举行线下开学典礼】 10月9日,由厦门大学与国家税务总局、财政部和经济合作与发展组织(OECD)合作开设的中国—OECD联合培养税务法学硕士项目首次举行线下开学典礼。OECD税收政策与管理中心副主任阿希姆·克劳斯·普洛斯(Achim Claus PROSS),国家税务总局副局长王道树,财政部税政司处长程浩,厦门市税务局局长张国钧,厦门大学校长张宗益、副校长史大林,以及34名来自菲律宾、喀麦隆、尼日利亚、塞拉利昂、坦桑尼亚、乌干达、印度尼西亚7个发展中国家的国际学生和中国学生出席本次开学典礼。（董晓晴）

【学院扩建项目顺利封顶】 10月18日,学院扩建项目大楼主体工程顺利封顶。学校高度重视该项目建设,校领导多次到现场了解进展情况,对项目各阶段建设给予重要指导,有力推进了项目进展。学院新大楼建设,将有力支撑新时代法学教育的创新与实践,助力法学学科高质量发展。（胡方舟）

【举办第十一届亚太地区企业并购模拟竞赛】 11月1日,学院与全联并购公会联合主办第十一届亚太地区企业并购模拟竞赛。海峡两岸暨港澳的17所高校组成的16支代表队的百余名学生参加并购竞赛。亚太地区企业并购模拟竞赛是亚太地区学术界、企业界和高校间具有广泛影响的年度盛事,旨在建立海峡两岸、港澳地区及海外高等学府师生间的交流平台,促进企业界与学术界之间的对话,是一个区域性、跨专业的平台。竞赛自2011年首次举办以来,比赛规模与知名度不断扩大,到2023年已成功举办十一届。（董晓晴）

【主办南海治理国际研讨会】 11月2日,由学院、自然资源部海洋发展战略研究所主办,厦门大学南海研究院、福建省社会科学研究基地海洋法与中国东南海疆研究中心承办的第四届“海洋合作与政策协调”国际研讨会在线成功举行。本次会议聚焦“海洋治理的新问题新经验”和“南海治理的新思路新路径”2个议题,来自中国、马来西亚、印度尼西亚、缅甸等国家的50余名嘉宾参加本次会议。（黄宇欣）

【中国—OECD联合培养税务法学硕士项目首届中外学生赴北京、上海考察调研】 11月6—17日,中国—OECD联合培养税务法学硕士项目2022级中外学生按照项目的培养方案安排,赴北京、上海两地考察调研,开展为期2周的社会实践活动,参访了国家税务总局北京市和上海市税务局相关部门、具有行业代表性的中国企业和外资企业、税务中介机构、文化场馆等28家单位或机构。国家税务总局国际司副司长黄素华、总局税务干部学院副院长岳颂、国际司国际合作处处长杨肖、国际司国际合作处副处长郭佳音等领导参加相关活动。（董晓晴）

【主办海洋法高端研讨会】 11月11—12日,由学院、自然资源部海洋发展战略研究所主办,厦门大学南海研究院、福建省社会科学研究基地海洋法与中国东南海疆研究中心承办,厦门市海洋国际合作中心、福建海洋可持续发展研究院协办的“海洋法的最新发展与周边涉海问题”学术研讨会在法学院成功举行。本次会议聚焦“海洋法的最新发展”和“周边涉海问题”2个议题,来自自然资源部海洋发展战略研究所、中国社会科学院、中国南海研究院、清华大学、上海交通大学、浙江大学、武汉大学、南开大学、中国海洋大学、大连海事大学、西北政法大学、厦门大学等单位的上百名嘉宾,通过线下或线上的方式参加此次会议。（黄宇欣）

【召开贯彻落实全面从严治党主体责任工作会】 11月29日,学院召开贯彻落实全面从严治党主体责任工作会暨教工党支部书记工作例会。院党委书记何丽新,副书记吴获、张宇斌,教工党支部书记、委员,党委组织员及党务秘书参加会议。何丽新传达学校2023年全面从严治党工作会议暨警示教育大会精神，通报近年来校内外落实全面从严治党主体责任不力的相关问题及典型案例。会议听取了各教工党支部2023年度工作情况和下一阶段工作计划的汇报，研究了学风建设和师德师风建设中存在的主要问题及对策。（林少婷）

【获批教育部涉外法治人才协同培养创新基地（培育）】 12月，教育部办公厅、中央依法治国办秘书局联合发布《关于公布涉外法治人才协同培养创新基地（培育）名单的通知》，厦门大学获批教育部涉外法治人才协同培养创新基地。（翁炎英）

【举办2023年“国家宪法日”主题宣传教育活动】 为大力弘扬宪法精神，建设社会主义法治文化，在第十个国家宪法日即将到来之际，12月3日，厦门大学2023年国家宪法日主题宣传教育活动在思明校区三家村学生活动广场举行。本次活动由学校依法治校工作办公室、保密办、党委宣传部、党委学生工作部（处）、共青团厦门大学委员会和学院主办，院党委书记何丽新主持。校党委常务副书记林东伟出席活动并讲话，院长宋方青领诵宪法部分条款。现场进行“学宪法 讲宪法”主题演讲展示、《宪法伴我们成长》歌曲传唱，举办路演活动并开展青年学生喜闻乐见的小游戏。（刘 茜）

【举办学习贯彻习近平文化思想主题宣讲比赛】 12月11日，学院在模拟法庭举办学习贯彻习近平文化思想主题宣讲比赛暨“宪法宣传周”活动。来自学生党支部的9支队伍参加比赛，各队伍立足专业学科特色，采取主题演讲、案例分析、故事讲述、新闻报道等多种形式讲述司法案例，“小切口”讲“大道理”，呈现出精彩且丰富多元的宣讲效果。（林少婷）

【中国—OECD联合培养税务法学硕士项目举行协调会】 12月12日，中国—OECD联合培养税务法学硕士项目举行项目协调会，国家税务总局国际税务司副司长黄素华、税务干部学院副院长岳颂一行参加会议，就工作进展、实践教学、宣传工作等情况开展调研交流。副校长邱伟杰，学生处、研究生院、招考办、国际处、经济学院、法学院等部门和学院的负责人与老师参加本次工作交流。（董晓晴）

【中国法学会副会长兼秘书长张鸣起做客南强学术讲座】 12月23日，厦门大学南强学术讲座第1244讲在法学院模拟法庭举行。中国法学会党组成员、副会长兼秘书长，中国社会法学研究会会长，海峡两岸关系法学研究会会长张鸣起以《深入学习贯彻习近平涉外法治重要论述，坚持统筹推进国内法治和涉外法治》为题，为学校师生做学术讲座。副校长方颖为张鸣起颁授“南强学术讲座”纪念牌。院长宋方青主持授牌仪式和讲座，学院师生200余人参加学习。（上官仪）

【“鹰园先锋”荣获厦门大学首届“十佳党建品牌”】 12月27日，厦门大学首届“十佳党建品牌”现场展评暨颁奖仪式在科学艺术中心圆满落幕。历经材料初评、实地考评、现场展评等层层评选，学院“鹰园先锋”从全校党建品牌中脱颖而出，荣获厦门大学“十佳党建品牌”。（林少婷）

【科研成果再创佳绩】 1项成果获第九届“钱端升法学研究成果奖”一等奖；13项成果获福建省第十五届社会科学优秀成果奖（含一等奖1项，二等奖4项，三等奖7项，青年佳作奖1项），获奖数量创历史新高；8项成果获厦门市第十二次社会科学优秀成果奖；4项成果获第四届方德法治研究奖；1人获韩德培法学终身成就奖。（上官仪）

【学生在各类思政教育活动中荣获佳绩】 征文作品《一声“到”，一生到：在祖国召唤的大地上步履不停》获评教育部关工委主办的2023年“读懂中国”活动最佳征文；在“学宪法 讲宪法”福建省遴选活动中获素养竞赛二等奖；在学校“学史铸魂悟初心，踔厉奋发担使命”学习贯彻党的二十大精神党史故事汇、“党的二十大和我的人生路”主题征文活动、“一封家书寄廉洁——写给20年后的自己”主题征文活动、“一‘马’当先”知识竞赛校内选拔赛、“看万山红遍”主题团日活动等20余项思政教育活动中屡获佳绩，全年获各类活动优秀组织奖5项。（刘 茜）

【开展各类志愿服务活动】 发起成立福建省“蒲公英”普法志愿者联盟厦门大学支队，旨在进一步汇聚青年学生力量，发扬“奉献、友爱、互助、进步”的志愿精神，唱响社会主义法治文化的“中国声音”“厦大声音”。组织第三期“禁毒之星·种子计划”大学生禁毒志愿者讲师团，联合思明区禁毒办、滨海街道禁毒工作站、大学路派出所、福建天衡联合律师事务所、白城社区居委会、演武社区居委会，以寓教于乐的方式传播禁毒知识，开展6次禁毒普法活动。联合思明区团委、福建天衡联合律师事务所等单位开展“青春法宝，‘未’爱而来”活动，让青少年在实操演练中增强法律意识，提升法治素养。扎实推进志愿公益活动常态化建设，在“9·8”投洽会、金鸡电影节、校运动会、迎新等各类活动中展现志愿者的服务精神和社会责任感。本年度开展志愿服务活动37次，累计工时1350.39小时。（刘 茜）

【学生在各类学业竞赛中斩获佳绩】 学生在“挑战杯”校赛中荣获一等奖1项、二等奖1项、三等奖3项，其中1项作品在“挑战杯”省赛中荣获二等奖；在“中欧杯”全国法科学生涉外法制人才大奖赛中获二等奖；在全国学生“学宪法讲宪法”福建赛区遴选活动中获素养竞赛二等奖。在模拟法庭赛事中，法学院赛队在Philip C. Jessup国际法模拟法庭比赛中国赛区选拔赛中获二等奖；在“贸仲杯”国际商事仲裁模拟法庭辩论赛中获二等奖；在Willem C. Vis East Moot国际商事仲裁模拟仲裁庭比赛中获申请方最佳文书提名；在第十四届“信实杯”全国大学生模拟法庭辩论赛中获亚军。（吴 维）

【获厦门大学“体育先进学院”称号】 学院获评厦门大学2022—2023学年“体育先进学院”。在厦门大学第58届学生田径运动会中荣获思明校区研究生组团体总分第四名、学生总分第五名，并在校运会开幕式课间操健身气功八段锦展示评比中获“一等奖”，获厦门大学健身气功·八段锦专项赛团体总分第一名、“足协杯”第二名、第四届毽球基本功大赛团体总分第三名、“校庆杯”学生乒乓球团体赛团体第一名、首届“闽都·南强杯”厦门大学研究生体育竞赛龙舟竞速项目第四名等。　(许鸿滨)

【开展就业促进活动】 完善生涯规划与就业指导体系,开展毕业生就业动员大会,“以简驭繁、历历在目”就业技能培训,“就业竞争与职业规划”,“合伙人谈律师行业选择与律师之道”等近10场就业指导活动,召开“生涯逐梦 鹰向未来”系列就业经验分享会,举办“春风行动,‘职’等你来”五院学生就业实习专场招聘会,完成2023届毕业生年度就业质量报告,为提升毕业生就业技能,促进高质量充分就业提供保障。加大力度做好访企拓岗活动,联动各地院友,为毕业生创造更多的就业机会。2023届毕业生整体就业落实率96.54%,其中本科91.20%、硕士99.32%,博士100.00%,重点行业、重点单位就业率达58.6%。　(黄艺明)

【与多部门签署16份合作协议】 学院与机关单位(中共福建省委政法委等)、企业(上海市通力律师事务所等)、组织机构(中国海事仲裁委员会海上丝路仲裁中心等)20余家单位签署或续签合作协议16份,合作共建涉外法制人才协同培养创新基地、生物多样性公益保护研学基地、厦门市生态司法协同保护平台、厦门大学法学教育实践基地等平台。　(李宏伟)

【开展多场校友会和校友联络活动】 走访看望福州、广东、龙岩、上海、厦门、陕西、深圳等地校友会和校友,实地走访调研恒申集团、中山大学法学院、上海证券交易所、陕西省司法厅、深圳国际仲裁院和各地律所等校友所在单位17家,推动陕西和内蒙古校友会法律分会建设,协助1987级本科、1989级本科和2010级硕士等校友返校活动。　(刘巧英)

公共事务学院/公共政策研究院

【概况】 公共事务学院/公共政策研究院现有公共管理系、政治学系、心理学研究所、MPA教育中心4个教学单位;1个教育部国别和区域研究中心(备案)——新西兰研究中心;1个福建省高校新型智库——厦门大学人才战略研究所;1个省级协创中心——“公共政策与地方治理”协同创新中心;公共服务质量研究中心、公共政策与政府创新研究中心、县域社会治理能力建设研究中心、国家治理能力研究中心4个省级研究基地;政治学与行政学研究所、政府绩效管理研究中心、区域发展政策研究所、社会管理创新研究中心、中国残障事业发展研究中心5个校级研究机构。

学院为全国MPA专业学位的发起认证和首批试点单位之一,在公共事务和公共管理教育领域享有盛誉。拥有公共管理、政治学2个一级学科博士点,公共政策、认知与公共服务2个二级学科博士点,公共管理、政治学2个博士后科研流动站,公共管理、政治学2个一级学科硕士点,公共管理硕士(MPA)专业硕士学位点,行政管理(国家级特色专业、首批国家级一流本科专业)、政治学与行政学(国家级一流本科专业)2个本科专业;拥有行政管理、社会保障、政治学理论3个福建省重点学科及多个国家级、省部级学科建设与教学科研平台。

学院现有在职教职工75人,专任教师59人,教授19人,副教授26人,助理教授14人,教师平均年龄43.8岁。新入职政治学系助理教授1人、公共管理系助理教授1人、新聘兼职教授1人,获评南强青年拔尖B类人才1人,申请高聘教授3人(学部评审中)。公共管理博士后流动站在站4人,政治学流动站在站4人。

全年人才培养获国家级教学成果奖本科二等奖、国家级一流本科课程、全国MPA在线示范课程各1项;MPA案例大赛一等奖2项、最佳案例1项、最佳指导教师3人;省研究生精品课程1门,省优秀硕士学位论文4篇,博士学位论文1篇,新加坡会议中国博士生论坛最佳论文奖1篇,校主题案例立项2个(1案例推荐参评教育部);学生科创获“挑战杯”全国二等奖1项、省一等奖和二等奖各1项,大学生创新创业训练计划国家级5项、省级10项等。现有在校生共1871人,其中本科生461人,硕士研究生1305人(其中专业学位硕士研究生1114人),博士研究生105人。招收博士研究生24人、学术型硕士研究生61人、MPA 290人、本科生102人;毕业博士研究生12人、学术型硕士研究生51人、MPA 162人、本科生104人,硕士毕业生就业率99.57%,博士毕业生就业率100%,重点单位就业率77.1%;本科毕业生就业率91.1%,本科生考研录取(出国)率45.5%。

学院科研到账经费704.9万元,共承担立项课题46个,获立国家社科基金年度项目5个,国家社科后期资助重点项目1个,教育部后期资助项目重大项目1个,省社科基金项目7个(重大项目2个,基地重大项目4个),省自然科学基金项目1个,厦门市社科课题3个,横向课题23个。以厦门大学为第一单位共发表论文87篇,其中最优及一类核心论文35篇,二类核心论文25篇,其他刊物36篇,被SSCI/SCI等收录15篇;出版著作5部;提交研究报告19篇,其中8篇获省部级以上部门采纳。获各类省部级科研奖8项、市级10项。其中,福建省第十五届社会科学优秀成果奖一等奖1项、二等奖1项、三等奖3项;厦门市十二次社会科学优秀成果奖一等奖3项、二等奖3项、三等奖4项。

学院教师因公出国(境)交流访问参会17人次,外出交流交换学生18人次;1人赴马耳他孔子学院任中方院长;2名中国台湾学生来学院交流学习。社会服务办公室共承办210个班级,其中省级班18个,学员总人数12027人,培训费收入2024万元,创历史新高。　(林如琦)

2023 年度公共事务学院/公共政策研究院基本情况

统计项目	数量
本科生数(人)	461
硕士研究生数(人)	1305
其中:专业学位硕士研究生数(人)	1114
博士研究生数(人)	105
其中:专业学位博士研究生数(人)	
其中:学历留学生数(人)	3
本科毕业生毕业去向落实率(%)	91.1
硕士毕业生毕业去向落实率(%)	99.57
博士毕业生毕业去向落实率(%)	100
本科毕业生升学、出国(境)率(%)	45.5
毕业生到重要行业和领域就业率(%)	77.1
专任教师数(人)	59
非全职教师数(人)	1
专职科研队伍数(人)	5
教授数/正高级数(人)	19
副教授数/副高级数(人)	26
具有博士学位专任教师数(人)	57
具有海外学习交流一年(或 10 个月)以上经历教师数(人)	38
45 岁以下(含)专任教师数(人)	33
发展中国家科学院院士(人)	
教育部"长江学者奖励计划"特聘教授(人)	1
教育部"长江学者奖励计划"青年学者(人)	
国家杰出青年科学基金获得者(人)	
"国家特支计划"领军人才(人)	1
"国家特支计划"青年拔尖人才(人)	
国家百千万人才工程入选者(人)	
国家级教学名师(人)	
国家优秀青年科学基金获得者(人)	
教育部新(跨)世纪优秀人才(人)	2
福建省"闽江学者"特聘教授(人)	1
国家教学成果奖(项)※	1
国家级一流本科专业(个)	2
中国"互联网+"大学生创新创业大赛获奖数(项)※	
国家"2011 协同创新中心"(个)	
国家高端智库(含培育)(个)	
高等学校学科创新引智基地("111"计划)(个)	
教育部重点实验室(个)	
教育部人文社会科学重点研究基地(个)	

统计项目	数量
教育部国别和区域研究中心(个)	1
其他部委研究基地(个)	1
福建省"2011 协同创新中心"(个)	1
福建省重点实验室(个)	
福建省高等学校文科研究基地(个)	2
福建省社科研究基地(含马工程)(个)	2
福建省特色新型智库(个)	1
福建省重点智库(含培育单位)(个)	
其他部省级平台(请注明)(个)	
国家自然科学基金项目(个)※	
国家社会科学基金项目(个)※	6
国家社会科学基金重大项目(个)※	
教育部人文社会科学研究重大课题攻关项目(个)※	
教育部人文社会科学重点研究基地重大项目(个)※	1
教育部人文社会科学研究一般项目(个)※	
其他部委项目(个)※	
福建省社会科学基金重大项目(个)※	2
纵向科研经费(到位)(万元)※	370.28
横向科研经费(到位)(万元)※	334.62
高校科学研究优秀成果奖(人文社会科学)(项)※	
福建省社会科学优秀成果奖(项)※	5
其他部省级奖项(请注明)(项)※	
发表文章总数(篇)※	87
其中:《中国社会科学》发文数(篇)※	
《新华文摘》转载数(篇)※	2
国际代表性刊物发文数(篇)※	
出版专著(部)※	5
决策咨询报告(获采纳/批示)(篇)※	13
学生出国(境)交流(人次)※	18
教师出国(境)交流(人次)※	17
主办国际学术会议(次数)※	
主办两岸学术会议(次数)※	
境外合作高校或机构(所)	
签订境外合作协议(份)	
邀请国外学者数(人)※	3
邀请台港澳地区学者数(人)※	3
国(境)外学生来校数(人)※	6

【毕业生高质量就业成效显著】 1月6日，学院承办的学校就业"揭榜挂帅"项目——第一期政务精英行政职业能力训练营顺利开展。4月27日，学院获评"厦门大学毕业生就业工作先进单位"，这也是学院连续2年获该项荣誉。11月25日，2022级本科生郑雪瑜在厦门大学首届大学生职业规划大赛中获二等奖。（蒋慧琼）

【学工组获多项荣誉】 2月14日，学生工作案例《在抗疫实践中彰显"精准思政"工作力量》获福建省高等学校思想政治教育研究会优秀工作案例一等奖；5月4日，李思颖获厦门大学优秀共青团干部荣誉称号；5月17日，蒋慧琼获厦门大学第五届辅导员素质能力大赛三等奖。

（徐　莹　李思颖）

【科研成果获奖成绩斐然】 2月24日，厦门市第十二次社会科学优秀成果奖公布，李艳霞教授著作《当代中国城市社会底层政治信任研究》、朱仁显教授论文《信息与通信技术变革政府治理模式机制分析》、游宇副教授著作《中国地方财政体制与治理》获一等奖，陈振明教授著作《大变局世界中的公共治理》、朱仁显教授团队研究报告《关于推进厦门市社会事业创新发展的对策建议》、李丹教授著作《"一带一路"背景下孔子学院本土化发展路径研究》获二等奖，于文轩教授论文《中国公共行政学案例研究：问题与挑战》、朱芳芳副教授著作《基层公共预算改革：从控权到赋权》、王荣宇副教授报告《中国农村集体行动的逻辑：基于农村建设用地整理的原型分析》(Patterns of Rural Collective Action in Contemporary China: An Archetype Analysis of Rural Construction Land Consolidation)、周茜副教授报告《药品集中采购试点成效及政策扩散机制研究》获三等奖。12月，福建省第十五届社会科学优秀成果奖公示，高和荣教授论文《论基本型民主》获一等奖，陈振明教授著作《大变局世界中的公共治理》获二等奖，陈炳辉教授论文《构建民主基础上的国家集权体制》、于文轩教授论文《中国公共行政学案例研究：问题与挑战》、刘昭阁助理教授论文"Scenario Modeling for Government Big Data Governance Decision-making: Chinese Experience with Public Safety Services"获三等奖。此外，还有1项成果获福建省委统战部2022年度全省统战理论政策研究创新成果奖二等奖；1篇文章获2023年福建社科界青年学者论坛优秀论文；1个课题成果获福建省委组织部2022年度全省组织工作重点调研成果奖二等奖。（邹晓兰）

【春季学期教职工大会以及重点工作研讨会召开】 2月22日，学院在成智楼301召开春季新学期全院教职工大会暨重点工作研讨会，对学院2022年工作进行总结，部署2023年重点工作，做本科教学评估动员，学院教师围绕新学期重点工作展开分组研讨交流，推动新学期各项重点工作有序开展。（陈素蜜）

【MPA教育中心组织架构调整】 3月1日，学院决定MPA教育中心主任由于文轩教授担任，副主任由徐国冲教授、林亚清副教授担任。10月25日，MPA教育中心成立案例工作室和办公室，周茜副教授任MPA教育中心案例工作室主任、蔡妮妮任MPA教育中心办公室主任。

（蔡妮妮）

【厦门院友会会员代表会议召开】 3月26日下午，学院厦门院友会会员代表会议暨第二届理事会第一次会议在学校顺利召开。院党委书记刘艳杰、院长于文轩、副院长罗思东，院友会理事、各级院友代表参加会议。

（林如琦）

【陈振明教授荣获厦门大学南强杰出贡献奖】 4月6日，陈振明教授在厦门大学建校102周年发展大会上荣获厦门大学南强杰出贡献奖，本届评选共有3人获此殊荣。（刘嘉炜）

【"读懂中国"活动中收获颇丰】 4月，在厦门大学"读懂中国"活动中，学院《学术勤耕耘，昭彰爱党情——访公共事务学院老党员陈炳辉教授》获征文类二等奖，《坚定不移跟党走，时代潮头做先锋——记公共事务学院陈炳辉教授的初心与奋斗》获征文类三等奖，《三尺讲台育英才，深耕科研守初心——记公共事务学院陈炳辉教授四十载教学科研路》获微视频类三等奖。（徐　莹）

【在第七届厦门大学大学生创新创业年会中获两个奖项】 4月14日，第七届厦门大学大学生创新创业年会在科学艺术中心一楼多功能厅举行，学院主办的"社会实践调研报告大赛"获评品牌校级学业竞赛项目，庄玉乙助理教授获评"优秀创新创业指导教师"称号。（向成佩）

【一门课程入选第二批国家级一流本科课程】 4月11日，教育部公布第二批国家级一流本科课程认定结果，吕志奎教授主持的"公共管理学"课程入选第二批国家级一流本科课程，至此学院共有2门课程入选国家级一流本科课程。（向成佩）

【专业学位研究生案例大赛获奖成果丰硕】 4月22日，在第七届中国研究生公共管理案例决赛中，学院2支队伍从全国197所院校的1942支队伍中脱颖而出，荣获本届案例大赛一等奖，分别是由王飞、陈佳怡、王娜组成的冰雪奇缘队之《冰天雪地也是金山银山：阿勒泰冰雪经济的绿色崛起密码》，以及由罗良德、舒文、邱倩昱组成的不舒队之《掌握善治的制度密码：把群众组织起来——霞光小区公共事务物治理的华丽转型》。其中，冰雪奇缘队之《冰天雪地也是金山银山：阿勒泰冰雪经济的绿色崛起密码》荣获最佳案例，魏丽艳教授、吕志奎教授和周茜副教授荣获最佳指导教师奖。（蔡妮妮）

【陈振明教授荣获"南强卓越教学名师"】 5月，厦门大学公布"厦门大学南强教学名师奖励计划"获奖名单，陈振明教授被评为厦门大学首批"南强卓越教学名师"(全校仅7人)。

（向成佩）

【学院团委荣获校"五四红旗团委"】 4月28日，学校召开纪念五四运动104周年暨2022年度共青团工作表彰大会，学院团委荣获"2022年度厦门大学五四红旗团委"称号(全校仅6个)。（林盛铨）

【获福建青年宣讲党的二十大精神比赛一等奖】 5月，硕士研究生石浩获省委宣传部等八部门主办的"让青春绽放绚丽之花"福建青年宣讲党的二十大精神比赛一等奖。（谭　超）

【第一届“行为公共管理与新文科实验室建设”研讨会召开】 6月2—4日，第一届“行为公共管理与新文科实验室建设”研讨会在学校召开。清华大学、中国人民大学、复旦大学等高校学者齐聚学校成立“行为公共管理与新文科实验室建设”学术共同体并发布倡议。“行为公共管理与新文科实验室建设学术共同体”由国内行为公共管理研究与新文科实验室建设领域的相关学者和科研机构自发成立，旨在聚焦公共管理研究前沿领域，推动学科交叉融合，促进方法更新和理论创新，拓展公共管理学科的微观视角、中观视野、宏观格局和实践完善路径，为公共管理学科体系、学术体系和话语体系发展贡献高水准成果，引领学科学术发展。

（邹晓兰）

【一门课程入选首批公共管理硕士专业学位研究生在线示范课程建设计划】 6月9日，全国公共管理专业学位研究生教育指导委员会公布“首批MPA研究生在线示范课程建设计划”名单。陈振明教授团队(团队成员为陈芳副教授、周茜副教授)申报的“公共政策分析”课程入选首批MPA研究生在线示范课程建设计划。（蔡妮妮）

【一人入选南强青年拔尖B类人才】 6月，王荣宇长聘副教授入选学校南强青年拔尖B类人才。（刘嘉炜）

【获厦门大学“党的二十大和我的人生路”主题征文一等奖】 6月，本科生张逸婕撰写的《共筑教育强国梦——从程家沟希望小学发展看教育现代化》获厦门大学“党的二十大和我的人生路”主题征文一等奖。

（徐　莹）

【“给青年一小时·2023夏至厦门”工作坊在厦门召开】 6月18日，学院、《公共管理评论》杂志社、厦门大学人文与艺术高等研究院联合主办“给青年一小时·2023夏至厦门”工作坊，为青年学者搭建高水平、高质量学术交流平台。自2021年起，已成功举办10期。本期工作坊共接收8篇论文，并邀请16名资深点评专家展开研讨，通过论文展示、专家点评和共同讨论等方式为每位青年作者提供一小时单独讨论机会，助力青年学者成长及学术共同体的发展。（邹晓兰）

【招生宣传工作稳步推进】 6月24—28日，11月29日—12月1日，院长于文轩、院党委书记刘艳杰分别带队赴黑龙江省重点生源中学开展招生宣传工作，共计开展科普讲座4场，招生宣讲9场，优质生源基地挂牌4场，高考招生咨询会14场。6月28日上午，于文轩携学院青年教师开展“教授带你选专业——不确定中创造无限可能”本科招生线上宣讲会，深度解读政治学与行政学、行政管理专业。7月14—16日，学院举办全国优秀大学生夏令营，拟录取2024年推免生39人，较往年增长10%；录取生源来自985高校的学生占比超50%，较往年提高20%。（向成佩　林　艾）

【获“厦门大学先进基层党组织”称号】 6月30日，校党委举办“厦门大学庆祝中国共产党成立102周年暨2022—2023年‘两优一先’表彰会”，学院党委荣获“厦门大学先进基层党组织”称号。（谭　超）

【上半年全院教职工大会及科研大会召开】 7月20日，学院在成智楼324召开上半年全院教职工大会及科研大会。全院教职工分组讨论、深入思考如何有效开展有组织科研、打造学院特色品牌，在新形势和新要求下为学院的学科发展和各项事业的发展贡献力量。（陈素蜜）

【陈振明教授荣获国家级教学成果奖二等奖】 7月24日，教育部印发《教育部关于批准2022年国家级教学成果奖获奖项目的决定》，陈振明教授主持的“中国特色公共政策课程建设30年探索：系统设计与教学实践”获国家级教学成果奖二等奖。

（向成佩）

【荣获2022年度目标责任制考核本科“示范引领奖”】 7月30日，学校2022年度目标责任制考核结果公布，学院荣获本科“示范引领奖”(全校仅6个名额)。（向成佩）

【研究生人才培养喜讯频传】 8月14日，高和荣教授负责的研究生课程“社会保障理论与实务”获福建省研究生精品课程。12月18日，福建省学位委员会办公室公布2022年福建省研究生优秀学位论文评选结果，学院获省级优秀硕士学位论文4篇，优秀博士学位论文1篇。（林　艾）

【博士论文在国际会议获奖】 8月25—26日，由新加坡南洋理工大学南洋公共管理研究生院和连瀛洲纪念奖学金主办的2023连氏善治国际会议在新加坡举行，学院组织主题为“中国公共行政实践与研究”专场会议，共9名学院师生参加会议。学院博士生再度牵头组织“中国博士生中英文论坛”，博士生廖燕珠论文在论坛上获“中国博士生论坛最佳论文奖”，向国际社会展现中国公共管理实践、教学和理论研究的最新进展及学院科研、人才培养的成果。（邹晓兰）

【传达学习学校第十二次党代会精神会议暨秋季新学期重点工作研讨会召开】 9月28日，学院召开传达学习学校第十二次党代会精神会议暨秋季新学期重点工作研讨会。大会传达厦门大学第十二次党代会精神，对学院上半年的工作进行总结，部署秋季学期的重点工作，同时强调加强“有组织科研”，催生出更多具有高显示度的项目和成果，鼓励教师跳出厦大看厦大，跳出厦大建厦大。

（陈素蜜）

【于文轩教授书法作品荣获校家风家训书画作品二等奖】 9月，在学校“清风传家、廉洁致远”家风家训书画作品征集活动中，于文轩教授书法作品《朱夫子治家格言》荣获二等奖并参展“厦门大学廉洁家风展暨‘最是清风传家远’厦门市廉洁家风展厦大巡展”。（林盛铨）

【“AI驱动的社会科学研究与公共治理新范式的构建”高端学术论坛召开】 10月13—15日，由学院、学校社会科学学部和《公共管理学报》编辑部联合举办的“AI驱动的社会科学研究与公共治理新范式的构建”高端学术论坛召开。中国科学院、北京大学、清华大学、浙江大学、新加坡南洋理工大学、香港科技大学、《中国社会科学》杂志社等单位的92名专家学者以及本校300多名师生参加此次会议。会上发布《AI+公共治理研究学术共同体：厦门倡议》，为推动人工智能驱动的社会科学研究及应对人工智能对社会科学研究的挑战提供新的思想和智慧,必将对推进我国AI驱动的社会科学研究与公共治理新范式构建产生广泛而深远的影响。中国社会科学网、学校主页报道会议举办情况。(邹晓兰)

【学位授权点合格评估成功举办】 10月15日、11月26日和12月6日,分别召开"厦门大学公共管理硕士专业学位授权点合格评估会议"、"厦门大学政治学一级学科博士学位授权点合格评估会议"和"厦门大学公共管理学一级学科学位授权点合格评估会议",邀请国务院学位委员会政治学学科评议组、公共管理学学科评议组、全国公共管理专业学位研究生教育指导委员会等知名专家,通过查阅材料、现场交流、实地考察等方式对学位授权点开展评议,提出诊断式意见。(林 艾 蔡妮妮)

【体育赛事佳绩频传】 10月22日,庄玉乙助理教授指导的研究生团队在首届"闽都·南强杯"厦门大学研究生体育竞赛中斩获"极限飞盘"项目一等奖;11月5日,学院在"厦门大学第58届学生田径运动会"中荣获体育道德风尚奖和健身气功八段锦三等奖;12月23日,学院与社会与人类学院组成的公社足球联队在厦门大学"足协杯"足球联赛中斩获冠军。(李思颖)

【"挑战杯"再创佳绩】 11月,在第十八届"挑战杯"全国大学生课外学术科技作品竞赛上,本科生陈昭霖等学生的作品《青山变"金山":如何走好乡村生态资源价值实现之路?——基于福建省三明市10乡镇40村的调查》获三等奖。5月28日,在第十六届"挑战杯"福建省大学生课外学术作品竞赛中本科生陈昭霖等团队作品获一等奖,本科生康方沉等团队作品获二等奖。(蒋慧琼)

【第五届城市管理案例创新大赛斩获佳绩】 11月12日,魏丽艳教授指导的《治大城如烹小鲜:精细化治理如何让城市"烟火气"飘来"文明香"?》在第五届城市管理案例创新大赛中获一等奖。(李思颖)

【三个项目获厦门大学课程思政建设项目立项】 12月1日,厦门大学公布课程思政建设项目名单,学院政治学与行政学专业入选课程思政示范专业名单;徐国冲教授负责的"公共部门绩效管理"获评课程思政示范课程;张翔教授主持的"'政党政治学'课程融入'中国话语'的实现路径研究"获课程思政教学研究项目立项。(向成佩)

【举行公共管理学学位授权点专项核验评议会】 12月6日,根据《国务院学位委员会 教育部关于开展2023年学位授权点专项核验工作的通知》(学位〔2023〕22号)文件精神和要求,国务院学位委员会第八届公共管理学学科评议组16名专家齐聚学校举行公共管理学学位授权点专项核验评议会。(邹晓兰)

【举办"数智化时代的公共政策:范式变化与学科建设"学术研讨会】 12月6—7日,由国务院学位委员会公共管理学学科评议组指导、厦门大学社会科学学部主办、学院承办的"数智化时代的公共政策:范式变化与学科建设"学术研讨会召开。来自国务院学位委员会公共管理学学科评议组、北京大学、清华大学、中国人民大学、复旦大学、人民网、《中国青年报》、《中国行政管理》、《公共管理学报》等的114名专家、学者和媒体朋友以及学校330名师生参加此次会议。会议进一步明确公共政策的学科地位,有效推动交叉学科视野下公共政策与社会科学的知识融合,深化国内高校以及科研机构的交流合作,促进数智时代公共政策研究范式转变、学科转型升级、人才培养以及自主知识体系构建,获《中国青年报》、中国社会科学网等权威报刊网站报道。(邹晓兰)

【"公共政策二级学科建设工作组成立暨第一次工作研讨会"召开】 12月7日,由国务院学位委员会公共管理学学科评议组主办、学院承办的"公共政策二级学科建设工作组成立暨第一次工作研讨会"在厦门召开,陈振明教授担任公共政策二级学科建设工作组顾问,黄新华教授、于文轩教授担任公共政策二级学科建设工作组成员。来自国内11所高等学校的专家学者齐聚一堂,共同探讨公共政策学科建设中涉及的教材建设、课程设置、人才培养、国际公共政策比较、中国特色公共政策理论与实践等关键议题,在凝聚共识的基础上谋划学科的高质量发展。(邹晓兰)

【获校级第二届实验教学比赛二等奖】 12月12日,刘建政副教授荣获学校第二届实验教学比赛二等奖。这是学院首次获实验教学比赛奖项。(向成佩)

【本科教育教学审核评估顺利完成】 12月22日,顺利完成本科教育教学审核评估工作,评估期间充分展示学院本科教育教学改革亮点和先进育人经验。(向成佩)

【政治学与行政学所在校级科研机构考核中获评优秀】 12月25日,在学校组织的新一轮文科校级科研机构考核评估中,政治学与行政学所获2020—2022年度优秀校级机构称号。(邹晓兰)

【两个案例入选校级主题案例立项项目】 12月28日,陈振明教授主持的"'一带一路'倡议中的中国高等教育走出去何以可能?——厦门大学马来西亚分校十年建设的案例研究"、杨玲副教授主持的"历史文化街区保护与更新中的文化治理能力研究——以福州市鳌峰坊为例"2个案例项目获校级主题案例立项。其中,陈振明教授主持的案例项目被推荐参评教育部学位与研究生教育发展中心主题案例征集。(蔡妮妮)

【院友助力学院发展】 年内,"公共事务学院教育发展基金"认捐总额达297万元。其中,政治学系本科1987级毕业30周年返校,为教育发展基金捐款10万元;1992级本科入学30周年返校活动,何义明院友捐助10万元,支持学院"非常政点""悦政论策"学术沙龙活动;社会人士刘科为教育发展基金捐助3万元;2002级马富盛黄洲院友设立"致远基金",资助3名贫困生。(林如琦)

【深入学习宣传贯彻党的二十大精神】 采取"走出去""请进来"的形式,组织学生党团支部与厦门国际银行、厦港街道、海沧区文明办等共建单位开展"学习党的二十大精神,党建联学、业务共建"主题党日活动;组织学生党团员到厦门市廉政教育基地、特区纪念馆、海沧区新时代文明实践中心、沙坡尾活态展示馆、陈嘉庚纪念馆等地参访调研；采取师生党支部共学共建的形式，邀请老教授、老党员、教工党员参与学生党支部的主题教育理论学习。（徐　莹　蒋慧琼）

【举办各类讲座塑造浓厚学术交流氛围】 举办“成智名家讲坛”、“院庆二十周年”致知系列、“院庆二十周年”穰穰系列、MPA 党知·躬行·立言系列专题讲座共计 2040 场，邀请 David Birdsell、刘宏、唐世平、庞明礼、赵鼎新、梅赐琪、李连江、邓力平、姜晓萍、刘军强、赵广彬等国内外著名专家学者做主题报告，助力师生了解最新研究动态及发展趋势，培养学生跨学科思维能力，促进“全人通才”教育目标的达成。（邹晓兰　蔡妮妮）

【产出一系列高水平研究成果】 学院教师在《中国行政管理》《公共行政评论》《政治学研究》《世界经济与政治》等权威核心刊物发表核心论文 9 篇。姜子莹助理教授、游宇副教授所撰写的论文分别在国际权威期刊 *Journal of Contemporary China* 和 *Journal of Chinese Political Science* 发表。陈炳辉教授论文、于文轩教授所撰写的论文分别被《新华文摘》全文转载，黄新华教授、姜子莹助理教授所撰写的文章分别被《中国社会科学文摘》全文转载。（邹晓兰）

【MPA 教育中心推行系列改革举措】 多措并举提升 MPA 人才培养质量：5 月，开通厦门大学 MPA 教育中心微信公众号，设立 MPA 党知·躬行·立言系列讲座；6 月，优化 MPA 导师“双向选择”制度，将 MPA 导师分配时间提前至研究生一年级上学期；9 月，丰富 MPA 新生专题讲座周活动形式，在课程教学与学术讲座之外，新增 MPA 新生周边礼品、新生素质拓展大赛、新生交流会、新生分组团建等活动；有序推进 MPA 品牌课程建设，在现有品牌课程“公共管理前沿”“公共政策分析”基础上，推进“社会科学研究方法”“学术规范和论文写作”“MPA 案例写作”等 MPA 课程改革。（蔡妮妮）

【有序推进建院 20 周年系列活动筹备工作】 成立建院 20 周年系列活动筹备工作组，落实资金、人员、空间等相关保障，做好活动分工和各项活动筹备工作。启动“山海情·公事人——厦门大学公共事务学院学生参与研究生支教团系列活动”“院宣传视频拍摄”“系列院友活动”“建院 20 周年系列学术活动”“院史修订”等活动；完成“学院文化标识规划与设计”“成智楼 111 多媒体智慧教室和成智 2 号楼的装修改造”等，有序推进建院 20 周年各项系列活动的筹备工作。（陈素蜜）

马克思主义学院

【概况】 马克思主义学院主要承担全校思想政治理论课和军事理论课教育教学，马克思主义理论人才培养、学科建设、科学研究、理论宣传、资政服务和党政干部培训等任务。学院设有习近平新时代中国特色社会主义思想概论、马克思主义基本原理、马克思主义中国化、思想政治教育、中国近现代史、军事理论 6 个教研部（室），拥有福建省社会科学研究基地“中国特色社会主义研究中心”、福建省高校人文社会科学研究基地“马克思主义基础理论研究中心”、福建省马克思主义理论研究生教育创新基地、厦门大学与国家林业局林改司共建的“中国农村林业改革发展研究基地”、中国农村改革发展研究中心、厦门大学马克思主义与中国发展研究所、厦门大学党建研究中心、《资本论》研究中心、厦门大学思想政治理论课实践教学中心、思想政治理论课教学改革中心等研究机构和教学科研平台。

学院拥有完善的马克思主义理论人才培养体系，现有马克思主义理论一级学科博士学位授权点、博士后科研流动站。年内，增设马克思主义理论本科专业。马克思主义理论学科先后被列为“211 工程”“985 工程”等重点建设学科，目前是福建省“双一流”高峰学科建设“A 类学科”和厦门大学新一轮“双一流”重点建设学科，2021—2022 年软科中国最好学科排名位列前 7%。入选首批福建省重点马克思主义学院。

学院现有在职教职工 93 人，其中专任教师 81 人，其中教授 14 人，副教授 47 人，博士生导师 9 人（另有兼职博导 3 人）。近年来，教师入选高层次人才项目 30 余人次，其中，“教育部思想政治教育中青年杰出人才支持计划”1 人，“全国高校优秀中青年思想政治理论课教师择优资助计划”1 人，“全国高校思想政治理论课教师影响力人物”（含提名）3 人，“全国高校思想政治理论课教学标兵”1 人，全国师德师风建设专家委员会委员 1 人，“宝钢优秀教师”2 人，“福建省宣传文化系统‘四个一批’理论人才”1 人，“福建省优秀教师”2 人，福建省高层次 A、B、C 类人才共 13 人。现有全国高校思政课名师工作室 1 个，教育部思政理论课分教学指导委员会委员 1 人。9 个教学科研团队入选省部级优秀教学科研团队（含培育项目），2 个省级思政理论课教学名师工作室。现有校聘讲座教授和兼职教授 13 人。（熊　欢）

【扎实开展学习贯彻习近平新时代中国特色社会主义思想主题教育】 加强顶层谋划，紧抓习近平新时代中国特色社会主义思想铸魂育人主线，把“学思想、强党性、重实践、建新功”总要求贯穿主题教育始终，大力弘扬马克思主义学风，着眼解决问题，大兴调研之风，运用党的创新理论研究问题、解决问题，推动事业发展，在以学铸魂、以学增智、以学正风、以学促干方面取得成效。中央第五十七指导组组长王建国同志到学院指导专项整改整治工作。（江春萍）

【入选厦门大学首届“十佳党建品牌”】 12 月，学院党委“囊萤先锋”党建品牌入选厦门大学首届“十佳党建品牌”。品牌以囊萤楼百年积淀为底蕴，以马克思主义理论专业为优势，以“三大平台”为依托，“五项融合”为举措，打造铸魂先锋、强音先锋、萃智先锋、红色先锋、行见先锋“五个先锋”，不断强化示范辐射作用。（江春萍）

2023年度马克思主义学院基本情况

统计项目	数量	统计项目	数量
本科生数(人)		教育部国别和区域研究中心(个)	
硕士研究生数(人)	175	其他部委研究基地(个)	1
其中:专业学位硕士研究生数(人)		福建省"2011协同创新中心"(个)	
博士研究生数(人)	61	福建省重点实验室(个)	
其中:专业学位博士研究生数(人)		福建省高等学校文科研究基地(个)	1
其中:学历留学生数(人)		福建省社科研究基地(含马工程)(个)	1
本科毕业生毕业去向落实率(%)		福建省特色新型智库(个)	
硕士毕业生毕业去向落实率(%)	100	福建省重点智库(含培育单位)(个)	
博士毕业生毕业去向落实率(%)	100	其他部省级平台(请注明)(个)	
本科毕业生升学、出国(境)率(%)		国家自然科学基金项目(个)※	
毕业生到重要行业和领域就业率(%)	51	国家社会科学基金项目(个)※	4
专任教师数(人)	81	国家社会科学基金重大项目(个)※	1
非全职教师数(人)	13	教育部人文社会科学研究重大课题攻关项目(个)※	
专职科研队伍数(人)	1	教育部人文社会科学重点研究基地重大项目(个)※	
教授数/正高级数(人)	14	教育部人文社会科学研究一般项目(个)※	1
副教授数/副高级数(人)	47	其他部委项目(个)※	
具有博士学位专任教师数(人)	62	福建省社会科学基金重大项目(个)※	3
具有海外学习交流一年(或10个月)以上经历教师数(人)	21	纵向科研经费(到位)(万元)※	275.42
45岁以下(含)专任教师数(人)	38	横向科研经费(到位)(万元)※	94.7
发展中国家科学院院士(人)		高校科学研究优秀成果奖(人文社会科学)(项)※	
教育部"长江学者奖励计划"特聘教授(人)		福建省社会科学优秀成果奖(项)※	8
教育部"长江学者奖励计划"青年学者(人)		其他部省级奖项(请注明)(项)※	
国家杰出青年科学基金获得者(人)		发表文章总数(篇)※	56
"国家特支计划"领军人才(人)		其中:《中国社会科学》发文数(篇)※	
"国家特支计划"青年拔尖人才(人)		《新华文摘》转载数(篇)※	
国家百千万人才工程入选者(人)		国际代表性刊物发文数(篇)※	
国家级教学名师(人)		出版专著(部)※	4
国家优秀青年科学基金获得者(人)		决策咨询报告(获采纳/批示)(篇)※	4
教育部新(跨)世纪优秀人才(人)		学生出国(境)交流(人次)※	1
福建省"闽江学者"特聘教授(人)		教师出国(境)交流(人次)※	1
国家教学成果奖(项)※		主办国际学术会议(次数)※	
国家级一流本科专业(个)		主办两岸学术会议(次数)※	
中国"互联网+"大学生创新创业大赛获奖数(项)※		境外合作高校或机构(所)	
国家"2011协同创新中心"(个)		签订境外合作协议(份)	
国家高端智库(含培育)(个)		邀请国外学者数(人)※	1
高等学校学科创新引智基地("111"计划)(个)		邀请台港澳地区学者数(人)※	
教育部重点实验室(个)		国(境)外学生来校数(人)※	
教育部人文社会科学重点研究基地(个)			

【确定马克思主义学院院训】 为提升学院整体形象，挖掘学院深厚的文化底蕴，彰显"马院姓马，在马言马"的鲜明政治特点，展现良好的学风院风，11—12 月，学院开展征集院训活动并得到广大师生积极响应，确定"求是明德 守正创新"为马克思主义学院院训。（江春萍）

【发挥专业优势推进理论阐释】 组织教师积极发出"理论强音"，其中，在《人民日报》《光明日报》发表高水平理论文章 3 篇，在《厦门大学报》理论版发表"六个必须坚持"系列文章。师生 55 人次入选各级各类新思想宣讲团，为社会各界进行宣讲近 200 场。（江春萍）

【探索党建与事业发展深度融合模式】 积极探索"引领、保障、融合"为主线的"一融双高"融合实践，组织撰写有关文章，刊发在《厦大党政工作研究》《高校党建与事业发展深度融合——厦门大学的探索与实践》。（江春萍）

【扎实推进"1＋N"建设引航计划项目】 为进一步推进"1＋N"建设马克思主义学院引航计划结对共建工作，11 月 27 日，学院、福建省高校思想政治理论课张有奎名师工作室、厦门大学"1＋N"建设马克思主义学院组团在学院举办"1＋N"建设马克思主义学院集体备课会暨引航计划结对共建推进会。来自"1＋N"建设马克思主义学院引航计划结对共建厦大牵头群的 10 所高校马院（思政部）领导、教师共 50 人参会。福建省多所高校马院教师通过线上参会。（李　敏）

【积极开展本科教育教学审核评估工作】 学院积极开展本科教育教学审核评估工作。制定自评工作方案，以"学院＋教研部"的方式开展自评工作，参加评建办部署会 10 余次，召开筹备会 15 次，更新课程档案 721 份、试卷档案 72995 份。在评估过程中，共抽查 2 门课的课程档案，线上听课看课 3 门，线上访谈 2 次，获专家充分肯定。（李　敏）

【深入推进思政课"三位一体"教学模式改革】 继续推进思政课"三位一体"教学模式改革。专题教学方面，持续开展"校内外专家进思政课堂"，邀请校内外专家 46 人次进入思政课堂讲授专题讲座 150 场，思政对话 20 场。网络教学方面，充实网络平台教学资源，推动课堂网络互动教学，增强网络教学实效。实践教学方面，全校共计 9000 名学生参与思政课实践教学。依托"社会调查方法论"课程开展暑期社会实践，思政课教师带队，组织 30 个团队赴省内外红色教育基地通过实地考察、走访调研、参观寻访等形式开展社会实践。组织开展 2023 年思政课实践教学成果评比，共有 230 项优秀成果获表彰。（李　敏）

【制定《厦门大学"形势与政策"课程教学质量提升方案》】 为坚定落实立德树人根本任务，深入推进习近平新时代中国特色社会主义思想进教材进课堂进头脑，高质量开设"形势与政策"课程，学院制定《厦门大学"形势与政策"课程教学质量提升方案》，邀请知名专家学者为学生授课，让每名学生每学期都能听 1 堂名师讲授的大思政课。年内共开展思政大讲堂 2 场。（李　敏）

【多措并举提升思政课教师教学水平】 深化拓展业务培训，定期选派专职思政课教师参加各级教育主管部门及相关单位组织的专项培训。扎实推进集体备课，邀请校领导参加并指导思政课教师集体备课会，开展集体备课 30 场次。逐渐形成和完善"1 个平台＋1 个机制＋1 个常态"的"三轮驱动"团队式教学组织模式，设立教师教学技能工作坊平台，构建日常教学讨论和教学比赛，新老教师"传帮带"的机制，形成定期磨课研课、针对性指导、进行教学交流活动常态。（李　敏）

【教师在各级教学技能比赛中获可喜成绩】 1 人获福建省青年教师教学技能大赛二等奖，1 人获厦门市青年思政课教师微理论宣讲决赛三等奖，1 人获第三届福建省高校教师教学创新大赛二等奖，2 人分别获大中小学思政课金课一等奖、二等奖，4 人在"习近平与福建教育故事"思政课"金课"遴选中获一等奖、二等奖。（李　敏）

【获教育质量目标责任制"进步之星奖"】 顺利通过 2022 年度本科教育质量目标责任制考核，连续 2 年荣获"进步之星奖"。（李　敏）

【积极推动大中小学思政课一体化建设】 学院与莲花中学、厦门第二实验小学、莲龙小学、鹭江新城小学、莲花小学 5 所学校签订教育合作协议，推进实施大中小学思政课一体化建设工作。至今为止，共与 15 所学校共建大中小学思政课一体化建设实训基地。（李　敏）

【示范课程建设成效显著】 "社会调查方法论"课程获批福建省社会实践一流课程，并获推荐申报国家级一流本科课程。"课程思政"示范课程建设项目立项 51 个。（李　敏）

【积极推进本科教材教辅编制工作】 学院积极推进思政课教材教辅编制工作，以教研部为单位，以教学重难点相关的案例为主题，编制基于教材体系而非脱离教材体系的教辅。（李　敏）

【增设马克思主义理论本科专业】 8 月，学校同意推荐马克思主义理论专业申报 2023 年度新增本科专业。至此，学院已建成完备的马克思主义理论本硕博一体化培养体系，进入新发展阶段。（熊　欢）

【推动研究生培养机制改革】 加强开题报告、中期考核、文献综述与科研报告、社会实践与创新实践、预答辩、答辩等研究生培养环节的过程管理。推行导师组联合培养模式，构建学院、教研部、导师之间相互促进的培养体系，提升人才培养质量。实施"南强青马""南强优博"优秀研究生培养计划，推进高质量的马克思主义理论人才培养。（林冰冰）

【研究生招生工作取得突破性进展】 创新研究生招生模式，优化推免生考核方式，举办研究生招生宣讲、夏令营等活动，实现硕博统考生、夏令营报名人数、推免生录取人数的突破性增长。其中，推免生拟录取人数 45 人，创历史新高；本年度硕博研究生本科阶段就读于一流大学建设高校和一流学科建设高校的学生占比超 50%，生源质量明显提高。（林冰冰）

【举办 2023 年全国优秀大学生夏令营活动】 7 月 19—21 日，举办 2023 年厦门大学马克思主义学院全国优秀大学生夏令营活动。来自厦门大学、中山大学、吉林大学、四川大学等113所高校的343名学生提交申请,报名人数创历史新高,择优参营人员52人,通过创新夏令营活动方式,进一步提升优秀营员推免录取率。（林冰冰）

【研究生人才培养质量稳步提升】 积极组织研究生开展社会调查、加强科研训练,提高研究生科研能力和水平。年内,研究生科研成果产出势头良好,获批2023年厦门大学研究生田野调查基金项目1个;研究生共发表23篇论文,二类以上核心期刊论文9篇,优秀学生获推荐资助参加德国柏林洪堡大学出国访学。（林冰冰）

【顺利通过博士学位授权点专项核验】 12月,顺利通过马克思主义理论博士一级学位授权点专项核验。本次核验学位授权点核验表决评议专家人数27人,其中"合格"票数27,占100%,专家建议继续授权。

（林冰冰）

【编纂《研究生经典必读文献》】 整合学院读书会资源,组织优秀青年导师编撰《研究生经典必读文献》,推进硕士中期考核机制,推动研究生广泛深入研读经典,夯实研究生马克思主义理论知识基础。（林冰冰）

【牵头完成2023年福建省大学生暑假社会实践全国线路系列活动】 7月,由中共福建省委宣传部、中共福建省委教育工委、海峡出版发行集团主办,福建新华发行集团、福建教育出版社协办,厦门大学牵头开展,联合福州大学、福建农林大学、福建师范大学、华侨大学、集美大学、闽江学院等高校共43名师生共同参与的"追寻领袖足迹 感悟思想伟力"2023年全省大学生暑期社会实践活动(全国线路)围绕"读经典著作、讲福建故事、研创新理论、做时代新人",从福建出发,前往浙江、上海、河北(正定)、北京等地一路行进体悟,将学习贯彻习近平新时代中国特色社会主义思想引向深入。受福建省教育工委委托和学校指派,由校学生工作部(处)和学院具体负责本年度福建省大学生暑假社会实践全国线路系列活动的策划、组织、联络和带队工作,各项工作任务圆满完成。在总结展示会上,4名老师获评"优秀指导教师"荣誉称号,4名学生获评"优秀实践个人"荣誉称号,8篇论文分别获评"优秀实践成果"特等奖、一等奖、二等奖、三等奖。（郭晓玲）

【行知读书会获国家级荣誉】 在2023年度"悦读青春"全国百场百所百名读书特色推选展示活动中,学院行知读书会获评优秀特色活动。

（郭晓玲）

【研究生在省级及以上思政类比赛中喜获佳绩】 在第三届全国大学生思政课微课暨红色资源开发成果共享展示活动中,硕士生作品《与福同行,有福同享,共筑文化强国——以八闽福文化繁荣发展的实践为例》荣获一等奖;在第六届全国大学生讲思政课公开课展示活动中,6名硕士生获一等奖;2022级硕士生分别在"千马廿行"全国高校马克思主义学院青年学子联学联讲党的二十大精神系列活动中获入围奖,在福建省"闽人智慧"系列主题征文活动及创意设计大赛征文赛道中获一等奖,在第八季福建省高校大学生学习马克思主义理论"一'马'当先"知识竞赛中荣获个人二等奖、优胜奖及研究生组团体二等奖。（郭晓玲）

【学生工作考评喜获佳绩】 学院在厦门大学2023年学院学生工作考评中喜获佳绩,荣获"学习贯彻党的二十大精神"重点工作先进单位和学生社团工作特色单位。（郭晓玲）

【研究生积极参加各类宣讲活动】 学院在"信仰灯火——厦门大学革命史宣讲"志愿服务活动中获评"2023年厦门市新时代文明实践志愿服务项目大赛铜奖";组建"南强青马"青年讲师团,设计党的二十大专题宣讲,宣传贯彻党的二十大精神,首批成员30人,形成7个宣讲视频成果;牵头完成福建教育系统新思想青年学生百人宣讲团"思想探源之路"主题线路研学宣讲活动;组织34名学生前往厦门第十一中学、厦门市故宫小学等中小学参与大中小学思想政治教育一体化建设,开展党的二十大精神主题宣讲,共同打造思政"金课";推荐学生到各类宣讲平台,10名学生入选福建省习近平新时代中国特色社会主义思想研究中心主题教育宣讲团、2名学生入选厦门大学第四批"囊萤星火"青年讲师团成员。（郭晓玲）

【教师科研工作取得重大突破】 年内,获批国家社科基金项目4个,教育部项目1个。其中,张有奎教授作为首席专家申报的"中国式现代化理论的哲学研究"获批2023年国家社科基金重大项目。教师以独立作者或第一作者名义在核心学术刊物上发表学术论文56篇,其中一类核心学术刊物以上论文13篇、最优刊物论文4篇;出版学术专著4部、译著2部、编著1部。8项成果获福建省第十五届社会科学优秀成果奖公示。

（马瑞宁）

【学术交流迈开新步伐】 先后举办3场国内学术会议,1场国际交流座谈会;邀请国内学界专家通过线上线下方式共同研讨,在学界赢得良好反响。主动邀请国内知名专家学者来校开展学术交流,成功举办"马克思主义论坛"系列高端学术讲座42场,校庆"学术月"系列讲座26场,"南强青马"系列学术沙龙活动17讲。

（刘玉敏）

【平台建设取得新进展】 "厦门大学马克思主义与中国发展研究所"从70个参评校级科研机构中脱颖而出,获评厦门大学2020—2022年度优秀校级科研机构。（马瑞宁）

【师资力量不断壮大】 引进人才7人(含待入职4人),延聘思政课教师4人,3人申请延聘。启动合聘学院党委副书记为思政课教师,首批13名党委副书记报名。（吴院琴）

【选举产生学院第五届教授委员会】 3月29日,胜利召开全院教职工大会,选举产生学院第五届教授委员会。第五届教授委员会共有委员11人。（吴院琴）

【获批马克思主义理论博士后科研流动站】 11月,马克思主义理论博士后科研流动站获批设站。为规范流动站建设,学院制定流动站管理细则,并就管理细则与学院博导、教授征求意见。（吴院琴）

【选举产生新一届工会委员会委员】 12月13日,胜利召开工会会员大会,选举产生马克思主义学院新一届工会委员会委员。（熊　欢）

国际关系学院/南洋研究院

【概况】 国际关系学院/南洋研究院(以下简称“学院/研究院”)现有国际关系系、侨务与外交系 2 个系,1 个国家“211 工程”建设子项目,1 个国家“985 工程”哲学社会科学创新基地,1 个教育部人文社会科学重点研究基地——厦门大学东南亚研究中心,1 个教育部国别和区域研究培育基地——厦门大学东盟研究中心,3 个教育部国别和区域研究备案中心——厦门大学马来西亚研究所、厦门大学印度尼西亚研究中心和厦门大学新加坡研究中心,1 个福建省高校特色智库“一带一路”与东南亚研究院,1 个“中国—东盟思想库网络(Network of ASEAN—China Think Tanks,NATC)”福建基地以及《南洋问题研究》和《南洋资料译丛》编辑部。此外,南洋研究院还是中国东南亚研究会、福建省东南亚学会、教育部社会科学委员会综合研究部(含国际问题、港澳台、交叉学科)的秘书处单位。

学院/研究院现有 2 个本科专业(国际政治、外交学),3 个硕士点(国际关系、世界史、世界经济)和 4 个博士点(国际关系、政治学理论、世界史、世界经济);所设外交学为国家级一流专业,国际政治为省级一流专业;学院/研究院与厦门大学公共事务学院、台湾研究院共同设立政治学博士后科研流动站,与人文学院共同设立世界史博士后科研流动站,与经济学院共同设立理论经济学博士后科研流动站。此外,学院/研究院还有 1 个福建省重点学科——东南亚研究。

学院/研究院现有在职教职工 48 人,其中正高职称人员 7 人、副高职称人员 14 人、博士后 4 人。

学院/研究院现有在校本科生 168 人(含国际生 8 人)、硕士研究生 82 人(含国际生 25 人,港澳台生 1 人)、博士研究生 51 人(含国际生 13 人,港澳台生 1 人),在校学生共 301 人。2023 年招收博士研究生 7 名(含国际生 2 名)、硕士研究生 24 名(含国际生 5 名)、本科生 45 名(含国际生 2 名);毕业博士研究生 6 人、硕士研究生 21 人(含国际生 3 名)、本科生 32 人。2023 届 51 名毕业生总体毕业去向落实率 98.3%,其中本科生毕业生去向落实率 96.88%,硕士毕业生去向落实率 100%,博士毕业生去向落实率 100%。

学院/研究院坚持以习近平新时代中国特色社会主义思想为指导,认真学习宣传贯彻党的二十大精神,以习近平总书记致厦门大学建校 100 周年重要贺信精神领航,深刻领悟“两个确立”的决定性意义,增强“四个意识”、坚定“四个自信”、做到“两个维护”,按照党中央决策部署和教育部党组、福建省委工作要求,全面贯彻党的教育方针,学习贯彻学校第十二次党代会精神,切实落实立德树人根本任务,为党育人、为国育才,持续推进党建与事业发展深度融合,努力服务国家战略和地方发展,各项事业取得新进展新成效。 (洪小荣)

【扎实推进学习贯彻习近平新时代中国特色社会主义思想主题教育】 学院/研究院扎实推进主题教育,把主题教育与学科建设等重大任务的落实融合起来,共计开展党委理论学习中心组学习 12 次、读书班 11 次;聚焦学院建设“区域与国别学”一级学科的关键领题方向,形成 6 篇调研报告。优秀案例入选学校主题教育“学思想 见行动”专栏。 (龙羽西)

【召开 2022 年度党支部书记述职评议会】 3 月 9 日上午,学院/研究院 2022 年度党支部书记述职评议会在南安楼 301(3)会议室召开。会议以“一述一评”方式展开,6 名师生党支部书记围绕学习贯彻习近平新时代中国特色社会主义思想和党的二十大精神、落实党建重点任务、履行党建责任制等方面情况,对上一年工作成效进行总结和汇报,并按照坚持实事求是、坚持问题导向、坚持重在提升的原则,认真分析自身存在的问题和不足,提出整改举措,明确未来的工作思路,谋划本年度工作重点。

(龙羽西)

【开展“踔厉奋发新征程,学习贯彻习近平外交思想”党建活动】 4 月 22 日,学院/研究院在职教师党支部、行政教工党支部和第一期学生习近平外交思想研修班全体学员赴同安竹坝华侨农场共同开展“踔厉奋发新征程,学习贯彻习近平外交思想”党建活动。本次活动创新党建模式,有效激发支部活力与凝聚力,是积极学习贯彻习近平新时代中国特色社会主义思想主题教育的一次有益实践。

(龙羽西)

【校党委第三检查组到学院/研究院开展全面从严治党主体责任落实情况检查】 5 月 15 日下午,校党委第三检查组到学院/研究院开展全面从严治党主体责任落实情况检查。校党委常委、副校长、第三检查组组长邓朝晖,第三检查组副组长黄宝秋以及组员杨鸿飞、葛郝锐、刘黛茜(兼联络员)等参加检查工作。院党委书记邱旺土、副院长(主持工作)高艳杰以及全体党政领导班子成员、党委委员、教师党支部书记代表参加会议。

(龙羽西)

【深入拓展第二课堂】 “习近平外交思想研修班”是学院/研究院以习近平新时代中国特色社会主义思想为指引,践行习近平外交思想,根植学院优势,构建学院特色育人机制的一次积极探索。全年举办“外事讲堂”系列讲座 3 场、专题讲授 2 场、实践活动 2 场、主题研讨 1 场。以赛促学,组织学生参与全国“外交之星”风采大赛、“我是外交官”全国大学生外交风采大赛,举办“拓国际视野,传中国之声”文化创意传播大赛等,将专业知识与理想信念相结合,将本领技能与担当意识相结合,在练就过硬本领中厚底气,辐射带动学生努力成为响应党的二十大精神号召、堪当民族复兴重任的时代新人。 (肖丽玮)

【理顺“学院”与“研究院”关系】 学院/研究院在广泛调研的基础上,将侨务与外交系、国际关系系的系主任权责,集中于本科教学管理;将研究院传统的跨学科研究资源和团队管理集中于东南亚中心、马来西亚研究所等区域国别研究中心。同时,通过大创项目设计规划,将本科培养与

2023 年度国际关系学院/南洋研究院基本情况

统计项目	数量
本科生数(人)	168
硕士研究生数(人)	82
其中:专业学位硕士研究生数(人)	
博士研究生数(人)	51
其中:专业学位博士研究生数(人)	
其中:学历留学生数(人)	46
本科毕业生毕业去向落实率(%)	96.88
硕士毕业生毕业去向落实率(%)	100
博士毕业生毕业去向落实率(%)	100
本科毕业生升学、出国(境)率(%)	53.1
毕业生到重要行业和领域就业率(%)	60.9
专任教师数(人)	29
非全职教师数(人)	6
专职科研队伍数(人)	4
教授数/正高级数(人)	7
副教授数/副高级数(人)	14
具有博士学位专任教师数(人)	28
具有海外学习交流一年(或 10 个月)以上经历教师数(人)	17
45 岁以下(含)专任教师数(人)	13
发展中国家科学院院士(人)	
教育部"长江学者奖励计划"特聘教授(人)	
教育部"长江学者奖励计划"青年学者(人)	
国家杰出青年科学基金获得者(人)	
"国家特支计划"领军人才(人)	
"国家特支计划"青年拔尖人才(人)	
国家百千万人才工程入选者(人)	
国家级教学名师(人)	
国家优秀青年科学基金获得者(人)	
教育部新(跨)世纪优秀人才(人)	
福建省"闽江学者"特聘教授(人)	
国家教学成果奖(项)※	
国家级一流本科专业(个)	1
中国"互联网+"大学生创新创业大赛获奖数(项)※	
国家"2011 协同创新中心"(个)	
国家高端智库(含培育)(个)	
高等学校学科创新引智基地("111"计划)(个)	
教育部重点实验室(个)	
教育部人文社会科学重点研究基地(个)	1

统计项目	数量
教育部国别和区域研究中心(个)	4
其他部委研究基地(个)	
福建省"2011 协同创新中心"(个)	
福建省重点实验室(个)	
福建省高等学校文科研究基地(个)	
福建省社科研究基地(含马工程)(个)	
福建省特色新型智库(个)	1
福建省重点智库(含培育单位)(个)	
其他部省级平台(请注明)(个)	1
国家自然科学基金项目(个)※	
国家社会科学基金项目(个)※	3
国家社会科学基金重大项目(个)※	
教育部人文社会科学研究重大课题攻关项目(个)※	
教育部人文社会科学重点研究基地重大项目(个)※	4
教育部人文社会科学研究一般项目(个)※	
其他部委项目(个)※	
福建省社会科学基金重大项目(个)※	
纵向科研经费(到位)(万元)※	195.88
横向科研经费(到位)(万元)※	41.34
高校科学研究优秀成果奖(人文社会科学)(项)※	
福建省社会科学优秀成果奖(项)※	2
其他部省级奖项(请注明)(项)※	
发表文章总数(篇)※	34
其中:《中国社会科学》发文数(篇)※	
《新华文摘》转载数(篇)※	
国际代表性刊物发文数(篇)※	
出版专著(部)※	4
决策咨询报告(获采纳/批示)(篇)※	70
学生出国(境)交流(人次)※	17
教师出国(境)交流(人次)※	27
主办国际学术会议(次数)※	1
主办两岸学术会议(次数)※	
境外合作高校或机构(所)	1
签订境外合作协议(份)	1
邀请国外学者数(人)※	26
邀请台港澳地区学者数(人)※	2
国(境)外学生来校数(人)※	3

学术研究传统进行有效结合。借助管理体系、权责关系的重新梳理，解决长久以来围绕发展方向的管理难题。（洪小荣）

【优化学术机构体系】 学院/研究院紧紧围绕党和政府亟须解决的重大课题，统筹区域研究与传统学科的发展，以教育部人文社会科学重点研究基地、教育部国别和区域研究中心为支撑，通过学科＋国别的交叉融合机制，全力推进东南亚及华侨华人交叉研究，形成科研攻关整体合力。撤销3个长期未实际开展业务，且与学院/研究院目前发展方向不相符的院级研究所。（洪小荣）

【打造特色彰显交叉融合的区域国别学一级学科】 学院/研究院积极贯彻落实学校第十二次党代会重要部署，立足"为党育人、为国育才"初心使命，围绕立德树人根本任务，坚持"内涵发展、特色发展、创新发展、融合发展、协调发展"，进一步优化学科布局，着力构筑高峰学科和学科高峰，不断促进学科交叉融合，为精准服务国家战略需求、提升国家急需高层次创新人才供给能力提供有力支撑。1月，学院/研究院启动区域国别学学科建设申请工作。（李　宏）

【加强高质量人才队伍建设】 学院/研究院敦聘马来西亚前首相对华特使黄家定、马来西亚高等教育部前副部长何国忠为厦门大学客座教授。新聘3名青年教师，其中1名为马来西亚籍，新招收2名博士后。学院/研究院进一步完善人才管理和发展机制，完善考核评价体系，通过多元化绩效考评机制，重新迸发人才队伍的活力，推动高端智库研究员系列认定，打造一支具有国际视野和国际竞争力的人才队伍。（洪小荣）

【开展本科教育教学审核评估迎评工作】 学院/研究院以"补短板、强弱项、固底板、扬优势"为原则，在本次教育部本科教育教学审核评估的准备工作中通过谈问题、讲诉求、找方案，进行自我发展的回顾与反思。截至专家线下评估时完成自评报告1份，各类调研总结报告23份，支撑材料107份，梳理归档近4个学年档案225门次，试卷74份，组织专题研讨座谈6次，开展专家论证和评审2次等工作，通过学校专项检查和内部模拟评估6轮。（朱鸿婕）

【开展青海省本科招生工作】 学院/研究院响应学校本科招生宣传分省负责制，负责本年度青海省本科招生宣传工作，这是学校第一次赴青海省重点中学开展相关活动。学院/研究院组织专任教师28人次开展招生宣传活动和线上线下咨询会，并按照既定目标完成青海省湟川中学、西宁市第二中学、大通县第二完全中学3所优质生源中学挂牌。（朱鸿婕）

【本科教学获省级立项】 冯立军教授主讲的"当代国际关系"入选2023年省级一流本科课程名单，王付兵副教授主讲的"陈嘉庚精神与华侨华人史"入选省级课程思政建设项目，包广将副教授主持的"区域国别创新人才培养路径的探索与实践"获省级教育教学改革项目立项。（朱鸿婕）

【参加三校国际关系人才培养研讨会】 6月30日—7月2日，学院/研究院组团到广州参加暨南大学—中山大学—厦门大学国际关系人才培养研讨会。（朱鸿婕）

【《人民日报(海外版)》报道学生项目】 9月1日，《人民日报（海外版）》华侨华人版头条发布题目为《这群00后迷上了归侨口述史》的报道。该条报道主要讲述学院/研究院大学生创新创业训练计划项目华侨华人专题下口述史项目。该项目由高艳杰教授组织发起，通过大创项目，让学生以"侨"为纽带，传承和思考新时代下高校青年的使命担当。（朱鸿婕）

【召开2023年青海省生源座谈会】 12月29日，学院/研究院创新开展2023年青海省生源地新生座谈会，面对面了解学生在校学习生活感受、选择报考学校的渠道、填报志愿等情况，努力实现招生优、培养强的良性循环。同时，以2023年座谈为起点组建青海省生源群，搭建青海生源日常学习生活解答群，提升生源在校归属感。（朱鸿婕）

【推进区域国别学国家急需高层次人才培养专项】 学院/研究院负责承担教育部区域国别学国家急需高层次人才培养专项任务。在经过多轮深入探讨与充分沟通的基础上，充分整合其他相关学院的资源，制定相应的培养方案。重点选拔高层次博士生，并与国内3家智库单位签署联合培养协议，同时与东南亚知名高校达成境外田野调查合作意向。瞄准国家战略和外交大局对区域和国别研究人才的迫切需求，通过专项部署、专项推动，加快培养一批国家急需的"国别通""领域通""区域通"人才，旨在为建设新型国际关系、构建人类命运共同体做出更大贡献。（李　宏）

【申报国际研究生专班】 为推动研究生来华留学教育高质量内涵式发展，进一步提升研究生培养国际化水平，学院/研究院申报国际研究生专班，建立与国际接轨的人才培养模式，设置符合人才成长需要、具有学科特色和竞争力的国际化人才培养方案，打造来华留学研究生教育精品项目，培养具有全球视野和一流专业素养的知华、友华复合型国际化人才。（李　宏）

【文体工作再上新台阶】 4月，学生团队获厦门大学第六届水上运动会季军。5月，学生团队获厦门大学第十届高尔夫邀请赛中团体总杆冠军。10月，师生联合队获首届"闽都·南强杯"厦门大学研究生体育竞赛极限飞盘比赛二等奖。11月，获厦门大学第21届教职工运动会体育道德风尚奖、厦门大学第58届学生田径运动会体育道德风尚奖、开幕式健身气功八段锦课间操集体展示评比（思明、漳州校区）二等奖。12月，在厦门大学2023年第二十四届羽毛球混合团体赛上，研究生团队获第四名。12月底，举办"爱在国关，情满南洋"2024年师生新年联欢晚会。（肖丽玮）

【举办第十三届"我是外交官"全国大学生外交风采大赛】 7月8—9日，第十三届博睿杯"我是外交官"全国大学生外交风采大赛半决赛和决赛在思明校区举行，来自中国人民大学、同济大学、中山大学等12所全国知名高校的优秀学生齐聚一堂，同台竞技。该赛事是学院学科专业方向校级优秀竞赛项目，至今已经举办13届。第十三届赛事规模和影响力

进一步扩大,赛事流程进一步创新,已成为全国高校学生以赛促学、交流互动的良好平台。 (肖丽玮)

【学生团队在“挑战杯”省赛中斩获佳绩】 5月28日,第十六届“挑战杯”福建省大学生课外学术科技作品竞赛决赛于福建农林大学落下帷幕。本届大赛共有全省61所高校推报的1343件作品进入省赛,经过网评、复评等环节,最终143件作品闯入决赛。学院“‘丝路相接’到‘心路相通’:非政府组织对中缅共建项目影响机制与中国对策”项目团队获省赛二等奖。 (肖丽玮)

【科研成果丰硕】 学院/研究院共立项1个国家社科冷门绝学项目、2个国家社科年度项目、4个教育部人文社科重点研究基地重大项目、1个省社科年度项目、4个横向项目等各类项目18个。出版4部学术专著,发表34篇学术论文,其中10篇为最优论文,2篇为一类核心论文,4篇为SSCI论文。学院/研究院长期立足东南亚研究,持续产出引领性和标志性学术成果,获福建省第十五届社科优秀成果奖二等奖和三等奖各1项、南京大学中国智库研究与评价中心中国智库索引(Chinese Think Tank Index,CTTI)优秀成果特等奖及最佳案例、多项厦门大学科研绩效奖项。 (张倩倩)

【打造系列学术品牌】 学院/研究院围绕东南亚研究主题,共召开13场学术研讨会,其中4场为国际学术研讨会,3场于日本及马来西亚举办。主办4场“南强学术讲座”,18场“南洋问题与全球视野”系列讲座,10场“国关系列读书会暨南洋真人馆沙龙”,打响学院学术品牌。 (张倩倩)

【再获国家社科基金冷门绝学研究专项】 学院/研究院获国家社科基金冷门绝学研究专项,这是继2022年首获冷门绝学研究专项后再次获该项目立项。 (张倩倩)

【智库建设再上新台阶】 学院/研究院准确把握国家战略需求,围绕后疫情时代的新问题、美西方国家在东南亚的离间、东南亚政经重大变化等,及时跟踪东南亚涉我利益的风险事件,如缅甸热点形势问题、电信诈骗、中老铁路、雅万高铁项目、柬埔寨大选等,进行前瞻性、应用性、储备性政策研究,积极建言献策,连续4年获中央主要领导人肯定性批示,为决策提供依据和智力支撑。获中央各部委、省级单位等采纳报告70份。 (张倩倩)

【“工作站”与“专栏”开辟海外新阵地】 学院/研究院设立中国高校在东南亚国家首个区域国别研究海外站点——马来西亚工作站,助力中国区域国别学高层次人才培养模式创新。学院在马来西亚发行量最大、最具影响力的华文日报《星洲日报》开设南洋研究院专属东南亚问题评论系列专栏——《鹭岛南望》,年度发表21篇评论文章,成为了解中国学界观点的生动窗口。 (张倩倩)

【多次对接国际高端代表团】 学院/研究院多次接待国际高端访团,推动马来西亚前总理对华特使黄家定等受聘为厦门大学特聘教授;率团拜访京都大学东南亚研究所,向东南亚研究一流科研机构取经问道;接待东盟常驻代表委员会、菲律宾驻华大使等,筑实打稳未来合作基础。 (张倩倩)

【与海外知名学府签署合作协议】 学院/研究院与马来亚大学、意大利那不勒斯东方大学签署合作框架协议,深化院际合作,扎实推进学术交流,为中外友好交流厚植根基。 (张倩倩)

【完成“双一流”项目“南洋数字图书馆”首期】 学院/研究院建成“多彩东南亚”“院史馆”“馆藏臻萃厅”3个专题云展馆,网址为https://seaelibrary.xmu.edu.cn/,旨在荟萃古今中外有关东南亚研究的成果与资讯,以先进的信息技术为区域国别学科人才培养和科学研究赋能,提升服务区域发展和国家战略能力。 (张长虹)

教育研究院

【概况】 教育研究院以习近平新时代中国特色社会主义思想为指导,全面贯彻落实党的二十大精神,围绕学校第十二次党代会确定的目标任务,以一流党建引领一流学科建设。本年度开展“学思铸魂”系列活动,邀请专家开设学习辅导讲座7次,举办专题读书班6次,组织院领导讲专题党课4次,确定5个方面调研内容,组织开展调研活动10余场,推进主题教育落地生根、走深走实。

研究院与教育部人文社科重点研究基地——厦门大学高等教育发展研究中心一体运行,以发展学术、服务国家为宗旨,设立教育理论与历史研究所、教育发展与治理研究所、课程教学与心理研究所和比较与国际教育研究所4个研究所和相关研究中心。

研究院师资队伍建设加速推进。本年度新聘教授2名,包括厦门大学南强重点岗位教授1人,南强拔尖人才计划A类1人;专任教师达32人,其中,教授14人,副教授11人,助理教授7人;博士研究生导师13人,硕士研究生导师29人;获福建省人才称号5人,厦门市人才称号3人,福建省“闽江学者”特聘教授3人,厦门大学南强拔尖人才计划B类培育人选1人。现有在站博士后工作人员10人。

研究院人才培养工作扎实推进。本年度开设研究生课程49门次,本科生课程66门次。毕业博士生17人,毕业硕士生30人。招收博士生47人,其中,PhD 27人,EdD 20人;硕士生42人。在学研究生共370人,博士生约占2/3,硕士生约占1/3。博士生访学基地招收访学博士生4名。由研究院师资领衔申报2项教学成果均获国家级教学成果奖二等奖。1名博士生和1名硕士生获福建省优秀研究生学位论文奖。在校研究生以厦门大学为第一署名单位发表文章96篇(含CSSCI 38篇、SSCI 2篇),其中一类核心8篇、二类核心32篇。

研究院有组织科研硕果累累。本年度专任教师以第一作者或通讯作者发表论文137篇,其中CSSCI论文84篇,SSCI、EI论文11篇;被《新华文摘》全文转载5篇;出版学术著作11部;决策咨询报告(获采纳/批示)18篇;新增省部级以上科研项目12个,总数为近10年最高,其中国家

2023 年度教育研究院基本情况

统计项目	数量	统计项目	数量
本科生数(人)		教育部国别和区域研究中心(个)	
硕士研究生数(人)	119	其他部委研究基地(个)	
其中:专业学位硕士研究生数(人)		福建省“2011 协同创新中心”(个)	
博士研究生数(人)	249	福建省重点实验室(个)	
其中:专业学位博士研究生数(人)	156	福建省高等学校文科研究基地(个)	
其中:学历留学生数(人)	4	福建省社科研究基地(含马工程)(个)	
本科毕业生毕业去向落实率(%)		福建省特色新型智库(个)	
硕士毕业生毕业去向落实率(%)	100	福建省重点智库(含培育单位)(个)	
博士毕业生毕业去向落实率(%)	100	其他部省级平台(请注明)(个)	
本科毕业生升学、出国(境)率(%)		国家自然科学基金项目(个)※	
毕业生到重要行业和领域就业率(%)	40.5	国家社会科学基金项目(个)※	5
专任教师数(人)	32	国家社会科学基金重大项目(个)※	1
非全职教师数(人)		教育部人文社会科学研究重大课题攻关项目(个)※	
专职科研队伍数(人)	9	教育部人文社会科学重点研究基地重大项目(个)※	4
教授数/正高级数(人)	14		
副教授数/副高级数(人)	11	教育部人文社会科学研究一般项目(个)※	2
具有博士学位专任教师数(人)	31	其他部委项目(个)※	
具有海外学习交流一年(或 10 个月)以上经历教师数(人)	18	福建省社会科学基金重大项目(个)※	
45 岁以下(含)专任教师数(人)	16	纵向科研经费(到位)(万元)※	859.6
发展中国家科学院院士(人)		横向科研经费(到位)(万元)※	176.32
教育部“长江学者奖励计划”特聘教授(人)		高校科学研究优秀成果奖(人文社会科学)(项)※	
教育部“长江学者奖励计划”青年学者(人)		福建省社会科学优秀成果奖(项)※	7
国家杰出青年科学基金获得者(人)		其他部省级奖项(请注明)(项)※	
“国家特支计划”领军人才(人)		发表文章总数(篇)※	137
“国家特支计划”青年拔尖人才(人)		其中:《中国社会科学》发文数(篇)※	
国家百千万人才工程入选者(人)		《新华文摘》转载数(篇)※	5
国家级教学名师(人)		国际代表性刊物发文数(篇)※	
国家优秀青年科学基金获得者(人)		出版专著(部)※	11
教育部新(跨)世纪优秀人才(人)	6	决策咨询报告(获采纳/批示)(篇)※	18
福建省“闽江学者”特聘教授(人)	3	学生出国(境)交流(人次)※	6
国家教学成果奖(项)※		教师出国(境)交流(人次)※	9
国家级一流本科专业(个)		主办国际学术会议(次数)※	1
中国“互联网+”大学生创新创业大赛获奖数(项)※		主办两岸学术会议(次数)※	
国家“2011 协同创新中心”(个)		境外合作高校或机构(所)	
国家高端智库(含培育)(个)		签订境外合作协议(份)	
高等学校学科创新引智基地(“111”计划)(个)		邀请国外学者数(人)※	3
教育部重点实验室(个)		邀请台港澳地区学者数(人)※	
教育部人文社会科学重点研究基地(个)	1	国(境)外学生来校数(人)※	1

社科基金重大项目1个、一般2个、青年项目2个。科研经费到账1086万元,较上一年度增长179%。试行“首席教授制”,以配套经费加持国家级、部级科研项目,赋能增效有组织科研。

研究院智库建设取得实效。受高教司委托,研制《世界高等教育数字化发展报告(2023)》,编制《全球高教动态》;受教育部教育质量评估中心委托,编制《全国普通高校本科教育教学质量发展报告(2022—2023)》,参与教育部教育质量评估中心关于全国本科高校学生学习与教师教学状况及全国本科高校大学生读书状况的专项调研工作等。科研团队担任“高等教育综合改革试点战略工程”专家委员会文件起草与文稿研制工作。成立福建省高等教育研究院并推动成立福建省高等教育学会高等教育学专业委员会,开展主题调研及协同科研。开展高校师资和干部培训6期。

研究院学术平台影响力显著提升。本年度主办或共同主办学术会议9场,其中2场会议规模超800人;举办“45年院庆学术周”系列活动;邀请国内外知名专家学者开展南强学术讲座2场、厦大高教讲座38场及其他学术讲座3场。

年内,在软科中国最好学科排名中,进入全国教育学科7%行列;在世界一流学科排名中,从500+上升至494位。 (王玉梅)

【《中国高等教育评论》入选A集刊】 1月,中国社会科学评价研究院公布了《中国人文社会科学集刊评价名单(2022)》(简称A集刊),厦门大学高等教育发展研究中心、研究院主办的学术集刊《中国高等教育评论》首次入选,获评核心等级。 (冯 波)

【召开2023年度教育学学科建设专题会】 2月19日,“建设‘双一流’ 奋进新百年”——教育研究院2023年度教育学学科建设专题会在漳州市召开,研究院全体教职工参加会议。

(吴晓君)

【成立福建省高等教育研究院】 2月16日,福建省教育厅发文成立福建省高等教育研究院,批准通过《福建省高等教育研究院建设方案》和《福建省高等教育研究院理事会章程》。3月15日,福建省高等教育研究院揭牌仪式在厦门大学举行,校党委书记张荣、福建省教育厅厅长叶燊为研究院揭牌。 (吴晓君)

【召开“高等教育研究服务国家战略的使命担当”专题调研座谈会】 3月15日,教育部党组成员、副部长吴岩一行在研究院召开“高等教育研究服务国家战略的使命担当”专题调研座谈会。郭鹏、王启明、高润生等相关司局同志,福建省教育厅厅长叶燊,校党委书记张荣、校长张宗益等参加调研。 (吴晓君)

【举办“向美而行 以美育人”艺术作品展】 2月,研究院党政联席会研究决定,定期在黄宜弘楼和光庭举办“向美而行 以美育人”主题艺术作品展,由研究院工会、研究生会联合主办。本年度陆续举办师生摄影作品展、豆漫展、缅怀师恩主题摄影展等活动。

(赖珊珊)

【组织评选“懋元奖”奖教奖学金】 3月,研究院“懋元奖”奖教奖学金结果揭晓,6人获奖教金,12人获奖学金,教育赋能乡村振兴青年红色筑梦团获团队奖。 (赖珊珊 吕 铖)

【获第十三届“挑战杯”中国大学生创业计划竞赛全国铜奖】 3月19日,第十三届“挑战杯”中国大学生创业计划竞赛全国决赛在北京理工大学落下帷幕,研究院“情系山河:劳动教育振兴‘空心村’的探索者”项目获全国铜奖。 (赖珊珊)

【中国大学迁徙纪念馆开馆】 4月21日,中国大学迁徙纪念馆(筹)在翔安区黄厝村举行开馆仪式。张宗益、瞿振元、林建华、朱崇实、邓力平、潘世墨、陈力文、辜芳昭、陈光等领导和学者参加开幕仪式。中国大学迁徙课题组负责人为研究院邬大光教授。

(吴晓君)

【举办“教育学一流学科建设与中国式教育现代化高端论坛”】 4月22日,由厦门大学高等教育发展研究中心、研究院、厦门大学中国式现代化研究院共同主办的“教育学一流学科建设与中国式教育现代化高端论坛”在厦门大学举行。林建华、瞿振元、钟秉林、张荣、邬大光、范海林等专家领导以及30余名著名教育学者参加会议。校党委书记张荣向瞿振元教授颁发厦门大学高等教育发展研究中心学术委员会主任委员聘书。

(王玉梅)

【在学校“五四”表彰中荣获佳绩】 4月,2021级硕士生团支部荣获“2022年度厦门大学五四红旗团支部标兵”,1人获“2022年度厦门大学优秀团总支书记”,1人获“2022年度厦门大学优秀团支部书记”,3人获“2022年度厦门大学优秀共青团员”。

(赖珊珊)

【获教育部学位与研究生教育发展中心主题案例立项】 4月,由研究院覃红霞教授担任首席专家的“教育赋能乡村振兴、增绿添彩美丽中国”选题获教育部学位与研究生教育发展中心2022年“美丽中国”主题案例立项。

(赖珊珊)

【开展学习贯彻习近平新时代中国特色社会主义思想主题教育动员会】 4月20日,研究院党委召开学习贯彻习近平新时代中国特色社会主义思想主题教育动员会。4—7月,院党委共开展读书班集中学习研讨6次,理论学习中心组学习4次,“三会一课”“固定党日+”活动7次,院领导讲专题党课4次,确定5个调研方面重点内容,组织开展10余场调研活动。7月7日,院党委召开主题教育调研成果“如何推动一流教育学学科建设”交流会。 (吕 铖)

【行政领导班子换届】 5月10日,校党委常务副书记林东伟在研究院教师干部会议上宣布校党委、校行政任命决定,聘别敦荣为院长,覃红霞、郭建鹏任副院长。 (吕 铖)

【举行45年院庆学术周暨院庆大会】 5月17日,研究院举行45周年院庆大会。5月15—19日,举办“45年院庆学术周”系列活动,包括特邀报告2场、教师论坛2场、学术沙龙2场、圆桌讨论1场及研究生论坛10场。

(王玉梅)

【校党委理论学习中心组与院党委举行主题教育专题联学】 6月15日,学校党委理论学习中心组与研究院党委举行主题教育专题联学,深入学习习近平总书记在中共中央政治局第五次集体学习时的重要讲话和习近平总书记关于教育的重要论述，研讨“教育强国，厦大何为”，王洪才教授做辅导报告，校党委书记张荣主持学习并领学。中央主题教育官网转载专题报道。（吕 铖）

【举行 2023 届研究生毕业典礼】 6 月 20 日，研究院 2023 届研究生毕业典礼在黄宜弘楼 502 报告厅举行，全体教职工及 2022 年 9 月至 2023 年 6 月期间毕业的研究生参加典礼。（赖珊珊）

【获福建省 2022—2023 学年寒假社会实践优秀实践团队表彰】 6 月，福建省 2022—2023 学年寒假“我和我身边的中华优秀传统文化”主题社会实践活动评选结果公示，2022 级硕士生吴雅莎、许建平、钟蕊坤、王晶晶、赵一博、王坤组成的“探寻闽台文化，助力两岸交流”实践队获优秀实践团队表彰。（赖珊珊）

【联合主办第五届全国高校高等教育学研究生学术论坛】 6 月 23—25 日，研究院与华中科技大学教育科学研究院、南京大学教育研究院·陶行知教师教育学院联合主办的第五届全国高校高等教育学研究生学术论坛暨省域高等教育智库建设学术研讨会在华中科技大学举办。会议主题聚焦于“普及化时代省域高等教育创新发展与治理转型”与“普及化时代省域高等教育智库建设的使命与任务”。研究院 6 名研究生论文获评论坛二等奖，16 名研究生论文获评三等奖，在获奖的 73 篇论文中，占比 30%。（李武静）

【福建省高等教育学会高等教育学专业委员会成立大会暨新时代中国高等教育创新发展学术论坛成功举办】 6 月 25 日，福建省高等教育学会高等教育学专业委员会成立大会暨新时代中国高等教育创新发展学术论坛在厦门大学召开。邱伟杰、李宝银、黄跃鹏出席会议，百余名福建省高等教育学者参加会议。会上宣读《福建省高等教育学会关于同意成立高等教育学专业委员会的批复》，审议通过《福建省高等教育学会高等教育学专业委员会规则》，并选举产生第一届理事会、常务理事及正副理事长、正副秘书长。别敦荣当选第一届理事会理事长，邬大光受聘担任顾问。（吴晓君）

【师生调研团赴深圳职业技术大学开展专题调研】 6 月 28 日—7 月 5 日，以 2021 级博士生为主体的师生调研团一行 26 人赴深圳职业技术大学、深圳大学、南方科技大学以及部分企业开展为期 8 天的调研，形成调研报告 3 篇，学术论文 3 篇（投稿中）。（李武静）

【举办“劳动教育赋能乡村振兴校企研讨会”】 7 月 1 日，研究院与福建省旅游发展集团在厦门举办“劳动教育赋能乡村振兴校企研讨会”，福建省旅游发展集团领导及旗下公司负责人与分管领导参加会议。（赖珊珊）

【举办第十一届优秀大学生学术夏令营】 7 月 9—13 日，研究院举办第十一届优秀大学生学术夏令营，来自全国 41 所高校的 67 名优秀本科生参加，31 人获 2024 年硕士研究生推荐面试资格。（李武静）

【联合举办第二届大学转型发展研讨会】 7 月 15—16 日，由北京大学未来教育管理研究中心、厦门大学高等教育发展研究中心、兰州大学高等教育研究院联合主办的第二届大学转型发展研讨会在浙江杭州举行。研讨会以“打开边界：大学转型发展”为主题，百余名来自教育界、企业界的领袖与专家学者参会。林建华、瞿振元、黄达人、曹德旺、施一公、陈初升、赵伟、吴景深、许建领、严介和等高等教育管理者、企业家、学者参加会议并做报告。（王玉梅）

【承办教育部教育质量评估中心专题研讨会】 7 月 20 日，由教育部教育质量评估中心主办、研究院承办的“高校教学质量保障体系建设经验交流及师生教学状况调查数据库建设研讨会”在厦门宾馆召开。张荣、范唯、李智及 50 余名专家学者参加会议。（林晗颖）

【中国式高等教育现代化建设研究创新团队入选“黄大年式教师团队”】 7 月，研究院中国式高等教育现代化建设研究创新团队入选厦门大学第三批“黄大年式教师团队”。（吕 铖）

【学生暑期社会实践获表彰】 7 月，研究院“榕树厦”暑期社会实践队走进长汀县登俊小学开展为期 1 周的支教活动，博士生调研团赴深圳职业大学开展社会实践，厦门大学习近平总书记关于教育的重要论述研习社赴长汀开展“传承红色基因、续写校地情缘”社会实践，“情系山河”硕博士生团队赴龙岩市新罗区小池镇斜培村、泉州市永春县桃城镇花石社区开展社会实践。“榕树厦”实践队获评校暑期社会实践优秀团队，《情系山河：劳动教育振兴“空心村”的探索者》获评优秀调研报告，3 名研究生获评社会实践“积极分子”，1 名教师获评“优秀带队教师”荣誉称号。（赖珊珊）

【两个项目获 2022 年国家级教学成果奖】 7 月，由潘懋元、别敦荣、覃红霞等人共同完成的项目“扎根中国大地造就一流教育学研究生的 20 年改革探索”获 2022 年国家级教学成果奖高等教育类（研究生）二等奖，由教育研究院邬大光教授领衔完成的项目“引领·保障·服务：国家级教师教学发展示范中心建设的十年实践”获 2022 年国家级教学成果奖高等教育类（本科）二等奖。（陈若凝）

【潘懋元先生荣获“中国高等教育学会高等教育研究终身成就奖”】 7 月 30 日，在北京举办的中国高等教育学会成立 40 周年大会上，研究院潘懋元先生荣获“中国高等教育学会高等教育研究终身成就奖”称号。（林晗颖）

【在 2022 年度目标责任制考核中获评“进步之星”荣誉称号】 8 月，在 2018—2022 年厦门大学人文学科和社会科学优秀成果展示中，研究院科研成效名列全校前茅，在学校 2022 年度目标责任制考核结果中，研究院获评“进步之星”荣誉称号。（王玉梅）

【四个课题获全国教育科学规划立项】 8 月，研究院 4 个课题获 2023 年度全国教育科学规划立项，其中国家重大项目 1 个、国家一般项目 1 个、国家青年项目 2 个。（王玉梅）

【举行黄宜弘铜像揭幕仪式】 9 月 8 日，“黄宜弘楼提升工程”捐赠者黄宜弘博士铜像落地黄宜弘楼和光庭，师生代表参加铜像揭幕仪式，学习黄宜弘博士高尚的爱国精神。（吴晓君）

【荣获第十八届“挑战杯”“揭榜挂帅”一等奖】 10月，第十八届“挑战杯”全国大学生课外学术科技作品竞赛“揭榜挂帅”专项赛授奖名单揭晓，由郭建鹏教授指导、硕士生赵一博同学担任学生团队队长的参赛作品《新时代高校“双困”毕业生就业困局及破解路径——以X高校为例》荣获一等奖。（赖珊珊）

【联合主办“中国高等教育学会高等教育学专业委员会2023年学会年会”】 10月14日，由中国高等教育学会高等教育学专业委员会、研究院联合主办的“中国高等教育学会高等教育学专业委员会2023年学术年会”在厦门大学举办。瞿振元、杨德广、林东伟、邬大光、郝清杰、张应强、阎光才、卢晓中等领导和专家出席会议，中国高等教育学会高等教育学专业委员会常务理事、理事以及来自全国高等教育及相关领域工作者和研究生等近800人参加此次会议。（王玉梅）

【承办第九届全国教育实证研究论坛第十分论坛】 10月28—29日，由华东师范大学主办的“第九届全国教育实证研究论坛”在上海举办。研究院承办并主持第十分论坛“教育研究中的数据挖掘与学习分析”。（王玉梅）

【获第六届中国青年志愿服务公益创业赛全国银奖】 11月，由凌鹊（队长）、王艳、刘景华、王晶晶、陈星、杨洋6名研究生组成的“情系山河：劳动教育振兴‘空心村’的探索者”项目获第六届中国青年志愿服务公益创业赛全国银奖。（赖珊珊）

【邬大光教授荣获“新时代中国杰出教育家”称号】 10—11月，在第二届寻找“新时代中国杰出教育家”（2023年度）评选中，邬大光教授荣获“新时代中国杰出教育家”称号。（吴晓君）

【举办《全国高等学校本科教育教学质量发展报告（2022—2023年度）》研讨会】 2月28日—3月1日，由教育部教育质量评估中心主办、研究院承办的《全国普通高校本科教育教学质量发展报告（2022—2023年度）》研制工作研讨会在厦门大学召开。（吕 铖）

【获评校级“服务育人示范岗”单位集体】 11月15日，研究院党政与专技支撑团队入选厦门大学第一批“服务育人示范岗”单位集体。（吴晓君）

【学生在校级学术演讲比赛中获奖】 11月27日，在研究生院主办的厦门大学首届“南强杯”研究生三分钟学术演讲比赛中，研究院2名学生分别荣获一等奖、二等奖，指导教师为吴薇教授。（赖珊珊）

【举办“第二届大学迁徙历史与文化研讨会”】 12月8日，由中国大学迁徙纪念馆（筹）、研究院、兰州大学高等教育研究院联合举办的“第二届大学迁徙历史与文化研讨会”在厦门翔安区举行。管培俊、张德祥、黄晓玫、夏立新、罗海鸥、侯长林等专家学者及地方文化界人士60多人参加。（吴晓君）

【举办“2023年高等教育研究博士生学术论坛”】 12月9日，由中国高等教育学会与厦门大学联合主办、研究院承办的“2023年高等教育研究博士生学术论坛”在厦门大学举办，主题为“中国式现代化建设与高等教育高质量发展”，来自40所高校近200名专家和博士生代表现场参会。管培俊、郝清杰、史大林参会并致辞，姜恩来、马陆亭、史静寰、阎光才、胡建华、哈巍等专家学者参加论坛。论坛共计收到投稿论文161篇，24名博士生进入议程。（李武静 陈若凝）

【举办厦门大学教育学一流学科建设咨询座谈会】 12月9日，研究院举办厦门大学教育学一流学科建设咨询座谈会。吴岩、林蕙青、张宗益、邬大光、刘振天、别敦荣及研究院教师代表参加座谈。（林晗颖）

【承办“2023高等教育国际论坛年会”】 12月10日，由中国高等教育学会与厦门大学联合主办、厦门大学高等教育发展研究中心承办的“2023高等教育国际论坛年会”在厦门大学举办，主题为“数字时代与高等教育可持续发展”。吴岩、张彦、张荣出席论坛并致辞，夏泽翰做视频致辞，赵长禄、张军、李元元、严纯华、张东刚、裘新、任少波、张宗益、周丛照、张炜、杨俊出席论坛并做报告，管培俊、张大良、姜恩来、邬大光、孙维杰、周大旺、武世兴、叶桑、廖华生等出席论坛，林蕙青主持论坛开幕式，姜治莹、葛道凯、周玉、马陆亭和别敦荣分别主持论坛，来自近30个国家和地区的国际组织、驻华使领馆、教育组织、大学校长和专家学者等80余名境外嘉宾现场参加论坛，300余家国内外优质媒体对本次论坛进行报道，涵盖英语、日语、韩语、汉语等语种，传播覆盖美国、英国、加拿大、波兰、俄罗斯、日本、韩国等国家和地区。（王玉梅）

【举办缅怀恩师潘懋元先生座谈会】 12月10日，在潘懋元先生逝世一周年之际，研究院举办“师道亲传弟子 玉露撒满人间——缅怀恩师座谈会”。潘世墨、张德祥、邬大光、韩延明、陈笃彬、刘华东、廖益、叶之红、高宝立、胡建华、张应强、卢晓中、余小波、李盛兵、柯佑祥、张祥云、李均、宋毅等众院友以及研究院师生100余人参加。（肖娟群）

【成立厦门大学高等教育发展研究中心青海分中心】 12月10日，厦门大学高等教育发展研究中心青海分中心揭牌仪式在厦门大学举行。青海师范大学教育学院代表李晓华、侯广彦、包万平，厦门大学高等教育发展研究中心代表刘振天、别敦荣、郭建鹏、吴薇等参加仪式。（林晗颖）

【举办“潘懋元先生高等教育思想学术研讨会”】 12月11日，“潘懋元先生高等教育思想学术研讨会”在厦门大学举行，由中国高等教育学会担任学术指导，厦门大学高等教育发展研究中心、研究院、厦门南洋职业学院、福建省高等教育研究院、厦门大学习近平教育论述研究中心联合主办。会议围绕潘懋元先生高等教育学术贡献、人格魅力与中国特色高等教育学自主知识体系建设主题展开研讨。张宗益、管培俊、张德祥、邬大光、孙维杰、姜恩来、张文忠、林蔚芬、刘献君、罗海鸥、叶世满、潘世墨、马陆亭、高宝立、吴伟平、陈笃彬、鲁晓芹和钟石根等300多名嘉宾出席研讨会，林蕙青、钟秉林做视频发言，30多名全国知名高校教育学院院（部）长做专题报告。顾明远先生为研讨会题词“博学笃行 育人楷模”。（林晗颖）

【两篇学位论文获省奖】 12月15日，博士生汤建、硕士生周钰笙学位论文获“2022年福建省优秀研究生学位

论文奖”。（陈若凝）

【九人获“2022 年度厦门大学人文社科科研业绩突出个人”荣誉称号】 12 月，潘懋元、邬大光、别敦荣、刘振天、史秋衡、王洪才、赵婷婷、郭建鹏、郭一蓉 9 名教师荣获“2022 年度厦门大学人文社科科研业绩突出个人”荣誉称号。（王玉梅）

台湾研究院

【概况】 台湾研究院是海内外最早公开成立，也是目前祖国大陆师生规模最大、学科最多、成果最丰硕的涉台研究学术机构。研究院是教育部人文社科重点研究基地、国家“985”工程台湾研究哲学社会科学创新基地、教育部国别和区域研究培育基地、高等学校创新能力提升计划（简称国家级“2011 计划”）两岸关系和平发展协同创新中心的核心依托单位，下设政治、经济、历史、文学、法律、社会和两岸关系 7 个研究所以及文献信息中心、《台湾研究集刊》编辑部、院办公室，以及大数据与民意调查研究中心、民进党研究中心、两岸青年研究中心、涉台外交研究中心、战略与安全研究中心、台港澳作家研究中心、两岸融合发展与国家统一政策模拟实验室等机构。拥有政治学理论、国际关系、区域经济学、中国现当代文学、中国史、经济法学、社会学和台湾研究 8 个博士点，中外政治制度、区域经济学、中国现当代文学、中国史、宪法学与行政法学、社会学和台湾研究 7 个硕士点。

研究院现有教职工 50 人，其中教师 33 人，具有正高职称人员 13 人，副高职称人员 12 人，助理教授 8 人，博士后 5 人。目前聘任讲座教授 2 人，兼职教授 4 人，业界名家 1 人。博士研究生指导教师 19 人（含兼职 8 人），硕士研究生指导教师 32 人，具有博士学位专任教师 32 人，具有海外学习交流一年以上经历者 10 人，45 岁以下专任教师 16 人。

年内，新增科研项目 65 个，经费总额 646.55 万元。其中，纵向项目 20 个，341.8 万元，包括国家社科重大项目 1 个、重点项目 1 个，国家社科基金年度项目 1 个；其他各级横向委托项目共 45 个，304.75 万元。

出版《台湾研究集刊》6 期，刊载论文 54 篇；出版学术著作 2 部，分别是：唐永红著《福建自由贸易试验区与台湾自由经济示范区对接合作研究》，林子荣著《闽南与南台湾经济共生关系研究》。全年全院教师发表学术论文 73 篇，其中，一类核心 18 篇。

全院师生获各类奖项 16 个。其中，3 人分别获福建省第十五届社会科学优秀成果奖二等奖、三等奖和青年佳作奖，1 人获台湾地区知名期刊《文讯》40 年“跨海之谊薪橼奖”，1 人获 2023 年度中央统战部优秀成果奖一等奖。

举办“第九届两岸学子论坛”“中国式现代化与新时代两岸关系发展研讨会暨第九届文厦论坛”“2023 年中华美国学会年会暨中美战略博弈与台湾问题学术研讨会”“两岸学者面对面系列学术活动”等学术会议 32 场，邀请两岸知名学者举办讲座 75 场，其中涉外学术会议 14 场，涉外讲座 39 场。接受来访调研 180 次，其中涉外接待 20 次，副部级以上 10 次，参观实验室 50 次，总接待 1000 次以上。师生赴境外学习交流共计 70 人次，包括美国、日本、英国、德国、法国、俄罗斯、新加坡、阿联酋等国家和港澳台地区。

开设研究生课程 35 门，本科生课程 36 门；在读博士生 120 人，在读硕士生 76 人，毕业博士生 21 人，毕业硕士生 23 人。通过夏令营活动录取推免硕士生 20 人，直博生 3 人。有 4 名学生通过校际交流交换项目分赴台湾地区和德国、日本等国访学交流，另有 11 名学生前往俄罗斯、美国等国和香港、澳门、台湾等地区进行调研学习。2 名博士生的田野调查基金项目获学校立项。

向中央涉台部门报送 40 期《厦大台研智库专报》、9 期《融统实验室专报》，向中宣部、中央统战部、中央台办、外交部、教育部、公安部、省委办公厅等数 10 个部门报送内参近百期，7 篇成果获国家级领导人批示，15 篇成果获副部级以上采纳或批示。研究院学者在重要节点积极撰文或接受海内外媒体访问 300 次以上。

新增图书 880 册，投入经费 32 万元，过刊报纸装订 300 册，过刊编目 2000 册，更新全文数据 3.5 万篇（条）。（廖芸英）

【郭锦星任中共厦门大学台湾研究院委员会委员、书记】 3 月 7 日，校党委决定，郭锦星任中共厦门大学台湾研究院委员会委员、书记职务。曾云声不再担任中共厦门大学台湾研究院委员会委员、书记职务，另有任用。校党委组织部副部长廖志丹主持干部任免宣布会议，校党委常务副书记林东伟宣读校党委的任免决定。

（廖芸英）

【获批教育部 2023 年度高校思想政治工作精品项目】 3 月 17 日，教育部办公厅公示《2023 年度高校思想政治工作质量提升综合改革与精品建设项目入选名单》，由研究院牵头组织申报的“依托两岸青年融合发展平台，构建实践育人新模式”入选本年度高校思想政治工作精品项目，这是全国“双一流”高校中唯一的实践育人类项目。此外，2 个学生工作获评教育部重点项目。（廖芸英）

【“两岸学者面对面”系列活动在厦门大学启动】 3 月 17 日，由厦门大学和中华文化学院共同主办的“两岸学者面对面”系列活动在厦门大学正式启动。首场活动由研究院承办，全国台湾研究会会长汪毅夫教授和台湾成功大学陈益源教授以“闽台历史人群——罗汉脚、唐山妈、班兵及其他”为主题展开对谈。年内，研究院与中华文化学院共举办 10 场“两岸学者面对面”活动，该系列活动旨在通过两岸知名学者之间的深度对话，鲜活地呈现两岸同文同种、根叶相连的文化亲缘，不断唤起两岸民众休戚与共的生活体验，为促进两岸学术交流、传承中华优秀传统文化、推动两岸关系和平发展做出学术贡献。（廖芸英）

【研究院女排获全校第十一届教职工女子气排球比赛季军】 3 月 18 日，厦门大学第十一届女教职工气排球比赛在风雨球馆举行，经过 2 天的激烈角逐，研究院女排荣获季军。

（廖芸英）

2023 年度台湾研究院基本情况

统计项目	数量
本科生数(人)	
硕士研究生数(人)	76
其中:专业学位硕士研究生数(人)	
博士研究生数(人)	120
其中:专业学位博士研究生数(人)	
其中:学历留学生数(人)	
本科毕业生毕业去向落实率(%)	
硕士毕业生毕业去向落实率(%)	100
博士毕业生毕业去向落实率(%)	100
本科毕业生升学、出国(境)率(%)	
毕业生到重要行业和领域就业率(%)	67.6
专任教师数(人)	33
非全职教师数(人)	7
专职科研队伍数(人)	6
教授数/正高级数(人)	13
副教授数/副高级数(人)	12
具有博士学位专任教师数(人)	32
具有海外学习交流一年(或 10 个月)以上经历教师数(人)	10
45 岁以下(含)专任教师数(人)	16
发展中国家科学院院士(人)	
教育部“长江学者奖励计划”特聘教授(人)	
教育部“长江学者奖励计划”青年学者(人)	
国家杰出青年科学基金获得者(人)	
“国家特支计划”领军人才(人)	1
“国家特支计划”青年拔尖人才(人)	
国家百千万人才工程入选者(人)	1
国家级教学名师(人)	
国家优秀青年科学基金获得者(人)	
教育部新(跨)世纪优秀人才(人)	
福建省“闽江学者”特聘教授(人)	2
国家教学成果奖(项)※	
国家级一流本科专业(个)	
中国“互联网+”大学生创新创业大赛获奖数(项)※	
国家“2011 协同创新中心”(个)	1
国家高端智库(含培育)(个)	1
高等学校学科创新引智基地(“111”计划)(个)	
教育部重点实验室(个)	
教育部人文社会科学重点研究基地(个)	1
教育部国别和区域研究中心(个)	1
其他部委研究基地(个)	1
福建省“2011 协同创新中心”(个)	
福建省重点实验室(个)	
福建省高等学校文科研究基地(个)	
福建省社科研究基地(含马工程)(个)	
福建省特色新型智库(个)	
福建省重点智库(含培育单位)(个)	1
其他部省级平台(请注明)(个)	
国家自然科学基金项目(个)※	
国家社会科学基金项目(个)※	3
国家社会科学基金重大项目(个)※	1
教育部人文社会科学研究重大课题攻关项目(个)※	
教育部人文社会科学重点研究基地重大项目(个)※	4
教育部人文社会科学研究一般项目(个)※	
其他部委项目(个)※	
福建省社会科学基金重大项目(个)※	
纵向科研经费(到位)(万元)※	698.48
横向科研经费(到位)(万元)※	376.37
高校科学研究优秀成果奖(人文社会科学)(项)※	
福建省社会科学优秀成果奖(项)※	3
其他部省级奖项(请注明)(项)※	
发表文章总数(篇)※	73
其中:《中国社会科学》发文数(篇)※	
《新华文摘》转载数(篇)※	
国际代表性刊物发文数(篇)※	
出版专著(部)※	2
决策咨询报告(获采纳/批示)(篇)※	65
学生出国(境)交流(人次)※	13
教师出国(境)交流(人次)※	57
主办国际学术会议(次数)※	
主办两岸学术会议(次数)※	4
境外合作高校或机构(所)	
签订境外合作协议(份)	
邀请国外学者数(人)※	4
邀请台港澳地区学者数(人)※	98
国(境)外学生来校数(人)※	

【中国式现代化与新时代两岸关系发展研讨会暨第九届文厦论坛召开】 4月6日，2023年中国式现代化与新时代两岸关系发展研讨会暨第九届文厦论坛在厦门大学召开。论坛由厦门大学中国式现代化研究院、中国文化大学社会科学院、研究院联合主办，邀请中国文化大学、两岸发展研究基金会、中国社科院、南京大学等两岸多所高校、研究机构共计90余名师生参加，就中国式现代化、新时代两岸关系、两岸产业合作等议题展开充分对话与深入交流。（廖芸英）

【获评"2022年度厦门大学五四红旗团委"】 4月28日，学校召开纪念五四运动104周年暨2022年度共青团工作表彰大会，研究院获评"2022年度厦门大学五四红旗团委"。（廖芸英）

【2023年港澳台学生就业暨实习专场招聘会召开】 5月6日，由厦门大学主办，福建省海峡两岸人才交流合作协会、研究院、厦门大学中华文化促进学社承办的2023年厦门大学港澳台学生就业暨实习专场招聘会在思明校区举办。此次活动旨在促进港澳台学生求职就业，帮助港澳台学生融入祖国大陆发展而搭建的重要平台，也是大陆"双一流"高校首次举办此类活动，有部分台湾高校学生专程参加此次招聘会。（廖芸英）

【季烨教授担任首席专家的国家社科基金重大项目正式立项】 5月17日，全国哲学社会科学工作办公室公布"研究阐释党的二十大精神国家社科基金重大项目"名单。副院长季烨教授领衔的重大项目"坚持和完善'一国两制'制度体系研究"名列其中。这是研究院自2019年以来获得的第七个国家社科基金重大项目。（廖芸英）

【2023年中华美国学会年会暨"中美战略博弈与台湾问题"学术研讨会召开】 5月20日，2023年中华美国学会年会暨"中美战略博弈与台湾问题"学术研讨会在厦门举行。本次研讨会由中华美国学会主办，中国社会科学院美国研究所、研究院、南洋研究院/国际关系学院、历史与文化遗产学院联合承办。来自北京大学、清华大学、中国人民大学、中国国际问题研究院等数10所高校及研究机构的近200名专家学者与会，围绕当前中美关系与台海局势展开深入研讨。（廖芸英）

【朱双一教授获《文讯》40年"跨海之谊薪椽奖"】 7月1日，台湾地区知名文学期刊《文讯》举行创刊40周年庆祝活动，文学所朱双一教授获颁大陆有关华文文学研究"跨海之谊薪椽奖"，并赴台领奖。（廖芸英）

【第九届两岸学子论坛召开】 7月8日，以"提振与汇聚"为主题的第九届两岸学子论坛在厦门召开。本届两岸学子论坛由中华全国台湾同胞联谊会指导举办，两岸关系和平发展协同创新中心、海峡交流文化中心主办，厦门大学台港澳事务办公室、研究生院、学生工作处、共青团厦门大学委员会协办，研究院承办。论坛吸引300名来自北京大学、复旦大学、台湾大学、金门大学、澳门科技大学等海峡两岸和港澳地区40所知名高校的专家学者及青年学生与会。（廖芸英）

【一个项目获全国"挑战杯"竞赛三等奖】 10月30日，第十八届"挑战杯"全国大学生课外学术科技作品竞赛终审决赛在贵州大学举办，由研究院教师指导、来自5个学院的两岸及香港学生共同组成的项目团队完成的参赛项目"'融陆'新生活：台湾学生在祖国大陆就读的融合发展研究"获全国三等奖。（廖芸英）

【厦门大学台湾研究中心学术年会暨第二届"新时代两岸论坛"召开】 11月11日，厦门大学台湾研究中心学术年会暨第二届"新时代两岸论坛"在厦门举行。本次会议由厦门大学台湾研究中心、两岸关系和平发展协同创新中心、研究院联合主办。来自复旦大学、上海交通大学、中国政法大学、吉林大学、南京大学、厦门大学、上海国际问题研究院等高校及研究机构的百余名专家学者与会，围绕建设两岸融合发展示范区、台湾地区政情发展新动向以及推进国家统一进程之路径展开深入研讨。（廖芸英）

【多项成果获评福建省第十五届社会科学优秀成果奖】 11月16日，福建省社科联公布福建省第十五届社会科学优秀成果评奖结果。资深教授陈孔立、副教授唐桦和教授刘奎分别获福建省第十五届社会科学优秀成果奖二等奖、三等奖和青年佳作奖。（廖芸英）

【第六届两岸社会保障论坛召开】 12月1日，由中国社会保障学会、两岸关系和平发展协同创新中心主办，研究院承办的第六届两岸社会保障论坛在厦门召开。本次论坛吸引来自中国人民大学、浙江大学、南京大学、政治大学、金门大学、亚洲大学、澳门大学等海峡两岸60多所高校、科研院所、期刊编辑部、医疗机构的150多名专家学者参会。此次论坛对于探索切实增进两岸同胞民生福祉、促进两岸融合发展的路程具有深远的实践意义。（廖芸英）

【一个案例获评CTTI2023年度智库建设最佳案例】 12月11日，南京大学中国智库研究与评价中心在云南省昆明市召开2023新型智库治理论坛，公布CTTI2023年度智库建设最佳案例名单。研究院申报的案例《加强文科实验室建设，提升智库建设科学水平》入选CTTI2023年度智库建设最佳案例。（廖芸英）

【首届境内外师生羽毛球交流赛召开】 12月23日，由体育教学部、研究院主办，台湾研究院研究生会、中华文化促进学社共同承办的"厦门大学2023年首届境内外师生羽毛球交流赛"在风雨球馆召开，此次交流赛共29支参赛队伍、159名境内外师生（其中港澳台生35人）参加。（廖芸英）

体育教学部

【概况】 体育教学部现设球类Ⅰ教研室（课程组）、球类Ⅱ教研室（课程组）、体操教研室（课程组）、武术教研室（课程组）、户外运动教研室（课程组）5个教研室（课程组）；现有在职教职工61人，其中党政专业技术人员9人，专任教师共52人，其中正高级职称人员3人，副高级职称人员22人，硕士研究生指导教师11人；具有博士学位教师12人，具有硕士学位教师42人（其中在读博士2人）。

2023 年度体育教学部基本情况

统计项目	数量
本科生数(人)	
硕士研究生数(人)	1
其中:专业学位硕士研究生数(人)	
博士研究生数(人)	
其中:专业学位博士研究生数(人)	
其中:学历留学生数(人)	
本科毕业生毕业去向落实率(%)	
硕士毕业生毕业去向落实率(%)	
博士毕业生毕业去向落实率(%)	
本科毕业生升学、出国(境)率(%)	
毕业生到重要行业和领域就业率(%)	
专任教师数(人)	52
非全职教师数(人)	
专职科研队伍数(人)	
教授数/正高级数(人)	3
副教授数/副高级数(人)	22
具有博士学位专任教师数(人)	12
具有海外学习交流一年(或 10 个月)以上经历教师数(人)	8
45 岁以下(含)专任教师数(人)	28
发展中国家科学院院士(人)	
教育部“长江学者奖励计划”特聘教授(人)	
教育部“长江学者奖励计划”青年学者(人)	
国家杰出青年科学基金获得者(人)	
“国家特支计划”领军人才(人)	
“国家特支计划”青年拔尖人才(人)	
国家百千万人才工程入选者(人)	
国家级教学名师(人)	
国家优秀青年科学基金获得者(人)	
教育部新(跨)世纪优秀人才(人)	
福建省“闽江学者”特聘教授(人)	
国家教学成果奖(项)※	
国家级一流本科专业(个)	
中国“互联网+”大学生创新创业大赛获奖数(项)※	
国家“2011 协同创新中心”(个)	
国家高端智库(含培育)(个)	
高等学校学科创新引智基地(“111”计划)(个)	
教育部重点实验室(个)	
教育部人文社会科学重点研究基地(个)	

统计项目	数量
教育部国别和区域研究中心(个)	
其他部委研究基地(个)	
福建省“2011 协同创新中心”(个)	
福建省重点实验室(个)	
福建省高等学校文科研究基地(个)	
福建省社科研究基地(含马工程)(个)	
福建省特色新型智库(个)	
福建省重点智库(含培育单位)(个)	
其他部省级平台(请注明)(个)	
国家自然科学基金项目(个)※	
国家社会科学基金项目(个)※	1
国家社会科学基金重大项目(个)※	
教育部人文社会科学研究重大课题攻关项目(个)※	
教育部人文社会科学重点研究基地重大项目(个)※	
教育部人文社会科学研究一般项目(个)※	1
其他部委项目(个)※	
福建省社会科学基金重大项目(个)※	
纵向科研经费(到位)(万元)※	75.88
横向科研经费(到位)(万元)※	14.69
高校科学研究优秀成果奖(人文社会科学)(项)※	
福建省社会科学优秀成果奖(项)※	
其他部省级奖项(请注明)(项)※	
发表文章总数(篇)※	12
其中:《中国社会科学》发文数(篇)※	
《新华文摘》转载数(篇)※	
国际代表性刊物发文数(篇)※	
出版专著(部)※	1
决策咨询报告(获采纳/批示)(篇)※	1
学生出国(境)交流(人次)※	
教师出国(境)交流(人次)※	2
主办国际学术会议(次数)※	
主办两岸学术会议(次数)※	
境外合作高校或机构(所)	1
签订境外合作协议(份)	
邀请国外学者数(人)※	
邀请台港澳地区学者数(人)※	
国(境)外学生来校数(人)※	

教学部负责全校本科生的体育课程教学工作，同时承担全校学生群体竞赛、校运动队训练管理工作。秉承“健康第一”的教育理念，坚持“三自主”教学模式，不断探索与创新，已开设公共体育课程达到53门，居全国同类高校前列。同时，开设全校本科生通识教育课程、开展美育第二课堂，促进以美育人内涵式发展。年内，为本科生开设体育课560个班，选课学生近1.8万人次，实现体育课程对本科生的全覆盖。课外以体育社团为依托，开展丰富多彩的社团活动，开展课外阳光长跑活动，正式将课外体育锻炼纳入体育课程的考核，实现教师课程内指导锻炼和学生课外自主锻炼相结合，课内课外体育育人一体化。

学校建设高水平运动队5支，普通生运动队17支，参加全国赛事34项，获42金36银35铜；参加省市级赛事25项，获27金14银20铜。开展全校性体育竞赛61项，建设体育社团36个，开展课外体育课堂500余次，服务师生超4万人次。

科研项目取得新突破。国家社科项目立项1个，教育部项目立项2个，福建省社科项目立项1个，福建省教育系统社科项目立项1个；横向课题(企事业单位委托项目)2个，科研经费总计75.7万元(其中纵向课题经费39万元)。教师发表论文共计12篇，其中最优期刊1篇，外文期刊3篇。（许敏娟）

【举办“健康厦大102”环校跑暨首届体育文化节】 4月22日，“健康厦大102”环校跑暨首届体育文化节在思明校区、翔安校区举办。全校5500余名师生校友参与“健康厦大102”环校跑活动；35个体育社团参与体育文化节集中展示，面向全校师生开展特色体育社团活动体验。（付正超）

【开展学习贯彻习近平新时代中国特色社会主义思想主题教育】 4—9月，开展学习贯彻习近平新时代中国特色社会主义思想主题教育，围绕“学思想、强党性、重实践、建新功”的总要求，一体推进理论学习、调查研究、推动发展、巡视整改、建章立制等工作，在以学铸魂、以学增智、以学正风、以学促干方面取得成效，推动党的建设与事业发展深度融合，推动学校体育教育高质量内涵式发展。（张锡臻）

【举办全国高等学校体育部主任培训班】 6月3—4日，举办全国高等学校体育部主任培训班，来自全国430所高等院校的700余名体育教育相关负责人、专家学者、从业者相聚厦门大学，研讨高等学校公共体育教育教学高质量创新发展，获新华社、中华全国体育总会网、厦门网、东南网、《泉州早报》等媒体报道，阅读量达140万。（张锡臻）

【校高水平男子篮球队与香港U18U16男子篮球队开展训练交流活动】 7月8日，香港U18U16男子篮球队一行来学校进行体育交流。学校高水平男子篮球队与香港U18U16男子篮球队开展科学系统、内容丰富的训练交流。两地青年学生互相学习、切磋球技，以体育为桥梁，增进内地青年与香港青少年间的交流。（付正超）

【举办体育教学部庆祝中国共产党成立102周年暨2022—2023年“两优一先”表彰会】 7月11日，举办体育教学部庆祝中国共产党成立102周年暨2022—2023年“两优一先”表彰会，推进学习贯彻习近平新时代中国特色社会主义思想主题教育走深走实，强化示范引领，凝聚奋进力量。（张锡臻）

【校棒球队重夺联赛全国冠军】 8月11—15日，2023年中国大学生棒垒球联赛总决赛在浙江省杭州市萧山区落下帷幕，校棒球队夺得高水平组全国冠军。校棒球队曾获得全国大学生棒球联赛2016年、2017年2届冠军和2018年亚军，本次夺冠是厦大体育人科学训练的硕果。（付正超）

【举办首届“闽都·南强杯”厦门大学研究生体育竞赛】 10月15—22日，首届“闽都·南强杯”厦门大学研究生体育竞赛举行。本届赛事以课题组、实验室为单位组队参赛，开创导师与研究生共同参与的体育赛事新形式，全校28个学院/研究院90支队伍千余名师生参加活动，反响热烈。（付正超）

【校帆船队斩获中国俱乐部杯帆船挑战赛双组别冠军】 10月21—24日，第十七届中国俱乐部杯帆船挑战赛在厦门市厦金湾海域扬帆。校帆船队派出2支队伍参赛，经历4天鏖战，分别夺得群发赛社会组、女子组双冠军。（付正超）

【福建省体育局局长叶得盛来校调研体育工作】 10月25日，福建省体育局局长叶得盛来校调研，实地察看学校棒垒球训练基地，并就棒垒球运动开展情况进行座谈交流。（张锡臻）

【举行第58届学生田径运动会、第21届教职工运动会】 11月3—5日，第58届学生田径运动会、第21届教职工运动会举办。本届运动会是首次两校区同时举办同时开枪开赛，全校近万名师生参与校运会开幕式和校运会比赛。（付正超）

【在第一届全国学生青年运动会比赛中斩获佳绩】 11月5—11日，校高水平健美操队、武术队队员代表福建省参加第一届全国学生青年运动会，获健美操项目男子单人操铜牌，武术项目自选刀术铜牌。（付正超）

【一个课程获福建省一流本科课程立项】 11月10日，“高尔夫球”课程获福建省一流本科课程立项，这是继2020年“羽毛球”课程获福建省一流本科课程之后再次立项。12月，被学校推荐为第三批国家级一流本科课程。（许敏娟）

【新华社专访报道厦大体育特色】 11月11日，在广西举办的首届学青会上，教学部主任林致诚接受新华社专访，新华社对“厦大体育特色”进行专题报道，展示学校在体教融合方面的丰富实践和丰硕成果，阅读量达127.4万。（许敏娟）

【举办“情牵厦金”首届厦门大学—金门大学棒球邀请赛】 11月25—26日，“情牵厦金”首届厦门大学—金门大学棒球邀请赛开幕式在厦门大学上弦场举行。2支队伍互为主客，为师生呈现2场精彩的棒球比赛。两队队员场上努力拼搏，场下热情交流，充分体现“厦金友谊”，诠释以赛会友、友谊第一的精神。（付正超）

【科研成果取得突破】 获各级各类课题立项共9个，其中国家社科基金项目1个,教育部人文社科项目1个,福建省社科项目1个,课题经费总计75.7万元,教师发表论文16篇。获厦门大学人文社科科研业绩突出单位"科研进步奖"表彰。(许敏娟)

继续教育学院

【概况】 继续教育学院现有在职教职工54人,其中校编20人,院聘34人,硕士及以上学历29人。学院下设办公室、学历教育中心、非学历教育中心、资源与技术中心、继续教育研究与发展规划中心。学院党总支下设3个党支部,有党员40人(含预备党员1人),其中在职教工党支部2个,有党员31人;退休教工党支部1个,有党员9人。

年内,学院坚持以习近平新时代中国特色社会主义思想为指导,认真学习贯彻落实党的二十大精神和学校第十二次党代会精神,踔厉奋发、勇担使命,以一流党建引领一流继续教育事业发展,全力开创新阶段改革、转型、发展新局面,朝着"建设中国继续教育东南中心"的宏大目标迈进。

学院各类办学收入实际到账6739.05万元。其中财务处到账网络学历收入3016.40万元,非学历培训收入3706.85万元,资源技术服务收入15.8万元。培养网络学历教育毕(结)业学生7332人,授予学位1378人,现有在籍生9213人;开办300个培训班,培训16743人次,应到账培训费收入3794.68万元。(李金水 孙锦水 施当波 苏玉梅 颜燕瑜)

【强化党建引领】 制定学院机构人事改革方案。健全完善党总支会议、党政联席会议议事规则,出台领导班子例会制度,设立"固定学习日""工作研究日",理顺各类工作领导小组(委员会)运行机制,不断加强党对学院工作的全面领导。扎实开展学习贯彻习近平新时代中国特色社会主义思想主题教育,举办教职工履职能力专题培训班,出台谈心谈话制度,广泛深入凝聚全体教职工学思践悟、干事创业精气神,为改革转型发展筑牢思想根基。强化党支部政治功能和组织功能发挥,持续深入推进"军民融合""乡村振兴"党建品牌创建,申请入党教职工人数创建院新高,党建工作质量不断提升。(李舟洁)

【加强思政工作】 联合校学生工作部(处)举办"凌云计划"选调生综合素质能力提升班。建设6门党的二十大精神解读在线课程。首次设立并颁发"年度突出贡献奖",营造比学赶超良好氛围。强化温馨和谐学院建设,健全完善困难党员党内关怀慰问和教职工慰问帮扶实施办法,建立困难教职工资助制度,改善员工福利待遇,加强对重病、生产职工的关怀慰问。关心支持教职工身心健康发展,教职工代表队获2023年厦门大学健身功八段锦专项赛集体一等奖。(李舟洁)

【吴国瑛同志任中共厦门大学继续教育学院党总支委员、书记】 2月14日,学院干部任免宣布会议在学生公寓教学楼304报告厅召开。校党委常务副书记林东伟,校党委常委、组织部部长、统战部部长孙理,学院党政领导班子、全体教职工参加,会议由孙理主持。林东伟代表校党委宣读关于学院干部任免的决定:吴国瑛同志任中共厦门大学继续教育学院党总支委员、书记;因另有任用,免去邱旺土同志的中共厦门大学继续教育学院总支部委员会书记、委员职务。(李舟洁)

【许和山同志任厦门大学继续教育学院院长,中共厦门大学继续教育学院总支部委员会委员、副书记】 5月18日,校党委在学生公寓二期306会议室召开学院干部任免宣布会议。校党委常务副书记林东伟,校党委常委、组织部部长、统战部部长孙理,学院党政领导班子、全体教职工参加会议,会议由孙理主持。林东伟代表校党委宣读关于学院干部任免的决定:许和山同志任厦门大学继续教育学院院长,中共厦门大学继续教育学院总支部委员会委员、副书记职务;由于年龄原因,朱孟楠同志不再担任厦门大学继续教育学院院长,中共厦门大学继续教育学院总支部委员会委员、副书记职务。(李舟洁)

【布局改革发展】 明确"以问题导向谋篇布局,以目标任务守正创新,以系统观念全面提升,以法治理念行稳致远,建设中国继续教育东南中心,完善人人皆学、处处能学、时时可学的终身教育服务体系,助力学习型社会、学习型大国建设,着力打造服务'全民知识更新、全年龄层次锻炼、全行业领域覆盖、全方位技能提升、全过程教育服务'的继续教育办学品牌"发展目标,解决学院发展方向性问题,提出课程体系、师资队伍、培训阵地、数字化技术、终身教育平台五大发展实践路径,机构、人事、绩效改革方案陆续出台,为学院事业高质量发展夯基垒台、立柱架梁。(肖　佳)

【成立厦门大学现代远程教育(网络教育)试点结束工作领导小组】 根据《教育部办公厅关于结束现代远程教育(网络教育)试点有关工作的通知》(教职成厅函〔2022〕6号)要求,为确保试点结束工作平稳有序完成,有效防控工作过程中的风险,9月,成立厦门大学现代远程教育(网络教育)试点结束工作领导小组,下设工作小组,由学院、继续教育管理处、财务处、综治办等单位的有关人员组成,具体落实领导小组制定的政策。(李金水)

【组织网络教育部分公共课统一考试】 根据教育部有关通知精神,原由全国高校网络教育考试委员会办公室统一组织的全国统考,调整为由各高校依照全国统考大纲,自行组织命题、考试、阅卷。根据要求,学院认真研究制定考试方案,组织"大学英语B""计算机应用基础""大学语文B"等统考课程考试,上下半年各组织一次,总计报考人数11314人,共计17535科次。(李金水)

【做好国家级专业技术人员继续教育基地建设】 依托国家基地申报数字技术工程师培育项目第二批培训机构,获批人工智能工程技术人员培训资质。(施当波)

【推进闽都陈嘉庚公益基金会合作项目】 推进终身教育平台建设,打造公益金课,做好"知无央学堂",打造具有厦大特色的终身教育品牌公益讲座17期。评选优秀教师和优秀学

生，10名教师、12名学生分别获奖教金和奖学金。（李金水）

【非学历教育创新发展】 承办国家专业技术人才知识更新工程“数字经济与大数据治理”高研班、2023年翔安区事业单位管理人员公共科目培训班。实施国家管网集团北方管道公司2023年关岗人员轮训培训班（共两期）、广西投资集团2023年工商管理与菁英领导力培训班共3期培训层次较高、课程体系丰富、培训时间较长、培训方式灵活的大集团大企业培训项目。其中广西投资集团2023年工商管理与菁英领导力培训班还入选“中国高校远程与继续教育优秀案例库”。创新培训方式，根据培训内容及培训对象的特点，除了理论讲授、案例教学和现场教学，增加主题团建、辩论比赛、气排球比赛、读书会及主题分享等。丰富现场教学内容，推进并实施标杆企业参观——华为技术有限公司、大疆创新科技有限公司（大疆无人机）。开展育婴员、养老护理员职业等级认定工作，437人线上参加育婴员、养老护理员职业技能等级认定理论课程培训，完成44名育婴员、272名养老护理员职业技能等级认定工作。举办厦门大学2023年暑期中学生鸿鹄夏令营、“学习贯彻党的二十大精神”等线上公开班项目。（孙锦水 李金水 施当波）

【资源建设与技术保障工作有序推进】 建设完成翔安区事业单位管理人员公需科目等20门课程共计71.2小时视频资源。全面接管网络教育平台，自主完成日常运行维护和技术保障工作。启动数字技术工程师培训报名系统自主开发工作。（施当波）

【为校内单位提供技术服务】 用专业化视频录制制作技术助力学校申报福建省研究生教育精品示范课程。多场景直播方案保障学校研究生创新教育大讲堂、“一带一路”研究院学术讲座等17场重要学术讲座直播、在线会议顺利进行。接管厦门大学党员和干部教育培训管理系统及小程序的开发和运行维护工作，为学校党委党校和各单位党务工作人员提供相关技术支持服务。完成厦门大学党员与干部培训线上平台的日常管理维护，改造并部署6门共计52.5学时课程资源，为全校党员和干部的线上学习提供技术保障。（施当波）

【深化调研交流】 积极走访教育部、商务部等部委，保持与福建省人力资源和社会保障厅、厦门市人社局深度互动交流。围绕转型改革发展目标，深入调研清华大学、北京大学、中国人民大学、浙江大学等继续教育同行经验。吴国瑛书记在高校继续教育与职业教育创新发展研讨会暨中教全媒体理事会2023年会“圆桌交流”环节做主题发言；许和山院长受国家教育行政学院邀请主讲《修师德、铸师魂、正师风》专题讲座，作为国家教育行政学院专题网络课程之一，面向广大学员开放；分别在2023高校继续教育与职业教育创新发展研修班、湖北省高等教育学会继续教育分会上做“新时代终身教育高质量发展探索”“新时代继续教育转型的思考与探索”等主题报告，不断扩大业界影响力。在2023（第九届）远程与继续教育大会上，学院《广西投资集团菁英工程2023年工商管理与菁英领导力培训班项目》案例，入选2023年中国高校远程与继续教育优秀案例库，学院获“2023最具社会影响力高校继续教育学院”。（苏玉梅）

【以公益项目和优质资源回馈社会】 改版厦门大学继续教育“9·28终身教育活动日”专题网站，增加“热点资讯”栏目，发布公益讲座预告等信息资讯。更新《习近平新时代中国特色社会主义思想》专题部分视频，面向社会免费开放。受教育部语用司和西藏自治区藏语委办委托，承办2期“2023年藏语文工作者国家通用语言文字素养提升培训班”，培训人数124人（包含西藏自治区藏语委成员单位、各地市各级藏语委办相关负责人和一线骨干工作人员以及各级政府部门藏汉翻译、文秘岗位骨干工作人员）。承办第一期光泽县乡村振兴专题培训班，培训学员49人（包含光泽县直有关部门负责人、各乡镇分管领导、村支部书记等），在助力光泽县加快建设“中国生态食品城”、构建“一区四带”发展格局中，发挥继续教育“育人”“赋能”作用。以学院为主办单位的学校“创新培训模式，智力帮扶宁夏隆德乡村振兴”项目入围教育部“2023年学习型社会建设（高等继续教育领域）重点任务”名单，是全国100项非学历教育改革创新任务之一。学院获“厦门大学定点扶贫和帮扶工作先进集体荣誉”称号。（孙锦水 施当波）

【拓展培训基地与战略合作】 积极推进校企合作，与厦门市美亚柏科信息股份有限公司签订合作协议，共建“厦门大学美亚柏科数字技术人才培训基地”，探索数字化转型与数字人才培养新模式。与泉州市委党校、天津大学远程与继续教育学院等单位确立长期战略合作关系。（施当波 苏玉梅）

社会与人类学院

【概况】 社会与人类学院现有社会学和考古学（与历史系共建）2个博士后流动站，社会学、人类学、人口学3个博士点；社会学、人类学、民族学、人口学、社会工作（专业学位）和体育与社会学6个硕士点，以及社会学、人类学、社会工作3个本科专业。年内，在软科中国大学专业排行中，社会学和社会工作专业入选A类，分别位列第七、第八；人类学专业入选B类，位列第三。1门课程获省级社会实践一流本科课程立项。3门课程入选校级课程思政示范课程，1个专业入选校级课程思政示范专业，3个项目入选校级课程思政教学研究项目。1人获厦门大学第十二届英语教学比赛二等奖。研究生目标责任制获“示范引领奖”，获批省级教学改革项目1个。

学院现有专任教师43人，其中，教授13人，副教授20人，助理教授10人。具有高级职称的专任教师33人（占专任教师总数的76.74%），具有博士学位的专任教师42人（占专任教师总数的97.67%）。学院共有教育部“长江学者奖励计划”特聘教授1人，教育部“长江学者奖励计划”青年学者1人，“国家特支计划”领军人才1人，“国家特支计划”青年拔尖人才

2023年度社会与人类学院基本情况

统计项目	数量
本科生数(人)	331
硕士研究生数(人)	289
其中:专业学位硕士研究生数(人)	169
博士研究生数(人)	78
其中:专业学位博士研究生数(人)	
其中:学历留学生数(人)	7
本科毕业生毕业去向落实率(%)	94.1
硕士毕业生毕业去向落实率(%)	96.97
博士毕业生毕业去向落实率(%)	100
本科毕业生升学、出国(境)率(%)	51.5
毕业生到重要行业和领域就业率(%)	49.1
专任教师数(人)	43
非全职教师数(人)	4
专职科研队伍数(人)	11
教授数/正高级数(人)	13
副教授数/副高级数(人)	20
具有博士学位专任教师数(人)	42
具有海外学习交流一年(或10个月)以上经历教师数(人)	31
45岁以下(含)专任教师数(人)	26
发展中国家科学院院士(人)	
教育部"长江学者奖励计划"特聘教授(人)	1
教育部"长江学者奖励计划"青年学者(人)	1
国家杰出青年科学基金获得者(人)	
"国家特支计划"领军人才(人)	1
"国家特支计划"青年拔尖人才(人)	1
国家百千万人才工程入选者(人)	
国家级教学名师(人)	
国家优秀青年科学基金获得者(人)	
教育部新(跨)世纪优秀人才(人)	3
福建省"闽江学者"特聘教授(人)	3
国家教学成果奖(项)※	
国家级一流本科专业(个)	2
中国"互联网+"大学生创新创业大赛获奖数(项)※	
国家"2011协同创新中心"(个)	
国家高端智库(含培育)(个)	
高等学校学科创新引智基地("111"计划)(个)	
教育部重点实验室(个)	
教育部人文社会科学重点研究基地(个)	

统计项目	数量
教育部国别和区域研究中心(个)	
其他部委研究基地(个)	
福建省"2011协同创新中心"(个)	
福建省重点实验室(个)	
福建省高等学校文科研究基地(个)	1
福建省社科研究基地(含马工程)(个)	
福建省特色新型智库(个)	
福建省重点智库(含培育单位)(个)	
其他部省级平台(请注明)(个)	
国家自然科学基金项目(个)※	
国家社会科学基金项目(个)※	4
国家社会科学基金重大项目(个)※	
教育部人文社会科学研究重大课题攻关项目(个)※	
教育部人文社会科学重点研究基地重大项目(个)※	
教育部人文社会科学研究一般项目(个)※	
其他部委项目(个)※	1
福建省社会科学基金重大项目(个)※	
纵向科研经费(到位)(万元)※	251.54
横向科研经费(到位)(万元)※	243.49
高校科学研究优秀成果奖(人文社会科学)(项)※	
福建省社会科学优秀成果奖(项)※	4
其他部省级奖项(请注明)(项)※	2
发表文章总数(篇)※	73
其中:《中国社会科学》发文数(篇)※	
《新华文摘》转载数(篇)※	1
国际代表性刊物发文数(篇)※	
出版专著(部)※	1
决策咨询报告(获采纳/批示)(篇)※	1
学生出国(境)交流(人次)※	12
教师出国(境)交流(人次)※	14
主办国际学术会议(次数)※	1
主办两岸学术会议(次数)※	
境外合作高校或机构(所)	
签订境外合作协议(份)	
邀请国外学者数(人)※	12
邀请台港澳地区学者数(人)※	7
国(境)外学生来校数(人)※	4

1人，教育部新（跨）世纪优秀人才3人，福建省“闽江学者”特聘教授3人，教育部社会学教学指导委员会副主任委员1人，民族学教学指导委员会委员1人，社会工作专业学位教育指导委员会委员1人，国家一级学会副会长3人，南强特聘教授1人，南强重点岗位教授2人，南强青年拔尖人才6人。年内共引进专任教师4人，招募博士后4名。1人入选南强重点岗位教授，2人当选国家一级学会副会长，7人次入选省市级高层次人才项目。

学院现有在校学生698人（本科生331人，硕士生289人，博士生78人）。年内，学院招收本科生78人，研究生120人（学术型硕士46人，专业硕士56人，博士生18人）。研究生获国家级学术类竞赛奖项14个、省级奖项4个。研究生发表论文34篇，4篇学位论文获选省优秀学位论文。人类学社获评中国大学生知行促进计划“榜样100”全国优秀大学生社团。3个大学生创新创业计划训练项目获国家级立项。1个项目获福建省“挑战杯”二等奖。1支队伍获“强东杯”第十三届全国高校社会学知识竞赛优秀奖。1人获“福建省挑战杯”二等奖。学院获校新生辩论赛冠军，获“闽都·南强杯”厦门大学研究生体育竞赛（思明校区）优秀组织奖、1个一等奖、2个三等奖，校第58届学生运动会体育道德风尚奖、比赛总分第8名、第17届啦啦操锦标赛三等奖、足球赛男队亚军、篮球赛女队季军、气排球赛男队第二名和女队第三名。1个团支部获校“五四红旗团支部标兵”。7人获国家奖学金，13人获国家励志奖学金，1人获厦门大学宝钢优秀学生奖学金，1人获校职业规划大赛二等奖，2人入选厦门大学第26届研究生支教团续写山海情缘。

年内，获立项国家社科基金重点项目1个、一般项目2个、青年项目1个，福建省自然科学基金杰青项目1个，福建省社科基金项目2个，国家民委民族研究项目1个，各类横向科研项目14个，王传超教授主持的国家社科基金重大项目获滚动资助，国家社科基金项目立项数在学校各学院排名并列第四位。9篇论文在《社会学研究》《社会》《中央民族大学学报（哲学社会科学版）》《世界社会科学》《世界民族》《新闻与传播研究》《心理学报》等国内核心刊物上发表，15篇论文在国际核心刊物上发表。“厦门大学生物人类学实验室”入选首批福建省哲学社会科学重点实验室名单。学院共获得福建省第十五届社会科学优秀成果奖一等奖1项、二等奖1项、三等奖2项，民政部2022年民政政策理论研究二等奖1项（2023年1月发文），民政部2023年民政政策理论研究一等奖2项、二等奖1项。打造“南强群学”学术品牌，资助开展“南强学术讲座”13场、“至善大讲堂”4场、“南强群学讲坛”26场、“南强群学讲坛：海外学者系列2023年线上讲座”11场，共计54场讲座。举办12场高水平学术会议或论坛。

年内，学院领导班子前往北京大学、清华大学、人民大学等多所高校开展学科调研并与北大社会学系党委中心组联学，组织教工前往“四下基层”发源地开展现场教学，召开务虚会，谋划推动学院高质量发展。访企拓岗与校友工作联动，成立学院首个校友会“厦门大学厦门校友会社会与人类学院分会”。学院获厦门大学第21届教职工运动会体育道德风尚奖。生物人类学“实验室安全员党员先锋岗”通过中期考核获资助。本科生党支部获校级“先进基层党组织”。1人获“国家级教学名师”“福建省优秀教师”，1名教师家庭获“福建省最美家庭”，1名党员代表学校参加省级演讲比赛获一等奖，6名党员分别获校级“优秀共产党员”、“优秀党务工作者”、“服务育人示范岗”、“就业指导先进个人奖”、“优秀辅导员”、马研班“优秀指导老师”等称号。

年内，学院与福建省社会工作联合会共同举办福建省第二届社会工作高级人才实践创新论坛，进一步提升福建省社会工作高级人才实务研究能力。创建海峡两岸社工学术和实务交流平台，发挥厦门大学在两岸社工融合发展中的作用。利用晋江侨乡实践研究基地平台，助力福建省21世纪海上丝绸之路核心区建设。打造“高校＋禁毒”社会化服务模式，推进厦门市全国禁毒示范城市创建。（潘　燕　刘美君　邱　莹　尹梦琴　何　静　王安胜　王雅琳　冉丽莎　徐　蕾）

【社会学学科再次入选“中国一流学科”】 社会学学科入选“2023软科中国最好学科排名”，位列全国第九。社会学学科连续3年入选“中国一流学科”（前12%）。（何　静）

【召开2022年度中层党员领导干部民主生活会】 1月10日，学院召开2022年度中层党员领导干部民主生活会。厦门大学2022年度中层党员领导干部民主生活会第二督导组副组长赵晓慧到会指导，厦门大学专职巡视员谢银辉、学院党委委员及有关人员参加会议。会议全面贯彻习近平新时代中国特色社会主义思想，深刻领悟“两个确立”的决定性意义，增强“四个意识”、坚定“四个自信”、做到“两个维护”，团结带领党员干部以奋发有为的精神贯彻落实党的二十大做出的重大决策部署为主题，总结成绩，查摆不足，进行党性分析，开展批评和自我批评。赵晓慧对本次民主生活会进行点评并提出要求。王晓丽做总结讲话，并表态要坚持“当下改”与“长久立”相结合，完善体制机制，以务实有效的问题整改提升民主生活会成效。（刘美君）

【一项研究成果在《社会学研究》发表】 1月20日，李晋助理教授研究成果《坛城：藏传佛教中国化的人类学解读》在核心学术刊物《社会学研究》发表。此项研究成果有助于明确藏传佛教中国化的实际进程和表述，在铸牢中华民族共同体意识的历史使命下为包容性的中国文明提供更丰富的叙事。（何　静）

【进一步强化学院内控管理】 1月、6月，学院先后出台《厦门大学社会与人类学院教职工出差及请假管理办法》《厦门大学社会与人类学院合同管理规定（试行）》，进一步规范学院管理，强化内控建设。（邱　莹）

【召开党支部书记工作例会专题研讨党支部工作“立项活动”】 2月20日，学院召开新学期第一次党支部书记工作例会。学院党委委员以及各党支部书记、委员参会。本次会议主题为如何开展好党支部工作“立项活动”。8个党支部就本支部2022年度“立项活动”进行总结，分析存在的问题与不足，提出2023年党支部工作“立项活动”计划。院党委副书记陈夷围绕“如何提升党支部工作‘立项活动’申报质量”主题，结合省级、校级优秀成果获奖项目案例，讲解支部工作“立项活动”的概念、意义，就如何做好立项活动选题、策划及实施进行指导。院党委书记王晓丽对8个支部的立项活动逐一点评，要求各支部要注重发挥学科专业优势，紧紧围绕深入学习贯彻党的二十大精神这条主线，做好本年度立项活动策划、申报、实施等工作，确保立项活动取得实效。(刘美君)

【举办“示范引领，卓越教学”教育教学研讨会】 2月23日，学院举办周大鸣讲座教授敦聘仪式暨“示范引领，卓越教学”教育教学研讨会。在研讨会环节，周大鸣教授结合自身经历、与会人员基于学科专业特性，从人才培养管理服务能力提升、教学改革项目建设、学生发展与支持等方面交流研讨。(尹梦琴)

【举办“院长下午茶”活动】 3月3日下午，学院举办第二期“院长下午茶”活动。院长胡荣教授以“生涯规划”为主题，同2021级本科生交流座谈。(王安胜　冉丽莎)

【学院首期“强基计划”党员干部教育培训班开班】 3月6日，学院党委理论学习中心组(扩大)学习暨首期“强基计划”党员干部教育培训班开班仪式举行，学校党建办主任、组织部副部长廖志丹副教授做学习新党章主题党课。全院200余名党员以线上线下相结合的方式参加学习。院党委书记王晓丽介绍学院二级党校2023年启动“强基计划”的简要情况与重要意义，希望通过“强基计划”，持续加强党员干部的思想淬炼、政治历练和专业训练，促进政治能力和专业能力双提升，进一步提升党员干部推动学院高质量发展本领、服务群众本领、防范化解风险本领，推进党建与事业发展深度融合，为学院一流学科建设发展贡献力量。廖志丹从党章的概述、发展历程、总纲修改、条文修改、学习党章5个方面进行讲述，为师生党员准确把握和理解新党章提供更为有力的指导，从而进一步增强师生党员对党章的认同、理解和遵从。(刘美君)

【召开2022年度党支部书记抓基层党建工作述职评议会】 3月20日下午，学院党委召开2022年度党支部书记抓基层党建工作述职评议会。学校专职巡视员林金枝到会指导，学院党委委员、各党支部书记参加会议。会议采取“一述一评”的方式开展，8名师生党支部书记一一述职后，联系指导支部的学院党委委员逐一进行点评并提出意见和改进建议。林金枝在点评中肯定成绩并提出希望。王晓丽做总结发言。(刘美君)

【王传超教授入选2022年中国高被引学者榜单(社会学)】 3月28日，全球性信息分析公司爱思唯尔(Elsevier)正式发布2022“中国高被引学者”榜单，王传超教授入选社会学领域的高被引学者榜单。(何　静)

【厦门大学社会学实践研究基地揭牌】 3月30日，厦门市禁毒办和厦门大学社会与人类学院在市禁毒教育基地举办“厦门大学社会学实践研究基地”揭牌仪式，市禁毒办、思明区禁毒办、厦门大学社会与人类学院、启福社会工作服务中心四方共同签订《厦门大学社会学实践研究基地共建协议书》。(尹梦琴)

【开展铸牢中华民族共同体意识主题团日活动】 4月17日，学院“永远跟党走　共筑中国梦　奋进新征程”铸牢中华民族共同体意识主题团日活动举办。校党委副书记、纪委书记，国家监委驻厦门大学监察专员全海，校团委书记洪海松，学生工作部(处)副部(处)长刘俊英，厦门大学附属科技中学内高班科长钱平，院党委书记王晓丽，院党委副书记陈夷、毛毛，人类学与民族学系教师李晋等，2020级人类学本科生团支部，附属科技中学内高班、石榴籽班学生代表参加活动。12月10日，由厦门大学民族学生事务办公室、学院团委联合主办的厦门大学2023年“中华一家亲 运动恰青春”户外趣味活动在演武场举行，来自学校马研班、石榴籽班以及各学院自发报名的本研学生近40人参加此次活动。(王安胜　冉丽莎)

【召开学习贯彻习近平新时代中国特色社会主义思想主题教育动员会议】 4月19日，学院召开学习贯彻习近平新时代中国特色社会主义思想主题教育动员会议。院党委书记王晓丽主持会议，并对学院开展学习贯彻习近平新时代中国特色社会主义思想主题教育进行动员部署。厦门大学第二巡回指导组副组长李招淡到会指导，传达习近平总书记在学习贯彻习近平新时代中国特色社会主义思想主题教育工作会议上的重要讲话精神，以及党中央、校党委关于主题教育的整体部署，对学院党委在主题教育中全面贯彻党的教育方针、落实立德树人根本任务、奋力推进“双一流”建设等工作提出明确要求。学院党员处级领导干部，学院党委委员，学院师生党支部书记、委员，党务秘书，师生党员代表等参加会议。(刘美君)

【前往集美区开展主题教育现场学习】 5月11日，学院组织学院党政领导、系所行政班子、师生党支部书记、师生党员、群众代表等前往集美区新城体验馆、集美人文馆、闽台记忆馆开展主题教育现场学习，学校主题教育第二巡回指导组组长林金枝参加活动。集美区委书记胡旭彬、区委副书记苏国辉、区委组织部常务副部长陈凌妙，文化和旅游局局长吴吉堂及区委办干部等一同学习交流。本次学习是主题教育第二次集中学习的现场教学，师生党员群众通过学习集美区“跨岛发展”的鲜活实践案例，进一步深刻领会中国式现代化的内涵和本质。在学习交流中，学院与集美区达成共识，今后将进一步深化校地互动，在人才培养、政府智库、访企拓岗等方面开展更密切的共建合作，助力双方发展提质增效。(刘美君)

【赴北京、上海等高校开展学科建设调研】 5月20—22日、11月27—29日，学院党政领导带队先后前往上海、南京、北京开展社会学学科建设调研。先后参访上海大学社会学院、南京大学社会学院、中国社会科学杂志社经济学社会学编辑部、中国人民大学社会与人口学院、北京大学社会学系以及清华大学社会学系等单位，围绕党建与事业发展深度融合、人才队伍建设、人才培养、科学研究、社会服务等展开研讨。学院与参访单位在人才培养、科学研究以及社会服务等方面达成初步合作意向，拟在田野调查课程建设、学术会议举办、社会实践点建设等方面开展合作。（刘美君）

【晋江侨乡实践研究基地揭牌】 5月24日，学院与晋江市侨联共同举行晋江侨乡实践研究基地揭牌仪式，并召开"中国式现代化中的侨力量晋江侨乡"实践交流座谈会。双方希望通过长期协同合作，推进侨乡研究高质量发展，为侨乡发展建言献策，在人才培养、学术研究和社会服务方面取得新突破、新成果。（尹梦琴）

【积极开展本科招生宣传】 5—12月，学院宁夏招生宣传组分4批次赴宁夏回族自治区各重点中学开展优质生源基地开展授牌仪式、招生宣讲、科普讲座等。（尹梦琴）

【举办学院发展座谈会】 6月3日，学院在海韵园区举办学院发展座谈会。院党委书记王晓丽，院长胡荣，院党委副书记陈夷、毛毛，副院长徐延辉以及来自厦漳泉三地的院友代表以线上线下相结合的方式参加会议。学院领导介绍学院发展情况及厦门校友会筹备情况，校友们为学院建设与发展、校友会建设提出很多宝贵的意见和建议。（尚丽丽）

【学院领导陪同校长张宗益访问菲律宾、文莱和新加坡】 6月7—15日，院长胡荣陪同校长张宗益访问菲律宾大学、雅典耀大学、文莱大学、新加坡国立大学、南洋理工大学和新加坡管理大学等高校，洽谈拓展与友好院校的交流合作。访问期间，代表团还拜会中国驻菲律宾大使和中国驻文莱大使，看望学校旅菲律宾、文莱和新加坡校友，并与学校在新加坡交流学习的学生座谈交流。（何　静）

【开展爱国廉洁教育主题学习】 6月7日，学院组织2023届毕业生、新发展党员等前往深田社区政治生活馆、厦门博物馆：爱莲·敬廉"文物话清廉"特展开展爱国廉洁教育主题现场学习。10月16日，组织教工党员群众观看影片《志愿军：雄兵出击》，参观"清风传家、廉洁致远"2023年厦门大学廉洁家风展。（刘美君）

【召开主题教育调研成果交流会】 7月3日，学院召开主题教育调研成果交流会。学校基层党建联络员、学校主题教育第二巡回指导组组长林金枝到会指导，学院党员领导干部、系所负责人、党支部书记代表、科级干部等参加会议。会上，院党委书记王晓丽介绍学院领导班子开展主题教育调研的总体情况。学院党员领导干部坚持问题导向，紧紧围绕一流学科建设目标，聚焦人才培养、学科发展、队伍建设、科研创新、管理服务等内容，有计划、分批次、有重点地开展调研活动共20余场次，覆盖调研百余人次；学院师生党支部党员深入群众，广泛听取意见建议，帮助师生解决实际困难。5名党员（学院领导班子成员）以图文结合的形式汇报调研情况和成果，深入分析问题现状与原因，提出改进思路与举措。现场与会人员聚焦问题，提出意见和建议。林金枝做点评发言。（刘美君）

【举办"党建引领　群学共进"——课程思政教学系列沙龙（社会科学学部专场）】 7月18日，学院举办"党建引领　群学共进"——课程思政教学系列沙龙（社会科学学部专场），邀请教育部课程思政教学名师、社会科学学部各课程思政建设项目负责人做建设经验分享，扎实推进课程思政建设。（尹梦琴）

【举办第一届南强群学青年学者论坛暨博士研究生学术论坛】 7月21—24日，由学院、中国社会学会、《社会学研究》编辑部主办的"第一届南强群学青年学者论坛暨博士研究生学术论坛"在厦门大学召开。来自全国高校、科研机构、杂志社的70余名专家学者、青年学生围绕"中国式现代化与中国社会学发展"主题进行交流。此次论坛分2个主论坛和6个分论坛，以"青年学者演讲＋名家点评"进行深度交流的方式为特点，提升社会学界青年学者学术交流实效，搭建一个国内青年学者交流的平台。（王雅琳）

【研究生积极参加学术活动并获奖】 7月21—24日，学院举办首届南强群学博士研究生学术论坛，5名博士生在分论坛发言；学院共资助20名研究生赴天津、呼和浩特、珠海、桂林等地参加全国性会议；23名研究生参加省级以上学术类竞赛，获国家级奖项14个、省级奖项4个。（王雅琳）

【开展田野上的思政课】 7月24日，校党委副书记、纪委书记，国家监委驻厦门大学监察专员全海，院党委书记王晓丽，院党委副书记陈夷、毛毛，学院党委委员、人类学与民族学系副教授蓝达居一行15人前往晋江市看望正在当地开展田野实践的人类学与民族学系师生。全海在晋江市侨声中学以"坚持'两个结合'，不断开辟马克思主义中国化时代化新境界"为主题为师生们上了一堂"田野上的思政课"。（王安胜　冉丽莎）

【获研究生目标责任制"示范引领奖"】 7月30日，学院获学校2022年度研究生目标责任制"示范引领奖"。这是学院连续第二年获此殊荣。（王雅琳）

【举办书记"第一堂思政课"】 9月6日，学院举办2023级本硕博新生开学典礼，院党委书记王晓丽为新生讲授题为"弘扬嘉庚精神 争做时代新人"的"第一堂思政课"，鼓励新生传承嘉庚精神，奋进一流征程，勇于担当作为，争做一流学子。（王安胜　冉丽莎）

【一个项目获省级教育教学研究项目立项】 9月7日，"思政课一体化"视域下研究生教育铸牢中华民族共同体意识的特色路径研究（阳妙艳主持）获省级教育教学研究项目（一般项目）立项。（王雅琳）

【深化学科竞赛】 3月、12月，分别举办第二届、第三届"同心社会工作优秀实务探索奖"大赛；4月、12月，分别举办第九届、第十届"美美与共"：中国传统村落文化景观保护与发展方案大赛；6月，举办厦门大学第二届"社会工作案例分析"大赛；11月，举办第三届厦门大学"南强杯"全国高校“镜头下的社会与生活”大赛。通过深入打造系列赛事,引导学生把论文写在祖国大地上。

(王安胜　冉丽莎)

【获批福建省哲学社会科学重点实验室】 9月28日,福建省哲学社会科学规划领导小组公布首批省哲学社会科学重点实验室名单,王传超教授领衔的“厦门大学生物人类学实验室”入选试点名单,这是学院推动哲学社会科学跨学科交叉、高质量发展的重要突破。(何　静)

【一项研究成果在国际权威学术期刊正式发表】 10月30日,常青松副教授团队在国际权威期刊 *Trauma, Violence & Abuse* 上发表题为“Prevalence of Suicidal Ideation, Suicide Plans and Suicide Attempts Among Children and Adolescents Aged Under 18 Years Old in Mainland China: A Systematic Review and Meta-analysis”(《中国大陆地区未成年人口自杀意念、自杀计划及自杀尝试的发生率:一项系统性评价及元分析》)的研究成果。

(何　静)

【厦门大学厦门校友会社会与人类学院分会成立】 11月12日上午,厦门大学厦门校友会社会与人类学院分会成立大会举行。来自全国各地的百余名校友与在校师生共聚厦园,共襄盛举。校党委副书记、纪委书记全海,福州校友会名誉会长叶文振,姚明集团董事长、厦门大学厦门校友会会长姚明,校友总会秘书长王智兰,马克思主义学院党委书记石红梅,院党委书记王晓丽以及学院校友、师生参加成立大会。成立大会由学院2001级社会工作专业校友傅漪主持。大会通过《厦门大学厦门校友会社会与人类学院分会暨厦门大学社会与人类学院厦门校友会章程》,并选举产生第一届理事会理事,王哲担任会长,吴小杭担任副会长、秘书长。

(尚丽丽)

【学院与北京大学社会学系开展党委理论学习中心组联学】 11月28日,在赴北京大学社会学系开展学科建设调研期间,学院党委理论学习中心组与北京大学社会学系党委理论学习中心组开展联学,聚焦“习近平文化思想对社会学学科建设发展的启示”主题,开展专家报告和交流研讨,共同学习习近平文化思想,深入研讨如何在新时代建设好社会学学科。联学邀请周飞舟教授、黄晓星教授2名专家学者做专题报告。在交流研讨环节,北京大学社会学系党委副书记王明慧、院党委书记王晓丽做主题交流发言。(刘美君)

【培引并重,优化人才队伍全流程管理】 结合人才队伍规划及人才层次,编制“群学”系列人才引进基金策划书,提升对优秀人才的吸引力。引进专任教师4人,入选国家级领军人才1人次,新增南强重点岗位教授1人,入选国家级高层次人才会评1人,入选省、市级高层次人才7人次,入选国家资助博士后研究人员1人,完成教授委员会换届工作。

(邱　莹)

【省级社会实践一流本科课程获立项】 11月,学院“社会工作伦理”课程(课程负责人:卢玮)获2023年省级社会实践一流本科课程立项。该课程采用理论加反思性实践的“整合式”教育模式,通过教师、学生和实践基地的整合实现理论灌输、实践体验与反思内化的“三位一体”。

(尹梦琴)

【研究生科研成果显著】 年内,研究生发表高水平研究论文34篇,其中文科一类核心论文3篇、二类核心论文6篇,SSCI、SCI论文8篇。在“2022年福建省研究生优秀学位论文”评选中,学院获评4篇优秀学位论文,其中优秀博士学位论文2篇、优秀学术硕士学位论文2篇。获校级田野基金项目3个,全校并列第一,占全校总数的11.54%。(王雅琳)

【打造“南强群学”学术品牌】 年内,学院资助开展“南强学术讲座”13场、“至善大讲堂”4场、“南强群学讲坛”26场、“南强群学讲坛:海外学者系列2023年线上讲座”11场,共计54场讲座。举办多场全国性有影响力的学术会议,进一步提升学科影响力。

(何　静)

【举办“南强群学讲坛:海外学者系列2023年线上讲座”】 学院主办“南强群学讲坛:海外学者系列”2023年线上讲座,共计11场(10月25日—12月22日)。讲座邀请西安交通大学边燕杰教授、英国牛津大学项飙教授、上海纽约大学吴晓刚教授、东芬兰大学陈虹霖教授、美国斯坦福大学周雪光教授、美国加州大学圣塔芭芭拉分校杨美惠教授、浙江大学赵鼎新教授、加州大学洛杉矶分校阎云翔教授、香港岭南大学李连江教授、美国加州大学洛杉矶分校周敏教授、香港理工大学石丹理教授知名专家担任主讲人。

(何　静)

【王传超教授团队通过古DNA实证新石器到青铜时代川滇先民主要来自黄河流域】 11月20日,厦门大学、四川大学、成都文物考古研究院、云南省文物考古研究所等单位联合在 *Current Biology* 上发表题为“Ancient Genomes Reveal Millet Farming-related Demic Diffusion from The Yellow River into Southwest China”的研究论文。该论文首次发布中国西南地区新石器时代晚期到青铜时代的农业人群的古基因组,揭示了川滇先民主要来自黄河流域,对理解当地史前人群源流以及民族迁徙和融合历史有着重要意义。(何　静)

【完成海韵园办公楼交接】 11月底,学院完成海韵园办公楼A栋、科研二号楼1至2层(信息与网络中心机房及配套用房除外)房产大部分区域的交接工作。(吴　慧)

【三项研究成果获民政部2023年民政政策理论研究奖】 12月14日,《民政部关于2023年民政政策理论研究获奖情况的通报》公布2023年民政政策理论研究的获奖情况。由魏爱棠教授主导的研究成果“居家养老服务体系能力提升的对策研究——基于厦门市推进居家和社区养老服务试点实践的考察”和卢玮副教授主导的研究成果“儿童福利机构精细化管理精准化服务研究——基于儿童福利机构标准化体系的探索”分别获一等奖,由黄晓星教授参与的研究成果“为民服务‘最后一米’:乡镇(街道)社工站建设的福建经验”获二等奖。

(何　静)

【获多项校级人文社科科研奖励】 12月15日,学院被评为“2022年度厦门大学人文社科科研业绩突出单位”，获“科研组织奖、科研进步奖”；10人次被评为“2022年度厦门大学人文社科科研业绩突出个人”，获“2022年度厦门大学高水平成果绩效奖”。　（何　静）

【举办厦门大学第二届红色影视作品配音大赛】 12月17日，由校党委学生工作部、校团委、学院共同主办的厦门大学第二届红色影视作品配音大赛决赛在海韵教学楼504报告厅举行。院党委书记王晓丽、校专职督导员楼红英、校团委副书记周林琪、院党委副书记毛毛、学院副教授蓝达居、创意与创新学院副教授冯莎等作为本次大赛的嘉宾和评委现场指导。本次大赛共征集到来自25个学院/系的60支队伍提交的作品。经过初赛评审，来自3个校区、13个院系的15支队伍挺进决赛。最终评选出一等奖1支队伍，二等奖2支队伍，三等奖3支队伍，优秀奖9支队伍。

（王安胜　冉丽莎）

【加强师德师风建设】 12月18日，学院举办学习宣传贯彻学校第十二次党代会精神暨2023年度师德师风建设专题会。会上，通过“书记亮警示，院长讲准则”等形式，进一步健全师德师风建设长效机制。同时，邀请学校第十二次党代会精神宣讲团成员、学院党委委员常青松做阐述学校第十二次党代会精神的报告。学院还通过举办青年教师发展座谈会、退休教师“荣休仪式”、新入职教师“荣荐仪式”等活动，增强教师职业荣誉感。此外，院长胡荣获“福建省优秀教师”称号。　（邱　莹）

【工会、妇委会活动精彩纷呈获多项奖励】 教师杨凌燕家庭获2023年福建省“最美职工家庭”称号；尹梦琴代表厦门大学在福建省教科文卫体工会工委举办的“中国梦·劳动美——凝心铸魂跟党走　团结奋斗新征程”演讲比赛中获一等奖；学院获厦门大学第21届教职工运动会体育道德风尚奖；潘燕获厦门大学第一批“服务育人示范岗”称号；杨凌燕家庭、郑思明家庭入选厦门大学新时代家风故事展。　（吴　慧）

【学生获多项奖励】 本科生党支部获厦门大学先进基层党组织；2020级人类学本科生团支部获“2022年度厦门大学五四红旗团支部标兵”称号；人类学社获评中国大学生知行促进计划“榜样100”全国优秀大学生社团；2支社会实践队伍获国家级主流媒体报道；1个项目获“福建省挑战杯”二等奖；2个项目获厦门大学志愿服务项目大赛铜奖；1人获厦门大学亚南奖学金（当年度全校共6名本科生获该奖）；1人获厦门大学宝钢优秀学生奖学金（当年度全校共6名本科生获该奖）；1人获厦门大学学生职业规划大赛成长赛道二等奖；1人获厦门大学“一封家书寄廉洁——写给20年后的自己”主题宣传活动征文三等奖；2人入选厦门大学第26届研究生支教团；在厦门大学第58届学生运动会中，团体总分第8名，获体育道德风尚奖；在首届“闽都·南强杯”厦门大学研究生体育竞赛（思明校区）中，学院获优秀组织奖、1个一等奖、2个三等奖；获新生杯辩论赛冠军；在厦门大学“校庆杯”学生气排球比赛中获思明校区男子组第二名、女子组第三名；获厦门大学“新生杯”足球赛男子组亚军、篮球赛女子组季军、篮球赛男子组第四名，“超级杯”排球联赛第七名；获厦门大学第17届啦啦操锦标赛三等奖。　（王安胜　冉丽莎）

【四项成果获福建省第十五届社会科学优秀成果奖】 1月2日，《福建省人民政府关于颁发福建省第十五届社会科学优秀成果奖的决定》公布。省人民政府决定授予280项成果第十五届社会科学优秀成果奖。学院共计4项科研成果获奖，其中1项成果获一等奖，1项成果获二等奖，2项成果获三等奖。王传超教授等的论文“Genomic Insights into The Formation of Human Populations in East Asia”（《东亚人群遗传形成史》）获一等奖；张先清教授著作《帝国潜流：清代前期的天主教、底层秩序与生活世界》获二等奖；黄晓星教授等的著作《治理情境、专业制度与社会服务供给》、徐延辉教授和博士生李明令的论文《工作单位与政治参与：市场化效应的一个微观管窥》获三等奖。　（何　静）

一带一路研究院

【概况】 一带一路研究院设立于2017年7月。研究院聚焦国家“一带一路”建设所涉及的政治、经济、文化、法律、人才培养和国际问题等领域，以“国家急需、世界一流、制度先进、贡献突出”为总体要求，以服务国家和区域重大需求为导向，整合学校政治学、经济学、管理学、法学、教育学、历史学、信息科学、海洋科学等传统优势学科力量，开展具有针对性、前瞻性、综合性的政策研究，致力于打造集学术研究、决策咨询、人才培养、国际交流、舆论引导五大功能于一体，在“一带一路”相关研究领域位居国内一流、国际知名的中国特色新型高校智库。

根据国家顶层战略部署，围绕如何实现政策沟通、设施联通、贸易畅通、资金融通、民心相通“五通”，研究院凝练以下9个研究方向——“一带一路”倡议下的“创造性介入”：中国与东南亚关系的新发展，“一带一路”营商环境研究，“一带一路”知识产权交易与反侵权的创新机制研究，中国企业在“一带一路”共建国家投资与风险管控研究，“一带一路”中国能源政策研究，海洋文明与“一带一路”共建国家海洋合作发展策略研究，“一带一路”倡议下的教育“走出去”研究，全球化视野下的“一带一路”：华侨华人、文化传承与民心相通，“一带一路”倡议下全球治理与“人类命运共同体”理念建构研究。

为支撑以上九大研究方向，研究院组建9个研究团队，分别是：“一带一路”共建国家政治、安全、外交与舆情研究团队，“一带一路”共建国家贸易投资、产能合作及区域一体化研究团队，“一带一路”共建国家营商环境研究团队，“一带一路”共建国家法律研究团队，“海上丝绸之路”海洋合作与资源开发研究团队，“一带一路”共建国家历史、文化、社会、宗教、语言、华侨及各国与中国的关系研究团队，“一带一路”共建国家教育合作研究团队,"一带一路"人才战略研究团队,"人类命运共同体"研究团队。

研究院现有研究人员64名,其中兼职教师25名,博士研究生39名。年内,研究院学科群教师有14项课题获批立项,编纂出版中英文学术专著7部,发表中英文高水平论文21篇。在2023年"一带一路"倡议提出十周年这一重要时间节点和中国成功举办第三届"一带一路"国际合作高峰这一时政热点上,研究院专家学者也在中国新闻网、《中国青年报》、《知识产权报》、《福建日报》等媒体和第五届京师"一带一路"论坛、黄河生态文明国际论坛等国际会议上积极发声,热议"一带一路"蓬勃十年,畅谈"一带一路"高质量发展新路。

研究院坚持以学术讲座、学术研讨等形式打造跨学科交流平台,为师生提供学术交流、知识互鉴的机会。年内共举办"一带一路"学术讲座31场,总场次达到100场。话题内容覆盖能源经济、信息技术(大数据)、知识产权、营商环境、世界经济、国际金融、戏剧文学、东南亚华文文学、国际政治、区域国际关系、国际法、基础建设、非洲研究等多学科领域,把握"政策沟通、设施联通、贸易畅通、资金融通、民心相通"的"五通"发展要求,校内线下受益师生数万人。为提供更广泛的知识服务,扩大系列讲座的影响力,研究院与"厦大群贤"平台进行合作,每场学术讲座同步在"厦大群贤"平台上进行直播,单场最高线上参与人数超过2万人,得到校外相关学者、专家和师生的广泛好评,初步营造了跨学科交流的学术氛围。

研究院积极寻求与各界的合作交流,与政、产、商等机构协作联动,实现产学研用一体协同,着力打造智库联盟。年内,研究院接待国家发展改革委一带一路建设促进中心主任翟东升、"一带一路"智库学者联合考察团、拉美国家智库考察团、摩洛哥阿提佳瑞瓦银行首席代表波提萨姆·达克妮一行、香港理工大学协理副校长沈岐平教授一行、塞尔维亚一带一路研究所所长、诺维萨德大学教授博扬·拉利奇、海外华商"一带一路"暨中国国情研修班校友参访团等来访,就推进"一带一路"政产学研用深度融合进行深入研讨。

与此同时,研究院围绕"一带一路"研究热点话题,邀请各领域专家供稿,打造"一带一路研究智库专报",形成特色智库成果,目前已形成以"一带一路研究智库专报""'碳中和'前沿观点摘要""世界主要媒体对'一带一路'建设性意见的观点摘要"为主线的3种专报形式,聚焦热点问题,凝练研究成果,为国家有关部门提供决策参考,为"一带一路"建设和发展建言献策,充分服务共建"一带一路"向更高水平迈进。年内,研究院已完成智库专报21期,"碳中和"前沿观点摘要12期,课题涉及"一带一路"倡议下农业合作、大国外交、数字经济发展、企业合作与产业升级、碳中和减排、能源安全等多领域。(赵达为)

【举办"庆祝人类命运共同体理念提出十周年"研讨会】 3月23日,在习近平总书记提出"人类命运共同体"理念十周年之际,研究院举办"庆祝人类命运共同体理念提出十周年"研讨会。共有来自中国社会科学院、中国人民大学、同济大学、厦门大学等11名专家学者参与研讨,为持续推进"人类命运共同体"理念制度化出谋划策。(赵达为)

【举办"琉球今昔与未来"学术研讨会】 为纪念《开罗宣言》发表八十周年,声援琉球人民谋求应有的国际法地位和权利,传承守护中琉文化,构建新时代中琉文化共同体。7月9日,"琉球今昔与未来"学术研讨会在研究院举办。共有来自国内相关领域13名知名专家学者、业界精英参会研讨,共议琉球地区的前途命运,为构建新时代中琉文化共同体建言献策。(赵达为)

【学者热议"一带一路"蓬勃十年】 在"一带一路"倡议提出十周年之际,第三届"一带一路"国际合作高峰论坛成功举办。研究院学者紧跟时政热点,通过发表文章、新闻访谈、参会演讲等形式热议"一带一路"蓬勃十年的发展成就。8月,副院长、经济学院教授蔡庆丰,常务副院长、教育研究院教授陈武元以"高质量共建'一带一路'的教育文化交流视角"为题在《人民日报》旗下的《国家治理》周刊刊发文章,分析探讨"一带一路"民心相通下的教育文化交流议题。同月,副院长、公共事务学院教授李丹在《人民日报》海外网2023年第9期《一带一路舆情报告》发表题为《金砖国家机制扩容的国际影响与全球意义》的文章,探讨金砖机制扩容的意义与影响。10月,蔡庆丰在由共青团中央主管及主办的中央综合性报纸《中国青年报(理论版)》上以《从硬联通到软联通推进各国数字化转型》为题刊发文章,探讨"一带一路"下的数字化转型问题。同月,兼职研究员、知识产权研究院院长、教授林秀芹接受《中国知识产权报》的专访,探讨"一带一路"倡议下健全知识产权保护机制必要性的问题。11月11日,陈武元出席第五届京师"一带一路"论坛并做题为"百年变局加速演变与中国推进'一带一路'高质量建设"的主旨演讲。11月17—18日,陈武元出席黄河生态文明国际论坛并在"流域与绿色一带一路发展"分论坛上做主旨演讲。(赵达为)

【与约翰·冯·诺伊曼大学欧亚中心签署战略合作协议】 11月18日,2023年中匈"一带一路"智库合作研讨会暨签约仪式在厦门大学颂恩楼召开。匈牙利企业发展基金会、匈牙利央行智库——约翰·冯·诺伊曼大学欧亚中心、福建海丝股权投资基金管理有限公司、研究院在全国政协丝路规划研究中心领导和匈牙利代表团、申港证券股份有限公司、厦门市各相关单位的共同见证下签署了四方战略合作协议。(赵达为)

【与"一带一路"共建国政产学研用专家对话沟通】 研究院深度参与"一带一路"政产学研用合作实践,积极与"一带一路"共建国政产学研用专家对话沟通,努力打造"一带一路"学术共同体。12月5日上午,由来自巴基斯坦、罗马尼亚、匈牙利、坦桑尼亚、保加利亚、塞尔维亚、叙利亚、赞比亚、波兰、马来西亚、哈萨克斯坦共11国的政产学研专家组成的"一带一路"智库学者联合考察团访问厦门大学,并与研究院学者进行座谈交流。双方围绕"如何推进未来十年'一带一路'倡议高质量发展"议题进行深入探讨。12 月 22 日上午，由来自巴西、墨西哥、巴拿马、委内瑞拉、秘鲁、多米尼加、厄瓜多尔、哥斯达黎加、洪都拉斯、智利共 10 国政界、学界、协会专家组成的拉美国家智库考察团访问厦门大学，并与研究院学者进行座谈交流。（赵达为）

【举办第 100 场"一带一路"系列学术讲座】 12 月 28 日上午，厦门大学"一带一路"系列学术讲座第 100 场暨翟崑教授专题讲座在科学艺术中心一号会议厅举办。北京大学国际关系学院教授、区域和国别研究院副院长翟崑做客厦门大学并做题为《"一带一路"十周年：国家战略的守正创新》的学术讲座。"一带一路"系列学术讲座是研究院跨学科研究的学术精品项目，百场讲座共邀请海内外 80 余名权威专家和青年学者前来开讲，从能源经济、信息技术（大数据）、知识产权、营商环境、世界经济、国际金融、戏剧文学、东南亚华文文学、国际政治、国际法、基础建设、非洲研究等多个研究领域对"一带一路"十年发展成果进行详细解读，涵盖政策沟通、设施联通、贸易畅通、资金融通、民心相通五大方向，逾数万师生听众受益，在激发师生研究思想灵感、培育跨学科研究人才上做出积极的贡献。（赵达为）

数学科学学院

【概况】 数学科学学院现有数学与应用数学系、信息与计算数学系、概率与数理统计系和公共数学教学部。设有国家天元数学东南中心及福建省高校数学学科联盟、数学建模与高性能科学计算重点实验室、应用数学中心等国家、省级学术平台。现有数学、统计学一级博士学位授予权和博士后流动站，涵盖基础数学、计算数学、概率论和数理统计、应用数学和运筹学与控制论 5 个二级学科博士点和硕士点，其中基础数学为国家重点学科，数学为省一级重点学科。拥有数学与应用数学、信息与计算科学 2 个本科招生专业，并全部入选国家级一流本科专业建设点，数学与应用数学为国家级特色专业，信息与计算科学为福建省特色专业。数学类本科专业入选教育部"强基计划"，是国家"理科基础科学研究和教学人才培养基地"。数学学科入选教育部"拔尖计划 2.0"。高等代数（上、下）、数学建模、偏微分方程和离散数学入选国家一流本科课程，离散数学（线上、线下）、数学分析（Ⅲ）和高等代数习题课入选省级一流本科课程，数学建模入选省级课程思政示范课程。高等代数、数学建模为国家精品课程和国家级资源共享立项课程，数学建模和偏微分方程为国家精品在线开放课程。主办期刊 *Journal of Mathematical Study*（《数学研究（英文）》）被国际著名数据库收录。

现有专任教师 94 人，其中教授 40 人，副教授 33 人，博士生导师 39 人，专任教师 100％具有博士学位。国务院学位委员会学科评议组成员 1 人，"国家特支计划"教学名师 2 人，国家级教学名师 1 人，国家高层次人才 2 人，享受国务院政府特殊津贴专家 5 人，教育部教指委成员 2 人，国家高层次青年人才 14 人次，省部级人才73 人次。

现有在校博士研究生 132 人，硕士研究生 182 人，本科生 488 人，交流生 12 人。年内，招收博士研究生30 人、硕士研究生 62 人、本科生 114 人；毕业博士研究生 24 人、硕士研究生 51 人、本科生 98 人。2022 届本科毕业生升学率 62.2％，14 名出国（境）留学，47 名境内读研。

谭忠入选国家高层次人才特殊支持计划，吴伟胜入选国家高层次青年人才计划，杜妮获评南强卓越教学名师，黄文入选小米青年学者项目，夏超获评校南强重点岗位教授。陈继勇获校第十八届青年教师教学技能比赛二等奖。出版教材 1 部。入选国家、省级一流本科课程各 1 门。获省级虚拟教研室建设项目立项 1 个。获福建省本科高校教育教学研究项目 1 个。获校课程思政示范专业建设和课程思政教学研究项目各 1 个。入选校级"课程思政"示范课程 2 门。研究生教学目标责任制考核获校"示范引领奖"。入选 2022 年福建省优秀博士学位论文 2 篇、硕士学位论文 1 篇。获全国大学生数学竞赛一等奖 2 项、二等奖 5 项、三等奖 10 项。获全国大学生数学建模竞赛本科组一等奖 3 支、二等奖 7 支，研究生组一等奖 1 支、二等奖 7 支、三等奖 9 支。获第十六届"挑战杯"福建省大学生课外学术科技作品竞赛"红色专项"活动三等奖 1 项。

学院总获批经费 1021 万元。获批国家自然科学基金 12 个；获批福建省、厦门市及横向课题 14 个。参与科技部国家重点研发计划项目 1 个。牵头建设福建省高校数学学科联盟，获批联盟运行经费 100 万元。在国内外学术刊物上累计发表学术论文 238 篇，其中一流期刊论文 53 篇，高水平期刊论文 36 篇。

举办数学学科战略发展论坛和数学学科创建 100 周年发展大会等系列活动。邀请菲尔兹奖得主、中国科学院外籍院士埃菲·杰曼诺夫来校做天元大师讲座。举办学术研讨会 27 场，共计学术报告 310 场；开设系列短课程 16 门；举办名家讲堂、院士讲座 14 场，Colloquium 系列讲座 13 场，专题学术报告 190 场；组织访问合作研究项目 11 个。邀请国（境）外专家学者做学术报告 73 场。47 人次教师、8 人次研究生和 4 人次本科生出国（境）访问交流。与厦门一中共建陈景润数学创新班；实施"英才计划"，举办 2023 年中期汇报活动；选派 1 名教师为马分校授课。（吴纲民）

【扎实开展学习贯彻习近平新时代中国特色社会主义思想主题教育】 学院扎实推进学习贯彻习近平新时代中国特色社会主义思想主题教育，开展党委集中学习 15 次，党支部集中学习 4 次，举办理论报告会 2 场，赴高山党校、延安、西柏坡现场教学 3 场，把党内教育转化为全体师生的思想淬炼。聚焦发展难点堵点，开展 6 个专题调研，梳理 4 个问题清单，出台 5 项管理制度，落实 38 项整改举措，以主题教育成果为事业发展注入强大动力。（曹　璐）

2023年度数学科学学院基本情况

统计项目	数量	统计项目	数量
本科生数(人)	488	教育部重点实验室(个)	
硕士研究生数(人)	182	教育部工程研究中心(个)	
其中:专业学位硕士研究生数(人)		福建省创新实验室(个)	
博士研究生数(人)	132	福建省"2011协同创新中心"(个)	
其中:专业学位博士研究生数(人)		福建省重点实验室(个)	1
其中:学历留学生数(人)		福建省工程技术研究中心(个)	
本科毕业生毕业去向落实率(%)	86.7	福建省工程实验室(个)	
硕士毕业生毕业去向落实率(%)	96.1	福建省工程研究中心(个)	
博士毕业生毕业去向落实率(%)	96.2	其他部省级平台(个)	2
本科毕业生升学、出国(境)率(%)	62.2	国家自然科学基金委基础科学中心(个)	
毕业生到重要行业和领域就业率(%)	52.6	国家自然科学基金委创新研究群体(个)	
专任教师数(人)	94	高等学校学科创新引智基地("111"计划)(个)	
非全职教师数(人)	6	国家自然科学基金项目(个)※	12
专职科研队伍数(人)	5	国家重点研发计划(项目牵头)(个)※	
教授数/正高级数(人)	40	其他部省级重大专项(个)※	
副教授数/副高级数(人)	33	企业和社会各界委托项目(理工医科100万元以上)(个)※	
具有博士学位专任教师数(人)	94	纵向科研经费(到位)(万元)※	2836.8
具有海外学习交流一年(或10个月)以上经历教师数(人)	70	横向科研经费(到位)(万元)※	188.6
45岁以下(含)专任教师数(人)	57	国家自然科学奖(个)※	
全职两院院士(人)		国家技术发明奖(个)※	
发展中国家科学院院士(人)		国家科技进步奖(个)※	
教育部"长江学者奖励计划"特聘教授(人)		高校科学研究优秀成果奖(科学技术)(个)※	
教育部"长江学者奖励计划"特岗学者(人)		福建省科学技术奖(个)※	
教育部"长江学者奖励计划"青年学者(人)	2	其他重要科技奖励(请注明)(项)※	
国家杰出青年科学基金获得者(人)		发表文章总数(篇)※	238
"国家特支计划"领军人才(人)	2	其中:*Science*、*Nature*、*Cell*(含子刊)(篇)※	
"国家特支计划"青年拔尖人才(人)	1	其他(请注明)(篇)※	
国家百千万人才工程入选者(人)		国内授权专利情况(项)※	
国家级教学名师(人)	1	国外授权专利情况(项)※	
国家优秀青年科学基金获得者(人)	2	科技成果转化(项目数)(项)※	
教育部新(跨)世纪优秀人才(人)	5	科技成果转化(转让金额)(万元)※	
福建省"闽江学者"特聘教授(人)	10	学生出国(境)交流(人次)※	12
福建省特级后备人才(人)		教师出国(境)交流(人次)※	47
国家教学成果奖(项)※		主办国际学术会议(次数)※	1
国家级一流本科专业(个)	2	主办两岸学术会议(次数)※	
中国"互联网+"大学生创新创业大赛获奖数(项)※		境外合作高校或机构(所)	1
国家"2011协同创新中心"(个)		签订境外合作协议(份)	3
全国重点实验室(个)		邀请国外学者数(人)※	60
国家重点实验室(个)		邀请台港澳地区学者数(人)※	8
国家工程实验室(个)		国(境)外学生来校数(人)※	
国家(地方联合)工程研究中心(个)			

【落实全面从严治党主体责任】 修订学院落实全面从严治党主体责任清单，以42个量化指标构建“院党委—党委书记—班子成员—党支部”的“四维”责任体系，实现“一张清单管到底”。（曹　璐）

【举办数学学科创建100周年系列活动】 数学学科迎来百年华诞，举办系列活动：召开数学学科建设发展研讨会暨厦大数学学科百年庆倒计时300天校友恳谈会、召开纪念陈景润诞辰90周年报告会、举办数学学科战略发展论坛和数学学科创建100周年发展大会等，获《光明日报》、中国新闻网、东南网等多家媒体的报道，赢得社会各界广泛好评，凝聚了学科未来发展的共识，汇聚起校友的磅礴之力。（陈李媛）

【学生思政工作取得佳绩】 学院获评厦门大学2023年度学生工作特色单位(资助育人工作)。《新时代景润青年——基础学科实践育人的厦大探索》获第十六届“挑战杯”福建省大学生课外学术科技作品竞赛三等奖，并入选全国交流活动。“景润学堂——大中小学‘数学＋’大思政圈引领者”项目获“宝太杯”第九届厦门大学“互联网＋”大学生创新创业大赛“青年红色筑梦之旅”赛道金奖。“景润学堂——大中小学‘数学＋’大思政圈项目”获2023年厦门大学志愿服务项目大赛银奖。《定点协作＋专业转化＋特色发展＋品牌战略——乡村振兴视域下的高校精准教育帮扶模式建构》获第十八届“挑战杯”厦门大学学生课外科技作品竞赛哲学社会科学类三等奖。学生辩论队获2023年厦门大学生辩论赛冠军。“景润青年”团队连续10年开展云南双河民族中学支教，做好爱心接力，被《昆明日报》报道。“景润学堂”团队第三年走进宁夏隆德县张树村，为村里留守儿童带来趣味数学。景润学堂宁夏支教故事被《光明日报》报道。

（于正伟）

【国家天元数学东南中心2023年学术委员会扩大会议在厦门大学召开】 12月16日，国家天元数学东南中心2023年学术委员会扩大会议在厦门大学科学艺术中心召开。国家天元数学东南中心学术委员会主任田刚院士，委员包刚院士、范更华教授、沈捷教授、辛周平教授，中心执委会主任谭绍滨教授，以及国家自然科学基金天元基金学术领导小组专家和国家天元数学东南中心执行委员会委员参加会议。会上，国家天元数学东南中心执行委员会委员、副院长朱玉峻教授总结回顾中心过去一年的工作成绩。与会专家对中心过去一年的工作成果给予充分肯定，并对中心2024年工作重点提出宝贵的意见和建议。年内，东南中心推进各项学术活动计划，除系列学术活动之外，东南中心发挥服务优势，在南昌大学举办“2023年国家天元数学东南中心高校青年教师暑期培训班”，面向东南地区高校数学专业青年教师开展培训，为提升东南地区数学发展做出积极贡献。（叶　湉）

【福建省高校数学学科联盟2023年工作会议在厦门大学召开】 12月16日，福建省高校数学学科联盟2023年工作会议在厦门大学科学艺术中心召开。联盟学术委员会委员福州大学范更华教授，集美大学晏卫根教授，厦门大学谭绍滨教授、邱建贤教授及执行委员会委员、联盟单位成员代表参加会议。会上，联盟执行委员会委员、学院夏超教授总结回顾联盟2023年的工作和取得的成绩，与会专家们对2024年联盟的工作计划与安排进行交流探讨并提出宝贵的意见与建议。除系列学术活动外，联盟还开展2023年、2024年科研项目申报工作，支持联盟单位教师提升基本科研能力、建设优秀创新团队、开展数学学科的基础性、支撑性和战略性研究。

（叶　湉）

【“离散数学”获评国家级一流课程】 5月30日，教育部公示第二批国家级一流课程名单，“离散数学”获评国家级一流线上课程。（黄晨龙）

【“高等代数习题课”获评省级一流课程】 11月10日，福建省教育厅公示2023年省级一流课程名单，“高等代数习题课”获评省级一流线上课程。

（黄晨龙）

【教材《组合数学》出版】 由钱建国和罗元勋主编的教材《组合数学》于6月正式出版，2022级本科生已使用该教材。（黄晨龙）

【“课程思政”建设成效显著】 本科课程“高等代数(Ⅰ、Ⅱ)”“微积分Ⅰ-2”获批校级“课程思政”示范课程。“基于混合式教学模式的‘高等代数’课程思政探索与实践”获校级“课程思政”教学研究项目立项。信息与计算科学专业获批厦门大学课程思政示范专业建设项目。（黄晨龙）

【省、校级虚拟教研室立项】 高等代数(林亚南)获省级虚拟教研室建设项目立项。高等代数(林亚南)和数学建模(谭忠)获校级虚拟教研室建设项目立项。（黄晨龙）

【一个项目获福建省本科高校教育教学研究项目立项】 9月27日，福建省教育厅公布2023年福建省本科高校教育教学研究项目立项名单，“数值逼近课程数字化创新教学模式探究”(陈黄鑫)获批立项。（黄晨龙）

【研究生目标责任制考核再次获学校“示范引领奖”】 经学院自评、专家评审、学校审定，确定全校8个研究生教学单位获“示范引领奖”。学院研究生教学连续第二年获学校“示范引领奖”。（陈李媛）

【研究生在福建省优秀学位论文评比中获佳绩】 2篇博士学位论文获福建省优秀博士学位论文奖，1篇硕士学位论文获福建省优秀硕士学位论文奖。（陈李媛）

【“南强优博培育计划”取得新进展】 依照学校相关通知要求及学院《“南强优秀博士生培育计划”实施细则》规定，南强优博工作领导小组开展新一年项目人员选拔，经考核共有7人最终入选，其中2023级新生3人，在读学生4人。（陈李媛）

【科研成果取得突破】 王焰金教授与香港中文大学辛周平教授合作的论文“Existence of Multi-dimensional Contact Discontinuities for The Ideal Compressible Magnetohydrodynamics”(《理想可压缩磁流体力学方程高维接触间断解的存在性》)在国际著名数学期刊 *Communications on Pure and Applied Mathematics* (《纯数学与应用数学通讯》)在线发表。李思泰副教授与密西根大学 Peter D Miller 教授合作的论文“On The Maxwell-Bloch System in The Sharp-line Limit Without Solitons”(《关于不含孤波的 Maxwell-Bloch 系统在锐线极限下的研究》)在国际著名数学期刊 *Communications on Pure and Applied Mathematics*(《纯数学与应用数学通讯》)发表。周达副教授与其合作者的论文“PhyloVelo Enhances Transcriptomic Velocity Field Mapping Using Monotonically Expressed Genes”(《PhyloVelo 利用单调表达基因增强转录组速度场》)在著名期刊 *Nature Biotechnology*(《自然-生物技术》)发表。 (高春玲)

【师资队伍建设稳步推进】 学院师资队伍建设稳步推进,新引进黄立鼎、李彩燕、吕人杰、谭志裕、杨璟玲、赵状 6 名优秀青年教师。谭忠入选“国家特支计划”教学名师,吴伟胜入选“国家特支计划”青年拔尖人才,任金波入选福建省“闽江学者”特聘教授,黄文获 2023 年“小米青年学者”项目,夏超获批学校南强重点岗位教授,吴伟胜入选学校南强青年拔尖 A 类人才,黄立鼎、赵状、周楚宇入选学校南强青年拔尖 B 类人才。

(郭淑敏)

物理科学与技术学院

【概况】 物理科学与技术学院下设物理学系、天文学系,拥有国家集成电路产教融合创新平台、教育部微纳光电子材料与器件工程研究中心、柔性物质研究及应用创新引智基地 3 个国家级、部级平台及 14 个省、市、校级平台。学院现有物理学和天文学 2 个一级学科,1 个博士后流动站,1 个国家重点学科(凝聚态物理)。近年来,在国家“211 工程”、“985 工程”和“双一流”重点建设支持下,学院已经逐步形成理论物理、凝聚态物理、半导体物理、软物质物理、光学和多信使天体物理等重点学科方向。

学院现有 100 名专任教师,其中具有高级职称的教师 91 人(占专任教师人数的 91%:正高占 50%,副高占 41%),42 名工程技术人员,其中具有高级职称的 14 人。

目前设有物理学、天文学 2 个本科招生专业;理论物理、凝聚态物理、光学、生物物理和软凝聚态、微电子学与固体电子学、天文学、光电信息工程、材料工程、清洁能源技术 9 个硕士招生专业;理论物理、凝聚态物理、光学、生物物理和软凝聚态、微电子学与固体电子学、天体物理与宇宙学、光电信息工程、材料工程、储能技术 9 个博士招生专业。在校学生有 1258 人,其中本科生 666 人、硕士生 403 人、博士生 189 人。学院不断健全完善学生就业促进工作,努力开拓就业市场,2023 届毕业硕士生就业率 100%,博士生就业率 100%;本科毕业生就业率 92.4%,升学出国(境)率 53.3%。学院积极开展各类学业竞赛,成绩斐然,获国家级以上奖项 17 项、省级奖项 26 项。

学院科研经费到位 7042.4 万元。立项各类纵向课题 37 个,总立项金额 7211.54 万元,横向课题 19 个,合同经费 728.4 万元。以学院为第一单位发表的学术研究论文被一类期刊以上刊物收录 109 篇,其中 TOP 期刊 15 篇(参照《物理科学与技术学院期刊分类》)。

学院继续与国外科研机构保持合作交流。与奥克兰大学、马来亚大学、南洋理工大学、马来西亚多媒体大学签订联合培养协议。共做 12 场外国专家学术报告。举办“2023 厦门软物质论坛”“热化和涨落关系研讨会”2 场国际会议。4 名学生获 CSC 攻博项目资格出国深造。教职工 3 人次参加线上国际会议,9 名教职工赴日本交流、3 名教职工赴英国交流、2 名教职工赴德国交流、2 名教职工赴港澳交流、1 名教职工赴智利交流、1 名教职工赴美国交流、1 名教职工赴韩国交流。 (刘俊希)

【加强理论武装 突出政治引领】 深入学习宣传贯彻党的二十大精神,扎实开展学习贯彻习近平新时代中国特色社会主义思想主题教育。通过党委(扩大)会议、党委书记讲党课、双周政治理论学习、固定党日十等多形式多载体全覆盖开展学习宣讲。学院党委会和党政联席会把学习贯彻习近平新时代中国特色社会主义思想和上级重要指示批示精神作为第一议题。党委理论学习中心组学习制度化规范化常态化,制定 2023 年学院党委理论学习中心组学习计划方案和日程安排,党员领导干部轮流领学,学院党委召开党委理论学习中心组学习 14 次。 (黄 涵)

【创新思政教育和学科文化建设融合的大思想政治教育新途径】 加强师德师风建设,创建教学示范岗,守好讲台主阵地。7 月 16 日、12 月 25 日,学院 2 次召开师德师风专题警示教育大会,院党委李书平书记亮警示、院长陈张海讲准则,加强教师安全保密教育,提升纪法意识。以“厦大物理·学科百年”系列活动为契机,讲好师德故事,传承优秀师风,弘扬厦大优良校风,积极推动思政教育与学科建设有效融合。 (黄 涵)

【举办许乔蓁“光荣在党 50 周年”纪念章颁发仪式】 6 月 27 日下午,学院在物理大楼 407 会议室为今年获“光荣在党 50 年”的许乔蓁同志颁发纪念章。 (李 阳)

【完成妇委会主任增补选举工作】 5 月 8 日,学院召开妇女代表大会,经充分酝酿讨论,采取无记名投票方式和差额选举办法,选举产生物理科学与技术学院妇委会主任。 (沈晓红)

【完成工会委员会换届选举工作】 12 月 26 日,学院召开工会会员大会,经充分酝酿讨论,采取无记名投票方式和差额选举办法,选举产生物理科学与技术学院工会新一届工会委员会委员,名单(按姓氏笔画排序)如下:于浩然、刘俊希、李明哲、张云湧、陈真、陈晓航、林友辉、洪荣墩、戴朝辉。12 月 27 日,学院新一届工会委员会召开第一次会议,选举李明哲为工会主席、刘俊希为工会副主席,并对委员进行分工。

(刘俊希 李 阳)

【完成教授委员会换届选举工作】 12 月 29 日,学院组织全体在职教师及工程、实验等系列专业技术人员举办教授委员会换届选举大会,经充分酝酿讨论,采取无记名投票方式和差额选举办法,选举产生物理科学与技术学院新一届教授委员会委员,名单

2023 年度物理科学与技术学院基本情况

统计项目	数量
本科生数(人)	666
硕士研究生数(人)	403
其中:专业学位硕士研究生数(人)	205
博士研究生数(人)	189
其中:专业学位博士研究生数(人)	22
其中:学历留学生数(人)	
本科毕业生毕业去向落实率(%)	92.4
硕士毕业生毕业去向落实率(%)	100
博士毕业生毕业去向落实率(%)	100
本科毕业生升学、出国(境)率(%)	53.3
毕业生到重要行业和领域就业率(%)	51.9
专任教师数(人)	100
非全职教师数(人)	19
专职科研队伍数(人)	43
教授数/正高级数(人)	50
副教授数/副高级数(人)	41
具有博士学位专任教师数(人)	98
具有海外学习交流一年(或 10 个月)以上经历教师数(人)	71
45 岁以下(含)专任教师数(人)	68
全职两院院士(人)	
发展中国家科学院院士(人)	
教育部"长江学者奖励计划"特聘教授(人)	
教育部"长江学者奖励计划"特岗学者(人)	
教育部"长江学者奖励计划"青年学者(人)	2
国家杰出青年科学基金获得者(人)	5
"国家特支计划"领军人才(人)	3
"国家特支计划"青年拔尖人才(人)	2
国家百千万人才工程入选者(人)	
国家级教学名师(人)	
国家优秀青年科学基金获得者(人)	7
教育部新(跨)世纪优秀人才(人)	6
福建省"闽江学者"特聘教授(人)	12
福建省特级后备人才(人)	
国家教学成果奖(项)※	
国家级一流本科专业(个)	1
中国"互联网+"大学生创新创业大赛获奖数(项)※	1
国家"2011 协同创新中心"(个)	
全国重点实验室(个)	
国家重点实验室(个)	
国家工程实验室(个)	
国家(地方联合)工程研究中心(个)	

统计项目	数量
教育部重点实验室(个)	
教育部工程研究中心(个)	1
福建省创新实验室(个)	
福建省"2011 协同创新中心"(个)	1
福建省重点实验室(个)	3
福建省工程技术研究中心(个)	
福建省工程实验室(个)	
福建省工程研究中心(个)	
其他部省级平台(个)	2
国家自然科学基金委基础科学中心(个)	
国家自然科学基金委创新研究群体(个)	
高等学校学科创新引智基地("111"计划)(个)	1
国家自然科学基金项目(个)※	23
国家重点研发计划(项目牵头)(个)※	2
其他部省级重大专项(个)※	
企业和社会各界委托项目(理工医科 100 万元以上)(个)※	2
纵向科研经费(到位)(万元)※	5840.7
横向科研经费(到位)(万元)※	1201.7
国家自然科学奖()※	
国家技术发明奖(项)※	
国家科技进步奖(项)※	
高校科学研究优秀成果奖(科学技术)(项)※	
福建省科学技术奖(项)※	
其他重要科技奖励(请注明)(项)※	
发表文章总数(篇)※	109
其中:*Science*、*Nature*、*Cell*(含子刊)(篇)※	
其他(请注明)(篇)※	
国内授权专利情况(项)※	23
国外授权专利情况(项)※	
科技成果转化(项目数)(项)※	2
科技成果转化(转让金额)(万元)※	12
学生出国(境)交流(人次)※	16
教师出国(境)交流(人次)※	19
主办国际学术会议(次数)※	2
主办两岸学术会议(次数)※	
境外合作高校或机构(所)	
签订境外合作协议(份)	
邀请国外学者数(人)※	7
邀请台港澳地区学者数(人)※	
国(境)外学生来校数(人)※	

(按姓氏笔画排序)如下:王矫、王行之、冯思轶、刘彤、孙谋远、李成、吴晨旭、吴雅苹、张龙、陈虎、陈焕阳、林友辉、赵鸿、贺达海、蔡伟伟。12月30日,学院新一届教授委员会线上投票选举王矫为教授委员会主任,刘彤、陈虎为教授委员会副主任。(石　澜)

【举行吴伯僖先生追思会】 2月19日上午,我国著名半导体物理学家、教育家吴伯僖先生追思会在海韵园物理大楼438会议室举行。厦门大学原校长、中国科学院院士田昭武,中国科学院院士、物理化学家、化学化工学院教授田中群,厦门大学原党委副书记、校关工委常务副主任、校友总会副理事长赖虹凯,校友总会副秘书长郑辉,院党委书记李书平,院长陈张海,副院长吴顺情及校友,吴伯僖先生的亲属、好友、同事和学生们以线上线下的方式参加追思会。

(李　阳)

【举办学科百年纪念活动】 学院以"弘扬嘉庚精神 再创本栋辉煌"为主题开展学科百年各项系列活动。4月15日,举办厦门大学物理学科百年纪念暨学科发展大会。4月16日,举行刘晓数理电子科学奖、2023年校庆奖教奖学金颁奖仪式。围绕理论物理、凝聚态物理、半导体物理、软物质物理、光学和多信使天体物理六大学科方向举办9场相关学术活动。25名校友联合赞助出品物理学科百年汇演《厦大百年的一堂物理课》,建设物理大楼学科百年展厅,创作并拍摄厦大物理学科百年主题歌MV《追光之旅》,出版书籍《百年悟理》《百年树人》《热力学与统计物理学热点问题思考与探索》,再版《狭义相对论》《广义相对论》,推出《学科百年宣传画册》《厦门大学学报——厦大物理学科百年专辑》等刊物。其间,学院师生加入学科百年系列活动的筹备,通过短视频、公众号推文等形式,加大学科百年系列活动的宣传力度,形成积极向上的影响力。(李　阳)

【举行"黄昆英才班"共建签约仪式】 4月15日,中国科学院半导体研究所所长谭平恒与学院院长陈张海代表双方在厦门大学签约共建"黄昆英才班",探索优秀本科生人才培养的新机制和新模式,开辟一条独具特色且具备科教融合特征的高科技人才培养之路。(沈晓红)

【举办2023年物理学科战略发展咨询会】 4月16日,2023年物理学科战略发展咨询会邀请来自全国各高校、研究院等单位的10多名院士及数10名专家学者、学界精英齐聚厦大,共同探讨物理学科布局、发展规划、科研方向与成果、平台建设、人才培养等多方面内容。总结建设经验,凝聚各方智慧,为推动学科发展、实现瓶颈突破建言献策,共同擘画科教兴国的蓝图。(方　丽)

【陈焕阳获中国物理学会"萨本栋应用物理奖"】 8月18日,中国物理学会2023年秋季学术会议在宁夏召开,开幕式上举行中国物理学会物理奖颁奖仪式,陈焕阳教授因"在变换光学及其应用物理方面取得了创新性成果",荣获2022—2023年度"萨本栋应用物理奖"。(许雯雯)

【举办热力学与统计物理基础和前沿进展研讨会】 9月16日,热力学与统计物理基础和前沿进展研讨会在厦门市亚洲海湾大酒店海韵厅顺利举行。来自各高校、出版社等单位专家、学者齐聚一堂,针对"热力学与统计物理"课程的教学理念、教学模式、教材调研以及知识图谱开展交流。

(李　阳)

【主办"热化与涨落关系国际探讨会"】 10月16—20日,由学院主办,兰州理论物理中心、南京大学复杂系统理论物理中心协办的厦门大学物理学科百年系列学术活动"热化与涨落关系国际研讨会"在集美二号楼204会议室举行。欧洲科学院院士Giulio Casati教授,欧洲科学院院士、美国物理学会会士李保文教授,美国物理学会会士Sergej Flach教授,*Chaos Solitons & Fractals*期刊编辑Stefano Lepri教授,意大利国家研究中心Antonio Politi教授等国内外专家学者及学院师生代表近百人参加本次研讨会。

(李　阳　刘雅文)

【协办2023年海上丝绸之路国际产学研用合作会议未来显示分会暨半导体显示产业年会】 10月28—31日,2023海上丝绸之路国际产学研用合作会议顺利召开。本次会议以"开辟产学研用新领域,塑造海丝发展新优势"为主题,聚焦丝绸之路国际产学研用合作交流。来自中国、加拿大、英国、美国、日本、马来西亚、菲律宾、泰国、印度尼西亚等国家(地区)的高校校长、院士、专家学者和企业代表近300人通过线上或线下的形式参加开幕式。(林　将)

【协办第九届国际第三代半导体论坛&第二十届中国国际半导体照明论坛】 11月27—30日,学院协办第九届国际第三代半导体论坛(IFWS)&第二十届中国国际半导体照明论坛(SSLCHINA)。本届论坛在厦门国际会议中心召开,设有14场主题技术分论坛,7场热点产业峰会,多场卫星活动,汇聚全球顶级精英,全面覆盖半导体照明和第三代半导体领域的前沿热点、技术应用、产业趋势,并专门设置"2023第三代半导体技术应用创新展",全链条聚焦第三代半导体产业发展。(林　将)

【召开2023年厦门大学海韵博士生学术论坛】 10月28日,厦门大学海韵博士生学术论坛在海韵园物理大楼开幕。来自厦门大学、中山大学、福建师范大学、南方科技大学、福州大学、华南师范大学、中国科学院深圳先进技术研究院等高校的专家学者和博士研究生70余人参加论坛

(方　丽　李　阳　刘雅文)

【联合主办2023厦门软物质论坛】 10月20—23日,2023厦门软物质论坛在厦门中华总工会厦门安养中心顺利召开。会议由学院、厦门大学生物仿生及软物质研究院和福建省柔性功能材料重点实验室联合主办,获教育部和国家外国专家局"高等学校学科创新引智计划"(简称"111"计划)与国家自然科学基金委数理学部理论物理专款共同资助。(刘雅文)

【福建省高校物理学学科联盟2023年年会暨学术研讨会召开】 11月10—12日,厦门大学、福建省物理学会、福州大学、华侨大学、集美大学、闽南师范大学、厦门理工学院和闽江学院等单位52名专家学者访问福建师范大学,参加福建省高校物理学学科联盟2023年年会暨学术研讨会,并参观福

建师范大学实验室。

（李　阳　刘雅文）

【举办厦门光物质相互作用学术研讨会】 12 月 26—29 日，由福建省高校物理学科联盟主办、学院承办的第二届厦门光物质相互作用学术研讨会在厦门五缘水乡酒店举办。此次会议针对光与物质相互作用领域邀请 80 余名科研工作者（包括高校和研究所教授）以及研究生参与。（刘雅文）

【两名教师获国家优秀青年科学基金资助】 孙谋远、杨哲森获 2023 年国家优秀青年科学基金资助。（郑珊珊）

【新增三名其他国家级青年人才支持计划入选者】 游智鸿、胡树、申艺杰入选 2023 年其他国家级青年人才支持计划。（郑珊珊）

【负责牵头教育部"101 计划"课程"统计力学"】 学院积极响应"101 计划"，赵鸿教授牵头"统计力学"的课程建设，同时建设"统计力学"虚拟教研室（国家级）。（沈晓红）

【课程建设成效丰硕】 "Ⅱ-Ⅵ族半导体外延及其探测器制作虚拟仿真实验"入选第二批国家虚拟仿真实验教学一流课程；"科技双创理论与实践"入选省级社会实践一流课程；"力学"、"光学"和"基础天文"3 门课程获校级课程思政示范课程；苏国珍教授主持的"热力学统计物理"获校级虚拟教研室立项。陈理想教授主持的《量子卫星"墨子号"》入选省课程思政优秀教学案例，同时陈理想入选福建省课程思政专家库。（沈晓红）

【本科目标责任制考核荣获"进步之星"】 学院持续推动教育教学理念创新、课程体系优化、课程质量提升和教学资源共建共享，完成 2022 年度目标责任制考核，并获本科"进步之星"的绩效奖励。（沈晓红）

【教学比赛成果颇丰】 6 月，精心组织厦门大学第十八届青年教师教学技能比赛之学院选拔赛，有效促进参赛教师教学质量的提升。在全校比赛中，获一等奖 2 项、二等奖 2 项、最佳教学设计奖 1 项。孙旭飞荣获 2023 年全国高等学校物理基础课程青年教师讲课比赛福建省初赛一等奖、华东地区六省一市复赛二等奖。

（刘雅文　戴朝晖）

【陈理想入选"我最喜爱的十位老师"】 9 月，经过组织推荐、学生评选等环节，陈理想教授高票入选厦门大学 2023 年"我最喜爱的十位老师"。

（沈晓红）

【教研项目成果显著】 郭文熹教授主持的"'促兴趣—升能力—强实践'立体化双创教育教学体系的探索"入选福建省 2023 年度教研项目一般项目，薛力副教授主持的"恒星物理思政教学研究"入选校级思政教学研究项目。福建省高校物理学学科联盟大学生创新训练项目共设立 20 个项目，在上一年入选 15 个教育教学改革项目，本年度入选 13 个教学改革项目。（沈晓红　刘雅文）

【科研成果取得新突破】 陈张海教授获批主持国家重点研发计划"物态调控"专项"基于量子混沌的人工微结构的新物态及其调控"项目，立项经费 1902 万元；顾为民教授获批主持国家重点研发计划"大科学装置前沿研究"专项"不同级别黑洞的大样本研究"项目，立项经费 1400 万元。福建省柔性功能材料重点实验室及福建省半导体材料及应用重点实验室获优秀考评。（林　将）

【一项研究成果在 *Nature Electronics* 杂志发表】 7 月，康俊勇教授和吴雅苹教授团队在 *Nature Electronics* 杂志上发表题为"Topology-induced Chiral Photon Emission from A Large-scale Meron Lattice"的研究论文，提出轨道调控的拓扑自旋保护新原理，首次生长出室温零场下本征稳定、长程有序的磁半子（一种具有涡旋磁结构的拓扑准粒子，英文名为 Meron）晶格，并成功研制拓扑自旋固态光源芯片。这一成果首次实现从拓扑保护准粒子到费米子乃至玻色子的手性传递，开创量子态操控和传输的新路径。

（林　将）

【一项研究成果在 *Physical Review Letters* 杂志发表】 11 月，陈虎教授团队在 *Physical Review Letters* 杂志上发表题为"Free Energy Landscape of Type Ⅲ Fibronectin Domain with Identified Intermediate State and Hierarchical Symmetry"的研究论文。纤维连接蛋白（fibronectin，FN）是细胞外基质中最重要的蛋白之一，它通过Ⅲ型纤维连接蛋白的第十个结构（FNⅢ10）直接参与并介导细胞在胞外基质上的黏附。此项工作通过单分子磁镊技术研究 FNⅢ10 在生理拉力作用下的去折叠和折叠动力学，确定了实验中唯一的中间状态。进一步通过测量 FNⅢ10 在自然状态、中间态和去折叠态之间所有与力相关的转换速率，构建了 FNⅢ10 定量的自由能景观，其中包含多个明确位置和自由能差的能垒和势阱，该自由能景观呈现出分层对称的模式。（林　将）

【一项研究成果在 *Nature Communications* 杂志发表】 1 月，杨志林教授团队在 *Nature Communications* 杂志上发表题为"Gigahertz Optoacoustic Vibration in Sub-5 nm Tip-supported Nano-optomechanical Metasurface"的研究论文。该项工作展示了一种小于 5 nm 的尖端支撑纳米光机械超表面（TSNOMS），成功实现了高品质 5 GHz 的光声振动和超快全光操作。该超表面的半悬浮设计显著提高了光能输入和减少了机械与热能损失，从而大幅提升了光机械转换效率和振动质量。这一设计策略对提升芯片处理的纳米光机械系统性能具有广泛的应用前景，可用于全光操作的纳米机械系统、可重构的纳米光子设备、光机械感应以及非线性和自适应光子功能等领域。（林　将）

【一项研究成果在 *Nature Communications* 杂志发表】 12 月，陈理想教授团队在 *Nature Communications* 杂志上发表题为"Remote Transport of High-dimensional Orbital Angular Momentum States and Ghost Images via Spatial-mode-engineered Frequency Conversion"的研究论文。该项工作利用完美涡旋及非线性光学频率转换过程，实现高维的双光子轨道角动量最大化纠缠态的制备。基于强相干波包和单光子的非线性与频效应，对高维完美涡旋进行了类贝尔状态测量，实现了高维轨道角动量态的远程传输。同时，利用横向空间模式全纠缠，构建了一种无相互作用光场的新型量子成像策略，从而在国际上首次实现了量子图像的远程传态实验。该研究

工作为未来量子网络中实现真正安全的高维量子远程传态迈出了关键一步。（林　将）

【新型显示领域联合攻关成果获央视《新闻联播》栏目报道】　张荣教授领导的物理科学技术学院与厦门市未来显示技术研究院联合团队，利用激光巨量转移技术开发出超高像素密度TFT基MicroLED全彩显示屏，被中央台《新闻联播》栏目报道为“我国在新型显示领域的新突破”。（刘雅文）

【学生志愿服务和社会实践成果丰硕】　学院充分发挥志愿服务特色基地优势，策划和组织各类志愿服务活动，吸引学生广泛参与，并把志愿服务品牌做大做强。借助“小绿”自行车维修团队、芙蓉隧道格物致理空间、翔安校区天文台等学院平台，打造特色志愿品牌项目。7月30日—8月9日，面向全校各个学院招募近百名学生志愿者服务第八届全国中学生科普拓展营。与此同时，学院老牌志愿服务项目——“小绿”高校公益自行车志愿服务项目已持续11年，继续为全校师生的绿色出行贡献力量；协同思明团区委打造“青春合伙人”趣味课堂，使相关活动趋向专业化科学化，更好地面向社会做好物理知识科普。2022级硕士生周博语获评国家“第十四届中国青年志愿者优秀个人奖”。

为进一步引导青年学生在实践中筑梦强国建设，学院全年持续开展系列实践教育活动助力学生党员就业成才，全年累计30余次。组织学生党员前往中国闽台缘博物馆、厦大长汀旧址、瞿秋白烈士纪念馆、黄庭坚纪念馆、秋收起义修水纪念馆、古田会议会址、军营村高山党校、“嘉庚”号科考船等地进行研学活动，深入开展爱国主义教育、革命传统教育。组织寒暑假实践活动，前往深圳、长汀、隆德、九江、南平等地，深入开展党史学习教育、乡村振兴促进、物理科普等多形式多内容的社会实践活动，展青年担当，绽青春之花。（律明龙）

【多个学生科创竞赛项目获奖】　学生科创竞赛表现卓越、再创佳绩，在各类学术科技类竞赛中揽获多个奖项，取得包括第九届全国大学生物理实验竞赛一等奖2项、二等奖6项；第十四届中国大学生物理学术竞赛二等奖；第六届中国大学生物理学术竞赛(华东赛区)二等奖，武安可欣同学获最佳女生奖；全国大学生数学建模竞赛国家级一等奖1项、二等奖1项、省级一等奖1项、二等奖2项、三等奖4项；全国大学生数学竞赛省级一等奖3项、二等奖1项、三等奖1项；大学生英语竞赛参与奖；全国三维数字化创新设计大赛福建赛区二等奖；美国大学生数学建模竞赛M奖(一等奖)。在第九届“互联网＋”大学生创新创业大赛中，学院团队取得省赛1金，校赛2银2铜的好成绩，张峰老师获第九届福建省“互联网＋”大学生创新创业大赛优秀创新创业导师；“华为杯”第二十届中国研究生数学建模竞赛二等奖1项、三等奖1项；2023年全国光学与光学工程博士生学术联赛海峡赛区三等奖；2023年“华为杯”第六届中国研究生创“芯”大赛三等奖；“滨创杯”第九届中国研究生智慧城市技术与创意设计大赛三等奖。同年，学院共获大学生创新创业项目73个，其中国家级9个、省级18个、校院级46个。

（戴朝晖　范　荣　邱丹文　律明龙　刘雅文）

【学生文体活动工作成效显著】　在厦门大学第58届学生田径运动会中，学院取得思明校区本科生组第三名、研究生组第六名、总成绩第四名的优异成绩。院飞盘队在首届厦门大学研究生飞盘竞赛中获全校特等奖，院羽毛球队勇夺混合团体赛冠军，院棒垒球队和男篮队获第三名，足球队在校级比赛中夺得四强，女篮队和乒乓球队获校级八强，舟艇队在省锦标赛中获2项前三名，2023级硕士赖麒鸿获校50米蝶泳第二、50米仰泳第一并打破校纪录，2022级硕士王伟超在校“舞林大会”暨省体育舞蹈高校邀请赛校内赛获街舞第一名及多项第二名，学院荣获体育先进学院、体育组织进步奖。学院连续5年选拔优秀学生入选厦大研究生支教团，本科学生会连续3年获评校优秀学生会。（律明龙）

【扎实推进就业工作成果显著】　学院抓好就业创业，关注学生生涯发展。邀请校友企业全磊光电进校园，开展企业专场招聘会，精准帮扶就业需求学生。开展企业座谈会，与亿联网络科技、厦门广电、厦门龙胜达照明电器、厦门烯成新材料科技等企业对接，深入了解用人单位人才需求情况，搭建企业与学生积极交流沟通桥梁，帮助学生提升求职自信、明确求职方向、掌握求职技巧。多次组织学生前往厦钨、ABB、三安、美亚柏科、龙胜达照明等多家企业进行参访，了解学科应用与企业需求。联合快乐学习机构开展“物理课教学实战营”主题系列活动，通过主题讲座交流、实地培训、参与备课、试讲演练等环节，进一步加深学生们对教师行业的了解，提升教学技能。开展“红炉点雪”学长学姐交流会、保研/考研分享会等，进行生涯指导，并组织悟理青年“三学”讲堂系列活动，通过学业启航、学术导航、学涯助航帮助学生拓宽专业认知，明确发展方向。学院举办2023届毕业生就业手续说明会和2024届毕业生就业动员大会，事无巨细做好报到证开具和档案寄送工作，追踪待就业毕业生的去向，2023届毕业生总体就业落实率达95%以上。（黄　良）

【提升资助育人服务成效显著】　学院继续贯彻落实“四强四励”工程，建立党委统一领导、学工组牵头、各部门协同、院系负责人和班主任共同参与的工作体系，不断提升资助育人实效。对困难学生建立帮扶台账，辅导员、班主任“一对一”谈心全覆盖，并在各年级建立家校联系群，定期进行“云家访”“云对话”等活动，与学生家长交流学生在校期间的学习、生活情况，全方位了解困难学生的思想动态和实际需求。借厦大物理学科成立百年良机，学院加强校企合作，全方位建立“扶助”计划，设立15项院奖，全年累计为学生发放奖助金额超百万元。同时，学院将资助文化融入教育、实践之中，积极开展“朋辈导师”计划，14名学生“导师”每周为学生们细讲专业课难点重点，助力学院学风建设。学院受助本科生组成“励志强能”班，设立先锋团支部，制定励志强能学生培养计划，陆续开展技能提升、公益服务、志愿实践等多项活动，加强诚信教育、感恩教育、励志教育，促进其全面发展。

（范　荣　律明龙）

【开展各类社会活动】 学院持续拓宽社会服务范围，并取得丰硕成果。为响应教育部等 11 部委提出的推进中小学生研学旅行的意见，提升中学生的科学素质和实践能力，7 月 30 日—8 月 9 日，举办第八届全国中学生暑期科普拓展营，本届共有 509 名中学生参加。开展物理学科中学生英才计划工作，教授指导来自福建省多所中学的 20 名学生。召开厦门市物理学会年会，进行学术报告及学界交流，持续推动区域学界业界交流。面向全国各省市政府部门和企业举办 53 个培训班，为学院项目落地创造机会和平台，为社会培养创新型、应用型人才。自 4 月 9 日起，厦门大学天文台正式面向社会预约开放及团体参观接待、中学生暑期拓展营、中小学生研学等活动。（许雯雯）

【校友工作成果显著】 主办校友趣味运动会、足球赛、乒乓球赛等友谊赛，协办 1999 级校友毕业 20 周年聚会、1978 级校友入学 45 周年等活动。规划厦大物理"校友之家"，落实校友返校接待工作。编写《校友名录》，发布本年度院刊通讯。组织校友与学院师生参访全磊光电、龙胜达等校友企业，组织校友企业校园宣讲招聘会，组织师生团队采访 3 名优秀校友，增强学院与校友、校友之间的沟通交流。积极推动校友捐赠，年内为学科设立的各项发展基金募集 700 多万元。推动成立新型合伙制下的校友企业，并设立嘉栋物院基金和宁波芙五蓉物厦理股权基金投资校友企业 4000 万元，盈利的 40%～50%将用于支持学院建设，开启校友捐赠长效机制创新模式。（许雯雯）

化学化工学院

【概况】 化学化工学院现设化学系、化学工程与生物工程系、化学生物学系 3 个系。现有能源材料化学协同创新中心、固体表面物理化学国家重点实验室、醇醚酯化工清洁生产国家工程实验室、新能源汽车动力电源技术国家地方联合工程实验室、纳米材料制备技术国家地方联合工程研究中心 5 个国家级平台以及谱学分析与仪器教育部重点实验室、电化学技术教育部工程研究中心、福建省化学生物学重点实验室、福建省理论与计算化学重点实验室、福建省纳米制备技术工程研究中心、福建省电化学工程技术研究中心、福建省新能源汽车动力电池及储能关键材料工程实验室等省部级科研平台；主导建设以国家实验室或其网络成员为目标的福建能源材料科学与技术创新实验室（嘉庚创新实验室）；福建省高校化石能源化学与化工重点实验室、福建省高校无机化学与功能材料重点实验室、福建省电镀及表面处理行业技术开发基地、福建省精细化工行业技术开发基地、厦门市分子纳米技术与分析科学重点实验室、厦门市合成生物技术重点实验室、厦门大学古雷石化研究院等依托学院建设；全国高等学校教学指导委员会化学类专业分委会、中国化学会《电化学》编辑部、中国空间学会生命起源与进化专业委员会、福建省化学会、福建省化工学会等学术组织挂靠于学院。

学院拥有化学一级国家重点学科，化学、化学工程与技术一级学科博士与硕士学位授予点；化学学科连续 2 轮入选国家"双一流"建设学科；现有化学、化学生物学、能源化学、化学测量学与技术、化学工程与工艺和生物工程 6 个本科专业，化学、化学工程与工艺、化学生物学、生物工程国家级一流本科专业建设点，拥有首批"国家理科基础科学研究和教学人才培养基地"、首批"国家级实验教学示范中心"、首批"国家级教学团队"、首批"国家级虚拟教研室"，入选国家"基础学科拔尖学生培养计划""强基计划"，是教育部"卓越工程师教育培养计划"实施单位、科技部"创新人才培养示范基地"。

学院现有在职教职工 344 人，191 名专任教师中，教授 113 人，副教授 75 人，博士研究生指导教师 129 人，硕士研究生指导教师 146 人。现有中国科学院院士 9 人，教育部"长江学者奖励计划"特聘教授 9 人，国家杰出青年科学基金获得者 28 人，国家高层次青年人才 43 人，教育部"长江学者奖励计划"青年学者 3 人，国家优秀青年科学基金获得者 16 人，国家高层次人才特殊支持计划入选者 13 人，国家百千万人才工程入选者 8 人，国家级教学名师 2 人，教育部新（跨）世纪优秀人才计划入选者 20 人。2023 年，新增国家杰出青年科学基金获得者 2 人（朱志、洪文晶），"万人计划"科技创新领军人才 1 人（周志有），国家高层次青年人才项目入选者 2 人（林楷强、郑靖）；1 人入选福建省"雏鹰计划"青年拔尖人才（张慧君），3 人入选厦门大学"南强青年拔尖人才支持计划"（战超、吴雪娇、陈南君）；11 人被认定为福建省高层次人才（张力、成康、郑建伟、何沙沙、何宁、龚磊、秦瑞轩、黄腾翔、郑靖、胡可可、方华攀）。

学院建有化学、化学工程与技术 2 个博士后流动站。截至 12 月 18 日，化学、化学工程与技术 2 个博士后流动站总计在站人数 157 人。出站博士后人数 37 人，其中，5 名博士后出站后赴国外继续开展研究工作，13 名博士后出站后赴国内高校担任教职。化学、化工博士后流动站 12 名博士后入选国家资助博士后研究人员计划，其中 1 名入选 A 档（即博士后创新人才支持计划），4 名入选 B 档，7 名入选 C 档。1 名获中国博士后科学基金特别资助，12 名获中国博士后科学基金面上资助，9 名获国家自然科学青年基金资助。10 月，在山东烟台举办的第二届全国博士后创新创业大赛中，化学流动站博士后曾凡伟获创业赛的优胜奖。

全院在校生人数 3069 人，其中本科生 948 人、硕士研究生 1304 人和博士研究生 817 人，其中外籍学历留学生 8 人。学院 2023 届本科毕业生 221 人，授予学士学位 214 人；硕士毕业生 495 人，博士毕业生 185 人；授予学术型硕士学位 154 人，工程硕士专业学位 214 人，博士学位 183 人。本科毕业生就业率 92.8%，硕士毕业生就业率 96.9%，博士毕业生就业率 94.3%。

2023 年度化学化工学院基本情况

统计项目	数量	统计项目	数量
本科生数(人)	948	教育部重点实验室(个)	1
硕士研究生数(人)	1304	教育部工程研究中心(个)	1
其中:专业学位硕士研究生数(人)	800	福建省创新实验室(个)	
博士研究生数(人)	817	福建省“2011 协同创新中心”(个)	1
其中:专业学位博士研究生数(人)	20	福建省重点实验室(个)	2
其中:学历留学生数(人)	8	福建省工程技术研究中心(个)	1
本科毕业生毕业去向落实率(%)	92.8	福建省工程实验室(个)	1
硕士毕业生毕业去向落实率(%)	96.9	福建省工程研究中心(个)	1
博士毕业生毕业去向落实率(%)	94.3	其他部省级平台(个)	4
本科毕业生升学、出国(境)率(%)	59.3	国家自然科学基金委基础科学中心(个)	
毕业生到重要行业和领域就业率(%)	61.1	国家自然科学基金委创新研究群体(个)	
专任教师数(人)	191	高等学校学科创新引智基地(“111”计划)(个)	3
非全职教师数(人)	47	国家自然科学基金项目(个)※	51
专职科研队伍数(人)	127	国家重点研发计划(项目牵头)(个)※	1
教授数/正高级数(人)	113	其他部省级重大专项(个)※	
副教授数/副高级数(人)	75	企业和社会各界委托项目(理工医科 100 万元以上)(个)※	23
具有博士学位专任教师数(人)	188	纵向科研经费(到位)(万元)※	25946.6
具有海外学习交流一年(或 10 个月)以上经历教师数(人)	160	横向科研经费(到位)(万元)※	4954.8
45 岁以下(含)专任教师数(人)	83	国家自然科学奖(项)※	
全职两院院士(人)	9	国家技术发明奖(项)※	
发展中国家科学院院士(人)	2	国家科技进步奖(项)※	
教育部“长江学者奖励计划”特聘教授(人)	9	高校科学研究优秀成果奖(科学技术)(项)※	
教育部“长江学者奖励计划”特岗学者(人)		福建省科学技术奖(项)※	
教育部“长江学者奖励计划”青年学者(人)	3	其他重要科技奖励(请注明)(项)※	3
国家杰出青年科学基金获得者(人)	28	发表文章总数(篇)※	621
“国家特支计划”领军人才(人)	8	其中:*Science*、*Nature*、*Cell*(含子刊)(篇)※	43
“国家特支计划”青年拔尖人才(人)	5	其他(请注明)(篇)※	
国家百千万人才工程入选者(人)	8	国内授权专利情况(项)※	97
国家级教学名师(人)	2	国外授权专利情况(项)※	
国家优秀青年科学基金获得者(人)	16	科技成果转化(项目数)(项)※	9
教育部新(跨)世纪优秀人才(人)	20	科技成果转化(转让金额)(万元)※	631
福建省“闽江学者”特聘教授(人)	42	学生出国(境)交流(人次)※	67
福建省特级后备人才(人)	3	教师出国(境)交流(人次)※	38
国家教学成果奖(项)※	1	主办国际学术会议(次数)※	6
国家级一流本科专业(个)	4	主办两岸学术会议(次数)※	
中国“互联网+”大学生创新创业大赛获奖数(项)※	2	境外合作高校或机构(所)	
国家“2011 协同创新中心”(个)	1	签订境外合作协议(份)	
全国重点实验室(个)		邀请国外学者数(人)※	26
国家重点实验室(个)	1	邀请台港澳地区学者数(人)※	
国家工程实验室(个)	1	国(境)外学生来校数(人)※	1
国家(地方联合)工程研究中心(个)	1		

学院党委组织师生认真学习习近平新时代中国特色社会主义思想，学习宣传贯彻党的二十大精神，深入开展学习贯彻习近平新时代中国特色社会主义思想主题教育，形成“领学”“联学”“研学”“送学”的“四学”模式。学院班子围绕党建与事业融合、学科发展等 12 个调研专题，开展 26 场调研座谈会，实现 3 系 11 所全覆盖，查摆并解决学院事业发展过程中的突出问题。着力提升党建工作质量，深化“雁阵工程”党建品牌建设。“雁阵工程”荣获厦门大学首届“十佳党建品牌”。教师党支部“双带头人”全覆盖，三分之二以上由高层次人才担任。顺利完成全国及全省“双带头人”教师党支部工作室中期验收工作。多措并举推进多校区党建工作，优化党支部设置，持续优化重点实验室、重要平台党支部建设，积极培养骨干党员。固体表面物理化学国家重点实验室获批成立党总支，嘉庚创新实验室党支部按研究方向拆分优化为 3 个党支部，师生联合党支部“科研创新党员先锋队”充分发挥作用，进一步实现党建和科研同频共振。实施离退休党员双重组织生活制度。举办“雁阵工程”2 期。持续推出学生党建联络员制度，在“双带头人”和党员干部中选任党建联络员，深入指导学生支部建设。实施精准培育，构建“双报到＋网格化”学生党员发展培育体系，发展党员 81 人，其中博士生 9 人，教工 2 人，高层次人才 1 人，另有 1 名高层次人才提交入党申请书。落实立德树人根本任务，探索“三全育人”“五育并举”新举措。完善教学与学工联席会议制度，常态化召开联席会。进一步夯实“一站式”学生社区建设，打造“支部进社区”“院士进社区”等品牌，构建有态度、有温度、有高度的育人空间，形成“党”味浓、“情”味真、“潮”味显的社区文化。创新思政教育形式。打造“化院梦飞扬”系列品牌活动，创造性地将思政工作与学院文化、社会实践、美育教育有机结合。举办第十四届红剧大赛，通过师生自创自排自演舞台剧的形式创新校史校情教育，培养家国情怀，形成育人特色品牌，创新开展沉浸式红色剧本杀活动。主办“追梦二十大 勇踏新征程”系列活动，上好“大思政课”，暑期社会实践和“重走复兴路”系列活动受到人民网、《中国青年报》、《贵州日报》等主流媒体宣传报道。举办教师节座谈会、“青雁工程”沙龙、人才项目预答辩等活动，强化对教师全方位、全过程的引领和支持，真正实现精准引才、全面育才、用心留才。选树宣传先进典型，充分发挥“黄大年式教师团队”的带动作用，传承“敢为先、重细节、合为贵”的学院文化，形成“尚师德、讲师德”的浓厚氛围。统筹学院优势团队，不断强化有组织的科研，扎实推进固体表面物理化学国家重点实验室与高端电子化学品国家工程研究中心重组工作，以嘉庚创新实验室等高能级平台为抓手，积极推进项目产业化，持续深化定点帮扶与对口支援工作，全面提升服务区域发展和国家战略能力。严格落实全面从严治党主体责任清单，建立健全党建工作体系，不断以高质量党建引领高质量事业发展。

科研成果显著，在优势基础研究特色领域涌现出一批高显示度的重要科研成果。科研成果《破解“黑匣子”，揭示电极表面电荷储存聚集反应新机制》在 *Nature* 发表，同期 *Nature* 还以 Research Briefing 形式对该成果进行科普性报道；《液基活性胶体相分离研究进展》在 *Nature* 发表。“温和压力条件下实现乙二醇合成”项目入选 2022 年度中国科学十大进展。郑南峰教授获何梁何利基金科学与技术创新奖，郑南峰教授、杨勇教授获福建省“优秀科技工作者”称号，侯旭教授获侯德榜化工科学技术奖——创新奖，李剑锋教授获测量科学进展讲座奖，郑南峰教授、颜晓梅教授、卢英华教授、龙腊生教授团队分获厦门市“科学技术重大贡献奖”、“科技创新杰出人才奖”、“最美科技工作者”和“最美科技工作者团体”，刘艳获中国空间科学领域“最美科技工作者”。截至 12 月 21 日，学院以第一单位发表 SCI 收录论文 621 篇，其中一区 334 篇，影响因子大于 10 的论文 252 篇，包括 *Nature* 2 篇、*Nature*/*Science*/*Cell* 子刊 41 篇、《德国应用化学》和《美国化学会志》65 篇。化学学科进入 ESI 全球前万分之三。

学院年度科研到位经费 3.13 亿元，继续保持高位发展。重要科研项目立项保持高位水平。新增国家自然科学基金项目 51 个，立项经费 6392.5 万元，包括国家杰出青年科学基金 2 个，重大研究计划集成项目 2 个，重大项目课题 1 个，重大研究计划战略研究项目 1 个，区域创新发展联合基金重点支持项目 1 个，国际（地区）合作与交流项目 3 个，重大研究计划培育项目 3 个。新增国家重点研发计划项目 1 个，课题 5 项，立项经费 3731 万元。新增其他项目 27 个，立项经费 3579 万元，包括新基石研究员项目 1 个、中国科学院学部咨询评议项目 1 个。

学院推动科技创新，促进产业带融通，助力行业发展及行业企业技术创新升级。全力推进校企平台建设，新增“厦门大学化学化工学院—浙江万盛股份有限公司联合创新中心”“厦门大学化学化工学院—福流生物纳米生物技术联合研发中心”等 10 个校企合作平台，与中化国际、淮北煤化工基地等单位签订战略合作协议；主动对接国家战略，推进嘉庚创新实验室（福建省能源材料科学与技术创新实验室）、厦门大学古雷石化研究院和衢州高端电子化学品创新研究院校地共建平台的建设与发展工作。嘉庚创新实验室和校地研究院在组织架构完善、人才队伍汇集、平台建设推进、研究项目落地等方面进行卓有成效的探索，高效推动产学研工作。学院获授权专利 97 项，其中实用新型 3 项，发明专利 94 项；签署横向合同 80 项，合同经费逾 9301.4 万元，合同经费百万以上项目 26 个，新增横向到账经费逾 4835.9 万元。专利转让 9 件，技术秘密许可 3 项，转让和许可合同经费合计 631 万元。

在国内外交流逐步恢复背景下，不断推进国内外学术交流深度与广度，举办 28 场国内、国际高水平学术交流会议，邀请众多国内外知名学者来校进行学术报告和交流。举办中德研讨会:范德华半导体材料光谱学(第一届)、第四届亚太地区能源存储与转化会议、人工智能应用电化学国际研讨会等国际学术会议6场,举办第二届生物医用高分子材料大会、第二届高端制造电子电镀论坛(FEPAM-2023)、第二届厦门原子计算套件(XACS)研讨会等国内学术会议22场。邀请诺贝尔奖获得者康斯坦丁·诺沃肖洛夫(Konstantin Novoselov)、本亚明·利斯特(Benjamin List),中外院士以及国内外知名学者做客“群贤大讲堂”“南强学术讲座”“院士大讲堂”“卢嘉锡讲座”等各类高水平学术报告210场,创历史新高。举办“群贤大讲堂”1场,“南强学术讲座”8场,“院士大讲堂”9场,“卢嘉锡讲座”12场,大大丰富和提升学院学术合作交流的层次与影响力。

学院师生赴国(境)外参加学术交流的热情高涨。38人次教职工出国(境)参加交流国际学术会议、合作访问以及学术交流。67人次学生出国(境)参加学术会议、开展科学实验或进行交流访问或线上参加寒暑假培训或国际学术会议;11名研究生入选国家留学基金委公派项目。由学院承担的基金委化学交叉创新型人才国际交流专项,选派2名学生公派留学攻读博士学位。

(黄伟珺　曹京柱　曹熠婕　何丽芳　黄桂玉　洪　炜　郭晓音　吴丽晶　刘春英　黄木河　陈沁芳)

【校党委书记张荣到场指导学院学习贯彻习近平新时代中国特色社会主义思想主题教育专题民主生活会】 8月30日上午,学院召开学习贯彻习近平新时代中国特色社会主义思想主题教育党员领导干部专题民主生活会。校党委书记张荣、学校主题教育第五巡回指导组组长郑建华到会指导。会议现场以书面形式通报学院领导班子2022年度民主生活会整改措施落实情况,以及主题教育检视整改落实情况。会上,院党委书记宋毅首先代表学院领导班子做检视剖析发言,并进行个人发言,带头开展批评与自我批评。随后,院党委副书记、院长谢兆雄等党员院领导逐一进行个人检视剖析发言,进行自我批评并相互开展批评。　　(曹熠婕)

【学院召开党委(扩大)会传达厦门大学第十二次党代会精神】 9月25日下午,学院在同安二201会议室召开党委(扩大)会传达厦门大学第十二次党代会精神。会上,院党委书记宋毅首先传达学校第十二次党代会精神,重点就大会的主题、大会阐明的“与时俱进建设世界一流”大学的丰富内涵、制定的“1+7+1”行动进行传达学习。院党委副书记、院长谢兆雄,党委委员、催化科学与工程研究所教工支部党支部书记张庆红,实验中心党支部书记方雪明分享各自作为党代表参会的感受和收获。

(曹熠婕)

【“雁阵工程”获评厦门大学首届“十佳党建品牌”】 12月27日晚,厦门大学首届“十佳党建品牌”现场展评暨颁奖仪式在科学艺术中心举行。经过材料初评、实地考评和现场展评3个环节的角逐后,学院党建品牌“雁阵工程”脱颖而出,获评首届“十佳党建品牌”。校党委常务副书记林东伟为首届“十佳党建品牌”创建单位代表授牌颁奖。院党委书记宋毅代表学院党委上台领奖。　　(曹熠婕)

【举办第十四届学生红剧大赛】 12月17日晚,为深入学习贯彻党的二十大精神和厦门大学第十二次党代会精神,“化院梦飞扬,青春正能量”第十四届学生红剧大赛在建南大会堂上演。本届红剧大赛共有5个红色短剧参赛,全部由学院学生自编自导自演,内容涉及抗日战争、脱贫攻坚、科学家精神、青年力量等方面。

(尚　策)

【获评“厦门大学定点扶贫和帮扶工作先进集体”“厦门大学定点扶贫和帮扶工作先进个人”】 10月17日,在第10个国家扶贫日到来之际,厦门大学精准帮扶特色产品产销会在思明校区三家村广场举行。会上举行厦门大学定点扶贫和帮扶工作先进集体和先进个人表彰仪式,学院在2项表彰中均获殊荣。其中,学院荣获“厦门大学定点扶贫和帮扶工作先进集体”荣誉称号,卢英华教授荣获“厦门大学定点扶贫和帮扶工作先进个人”荣誉称号。　　(曹京柱)

【一项成果获国家级教学成果奖二等奖】 7月24日,教育部公布2022年高等教育国家级教学成果奖获奖名单,吕鑫教授等15名教师作为主要完成人的“‘德育为先、交叉融合’的化学类专业建设与实践”成果获国家级教学成果奖二等奖。　　(洪　炜)

【两门课程获批第二批国家级一流本科课程】 5月30日,教育部公布第二批国家级一流本科课程认定结果,吕鑫教授带领教学团队申报的“结构化学”获批国家级线下一流本科课程,侯旭教授带领教学团队申报的“柔性纳米通道膜材料的制备与测试分析虚拟仿真实验”获批国家级虚拟仿真实验教学一流课程。　　(洪　炜)

【四个教研室入选教育部第三批虚拟教研室建设试点名单】 11月7日,教育部下发《教育部办公厅关于公布第三批虚拟教研室建设试点名单的通知》。由学院牵头、匡勤教授与朱亚先教授领衔组建的“‘101计划’无机化学课程虚拟教研室”,任斌教授与吴伟泰教授领衔组建的“‘101计划’化学测量学实验课程虚拟教研室”入选教育部第三批虚拟教研室建设试点名单。学院累计化学专业虚拟教研室、化学类专业基础理论课程虚拟教研室、“101计划”无机化学课程虚拟教研室、“101计划”化学测量学实验课程虚拟教研室4个牵头虚拟教研室入选教育部第三批虚拟教研室建设试点名单。　　(洪　炜)

【一项成果入选“2022年度中国科学十大进展”】 3月17日,科技部高技术研究发展中心发布“2022年度中国科学十大进展”。学院科研成果“温和压力条件下实现乙二醇合成”入选。谢素原院士团队与袁友珠教授团队联合中国科学院福建物质结构研究所和厦门福纳新材料有限公司的研究人员将富勒烯C_{60}作为“电子缓冲剂”用于改性铜-二氧化硅催化剂,研发了以C_{60}电子缓冲来稳定亚铜的富勒烯-铜-二氧化硅催化剂,实现了富勒烯缓冲的铜催化草酸二甲酯在温和压力条件下的乙二醇合成。

(吴丽晶)

【一人获2021年度何梁何利基金科学与技术创新奖】 2月17日,何梁何利基金 2021 和 2022 年度颁奖大会在北京举行。郑南峰教授荣获 2021 年度何梁何利基金科学与技术创新奖（青年创新奖）。（吴丽晶）

【一人入选中国化学会会士】 7 月 3 日，中国化学会公布 2022 年度中国化学会会士当选名单，院党委副书记、院长谢兆雄教授入选。（吴丽晶）

【两人入选第八届“福建省优秀科技工作者”】 9 月 14 日，福建省科协公布《福建省科协关于表彰第八届“福建省优秀科技工作者”的决定》，授予 30 名同志“福建省优秀科技工作者”称号。杨勇教授、郑南峰教授获此殊荣。（吴丽晶）

【两人分获厦门市科学技术重大贡献奖和科技创新杰出人才奖】 3 月 29 日，厦门市科学技术局公布 2022 年度厦门市科学技术奖获奖名单。郑南峰教授荣获科学技术重大贡献奖，颜晓梅教授荣获科技创新杰出人才奖。（吴丽晶）

【入选 2023 年厦门市“最美科技工作者”“最美科技工作者团体”】 5 月 30 日，厦门市举办厦门市“全国科技工作者日”暨“最美科技工作者”和“最美科技工作者团体”学习宣传活动启动仪式。会上宣布“最美科技工作者团体”和“最美科技工作者”入选名单，卢英华教授和龙腊生教授团队分别入选厦门市“最美科技工作者”和“最美科技工作者团体”。（吴丽晶）

【*Nature* 发文揭示电极表面电荷储存聚集反应新机制】 9 月 6 日，廖洪钢教授、孙世刚院士，与北京化工大学陈建峰院士，美国阿贡国家实验室徐桂良、Khalil Amine 研究员团队合作，在 *Nature* 发表题为“Visualizing Interfacial Collective Reaction Behaviour of Li-S Batteries”的最新研究成果。研究团队发现在锂硫电池中存在着独特的界面反应机制，即引入金属纳米团簇活性中心的表面诱导多硫化锂（LiPSs）集聚和电荷储存，导致从 LiPSs 富集相瞬时转变为非平衡态的 Li_2S 纳米晶。这一发现不同于传统的电化学反应过程，后者遵循 LiPSs 逐步转化为 Li_2S_2 和 Li_2S 的经典途径。分子动力学模拟证实了活性中心与 LiPSs 分子之间的长程静电作用导致界面分子聚集体的形成以及电极界面的集体电子转移。同期，*Nature* 还以 Research Briefing 形式对该成果进行科普性报道。（吴丽晶）

【*Nature* 发文报道液基活性胶体相分离研究进展】 5 月 17 日，*Nature* 刊发侯旭教授团队郑靖副教授与香港大学唐晋尧教授团队题为“Photochromism from Wavelength-selective Colloidal Phase Segregation”的研究论文。研究团队设计了一种波长选择性 TiO_2 活性胶体系统，其中活性胶体粒子用光谱特征染料编码，形成光致变色胶体群。因此，粒子-粒子的相互作用可以通过结合不同波长和强度的入射光来灵活调节，从而实现可控的胶体聚集和分离，为研究微纳粒子的相行为和结构演化动力学提供了理想的模型。研究团队进一步通过混合青色、品红和黄色胶体形成动态光致变色墨水，并在宏观上实现了光致变色。与现有的变色材料不同，这种光致变色是基于光诱导的活性胶体混合物的垂直相位分层，即现有组分的重新排列，而不是生成新的发色团，因此更加可靠和可编程。（吴丽晶）

【一门课程获评福建省 2023 年度“慕课十年典型案例”特等奖案例】 3 月 28 日，福建省高校在线教育联盟发布《关于公布福建省 2023 年度“慕课十年典型案例”征集结果的通知》（福课联盟〔2023〕3 号），“无机化学-原理Ⅰ、Ⅱ”课程获评特等奖案例。（洪　炜）

【全国中学生“中心科学”夏令营举行】 7 月 13—22 日，由学院主办的全国中学生“中心科学”夏令营在思明校区举办。来自 18 个省、自治区、直辖市的 96 名学生参加活动。为期 10 天的夏令营涵盖院士大讲堂、学科讲座、趣味实验、学长面对面、展馆参观、实验室参观、素质拓展、联欢会等活动。营员纷纷表示，参加本届夏令营不仅收获了化学知识，更开阔了思维和眼界，并结下了深厚的友谊。（雷　越）

【全国优秀大学生夏令营举行】 7 月 8—10 日，厦门大学化学化工学院暨能源材料化学协同创新中心（厦门）全国优秀大学生夏令营在思明校区举行。本次夏令营吸引全国高校共计 287 名优秀大学生参加。为期 3 天的夏令营涵盖学院简介、学科简介、面试交流、夏令营晚会等活动。学员纷纷表示，通过参加夏令营增进了对学院的了解和认识，感受到学院沉淀百年的浓厚学术氛围。（郭晓音）

【本科生团队第十三次斩获国际遗传工程机器大赛（iGEM）金奖】 11 月 5 日，国际遗传工程机器大赛（简称 iGEM）落下帷幕。厦门大学本科生团队（XMU-China）从全球 400 支队伍中脱颖而出，斩获金奖，这是厦门大学参赛团队建队以来收获的第十三个金奖。此外，团队还获“最佳新基础生物砖”（Best New Basic Part）专项提名奖。“XMU-China”团队队员来自化学化工学院、生命科学学院、信息学院、公共卫生学院、艺术学院、药学院、外文学院等院系，横跨理科、工科、医学、外语等学科。在张瑷珲博士和洪文晶教授的带领下，团队深入开展田野调查，充分运用合成生物学的思路和方法，为农业生产中的干旱和冻害问题提供可行的解决方案。（颜美燕）

【厦门大学化学化工学院暨能源材料化学协同创新中心第六届博士研究生学术论坛举行】 10 月 28 日，厦门大学化学化工学院暨能源材料化学协同创新中心第六届博士研究生学术论坛在化学报告厅举行。来自清华大学、吉林大学、湖南大学、中国科学院大连化物所、厦门大学等 13 所高校和科研院所的优秀博士生，共计 220 人参加论坛。论坛特别邀请何沙沙、林楷强、江柳茵、付川、周波与闽南师范大学副院长张茂升担任口头报告和墙报的专家评委与点评嘉宾。本次论坛设置口头报告和墙报展示 2 个环节，通过专家评审和学生评审相结合的方式，评选出优秀报告奖和优秀墙报奖。（郭晓音）

【诺贝尔奖获得者本亚明·利斯特教授做客“群贤大讲堂”第八讲】 10 月 17 日，厦门大学“群贤大讲堂”第八讲在思明校区科学艺术中心音乐厅举办。2021 年诺贝尔化学奖得主、德国马克斯-普朗克煤炭研究所所长本亚明·利斯特(Benjamin List)教授受邀为师生带来一场题为“Universal Organocatalysts for Our World”的精彩报告。史大林副校长参加活动并为本亚明·利斯特教授颁发“群贤大讲堂讲座”纪念牌。中国科学院院士田中群教授主持活动。　(陈沁芳)

【诺贝尔奖获得者、新加坡国立大学康斯坦丁·诺沃肖洛夫院士来访交流】　6月8—9日,著名物理学家、2010年诺贝尔物理学奖获得者、新加坡国立大学康斯坦丁·诺沃肖洛夫(Konstantin Novoselov)院士一行来校开展访问交流。6月8日上午,康斯坦丁·诺沃肖洛夫院士应邀做客学院最高水平学术讲座——“院士大讲堂”,在厦门大学翔安校区能源材料大楼学术报告厅为师生带来题为“Materials for the Future”的专题报告,分享智能化新材料的前沿进展与思考。康斯坦丁·诺沃肖洛夫院士此行还深入考察嘉庚创新实验室,并与学院、海洋与地球学院、萨本栋微米纳米研究院、材料学院等相关院系就科研合作进行深度交流。　(陈沁芳)

【“中德研讨会:范德华半导体材料光谱学”举行】　10月8—10日,“中德研讨会:范德华半导体材料光谱学(Sino-German workshop: van der Waals semiconductor spectroscopy)”在思明校区召开。会议由林楷强教授、任斌教授以及德国雷根斯堡大学John Lupton教授作为会议共同主席,由固体表面物理化学国家重点实验室(厦门大学)和学院承办,来自国内外15个单位的34名教授学者参加会议并做专题报告。本次研讨会以“小而精”为主旨,共安排邀请报告18个,快闪报告5个,墙报展示9个。会议以“范德华半导体材料”为主题,深入交流国内外范德华半导体材料光谱学的最新研究进展,探讨范德华半导体材料领域的重要科学问题,以及光谱学表征所面临的挑战与机遇,探讨未来发展方向与潜力,以期加强交流合作、推进领域发展。(陈沁芳)

【第四届亚太能源存储与转化会议(APEnergy2023)举行】　11月25—28日,第四届亚太能源存储与转化会议(The 4th Asia-Pacific Conference on Energy Storage and Conversion,简称APEnergy 2023)在学校召开,525名国内外专家学者参加会议。会议聚焦电化学储能与转化领域最新研究成果和前沿技术,进行为期4天的深度讨论与交流。会议由厦门大学与青岛大学联合主办,学院、能源材料化学协同创新中心、嘉庚创新实验室、固体表面物理化学国家重点实验室、能源学院、青岛大学材料科学与工程学院、青岛大学能源与环境材料研究院联合承办。本次会议分为电化学基础和先进表征技术、二次电池、能源电催化和氢能及绿色能源4个主题,通过大会特邀报告、主题报告、邀请报告和墙报等形式,对能源化学与材料领域的最新前沿技术和科研进展进行交流与讨论。彼得·布鲁斯(Peter Bruce)院士、康斯坦丁·诺沃肖洛夫(Konstantin Novoselov)院士、叶思宇院士、乔世璋院士和黄昱教授做特邀报告。此外,大会还设置15场主题报告、28场邀请报告和38场口头报告。　(陈沁芳)

信息学院(特色化示范性软件学院)

【概况】　年内,信息学院(特色化示范性软件学院)认真开展学习贯彻习近平新时代中国特色社会主义思想主题教育,紧扣党的二十大精神主线,认真学习宣传贯彻校第十二次党代会精神,深入推进党建与事业发展深度融合。坚决服从学校规划布局调整,高位推进翔安校区新院址建设,圆满完成由思明海韵园至翔安校区西部片区的整体搬迁任务。

年内,学院深入推进综合改革,以本科教育教学审核评估为契机,以降低本科生延毕率、提高深造率为目标“三线联动”“三风齐抓”,教育教学改革持续深化,在计划制定、校企联动、双导师培养、培养质量保障等方面重点发力,人才培养质量保障体系建设持续完善。着眼于学生全面发展,持续深化“三全育人”,积极构建具有信息学科特色的育人体系。主动出击,赴香港、南京引才招贤,广泛吸纳优秀青年人才加盟,进一步强化全链条人才成长支撑保障,人才队伍建设水平不断提升。继续加强科研工作组织,获取大平台、大项目的核心竞争力不断提升,高质量科研成果持续涌现。以举办高质量学术会议和跨学科前沿讲座为依托,不断优化学术交流生态,强化教师教书育人的思想自觉和行动自觉,调集科研力量和学术资源服务学生成长,教师乐教、学生乐学的学术育人生态逐步形成。进一步加强对外合作交流,有效汇聚资源,特色化示范性软件学院建设有序推进。　(陈　浪)

【扎实开展学习贯彻习近平新时代中国特色社会主义思想主题教育】　4—9月,学院党委认真开展学习贯彻习近平新时代中国特色社会主义思想主题教育。4月19日,召开主题教育动员大会。主题教育推进期间,院党委层面共举行11次处级领导干部读书班、7次理论学习中心组学习会。组织领导干部、教工党支部书记、系(所)平台负责人、青年教师、党政管理人员、辅导员走进福州“3820”战略工程展览馆和闽江学院,到厦门大学(福清)科技创新中心、福耀集团、冠捷电子科技(福建)有限公司访企拓岗。组织赴贵州遵义感悟遵义会议精神,加强学校、学院与两省重点生源中学的交流联系。深入开展调查研究,有针对性地研究确定6个调研课题,组织处级以上领导干部每人领题开展专题调研,对内深入系、所师生中间,召开9场专题座谈会;对外前往复旦大学等10所“双一流”高校调研学习。对排查出来的13个主要问题,列出问题清单,由院领导逐一认领,采取台账式管理、项目化推进的方式进行集中整治,至年底取得良好成效。　(陈　浪)

【参加学校第十二次党代会】　年初,严格按照校党委部署,开展迎接中国共产党厦门大学第十二次党员代表大会相关工作。认真组织师生,围绕校党委下发的问题清单开展调研,形成学院调研报告。扎实履行职责、精心组织实施,坚持把政治标准放在首位,做深做实政治素质考察,圆满完成

2023 年度信息学院(特色化示范性软件学院)基本情况

统计项目	数量	统计项目	数量
本科生数(人)	2179	教育部重点实验室(个)	1.5
硕士研究生数(人)	1064	教育部工程研究中心(个)	
其中:专业学位硕士研究生数(人)	807	福建省创新实验室(个)	
博士研究生数(人)	228	福建省"2011 协同创新中心"(个)	1
其中:专业学位博士研究生数(人)	42	福建省重点实验室(个)	1
其中:学历留学生数(人)	32	福建省工程技术研究中心(个)	2
本科毕业生毕业去向落实率(%)	91.3	福建省工程实验室(个)	
硕士毕业生毕业去向落实率(%)	1008	福建省工程研究中心(个)	2
博士毕业生毕业去向落实率(%)	100	其他部省级平台(个)	6.66
本科毕业生升学、出国(境)率(%)	49.7	国家自然科学基金委基础科学中心(个)	
毕业生到重要行业和领域就业率(%)	67.3	国家自然科学基金委创新研究群体(个)	
专任教师数(人)	134	高等学校学科创新引智基地("111"计划)(个)	
非全职教师数(人)	21	国家自然科学基金项目(个)※	17
专职科研队伍数(人)	14	国家重点研发计划(项目牵头)(个)※	1
教授数/正高级数(人)	40	其他部省级重大专项(个)※	
副教授数/副高级数(人)	62	企业和社会各界委托项目(理工医科 100 万元以上)(个)※	14
具有博士学位专任教师数(人)	130	纵向科研经费(到位)(万元)※	6799.7
具有海外学习交流一年(或 10 个月)以上经历教师数(人)	91	横向科研经费(到位)(万元)※	5320.2
45 岁以下(含)专任教师数(人)	85	国家自然科学奖(项)※	
全职两院院士(人)		国家技术发明奖(项)※	
发展中国家科学院院士(人)		国家科技进步奖(项)※	
教育部"长江学者奖励计划"特聘教授(人)		高校科学研究优秀成果奖(科学技术)(项)※	
教育部"长江学者奖励计划"特岗学者(人)		福建省科学技术奖(项)※	
教育部"长江学者奖励计划"青年学者(人)	2	其他重要科技奖励(请注明)(项)※	1
国家杰出青年科学基金获得者(人)	1	发表文章总数(篇)※	70
"国家特支计划"领军人才(人)	2	其中:*Science*、*Nature*、*Cell*(含子刊)(篇)※	2
"国家特支计划"青年拔尖人才(人)	3	其他(请注明)(篇)※	68
国家百千万人才工程入选者(人)		国内授权专利情况(项)※	78
国家级教学名师(人)		国外授权专利情况(项)※	1
国家优秀青年科学基金获得者(人)	1	科技成果转化(项目数)(项)※	9
教育部新(跨)世纪优秀人才(人)	1	科技成果转化(转让金额)(万元)※	96
福建省"闽江学者"特聘教授(人)	4	学生出国(境)交流(人次)※	81
福建省特级后备人才(人)		教师出国(境)交流(人次)※	96
国家教学成果奖(项)※		主办国际学术会议(次数)※	
国家级一流本科专业(个)	3	主办两岸学术会议(次数)※	
中国"互联网+"大学生创新创业大赛获奖数(项)※	1	境外合作高校或机构(所)	
国家"2011 协同创新中心"(个)		签订境外合作协议(份)	
全国重点实验室(个)		邀请国外学者数(人)※	2
国家重点实验室(个)		邀请台港澳地区学者数(人)※	4
国家工程实验室(个)		国(境)外学生来校数(人)※	1
国家(地方联合)工程研究中心(个)	1		

党代会代表和两委委员推选工作。其中,信息学院参加学校第十二次党代会代表共13个,分别是王晓黎(女)、龙坚毅(女)、曲延云(女)、刘弢、江敏、孙海信、李鑫(女)、张俊松、陈道乾、林东伟、郑冠仪(女)、郑镇锋、袁飞(按姓氏笔画排列)。(陈　浪)

【学校党委出版书籍收录支部党建与事业发展融合案例】 6月,厦门大学出版的《高校党建与事业发展深度融合:厦门大学的探索与实践》一书中收录计算机科学与技术系教工党支部案例《重引领抓队伍,推动党建与学科建设相融相促》。该文分为背景与意义、做法与成效、经验与启示3个板块,展现计算机科学与技术系教工党支部从制度建设、队伍建设、管理服务多方面入手,结合学科特点,坚持将党建与教学科研工作紧密结合,不断探索创新工作方法与模式,擦亮"全国党建工作样板支部"品牌的做法和经验。(陈　浪)

【持续完善干部队伍建设】 配合学校开展学院行政副院长选任工作,推进人工智能系系级领导班子、科级岗位人员等干部选任工作。龚树丰任信息学院副院长(试用期一年),陈晨任信息学院办公室主任(正科级),肖祖法任信息学院秘书(正科级),林文勤任信息学院党委组织员(正科级),聂岑娜任信息学院秘书(副科级),何春雨任信息学院团委副书记,郑晖阁任校研究生院秘书(正科级),蔡胜男任材料学院团委副书记。(陈　浪)

【校友工作不断创新】 3月,学院建立校友工作会议制度,每年由各地校友会承办。10月28—29日,本年度校友工作年会在厦门召开,由信息学院厦门校友会承办,九地校友代表欢聚一堂,为学院发展广聚资源。会后,编辑校友工作年刊电子版,总结会议成果,回应校友关切。(陈　浪)

【学风建设出实招】 围绕"降低延期率,提高升学率"工作主线,立足学科特点,狠抓学风建设,开展考情分析、学情研讨,调动师资力量增设小学期重修班,面向不同年级举办新生适应性教育、开学第一课、升学促进、毕业就业动员,落实朋辈导师制、自习制等,家校合力打出学风建设"组合拳",让后进生变优秀,让优秀学生更优秀,进一步构建青春向学的育人生态。(陈　浪)

【导师入驻学生社区实现常态化】 11月,启动学生社区导师入驻学生一站式社区,每晚2名导师走进学生社区,住在学生宿舍,通过走访、接访、沙龙等各种形式,与学生面对面,帮助解决实际问题。学生社区导师入驻成为信息学院加强学风建设,推进"一站式"学生社区建设,构建具有信息学科特色育人生态中的重要一环。(陈　浪)

【举办首届学生学术科技月】 11月,举办首届学生学术科技月,充分调集各方资源,开展学科前沿讲座、实验室开放日、"科研有约"等系列活动,丰富本科教育第二课堂,加强对研究生的科研指导,引导学生们积极参与科技创新,营造学术氛围,点燃师生科研热情,聚拢科研人气,活动得到全院师生和翔安校区其他学院的热烈响应。(陈　浪)

【创新创业教育结硕果】 4月,获评厦门大学2022年学生就业创业工作先进单位一等奖。11月,承办2023年厦门大学学生职业规划大赛(就业赛道)决赛,获优秀组织奖。学生在中国国际"互联网+"大学生创新创业大赛中表现优异,学生团队获国赛银奖1项,省赛金奖1项、银奖1项、铜奖1项。(陈　浪)

【文体竞赛表现优异】 年内,信息学院体育总分排名翔安校区第二名,获评"厦门大学体育先进学院"。在第58届校田径运动会上,取得信息学院历史最好成绩,其中,本科生组获团体第二、研究生组获团体第四、团体总分获第三、八段锦展示获一等奖,获评体育道德风尚奖。获厦门大学2023年教职工趣味运动会二等奖(全校第五名)。全年,先后获校"超级杯"篮球赛本科组男子第一名、"校庆杯"气排球赛男生组第一名、八段锦集体赛团体第一名、棒垒球大赛第二名、"超级杯"男生组排球赛第二名、羽毛球混团赛研究生组第二名、第六届水运会团体总分第三名、瑜伽风采大赛第三名、游泳运动会学生团体第四名等荣誉。(陈　浪)

【顺利完成本科教育教学审核评估】 全年,坚持问题驱动导向,对照审核评估体系,完成审核评估自评报告及支撑数据材料,编制学院教学评估知识手册,组织多轮课程档案整改,顺利迎接评估专家入校,对照评估专家提出的问题清单、发展建议,对标对表,逐一研究下阶段本科教学改革方向、建设重点和机制体制建设,全面提升本科教学质量。(陈　浪)

【圆满完成2023年度本科招生宣传分省(市)学院负责制工作】 年内,学校首次实行本科招生宣传分省(市)学院负责制改革,信息学院负责贵州省、宁德市本科招生宣传工作。学院以系(中心)为单位成立2个责任制工作小组,5—11月,学院分赴贵州各地、宁德市中学完成30余场招生宣讲、高招咨询活动,赴贵州省15所、宁德市6所中学开展"优质生源基地"走访、授牌、回访活动,同时积极组织教师参加学校、责任区域、目标生源中学的各种交流活动,吸引更多一流生源。本年度,贵州区域理科录取最低位次相比上一年提升523位,医学类录取最低位次相比上一年提升1169位。(陈　浪)

【首次开展学业朋辈导师促进计划】 9月,出台《信息学院(特色化示范性软件学院)学业朋辈导师促进计划实施细则(试行)》,2023—2024学年拟面向18门低年级必修课程招募朋辈导师,秋季学期8门课程,已招募14名导师,开展线上、线下答疑、授课活动。(陈　浪)

【指导国家级大创项目获校长基金本科生项目资助】 王德清助理教授指导的国家级大创项目"智能海底地震仪的研究与开发",获2022年校长基金本科生项目的资助。在小组指导教师和成员的共同努力下,参与2场全国性赛事,取得1项国家发明专利,参与水声通信原型系统的研制,并在厦门国际海洋周参展。(陈　浪)

【顺利完成教育部—华为"智能基座"产教融合基地结题工作】 2020年,教育部高教司在有关高校开展教育部—华为"智能基座"产教融合协同育人基地(以下简称"基地")建设工作。厦门大学为72所建设高校之一,受教务处委托，由信息学院负责基地的运营管理工作。截至12月，基地累计参与建设课程24门，开课3轮次，总开课4269学时，总生时数为252000。基地累计获评教育部“智能基座”优秀教材1套，评选教育部“栋梁之师”15人，评选金课2门，评选学生奖励计划82人。基地指导、支撑人工智能学生社团活动，举办3届厦门大学人工智能比赛，累计参赛队伍200支，社团成员获国家级大创、国家级竞赛成果多项。（陈 浪）

【获批一流本科课程】 4月，教育部公布第二批国家级一流本科课程认定结果，学院2门课程入选，林子雨副教授负责的“Spark编程基础”入选国家级线上一流本科课程，曾华琳讲师负责的“概率统计A”（团队成员：郑旭玲、王琳、徐位凯）入选国家级线上线下混合式一流本科课程。11月，福建省教育厅公布2023年省级一流本科课程认定结果，林子雨副教授负责的“大数据导论（通识课版）”入选省级线上一流课程。（陈 浪）

【一批教育教学项目建设立项获奖】 8月，获批2个福建省研究生教育项目，其中“厦门大学—美亚柏科产教融合研究生联合培养基地”获批福建省第二批产教融合研究生联合培养基地，“IT项目管理”获批福建省第二批研究生教育精品课程。9月，福建省教育厅公布2023年本科高校教育教学研究项目立项名单，王晓黎负责的“嵌入式软件特色化人才培养模式探索与实践”（团队成员：廖明宏、张仲楠、曾文华、张海英、张志宏、李贵林、郭诗辉、吴清锋、赵江声、罗斌、陈昉）获批一般项目建设立项。（陈 浪）

【电子信息国家级实验教学示范中心通过教育部阶段性总结审查】 7月，福建省高校国家级实验教学示范中心阶段性总结工作审查专家组入校，从管理与运行机制、教学与人才培养、教学改革与研究、教学条件保障、教学团队建设、示范引领成效、特色亮点与创新7个指标对电子信息国家级实验教学示范中心等国家级实验教学中心进行审查。8月，电子信息国家级实验教学示范中心正式通过教育部阶段性总结审查。（陈 浪）

【两个一级学科博士点通过专家现场评估】 9月，计算机科学与技术一级学科博士点、信息与通信工程一级学科博士点通过现场评估。本次专家现场评估是2020—2025年学位授权点周期性合格评估工作的重要一环。（陈 浪）

【牵头完成电子信息专业学位授权点核验材料上报】 9月，国务院学位委员会、教育部启动2023年学位授权点专项核验工作。学院牵头组织电子科学与技术学院、航空航天学院、物理科学与技术学院、电影学院、萨本栋微米纳米科学技术研究院、人工智能研究院6个学院（研究院）开展电子信息专业学位授权点专项核验工作，10月15日顺利完成系统材料的提交报送。（陈 浪）

【七篇论文获2022年福建省研究生优秀学位论文】 12月，福建省学位委员会办公室公布2022年福建省研究生优秀学位论文评选结果，学院共7篇论文获选，包括2篇优秀博士学位论文，2篇优秀学术硕士学位论文，3篇优秀专业硕士学位论文。（陈 浪）

【获学校2022年研究生教育目标责任年度考核“示范引领奖”】 7月，学院顺利通过学校2022年研究生教育目标责任年度考核，并获“示范引领奖”。（陈 浪）

【高层次人才工作取得突破】 2名教师入选国家高层次人才特殊支持计划科技创新领军人才（当年度全校共4名入选），实现学院国家高层次人才特殊支持计划科技创新领军人才0的突破；1名教师入选教育部“长江学者奖励计划”青年学者项目，2名教师入选博士后引才专项，1名教师入选福建省“雏鹰计划”青年拔尖人才。（陈 浪）

【主动出击、多措并举加强人才引育】 院领导带队赴香港、南京等地引才招贤，广泛吸纳优秀人才。推进“一人一策”，研究制定《信息学院（特色化示范性软件学院）关于南强青年拔尖人才（B类）接续支持的方案》《信息学院新引进助理教授支持办法》，进一步强化全链条人才成长支持保障。年内，新进教职工2人，其中南强青年拔尖人才B类副教授1人，辅导员1人。（陈 浪）

【多媒体可信感知与高效计算教育部重点实验室获批建设】 3月，多媒体可信感知与高效计算教育部重点实验室获批立项建设，该实验室属于教育部科学技术与信息化司“十四五”期间首批重点研究方向人工智能领域，实验室主任为纪荣嵘。（陈 浪）

【三名教师入选2022年爱思唯尔“中国高被引学者”榜单】 3月，爱思唯尔（Elsevier）正式发布2022年“中国高被引学者”（Highly Cited Chinese Researchers）榜单。学院共有3名教师入选，纪荣嵘入选计算机科学与技术领域高被引学者，肖亮、丁兴号入选信息与通信工程领域高被引学者，其中，纪荣嵘、肖亮连续3年入选，丁兴号连续2年入选。（陈 浪）

【科技创新2030——“新一代人工智能”重大项目“紧致化多模态大模型构建关键技术研究”获批立项】 3月，科技创新2030——“新一代人工智能”重大项目“紧致化多模态大模型构建关键技术研究”获批立项，该项目是厦门大学第一次牵头承担科技创新2030——“新一代人工智能”重大项目。项目负责人为纪荣嵘。（陈 浪）

【科研经费连续两年破亿】 继续推进科研组织，全年到账科研经费达1.21亿元，连续2年突破亿元。（陈 浪）

【厦门大学OpenHarmony技术俱乐部揭牌成立】 12月29日，厦门大学OpenHarmony技术俱乐部在学院揭牌成立，副校长邓朝晖，OpenHarmony项目群工作委员会主席、华为终端BG软件部总裁龚体，OpenHarmony项目群技术指导委员会主席、华为基础软件首席科学家陈海波参加揭牌仪式。OpenHarmony是由华为研发，由全球开发者共建的开源分布式操作系统，已捐赠给工业和信息化部主管的开放原子开源基金会（OpenAtom Foundation）负责孵化及运营。厦门大学OpenHarmony技术俱乐部采用1＋N的模式，以厦门大学为中心，辐射华侨大学、福建农林大学、集美大学、闽江学院等省内高校,在这些高校成立分中心。俱乐部将聚焦拔尖创新人才培养,通过吸引学生参与科学研究、举办城市技术论坛、开展高质量科创训练、探索实验教学改革等方式,打造开源生态与高校结合的标杆,推动产学研深度合作,培育操作系统一流人才,在服务操作系统和基础软件国产化攻坚战,推进基础软件、操作系统国产化替代上做出厦大贡献。（陈　浪）

【师生对外交流重新活跃】 全年派出96名教职工、81名学生出国(境),赴美国耶鲁大学、麻省理工学院,新加坡国立大学,香港城市大学等高校和科研机构开展国际科研合作、交换学习、参加国际会议。加拿大工程院Dr. Naser El-Sheimy院士、庄卫华院士、李军院士,日本工程院钟宁院士,IEEE Fellow陈家进(Kay Chen Tan)教授等25名知名学者应邀来院开展交流活动。（陈　浪）

【稳步推进翔安校区新院址建设】 3月,翔安校区西部片区中央水系广场建成。8月,完成5、6号楼装修改造工程。9月,完成各科研团队新采购家具安装完成,新院址建设楼栋内部装修改造全部完成。11月,正信楼学生活动广场建成。年底,4号楼106报告厅、6号楼咖啡厅和校友之家项目完工。（陈　浪）

【顺利完成整体搬迁】 9月启动学院整体搬迁,11月11日起分批次组织各科研团队将打包物资、拆卸家具、设施设备有序搬迁至新院址,并配合做好实验室网络、门禁、用电、空调、服务器上架等工作,11月30日学院整体搬迁工作全部完成。（陈　浪）

【加强新院址管理制度建设】 进一步加强新院址管理制度建设,多次征集学院教职工意见,出台《信息学院科研用房管理办法》,制定《信息学院物业管理方案》,以更好地服务教职员工。（陈　浪）

材料学院

【概况】 材料学院现辖材料科学与工程系和生物材料系,拥有25个各级各类教学科研平台,包括材料科学与工程实验教学国家级示范中心、高性能陶瓷纤维教育部重点实验室、福建省特种先进材料重点实验室、福建省防火阻燃材料重点实验室、福建省表界面工程与高性能材料重点实验室、福建省固体表面涂层材料技术开发基地、福建省阻燃与防火材料重大研发平台、福建省高分子新材料企业服务型制造公共服务平台、数字福建材料基因大数据研究所、福建省高分子阻燃与防火材料产业技术创新研究院等国家级、省部级重点教学科研平台。

学院现有材料科学与工程博士后流动工作站,材料科学与工程本科专业,材料科学与工程一级学科博士点,材料学、材料物理与化学、材料加工工程、生物材料、高分子材料与工程、高分子化学与物理6个二级学科博士授权点;拥有材料科学与工程一级学科硕士授权点,材料学、材料物理与化学、材料加工工程、生物材料、高分子材料与工程、高分子化学与物理6个二级学科硕士学位授权点,材料工程专业硕士学位授权点;材料物理与化学、生物医学工程被评为福建省重点学科;材料科学与工程被列入国家级特色专业建设点、教育部卓越工程师教育培养计划、国家级一流本科专业。厦门大学材料学科已经成为进入全球材料科学ESI前0.61‰的研究机构。

学院现有专任教师68人,其中教授33人、副教授21人、助理教授14人,工程技术人员43人,党政管理人员(含辅导员)14人。教师队伍中有中国工程院院士1人(双聘),国家杰出青年科学基金获得者1人,国家四青人才7人,福建省"闽江学者"特聘教授6人,教育部新世纪优秀人才支持计划获得者5人,厦门大学南强重点岗位教授3人,南强青拔B类人才5人。

学院现有在校博士研究生139人,学术型硕士研究生137人,全日制专业学位硕士研究生294人,本科生343人。截至12月,2023届本科毕业生就业率85.7%,硕士毕业生就业率96.8%,博士研究生就业率100%。

截至12月31日,学院到账科研经费共6414.3万元,其中横向项目到账2031.3万元,纵向项目到账4383万元。共获批纵向项目33个,其中国家级项目7个,专项项目4个,省级项目9个,市级项目11个,平台开放课题2个,立项经费1785.16万元。获国内发明专利34件,国外发明专利1件;转让专利5件,转让金额252万元。获批2022年度厦门市科技进步奖二等奖1项,第九届厦门市专利奖二等奖1项,2022年度高等学校自然科学奖一等奖1项(第二完成人),2022年度江西省科技进步奖二等奖1项(参与),重庆市自然科学奖二等奖(参与)等。以厦门大学为第一单位共发表SCI论文209篇,其中一区论文109篇。现有国家级一流线上课程1门,福建省级线下一流课程2门,"高分子加工课程虚拟教研室"入选福建省首批高校虚拟教研室建设点,研究生教材《力致发光材料及应用》获"先进材料青年科学家出版工程项目"资助出版。（石林伟　朱成丽　苏　婵　吴妍艳　张　冉　郭　艳）

【白华、张金宝、胡晓兰、魏湫龙、王耀辉科研成果取得重要进展】 1—2月,白华教授与胡晓兰副教授在承载储能一体化电容器的研究中取得重要进展,相关成果以"High-strength and Machinable Load-bearing Integrated Electrochemical Capacitors Based on Polymeric Solid Electrolyte"为题在线发表于《自然·通讯》(*Nature Communications*, 2023, 14:64)。

魏湫龙副教授课题组在氧化钛负极材料储钠机理的研究中取得重要进展,相关成果以"Surface-redox Sodium-ion Storage in Anatase Titanium Oxide"为题在线发表于《自然·通讯》(*Nature Communications*, 2023, 14:7)。

王耀辉副教授和化学化工学院李剑锋教授在单晶电极/溶液界面水研究方向取得重要进展,相关研究成果以"In Situ Electrochemical Raman Spectroscopy and Ab Initio Molecular Dynamics Study of Interfacial Water on A Single-crystal Surface"为题发表于*Nature Protocols*。

2023 年度材料学院基本情况

统计项目	数量	统计项目	数量
本科生数(人)	343	教育部重点实验室(个)	1
硕士研究生数(人)	431	教育部工程研究中心(个)	
其中:专业学位硕士研究生数(人)	294	福建省创新实验室(个)	
博士研究生数(人)	139	福建省“2011 协同创新中心”(个)	1
其中:专业学位博士研究生数(人)	4	福建省重点实验室(个)	3
其中:学历留学生数(人)		福建省工程技术研究中心(个)	1
本科毕业生毕业去向落实率(%)	85.7	福建省工程实验室(个)	
硕士毕业生毕业去向落实率(%)	96.8	福建省工程研究中心(个)	
博士毕业生毕业去向落实率(%)	100	其他部省级平台(个)	5
本科毕业生升学、出国(境)率(%)	58.3	国家自然科学基金委基础科学中心(个)	
毕业生到重要行业和领域就业率(%)	58.2	国家自然科学基金委创新研究群体(个)	
专任教师数(人)	68	高等学校学科创新引智基地(“111”计划)(个)	
非全职教师数(人)	11	国家自然科学基金项目(个)※	7
专职科研队伍数(人)	22	国家重点研发计划(项目牵头)(个)※	1
教授数/正高级数(人)	33	其他部省级重大专项(个)※	
副教授数/副高级数(人)	21	企业和社会各界委托项目(理工医科 100 万元以上)(个)※	14
具有博士学位专任教师数(人)	67	纵向科研经费(到位)(万元)※	4383
具有海外学习交流一年(或 10 个月)以上经历教师数(人)	51	横向科研经费(到位)(万元)※	2031.3
45 岁以下(含)专任教师数(人)	40	国家自然科学奖(项)※	
全职两院院士(人)		国家技术发明奖(项)※	
发展中国家科学院院士(人)		国家科技进步奖(项)※	
教育部“长江学者奖励计划”特聘教授(人)		高校科学研究优秀成果奖(科学技术)(项)※	
教育部“长江学者奖励计划”特岗学者(人)		福建省科学技术奖(项)※	
教育部“长江学者奖励计划”青年学者(人)	1	其他重要科技奖励(请注明)(项)※	2
国家杰出青年科学基金获得者(人)	1	发表文章总数(篇)※	209
“国家特支计划”领军人才(人)		其中:*Science*、*Nature*、*Cell*(含子刊)(篇)※	3
“国家特支计划”青年拔尖人才(人)		其他(请注明)(篇)※	
国家百千万人才工程入选者(人)		国内授权专利情况(项)※	34
国家级教学名师(人)		国外授权专利情况(项)※	1
国家优秀青年科学基金获得者(人)	4	科技成果转化(项目数)(项)※	5
教育部新(跨)世纪优秀人才(人)	5	科技成果转化(转让金额)(万元)※	252
福建省“闽江学者”特聘教授(人)	6	学生出国(境)交流(人次)※	4
福建省特级后备人才(人)		教师出国(境)交流(人次)※	15
国家教学成果奖(项)※		主办国际学术会议(次数)※	
国家级一流本科专业(个)	1	主办两岸学术会议(次数)※	
中国“互联网+”大学生创新创业大赛获奖数(项)※		境外合作高校或机构(所)	
国家“2011 协同创新中心”(个)		签订境外合作协议(份)	
全国重点实验室(个)		邀请国外学者数(人)※	4
国家重点实验室(个)		邀请台港澳地区学者数(人)※	1
国家工程实验室(个)		国(境)外学生来校数(人)※	
国家(地方联合)工程研究中心(个)			

张金宝教授课题组在钙钛矿太阳能电池埋底界面的研究中取得重要进展，相关成果以“Thermally Crosslinked Hole Conductor Enables Stable Inverted Perovskite Solar Cells with 23.9% Efficiency”为题发表于*Advanced Materials*。（朱成丽）

【举办“厦门大学材料、化学、化工及其相关专业2023年毕业生就业暨2024届实习见习招聘会”】 3月17日，由厦门大学学生就业创业指导中心、学院、化学化工学院共同主办的“厦门大学材料、化学、化工及其相关专业2023年毕业生就业暨2024届实习见习招聘会”在思明校区三家村广场举办。本次招聘会聚集了厦门钨业股份有限公司、宁德时代新能源科技股份有限公司、厦门天马光电子有限公司、三达膜科技(厦门)有限公司、中国科学院上海应用物理研究所等67家企业参加，岗位专业适配度高、覆盖行业领域广、招聘岗位多样，涵盖材料研发工程师、工艺工程师、设备工程师、材料分析测试工程师等诸多与两院学科密切相关的就业实习岗位，为相关专业毕业生提供展其才、显其智的广阔舞台。（石林伟）

【举办第二十一期党支部沙龙】 3月27日下午，在圣诺楼201报告厅举办第二十一期党支部沙龙，全国样板教工党支部书记曲延云及学院党政领导、全体师生党员共同参与活动。（苏　婵）

【承办思明校区危废中转站突发废液泄漏事件应急演练】 3月28日，在科学楼危废中转站开展“厦门大学思明校区2023年度危废中转站突发废液泄漏事件应急演练”。（张　冉）

【国家重点研发计划“新型窄谱发射绿色与红色发光材料及制备技术”项目启动会召开】 3月30日，解荣军教授牵头承担的国家重点研发计划“稀土新材料”重点专项“新型窄谱发射绿色与红色发光材料及制备技术”项目启动会在厦门大学科学艺术中心召开。（朱成丽）

【羽毛球队荣获厦门大学第十四届“欧米克生物杯”教职工羽毛球混合团体赛亚军】 3月25—26日，由校工会主办、校教职工羽毛球协会承办的厦门大学第十四届“欧米克生物杯”教职工羽毛球混合团体赛在思明校区风雨球馆举行，学院羽毛球队获团体赛亚军。（张　冉）

【召开学习贯彻习近平新时代中国特色社会主义思想主题教育动员会】 4月20日下午，在新楼201报告厅召开学习贯彻习近平新时代中国特色社会主义思想主题教育动员会。学校第五巡回指导组副组长邹海燕到会指导，基层党建工作联络员郑保东、学院党政领导班子成员、党委委员、全体党支部书记和支委、师生党员代表出席会议。院党委书记刘立荣主持会议并做动员讲话。（苏　婵）

【王鸣生教授课题组在钠/钾金属负极材料领域取得系列进展】 王鸣生教授课题组以中空介孔碳球为模型，利用原位透射电镜表征发现钠/钾金属在小直径(小于10 nm)通孔中的超快物质传输过程，并基于密度泛函理论计算和分子动力学模拟揭示Na/K离子在碱金属/碳界面处的快速传输机制。相关成果以“Superfast Mass Transport of Na/K Via Mesochannels for Dendrite-Free Metal Batteries”为题发表于*Advanced Materials*(2023，35，2210447)，并被选为封面论文。（朱成丽）

【举办第一届实验教学比赛】 6月8日，举办学院第一届实验教学比赛。本次比赛邀请学校实验室与设备管理处原处长施芝元教授、原副院长冯祖德教授，电子科学与技术学院刘舜奎高级工程师，材料学院副院长白华教授，工会副主席黄雅熙副教授，生物材料系副主任(主持工作)孙亚楠副教授6名实验教学经验丰富的专家组成评委团队，曹福勇、陈洲、黄柳青、李锦堂、张志昊5名年轻教师参加本次比赛并围绕实验课程设计思路、实验教学创新、实验教学改革成效等环节进行现场教学汇报。（吴妍艳）

【材料学院教学比赛暨青年教师教学技能提升沙龙落幕】 6月20日，举办本年度学院教学比赛暨青年教师教学技能提升沙龙。院党委书记刘立荣、副书记马兆海，生物材料系副系主任孙亚楠(主持工作)，材料科学与工程系副主任张志昊，生物材料系副主任林乃波以及相关教师、工程师参加。沙龙由副院长白华主持，特别邀请首届国家级教学名师郭祥群教授与教师们分享“如何上好一门课——现代教育理念的课堂教学实践”。（吴妍艳）

【举办2023届毕业典礼】 6月22日上午，在克立楼三楼报告厅举办2023届毕业典礼。院党委书记刘立荣，院长解荣军，院党委副书记马兆海、黄兆君，副院长石巍、白华，学位评定分委员会委员，教师代表及材料学院2023届全体毕业生参加典礼，典礼由院党委副书记黄兆君主持。（石林伟）

【举办第八届厦门大学金相技能大赛】 7月，材料科学与工程专业国家级实验教学中心举办第八届厦门大学金相技能大赛。本届大赛吸引能源学院、航空航天学院、化学化工学院、环境与生态学院、管理学院共6个学院42名本科生报名参赛，参赛单位数创历史新高。（吴妍艳）

【召开中国共产党厦门大学材料学院党员大会】 7月21日上午，材料学院在克立楼三楼报告厅召开党员大会，选举出席中国共产党厦门大学第十二次党员代表大会代表，院党委书记刘立荣主持会议并做讲话。按照选举办法，会议顺利选举产生石巍、刘立荣、许一婷、姚荣迁、高贵阳(以姓氏笔画为序)作为出席中国共产党厦门大学第十二次党员代表大会代表。（苏　婵）

【十名学者入选2023年全球前2%顶尖科学家榜单】 10月，学院共10名学者入选2023年全球前2%顶尖科学家榜单。解荣军、彭栋梁、白华、陈远志、张桥保5名学者入选“终身科学影响力排行榜”。解荣军、彭栋梁、白华、张桥保、李磊、余兆菊、魏湫龙、庄逸熙、曹福勇9名学者入选“2022年度科学影响力排行榜”。（朱成丽）

【材料科学学科进入ESI全球排名前0.61‰】 11月，科睿唯安(Clarivate Analytics)发布最新一期基本科学指标数据ESI，材料科学学科进入ESI全球前0.61‰，排名第82名(总机构数1342)，材料科学学科的论文WOS收

录数和TOP文章数量在19个学科中均排名第二。 （张 冉）

【举办第十一届全国高校材料学科研究生凌峰论坛】 11月25—26日，由校研究生院、学院、厦门海赛米克新材料科技有限公司主办，学院研究生会承办的第十一届全国高校材料学科研究生凌峰论坛在思明校区举办。来自全国32所高校的90余名研究生参会。 （石林伟）

【“科学家看未来——学科建设、人才培养暨材料产业发展高端论坛”顺利召开】 12月1—2日，由学院、苏州市科学技术局联合主办的“科学家看未来——学科建设、人才培养暨材料产业发展高端论坛”在苏州举行。来自清华大学、浙江大学、复旦大学、东南大学、华中科技大学和武汉理工大学等20余所知名高校的材料学院院长和杰出学者、企业代表参加本次论坛。中国科学院院士俞书宏、中国工程院院士董绍明、院长解荣军、苏州市科技局局长徐积明等出席论坛。 （张 冉）

【“高分子加工课程虚拟教研室”获批福建省高校虚拟教研室建设点】 12月，学院牵头建设的全国性“高分子加工课程虚拟教研室”入选福建省高校虚拟教研室建设点。“高分子加工课程虚拟教研室”以2门国家级一流本科课程：“高分子加工工艺”（厦门大学、线上一流）、“聚合物加工工程”（北京化工大学、线下一流）为引领，带动中西部高校同类课程建设，还邀请国内橡/塑/纤维以及高分子加工龙头企业参与虚拟教研室建设、教研活动以及人才培养。 （吴妍艳）

【举办第十四届材料设计大赛】 12月9日，厦门大学第十四届材料设计大赛在三家村广场举办。大赛由教务处、学院主办，学院团委承办。本届大赛共吸引来自20个学院105支队伍的300多名学生参赛。 （石林伟）

【举办第十一届材料知识竞赛】 12月10日，第十一届材料知识竞赛决赛在圣诺楼201举办，来自学院、医学院、海洋与地球学院、公共卫生学院、能源学院5个学院的8支队伍进入决赛。 （石林伟）

【材料科学与工程专业国家级实验教学示范中心荣获厦门市“五一先锋号”先进集体】 12月，材料科学与工程专业国家级实验教学示范中心荣获2023年厦门市“五一先锋号”荣誉称号。材料科学与工程专业国家级实验教学示范中心是面向全校及社会开放共享的实验实践教学公共平台，中心管理团队由8人组成，团队作为教学科研服务和实验室开放管理的重要支撑力量，为实践平台建设做出积极贡献。 （刘新瑜）

【举办“厦门大学2023年度燃气突发泄漏事件应急演练”】 12月17日，举办“厦门大学2023年度燃气突发泄漏事件应急演练”。本次活动由实验室与设备管理处主办，学院承办。市政园林局工程师严景坤和张继科、城管局科长黄志斌、大学路派出所副所长杨鑫城、校应急管理办公室副主任戴蓥、校保卫部（处）副处长涂建芳和科长孙俊逸、实验室与设备管理处副处长张昌胜、院党委副书记马兆海和副院长石巍、兄弟院系的实验室安全管理代表参加。 （张 冉）

建筑与土木工程学院

【概况】 建筑与土木工程学院现有建筑系、土木工程系、城市规划系3个系，建筑学、土木工程、城乡规划3个本科专业，建筑学（含城乡规划）、土木工程2个一级学科硕士点及建筑学硕士专业学位授权点、土木水利工程硕士专业学位授权点，建筑学博士学位授权一级学科（含自设二级学科博士点建筑工程及防灾减灾）。

学院拥有2个国家级一流本科专业：建筑学、土木工程。1个省级一流本科专业：城乡规划。2个福建省省级重点学科：建筑学、土木工程。建筑学专业为福建省省级第三批本科教育特色专业，并入选教育部第三批卓越工程师教育培养计划，建筑学研究生教育创新基地为福建省研究生教育创新基地。土木工程实验教学中心为福建省实验教学示范中心，BIM虚拟仿真实验教学中心为福建省省级虚拟仿真实验教学中心。

学院拥有4个省部级科研平台：福建省滨海土木工程数字仿真重点实验室，闽台非遗文化数字化保护与智能处理文化和旅游部重点实验室（与信息学院联合申报），福建省智慧城市感知与计算重点实验室（与信息学院联合申报），智慧低碳建筑技术福建省高校重点实验室。2个市级科研平台：厦门市交通基础设施智能管养工程技术研究中心，厦门市建筑遗产保护智能技术集成应用重点实验室。

学院设有实验教学中心，下设数字化设计实验室、地理信息系统与遥感实验室、建筑造型实验室、建筑物理实验室、建筑材料与构造实验室、建筑人工气候实验室、材料力学实验室、建筑材料实验室、工程测量实验室、岩土工程实验室和结构工程实验室共11个实验室，总建筑面积约2000平方米。配备专业教室、美术教室、制图教室等教学场所，设有专业图书资料室，藏有专业中外文图书资料55922册、32943种及相关声像资料。

学院现有在职教职工136人，退休教职工26人。其中在职专任教师77人，教授18人（占专任教师数23%），副教授29人（占专任教师数38%），具有博士学位专任教师67人（占专任教师数87%）。拥有国家自然科学基金优秀青年基金获得者1人，福建省“闽江学者”特聘教授1人，教育部新世纪优秀人才3人，当代中国百名建筑师1人，中国建筑学会青年建筑师奖（青年建筑师最高奖）获得者1人，中国建筑设计奖·建筑教育奖获得者1人，福建省杰出青年科学基金获得者1人，福建省高等学校新世纪优秀人才4人，福建省高等学校教学名师1人，福建省高校省级教学团队1个，福建省省级研究生导师团队3个，福建省工程勘察设计大师1人，福建省科技创新领军人才2人，福建省高校青年教学新秀1人。

学院现有在校本科生504人、硕士研究生325人、博士研究生31人。2023年，学院招收博士生11人、硕士生106人、本科生122人（含转专业）。

2023年度建筑与土木工程学院基本情况

统计项目	数量	统计项目	数量
本科生数(人)	504	教育部重点实验室(个)	
硕士研究生数(人)	325	教育部工程研究中心(个)	
其中:专业学位硕士研究生数(人)	218	福建省创新实验室(个)	
博士研究生数(人)	31	福建省"2011协同创新中心"(个)	
其中:专业学位博士研究生数(人)		福建省重点实验室(个)	1
其中:学历留学生数(人)	15	福建省工程技术研究中心(个)	
本科毕业生毕业去向落实率(%)	95.6	福建省工程实验室(个)	
硕士毕业生毕业去向落实率(%)	97.7	福建省工程研究中心(个)	
博士毕业生毕业去向落实率(%)	100	其他部省级平台(个)	0.66
本科毕业生升学、出国(境)率(%)	41.9	国家自然科学基金委基础科学中心(个)	
毕业生到重要行业和领域就业率(%)	64.5	国家自然科学基金委创新研究群体(个)	
专任教师数(人)	77	高等学校学科创新引智基地("111"计划)(个)	
非全职教师数(人)	25	国家自然科学基金项目(个)※	6
专职科研队伍数(人)	1	国家重点研发计划(项目牵头)(个)※	
教授数/正高级数(人)	18	其他部省级重大专项(个)※	
副教授数/副高级数(人)	29	企业和社会各界委托项目(理工医科100万元以上)(个)※	6
具有博士学位专任教师数(人)	67	纵向科研经费(到位)(万元)※	383
具有海外学习交流一年(或10个月)以上经历教师数(人)	49	横向科研经费(到位)(万元)※	1323
45岁以下(含)专任教师数(人)	44	国家自然科学奖(项)※	
全职两院院士(人)		国家技术发明奖(项)※	
发展中国家科学院院士(人)		国家科技进步奖(项)※	
教育部"长江学者奖励计划"特聘教授(人)		高校科学研究优秀成果奖(科学技术)(项)※	
教育部"长江学者奖励计划"特岗学者(人)		福建省科学技术奖(项)※	
教育部"长江学者奖励计划"青年学者(人)		其他重要科技奖励(请注明)(项)※	2
国家杰出青年科学基金获得者(人)		发表文章总数(篇)※	13
"国家特支计划"领军人才(人)		其中:*Science*、*Nature*、*Cell*(含子刊)(篇)※	
"国家特支计划"青年拔尖人才(人)		其他(请注明)(篇)※	13
国家百千万人才工程入选者(人)		国内授权专利情况(项)※	9
国家级教学名师(人)		国外授权专利情况(项)※	
国家优秀青年科学基金获得者(人)	1	科技成果转化(项目数)(项)※	
教育部新(跨)世纪优秀人才(人)	3	科技成果转化(转让金额)(万元)※	
福建省"闽江学者"特聘教授(人)	1	学生出国(境)交流(人次)※	9
福建省特级后备人才(人)		教师出国(境)交流(人次)※	18
国家教学成果奖(项)※		主办国际学术会议(次数)※	1
国家级一流本科专业(个)	2	主办两岸学术会议(次数)※	
中国"互联网+"大学生创新创业大赛获奖数(项)※		境外合作高校或机构(所)	3
国家"2011协同创新中心"(个)		签订境外合作协议(份)	2
全国重点实验室(个)		邀请国外学者数(人)※	1
国家重点实验室(个)		邀请台港澳地区学者数(人)※	9
国家工程实验室(个)		国(境)外学生来校数(人)※	
国家(地方联合)工程研究中心(个)			

2023年，毕业博士生3人、硕士生103人、本科生105人。2023届毕业博士生就业率100%，硕士生就业率97.7%，本科生就业率95.6%，本科生考研录取（出国）率41.9%。

截至11月，学院获得纵向经费240.28万元，横向经费988.53万元，合计1228.81万元。获得国家基金立项6个，省基金4个。

年内，学院主办、承办、协办5场学术会议，包括第7届亚太国际工程计算方法学术会议（7th Asia-Pacific International Conference on Computational Methods in Engineering，ICOME 2023）暨第13届全国工程计算方法学术会议、第十四届全球建筑大师论坛、21世纪海上丝绸之路大学联盟2023国际暑期项目暨"南靖海丝遗产保护与可持续发展"高阶培训等。

（王荣华）

【积极开展学科建设】 6月，2023年软科专业排名发布，建筑学和土木工程获评A等，城乡规划专业获评B+。土木工程专业全球排名289名，是学校进步最快的专业之一。为了更好地推进学科建设，4—6月，院党委书记王绍森、院长张建霖带队赴清华大学、上海交通大学、浙江大学、东南大学、同济大学、天津大学、四川大学、重庆大学、西南交通大学、河海大学等兄弟院校开展A类学科调研。

（王荣华）

【城乡规划国际研究生专班获准立项】 11月28日，学校发布《关于厦门大学2023年国际研究生专班立项的通知》，学院承办的城乡规划国际研究生专班获准立项，培养层次为硕士研究生，招生专业为0813Z1城市与区域规划，学制2年，授课语言为英文，学位类型为学术型。（王荣华）

【两门课程入选一流课程、精品课程】 8月18日，王绍森教授负责的"建筑创作理论与方法"入选福建省研究生教育精品课程；11月14日，邱鲤鲤工程师负责的"国土空间规划数字技术实践"入选福建省2023年一流本科课程项目（社会实践类）。

（王荣华）

【六个项目入选优秀教学案例】 1月8日，石峰教授负责的《零能耗建筑"自然之间"的设计策略》、张建国副教授负责的《一个复杂地铁车站结构的抗震分析》等荣获"厦门大学2022年专业学位研究生优秀教学案例"。3月，李渊教授负责的"建筑遗产的人因感知、空间优化与价值认知提升——以故宫鼓浪屿外国文物馆为例"、石峰教授负责的"零碳建筑'自然之间'的气候适应性设计策略"等项目入选校级案例立项。8月，石峰教授负责的《零能耗建筑"自然之间"的设计策略》、张建国副教授负责的《一个复杂地铁车站结构的抗震分析》入选省级优秀教学案例。

（王荣华）

【4个项目入选教育部2022年第二批产学合作协同育人项目】 2月，王波副教授负责的"沿海地区海绵城市优化设计教学及实训课程创新"、陈周熠副教授负责的"以培养创新能力为导向的'结构实验理论与实践'课程改革"、李芝也副教授负责的"基于智能建筑设计云平台的建筑学高年级城市设计系列课程改革与教学实践"、吴新烨副教授负责的"面向土木工程卓越工程师培养计划的校企合作协同育人实践与探索"入选教育部2022年第二批产学合作协同育人项目。（王荣华）

【三篇硕士论文入选福建省优秀硕士论文】 12月，王东东教授指导、侯松阳撰写的硕士论文《结构动力分析的巧凑有限元高精度集中治理矩阵构造方法》，李渊教授指导、黄竞雄撰写的硕士论文《面向街景感知提升的旅游者视觉偏好特征与街道空间优化研究——以鼓浪屿为例》，陈志为教授指导、赵龙撰写的硕士论文《桥梁影响线识别的贝叶斯正则化方法及工程应用》，入选2022年福建省优秀硕士学位论文。（陈颖娜）

【王雨晴代表2023届毕业生在校毕业典礼上发言】 6月27—28日，厦门大学2023届毕业典礼暨学位授予仪式于思明校区的建南大会堂和翔安校区的爱秋体育馆举行。毕业生王雨晴代表2023届毕业生进行发言。她在发言中回顾自己在厦大求学过程中的难忘经历，并向母校、家长、师长和同伴表达感恩之情。她表示，5年的学习与磨砺，让她在脚踏实地中练就了过硬本领。未来，她将继续践行"自强不息、止于至善"的校训，弘扬嘉庚精神，肩负责任与使命，让青春在不懈的奋斗中绽放绚丽之花。

（孙添田）

【做好人才工作】 引进青年教师4人，其中副教授1人，助理教授3人。入选2023年度省、市高层次人才项目27人次，其中入选福建省高层次B类人才1人（许旺土）；福建省高层次C类人才11人（文超祥、陈志为、周红、杨明辉、孔卉、向立群、陈忱、邱志坚、吴濯杭、刘吉祥、肖龙珠），厦门市高层次B类人才1人（雷鹰），厦门市高层次C类人才12人（杨明辉、刘丽君、张尧、陈东霞、向立群、吴濯杭、高婧、李苏豫、邱志坚、刘吉祥、肖龙珠、陈忱），厦门市高层次留学人员2人（张园林、何志超）。新聘杨永斌院士和沈振江院士为杰出访问教授。雷鹰教授入选全球前2%顶尖科学家"终身科学影响力排行榜"。

（张小丽）

【多名教师在全国、省、校教学比赛中获奖】 1月19日，学校发布《关于公布厦门大学第十七届教学比赛获奖名单的通知》，柯桢楠荣获第十七届青年教师教学技能比赛二等奖，张苏娟荣获第十一届英语教学比赛二等奖、最佳教学设计奖，李渊荣获第三届教学创新比赛一等奖，邱鲤鲤荣获首届实验教学比赛一等奖。3月31日，第三届福建省高校教师教学创新大赛现场赛在福建师范大学闭幕，中国高等教育学会副会长、秘书长姜恩来做线上致辞，省委教育工委委员，省教育厅党组成员、副厅长（正厅长级）刘健出席闭幕式并讲话，李渊教授荣获一等奖，邱鲤鲤工程师荣获三等奖。8月22日，由教育部高等教育司指导、中国高等教育学会主办的第三届全国高校教师教学创新大赛全国现场赛在浙江大学闭幕，李渊教授获新工科正高组一等奖。

（王荣华）

【六个项目获国家基金立项】 王东东教授负责的项目"非均匀离散等几何无网格频谱精度分析理论与鲁棒动力计算"，刘吉祥助理教授负责的项目“城市建成环境对新移民出行满意度的影响机理及包容性环境优化研究”、王华昆助理教授负责的项目“应力-冲蚀耦合作用下深海柔性管双相不锈钢骨架层损伤与屈曲特性”，陈忱助理教授负责的项目“城市住宅建筑超细颗粒物的传播机理及暴露特性研究”，朱查松副教授负责的项目“基于消费者意愿的城市新空间识别、特征与形成机理研究”，古泉教授负责的项目“装配式高层结构地震损伤演化精细模拟及抗震韧性提升研究”获国家基金立项资助。

（李　梅）

【四个项目获省基金立项】　薛昕副教授负责的项目“FRP筋混凝土梁受剪承载机制演变规律及受剪承载力定量评价研究”，张尧副教授负责的项目“基于非完备频率偏移曲线的梁式桥损伤识别”，助邱志坚理教授负责的项目“液化侧扩流场地桩基桥梁破坏机理与数值仿真分析”，张苏娟助理教授负责的项目“BIM技术驱动下的建筑企业能力提升及优化策略研究”获省基金立项资助。

（李　梅）

【六个项目立项经费超过100万元】　张尧副教授负责的项目“智慧公路桥梁视觉监测与智能评估成套技术”立项经费180万元，郑翥鹏副教授负责的项目立项经费137.25万元，李庶林教授负责的项目“塔中矿业高危采空区地压微震监测及预警技术研究”立项经费298万元；王量量负责的项目“咪咕新空与厦门大学2023—2024年度鼓浪屿全岛及建筑数字化技术支持服务采购”，立项经费137.25万元；孔卉负责的项目“诸暨经开区智慧园区管理系统建设——边缘接入网关、物联管控系统”，立项经费100万元；杨明辉负责的项目“浅埋隧道下穿压力管道成套技术研究”，立项经费100万元。　（李　梅）

【新增一个福建省高校重点实验室】　7月21日，《福建省教育厅关于福建省高校重点实验室新建立项的通知》（闽教科〔2023〕14号），全省新建15个福建省高校重点实验室，学院申报的“智慧低碳建筑技术福建省高校重点实验室”成功入选。　（石　峰）

【新增一个国际合作平台】　4月19日，联合国教科文组织国际自然与文化遗产空间技术中心（简称“HIST”）厦门分中心成立大会在厦门大学举行。HIST主任郭华东院士、厦门市政协副主席黄培强、副校长邱伟杰等领导专家出席会议。厦门大学将立足于海上丝绸之路重要节点——厦门的区位优势，充分发挥学科优势，依托HIST总部与联合国教科文组织世界遗产委员会三大咨询机构建立的合作伙伴关系，为“一带一路”沿线自然与文化遗产地提供空间信息技术支持，为推动世界自然与文化遗产可持续发展贡献厦大力量。信息学院、学院作为共同承办单位。

（王荣华）

【七项科研成果获省部级奖励】　张燕来“空间奥德赛：现代艺术与建筑”获福建省第十五届社会科学优秀成果奖三等奖，雷鹰、董小鹏等“建筑智能传感监控和状态评估的关键技术与管理平台”获福建省科技进步奖二等奖，许旺土、许心越等“网络化客流需求条件下的城市轨道交通智能运输关键技术及决策平台”获福建省科技进步奖三等奖，张燕来、李志刚等完成的项目“福安市畲族文化中心”项目获教育部2023年度优秀勘察设计三等奖，李立新、唐洪流等完成的项目“白鹭洲东公园‘篔筜故事’景点建设”获教育部2023年度优秀勘察设计二等奖，陈志为、高婧等完成的项目“大跨度桥梁拉吊索智能管养成套技术研发与应用”获2022年度厦门市科学技术进步奖一等奖，周红、李顺平等完成的项目“基于数字孪生的海底隧道多工法组合施工关键技术研发”获2022年度厦门市科学技术进步奖三等奖。　（王荣华）

【三项成果获福建省优秀工程勘察设计奖】　李立新、唐洪流等完成的项目“厦门市老年活动中心改扩建项目（一期）”荣获2023年度福建省优秀工程勘察设计一等奖，韩洁、王量量等完成的项目“晋江市福林村书投楼保护修缮工程”荣获二等奖，李立新、唐洪流等完成的项目“厦门大学翔安校区新工科研发大楼”荣获三等奖。

（王荣华）

【举办两场南强学术讲座】　5月12日，重庆大学常务副校长、教授刘汉龙（2023年当选中国工程院院士）做“工程技术创新方法与实践——以岩土工程为例”报告；11月18日，全国工程勘察设计大师、国务院享受政府特殊津贴专家、中国城市规划设计研究院原院长、教授级高级城市规划师李晓江为学院师生带来“存量时代的城市发展策略”的专题报告。

（王荣华）

【做好光泽县挂钩帮扶工作】　王量量副教授继续担任光泽县科技特派员，协助福建省南平市光泽县开展乡村振兴与城乡建设工作，1月获中共南平市委扶贫开发成果巩固与乡村振兴工作领导小组评选的优秀科技特派员称号。其负责的项目“光泽县市民文化活动中心改造设计”基本完工，成为光泽县新的地标建筑。“光泽县市民广场、中山街及政府大院环境提升改造设计”项目已完工投入使用；“官桥村、桥湾村、儒洲村三村规划”“武夷山国家公园入口社区规划设计”“光泽县全域旅游规划项目设计”“鸾凤乡饶平村大批头组学者村落设计”“寨里镇武夷山国家公园西大门入口社区节点设计”5个项目进入规划编制和设计阶段。成功举办光泽县“最美庭院”设计竞赛，吸引院校学生、社会组织到南平来，助力乡村振兴，营造共建共治共享和美乡村的浓厚氛围，探索乡村建设新模式，为乡村振兴提供新的发展路径。

（王量量）

【承办第7届亚太国际工程计算方法学术会议】　11月2—5日，第7届亚太国际工程计算方法学术会议（ICONE 2023）暨第13届全国工程计算方法学术会议在厦门成功召开。本次会议由厦门大学承办，旨在进一步深入开展工程计算方法相关领域的学术交流。副校长江云宝致开幕辞，学院王东东教授主持会议。密西西比大学程宏达（Alexander H. D. Cheng）、重庆大学杨永斌（Y. B. Yang）院士、名古屋大学松本敏郎（Toshiro Matsumoto）、台湾海洋大学陈正宗（Jeng-Tzong Chen）、大连理工大学高效伟、伦敦玛丽女王大学文丕华、厦门大学王东东等做大会报告。

（王荣华）

【积极开展对外学术交流与合作】 学院与英国卡迪夫大学工程学院签署双硕士联合培养协议，与英国纽卡斯尔大学地理、规划与景观学院续签双硕士联合培养协议。继续推动建筑系、城市规划系与英国卡迪夫大学地理与规划学院、建筑学院的双硕士联合培养协议，已就协议细节开展多次讨论。积极推进与意大利国家研究委员会保护-文化遗产研究中心、联合国教科文组织亚太地区世界遗产培训与研究中心的合作备忘录相关工作，开展遗产保护联合研究，计划于明年赴意大利等国开展实地调研与合作。积极参与国际招生工作，制作中英文字幕的招生宣讲片，于3月、5月分别组织 2 次线上面试会议，录取 4 名国际学籍生。（阮驭申）

【学院相关工作获有关部门表彰】 学院被评为厦门大学学生工作奋进单位，获厦门大学第十七届教学比赛组织奖，被评为厦门大学创新创业教育工作先进集体，获第十四届海峡两岸（厦门）文化产业博览交易会“最佳展览展示奖银奖”“最佳设计奖”“组织奖”，获厦门大学第 58 届学生田径运动会开幕式健身气功八段锦课间操集体展示评比三等奖，获厦门大学第 58 届学生田径运动会体育道德风尚奖，获厦门大学“足协杯”足球赛冠军，获厦门大学“超级杯”足球赛冠军，获厦门大学第 17 届啦啦操锦标赛三等奖和最佳口号奖，获厦门大学教职工乒乓球女子团体赛冠军、男子团体赛第六名，在厦门大学第十六届心理剧大赛中荣获第二名和最佳组织奖。（王荣华）

能源学院

【概况】 能源学院设有 2 个系、2 个研究院，分别是新能源学系、储能学系，能源研究院、新能源装备研究院。

学院拥有先进能源一级交叉学科博士点和校企联培工程硕博专项计划，共享能源动力专业博士点。拥有 2 个本科专业，分别是新能源科学与工程专业、储能科学与工程专业。在校生 531 人，其中本科生 268 人，硕士研究生 206 人，博士研究生 57 人，本研比 1∶1。毕业生就业率、重点行业和领域就业率、就业满意度均继续保持学校前列。

学院拥有一支高水平的师资队伍，其中教师系列 39 人（教授 16 人，副教授 16 人，助理教授 7 人），工程师系列 15 人（正高级工程师 1 人，高级工程师 5 人，工程师 7 人，助理工程师 1 人，实验员 1 人），专职党政/辅导员系列 11 人，非全职教师 14 人，博士后 5 人。人才队伍建设成效卓著，拥有国家杰出青年科学基金获得者1 人，教育部“长江学者奖励计划”青年学者1 人，国家优秀青年科学基金获得者 1 人，海外优秀青年基金获得者 1 人，国家“万人计划”青年拔尖人才 1 人；另有福建省高层次人才 29 人，厦门市高层次人才 35 人。

年内，学院新立项科研项目 51 个，其中纵向项目 16 个、横向项目 35 个，到账经费总计 7197 万元，其中横向到账 2174.2 万元、纵向到账 5022.8 万元。以能源学院第一完成单位发表 SCI、EI 收录论文 111 篇，其中一区 41 篇（包括 *Nature* 子刊 2 篇，影响因子大于 10 的高水平论文 23 篇，影响因子大于 20 的高水平论文如 *Nano-micro Letters*、*Nano Energy*、*Applied Catalysis B* 4 篇），二区 35 篇，三区 14 篇，四区 9 篇；EI 收录论文 12 篇；JCR 一区和二区收录的高水平论文比例达 68.5%。申请发明专利 23 件，获授权专利 21 件（发明专利 18 件、实用新型专利 3 件），申请并正式发表软件著作权 4 篇。

（张正泓　廖秀珍　陆雪英　方晨亮　郑成竹　王淑君　施　珩　黄雅欣）

【召开干部任免会议】 6 月 26 日，学院召开干部任免宣布会。校党委副书记、纪委书记、国家监委驻厦门大学监察专员全海代表学校党委宣读干部任免决定：王洁松同志任中共厦门大学能源学院委员会委员、书记，试用期 1 年；免去张军奎同志的中共厦门大学能源学院委员会书记、委员职务。（郑成竹）

【学院工会换届】 12 月 18 日，学院召开工会会员大会，经无记名投票和差额选举产生能源学院第三届工会委员会委员：王德超、甘礼惠、汤再鸣、张正泓、黄子敬、龚正良、谢珊。新一届工会委员会召开会议，选举张正泓为主席、谢珊为副主席。

（郑成竹）

【学习贯彻习近平新时代中国特色社会主义思想主题教育】 4 月 20 日，学院召开学习贯彻习近平新时代中国特色社会主义思想主题教育动员会议，全体师生党员参加。5 月 3 日，学院党委理论学习中心组举行学习贯彻习近平新时代中国特色社会主义思想主题教育专题学习会，深入学习领会习近平总书记在学习贯彻习近平新时代中国特色社会主义思想主题教育工作会议上的重要讲话精神和《习近平新时代中国特色社会主义思想的世界观和方法论专题摘编》。7 月 11 日，学院党委召开学习贯彻习近平新时代中国特色社会主义思想主题教育调研成果交流会。7月14—16 日，学院党委组织师生党员代表赴赣州、井冈山开展学习贯彻习近平新时代中国特色社会主义思想主题教育学科调研和红色研学活动。（王淑君　施　珩）

【开展本科教育教学审核评估工作】 1月 17 日，学院本科教育教学审核评估动员会线上召开，院党委书记张军奎做动员报告，副院长赵英汝传达学校工作要求，部署学院具体工作，副院长（主持工作）郑志锋强调工作要求。2 月 22 日，学院召开新学期全院教职工大会，推动新学期各项工作尤其是本科教育教学审核评估工作有序开展。（张正泓）

【多名学者入选全球前 2%顶尖科学家榜单】 10 月，美国斯坦福大学发布 2023 年全球前 2% 顶尖科学家榜单（World's Top 2% Scientists 2023），能源学院李宁、李剑锋、景锐、曾宪海、赵英汝、唐兴、李君涛、杨述良 8 名学者入选全球前 2% 顶尖科学家“2023 年度科学影响力排行榜”，其中李宁、李剑锋、李君涛 3 名学者同时入选“终身科学影响力排行榜”。

（廖秀珍）

2023 年度能源学院基本情况

统计项目	数量	统计项目	数量
本科生数(人)	268	教育部重点实验室(个)	
硕士研究生数(人)	206	教育部工程研究中心(个)	
其中:专业学位硕士研究生数(人)	126	福建省创新实验室(个)	
博士研究生数(人)	57	福建省"2011 协同创新中心"(个)	
其中:专业学位博士研究生数(人)	13	福建省重点实验室(个)	
其中:学历留学生数(人)	1	福建省工程技术研究中心(个)	1
本科毕业生毕业去向落实率(%)	97.9	福建省工程实验室(个)	
硕士毕业生毕业去向落实率(%)	100	福建省工程研究中心(个)	1
博士毕业生毕业去向落实率(%)	100	其他部省级平台(个)	1
本科毕业生升学、出国(境)率(%)	64.6	国家自然科学基金委基础科学中心(个)	
毕业生到重要行业和领域就业率(%)	57.3	国家自然科学基金委创新研究群体(个)	
专任教师数(人)	39	高等学校学科创新引智基地("111"计划)(个)	
非全职教师数(人)	11	国家自然科学基金项目(个)※	7
专职科研队伍数(人)	8	国家重点研发计划(项目牵头)(个)※	
教授数/正高级数(人)	16	其他部省级重大专项(个)※	
副教授数/副高级数(人)	16	企业和社会各界委托项目(理工医科 100 万元以上)(个)※	7
具有博士学位专任教师数(人)	39	纵向科研经费(到位)(万元)※	5022.8
具有海外学习交流一年(或 10 个月)以上经历教师数(人)	22	横向科研经费(到位)(万元)※	2174.2
45 岁以下(含)专任教师数(人)	36	国家自然科学奖(项)※	
全职两院院士(人)		国家技术发明奖(项)※	
发展中国家科学院院士(人)		国家科技进步奖(项)※	
教育部"长江学者奖励计划"特聘教授(人)		高校科学研究优秀成果奖(科学技术)(项)※	
教育部"长江学者奖励计划"特岗学者(人)		福建省科学技术奖(项)※	
教育部"长江学者奖励计划"青年学者(人)	1	其他重要科技奖励(请注明)(项)※	2
国家杰出青年科学基金获得者(人)	1	发表文章总数(篇)※	111
"国家特支计划"领军人才(人)		其中:*Science*、*Nature*、*Cell*(含子刊)(篇)※	2
"国家特支计划"青年拔尖人才(人)	1	其他(请注明)(篇)※	
国家百千万人才工程入选者(人)		国内授权专利情况(项)※	20
国家级教学名师(人)		国外授权专利情况(项)※	1
国家优秀青年科学基金获得者(人)	1	科技成果转化(项目数)(项)※	6
教育部新(跨)世纪优秀人才(人)	3	科技成果转化(转让金额)(万元)※	15
福建省"闽江学者"特聘教授(人)	2	学生出国(境)交流(人次)※	7
福建省特级后备人才(人)		教师出国(境)交流(人次)※	8
国家教学成果奖(项)※		主办国际学术会议(次数)※	1
国家级一流本科专业(个)	1	主办两岸学术会议(次数)※	
中国"互联网+"大学生创新创业大赛获奖数(项)※		境外合作高校或机构(所)	
国家"2011 协同创新中心"(个)		签订境外合作协议(份)	
全国重点实验室(个)		邀请国外学者数(人)※	
国家重点实验室(个)		邀请台港澳地区学者数(人)※	
国家工程实验室(个)		国(境)外学生来校数(人)※	
国家(地方联合)工程研究中心(个)			

【科技成果产业化】 10月，郑志锋团队攻克“卡脖子”技术，实现年产10万平方米碳纸（片材）生产线的建设和高性能碳纸产品的量产。孙毅飞团队完成千瓦级甲酸制氢—燃料电池（PEMFC）分布式发电系统样机的整体开发。 （廖秀珍）

【新增多个科技创新平台】 9月，先进储能技术福建省高校重点实验室获批，国家能源用户侧储能创新研发中心（筹）分中心和国家能源区域智慧能源系统集成研发中心（筹）分中心启动建设。 （廖秀珍）

【获评福建省研究生优秀论文】 12月，龙敏南指导、朱墨书棋完成的《离子液体辅助生物质基复合材料的制备及应用研究》获评福建省优秀博士论文，周尧指导、梁倩完成的《铜镍基二氧化碳电还原纳米催化剂的可控合成与改性研究》获评福建省优秀硕士论文。 （陆雪英）

【储能科学与工程专业虚拟教研室建设取得成效】 学院牵头建设的教育部储能科学与工程专业虚拟教研室共同承办中国储能技术产教融合大会、主办教育部虚拟教研室建设与人才培养研讨会和储能科学与工程专业知识图谱建设讨论会，主编的《氢能与燃料电池课程知识图谱》入选教育部虚拟教研室典型教研成果，承担教育部战略性新兴领域“十四五”高等教育教材体系《燃料电池》教材编写。 （郑成竹）

【赴京开展学科调研】 7月4—5日，院党委书记王洁松、副院长（主持工作）郑志锋带队赴北京高校开展调研学习。调研团先后参访清华大学核能与新能源技术研究院、中国石油大学（北京）新能源与材料学院、华北电力大学新能源学院和能源动力与机械工程学院，就党建思政、队伍建设、学科布局、专业建设、人才培养等方面深入开展交流与讨论。

（郑成竹）

【院领导参访企业】 年内，学院党政领导带领师生先后走访厦门市计量检定测试院、宁德时代新能源、厦钨新能源和科华数能等业内头部企业，就进一步加强党建与业务融合、校企产学研合作、人才培养合作、促进毕业生创业就业工作、落实“访企拓岗”等进行调研交流。 （郑成竹）

【赴新疆开展高考招生咨询及宣讲工作】 5—6月，学院组织4批教师进疆、进校开展招生咨询宣讲，为新疆师范大学附属中学、新疆生产建设兵团第二中学、乌鲁木齐八一中学等优质生源地挂牌。 （郑成竹）

【赴沪参加“国和一号”产业链联盟大会】 11月3日，“国和一号”产业链联盟暨党建联盟（高校院所专场）签约大会在上海举行。学院党委书记王洁松分别代表学校和学院与国家电投集团上海核工程研究设计院签署“国和一号”产业链联盟和“国和一号”产业链党建联盟共建协议。

（吴一纯）

【举办2023年南强青年学者云论坛——能源学院分论坛】 2月19日，厦门大学2023年南强青年学者云论坛——能源学院分论坛通过线上线下相结合方式举办，来自美国密歇根大学、加拿大多伦多大学、瑞士洛桑联邦理工学院、德国卡尔斯鲁厄理工学院、清华大学等海内外知名高校的11名青年学者参会。 （郑成竹）

【举办交叉学科第九期先进能源暨中日氢能论坛】 6月15日，厦门大学交叉学科论坛第九期先进能源暨中日氢能源合作论坛在思明校区举行，论坛由科技处主办、能源学院承办，来自国内外的主讲嘉宾与师生代表120人以线上线下相结合的形式参加论坛。 （廖秀珍）

【召开重点用人单位座谈会】 3月1日，学院以线上线下结合的方式召开重点用人单位座谈会。中核霞浦核电、福建福清核电、厦门金龙汽车新能源、厦门海辰储能、厦门新能安、宁德时代新能源、华为数字能源、厦钨新能源、国网厦门供电公司、嘉庚创新实验室10家重点用人单位代表参加。 （施　珩）

【教师获各类奖项】 8月，冉广获十一届紫金科技创新奖“特别奖”，曾宪海获第十七届福建省青年科技奖，黄子敬获第九届福建省“互联网＋”大学生创新创业大赛优秀创新创业导师奖；11月，孙毅飞获厦门大学第十二届英语教学比赛理工医科组一等奖、最佳教学设计奖；12月，林志彬、胡晓慧获厦门大学第二届实验教学比赛二等奖，郑成竹获2023年度全国能源类学院党建思政优秀论文一等奖。 （廖秀珍　张正泓）

【学生双创竞赛获奖】 获第十八届“挑战杯”全国大学生课外学术科技作品竞赛“黑科技”专项赛“行星”级1项，第五届全国大学生可再生能源科技竞赛特等奖1项，“建行杯”第十六届全国大学生节能减排社会实践与科技竞赛二等奖2项，“中石协·石化机械杯”第十届中国研究生能源装备创新设计大赛三等奖1项，第二届中国研究生“双碳”创新与创意大赛三等奖3项，第九届福建省“互联网＋”大学生创新创业大赛金奖1项，2023年“宁德时代杯”新能源创新大赛银奖1项等奖项。 （方晨亮　施　珩）

【境外高校到访学院】 6月，全球八校联盟（GU8）主席单位法国列阿佛尔大学第一副校长让·诺埃尔·卡斯托里奥德（Jean Noël Castorio）和常务副校长迪米特里·勒菲夫（Dimitri Lefebvre）来访厦门大学，到能源学院交流。10月，英国卡迪夫大学国际事务主任雷扎·阿赫迈迪安（Reza Ahmadian）一行到访能源学院，围绕学科建设、人才培养和学术研究等方向探讨双方合作。 （陈　莹）

【受邀参加首届火电改核电国际会议】 11月7—8日，首届火电改核电国际会议在印尼万隆召开，探讨使用核反应堆改造火电站，达到减少能源领域碳排放的目的，推动全球能源转型和可持续发展。张尧立副教授受邀参会并做题为“在中国使用核能替代燃煤电站的研究”（Repowering Coal Power in China by Nuclear Energy）的大会报告。 （张尧立）

【与附属科技中学签署共建协议】 2月23日，学院与厦门大学附属科技中学签约共建“双碳科技创新实践中心”，提升中学生的科技创新意识和素养，助力厦门大学附属科技中学发展。 （郑成竹）

【共同主办全国创新大赛】 12月，共同主办第二届“宁德时代杯”新能源创新大赛，清华大学、北京大学、澳门大学等境内外高校的128支队伍参

赛,参赛主题涵盖新能源与储能先进领域。(郑成竹)

【应对超强台风“杜苏芮”】 7月底,第5号超强台风“杜苏芮”正面登陆闽南。学院党政负责人坚守一线,强化组织领导,加强应急值守,细致检查提醒,迅速调整工作,积极应对影响,全力守卫学院安全。(郑成竹)

萨本栋微米纳米科学技术研究院

【概况】 萨本栋微米纳米科学技术研究院系厦门大学直属研究院,重点建设机械工程一级学科,聚焦微纳制造与智能制造领域,围绕国家重大战略和区域创新发展需求,与学校化学、物理、信息、材料、生物等进行多学科深度交叉融合研究,布局光电工程与传感技术、微纳制造技术与装备、智能制造技术与装备、先进科学仪器、微纳系统技术五大研发方向。构建基础制造到集成应用的全链条研究体系,形成独具特色的厦大工科新方向,以建设国际一流的特色研究院为目标。

研究院现有在职教职工77人、双聘教师4人、非全职教师8人。拥有一批高层次人才,包括新加坡工程院院士1人、国家高层次人才3人、厦门大学南强特聘教授1人、厦门大学南强重点岗位教授1人、国家杰出青年科学基金获得者1人、国家高层次青年人才2人、国家优秀青年科学基金获得者2人、国家高层次人才特殊支持计划青年拔尖人才1人、海外博士后专项(引进)1人,教育部新世纪优秀人才支持计划1人,省级各类人才计划入选者47人次,市级各类人才计划入选者67人次,厦门大学南强青年拔尖A类人才5人。拥有机械工程一级学科博士点、智能仪器与装备交叉学科博士点、工程硕士专业学位(机械)授权点。2023年11月获批机械工程博士后科研流动站,现有在站博士后10名;现有在读博士研究生106人、硕士研究生337人。机械设计制造及其自动化专业通过中国工程教育专业认证。与航空航天学院组建共同党委,遵循共建共享原则,共同成立本科生教学委员会,推动本科生教育工作。近年来获批建设国家级机电类虚拟仿真实验教学中心、全国示范性全日制工程硕士专业学位研究生联合培养实践基地等国家级教学平台。多名毕业生获上银优秀机械博士论文奖、福建省优秀硕博士学位论文;积极组织研究生和本科生参加各类竞赛,在“互联网+”“挑战杯”等赛事中获国际级金奖等多项奖项。研究院深入开展国际合作与交流,发挥厦大学科与平台优势,通过多学科交叉、校企合作等方式,培养复合型新工科人才,向华为、海康威视、阿里云、英伟达半导体、福清核电、厦钨新能源等龙头企业输送一批高质量人才。

研究院围绕服务国家战略需求和经济主战场,近年来,承担和参与国家重点研发计划项目、国家自然科学基金区域创新联合基金重点项目以及福建省科技重大专项等省部级各类项目,人均科研经费位居学校前列。参与建设新能源汽车动力电源技术国家地方联合工程实验室、嘉庚创新实验室等重大平台;建有福建省微纳制造工程技术研究中心、厦门市MEMS工程技术研究中心等11个省市级平台;对外开放运行的“厦门大学微纳加工测试仪器共享平台”是福建省首家兼顾微电子、传感器、微能源、纳米材料与器件加工测试技术的大型公共服务平台,年均服务企事业单位50余家。研究院团队近年来在高分辨率光刻制造技术、“光学微球”显微技术、近场静电纺丝技术、纳米电化学加工、复杂装备创新设计、新能源装备与技术、原创科学仪器、MEMS特种传感器等领域取得丰硕的科研成果,获得教育部技术发明二等奖、福建省科技进步奖一等奖等,产生较大的社会影响。(林常胜)

【研究院学科重组】 为加快推进学校“双一流”建设,推动机械工程学科及学校相关工科的高质量发展,集中力量突破国家和区域重点产业的卡脖子难题,2月14日,学校任命洪明辉为萨本栋微米纳米科学技术研究院院长,周伟转任萨本栋微米纳米科学技术研究院副院长,决定将萨本栋微米纳米科学技术研究院和航空航天学院相关学科进行重组,重组后研究院聚焦微纳制造与智能制造领域,主要承担机械工程一级学科建设任务和研究生人才培养。两院成立共同党委,各自组建各类管理委员会,共同成立本科教学指导委员会,共建共享指导本科专业人才培养工作。共有49名机电工程系、仪器与电气系、自动化系及工程中心教职工,98名博士研究生,362名硕士研究生加入研究院。(林常胜)

【以高质量党建引领研究院高质量发展】 研究院与航空航天学院成立共同党委,在院党委坚强领导下开展研究院重组等各项事宜,以高质量党建引领研究院高质量发展。组建党政联席会和院务会,逐步完善研究院顶层设计和制度建设。重组党支部,设置微纳行政与工程、机电工程、微纳光电仪器3个教工党支部和7个研究生党支部,聚焦增强政治功能和组织功能开展党支部建设。扩充行政服务队伍,组建聘委会、教授委员会、教学委员会、学位评定分委员会、南强优博计划各类管理委员会,在各专门领域形成民主和专业的决策机制。扎实开展学习贯彻习近平新时代中国特色社会主义思想主题教育,深入学习领会党的二十大精神,结合学校第十二次党代会精神加以贯彻落实。完成师德集中学习教育,扎实开展教师假期研修、“书记亮警示”、“院长谈准则”等活动,加强全院教师思想政治和师德师风工作。(刘伟榕)

【科研产出成效显著】 积极推进有组织科研模式,开展大团队建设调研和内部论证,以重大项目为纽带,以项目带头人为核心,汇聚多学科融合型团队。科研总经费到账逾7580万元;获纵向项目立项42个,立项总经费5256万元,其中获批牵头国家重点研发计划专项千万元级项目1个,国家杰出青年科学基金、军委重点专项400万元级2个;立项横向项目62个,立项总经费超2800万元,成立院企平台3家;承办厦门大学第八期交叉学科论坛“微纳制造与智能制造”和光电

2023 年度萨本栋微米纳米科学技术研究院基本情况

统计项目	数量
本科生数(人)	
硕士研究生数(人)	337
其中:专业学位硕士研究生数(人)	222
博士研究生数(人)	106
其中:专业学位博士研究生数(人)	6
其中:学历留学生数(人)	
本科毕业生毕业去向落实率(%)	82.4
硕士毕业生毕业去向落实率(%)	94.4
博士毕业生毕业去向落实率(%)	100
本科毕业生升学、出国(境)率(%)	
毕业生到重要行业和领域就业率(%)	57.7
专任教师数(人)	56
非全职教师数(人)	8
专职科研队伍数(人)	7
教授数/正高级数(人)	20
副教授数/副高级数(人)	25
具有博士学位专任教师数(人)	56
具有海外学习交流一年(或 10 个月)以上经历教师数(人)	37
45 岁以下(含)专任教师数(人)	36
全职两院院士(人)	
发展中国家科学院院士(人)	
教育部“长江学者奖励计划”特聘教授(人)	
教育部“长江学者奖励计划”特岗学者(人)	
教育部“长江学者奖励计划”青年学者(人)	
国家杰出青年科学基金获得者(人)	1
“国家特支计划”领军人才(人)	
“国家特支计划”青年拔尖人才(人)	1
国家百千万人才工程入选者(人)	
国家级教学名师(人)	
国家优秀青年科学基金获得者(人)	2
教育部新(跨)世纪优秀人才(人)	1
福建省“闽江学者”特聘教授(人)	
福建省特级后备人才(人)	
国家教学成果奖(项)※	
国家级一流本科专业(个)	
中国“互联网+”大学生创新创业大赛获奖数(项)※	
国家“2011 协同创新中心”(个)	
全国重点实验室(个)	
国家重点实验室(个)	
国家工程实验室(个)	
国家(地方联合)工程研究中心(个)	
教育部重点实验室(个)	
教育部工程研究中心(个)	
福建省创新实验室(个)	
福建省“2011 协同创新中心”(个)	
福建省重点实验室(个)	
福建省工程技术研究中心(个)	1
福建省工程实验室(个)	
福建省工程研究中心(个)	
其他部省级平台(个)	1
国家自然科学基金委基础科学中心(个)	
国家自然科学基金委创新研究群体(个)	
高等学校学科创新引智基地(“111”计划)(个)	
国家自然科学基金项目(个)※	6
国家重点研发计划(项目牵头)(个)※	1
其他部省级重大专项(个)※	
企业和社会各界委托项目(理工医科 100 万元以上)(个)※	9
纵向科研经费(到位)(万元)※	5726.2
横向科研经费(到位)(万元)※	2092.6
国家自然科学奖(项)※	
国家技术发明奖(项)※	
国家科技进步奖(项)※	
高校科学研究优秀成果奖(科学技术)(项)※	
福建省科学技术奖(项)※	
其他重要科技奖励(请注明)(项)※	
发表文章总数(篇)※	45
其中:*Science*、*Nature*、*Cell*(含子刊)(篇)※	1
其他(请注明)(篇)※	
国内授权专利情况(项)※	10
国外授权专利情况(项)※	1
科技成果转化(项目数)(项)※	7
科技成果转化(转让金额)(万元)※	93
学生出国(境)交流(人次)※	10
教师出国(境)交流(人次)※	24
主办国际学术会议(次数)※	
主办两岸学术会议(次数)※	
境外合作高校或机构(所)	
签订境外合作协议(份)	
邀请国外学者数(人)※	
邀请台港澳地区学者数(人)※	
国(境)外学生来校数(人)※	

检测与微纳制造研讨会暨厦门市仪器仪表学会2023年学术年会,促进学科交叉。提交的关于数字化转型相关决策咨询报告被教育部采用,发挥决策咨询的智库作用。全院教师申请专利109项,新增授权专利48项,申请著作权32项。发表*Nature*子刊及旗下期刊1篇,新获包括福建科技进步奖2项、中国发明协会"发明创业奖"一等奖等在内的科技奖励7项。依托研究院建设的福建省高端装备智能传感与控制工程研究中心年度考核优秀,获100万元奖励金。

(胡菲娜)

【开展机械工程学科调研工作】 研究院高度重视,将调研工作任务作为党政联席会议议题专题研究。院长全程带队,共计62人次出访调研西安交通大学、浙江大学、大连理工大学、山东大学、重庆大学、华南理工大学6所大学和3家上市校友企业。针对学科发展路径、师资建设、人才培养、科研创新、社会服务等开展广泛调研交流。除了传统机械工程学院,调研组还参访学习新型校区、新型学院、新型研究院,拓宽学校机械学科建设思路。把学科建设调研、走访院友有机结合,增加校友感情、加深院企合作。(刘伟榕)

【重培养,实施"一人一策"精准引培人才策略,促进人才集聚】 研究院逐渐形成"总体规划—事前提醒—申报指导—事后跟踪—总结反馈"规范流程,打造"研究院—科研团队—教师个人"多级联动机制,明确责任,科学谋划,真正将提升研究院人才整体数量和质量的目标落到实处。重组以来,研究院新增国家杰出青年科学基金获得者1人、国家高层次人才特殊支持计划青年拔尖人才1人,海外博士后专项(引进)1人,福建省杰出青年科学基金获得者1人、省高层次人才8人(其中特级人才1人),市高层次人才13人(其中A+人才1人),厦门大学南强特聘教授1人、南强A类人才1人、B类人才1人,海外博士后专项(派出)项目1人。在人才引进方面,引进南强B类人才1人、非全职教师2人、双聘引进2人。在人才奖励方面,获颁自然Light 2022杰出编委奖、10周年杰出贡献奖等各类人才奖5项。(邱　媛)

【高质量开展学位点评估工作】 在研究生院指导下,开展机械工程学科博士、硕士学术学位授权点的自我评估工作,邀请包括3名国务院学科评议组成员在内的专家组进行评估,学位点建设成绩得到专家高度认可。同时还开展工程类硕士专业学位授权点的合格评估工作,完成并提交工程类硕士专业学位授权点基本状态信息表及授权点自核验报告。

(肖丽丽)

【全面加强课程思政建设,全方位提升人才培养质量】 把立德树人根本任务融入研究生教育的各环节,深入开展教风、学风、诚信建设,注重学生安全教育。研究生按时报到注册率均为100%。全年教学秩序良好,正常授课率高达100%。2023年毕业本科生58名,毕业研究生103名(博士13名,硕士90名);本科生就业率达82.4%,研究生就业率达95%。毕业去向:69.5%已就业的学生从事教学、科研、技术岗位。工作单位:华为、海康威视、阿里云、英伟达半导体、小鹏汽车、小米通讯、锐捷网络、福清核电、厦钨新能源、福建新大陆等龙头企业。(肖丽丽　蔡晓萌)

【教学科研竞赛喜获佳绩】 在第十八届全国大学生"挑战杯"竞赛"黑科技"专项赛荣获星系级(特等)奖项1项;第7届中国(国际)传感器创新创业大赛决赛荣获设计组二等奖;明石杯微纳传感技术与智能应用赛荣获一等奖1项、二等奖2项;第五届中国研究生机器人创新设计大赛荣获二等奖1项、三等奖2项及优秀组织奖;2023年度中国仪器仪表学会奖学金一等奖2名;中国国际大学生创新大赛(2023)银奖2项;第九届厦门大学"互联网+"大学生创新创业大赛荣获金奖1项、银奖3项。(肖丽丽)

【在厦门市科技创新大会上喜获多项殊荣】 3月29日上午,厦门市科技创新大会在厦门国际会议中心酒店召开,研究院喜获多项殊荣:院长洪明辉院士受聘为厦门市科技顾问;副院长周伟教授荣获2022年度厦门市科技创新杰出人才奖;马盛林副教授领衔的项目"高阻硅TSV及其射频集成产业化应用"荣获2022年度厦门市科学技术进步奖一等奖;侯亮教授团队参与的"新能源客车节能降耗与智能管控关键技术研发与产业化"获2022年度厦门市科学技术进步奖三等奖。(胡菲娜)

【国际知名学者来访】 5月11—14日,加拿大工程院院士、加拿大卡尔加里大学机械与制造工程系系主任孙巧教授应邀来访。作为首期嘉宾做客品牌学术活动"萨本栋科技沙龙",开讲"群贤大讲堂"第七讲,为师生做题为"机器人时代结构柔性的崭新使命"的报告。6月9日下午,新加坡工程院院士、湖南大学TEOH Swee Hin教授应邀做客,在翔安校区文宣楼做题为"骨组织工程——下一个前沿"的全英文报告。11月6日上午,日本工程院外籍院士、工业和信息化部融合医工系统与健康工程重点实验室主任郭书祥教授应邀做客,在翔安校区新工科大楼218报告厅为师生做题为《仿生两栖球形子母型水下微机器人》的专题讲座。(邱　媛　胡菲娜)

【举办2023年厦门大学"芯"一代少年科普拓展营】 7月16—20日,主办福建省中学生科普拓展营,以"放飞科技梦想,锻铸国之栋梁"为主题,35名来自各地的中学生走进厦大,聆听院士开讲、名师授课,走进高端实验室,近距离探索微纳奥秘,探究科技魅力,畅享厦大生活。(林常胜)

【举办第八届全国优秀大学生暑期夏令营】 7月17—21日,举办第八届全国优秀大学生暑期夏令营。全国各高校共224人报名,84人通过初审,最终50名优秀本科生加入夏令营,为研究院吸引高质量生源。

(蔡晓萌)

【举办第五届微纳制造与智能制造暑期学校】 7月24—29日线上举办暑期学校,邀请来自哈尔滨工业大学、大连理工大学、中国科学院光电技术研究所、华中科技大学、清华大学、厦门钨业、厦门金龙汽车等学界和企业界专家授课。暑期学校重点关注微纳制造与智能制造在计量、材料、仪器设备上相关的设计、工艺、控制和应用以及芯片和机器人关键技术等

热门研究方向，吸引150余名学员报名参加。（肖丽丽）

【获批博士后流动站】 11月，机械工程博士后科研流动站获批设立。机械工程博士后科研流动站是研究院获批的首个博士后科研流动站，标志着研究院办学层次的进一步提升和高层次学科建设取得重大突破。（邱 媛）

【举办学科发展大会】 12月24日，举办厦门大学科学仪器工程学科创建40周年发展大会暨厦门大学校友会科仪机电微纳分会成立大会、首期“亦玄大讲坛”等系列活动，超200名校友重聚母校。原校长朱崇实、副校长方颖、田中群院士、郑兰荪院士发表现场致辞，田昭武院士发来贺信，蒋庄德院士、孙世刚院士、戴民汉院士发表视频致辞；洪明辉院长做学科发展历程和展望报告；大会还举行第一届“士毅奖”颁奖仪式，缅怀教研双馨的刘士毅老师；缅怀杰出校友周詠棠先生，其捐助母校基金中划拨500万元专门用于研究院人才基金；与校友企业签约并揭牌2家院企联合平台，首期获投入超500万元。副校长、校友总会副理事长邱伟杰为科仪机电微纳校友分会授会旗和会牌，与会领导为校友分会理事会、监事会成员颁发聘书。郑兰荪院士、田中群院士、洪明辉院士分别做“科学仪器工程”主题报告，启迪学科发展思路。（刘伟榕）

航空航天学院

【概况】 航空航天学院现设飞行器系、动力工程系、机电工程系、仪器与电气系、自动化系共5个系，以及工程技术中心、教育培训中心2个中心。拥有国家级机电类虚拟仿真实验教学中心、全国示范性全日制工程硕士专业学位研究生联合培养实践基地（机械工程）2个国家级教学平台，另有3个省级教学科研平台、1个厦门市工程技术研究中心、2个厦门市重点实验室。

学院拥有航空宇航科学与技术、仪器科学与技术、控制科学与工程3个一级学科，6个博士学位授权点、6个硕士学位授权点、6个本科专业、2个博士后流动站。现为先进航空发动机2011协同创新中心理事单位、航空发动机创新中心理事单位、航空领域卓越工程师培养产教联盟单位，设有航空发动机创新中心“高速推进分中心”。

学院现有在职教职工165人，其中专任教师100人、工程技术人员44人、党政管理支撑队伍21人。专任教师中教授29人，副教授49人，助理教授22人。在高层次人才方面，现有国家高层次人才3人，教育部“长江学者奖励计划”特聘教授1人，教育部“长江学者奖励计划”校企联聘学者2人，卓越青年人才基金获得者1人，教育部“长江学者奖励计划”青年学者1人，“国家特支计划”青年拔尖人才1人，教育部新世纪优秀人才支持计划2人，省级各类人才计划入选者70人次，市级各类人才计划入选者90人次。2023年学院新聘教师4人，其中副教授（南强青年拔尖人才支持计划B类）1人、助理教授3人（1人待入职）；新增高端非全职教师17名。

截至12月31日，学院在校学生总人数2213人，其中本科生1487人、硕士研究生577人、博士研究生149人。2023年学院新招收博士研究生50人、硕士研究生194人、本科生390人（其中辅修1人）；毕业博士研究生31人、硕士研究生198人、本科生343人。

在本科教学方面，学院不断完善协同育人和实践教学机制，努力培育以人才培养为中心的质量文化。2023年顺利完成本科教育教学审核评估工作，新增国家级一流本科课程1门、福建省一流本科课程2门、福建省本科高校教育教学研究项目1个、课程思政示范课程优秀案例上线新华网“新华思政”平台2门，校级首批“十四五”精品教材3部，校级课程思政示范项目1个。与福建新意科技、厦门天卫科技、易联众、灵丘平型关机场、武汉森蓝智能科技5家企事业单位签订实习实践共建协议。

在研究生培养方面，学院围绕学科评估和研究生培养模式改革，坚持问题导向，着力完善适应国家及区域经济发展需要、健康有序且高质量的研究生培养机制，厚植研究生培养沃土，切实提高研究生培养和学位授予质量。获批“航空宇航科学与技术”一级学科博士学位授权点，并开展“能源动力”专业学位硕士授权点专项核验工作。改革研究生招生模式，调整以系单位招生为以院单位招生，不再区分专业学位研究方向。积极开展南强优秀博士培养计划工作，7人入选校南强优博计划。深化研究生教育国际化，6人获国家建设高水平大学公派研究生项目，3人获研究生院资助出国出境参加国际学术会议。3篇论文被评为福建省优秀博士学位论文，6篇论文被评为福建省优秀硕士学位论文。

开展以科研项目为驱动的大科研团队建设，设立4个研究中心、8个科研团队，形成矩阵式科研组织架构；对工程技术中心和教育培训中心进行重组，教育培训中心拟更名为工程管理中心，承担学院科研支撑、教育培训等工作职能，充分发挥专技人员对学院科研等的支撑保障作用。2023年学院到账科研经费12084.3万元，其中纵向经费7794.4万元，横向经费4289.9万元。学院集中申请国家基金项目41个，获批9个，直接资助经费合计共336.5万元。福建省科技项目申报工作稳步推进，福建省自然科学基金项目获批7个，福建省引导性、对外合作项目获批2个。厦门市自然科学基金项目本年度获批3个，厦门市产学研项目2个。2023年新增专项项目51个，立项项目经费达6450万元。获批授权专利119项；获批软件著作权66项。获奖方面，何良宗教授团队、洪文兴教授团队获2022年度厦门市科学技术奖二等奖2项；与中航长城计量测试（天津）、龙岩市武平县人民政府、灵丘平型关机场、海沧实验中学、厦门市松柏第二小学等单位签订合作协议。

学院通过线上线下相结合的形式进行学术交流合作，时刻保持与世界高水平大学、研究机构的合作与交流。2023年师生出国（境）共计68人次。其中，教师因公出国（境）22人，

2023年度航空航天学院基本情况

统计项目	数量	统计项目	数量
本科生数(人)	1487	教育部重点实验室(个)	
硕士研究生数(人)	577	教育部工程研究中心(个)	
其中:专业学位硕士研究生数(人)	422	福建省创新实验室(个)	
博士研究生数(人)	149	福建省“2011协同创新中心”(个)	1
其中:专业学位博士研究生数(人)	33	福建省重点实验室(个)	
其中:学历留学生数(人)	3	福建省工程技术研究中心(个)	1
本科毕业生毕业去向落实率(%)	95.2	福建省工程实验室(个)	
硕士毕业生毕业去向落实率(%)	98.4	福建省工程研究中心(个)	2
博士毕业生毕业去向落实率(%)	100	其他部省级平台(个)	5
本科毕业生升学、出国(境)率(%)	55.8	国家自然科学基金委基础科学中心(个)	
毕业生到重要行业和领域就业率(%)	63.6	国家自然科学基金委创新研究群体(个)	
专任教师数(人)	100	高等学校学科创新引智基地(“111”计划)(个)	
非全职教师数(人)	34	国家自然科学基金项目(个)※	9
专职科研队伍数(人)	18	国家重点研发计划(项目牵头)(个)※	
教授数/正高级数(人)	29	其他部省级重大专项(个)※	
副教授数/副高级数(人)	49	企业和社会各界委托项目(理工医科100万元以上)(个)※	9
具有博士学位专任教师数(人)	98	纵向科研经费(到位)(万元)※	7794.4
具有海外学习交流一年(或10个月)以上经历教师数(人)	61	横向科研经费(到位)(万元)※	4289.9
45岁以下(含)专任教师数(人)	65	国家自然科学奖(项)※	
全职两院院士(人)		国家技术发明奖(项)※	
发展中国家科学院院士(人)		国家科技进步奖(项)※	
教育部“长江学者奖励计划”特聘教授(人)	1	高校科学研究优秀成果奖(科学技术)(项)※	
教育部“长江学者奖励计划”特岗学者(人)		福建省科学技术奖(项)※	
教育部“长江学者奖励计划”青年学者(人)	1	其他重要科技奖励(请注明)(项)※	4
国家杰出青年科学基金获得者(人)		发表文章总数(篇)※	25
“国家特支计划”领军人才(人)		其中:*Science*、*Nature*、*Cell*(含子刊)(篇)※	1
“国家特支计划”青年拔尖人才(人)	1	其他(请注明)(篇)※	24
国家百千万人才工程入选者(人)		国内授权专利情况(项)※	119
国家级教学名师(人)		国外授权专利情况(项)※	
国家优秀青年科学基金获得者(人)		科技成果转化(项目数)(项)※	14
教育部新(跨)世纪优秀人才(人)	2	科技成果转化(转让金额)(万元)※	26
福建省“闽江学者”特聘教授(人)		学生出国(境)交流(人次)※	40
福建省特级后备人才(人)	1	教师出国(境)交流(人次)※	22
国家教学成果奖(项)※		主办国际学术会议(次数)※	
国家级一流本科专业(个)	4	主办两岸学术会议(次数)※	
中国“互联网+”大学生创新创业大赛获奖数(项)※	3	境外合作高校或机构(所)	
国家“2011协同创新中心”(个)		签订境外合作协议(份)	
全国重点实验室(个)		邀请国外学者数(人)※	3
国家重点实验室(个)		邀请台港澳地区学者数(人)※	2
国家工程实验室(个)		国(境)外学生来校数(人)※	1
国家(地方联合)工程研究中心(个)			

因私出国(境)5 人;学生因公出国(境)40 人,因私出国(境)11 人。积极邀请国内外著名学者来访学校,做客南强学术讲座或凌云讲坛。2023 年,举办南强学术讲座 1 场,凌云讲坛 25 场。学院加强业内联络,积极承办各类学术会议,展现学院在各研究领域的最新成果,推动学科发展,扩大学院国内外影响力。举办第十五届全国结构振动与动力学学术研讨会暨第三届全国冲击及防护工程学术研讨会、2023 年中国高校计算机教育大会(CCEC2023)、第一届临近空间与空天飞行气动技术研讨会、第七届中国非线性系统与控制专题研讨会年会、第五届全国高等学校航空航天类专业教育教学研讨会等各类高规格会议。

(马　舜　陈燕君　云凤琳　范林溪　张瑞凡　赖　媛　刘　昀　欧阳智贤)

【完成学院重组工作】 2 月 14 日,学院完成与萨本栋微米纳米科学技术研究院重组工作,47 名教职工转入萨本栋微米纳米科学技术研究院。学院主要负责航空宇航科学与技术一级学科建设,萨本栋微米纳米科学技术研究院主要负责机械工程一级学科建设。 (欧阳智贤)

【获第十三届"挑战杯"中国大学生创业计划竞赛金奖】 3 月 17—19 日,在第十三届"挑战杯"中国大学生创业计划竞赛全国决赛中,学院"智造光学——先进光学元件加工装备全球领航者"项目斩获金奖,是本届大赛学校唯一入围国赛总决赛的项目,也是学院在"挑战杯"国赛中的第一个金奖。 (刘　群)

【"飞发控制一体化技术验证联合实验室"揭牌】 4 月 9 日,"中国航空工业集团沈阳飞机设计研究所—中国航空研究院—厦门大学航空航天学院飞发控制一体化技术验证联合实验室"揭牌成立。 (范林溪)

【两支学生团队获学校通令嘉奖】 4 月10 日,在厦门大学建校 102 周年之际,学校对上一年度各领域取得优异成绩、在校内外产生较大反响的团队与个人进行通报表彰。学院"智造光学""瞬捷科技"2 支团队在创新创业竞赛领域取得突出成绩并获全校通令嘉奖。 (刘　群)

【"本栋"系列火箭成功发射】 4 月 27 日,"本栋一号""本栋二号"2 枚火箭在新疆尉犁试验场成功发射,2 枚火箭由学院与北京凌空天行科技有限责任公司联合开设的"空天报国"火箭研发实践课程打造,20 余名本科及研究生共同参与火箭研制及发射的全过程,校党委书记张荣教授到现场指导本次火箭发射任务。

(刘　群)

【一门课程入选国家级一流课程】 5 月30 日,教育部公布第二批国家级一流本科课程名单,王颖教授团队"互联网创业引导与实践"入选国家级一流课程(社会实践一流课程)。

(陈燕君)

【研究生获中国仪器仪表学会奖学金】 7 月 20 日,经中国仪器仪表学会奖学金评审委员会专家评选,2021 级硕士生曾英俊获 2023 年度中国仪器仪表学会奖学金。 (倪建超)

【新增一个博士学位授权一级学科】 9 月 14 日,国务院学位委员会公布 2022 年动态调整撤销和增列的学位授权点名单,学院获批增列航空宇航科学与技术博士学位授权一级学科。

(马　舜)

【李卫彬获 2023 年 Achenbach 奖】 9 月14 日,在美国斯坦福大学举办的 2023 年国际结构健康监测大会(IWSHM 2023)上公布并颁发了国际著名学术奖项——阿肯巴赫奖(Achenbach Medal),李卫彬获此奖项。Achenbach 奖是由国际结构健康监测学术界设立的用于奖励博士毕业 10 年以内,在无损检测/结构健康监测领域做出突出贡献的青年学者,其评奖章程规定每年仅从全球提名人选中遴选 1 人。 (范林溪)

【第十八届"挑战杯"全国大学生课外学术科技作品竞赛"黑科技"展示活动获评"星系"级作品】 9 月 25 日,第十八届"挑战杯"全国大学生课外学术科技作品竞赛"黑科技"展示活动优秀作品拟授奖名单揭晓,学院《"随声而动"非接触隔空移液》项目获评"星系"级作品、《航空面齿轮抗胶合数字孪生智能制造系统》获评"卫星级"作品(在"黑科技"专项赛优秀作品中,"星系"级、"恒星"级、"行星"级、"卫星"级作品相当于特、一、二、三等奖次)。 (刘　群)

【六人入选 2023 年度"全球前 2%顶尖科学家榜单名单"】 10 月 10 日,美国斯坦福大学发布 2023 年度"全球前 2%顶尖科学家榜单",曾念寅、卿新林、何良宗、陈桂鹏、王晓红和尤延铖 6 人入选全球前 2%顶尖科学家"2023 年度科学影响力排行榜",其中曾念寅还入选全球前 2%顶尖科学家"终身科学影响力排行榜"。

(范林溪)

【获中国机器人大赛篮球机器人项目冠军】 10 月 12—16 日,2023 中国机器人大赛暨 RoboCup 机器人世界杯中国赛在泉州晋江举行,学院机器人队获篮球机器人项目冠军。这是继 2016 年后,时隔 7 年,厦大学生再次获该赛项冠军。 (刘　群)

【获昇腾 AI 创新大赛 2023 全国总决赛金奖】 10 月 24—26 日,京西智谷·昇腾 AI 创新大赛 2023 全国总决赛在北京国家会议中心举办,研究生参赛队伍"博学逐梦队"以"南强护航——航空发动机智能视觉缺陷检测"项目获大赛开发者套件创新赛道金奖。 (刘　群)

【学生实践队获全国大学生暑期实践团队 TOP100】 11 月,空天报国实践队在"2023 年第九届全国大学生暑期实践展示"活动中进入"全国大学生暑期实践团队 TOP100"。学院已连续 7 年组织"空天报国"主题社会实践活动。 (水永生)

【航空宇航科学与技术学科位列全国第十一名】 11 月 8 日,高等教育评价专业机构软科正式发布"2023 软科中国最好学科排名"。航空宇航科学与技术学科位列全国第十一名(前 30%),比上一年提高 2 名。

(马　舜)

【曾念寅入选 2023 年度"全球高被引科学家"名单】 11 月 15 日,科睿唯安发布 2023 年度"全球高被引科学家"名单,曾念寅入选交叉学科"全球高被引科学家"。 (范林溪)

【获全省高校"一融双优"基层党建工作模式典型案例】 11 月 24 日,福建省委教育工委公布全省高校"一融双优”基层党建工作模式典型案例评选结果。学院师生党员“双培”工作案例《“旗帜工程·党员学堂”:以高质量党员教育探索学生党员“双培”工作新模式》被遴选为全省高校“一融双优”基层党建工作模式典型案例(全省本科高校共10篇)。

(戴丹妮)

【中国国际大学生创新大赛(2023)获金、银、铜奖各一项】 12月3—6日,在中国国际大学生创新大赛(原“互联网+”大赛)国赛中,学院“森蓝智能——高精度显示芯片外观检测国产领航者”项目斩获金奖,“新一代活性氧清除和抗菌消炎多功能纳米纤维再生敷料”项目获银奖,“鼎传高科——高速重载齿轮抗胶合形性耦合虚拟仿真系统”项目获铜奖,入围国赛及获奖数量位列全校之首,学院已连续2年在该赛事获金奖。

(刘　群)

电子科学与技术学院(国家示范性微电子学院)

【概况】 电子科学与技术学院(国家示范性微电子学院)下设电子工程系、电子科学系、微电子与集成电路系、电磁声学研究院、实验教学中心。学院建设、共建的科研教学平台主要包括:国家集成电路产教融合创新平台、电子信息国家级实验教学示范中心、福建省等离子体与磁共振研究重点实验室、福建省超快激光技术及应用重点实验室、福建省集成电路设计工程技术研究中心、福建省电子设计自动化工程研究中心、福建省LED照明与显示行业技术开发基地、福建省光电照明与显示企业服务型制造公共服务平台、集成电路设计与测试分析福建省高校重点实验室、电磁波科学与探测技术福建省高校重点实验室。

学院拥有电子科学与技术和集成电路科学与工程一级学科博士学位点和博士后流动站,可招收电子科学与技术和集成电路科学与工程一级学科学术型硕士生、博士生、博士后;拥有电子信息领域专业型博士学位授权点,可招收电子信息领域工程类专业型硕士生、博士生。开设有5个本科生专业,分别是电子信息工程、电子信息科学与技术、集成电路设计与集成系统、微电子科学与工程、电磁场与无线技术。其中,电子信息工程专业入选2019年国家级一流本科专业建设点;电子信息科学与技术专业入选2013年教育部卓越工程师教育培养计划、2021年国家级一流本科专业建设点;微电子科学与工程入选2007年福建省特色本科专业、2020年福建省一流本科专业建设点;集成电路设计与集成系统专业入选2016年福建省特色本科专业。

学院全年到位科研经费7819.9万元,其中纵向科研经费5913.5万元、横向科研经费1904.4万元;参与重点研发课题3个,立项经费507万元;新增国家自然科学基金项目14个,获资助金额790万元;新增省市及其他项目20个,立项经费642万元。以学校为第一完成单位荣获中国科技产业化促进会产学研合作创新奖1项、中国图象图形学学会青年科学家奖1项、厦门市科技进步奖三等奖1项;科研成果入选中国光学十大进展提名奖、中国光学工程学会光纤激光五年优秀成果展。以第一完成单位发表SCI论文195篇,其中一区46篇、二区82篇,获授权专利54件。董俊教授、张保平教授、罗正钱教授入选Elsevier中国高被引学者榜单。

学院现有教职工152人,其中教授29人、副教授43人,硕士生导师91人、博士生导师40人。教师队伍现有全职外籍院士1人、国务院政府特殊津贴专家3人、国家百千万人才工程入选者1人、国家级四青人才2人、教育部新世纪优秀人才培养计划入选者4人;福建省“闽江学者”特聘教授6人、福建省百千万人才工程入选者2人、福建省“双百计划”人才4人、福建省杰出青年基金获得者6人、福建省高校新世纪优秀人才支持计划入选者5人;厦门大学南强重点岗位教授2人、厦门大学南强青年拔尖人才9人。

学院现有学生1887人,其中本科819人、硕士研究生812人、博士研究生256人。2023届毕业生就业率达96.24%,其中本科生92.82%、硕士生99.60%、博士生100%,本科生升学率53.04%。中西部、基层和国家重要行业关键领域就业139人。学生在各类创新创业赛事中获省部级以上竞赛奖项109项,其中国家级36项、省部级73项。

(方银水　陈精锋　王凤松　王清爽　郑毓玲　刘恺之　胡　凡)

【一个项目获批教育部产学合作协同育人项目】 2月,周剑扬教授负责的“基于Wujian 100的复杂数字系统设计教学与实践”入选教育部2022年第二批产学合作协同育人项目。

(郑毓玲)

【举行院名石揭幕仪式】 4月,学院在南存钿楼前广场举行院名石揭幕仪式,院名石由杰出校友萨支唐院士亲笔题字。(陈精锋)

【获中国产学研合作促进会产学研合作创新奖】 4月,屈小波教授获中国产学研合作促进会产学研合作创新奖。中国产学研合作促进会“产学研合作创新与促进奖”经科技部和国家科技奖励工作办公室批准设立,是我国产学研界协同创新的最高荣誉奖。

(王凤松)

【赴湖北开展本科招生宣传工作】 5—6月,学院招生宣传组带队前往湖北省武汉第二中学、武汉第一中学、武汉新洲区第一中学及武昌实验中学等湖北省重点生源中学,开展“厦门大学优质生源基地”挂牌、科普讲座、招生宣讲等活动,进一步吸引优质生源。(郑毓玲)

【开展主题教育读书班联学暨党建共建签约仪式】 6月,学院党委与厦门高新技术创业中心有限公司党总支举行主题教育读书班联学暨党建共建签约仪式。(严　威)

【一门课程获批国家级一流本科课程】 6月,教育部公布《教育部关于公布第二批国家级一流本科课程认定结果的通知》,黄朝红副教授负责的“激光原理与技术”被认定为“国家级一流本科课程(线上一流课程)”。

(郑毓玲)

2023 年度电子科学与技术学院(国家示范性微电子学院)基本情况

统计项目	数量
本科生数(人)	819
硕士研究生数(人)	812
其中:专业学位硕士研究生数(人)	607
博士研究生数(人)	256
其中:专业学位博士研究生数(人)	31
其中:学历留学生数(人)	4
本科毕业生毕业去向落实率(%)	92.82
硕士毕业生毕业去向落实率(%)	99.60
博士毕业生毕业去向落实率(%)	100
本科毕业生升学、出国(境)率(%)	53.04
毕业生到重要行业和领域就业率(%)	54.6
专任教师数(人)	92
非全职教师数(人)	15
专职科研队伍数(人)	12
教授数/正高级数(人)	29
副教授数/副高级数(人)	43
具有博士学位专任教师数(人)	89
具有海外学习交流一年(或 10 个月)以上经历教师数(人)	61
45 岁以下(含)专任教师数(人)	60
全职两院院士(人)	
发展中国家科学院院士(人)	
教育部"长江学者奖励计划"特聘教授(人)	
教育部"长江学者奖励计划"特岗学者(人)	
教育部"长江学者奖励计划"青年学者(人)	
国家杰出青年科学基金获得者(人)	
"国家特支计划"领军人才(人)	
"国家特支计划"青年拔尖人才(人)	
国家百千万人才工程人选者(人)	1
国家级教学名师(人)	
国家优秀青年科学基金获得者(人)	2
教育部新(跨)世纪优秀人才(人)	4
福建省"闽江学者"特聘教授(人)	6
福建省特级后备人才(人)	
国家教学成果奖(项)※	
国家级一流本科专业(个)	2
中国"互联网+"大学生创新创业大赛获奖数(项)※	
国家"2011 协同创新中心"(个)	
全国重点实验室(个)	
国家重点实验室(个)	
国家工程实验室(个)	
国家(地方联合)工程研究中心(个)	

统计项目	数量
教育部重点实验室(个)	
教育部工程研究中心(个)	
福建省创新实验室(个)	
福建省"2011 协同创新中心"(个)	
福建省重点实验室(个)	2
福建省工程技术研究中心(个)	1
福建省工程实验室(个)	
福建省工程研究中心(个)	1
其他部省级平台(个)	3
国家自然科学基金委基础科学中心(个)	
国家自然科学基金委创新研究群体(个)	
高等学校学科创新引智基地("111"计划)(个)	
国家自然科学基金项目(个)※	14
国家重点研发计划(项目牵头)(个)※	
其他部省级重大专项(个)※	
企业和社会各界委托项目(理工医科 100 万元以上)(个)※	5
纵向科研经费(到位)(万元)※	5913.5
横向科研经费(到位)(万元)※	1906.4
国家自然科学奖(项)※	
国家技术发明奖(项)※	
国家科技进步奖(项)※	
高校科学研究优秀成果奖(科学技术)(项)※	
福建省科学技术奖(项)※	
其他重要科技奖励(请注明)(项)※	2
发表文章总数(篇)※	195
其中:*Science*、*Nature*、*Cell*(含子刊)(篇)※	
其他(请注明)(篇)※	
国内授权专利情况(项)※	51
国外授权专利情况(项)※	3
科技成果转化(项目数)(项)※	4
科技成果转化(转让金额)(万元)※	55
学生出国(境)交流(人次)※	24
教师出国(境)交流(人次)※	34
主办国际学术会议(次数)※	2
主办两岸学术会议(次数)※	
境外合作高校或机构(所)	
签订境外合作协议(份)	
邀请国外学者数(人)※	
邀请台港澳地区学者数(人)※	
国(境)外学生来校数(人)※	1

【学院举行2023年度教职工大会】 7月,学院举行2023年度教职工大会。会议深入开展学习贯彻习近平新时代中国特色社会主义思想和党的二十大精神,以整体搬迁至翔安校区为契机,推动学院高质量发展。 (陈精锋)

【一个项目获国家级教学成果奖二等奖】 7月,学院牵头项目"产教、科教、学科交叉三融合协同育人的电子类研究生培养模式的创新与实践"荣获2022年度高等教育(研究生)国家级教学成果奖二等奖。该项目由张荣、陈忠、沈桂平、石江宏、李晓潮、吕毅军、屈小波、朱锦锋、郭文熹、游佰强、陈华宾共同完成。 (王清爽)

【一个项目获批国家自然科学基金重点项目】 8月,屈小波教授申报的"心脏磁共振智能多参数同步成像方法及应用"项目获国家自然科学基金重点项目资助,直接经费239万元。 (王凤松)

【承办第四届光电子集成芯片立强大会】 8月,学院承办第四届光电子集成芯片立强大会,超过千名来自国内外80余所高校、50余家研究院所及130余家企业的学术界、工业界的领军专家、青年人才齐聚厦门,探讨光电子集成芯片发展应用所面临的问题及解决方法。 (陈精锋)

【青年教师"学史崇德 芯火相传"青蓝成长营开营】 10月,学院党委组织青年教工前往龙岩长汀、新罗,追溯中国革命的红色历程,感悟厦大内迁的办学历史,开展"学史崇德 芯火相传"青蓝成长营活动。 (严 威)

【获"挑战杯"全国大学生课外学术科技作品竞赛两项全国特等奖】 10月,学院"微纳光学组织切片成像系统"项目和"基于相变材料的动态多功能太赫兹超构表面"项目在第十八届"挑战杯"全国大学生课外学术科技作品竞赛主赛道总决赛中获2项特等奖。 (刘锦锗)

【电子分会召开第一届理事会会议】 10月,厦门大学校友会电子分会第一届理事会会议暨厦门市嘉德电子与集成电路研究院揭牌仪式在厦门龙胜达照明电器有限公司隆重举行,理事们共同研究如何更好凝聚校友力量,服务学院和校友事业共同发展。 (刘锦锗)

【张荣教授当选中国科学院院士】 11月,张荣教授当选中国科学院信息技术科学部院士。张荣教授长期致力于半导体新材料、器件和物理研究,是我国最早从事宽禁带半导体研究的科学家之一,在解决基础物理问题、攻克材料制备难题的基础上,研制新型高性能紫外探测和固态光源器件,开拓高灵敏空天日盲紫外探测成像等重要应用领域,取得系统性、创造性成就,产生重大社会经济效益。 (林珊珊)

【电子科学与技术学位点通过合格评估】 11月,学院邀请光电集成电路领域专家对电子科学与技术博士学位授权点进行合格评估。专家组听取了学位点的自评汇报,经过审阅资料、质询、师生座谈、现场考察和讨论,同意通过学位点合格评估。 (王清爽)

【获批集成电路科学与工程博士后科研流动站】 11月,学院牵头申报的厦门大学集成电路科学与工程博士后科研流动站,获中华人民共和国人力资源和社会保障部、博士后管委会批准新设。 (刘恺之)

【福建省"双带头人"教师党支部书记工作室通过验收】 12月,福建省"双带头人"教师党支部书记工作室、微电子与集成电路系师生联合党支部通过省级验收。 (严 威)

【举行师生党支部结对共建仪式】 12月,学院党委举行理论学习中心组(扩大)学习暨"落实党代会精神 筑牢党支部堡垒"师生党支部结对共建仪式。 (严 威)

【获批福建省虚拟教研室建设点】 12月,福建省教育厅公布《福建省教育厅关于公布高校虚拟教研室建设点名单的通知》,陈忠教授负责的"产教融合半导体光电虚拟教研室"获批立项。 (郑毓玲)

【获福建省研究生优秀学位论文】 12月,福建省学位委员会正式公布2022年度福建省研究生优秀学位论文评选结果,学院1篇学位论文获评优秀学术硕士学位论文。 (吴纪妤)

【获批国家重点研发计划课题】 12月,蔡淑惠教授作为课题负责人参与申报的2023年国家大科学装置前沿研究重点专项项目"生物糖脂代谢的强场磁共振检测新技术及应用"获科技部批准立项。蔡淑惠教授团队在项目中负责"生物糖脂代谢的强场磁共振成像新技术"课题,课题经费330万元。 (王凤松)

【举办2023安全、防伪、识别国际会议】 12月,学院成功举办第十七届安全、防伪、识别国际会议。大会邀请深度学习与识别计算、网络和图分析、密码算法和安全管理、IC设计和系统集成等方向的高水平专家做主题报告,线上和线下参会人数达300人次。 (吴纪妤)

【学院整体搬迁至翔安校区】 学院通过前往一流高校调研、召开专家咨询论证会、组织师生校友座谈会等方式,逐步完善搬迁建设工作方案;倒排时间进度表,周密安排、分步实施,详细制定设备拆卸搬迁和安装调试计划、办公设备的打包和搬迁计划;学院于9月安全平稳搬迁至翔安校区。 (陈精锋)

【积极参与新一轮本科教育教学审核评估工作】 教育部对学校开展新一轮本科教育教学审核评估。学院高度重视审核评估自评工作,认真制定学院自评工作方案,有组织、有计划、有步骤地推进自评工作有效开展;积极配合评估专家线上全面考察和入校深度核查,认真准备、严格审核、精益求精,扎实做好专家访谈、线上听课、课程材料调阅等各项评估工作。 (郑毓玲)

【关工委积极参与学院青年教师和学生的健康成长】 3月、12月,学院邀请校关工委常务副主任赖虹凯为全院师生做专题讲座。6月,举办2023届赴西部、基层、国家重要行业就业毕业生出征仪式。7月,组织新入职教师座谈会,关心关怀个别困难青年教师;召开平台班学生代表座谈会。8月,联合学院工会,对新入职教师进行一对一的教学指导培训。12月,举办学院本科新生座谈会。 (邵亢邑)

【学生创新创业成果丰富】 学院学生在创新创业赛事中荣获省部级以

上奖项 109 项，其中国家级 36 项、省部级 73 项，为学校摘得第十七届中国研究生电子设计竞赛全国优秀组织奖。其中，荣获全国大学生电子设计竞赛国家级奖项 7 项、“挑战杯”全国大学生课外学术科技作品竞赛特等奖 2 项。（刘锦锗）

【三名博士生分别获中国大学生自强之星、人民网奖学金、奋进奖学金】 9 月，学院博士生李法君荣获 2022—2023 年度“中国大学生自强之星”奖学金。12 月，学院博士生李法君荣获人民网奖学金。12 月，学院博士生喻甜荣获中国教育基金会 2023 年“奋进奖学金”。（邵亢邑）

【教职工文体活动获突破】 4 月，学院参加学校“建功十四五 奋进新征程”教职工趣味运动会并获团体总分三等奖。11 月，学院参加学校第 21 届教职工运动会并荣获体育道德风尚奖。（沈桂平）

生命科学学院

【概况】 生命科学学院设生物学系、细胞生物学系、生物化学系、免疫与微生物学系、遗传与发育生物学系共 5 个系，拥有细胞应激生物学国家重点实验室、天然产物源靶向药物国家地方联合工程实验室、教育部寄生动物学研究室、分子诊断教育部工程研究中心、生命科学国家级实验教学示范中心等 7 个国家级教学与科研平台。

学院现设生物科学和生物技术 2 个本科专业，拥有国家理科生物学基础科学研究与教学人才培养基地、国家生命科学与技术人才培养基地。2010 年入选“国家基础学科拔尖学生培养试验计划”。2019 年生物科学专业入选首批国家级一流专业建设点，入选教育部首批基础学科拔尖学生培养计划 2.0 基地。2022 年生物学野外实习虚拟教研室入选“教育部首批虚拟教研室”建设试点，学院牵头成立“生物学＋Xs”学科交叉中心。

学院拥有动物学、细胞生物学、水生生物学 3 个国家重点学科，动物学、水生生物学、细胞生物学、生物化学与分子生物学、微生物学 5 个福建省重点学科，获批生物学一级学科硕士学位和博士学位授权点、生物与医药硕士专业学位点，建有 1 个生物学博士后流动站。现有在职教职工 202 人，其中正高级职称 65 人，副高级职称 50 人。博士研究生指导教师 61 人，硕士研究生指导教师 92 人。教师队伍现有两院院士 3 人、中国医学科学院学部委员 2 人、全国杰出专业技术人才 1 人、教育部“长江学者奖励计划”特聘教授/特岗学者 4 人、国家特支计划科技创新领军人才 2 人、国家杰出青年科学基金获得者 6 人、国家百千万人才工程入选者 3 人、国家“973 计划”及重点研发计划项目首席科学家 8 人、国家级青年人才 35 人次；拥有 2 个国家基金委创新群体，2 个教育部创新团队。

学院现有在校学生 1867 人，其中博士研究生 419 人，硕士研究生 615 人，本科生 833 人。2023 年学院在医学与生命科学学部内“理科试验班（生命科学与医学类）”实施大类招生，招生 127 人（含基础医学专业 16 人、预防医学与医学检验技术专业 8 人）；另招收生物科学类学生 117 人，共计 244 人。招收博士研究生 101 人、硕士研究生 258 人、本科生 244 人；毕业博士研究生 77 人、硕士研究生 143 人、本科生 182 人。2023 届毕业博士研究生就业率 98.0%，硕士研究生就业率 95.8%，本科毕业生就业率 86.8%。

学院以厦门大学为第一署名单位和通讯作者单位发表 SCI 论文 144 篇，其中新英格兰杂志 1 篇、CNS 子刊 13 篇；影响因子 10.0 以上 41 篇。学院到位科研经费 8761.82 万元（截至 11 月），其中纵向科研经费 6633.82 万元，横向到位经费 2128 万元。新增立项国家级、省市级、横向课题等各类科研项目/课题 97 个，其中纵向项目/课题 58 个，横向项目 39 个。1 项成果入选 2022 年度中国生命科学十大进展，1 项成果入选 2022 年中国医药生物技术十大进展。研制的 HLA-B＊58:01 基因检测试剂盒（荧光 PCR 熔解曲线法）获中国Ⅲ类医疗器械注册证书。培育 2 个优质水稻新品种“佳禾 336”“鸿两优 165”通过福建省品种审定，育成的优质高产抗病水稻品种“佳禾 165”入选 2023 年福建省农业主导品种。生物医药转化研究院共建校级合作平台 6 个，签订横向合作项目 17 个。

筹建学院川渝校友会，举办第八届杰出校友论坛。举办厦门大学生物学科“生物医药＋”产研融合发展会、第三届海峡两岸大学生生物知识竞赛、海峡两岸高校现代书院发展论坛等活动。揭牌厦门大学厦门校友会生命科学学院分会环东云谷活动基地，打造“产学研用金”全产业链交流合作模式。（陈昌徐 吴芳 陈均宇 张瑜 赵小姝 彭永莹 罗通 方晗瑜 吴昆融 陈思敏）

【一项成果入选 2022 年度中国生命科学十大进展】 1 月 19 日，中国科协生命科学学会联合体公布 2022 年度中国生命科学十大进展评选结果，林圣彩院士团队研究成果“二甲双胍靶点的发现及其延缓衰老的机制阐明”入选。这是林圣彩院士团队研究成果继 2017 年之后第二次入选“中国生命科学十大进展”。（彭永莹）

【一项成果入选 2022 年中国医药生物技术十大进展】 2 月 18 日，由夏宁邵教授团队、香港大学、万泰生物联合研发的鼻喷流感病毒载体新冠肺炎疫苗作为新冠疫苗新剂型入选 2022 年中国医药生物技术十大进展。（彭永莹）

【召开学院干部任免宣布会议】 3 月 2 日，学院党委书记任免宣布会议在黄朝阳楼举行，校党委常务副书记林东伟代表学校党委宣布干部任免决定：马进龙任中共厦门大学生命科学学院委员会委员、书记，试用期 1 年，免去左正宏中共厦门大学生命科学学院委员会书记、委员职务。7 月 14 日，生命科学学院干部任免宣布会议在跃进楼举行，校党委常委、组织部部长、统战部部长孙理代表学校党委宣读生命科学学院党委副书记的任免决定：乐无恙任中共厦门大学生命科学学院委员会委员、副书记，免去张宇斌中共厦门大学生命科学学院委员会副书记、委员职务。（范琳琳）

2023年度生命科学学院基本情况

统计项目	数量	统计项目	数量
本科生数(人)	833	教育部重点实验室(个)	
硕士研究生数(人)	615	教育部工程研究中心(个)	1
其中:专业学位硕士研究生数(人)	66	福建省创新实验室(个)	
博士研究生数(人)	419	福建省"2011协同创新中心"(个)	
其中:专业学位博士研究生数(人)		福建省重点实验室(个)	
其中:学历留学生数(人)	4	福建省工程技术研究中心(个)	1
本科毕业生毕业去向落实率(%)	86.8	福建省工程实验室(个)	
硕士毕业生毕业去向落实率(%)	95.8	福建省工程研究中心(个)	
博士毕业生毕业去向落实率(%)	98.03	其他部省级平台(个)	2
本科毕业生升学、出国(境)率(%)	67.2	国家自然科学基金委基础科学中心(个)	
毕业生到重要行业和领域就业率(%)	36.7	国家自然科学基金委创新研究群体(个)	
专任教师数(人)	114	高等学校学科创新引智基地("111"计划)(个)	1
非全职教师数(人)	15	国家自然科学基金项目(个)※	22
专职科研队伍数(人)	53	国家重点研发计划(项目牵头)(个)※	
教授数/正高级数(人)	63	其他部省级重大专项(个)※	
副教授数/副高级数(人)	29	企业和社会各界委托项目(理工医科100万元以上)(个)※	8
具有博士学位专任教师数(人)	113	纵向科研经费(到位)(万元)※	8114.9
具有海外学习交流一年(或10个月)以上经历教师数(人)	79	横向科研经费(到位)(万元)※	4668.3
45岁以下(含)专任教师数(人)	64	国家自然科学奖(项)※	
全职两院院士(人)	3	国家技术发明奖(项)※	
发展中国家科学院院士(人)		国家科技进步奖(项)※	
教育部"长江学者奖励计划"特聘教授(人)	3	高校科学研究优秀成果奖(科学技术)(项)※	
教育部"长江学者奖励计划"特岗学者(人)	1	福建省科学技术奖(项)※	
教育部"长江学者奖励计划"青年学者(人)	1	其他重要科技奖励(请注明)(项)※	2
国家杰出青年科学基金获得者(人)	6	发表文章总数(篇)※	144
"国家特支计划"领军人才(人)	2	其中:*Science*、*Nature*、*Cell*(含子刊)(篇)※	13
"国家特支计划"青年拔尖人才(人)	1	其他(请注明)(篇)※	
国家百千万人才工程入选者(人)	3	国内授权专利情况(项)※	12
国家级教学名师(人)	1	国外授权专利情况(项)※	
国家优秀青年科学基金获得者(人)	9	科技成果转化(项目数)(项)※	3
教育部新(跨)世纪优秀人才(人)	10	科技成果转化(转让金额)(万元)※	6490
福建省"闽江学者"特聘教授(人)	23	学生出国(境)交流(人次)※	29
福建省特级后备人才(人)	1	教师出国(境)交流(人次)※	26
国家教学成果奖(项)※	1	主办国际学术会议(次数)※	
国家级一流本科专业(个)	2	主办两岸学术会议(次数)※	
中国"互联网+"大学生创新创业大赛获奖数(项)※	1	境外合作高校或机构(所)	
国家"2011协同创新中心"(个)		签订境外合作协议(份)	
全国重点实验室(个)		邀请国外学者数(人)※	7
国家重点实验室(个)	1	邀请台港澳地区学者数(人)※	4
国家工程实验室(个)		国(境)外学生来校数(人)※	1
国家(地方联合)工程研究中心(个)			

【举办厦门大学厦门校友会生命科学学院分会环东云谷活动基地揭牌暨春季交流会】 3月10日，厦门大学厦门校友会生命科学学院分会环东云谷活动基地揭牌暨春季交流会举行，厦门市科学技术局、厦门市同安新城片区指挥部、厦门市同安区人民政府、厦门大学附属翔安医院、厦门大学生命科学学院、厦门大学生物医药转化研究院等领导和校友参加，众多关心生物医药、生命科技等新经济产业的校友前来交流。（方晗瑜）

【在多项学生思政活动中获奖】 3月26日，在学校"学史铸魂悟初心 踔厉奋发担使命"学习贯彻党的二十大精神党史故事汇决赛中，学院节目《不变的抉择》以第一名的成绩获大赛一等奖，同时学院荣获优秀组织奖。5月3日，在省委宣传部等8部门联合举办的"让青春绽放绚丽之花"——福建青年宣讲党的二十大精神活动中，2020级硕士研究生潘月涵获大赛三等奖。12月18日，在教育部关工委"读懂中国"活动中，学院作品《沈明山：深耕本科实验教学改革的国家级名师》获评优秀征文。（庄诗潮）

【林圣彩院士获2023年中国细胞生物学学会杰出成就奖】 4月10—14日，中国细胞生物学学会第十八次会员代表大会暨2023年全国学术大会在苏州举行，林圣彩院士获2023年中国细胞生物学学会杰出成就奖。（彭永莹）

【召开厦门大学生物安全专题培训交流会】 4月19日，学院联合厦门生物材料特殊物品出入境公共服务平台举办生物安全专题培训交流会，通过线上线下相结合的方式，围绕生物安全相关议题、最新政策法规和进出口科研材料等开展系列交流研讨。（吴筠梅）

【开展学习贯彻习近平新时代中国特色社会主义思想主题教育】 学院围绕理论学习、调查研究、推动发展、检视整改、建章立制5个方面深入开展学习贯彻习近平新时代中国特色社会主义思想主题教育。4月19日，学院召开学习贯彻习近平新时代中国特色社会主义思想主题教育动员会议。7月13日，学院召开学习贯彻习近平新时代中国特色社会主义思想主题教育调研成果交流会。主题教育期间，学院共形成调研报告10份，完成整改任务15项，出台规章制度14项，开展"我为师生办实事"项目29个。（范琳琳 吴昆融）

【黄烯教授获"福建青年五四奖章"标兵】 4月24日，共青团福建省委、福建省青年联合会公布关于表彰第二十届"福建青年五四奖章"集体和个人的决定，黄烯教授获"福建青年五四奖章"标兵称号。（彭永莹）

【举办厦门大学生物学科"生物医药+"产研融合发展会】 5月7—8日，厦门大学生物学科"生物医药+"产研融合发展会在厦门举行。本次会议以"坚持创新引领 推动融通发展"为主题，集聚生物医药领域创新人才和资源，打造"产学研用金"全产业链交流合作模式。（吴昆融 方晗瑜）

【林圣彩院士获全国创新争先奖】 5月30日，第三届全国创新争先奖表彰大会在北京召开，林圣彩院士获全国创新争先奖。（彭永莹）

【举行纪念厦门大学和溪南亚热带雨林生物学野外实习基地建立70周年研讨会】 7月11日，纪念厦门大学和溪南亚热带雨林生物学野外实习基地建立70周年研讨会在南靖县和溪镇人民政府举行。本次会议聚焦"践行生态文明理念，培育全面发展人才——厦门大学生物学野外实习的传承与创新"这一主题，回顾虎伯寮国家级自然保护区的发展历史、建设成果，梳理厦门大学生物学野外实习课程的教学特色、育人成效，推动课程教学理念、育人精神的传承与发扬。（林波岑）

【邓贤明教授、张国捷校友获2023年"科学探索奖"】 7月17日，第五届"科学探索奖"获奖名单揭晓，邓贤明教授和2000级校友、浙江大学求是讲席教授张国捷获此殊荣。（彭永莹 郑伟 吴佳蓓）

【一个项目获国家级教学成果奖二等奖】 7月24日，教育部印发《关于批准2022年国家级教学成果奖获奖项目的决定》，生命科学学院作为主要完成单位的"以实践为核心的生命科学一流人才培养体系探索"获评国家级教学奖二等奖。（何燕青）

【在多项学科和科创竞赛中获奖】 8月5日，在第二届合成生物学竞赛创新赛中，罗周卿教授指导的2支团队"XMU-RNA Navigator"和"Mon4tr"分获大赛金奖和银奖。8月18日，在第八届全国大学生生命科学竞赛（科学探究类）决赛中，学院共获一等奖3项、二等奖2项和三等奖1项。11月5日，在2023年国际分子设计大赛（BIOMOD）中，罗周卿教授指导的"XMU-BIONOVA"团队获金奖，在各单项奖中，团队还获最佳ELSI（Ethical Legal Social Issues）实践奖，最佳报告奖第二名，最佳视频奖第三名等奖项。12月6日，在中国国际大学生创新大赛（2023）全国总决赛中，学院项目"瑞克沃——世界一流的新一代压裂支撑剂供应商"获大赛金奖。（江子扬 庄诗潮）

【参与筹办第二届教育部生物学课程野外实习虚拟教研室骨干教师培训会暨教学研讨会】 8月21—26日，第二届教育部生物学课程野外实习虚拟教研室骨干教师培训会暨教学研讨会在兰州大学召开，来自海峡两岸40余所虚拟教研室共建高校120余名教师参加本次会议。生命科学学院作为教研室牵头单位，指导和参与本次会议筹办各环节的相关工作。与会期间，邓贤明院长代表教研室做开幕致辞，并为新加入的21所高校颁发标牌，李勤喜副院长做教研室工作汇报。（何燕青）

【章军副教授在全国高校教师教学创新大赛中获三等奖】 8月22日，在第三届全国高校教师教学创新大赛中，章军副教授入围网评环节并获基础课程副高组三等奖。（何燕青）

【学院退休党支部获评省级示范党支部】 8月25日，中共福建省委老干部局、中共福建省委离退休干部工作委员会公布省级"离退休干部'六好'示范党支部"等"五个一百"名单，学院退休党支部被确定为省级"离退休干部'六好'示范党支部"。（吴昆融）

【学院召开第十七届科研工作会议】 8月26—27日，学院召开第十七届科研工作会议。会议由学院和福建省妇幼保健院联合举办,以线上线下相结合的方式开展,邀请多名生命科学领域知名专家学者、福建省妇幼保健院临床业务骨干,与全院教职工一起探讨生命科学前沿动态和科研发展趋势。　(林波岑　林　妍)

【召开全院教职工大会】　8月27日,召开全体教职工大会。学院领导分别就各自分管的行政事务进行总结报告,并举行荣休仪式、新教工入职仪式、2023年学院奖教金颁奖仪式。

(何燕青)

【研究生在第58届校运会上打破两项校级纪录】　11月3—4日,厦门大学第58届学生田径运动会翔安校区分赛场在翔安校区一期田径场举行。2023级硕士研究生张汶锥分别在男子1500米和5000米2个项目上打破厦门大学学生田径运动男子甲组纪录。　(江子扬)

【举办第三届海峡两岸大学生生物知识竞赛】　11月11日,第三届海峡两岸大学生生物知识竞赛在翔安校区举行,来自台湾清华大学、长庚大学、中国科学技术大学、山东大学、武汉大学、四川大学、兰州大学、厦门大学等海峡两岸高校的9支队伍近50名师生参赛,厦门大学代表队获一等奖。　(林波岑)

【举办海峡两岸高校现代书院发展论坛】　11月12日,海峡两岸高校现代书院发展论坛在黄朝阳楼举行,来自北京大学、上海交通大学、中国科学技术大学、台湾清华大学、长庚大学、厦门大学的专家学者围绕“书院教育与拔尖人才培养模式改革及发展规律”主题展开深入探讨。　(方晗瑜)

【林圣彩院士获2023年度何梁何利基金科学与技术进步奖】　12月19日,何梁何利基金2023年度颁奖大会在北京举行,林圣彩院士获2023年度何梁何利基金科学与技术进步奖(生命科学奖)。　(彭永莹)

【夏宁邵教授当选中国工程院院士】　11月22日,中国工程院发布《关于公布中国工程院2023年院士增选当选院士名单的公告》,夏宁邵教授当选中国工程院院士。　(彭永莹)

【举办2023新时代高校生命科学教学改革与创新研讨会】　11月24—26日,由厦门大学承办的2023新时代高校生命科学教学改革与创新研讨会在厦门举行。6名中国科学院院士、1名中国工程院院士、10名专家名师,110余名教育部高等学校生命科学类教学指导委员会委员,以及近500名来自全国170余所高校的校领导、院领导、专业负责人和骨干教师代表参加本次研讨会,围绕“高校生命科学类人才培养的高质量创新发展”主题开展深入交流和研讨。

(林波岑)

【一个案例入选福建省高校基层党组织“一融双优”典型案例】　11月27日,中共福建省委教育工委公布关于全省“一融双优”基层党建工作模式典型案例入选名单,生命科学学院党建工作案例《“四个聚焦”把准党建与事业发展衔接》入选全省高校“一融双优”典型案例。　(范琳琳)

【科研服务中心获评厦门大学第一批“服务育人示范岗”单位集体】　12月12日,厦门大学第一批“服务育人示范岗”单位集体及个人授牌仪式在颂恩楼举行,学院科研服务中心获厦门大学“服务育人示范岗”单位集体。

(范彬彬)

【获评学生工作先进单位和特色单位】　12月29日,在学院年度学生工作考评中,学院以“学习贯彻党的二十大精神”重点工作获评“学生工作先进单位”,以“劳动教育”特色工作获评“学生工作特色单位”。

(庄诗潮)

公共卫生学院

【概况】　公共卫生学院坚持现场学科与实验学科相结合、相促进的特色办学思路,现有预防医学系、实验医学系、实验教学中心、MPH教育中心等教学管理单位,以及公共卫生与预防医学实验教学示范中心、虚拟仿真实验教学中心、研究生教育创新基地等省级教学平台。

学院于上一年成功入选高水平公共卫生学院建设名单,拥有公共卫生与预防医学一级学科硕、博士学位授权点,公共卫生硕士(MPH)专业学位授权点,转化医学二级交叉学科硕、博士学位授权点,生物制品学目录外二级学科硕、博士授权点等。医学检验技术专业和预防医学专业双双入选国家级一流本科专业建设点。年内,学院共计招收本科生82人、硕士研究生172人、博士研究生47人。学院2023届毕业生整体毕业去向落实率达到95.5%,本、硕、博毕业去向落实率分别达89.9%、98.3%、100%,重点行业和重点领域就业率达58.6%。

学院坚持课题组的运行模式,并且依托课题组形成若干个学科发展方向和科技平台,现有传染病疫苗研发全国重点实验室、分子疫苗学和分子诊断学国家重点实验室、国家传染病诊断试剂与疫苗工程技术研究中心、国家医学攻关产教融合创新平台(疫苗研发)、教育部集成攻关大平台、医用生物制品省部共建协同创新中心、国家药监局传染性疾病检测技术研究与评价重点实验室、卫生技术评估福建省高校重点实验室、福建省分子影像诊疗工程技术研究中心等高水平科技平台。年内,学院到位科研经费5.474872亿元(含翔安创新实验室2.3221亿元),获批立项科研项目93个,其中国家级科研项目19个。

学院现有专任教师47人,其中教授14人、副教授19人,97.9%教师具有博士学位。拥有中国工程院院士1人、中国医学科学院学部委员1人、全国杰出专业技术人才1人、教育部“长江学者奖励计划”入选者2人、国家高层次人才(含青年)2人、“国家特支计划”入选者3人、国家杰出青年科学基金获得者1人、国家优秀青年科学基金获得者2人、科技部中青年科技创新领军人才2人、宝钢优秀教师1人、教育部新(跨)世纪优秀人才培养计划入选者2人、入选《自然·生物技术》全球前20位转化研究者2人等。拥有全国抗击新冠肺炎疫情先进集体、全国科技系统抗击新冠肺炎疫情先进集体、全国高校黄大年式教师团队、全国教育系统先进集体、科技部

2023 年度公共卫生学院基本情况

统计项目	数量	统计项目	数量
本科生数(人)	389	教育部重点实验室(个)	
硕士研究生数(人)	470	教育部工程研究中心(个)	
其中:专业学位硕士研究生数(人)	326	福建省创新实验室(个)	
博士研究生数(人)	158	福建省“2011 协同创新中心”(个)	1
其中:专业学位博士研究生数(人)		福建省重点实验室(个)	
其中:学历留学生数(人)		福建省工程技术研究中心(个)	1
本科毕业生毕业去向落实率(%)	89.9	福建省工程实验室(个)	
硕士毕业生毕业去向落实率(%)	98.3	福建省工程研究中心(个)	
博士毕业生毕业去向落实率(%)	100	其他部省级平台(个)	4
本科毕业生升学、出国(境)率(%)	60.8	国家自然科学基金委基础科学中心(个)	
毕业生到重要行业和领域就业率(%)	58.6	国家自然科学基金委创新研究群体(个)	
专任教师数(人)	47	高等学校学科创新引智基地(“111”计划)(个)	
非全职教师数(人)	21	国家自然科学基金项目(个)※	19
专职科研队伍数(人)	42	国家重点研发计划(项目牵头)(个)※	2
教授数/正高级数(人)	14	其他部省级重大专项(个)※	
副教授数/副高级数(人)	19	企业和社会各界委托项目(理工医科 100 万元以上)(个)※	5
具有博士学位专任教师数(人)	46	纵向科研经费(到位)(万元)※	39454
具有海外学习交流一年(或 10 个月)以上经历教师数(人)	19	横向科研经费(到位)(万元)※	4037.7
45 岁以下(含)专任教师数(人)	33	国家自然科学奖(项)※	
全职两院院士(人)	1	国家技术发明奖(项)※	
发展中国家科学院院士(人)		国家科技进步奖(项)※	
教育部“长江学者奖励计划”特聘教授(人)		高校科学研究优秀成果奖(科学技术)(项)※	
教育部“长江学者奖励计划”特岗学者(人)	1	福建省科学技术奖(项)※	
教育部“长江学者奖励计划”青年学者(人)	1	其他重要科技奖励(请注明)(项)※	3
国家杰出青年科学基金获得者(人)	1	发表文章总数(篇)※	53
“国家特支计划”领军人才(人)	2	其中:*Science*、*Nature*、*Cell*(含子刊)(篇)※	9
“国家特支计划”青年拔尖人才(人)	1	其他(请注明)(篇)※	44
国家百千万人才工程入选者(人)		国内授权专利情况(项)※	21
国家级教学名师(人)		国外授权专利情况(项)※	15
国家优秀青年科学基金获得者(人)	2	科技成果转化(项目数)(项)※	4
教育部新(跨)世纪优秀人才(人)	2	科技成果转化(转让金额)(万元)※	11257.01
福建省“闽江学者”特聘教授(人)	1	学生出国(境)交流(人次)※	21
福建省特级后备人才(人)		教师出国(境)交流(人次)※	17
国家教学成果奖(项)※	1	主办国际学术会议(次数)※	1
国家级一流本科专业(个)	2	主办两岸学术会议(次数)※	
中国“互联网+”大学生创新创业大赛获奖数(项)※	1	境外合作高校或机构(所)	1
国家“2011 协同创新中心”(个)		签订境外合作协议(份)	
全国重点实验室(个)	1	邀请国外学者数(人)※	2
国家重点实验室(个)	1	邀请台港澳地区学者数(人)※	7
国家工程实验室(个)		国(境)外学生来校数(人)※	1
国家(地方联合)工程研究中心(个)			

创新团队、教育部创新团队、福建省百人计划——创新短期团队、福建省专业学位优秀研究生导师团队等。

学院坚持对外开放交流,与世界卫生组织总部,美国、英国、新加坡、日本等境外知名高校和科研院所,默沙东、赛诺菲巴斯德、葛兰素史克等著名医药公司以及福建省疾病预防控制中心、厦门市疾病预防控制中心、成都医学院等国内高校院所,在人才培养、科学研究等方面建立良好合作关系。（林庆山）

【学院工会顺利举行换届选举大会】 12月,学院在曾宪梓楼101报告厅举行工会会员大会,选举产生7名新一届工会委员会委员。在新一届部门工会委员会第一次全体会议中,选举产生部门工会主席陈毅歆、副主席林育纯。（袁满琼）

【一项成果获2022年高等教育(本科)国家级教学成果奖二等奖】 7月,教育部发布《关于批准2022年国家级教学成果奖获奖项目的决定》,学院“以国家战略和公众健康需求为导向,构建学—练—战的公共卫生教育厦大模式”项目获评国家级教学成果奖二等奖。（郑晗盈）

【在厦门大学2022—2023学年“两优一先”评选中荣获表彰】 在庆祝中国共产党成立102周年之际,校党委授予学院教工第一党支部“厦门大学先进基层党组织”,吴婷、游璐茜为“优秀共产党员”,赵煜为“优秀党务工作者”。（赵 煜）

【一名博士后获2023年度“博士后创新人才支持计划”资助】 10月,全国博士后管委会办公室公布《关于2023年度博士后创新人才支持计划获选结果的通知》(博管办〔2023〕119号),学校入选4人,博士后石昌荣入选,学院连续4年有博士后入选该资助计划。（章韵洁）

【陈田木副教授荣膺厦门大学2023年“我最喜爱的十位老师”】 9月,厦门大学2023年“我最喜爱的十位老师”评选活动颁奖典礼在思明校区科学艺术中心举行。经学院推荐及各院学生代表投票评选,陈田木副教授从众多候选教师中脱颖而出,获此殊荣。陈田木副教授是学院第五位荣膺此荣誉的教师。（章韵洁）

【博士生孙辉荣获2023年度宝钢优秀学生特等奖】 11月,宝钢教育基金会2023年度工作会议暨宝钢教育奖颁奖仪式在上海举行。2020级博士研究生孙辉荣获“宝钢优秀学生特等奖”,为本届全国仅有的25名获奖人之一。（郑一鸣）

【获批设立公共卫生与预防医学博士后科研流动站】 11月,人力资源和社会保障部、全国博士后管理委员会下发《关于批准新设东北师范大学哲学等510个博士后科研流动站的通知》(人社部函〔2023〕108号),学院获批公共卫生与预防医学博士后科研流动站。（章韵洁）

【厦门大学生物安全三级实验室落成仪式顺利举行】 4月,在福建省教育厅副厅长刘健、科学技术厅副厅长叶碧海、卫生健康委员会副主任张国安,厦门市副市长廖华生,校长张宗益等共同见证下,厦门大学生物安全三级实验室落成仪式顺利举行。（李恺琳）

【与成都医学院共建高水平公共卫生学院启动仪式顺利举行】 3月,厦门大学与成都医学院共建高水平公共卫生学院启动仪式顺利举行,并签订《厦门大学和成都医学院共建高水平公共卫生学院工作备忘录》。副校长江云宝、校长助理陈光,成都医学院院长潘克俭、副院长张涛参加启动仪式。（李恺琳）

【成功举行福建省药品审评与监测评价中心实训基地揭牌仪式】 12月,福建省药品审评与监测评价中心实训基地揭牌仪式在学院举行,推动学院与药品监管系统的实质性合作向深发展。（李恺琳）

【首届公共卫生两岸院长讲座顺利开展】 10月,学院首届公共卫生两岸院长讲座顺利开展,邀请台湾阳明交通大学、台湾辅仁大学、台湾勤益科技大学等高校专家学者来校讲座交流,并以此为契机,拓展两岸合作发展新方式。（李恺琳）

【一流课程建设取得新成效】 5月,教育部发布《关于公布第二批国家级一流本科课程认定结果的通知》,学院“现场流行病学调查虚拟仿真实践”项目获评国家级虚拟仿真实验教学一流课程。11月,福建省教育厅发布《关于公布2023年省级一流本科课程名单的通知》,方亚教授团队的“卫生统计学”获评福建省线上一流本科课程,赵庆亮助理教授团队的“可调谐多波长光致超声关键技术及其小动物分子影像检测技术虚拟仿真实验”获评福建省虚拟仿真一流课程。（郑晗盈 戴秀芬）

【获福建省研究生教育精品课程一门、研究生优秀教学案例两项】 8月,福建省学位委员会公布第二批研究生教育项目名单。陈田木副教授负责的“理论流行病学前沿与实践”入选福建省研究生教育精品课程;方亚教授负责的《老年人轻度认知功能障碍社区干预的设计与实践——以厦门市为例》和江宜珍副教授负责的《“双减”政策背景下小学教师的心理健康促进》入选福建省专业学位研究生优秀教学案例。（戴秀芬）

【获福建省研究生优秀博士学位论文两篇、优秀硕士学位论文三篇】 12月,福建省学位委员会公布2022年福建省研究生优秀学位论文评选结果。石昌荣(导师:周子健)、石潇潇(导师:刘刚)入选福建省优秀博士学位论文;许书语(导师:刘刚)、陈蕾(导师:陈洪敏)、兰慧(导师:李红卫)入选福建省优秀硕士学位论文。（戴秀芬）

【获批福建省教育教学研究项目两个】 9月,福建省教育厅公布《2023年本科高校教育教学研究项目立项名单》。葛胜祥教授负责的“多元化应用型公共卫生专业型人才培养体系建设”、张磊副教授负责的“跨学科共建共享外来入侵物种生物安全的三维教学模式”入选福建省2023年本科高校教育教学研究项目(一般项目)立项名单。（戴秀芬）

【年度到位科研经费突破五亿元】 学院年度总到位科研经费首次突破5亿元(含翔安创新实验室2.34亿元),超额完成学校规定的经费计划数14788万元,实现平台建设与成果转化经费双双破亿,为学院科研事业的发展提供坚实的保障。（杨蓉蓉）

【策划举办多个培训项目】 6月,与国家药品监督管理局高级研修学院联合举办的药品监管科学与生物制品研发高级研修班正式开班，共培训从业人员 69 名。3 月，由学校乡村振兴办主办，医科建设与管理办公室、学院承办的隆德县疾病预防控制中心工作人员培训班顺利举办，分 2 期共线上线下培训隆德县疾病预防控制中心等单位千人次工作人员。7 月，举办第一届高校公共卫生及转化医学研究生博观论坛，来自全国 35 所高校的 72 名研究生参加并进行深入的交流。与南京医科大学联合举办疫苗研发与应用研究生暑期学校，共吸引校外 15 所高校 49 名研究生及校内 53 名研究生参加。

（李恺琳）

【牵头编制“101 计划”核心教材】 为适应公共卫生教育发展的新形势与新要求，加快构建高质量公共卫生人才培养体系，教育部正式启动公共卫生与预防医学“101 计划”核心教材编制工作，张军教授当选全国高等学校预防医学专业第五届教材评审委员会暨教育部公共卫生与预防医学“101 计划”核心教材评审委员会委员，学院牵头编写“101 计划”《病原生物与免疫学》核心教材。

（郑晗盈）

【学生工作获多项荣誉】 3 月，荣获第六届福建省新时代文明实践志愿服务项目大赛银奖、厦门大学首届“铸牢中华民族共同体意识”主题知识竞赛优秀组织奖。4 月，2020 级博士生赵泽宇荣获本栋奖学金，2021 级硕士生李康国获亚南奖学金，学院获第二届闽台红十字大学生短视频大赛一等奖。6 月，获第八届中国杭州大学生创业大赛一等奖、第 15 届“助学·筑梦·铸人”主题宣传活动优秀组织奖。9 月，获第九届福建省“互联网＋”大学生创新创业大赛金奖。10 月，获第十八届“挑战杯”全国大学生课外学术科技作品竞赛“黑科技”行星级作品（二等奖）、首届“南强杯”厦门大学研究生体育竞赛优秀组织奖。11 月，在“身边的好同学”厦门大学翔安校区第十届优秀大学生评选活动中，2023 级博士生李康国荣获“学术之星”称号，2021 级博士生陈祺荣获“实践之星”称号。12 月，荣获厦门大学第九届社会实践调研报告大赛一等奖。

（郑一鸣）

药学院

【概况】 药学院现有药学本科专业、药学第二学士学位专业、药学硕士专业学位授权点、药学一级学科博士学位授权点。招收药学专业本科生，药理学、药物化学、药剂学、药物分析学学术型硕士研究生，药学专业学位硕士研究生，药学学术型博士研究生。药学专业入选国家一流本科专业建设点。

学院建有海洋活性物质功能、质量和安全性评价技术平台（国家海洋局—厦门市），南方海洋创新药物研发平台（国家海洋局），国家重大新药创制科技重大专项示范性药物临床评价技术平台“抗肿瘤新药临床评价技术示范性平台”，福建省药物新靶点研究重点实验室，福建省靶点新药行业技术开发基地，福建省核受体药物工程研究中心，福建省药学人才培养创新实验区，福建省药学实验教学示范中心，福建省药学虚拟仿真实验教学中心，厦门市代谢性疾病重点实验室，厦门市靶点新药工程技术研究中心，厦门市药用植物开发中试公共服务重大平台，厦门生物医药协同创新中心（技术支撑单位），厦门化学创新药研发重大平台（技术支撑单位），参与建设两岸关系和平发展协同创新中心（国家级）、细胞信号网络协同创新中心（国家级）、细胞应激生物学国家重点实验室。

学院现有在职教职工 74 人，其中专任教师 48 人，包括教授 17 人、副教授 21 人、助理教授 10 人；教师以外其他专业技术人员 17 人，包括正高级工程师 1 人、高级工程师/高级实验师 4 人、工程师/实验师 12 人；行政管理人员 8 人，辅导员 1 人。退休教师 1 人。在院博士后工作人员 10 人。确认博士研究生指导教师 21 人，学术硕士研究生指导教师 53 人、专业硕士研究生指导教师 53 人。拥有教育部“核受体肿瘤分子靶点与药物开发”创新团队，福建省“癌症表观遗传学”高等学校科技创新团队。新获评国家博士后专项获得者 1 人，福建省“闽江学者”特聘教授 2 人，福建省高层次人才 A 类 1 人、B 类 3 人、C 类 8 人，厦门市高层次人才 B 类 3 人、C 类 5 人，厦门市高层次留学人员 2 人，厦门市“双百计划”创新人才 1 人。博士后新增 2 人获国家自然科学基金青年基金，1 人获中国博士后科学基金面上资助，1 人入选国家资助博士后计划。新引进厦门大学南强青年拔尖 B 类人才 3 人。

学院现有在校本科生 286 人，硕士研究生 276 人（其中学术型硕士研究生 100 人、专业硕士研究生 176 人），博士研究生 75 人。新招收本科生 81 人，硕士研究生 71 人（其中学术型硕士研究生 33 人、专业硕士研究生 38 人），博士研究生 19 人。2023 届本科毕业生 74 人（含第二学位 4 人），2018 级 1 人、2019 级 1 人因学分不足延期毕业，2019 级 1 人因休学延期毕业，2019 级 1 人因参军入伍延期毕业。2023 届硕士毕业生 63 人（其中学术型硕士研究生 32 人、专业硕士研究生 31 人），博士毕业生 11 人；授予硕士学位 63 人（其中学术型硕士研究生 32 人、专业硕士研究生 31 人），授予博士学位 13 人。2023 届毕业生就业率 97.1%，其中本科生就业率 93.9%（升学率 57.6%），研究生就业率 100%。

获评《大国康养》中国康养事业高质量发展优秀案例（厦门大学药学院“百草园”）。获福建省本科高校教育教学研究项目（重大项目）立项 1 个（刘文等“产学研深度融合的药学人才培养体系创新与实践”），福建省课程思政示范课程 1 门（丘鹰昆、陈海峰等“天然药物化学”）。教师参与编写全国中医药行业高等教育“十四五”规划教材《药剂学》（副主编：朱铉）、《天然药物化学》（副主编：陈海峰）由中国中医药出版社出版发行；“十四五”时期国家重点出版物出版专项规划项目《磷与生命科学》（编著：高祥等）由化学工业出版社出版发行。获批福建省产教融合研究生联合培养基地 1 个（抗肿瘤新药临床评价技术

2023 年度药学院基本情况

统计项目	数量
本科生数(人)	286
硕士研究生数(人)	276
其中:专业学位硕士研究生数(人)	176
博士研究生数(人)	75
其中:专业学位博士研究生数(人)	
其中:学历留学生数(人)	
本科毕业生毕业去向落实率(%)	93.9
硕士毕业生毕业去向落实率(%)	100
博士毕业生毕业去向落实率(%)	100
本科毕业生升学、出国(境)率(%)	57.6
毕业生到重要行业和领域就业率(%)	32.1
专任教师数(人)	48
非全职教师数(人)	8
专职科研队伍数(人)	10
教授数/正高级数(人)	17
副教授数/副高级数(人)	21
具有博士学位专任教师数(人)	48
具有海外学习交流一年(或 10 个月)以上经历教师数(人)	33
45 岁以下(含)专任教师数(人)	34
全职两院院士(人)	
发展中国家科学院院士(人)	
教育部"长江学者奖励计划"特聘教授(人)	
教育部"长江学者奖励计划"特岗学者(人)	
教育部"长江学者奖励计划"青年学者(人)	
国家杰出青年科学基金获得者(人)	1
"国家特支计划"领军人才(人)	
"国家特支计划"青年拔尖人才(人)	
国家百千万人才工程入选者(人)	
国家级教学名师(人)	
国家优秀青年科学基金获得者(人)	2
教育部新(跨)世纪优秀人才(人)	1
福建省"闽江学者"特聘教授(人)	6
福建省特级后备人才(人)	
国家教学成果奖(项)※	
国家级一流本科专业(个)	1
中国"互联网+"大学生创新创业大赛获奖数(项)※	1
国家"2011 协同创新中心"(个)	
全国重点实验室(个)	
国家重点实验室(个)	
国家工程实验室(个)	
国家(地方联合)工程研究中心(个)	

统计项目	数量
教育部重点实验室(个)	
教育部工程研究中心(个)	
福建省创新实验室(个)	
福建省"2011 协同创新中心"(个)	
福建省重点实验室(个)	1
福建省工程技术研究中心(个)	
福建省工程实验室(个)	
福建省工程研究中心(个)	1
其他部省级平台(个)	1
国家自然科学基金委基础科学中心(个)	
国家自然科学基金委创新研究群体(个)	
高等学校学科创新引智基地("111"计划)(个)	
国家自然科学基金项目(个)※	11
国家重点研发计划(项目牵头)(个)※	
其他部省级重大专项(个)※	
企业和社会各界委托项目(理工医科 100 万元以上)(个)※	6
纵向科研经费(到位)(万元)※	1340.2
横向科研经费(到位)(万元)※	1189.4
国家自然科学奖(项)※	
国家技术发明奖(项)※	
国家科技进步奖(项)※	
高校科学研究优秀成果奖(科学技术)(项)※	
福建省科学技术奖(项)※	
其他重要科技奖励(请注明)(项)※	
发表文章总数(篇)※	101
其中:*Science*、*Nature*、*Cell*(含子刊)(篇)※	
其他(请注明)(篇)※	
国内授权专利情况(项)※	11
国外授权专利情况(项)※	
科技成果转化(项目数)(项)※	
科技成果转化(转让金额)(万元)※	
学生出国(境)交流(人次)※	9
教师出国(境)交流(人次)※	7
主办国际学术会议(次数)※	
主办两岸学术会议(次数)※	
境外合作高校或机构(所)	1
签订境外合作协议(份)	
邀请国外学者数(人)※	5
邀请台港澳地区学者数(人)※	
国(境)外学生来校数(人)※	

服务实践基地)。新建专业学位研究生实践基地 5 个[厦门大学附属翔安医院实践基地、自然资源部海洋生物资源开发利用工程技术创新中心实践基地、力品药业(厦门)有限公司实践基地、厦门大学附属第一医院校外实践基地、厦门中药厂有限公司实践基地]。

获福建省优秀学术硕士学位论文 1 篇(柯玲洁)、福建省优秀专业硕士学位论文 1 篇(周晓萍)。获第九届中国国际"互联网+"大学生创新创业大赛"青年红色筑梦之旅"赛道全国铜奖 1 项、福建省金奖 1 项。获第七届全国医药院校药学/中药学专业大学生实验技能展示活动一等奖 1 项、二等奖 1 项。获"挑战杯"福建省大学生课外学术科技作品竞赛一等奖 1 项、二等奖 1 项。获福建省基础医学研究生创新大赛学术报告硕士生组竞赛一等奖 1 项。学院获厦门大学 2022 年度研究生目标责任制考核"进步之星奖"、2023 年度学生工作先进单位、2023 年度暑期社会实践工作先进单位、第八届"互联网+"大学生创新创业大赛优秀组织奖。

学院师生以第一或通讯作者发表论文共 101 篇,其中 JCR 二区以上的论文占 76.8%以上,含 CNS 子刊 7 篇。获资助科研项目 56 个,其中国家级项目 14 个,省市项目 21 个,横向课题 21 个,获资助总项目经费超过 3300 万元,其中横向科研项目立项超过 2000 万元。获国家自然科学基金项目 11 个。到账经费总计 2653.58 万元(横向 1189.4 万元,纵向 1340.2 万元,成果转化 124 万元)。申请专利 29 项,获授权专利 11 项。获福建省自然科学奖一等奖 1 项,参与获福建省科技进步奖三等奖 1 项、福建省自然科学奖三等奖 1 项、厦门市科技进步奖二等奖 1 项。

深入宁夏隆德、甘肃临夏、福建长泰和光泽等地长期开展科技扶贫工作。构建"科技引领、实践赋能、产品升级"的帮扶体系,全面推进乡村振兴。通过科研联合立项、专家进驻服务等方式,帮助隆德县企业建成行业标杆性食品质量检测中心及产品研发中心,完成 HACCP、ISO 9001 国际质量管理体系等多项认证。打造"薯来宝"帮扶品牌,连年选派博士生服务团赴隆德县开展科技帮扶。聚力消费帮扶,以短视频制作、直播带货等多种形式助力农产品宣传销售。学院获评厦门大学定点扶贫和帮扶工作先进集体,吴彩胜教授获评先进个人。

学院主办 2023 药学博士生论坛,承办中国药理学会海洋药物药理专业委员会 2022 年、2023 年全国学术大会。举办厦门大学第二届药学实验技能竞赛、第十届医药知识竞赛。

(洪　昀)

【深入开展学习贯彻习近平新时代中国特色社会主义思想主题教育】 4 月 20 日下午,学院召开学习贯彻习近平新时代中国特色社会主义思想主题教育动员会议。厦门大学第七巡回指导组副组长薛志平到会指导,学院党政班子成员,党委委员,全体教工党员,学生党支部书记、委员以及学生党员代表参加会议。院党委书记宋友良主持会议并做动员讲话。主题教育开展以来,学院开展读书班集体学习 12 场次,分层分类有针对性地精选学习内容。领导班子成员围绕 13 个调研主题设计调研方式和路线,行程遍及福建厦门、宁德和广东、江苏、山东、湖北等地,高质量召开主题教育调研成果交流会。严肃认真开好专题民主生活会,提出整改举措 5 项,强化整改落实监督,逐条对账销号,全部完成整改。　(冯　民)

【刘文同志任院长】 12 月 29 日,学院召开干部任免宣布会议,校党委常务副书记林东伟代表校党委宣布任命决定:刘文同志任厦门大学药学院院长。　(洪　昀)

【获批药学博士一级学位授权点】 经教育部审批,厦门大学正式获批药学博士一级学位授权点。学院作为药学博士点建设单位,将开展药学博士研究生培养工作。　(洪　昀)

【获第九届中国国际"互联网+"大学生创新创业大赛全国铜奖】 "梅美与共"团队(指导教师吴振等)获第九届中国国际"互联网+"大学生创新创业大赛"青年红色筑梦之旅"赛道全国铜奖和省级金奖,是学校红旅赛道项目所取得的最好成绩。　(洪　昀)

【获第七届全国医药院校药学/中药学专业大学生实验技能展示活动一、二等奖】 11 月 24—26 日,2020 级本科生林鸿鹏、孙鸿飞分别获第七届全国医药院校药学/中药学专业大学生实验技能展示活动一等奖、二等奖,指导教师李福男、朱铉、陈庆等。

(洪　昀)

【一项成果发表于 *Cell*(《细胞》)子刊 *Cellular & Molecular Immunology*(《细胞与分子免疫学》)】 3 月 2 日,刘文教授团队与公共卫生学院夏宁邵教授团队,在 *Cellular & Molecular Immunology* 在线发表题为"A SARS-CoV-2-specific CAR-T-cell Model Identifies Felodipine, Fasudil, Imatinib, and Caspofungin as Potential Treatments for Lethal COVID-19"(《基于 SARS-CoV-2 特异性 CAR-T 细胞模型鉴定出非洛地平、法舒地尔、伊马替尼和卡泊芬净作为致命性 COVID-19 的潜在治疗方案》)的研究论文。团队合作构建了一种特异性靶向 SARS-CoV-2 新冠病毒刺突蛋白的嵌合抗原受体,获得新冠特异性炎症诱导模型。研究为新冠病毒感染引起的重大疾病治疗提供了新的探索思路,为抗炎药物的筛选提供了新的方法及平台。筛选出非洛地平、法舒地尔以及伊马替尼可作为新冠病毒感染早期临床治疗的潜在药物。　(洪　昀)

【一项成果发表于 *Cell* 子刊 *Cell Chemical Biology*(《细胞化学生物学》)】 3 月 16 日,李福男副教授与生命科学学院吴乔教授、林天伟教授团队合作,于 *Cell Chemical Biology* 发表题为"Therapeutic Potency of Compound RMY-205 for Pulmonary Fibrosis Induced by SARS-CoV-2 Nucleocapsid Protein"(《化合物 RMY-205 对 SARS-CoV-2 核衣壳蛋白诱导的肺纤维化的治疗潜能》)的研究论文。研究发现 SARS-CoV-2 引发肺纤维化的全新分子机制,并筛选出一种以 Smad3 为靶点,能有效干预肺纤维化的小分子化合物 RMY-205,为治疗 SARS-CoV-2 引发的肺纤维化提

供了新思路和新颖的先导化合物。 (洪 昀)

【一项成果发表于 *Cell* 子刊 *Developmental Cell*(《发育细胞》)】 4月12日,刘文教授团队与生命科学学院欧阳高亮教授研究团队于 *Developmental Cell* 在线发表题为"ER-localized JmjC Domain-containing Protein JMJD8 Targets STING to Promote Immune Evasion and Tumor Growth in Breast Cancer"(《位于内质网的含 JmjC 结构域蛋白 JMJD8 靶向 STING 促进乳腺癌免疫逃逸和肿瘤增殖》)的研究论文。成果揭示了含有 JmjC 结构域的蛋白家族成员 JMJD8 定位于内质网,并且通过干扰 STING-TBK1 的相互作用抑制下游Ⅰ型干扰素信号通路激活,促进肿瘤免疫逃逸的功能和分子机制。同时发现敲低 JMJD8 能有效增强化疗和免疫检查点抑制剂对乳腺癌的治疗效果。 (洪 昀)

【一项成果发表于 *Cell* 子刊 *Cell Reports*(《细胞报告》)】 6月16日,张凌娟教授课题组于 *Cell Reports* 发表题为"Dynamic Interplay Between IL1 and WNT Pathways in Regulating Dermal Adipocyte Lineage Cells During Skin Development and Wound Regeneration"(《IL1 与 WNT 通路在皮肤发育和创伤再生过程中动态调节真皮脂肪细胞谱系细胞》)的研究论文。研究使用多种转基因小鼠模型,结合不同年龄皮肤和伤口组织的小鼠单细胞转录组测序大数据分析和原代细胞功能验证等手段,首次定义了皮肤中脂肪谱系细胞的异质性,并揭示了皮肤脂肪细胞在伤口中的分化和去分化的途径和调控网络,发现脂肪分化和脂解再分化过程是受 IL1-pCREB 和 WNT-β 连环蛋白通路动态调控的。 (洪 昀)

【一项成果发表于 *Military Medical Research*(《军事医学研究》)】 8月23日,吴云龙教授与中国人民解放军总医院李大伟教授、新加坡材料科学与工程研究院 Li Zibiao 教授合作,在 *Military Medical Research* 发表题为"Research Advances in Smart Responsive-hydrogel Dressings with Potential Clinical Diabetic Wound Healing Properties"(《智能响应水凝胶辅料用于糖尿病伤口愈合的研究进展》)的论文,综述了响应型水凝胶敷料的设计及其用于促进糖尿病伤口愈合的新进展。 (洪 昀)

【一项成果发表于 *Science* 子刊 *Science Advances*(《科学进展》)】 9月1日,刘文教授团队于 *Science Advances* 在线发表题为"MAVI1, An Endoplasmic Reticulum-localized Microprotein, Suppresses Antiviral Innate Immune Response by Targeting MAVS on Mitochondrion"(《位于内质网的微蛋白 MAVI1 通过靶向位于线粒体的 MAVS 抑制抗病毒先天免疫应答,进而实现免疫逃逸》)的研究论文,发现了一个定位在内质网上的微蛋白 MAVI1,并揭示了其通过靶向线粒体蛋白 MAVS 抑制 RLR-MAVS 介导的Ⅰ型干扰素通路的功能和机制。 (洪 昀)

【一项成果发表于 *Cell* 子刊 *Cell Reports*】 11月7日,刘文教授研究团队与生命科学学院邓贤明教授研究团队合作,于 *Cell Reports* 在线发表题为"Targeting PRMT1-mediated SRSF1 Methylation to Suppress Oncogenic Exon Inclusion Events and Breast Tumorigenesis"(《靶向 PRMT1 介导的 SRSF1 甲基化以抑制致癌的外显子包含事件以及乳腺癌的发生》)研究论文,为以 PRMT1 为靶点的抗肿瘤药物开发及可变剪接紊乱所诱发的肿瘤治疗提供了新的研发角度和策略。 (洪 昀)

【一项成果发表于 *Advanced Materials*(《先进材料》)】 11月10日,吴云龙教授、吴彩胜教授团队与浙江大学平渊教授,中国人民解放军陆军军医大学徐祥教授合作,在 *Advanced Materials* 在线发表题为"Injectable Supramolecular Hydrogels for In Situ Programming of Car-T Cells Toward Solid Tumor Immunotherapy"(《可注射超分子水凝胶载体实现 CAR-T 细胞体内原位改造及实体瘤免疫治疗的研究》)的研究论文,在可注射超分子水凝胶载体实现 CAR-T 细胞体内原位改造方面取得新进展。 (洪 昀)

【一项成果发表于 *Nature* 子刊 *Nature Communications*(《自然通讯》)】 11月14日,吕忠显教授课题组与医学院王海滨、邓文波教授课题组合作,于 *Nature Communications* 发表题为"Deciphering A Critical Role of Uterine Epithelial SHP2 in Parturition Initiation at Single Cell Resolution"(《单细胞分辨率解析发现子宫上皮 SHP2 在分娩启动中扮演关键角色》)的研究论文,在单细胞分辨率下揭示子宫上皮 SHP2 蛋白调控分娩启动的新机制。 (洪 昀)

【与厦门市食品药品质量检验研究院签署战略合作协议】 6月21日,学院与厦门市食品药品质量检验研究院签署科学技术创新框架合作协议,双方充分发挥各自资源优势,加强创新平台、技术研发、人才培养等领域的全面合作,进一步促进产教融合、科教融合发展,实现战略共赢。 (江 杉)

【与东阿阿胶股份有限公司签署战略合作协议】 10月31日,学院与东阿阿胶股份有限公司签署战略合作协议,双方建立战略合作关系,加强创新平台、产业产品技术开发、人才培养等领域的全面合作,共同致力于人民健康事业。 (洪 昀)

【召开第二届教职工代表大会第六次会议及药学院工会会员大会】 3月23日,学院召开第二届教职工代表大会第六次会议及药学院工会会员大会。会议听取并审议了《药学院党委工作报告》《药学院行政工作报告》《药学院工会工作报告》《药学院财务工作报告》,进行药学院工会换届选举工作,选举产生新一届学院部门工会委员。 (洪 昀)

【召开第十二次学生代表大会、第十三次研究生代表大会】 7月21日,学院召开第十二次学生代表大会、第十三次研究生代表大会。全体代表听取并审议了药学院第十一届学生会、第十二届研究生会主席团工作报告,选举产生新一届学生会、研究生会主席团成员。 (洪 昀)

【举办厦门大学植物贴画创意设计大赛】 7月,"青春心向党 芳草系真情"厦门大学植物贴画创意设计大赛共征集到 20 个学院 215 名学生创作的 130 件作品，最终甄选出 40 余件优秀作品按照“伟大建党精神”“新时代新成就”“奋进中的厦大”三大篇章，在德旺图书馆三楼展出。（洪　昀）

【药学先锋班赴漳州东山开展教学实践活动】 3 月 11 日，学院第二期“药学先锋成长计划”学生党团骨干培训班全体学员赴漳州市东山县红色教育基地开展现场教学。院党委副书记黄旻敏，教工第三党支部书记李福男，青年教师代表刘爱洁，药学先锋班第二期指导老师参加本次学习活动。（冯　民）

【召开 2022 年度党支部书记述职评议会】 3 月 20 日下午，学院党委在庄瑾楼 520 会议室召开 2022 年度党支部书记述职评议会。学院党委委员，师生党支部书记、支委，辅导员，党务秘书参加会议。会议由院党委副书记黄旻敏主持。学院 8 名党支部书记围绕学习贯彻习近平新时代中国特色社会主义思想和党的二十大精神，落实支部“七个有力”建设目标，履行党建责任与落实党建重点任务、思想政治工作等方面展开现场述职。党委委员逐一进行点评。（冯　民）

【举办微党课展演活动】 12 月 28 日，博士生党支部在庄瑾楼 426 报告厅举办“牢记嘱托 勇担使命 奋进一流”第三届微党课展演活动。校党委基层党建工作联络员邵鹏飞，院党委书记宋友良，党委副书记杜超、黄旻敏，副院长吴云龙教授，博士生导师，党务秘书、辅导员、全体博士生和硕士生代表参加活动。会上，10 名研究生把学习学校第十二次党代会精神的感悟和体会结合自身实际，通过微党课的方式从不同角度进行展示，并现场评比一、二、三等奖。（洪　昀）

【“薯来宝”博士生服务团助力乡村振兴】 7 月 1—7 日，由教授吴振、吴彩胜，辅导员翁怡丹带队，“薯来宝”博士生地方经济发展服务团一行 11 人在宁夏回族自治区隆德、泾源、西吉等地开展社会实践。实践队开展多项活动，包括走访多地开展党的二十大精神微宣讲“进企业、进乡村、进学校”活动，走访企业开展实践调研、加强技术合作，加速推进厦门大学—隆德县食品药品检测共建中心建设，举办“药小萌”趣味课堂等，发挥专业所长，助推闽宁协作。（洪　昀）

【赴宁德柘荣开展医药产业调研】 5 月 28 日，学院党政领导班子全体成员赴宁德市柘荣县专题调研医药产业发展。柘荣县副县长李睿华陪同调研。班子全体成员先后参访柘荣县会展中心、广生堂药业、时珍堂药业和力捷迅药业。本次调研是学院学习贯彻习近平新时代中国特色社会主义思想调查研究的重要环节，也是展现服务社会担当、助力福建省医药产业高质量发展的重要举措。通过调研进一步了解医药行业企业发展态势，为学生就业创业工作拓宽渠道。（冯　民）

【赴宁德下党开展现场教学】 5 月 27 日，学院党委赴宁德下党现场教学，围绕学习贯彻习近平新时代中国特色社会主义思想，重温习近平总书记“三进下党乡”深入基层开展调查研究的历史，深刻感悟习近平总书记所倡导的“滴水穿石”“久久为功”“弱鸟先飞”的生动实践和工作作风。学院党委理论学习中心组全体成员参加。（冯　民）

【举办师德师风讲堂】 7 月 3 日，学院举办师德师风讲堂暨双周政治理论学习，公共事务学院教授、党委宣传部/教师工作部部长、社科处处长高和荣做专题报告，院长刘文做“院长谈准则”主题报告，院党委书记宋友良做“书记亮警示”主题报告。学院全体教职工参加会议。（冯　民）

【举办学风建设大会】 5 月 31 日，学院召开 2023 年学风建设大会。校学生工作处副处长刘俊英，院党委书记宋友良，院长刘文，党委副书记杜超、黄旻敏，副院长陈海峰、吴云龙，学院教学秘书、辅导员以及学生代表参加大会。会上颁发药学院庄瑾奖学金、赛赋医药奖学金、团学工作专项奖，启动“朋辈导师促进计划”，3 名优秀学生发言交流学习、科研和学科竞赛心得。（洪　昀）

【举行“两优一先”表彰大会暨第三期“药学先锋班”开班式】 7 月 6 日下午，学院在庄瑾楼 426 报告厅举行 2023 年“两优一先”表彰大会暨第三期“药学先锋班”开班式。院党委书记宋友良，党委副书记杜超、黄旻敏，副院长朱铉、陈海峰，第二期“药学先锋班”指导教师严小胜，党务秘书，辅导员，学生党支部书记、委员，学院 2022 年度优秀共产党员、优秀党务工作者、先进党支部代表，以及第二期、第三期“药学先锋班”全体学员，研究生会全体成员参加活动。院党委授予乌皓祎等 13 名党员“厦门大学药学院优秀共产党员”，授予王晨等 7 名党员“厦门大学药学院优秀党务工作者”，授予教工第三党支部、博士生党支部 2 个党支部“厦门大学药学院先进党支部”称号。宋友良以“坚定理想信念，自觉挺膺担当”为题，为第三期“药学先锋成长计划”学生党团骨干培训班授旗并讲授专题党课。（冯　民）

【举办中国药理学会海洋药物药理专业委员会 2022 年全国学术大会】 1 月 7—8 日，中国药理学会海洋药物药理专业委员会 2022 年全国学术大会在线上举办。会议由中国药理学会海洋药物药理专业委员会主办、学院承办。大会重点围绕海洋药物的研究与开发，以及新靶标发现等内容开展学术交流，共进行 7 场大会报告和 19 场专题报告。（洪　昀）

【举办中国药理学会海洋药物药理专业委员会 2023 年全国学术大会】 11 月 3—5 日，中国药理学会海洋药物药理专业委员会 2023 年全国学术大会在翔安校区举办。会议由中国药理学会海洋药物药理专业委员会主办、学院承办，主题为“自主创新海洋科技、加快海洋药物研发”。来自全国 30 多家高校及科研单位的 53 名海洋药物领域专家学者进行学术报告，围绕海洋药物药理新技术和新药研究新成果进行深入交流。（洪　昀）

【举办“宝太杯”2023 药学博士生论坛】 11 月 24—26 日，“宝太杯”2023 药学博士生论坛在翔安校区举办。论坛由研究生院、学院和福建省药物新靶点研究重点实验室共同主办，主题为“推动交叉融合共话药物创制”。来自全国 16 所高校的 21 名药学领域知名专家学者做特邀报告。来自 26 所高校、科研院所的药学、化学、医学、生物学等相关学科的百余名博士、硕士研究生参加论坛,并做60场口头报告、69份墙报交流。（洪　昀）

【获学校教工男排冠军】 11月18日,厦门大学第十一届教职工男子气排球赛在思明校区风雨球馆举办,学校12个部门工会的近百名教职工运动员参赛。学院教工男子气排球代表队在继2017年、2020年获2届冠军之后,再次夺冠。（洪　昀）

医学院

【概况】 医学院成立于1996年10月11日,是学校骨干学科之一——医科,教学和科研的主要载体。现有教职员工(含临床教师)1023人,本科生1038人、硕士研究生901人、博士研究生389人、MBBS国际生277人。近年来,在国家医学院校临床医学、中医学专业(本科)水平测试中,医学院学生的考试成绩均位居全国前茅;临床医学ESI进入全球前0.1%~0.2%。

学院位于厦门大学翔安校区,占地面积约百亩,现有11家附属医院、5家教学医院、7个校外实践教育基地。医学院及其附属医院是国家级医学虚拟仿真实验教学中心、国家临床教学培训示范中心、国家级临床技能综合培训中心、健康医疗大数据国家研究院、中国医学科学院细胞应激研究创新单元、教育部干眼医药基础研究创新中心以及13个省级重点实验室和研究中心、国家心血管病区域医疗中心、国家心血管疾病临床医学研究中心分中心、国家神经病学临床研究中心福建省分中心、国家肾脏病学临床医学研究中心、国家妇产疾病临床医学研究中心的依托单位、依托单位成员或依托单位委派机构。拥有一流的医学教学、科学研究和临床服务的硬件设施。

年内,获各类科研项目立项资助174个。其中,国家自然科学基金立项57个,立项数位列全校第一。获批教育部干眼医药基础研究创新中心,实现学院部级平台零的突破。在国际顶级杂志*Cell*发表2篇科研论文,发表SCI论文已超500篇,包括*Cell*、*Nature Neuroscience*、*Immunity*、*Nature Communications*、*Journal of Clinical Investigation*、*Chemical Engineering Journal*、*Signal Transduction and Targeted Therapy*等国际知名期刊在内的JCR一区论文超百篇。作为参与单位获2023年教育部自然科学奖三等奖1项,1人获中华医学会骨科学分会2023骨科基础青年学者比赛第一名。申请专利37项,授权专利13项;获计算机软件著作权登记证书6项。

学院设有临床医学、中医学、护理学、口腔医学、基础医学、MBBS(临床医学)6个本科学士学位专业;临床医学、基础医学、中医学学术学位硕士授权点;临床医学专业学位硕士授权点;临床医学、基础医学、生理学博士学位授权点。学院发挥厦门大学综合性大学的资源优势,2012年起入选教育部卓越医生培养计划——拔尖创新人才培养计划,启动“本、硕、博连读”拔尖创新人才班(大医班)培养方案,以培养杰出的医学科学家为目标;2022年,临床医学获批国家一流专业;2021年,获批“健康大数据与智能医学”交叉学科,启动“医学+X”跨学科人才培养项目,涉及临床医学、计算机科学与技术、生物学、管理科学与工程、物理学5个一级学科,旨在培养具有多学科交叉能力的医学复合型创新拔尖人才。2023届毕业生共602人,其中本科生226人、硕士生293人、博士生70人、MBBS留学生13名。本科生就业率85.3%,硕士生就业率95.8%,博士生就业率100%。

建院以来,在学校建设世界一流大学的总体规划下,在厦门市委、市政府的关怀指导下,医学院秉承“自强不息,止于至善”的校训和“仁心仁术,止于至善”的院训,建设拥有院士、长江学者、国家杰出青年科学基金获得者、国家优秀青年科学基金获得者等优秀学者的强大师资队伍,以“育医学之英才,除人类之病痛,助健康之完美”的办学宗旨,迄今已培养出22届毕业生。新时代新征程,学院将以全面提升临床医学教育质量和科研水平为重点,创新发展模式,破解医科发展难题,继续不断推动内涵发展和质量提升,贡献于健康中国的使命。（尹青萍　王　晨　李　晴　田慧敏　陈彬彬　毛雅婷　苏　颖）

【党支部项目获校级重点立项】 3月,学院“‘eye眼’联动创品牌 扎实服务立标杆——医学院眼科所联合党支部‘光明看未来’行动”获厦门大学2023年度党支部工作“立项活动”校级重点项目立项,系学院首个获校级重点立项的党支部项目。该项目从学校600余个申报项目中遴选产生,全校共10个。（姚东明）

【完成党支部书记抓党建工作述职评议考核】 3月21日,学院2022年度党支部书记抓党建工作述职评议考核会召开。考核会采取“一述一评”方式展开。8名教工党支部书记和25名学生党支部书记依次进行述职。参会人员填写评议表,对党支部书记抓基层党建工作情况进行评价。（姚东明）

【完成学习贯彻习近平新时代中国特色社会主义思想主题教育】 4月20日,学院党委召开学习贯彻习近平新时代中国特色社会主义思想主题教育动员大会。学院党委牢牢把握“学思想、强党性、重实践、建新功”总要求,坚持点线面结合、学思用贯通、知信行统一,紧密结合学院发展实际,立足今年重点工作,把理论学习、调查研究、推动发展、检视整改、建章立制贯通起来,有机融合、一体推进,切实把开展主题教育同推动学院中心工作结合起来,推动党建与事业发展深度融合。7月5日,召开主题教育调研成果交流会。7月24日,召开整改整治工作推进会。8月28日,召开主题教育中层党员领导干部专题民主生活会。（易佩荣）

【李峰任学院党委书记】 5月10日,学校召开医学院干部任免大会。会上宣布,李峰同志担任中共厦门大学医学院委员会委员、书记,陈怀锋不再担任中共厦门大学医学院委员会书记、委员职务。（易佩荣）

2023 年度医学院基本情况

统计项目	数量
本科生数(人)	1308
硕士研究生数(人)	901
其中:专业学位硕士研究生数(人)	301
博士研究生数(人)	389
其中:专业学位博士研究生数(人)	
其中:学历留学生数(人)	277
本科毕业生毕业去向落实率(%)	85.3
硕士毕业生毕业去向落实率(%)	95.8
博士毕业生毕业去向落实率(%)	100
本科毕业生升学、出国(境)率(%)	62.2
毕业生到重要行业和领域就业率(%)	71.7
专任教师数(人)	113
非全职教师数(人)	36
专职科研队伍数(人)	64
教授数/正高级数(人)	50
副教授数/副高级数(人)	39
具有博士学位专任教师数(人)	108
具有海外学习交流一年(或 10 个月)以上经历教师数(人)	71
45 岁以下(含)专任教师数(人)	60
全职两院院士(人)	
发展中国家科学院院士(人)	
教育部“长江学者奖励计划”特聘教授(人)	2
教育部“长江学者奖励计划”特岗学者(人)	
教育部“长江学者奖励计划”青年学者(人)	1
国家杰出青年科学基金获得者(人)	5
“国家特支计划”领军人才(人)	2
“国家特支计划”青年拔尖人才(人)	1
国家百千万人才工程入选者(人)	2
国家级教学名师(人)	
国家优秀青年科学基金获得者(人)	6
教育部新(跨)世纪优秀人才(人)	4
福建省“闽江学者”特聘教授(人)	9
福建省特级后备人才(人)	
国家教学成果奖(项)※	
国家级一流本科专业(个)	1
中国“互联网+”大学生创新创业大赛获奖数(项)※	
国家“2011 协同创新中心”(个)	
全国重点实验室(个)	
国家重点实验室(个)	
国家工程实验室(个)	
国家(地方联合)工程研究中心(个)	

统计项目	数量
教育部重点实验室(个)	
教育部工程研究中心(个)	
福建省创新实验室(个)	
福建省“2011 协同创新中心”(个)	
福建省重点实验室(个)	5
福建省工程技术研究中心(个)	
福建省工程实验室(个)	
福建省工程研究中心(个)	1
其他部省级平台(个)	1
国家自然科学基金委基础科学中心(个)	
国家自然科学基金委创新研究群体(个)	
高等学校学科创新引智基地(“111”计划)(个)	
国家自然科学基金项目(个)※	57
国家重点研发计划(项目牵头)(个)※	
其他部省级重大专项(个)※	
企业和社会各界委托项目(理工医科 100 万元以上)(个)※	5
纵向科研经费(到位)(万元)※	6349.8
横向科研经费(到位)(万元)※	1628.8
国家自然科学奖(项)※	
国家技术发明奖(项)※	
国家科技进步奖(项)※	
高校科学研究优秀成果奖(科学技术)(项)※	
福建省科学技术奖(项)※	
其他重要科技奖励(请注明)(项)※	2
发表文章总数(篇)※	47
其中:*Science*、*Nature*、*Cell*(含子刊)(篇)※	5
其他(请注明)(篇)※	
国内授权专利情况(项)※	9
国外授权专利情况(项)※	
科技成果转化(项目数)(项)※	2
科技成果转化(转让金额)(万元)※	3010
学生出国(境)交流(人次)※	15
教师出国(境)交流(人次)※	38
主办国际学术会议(次数)※	
主办两岸学术会议(次数)※	
境外合作高校或机构(所)	
签订境外合作协议(份)	
邀请国外学者数(人)※	6
邀请台港澳地区学者数(人)※	
国(境)外学生来校数(人)※	

【设立党委书记班子例会制度】 自5月22日起,学院党委设立书记班子例会制度。每周一上午召开例会,研究通报近期党委工作,对提交党委会会议研究的议题进行事前讨论、征求意见,为党委会会议科学决策打好基础。(易佩荣)

【召开“两优一先”表彰大会】 7月3日,学院党委召开庆祝中国共产党成立102周年暨2022—2023年“两优一先”表彰大会,表彰一批先进集体和个人。学校主题教育第一巡回指导组副组长房太伟,院党委书记李峰、副书记辛晓丹,副院长薛茂强、李文岗、李炜,党委委员文磊、高丰光,受表彰对象和师生党员代表等出席大会。(姚东明)

【召开师德集中学习教育大会】 7月19日,学院党委召开师德集中学习教育大会,学院党政领导、党委委员和教职工代表参加会议。会上,韩家淮院长解读《新时代高校教师职业行为十项准则》,李峰书记传达厦门大学教师工作委员会2023年第一次会议(扩大)暨师德师风建设工作推进会精神,并就学院的师德集中学习教育工作进行具体布置。(易佩荣)

【学习宣传贯彻厦门大学第十二次党代会精神】 9月11日,学院党委会召开扩大会议,学习贯彻学校第十二次党代会精神。学院党委印发《关于学习宣传贯彻学校第十二次党代会精神的通知》,组织师生党支部通过“三会一课”、“固定党日+”活动、双周政治理论学习等多种形式,教育引导全院师生员工全面了解、深刻领会和准确把握党代会精神,推动学校第十二次党代会提出的各项目标任务落到实处,奋力开创学院内涵式高质量发展新局面。(易佩荣)

【配合完成十二届校党委第一轮巡视】 10月,学院列入十二届校党委第一轮巡视单位。10月16日,校党委第一巡视组进驻学院召开动员大会。学院党委以求真务实的作风、全力以赴的态度自觉主动接受巡视监督。按照“边查边改、立行立改、全面整改”的要求,确保把巡视组指出的问题整改到位,以巡视整改成效推动学院各项事业内涵式高质量发展。1月5日,校党委第一巡视组召开巡视医学院意见反馈会。(易佩荣)

【完成师生党支部集中换届工作】 11—12月,按照学校党委部署,为严肃党内政治生活,进一步加强党支部建设,学院党委组织33个党支部集中完成支部换届选举工作。(姚东明)

【参加高等医学院校“时代新人”培育工作研讨会】 7月7日,高等医学院校“时代新人”培育工作研讨会在温州召开。会议由全国高校思想政治工作网主办、温州医科大学承办。来自北京大学、上海交通大学、浙江大学、厦门大学、首都医科大学、大连医科大学、南京医科大学等43所高校的3000多名师生以线上线下相结合的方式参加会议。院党委书记李峰在大会上做题为“实施仁心思政 培育时代新人”的主题发言,全面展现“仁心思政”工程的探索与实践。(邱超超)

【党建引领育人成效显著】 学院在“党的二十大和我的人生路”主题征文比赛、“福籽同心爱中华”主题宣讲比赛、铸牢中华民族共同体意识主题知识竞赛、“一‘马’当先”知识竞赛、“党史故事汇”比赛、“学习贯彻二十大,团结奋斗新征程”主题微宣讲、“固定党日+”主题策划大赛、“大调研·小提案·深情怀”厦门大学学生模拟提案大赛、“健康人生·绿色无毒”禁毒宣传创意作品征集大赛等活动中取得佳绩。学院荣获禁毒宣传创意作品征集大赛优秀组织单位、翔安校区“身边的好同学”最佳组织单位、实验室安全与卫生知识竞赛优秀组织单位等多项集体与个人奖励。2名学生入选第十四期学生马克思主义理论研修班,1名学生入选第四期“囊萤星火讲师团”,2名学生当选翔安校区“身边的好同学”。学生党支部组织急救技能培训进社区、进食堂、进操场,开展“健康校园、急救有我”应急救护培训活动8场,覆盖三校区师生。(邱超超　王明辉　陈陈瑾)

【基层团组织建设成果显著】 夯实基层团支部建设,激发基层团组织活力。学院43个团支部被团省委“智慧团建”系统评定为“五星级”团支部。5月,6个团支部获评校级“五四红旗团支部”、团委副书记鲍小佳获评校级“优秀共青团干部”、8名学生团支部书记获评校级“优秀团支部(团总支)书记”、博士生杨博获评“厦门大学十佳共青团员”、39名共青团员获评校级“优秀共青团员”。(宋磊华)

【暑期社会实践荣获多项表彰】 在学校“学习二十大 永远跟党走 奋进新征程”为主题的暑期社会实践活动中,学院“仁心暖疆”实践队获评全国“三下乡”社会实践优秀团队,“仁心暖疆”实践队与“仁心逐光”实践队入选“投身乡村振兴,助力健康中国”全国大学生暑期社会实践专项活动,“仁心暖疆”实践队与“天路行”实践队入选“推普助力乡村振兴”全国大学生暑期社会实践志愿服务活动。学院获暑期社会实践“先进单位”,“情系隆德”“医路向光”“重华支教队”3支社会实践队获评校级“优秀团队”,李嘉妮等27名学生获评校级“积极分子”,邱超超、洪子茜、许洋、李罂华、周宇、杨艳苗、许温洁、宋磊华、王明辉9名教师获评校级“优秀带队教师”,《西部偏远地区居民肺结核病认知情况及改善方案——以新疆阿克陶县为例》调研报告获评校级优秀调研报告。实践活动获人民网、中国青年网、福建省学联、福建卫生健康新闻网等校内外媒体报道。(许　洋)

【体育赛事再创佳绩】 11月,在厦门大学第21届教职工运动会比赛中,学院荣获教职工团体总分第一名、体育道德风尚奖,并打破女子青年组400米、800米2项赛会纪录。在厦门大学第58届学生田径运动会(翔安校区)比赛中,学院蝉联本科生组、研究生组和学生组团体总分第一名,荣获体育先进学院、体育道德风尚奖、运动会开幕式课间操展示评比三等奖。在厦门大学第17届啦啦操锦标赛(翔安校区)比赛中,学院斩获一等奖和最佳创意奖,在此项目实现七连冠。(宋磊华　王明辉　徐新眉)

【志愿服务获评表彰】 3月,2021级临床医学专业杨棋翔、2022级口腔医学专业王玉涛获评厦门大学志愿服务“金木棉奖章个人”。6月,“睛”彩有你——儿童视力守护行动志愿项目荣获厦门大学志愿服务项目大赛金奖。12月,“睛”彩有你——儿童视

力守护行动志愿项目获福建省新时代文明实践志愿服务项目大赛银奖。（许温洁）

【学生科创竞赛、学业竞赛成果显著】年内，立项大学生创新创业训练计划项目104个。学院6个项目在第九届全国大学生基础医学创新研究暨实验设计论坛中晋级全国赛，其中，获国际金奖1项，全国金奖2项、银奖2项，铜奖1项，另有2个项目获区域三等奖、1个项目获区域优秀奖；2个项目在基础医学大赛口腔赛道中获省部级优秀奖；1个项目在第八届福建省“互联网＋”大学生创新创业大赛中获铜奖。学院学生在IEEE国际生物医学成像研讨会（ISBI 2023）SMILE-UHURA Challenge超高分辨率磁共振图像小血管分割国际比赛中获4个冠军，获第八届中国生理学知识竞赛全国团体二等奖、个人分获二等奖及三等奖，高等医药院校第三届大学生医学形态学绘图大赛一等奖及三等奖，第十八次口腔医学教育学术年会口腔院校本科生临床操作技能展示优秀奖，首届福建省大学生基础医学实验技能大赛二等奖。（杨盛澜）

【港澳台学生获全国表彰】　7月，2022级内科学专业博士研究生许丽美作品《我的大陆情、中医缘》、2022级眼科学专业硕士研究生李权庭的作品《用“医学梦”践行“中国梦”》在教育部港澳台办举办的“以青春之志筑强国之路”港澳台学生主题征文活动中分获全国一等奖、二等奖。（邱超超）

【中医学专业接受教育部现场考察并通过认证】　5月14—18日，经学校申请，依据中医学专业认证程序，教育部高等学校中医学类专业教学指导委员会委派认证现场考察专家组一行8人来校开展中医学专业认证工作。专家组通过召开主题座谈交流，观摩教学活动，查阅认证资料，走访考察相关职能部门、附属医院、实验室及临床实训中心等多种形式，对中医学专业教育教学和人才培养等工作展开现场考察，把脉问诊、对症开方。12月25日，正式结果公布，中医学专业顺利通过认证，有效期6年。（陈伟岗）

【举办海峡两岸中医文化交流节】5月26—28日，由学校台港澳事务办公室和教务处指导、学院主办的厦门大学海峡两岸舌象知识邀请赛暨2023年海峡两岸中医文化交流节在翔安校区举行。暨南大学、浙江中医药大学、福建中医药大学、台湾台籍陆医协会、厦门大学马来西亚分校、世界中医药学会联合会舌象研究专业委员会、福建省中医药学会舌象研究分会以及学校相关部门领导和嘉宾出席此次活动。与会师生们集体参观中医系实验室、中药文化宣传展、中医药文化角、蘘园、药园等专业知识区域，以及校史馆、上弦场、芙蓉隧道等校内文化场所。5月27日，海峡两岸舌象知识邀请赛在翔安校区德旺图书馆二号报告厅举办。（陈则旭）

【承办第九届全国大学生基础医学创新研究暨实验设计论坛中南赛区基础临床赛道及“一带一路”国际论坛复赛】　7月7—9日，学院承办第九届全国大学生基础医学创新研究暨实验设计论坛中南赛区基础临床赛道及“一带一路”国际论坛复赛，来自北京大学、浙江大学、天津医科大学等47所高校78名专家和中南赛区的师生共计660余人参加本次比赛。（陈伟岗）

【国家临床执业医师资格考试成绩优异】　2022届临床医学专业应届毕业生中，73名考生在本年度国家临床执业医师资格考试中医学综合考试通过率94.37%、实践技能考试通过率97.26%、总通过率91.78%，高于全国平均水平，尤其是医学综合考试通过率高于原211高校和原985高校的平均水平。（陈伟岗）

【本科生源质量稳中有升】　与上一年相比，临床医学专业在55%的招生省份录取最低分位次平均上升442个位次。其中贵州在招生人数扩大1倍的情况下，最低分位次依然前进295个位次，河南在扩大招生人数的情况下，依然前进612个位次。口腔医学专业在75%的招生省份录取最低分位次平均上升729位次。中医学专业的最低分录取位次在一半的省份有所上升。（郭晴晴）

【开展本科招生宣传】　学院负责安徽省本科招生宣传工作，由学院领导、专任教师、专技和行政人员组成招生宣传组，赴安徽多所高中开展招生宣传活动，为11所中学授牌“厦门大学优质生源基地”，开展9场“教授进中学”讲座及多次招生宣讲，高考招生季招生宣传组赴11所中学进行高考填报志愿咨询。（陈竞萌）

【临床医学（“5＋3”一体化）项目招生规模扩大】　为进一步提升临床医学专业人才培养质量，促进临床医学生本科、研究生教育和住院医师规范化培训有效衔接，培养高水平高素质临床医师，学院大力推进临床医学（“5＋3”一体化）项目，本年招收13名本科生进入此项目，较上一年增加4人。（郭晴晴）

【启动学业朋辈导师促进计划】为进一步加强学风建设，充分发挥优秀本科生在课程学习中的引领示范作用，学院启动本科生学业朋辈导师促进计划，首次遴选任冰洁、李蓁、杨棋翔、吴歆若4名学业朋辈导师。（郭晴晴）

【推进翔安医院科教一体化建设】深化临床教学改革，不断探索直属附属医院科教一体化进程。推荐教务办副主任余丹兼任直属翔安医院科教部主任，推荐教务办卢琪蕙、医科建设与管理办公室郑俊艺借调担任科教部教学秘书。依托国家临床教学培训示范中心探索“一个中心两个分部”模式，实现学院临床技能培训中心与翔安医院模拟医学培训中心的共享共建。（余　丹）

【研究生教学与培养取得新成绩】专硕规培基地——厦门大学附属中山医院经学校推荐，获批省级产教融合研究生联合培养基地。在校级优秀教学案例中，厦门大学附属心血管病医院《一例终末期缺血性心肌病的案例分析》获校级专业学位研究生优秀教学案例。研究生课程“中医临床经验精粹”获学校课程思政示范课程。（吴珊珊）

【实施“南强优博培育计划”】　依托学院一流导师团队和重要科研平台，

开拓一流生源，提升人才培养质量。年内，学院继续实施“南强优博培育计划”，共有8名博士生入选。其中，“医学科学家项目”3名、“大医班”项目4名、申请考核学生1名。入选博士生名单：项怡宁、林盛杰、郭晨阳、陈欢迪、李黎、任钟若汶、刘芊芊、庄奥博。（田慧敏）

【获批基础医学一级学科博士学位授权点】 9月，学校获批基础医学博士学位授权一级学科点。10月，学院报送博士研究生招生专业目录，自下一年开始招收基础医学博士研究生。

（田慧敏）

【完成临床医学一级学科博士学位授权点专项核验工作】 临床医学一级学科博士学位点参与教育部2023年学位授权点专项核验。12月14日，经国务院学位委员会学科评议组24名专家评议，无不合格票数，决定临床医学一级学科博士学位授权点继续授权。（洪子茜）

【申请新增临床医学博士专业学位授权点】 12月20日，学院召开新增临床医学博士专业学位授权点专家论证会，顺利通过专家论证。26日，申请新增临床医学博士专业学位授权点经校学位评定委员会审议通过。

（洪子茜）

【申请新增中医硕士专业学位授权点】 12月21日，学院召开新增中医硕士专业学位授权点专家论证会，顺利通过专家论证。12月26日，学院申请新增中医硕士专业学位授权点经校学位评定委员会审议通过。

（田慧敏）

【与厦门眼科中心签订战略合作方案】 7月31日，学院与厦门眼科中心战略合作方案签订仪式在厦门大学举行。学院与附属厦门眼科中心党政领导出席签订仪式。（林育坪）

【五人入选国家级人才项目】 王鑫获批国家自然科学基金杰出青年科学基金项目，王科嘉获批国家自然科学基金优秀青年科学基金项目，刘欢获批国家海外优秀青年基金项目，冷历歌入选教育部“长江学者奖励计划”青年学者项目，高月入选国家高层次人才特殊支持计划青年拔尖人才项目。

（毛雅婷　陈彬彬　邓雅彬）

【四名教师入选福建省高层次人才】 刘祖国入选福建省高层次人才A类人才，孔双博、孟宪军、李文岗入选福建省高层次人才C类人才。

（毛雅婷）

【三名教师入选厦门市第十五批“双百计划”】 邓文波、林娟、刘欢入选厦门市第十五批“双百计划”高层次创新人才。（毛雅婷）

【八名博士后入选国家资助博士后研究人员计划】 博士后申报2023年国家资助博士后研究人员计划全部入选，其中孟健、蒋启飞、洪育娟3人入选B档(全校入选13名)，郭田田、唐业东、张海彬、张硕、赵闪闪5人入选C档(全校入选33人)。（黄飞榕）

【一名博士后获评“全国优秀博士后”】 博士后郭田田与化学化工学院博士后曾凡伟组队参加第二届全国博士后创新创业大赛获优胜奖，同时获评“全国优秀博士后”称号。（黄飞榕）

【梁青获评“我最喜爱的十位老师”】 医学院梁青老师获厦门大学2023年“我最喜爱的十位老师”荣誉称号，成为学院第三位获此殊荣的教师。

（张护月）

【附属龙岩中医院挂牌】 5月10日，厦门大学附属龙岩中医院揭牌仪式在龙岩市中医院举行。龙岩市委常委、宣传部部长杨溢，厦门大学副校长周大旺，中国科学院院士、医学院院长韩家淮，龙岩市中医院负责人，学校医科建设与管理办公室、医学院负责人以及厦门大学马来西亚分校实习生代表参加仪式。（郑俊艺）

【成立心血管科学学系】 11月1日，学院成立心血管科学学系，王焱任系主任。（王　晨）

【两篇论文发表于国际顶级杂志《细胞》正刊】 1月，王科嘉课题组在《细胞》正刊以通讯作者发表题为“Opioid-induced Fragile-like Regulatory T Cells Contribute to Withdrawal”的论文。3月，王鑫教授以厦门大学为第一单位、博士后高月以第一作者身份署名，在《细胞》正刊发表题为“β2-Microglobulin Functions As An Endogenous NMDAR Antagonist to Impair Synaptic Function”的论文。

（陈彬彬　邓雅斌）

【一个团队获批教育部干眼医药基础研究创新中心】 5月，刘祖国教授团队获批教育部干眼医药基础研究创新中心，实现学院部级平台零的突破。（徐雅洁　陈彬彬）

【承办中国氧化还原生物学与医学大会】 8月10—13日，2023中国氧化还原生物学与医学大会及战略研讨会在厦门大学举行。本次大会由中国生物物理学会自由基生物学与自由基医学分会主办，学院承办，由战略研讨会和学术报告大会2部分组成，会期历时3天，吸引650名与会嘉宾，举办116场会议报告，是氧化还原生物学与医学领域战略性、前沿性和创新性的学术盛会。（尹青萍）

【刘祖国教授主编的《中国干眼临床诊疗指南》出版】 刘祖国教授牵头全国干眼领域70余名眼科专家编写《中国干眼临床诊疗指南》，于9月出版。该指南是我国干眼领域的第一部指南性著作，全书近30万字。该书的出版将为我国干眼临床诊断、治疗与预防提供标准，有力推进我国干眼临床诊疗的科学化、标准化和规范化。（黄彩虹）

【一个项目获批国家自然科学基金联合基金重点支持项目】 12月，张杰教授获批国家自然科学基金联合基金重点支持项目，资助经费260万元。

（陈彬彬　邓雅斌）

【一个项目获批国家自然科学基金科学中心项目】 王海滨教授参与的国家自然科学基金科学中心项目获批，学校作为合作单位，于年内签订立项合作协议，获资助经费1200万元。

（陈彬彬　邓雅斌）

【承办福建省解剖学会2023年学术年会】 11月17—19日，福建省解剖学会2023年学术年会暨教师教学竞赛在学校召开。本次会议由福建省解剖学会主办、学院承办，主题为“守正创新医学基石，探索解剖融合发展”，来自省内医学院校100余名代表参会。（王玮瑛）

【举办“第十一届厦门冬季学术会议暨厦门大学2023年医学学术年会”】 12月9—10日，“第十一届厦门冬季学术会议暨厦门大学2023年医学学术年会”在厦门大学举办，其间举办的研究生论坛为学院研究生开展国际化标准的学术活动提供交流平台。

（徐雅洁　邓雅斌）

【获评“厦门大学定点扶贫和帮扶工作先进集体”】 10月17日，正值第10个“国家扶贫日”、第31个“国际消除贫困日”之际，学校首次举办定点扶贫和帮扶工作先进典型表彰仪式，学院荣获“厦门大学定点扶贫和帮扶工作先进集体”。（许　洋）

【举办教职工荣休仪式】 10月11日，恰逢建院27周年之际，学院举办2023年度教职工荣休仪式。荣休教师代表、医学院原副院长、中医系王彦晖老师，眼科研究所陈永雄老师，中医系夏智波老师，抗癌研究中心颜江华老师，医学院副院长、中医系钱林超老师与学院党政领导、师生代表欢聚一堂，共同见证这一温馨时刻。

（毛雅婷）

【学院部门工会换届】 12月19日，学院部门工会换届选举大会举行。103名部门工会会员代表参加大会。与会代表以无记名投票方式，选举产生由王玮瑛、孙灏、张然、卓仁恭、林秀玲、黄霄红、魏龙华7人为新一届工会委员会委员。会后召开新一届医学院部门工会委员会第一次会议，选举卓仁恭同志为部门工会委员会主席、王玮瑛同志为部门工会委员会副主席。（杨盛澜　黄霄红）

【肖传兴校友荣获创新创业英才奖】 4月9日，第四届教学大师奖、杰出教学奖和创新创业英才奖（即“教学三大奖”）颁奖典礼在重庆大学举行。本届共评出教学大师奖1名、杰出教学奖9名、创新创业英才奖10名。学院2012级博士肖传兴荣获“创新创业英才奖”。据悉，“教学三大奖”由中国教师发展基金会组织、深圳市陈一丹公益慈善基金会捐资设立，于2019年启动，每年评选1次，是目前高等教育教学领域奖励力度最大的奖项，旨在奖励以德立学、以德施教的“大先生”和敢闯会创的创新创业英才，对于引导教师潜心教书育人、学生更好成长成才发挥重要的激励作用。

（王　晨）

【成立医学院广东校友会】 12月23日，厦门大学广东校友会医学分会暨厦门大学医学院广东校友会成立大会在广州举行。厦门大学广东校友会理事长黄国典，常务副理事长高碧、刘健、黄国林、刘启亮，学院上海校友会副会长马全明和院党委书记李峰、党委副书记王坤钟，副院长薛茂强，学院党委委员、中医系副主任文磊，健康医疗大数据国家研究院副院长李奇渊，口腔系副主任陈勇，学院辅导员王明辉，广东校友会理事会成员及兄弟学院校友会代表等出席大会。100余名校友齐聚一堂，畅叙情谊，共同见证广东校友会的成立。大会由2011级临床医学专业的施颖主持。（王明辉）

海洋与地球学院

【概况】 海洋与地球学院现设海洋生物科学与技术系、海洋化学与地球化学系、物理海洋学系、应用海洋物理与工程系、地质海洋学系5个系，拥有近海海洋环境科学国家重点实验室、海洋生物制备技术国家地方联合工程实验室、福建台湾海峡海洋生态系统国家野外科学观测研究站、海水养殖生物育种全国重点实验室4个国家级平台；水声通信与海洋信息技术教育部重点实验室、福建省海洋生物资源开发利用协同创新中心、福建省海洋碳汇重点实验室、福建省海洋经济生物遗传育种重点实验室、海洋化学与应用技术福建省高校重点实验室、福建海洋可持续发展研究院、海洋遥感大数据福建省高校工程研究中心、厦门市海湾生态保护与修复重点实验室等科研机构。新增福厦泉国家自主创新示范区海陆界面复杂环境立体监测技术协同创新平台和厦门大学海洋气象与气候变化研究中心。

学院设海洋科学、海洋技术2个本科专业，海洋生物学、海洋生物技术、海洋化学、物理海洋学、海洋物理、海洋地质、环境工程7个研究生专业。拥有海洋科学国家级一流本科专业、海洋科学一级学科国家重点学科，以及海洋科学一级学科博士学位授权点和博士后流动站。现有海洋科学国家理科基础科学研究和教学人才培养基地，海洋环境科学国家实验教学示范中心等国家级人才培养基地，海洋科学教育部首批基础学科拔尖学生培养计划2.0基地，海洋科学省级虚拟仿真实验教学中心等人才培养基地和平台。

学院现有专任教师116人，工程、实验系列专业技术人员238（含单位、课题组全时聘用147人），专职党政管理人员50人（含单位、课题组全时聘用28人），辅导员4人，在站博士后研究人员38人，离退休人员76人。专任教师中，教授68人、副教授38人，占91.4%；具有博士学位的113人，占97.4%；具有国（境）外博士学位的42人，占36.2%。其中，中国科学院院士2人，国家高层次人才5人、青年人才5人，教育部“长江学者奖励计划”特聘教授3人，国家杰出青年科学基金获得者7人，国家高层次人才特殊支持计划科技创新领军人才7人、青年拔尖人才1人，国家百千万人才工程入选者2人，国家优秀青年科学基金获得者7人，国家优秀青年科学基金（海外）获得者4人，神农青年英才1人。年内新聘专任教师7人，其中教授2人、副教授4人、助理教授1人；新聘工程、实验系列专业技术人员30人（均为单位、课题组全时聘用）；新聘专职党政管理人员及工勤8人（含单位、课题组全时聘用4人）；新进站博士后17人。

学院现有在读本科生479人、硕士研究生451人、博士研究生322人；招收2023级博士研究生75人、硕士研究生171人、本科生140人；共计123名本科生、104名硕士生和60名博士生顺利毕业。本科生就业率94.2%，硕士生就业率94.9%，博士生就业率100%，家庭经济困难学生就业率100%。本科生升学率66.1%，研究生毕业生重点单位就业率36.9%。研究生以第一作者发表论文175篇，科研论文贡献率达61%。

年内，学院扎实开展学习贯彻习近平新时代中国特色社会主义思想主题教育。举办第二届“心怀国之大情系海之深”主旨论坛，在霞浦北壁乡、

2023 年度海洋与地球学院基本情况

统计项目	数量	统计项目	数量
本科生数(人)	479	教育部重点实验室(个)	0.5
硕士研究生数(人)	451	教育部工程研究中心(个)	
其中:专业学位硕士研究生数(人)	32	福建省创新实验室(个)	
博士研究生数(人)	322	福建省“2011 协同创新中心”(个)	1
其中:专业学位博士研究生数(人)		福建省重点实验室(个)	2
其中:学历留学生数(人)	10	福建省工程技术研究中心(个)	1
本科毕业生毕业去向落实率(%)	94.2	福建省工程实验室(个)	1
硕士毕业生毕业去向落实率(%)	94.9	福建省工程研究中心(个)	
博士毕业生毕业去向落实率(%)	100	其他部省级平台(个)	6
本科毕业生升学、出国(境)率(%)	66.1	国家自然科学基金委基础科学中心(个)	
毕业生到重要行业和领域就业率(%)	52.2	国家自然科学基金委创新研究群体(个)	
专任教师数(人)	116	高等学校学科创新引智基地(“111”计划)(个)	1
非全职教师数(人)	24	国家自然科学基金项目(个)※	30
专职科研队伍数(人)	55	国家重点研发计划(项目牵头)(个)※	4
教授数/正高级数(人)	68	其他部省级重大专项(个)※	
副教授数/副高级数(人)	38	企业和社会各界委托项目(理工医科 100 万元以上)(个)※	6
具有博士学位专任教师数(人)	113	纵向科研经费(到位)(万元)※	11213
具有海外学习交流一年(或 10 个月)以上经历教师数(人)	96	横向科研经费(到位)(万元)※	3708.9
45 岁以下(含)专任教师数(人)	59	国家自然科学奖(项)※	
全职两院院士(人)	2	国家技术发明奖(项)※	
发展中国家科学院院士(人)	1	国家科技进步奖(项)※	
教育部“长江学者奖励计划”特聘教授(人)	3	高校科学研究优秀成果奖(科学技术)(项)※	
教育部“长江学者奖励计划”特岗学者(人)		福建省科学技术奖(项)※	
教育部“长江学者奖励计划”青年学者(人)		其他重要科技奖励(请注明)(项)※	
国家杰出青年科学基金获得者(人)	7	发表文章总数(篇)※	90
“国家特支计划”领军人才(人)	6	其中:*Science*、*Nature*、*Cell*(含子刊)(篇)※	4
“国家特支计划”青年拔尖人才(人)	1	其他(请注明)(篇)※	
国家百千万人才工程入选者(人)	2	国内授权专利情况(项)※	42
国家级教学名师(人)		国外授权专利情况(项)※	
国家优秀青年科学基金获得者(人)	7	科技成果转化(项目数)(项)※	7
教育部新(跨)世纪优秀人才(人)	7	科技成果转化(转让金额)(万元)※	435
福建省“闽江学者”特聘教授(人)	8	学生出国(境)交流(人次)※	62
福建省特级后备人才(人)		教师出国(境)交流(人次)※	156
国家教学成果奖(项)※	1	主办国际学术会议(次数)※	8
国家级一流本科专业(个)	1	主办两岸学术会议(次数)※	
中国“互联网+”大学生创新创业大赛获奖数(项)※		境外合作高校或机构(所)	
国家“2011 协同创新中心”(个)		签订境外合作协议(份)	
全国重点实验室(个)	1	邀请国外学者数(人)※	13
国家重点实验室(个)	1	邀请台港澳地区学者数(人)※	11
国家工程实验室(个)		国(境)外学生来校数(人)※	3
国家(地方联合)工程研究中心(个)			

隆德张树村挂牌党建创新实践基地。入选福建省高校党建工作模式典型案例1项，获"福建青年五四奖章(集体)"1项，厦门大学党建管理提升与创新奖1项，学院党委获评厦门大学先进基层党组织。优化治理体系，改善学院周边和办公环境，成立公共服务中心，加强专技队伍培训，提升支撑服务能力。引进专任教师7人，新增国家优秀青年科学基金获得者1人、国家高层次青年人才1人、省市各类人才42人次、南强重点岗位教授2人。焦念志院士入选2022年度"海洋人物"，戴民汉院士获南强杰出贡献奖。

学院完成首次大类招生分流工作，7所院校97名师生参加第四届"海丝学堂"国际化海洋科研实训项目。本研教学双双荣获学校2022年度目标责任制考核"示范引领奖"。"海洋思政:学思行的统一"获2022年高等教育(本科)国家级教学成果奖二等奖，2门课程入选国家级一流课程，陈敏获评南强卓越教学名师。学生获省级以上科创竞赛奖项43项，勇夺第16届国际先进机器人及仿真技术大赛3项冠军。学院团委获评厦门市五四红旗团委，学院研究生会连续11年获评校级优秀，"厦海扬帆，职引未来"项目获评福建省"我为同学做实事"项目交流展示活动"十佳项目"，许继聪同学获厦门大学最高荣誉"嘉庚奖章"。

学院新增国家级、省部级和地方科研纵向项目100个，横向项目131个，到账科研经费1.2亿元。其中，国家重点研发计划项目4个，国家自然科学基金重点、优青、联合基金项目等30个，重点军工项目3个，重大横向项目1个。发表 *Nature* 和 *Science*(含子刊)4篇；6名学者入选2022年"中国高被引学者"榜单，10名学者入选全球前2%顶尖科学家榜单；42项专利获授权；获2022年度教育部自然科学奖一等奖1项，2022年度福建省技术发明一等奖1项、福建省科技进步奖二等奖1项(均待正式公布)和福建省科技进步奖三等奖1项；王克坚荣获亚太海洋生物技术学会首届"海洋生物技术奖(学术或工业界)。

学院着力推进产研融合与社会服务，7项科技成果成功转化落地，新增2个院企共建联合研发中心，获批福建省海洋经济政产学研用金联盟高校创新团队和福厦泉国家自主创新示范区协同创新平台。"海丝卫星"积极助力海上福建、数字福建建设。获评农业农村部2023年农业主导品种2个，年度渔业新技术优秀科技成果1项。2人入选首批厦门市海洋产业优秀人才，2人受聘泉州市海洋经济产业首席专家。发挥海洋智库作用，31篇提案信息获省部级以上政府部门采纳，2篇获副国级领导批示。全年举办各类科普活动64次，线下参与3.5万人次，线上传播量超1000万。海洋科技博物馆获首批全国科普教育基地授牌，游伟伟入选第六批"闽江科学传播学者"。

学院持续推动交流互鉴，全年主承办高层次国际、国内大型学术会议22场以及各类学术讲座报告160场；派出156人次教职工、62人次学生出国(境)交流，其中4名学生赴南极开展科考作业；接收93人次境外单位专家来访；新增国际学术组织任职20人次和学术期刊任职21人次。联合国"海洋十年"海洋负排放国际大科学计划(ONCE)成功发布路线图、期刊专题等系列成果，国内外4个推进机构揭牌成立；海岸带可持续发展国际计划(Coastal-SOS)与科研单位合作完成特邀综述，发挥国际领导力，深度参与社会发展和政策制定。持续推进中国-东盟海洋学院建设，为培育"一带一路"共建国家的海洋学科精英人才贡献厦大力量。

(杨 爽 侯佳君 何文涛 陈雅琪 江子扬 苏 颖 黄蓝青 吴馨仪)

【海洋科学学科第二轮"双一流"中期建设成效获高度评价】 7月6日，学校召开海洋科学学科第二轮"双一流"建设中期自评专家咨询会，专家组一致认为该学科第二轮"双一流"中期建设成效显著，自评报告总结充分，问题分析到位，改进措施切实可行。(吴馨仪 邹良荣)

【海洋科学一级学科博士学位授权点通过审核评估】 7月6日，学校组织专家对海洋科学一级学科博士学位授权点开展评估。专家组经考察质询讨论，对学位点的学位与研究生教育质量给予高度肯定，做出学位授权点"合格"的评判，同时对学位点的建设提出诊断式评议意见和建议。

(吴馨仪 邹良荣)

【海洋科学在2023年"软科世界一流学科排名"中排名第13名】 10月27日，高等教育评价专业机构软科发布2023年"软科世界一流学科排名"，厦门大学海洋科学位列全球第13名，较上年上升8名。(吴馨仪 邹良荣)

【陈敏获厦门大学南强卓越教学名师奖】 5月16日，学校公布首批"南强教学名师奖励计划"入选名单，陈敏获厦门大学南强卓越教学名师奖。

(侯淑娜)

【两门课程获国家级一流本科课程】 5月30日，教育部公布第二批国家级一流本科课程认定结果，陈敏牵头课程"化学海洋学基础"入选国家级线下一流课程，蔡毅华牵头课程"大洋水中痕量金属洁净分析虚拟仿真实验"入选国家级虚拟仿真实验教学一流课程。(侯淑娜)

【一项成果获国家级教学成果奖二等奖】 7月24日，教育部发布《关于批准2022年国家级教学成果奖获奖项目的决定》，蔡明刚团队的"海洋思政:学思行的统一"成果获2022年高等教育(本科)国家级教学成果奖二等奖。(侯淑娜)

【本研教学目标责任制考核均获2022年度"示范引领奖"】 7月31日，2022年度目标责任制考核结果公布，学院本科教学和研究生教学同时获学校目标责任制"示范引领奖"。

(侯淑娜)

【六名学者入选2022年中国高被引学者榜单】 3月，全球性信息分析公司爱思唯尔(Elsevier)发布2022年中国高被引学者(Highly Cited Chinese Researchers)榜单，戴民汉、党宏月、高坤山、高树基、焦念志、林森杰6名学者入选。(苏 颖)

【一人获第一届中国科技青年论坛最佳策论奖】 5月8日，由中国科协主办的第一届中国科技青年论坛总论坛在北京举办。游伟伟教授从270余家高校、科研院所推荐的近3000名青

年代表中脱颖而出,以“种质创新打造鲍鱼‘中国芯’”为题的演讲获最佳策论奖。（苏　颖）

【一项成果发表于 *Nature Sustainability*】 6月26日,曹玲团队在 *Nature Sustainability* 期刊上发表题为“Vulnerability of Blue Foods to Human-induced Environmental Change”的研究论文。该研究建立了一套新的基于多因素空间分析的蓝色食物脆弱性评估方法体系,为推动渔业生态系统与水产业可持续发展提供新的科学依据。（苏　颖）

【一项成果发表于 *Science Advances*】 8月16日,张瑶团队在海洋中尺度涡旋的生物地球化学响应方面取得重要研究进展,相关成果以“Reduced Nitrite Accumulation at the Primary Nitrite Maximum in the Cyclonic Eddies in the Western North Pacific Subtropical Gyre”为题发表在 *Science Advances*。该研究首次揭示了西北太平洋副热带流涡区中尺度气旋涡所诱导的两步硝化解耦(decoupling)现象,对全面理解海洋动力系统中的生物地球化学循环具有重要意义。（苏　颖）

【王克坚荣获亚太海洋生物技术学会首届“海洋生物技术奖(学术或工业界)”】 10月,王克坚教授凭借其系列研究成果“海洋动物新型抗菌肽的发现与产品创制及其示范应用”,荣获澳大利亚-新西兰海洋生物技术学会首届“海洋生物技术奖——学术或工业界”(Marine Biotechnology Award—Academia or Industry),也是该奖项唯一获得者。（苏　颖）

【十名学者入选全球前2%顶尖科学家榜单】 10月,美国斯坦福大学发布2023年全球前2%顶尖科学家榜单(World's Top 2% Scientists 2023)。焦念志、戴民汉、高坤山、李忠平、柴扉、党宏月、段安民、张瑶、徐鹏、高光10名学者入选“2022年度科学影响力排行榜”,入选总人数较上一年度增加6名。其中,焦念志、高坤山、李忠平3名学者同时入选“终身科学影响力排行榜”。（苏　颖）

【一项成果发表于 *Nature* 正刊】 12月7日,王为磊团队联合国内外合作者在海洋生物碳泵研究领域取得的最新成果以“Biological Carbon Pump Estimate Based on Multidecadal Hydrographic Data”为题发表于国际顶尖期刊 *Nature*。该研究首次提出海洋生物碳泵的时间域分布,从碳在海洋中的滞留时间这一全新角度论证不同形态有机碳输出与封存的时间关系,为全球变化背景下海洋碳汇的估算提供重要参考。（苏　颖）

【一项成果发表于 *Nature Communications*】 12月13日,高树基团队与国内外合作者在河口—海岸水域 N_2O 来源研究方面取得的最新成果以“Particle-associated Denitrification is the Primary Source of N_2O in Oxic Coastal Waters”为题发表于 *Nature Communications*。该研究揭示了颗粒物在有氧河口—海岸水域 N_2O 产生的重要调控作用,厘清了该水域中 N_2O 主要来自颗粒物微环境介导的不完全反硝化作用,为研究人类干扰下的陆海关键带水域温室气体来源和排放提供新视角。（苏　颖）

【两个项目获批国家重点研发计划项目】 12月,史大林教授牵头申报的国家重点研发计划项目“西北太平洋生物泵的氮磷铁调控及演变趋势”正式获批,资助期限5年,资助总经费1900万元;刘涛教授牵头承担的国家重点研发计划项目“大型海藻重要经济性状遗传解析与复合性状良种培育”,资助期限5年,资助总经费2000万元。（苏　颖）

【涉海科技成果亮相多个重要展会】 年内,学院组织近50项海洋科技成果集中亮相中国国际投资贸易洽谈会、2023世界航海装备大会等重要展会和产业平台,全方位展现学校在海洋领域发展的最新成就和研发实力,海洋动物新型抗菌肽获第25届中国国际高新技术成果交易会优秀产品奖。（黄蓝青）

【新增“厦门大学海洋气象与气候变化研究中心”】 5月,厦门大学海洋气象与气候变化研究中心获批成立,10月正式揭牌并召开2023年学术委员会会议。该中心的成立是厦门大学在海洋气象与气候变化领域迈出的重要一步,将汇聚学校在气象、海洋、环境和经济等领域的优势资源,搭建国际化的合作平台,为全球气候治理和可持续发展贡献中国智慧和中国力量。（黄蓝青）

【绿盘鲍、“三海”海带入选农业农村部2023年农业主导品种】 6月,农业农村部推介发布2023年农业主导品种主推技术,此次遴选的11个水产主导品种中,柯才焕教授团队培育的绿盘鲍和刘涛教授团队培育的“三海”海带榜上有名,标志着这2个品种将得到大规模的推广应用。（黄蓝青）

【举办“海洋传感器”海洋主题科普艺术展】 9月15日,由中央美术学院与学校联合主办的“海洋传感器——海洋主题科普艺术展”在中央美术学院美术馆开幕,3场由学校海洋科学家主讲的海洋主题科普讲座同步精彩呈现。该展览搭建了科技与艺术、科普与美育间的桥梁,触发海洋意识的觉醒,推动社会公众保护海洋生态。（黄蓝青）

【厦门大学海洋科技博物馆获全国科普教育基地授牌】 9月17日,2023年厦门市“全国科普日”启动仪式在厦门市美术馆举行。厦门大学海洋科技博物馆作为全市仅有的6家“2021—2025年第一批全国科普教育基地”之一获授牌,同时入选第五届厦门市“十大优秀科普(教育)基地”。（黄蓝青）

【与国家卫星海洋应用中心签署战略合作协议】 10月17日,学校与国家卫星海洋应用中心战略合作签约仪式在学院举行。国家卫星海洋应用中心党委书记、主任林明森,副校长史大林出席活动,并共同为“近海环境卫星遥感实验室”揭牌。（黄蓝青）

【举办第十二届海洋科学开放日】 11月18日,第十二届海洋科学开放日在翔安校区举办,主题为“SDGs:‘On Call 11034’”。系列科普讲座、“海洋青年说”青少年演说大会、趣味实验课堂等活动轮番登场,约600名厦大师生投入工作,50余个实验室和学生摊位开放,全天超10000名参访者走进厦门大学,创历史人数新高。（黄蓝青）

【获批福厦泉国家自主创新示范区协同创新平台】 12月，海陆界面复杂环境立体监测技术福厦泉国家自主创新示范区协同创新平台获福建省科技厅批准立项，重点攻关水下流量声学测量、基于AI的岸基高清视频目标识别、无人机移动监测等关键技术，服务“海上福建”、海洋安全等重大需求。（黄蓝青）

【举办第六届厦门海洋环境开放科学大会】 1月9—11日，第六届厦门海洋环境开放科学大会（XMAS-VI）在厦门举办。会议共吸引来自中国、美国、英国、法国等30多个国家和地区、拥有多元学科背景的近千名专家学者和青年学生参会，共同聚焦海洋科学前沿问题，探索多学科融合解决方案。《科技日报》、央视网、人民网、东南卫视等媒体对该会议进行深度报道。（吴馨仪）

【召开表层海洋—低层大气研究（SOLAS）战略研讨会】 9月25—28日，表层海洋—低层大气研究（Surface Ocean-Lower Atmosphere Study，SOLAS）战略研讨会在厦门召开。会议由SOLAS国际计划主办，吸引来自18个国家和地区的40名SOLAS科学指导委员会成员及相关领域的知名专家学者参会，共同讨论和纂写SOLAS 2026—2035科学计划和组织方案，为气候和全球变化的解决方案提供科学依据。（吴馨仪）

【举办海洋负排放国际大科学计划第二届开放科学大会】 11月8—11日，海洋负排放国际大科学计划第二届开放科学大会在厦门举办。会议旨在通过国际合作协同攻关、多学科交叉融合，为全球海洋碳负排放提供智慧方案与行动方案。会议发布ONCE-BCMS路线图、OLAR期刊ONCE专题、ONCE公开课教材《宜居地球——地球系统与生命的共演化》等ONCE计划系列成果，并为厦门海洋负排放研究中心、海洋负排放欧洲分中心、海洋负排放泛美分中心及海洋负排放亚洲分中心4个推进机构揭牌。（吴馨仪）

【召开2023海上丝绸之路国际产学研用合作会议海洋科技与工程分会】 11月9日，2023海上丝绸之路国际产学研用合作会议海洋科技与工程分会在厦门举办。会议由教育部学校规划建设发展中心、福建省教育厅、“数字孪生海洋”国际计划（DITTO）主办，以“发展数字孪生海洋，赋能战略新兴产业”为主题，共吸引来自德国、韩国、荷兰、南非等10余个国家的120余名专家学者和企业代表参与。（吴馨仪）

【新增一名国家优秀青年科学基金（海外）获得者】 3月，李姜辉教授被正式确认为国家优秀青年科学基金（海外）获得者。截至12月31日，学院已有4人入选。（何文涛）

【戴民汉、许继聪分别获厦门大学最高荣誉】 4月，中国科学院院士、学院教授戴民汉荣获厦门大学教师最高奖项——南强杰出贡献奖，2020级硕士生许继聪被授予厦门大学学生最高荣誉奖项“嘉庚奖章”，另有14名教职工获奖教金，34名学生获校庆期间校级奖学金。（何文涛　张露月）

【焦念志获2022年度“海洋人物”称号】 6月8日，由自然资源部主办的2023年“世界海洋日暨全国海洋宣传日”活动发布揭晓2022年“海洋人物”评选结果，在全国范围内评选出10名获奖者，中国科学院院士、海洋与地球学院焦念志教授荣获2022年度“海洋人物”荣誉称号。

（何文涛　蓝志鹏）

【赴青岛、上海两地高校调研】 6月29日—7月2日，学院、近海海洋环境科学国家重点实验室赴青岛、上海两地高校调研，共同探讨学科建设、科学研究和人才培养等问题，加强交流沟通、资源共享，推进海洋学科合作发展。（何文涛）

【赴新加坡开展引才宣讲活动】 7月8—11日，戴民汉院士与学院领导一行带队赴新加坡开展引才宣讲活动。宣讲活动介绍了学院基本情况，展示了厦大海洋学科工作亮点和发展状况，并介绍了人才引进政策，共吸引70余名青年学者参加。（何文涛）

【敦聘李家彪院士为杰出访问教授并举办南强学术讲座】 7月21日，学院组织敦聘中国工程院院士李家彪研究员为杰出访问教授仪式暨南强学术讲座第1193讲。学校领导、人事处负责人、学院领导和师生代表等130余人参加活动。（何文涛）

【修订出台教师工作量考核办法】 7月，学院出台《厦门大学海洋与地球学院教师工作量考核办法（2023年修订）》，将教师工作量分为教学、科研、公共服务3个部分，加强对教学和公共服务的重视，科学设计计分基准，体现学科特色，为调动教师积极性和加强人才队伍建设提供制度保障。

（何文涛）

【编制学院教师人事服务手册】 8月，学院编制《厦门大学海洋与地球学院教师人事服务手册》，手册以服务全院教师特别是新进教师为主线，以报到入职为起点，系统梳理考核晋升、行为规范、综合服务、文件汇编等内容，为教师提供人事服务指南，帮助教师更快更好地融入厦大海洋。

（何文涛）

【成立公共服务中心】 8月，学院成立公共服务中心，承担学院教学科研的技术支持、公共服务或专项服务等工作。公共服务中心工作委员会由分管副院长、执行主任、系主任、教授代表等组成，负责中心工程技术人员的日常管理。（何文涛）

【举办专业技术支撑队伍培训】 12月6日，学院举办专业技术支撑队伍培训，邀请来自校内主管部门、兄弟学院和相关行业的资深专家授课，学院领导和专业技术人员共计120余人参会。（杨听林　何文涛）

【扎实开展学习贯彻习近平新时代中国特色社会主义思想主题教育】 4—8月，学院深入开展学习贯彻习近平新时代中国特色社会主义思想主题教育，牢牢把握“学思想、强党性、重实践、建新功”的总要求，把理论学习、调查研究、推动发展、检视整改等贯通起来，有机融合、一体推进。

（侯佳君）

【一个团队荣获第20届福建青年五四奖章】 4月，“厦门大学海洋种业青年科学家团队”被共青团福建省委、福建省青年联合会授予“第20届福建青年五四奖章（集体）”荣誉称号。

（侯佳君）

【罗亚威任副院长】 5月8日，学校党委常委会研究决定：罗亚威任中共厦门大学海洋与地球学院副院长，并

于2023年6月26日正式宣布任命决定。（侯佳君）

【举办第二届“心怀国之大 情系海之深”主旨论坛】 6月8日，学院举办第二届“心怀国之大 情系海之深”主旨论坛。来自上海交通大学，厦门大学机关部处、数学科学学院和海洋与地球学院的师生共聚一堂，就“教育、科技、人才”等主题进行深入研讨。（侯佳君）

【召开2023年安全工作大会】 6月19日，学院召开2023年安全工作大会。院党委书记吴立武做题为“统筹发展与安全 为一流学科建设提供坚强保障”的报告。施芝元做“实验室安全体制机制建设实践与探索”专题报告。（侯佳君）

【蓝色经济发展科技创新团队获厦门大学党建提升与管理创新奖】 6月，蓝色经济发展科技创新团队获2022年党建提升与管理创新奖（全校仅5个团队）。（侯佳君）

【学院党委获评厦门大学先进基层党组织】 6月30日，在厦门大学“两优一先”表彰大会上，学院党委获评厦门大学先进基层党组织，院党委书记吴立武以“奏响‘教育、科技、人才’交响曲 推动一流学科高质量发展”为题，代表学院做交流发言。（侯佳君）

【党建创新实践基地揭牌】 9月19日，厦门大学海洋与地球学院—霞浦县北壁乡共建合作协议签约仪式暨“蓝”图共绘党建创新实践基地揭牌仪式在霞浦县北壁乡东冲村海上社区举行。11月22日，厦门大学海洋与地球学院—隆德县张树村校地支部共建协议签约暨“山海之约”党建创新实践基地揭牌仪式在隆德县张树村举行。（侯佳君）

【一个案例入选省级典型党建工作案例】 11月，福建省委教育工委公布全省高校“一融双优”基层党建工作模式典型案例评选结果，海洋与地球学院选送的《以“双融双促”推进教师党支部书记“双带头人”培育工程提质增效》案例入选教师党支部书记“双带”典型案例（全省本科高校共11篇）。（侯佳君）

【召开工会会员代表大会暨换届大会】 11月27日，学院召开工会会员代表大会暨换届大会，选举产生新一届工会委员会委员。（侯佳君）

【一个支部通过省级、校级“双带头人”工作室验收】 海洋生物技术教工党支部顺利通过省级、校级“双带头人”工作室验收。（侯佳君）

环境与生态学院

【概况】 环境与生态学院下设环境科学系、生态学系、环境与生态工程系，有环境科学、生态学、环境生态工程3个本科专业，环境科学、环境工程、环境管理、生态学、海洋事务5个硕、博士研究生专业，环境科学与工程、生态学2个一级学科博士点和博士后流动站。环境科学、生态学专业入选国家级一流本科专业建设点。环境科学为国家重点学科；生态学连续2次入选国家“双一流”建设学科，并在新一轮学科评估中实现跨越式发展。年内，环境与生态学科位居ESI全球前0.205%。

年内，学院在职教职工127人，其中正高级职称44人、副高级职称32人。新增教育部“长江学者奖励计划”特聘教授1人、国家优秀青年科学基金获得者1人、国家高层次人才特殊支持计划青年拔尖人才1人，1人获“福建省优秀教师”称号，12人入选福建省高层次人才，14人入选厦门市高层次人才，3人入选国家博士后专项，1人入选国家资助博士后计划。目前在站博士后41人，全年进站10人，出站7人。

学院现有本科生380名，研究生597名（含外籍生18名）。年内，学院坚持“强基础、重特色、宽领域、高质量”的人才培养理念，创新实施“国际化班、菁英班、卓越班”并行的人才培养模式。《动物生物学》入选首届全国优秀教材奖二等奖，“海洋生态学”入选国家一流本科课程，“环境科学导论”入选省级一流本科课程；研究生以第一作者或共同第一作者在国际主流刊物发表论文300余篇，14篇学位论文入选福建省优秀研究生学位论文。

年内，学院继续着力提升科研水平，努力发挥多学科交叉特色，大力拓宽经费筹措渠道。全年立项项目经费总额9914.7万元，截至12月31日，到位总经费5973.2万元，其中纵向3374.8万元、横向2598.4万元；新增纵向项目50个，横向项目92个。其中获批主持国家重点研发计划项目3个，国家自然科学基金委重大项目、联合基金项目各1个；在学科国际高水平期刊发表研究论文228篇，其中Top Journal 133篇，多项研究进展发表在 *Nature Communications*、*Environmental Science & Technology*、*Water Research* 等学科领域权威刊物上。出版著作1部，授权专利10项。

年内，学院坚持开放办学，全方面推动对外合作交流。邀请国际科学理事会来校交流。邀请境外专家进行南强讲座3场、环境与生态讲坛等6场，派出师生赴境外交流92人次。与瑞典隆德大学续签合作协议，共同举办第十六届凌峰暑期科研训练。与国际环境问题科学委员会共同发起组建国际生态环境科学联合会（IUEES），拟将秘书处设在厦门大学。依托海洋与海岸带发展研究院，与厦门海洋国际合作中心开展合作并续签协议；支持举办2023厦门国际海洋周、21世纪海上合作委员会“海洋经济与‘双碳’战略”主题论坛暨2023年理事会，承办2023东亚海岸带可持续发展地方政府网络（PNLG）年会。

年内，学院支撑生态文明建设更加有力。与中核国电漳州能源有限公司等签订合作协议。龙岩厦大产教融合研究院成功转制。编制我国首个用于计量监测滨海盐沼领域的碳汇方法学，并支撑首单盐沼生态系统碳汇交易完成。红树林碳汇方法学获福建省生态环境厅备案。获批5项蓝碳碳库增量监测团体标准。自主研发的营养盐在线自动监测系统iSEA，参与首次大规模海水营养盐现场比对航次并圆满完成测定任务。

（熊　文　王新丽　郑淑真　吴晓倩　卢　振　陈韬澜　柯晓林　诸　姮）

【吕永龙教授团队在 *iScience* 发表重要成果】 1月20日，吕永龙教授研究团队在 *iScience* 上发表关于洲际尺度

2023 年度环境与生态学院基本情况

统计项目	数量	统计项目	数量
本科生数(人)	380	教育部重点实验室(个)	1
硕士研究生数(人)	363	教育部工程研究中心(个)	
其中:专业学位硕士研究生数(人)	30	福建省创新实验室(个)	
博士研究生数(人)	234	福建省"2011 协同创新中心"(个)	1
其中:专业学位博士研究生数(人)		福建省重点实验室(个)	2
其中:学历留学生数(人)	18	福建省工程技术研究中心(个)	1
本科毕业生毕业去向落实率(%)	86.5	福建省工程实验室(个)	
硕士毕业生毕业去向落实率(%)	95.6	福建省工程研究中心(个)	
博士毕业生毕业去向落实率(%)	100	其他部省级平台(个)	2
本科毕业生升学、出国(境)率(%)	55.1	国家自然科学基金委基础科学中心(个)	
毕业生到重要行业和领域就业率(%)	70.6	国家自然科学基金委创新研究群体(个)	
专任教师数(人)	81	高等学校学科创新引智基地("111"计划)(个)	1
非全职教师数(人)	20	国家自然科学基金项目(个)※	24
专职科研队伍数(人)	45	国家重点研发计划(项目牵头)(个)※	3
教授数/正高级数(人)	44	其他部省级重大专项(个)※	
副教授数/副高级数(人)	32	企业和社会各界委托项目(理工医科 100 万元以上)(个)※	3
具有博士学位专任教师数(人)	81	纵向科研经费(到位)(万元)※	3374.8
具有海外学习交流一年(或 10 个月)以上经历教师数(人)	65	横向科研经费(到位)(万元)※	2598.4
45 岁以下(含)专任教师数(人)	39	国家自然科学奖(项)※	
全职两院院士(人)		国家技术发明奖(项)※	
发展中国家科学院院士(人)	1	国家科技进步奖(项)※	
教育部"长江学者奖励计划"特聘教授(人)	1	高校科学研究优秀成果奖(科学技术)(项)※	
教育部"长江学者奖励计划"特岗学者(人)		福建省科学技术奖(项)※	
教育部"长江学者奖励计划"青年学者(人)		其他重要科技奖励(请注明)(项)※	
国家杰出青年科学基金获得者(人)	4	发表文章总数(篇)※	88
"国家特支计划"领军人才(人)	2	其中:*Science*、*Nature*、*Cell*(含子刊)(篇)※	5
"国家特支计划"青年拔尖人才(人)	1	其他(请注明)(篇)※	83
国家百千万人才工程入选者(人)	2	国内授权专利情况(项)※	10
国家级教学名师(人)	1	国外授权专利情况(项)※	
国家优秀青年科学基金获得者(人)	5	科技成果转化(项目数)(项)※	
教育部新(跨)世纪优秀人才(人)	5	科技成果转化(转让金额)(万元)※	
福建省"闽江学者"特聘教授(人)	2	学生出国(境)交流(人次)※	31
福建省特级后备人才(人)	1	教师出国(境)交流(人次)※	61
国家教学成果奖(项)※		主办国际学术会议(次数)※	2
国家级一流本科专业(个)	2	主办两岸学术会议(次数)※	1
中国"互联网+"大学生创新创业大赛获奖数(项)※		境外合作高校或机构(所)	1
国家"2011 协同创新中心"(个)		签订境外合作协议(份)	1
全国重点实验室(个)		邀请国外学者数(人)※	4
国家重点实验室(个)		邀请台港澳地区学者数(人)※	4
国家工程实验室(个)		国(境)外学生来校数(人)※	
国家(地方联合)工程研究中心(个)			

道路物流碳排放流动特征和影响因素的文章。国际评审专家认为"该项研究非常有趣且具有重要意义,可为理解物流温室气体排放流动及空间分异提供新的见解"。　(陈韬澜)

【获评厦门大学2022年学生工作特色单位】 1月,厦门大学2022年学生工作总结表彰大会在翔安校区举行,学院以"垃圾分类工作"荣获"学生工作特色单位"。　(肖莉君)

【博士生赵蚰竹荣获"第十七届大学生年度人物"】 1月,2019级博士生赵蚰竹凭借其在科研领域的优秀成果和励志人生故事,荣获"第十七届大学生年度人物"称号,其事迹被共青团中央、人民网、中国大学生在线等多家媒体平台专题报道。

(安旭鹏)

【召开学科建设与人才培养工作促进会】 2月24日,学院召开学科建设与人才培养工作促进会,对新一年度学院发展与"双一流"建设的重点任务等进行深入交流。院党委书记张明智传达厦门大学2023年度重点工作布置会精神,院长吕永龙进行学院面临机遇与挑战分析,发展思路与规划介绍及2023年度重点任务部署。

(诸　姮)

【召开第三届教职工代表大会第一次会议】 4月3日,学院工会组织召开学院第三届教职工代表大会第一次会议。会议听取学院2022年工作总结、财务报告和2023年预算情况。

(陈　荣)

【与厦门姚明生态科技有限公司签订框架合作协议】 4月6日,副院长于鑫和厦门姚明生态科技有限公司总经理庄平代表双方签订框架合作协议。院党委书记张明智,副院长王新红、黄凌风,党委副书记蔡虎堂、刘莉颖,厦门姚明生态科技有限公司董事长姚明、董事张宏樑等参加仪式。

(诸　姮)

【获学校先进基层党组织称号】 4月,学院党委荣获"厦门大学先进基层党组织"荣誉称号。　(张璐婧)

【开展"学习二十大　聚焦绿色发展"实践教学活动】 4月7—8日,学院组织师生党员前往漳江口红树林国家级自然保护区、向东渠、谷文昌纪念馆开展"学习二十大 聚焦绿色发展"实践活动。　(张璐婧)

【开展"学习党的二十大 共建生态厦门"调研交流会】 4月18日,学院与翔安区生态环境局、厦门市政环能股份有限公司联合组织开展"学习党的二十大 共建生态厦门"调研交流会,围绕生态文明建设、科技创新、人才培养、社会服务等内容开展调查研究,交流学习贯彻党的二十大精神的经验成果,探讨加快推进区域生态文明建设的举措。　(张璐婧)

【厦门大学国际可持续性科学研究院揭牌】 4月20日,厦门大学校长张宗益,中国科学院/发展中国家科学院院士、中国科学院空天信息创新研究院研究员郭华东,中国21世纪议程管理中心总工程师孙洪,发展中国家科学院/欧洲科学院/俄罗斯科学院院士吕永龙为厦门大学国际可持续性科学研究院(International Institute for Sustainability Science)揭牌,揭牌仪式被《中国科学报》《科技日报》等多家媒体报道。　(诸　姮)

【举办科技创新促进联合国可持续发展目标(SDGs)研讨会】 4月20—22日,科技创新促进联合国可持续发展目标(SDGs)研讨会在厦门大学科学艺术中心举行。研讨会由中国21世纪议程管理中心、厦门大学、中国可持续发展研究会、中国生态学学会主办,厦门大学国际可持续性科学研究院、学院、中国可持续发展研究会可持续发展实验示范工作委员会、中国生态学学会可持续生态专业委员会承办。校长张宗益和中国21世纪议程管理中心总工程师孙洪代表主办方在大会开幕式致辞。中国科学院/发展中国家科学院院士、中国科学院空天信息创新研究院研究员郭华东,中国科学院/发展中国家科学院院士、中国科学院生态环境研究中心研究员傅伯杰,中国工程院院士、国家基础地理信息中心研究员陈军,发展中国家科学院/欧洲科学院/俄罗斯科学院院士吕永龙等做大会特邀报告。来自国家可持续发展议程创新示范区的领导、国内部分高校、科研院所的专家学者130余人参加会议。　(诸　姮)

【举办"学习党的二十大 青春奋进新征程"主题微党课大赛】 4月27日,学院举办"学习党的二十大精神 青春奋进新征程"主题微党课大赛,全院12支队伍共60余人参加,参赛作品包括演讲、朗诵、微视频、舞台剧、现场教学、舞蹈表演等。　(张璐婧)

【吕永龙教授团队研究成果在Springer出版专著】 5月4日,吕永龙教授团队系统总结多年来在新污染物的区域生态风险及其调控机制方面的系列成果,形成专著 *Ecological Risks of Emerging Pollutants in Urbanizing Regions*,并由Springer出版社出版,为广泛的读者群体提供跨学科的理论、方法和案例研究,促进生态学和环境科学等在区域社会和经济发展中的应用。　(陈韬澜)

【举办厦门大学第九届节能减排社会实践与科技竞赛】 5月14日,学院承办校级品牌活动——厦门大学第九届节能减排社会实践与科技竞赛决赛。比赛以"节能减排 绿色能源"为主题,旨在弘扬节能环保行业的核心价值,促进学生团队协作、实践能力提升,促使环保意识深入师生内心,为国家节能环保行业培育青春力量。　(贾若愚)

【做好新一轮本科教育教学审核评估工作】 5月,学院召开本科教育教学审核评估专家研讨会,多名行业专家为本科教育教学工作把脉问诊、建言献策。　(吴晓倩)

【入选学校"六好"示范党支部创建名单】 5月15日,退休教工党支部入选学校退休教职工"六好"示范党支部创建名单。　(张璐婧)

【一项成果发表于 *Nature Communications*】 5月16日,张增凯教授在上市企业碳足迹信息披露研究中取得重要进展,相关成果发表于国际顶尖学术期刊 *Nature Communications*,并被列为社会科学领域的精选论文。

(陈韬澜)

【举办第47、48、49期"书记院长有约"活动】 5月26日,学院举办第47期"书记院长有约"活动。院党委书记王晟、副书记蔡虎堂,副院长黄凌风和学生代表围绕"紧紧守住底线 弘扬立德树人精神"主题进行深入探讨,并提出有针对性的指导和建议。6月7日，学院举办2023届毕业生专场座谈会暨第48期“书记院长有约”活动。院党委书记王晟，副书记蔡虎堂、刘莉颖，生态学系主任林晓凤，环境科学系主任陈能汪、副主任谭巧国，环境生态工程系副主任区然雯、本研辅导员、教学秘书以及各专业的2023届毕业生代表出席座谈会。同学们结合自身学习经历，对课程设置、人才培养、疫情防控、招生就业宣传、实验仪器使用、学生管理服务等方面建言献策。12月14日，学院专场面向2023级新生举办第49期“书记院长有约”活动，与会新生代表就课程反馈与设置、实践教学与技能培训、信息公示与推送、后勤服务等踊跃提问及发言。院党委书记王晟，副书记蔡虎堂、刘莉颖，副院长马剑，工会主席陈荣，生态学系副主任卢豪良，环境与生态工程系主任张彦隆等分别给予解答。（王烁琪　王梦竹　卓铭韬）

【召开生态学、环境科学与工程一级学科博士学位授权点专家现场评估】 5月27日，学院邀请校外专家在金泉楼召开生态学、环境科学与工程一级学科博士学位授权点专家现场评估，对学位点建设进行一次全面的问诊把脉。（卢　振）

【黄凌风教授家庭获“福建省绿色家庭”表彰】 6月，省妇联、省生态环境厅、省住房和城乡建设厅共同揭晓2023年福建省绿色家庭名单。本次共评选出195户家庭，其中厦门市有16户家庭上榜，黄凌风教授家庭入选，这也是厦门大学荣获的第一个“福建省绿色家庭”荣誉。（王秀秀）

【与厦门市筼筜湖保护中心签订合作协议】 6月5日，副院长于鑫和厦门市筼筜湖保护中心党总支书记、主任魏道军代表双方签订合作协议。院长吕永龙，副院长黄凌风、马剑，院党委副书记刘莉颖，厦门市筼筜湖保护中心副主任林雪苹、庄学山、刘春等参加仪式。（诸　姮）

【圆满完成2023年海水营养盐国际比对航次任务】 6月，澳大利亚联邦科学与工业研究组织（CSIRO）主办首次大规模海水营养盐现场国际比对航次（The International Nutrient Inter-comparison Voyage，INIV 2023）。2020级博士生方腾越携带马剑教授团队自主研发的营养盐在线自动监测系统iSEA参加航次，并顺利完成航次设定的所有测定任务。（诸　姮）

【《环球时报》刊发吕永龙教授专稿】 6月25日，受外交部国际经济司邀请，吕永龙教授撰写题为《全球发展倡议加快落实可持续发展目标》（Global Development Initiative Promotes the Delivery of Sustainable Development Goals）专稿，专稿同时被《环球时报》中英文版刊发。（陈韬澜）

【龙岩厦大产教融合研究院举行挂牌仪式】 7月1日，龙岩厦大产教融合研究院挂牌仪式在龙岩市科技创业园举行。龙岩市委编办事业单位登记管理科科长黄昌明为研究院颁发事业单位法人证书。龙岩学院副院长邱龙新、科研处处长徐志刚，龙岩市科学技术局副局长陈少烽，学校国内合作办公室副主任唐礼智，院党委副书记蔡虎堂出席。仪式由研究院常务副院长、环境与生态学院教授李权龙主持。（胡　丹）

【生态学通过第二轮“双一流”建设中期自评】 7月，厦门大学生态学顺利通过第二轮“双一流”建设中期自评。（诸　姮）

【举办第十六届凌峰暑期科研训练】 7月3—28日，学院举办第十六届“凌峰暑期科研训练”（凌峰计划），邀请瑞典隆德大学、中山大学及学院本科生共同参与7个项目的科研课题研究，其间还组织5场学术报告、2次考察活动和2次文化活动。（柯晓琳）

【与厦门市老年活动中心、海军驻厦某部开展联欢活动】 7月21日，学院关工委、退休教工党支部和厦门市老年活动中心、海军驻厦某部联合开展“双拥一家亲 军地助老情”共建联欢活动。活动由学院关工委常务副主任、退休教工党支部组织委员袁东星教授带队，学校党委原副书记、关工委顾问陈力文参加。（冯淑芳）

【扎实开展学习贯彻习近平新时代中国特色社会主义思想主题教育】 学院党委扎实开展学习贯彻习近平新时代中国特色社会主义思想主题教育。开展主题教育读书班9期、理论学习中心组专题学习7次，各党支部按照“时间表”和“路线图”系统跟进学习。学院领导班子分别领题开展调研，通过发放征求意见表、设置“有求必应”意见箱、公布主题教育工作电子邮箱等方式广泛征求意见，查找梳理事业发展的突出问题。组织“书记院长有约”“班主任下午茶”活动，开展集体座谈16场、个别访谈600余人次，收集整理问题意见60余条，并针对问题实行台账式管理，明确责任主体、进度时限和工作措施。（张璐婧）

【于鑫获评厦门大学2023年“我最喜爱的十位老师”】 9月10日，厦门大学2023年“我最喜爱的十位老师”评选活动颁奖典礼在建南大会堂举行。经过学生代表投票、评审团评分等环节，于鑫老师在全校36名参评教师中脱颖而出，获厦门大学2023年“我最喜爱的十位老师”称号。（陈彦芳）

【编制首个盐沼领域碳汇方法学并支撑碳汇交易】 9月，由陈鹭真教授领衔编制的我国首个用于计量监测滨海盐沼领域的碳汇方法学《滨海盐沼生态修复项目碳汇计量与监测方法》完成备案公开。9月26日，依托该方法学开展净碳汇量测算的江苏盐城滨海盐沼生态修复碳汇项目蓝碳生态系统碳汇交易顺利完成签约，成为我国首笔盐沼碳汇交易。（诸　姮）

【首届资源与环境专业硕士入学】 9月，首届30名资源与环境专业硕士新生入学。（卢　振）

【五名学者入选2023全球前2%顶尖科学家榜单】 10月，美国斯坦福大学和爱思唯尔数据库共同发布2023年度全球前2%顶尖科学家榜单。吕永龙、冯明宝、林坤德、王大志、马剑5名学者入选“年度科学影响力排行榜”，其中吕永龙、林坤德同时入围“终身科学影响力排行榜”。（陈韬澜）

【肖武鹏获厦门大学第十八届青年教师教学比赛二等奖】 10月28日，厦门大学第十八届青年教师教学比赛决赛在思明校区举办，肖武鹏老师获比赛理工医组二等奖。（陈　荣）

【组织师生学习学校第十二次党代会精神】 10月30日，学院邀请校党委政策研究室/发展规划办公室副主任陈智博为师生做题为《厦门大学第十二次党代会精神学习体会》主题讲座,学院师生共80余人参加。(张璐婧)

【一门课程获批省级一流本科课程】 11月,朱学艺、王文卿、卢豪良、郑海雷、李振基、阳桂园联合授课的“植物生物学实验”荣获福建省2023年省级一流本科课程。(吴晓倩)

【在厦门大学师生运动会上取得佳绩】 11月3—5日,学院师生在第58届学生田径运动会、第21届教职工运动会上均取得佳绩,双双荣获“体育道德风尚奖”。其中学生团队斩获翔安校区团体总分第七名并获健身气功八段锦展示三等奖。(陈　荣　高馨雅)

【启动2023年“党团活动月”】 11月10日,学院团校2023年“党团活动月”启动仪式在金泉楼举行,活动主题为“青春心向党 奋进新征程”。校团委副书记晏振宇莅临指导,学院党委副书记蔡虎堂做《新时代新征程 新的文化使命——深入学习领会习近平文化》专题讲座。(卓铭韬)

【吕永龙教授在*Ecosystem Health and Sustainability*联合发表重要文章】 吕永龙、傅伯杰、姚檀栋和秦大河4名科学家,在*Science*合作刊物*Ecosystem Health and Sustainability*联合发表题为“Priority Actions for Enhancing Global Change Program to Provide Global Sustainable Solutions”的文章。11月15日,美国科学促进会(AAAS)网站以“The Future of Future Earth: How global science programs can navigate the complex, shifting challenges in sustainability science”为题对该文进行报道,文章同时被《中国科学报》和科学网等多家媒体进行大范围报道。(熊　文)

【承办第九届全国稳定同位素生态学学术研讨会】 11月25—27日,第九届全国稳定同位素生态学学术研讨会暨中国生态学学会稳定同位素生态专业委员会2023年学术年会在厦门召开。会议由中国生态学学会稳定同位素生态专业委员会、厦门大学主办,学院、滨海湿地生态系统教育部重点实验室承办。来自稳定同位素研究与应用领域相关高校、科研院所和企事业单位共400余人参加会议。(郑陈娟)

【立项两个国际生专班项目】 11月28日,学校公布2023年国际生专班立项结果,学院申报的环境管理(可持续发展)和海洋事务2个国际生专班项目获批。(柯晓琳)

【召开滨海湿地生态系统教育部重点实验室学术委员会会议】 12月,滨海湿地生态系统教育部重点实验室第四届学术委员会第二次会议在福建台湾海峡海洋生态系统国家野外科学观测研究站漳江口实验场召开。学术委员会主任、中国科学院院士傅伯杰,学术委员会委员、中国科学院院士于贵瑞,学术委员会委员、发展中国家科学院/欧洲科学院/俄罗斯科学院院士吕永龙等60余人参加,会上实验室主任张宜辉做年度工作报告。(郑陈娟)

【组织师生党员赴深圳开展改革开放精神学习】 12月1—3日,学院组织师生党员前往深圳开展党性教育现场教学活动,在南方科技大学、改革开放纪念馆、深圳博物馆、前海石公园、福田红树林自然保护区等地参观学习。(张璐婧)

【陈鹭真事迹在《悦读·家》第五季节目中展播】 12月4日,在省妇女联合会、省妇儿工委办、省广播影视集团联合制作的《悦读·家》第五季节目中,播出学院妇委会主任陈鹭真教授的红树林情缘,以及她在国内率先自主研发第一个蓝碳交易方法学,见证我国盐沼蓝碳交易“零的突破”的历程。(刘莉颖)

【两名同学获翔安校区第十届“身边的好同学”称号】 12月,厦门大学翔安校区管理委员会、共青团厦门大学委员会举办“身边的好同学”厦门大学翔安校区第十届优秀大学生评选活动,2021级硕士研究生张凯婷获评“学术之星”,2021级硕士研究生王齐治获评“才艺之星”。(陈彦芳)

【在校“十佳网络文明班级”评选活动中斩获佳绩】 12月10日,厦门大学2023年“网络文明班级”评选活动决赛在科学艺术中心举行,2023级理科试验班(海洋生态环境类)6班荣获“十佳网络文明班级”荣誉称号并入选“优良学风建设试点班级”。(肖莉君)

【举办2023年师德师风大讲堂】 12月11日,学院举办2023年师德师风讲堂,邀请“福建省优秀教师”黄凌风教授和学校2023年“我最喜爱的十位老师”于鑫教授,围绕主题“如何做一名好老师”与教职工分享交流。(张璐婧)

【一个项目获批国家自然科学基金重大项目】 12月12日,国家自然科学基金委员会发布本年度重大项目立项信息,吕永龙教授牵头申报的“生态敏感地区的可持续发展及其调控机制”获批立项。(陈韬澜)

【获福建省和学校相关教育教学奖励】 12月14日,学院获校级“课程思政”示范课程2门,此外还获学校推荐申报第三批国家级一流本科课程3门,省级教学改革项目1个。“以国家野外科学观测研究站为依托的生态学‘双一流’学科特色专业课程实践体系建设”获2023年福建省本科高校教育教学研究项目立项。(吴晓倩)

【共同发起组建国际生态环境科学联合会(IUEES)】 学院与国际环境问题科学委员会(SCOPE)共同发起组建国际生态环境科学联合会(IUEES),并牵头将该国际组织秘书处移至厦门大学。(柯晓琳)

【加大本科招生宣传力度】 学院扎实推进落实本科招生宣传分省学院负责制。高招季直播宣讲咨询与常态化时段主动走访相结合,同时开展教授进中学科普讲座、优质生源基地授牌、选科指导咨询会等系列活动,覆盖甘肃省目标生源中学的58%,普通类录取理科参考位次较上年提升470名。(吴晓倩)

碳中和创新研究中心

【概况】 为贯彻落实党中央、国务院有关做好碳达峰、碳中和工作部署,厦门大学统筹全校优势资源,于2020

年底揭牌成立碳中和创新研究中心（以下简称“中心”）。2022 年 5 月，中心正式获批成为学校直属教学科研单位。中心围绕碳中和主题，以原创理论“微型生物碳泵”海洋储碳新机制为突破口，系统研究海洋碳汇的形成过程与调控机理，从科学到技术、从基础到应用形成链条，通过创新引领、科教融合、开放协同、国际合作，致力于打造成为国际领先的创新研究中心和海洋碳汇人才高地，实现海洋碳汇理论创新与技术突破，制定海洋负排放变革性路径，引领海洋负排放（ONCE）国际大科学计划，为我国实现碳中和宏伟目标提供科技支撑，为应对全球气候变化贡献中国方案。

依托中心建设 1 个国家基金委基础科学中心——“海洋碳汇与生物地球化学过程”基础科学中心；1 个福建省重点实验室——福建省海洋碳汇重点实验室；领衔发起 1 个国际大科学计划——海洋负排放国际大科学计划，得到 33 个国家 79 个科研院所的踊跃支持，于 2022 年 6 月 8 日正式纳入“联合国海洋科学促进可持续发展十年”行动计划，成为联合国十年倡议计划框架下的大科学计划。

中心现有专任教师 8 人，工程、实验系列专业技术人员 12 人（含单位、课题组全时聘用 6 人），专职党政管理人员 11 人（含单位、课题组全时聘用 9 人），在站博士后 10 人。专任教师中，教授 6 人、副教授 2 人。现有中国科学院院士、发展中国家科学院院士 1 人，国家杰出青年科学基金获得者 1 人，国家高层次人才特殊支持计划科技创新领军人才 1 人，国家优秀青年科学基金获得者 2 人，南强青年拔尖人才 B 类 1 人。新聘专任教师 4 人，其中教授 2 人、副教授 2 人；新聘专职党政管理人员及工勤 7 人（其中含单位、课题组全时聘用 5 人）。

年内，中心新增课题 3 个（含横向 1 个），到位经费 64.8 万元（其中纵向经费 45 万元，横向经费 19.8 万元），在国际顶级期刊发表论文 11 篇（中国科学院分区 TOP）。

年内，派出 9 人次教职工、1 人次学生出国（境）交流，20 名国际专家来访，与 1 所国外院校签订合作声明。

（骆庭伟）

【海洋负排放（ONCE）国际大科学计划正式获准立项】 10 月，海洋负排放（ONCE）国际大科学计划获党中央、国务院正式批复同意立项。该计划由焦念志院士发起，目前合作团队覆盖全球 33 个国家（地区）、79 个科研院校，是中央科技委审批通过的第一个、国务院批复立项的第二个国际大科学计划，也成为厦大有史以来牵头承担的级别最高、总投资最大的科技计划项目。该计划直面气候变化全球治理和碳中和国家需求，基于原创理论“微型生物碳泵（MCP）”海洋储碳新机制，面向全球吸聚高端人才，多学科交叉融合实现海洋负排放理论创新与技术突破，推出基于中国实践并向全球推广的海洋负排放方案，对打造服务于碳中和目标的战略科技力量、积极参与全球气候治理具有重要意义。（林晓晴）

【注册 ONCE 计划国内执行机构】 10 月，厦门海洋负排放研究中心获准厦门市民政局登记注册。该中心建设有由 23 名院士组成的专家委员会，并召开第一次专家委员会会议。研究中心将在专家委员会的指导下，承担国内执行机构与总部推进机构的相关职能，建立健全符合国际大科学计划特点的管理制度，为 ONCE 计划顺利实施提供有力支撑。（骆庭伟）

【成立海洋负排放国际标准工作组】 6 月，取得 ISO 秘书长塞尔吉奥·穆西卡、国家标准委国际标准创新司黄立处长、ISO/TC8 主席李彦庆研究员等领导和专家对 ONCE 计划制定国际标准的支持；9 月，国际标准化组织船舶与海洋技术委员会（ISO/TC8）正式决议，同意成立 ONCE 计划领衔的“海洋负排放与碳中和”（ONCE-CN）工作组（WG15）。（裴梦琦）

【搭建国际合作网络】 5—10 月，澳大利亚渔业研究与发展中心、英国普利茅斯海洋实验室、哈萨克斯坦里海环境联盟、马来西亚渔业研究所等研究机构、国际环保组织和项目申请加入 ONCE 计划，美国伍兹霍尔海洋研究所（WHOI）、美国国家海洋和大气管理局和马里兰大学等科研院所就 ONCE 计划联合开展国际合作交流达成广泛共识。6 月 27 日，联合国秘书长海洋事务特使彼得·汤姆森（Peter Thomson）参加 ONCE 计划学术交流座谈会，高度赞赏并支持 ONCE 计划的实施和国际宣传。11 月 8 日，在厦门举办的第二届海洋负排放开放科学大会上，揭牌成立厦门海洋负排放研究中心以及欧洲分中心、泛美分中心以及亚洲分中心，初步搭建形成“总部＋基地＋全球分中心”的国际合作网络，后续将以厦门作为总部，积极拓展和深化国际科技合作。

（张泽钰）

【筹建 ONCE 计划相关国际科技组织】 12 月 15 日，海洋负排放国际科技组织通过中国科学技术协会组织的专家论证，将在中国科协以及民政部的指导下持续推进登记注册程序。

（骆庭伟）

【举办基础科学中心 2022 年学术年会】 3 月，中心主办“海洋碳汇与生物地球化学过程”基础科学中心 2022 年学术年会，从“理论创新研究进展”、“跨学科交叉融合方案”以及“开放课题组织实施”等方面进行深入交流。（雷诗芸）

【举办多场 ONCE 专题国际会议】 4 月，应美国海洋愿景组织（Ocean Visions）邀请，成功在美国亚特兰大举办 2023 海洋愿景峰会 ONCE 专题会议，共同探讨应对气候变化的海洋解决方案，并作为里程碑事件，宣告 2 个联合国“海洋十年”行动计划在北美开展国际合作。6 月，在西班牙举行的 2023 湖沼与海洋科学学会（ASLO）上举办 ONCE 主题研讨会，吸引海洋领域优秀科学家参与合作。6 月，在青岛举行的国际标准化大会上举办“标准化与海洋负排放”平行分会。国际标准化组织船舶与海洋技术委员会（ISO/TC8）主席李彦庆参会并做主旨报告，推动在国际上成立 ONCE 标准化工作组。10 月，在美国西雅图北太平洋海洋科学组织（PICES）会议上举办 ONCE 专题研讨会。PICES 管理委员会主席 Enrique N. Curchitser，ICES 科学委员会主席 Jörn Schmidt 及 PICES 执行副秘书长 Sanae Chiba 与会致辞，肯定并赞赏 ONCE 工作组一年来取得的成果与进展。11 月 5—7 日,举办北太平洋海洋科学组织—国际海洋考察理事会(ICES-PICES)海洋负排放联合工作组 2023 年会议。

(裴梦琦)

【举办第二届海洋负排放开放科学大会】 11 月 8 日,在厦门举办第二届海洋负排放开放科学大会。18 个国家的领域专家、行业代表出席,是 ONCE 计划主办的年度最大规模的国际会议。会议开幕式邀请国家自然科学基金委主任窦贤康院士、联合国秘书长海洋事务特使彼得·汤姆森(Peter Thomson)等专家学者做主旨演讲,展示 ONCE 计划在国际合作和国际海洋治理层面的未来潜力。

(张泽钰)

【举办第一届 ONCE 计划委员会工作会议】 11 月 9—11 日,ONCE 计划委员会召开第一次工作会议,从科学建议、执行方案和管理模式等方面展开研讨,建议联合全球相关的科研团体、研究平台等,共同推进国际大科学计划在全球范围内的组织实施,为 ONCE 计划进一步凝练科学目标、完善实施方案提出建设性意见。会议初步成立具有广泛国际代表性的专家委员会。 (张泽钰)

【举办 COP28 中国角和海洋角 ONCE 系列边会】 12 月 6 日,在阿拉伯联合酋长国迪拜举办《联合国气候变化框架公约》第二十八次缔约方大会(COP28)中国角和海洋角海洋负排放系列边会。会议主题分别为"海洋负排放助力全球碳中和""海洋负排放与气候变化缓解和适应",多名中外学者参会。中国角 ONCE 主题边会获中央电视台关注和报道,会后被生态环境部评选为"优秀边会"。

(李鸿健)

【各级领导调研指导】 科技部张雨东副部长,国际合作司戴钢司长、孙键副司长,中国科学技术交流中心高翔主任,国家自然科学基金委党组窦贤康书记,福建省委周祖翼书记、罗东川副书记,厦门市委崔永辉书记等部省市领导及来自海南省等地方、企事业单位领导莅临指导推进 ONCE 各项工作并洽谈有关合作事项。

(蔡启智)

【焦念志担任全国政协委员】 1 月 18 日,第十四届全国政协委员名单公布,焦念志院士担任新一届全国政协委员。此次全国政协界别调整,增设"环境资源界",这是自 1993 年全国政协增设"经济"界别以来,全国政协界别的又一次重大调整。此举是践行习近平生态文明思想,贯彻落实党的二十大精神,为建设人与自然和谐共生的中国式现代化凝聚共识的务实举措。 (蓝志鹏)

【骆庭伟、蔡启智任中心副主任】 4 月 21 日,校党委常委会研究决定:骆庭伟、蔡启智任厦门大学碳中和创新研究中心副主任(试用期 1 年),并于6 月 27 日正式宣布任命决定。 (骆庭伟)

【焦念志获 2022 年度"海洋人物"】 6 月,焦念志入选 2022 年度"海洋人物"。"海洋人物"推选宣传活动是世界海洋日暨全国海洋宣传日系列活动的重要组成部分,也是全国海洋领域里规模大、规格高、推选范围广的推选宣传活动。 (蓝志鹏)

【骆庭伟获评厦门市海洋产业优秀人才】 10 月,骆庭伟获评厦门市海洋产业优秀人才。 (蔡启智)

【ONCE 成员获浙江省科学技术发明奖一等奖】 11 月,ONCE 成员完成的成果"海洋人工上升流技术及应用"荣获浙江省科学技术发明奖一等奖。

(林晓晴)

【发表地球深部生物圈环境中病毒的研究进展】 1 月,张锐教授等在 *National Science Review* 发表综述文章,全面介绍地球深部生物圈环境中病毒的研究进展,呼吁更多的生态学、病毒学和地球科学工作者加强合作,深入推进地球深部病毒圈研究。

(林晓晴)

【揭示绿潮后期大型海藻对碳库的影响及碳源/汇效应】 3 月,焦念志与合作者带领的海洋碳汇与能源微生物研究组,以大规模绿潮现场作为天然试验场,同时结合浒苔室内模拟培养实验,揭示了绿潮后期浒苔对近海碳库的剧烈影响,表明大型海藻也是 RDOC 的直接释放源,暗示大型海藻亦可通过类似微型生物碳泵的机制行使碳汇功能。国际知名期刊 *Environmental Science & Technology* 连续刊发 2 篇文章报道相关研究成果。

(林晓晴)

【撰写联合国第二届综合海洋碳研究报告】 5 月,ONCE 计划联合主席焦念志、卡尔·罗宾森(Carol Robison)教授、科学咨询委员会让·保罗·加图索(Jean-Pierre Gattuso)教授共同参加联合国政府间海洋委员会第二届综合海洋碳研究(IOC-R)计划研讨会。焦念志代表 ONCE 计划提出见解,并携部分 ONCE 成员参与撰写 IOC-R 报告,为海洋碳汇研究的利益相关者和政策制定者提供科学指导。

(张泽钰)

【发布海洋负排放生态工程范式路线图】 9 月,焦念志牵头在 *The Innovation Geoscience* 发表题为《海洋负排放生态工程范式路线图》的文章,提出"四泵集成"海洋负排放理论,可望成为符合"三可"(可测量、可报告、可验证)的地球生态工程最佳实践。

(朱陈霸)

【布放东海低氧区多界面碳汇通量观测浮标】 8 月,由中心主导建设的东海低氧区海洋碳汇通量观测浮标顺利下水布放。科研团队将利用海洋碳汇通量观测浮标提供高精度时间序列的观测资料,结合观测航次深入研究低氧区生物地球化学过程和生态环境效应,解析低氧区多界面碳通量及其关键影响因素。 (李程达)

【联合举办暑期学校】 7—8 月,中心与加拿大英属哥伦比亚大学(UBC)海洋与渔业研究所(IOF)联合举办第一届暑期学校。来自中国、新加坡和英国的学生,围绕海洋酸化、海洋过度开放、塑料污染以及海洋政策 4 个主题进行深入学习。 (张泽钰)

【打造通识教育课程】 9 月,建设虚拟教研室,精心打造本-研通识教育课程"宜居地球——地球系统科学",邀请多名国内外院士专家亲临线下教授本科生,为学生提供一系列精彩课程。此课程建立"本-研一体化"人才培养机制和教学模式,打造科学、哲学、人文、艺术、社会素养等交叉融合的教育平台。 (蓝志鹏)

两岸关系和平发展协同创新中心

【概况】 两岸关系和平发展协同创新中心(以下简称"中心")由厦门大学根据教育部、财政部提出的"高等学校创新能力提升计划"(简称"2011计划")和习近平总书记"建设有中国特色的新型智库"的讲话精神，于2012年10月发起成立。2013年3月25日，在国台办和教育部领导的亲临见证下，两岸关系和平发展协同创新中心正式揭牌，2014年10月中心获教育部、财政部正式认定，成为"2011计划"国家级协同创新中心。本中心的综合使命是，围绕"推进两岸关系和平发展、实现国家最终完全统一"这一国家重大战略需求，解决两岸关系和平发展过程中出现的重大而复杂的理论与实践问题，加强两岸政、产、学、研、用等相关部门的通力合作，大力开展跨学科、跨部门、跨领域、跨地区的协同创新研究与实践，为解决台湾问题，实现祖国和平统一夯实各方面的基础，创造更充分的条件。本中心建设的总体思路是，通过和海内外政、产、学、研、用等相关部门建立协同合作关系，在"两岸关系和平发展重大理论""两岸经济一体化""两岸社会整合""两岸文教融合""两岸共同事务合作治理制度化"五大领域展开跨学科、跨部门、跨领域、跨地区协同创新。

中心现有研究团队66人，其中专职研究人员50人，兼职研究人员16人，具有正高职称人员28人，副高职称人员12人，助理教授8人，博士后5人。目前聘任讲座教授2人，兼职教授4人，业界名家1人。博士研究生指导教师19人(含兼职8人)，硕士研究生指导教师32人，具有博士学位专任教师48人，具有海外学习交流一年以上经历者15人，45岁以下专任教师15人。

年内，中心举办学术会议32场，邀请两岸知名学者举办讲座75场，其中涉外学术会议14场，涉外讲座39场。接受来访调研180次，其中涉外接待20次，副部及以上10次，参观实验室50次，总接待1000人次。开设研究生课程35门，本科生课程36门；在读博士生122人，在读硕士生76人，毕业博士生21人，毕业硕士生23人。通过夏令营活动录取推免硕士生20人，直博生3人。有4名学生通过校际交流交换项目出国(境)访学交流，另有11名学生前往俄罗斯、美国等地进行调研学习。

中心获教育部专项建设经费400万元，新增科研项目65个，新增科研项目经费总额646.55万元。其中，纵向项目20个，经费341.8万元，包括国家社科重大项目1个、重点项目1个，国家社科基金年度项目1个；其他各级横向委托项目45个，经费304.75万元。中心研究人员公开发表学术论文97余篇，出版著作15部。中心师生获各类奖项20余项，其中，3人分别获福建省第十五届社会科学优秀成果奖二等奖、三等奖和青年佳作奖，1人获台湾地区知名期刊《文讯》40年"跨海之谊薪椽奖"，1人获2023年度中央统战部优秀成果奖一等奖。

中心根据"双一流"建设"面向国家重大需求，加强战略性、全局性、前瞻性问题研究""拓宽国际视野，聚焦中国问题，强化人文社会科学基础研究，推进理论创新"的要求，充分发挥国家级"2011协同创新计划"平台优势，通过重大科研项目带动、重大理论问题研究、重要涉台决策参与、重点涉台活动开展等，提升整体科研创新能力、决策参与能力和涉台人才社会实践指导能力。中心通过举办"台海观察暨第七届复旦两岸青年论坛"以及"新时代客家祖地文化学术会议"等学术会议，继续促进两岸交流，扩大中心学术影响力；通过一系列的交流活动进一步深化与美、欧、日等国家智库和高校的学术交流合作，提升国际涉台话语权。

中心迅速重启师生"赴日驻点研究"项目，继续积极开展多渠道、多层次、全方位的两岸和国际合作交流，坚持"走出去、请进来"相结合，举办各种学术论坛或学术研讨会、签订交流合作协议、邀请海内外一流学者讲学、选派师生赴境外进行学术交流等方式，不断先行先试，探索对台对外交流合作的新模式。通过开展对台对外合作交流，达到提升研究水平、培养高端人才、增进两岸理解、扩大国际影响的目的。 (林悦贤)

【重启师生"赴日驻点研究"项目】 "赴日驻点研究"项目是中心培养具有国际视野的复合型人才，鼓励支持中心师生"走出去"的重要工作。自成立以来，中心年均资助10余名师生前往日本进行田野调查，开展驻点研究。新冠疫情结束后，中心迅速与日本爱知大学沟通协调，重新签订合作协议，在短时间内重启该项目。年内，中心共支持4名师生赴日本开展驻点研究，其中教师3人，博士生1人。 (林悦贤)

【第九届两岸学子论坛在厦召开】 "两岸学子论坛"是中心推进两岸青年交流工作的重要活动、品牌活动。7月8日，以"提振与汇聚"为主题的第九届两岸学子论坛在厦门召开。本届两岸学子论坛由中华全国台湾同胞联谊会指导举办，中心、海峡交流文化中心主办，学校台港澳事务办公室、研究生院、学生工作处、共青团厦门大学委员会协办，台湾研究院承办。论坛吸引300名来自北京大学、复旦大学、台湾大学、金门大学、澳门科技大学等海峡两岸和港澳地区40所知名高校的专家学者及青年学生与会。"两岸学子论坛"迄今已举办9届，成为海内外具有很高知名度的两岸青年交流平台。 (林悦贤)

【中心文科实验室建设取得重大进展】 年内，为进一步加强文科实验室建设，为台湾研究赋能，中心累计投入建设经费300余万元，开发应用平台2个，新建数据库1个，向中央涉台部门报送《融统实验室专报》9期，获各级领导人批示5次。9月，两岸融合发展与国家统一政策模拟实验室入选"福建省哲学社会科学重点实验室"并被评为"CTTI2023年度智库建设最佳案例"，标志着中心文科实验室建设工作取得重大进展，获各级部门及社会各界广泛认可。

(林悦贤)

【"台海观察暨第七届两岸青年论坛"在沪召开】 11月25—27日，由中心、上海海峡两岸研究会、上海台湾研究所、复旦大学台湾研究中心合作主办的"台海观察暨第七届两岸青年论坛"在上海召开，来自海峡两岸的80多名学者及两岸青年出席本次会议。"台海观察暨两岸青年论坛"是充分发挥学校台湾研究院与复旦大学台湾研究中心的各自优势，促进核心协同单位协同增效的品牌活动之一。本次会议以"深入观察台海局势、推进两岸关系和平发展"为主题。

(林悦贤)

【举办"第六届两岸社会保障论坛"】 12月1—3日，由中国社会保障学会、中心主办，学校台湾研究院承办的"第六届两岸社会保障论坛"在厦门召开。本次论坛吸引来自中共中央党校、中国人民大学、浙江大学、南京大学、山东大学、西安交通大学、四川大学、湖南大学、武汉大学、政治大学、金门大学、亚洲大学、澳门大学、首都师范大学、河南大学、中南财经政法大学、西北大学、暨南大学、广西医科大学、华侨大学、福州大学、福建师范大学、吉首大学、厦门大学、长庚医院与《中州学刊》、经济管理出版社等海峡两岸60多所高校、科研院所、期刊编辑部、医疗机构的150多名专家学者参会。此次论坛搭建了具有权威性、影响力和代表性的两岸社会保障学术平台，进一步落实了中共中央、国务院《关于支持福建探索海峡两岸融合发展新路 建设两岸融合发展示范区的意见》重要精神，对切实增进两岸同胞民生福祉、推进祖国和平统一进程具有积极意义。

(林悦贤)

【举办新时代客家祖地文化学术会议】 中共中央、国务院《关于支持福建探索海峡两岸融合发展新路 建设两岸融合发展示范区的意见》(以下简称《意见》)指出，要"支持龙岩、三明发挥客家祖地优势，创新两岸客家文化交流"。为落实《意见》的相关精神，12月1—3日，由中心、福建师范大学闽台区域研究中心以及福建省两岸融合发展研究院共同主办，客家族谱博物馆协办的"新时代客家祖地文化学术会议"在客家祖地龙岩市上杭县召开，来自海峡两岸的80余名客家文化研究领域的专家学者莅会。本次会议以"新时代客家祖地与中华文化传承"为主题，与会代表就"客家人的移民与赴台开垦""两岸客家文化的源流与传承""两岸客家族谱对接与宗亲联谊""两岸客家史迹与文化遗产保护""客家文化当代弘扬与铸牢两岸中华民族共同体意识"等议题深入研讨，交流思想，共同展望两岸客家文化传承，凝聚两岸文化共识，增强两岸同胞文化认同，为谱写两岸融合发展新篇章贡献更多智慧和力量。

(林悦贤)

【"福至泰来 万福两岸"社区大舞台基层交流系列活动在厦启动】 6月18日，由中心与北京海峡两岸社区发展研究中心联合主办的"福至泰来 万福两岸"社区大舞台基层交流系列活动在厦门大学正式启动。在系列活动中，"祝福计划"以文化共荣为主旨，开展两岸文化交流共识行动，包括举办"丹青绘福"两岸书画达人交流周、"万福两岸"公共艺术城市巡展、"福源同根"社区文化季活动。"筑福计划"以家庭互融为主题，旨在筑牢两岸基层交流共同基础，开展两岸友好家庭交流计划、组织两岸社区城市科考之旅、举办"龙狮送福"两岸舞龙舞狮邀请赛。"铸福计划"以家园营造为主线，凝聚两岸融合发展共同愿景，通过开展两岸美好社区嘉年华、打造"两岸文创艺术馆"、建立铸牢中华民族共同体意识两岸实践基地，不断增强两岸同胞的民族认同、文化认同、国家认同。在启动仪式上，中心主任刘国深教授与北京海峡两岸社区发展研究中心主任刘俊华共同签署战略合作协议，双方着重在两岸关系社区治理实践方面开展协同创新合作，同时推动基层交流活动走深走实。

(林悦贤)

国家集成电路产教融合创新平台

【概况】 国家集成电路产教融合创新平台集产业人才培养、科学研究、学科建设于一体，重点发展集成电路设计、特色工艺与先进封测、第三代半导体、未来显示等关键技术和产业急需技术，具备每年培养集成电路产业人才1500人的能力。平台积极开展人才培养、科学研究、学科建设工作，注重产教融合，与企业联动带动成果转化，取得阶段性成效。

在人才培养方面，支持本科生培养数819人，研究生培养数1063人，实训与培训产业人才813人；学生在创新创业赛事中荣获省部级以上奖项109项；"产教、科教、学科交叉融合协同育人的电子类研究生培养模式的创新与实践"项目获国家级高等教育教学成果奖二等奖。在科研合作方面，建成全球首条Micro-LED检测修复与巨量转移键合工艺示范线；以更低成本实现高质量Micro-LED全彩显示效果；在硅光芯片与集成技术领域助推有机光子器件产业化发展；开发出一种基于ALD绝缘层、高腔PVD种子层的高深宽比TSV工艺与一种低成本DTC工艺；完成10 Gbps非对称PON领域的光网络智能低功耗芯片的研制。在学科建设方面，平台主任张荣教授当选中国科学院信息技术科学部院士；平台获智能制造数字技术工程师、集成电路数字技术工程师培育项目培训资质；电子科学与技术学位授权点通过合格评估。

(林珊珊)

【举办首届"平台开放日"暨集成电路产业创新转化交流会】 4月，平台组织举办首届"平台开放日"暨集成电路产业创新转化交流会，与嘉庚高新技术研究院、国家"芯火"双创(厦门)基地等32家企事业单位签署系列合作协议。会议签约11个科研项目，总经费达1456万元；签署2项学科竞赛协议，与12家集成电路企业签约联合培养研究生。

(林珊珊)

【建成全球首条23.5英寸Micro-LED激光巨量转移示范线】 5月，张荣教授研究团队主持建成全球首条23.5英寸(G2.5，370 mm×470 mm)Micro-LED巨量转移工艺示范线，拥有从人工智能辅助设计、芯片制造、转移集成、可靠性评估等完备的

Micro-LED 智造创新链。已开发出多应用场景、高性能显示用 Micro-LED 芯片产品，并打通高良率、高效率的激光巨量转移全链条工艺，实现单色、全彩芯片阵列的点亮。（林珊珊）

【在 Micro-LED 全彩显示技术方面取得突破性进展】 5月，陈忠教授研究团队突破当前 Micro-LED 红光色转换技术瓶颈，以更低成本实现高质量 Micro-LED 全彩显示效果，帮助解决产业技术难题，推动我国 Micro-LED 全彩显示技术的产业化发展；相关成果发表在 *Advanced Materials* 上。（林珊珊）

【"海沧分平台"通过项目验收】 6月，海沧区工信局组织对"海沧分平台"进行项目验收与现场考察，经相关专家现场评审，"海沧分平台"圆满完成场地建设、人才培养、技术研发等建设任务，顺利通过项目验收。（林珊珊）

【举办第一届半导体先进封测产业技术创新大会】 9月，平台联合厦门云天半导体联合主办第一届半导体先进封测产业技术创新大会，493 名来自学术界、产业界的专家学者参会。大会以工艺为主题进行技术培训，针对技术难点展开细致化的探讨；以技术报告分享为主，从设备、材料在产业上的应用解决方案及产业趋势着重进行主题分享。（林珊珊）

【协办 2023 年第三届先进半导体产教融合人才发展论坛】 11月，平台协办 2023 年第三届先进半导体产教融合人才发展论坛，吸引来自教育界、产业界、学术界的专家学者代表等 117 人参会。论坛围绕"行校企研联合，自主培养半导体人才"展开讨论。（林珊珊）

【平台主任张荣教授当选中国科学院院士】 11月，平台主任张荣教授当选中国科学院信息技术科学部院士。张荣教授长期致力于半导体新材料、器件和物理研究，是我国最早从事宽禁带半导体研究的科学家之一，在解决基础物理问题、攻克材料制备难题的基础上，研制成功新型高性能紫外探测和固态光源器件，开拓高灵敏空天日盲紫外探测成像等重要应用领域，取得系统性、创造性成就，产生重大社会经济效益。（林珊珊）

【研发一种基于 ALD 绝缘层、高腔 PVD 种子层的高深宽比 TSV 工艺】 11月，于大全教授研究团队研发出一种基于 ALD 绝缘层、高腔 PVD 种子层的高深宽比 TSV 工艺，开口直径约 3 μm，深宽比大于 13∶1，同时采用自主研发的酸铜药水和添加剂实现无空洞电镀填充。进一步实验结果显示，最大深宽比 18∶1 的 TSV 也可实现无空洞填充，已进入中试验证阶段。（林珊珊）

固体表面物理化学国家重点实验室

【概况】 固体表面物理化学国家重点实验室继续发扬"敢为先、重细节、合为贵"的科研文化，致力于深化结构调整和创新驱动，围绕科技前沿攻关，在团队建设、科研成果、国际交流和社会服务等方面取得新成效，有效推进实验室的整体发展。

实验室重组评估工作在即，为强化实验室的凝聚力和向心力，学校党委批准成立中共固体表面物理化学国家重点实验室（厦门大学）党总支。完成实验室学术委员会、咨询委员会换届工作，敦聘中国科学技术大学校长包信和院士担任实验室第六届学术委员会主任、英国牛津大学 Peter Bruce 院士担任第一届咨询委员会主任。同时经酝酿研究，形成 17 名学术委员会委员名单及 26 名咨询委员会委员名单。为进一步强化实验室的独立性和自主性，大力推动构建重组要求"独立集中的科研场地"，实验室全面启动对卢嘉锡楼 1～4 楼、化学北楼 2～4 楼 9600 平方米空间的提升改造，以全新面貌迎接重组评估工作。

为拓展多元合作，强化资源共享，实验室与昆明贵金属研究所、厦门海辰储能科技股份有限公司、贵州梅岭电源有限公司、湖北化学电源材料与技术重点实验室签署战略合作协议，通过加强与优秀产业团队的全面战略合作，提升实验室在 2 个面向主攻方向上服务国家重大战略需求和区域创新发展的能力，组织谋划共同开展科研项目，充分利用各自的优势，共享资源，并从彼此的经验中学习，协同提升有组织科研的体系化能力。

实验室固定人员新增 1 名中国科学院院士，1 名国家杰出青年科学基金获得者。13 人次先后获"福建省优秀教师"、"新基石研究员"、第八届"福建省优秀科技工作者"、第九届"中国化学会——英国皇家化学会青年化学奖"、第十七届"福建省青年科技奖"等国内外重要奖项或荣誉称号。新增田中群任 RSC 中国高级专家委员会主席、杨朝勇任 *Analytical Chemistry* 副主编、洪文晶任 *Langmuir* 期刊资深编辑等重要国际任职。

举办高层次学术讲座达 216 场，主办或承办 17 场高水平学术活动。主办品牌活动"电化学研究范式"暑期学校，延续往年火热态势。成功举办标签式"厦门表面科学"系列会议。随着国际互访交流回暖，实验室依托高等学科创新引智基地项目，进一步开展国际合作，通过引智项目来访的外籍专家达 18 人（包括 1 名诺贝尔奖得主以及 6 名外籍院士），专家累计访问时间超过 200 天。这一系列国际交流与合作不仅充分展示了实验室在国际学术领域的吸引力和影响力，还为进一步的合作拓展奠定了坚实的基础。

共发表 SCI 收录论文达 673 篇，其中本学科 JCR 一区论文 373 篇、*Nature Index* 论文 177 篇，国际合作论文 150 篇；获中国发明专利授权 102 项，中国实用新型专利授权 7 项。实验室共承担各类科研项目 287 个，到位经费 1.86 亿元。科研成果《揭示电极表面电荷储存聚集反应新机制》刊发于《自然》。

为深入贯彻落实习近平总书记关于科技创新与科学普及的重要论述，大力弘扬科学家精神，助力营造热爱科学、崇尚科学的社会风尚，实验室组织开展院士大讲堂科普讲座、校园开放日活动、"化学与艺术——蓝晒印相"体验活动、"送学上门"活动等，精心组织开展集科学性、知识性、趣味性、互动性于一体的系列科普宣传活动。特别是谢素原主任6月20日受邀重庆民盟第四届“群言堂”暨成渝地区科技创新高峰论坛并做题为《碳的世界》科普讲座，向与会嘉宾深入浅出地介绍全球气候变化、碳排放等环境问题。讲座深入浅出、内容丰富、富有启发性，助力当地科技创新和提升人们环境保护意识。

(叶　婧)

【以高质量党建引领实验室重组建设和发展】 8月9—16日，实验室党总支在书记宋毅和主任谢素原院士的带领下前往古田会议遗址，深入学习领会古田会议精神，进一步加强科研队伍思想政治建设，并在龙岩古田干部学院对之前的重组建设方案和汇报PPT进行重新梳理。经过为期1周的封闭式高效讨论与撰写，最终形成重组建设方案和PPT初稿。

(林　晖)

【顺利召开第六届学术委员会第一次会议和第一届咨询委员会第一次会议】 10月10日和11月24日，实验室召开第六届学术委员会第一次会议和第一届咨询委员会第一次会议。学术委员会和咨询委员会对实验室工作给予高度评价，并针对实验室即将到来的国家重点实验室重组和未来发展进行探讨，提出一系列富有建设性的意见与建议。(罗世翊)

【成功举办“嘉庚科学仪器前沿论坛暨第十三届‘厦门表面科学’系列会议”】 12月1—3日，“嘉庚科学仪器前沿论坛暨第十三届‘厦门表面科学’系列会议”、厦门大学科仪系创建40周年庆会议在厦门召开。本届会议主题围绕科学仪器前沿研讨，来自全国各高校、研究院、企事业单位的科学仪器领域的专家、学者、一线实验教师、研究生及企业界代表莅会，会议针对实验室传统优势方向自主设计和研制具有特色的仪器和系统，结合相关领域重大表界面化学科学问题进行全方面交流沟通，以共同推动科学仪器领域的持续发展与创新。

(叶　婧)

【成功举办“厦门大学‘电化学研究范式’暑期学校2023”】 7月22—28日，实验室在翔安校区成功举办“厦门大学‘电化学研究范式’暑期学校2023”。暑期学校吸引包括北京大学、清华大学、香港理工大学、斯德哥尔摩大学等海内外知名高校青年师生与电化学从业者，最终录取来自国内外29个城市、109所大学或研究所的200名学员。在为期1周的时间里，通过理论课程与实践操作结合的方式，传授涵盖基础电化学、谱学电化学、计算电化学、电催化、化学电源、有机电化学和生物电化学等领域知识，注重电化学过程的内核以及规范化的电化学性能测试和表征方法，获学员们一致好评。(林　晖)

醇醚酯化工清洁生产国家工程实验室/高端电子化学品国家工程研究中心(重组)

【概况】 高端电子化学品国家工程研究中心(重组)(以下简称“工程中心”)是由厦门市、厦门大学共建，在醇醚酯化工清洁生产国家工程实验室(厦门大学)基础上重组升级建设的国家级平台。工程中心由孙世刚院士领衔组建研发团队，在原有醇醚酯合成与产业化技术基础上，紧密结合国家重大战略需求，聚焦高端电子化学品这一关键技术领域，研发高端电子化学品和电子电镀相关技术，并通过打造“3研究部×3平台”的矩阵式研发中心，构建“科技研发—成果转化—产业发展”一体化的创新链环。

年内，工程中心瞄准重组方向，围绕团队建设、人才培养、校企合作、研发项目与成果、对外交流、基础设施建设等方面推进重组工作。通过双聘双跨、项目聘用、企业合作等多样化形式组建高端研发团队，工程中心已形成汇聚院士、国家高层次人才在内的348人高水平人才队伍。牵头建设的“集成电路电子互联材料化学学科交叉中心”获专博指标支持，并作为重点建设方向之一配合学校申请教育部学科交叉中心项目支持。工程中心开展专业硕士、专业博士人才培养工作，招收9名专业博士生、20名专业硕士研究生并开展相关研究工作，创新开展“新工科”教学，建立实践育人平台体系。瞄准行业战略性关键“卡脖子技术”难题，积极推动与华为、中化国际、瓮福集团、万盛等产业上下游龙头民企、关键央企、国企开展合作，共建一批联合研发平台，新增立项合作经费3439万元，其中超800万元的有3个，开展关键核心技术攻关与技术服务，助力我国电子化学品与集成电路产业高质量发展，并与衢州市政府建设“衢州高端电子化学品创新研究院”，投入经费1.5亿元，依托衢州研究院优势助力技术和产品实现落地转化。围绕高端电子电镀、高端电子化学品、新一代电子化学材料三大研发方向，组织2022年研发能力建设任务阶段考核和2023年研发能力建设任务征集，开发TSV/TGV三维封装用整平剂、国产化光刻抗反射涂层材料、抗氧化效果的铜粉铜浆、Micro-LED嵌段聚合物巨量转移胶等产品和芯片制造电子电镀成套制造工艺、电子级磷酸生产工艺等关键核心技术，并获市科技进步奖一等奖1项。

(黄瑞芸　任丹丹)

【举办多场高水平对外交流活动】 1月，由工程中心首席科学家孙世刚院士主持起草的“中国科学院院士建议”——《关于加快我国高端电子电镀基础和工业发展的建议》，获党中央领导人批示。5月，获基金委批准并承办第341期双清论坛“芯片制造电子电镀表界面科学基础”，来自全国高校、科研院所、相关知名企业共34家单位的71名专家学者参加此次论坛。8月，主办第二届高端制造电子电镀论坛(FEPAM-2023)，来自全国高校、科研院所及相关部门领导、企业行业代表共计306人参加。

(黄瑞芸　任丹丹)

【完善基础设施建设】 升级建设6024平方米的实验空间，采购完成价值8904万元相关设备，包括12吋全自动晶圆电镀机台、电感耦合等离子体增强原子层沉积系统、高分辨三维显微镜系统等一批先进设备，具备完善的分析测试、合成、纯化、中试与验证能力，搭建国内第一个面向高端电子电镀、高端电子化学品分析检测和合成中试的支撑验证平台。

（黄瑞芸　任丹丹）

新能源汽车动力电源技术国家地方联合工程实验室

【概况】 新能源汽车动力电源技术国家地方联合工程实验室（以下简称“实验室”）是国家发展改革委 2015 年 3 月批准建设的国家级科技平台，主要围绕国家重大需求和产业实际需要，结合并突出自身研究优势，针对我国新能源汽车产业发展现状，加强新能源汽车动力电源的共性技术、产业化的瓶颈技术和创新性技术的研发与攻关，并与企业紧密合作完成相关技术的产业转化。

年内，实验室在 *Nature*、*Journal of the American Chemical Society*、*Angewandte Chemie International Edition* 等国际期刊共发表 SCI 论文 100 多篇，申请发明专利 32 项，获授权发明专利 17 项。新增项目 22 个，合计经费 4400 万元。实验室与企业共建 4 个院企联合研发中心：“厦门大学化学化工学院—浙江宏丰铜箔联合实验室”“厦门大学化学化工学院—深圳吉阳智能科技有限公司锂电新型电池体系及装备研究联合实验室”“厦门大学化学化工学院—领新新能源固态电池及关键材料研究中心”“厦门大学化学化工学院—安徽铧钠钠电池联合研发实验室”。实验室成员荣获“国家级教学成果奖二等奖”“杰出教学奖”“侯德榜化工科学技术创新奖”“中国化学会—英国皇家化学会青年化学奖”“中国新锐科技人物（杰出成就奖）”等奖项。

实验室成功举办“电化学储能技术前沿论坛”，华为、宁德时代等 20 家企事业单位及厦大师生共计 96 人参加本次论坛。锂离子电池包装用铝塑膜和钠离子电池等产业化项目顺利推进，工厂建设进入试机阶段，将为行业发展注入新的活力。廖洪钢教授、孙世刚院士首次发现锂硫电池电荷储存聚集反应新机制，相关研究成果在 *Nature* 刊发。郑靖副教授与香港大学唐晋尧教授合作发展一种新型液基光谱选择性智能胶体材料，实现对多组分非平衡态体系的多自由度控制和可编程的光响应相分离，相关研究成果在 *Nature* 刊发。

（蔡建法）

纳米材料制备技术国家地方联合工程研究中心

【概况】 纳米材料制备技术国家地方联合工程研究中心（以下简称“中心”）于 2017 年 12 月获国家发展改革委批复建设。中心的任务和目标是架设起连接纳米科技基础研究和纳米材料产业应用的桥梁，加快纳米原创研究的产业化步伐，成为国内外纳米材料制备及应用技术的重要研发基地。中心现有固定研发人员 53 人，其中中国科学院院士 3 人，教育部“长江学者奖励计划”特聘教授 4 人，国家杰出青年科学基金获得者 10 人，国家青年高层次人才 6 人，国家优秀青年基金获得者 4 人，国家基金委创新研究群体 2 个。中心已建成微纳米粉体技术、纳米催化技术和纳米生物技术三大技术研发平台，以及相应的中试生产线。在节能环保、精细化工绿色过程以及石墨烯等新型二维纳米材料领域已储备一批极具产业化价值的科技成果，部分成果已实现转化或进入中试阶段。中心建立以来，为相关行业和企业解决诸多实际问题，取得良好的经济效益和社会影响力。中心已成为具有国内影响力的纳米制备技术成果转化和人才培养基地。

中心新增国家自然科学基金重大研究计划重大支持项目、国家自然科学基金重点支持项目等纵向项目 11 个，立项经费合计 1050 万元；新增横向研发项目 8 个，立项经费合计 1038 万元。中心成员申请国家发明专利 34 件。（陈　洁　陈河苹）

【一项研究成果入选“2022 年度中国科学十大进展”】 3 月 17 日，科技部高技术研究发展中心发布“2022 年度中国科学十大进展”。谢素原院士团队和袁友珠教授团队的研究成果“温和压力条件下实现乙二醇合成”入选。“中国科学十大进展”遴选活动由科技部高技术研究发展中心牵头组织，旨在宣传国家重大基础研究科学进展，激励广大科技工作者的科学热情和奉献精神，开展基础研究科学普及，促进公众理解、关心和支持基础研究，在全社会营造良好的科学氛围。（陈　洁　陈河苹）

【一人获厦门市科学技术重大贡献奖】 3 月 29 日，厦门市科学技术局公布 2022 年度厦门市科学技术奖获奖名单。郑南峰教授荣获科学技术重大贡献奖。厦门市科学技术奖旨在重点奖励为建设高素质创新名城做出突出贡献的科技工作者和科技成果，鼓励科技工作者发扬求真务实、拼搏创新的精神，争创更多引领社会发展的科技成果，为厦门市加快打造具有国际影响力的科技创新中心，推动科技创新引领发展动能转换做出更大的贡献。（陈　洁　陈河苹）

【一人获“福建省先进工作者”荣誉称号】 4 月 25 日，福建省庆祝“五一”国际劳动节暨表彰劳动模范和先进工作者大会在福州举行。谢素原院士荣获“福建省先进工作者”荣誉称号。（陈　洁　陈河苹）

【一个团队入选厦门市“最美科技工作者团体”】 5 月 30 日，厦门市举办“全国科技工作者日”暨“最美科技工作者”和“最美科技工作者团体”学习宣传活动启动仪式，会上宣布“最美科技工作者团体”入选名单，龙腊生教授团队入选。（陈　洁　陈河苹）

【一人入选中国化学会会士】 中国化学会公布 2022 年度中国化学会会士当选名单，谢兆雄教授入选。中国化学会会士是根据《中国化学会会士条例》，经中国化学会会士提名、会士工作委员会审议、常务理事会投票等程序选举产生，是中国化学会会员的最高学术称号。截至 7 月，中国化学会会士共有 233 人。

（陈　洁　陈河苹）

【一人获“中国催化新秀奖”】 7 月 21 日，中国化学会第二十一届全国催化学术会议在云南昆明举行。开幕式上举行第九届“中国催化奖”颁奖仪式,秦瑞轩副教授入选“中国催化新秀奖”。“中国催化新秀奖”奖励在催化科学和技术研究中独立做出具有一定显示度或创造性成果、具有发展潜力的中国青年催化科学工作者,一般每次评选不超过10人(年龄在35岁以下)。(陈　洁　陈河苹)

【一项成果获国家级教学成果奖二等奖】 7月24日,教育部公布2022年高等教育国家级教学成果奖获奖名单。郑兰荪院士、谢兆雄教授、李军教授、邓顺柳教授等作为主要完成人的“‘德育为先、交叉融合’的化学类专业建设与实践”成果获国家级教学成果奖二等奖。(陈　洁　陈河苹)

【一人入选第八届“福建省优秀科技工作者”】 福建省科协公布《福建省科协关于表彰第八届“福建省优秀科技工作者”的决定》,授予30名同志“福建省优秀科技工作者”称号,郑南峰教授获此殊荣。“福建省优秀科技工作者”评选活动旨在深入学习贯彻习近平新时代中国特色社会主义思想和党的二十大精神,充分发挥政治引领作用,大力弘扬科学家精神,激发全省广大科技工作者的创新创业创造热情,努力为全方位推动高质量发展贡献智慧和力量。

(陈　洁　陈河苹)

【一人入选新一期“新基石研究员项目”】 10月30日,国内社会力量资助基础研究力度最大的公益项目之一——“新基石研究员项目”第二期获资助名单发布,郑南峰教授入选。“新基石研究员项目”是一项聚焦原始创新、鼓励自由探索、公益属性的新型基础研究资助项目。2022年,腾讯公司宣布10年内出资100亿元人民币,长期稳定地支持一批杰出科学家潜心基础研究,实现“从0到1”的原始创新。“新基石研究员”项目资助类别分为2类:实验类每人5年资助2500万元,理论类每人5年资助1500万元。(陈　洁　陈河苹)

【一人当选中国科学院院士】 11月22日,中国科学院发布《关于公布2023年中国科学院院士增选当选院士名单的公告》,郑南峰教授当选中国科学院院士。(陈　洁　陈河苹)

【召开“连续化加氢催化技术产业交流会”】 12月1日,中心作为协办单位与嘉庚创新实验室和厦门嘉氢科技有限公司在能源材料大楼3号楼报告厅召开“连续化加氢催化技术产业交流会”。会议通过主题报告和圆桌论坛等形式,邀请精细化工与新材料行业学术界、产业界以及投资机构和工业园区高水平专业人士参与,共同探讨连续化加氢催化领域核心技术,培育创新合作新机遇,聚焦国家“卡脖子”技术难题和实现“双碳”目标,擘画新形势下精细化工与新材料行业发展新蓝图。(陈　洁　陈河苹)

能源材料化学协同创新中心

【概况】 厦门大学、复旦大学、中国科学技术大学和中国科学院大连化学物理研究所以“在能源领域满足国家重大战略需求”和“在化学基础学科领域冲击世界一流”为导向,共同建立“能源材料化学协同创新中心”(Collaborative Innovation Center of Chemistry for Energy Materials,简称“中心”,iChEM)。聘任各类研究人员81人,研究人员中包括中国科学院院士11人、国家级高层次人才40人、国家级青年人才26人。

年内,中心副主任郑南峰教授当选中国科学院院士,荣誉杰出教授康斯坦丁·诺沃肖洛夫院士当选中国科学院外籍院士。(吴智华)

【荣誉获奖】 中心包信和院士荣获“中国催化成就奖”、张涛院士荣获中国化学会—中国石油化工股份有限公司化学贡献奖、孙世刚院士荣获第四届“杰出教学奖”、徐铜文教授荣获“侯德榜化工科学技术奖成就奖”、施章杰教授团队获日内瓦国际发明展特别嘉许金奖、余彦教授荣获“青山科技奖”、李仁贵研究员获全国太阳能光化学与光催化学术会议“青年科学家奖”和中国化学会“菁青化学新锐奖”等。(吴智华)

【诺贝尔物理学奖得主莅临中心访问交流】 6月8—9日,中心荣誉杰出教授康斯坦丁·诺沃肖洛夫院士莅临学校开展访问交流,分享智能化新材料的前沿进展与思考,深入考察嘉庚创新实验室,并与化学化工学院、萨本栋微米纳米研究院和材料学院等相关学科院系就科研合作进行深度交流。(吴智华)

【举办第四届亚太能源存储与转化会议】 11月25—28日,中心承办第四届亚太能源存储与转化会议。会议围绕能源化学与材料的最新、最前沿的技术和科研进展进行交流与讨论。会议规模达500人,其中中心成员余彦教授、徐铜文教授、王永刚教授、汪国雄研究员等受邀做报告。会议的顺利召开,为从事能源材料与化学领域的相关研究人员提供国际化交流的高端平台。(吴智华)

【发表研究成果:有“记忆”的 MoS_2 膜】 中心2014级直博生胡程奕在康斯坦丁·诺沃肖洛夫院士指导下,以第一作者身份在《自然》发表研究成果(*Nature*, 2023, 616, 719-723),首次发现一种有“记忆”的智能 MoS_2 膜材料。水和离子通过 MoS_2 膜的渗透速率随pH的改变而发生几个数量级的变化并表现出类似生物膜的迟滞现象。这种具有记忆效应的智能膜在纳米过滤、伤口感染监测以及神经元细胞仿生中表现出潜在的应用价值。(胡程奕)

细胞应激生物学国家重点实验室

【概况】 细胞应激生物学国家重点实验室(以下简称“国重室”)以细胞应激反应为主线,重点围绕细胞应对外界刺激、自身癌变以及代谢状况变化的应激反应生物学开展研究。国重室根据学科前沿发展和国家战略需求建设3个创新引智基地:细胞应激生物学学科创新引智基地(2012)、生物医学科学学科创新引智基地(2018年进入首批“111计划2.0”)、组织器官再生修复与大小调控学科创新引智基地(2021)。

国重室现有中国科学院院士2人、

中国医学科学院学部委员1人、国家高层次人才6人(新增1人)、教育部“长江学者奖励计划”特聘/讲座教授5人(新增1人)、国家杰出青年科学基金获得者12人(新增1人)、国家优秀青年科学基金获得者18人(新增1人),国家高层次青年人才31人(新增3人),基金委创新群体1个(2021—2025),以及科技部重点领域创新团队1个,参与基金委基础科学中心项目2个。

年内,国重室新立项项目85个,其中国家级科研项目30个,合同经费4430万元;省级科研项目10个,合同经费239万元;其他纵向项目8个,合同经费319.3万元;横向项目36个,合同经费2898.58万元,其中100万元以上重大横向项目10个。

国重室依托自主课题基金项目发表第一作者单位或通讯作者单位SCI文章185篇,包括*Cell*(1篇)、*Lancet*(1篇)、*Immunity*(1篇)、*Nature Neuroscience*(1篇)、*Neuron*(1篇)、*Science Advances*(1篇)、*Nature Communications*(6篇)、*Journal of Clinical Investigation*(1篇)、*Journal of Experimental Medicine*(1篇)、*Developmental Cell*(2篇)、*EMBO Journal*(2篇)、*Proceedings of the National Academy of Sciences of the United States of America*(2篇)、*Cell Reports*(7篇)等国际权威或重要期刊和*Cell Research*(2篇)、*Cellular & Molecular Immunology*(4篇)、*Protein Cell*(1篇)等国内重要期刊。获授权发明专利15项,实用新型专利2项,外观设计专利1项,软件著作权2项,其中“STK19 Inhibitors for Treatment of Melanoma”为美国授权专利。

国重室固定成员获各类奖项12项,包括全国创新争先奖1项,2022年度中国科学十大进展奖1项,何梁何利基金科学与技术进步奖1项,第五届“科学探索奖”1项,2023年中国细胞生物学学会杰出成就奖1项,2023年COA骨科基础青年研究奖一等奖1项,福建省青年五四奖章1项。生物医学仪器共享平台获厦门市“五一先锋号”荣誉。获第二届合成生物学竞赛创新赛金奖和银奖各1项,获2023年国际分子设计大赛(BIOMOD)金奖1项。

国重室举办各类讲座128场,讲座人包括诺贝尔奖得主、美国国家科学院院士布鲁斯·博伊特勒(Bruce Beutler)教授,美国国家科学院院士潘多加教授,美国科学促进会会士孙毅教授,美国国家科学院院士、中国科学院外籍院士袁钧瑛教授,英国皇家学会院士大卫·利利(David M. J. Lilley)教授,美国国家科学院院士、英国皇家学会会士、EMBO组织会士拉莉塔·拉玛克里希南(Lalita Ramakrishnan)教授,中国工程院院士田志刚教授,中国科学院院士高福教授、邵峰教授、朱敏教授、张涛教授。国重室承办会议1场。设立开放课题8个,总金额100万元。

作为科研教学技术支撑和保障,国重室生物医学仪器共享平台为室内外提供大型仪器开放共享和技术服务。以建设“最好、最全、最用得起”平台为目标,全力打造世界一流仪器共享平台,现已成为学校乃至全国仪器共享平台的示范单位。国重室现有在运行50万元以上大型仪器114台,价值2.75亿元,所有仪器均放置于大型仪器运行保障系统,确保仪器运行拥有良好的环境保障。实验服务中心采用网络信息化管理系统,24小时全天候开放,并通过成立由国重室PI组成的教授指导小组和仪器共享委员会,加强仪器管理,合理使用仪器。此外,国重室还拥有模式动物研究平台、基因工程小鼠服务平台、小鼠IVF快速扩繁/精子/胚胎冷冻保种服务平台、代谢研究平台、结构生物学研究平台、微生物药物筛选平台、生物信息学平台、抗体服务平台8个一流技术平台,为国重室的科研工作提供有力技术支撑。目前室内外注册用户达10578人。所有仪器均实现对外共享,全年室内服务机时214993小时,对外服务机时70889.6小时。

由国重室牵头申报的厦门大学人体生命科学馆项目入选2023年福建省优秀科普教育基地建设项目,科普基地融合国重室和厦门大学附属翔安医院资源,从微观到宏观全面科普人体生命科学知识。科普基地产出科普文章28篇,科普视频16个,线上观看人数达13万人次。线下场馆参观人数1572人。举办线下科普活动97场,参与人数15400人次。

(汪雪坤)

【王鑫团队发现认知障碍疾病治疗新靶点】 3月,王鑫教授团队在*Cell*上发表题为“β2-microglobulin Functions As An Endogenous NMDAR Antagonist to Impair Synaptic Function”的研究成果。该研究首次发现外周血参与唐氏综合征认知障碍,揭示了患者血液中增加的β2-微球蛋白(简称B2M)可以通过血脑屏障进入大脑导致认知损伤的新机制。 (王 鑫)

【韩家淮团队揭示NOD样受体家族蛋白寡聚化组装激活的范式】 3月21日,韩家淮院士团队在*Immunity*杂志上发表题为“Ribosome-rescuer PELO Catalyzes the Oligomeric Assembly of NOD-like Receptor Family Proteins via Activating Their ATPase Enzymatic Activity”的研究论文,报道了核糖体质量控制关键因子PELO通过激活NOD样受体家族蛋白的ATPase活性,控制其寡聚化组装和激活。 (林志忠)

【四人获省部级以上奖项】 4月10—14日,中国细胞生物学学会第十八次会员代表大会暨2023年全国学术大会在苏州举行,林圣彩院士获2023年中国细胞生物学学会杰出成就奖。4月24日,共青团福建省委、福建省青年联合会公布关于表彰第二十届“福建青年五四奖章”集体和个人的决定,黄烯教授荣获“福建青年五四奖章”标兵称号。5月30日,第三届全国创新争先奖表彰大会在北京召开,林圣彩院士获全国创新争先奖。7月17日,邓贤明教授获第五届“科学探索奖”。11月23日,许韧教授荣获“2023年COA骨科基础青年研究奖”一等奖。12月19日,林圣彩院士荣获2023年度何梁何利基金科学与技术进步奖。 (彭永莹)

【刘文和欧阳高亮团队揭示JMJD8促进乳腺癌发生发展的功能和分子机制】 4月12日,刘文教授和欧阳高亮

教授团队于 *Developmental Cell* 在线发表题为“ER-localized JmjC Domain-containing Protein JMJD8 Targets STING to Promote Immune Evasion and Tumor Growth in Breast Cancer”的研究成果,揭示了含有 JmjC 结构域的蛋白家族成员 JMJD8 定位于内质网,并且通过干扰 STING-TBK1 的相互作用抑制下游Ⅰ型干扰素信号通路激活,促进肿瘤免疫逃逸的功能和分子机制。同时发现敲低 JMJD8 能有效增强化疗和免疫检查点抑制剂对乳腺癌的治疗效果。 (刘 文)

【王洪睿和付国团队揭示 EGFR 促进三阴性乳腺癌发展的新机制】 4月24日,王洪睿教授、付国教授和复旦大学代谢与整合生物学研究院赵同金教授团队在 *Nature Communications* 上发表题为“TMEM25 Inhibits Monomeric EGFR-mediated STAT 3 Activation in Basal State to Suppress Triple-negative Breast Cancer Progression”的研究论文,报道了跨膜蛋白 TMEM25 通过抑制单体形式 EGFR 介导的 STAT3 的活化,进而抑制三阴性乳腺癌的发展进程。 (王洪睿)

【揭祖亮团队发现 TRAF3-EWSR1 信号轴是生发中心反应的检查点】 4月25日,揭祖亮教授团队和南京医科大学研究团队合作在 *Journal of Experimental Medicine* 杂志在线发表题为“TRAF3-EWSR1 Signaling Axis Acts As A Checkpoint on Germinal Center Responses”的研究论文,该研究发现 TRAF3-EWSR1 信号轴是 Bcl6 表达和 GC 反应的检查点,表明该轴是调节感染性疾病中 GC 反应和体液免疫的治疗靶点。 (揭祖亮)

【袁晶团队发现疟原虫雄配子发生中的纺锤体-动粒侧向附着的调控机制】 5月19日,袁晶教授团队和武汉大学教授团队在 *Nature Communications* 上合作发表题为“EB1 Decoration of Microtubule Lattice Facilitates Spindle-kinetochore Lateral Attachment in Plasmodium Male Gametogenesis”的研究论文,该研究报告疟原虫 EB1 是与规范真核 EB1 不同的直系同源物,疟原虫 EB1 的 MT 结合特征是由 CH 结构域和接头区域共同贡献,表明具有 MT-lattice 结合亲和力的寄生虫特异性 EB1 实现雄配子发生中的纺锤体-动粒侧向附着。 (崔慧婷)

【王鑫团队发现阿尔茨海默病治疗新靶点】 6月1日,王鑫教授团队于 *Nature Neuroscience* 期刊在线发表题为“β2-microglobulin Coaggregates with Aβ and Contributes to Amyloid Pathology and Cognitive Deficits in Alzheimer's Disease Model Mice”的研究成果。该研究重新检视了淀粉样蛋白学说,对 Aβ 的神经毒性理论做出了重要的补充,同时另辟蹊径地寻找 AD 治疗的外周靶点,提出干预外周 B2M 减轻 AD 神经病理的新策略。 (王 鑫)

【吴乔团队发现甘露糖抑制焦亡缓解化疗副作用的新机制】 7月17日,*Cell Research* 在线发表吴乔教授团队的最新研究成果“Mannose Antagonizes GSDME-mediated Pyroptosis Through AMPK Activated by Metabolite GlcNAc-6P”。该研究发现,临床药物甘露糖激活的 AMPK 可以磷酸化 GSDME 由此抑制细胞焦亡。这一新的工作则在前期工作的基础上,进一步解析了 AMPK 负调控 GSDME 的新途径,并将甘露糖很好地应用于减轻化疗药物引起毒副作用的过程中,阐明了一种老药新用的新颖范式。

(张 轶)

【教育部副部长翁铁慧到访调研】 7月18日,教育部副部长翁铁慧一行到访调研,实地考察细胞应激生物学国家重点实验室。韩家淮院士陪同参观国重室建设与取得的科研进展等相关情况。 (汪雪坤)

【五人入选国家级人才项目】 7月,2022年度教育部“长江学者奖励计划”评选结果公布,袁晶教授入选教育部“长江学者奖励计划”特聘教授。8月,国家自然科学基金委员会公布2023年度国家自然科学基金申请项目评审结果,王鑫教授入选国家杰青,王科嘉教授入选国家优青。欧阳鑫昊教授和高月教授入选国家高层次人才特殊支持计划青年拔尖人才。

(吴 芳)

【刘文团队揭示微蛋白调控抗病毒先天免疫反应的功能和机制】 9月1日,刘文教授团队在 *Science Advances* 杂志在线发表题为“MAVI1, An Endoplasmic Reticulum-localized Microprotein, Suppresses Antiviral Innate Immune Response by Targeting MAVS on Mitochondrion”的研究论文。该研究发现了一个定位在内质网上的微蛋白 MAVI1,并揭示了其通过靶向线粒体蛋白 MAVS 抑制 RLR-MAVS 介导的Ⅰ型干扰素通路的功能和机制。 (刘 文)

【林圣彩团队发现葡萄糖感知偶联到细胞命运调控的新机制】 9月19日,林圣彩院士课题组在 *Cell Research* 杂志发表题为“Low Glucose Metabolite 3-phosphoglycerate Switches PHGDH from Serine Synthesis to p53 Activation to Control Cell Fate”的文章,揭示了低葡萄糖条件下,p53 决定细胞命运的“流程”。 (洪 玮)

【尤涵团队揭示 BRD4 在 BETi/PARPi 联合抗癌治疗中的功能】 10月,尤涵教授团队在 *Proceedings of the National Academy of Sciences of the United States of America* 上发表题为“A Deregulated m6A Writer Complex Axis Driven by BRD4 Confers an Epitranscriptomic Vulnerability in Combined DNA Repair-targeted Therapy”的研究论文。该工作揭示了 BRD4 通过调控 MTC 影响 m6A 丰度及其在 BETi/PARPi 联合靶向治疗中的功能。 (尤 涵)

【吕晓雯团队绘制 hESCs 分化为胰岛β类器官过程中的 3D 染色质结构】 10月9日,吕晓雯团队和埃默里大学研究团队合作,在 *Nature Communications* 上发表题为“Regulation of CTCF Loop Formation During Pancreatic Cell Differentiation”的研究论文,首次采用 Hi-C 技术绘制了 hESCs 分化为胰岛β类器官过程中的 3D 染色质结构,发现在分化过程的不同阶段染色质通过将 CTCF 募集到新的位点或使用先前未参与环形成的已有 CTCF 位点以形成新的染色质环,解释了 3D 基因组结构如何借助 cohesin 和 CTCF 介导的环挤压调节胰腺细胞分化所需的增强子-启动子远程互作。 (吕晓雯)

【周大旺与陈兰芬团队揭示调控组织生长与癌变的细胞密度传感器】 10 月 16 日，周大旺教授和陈兰芬教授团队在 *The Journal of Clinical Investigation* 杂志上发表题为“The SPTAN1/NUMB Axis Senses Cell Density to Restrain Cell Growth and Oncogenesis Through Hippo Signaling”的研究论文。这项研究证明了 SPTAN1-NUMB 作为细胞密度传感器，通过将外部细胞——细胞接触信号整合到细胞内的 Hippo-YAP 信号来抑制细胞生长和肿瘤发生。同时还揭示了 NUMB 异构体剪接在细胞接触抑制丧失和癌症发生中的重要作用。　（陈青花）

【张亮团队揭示核转运蛋白 Hikeshi 髓鞘形成中的作用机制】 10 月 20 日，张亮教授团队在 *Developmental Cell* 上发表题为“Nuclear Import Carrier Hikeshi Cooperates with HSP70 to Promote Murine Oligodendrocyte Differentiation and CNS Myelination”的研究论文，揭示 Hikeshi 在少突胶质细胞分化和髓鞘生成中的功能和作用机制。　（张　亮）

【肖能明团队揭示Ⅰ型经典树突状细胞稳态和功能调控的新机制】 10 月 20 日，肖能明教授团队在 *Nature Communications* 杂志上发表题为“The Transcription Factor Zeb1 Controls Homeostasis and Function of Type 1 Conventional Dendritic Cells”的研究论文，揭示了 Zeb1-microRNA-96/182-cybb 通路在 cDC1 抗原交叉递呈中的重要调控作用以及 Zeb1 在脾脏 cDC1 稳态维持中的必要性。

（肖能明）

【吕忠显团队和王海滨团队揭示子宫上皮调控分娩启动的新机制】 11 月 14 日，吕忠显教授和王海滨教授团队合作，在单细胞分辨率下揭示子宫上皮 Shp2 蛋白调控分娩启动的新机制，相关成果以“Deciphering A Critical Role of Uterine Epithelial SHP2 in Parturition Initiation at Single Cell Resolution”为题发表在 *Nature Communications* 期刊。

（吕忠显）

【第十一届厦门冬季学术会议暨厦门大学 2023 年医学学术年会召开】 12 月 8—10 日，由医学院和细胞应激生物学国家重点实验室共同承办的第十一届厦门冬季学术会议暨厦门大学 2023 年医学学术年会在翔安校区国际学术交流中心举行。医学与生命科学学部师生、各附属医院科研人员 740 余人参加此次学术盛会。

（徐雅洁）

分子疫苗学和分子诊断学国家重点实验室

【概况】 分子疫苗学和分子诊断学国家重点实验室（以下简称“实验室”）围绕基础和应用免疫学、先进技术、转化医学领域布局，瞄准国家重大需求和生物医药产业发展，坚持基础理论研究和应用基础研究并重，开展持续性创新研究和成果转化，为国家人口与健康领域的重大需求做出贡献，引领区域自主创新体系发展。实验室的主要研究方向包括免疫靶点及其作用机制、疫苗的结构基础与分子设计、生物标志物及其体外检测方法和分子影像探针设计与成像。

实验室现有固定人员 70 人，其中包括中国工程院院士 1 人，中国医学科学院学部委员 1 人、国家杰出青年科学基金获得者 2 人、教育部“长江学者奖励计划”（含青年）入选者 4 人、国家高层次人才计划（含青年）入选者 5 人、国家级百千万人才工程入选者 2 人、科技部中青年科技创新领军人才 3 人、教育部跨（新）世纪优秀人才培养计划 4 人。实验室有 1 个科技部重点领域创新团队和 1 个教育部创新团队。

实验室建设运行以来，承担国家自然科学基金、国家重点研发计划、国家重大专项等国家级科技项目 200 余个，在 NEJM、*Nature* 子刊、*Science* 子刊、*Cell* 子刊、*Lancet* 子刊、PNAS 等国际权威学术刊物上发表论文 1009 篇。实验室实行“开放、流动、联合、竞争”的运行机制，依托在分子疫苗学和分子诊断学研究领域的优势，不断加强与国内外有关科研机构之间的交流合作，推动与美国国立卫生研究院、英国卫生局、哈佛大学、台湾大学、默克公司、赛诺菲巴斯德公司等开展实质合作。　（姚友良）

【多项研究成果在国际高水平杂志上刊发】 年内，实验室在影响力较高的国际期刊上发表论文 58 篇，其中以第一署名单位或通讯作者单位在 *Nature* 子刊、*Science* 子刊、*Cell* 子刊和 *Lancet* 子刊发表论文 11 篇。

（姚友良）

【一项成果发表于国际顶级医学期刊 NEJM】 8 月，夏宁邵教授团队以发现的全新鼻咽癌标志物 P85-Ab，相比现有双抗体筛查方案具有更高的灵敏度和特异性，可显著提高鼻咽癌的早诊率，相关研究成果发表在《新英格兰医学杂志》上。　（杨蓉蓉）

【国家重点研发计划立项再获新佳绩】 年内，刘刚教授牵头申报的重点研发计划项目“高性能近红外二区光学探针的设计开发及其临床应用”、张军教授参与申报的国家重点研发计划课题“基于减毒流感病毒载体的广谱活疫苗”和陈毅歆教授参与申报的国家重点研发计划课题“疫苗应答的免疫全景研究”获批立项。

（姚友良）

【国家自然科学基金项目立项取得新进展】 年内，实验室获批国家自然科学基金项目立项 17 个，其中，国家优秀青年科学基金项目 1 个、专项项目 1 个、重大研究计划培育项目 2 个、面上项目 3 个、青年科学基金项目 10 个，年度整体资助率 28.3%。

（姚友良）

【夏宁邵教授连续九年入选中国高被引学者榜单】 3 月，爱思唯尔（Elsevier）正式发布 2022 年中国高被引学者（Most Cited Chinese Researchers）榜单。夏宁邵教授入选公共卫生与预防医学领域中国高被引学者榜单，这也是夏宁邵教授自该榜单正式发布以来连续第九年入选。　（姚友良）

【举办第五届分子影像学厦门论坛】 10 月，第五届分子影像学厦门论坛暨创新放射性药物开发与临床转化研讨会在科学艺术中心召开。会议以分子影像学领域的基础研究与产业转化为主题,以促进分子影像学相关科学和技术研究领域的交流合作为宗旨,通过分享和交流国际专家多年的学术前沿成果,为全国分子影像学工作者提供一场丰富的学术盛宴。

(姚友良)

国家传染病诊断试剂与疫苗工程技术研究中心

【概况】 国家传染病诊断试剂与疫苗工程技术研究中心(以下简称"中心")围绕疾病防控的现实需求开展应用、转化和基础研究,形成疫苗、检测试剂和仪器、生物治疗药物领域的全链条技术创新平台,取得一系列重大原创成果。中心现拥有1.06万平方米的专用实验室、1.6亿元的专用仪器设备及315名师生员工。

研制的全球首个戊肝疫苗于2012年上市,2019—2021年在美国完成Ⅰ期临床试验,成为首个在美国开展临床试验的中国疫苗,2020年在巴基斯坦获批上市,2022年被无国界医生组织采购用于南苏丹的戊肝疫苗接种运动。联合香港大学、万泰生物研发的鼻喷流感病毒载体新冠肺炎疫苗于2022年12月获批紧急使用,该疫苗是中国布局新冠疫苗应急攻关的5条技术路线之一,也是全球最早进入临床试验以及迄今唯一在Ⅲ期临床试验中验证安全性和广谱有效性的黏膜免疫新冠疫苗,获2022年中国医药生物技术十大进展。研制的首个国产人乳头瘤病毒(HPV)疫苗于2020年上市,2021年10月通过世界卫生组织(WHO)预认证(PQ认证),已在摩洛哥、尼泊尔、泰国、刚果(金)、柬埔寨等海外9国获批上市,标志着中国成为继美国、英国之后世界上第三个可实现HPV疫苗自主供应的国家并正惠及全球更多女性。研制出首个国产第三代和第四代艾滋检测试剂以及全球首个艾滋尿液自检试剂,构建国际先进水平的国产艾滋检测试剂体系。戊肝抗体检测试剂被誉为新一代国际"金标准"。指导慢乙肝用药的全球首个乙肝核心抗体定量检测试剂被纳入亚太、加拿大、中国乙肝临床管理指南。研制的全球首个新冠总抗体检测试剂被比利时媒体誉为新冠抗体试剂中的"劳斯莱斯",获WHO优先推荐用于新冠血清学流调。研制的首个国产第二代HPV疫苗(九价)已进入Ⅲ期临床试验,联合万泰生物向全球疫苗巨头葛兰素史克授权新一代HPV疫苗专利技术。

中心累计获国家一类新药文号2项、紧急使用授权1项、诊断试剂注册证85项、欧盟强制性产品(CE)认证32项、WHO PQ和紧急使用清单(EUL)认证4项、美国食品药品监督管理局(FDA)紧急使用授权(EUA)3项;累计在NEJM、*Lancet*、*Lancet Respiratory Medicine*、*Lancet Infectious Diseases*、*Nature Microbiology*、*Science Translational Medicine*、*Cell Host & Microbe*等期刊发表论文704篇,获国家技术发明奖二等奖、国家科技进步奖二等奖、中国专利金奖、全国创新争先奖、全国抗击新冠肺炎疫情先进集体、求是杰出科技成就集体奖、转化医学杰出贡献奖等奖励;获129项发明专利的331件授权(含美、欧、日等境外授权184件)。夏宁邵教授、李少伟教授入选世界顶尖期刊《自然·生物技术》(*Nature Biotechnology*)评选的2016年度全球前20位转化研究者,成为大陆首次入选该榜单的研究者,2021年夏宁邵教授再次入选。上一年,李少伟教授入选世界卫生组织疫苗产品开发咨询委员会成员。年内,夏宁邵教授当选中国工程院院士。(阙玉琼)

【夏宁邵教授入选中国工程院院士】 11月,中国工程院发布《关于公布中国工程院2023年院士增选当选院士名单的公告》,夏宁邵教授当选中国工程院院士。(阙玉琼)

【"重组人乳头瘤病毒16/18型双价疫苗(大肠杆菌)的研制与应用"获2022年度厦门市科学技术进步奖一等奖】 3月,厦门市人民政府通报2022年度厦门市科学技术奖获奖名单。其中,中心与厦门万泰沧海生物技术有限公司联合申报的"重组人乳头瘤病毒16/18型双价疫苗(大肠杆菌)的研制与应用"获2022年度厦门市科学技术进步奖一等奖。该项目完成转化,打破了国际疫苗巨头的HPV疫苗垄断,使中国成为全球第三个实现HPV疫苗自主供应的国家。

(阙玉琼)

【"截短的人乳头瘤病毒16型L1蛋白"专利获第九届厦门市专利奖特等奖】 6月,第九届厦门市专利奖获奖名单出炉。其中,中心与厦门万泰沧海生物技术有限公司联合申报的"截短的人乳头瘤病毒16型L1蛋白"专利获本届专利奖唯一的特等奖。

(阙玉琼)

【全球首个戊型肝炎病毒抗原尿液检测试剂盒获批上市】 10月,由中心、中国食品药品检定研究院和万泰生物联合研制的戊型肝炎病毒抗原尿液检测试剂盒(胶体金法、荧光免疫层析法)获国家药品监督管理局批准上市。该试剂为全球首个以尿液抗原为靶标的戊肝诊断试剂,填补了相关产品和技术空白,其临床评估结果显示检测准确度为98.58%,对全球戊肝患者的临床诊断与治疗管理具有重大意义。(阙玉琼)

【全自动微流控核酸分析仪获批上市】 10月,由中心和厦门优迈科医学仪器有限公司联合研制的全自动微流控核酸分析仪获国家药品监督管理局批准上市。(阙玉琼)

【入选第三批"全国高校黄大年式教师团队"】 8月,教育部发布第三批"全国高校黄大年式教师团队"创建示范活动入围名单。国家传染病诊断试剂与疫苗工程技术研究中心教师团队名列其中。(阙玉琼)

【通过全省"双带头人"教师党支部书记工作室验收】 12月,福建省教育工委公布全省党建工作示范培育创建高校和"双带头人"教师党支部书记工作室验收结果,由中心教师团队组成的学院教工第二党支部顺利通过全省"双带头人"教师党支部书记工作室验收。(阙玉琼)

【获推申报第四批新时代高校党建"双创"工作全国党建工作样板支部】 11月,由中心教师团队组成的教工第二党支部经校党委审核,福建省教育工委评选,获推申报第四批新时代高

校党建“双创”工作全国党建工作样板支部。（阙玉琼）

天然产物源靶向药物国家地方联合工程研究中心

【概况】 天然产物源靶向药物国家地方联合工程研究中心（以下简称“中心”）是国家发展改革委批准，依托厦门大学建设的创新药物研究平台。2006年10月，经福建省发展改革委立项筹建福建省药物工程实验室，2010年3月通过验收。2013年10月，经国家发展改革委批复，列入国家地方联合共建计划，成立“天然产物源靶向药物国家地方联合工程实验室”。7月3日，福建省发展改革委发文闽发改高技〔2023〕266号，公布2021—2022年工程研究中心（工程实验室）评价结果，将原国地共建和省级工程实验室10家，经评审合格的7家统一优化提升为国地共建和省级工程研究中心，天然产物源靶向药物国家地方联合工程实验室更名为天然产物源靶向药物国家地方联合工程研究中心。

年内，中心共发表高水平论文73篇，其中14篇论文影响因子大于10。共获得16项发明专利授权，新申请发明专利4项。

年内，中心获17个国家基金资助，其中4个为重点项目，获38个横向项目，共计3392万元经费的资助。与常州安普开生物科技有限公司、南京红云生物科技有限公司、锋迈（厦门）半导体科技有限公司、厦门华绰生物医药科技有限公司、上海获硕贝肯生物科技有限公司、厦门荷蓬生物科技有限公司、厦门欧米克生物科技有限公司、厦门特宝生物工程股份有限公司等单位建立良好的合作关系。（胡志钰）

【一项成果发表于《自然》杂志】 1月初，中国科协生命科学学会联合体公布2022年度中国生命科学十大进展评选结果，中心主任林圣彩院士团队研究成果“二甲双胍靶点的发现及其延缓衰老的机制阐明”入选。该成果的2篇研究论文发表于《自然》杂志（*Nature*，2022，603：159-165）和《自然·代谢》杂志（*Nature Metabolism*，2022，4：1369-1401）。该研究不仅发现了二甲双胍的直接作用靶点，而且还从分子角度勾画出了二甲双胍行使功能的路线图。筛选到一个能模拟辟谷效应（卡路里限制）的化学药物（俗称“辟谷精”），具有降糖、治疗脂肪肝、延长寿命的效果；发现“辟谷精”和二甲双胍均借道葡萄糖（卡路里限制）感知通路，从而偶联到AMPK长寿相关通路，达到治疗糖尿病和脂肪肝等重大代谢性疾病以及延缓衰老等作用。这是林圣彩院士团队研究成果第二次入选“中国生命科学十大进展”。（胡志钰）

【举行中国细胞生物学学会第十八次会员代表大会暨2023年全国学术大会】 4月10—14日，中国细胞生物学学会第十八次会员代表大会暨2023年全国学术大会在苏州举行。此次会议颁发2023年中国细胞生物学学会杰出成就奖。中心主任林圣彩院士获此殊荣，并受邀做大会特邀报告。（胡志钰）

【国家重点研发计划项目启动会召开】 4月28日，由中心主任林圣彩院士牵头负责的国家重点研发计划“营养及代谢物感应与器官稳态的调控机制”项目启动会在翔安校区黄朝阳楼召开。会议旨在充分听取专家组意见，有效地组织协同攻关，全力保证项目顺利完成。科技部高技术研究发展中心基础一处副处长江海燕，校长助理、翔安校区管委会主任陈光，生命科学学院院长、药物工程中心执行主任邓贤明等应邀出席。项目首席兼课题一负责人林圣彩院士、课题二负责人北京大学刘颖教授、课题三负责人清华大学陈立功研究员、课题四负责人苏州大学吴嘉炜教授，以及项目骨干等共计20余人参会。各课题组负责人就项目及各课题实施方案、技术路线、研究进展安排等进行详细汇报。与会专家在听取汇报后，认为该项目新颖性强，目标明确，前期基础扎实，研发意义重大，并围绕本项目的目标和实施方案提出宝贵意见。“营养及代谢物感应与器官稳态的调控机制”项目是由厦门大学牵头，联合北京大学、清华大学、苏州大学、中国人民解放军第四军医大学、中国科学院大连化学物理研究所5家国内一流科研院所的科研力量。项目立足于代谢稳态调控和代谢紊乱相关的生理病理过程的发生机制这一核心科学问题，揭示代谢性疾病和衰老等生理病理过程的发生机制，提供诊治和干预的新策略，增强我国发育与代谢研究的核心竞争力。（胡志钰）

【一人获全国创新争先奖状】 5月30日，在第七个全国科技工作者日到来之际，第三届全国创新争先奖表彰大会在北京召开，林圣彩院士获全国创新争先奖状。本次评选共产生7个奖牌获奖团队，26名奖章获奖人选和251名奖状获奖人选。（胡志钰）

【实验室更名并顺利通过工程研究中心评价】 7月3日，福建省发展改革委发文闽发改高技〔2023〕266号，公布2021—2022年工程研究中心（工程实验室）评价结果，将原国地共建和省级工程实验室10家，经评审合格的7家统一优化提升为国地共建和省级工程研究中心，天然产物源靶向药物国家地方联合工程实验室更名为天然产物源靶向药物国家地方联合工程研究中心，并顺利通过本次评价。（胡志钰）

【一人获第五届“科学探索奖”】 7月17日，第五届“科学探索奖”获奖名单正式揭晓，48名青年科学家榜上有名。中心执行主任邓贤明教授获此殊荣。（胡志钰）

【一项成果发表于 *The Journal of Clinical Investigation*】 10月16日，周大旺/陈兰芬团队在 *The Journal of Clinical Investigation* 杂志上发表题为“The SPTAN1/NUMB Axis Senses Cell Density to Restrain Cell Growth and Oncogenesis Through Hippo Signaling”的研究论文。这项研究证明了SPTAN1-NUMB作为细胞密度传感器，通过将外部细胞——细胞接触信号整合到细胞内的Hippo-YAP信号来抑制细胞生长和肿瘤发生，同时揭示了NUMB异构体剪接在细胞接触抑制丧失和癌症

发生中的重要作用，进一步加深对肿瘤发生机制的认识，为肿瘤靶向治疗提供潜在靶点。（胡志钰）

【一项成果发表于 *eLife*】 10月30日，李勤喜教授团队以“Hepatic Conversion of Acetyl-CoA to Acetate Plays Crucial Roles in Energy Stress”为题在 *eLife* 上发表论文。该工作揭示了在糖尿病及饥饿等机体能量应激情况下乙酸生成的机理及作用，发现乙酸是一个新的“酮体”，血液中的乙酸水平可能是糖尿病的一个重要指标，不仅能反映脂肪酸β氧化的情况及机体能量代谢模式，而且可能为糖尿病的精准分类提供重要依据。（胡志钰）

【一项成果发表于 *Journal of Pharmaceutical Analysis*】 12月10日，俞春东教授团队在 *Journal of Pharmaceutical Analysis* 杂志在线发表题为“Traditional Chinese Medicine Pien-Tze-Huang Ameliorates LPS-induced Sepsis Through Bile Acid-mediated Activation of TGR5-STAT 3-A20 Signaling”的研究论文。该研究工作系统阐释了片仔癀中的胆汁酸成分通过激活 TGR5-STAT3-A20 信号通路来抑制 LPS 诱导的脓毒血症发展的分子机制。（胡志钰）

【一人获2023年度何梁何利基金科学与技术进步奖(生命科学奖)】 12月19日，何梁何利基金2023年度颁奖大会在北京举行。本年度奖项共授予56名杰出科技工作者。林圣彩院士获2023年度何梁何利基金科学与技术进步奖(生命科学奖)。何梁何利基金是由香港爱国金融实业家何善衡、梁銶琚、何添、利国伟先生共同捐资设立，设“科学与技术成就奖”“科学与技术进步奖”“科学与技术创新奖”，宗旨是促进中国的科学与技术发展，奖励取得杰出成就和重大创新的科技工作者。（胡志钰）

近海海洋环境科学国家重点实验室

【概况】 近海海洋环境科学国家重点实验室(以下简称“实验室”)于2005年3月获科技部批准建设，2007年通过验收，2010年、2015年连续获评为优秀国家重点实验室。实验室现有固定研究人员98人，其中中国科学院院士2人、“国家海外高层次人才”入选者16人(其中青年项目入选者9人)、教育部“长江学者奖励计划”特聘教授4人、国家杰出青年科学基金获得者11人、国家高层次人才特殊支持计划领军人才12人(其中青年拔尖人才3人)、国家优秀青年科学基金获得者11人。实验室还拥有2个国家自然科学基金创新研究群体、1个科技部重点领域创新团队和1个教育部创新团队。

实验室瞄准全球变化这一国际前沿，面向碳中和、海洋强国、生态文明等国家战略需求，立足基础研究和应用基础研究，以多学科交叉和技术创新为动力，主攻海洋生物地球化学与生态系统动力学。实验室下设6个研究方向：方向一为海洋地球化学过程与通量；方向二为海洋生态过程与机制；方向三为海洋环境变化过程与效应；方向四为海洋动力过程与海-陆-气相互作用；方向五为海洋生态系统整合研究与可持续发展；方向六为微型生物碳泵与海洋碳中和机理。

在科学研究方面，实验室成员2023年共发表SCI期刊收录论文408篇，出版专著、编著6部。新争取到纵向科研项目52个，合同经费12782.5万元，包括国家重点研发计划项目6个、国家自然科学基金重大项目及重点项目2个、优青项目1个、联合基金及专项基金5个、面上项目11个、青年科学基金项目4个。

在队伍建设方面，年内，实验室引进3名固定科研人员，1人入选教育部“长江学者奖励计划”特聘教授，1人入选“万人计划”青年拔尖人才，1人获国家自然科学基金优秀青年科学基金项目资助，1人入选国家青年高层次人才项目(海外)，1人获自然资源部2022年度“海洋人物”称号，1人获厦门大学“南强杰出贡献奖”。

在平台建设方面，厦门大学“海丝一号”“海丝二号”小卫星持续在轨运行，并在“杜苏芮”台风等自然灾害中发挥应急观测作用；福建台湾海峡海洋生态系统野外科学观测研究站召开第一届学术委员会第二次会议；“嘉庚”号科学考察船完成9个航次的科学考察任务，累计航次作业209天，总航程近25423海里；大型仪器与技术服务中心运行良好，资助3项技术开放基金。

在合作交流方面，主办、承办第六届厦门海洋环境开放科学大会、第二届数字孪生海洋国际峰会等6个国际学术会议；“表层海洋—低层大气研究计划(SOLAS)”国际项目办公室(中国)推动全球海洋与大气领域重要学术活动和倡议，在厦门承办SOLAS战略研讨会，研讨未来10年科学发展战略；32名学者获批实验室“访问学者及开放课题基金”；举办南强学术讲座1场，“周一午餐交流会”33讲，凌峰论坛12讲。

在人才培养方面，“海洋环境创新型人才国际合作培养项目”稳定运行，6人入选“海洋环境创新型人才国际合作培养项目”；10人入选“MEL杰出博士后基金”；5人获批“MEL优秀博士生奖学金”；31名优秀本科生入选“MEL本科生暑期科研奖学金项目”。实验室继续开展多样化人才培养计划，学生自主策划举办第八届MEL研究生学术论坛和第十五届水环境科学高校联盟研讨会。

在科学普及方面，依托中国海洋科学卓越教育伙伴计划和70.8海洋媒体实验室，全年发布科普类推文72篇、科普类视频58则。第十二届厦门大学海洋科学开放日吸引超万人参加，“少年蓝色先锋”培养计划继续开展高中生科创训练，“海洋讲师团”在厦门科技馆和17所中小学为千名学生输出科普内容，协助福建省广播影视集团制作的《海洋公开课》呼吁民众持续关心海洋。

（林孟妹　施　薇　王冠菲　张莉莉　刘琰冉　黄　迎）

【一人获批教育部“长江学者奖励计划”特聘教授】 8月，洪海征教授获批教育部“长江学者奖励计划”特聘教授。洪海征于2007年获美国加利福尼亚大学河滨分校博士学位，2011年入职厦门大学，致力于气候变化和人类活动影响下海洋生理生态研究，在海洋酸化和新污染物对海洋生态系

统关键物种的影响、机理及效应方面取得一系列创新性成果。（张莉莉）

【一人获国家自然科学基金优秀青年科学基金项目资助】 8月，沈渊教授获批国家自然科学基金优秀青年科学基金项目。沈渊于 2017 年获美国南卡罗莱纳大学哥伦比亚分校博士学位，2017—2020 年在美国加州大学圣克鲁兹分校从事博士后研究，2020 年 8 月入职厦门大学。沈渊教授聚焦海洋溶解有机碳（DOC）的活性、转化与归宿研究，在大西洋、太平洋、南大洋、北冰洋等全球多个海区开展广泛调查。（张莉莉）

【一人入选国家青年高层次人才项目（海外）】 6月，李姜辉教授入选国家自然科学基金优秀青年基金项目（海外）。李姜辉 2017 年获英国约克大学电子工程博士学位，2017—2021 年在英国南安普顿大学和英国国家海洋中心任研究员，2021 年入职厦门大学，主要关注碳捕集、利用与封存（CCUS），海洋声学信息感知与人工智能数字航运。（张莉莉）

【一人获批“万人计划”青年拔尖人才】 9月，张增凯教授获批“万人计划”青年拔尖人才。张增凯于 2015 年获西安交通大学工商管理博士学位，2015—2022 年就职于天津大学管理与经济学部，2022 年 6 月入职厦门大学。张增凯主要关注全球气候变化适应与应对、全球产业链分工、环境气候政策模拟仿真等领域的问题，并致力于围绕海洋经济这一主题探究人海耦合机理与海洋可持续发展理论与实践。（张莉莉）

【三名青年学者加盟实验室】 3月，曹玲博士入职，研究领域涉及可持续渔业系统和海洋生态综合管理等。7月，修鹏博士入职并获聘厦门大学南强重点岗位教授，研究领域涉及海洋生态系统动力学、碳循环与气候变化、海洋动力—生态—生物地球化学耦合模拟等。10 月，黄毅彬博士入职，研究领域涉及海洋生物泵关键固碳过程速率的调控机制、演变趋势以及相关生物地球化学过程效应等。

（王冠菲）

【一人获亚太海洋生物技术学会首届“海洋生物技术奖（学术或工业界）”】 10月，王克坚教授的系列研究成果“海洋动物新型抗菌肽的发现与产品创制及其示范应用”获亚太海洋生物技术学会首届“海洋生物技术奖——学术或工业界”（Marine Biotechnology Award—Academia or Industry）。该奖项是亚太海洋生物技术学会成立 30 多年来首次设立的重要奖项，意在表彰在研究、创新、产业发展和领导力方面做出卓越成就的学术或工业界人士，激励获奖者在各自领域取得优异成绩，并推动该领域的整体持续增长和发展。王克坚是本届唯一获得者。（王冠菲）

【一人获自然资源部 2022 年度“海洋人物”荣誉称号】 6月，焦念志院士获自然资源部 2022 年度“海洋人物”荣誉称号。焦念志长期从事海洋微型生物及其环境效应研究，率先开展海洋新生产力研究，并在国际上首次提出“微型生物碳泵”（MCP）储碳机制，开辟了海洋碳汇研究新领域。焦念志院士积极拓展国际合作，领导的全球海洋负排放计划（Global-ONCE）获批为“联合国海洋十年”大科学计划。“海洋人物”推选宣传活动是世界海洋日暨全国海洋宣传日系列活动的重要组成部分，也是全国海洋领域里规模大、规格高、推选范围广的推选宣传活动，具有一定群众基础和社会影响力。（王冠菲）

【一人获厦门大学“南强杰出贡献奖”】 4月，戴民汉院士获厦门大学“南强杰出贡献奖”。戴民汉深耕海洋生物地球化学前沿领域，在国际海洋碳循环等领域具有广泛的影响力。他孜孜不倦投身科研，服务海洋强国和生态文明建设，为“双碳”目标和可持续经略海洋提供有力的科技支撑。他汇聚人才，大胆创新，前瞻布局，带领近海海洋环境科学国家重点实验室发展成为优秀国家级平台，把厦大海洋学科推上了一个新的高度。他胸怀祖国，放眼世界，潜心育人，领衔构建海洋学科国际化人才培养体系，推动成立“中国—东盟海洋学院”，实现中国海洋学科第一次走出国门办学。（王冠菲）

【六个项目获批国家重点研发计划项目】 12月，科技部公布 2023 年度国家重点研发计划项目立项情况，实验室牵头获批 6 个项目（含青年科学家项目 2 个），其中“地球系统与全球变化”重点专项 2 个、“城镇可持续发展关键技术与装备”重点专项 1 个、“海洋环境安全保障与岛礁可持续发展”重点专项 1 个、“海洋农业与淡水渔业科技创新”重点专项 1 个、“政府间国际科技创新合作”1 个，批准经费超过 6400 万元，进一步提升了实验室承担国家重大科研任务的能力。

（刘琰冉）

【一项成果发表于《自然》】 12月，王为磊教授团队联合国内外研究人员在海洋生物碳泵研究领域取得重要进展，相关成果发表于《自然》（*Nature*）。研究利用自主研发的逆向反演模式，推演出全球尺度海洋生物碳泵的分布格局，揭示了平流＋扩散输出（包括混合层泵、潜沉泵和溶解有机碳扩散输出等）在全球生物碳泵及深层海洋碳收支中的重要作用，为全球变化背景下海洋碳汇的估算提供重要参考。（刘琰冉）

【《自然·地球科学》《自然·通讯》刊发高树基团队多篇研究成果】 1月，高树基教授团队在海洋真光层碳、氮耦合动力过程及其气候效应评估上取得重要进展，发表于《自然·地球科学》（*Nature Geoscience*）《自然·通讯》（*Nature Communications*）等。研究成果链接了室内纯株培养—近岸水体—开阔大洋 N_2O 产生速率与机理解析，揭示了海洋真光层有机质矿化触发的氮再生循环过程会活跃释放 N_2O，可抵消约 10％的由生物泵固碳吸收 CO_2 所降低的温室效应。在此基础上，团队利用同位素示踪技术，辅以分子生物学手段，揭示了颗粒物在有氧河口—海岸水域 N_2O 产生的重要调控作用，为深入理解与评估生物泵的气候调节能力，以及研究人类干扰下的陆海关键带水域温室气体来源和排放提供新的视角。

（刘琰冉）

【戴民汉团队应邀在《剑桥棱镜：近海的未来》期刊发表综述论文】 4月，戴民汉院士应《剑桥棱镜：近海的未来》(*Cambridge Prisms: Coastal Futures*)邀约,与国内外合作者撰写综述,全面总结全球近海富营养化与缺氧的现状与驱动机理,聚焦社会经济活动与近海生态环境的复杂关系,提出未来评估与治理近海生态环境的举措和建议。　(刘琰冉)

【《自然·可持续发展》刊发曹玲团队科研成果】　6月,曹玲教授团队建立一套新的基于多因素空间分析的蓝色食物脆弱性评估方法体系,首次揭示了环境变化背景下全球蓝色食物脆弱性的空间格局及其主要影响因素,成果发表于《自然·可持续发展》(*Nature Sustainability*),为推动渔业生态系统与水产业的健康可持续发展提供新的科学依据。　(刘琰冉)

【《自然·通讯》刊发张增凯团队科研成果】　6月,张增凯团队在上市企业碳足迹信息披露研究中取得重要进展,相关成果发表于《自然·通讯》(*Nature Communications*),并列为社会科学领域的精选论文。研究独立自主开发了价值链碳足迹核算方法体系,细化了上市企业价值链碳足迹总量及其分布,为企业价值链碳足迹核算及金融资本低碳配置提供新视角、新思路、新方法。　(刘琰冉)

【《科学·进展》刊发张瑶团队科研成果】　8月,张瑶团队在海洋中尺度涡旋的生物地球化学响应方面取得重要研究进展,相关成果发表于《科学·进展》(*Science Advances*)。研究综合利用物理—化学—生物多学科海洋现场观测资料,首次揭示了西北太平洋副热带流涡区中尺度气旋涡所诱导的两步硝化解耦现象,为全球海洋"上层亚硝浓度极大值(PNM)"的纬向分布模式提供一种可能的形成机制,指出在海洋碳氮循环模式中充分考虑由动力过程所诱导的非稳态过程的重要性,对全面理解海洋动力系统中的生物地球化学循环具有重要意义。　(刘琰冉)

【"海洋负排放"国际大科学计划召开第二届开放科学大会】　11月8日,"海洋负排放(ONCE)"国际大科学计划召开第二届开放科学大会于厦门召开。联合国秘书长海洋特使Peter Thomson,国家自然科学基金委党组书记、主任窦贤康,ONCE计划国内外合作单位领导、相关专家学者参会。大会发布了ONCE-BCMS路线图、OLAR期刊的ONCE专题、ONCE公开课教材《宜居地球——地球系统与生命的共演化》等成果,并举行了国际标准化组织海洋负排放与碳中和直属工作组成立仪式。开幕式后,窦贤康、Peter Thomson做客第九期群贤大讲堂,为现场专家学者和师生做大会报告。　(王冠菲)

【举办第六届厦门海洋环境开放科学大会】　1月9—12日,第六届厦门海洋环境开放科学大会于厦门召开,来自美国、加拿大、德国、法国等35个国家和地区1200人线上线下参会。会议以"多学科融合解决方案服务海洋健康和可持续发展"为主题,聚焦全球气候变暖给海洋带来的挑战、海洋生态系统可持续与人地耦合的关系等相关热点话题,共享学科知识,交融蓝色智慧,促成跨学科合作交流。大会设6场主旨报告,34个专题分会及研讨会、221个口头报告、193份墙报展示,并组织女科学家沙龙、期刊编辑分享会、线上海报快闪、"表层海洋—低层大气研究"论坛、生地化模型讲习班、科普交流会等特色活动。东南卫视开设"云端科普"分会场直播,《科技日报》、央视网、人民网等12家媒体平台对会议进行深度报道。

(王冠菲)

【承办表层海洋—低层大气研究(SOLAS)战略研讨会】　9月25—28日,表层海洋—低层大气研究(SOLAS)战略研讨会于厦门召开,来自18个国家和地区的40名SOLAS科学指导委员会成员及相关领域的知名专家学者参会。本次研讨会旨在共同讨论和纂写SOLAS 2026—2035科学计划和组织方案,以继续发挥SOLAS在国际海-气耦合研究领域的导向、协调和推动作用,并为气候和全球变化的解决方案提供科学依据。

(王冠菲)

【承办第十届南海年会】　11月3—5日,第十届南海年会(South China Sea Annual Meeting 2023)于厦门大学马来西亚分校召开,来自中国、美国、马来西亚、澳大利亚等国家和地区的120余名专家学者及学生代表参会。本次大会以"全球变化背景下的南海海洋动力过程及其生态环境效应"为主题,聚焦海气相互作用与气候变化、海洋多尺度动力过程、极端天气事件及其环境生态效应、海洋生物地球化学过程与动力过程的耦合、滨海湿地与珊瑚礁生态系统对全球变化的响应、遥感与人工智能海洋学等相关主题,设置6个专题分会、1场青年学者论坛,共62个口头报告、56份墙报展示。　(王冠菲)

【承办2023年数字孪生海洋国际峰会】　11月9—12日,由实验室共同承办的2023年数字孪生海洋国际峰会在厦门召开,来自19个国家和地区450名海洋领域知名专家、学者及业界各方代表参会。会议围绕感知、模拟、可视等主题,聚焦海洋建模、海洋观测、海洋数字孪生应用、数据湖、海洋数字孪生架构与互通性等议题,邀请全球专家共同参与,并通过组织产学用研讨会、"数字化深海典型生境"国际大科学计划启动研讨会、青年海洋科学家论坛以及系列卫星活动,开展多层次、多元化、跨界合作的深入探讨。　(王冠菲)

【参加2023海水营养盐国际比对航次】　6月,工程师王丽芳、博士生汤锦铭和方腾越参加由澳大利亚联邦科学与工业研究组织(CSIRO)主办的海水营养盐现场国际比对航次(INIV 2023),并完成AA3营养盐流动分析仪和自主研发的iSEA自动分析仪2套设备的国际比对实验。该航次依托"调查"号科考船(R/V Investigator)在南大洋开展,是我国首次以单位形式参与的现场大规模海水营养盐国际比对航次。实验室团队顺利完成所有站位的比测任务,取得良好的比测结果,与参与航次的其他国际顶级化学海洋学机构的测量结果具有高度可比性,增强了实验室海水营养盐测量能力在国际上的权威性。　(王冠菲)

【组织80个海上科学调查航次】　实验室依托"嘉庚"号、"海洋2"号、"中国海监203"、"东方红3"号等科学考察船,完成80个海上科学调查航次,赴西太平洋、东印度洋、南海北部及中部等海域开展科学考察，累计作业天数 1806 天，参与科考人数达 563 人次。其中，“嘉庚”号共执行 9 个重大调查航次，累计安全航行 209 天，航程 25423 海里，为全国 24 家科研单位及院所提供航次搭载平台及海上技术支撑，完成国家自然科学基金共享航次计划、夏季琼东上升流航次、秋季南海内波漂流观测等调查任务。（王冠菲）

【颁发首届“洪华生海洋与环境科学教育奖”】 7 月 16 日，由洪华生教授及其家人、学生、同事，以及厦门国贸海运有限公司和厦门天昊海洋科技有限公司等各界人士共同捐资设立的“洪华生海洋与环境科学教育奖”于校庆期间首次评奖。基金设“前沿交叉研究奖”和“优秀科普人才奖”，旨在培养海洋与环境学科优秀复合型人才，鼓励海洋与环境学科的建设及与其他交叉学科的融合发展，推动海洋与环境科学知识的公众教育。陈曦、张瑶、甘少敏获首届奖教金，汤锦铭、徐秀明、富振奇、李佳宸和句晨男获首届奖学金。（王冠菲）

【举办第八届 MEL 研究生学术论坛】 7 月 19—22 日，第八届 MEL 研究生学术论坛于福建台湾海峡海洋生态系统国家野外科学观测研究站（东山实验场）召开，来自香港科技大学、中国科学院海洋研究所、广东海洋大学、汕头大学以及厦门大学等 48 名研究生参与论坛。论坛以“深蓝无垠，求索无尽”为主题，聚焦海洋生物生理态与气候变化、海洋地球化学过程与通量、海洋环境变化过程与效应、海洋动力过程及其环境效应、地质海洋与环境变迁、智慧海洋与海洋资源开发、健康海洋与可持续发展。MEL 研究生学术论坛全程由研究生主导，形式包括口头报告、海报展示、专题研讨会、学术沙龙、海洋科普等。论坛特设“苏峰专题”，为依托东山实验场开展的科研项目及其成果提供分享平台，同时邀请东山二中的 50 名中学生参与科普活动。（王冠菲）

【开展 MEL 本科生暑期科研奖学金项目】 7—9 月，开展 MEL 海洋环境科学本科生暑期科研奖学金项目，共录取来自英国剑桥大学、美国杜克大学、中山大学、中国海洋大学、厦门大学马来西亚分校等 17 所大学的 31 名本科生。项目以科研课题为导向，本科生在导师的指导下进行学习，开展实验研究，并在结题时向课题组汇报项目成果、提交课题海报。组委会还组织系列学术讲座、安全讲座和野外调查等活动，以期全方位培养本科生的学术能力、科学表达与交流能力，助其拓展国际化视野。项目旨在鼓励本科生尽早开展科研训练，激发和培养本科生的科学兴趣和学术精神，并为其提供继续深造的平台和机会。（王冠菲）

【举办第十二届海洋科学开放日】 11 月 18 日，时隔 4 年再次于线下举办海洋科学开放日，全天超 10000 名参访者走进厦大，创历史人数新高。活动当天，50 余个实验室与学生摊位向公众开放参观，同时邀请多名学者与优秀海洋学生带来科普讲座，提供深入了解海洋、环境、生态学科前沿研究的机会，提升公众对海洋科学的认知，为推动海洋科学公众教育发展做出积极贡献。（王冠菲）

福建台湾海峡海洋生态系统国家野外科学观测研究站

【概况】 福建台湾海峡海洋生态系统国家野外科学观测研究站（以下简称“台海站”）致力于台湾海峡海洋生态系统结构与功能的长期观测和实验研究，解析全球变化影响下海峡生态系统的演变过程与响应机制，为保障海洋生态环境健康和促进经济可持续发展提供科技支撑。台海站现有固定研究人员 62 人，由 43 名教授、1 名教授级高工、16 名副教授、2 名助理教授组成，其中中国科学院院士 2 人，欧洲科学院/俄罗斯科学院/发展中国家科学院院士 1 人，国家杰出青年科学基金获得者 5 人，国家优秀青年科学基金获得者 5 人，国家高层次人才 1 人。台海站另有技术人员和管理人员共 11 名，由 4 名高级工程师、2 名工程师、3 名助理工程师、1 名驻站科学家、1 名秘书组成。

年内，台海站围绕“观测、研究、示范、服务”的国家野外站的总体定位，组织开展台湾海峡上升流、东山湾、漳江口 3 个观测区冬、春、夏、秋季度航次以及东山湾上升流航次观测，同时完成漳江口红树林和盐沼样方观测各 1 次，滨海湿地鸟类、鱼类和底栖动物观测各 2 次，结合红树林湿地涡度通量、滨海湿地地表高程、东山湾水文浮标、东山珊瑚在线观测、渔排基水生态在线观测等 14 套自动观测系统长期连续观测，获取观测数据总量约 33 GB。

台海站持续提升科学研究水平，发表 SCI 期刊收录论文 71 篇；新争取纵向科研项目 24 个，合同经费 4599 万元，包括国家重点研发计划项目 2 个、青年科学家项目 1 个、基金委重大项目 1 个、联合基金重点项目 2 个。另有在研课题 71 个，含国家重点研发项目、基金委重点项目等；授权发明专利 3 件。

台海站不断加强队伍建设，新增固定人员 8 人，包括 2 名教授、2 名副教授、1 名助理教授、1 名工程师、2 名助理工程师。1 人入选厦门大学南强重点岗位教授，1 人晋升为厦门大学教授，1 人获厦门大学“南强杰出贡献奖”。焦念志获自然资源部 2022 年度“海洋人物”荣誉称号；焦念志、张瑶团队参与合作的科研成果“海洋人工上升流技术及应用”获浙江省技术发明奖一等奖；江毓武参与合作的研究成果“潮间带贝类地理分布格局及适应机制研究”获 2022 年海洋科学技术奖一等奖；游伟伟获第一届中国科技青年论坛最佳策论奖。

台海站积极开展合作交流与科普传播，举办第十届“海峡两岸海洋环境监测及预报技术研讨会”，协办“台湾海峡及周边海域关键海洋过程学术研讨会”“2023 数字孪生海洋国际峰会”“第九届全国稳定同位素生态学学术研讨会”；接待 45 家科研院所及企事业单位来访；主办或协办科普活动 10 场，到站访问达 1800 人次。

台海站扎实推进示范服务，开发红树林、滨海盐沼等滨海蓝碳计量方法学，为蓝碳生态产品价值实现和蓝碳交易提供技术依据;日本囊对虾“闽海2号”耐高温性状选育取得重要进展;开展福建罗源红树林科普及全国红树林生态养殖培训,探索红树林修复与利用新模式;与东山县政府长期合作助力东山珊瑚保育等工作。

(薛锦华)

【参与漳江口红树林生物多样性大型现场直播】 5月22日,副站长王文卿、高级工程师张雅棉出镜央视新闻国际生物多样性日直播,介绍红树林生态系统与生态功能,协助央视新闻频道直播团队将漳江口保护区红树林生物多样性的神奇魅力展现给全国人民。(薛锦华)

【参与央视新闻录制】 6月8日,台海站东山实验场驻站科学家刘迟迟在央视新闻中介绍珊瑚礁生态系统与生态功能,展示站内的珊瑚生态学研究和保护工作,有效促进东山湾海域的珊瑚保护。(薛锦华)

【举办第十届“海峡两岸海洋环境监测及预报技术研讨会”】 11月1日,第十届“海峡两岸海洋环境监测及预报技术研讨会”在学校召开。会议采用线上线下同步的方式进行,来自海峡两岸20多家科研院所、政府部门、企业单位的100余名人员参会交流。两岸专家学者纷纷发表感言,希望能够继续加强两岸在海洋环境监测及预报等领域的合作交流,进一步拓展研究领域,共同推动两岸观测技术发展,提高学术成果应用能力,为海上安全尤其是防灾减灾方面做出贡献。

(薛锦华)

【省领导调研台海站东山实验场】 11月29日,福建省委常委、纪委书记迟耀云调研东山实验场,了解东山海洋产业发展和海洋生态环境保护工作情况。(孙圣垚)

【召开台海站第一届学术委员会第二次会议】 12月1日,台海站第一届学术委员会第二次会议在台海站漳江口实验场召开,校党委副书记、纪委书记全海,台海站学术委员会主任委员傅伯杰院士,副主任委员张偲院士、于贵瑞院士及吕永龙教授等13名学术委员,科技部、福建省科技厅、福建省海洋预报台、学校相关职能部门领导和环境与生态学院、海洋与地球学院师生代表等80余人以线上线下方式参会交流。与会专家充分肯定这一年台海站在观测、研究、示范服务以及学术交流和科普传播等方面取得的成果,并对台海站的建设发展提出富有建设性的意见与建议。

(薛锦华)

【承办“2023年全国红树林保护与修复研讨会”】 12月3—6日,由国家林业和草原局湿地管理司、中国湿地保护协会、福建省湿地保护中心主办,红树林基金会和台海站承办的“2023年全国红树林保护与修复研讨会”在漳江口实验场举办。来自全国各省市自然资源、林草相关部门,各红树林保护地、相关科研院所和企业单位100余人参与本次活动。本次会议提高了我国各省市自然资源、林草相关部门,红树林保护地管理人员,以及一线工作者对红树林有效保护修复以及互花米草防治的认识,同时增进了公众对红树林的了解和保护意识。(张雅棉 薛锦华)

【国家科技图书文献中心副主任调研台海站】 12月5—7日,国家科技图书文献中心郭志伟副主任深入台海站东山实验场及漳江口实验场调研,详细了解台海站在海洋立体观测体系建设、水产养殖良种选育推广、红树林保护修复等方面的情况。

(孙圣垚 薛锦华)

【省领导调研台海站东山实验场】 12月16日,福建省政协主席滕佳材、副省长常斌,北京协和医院院长张抒扬带队到东山调研,参观台海站东山实验场,了解东山生物多样性、研发成果及种业发展等方面内容。

(孙圣垚 薛锦华)

嘉庚创新实验室

【概况】 嘉庚创新实验室(Tan Kah Kee Innovation Laboratory,全称:中国福建能源材料科学与技术创新实验室,以下简称“实验室”)于2019年9月10日获福建省委、省政府授牌成立,是福建首批4家省创新实验室之一。作为由福建省政府批准设立、厦门市政府与厦门大学共同举办的二类事业单位,实验室是第一个冠有厦门大学校主陈嘉庚先生名字的法人实体实验室。实验室以国家顶级实验室为目标开展建设,聚焦国家战略需求和地方产业发展,围绕“卡脖子”技术、“产业化”成果两大贡献目标,布局高效能源存储、低碳能源系统、未来显示技术、石墨烯等先进材料、仪器装备网络、能源政策智库等研发方向。通过创新体制机制,汇聚全球创新资源,打造能源材料领域的“科技加速器”和“产业发动机”,力争建成具备世界影响力的战略科技创新平台,为支撑中国建设世界科技强国做出贡献。

截至12月31日,建设落成世界第四座(亚洲首座)无噪声实验室、微纳加工、嘉庚智算中心等公共支撑平台;申请获批中国计量认证(CMA)和中国合格评定国家认可委员会(CNAS)资质,成立嘉析检测技术服务公司,累计为宁德时代、华为等237家知名校企提供技术服务/解决方案,总服务机时超14万小时;汇聚人才团队553人,全职到位包括哈佛大学、清华大学、新加坡国立大学、新南威尔士大学等知名高校的人员393人;重点引进一批境内外高端产业人才和拔尖青年人才;自主布局科技产业项目80个,攻克碱性电解水制氢、抗氧化高导电铜浆等21项关键技术;孵化创办厦门铜乐、华商厦庚氢能等18家高科技企业,相关技术成果吸引投资超5亿元;与厦门市政府设立首个规模为1亿元的省创新实验室科创基金,将重点投资新能源、新材料领域种子轮、天使轮项目,逐步构建良好的“科研—产业—资本”生态体系;启动建设智慧能源大型科研基础设施和谋划建设国家标准化研究中心,不断提升承担重大科研项目和产出重大成果的能力。(廖慧敏)

【厦门市委理论学习中心组赴实验室开展科技创新专题学习】 为深入学习贯彻党的二十大精神,全面贯彻落实习近平总书记关于科技创新的重要论述,厦门市委理论学习中心组赴实验室开展科技创新专题学习。厦门市领导崔永辉、黄文辉、魏克良,学校领导张荣、张宗益，厦门市委常委、市政府副市长，各区区委书记、区长，自贸区、火炬高新区、鼓浪屿管委会主要负责同志，市直有关单位主要负责同志参加学习。市委理论学习中心组一行认真听取田中群院士、郑南峰教授关于科技创新主题的辅导报告，详细了解实验室重要科研成果的原理、研发、应用等情况，并对实验室为提升厦门科创能力做出的贡献表示感谢，对科研团队勇攀科学高峰的精神表示敬佩。（廖慧敏）

【厦门科学城嘉庚实验室氢能论坛圆满召开】 作为厦门市科创大会系列配套活动之一，厦门科学城嘉庚实验室氢能论坛于3月31日在翔安校区召开，论坛包括主题报告、圆桌对话、1000标方碱性电解水制氢装备落成仪式、战略合作签约等活动，进一步吹响创新发展的“冲锋号”。厦门市人大常委会党组副书记、副主任张灿民，校党委书记张荣，嘉庚创新实验室主任田中群院士，招商局工业集团副总经理、华商能源董事会主席余志良参加并致辞，副校长江云宝主持会议。福建省发展改革委副主任王忠、省科技厅二级巡视员张秀谋，漳州开发区管委会常务副主任刘永祥，厦门市人大常委会副秘书长孙弘宇、市科技局副局长曹伟民、市工信局副局长邓建华等领导，姚建年、徐春明、郑兰荪等院士专家及92名企业高管齐聚嘉庚创新实验室，共话氢能产业发展。（廖慧敏）

【与厦门市湖里区政府共建科创产业（湖里）加速器】 为进一步整合各方优势资源和创新要素，加快打通高科技成果市场化和产业化路径，实验室与湖里区政府共建嘉庚实验室科创产业（湖里）加速器，于7月24日在加速器总部湖里创业大厦正式举办揭牌暨签约仪式。厦门市副市长庄荣良，湖里区委书记吴新奎、区长黄颖，学校党委副书记徐进功教授，实验室名誉主任田中群院士、主任郑南峰教授、副主任张爱强教授等参加活动。双方表示将通过开展政产学研用金合作，力争3年转化或引入不少于10家由实验室孵化、成立的相关优质企业落地湖里，预计5年累计实现产值营收规模约12亿元、引入及培养科技及工程化人才200人，共同为解决国家战略问题及提升地方经济发展水平贡献力量。（廖慧敏）

【人工智能应用电化学联合实验室成功揭牌】 为深刻剖析人工智能如何更好地应用于电化学领域，赋能科学研究和产业落地，去年12月13日，实验室与北京科学智能研究院共建人工智能应用电化学联合实验。8月11日，在京召开的2023科学智能峰会“AI4S：奔跑中的新能源（新能源应用专场）”学术峰会上，中国科学院院士、实验室名誉主任田中群与中国科学院院士、北京科学智能研究院院长、北京大学国际机器学习研究中心主任鄂维南共同为人工智能应用电化学联合实验室揭牌。联合实验室围绕人工智能辅助电化学科学与工程的基础理论与算法、人工智能辅助工况谱学表征的基础理论与算法、软件与硬件结合的应用解决方案3个方面开展科研创新建设，将推动相关产业核心技术瓶颈突破和产业落地。（廖慧敏）

【举办厦门市氢能标准化技术委员会成立大会】 为以标准化助力氢能产业发展，厦门市氢能标准化技术委员会（简称“氢能标委会”）成立大会暨一届一次全会于8月12日在实验室顺利召开。全国氢能标准化技术委员会主任委员马林聪、秘书长鲍威，厦门市市场监督管理局标准化处处长、一级调研员张玉萍，厦门市产品质量监督检验院院长史园，厦门市标准化研究院院长王东，以及来自中海石油、中国船舶、国家电网、东方电气、上海重塑、厦门市产品质量监督检验院等企事业单位、科研院所的32名委员、专家参加会议。大会相继举行氢能标委会揭牌仪式和委员证书颁发仪式、厦门市标准化研究院与实验室战略合作协议签约仪式，并召开氢能标委会第一届第一次全体工作会议。各方表示氢能标委会未来将聚集产学研用多方资源，构建氢能标准体系，驱动产业高质量创新发展。（廖慧敏）

【举办主任交接会，交流展望新未来】 8月30日，实验室召开主任交接会。校党委书记张荣，厦门市人民政府党组成员、副市长庄荣良，厦门市人民政府副秘书长练更生，厦门市科技局党组成员、副局长黄慰萍，翔安区委常委、副区长王永欣等领导及实验室管理干部共103人参加会议。会议由副校长江云宝主持。会上，黄慰萍副局长宣布理事会对实验室主任换届任免的决定，实验室原常务副主任周涵韬教授、名誉主任田中群院士、主任郑南峰教授分别进行发言和工作汇报。庄荣良副市长表示将加强政策支持的力度，提供全方位的服务保障，把实验室打造成为顶天立地的能源材料科技创新大平台，为我国建设世界科技强国贡献厦门力量。张荣书记表示希望实验室所有成员在郑南峰主任的带领下，持续引进一流人才、产出一流成果、做出一流贡献，为福建省建设高水平创新型省份、为厦门市打造具有世界影响力的区域创新中心注入更多创新活力。（廖慧敏）

【举办科技项目交流会暨产业投资沙龙】 为吸引企业投融资，推动项目成果转化落地，实验室于9月5日举办科技项目交流会暨产业投资沙龙。截至9月5日，实验室共举办6期项目交流会，跟踪压实项目群责任专家、项目负责人的任务，同时有利于相互借鉴研发和产业化经验。与往届不同的是，本次交流会不仅邀请来自中国科学院化学所姚建年院士、厦门大学洪明辉院士等顶尖专家，还吸引了厦门云天半导体科技有限公司董事长、厦门大学资产经营有限公司原总经理、海翼集团副总经理、湖里产投副总经理、嘉戎技术董事长、德屹资本合伙人、建信（北京）投资基金管理有限责任公司总经理、厦门昇葆筌真股权投资管理有限公司总经理等来自产业、金融领域的28家单位45名领导嘉宾。他们听取了实验室12个项目负责人的汇报并参观了38个项目的墙报展览，项目团队与企业、金融机构投资人面对面对话交流，为共同推进产学研合作，构建“科研—产业—资本”的良好生态体系奠定坚实基础。（廖慧敏）

【百千瓦级 PEM 电解槽入选能源领域首台(套)重大技术装备】 10 月 24 日,国家能源局公布第三批能源领域首台(套)重大技术装备(项目)名单,实验室基于低铱阳极的百千瓦级高电流密度 PEM 电解槽被认定为能源领域首台(套)重大技术装备。这是该产品继 3 月顺利通过专家项目科技成果评价会,获得"整体水平处于国内领先,部分关键性能指标已达到国际先进水平"的评价后,获得的又一殊荣。由于 PEM 电解水产生的氢气成分简单,纯化难度低,百千瓦级 PEM 制氢设备在国外被应用于半导体、交通运输、医疗卫生、精细化工、冶炼、玻璃、陶瓷等多种行业。实验室研发的基于低铱阳极的百千瓦级高电流密度 PEM 电解槽装备采用全氟磺酸质子交换膜,以纯水为反应物,具有动态响应快、产氢纯度高、结构紧凑、安全性高等特点,是氢能行业关注热点,现已在诸多可再生能源制氢示范项目中得到规划和应用。

(廖慧敏)

【半导体关键战略材料项目吸引外部投资超 2.4 亿元】 为满足半导体与集成电路产业芯片制造的国产化需求,实验室半导体关键战略材料项目团队成功开发出在国内尚属空白,还没有量产纪录的高端半导体清洗剂、光刻胶去胶液、底部抗反射涂层与旋涂碳层等系列产品,以解决关键材料"卡脖子"难题,有效推进半导体产业链国产化进程。去年 6 月,基于高端半导体清洗剂项目,实验室与晶禾投资合作成立福建永庚科技有限公司(简称"永庚科技"),并获投资 1.38 亿元,共同运营高端电子化学品产品线和开展新产品研发。项目于去年年底动工,一期预计在 2024 年第一季度建设完成并投入试生产。10 月,高端光刻介质材料项目顺利完成转化落地方案,项目整体以增资扩股的方式并入永庚科技,再次吸引投资 10787 万元,2 期项目合并后,总共吸引外部投资超 2.4 亿元。(廖慧敏)

【华商厦庚获招商局工业旗下香港上市企业增资超 5800 万元】 为推进氢能技术产业化成果落地,实验室与招商局工业旗下香港上市企业华商能源科技股份有限公司(简称"华商能源")于 2021 年底共同成立华商厦庚氢能技术(厦门)有限公司(简称"华商厦庚")。在华商能源首批 3000 万元投资以及实验室的大力推动下,华商厦庚在隔膜、电极、电堆等关键核心材料和部件领域实现 100%自主研发,并于 3 月发布首台 1000 标方碱性制氢装备,该装备在冷启动、工作电流、直流能耗、响应范围等性能更是处于全球领先地位。基于华商厦庚的技术创新以及市场认可度,11 月 17 日,华商能源与实验室举行签约仪式,华商能源将增资超过 5800 万元,共同推动建立氢能产用零碳排放能源体系,为地区氢能产业和国家双碳战略贡献力量。(廖慧敏)

【参与研发的全国首艘"绿色应急拖轮"在厦交船授牌】 为解决我国河道航运因船舶能耗高、技术落后制约内河绿色发展的问题,实验室于 2022 年布局绿色能源装备项目群,打造具有国际影响力的绿色拖轮与海洋能源研发基地。11 月 7 日,实验室项目团队参与研发的全国首艘"绿色应急拖轮"(厦港拖 30)交船授牌仪式在厦门海天码头举行。其中实验室团队领衔研发该船的智能能效管理系统,并参与智能机舱系统研发。该船是福建省电动船舶重点示范项目,可实现港区自由航行工况下零排放、无污染、低噪声运行,单船每年可节油 200 余吨,减排二氧化碳 600 余吨,可有效减少船舶能耗及大气污染物排放量。正式交付厦门港使用后,将填补福建省在新能源拖轮应用方面的空白。

(廖慧敏)

【与多家央企及投资机构签约合作,加快推动能源材料项目转化落地】 12 月 24 日,由实验室、厦门市人民政府驻北京办事处等单位主办的厦门大学科技成果推介会 2023 新能源新材料专场暨厦门市新能源新材料产业招商推介会在北京举行。会议吸引国家能源投资集团有限责任公司、中国华电集团有限公司、中国绿发投资集团有限公司、中国建设银行等 30 余家大型央国企与投资公司。会议期间,实验室分别与建信信托有限责任公司(简称"建信信托")、中国华电集团有限公司福建分公司(简称"华电福建分公司")、华电辽宁能源有限公司(简称"华电辽宁公司")等签约。其中与建信信托将形成投贷联动新格局,为实验室科创基金高效运作和优质项目成果转化提供支撑。与华电福建分公司、华电辽宁公司涵盖海上风电/光伏制氢示范项目、新型储能系统技术进步与装备升级等合作,将推动相关领域技术研发和产业升级。(廖慧敏)

【与华电辽宁公司合作签约并举行揭牌仪式,助力氢能产业发展】 12 月 25 日,实验室及实验室孵化的高科技企业——鹭岛氢能(厦门)科技有限公司、华商厦庚与华电辽宁公司签订产学研合作协议及战略合作协议,并举行"嘉庚创新实验室华电辽宁创新中心""嘉庚创新实验室华电辽宁试验基地"揭牌仪式。华电辽宁公司党委书记、董事长毕诗方表示将持续加大对战略新产业的投资支持力度,在氢能发展赛道上"再提速"。实验室主任郑南峰院士也表示将充分利用自身体制优势并发挥央企在科技创新方面的独特优势,聚焦产业化相关问题,加快创新技术落地,共同打造具有国家战略意义的测试基地,推动氢能健康发展。(廖慧敏)

【成功点亮全行业首款像素密度超 400 像素的 Micro-LED 全彩显示模组】 11 月,嘉庚创新实验室厦门市未来显示技术研究院成功点亮一款面向智能穿戴和移动终端的 1.63 英寸 Micro-LED 全彩显示模组,分辨率达到每英寸 403 像素,是我国目前采用巨量转移技术实现的最高分辨率产品。这项成果已经在天马微电子公司完成落地转化,未来将在地方显示产业推广应用。该技术成果被央视新闻联播报道为"我国目前采用巨量转移技术,在新型显示领域的新突破"。未来显示技术研究院搭建全球领先的 2.5 代 Micro-LED 工艺示范线并联合产业链上下游企业协同攻关,在外延结构设计、芯片工艺制造、转移集成等技术的开发过程中广泛引入先进的人工智能手段,大幅度缩短研发周期,节约开发成本,提高良率和效率。针对 TFT 基 Micro-LED 显示面板工艺开发中关键的巨量转移技术，研究院研发团队仅用不到半年的时间，打通高效率、高精度选择性激光转移、键合、检测与修复的全工艺制程，转移效率达3600万颗/小时(10000颗/秒)，已实现99.999%的转移良率。（廖慧敏）

【2023年度科技项目年终评审交流会成功召开】 12月18—19日，实验室召开2023年度科技项目年终评审交流会，院士、政府部门领导、科学家、企业家、投资家与实验室首席责任专家、项目负责人、项目团队代表、职能部门代表等223人参加会议。本次活动包括项目汇报、产业主题分享、墙报交流等环节。为推进实验室创新链、产业链、资金链、人才链深度融合，优化科技产业创新生态，加快科技成果转化进程，实验室聘任三安光电股份有限公司张中英副总经理、厦门鼎新股权投资基金管理有限公司潘志民总裁、冠亚投资控股有限公司顾玉明副总裁、厦门士兰集科微电子有限公司李文深常务副总经理(代表)和联芯集成电路制造(厦门)有限公司蓝天呈处长(代表)为"产业生态顾问"，助力更多科技成果实现转化和产业化。（廖慧敏）

翔安创新实验室

【概况】 翔安创新实验室(简称"实验室")于2021年12月31日获福建省委、省政府授牌成立，2022年9月6日正式注册登记为事业单位法人，由厦门市人民政府和厦门大学共同建设，是省市政府全方面、大力度支持下新建的实体化运营的产学研融通平台。

实验室以厦门大学生物医药研发团队为班底，围绕生物医药科学与技术的创新、转化和产业化，持续进行生物医药相关的基础科学、底层技术、应用技术、转化技术攻关，研发疫苗、检测试剂和医疗器械、药物等创新产品，力争建成国内领先、国际有影响的生物医药技术创新和转化的综合型平台，打造成为支撑区域发展和服务国家需求的科技力量。

实验室核心区位于厦门科学城莲河片区、厦门大学翔安校区南侧，毗邻国家大学科技园，用地面积47.47亩，总建筑面积8.4万平方米，包括研发中心主楼、实验室用房、GMP研发楼、实验动物楼、芯片检测楼等主要单体以及垃圾处理站、化学试剂库、危化品库等辅助用房，建设可支持新型疫苗和抗体等药物研发转化的GMP中试线平台和通用研发实验室平台。

实验室现有成员68人，其中科学研究人员22人，工程技术人员40人，行政管理人员6人，博士学位人员占47%，硕士学位及以上人员占78%，具有副高级及以上职称者占41%。年内，到位建设经费2.92亿元，其中福建省拨付建设经费1.07亿元，厦门市拨付建设补助经费1.85亿元。（谢靖凡）

【科技部副部长张雨东一行莅临调研】 12月，科技部副部长张雨东一行到访厦门大学，调研传染病疫苗研发全国重点实验室和翔安创新实验室等研发平台的建设发展情况。科技部国际合作司司长戴钢、福建省科技厅厅长李志忠、厦门市政府副市长庄荣良、厦门市科技局局长孔曙光等陪同调研。会议由校党委书记、中国科学院院士张荣教授主持。（谢靖凡）

【市委书记崔永辉调研翔安创新实验室】 12月，福建省委常委、厦门市委书记崔永辉调研翔安创新实验室工地，察看项目建设进展，了解意向合作企业情况。（何少贵）

【传染病疫苗研发全国重点实验室获批建设】 3月，传染病疫苗研发全国重点实验室获批建设，依托单位为实验室、厦门大学，实验室主任为夏宁邵教授。7月，传染病疫苗研发全国重点实验室第一届学术委员会第一次会议在厦门大学召开。（姚友良）

【传染病疫苗研发团队荣获"厦门市高质量发展工作先进集体"称号】 12月，为表彰先进、树立典型，进一步凝聚高质量发展的强大合力，厦门市委、厦门市人民政府发布《关于表彰厦门市高质量发展工作先进集体先进个人的决定》，实验室传染病疫苗研发团队荣获"厦门市高质量发展工作先进集体"称号。（何少贵）

【实验室建设项目主体结构封顶】 1月，实验室建设项目在各参建单位的见证下举办主体结构封顶仪式。（谢靖凡）

【实验室注册成为国家自然科学基金依托单位】 11月，实验室被批准注册为"国家自然科学基金依托单位"。（何少贵）

【实验室工会和党组织成立】 6月，实验室工会第一届第一次会员代表大会召开，标志着实验室工会正式成立，工会关系隶属于厦门市市直机关事业工会工作委员会。经中共厦门市翔安区工业园区工作委员会批复，中共翔安创新实验室支部委员会正式成立。（谢靖凡）

·党建与思想政治工作·

组织工作

【概况】 年内，在校党委的领导下，组织部/党的建设工作办公室坚持以习近平新时代中国特色社会主义思想为指导，全面贯彻落实党的二十大精神，深入学习贯彻习近平总书记关于党的建设的重要思想，认真落实新时代党的建设总要求和新时代党的组织路线，以党的政治建设为统领，持续提升学校基层党建工作质量，全面打造过硬干部队伍，为学校事业内涵式高质量发展提供坚强组织保证。

截至12月31日，全校共有中共党员18174人，其中，在职教职工党员4994人，离退休党员948人，学生党员11674人(本科生党员2239人，硕士生党员6475人，博士生党员2960人)，其他党员558人。全校共有二级党组织46个，其中基层党委40个，基层党总支6个；共有党支部855个，其中在职教职工党支部309个，离退休教职工党支部40个，师生联合党支部12个，学生党支部494个(研究生党支部406个，本科生党支部88个)。

深入开展学习贯彻习近平新时代中国特色社会主义思想主题教育。坚持学思用贯通、知信行统一，认真做好学习贯彻习近平新时代中国特色社会主义思想主题教育策划、组织、实施、总结等工作，在制定工作方案、完善运行机制、强化业务指导、落实重点任务、总结工作成效等方面下功夫，做好中央第五十七指导组莅校指导和2次五所中管高校工作座谈会保障工作，组织9次学校主题教育领导小组办公室会议、2次全校主题教育工作交流会、1次全校主题教育总结大会，积极推进党建领域调查研究和整治整改工作。

保障学校第十二次党员代表大会胜利召开。承担学校第十二次党代会组织协调工作，严格把握筹备工作进程，稳妥有序推进“两委”委员候选人预备人选酝酿推荐，精心组织各基层党委(党总支)完成代表选举，认真准备党代会材料，协同各工作组确保党代会胜利召开。会后，把贯彻落实校第十二次党代会重大部署作为当前和今后一个时期的重要政治任务，围绕党代会提出的学校“党建引领”行动，推行“培先培优”计划、“领雁领航”计划、“提质提效”计划。

推动党建与事业发展深度融合。探索以“双重责任—双重动力—双重保障”为主线的“一融双高”厦大融合实践路径，构建党委领导、党政协同、学院落实、师生参与、制度保障的体制机制，着力推动机制融合、队伍融合、文化融合、平台融合。出台学校推进党建与事业发展深度融合指导意见，组织基层党组织总结推进“一融双优”的典型做法、工作机制和优秀经验，入选全省高校“一融双优”基层党建工作模式典型案例3篇。出版《高校党建与事业发展深度融合：厦门大学的探索与实践》，开展党建与事业发展深度融合等党建工作调研，与兄弟高校进行经验交流。

健全基层党建制度体系。修订院(系)党委会(党总支)会议和党政联席会议议事规则、校院两级落实全面从严治党主体责任清单、发展专任教师党员的意见等制度，制定学校党委关于推进党建与事业发展深度融合的指导意见、教师党支部建设工作标准等规范性文件，织密筑牢党建制度规定。

完善基层党组织设置。及时优化基层党委(党总支)设置，新成立固体表面物理化学国家重点实验室(厦门大学)党总支、柔性电子(未来技术)研究院党总支。推动国家级重大科研平台党组织应建尽建，推动学生临时党支部进学生社区、学生社团、学生会、研究生会，落实本科生党支部书记由辅导员担任、研究生辅导员担任研究生党支部书记要求。健全基层党组织设置台账，开展分层分类培训，推进换届督导工作，确保任届期满党组织应换尽换、能换尽换。

严格基层党建督导考核。召开2022年度基层党委(党总支)书记抓基层党建工作述职评议会，督导基层党委(党总支)抓好所辖党支部书记述职评议考核工作。坚持用好批评与自我批评武器，组织处级以上党员领导干部2022年度民主生活会及主题教育专题民主生活会，组织2022年度组织生活会和民主评议党员及主题教育专题组织生活会，强化学习研讨、查摆突出问题、抓好整改落实。做好教育部直属高校党建工作联络员来校指导保障工作，不断完善学校基层党建工作联络机制。

提升党务干部素质能力。举办“双带头人”教师党支部书记“海誓山盟·乡村振兴”志合示范班，赴学校定点帮扶地光泽开展实地教学，教师党员骨干在光泽接受党情、国情、社情、民情教育的同时，发挥专业优势和特长推动校地精准对接。组织“扬才班”学员在主题教育、微党课宣讲、党务工作检查等方面发挥先锋模范作用，“扬才先锋”获评学校“十佳党建品牌”。举办学生党支部书记、副书记和委员培训班，围绕党支部建设、发展党员、党员教育活动等开展业务培训和经验交流。举办党务秘书(组织员)沙龙，开展基层党务工作者暑期集中培训，召开党务秘书(组织员)工作培训会6次，根据基层党建重点任务有针对性地加强党务工作培训。

严格党员发展教育管理。做好年度发展党员工作的指导和动态调度，统筹抓好发展党员指导性计划制定、入党积极分子培养、发展对象培训、发展对象材料“二级预审”等工作，全年共发展党员 2371 人，其中学生党员 2295 人、教职工党员 76 人。大力推进对教师党员的政治引领和政治吸纳，全年共发展专任教师 18 人，其中省部级以上高层次人才 8 人。督导基层党组织以“三会一课”“固定党日＋”等为载体，开展好党员日常培训教育，办好学生新发展党员培训班。精心组织选派师生入党积极分子和党员参与上级党组织开展的培训班 16 人次，组织开展覆盖全校学生党支部书记的主题教育专题网络培训班。按期做好中央组织部、教育部、福建省委教育工委党内统计工作。持续做好党员组织关系接转、新进党员资格审查工作，严格党员因私出国(境)审批工作，严肃稳妥处置不合格党员，保持党员队伍先进性和纯洁性。

规范党建经费使用管理。严格党费收缴，统一计算教工党员党费标准，督促基层党组织按时、足额收缴党费并完善台账登记。严格党费管理，每季度自查一次党费收缴管理使用情况。严格党费使用程序，督促基层党委(党总支)执行党费使用和审批制度。总结 2022 年度党费收缴、使用和管理工作，向各基层党委(党总支)回拨党费 250.17 万元，划拨党支部工作和活动专项经费 102.90 万元。

深化党建“双创”工作。组织 1 个全国研究生样板党支部和 4 个全省“双带头人”工作室通过验收，开展全校 10 个“双带头人”工作室验收暨经验交流，推进学校实验室安全员党员先锋岗、研究生样板党支部中期考核及离退休教职工“六好”示范党支部创建工作。做好第三批全国高校“百个研究生样板党支部”和“百名研究生党员标兵”、第四批新时代高校党建示范创建和质量创优工作建设单位的组织申报工作。

拓展党建工作成果。召开学校“两优一先”表彰大会，评选并颁发学校“党建提升与管理创新奖”，评选学校“十佳党建品牌”，持续开展党支部工作“立项活动”，指导学习贯彻党的二十大精神党史故事汇、“红色剧本杀”创作大赛、户外“固定党日＋”策划大赛等活动，承担 3 项全国高校党建专委会调研课题(其中 1 项为重点一类课题)，获评 2022 年度全省党建重点课题调研论文一等奖 1 项、2022 年度全省高校党建课题调研论文一等奖 1 项和三等奖 2 项、第十七届全省党员教育电视片观摩交流活动二等奖 1 项。开通“厦大组工”微信公众号，设计学校党建数据可视化展示屏。参与教育部思政司主办的 2023 年高校党组织示范微党课展播，微党课《心怀“国之大者”矢志科技报国》在光明网、新华网、央视网等平台播出。

不断健全选人用人工作制度体系。根据中央及教育部、福建省委关于选人用人工作有关制度的新要求新精神，结合学校工作实际，进一步修订完善和补充一批选人用人制度规定，制定出台《厦门大学引进人才思想政治考察实施办法》，开展《厦门大学推进中层领导人员能上能下实施细则》《厦门大学中层领导人员因私出国(境)管理办法》《厦门大学关于严格规范中层领导人员兼职及参加各类研讨会和论坛的管理办法》《厦门大学科级干部选拔任用工作办法(试行)》等选人用人制度文件的修订工作。

持续加强各级领导班子建设。按照“成熟一个、换届一个”的原则，着眼建设世界一流大学的需要，突出政治标准，在工作部署、人事安排等方面通盘考虑，分期分批、有序推进二级单位党政领导班子配备和换届选任工作，选优配强各级领导班子特别是党政正职干部，完成了马克思主义学院、教育研究院等 2 个学院(研究院)行政班子换届或配备工作。加强系级教学科研单位行政班子配备工作指导，完成 7 个系级教学单位行政班子换届及系级负责人调整工作，共批复任免 13 名系级单位负责人。

扎实推进干部选拔任用工作。严格执行干部考察选任程序，进一步优化部分选任环节方式方法，切实提升选任效能。提任 51 名中层领导人员，其中正处级 19 人、副处级 32 人；聘任 5 名中层领导人员，其中正职 2 人、副职 3 人。做好试用期满考核工作，完成 58 名 2022 年新提任中层领导人员的试用期满考核工作，考核结果均为胜任现职。完成 2 批科级干部选任工作，共提拔科级干部 52 人，其中提拔正科级干部 33 人、副科级干部 19 人。统筹推进干部交流轮岗，本年度共有 42 名中层领导人员交流轮岗，其中正处级 22 人、副处级 20 人；共有 47 名科级干部交流轮岗，其中正科级 33 人、副科级 14 人。

加强优秀年轻干部队伍建设。抓好后继有人这个根本大计，切实抓好学习贯彻习近平新时代中国特色社会主义思想主题教育校级层面整改整治问题“优秀年轻干部培养使用机制不够健全”的专项整治工作，形成专题调研报告、推进有关制度建设、大胆使用优秀年轻干部等，取得良好成效。制定 2023 年优秀年轻干部集中调研工作方案，组织开展学校层面以及二级单位层面的集中调研工作，储备一批各层级优秀年轻干部，为后期的跟踪培养使用打好基础。配合中央组织部优秀年轻干部调研组完成来校调研工作，选派 1 名业务骨干参加中央组织部优秀年轻干部调研组赴其他高校开展调研。

持续开展干部挂职、外派及交流。积极选派干部教师参加援藏、定点帮扶乡村振兴等国家和地方重点任务，选派 1 名干部作为挂职轮换人选赴宁夏固原市隆德县挂任县委常委、副县长；选派 2 名教师作为中组部第十一批援疆干部人才分别赴新疆大学、昌吉学院援教；选派 1 名教师参加第 23 批博士服务团赴广西壮族自治区教育厅挂职；积极为干部教师拓展锻炼提供平台，共推荐选派 18 名干部教师赴中组部、教育部、团中央、科学技术部、福建团省委机关等单位挂职锻炼或参与借调工作；选派 30 名教师参加厦门市、区挂职项目到厦门市、思明区等相关单位挂职锻炼；选拔 7 名中青年教师到机关职能部门挂职锻炼，49 名干部借调参加学校党代会、本科教育教学审核评估、军工保密资格认定、校内岗位全职交流、档案审核等专项工作。会同国际中文教育学院/海外教育学院延长3名孔子学院中方院长任期、遴选确定8名孔子学院中方院长考察对象。会同相关单位做好接收福建省委组织部、厦门市中山医院、广西师范大学等单位派出的5名干部来校挂职有关工作。配合教育部党组、福建省委组织部、福州市委组织部、思明区委组织部、厦门市政法委组织人事处来校开展选任工作，共提任(调任)5名教师干部到校外单位担任副处级以上职务。

坚持抓好干部教育培训工作。选派干部、教师50余人次参加各级各类学习培训。其中，23人次参加由中央组织部、中央宣传部、中央党校(国家行政学院)等单位主办的中管干部学习贯彻习近平新时代中国特色社会主义思想和党的二十大精神研讨班(第1～4期)、省部级干部“习近平新时代中国特色社会主义思想”高级研修班(第10期)、省部级干部进修班(第77期)等；12人次参加由教育部、教育部人事司、思政司等单位主办的高校新任职领导人员培训班、全国高校组织部部长培训班、第四期直属系统中青班、第5期高校高层次人才研修班等；2人次参加由中央统战部、中国科学技术协会主办的第49期全国民主党派干部培训班、青年科技领军人才国情研修班；15人次参加由福建省委组织部、省委教育工委等单位主办的“习近平新时代中国特色社会主义思想”厅级干部进修班、全省高校党委组织部部长培训班等；4人次参加由厦门市委组织部主办的秋季中青干部培训班、高标准推进厦门科学城建设专题培训班等。

严格干部日常管理监督。做好中层领导人员社会兼职审批管理，严格执行审批流程，共对中层领导人员的78项兼职进行审批。抽调优秀年轻干部组建工作专班，继续实行填报前的“三个全覆盖”，切实做好158名集中填报的中层领导人员以及46名重点抽查核实对象的个人有关事项报告填报指导、审核录入、核实比对等工作，查核一致率98.6%，较上年提升3.1个百分点；依规依纪对查核不一致人员进行处理。启动科级干部人事档案专项审核工作。严格中层以上领导人员因私出国(境)管理，审批因私出国(境)证件领用90人次；承接涉密人员因私出国(境)证件管理工作，开展涉密人员因私出国(境)证件全面摸底及收交工作。

(陈霄巍　林志伟　赵智超　肖宁双　张振涛　张　浩)

【扎实开展学习贯彻习近平新时代中国特色社会主义思想主题教育】 4月至8月，全校党组织深入开展学习贯彻习近平新时代中国特色社会主义思想主题教育，牢牢把握“学思想、强党性、重实践、建新功”的总要求，周密部署、认真组织、系统推进，以理论学习筑牢思想根基、以调查研究破解难点堵点、以推动发展检验工作成效、以检视整改解决实际问题、以建章立制形成长效做法、以组织领导确保见行见效，开展读书班集中学习研讨496次，推动开展调研320项，确定整改问题209条，制定修订文件312份，得到中央第五十七指导组的充分肯定。(林志伟)

【胜利召开中共厦门大学第十二次党员代表大会】 9月，中共厦门大学第十二次党员代表大会胜利召开。会议全面总结第十一次党代会以来学校工作成绩，深入分析制约高质量发展的瓶颈，进一步明确学校未来一段时期的中心任务和“两步走”战略部署，科学谋划了“1＋7＋1”行动。会议选举产生了新一届校党委和校纪委。

(赵智超)

【召开2022年度基层党委(党总支)书记抓基层党建工作述职评议会】 2月，学校召开2022年度基层党委(党总支)书记抓基层党建工作述职评议会，全校43个基层党委(党总支)书记聚焦落实新时代党的建设总要求和新时代党的组织路线，落实中央、省委关于基层党建工作部署要求，履行基层党建工作责任等方面进行现场述职汇报，指出党建工作存在的问题不足，并提出下一阶段工作的思路举措。(肖宁双)

【第十七届全省党员教育电视片观摩交流活动获奖作品】 6月，在福建省委组织部组织开展的第十七届全省党员教育电视片观摩交流活动中，学校团队录制的视频《全国高校黄大年式教师团队》，获二等奖(典型事迹片)。(张振涛)

【全省高校“一融双优”基层党建工作模式典型案例】 11月，在福建省委教育工委组织开展的全省高校“一融双优”基层党建工作模式典型案例征集活动中，学校报送的案例《“四个聚焦”把准党建与事业发展衔接点，厚植优势深融合促发展》入选基层党组织“一融双优”典型案例，案例《以“双融双促”推进教师党支部书记“双带头人”培育工程提质增效》入选教师党支部书记“双带头人”典型案例，案例《“旗帜工程·党员学堂”：以高质量党员教育探索学生党员“双培”工作新模式》入选师生党员“双培”典型案例。(张振涛)

【新时代高校党建“双创”工作】 7月，管理学院企业管理系2019级硕士党支部通过全国高校“百个研究生样板党支部”验收。8月，生命科学学院退休党支部入选“全省离退休干部‘六好’示范党支部”。12月，公共卫生学院教工第二党支部书记工作室、经济学院财政系教工党支部书记工作室、电子科学与技术学院微电子与集成电路系师生联合党支部书记工作室、海洋与地球学院海洋生物技术教工党支部书记工作室等4个“双带头人”工作室通过全省“双带头人”教师党支部书记工作室验收。

(林志伟)

【全省党建重点课题调研成果】 10月，在福建省委党的建设工作领导小组办公室组织的2022年度全省党建重点课题调研中，厦门大学课题组撰写的《深入贯彻重要贺信精神 服务区域发展和国家战略》一文，获2022年全省党建重点课题调研成果评选一等奖。(肖宁双)

【首届“十佳党建品牌”评选】 10月至12月，校党委组织开展首届“十佳党建品牌”评选活动，组织基层党组织认真凝练理念机制、系统总结创建成效，按照“融合度高、示范性强、规范性好”等要求，以材料初评、实地考评、现场展评等方式，评选出10个优

秀党建品牌。　　（张振涛）

【党委党校学生新发展党员 2023 年集中培训班开班仪式暨第五季“扬才开讲了”微党课报告会】 12 月，校党委党校“红心向党”成长营之学生新发展党员 2023 年集中培训班开班仪式暨第五季“扬才开讲了”微党课报告会成功举办。报告会以“铸魂增智学思想，正风促干攀新峰”为主题，贯彻落实学习贯彻习近平新时代中国特色社会主义思想主题教育根本任务中的“以学铸魂、以学增智、以学正风、以学促干”四个方面内容，推动习近平新时代中国特色社会主义思想在学生新发展党员之中入脑入心。全校三个校区、2000 余名学生新发展党员以“线上＋线下”相结合的方式观看学习。　　（肖宁双）

附　录

厦门大学党委下属二级党组织

基层党委（共 40 个）

1.中国语言文学系党委
2.历史与文化遗产学院党委
3.哲学系党委
4.新闻传播学院党委
5.外文学院党委
6.艺术学院党委
7.电影学院党委
8.国际中文教育学院/海外教育学院党委
9.国际学院党委
10.经济学院党委
11.管理学院党委
12.法学院党委
13.公共事务学院党委
14.社会与人类学院党委
15.马克思主义学院党委
16.国际关系学院/南洋研究院党委
17.台湾研究院党委
18.教育研究院党委
19.体育教学部党委
20.数学科学学院党委
21.物理科学与技术学院党委
22.航空航天学院党委
23.化学化工学院党委
24.材料学院党委
25.海洋与地球学院党委
26.环境与生态学院党委
27.信息学院党委
28.建筑与土木工程学院党委
29.能源学院党委
30.电子科学与技术学院党委
31.生命科学学院党委
32.医学院党委
33.公共卫生学院党委
34.药学院党委
35.机关党委
36.图书馆党委
37.资产经营有限公司党委
38.后勤集团党委
39.嘉庚学院党委
40.附属翔安医院党委

基层党总支（共 6 个）

1.创意与创新学院党总支
2.继续教育学院党总支
3.固体表面物理化学国家重点实验室（厦门大学）党总支
4.柔性电子（未来技术）研究院党总支
5.离休干部党总支
6.出版社党总支

宣传工作

【概况】 年内，党委宣传部坚持以习近平新时代中国特色社会主义思想为指导，深入学习贯彻学校第十二次党代会精神，立足国家高等教育事业发展大局，立足师生关切需求，切实做好做强新形势下宣传思想工作。

加强理论武装筑牢信念基石。把理论学习与学习贯彻习近平新时代中国特色社会主义思想主题教育结合起来，与学习贯彻习近平同志在学校建校 80、90、100 周年校庆时发表的重要讲话重要贺信精神结合起来，持续深入学习贯彻党的二十大和十九届历次全会精神。学校第十二次党代会召开后，第一时间成立“学习宣传贯彻厦门大学第十二次党代会精神宣讲团”,宣讲团由本校41名专家学者组成,在全校开展党代会精神主题宣讲100余场。定期发布理论学习专题指南和参考篇目,加强理论学习的系统性和针对性。每月编印1期《理论宣传月报》,截至11月已编印至第157期。

开展理论学习中心组学习。围绕深入学习全面准确理解把握新一轮审核评估的改革重点、习近平总书记在中共中央政治局第九次集体学习的重要讲话精神等主题举办15次专题学习。与教育研究院党委、历史与文化遗产学院党委开展专题联学,围绕“教育强国,厦大何为”“新时代新的文化使命”研讨新思路和新启发。邀请孙亚夫、明金维、徐健辉等专家学者、互联网思想政治领域专家、资深媒体人走进基层党委理论学习中心组(扩大)学习会议,共享理论学习资源,搭建交流平台,推动互学互鉴、共同提高。年内,全校43个基层党委党总支共开展理论学习中心组学习591场。

聚焦主题主线深入开展主题教育。研究制定《厦门大学学习贯彻习近平新时代中国特色社会主义思想主题教育校级领导班子理论学习方案》。坚持以“集中学习+个人自学”“专题学习+读书班”的方式推动理论学习。校领导班子主题教育读书班赴龙岩、长汀开展实地研学。围绕“落实立德树人根本任务”“深入实施新时代人才强国战略”“坚持以人民为中心的发展思想”“牢牢掌握意识形态工作领导权”“切实加强基础研究夯实科技自立自强根基”等5个专题集中学习研讨交流。开通“厦门大学学习贯彻习近平新时代中国特色社会主义思想主题教育专题网站”,多方位展示我校开展主题教育的经验做法和亮点成效。

围绕学校第十二次党代会开展系列宣传。党代会召开前,按照“6+1”立体化宣传体系,推出“砥砺奋进的五年”宣传专栏、主题成就展,全面回顾第十一次党代会以来学校事业发展成就。开通“厦门大学第十二次党代会专题网站”。党代会期间,全媒体呈现、多矩阵发布学校第十二次党代会情况。校报推出校第十二次党代会专刊,共两期24版。官方微信制作一图读懂党代会报告主题推送,当天阅读量近万次。8月31—9月2日期间,共编印六期大会《简报》。党代会后,第一时间发布《中共厦门大学委员会关于学习宣传贯彻学校第十二次党代会精神的通知》。开设“理论面对面”“奋进”“微聚焦”专栏,从不同角度宣传。深度通讯《厦门大学:在融合中开拓新时代党建工作》《厦门大学:走出“筑峰扬优 交叉创新”的学科建设新路》等,在《光明日报》等主流媒体刊发。

校园媒体各展特色。《厦门大学报》厦园拾忆、我们的节日、南强史话、党史回眸、南强师颂、科普等多个新版面,在内容策划、栏目设置、版面编排等方面挖“深”求“精”。全年共编辑出版校报30期,其中党代会专刊两期均增版至12版,共编印248个版面,编辑刊发稿件600余篇。官方微信共推出250余篇文章,总阅读量逾730万,其中32篇超5万,5篇超10万,单篇最高阅读量超33万。其中3篇原创推文获全国高校重点建设公众号“优秀”原创内容,一篇原创推文获“十佳”原创内容。官方微博平均阅读量近12万,在微博校园发布的“全国高校官方微博影响力月排行榜”中,厦门大学官方微博牢牢占据前列。打造高校新媒体圈中的品牌栏目,推出“厦园1号窗”“厦大科学探索”“厦大宝藏课堂”“厦大学者观察”“我在厦一站等你”等系列栏目话题,吸引大批粉丝关注互动。新闻中心拍摄新闻超150条,演播室专项录制12场,直播、全程录制19场。管理运营微信视频号、抖音、快手、B站四个平台,年发布视频超340条,总浏览量超4300万,点赞数超140万。策划推出“心声”“奋进”等视频专栏。广播电台共制作新闻节目40余期、资讯节目70余期、专题节目100余期。

加强对外宣传,传递厦大好声音。加强与主流媒体的深度合作和沟通,熟悉重点媒体的选题和风格,重点选题重点关注重点策划,总结凝练学校的亮点做法,提升学校在重要媒体上的宣传频次与质量。据不完全统计,2023年学校在各大媒体发稿800多篇(次),其中,全国媒体240多篇(次)。其中,在人民日报、新华每日电讯、总台央视、光明日报、中国教育报等国家主流媒体,以厦大为报道主体进行重点报道和深度报道45篇(次),《人民日报》刊发4篇深度通讯,《新华每日电讯》刊发2篇深度通讯,在总台央视“新闻联播”“中国新闻”等栏目亮相10次,《光明日报》刊发8篇深度通讯(含头版1篇),《中国教育报》刊发11篇深度通讯(含头版4篇),《科技日报》刊发3篇深度通讯(含头版头条1篇)。

压紧压实意识形态工作责任。进一步加强意识形态工作责任制规范化制度化建设,梳理涉意识形态工作相关制度33项。坚持“常检查、常提醒、常督办”,年内,围绕教材使用、讲座论坛、内部资料出版物等开展专项检查,及时发现问题、堵塞漏洞。进一步摸排全校宣传平台,截至年底全校共有校级新媒体平台8个,基层二级新媒体平台116个,三级新媒体平台432个,运行总体安全稳定。严格执行哲学社会科学类报告会、研讨会、讲座、论坛等“一会一报”制,全年审核讲座论坛1600余场。开展内部资料出版物审查,共梳理5大类69种内部资料出版物,进一步规范内部资料出版物的审批与报备。完善意识形态工作联系机制,年内走访物理科学与技术学院、数学科学学院、电影学院、中国语言文学系等10个学院、直属系。举办“强化政治责任担当 壮大主流思想舆论——厦门大学意识形态工作专题研修班”,引导提升意识形态工作能力。

强化研判提升舆情处置能力。注重事前预判、全程应对、事后总结反思,联动校内外资源,用处置引导监测,减少舆情发酵的可能性。年内,累计处置“校门开放管理”“宿舍甲醛超标”“签到系统可相互举报”“电动车专项治理”等共24起网络舆情,其中引发较大范围关注的舆情5起,相较2022年减少2起。持续推进舆情报送制度,全年累计报送舆情专报30期。同时,作为中宣部、教育部的舆情机制单位,累计报送资政类专报 27 篇。

加强校园文化建设。积极做好文明校园创建及申报工作。举办高雅艺术进校园活动，承办"陈嘉庚百年巨匠开机仪式""中央音乐学院音乐会"等多场文化活动。组织参加第十四届海峡两岸(厦门)文化产业博览交易会，紧扣"传承中华优秀传统文化"主题，将中国传统建筑中的梁架结构艺术、园林艺术与新闽派建筑风格艺术等进行现代转译，展示中华优秀传统文化魅力。协助承办中国网络文明大会网络内容建设分论坛。受中国科协邀请，11 月 28 日，话剧《哥德巴赫猜想》赴北京在国家大剧院参加十周年汇报演出。

（赖炜芳）

【"行见八闽"大思政课研学实践圈建设扎实推进】 4 月 8 日，"行见八闽"大思政课研学实践圈建设推进会在翔安校区举办。省委常委、宣传部部长张彦出席会议并讲话。教育部思政司负责同志线上致辞。厦门大学联动厦门市集美区、同安区、翔安区和泉州南安市，成立福建省大思政课研学实践协同中心，连点串线、连线成圈提升思政聚合力。"研学圈"吸引晋江市、安溪县加入。协同中心共组织召开 7 次联席会议，举办 2 次主题研学营，开展多场试点主题活动，并聚焦 8 个主题，分类分层建设 81 个实践研学点，设置 8 大研学模块，精心培育了多条研学线路，推出一批示范带动品牌。该项目受到包括教育部、省委宣传部、省委教育工委、教学审核评估专家组等多方关注。

（赖炜芳）

【举办第六届高校宣传工作创新发展论坛】 4 月 27—28 日，中国高等教育学会宣传工作研究分会 2023 年理事会员年会暨第六届高校宣传工作创新发展论坛在厦门大学举行。来自全国各地的理事、会员、新闻媒体及各高校、教育领域的近 200 名专家学者齐聚一堂，以"创新、融合、引领"为题就新时代高校宣传思想工作进行了深入交流。（赖炜芳）

【邀请"网络大 V"进校园】 10 月 25 日，学校举办意识形态工作专题研修班举办。互联网思想政治领域专家、资深媒体人以"强化意识形态工作 提升舆情风险识别与应对处置能力""国内外形势和舆论斗争方式方法"为题，就意识形态斗争下应采取的策略、有效开展国内外舆论引导的方法提出意见。2023 年共邀请 21 个"网络大 V"、知名网络媒体人走进厦大，"讲座+互动+案例"相结合，深入多个学院与师生互动交流。

（赖炜芳）

【话剧《哥德巴赫猜想》在国家大剧院上演】 11 月 28 日，厦门大学原创话剧《哥德巴赫猜想》在国家大剧院台湖剧场上演。作为国家大剧院第十六届"春华秋实"艺术院校舞台艺术精品展演的特别呈现，话剧《哥德巴赫猜想》为"科学家故事戏剧节"专项演出首开序幕。陈景润妻子由昆女士、儿子陈由伟先生到现场观看演出。2013 年，在陈景润诞辰 80 周年之际，学校启动创排话剧《哥德巴赫猜想》并于 2014 年 4 月校内首演。10 年间，该剧入选"共和国的脊梁——科学大师名校宣传工程"及教育部"首批高校原创文化精品推广行动计划"，在北京、上海、澳门、西安、福州、重庆、呼和浩特、南宁等地及校内演出累计超 50 场，线上线下观演人次超百万。（赖炜芳）

统战工作

【概况】 年内，统战部着眼新时代新征程统战工作的新形势新任务，深入贯彻落实党的二十大精神，认真贯彻落实学校第十二次党代会精神，以习近平总书记重要贺信精神领航，牢牢把握新时代统战工作规律，把围绕中心、服务大局作为根本出发点，大力弘扬嘉庚精神，凝聚人心，汇聚力量，不断推动学校统战工作高质量发展。

截至 12 月 31 日，学校有各级人大代表 15 人，各级政协委员 32 人，其中，全国人大代表 2 人，全国政协委员 3 人，省人大代表 1 人，省政协委员 4 人。学校 8 个民主党派齐全，共有成员 590 人；有 4 个统战团体，共有成员 985 人。

聚焦思想政治引领。一是把握主题主线，扎实开展学习贯彻习近平新时代中国特色社会主义思想主题教育，精心组织理论学习，以"贯彻习近平总书记关于做好新时代党的统一战线工作的重要思想，落实统战工作责任，健全完善大统战工作格局"为主题，深入基层单位调研，梳理分析学校统战工作现状和存在问题，提出下一步工作举措，进一步推动学校统战工作高质量发展。二是举办品牌培训，举办校民主党派、统战团体负责人"团结奋进新征程，同心筑梦新时代"专题培训班赴中央社会主义学院学习，筑牢共同奋斗的思想政治基础。举办厦门大学第四期留学归国教师国情教育研修班，加深留学归国教师对国情民情校情的了解，强化奋进新征程、建功新时代的使命担当。举办"南强同心讲坛"第三讲暨基层统战干部培训，编印《厦门大学基层统战工作手册》，系统学习新时代统战理论知识，提升基层统战干部做好基层统战工作的能力。三是组织课题研究，发挥"闽侨智库"厦门大学研究中心智力密集优势，推动智库教师积极建言献策，开展统战课题研究，年内完成 11 项省委统战部 B 类人文社科课题研究，"闽侨智库"厦门大学研究中心荣获全省侨联系统先进集体一等奖。举办 2023 年统战信息工作培训班暨"南强同心讲坛"第五讲，提升统一战线成员参政议政、履职尽责能力。

聚焦党外队伍建设。一是加强党派自身建设，召开校级民主党派负责人会议，集中学习党中央关于新时代统战工作的最新决策部署，引导统一战线成员自觉在思想上政治上行动上同以习近平同志为核心的党中央保持高度一致。支持校民主党派组织做好政治交接，协助民盟厦大基层委换届大会和台盟厦大支部届中调整大会的顺利举行。二是深入推进主题教育，召开民主党派、无党派人士和党外知识分子"凝心铸魂强根基、团结奋进新征程"主题教育推进会，推进主题教育走深走实。组织"凝心铸魂强根基、团结奋进新征程"——厦门大学民主党派统战团体主题观影活动。支持各民主党派按照主题教育的目标和任务，通过理论学习、实践调研、座谈交流等形式开展活动12次，进一步发扬优良传统，推进自身建设。三是重视党外代表人士队伍建设，学校把党外代表人士队伍建设纳入干部队伍建设和人才工作总体规划，学校领导班子中配备1名党外干部，配备处级以上党外干部41人，其中正职党外干部14人。高度重视党外代表人士的推荐使用，年内，有3名教师在民主党派中央任职、11名教师在民主党派省委会任职、7名教师担任民主党派市委会副主委以上领导职务，有各级人大代表14人、政协委员32人。支持党外知识分子在本职工作中脱颖而出，年内学校新增选的两院院士中，郑南峰院士、夏宁邵院士均为无党派人士。

聚焦参政履职为民。一是支持政协委员履职尽责，组织做好全国、省两会精神传达工作，组织厦门大学省政协委员小组开展2次考察调研：赴厦门市翔安区围绕“铸强‘磁场’，加快国家东南人才中心和创新高地建设”，赴漳州开发区围绕“共建‘一带一路’新机遇，打造中非经贸合作新远景”，为推动经济社会发展贡献智慧和力量。会同宣传部在《厦门大学报》推出两会专栏“厦大代表、委员2023年两会好声音”和“代表、委员议国是”，选登一批有代表性的政协提案摘要及委员精彩发言。二是建立健全参与治理机制，校级层面召开2023年校情通报会、中共厦门大学第十二次代表大会党代会报告征求意见座谈会(统战专场)、中共厦门大学第十二次党员代表大会情况通报会等，院级层面召开党外人士座谈会，向党外知识分子代表通报学校、学院建设发展情况，征求意见建议，建言献策，凝聚共识。三是建立健全联谊交友机制，认真落实同党外人士联谊交友机制，校级党员领导干部每人联系2～4名党外知识分子代表人士，院级党员领导干部也根据实际联系1～2名党外知识分子，每学年至少开展1次深入细致的谈心交流，广交党外朋友、广泛凝聚人心。

聚焦民族宗教工作。一是压紧压实主体责任，完善联席会制度，组织召开4次民族工作联席会、4次宗教工作联席会，学习习近平总书记在中共中央政治局第九次集体学习发表的重要讲话精神，坚决贯彻落实中央、省委关于民族宗教工作的决策部署，研究做好学校各项民族宗教工作。二是坚决落实决策部署，在全校开展民族宗教工作落实情况自查，及时发现问题，立行整治整改。研究制定专项工作实施方案，牵头开展专项工作，严防校内宗教渗透。加强民族宗教工作宣传教育，编印《民族宗教工作学习手册》，举办2023年度新教职工入职培训宗教政策法规专题讲座，引导师生自觉贯彻和执行党的民族宗教政策法规。三是强化铸牢中华民族共同体意识教育，举办2023年“铸牢中华民族共同体意识主题月”系列活动、“福籽同心爱中华·第十六个民族团结进步宣传月”活动，协助举办2023年民族文化节、“铸牢中华民族共同体意识”知识竞赛和“福籽同心爱中华”宣讲比赛，有形有感有效推动中华民族共同体意识深入人心。积极推动“铸牢中华民族共同体意识研究基地”建设，推荐2名专家担任国家民委优秀中青年专家，推荐教师参加习近平总书记关于加强和改进民族工作的重要思想研讨会，进一步加强学校民族研究领域学术影响力。

聚焦海内外团结联谊。一是推动港澳台统战工作，组织学校港澳台师生参加第十五届海峡百姓论坛，共叙两岸情谊。协助做好2023年“香港篮儿看祖国”——香港U18 U16男子篮球队福建厦门交流活动、“情牵两岸，筑梦青春”——两岸婚姻家庭子女夏令营等活动，进一步推动加深与香港、澳门、台湾青年的感情和交流，增强港澳台师生的爱国精神。二是积极开展侨务工作，举行2023年侨联全体会员大会，组织“传承嘉庚精神 弘扬时代价值”侨联委员主题日活动，以“凝聚侨智汇侨力 助推双一流建设”为主题开展2023年新侨沙龙活动，联系老侨，服务新侨，广泛凝聚侨界智慧和力量。根据厦门市工作部署，开展归侨侨眷身份摸底工作、华侨捐款及华侨历史文化资源的调查摸排工作。三是积极开展对外交流，协助举办侨连五洲·海外联谊研修班(第19期)暨嘉庚精神研修班(第5期)、2023年海外菁英华商国情研习活动、2023年“华文教育·华文教师”研习班、“一带一路”暨中国国情研修班校友来访座谈会等活动，支持知华友华人士讲好中国故事，进一步发挥侨校的优势和侨务工作的影响力。

(黄　乐　杨　康)

【扎实开展学习贯彻习近平新时代中国特色社会主义思想主题教育】 4—9月，按照学校党委统一部署，统战部牢牢把握“学思想、强党性、重实践、建新功”的总要求，把学习宣传党的二十大精神作为首要政治任务，扎实开展学习贯彻习近平新时代中国特色社会主义思想主题教育，精心组织开展理论学习、调查研究、检视整改，进一步推动学校统战工作高质量发展。(杨　康)

【开展民主党派、无党派人士和党外知识分子“凝心铸魂强根基、团结奋进新征程”主题教育】 7月7日，学校召开厦门大学民主党派、无党派人士和党外知识分子“凝心铸魂强根基、团结奋进新征程”主题教育推进会。校党委常务副书记林东伟出席会议并讲话，他表示，希望各民主党派、无党派人士和党外知识分子要提高政治站位，深刻认识开展主题教育的重要意义，不断推进自身建设，积极发挥作用，为早日把厦门大学建设成为中国特色世界一流大学、为以中国式现代化全面推进中华民族伟大复兴贡献统一战线智慧和力量。校党委常委、组织部部长、统战部部长孙理主持会议。(黄　乐)

【举办民主党派、统战团体负责人培训班】 7月10—14日，学校组织各民主党派、统战团体干部和无党派人士代表赴北京中央社会主义学院参加培训，以进一步推进厦门大学民主党派、无党派人士和党外知识分子“凝心铸魂强根基、团结奋进新征程”主题教育。本次培训班通过专题讲座、小组研讨、实践教学等形式组织学员全方位开展学习，重点围绕学习贯彻习近平总书记关于加强和改进统一战线工作的重要思想、党的二十大精神、统战理论和政党制度、参政议政实务等主题开展详细解读，进一步提升民主党派加强自身建设和参政议政工作的能力。（杨　康）

【举办“南强同心讲坛”第三讲暨基层统战干部培训班】 3月23日，“南强同心讲坛”第三讲暨基层统战干部培训在陈嘉庚纪念馆举行，组织基层统战干部学习统一战线理论政策和业务知识，提升学校统战干部解决实际问题和做好基层统战工作的能力，进一步发挥基层党组织战斗堡垒作用，压实基层统战工作责任。学校统一战线工作领导小组成员单位、基层党委（党总支）统战干部约50人参加培训。（黄　乐）

【召开中共厦门大学第十二次党员代表大会情况通报会】 10月24日，学校向学校各级政协委员，校各民主党派、统战团体负责人，无党派人士代表等统一战线成员通报第十二次党代会有关情况。校党委常务副书记林东伟出席会议并通报党员代表大会情况和主要精神，校党委常委、组织部部长、统战部部长孙理主持会议。林东伟从大会基本情况、大会筹备工作情况、大会主要精神三个方面全面通报了学校第十二次党员代表大会情况，并感谢全校统一战线成员长期以来对学校发展所做出的贡献。他希望全校统一战线成员要提高政治站位，共同学习宣传好党代会精神，要加强自身建设，进一步提升参政党履职能力和水平，要立足本职工作，继续为学校全方位“双一流”建设贡献力量，为全面建成社会主义现代化强国、以中国式现代化全面推进中华民族伟大复兴而团结奋斗。（黄　乐）

【开展“铸牢中华民族共同体意识主题月”活动】 3—4月，学校开展“铸牢中华民族共同体意识主题月”活动。各单位组织开展理论学习中心组学习、“固定党日十”、主题团日、培训研讨、社会实践、专题讲座和座谈交流等各类学习活动。其间，相关单位通过举办民族文化节、“石榴籽”少数民族学生骨干培训班、主题演讲比赛、主题知识竞赛等活动，促进各民族师生广泛交往交流交融，增强各民族师生相互了解、相互学习，教育引导各族师生切实铸牢中华民族共同体意识，努力把学校建设成为铸牢中华民族共同体意识的坚强阵地。（杨　康）

【开展“民族团结进步宣传月”活动】 9—10月，学校开展“福籽同心爱中华·第十六个民族团结进步宣传月”系列活动。各相关单位组织开展理论学习、社会实践、参观交流等学习活动，深化铸牢中华民族共同体意识宣传教育。相关单位选送优秀选手作品参加“福籽同心爱中华”福建青少年学生主题演讲比赛，举办厦门大学2023年度汉语言文字应用系列大赛，持续深入开展挂钩帮扶民族乡村工作，积极讲好民族团结进步故事，办好促进各民族共同富裕实事，有形有感有效地推动铸牢中华民族共同体意识深入人心。（杨　康）

【举办“南强同心讲坛”第五讲暨统战信息工作培训班】 11月8日，为进一步推动学习贯彻习近平新时代中国特色社会主义思想主题教育走深走实，深入学习贯彻习近平总书记关于做好新时代党的统一战线工作的重要思想，提升统一战线成员参政议政、履职尽责能力，增强统战信息工作的准确性、实效性，学校在翔安区黄厝村举办厦门大学2023年统战信息工作培训班暨“南强同心讲坛”第五讲，校各民主党派、统战团体统战信息员参加培训。（杨　康）

【举办厦门大学第四期留学归国教师国情教育研修班】 11月23日，由校党委统战部和教师工作部联合举办、校欧美同学会承办的厦门大学第四期留学归国教师国情教育研修班开班。校党委常务副书记林东伟出席开班式并作动员讲话，校党委常委、组织部部长、统战部部长孙理主持。校党委党校副校长张艳涛做《以中国式现代化全面推进中华民族伟大复兴——党的二十大精神解读》专题报告，校欧美同学会和留学归国教师代表参加培训。11月24—26日，研修班组织学员前往宁德市屏南县开展现场教学，学员们通过现场参观、实践教学、座谈交流等方式，深入了解国情民情，弘扬留学报国传统，强化奋进新征程、建功新时代的使命担当。（杨　康）

附　录

厦门大学当选各级人大代表名录

一、全国人大代表（十四届）

代　　表：张　荣　潘　越

二、福建省人大代表（十四届）

常　　委：廖明宏

三、厦门市人大代表（十六届）

常　　委：宋方青

代　　表：邱伟杰　陈金华

四、思明区人大代表（十八届）

代　　表：傅　钢　王艺明　傅　馨　林昶旭　金　亮　覃红霞

五、翔安区人大代表（五届）

代　　表：张　瑶　方　亚　张姜知

厦门大学担任各级政协委员名录

一、全国政协委员（十四届）

委　　员：焦念志　谢素原　廖明宏

二、福建省政协委员(十三届)

常　　委:吴崇伯

委　　员:孙　理　郑南峰　周颖刚

三、厦门市政协委员(十四届)

副主席:黄培强

常　　委:谢素原　吕　鑫　程　璇

委　　员:缪朝炜　何燕珍　陈善昂　陈能汪　史大林
许　韧　夏宁邵　孙　理　蔡庆丰　李　鹏

四、思明区政协委员(九届)

委　　员:郑　宏　谭　凯　任　斌　蔡启智　张宝蓉
秦红梅

五、翔安区政协委员(五届)

常　　委:张连茹

委　　员:张云武　吴舒洁　杨双远　刘志宇

厦门大学当选各民主党派中央、省委和市委领导成员名录

一、中国国民党革命委员会

厦门市委副主委:缪朝炜

二、中国民主同盟

福建省委副主委:谢素原

厦门市委主委:谢素原

三、中国民主建国会

厦门市委副主委:陈善昂

四、中国民主促进会

厦门市委副主委:陈能汪

五、中国农工民主党

厦门市委副主委:许　韧

六、中国致公党

厦门市委副主委:史大林

七、九三学社

厦门市委副主委:吕　鑫

八、台湾民主自治同盟

福建省委副主委:廖明宏

厦门大学各民主党派委员会成员、统战团体负责人名录

一、中国国民党革命委员会厦门大学总支部委员会

主任委员:缪朝炜

副主任委员:傅　馨　郑　宏

委　　员:易　英　李　超　程曙艳

二、中国民主同盟厦门大学基层委员会

主任委员:刘志宇

副主任委员:贺达海(常务)　高锦豪　余安旖　覃红霞

委　　员:卜祥忠　王琪颖　邓　葳　匡　勤　刘传尧
刘向荣　陈晓兰　郑思明　顾为民　韩大雄

三、中国民主建国会厦门大学总支部委员会

主任委员:陈　闯

副主任委员:王劲波　郑永宽

委　　员:林东富　林世明　陈　权

四、中国民主促进会厦门大学总支部委员会

主任委员:陈能汪

副主任委员:叶少琴　张正泓　章　军

委　　员:周宝建　沙　勇　李　劲　陈　瑞

五、中国农工民主党厦门大学总支部委员会

主任委员:曹泽星

副主任委员:谭　凯　王晓雪　苏培峰

委　　员:周　红　曾立毅　俞春东　吕忠显

六、中国致公党厦门大学总支部委员会

主任委员:李美华

副主任委员:许　莉　朱建共　张子莲　吐　松

委　　员:陈　强　曲天夫

七、九三学社厦门大学委员会

主任委员:任　斌

副主任委员:邱仲潘(常务)　韩水华　张云武　张亚群
郑盛龙　戚晓军　傅　钢　罗世翊

主任委员:马永慧　王秀敏　冯少芬　李庆霞　杨　琛
周　波　谢淑明

八、台湾民主自治同盟厦门大学支部委员会

主任委员:张　黎

副主任委员:吴舒洁　陈航洋

九、厦门大学归国华侨联合会

主　　席:程　璇

副主席:黄冠华　洪海征　朱　宇

秘书长:余安旖

十、厦门大学台湾同胞联谊会

副会长:朱子申

十一、厦门大学台属联谊会

会　　长:王光国

副会长:朱立文　俞兆平

十二、厦门大学欧美同学会

会　　长:李晓红

副会长:徐　琪　朱晓勤　陈舒华　洪文晶　邓贤明
张德富　李　炜

秘书长:王晓红

纪检监察工作

【概况】 年内,厦门大学纪检监察机构以习近平新时代中国特色社会主义思想为指导,深入学习宣传贯彻党的二十大精神和二十届中央纪委二次全会精神,深刻领会"两个确立"的决定性意义,坚决做到"两个维护",扎实推进主题教育和教育整顿结合融合,在忠诚履职尽责中锤炼斗争精神和斗争本领,以实干实绩实效推动纪检监察工作高质量发展,为加快"双一流"建设步伐、书写教育强国建设"厦大篇章"提供坚强保障。

坚持以习近平新时代中国特色社会主义思想凝心铸魂,深化理论学习提升政治能力。一是认真落实"第一议题"制度。以纪委全委会、机构工作例会、党支部"三会一课"等为载体,组织专题学习教育 30 余次,及时传达学习习近平总书记重要讲话和重要指示批示精神,传达学习党中央和中央纪委重要会议、文件精神。深入学习领会习近平关于党风廉政建设和反腐败斗争论述以及对锻造新时代纪检监察铁军提出的要求、习近平总书记关于教育工作的重要指示批示精神、习近平总书记致厦门大学建校 100 周年重要贺信精神,深学细研《论党的自我革命》等重要著作、权威读本。二是党建引领融合赋能。推动党建工作与纪检监察业务工作深度融合,纪监巡党支部开展专题学习研讨 13 次,联合其他党支部开展 3 期主题教育读书班,校纪委书记为全校纪检监察干部讲授廉政教育专题党课,通过党员专题"微党课"形式针对理论弱项和业务短板开展专题研讨、推动思想碰撞,营造共解难题、相互促进的良好氛围。

推进主题教育和教育整顿结合融合,严实深细加强自身建设。一是坚持理论学习与现场教育相结合。开展"一周一主题"专题学习,以纪委书记主持、领导班子领学、干部交流心得等形式,推动理论学习入脑入心、见言见行。结合重走习近平总书记在闽足迹、重温总书记在闽廉政故事、探访革命老区、调研挂钩帮扶点等组织 7 次现场教学,强化政治教育、党性教育。开展 3 期"警示教育学习"活动,参观厦门市廉政教育基地现场接受警示教育,举办"校地"共建联学推动资源互通、互促并进。二是坚持检视整治与责任压实相结合。落实全国纪检监察干部队伍教育整顿工作要求,紧紧围绕"六个是否"和"四个聚焦",细化完善《个人自查事项报告表》,针对 34 项具体内容开展两轮谈心谈话和个人自查,12 人次提交党性分析报告。紧扣工作中存在的"不愿监督、不敢监督、不会监督"等短板弱项梳理出 12 个主要问题,制定教育整顿检视整治问题清单及整改方案,每条问题均明确责任领导和提出落实举措。三是坚持深入调研与推进整改相结合。深入基层一线,赴四川大学、重庆大学等高校纪检监察机构开展调研。以主题教育整改整治工作台账、教育整顿检视整治问题清单和贯彻落实中央纪委国家监委领导来校调研讲话精神任务分工台账"三张清单",推动全年纪检监察工作,做到动态更新、挂图作战。出台纪检监察干部网络行为正负面清单、"八小时"以外行为正负面清单和《二级纪律检查委员会日常监督工作指南》,加强对干部的监督管理和二级纪委的工作指导。四是坚持全员培训与能力提升相结合。落实中央纪委国家监委关于深化全员培训要求,组织 21 人次参加上级纪委监委举办的业务培训班,选派 3 名纪检监察干部到中央纪委国家监委等上级单位参加跟班培训。与校党委党校联合举办 2 期提升履职能力专题培训班,邀请校内专家学者和省市纪委监委专家授课,全校纪检监察干部超 150 人次参加培训,推动政治能力和业务能力"双提升"。

推动党的二十大战略部署落地落实,监督精准性、实效性显著增强。一是推动政治监督具体化、精准化、常态化。落实福建省纪委"知、督、促"工作机制,推动出台《中共厦门大学委员会贯彻落实习近平总书记重要指示批示精神闭环机制》,建立落实情况工作台账每月动态更新,纪检监察机构紧盯关键问题选取 5 个重点监督项目建立每季度监督台账,针对难点堵点深入有关单位开展"打深井"式监督。二是围绕"国之大者"做深做实专项监督。加强统筹谋划,认真实施《厦门大学纪检监察机构 2023 年监督计划要点》。开展习近平新时代中国特色社会主义思想进教材进课堂进头脑落实情况检查,向相关单位反馈 17 个突出问题,提出 9 条对策建议。以"强化科研经费领域监督治理,推动健全制度、堵塞漏洞"为重点任务,制定专项监督工作方案,推动全校 42 个单位开展科研经费管理使用问题自查自纠工作。针对师德师风问题开展专项治理,通报师德师风违纪问题,并在新教工入职培训中开设纪律教育专题。三是加强"一把手"和领导班子监督质效。推动落实《中共厦门大学委员会关于加强对"一把手"和领导班子监督的若干措施》,制定校级领导班子"规定动作"清单。召开 2023 年全面从严治党工作会议暨警示教育大会,组织 2022 年以来新提任的处级领导干部签订《厦门大学处级领导干部廉政承诺书》。协助校党委对全校 43 个基层党委(党总支)开展落实全面从严治党主体责任情况检查,并启动新一轮检查工作。

以"一校一策"为牵引,全面从严管党治校不断深入。一是督促"一校一策"选题落实,推动解决管党治校突出问题。校党委围绕加强有组织科研和附属直属医院医保基金监管自查自纠制定 2 个专项工作方案。学校纪检监察机构制定监督方案,运用"四单工作法"推动附属翔安医院、科研管理部门等单位履行职能监督责任,持续加强学校突出问题整改和整治。纪检监察机构聚焦补齐自身短板,加强与福建省及厦门市纪委监委"室地校"联动协作提升问题线索处置能力,梳理起底近年学校纪委相关问题线索联合展开复核,根据案件质量查评对照查摆、举一反三。《中国纪检监察报》头版"扎实推进'一校一策'工作"专题报道中专门提到学校有组织科研、强化能力锻炼提升办案质效等工作开展情况。二是建立会商整改机制,推动"两个责任"贯通联动。落实中央纪委国家监委领导同志来校调研要求，与福建省纪委监委共同制定20条整改措施，推动同步整改、立行立改。出台《厦门大学纪检监察机构与学校党委会商机制实施办法》，召开专题会商会究“一校一策”和“三进”工作，提前谋划下一步工作，推动党委主体责任和纪委监督责任贯通协同、一贯到底。

坚持标本兼治系统施治，“三不腐”综合功效不断提升。一是加强制度建设提升监督执纪能力水平。制定《纪检监察监督巡视监督与审计监督财会监督贯通协同的实施细则》，召开“1＋X”监督工作推进会，以有力有效监督提升治理效能。围绕重点领域、关键环节，开展日常监督93项，发出书面提示函、现场提醒提示16件，推动解决突出问题33个。制定《信访举报工作实施细则》《问题线索处置流程》，信访举报处理和线索处置规范化水平不断提升。制定《“第一种形态”教育类谈话暂行规定》规范谈话程序，加强对学校各级党组织运用“第一种形态”开展谈话工作的指导。年内，纪检监察机构共收到信访举报124件，形成问题线索12件，新立案2件，函询诫勉3人次，给予党政纪处分4人次。二是创新全面从严治党警示教育机制。组织全校正处级领导干部开展专题警示教育活动，编印《普通高等学校违纪违法典型案例汇编(2023)》并向全校中层领导干部发放300余册，向基层党组织发放《高校反腐警示录》《戒尺(二)》等警示教育读本。纪委书记在全面从严治党暨警示教育大会上点名通报近年来落实全面从严治党主体责任不力的相关问题及典型案例，组织处级领导干部观看警示教育片《没把住自己的“一把手”》，以身边事教育身边人，做到警钟长鸣、震慑常在。

纠“四风”与树新风并举，推动校园政治生态和育人环境向善向好。一是持续纠治“象牙塔”内四风问题。严格落实学校新修订的贯彻落实中央八项规定精神及实施细则的实施办法并跟进做好监督，持续巩固精文简会成果，将落实情况列入全面从严治党主体责任落实情况检查的重要内容。针对高校学生会官僚主义现象和把教育基金会当“避风港”等问题，由纪委书记带队到学生工作部(处)、校团委、教育发展基金会、资产处召开专题工作会议，开展专项监督，督促健全制度机制。二是加强新时代校园廉洁文化建设。开展“一封家书寄廉洁”征文、“一院一故事”家风故事廉洁故事征集、“清廉润初心”廉洁文化隧道涂鸦征稿等活动，学校廉洁教育工作案例《探索有学科特色的“234”工作体系，创新廉洁教育新模式》获第八届高校廉洁教育系列活动案例展示优秀作品奖。结合厦门市纪委监委廉洁家风故事展进校园活动开展厦门大学“清风传家、廉洁致远”廉洁家风展，推动以良好家风带党风促校风。与厦门市思明区纪委监委联合开展2023届毕业生廉洁教育活动，引导毕业生扣好职业生涯廉洁自律的“第一扣”。 (龚欣宁)

【开展“一把手”专题警示教育活动】 3月3日，纪检监察机构组织参观厦门市党风廉政教育基地，开展警示教育专题党课活动。校党委副书记、纪委书记、监察专员全海，校纪委委员，全校正处级领导干部，校纪检监察干部参加了活动。活动包括参观“不忘初心”“高山景行”“利剑高悬”“砥砺奋进”四个展厅，回顾中国共产党严抓作风、严明纪律、严惩腐败光辉历程，感受党中央对待腐败问题零容忍、把反腐败斗争进行到底的坚定决心。厦门市纪委监委党风政风监督室主任高志伟作《读忏悔洗涤心灵 常反思警钟长鸣》专题党课。本次活动反响热烈，干部纷纷表示要在今后工作和生活中着眼“不想腐”根本，自觉加强党性教育和纪律教育，从思想源头上消除贪腐之念、筑牢拒腐防变之堤，带头为与时俱进建设世界一流大学营造风清气正的政治生态。

(龚欣宁)

【开展毕业生代表廉洁教育专题活动】 6月19日，学校以“以梦为马润初心，清风扬帆再启航”为主题，开展厦门大学2023届毕业生代表廉洁教育专题活动。校党委副书记、纪委书记、监察专员全海，厦门市思明区纪委副书记、监委副主任许丽芬校友出席活动。毕业生代表先后前往“闽海关旧址”江夏堂家规家训馆、深田图强政治生活馆参观学习。廉洁教育座谈会上，徐丽芬与部分学院2023届毕业生代表作交流发言。全海作总结发言，并向毕业生送上美好祝福，勉励同学们牢记母校嘱托，弘扬光荣传统，赓续廉洁基因，走好人生道路。

(龚欣宁)

【举办“清风传家、廉洁致远”廉洁家风展】 9月26日，“清风传家、廉洁致远”2023年厦门大学廉洁家风展暨“最是清风传家远”厦门市廉洁家风展厦大巡展启动仪式在自钦楼举行。校党委副书记、纪委书记、监察专员全海，厦门市纪委常委、市监委委员黄绿青，市纪委宣传部部长韩珺出席仪式。校纪委副书记黄宝秋主持仪式。仪式上，与会领导为征稿活动获奖师生代表颁发荣誉证书。全海、黄绿青为家风巡展揭幕。此次展览分为“习近平总书记关于注重家庭家教家风建设论述摘编”“南强清风”“家书抵万金”“纸笔颂清风”四个篇章，挖掘校本文化中的廉洁教育资源，以丰富的图片和翔实的文字展现了历史先贤的家族精神、革命先辈的家国情怀和厦大家庭的文明风采，彰显了一代代厦大人以家国情怀为基础、以良好家风为支撑、以追求卓越为目标的理想追求。 (龚欣宁)

【召开2023年全面从严治党工作会议暨警示教育大会】 11月21日，厦门大学召开2023年全面从严治党工作会议暨警示教育大会，深入学习贯彻党的二十大精神和习近平总书记在二十届中央纪委二次全会上的重要讲话精神，贯彻落实学校第十二次党代会精神，以彻底的自我革命精神一刻不停推进全面从严治党，为与时俱进建设世界一流大学提供坚强保证。校党委书记张荣出席会议并讲话。校党委副书记、校长张宗益主持会议。校党委副书记、纪委书记、监察专员全海出席会议并通报近年来落实全面从严治党主体责任不力的相关问题及典型案例。会上，新提任处级领导干部签订了《厦门大学处级领导干部廉政承诺书》，举行了《普通高等学校违纪违法典型案例汇编

(2023)》赠阅仪式，与会人员集体观看了警示教育片《没把住自己的"一把手"》，强化政治担当，压实政治责任，不断把作风建设引向深入。

（龚欣宁）

【召开 2023 年"1＋X"监督机制专项工作推进会】 12 月 21 日，厦门大学召开"1＋X"监督机制专项工作推进会。校党委副书记、纪委书记、监察专员全海出席会议。校纪委副书记黄宝秋主持会议。纪检监察机构和学校相关职能部门、直属单位负责人参加会议。会上，与会部门负责人结合 2023 年科研经费管理使用自查自纠工作情况，分别汇报在履行职能监督、规范科研经费管理等方面的成效及问题，并结合学校第十二次党代会提出的任务提出下一步整改思路和工作建议。全海在总结讲话中指出要深入学习贯彻习近平总书记关于推进科技自立自强的系列重要论述和重要指示批示精神，贯彻落实学校第十二次党代会精神，聚焦短板弱项，深化日常监督，完善制度机制，培育一流生态，为提升学校科研管理水平提供坚强保障。（龚欣宁）

巡视工作

【概况】 年内，巡视工作领导小组办公室坚持以习近平新时代中国特色社会主义思想为指导，深入学习贯彻习近平总书记关于巡视工作的重要论述和党中央的新部署新要求，坚定不移深化政治巡视，全面贯彻中央巡视工作方针，在中央巡视机构、校党委和校巡视工作领导小组的领导下，统筹抓好中央巡视整改和内部巡视工作，为学校加快打造中国高等教育东南中心、与时俱进建设世界一流大学提供坚强政治保障。

加强理论学习，筑牢思想根基，增强做好巡视工作的责任感和使命感。一是深入学习贯彻党的二十大精神，扎实开展主题教育。严格执行"第一议题"制度，认真学习贯彻习近平总书记在二十届中央纪委二次全会上的重要讲话精神、全国巡视工作会议暨二十届中央第一轮巡视动员部署会和二十届中央第二轮巡视动员部署会精神等。认真落实主题教育要求，开展 4 次专题学习和 7 次读书班，坚持不懈用习近平新时代中国特色社会主义思想凝心铸魂，深刻领悟"两个确立"的决定性意义，切实担负"两个维护"重大政治责任。二是紧跟最新决策部署，明确发展路径。认真学习贯彻《中央巡视工作规划(2023—2027 年)》，结合学校工作实际，制定《厦门大学党委巡视工作规划(2023—2027 年)》，对十二届党委巡视工作的总体要求、全覆盖、监督重点、整改和成果运用、条件保障等做出安排，自觉把思想和行动统一到党中央的科学判断和重大部署上来。三是把握运用好党的创新理论，切实加强调查研究。参加由教育部组织的"新时代十年教育部党组内部巡视工作专题研究"课题，形成调研子课题报告。参与由中央巡视办组织的"中管高校加强巡视整改和成果运用"调研课题，深入中国人民大学、南开大学、天津大学 3 所高校开展实地调研，梳理形成加强巡视整改和成果运用的主要做法及成效等，为推动中管高校加强巡视整改和成果运用提出对策建议。

坚持常态长效，强化统筹督促，推动中央巡视整改见底见效。一是督促各主责单位开展中央巡视整改最新精神专题学习。严格落实 2023 年校党委常委会第 4 次会议精神要求，推动督促全校 26 个整改主责单位，组织专题学习贯彻习近平总书记听取二十届中央第一轮巡视情况汇报时的重要讲话精神，推动凝聚全校上下抓整改的思想自觉、政治自觉和行动自觉。二是持之以恒推进长期整改工作。4 月 22 日、5 月 30 日，校党委先后召开巡视工作领导小组会议、党委常委会会议，研究讨论审议中央巡视整改长期任务和提质增效工作，对正在推进的整改任务进行验收确认。6 月 15 日，召开深化巡视整改专题会，持续压紧压实整改政治责任，深入研究、推动破解实践中遇到的新情况新问题，努力推动巡视整改工作实现新的更大进步。三是做好教育部党组督促中央巡视整改季度报工作。认真组织落实教育部督促中央巡视整改季度报工作要求，完成学校中央巡视整改落实情况 2023 年第一季度至第三季度以及年度报告的报送工作，凝练学校巡视整改工作的主要成效、经验亮点。

对标对表中央巡视最新精神要求，坚持守正创新，推动内部巡视工作高质量发展。一是全面总结十一届校党委巡视工作。形成《十一届校党委巡视工作总结》《十一届校党委八轮巡视工作发现的问题汇编》《十一届校党委八轮巡视工作领导班子及班子成员评价汇编》《十一届校党委八轮巡视工作专题报告或工作建议汇编》等材料，系统梳理十一届校党委巡视工作的主要做法、取得的主要成效、存在的问题以及下一步的工作建议，不断提升对巡视工作深化发展的规律性认识。二是督促开展十一届校党委第八轮巡视集中整改工作。督促校友总会秘书处、教育发展基金会秘书处、科学技术处、实验室与设备管理处 4 个第八轮被巡视单位开展为期 3 个月的集中整改。统筹协调校纪检监察机构、组织部门代表参加指导巡视整改落实专题民主生活会、审核整改方案和集中整改报告等。三是开展十二届校党委第一轮巡视工作。坚持高标准谋划、高质量要求，第一轮巡视聚焦学习贯彻党的二十大精神、习近平总书记重要贺信精神，贯彻落实学校第十二次党代会决策部署情况，突出检查被巡视党组织引领推动事业发展方面存在的问题。采取"1 托 2"模式，组建 4 个巡视组，对医学院、公共卫生学院、国际中文教育学院/海外教育学院、药学院、经济学院、材料学院、教育研究院、后勤集团 8 个单位开展常规巡视。同时，强化对"一把手"的监督，首次探索形成"一把手"专题材料。第一轮巡视共开展个别谈话 695 人次，参与民主测评 832 人，召开座谈会 21 场，发现问题 192 个。四是通报发现的共性问题，强化巡视成果运用。9 月 28 日、12 月 22 日，在第 6 次、第 9 次全校党委系统工作会上通报十一届校党委巡视发现的"一落实"和"二落实”方面共性问题，督促二级单位自觉对照、举一反三，做到未巡先改。同时，推进专项治理，及时将巡视发现的印章使用不规范等方面问题移交相关职能部门，共同推动问题整改。

加强内部巡视工作规范化建设，推动内部巡视工作科学化发展。一是加强干部队伍建设。年内，校党委新选任王炳华、叶鹏飞、雷锐生、何元赞、毛通文、邱七星、王康平、黄鸿德8名同志担任专职巡视员；借调8名优秀年轻干部参加内部巡视工作。同时，选派洪真裁参加中央巡视，选派李建发、马龙、伍伟平、马兆海参加教育部党组巡视，推荐曾铮、洪海松等10名同志入选教育部党组巡视干部人才库，派遣学校巡视干部参加教育部党组巡视巡察骨干培训班，通过“以学促干”“以干代训”等方式，不断提高干部履职能力。二是推动巡视信息化建设。根据上级有关通知要求，巡视办认真部署落实，争取各方支持，努力加快巡视巡察网络平台建设。（袁愉年　张婷敏）

【召开巡视工作领导小组会暨中央巡视整改工作会】 4月20日下午，校党委召开巡视工作领导小组会暨中央巡视整改工作会。校党委书记、校巡视工作领导小组组长张荣参加会议并讲话。校党委常务副书记、校巡视工作领导小组副组长林东伟，校党委副书记、纪委书记、监察专员、校巡视工作领导小组副组长全海，校党委常委、组织部部长孙理出席会议。全海传达了2023年全国巡视工作会议暨二十届中央第一轮巡视动员部署会议精神。巡视办负责人传达《中央巡视工作规划（2023—2027年）》精神要点，汇报《厦门大学党委巡视工作规划（2023—2027年）》，并详细报告学校中央巡视整改有关工作情况。张荣在总结讲话中强调，要提振做好新时代巡视及整改工作的精气神，敢于动真碰硬，促进巡视科学化、专业化水平不断提升；要合理谋划新一届党委巡视全覆盖，推动学校巡视工作向深拓展、向专发力、向下延伸；要坚持把中央巡视整改与贯彻落实党的二十大精神、推进改革发展结合起来，深化落实巡视整改“四个融入”要求，保持巡视整改机制不停、责任不变、标准不降、力度不减，努力在更深层次、更高水平上提升整改工作质效，更好服务学校各项事业高质量发展。（张婷敏）

【召开深化中央巡视整改工作专题会】 6月15日，校党委召开深化中央巡视整改工作专题会。校党委副书记、纪委书记、监察专员全海，校党委常委、组织部部长孙理，26个责任单位主要负责人，巡视整改办成员等参加会议。会上，党委人才办/人事处、学科建设办公室、科学技术处、资产与后勤事务管理处、马克思主义学院、附属翔安医院6个单位主要负责人就牵头负责的巡视整改任务完成情况分别进行了专题汇报。全海在总结讲话中肯定了学校巡视整改工作取得的成效，点出存在的问题，并对深化巡视整改工作提出要求。他强调，要认真履行整改责任，持之以恒抓落实、促提升，结合正在开展的学习贯彻习近平新时代中国特色社会主义思想主题教育，对照存在的不足，加强调查研究，积极探索提升巡视整改质量和效果的方式方法；要围绕建设教育强国部署，坚持分类推进，注重建章立制、强化执行，努力形成一批具有厦大特色的整改成果，不断将整改成效转化为加快建设中国特色世界一流大学的强大动力，努力交出一份合格的政治答卷。

（张婷敏）

【召开十二届校党委第一轮巡视工作动员部署会】 9月21日，校党委召开十二届党委第一轮巡视工作动员部署会。校党委书记、校巡视工作领导小组组长张荣出席会议并作动员讲话。校党委常务副书记、校巡视工作领导小组副组长林东伟，校党委副书记、纪委书记、监察专员、校巡视工作领导小组副组长全海，校党委常委、组织部部长孙理，纪检监察机构、巡视办主要负责人，巡视组全体成员，被巡视单位主要负责人等参加会议。根据工作安排，十二届校党委第一轮巡视对医学院、公共卫生学院、国际中文教育学院/海外教育学院、药学院、经济学院、材料学院、教育研究院、后勤集团8个单位开展常规巡视。会上，林东伟宣布了学校党委关于巡视组长授权任职及任务分工的决定。全海对巡视组开展了巡前集体谈话。张荣在动员部署讲话中强调，校党委新一轮巡视工作要切实提高政治站位，准确把握巡视工作深化发展新思路，立足学校实际深化政治巡视、突出监督重点；要认真落实学校党委巡视工作新的五年规划要求，更加强化震慑作用，更加突出标本兼治，推进新时代新征程巡视工作高质量发展，不断为学校加快打造中国高等教育东南中心、与时俱进建设世界一流大学提供坚强政治保障。

（张婷敏）

教师工作

【概况】 年内，教师工作部坚持以习近平新时代中国特色社会主义思想为指导，认真贯彻落实习近平总书记关于教育的重要论述，深入学习宣传学校第十二次党代会精神，大力弘扬教育家精神，不断加强新形势下教师思想政治和师德师风建设工作，为筑牢广大教师为党育人、为国育才初心使命，打造新时代高素质教师队伍提供有力支撑。

加强政治建设，强化思想铸魂。一是不断加强党的全面领导。将党的政治建设摆在首位，以正确的政治方向和价值导向引领教师思想政治素质、师德素养和业务能力全面提升。党委教师工作委员会定期研究审议重大事项，指导相关工作。建立健全学校党委、院系党委（党总支）、教师党支部三级联动的教师工作机制，强化基层党组织在教师思想政治和师德师风建设工作中的作用。注重发挥院系关键作用，压实基层责任。明确规定学院党政负责人同是学院教师思想政治和师德师风建设工作第一责任人，推动学院把思想政治和师德师风建设与业务建设同谋划、同部署、同推进、同考核。二是深入开展教师思想政治教育。落实“双周政治理论学习”制度，把党的二十大精神作为教师理论学习“必修课”，学习习近平总书记关于师德师风、教育强国、文化强国的重要论述，引导教师牢记为党育人、为国育才使命，争做“四有”好老师，当好学生“引路人”。举办第四期留学归国教师国情教育研修班，推荐教师参加教育部第七期、第八期“高校青年教师国情教育研修班”，带领教师深入了解党情、国情、社情、民情，把心怀“国之大者”落实到实际行动中。组织青年教师参加学校102周年发展大会、开学典礼、毕业典礼、教职工荣休仪式等活动，激发青年教师爱校荣校、培育时代新人的高尚情怀。创新思想政治教育形式，举办黄大年式教师团队的“日常、平常、经常”分享会，引导教师学习践行教育家精神。

开展师德教育，涵养优良师德。一是持续开展师德教育。推进院系落实每学期师德师风“三个一”提升计划，引导广大教师模范遵守新时代高校教师职业行为十项准则，传承弘扬优良师德师风。首次举办新教工入职典礼，举办本年度教职工荣休仪式，推动院系做好新教师“第一堂课”引荐仪式等活动，增强教师荣誉感、成就感、使命感。举办新教工立德树人专题报告会、教师资格认定师德培训会，将思想政治和十项准则作为教师培训重点内容，使每位教师强思想、知准则、守底线。利用国家智慧教育公共服务平台，组织暑期教师研修。年内，参加学习的教职工达3610人，比去年有所增加，部分教师超额完成学习量。二是加强正面选树宣传。做好各级评奖评优推荐工作，加大对优秀教师的选树激励。开展厦门大学第三批“黄大年式教师团队”创建活动和“我最喜爱的十位老师”评选活动。公共卫生学院国家传染病诊断试剂与疫苗工程技术研究中心教师团队入选第三批全国高校黄大年式教师团队。利用好校内外全媒体矩阵，多维度、全方位宣传报道基层师德师风典型和先进经验做法，办好“身边好老师”“师者”等宣传专栏，以榜样力量引领带动教师协作创新、合作育人。

落实师德监督，守牢师德底线。一是实施师德考核管理。坚持思想政治和师德师风首要要求和第一标准，严格师德考核把关，强化师德考核的应用。全年累计审核教师招聘引进、职称评审、聘期考核、评奖评优、人才遴选、导师资格等考察意见11900余人次。探索建立教师失范信息沟通机制，促进相关部门及时共享线索信息，健全师德重大问题报告和师德舆情快速反应机制，提升师德管理水平。落实从业禁止制度和落实教职工准入查询制度，依法依规对师德失范行为进行调查处理。二是常态化开展警示教育。推进基层学院常态化开展“院长讲准则，书记亮警示”活动，保持警钟长鸣。编发师德学习教育资料，学习上级精神，分析热点事件，交流工作经验，指导院(系)开展师德学习教育，引导教师以案明纪，守牢底线。深入开展专项整治“清朗净化”行动，推动院(系)开展师德师风问题自查自纠。持续通报教师违反职业行为典型案例，不断细化通报内容，健全分级、分类、分层次的负面案例通报机制。

围绕教师所需，优化服务体系。一是开展调查研究。落实定点联系基层单位工作制，常态化开展教师思想政治和师德师风调研，广泛听取意见和建议，增强院(系)主动和部门协同。做好与上级主管部门的工作配合，在全国高校教师工作部长年会上向部司领导汇报展示、交流我校教师工作的经验。加强与兄弟高校教师工作部门的交流互鉴，推进探索创新。做好全校教职工宗教信仰摸排工作，筑牢宗教领域安全防线。二是提升教师职业发展力。主动贴近、服务教师所需，全年累计开办10期“教师工作坊”，主题涉及科研素养、教学技能、身心健康、职业修养等。会同有关部门办好第十八届青年教师教学比赛，培养造就政治素质过硬、业务能力精湛、育人水平高超、方法技术娴熟的教师队伍。做好庆祝2023年教师节系列活动，开展教师座谈会、“为教师亮灯”、传统节日慰问、健康促进工程等系列活动，让广大教师安心从教、热心从教、舒心从教。

(卢明辉)

【首次举办新教职工入职典礼】 9月8日上午，学校在思明校区科学艺术中心举行2023年新教职工入职典礼，老教授担任新教工“引导师”，校党委书记张荣、校长张宗益为新教工颁授校徽、赠书，校长张宗益为新教工宣誓领誓，弘扬尊师重教良好风尚，传承厦门大学海纳百川、礼敬群贤的优良传统，增强教师的信任感、认同感、归属感。 (卢明辉)

【开展师德集中学习教育】 6月，按教育部部署，启动师德集中学习教育，落实“思想铸魂”“固本强基”“清朗净化”“教育提升”“警钟长鸣”“典型赋能”六大行动，推动各单位结合实际，针对不同群体，采取灵活多样的学习教育方式方法，做到全员全覆盖。7月13日，召开厦门大学2023年度教师工作委员会第一次会议(扩大)暨师德师风建设工作推进会。校领导，校党委常委，校长助理，校党委教师工作委员会委员、校师德师风建设委员会委员，各单位党政正职负责人，全校在职教授、博导参加，校纪检监察机构相关负责人、巡视办负责人列席。校党委副书记、纪委书记全海通报教育部公布的第十二批违反教师职业行为十项准则典型案例。校党委副书记徐进功传达学习有关文件精神。校长张宗益作师德集中学习教育部署。校党委书记张荣提出工作要求，强调加强组织领导，坚持德法并举，全面推进学校师德师风建设各项工作走深走实。 (卢明辉)

【召开庆祝第39个教师节座谈会】 9月8日上午，学校在颂恩楼215会议室召开2023年教师节座谈会。校党委书记张荣出席座谈会并讲话，校党委副书记徐进功主持。教师代表围绕2023年教师节主题“躬耕教坛、强国有我”先后发言，就深入学习贯彻习近平总书记在中共中央政治局第五次集体学习时的重要讲话精神，推进新时代高素质专业化教师队伍建设，争做“四有”好老师、“四个引路人”和时代“大先生”，努力培养更多德智体美劳全面发展的社会主义建设者和接班人等方面畅谈感想体会。张荣强调，要成为一名好老师，就要当好“传道”的大先生，坚持以德施教、以德立身，引导和帮助学生扣好人生的第一粒扣子；要成为"授业"的大学者，牢固树立终身学习的理念，始终保持创新意识、学习状态，培养学生学习能力，当好学生学术发展的引路人；要争做"解惑"的大专家，必须心系"国之大者"，围绕"四个面向"，着力攻关"卡脖子""卡脑子""卡嗓子"问题，高质量服务国家战略需求和经济社会发展需要。

（卢明辉）

【开展第三批"黄大年式教师团队"创建活动】 8月，教师工作部在全校范围内牵头开展第三批"黄大年式教师团队"创建活动，公共卫生学院国家传染病诊断试剂与疫苗工程技术研究中心教师团队、经济学院经济学科国际化人才培养教学团队、航空航天学院先进空天动力教师团队、教育研究院中国式高等教育现代化建设研究创新团队等4支团队被评为厦门大学第三批"黄大年式教师团队"。公共卫生学院国家传染病诊断试剂与疫苗工程技术研究中心教师团队入选第三批"全国高校黄大年式教师团队"。

（卢明辉）

【开办"教师工作坊"10期】 全年累计开办10期"教师工作坊"，主题逐渐拓宽，除项目申报，还有文科科研能力、期刊投稿、师德师风、教师健康等，邀请到包括国家社科基金重大项目首席专家、教育部长江学者特聘教授、国家杰出青年科学基金获得者、国家级教学成果奖获得者等专家主讲交流，不断提升青年教师创新能力和师德素养。

（卢明辉）

【编发《教师工作参考》9期】 年内，共编发《教师工作参考》9期，传达上级精神，发布工作动态，交流工作经验，提出工作建议，指导院系分类开展教师思想政治和师德师风建设工作。参考内容逐渐丰富，读者面扩大，成为基层开展教师工作的重要参考。

（卢明辉）

【编发高校教师十项准则及负面案例汇编（2023版）】 为引导教师成为"四有"好老师，将教育部《新时代高校教师职业行为十项准则》与近年来高校教师师德失范的相关案例进行汇编，每一项准则附2～3个相关案例，共计十项准则29个案例，编印成册，发给教师学习，教育引导教师以案为鉴，以案明纪，恪守师德底线，提高道德修养。

（卢明辉）

【教育部高校思想政治工作简报介绍厦大教师工作经验】 7月4日，教育部《高校思想政治工作简报》2023年第6期（总第243期）"高校教师党建和思想政治工作"专栏刊发文章《厦门大学"六个加强"锻造新时代高质量教师队伍》，介绍学校近年来教师思想政治和师德师风建设工作的做法、经验。

（卢明辉）

学生工作

【概况】 年内，学生工作部（处）/人民武装部坚持以习近平新时代中国特色社会主义思想为指导，牢记嘱托，勇担使命，全面贯彻落实党的二十大和二十届二中全会精神，学习宣传贯彻学校第十二次党代会精神，切实落实立德树人根本任务，凝聚协同育人合力精准施策，坚持以学生为中心，涵育一流育人生态，促进学生全面发展，培养堪当民族复兴大任的时代新人。

坚持立德树人根本任务，加强学生思想政治工作。用党的创新理论武装青年，用习近平新时代中国特色社会主义思想铸魂育人。制定《厦门大学学生学习贯彻习近平新时代中国特色社会主义思想主题教育实施方案》，策划开展"至善求是"大联学、"凌云壮志"大宣讲、"勤业问策"大调研、"笃行致远"大实践等系列活动。举办"习近平总书记与大学生在一起"学习分享会、"讲好中国故事 传播中华文化"大联学活动，邀请张宏樑、潘维廉与学生交流分享。牵头起草《中共厦门大学委员会关于实施"时代新人铸魂工程"的工作方案》，推进落实《"高举伟大旗帜 争做时代新人"党的二十大精神学习宣传贯彻工作方案》。充分发挥福建作为习近平新时代中国特色社会主义思想重要孕育地和实践地的优势，牵头组织开展"追寻领袖足迹，感悟思想伟力"暑期社会实践活动。深入实施大学生马克思主义自主学习行动计划，组织学生马克思主义理论研修班部分优秀学员前往马来西亚、新加坡开展海外实践，体悟共建"一带一路"倡议十周年的丰硕成果。发挥"军鹰协会"退伍士兵作用，广泛开展国防教育和征兵宣讲活动，引导青年学生树立"大国防观"。开展铸牢中华民族共同体意识教育主题活动，深入实施"石榴籽"育人工程，加强民族学生骨干培养，助力大中小学思想政治教育一体化建设。办好港澳台学生骨干"行远"计划，开展港澳台学生"行见华夏"融合实践，汇聚中华儿女同心共圆中国梦的强大合力。打造"感知中国"文化体验品牌活动，讲好中国故事，促进中华文化海外传播。

健全学风建设长效机制，促进学生全面卓越发展。落实"博学至善"行动。加强顶层设计，出台《学业朋辈导师促进计划工作方案》，起草《中共厦门大学委员会关于实施卓越学风提升计划的工作方案》，建立学生工作部（处）领导班子"年段长"联络机制，编印《学风建设工作》简报。融合思想引领和学科建设，打造有学术味的高质量学生活动，以"跨学科＋跨文化"为切入点，邀请各专业领域知名学者开展学术讲座，激发学生学习内生动力。强化教学相长，推动专业教师、班主任、研究生导师等各类育人力量深入班级、"一站式"学生社区，打造"一院一品"学风建设品牌，构筑多元学业指导体系。组织开展本科生学习情况专项调研，9—12月面向全校各年段师生开展调研座谈会20余场，聚焦学生成长需求，打通供给侧和需求侧，为不同类型学生提供分阶段学业导航服务，针对性提升学风建设各类资源投入产效。加强学风软环境建设，营造爱学勤学乐学的学习氛围，开展"中华经典诵读工程""学风建设主题设计大赛""宝藏学习地征集计划"等品牌活动，组织"南强青春讲坛"等系列活动，设立20个"优良学风建设试点班级"，充分发挥朋辈互助互学互促作用。联合中国大学生在线举办2023年高校书香校园建设研讨会，学校获评第六届全国“一节一推选”活动、2023 年度“悦读青春”全国百场百所百名读书特色推选展示活动“优秀组织奖”，入选 2023 年“优秀易班共建高校”。

全力促进毕业生高质量充分就业。深化就业引导。举办毕业生赴西部、基层、国家重要行业就业出征仪式、基层就业事迹报告会等大型就业思政引导活动，完善《厦门大学毕业生重点单位就业名录》，构建校、院两级就业引导体系，让“勇挑重担、堪当大任，上大舞台、做大贡献”的就业观入脑入心。2023 届毕业生中，赴基层单位定向选调生就业人数共计 337 人（同比增长 34 人），赴中西部就业人数共计 1168 人（占比 18.9%）；进一步强化与福建省的校地人才战略合作，福建省委组织部首次面向学校 2023 届毕业生招录福建省引进生，共计 23 人入选；泉州市以学校为试点，首次计划选拔引进 10 名优选生。细化服务指导。举办公职就业公益课，考研升学、朋辈辅导、选调面试辅导、简历制作、面试技巧等 330 余场系列就业技能培训活动，覆盖 2.2 万名学生。面向省内 5 所高校 300 余名学生开展“宏志助航计划”全国高校毕业生就业能力培训。举办 2023 年学生职业规划大赛，提供生涯辅导慕课课程、AI 视频模拟面试平台、简历制作系统、“生涯云梯”线上测评系统等自助工具，开展分学科分专业本科生生涯规划与就业指导材料编写工作，着力为毕业生提供常态化、个性化、精细化的就业服务。拓展岗位资源。校领导带队前往中国雄安集团有限公司、国家电力投资集团有限公司等重点单位访企拓岗，与广西、青海、福建、宁夏、大连等省市组织部门洽谈，校院两级负责同志全年走访用人单位 424 家，累计签订校、院两级就业实习基地共建协议 32 份，目前已与全国 40 余个地区的人事主管部门、人才机构建立人才合作（其中包含 26 个省市定向选调项目）；面向 2023 届毕业生举办多类别、多地域、多频次的线上线下校园招聘宣讲活动共计 1063 场，共有 6584 家用人单位面向学校招聘，提供就业岗位共计 31.2 万个（毕业生生均 30 个）。聚焦提质增效。年内，2023 届毕业生毕业去向落实率为 95.1%（同比增长 0.6%），毕业生与重点单位和关键领域单位签约率58.2%（同比增长 5.6%），本科生深造率 53.6%（同比增长 2.5%）。学校获评“2023 中国年度最佳高校就业人气奖”、福建省高校毕业生就业创业工作先进单位、厦门市就业创业指导基地；“鸿雁计划”就业工作经验在《光明日报》头版刊发。

筑牢校园安全堡垒，守护学生身心健康。深入开展学生思想动态调研，组织做好学生宗教信仰摸排，广泛开展国家安全教育、反邪教警示教育、禁毒宣传教育。组建“学生反诈先锋队”，共建反诈宣传基地，持续开展“要钱不给，给钱不要”主题宣传活动，年内学校涉生网络诈骗次数同比下降 30%。举办 3 场“学生突发事件的预防和处置”专题培训，妥善处理学生突发事件 109 起。制作学生考试违纪案例专题选编，修订《厦门大学学生违纪处分规定》，开展“诚美厦大、信达天下”系列活动，将规则意识、底线思维贯穿学生教育管理全过程。参与制定《厦门大学思明校区电动自行车管理暂行办法》，推进思明校区电动自行车综合治理工作。健全学生社区联合巡查机制，全年开展学生社区联合巡查 8 次、专项巡查 15 次、应急疏散演练 3 场，联动做好防范台风“杜苏芮”“海葵”期间学生宿舍紧急修缮维护、巡逻巡查驻守工作。开发多类型心理课程，扩大心理教育覆盖面，推动落实《心理健康教育必修课实践学时安排及认定指导意见》，全年共发布各类心理实践教学项目 272 场次，为全校 2.94 万名学生认证心理实践学时 23 万小时，开设爱情心理学、团体心理辅导等选修课程 12 门次，获《中国青年报》等媒体报道。优化心理咨询服务，全年共接受学生咨询预约 8409 人次。深入开展心理宣传教育，全年共组织心理讲座 102 场、素质拓展活动 214 场、社区沙龙 33 场，覆盖学生 2 万余人，举办校园心理剧大赛、心理知识竞赛、“5·25”大学生心理健康节、迎新生心理活动月等大型活动，指导阳光心理志愿者团队获评“全国 TOP100 大学生优秀社团”。

构建成长支持共同体，提供暖心优质服务。深化“一站式”学生社区建设，承办福建省高校“一站式”学生社区综合管理模式建设工作推进会暨第二期福建省高校思政大讲坛，邀请中国科学院院士、杰出校友在学生社区开展主题教育、导师沙龙、经验分享等育人活动 100 余场，培育创新创业项目 52 项。参与完成《厦门大学学生宿舍调研报告》，全面启动“蝶变·焕新”宿舍修缮改造计划，做好新区和海韵共 5 栋宿舍楼 708 个房间、2769 个床位的修缮改造工作，启动南光五留学生学习共享空间建设。加大学生资助力度，全年累计发放各类奖助学金 4.94 亿元，同比增长 8.33%。优化应急救助机制，“爱心急救金”总金额从每年 10 万元提高至 160 万元，因时因事设立台风洪涝地震暴雪受灾临时困难补助、考研生活补助。向国家奖学金获奖学生家长寄送喜报，举办“知无央·翼梦计划”学生能力提升营、“知无央·培根铸魂”培训、“知无央”勤工助学素质能力提升培训班、“助学·筑梦·铸人”主题宣传等多场活动，持续实施“悦读·力量”购书补贴计划，拓展资助育人路径。优化学生日常事务流程，学生事务办理大厅年均接待师生、校友 6 万余人次，100 多个应用入驻网上服务大厅。

聚焦育人主责主业，打造高素质学生工作队伍。优化学院学生工作考评方案，更加聚焦学生工作关键内涵指标，充分发挥“指挥棒”作用。严格落实辅导员谈心谈话制度，要求辅导员在学年内按类别、分阶段、全覆盖与学生一对一谈心谈话。落实《厦门大学学院党委副书记参评教师职务实施办法》，完成首批次学院党委副书记教师职务评定工作。协同推进《“形势与政策”课程教学质量提升的建议方案》落地落实，邀请南强教学名师为学生授课，组织辅导员集体备课，提升队伍第一课堂教学能力。选聘第三批“一站式”学生社区兼职辅导员 143 人，设立导师工作室，推动教师入驻学生社区。构建“部、省、校”阶梯式三级辅导员培训格局，承办教育部2023年高校思想政治工作骨干出国访学研修行前培训班、福建省高校辅导员骨干主题教育专题培训班、福建省高校思政工作骨干培训班，组织两批次学生工作人员前往红旗渠干部学院进行轮训，开展辅导员心理专训21场。推出“凤凰树下”辅导员沙龙、“演武逐浪”辅导员赋能坊、“建南听风”辅导员会客厅系列辅导员精育工程，组织开展厦门大学第五届辅导员素质能力大赛，提升队伍整体业务水平，辅导员廖炜、黄辉分别荣获第二届福建省“最美高校辅导员”称号和“最美高校辅导员提名人物”。打造“辅导员之家”，拉近辅导员队伍的“物理空间”和“心理空间”。加强工作研究，提升科研水平，学校1个项目入选2023年度高校思想政治工作质量提升综合改革与精品建设项目建设名单，2个项目获得2023年福建省高校思想政治工作精品项目立项，1个项目获评共青团福建省委团学组织优秀育人项目，1个项目获得中国高等教育学会高校数字思政精品项目立项。向教育部报送“一站式”学生社区建设案例、经验总结11篇，《深化“一站式”学生社区建设 塑造一流育人生态》研究成果发表于《中国高等教育》。

搭建感知中国平台，助力国际学生全面发展。组织开展国际学生新生素质拓展、读书会等各类活动，搭建学生交流平台，促进学生融入新环境；组织学生参加福建省“福文化”建设、“海丝青年汇”等活动，探寻福文化，感知新福建；组织各类实践、研学活动，带领国际学生走进武夷山、泉州等地，解锁非遗密码，领略中华神韵，在实践中感知中国、了解中国、认同中国。厚植家国情怀，激发港澳台学生挺膺担当。2023年组织28次462人次参与港澳台学生融合实践项目，其中暑期组织3支46人的校级港澳台学生专项实践团队，实践脚步遍布华夏，在福建、贵州、广东、江苏、雄安新区等地；首办港澳台学生就业暨实习专场招聘会，促进港澳台学生实现高质量就业，融入祖国发展浪潮；组织港澳台学生参加港澳台大学生暑期实习活动，参与第十七届台湾人才厦门对接会等就业实习活动，组织港澳台学生参观考察贵州茅台集团、厦门航空等社会主义现代化企业，学习智慧赋能新技术，拓宽就业创业新视野。

据统计，2022—2023学年学校来华国际学生共计1478人次：长期生（180天以上）1058人次，其中本科生542人次，硕士生186人次，博士生169人次，非学历生161人次；短期生（180天以下）420人次。截至2023年12月31日，学校在籍港澳台学历生1017人，其中台湾学生440人，香港学生390人，澳门学生187人；本科生698人，硕士生215人，博士生104人。　（谢丹琳　蒋　丽）

【开展“读懂中国”活动】 年内，学校以“老少共话二十大，踔厉奋发新征程”为主题开展2023年读懂中国活动，学校报送的2篇征文作品从全国591篇征文作品中脱颖而出，获得最佳征文1项和优秀征文1项，学校关工委获得2023年“读懂中国”活动主办方表扬。　（黄怡平）

【举办学生马克思主义理论研修班】 年内，学校创新马克思主义自主学习形式，组织学生马克思主义理论研修班第十二期、十三期学员日常培养、考核及第十四期学员选拔。开展理论授课、读书沙龙、志愿服务、课题调研等活动，组织第十二期优秀学员前往新加坡、马来西亚开展海外实践，拓宽国际视野；第十三期全体学员前往井冈山接受红色教育，筑牢信仰之基；“青马工程”暑期社会实践团获校级优秀团队称号。组织习近平新时代中国特色社会主义思想青年研习社成员前往雄安新区开展国情考察，激发责任感和使命感。顺利举办厦门大学学生马克思主义理论研修班第十二期结业暨第十四期开班仪式。　（黄怡平）

【马克思主义自主学习行动计划成效显著】 年内，在第八季福建省高校大学生学习马克思主义理论“一‘马’当先”知识竞赛活动中，学校获得研究生组个人二等奖2项、团体二等奖和本科生组个人团体优秀奖。在“马克思主义能够给予我们什么”第六届福建省高校大学生主题征文和微演讲活动中，学校获二等奖2项、三等奖2项和优秀奖2项。　（黄怡平）

【创新学生网络素养教育模式】 年内，在新生军训期间，学校面向全体本科新生举办“大学·新生”讲坛之网络素养提升大课堂。举办第七期、第八期网络素养学生骨干培训班，首次采用“必修课＋选修课”相结合的培养方案，聘任宣传部、校团委、保卫处和学院老师为指导老师，邀请中国青年报、中国大学生在线、易班网等专家开展培训20余场，两期累计培养158名学员骨干，创作大量网络文化作品。学校在第六届在教育部和中央网信办联合举办的“一节一推选”活动中获评“优秀组织奖”，数量排行全省首位、全国“双一流”高校前列。　（郭建群）

【持续深化易班建设推广】 年内，学校依托易班优课平台，开展南强领航新生入学教育。学校在2023年易班优课“新生入学教育活动”中获优秀组织奖。学校获评“2022年优秀易班共建高校”，工作案例获评“2022年优秀易班共建案例”。在教育部思政司主办的全国易班优秀共建成果专题研讨交流活动中，学校推荐的关于网络文化工作室培育经验的发言被选为典型发言。学校继续组织实施“厦至鹭岛 易起出发”新生成长蜕变营，开展“厦大，我想对你说”新生征文活动，汇编《心中的那片海——102位新生的青春告白》一书，该征文活动获中国青年报报道。　（郭建群）

【召开高校书香校园建设研讨会】 4月21日，“悦读点亮青春 书香浸润校园”2023年高校书香校园建设研讨会在厦门召开。活动由中国大学生在线、厦门大学主办，7名师生代表围绕书香校园建设特色活动开展、最美图书馆打造、读书达人养成等方面作分享。发布《高校校园阅读年度报告（2022年）》。通过中国大学生在线视频号进行网络直播，6000余名高校师生线上参会。　（郭建群）

【探索“互联网＋学风建设”新模式】 12月10日，厦门大学2023年“网络文明班级”评选活动总决赛在科学艺术中心多功能厅举行。活动现场评选出“十佳网络文明班级”和“优秀网络文明班级”各10个，同时首次授予进入决赛的20个班级“厦门大学优良学风建设试点班级”称号，是学校“互联网＋学风建设”的创新举措。

（郭建群）

【持续推动高校思想政治工作队伍培训研修中心（厦门大学）建设】 年内，学校配合做好全国高校思想政治工作队伍培训研究中心（厦门大学）研修工作，承办高校思想政治工作骨干出国访学研修行前培训班。这是教育部思政司在疫情防控转段后首次组织的出国访学研修培训。

（郑　音）

【举办厦门大学第五届辅导员素质能力大赛】 5月15—16日，举办厦门大学第五届辅导员素质能力大赛决赛，比赛设谈心谈话、案例分析等环节，共评选出一等奖2人，二等奖6人，三等奖10人。（郑　音）

【1071人(次)参加无偿献血】 年内，学校在思明校区、翔安校区各开展两次无偿献血活动，累计无偿献血1071人次。（朱天然）

【深耕资助育人品牌活动】 年内，学校开展“知无央·培根铸魂”资助育人主题培训，通过组织困难学生团队实地考察、入户体验等实践形式，传承红色基因，汲取奋进力量。组织“诚美厦大·信达天下”资助诚信主题教育活动，培养学生的诚信意识和社会担当精神。举行奖学金颁发仪式和受助学生座谈会，激励学生自强自立、感恩奉献。举办“翼梦计划”学生能力提升营，提高家庭经济困难学生综合能力。持续实施“悦读·力量”购书补贴计划，鼓励困难学生多读书、读好书。开展第15届“助学·筑梦·铸人”主题宣传活动，引导受助学生奋发自强、立志成才。加强和规范勤工助学管理，评选优秀学生管理助理，举办“勤工助学素质能力提升培训班”，提升勤工助学育人成效。

（林智敏）

【组织“博学至善”系列调研活动】 年内，学校组织开展学风建设研讨交流会、本科生学习情况、晚上出校情况专项调研，面向全校各年级师生开展学风建设专题调研座谈会21场。通过调研活动了解学生成长需求，聚焦调研反映的问题，形成任务清单、责任清单，针对性打通供给侧和需求侧，提升学风建设各类资源投入产效。（符晓珠）

【组建学生反诈先锋队】 年内，学校组建“厦门大学学生反诈先锋队”，与厦门市反诈中心共建反诈宣传基地，创新校园反诈防骗安全教育形式。开展“要钱不给，给钱不要”主题宣传活动，发挥学生朋辈力量，教育引导学生切实增强防诈意识。学校涉生网络诈骗案件同比下降30%。

（林建华）

【推动书记校长访企拓岗促就业专项行动】 年内，学校深入开展“访企拓岗促就业专项行动”，形成“校领导带头走，机关部门一起走，基层学院全员走”多维走访体系，校、院两级领导共带队走访用人单位424家，拓展有关就业岗位4000余个。（李一萱）

【与雄安新区人才合作取得实质性进展】 10月28日，校党委书记张荣带队赴雄安新区参加“百所高校雄安行”活动，代表学校与雄安新区达成共建引才工作站合作意向。12月2日，校党委副书记徐进功带队再赴雄安新区，与中国雄安集团有限公司共同举行大学生就业实习基地授牌暨签约仪式。据悉，学校是与中国雄安集团签订学生就业实习基地协议的第四所国内高校、第一所京外高校。

（周晓牧）

【学校获“厦门市就业创业指导基地三星级(市最高级)”授牌】 12月12日，在厦门市2023年创业项目推介会暨“源来好创业”青年创业资源对接会上，学校获“厦门市就业创业指导基地三星级”授牌，为厦门市最高等级，获15万元就业创业工作专项补助。（周晓牧）

【举办学校首届大学生职业规划大赛】 9—11月，学校举办“筑梦青春志在四方，规划启航职引未来”2023年大学生职业规划大赛，全校共计2600余名学生报名参赛，举办复赛、决赛4场，“定向”邀请来自政府公共部门、国际组织、高校和知名企事业单位的30余名行业专家担任大赛评委；学校同期开展150余场生涯规划与就业指导活动，并将参赛选手的生涯规划报告与就业简历集结形成生涯辅导与就业指导素材供各院系参考，有针对性地开展工作，着力实现以赛促学、以赛促教、以赛促就业，推动毕业生高质量充分就业。

（周晓牧）

【毕业生母利莉获评首届“全国高校毕业生基层就业卓越奖”】 年内，在首届“全国高校毕业生基层就业卓越奖”评选中，学校政治学与行政学专业2013届毕业生母利莉获此殊荣。该奖由教育部高校学生司、教育部学生服务与素质发展中心共同指导，中国长江三峡集团出资，中国教育发展基金会设立的项目，奖励为赴基层就业创业并做出突出业绩的普通高校毕业生和普通高校指导服务大学生赴基层就业工作有突出贡献的教师。母利莉是汶川地震的幸存者，毕业后放弃高薪工作机会，回到家乡四川坚守九年，为北川脱贫攻坚、振兴发展、民族团结贡献力量。（周晓牧）

【开展困难毕业生群体就业帮扶工作】 年内，学校用心做好城乡居民最低生活保障家庭毕业生、残疾毕业生、已获得国家助学贷款毕业生、脱贫户家庭毕业生和特困毕业生求职创业补贴的组织申报及审核工作，广泛宣传、积极动员，全校共计566名毕业生获得求职创业补贴资助，受助人数较上一年增长58%。（黄尚武）

【开展朋辈导师促进计划】 年内，学校全面实施“学业朋辈导师促进计划”，举办2023—2024学年学业朋辈导师训练营，来自29个院系的192名朋辈导师参加活动。通过构建全覆盖、多层次的“立体帮扶”体系，形成“学在厦大”的浓厚氛围。（柴小桠）

【开展基层就业人才培养计划】 年内，学校举行2023年赴西部、基层、国家重要行业就业毕业生出征仪式，开展优秀校友到基层就业事迹报告会、优秀毕业生风采展示，持续深化榜样示范引领。举办首期“凌云计划”选调生综合素质能力提升班，邀请21个省的47名选调生校友代表返校“充电”，同期开展27场就业育人宣讲交流活动，参与师生3000余人，探索实现“就业赋能”课与“就业思政”课有机融合。

（丁　渡）

【组织多民族教师赴南安开展“共筑民族团结”主题实践活动】 2月9—10日，民族学生事务办公室、“石榴籽”辅导员工作室组织多民族教师代表前往泉州市南安市开展“共筑民族团结”主题实践活动。来自14个学院的党委副书记、团委书记、辅导员、教师等代表共20人参加活动。

（周桢妮）

【举办厦门大学首届“铸牢中华民族共同体意识”主题知识竞赛】 3月25日，学校举办首届厦门大学“铸牢中华民族共同体意识”主题知识竞赛决赛，来自31所学院的53支队伍参赛。

（周桢妮）

【与厦门市中小学开展“石榴籽 手拉手”活动】 4月，“石榴籽”辅导员工作室、“石榴籽”学生骨干培训班、少数民族预科班师生与厦门市部分中小学校开展“石榴籽 手拉手”铸牢中华民族共同体意识主题系列活动，进一步共享高校优质教育资源。

（周桢妮）

【举办厦门大学首届“福籽同心爱中华”主题宣讲比赛】 5月，学校举办2023年“福籽同心爱中华”主题宣讲比赛，来自25个学院的38支队伍参赛，10支队伍进入决赛。（周桢妮）

【举办第十七届“5·25”大学生心理健康教育月活动】 4月25日—5月25日，多校区同步举办第十七届“5·25”大学生心理健康教育月活动。活动期间，各单位围绕“悦动青春·心润一厦”活动主题，共组织心理讲座102场、素质拓展活动214场，覆盖学生2万余人。（赖丹凤）

【举办第五届心理知识竞赛】 5月27日，学校举办第五届“拥抱阳光·守护成长”心理知识竞赛。共有28个学院、研究院的1509人参与网上答题，外文学院代表队获得一等奖，医学院、外文学院、公共事务学院、药学院、航空航天学院获优秀组织奖。

（赖丹凤）

【举办第十六届校园心理剧大赛】 12月1日、3日，第十六届阳光校园心理剧大赛决赛分别在思明校区建南大会堂和翔安校区益海嘉里楼成功举行，来自20个学院的30余支队伍最终决出一等奖2名、二等奖4名、三等奖10名。创新创意学院、环境与生态学院代表队获一等奖，建筑与土木工程学院、外文学院、航空航天学院、能源学院获最佳组织奖。（赖丹凤）

【举办“阅书悦心”心理图书展】 4月19日，首届“阅书悦心”心理图书展在翔安校区德旺图书馆一楼中庭正式展出。图书展现场围绕“阅读情绪，从心出发”主题共展出心理自助类书籍50余册，并于此后一个月开展心理书籍读书会15场。（赖丹凤）

【举办福建省高校“一站式”学生社区综合管理模式建设工作推进会】 3月30日，由福建省委教育工委主办、学校承办的福建省高校“一站式”学生社区综合管理模式建设工作推进会暨第二期全省高校思政大讲坛在厦门大学召开。省内9个市委教育工委、43所省(部)属本科高校和省教育厅直属高职院校分管领导到场参会。（徐小伟）

【设立“东方毅国防教育基金”】 6月6日，知名优秀企业家东方毅捐资200万元，设立学校国防教育第一笔基金“东方毅国防教育基金”。（郑梅玲）

离退休工作

【概况】 截至12月31日，学校共有离退休教职工2590人。全年新退休人员156人，去世99人。其中，离休干部29人，平均年龄93岁；退休教职工2561人。80岁以上769人，70岁至79岁672人，70岁以下1149人，最大年龄104岁。男性1387人，女性1203人。全校共设有离休干部党总支1个，离退休党支部40个，离退休教职工党员948人。

扎实开展习近平新时代中国特色社会主义思想主题教育。根据中组部通知精神，结合学校情况和老党员实际，组织各基层党委(党总支)开展好离退休教职工党员参加主题教育相关工作。通过多种形式就贯彻落实中共中央办公厅《关于加强新时代离退休干部党的建设工作的意见》过程中存在的堵点、难点问题开展调查研究，摸排出3个方面共9个主要问题，深入剖析原因、制定整改之策，推动完成相关涉老组织机构调整和规章制度修订，制定厦门大学离退休工作部(处)劳务酬金管理办法，完成南光学习活动中心升级改造工作，为老同志开展学习活动、安享幸福晚年创造更好条件。6月25—29日，联合校举办党校(第218期)离退休党员骨干学习贯彻习近平新时代中国特色社会主义思想主题教育专题学习班，涉老组织班子成员、校基层党建工作联络员和退休党支部书记等30余名老党员一同赴陕西延安踏寻革命足迹。在全校范围组织离退休教职工开展“话传统、谈复兴、聚力量”主题调研，共计收到5个方面主要建言52条、感想41条、文章2篇，形成调研报告报送教育部离退休干部局。

做细做实离退休教职工党的建设工作。深入贯彻落实中共中央办公厅《关于加强新时代离退休干部党的建设工作的意见》，相关做法得到教育部高度肯定。3月16日，在教育部直属系统离退休工作通气会上，校党委常务副书记林东伟就厦门大学贯彻落实意见精神的具体举措做交流发言。6月4—7日，部长曾坤瑜也在教育部直属高校、直属单位加强和改进离退休干部工作专题培训班上分享工作经验。学校第十二次党代会召开前后，就报告征求意见、党代表选举、两委委员推荐等工作，由部长曾坤瑜带队逐一多次上门征求十余名离休干部党员意见，充分保障离休老党员行使党员权利、参与民主推荐和学校大事的意愿；大会期间做好离休干部党员代表吴志生参会、参加代表团讨论的服务工作。开展厦门大学离退休教职工“六好”示范党支部创建工作，设定建设目标和创建标准，首批评选生命科学学院等6个学院退休党支部作为创建单位，通过典型示范，着力发挥党支部战斗堡垒作用和党员先锋模范作用。

持续推进关心下一代工作。深入贯彻中办、国办《关于加强新时代关心下一代工作委员会工作的意见》精神，做好关工委各项工作：一是深入基层开展调研，督促未设立二级关工委的学院尽快成立组织，推动关工委组织全覆盖。二是指导开展以“老少共话二十大，踔厉奋发新征程”为主题的第六届“读懂中国”活动，共收到 29 个学院提交的征文 47 篇，微视频 18 份，经校内评审后向教育部报送优秀征文 5 篇、视频 3 份。三是深入指导第十二、十三期马研班各项教学工作，每月为学员开展一次集中理论授课，讲授“矛盾论”“实践论”“陈嘉庚与中国共产党”等课程，带队赴马来西亚、新加坡和井冈山等地指导开展暑期社会实践活动。四是组织参加教育部关工委“枫叶正红——记教育系统关心下一代优秀人物”征文活动，2 篇文章获评特色征文。6 月 15 日下午，第十届全国人大常委会副委员长、中国关工委主任顾秀莲来校调研关工委工作。校党委书记张荣和省、市关工委领导陪同座谈，校关工委主任、副校长邓朝晖汇报厦门大学关工委工作相关情况。

有力落实“国家银龄教师行动计划”。一是逐一联系受援高校所需专业的化学化工学院、建筑与土木工程学院等 17 个学院系所，大力宣传、广泛发动退休教师加入银龄教师队伍。上半年选派 7 名银龄教师，9 月初选派 6 名银龄教师参与 2023—2024 学年援教，全年共有 10 人次实际到岗开展线下教学，圆满完成教学任务并得到受援高校师生的肯定。二是做好银龄教师服务保障工作。8 月 23 日，学校召开 2023—2024 学年银龄教师座谈会，欢送援疆教师；建立微信群，经常性联络关心银龄教师在外的工作、生活情况，帮助及时沟通解决其困难和问题，在春节和教师节送上节日关怀。三是做好银龄教师风采事迹的宣传工作。在公众号“南强晚晴”及《厦大老年》上刊登 8 篇工作报道，厦门大学银龄教师故事还刊发在《中国教育报》《中国教师报》等。7 月 3 日，校党委常务副书记林东伟率队赴新疆喀什，与喀什大学座谈交流，看望银龄教师，了解他们在疆期间的工作、生活情况。8 月 11 日，对口支援喀什大学工作会议在新疆维吾尔自治区喀什市召开，邓朝晖副校长应邀参会并作大会发言，介绍两年以来厦门大学对口支援喀什大学银龄计划的工作成效，会后慰问银龄教师。援教喀什大学的苏新春教授帮助学院启动国家社科重大课题子课题申报工作，参与学院举办的社会科学普及周宣传，在中国社会科学院语言研究所专题介绍在喀什大学期间所做的国家通用语言文字推广普及工作，作为优秀银龄教师代表受喀什大学邀请在 2023 届毕业典礼上接受学生献花致谢，在教育部调研座谈会上作典型交流发言。

全校老同志幸福感获得感不断提升。年内，学校按照厦门市事业单位标准调整离退休教职工生活待遇，发放生活补贴，让老同志共享学校改革发展成果。制定印发《教职工荣誉退休工作实施方案》，编制《厦门大学离退休教职工服务指南》，举办 2023 全校荣休仪式，感恩、致敬当年度荣休教职工；继续在春节、端午、中秋为全校离退休教职工发放节日慰问品；在 1987 级校友“关爱基金”爱心捐赠款项到账后，在全校范围内启动补助金申请工作，首批拟为 14 名身患重病老同志发放 92301 元补助款；举办“银发心向党”全校离退休教职工游园活动；关注老同志心理健康、回应老同志关切热点，邀请专家举办女性退休教职工健康文化分享会、厦门市养老服务政策解读、医保政策改革讲座及老年精神健康风险识别讲座等活动。举办第十三个“敬老月”系列活动，以集体祝寿会、第 32 届老年人体育健身大会、艺术作品展、集体登山和文艺展演等活动展示老同志蓬勃向上的精神风貌。26 名老同志书法、国画和摄影作品入围全市老干部暨老年大学诗书画影作品展。

涉老组织平台建设规范有序。对老体协、老教授协会等涉老组织进行换届调整，重新修订《厦门大学老年人体育协会章程》等规章制度，调整涉老组织工作职责、完善组织功能，吸纳更多新退休教职工加入队伍。老年大学 2023 年春季学期共开设 38 个教学班，1050 人次报名参与学习；秋季学期全面恢复线下教学，开设 33 门课程 56 个班级，2316 人次报名参与学习。老体协举办新春健步行、登山、“迎校庆”门球等 6 个单项展示交流活动，组队参加厦门市第十一届老年人体育健身大会，地掷球、桥牌等队取得优异成绩。　（蔡　娴）

【革命史展览馆、陈嘉庚纪念堂入选省级学习教育基地】　8 月 25 日，中共福建省委老干部局、中共福建省委离退休干部工作委员会公布了省级“离退休干部‘六好’示范党支部”等“五个一百”名单，生命科学学院退休教职工党支部被确定为省级“离退休干部‘六好’示范党支部”，革命史展览馆、陈嘉庚纪念堂被确定为省级“离退休干部党员传承红色基因学习教育基地”。　（蔡　娴）

【开展离退休教职工“六好”示范党支部创建工作】　3 月 25 日，离退休工作部会同组织部/党的建设办公室制定《离退休教职工“六好”示范党支部创建工作方案》，以项目化管理方式开展示范党支部创建，加强创建工作指导和经费支持，定期进行考核验收。经过组织申报、评选研究，首批评选外文学院、国际中文教育学院/海外教育学院、化学化工学院、海洋与地球学院、环境与生态学院、生命科学学院等 6 个学院退休党支部作为创建单位。　（蔡　娴）

【制定厦门大学教职工荣誉退休工作实施方案】　7 月 6 日，校党委根据《关于加强新时代离退休干部党的建设工作的意见》和《关于做好干部荣誉退休工作的通知》要求，结合学校工作实际，制定印发《厦门大学教职工荣誉退休工作实施方案》。12 月 15 日，厦门大学 2023 年度教职工荣休仪式举办，校长张宗益在仪式上向 156 名当年度荣休教职工表示敬意和感谢，并为他们颁发荣休证书和纪念品。　（蔡　娴）

【厦门大学离退休教职工南光学习活动中心启用】　年内，在学习贯彻习近平新时代中国特色社会主义思想主题教育期间，校党委将改造提升离退休教职工专用活动空间列为整治整改专项工作，南光学习活动中心修缮改造项目于 7 月启动设计，8 月招投标并进场施工，11 月中旬完工，11 月 22 日正式启用。离退休教职工东区活动中心、南光学习活动中心将成为加强离退休教职工党的政治建设、开展党建活动的重要阵地，成为厦大老同志晚年幸福生活的“温馨学园”“舒心家园”和“开心乐园”。

（蔡　娴）

党委党校工作

【概况】 年内，党委党校按照学校党委统一部署，深入开展学习贯彻习近平新时代中国特色社会主义思想，贯彻落实党的二十大精神和学校第十二次党代会精神，扎实开展党员和干部教育培训，办好《厦大党政工作研究》。

开展全校党员和干部教育培训。举办16期党员和干部学习班，累计培训5046人次；举办4期党的基本知识学习班，累计培训2261人次；举办9场党校名家讲坛，邀请9名中央党校（国家行政学院）、中央团校（中国青年政治学院）以及相关行业领域专家学者作报告，累计培训4350人次；开展2期网络培训，累计培训816人次。

编印4期《厦大党政工作研究》。编印《厦大党政工作研究》2023年1～4期，共开设栏目37个，刊发文章91篇，作者143名，开设了“学习贯彻习近平新时代中国特色社会主义思想”“学习贯彻党的二十大精神”“中国式现代化”“党建与事业发展深度融合”“学习贯彻厦门大学第十二次党代会精神”“学员来信”等专栏。

9月21日，召开2023年度党校校务委员会会议。会议听取了党委党校2023年工作汇报和2024年经费预算，审议了《〈厦大党政工作研究〉编辑管理办法（试行）》《〈厦大党政工作研究〉财务管理办法（试行）》和《厦门大学党校名家讲坛管理办法（修订）》等相关制度，讨论了学校党员和干部教育培训工作。

加强对二级党校业务指导。修订了《中共厦门大学委员会二级党校工作条例（试行）》《厦门大学党员和干部教育培训考核办法（试行）》。赴法学院等19个单位调研座谈，围绕党员干部教育培训开展情况、薄弱环节、意见建议等方面交流研讨。

（谢　媛）

【获批教育部党员教育培训全覆盖试点单位】 12月8日，教育部召开全国高校党校工作推进会，确定全国“三省八校”为党员教育培训全覆盖试点单位，学校入选为试点单位之一。

（谢　媛）

【聚焦主题主线，紧抓“关键少数”】 年内，党委党校编印《党的十八大以来习近平总书记对高校系列重要指示批示精神资料汇编》《习近平同志关心厦门大学发展纪事汇编》，组织全校各单位领导干部带头深入学习。举办“厦门大学处级领导干部学习贯彻党的二十大精神集中轮训班”，开展为期5天的集中轮训，包括主题党课、专题报告、分组研讨、经验分享和网络培训等环节。举办“学习贯彻习近平新时代中国特色社会主义思想主题教育读书班”，邀请校内外专家学者做5场专题报告，分3批前往龙岩长汀、才溪开展实践教学。

（谢　媛）

【聚焦精准培训，突出分级分类】 年内，党委党校针对基层党委（党总支）党务秘书、专职组织员、党支部书记等举办6期培训班，针对学工干部举办2期学工队伍素质能力提升培训班。加强高层次人才国情教育，举办南强青年拔尖人才国情研修班，赴井冈山、红旗渠开展实践教学。举办全校纪检监察干部提升履职能力专题培训班和法治工作联络员履职能力提升班，加强党内法规和国家法律学习。

（谢　媛）

【坚持服务大局，助力乡村振兴】 年内，学校举办党委党校（第225期）“双带头人”教师党支部书记“海誓山盟·乡村振兴”志合示范班，赴厦门大学挂钩帮扶地南平光泽开展教学，来自全校24个基层党委的教师党支部书记、委员在光泽接受党情、国情、社情、民情教育的同时，发挥专业优势和特长，推动校地精准对接，探索更多合作方向。根据校地合作协议，落实学校对口帮扶工作，外派专家赴长汀县委党校授课9场。

（谢　媛）

【做好党员教育培训总结和干部教育培训规划】 年内，党委党校总结2019年以来党员教育培训工作经验，上报《厦门大学〈2019—2023年全国党员教育培训工作规划〉实施情况总结评估报告》和《厦门大学党员教育培训创新做法和典型案例》；组织学习《干部教育培训工作条例》和《全国干部教育培训规划（2023—2027年）》，制定《厦门大学2023—2027年干部教育培训规划》。

（谢　媛）

机关党委工作

【概况】 截至12月底，机关党委所属部门41个，共有事业单位在编干部职工1209人，其中在职干部职工673人（含“双肩挑”干部35人），退休干部职工536人。所属党支部42个，共有中共党员758人，其中在职干部职工党员596人，退休干部职工党员162人。

机关党委坚持以习近平新时代中国特色社会主义思想为指导，深入学习贯彻党的二十大精神和学校第十二次党代会精神，牢牢把握“围绕中心、建设队伍、服务群众”的机关党建职责定位，扎实开展学习贯彻习近平新时代中国特色社会主义思想主题教育，以高质量机关党建推动上级党组织决策部署落实落地和学校中心任务完成。

扎实开展机关学习贯彻习近平新时代中国特色社会主义思想主题教育。加强主题教育顶层设计，制定机关主题教育一个“主方案”和学习、调研两个“子方案”。加强工作统筹、任务统筹、群体统筹和措施统筹，邀请张侃、张艳涛等专家学者示范“导学”，解决机关党员在自学中存在的疑惑，提升学习层次。统筹“关键少数”互动“联学”，将机关106名处级党员干部划分为14个学习小组开展读书班联学，打造主题教育“红色熔炉”。组织党员干部外出“研学”，前往美亚柏科信息股份有限公司学习了解企业将“卡脖子”清单转化为“破冰计划”的生动实践，强化科技强国的使命担当。统筹机关41个部门开展“组团式调研”和“销号式整改”，形成调研报告46份，针对61个查摆问题制定整改举措164条，以立行立改和持续整改方式完成销号。

加强政治建设和思想建设。坚持民主决策、科学决策，每月召开1次机关党委委员会议研究机关重大事项、推进机关党建重点任务，规划落实党建项目12个。严格落实“第一议题”制度，坚决贯彻落实习近平总书记重要讲话重要指示批示精神。扎实做好学校第十二次党代会新一届两委委员候选人预备人选酝酿推荐工作和机关出席党代会代表选举工作。第一时间组织学习贯彻党代会精神，邀请高和荣常委为机关处级领导干部做专题辅导报告，引导机关党员干部把落实党代会精神与履职尽职、推动工作紧密结合起来，凝心聚力推动党代会目标任务落地落实。加强意识形态阵地建设，建好用好机关党委门户网站和“厦大机关党建”微信公众号，每月邮发1期《机关党支部理论学习参考》，用好《习近平同志关心厦门大学发展纪事汇编》特色教材，指导42个机关党支部开展“三会一课”理论学习599次，组织党支部书记、党员处级干部讲党课194次。

加强组织建设。严格落实机关党委会议和机关党支部书记工作例会制度，全年召开机关党委委员会11次、机关党支部书记例会4次，定期研究机关党建工作阶段性目标任务及落实情况。开展提升机关党建质量专题调研，收集问卷反馈371份、意见建议33条，形成《坚持“三同”工作法破解党建与业务“两张皮”问题，推动机关党建高质量发展》调研报告。严格执行基层党组织换届选举和届中调整工作规范，完成对10个党支部班子的换届选举、7个党支部班子调整，新成立3个党支部。落实党支部书记由部(处)长担任的工作要求，实行党政“一肩挑”全覆盖，有效推动党建与业务同谋划同部署同落实。修订《机关党支部“五个基本”标准化建设指导手册》，让党务新手一看就会、一读就懂。做好2022年党支部工作“立项活动”总结，开展2023年党支部工作“立项活动”，机关7个项目获得校级一般立项。审批下拨、支出各类党建活动经费39.23万元，做到经费有保障党建有活力。召开党建专题工作会重点推进发展党员工作，强化对机关优秀干部的政治引领和政治吸纳，全年共发展教职工党员6名、转正5名。召开机关党委“两优一先”表彰会，评选表彰机关30名优秀共产党员、优秀党务工作者和6个先进党支部。落实经常性谈心谈话制度，及时了解掌握党员、干部思想动态和困难需求，组织走访慰问离退休老同志和生活困难党员、干部83人。

加强作风建设和纪律建设。紧扣学校和机关阶段性重点工作，召开4次机关部门负责人联席会，抓好工作协调、推动工作落实。组织机关各单位修订部门服务承诺，并通过线上线下相结合的形式向全校师生公开，推出“好差评”评分系统，接受师生评价和监督，共接受打分177次，收到意见建议21条，机关党委根据评价结果回访约谈相关单位，督促问题整改。深化机关和学院师生党支部“1＋2”结对共建活动，积极拓展为师生办实事的平台和抓手，全年共开展结对共建活动156次。坚持“全员育人”，选聘95名机关干部担任“一站式”学生社区兼职辅导员，12人获评“优秀兼职辅导员”。组织机关干部带队学生社会实践活动，5个团队、9人分别获评“2023年厦门大学暑期‘三下乡’社会实践活动”优秀团队和优秀带队教师。开展第四届机关优秀工作案例征集与评选活动，总结交流机关管理服务工作中的经验规律，提升服务水平，2集体和2人获评厦门大学第一批“服务育人示范岗”。组织做好奖教金评选推荐工作，机关共29名干部获评校庆奖教金。按照厦门大学考核工作领导小组的工作安排，组织对机关33个党政部门和群众团体自身建设情况开展考核测评。组织机关党员干部深入学习党章党规党纪和《厦门大学贯彻落实中央八项规定精神及实施细则的实施办法》等，开展违纪违法典型案例警示教育。做好机关新入职干部职工和出国(境)党员、干部的政治审查工作，严格审批程序，加强政治监督。

加强党建带群建工作。完成机关妇委会主席的增补和机关团委书记、副书记的选任考察工作。指导机关工会举办2期机关教职工子女暑期公益托管班，帮助机关干部解决暑期子女“看护难”问题。指导机关妇委会开展“美丽机关 巾帼添彩”“三八”节主题活动，改造升级机关“妈妈小屋”，开放跨校区共享，维护机关女干部职工的特殊权益。指导机关团委举办青年干部喜闻乐见的主题团日活动，引领青年、团结青年，让机关党员、干部真切感受到党建脉搏和党建温度。在2023年教职工运动会上，机关代表队勇夺教工团体总分第二名和体育道德风尚奖，取得历史最佳成绩，展示了机关干部团结拼搏争创一流的精神风貌。机关部门工会获省总工会授予福建省“模范职工小家”荣誉称号。（蔡佳佳）

【开展科级干部选任考察工作】 年内，机关党委坚持新时期好干部标准，选好用准干部，协助校党委开展3批179人次科级干部选任考察，做好报名人员初审、民主推荐、初步提名和考察谈话等各环节工作。

（蔡佳佳）

【加强机关党务干部队伍建设】 年内，机关党委举办以“弘扬红旗渠精神，勇担新征程使命”为主题的第八期党性教育学习班，组织40多名党务干部赴河南红旗渠开展党性教育培训，着力提升党务干部党性修养和履职能力。举办以“聊聊机关党务干部必须掌握的‘十八般武艺’”为主题的第十期机关党务知识培训班，全面提升党建工作水平。（蔡佳佳）

【举办机关干部论坛】 年内，机关党委立足“两个大局”和学校事业发展全局，举办“全面依法治国”“论党的自我革命”“大兴调查研究之风”“党和国家机构改革”“学习学校第十二次党代会精神”等5期机关干部论坛，引导机关干部了解大局、胸怀大局、服务大局，加强对学校事业发展的思考，凝聚发展共识。（蔡佳佳）

【举办机关青年骨干研修班】 年内，机关党委举办第四期机关青年骨干研修班暨第三期机关群团组织干部培训班，组织机关各单位青年骨干40余人前往南京、合肥学习科大讯飞、智慧南京中心、安徽创新馆在管理服

务工作和创新推动发展等方面的先进经验，提升机关青年干部的履职能力和创新意识。（蔡佳佳）

【举办机关青年干部沙龙】 年内，机关党委举办“红旗渠归来话使命”“机关文字能力提升”等3期机关青年干部沙龙，邀请机关青年干部聚焦所需所能交流分享工作心得和技能，帮助机关干部构建全面丰富的知识体系，提升机关青年干部岗位胜任力。

（蔡佳佳）

【举办机关文化大讲堂】 年内，机关党委举办1期机关文化大讲堂，邀请中国美术家协会会员、厦门大学艺术学院美术系退休教授洪惠镇作题为《对生命有益的艺术——传统中国画》的学术讲座，帮助机关干部提升人文修养，提高文化品位。

（蔡佳佳）

保卫与综治工作

【概况】 年内，保卫部（处）以习近平新时代中国特色社会主义思想为指导，深入学习贯彻党的二十大精神，全面落实学校第十二次党代会精神，在校党委、校行政的领导下，严格落实校园安全管理责任，坚决守牢校园安全底线，防范化解重大风险，求真务实推动安全保卫工作与学习贯彻习近平新时代中国特色社会主义思想主题教育相融合，不断探索新时期高校安全保卫工作模式，提质增效，积极推进校园智慧安防建设，夯实校园安全基础，全力维护校园安全稳定。学校全年政治稳定；治安态势良好，未发生重特大刑事案件；交通情况总体安全有序；未发生造成人员伤亡的消防安全事故；校园秩序进一步得到提升。

维护学校政治安全稳定。深入贯彻总体国家安全观，与学校人民防线小组各职能部门密切配合、综合施策。坚持每日早8点工作例会，对校园每日动态情况分析研判。密切关注社会和政治形势，按照“一事一研一案一标准”原则，在全年重要敏感节点提前研判，做好工作部署，收集师生思想动态。强化巡逻巡查，防范抵御校园宗教渗透。定期召开部门联席会议，推动工作落实，共同做好校园意识形态安全管理工作。

做好校园治安管理。提升队伍建设，做好治安防范，不断强化治安队伍素质能力。强化校园公共区域巡逻管控，对围墙周边、后山以及访客中心等重点区域进行常态化巡查，排除不稳定因素。对校内地铁施工沿线隔离防护栏进行全面巡查，通过人防与技防措施相结合的方式，防范破坏隔离栅防护栏的行为，发现破损及时处置，切实维护师生员工的生命财产安全，共巡查围栏周边63次，发现围栏漏洞和破损29处。在重要、敏感节点，实行网格化责任划片，对校园重要区域、点位开展巡逻巡查，重点部位派专人进行24小时值守，重点区域开展全天候视频监控。调查、协助侦破校园治安盗窃案件。保障学校大型活动或重大项目活动37次，组织力量参与秩序维护。建设校园无人机队伍，加强校园公共区域和后山巡逻。

开展校园交通日常管理。维护思明校区道路秩序，全年进出校区车辆1126405车次，审批工程车辆215次、大中巴327次。纠正校园违停车辆行为，拨打移车电话和发送短信提示11500余次，对违停在主干道影响交通安全和秩序的车辆，经多次电话、信息告知仍未移车的实行锁车处理152辆次，及时报告反馈车门、车窗未关好的情况71起。针对校区师生骑行电动自行车违法载人、速度过快、不戴安全头盔等违规行为，每周定期组织一次交通安全宣传整治工作，开展发放传单、现场纠正教育等整治活动，出动人力约230人次。

做好消防安全管理。完成上一年度各单位消防工作考核。审批动火作业3次，开展装修、改造、消防维保等工程消防设计审核和项目验收6次。思明校区补充或更新其他消防设施设备1000余个、罐装灭火器1250余具、消防水带30余条、灭火毯80余条，维修更换应急灯疏散指示灯530余盏，维修面板220余块。年内，开展2023级本科新生消防安全教育1次，组织新进教工消防安全培训1次、各单位消防安全责任人和管理人消防培训讲座1次，119消防宣传月系列活动1次，悬挂宣传横幅5条，组织有关单位召开了燃气安全工作布置会和消控室安全工作布置会各1次，消防演练活动15场次，消防教育培训和演练参加总人数8000余人。开展消防隐患排查整治89次，消控室消防自动系统维保情况和管理情况检查28次，学生公寓消防抽查2次，实验室安全检查8次。协助资产与后勤事务管理处做好海滨东区教工住宅电梯改造工程专项工作6次，确保电梯改造符合消防车通行需求。

开展校园环境秩序整治。加强校园环境秩序巡查，纠正违章占道49起、清理广告横幅47起。对海韵园二期、法学院扩建工程、雨污分流工程、老旧小区改造、煤气管道改造等加强文明规范施工巡查监督。对接厦门市轨道交通集团，做好地铁施工期间校园周边环境秩序维护。加强日常巡查，处理快递占道摆放情况，召开专项工作会议，紧盯快递高峰时段，提前谋划做好购物节期间的秩序管理工作。处理厦门市城市综合管理信息平台转办各类投诉件37起、校务信箱等转办投诉件5起，噪声扰民投诉28次，违章建筑8起、建筑垃圾占道堆放9起。严格审核装修人员入校申请，全年审批确认616人次。做好校园内流浪猫狗整治，抓捕并移交市行政执法局收容23只。做好2023届毕业生行李托运秩序工作，保证“跳蚤市场”安全有序。（詹伟峰 李定华 施文勇 张劲 陈荣瑞 孙俊逸 钟玉芳 詹天钦 吴晓丽 陈雪洁 吴雪卿 彭成钢 詹旺平）

【做好重大活动安全保障工作】 年内，圆满完成校园重大活动保障任务共计88场。做好正国级2人、副国级6人、省部级30余人次、外国元首1人等重要领导嘉宾来校的安全保卫工作。做好学校第十二次党代会的安全保障工作。完成毕业典礼、迎新季、新生军训的安全保障任务。顺利做好中国高等教育学会国际论坛、中国电影教育与产业高峰论坛、福建省大学生艺术节等大型活动的安全保障工作。配合完成外文学院、艺术学院、哲学系、数学科学学院等院系重大庆典活动的安全保障工作。

（詹伟峰　彭成钢）

【做好校园监控系统运行管理】 年内，做好校内监控日常检查、巡查和维护，完善校园监控系统建设及公共区域监控覆盖，检查指导监控系统维修，督促有关人员及时处理系统问题。共完成维修项目 1136 项，完成摄像机位置调整 83 项，完成摄像机移位 15 项。全年调阅监控 398 件，通过监控调阅解决有关事件 206 起。

（施文勇　王　龙　陈雪洁）

【开展教育系统重大事故隐患专项排查整治 2023 行动】 年内，保卫部（处）积极落实上级文件要求，聚焦校园安全重点领域，研究制定《厦门大学落实教育系统重大事故隐患专项排查整治 2023 行动实施方案》，全力防范化解学校安全事故隐患。在全校范围内开展自查自纠和隐患整改，要求各单位根据工作职责对照检查要点，建立问题隐患清单，实行闭环管理，强化安全防范。联合综治部门及相关单位严格履行工作职责，按照广泛调查研究、科学精准施策要求，紧盯重点领域、重要部位、关键环节安全风险隐患，加大整治力度，落实和完善安全风险隐患治理措施，扎实推进整改落实。针对校园重点安全领域，通过组织召开专题会研究部署工作、校领导带队检查及各综治成员单位督促检查、各单位自查自纠、13 个平安小组深入排查等措施，开展重大事故隐患专项排查整治，排查出防洪防汛、消防、交通、实验室、用电、建筑施工、外包外租安全生产、网络安全等安全隐患共计 323 项，及时整改到位 322 项，不能立即整改的持续推进整改到位。（詹伟峰　詹天钦）

【及时调整校内交通组织】 年内，保卫部（处）针对新冠疫情实行“乙类乙管”措施后校园交通可能面临的车辆人员通行量大增的新形势和新问题，提前预判，及时调整交通组织，加强路面定点执勤和流动巡逻的执勤力度，切实保障校园交通秩序安全有序。因学校建设项目多、工程面广，入校施工车辆及大型车辆增多，校园交通压力增大，保卫处与基建处、资产与后勤事务管理处、后勤集团、施工单位等开展多次座谈并查看施工现场，合理规划施工车辆通行路线、时间，确保校园交通安全顺畅和施工项目顺利推进。（张　劲）

【完善校内交通标志标线和设施设备】 年内，校园新增和修复交通标线 2059 米，增设交通标志牌 1 套，增加和维修减速带 80 米，更新防撞墩交通反光膜 948 张、塑料防撞桶 30 个、橡胶路锥 650 个、不锈钢“请勿泊车”三角牌 20 个。（张　劲）

【做好智慧校门建设】 年内，保卫部（处）优化、升级、新建人脸识别系统模块，推进学校人员进出管理系统三期建设，增加考试考生模块、教职工（非校编）模块、学生家长模块、后端识别模块等。做好访客预约入校工作，7 月 30 日至 8 月 31 日期间，学校开放访客预约入校，10 月 1 日起启用新访客预约系统，周一到周五工作日每天开放 1000 人，周末 5000 人，法定节假日 10000 人。截至 12 月 4 日，累计放号 206000 个，预约 94588 单，撤销 9349 单。按照疫情防控“乙类乙管”要求，及时调整落实机制，做好人员进出校门审批工作，1 月 1 日至 12 月 22 日期间，通过人脸识别进出校园人数达 15732248 人次。协助做好培训班入校工作，协调继续教育管理处落实培训班入校管理工作，协调后勤集团增派校门管理人员，根据校门实际情况实行培训班分校门分流入校、增开人员入校通道等措施，1—12 月，涉及短期培训班模块入校申请累计 3201 批次，共计 175422 人次，保障培训班有序入校。主动与信息与网络中心系统、学生管理系统、继续教育管理系统、招生办夏令营系统、校友总会系统等做好对接，确保师生员工、校友、培训班学员、优秀大学生夏令营学员等各类人员顺利有序进出校门。

（施文勇　王　龙　李扶生　陈雪洁）

【推进智慧交通建设】 年内，保卫部（处）召开“智慧交通”专项会议，研究推进系统建设、漏洞扫描、使用手册编写、宣讲问答等事项，系统建设已基本完成，并开展系统测试和人员培训。举行智慧交通综合管理平台宣讲会，为提升校园交通治理水平，进一步推进智慧校园建设打下坚实基础。（张　劲　于艳娥　詹旺平）

【深入开展反恐防暴相关工作】 年内，联合公安部门开展检查指导，不定期对校园重点区域进行检查指导，消除安全隐患，对各校门反恐、治安等设施设备进行全面检查，及时更新防暴器材，确保器材完好有效。对标对表落实反恐整改措施，与属地公安部门签订反恐联防联动协议，明确职责分工，细化工作落实，更新完善反恐台账，升级 350 个摄像机，储存时长扩展为 90 天。推动安防队伍防暴恐培训，联合公安部门做好校园反恐防暴演练，提升应急处突能力。开展防暴恐学习培训 2 场，参与人数 170 余人次，联合公安机关在各校门开展反恐演练 4 次，开展防暴恐专项宣传活动 5 次，发放宣传资料近 1000 份。

（施文勇　王　龙　郭清煌　陈雪洁）

【加大“黄牛”“黑车”打击整治力度】 年内，学校强化巡查管控，成立工作专班，加强排兵布阵，制定专项方案，组织安防力量在群贤校门、大南校门、白城校门以及校园周界加强巡查防范，及时处置违规行为。强化联动处置，主动联系政府、公安部门，深化四方联席机制，合力开展校园周边综合治理，做好提前研判，联合对校园周边“黄牛”“黑车”违法违规行为从严打击，抓获“黄牛”15 名，禁止 18 辆“黑车”入校。

（施文勇　王　龙　陈雪洁）

【推进思明校区电动自行车综合治理工作】 年内，学校面向思明校区师生代表召开多场专场座谈会，积极征求师生对电动自行车综合治理工作的意见建议，修改完善并发布《厦门大学思明校区电动自行车暂行管理办法》《关于推进思明校区电动自行车综合治理工作的通知》《厦门大学思明校区电动自行车校园通行证办理流程》等文件。联合学生处、招生与考试办公室及思明校区各学院（研究院、直属系），开展毕业季“减存量”、迎新季“控增量”等专项行动。做好电动自行车管理配套工作，推进电动自行车智慧管理平台建设及新改扩建非机动车停车场所等事项，逐步推进思明校区电动自行车综合治理。推进电动自行车校园通行证登记工作，11月20日电动自行车校园通行证登记工作正式实施后，保卫干部、属地派出所驻点开展工作，截至12月31日共办理5950张校园通行证。（詹伟峰　詹天钦　詹旺平）

【加强非机动车停车秩序管理】 年内，依托校卫队伍、葆力物业力量，发挥区域化网格化管理机制作用，维护非机动车摆放秩序，全年共整治违规停放的13426辆非机动车。因地制宜改建、扩建、新建非机动车停车场，完成南强二非机动车停车场出入口改造工程，图书馆非机动车停车场扩建工程增加停车位约130个，芙蓉餐厅周边非机动车停车场提升工程施工面积501平方米，增加停车位约400个，重新规划化学化工学院附近停车位，回收部分自行车停车架，优化停车环境。5月和10月，清理思明校区、海韵园区、海韵学生公寓内废弃无主非机动车，清理电动自行车184辆，非机动车2074辆，释放大量停车空间，缓解停车难问题。联合化学化工学院、经济学院加强学院周边违停、乱停现象治理。加强对师生员工文明停放引导、宣传及劝导。

（陈荣瑞　詹天钦　吴晓丽）

【做好校园内流浪狗整治工作】 年内，安排人员在流浪狗容易聚居地点，开展驱赶工作。通过摸排掌握犬只生活规律，在经常经过的线路设置狗笼，定人定点投食，开展诱捕。全年抓捕并移交收容流浪狗23只。

（陈荣瑞　刘国璋）

【深化校地共建联动共管综合整治】 年内，学校强化警校共建机制，在警校“四方联席”共建机制基础上，建立与政府有关部门、公安部门的常态化联络机制，定期进行微讨论、联席会商，加强信息共享、综合研判，做好国家安全有关工作、防范宗教渗透、打击“黄牛”“黑车”、大型活动保障及首长嘉宾入校保障等工作，确保校园安全稳定，夯实校园安全基石。完善校地机制建设，结合业务工作，持续巩固与交警、消防、运管、城管、安检、市综合办等部门以及街道、社区等的交流合作，通过支部共建、社区联席、业务指导、应急培训等方式，进一步做好校园及周边综合治理等工作，打造和谐稳定校园。（詹伟峰　李定华　施文勇　张　劲　陈荣瑞）

【推进禁毒宣传教育工作】 年内，学校与厦门市禁毒委员会签订战略合作协议，围绕“毒品治理现代化”主题，从与探索单位合作共建、禁毒戒毒共治、信息资源共享等方面入手，打造“校地合作”全国禁毒新样本。在新生开学期间，联合厦门市禁毒办有针对性地做好迎新禁毒宣讲，在思明、翔安校区开展宣讲2场，共计5000余名新生参与。协助做好6月25日厦门市第二届“最美禁毒人”发布仪式，争创最美无毒示范校园。选送的舞蹈《黑与白》、AI作品《恶之花》分别获厦门市大学生禁毒项目创意大赛二等奖和优秀奖。《恶之花》被“中国禁毒”征录进行宣传。联合厦门市禁毒委、思明区禁毒委、党委学生工作部（处）、共青团厦门大学委员会、创意与创新学院举办厦门大学2023年“健康人生·绿色无毒”禁毒宣传创意作品征集大赛，共收到作品207个，最终评选10个获奖作品。与厦门市禁毒委员会办公室进行对接，依托厦门市禁毒宣传教育基地，挂牌成立厦门大学禁毒宣传教育基地，完善公开预约机制，面向全校进行实地宣教。（施文勇　陈雪洁）

【开展“安全生产月”暨禁毒宣传月系列活动】 6月16日，在三家村广场举办2023年厦门大学“安全生产月”暨“禁毒宣传月”活动启动仪式，仪式特邀厦门市禁毒委员会办公室、厦门市思明区巡特警、思明区交警、大学路派出所、厦港消防救援站等单位出席。现场通过设立宣传展板、发放宣传知识传单、播放警示视频、互动体验等多种形式，营造浓厚的校园安全文化氛围。（孙俊逸　陈雪洁）

【开展“119”消防安全暨实验室安全宣传月系列活动】 11月9日，学校在科艺中心广场举办厦门大学“预防为主 生命至上”消防宣传月活动，现场开展模拟火场逃生、消防器材讲解、安全知识答题、火灾案例警示等活动，提升师生防火意识和应急技能。（孙俊逸）

【做好国家安全宣传教育】 年内，学校在“4·15”全民国家安全教育日、“11·1”反间谍法颁布实施周年日和反邪教宣传月等重要节点开展集中宣传，制定《厦门大学2023年全民国家安全教育日宣传教育活动实施方案》，组织全民国家安全教育日主题公开课学习，各院系通过党团课、主题班会等方式组织学习活动共计700余场，参与知识答题竞赛6000余人次，累计覆盖2.5万余人次。其中航空航天学院拍摄的《反间谍行动》参加“新时代，新国安”短视频创作比赛，获得优秀组织奖。

（李定华　钟玉芳　吴雪卿）

【做好师生安全教育宣传】 年内，学校优化安全宣传教育布局，提升覆盖效果，在全民国家安全教育日、安全生产月、禁毒宣传月、消防安全宣传月、交通安全日等重要宣传节点，全面开展安全知识宣传教育。依托安全委员队伍、辅导员队伍、兼职辅导员队伍、办公室主任开展日常安全教育工作，通过日常警情通报，发送安全教育提醒链接，全面提升师生安全教育水平。依托易班平台，开展新生国家安全公开课学习、反邪教知识宣传、防诈骗知识学习等，全方位、立体式、趣味化开展师生安全宣传教育。在新生入学后，保卫干部联合属地派出所深入各学院开展安全教育培训，共计12场次，覆盖学生上万人。强化新媒体建设工作，发挥网站、“平安厦大”微信公众号等媒体宣传服务功能，提升管理服务水平，为师生群众提供便捷高效的网络平台，持续提高师生安全意识水平。

（钟玉芳　吴雪卿）

【加强宣传平台运营管理】 年内，学校加强“平安厦大”微信公众号、视频号及网站的运营管理，方便师生第一时间了解办事流程，并及时为公众号后台留言的师生答疑解惑。通过微信平台及时发布访客开放通知公告、安全教育知识科普宣传、电动自行车挂牌预约指南、重要宣传节点活动预告等各类推文80余篇。（钟玉芳）

【强化反诈先锋队队伍建设】 年内，学校联合厦门市反诈中心建立“厦大反诈先锋队”共建机制，建立以学生为主导的“厦门大学反诈先锋队”，逐步开展学生安全委员骨干培训计划、年度反诈宣传计划，建立以防诈骗为主题的“南强之盾”网络工作室，组织队员参加第八期网络素养学生骨干培训班，通过系列培训提高安全委员骨干的防诈骗能力，组织队员设计反诈先锋队队徽、制作防诈骗系列宣传周边，深入学院开展反诈宣讲。联合校内食堂商铺开展联名反诈宣传活动，设立反诈“树洞”征集渠道，多渠道开展线上线下宣传活动，全面提升学生的反诈防诈意识。年内，反诈先锋队开展宣讲活动 9 场次，线下宣传活动 3 次，拍摄反诈宣传视频 4 个，深入 2 个校区，覆盖学生 3 万余人次。

（吴雪卿）

工会工作

【概况】 截至 12 月，校工会共有 43 个基层工会、9031 个教职工会员，其中在职在编会员 5023 人，自聘会员 3644 人，博士后 364 人。

校工会以习近平新时代中国特色社会主义思想为指导，深入学习党的二十大和中国工会十八大精神，始终坚持党对工会的全面领导，深入贯彻习近平总书记关于工人阶级和工会工作的重要论述，围绕中心，服务大局，积极进取主动作为，聚焦主责主业，持续改革创新，推进主题教育走深走实，推动各项工作取得新进展新成效，奋力谱写工会工作新篇章。

夯实精神基础，构建工会引领新模式。扎实开展学习贯彻习近平新时代中国特色社会主义思想主题教育，选树先进典型、深化宣传教育、创新学习形式，引导广大教职工坚定不移听党话、跟党走。制度建设标准化，依法召开八届三次教代会暨二十三届三次工代会，保障教职工知情权、参与权、表达权、监督权，维护教职工合法权益，指导基层工会开好二级教代会。做好中国工会第十八次全国代表大会代表的推荐工作。管理效能精准化，协调组织召开思明校区电动自行车综合治理征求意见座谈会 6 场，适时向全校教职工发出校园健康出行倡议书，深入推进学校主题教育专项整治。通过来信来访、主席信箱真诚倾听教职工呼声、愿望，关心教职工困难疾苦，努力使每位来访教职工的诉求都能得到认真的回应。专项关爱温情化，持续开展好医护人员、一线员工及病困教职工的慰问工作，全年慰问特困职工、重病号、生活困难党员、烈属、革命残疾军人、去世教职工的遗属等，累计 1232 人次，共拨付各类专项慰问金 131.69 万元。为 5568 名教职工办理厦门市职工医疗互助金共计 33.41 万元。推动乡村振兴，助力宁夏隆德消费帮扶资金 237.79 万元、光泽县消费帮扶资金 43.5 万元，约有 25000 人次教职工参与消费帮扶。荣获厦门大学定点扶贫和帮扶工作先进集体荣誉称号、福建省共享职工之家荣誉称号等。

夯实技能基础，激发工会建功新作为。选树培育一批国家及省市级先进个人与集体典型模范和最美家庭，选树和表彰首批“服务育人示范岗”，举办“扬师德师风 担职责使命”教职工演讲比赛，激发广大教职工以更加昂扬的精神风貌，将学习成果转化为立足本职岗位作贡献的实际行动。青年培育体系化，持续打造教学技能展示和交流的平台。举办厦门大学第十七届教学比赛颁奖大会暨第十八届教学比赛启动仪式。年内，全校共有来自 31 个教学单位的 158 名教师参加厦门大学第十八届教学比赛。举办厦门大学第十一期骨干教师研修夏令营暨 2023 年第一期新入职教师集中教学培训，共有 28 个单位 77 名骨干教师和 22 个单位 47 名新入职教师参加了集中教学培训。举办第二期师者风范培训暨第十三期教师工作坊——“师者风范与礼仪修养”讲座，由内到外，帮助教职工提升教学技能和礼仪素养，建设高水平师资队伍。

夯实组织基础，激发工会内部新活力。干部学习常态化，将学习培训作为提高干部队伍能力素质的重要抓手，围绕政治理论知识、工会业务知识等授课，举办厦门大学工会第 32 期、33 期干部学习班。参与教育部部分直属高校第二十七次工会工作会议会，撰写会议论文、分享工作经验等。组织建设规范化，进一步完善基层工会组织建设、队伍建设，印发《厦门大学部分基层工会委员会换届选举工作方案》，顺利推进基层工会换届选举工作。制定《厦门大学工会教职工社团管理办法》，规范教职工社团管理，激发教职工社团协会活力。制定《厦门大学工会经费收支管理实施细则》《厦门大学工会固定资产管理细则》《厦门大学工会会计档案管理办法》等内部管理制度，加强工会工作法制化建设，使重点领域工作风险防控有章可循，工会工作的整体效能不断提升。

（刘黛茜）

【举办厦门大学工会第 32、33 期干部学习班】 3 月，在厦门市同安区高山党校初心使命馆举办校工会第 32 期干部学习班，践行工会干部基层工作法，找准党的二十大精神与工会工作的切入点和结合点，通报 2022 年校工会中层领导干部民主生活会情况，布置本年度重点工作，推动工会工作展现新作为，以实际行动迎接学校第十二次党代会的胜利召开。10 月 23—28 日，在宁夏隆德县委党校举办第 33 期工会干部学习班，实地开展校工会定点帮扶工作新思路的探索，以实践领悟长征革命精神、消费帮扶乡村振兴精神。

（刘黛茜）

【学习宣传中国工会第十八次全国代表大会精神】 10 月 19 日，召开中国工会第十八次全国代表大会精神宣讲活动，邀请省教科文卫体工会及兄弟高校工会一同对会议精神进行集体学习和座谈。11 月，召开厦门大学各基层工会主席会议，集体学习《习近平关于工人阶级和工作论述摘编》和中国工会十八大精神。会议要求各基层工会要把习近平总书记关于工人阶级和工会工作的重要论述和学习宣传贯彻中国工会十八大精神作为当前和今后一个时期的重要政治任务，与学习贯彻新思想和党的二十大精神结合起来，与学校第十二次党代会精神结合起来，与落实立德树人的根本任务结合起来，将其运用到实际工作中去，在学思践悟中汲取智慧凝聚力量，做到全面学习、系统领会、整体把握。此外，在工会网站、微信公众号等线上平台对中国工会十八大进行了系列推送和宣传活动。

（吴春涛）

【树立先进典型发挥榜样示范作用，弘扬劳模精神】 年内，生命科学学院教授陈兰芬荣获“全国巾帼建功标兵”称号、经济学院教授潘越荣获“福建省三八红旗手”称号；中国科学院院士、固体表面物理化学国家重点实验室主任、化学化工学院谢素原教授荣获“福建省先进工作者”荣誉称号；化学化工学院办公室荣获福建省巾帼文明岗；环境与生态学院的于鑫工作室获评厦门市劳模创新工作室。材料学院材料科学与工程专业国家级实验教学示范中心2023年获评厦门市五一先锋号先进集体，化学化工学院分析测试中心2023年获厦门市五一先锋号先进集体。5月，由校工会和漳州校区管委会主办，嘉庚学院承办，在漳州校区举行全国劳动模范进校园先进事迹报告会，大力弘扬劳动精神和工匠精神。（柯志坚）

【工会工作融入学校大统战工作】 年内，工会发挥聚众智、凝共识的组织优势，为统战工作贡献力量。积极联系自聘员工、少数民族和港澳台侨等不同群体的教职工参加工会组织的活动，给予关怀慰问。3月，开展病困女教职工慰问工作，慰问对象中1位是来自高山族的教职工。在翔安校区开展“中行有约‘翔’你同行”健步行活动，邀请少数民族学生参与，展现厦大人坚韧不拔的意志品质、团结奋进的精神力量和“中华一家亲”的校园氛围。（吴春涛）

【推进家庭家教家风建设】 年内，工会开展“最美家庭”“绿色家庭”“五好家庭”等家庭文明建设活动，以典型示范引领广大家庭良好家教家风的落地生根。环境与生态学院黄凌风、严越家庭荣获2023年福建省绿色家庭荣誉称号，社会与人类学院杨凌燕、郭建鹏家庭获评2023年福建省“最美职工家庭”。4月，在漳州校区举办《法律视角下的家庭幸福秘诀》“法同行”公益活动，举办如何传承良好家风相关讲座，引导教职工树立正确的婚恋观、家庭观，赋能幸福婚姻。5月，在思明校区和翔安校区举办首届“最美家庭日”活动，邀请本校荣获福建省“最美家庭”的教师家庭分享家教家风故事。10月，在微信公众平台分四期推出厦大新时代家风故事展，宣传学校家风家教优秀典型，持续推进好家风好家教正能量在校园传播。（董佳闻）

【八届三次教代会暨二十三届三次工代会召开】 5月，学校召开教代会与工代会，代表听取讨论学校上一年工作总结和本年度工作计划、上一年度财务收支决算及本年度财务预算方案、校工会上一年工作总结，并听取《厦门大学章程》修改情况说明、校工会上一年经费审查报告。各代表团代表进行分组讨论并汇报。指导各基层工会召开上一年度二级教代会的召开换届选举等组织建设工作。11月启动各基层工会换届工作，顺利推进30个基层工会换届选举工作、3个基层工会的成立和选举、4个基层工会补选调整工作。在开展主题教育基层调研过程中，和调研单位展开面对面、实打实的交流探讨，着重对如何提升教代会（二级教代会）建设水平、提升教代表积极性和提升提案工作质量问题进行调查研究。

（陈伟龙）

【选树首批厦门大学“服务育人”示范岗】 年内，在开展学习贯彻习近平新时代中国特色社会主义思想主题教育过程中，工会深入各学院、各校区调研座谈，围绕如何更好地推进学校三全育人综合改革工作进行调研。将服务育人理念内化于心、外化于行，发挥服务育人典型示范作用，启动厦门大学第一批“服务育人示范岗”评选，并于12月举行厦门大学第一批“服务育人示范岗”集体（个人）授牌仪式。（梁艳芝）

【开展学习贯彻习近平新时代中国特色社会主义思想主题教育调研座谈会】 年内，工会围绕主题教育“学思想、强党性、重实践、建新功”总体要求，认真制定调研方案，党员领导干部带头走访基层，赴翔安校区管委会、体育教育部、附属翔安医院、航空航天学院、医学院、药学院、厦大幼儿园翔安分园等多个单位，直接面向一线教职工，以双代会上集中反映的12个方面突出问题为出发点，并与工会工作实际紧密结合，聚焦进一步深化工会改革创新主要方向提出校工会调研之“四问”：围绕如何更好地推进学校“三全育人”综合改革工作、提升教代会工作、发挥工会桥梁纽带作用等展开实地交流走访，共梳理9个方面46条意见建议，提出7个方面的对策建议，高效推动调研成果转化应用，有力促进工会工作提质增效。

（刘黛茜）

【举办庆祝厦门大学建校102周年书画展】 4月4—20日，为弘扬中华优秀传统文化，以书画艺术形式展现校园文化建设成果和师生员工积极进取、团结奋斗的精神风貌，共展出本校教职工及校友书画爱好者书画作品近50幅。为贯彻落实学校对口支援隆德县艺术帮扶和文化交流工作部署，融入闽宁协作大局，推进乡村振兴战略落地见效，本次书画展在隆德县人民政府和文化馆的大力支持下，设立隆德县书画作品展览专区。

（陈伟龙）

【举办“我们的节日”校园文化和福利慰问活动】 年内，工会举办春节“送春联”活动和元宵节线上花灯设计评选展示活动，以传扬优秀传统文化，增强民族文化自信。元旦、春节、端午、中秋、国庆为8000余名在职教职工会员发放节日福利慰问品，为更好地满足教职工新的需求，调整创新福利发放模式，满足学校教职工多元化的福利发放方式需求。（刘黛茜）

【举办厦门大学教职工读书会系列活动】 为落实习近平总书记和党中央关于推动全民阅读工作的重要指示精神，发挥文化育人作用，年内，学校在翔安校区、思明校区举办3期“阅读让生活更美好——2023年厦门大学教职工读书会”，邀请名家担任领读人，大家共读一本书，交流探讨共同话题，读书会为参与者提供了深入思考、扩展观念的机会，也提供了互动交流和共同成长的平台，积极营造浓郁的校园书香文化氛围。（梁艳芝）

【举办系列体育赛事和培训活动】 3月，校工会、校妇委会联合主办厦门大学第十一届教职工女子气排球比赛，共18支队伍近160名运动员参赛。举办厦门大学第十四届“欧米克生物杯”教职工羽毛球混合团体赛，共有18支队伍近200名运动员参赛。3—4月，举办庆祝厦门大学建校102周年第二十二届“出版杯”教职工篮球赛，共有25支队伍近300名运动员参赛。4月举办厦门大学第九届“校庆杯”教职工乒乓球双打赛，全校32支代表队近70名运动员参赛。5月，举办“建功十四五 奋进新征程”厦门大学第十五届“乒协”教职工乒乓球单打赛，共有近40名教职工参加；举办厦门大学第三届“建功十四五 奋进新征程”“桥协杯”桥牌双人赛，共有9支队伍参赛。11月，举办厦门大学第21届教职工运动会，包含26项个人项目和3项集体项目，共有41个单位近1500人次教职工运动员参赛；举办第十一届教职工男子气排球比赛，共有12支队伍参赛；举办厦门大学第十六届“乒协杯”教职工乒乓球团体赛，19支男队和7只女队参赛；举办厦门大学第六届“欧米克生物杯”教职工羽毛球双打团体赛，来自19个基层工会30支球队200多名运动员参赛。举办各类健身培训和活动，2月，漳州校区第一期健身大课堂正式开班，丰富漳州校区教职工业余文化生活，增强校区教职工的归属感、获得感。3月，举办厦门大学“中行有约‘翔’你同行”健步行活动，翔安校区400多名师生参与。4月，举办“建功十四五 奋进新征程”厦门大学教职工健身强校活动，全校各单位共700名左右的教职工参加。为增强教职工健康体质和打造进取向上的团队精神风貌，培养教职工常态化锻炼习惯，学校举办教职工趣味运动会，共800多名教职工参与趣味运动会。（陈伟龙）

【开展关爱教职工慰问活动】 年内，常态化开展春节、“三八”妇女节、教师节慰问活动。5月，关心慰问附属翔安医院护理人员，同时送上省教科文卫体工委工会、学校工会的关怀。5月24日，校工会一行走访慰问学校90岁以上“银发劳模”，送去厦门市总工会的慰问金和校工会的关心关爱，并致以诚挚的问候和祝福。7月，到漳州校区关心慰问后勤集团高温岗位员工，跨海送清凉。（王　媞）

【举办健康义诊和健康知识讲座】 认真落实党的二十大关于推进健康中国建设重要部署，增强全民健康意识，大力普及健康知识，积极响应“我为群众办实事”实践活动要求，3月，校工会主办、附属翔安医院工会承办“关注健康 关爱师生”2023年健康义诊活动和《脑血管疾病的预防与治疗》知识讲座。4月，举办《“阳康”后的中医调理》讲座。6月，校工会、校妇委会邀请厦门大学附属第一医院妇产科专家举办“关爱女性健康 享受幸福人生”讲座。10月，举办《常见关节运动损伤防治》健康讲座。（梁艳芝　刘黛茜）

【创新推出共享温馨“妈妈小屋”】 为关心关爱孕期和哺乳期女教职工群体，根据调研会上哺乳妈妈反映的跨校区使用哺乳室（以下称为“妈妈小屋”）的需求，校工会打造“共享温馨‘妈妈小屋’行动计划”，在各基层工会的大力支持下，共征集到覆盖3个校区的9处可共享的“妈妈小屋”信息，供有紧急需求的教职工哺乳妈妈使用，凸显学校人文关怀，传递关爱的力量。（董佳闻）

【为单身教职工搭建交友平台】 年内，工会组织举办本校教职工参与多场联谊活动。以“线上＋线下”的方式与厦门第一中学、国网厦门供电公司、厦门港务控股有限公司等多家单位开展联谊活动。组织20余名教职工参与由厦门市教育工会主办的“爱厦门·爱教育”青年海上联谊活动，畅通青年教师交友联谊的渠道，提升青年教职工幸福感、归属感（董佳闻）

【举办教职工心理咨询和法律咨询服务活动】 年内，工会开展“心相约”教职工心理咨询服务，全年共为80余名教职工提供一对一心理咨询服务。完善和提升“心相约”心理咨询服务广度和深度，举办“心相约”系列公益心理课堂，4月在翔安校区开展绘画治疗体验活动，全校13个单位34名教职工报名参加。4月在思明校区举办首场“心理团辅”活动，11月举办正念训练解压体验活动。开展“法同行”教职工法律咨询服务，全年共为20多名教职工安排法律咨询服务、召开1场教职工征求意见会，开展1场三家村广场法律咨询，在漳州校区开展1场幸福婚姻家庭法律讲座。（刘黛茜　董佳闻）

【举办教职工子女“嘉禾”暑期公益夏令营、暑托班】 7月初，举办教职工子女“嘉禾”暑期公益夏令营、暑托班。夏令营包括新开设的合唱、硬件编程等课程共18类26个班，815名学员。同时，校工会委托厦大幼儿园举办学前段教职工子女暑期托管班，指导机关工会举办教职工低龄子女托管班，共托管学员300多名，合计接收1200多名教职工子女入营，创历史新高，并举办了公益夏令营汇报演出。（刘黛茜）

【举办“致敬师恩”系列教职工专属优惠活动】 6月，联合星创视界、宝马眼镜等共同举办“致敬厦大教工 关爱视力健康”公益活动。中秋节期间，校工会联手华夏银行厦门分行在思明校区举办“礼惠金秋 致敬师恩”厦门大学教职工专属优惠活动。教师节，联手泰康养老保险公司在思明校区和翔安校区开展教职工家庭保险专项惠师活动，联手兴业银行厦门科技支行开展“桃李芬芳 礼敬园丁”主题惠师活动。（梁艳芝）

【厦大教职工荣获全国省市多个赛事奖项】 年内，教职工女子气排球队荣获2023年全国教科文卫体系统职工气排球比赛第5名。社会与人类学院教师尹梦琴老师荣获福建省教科文卫体工会工委举办的“中国梦·劳动美——凝心铸魂跟党走 团结奋斗新征程”演讲比赛一等奖，厦门大学工会荣获优秀组织单位。桥牌协会在2023年全国桥牌通讯系列赛（厦门大学赛区）获南北向及东西向冠军。校教职工操舞队参加2023上厦门市职工文化节——职工排舞大赛进入前十。教职工还组队，在2023年厦门市第四届“巾帼杯”女子乒乓球竞赛团体组比赛（市妇联主办）中荣获第五名；荣获2023年厦门市职工文化节市直机关事业工会羽毛球赛荣获亚军;荣获省教职工运动会羽毛球混合团体比赛三等奖和扑克牌80分三等奖;参加四年一届市行业部健身气功比赛,荣获团体总分第二、集体项目养生十二功法第一名等2个集体奖项和大舞个人项目第一名等6个个人赛奖项。（陈伟龙）

【加强全国、省、市、校际的交流学习与合作】 年内,校工会组织人员赴中国药科大学和武汉大学调研学习工会工作经验。与中国教科文卫体工会、新疆生产建设兵团总工会福建省总工会、厦门市总工会、哈尔滨医科大学工会、中南大学工会等加强交流互鉴,共研共进。全年接待11个全国劳模参访团入校参访校史馆、革命史馆和校园风光。7月,校工会、校妇委会参与厦门市“逐梦厦门 情暖童心”暑假公益研学夏令营,9月,参加首届“鹭岛先锋”厦门市机关事业干部职工文艺汇演活动,高质量呈现学校文艺水平和担当奋进的精神风貌,推动厦门市职工文化繁荣发展,并获活动最优组织奖。（吴春涛）

共青团工作

【概况】 年内,厦门大学团委围绕学习宣传贯彻党的二十大精神主题主线,结合团的十九大与学校第十二次党代会精神,深入贯彻落实上级团组织关于团员和青年主题教育的指示要求,聚焦“政治学校、先锋力量、桥梁纽带、先进组织”持续发力,全面履职尽责,抓实青年思想教育,深化组织体系改革,健全创新服务机制,动员带领团员青年在国家发展、奋进新征程中挺膺担当,推动共青团工作高质量发展。

截至12月31日,校团委有正式编制人员13名(其中思明校区10名、翔安校区3名)。有基层单位团委(团总支)40个,团支部1025个,团员32679名,专职团干部87名,兼职团干部10名(机关团委2名、后勤集团1名、资产经营有限公司3名、附属翔安医院1名、校团委兼职挂职副书记3名)。有校级学生组织9个:学生会、研究生会、学生社团指导中心、团属青年媒体中心、青年志愿者行动指导中心、学生艺术团、学生科技创业与就业服务中心、社会实践指导中心、团委基层组织建设中心。其中,学生会、研究生会委员由学生代表大会、研究生代表大会选举产生。

坚持为党育人,进一步办好引领青年思想进步的政治学校。一是深入学习宣传贯彻党的二十大精神、团的十九大精神和学校第十二次党代会精神。开展校团委周会“第一议题”学习29次,校团委理论学习中心组学习7次,发挥团干部“头雁效应”,校团委书记班子带头讲团课,下基层,传达和组织动员全校团干部学习党的二十大精神,组织学生开展专题学习会、座谈会14场。出台《共青团厦门大学委员会学习宣传贯彻习近平总书记重要讲话精神全面落实团十九大部署工作方案》,聚焦共青团的根本任务、政治责任和工作主线,更好地把青年团结起来、组织起来、动员起来。印发《共青团厦门大学委员会关于学习宣传贯彻学校第十二次党代会精神的通知》,有序推进落实学校第十二次党代会有关部署。邀请全国政协委员、中央团校党委书记倪邦文等面向全校团学干部、团员青年开讲,开展4次团校金课学习。二是深入开展学习贯彻习近平新时代中国特色社会主义思想主题教育。校团委党支部联合基建处、校工会党支部开展3次主题教育读书班学习活动。学懂弄通做实习近平总书记对共青团工作提出的系列新方略、新论断、新要求,开展3次专题学习,2次外出实践学习。围绕“共青团在高校学生思想政治工作中要发挥主力军作用”这一调研主题,前往9个学院深入开展调查研究,撰写调查报告,召开调研成果交流会。细致梳理问题,集中开展整治工作,整改问题落实之后转入巩固深化、常态长效治理,做到真正把情况摸清、把问题找准、对策提实,进一步提升共青团工作质量。三是扎实开展团员和青年主题教育。出台《面向全校广大团员和青年开展学习贯彻习近平新时代中国特色社会主义思想主题教育实施方案》,成立工作小组,研究制定基层团支部工作指引,切实落实团干部直接联系团支部制度,校、院两级团干部100%参与基层团支部学习讨论。聚焦“铸牢对党忠诚、坚定理想信念、发扬斗争精神、勇于挺膺担当”目标任务,把理论学习、交流研讨、实践体验、建功立业等融会贯通,整体推进,组织1473个基层团支部100%完成“思想旗帜”“坚强核心”“强国复兴”“挺膺担当”4个专题学习,开展各类交流研讨4500余场、理论宣讲87场,覆盖近4万名团员青年。团中央团员和青年主题教育指导组对学校工作开展情况予以充分肯定。获团中央及团中央团员和青年主题教育指导组工作简报报道4次,《中国青年报》对学校团员和青年主题教育特色做法予以专题报道。四是切实提升思想政治引领实效。开展分形式、多层次、全覆盖的学习培训活动,组织基层团干部赴中央团校和延安学习,举办大学生骨干培训班、社团骨干培训班、“团支部活力提升工程”学习班等5个班次,累计覆盖校院两级团干部和学生骨干1300余人。以五四青年节为契机,组织开展国旗下的团课、“看万山红遍:厦大青年学习展演中国共产党人的精神谱系”主题团日活动等,举办“烈士纪念日”系列纪念活动、国庆升国旗仪式,引导团员青年坚定理想信念,为团员青年培根铸魂。深化“囊萤星火”青年理论宣讲品牌建设,讲师团先后走进厦门市逸夫中学、厦门一中、厦门五缘湾实验学校、大宅社区等,开展各类主题宣讲25场,录制线上课程3门,覆盖线上线下听众2万人次。五是深入实施青年马克思主义者培养工程。开展厦门大学第二十期和第二十一期“青马工程”大学生骨干培训班,在全校范围内遴选255名优秀学生骨干,并安排16名专家学者担任青马学员理论导师。开展“宣贯二十大 青马学员说”等宣讲活动,共制作宣讲视频12个,累计受众10000余名。创造性地将厦门大学芙蓉二建设成“青马工程”实践基地,生动还原时任厦门市委常委、副市长的习近平关心青年发展,勉励青年“自找苦吃”“把马克思主义原著‘厚的读薄，薄的读厚’”的情景，将其打造成厦大青年学习马克思主义理论、青马学员开展理论研学活动的实体阵地，受到团中央和团省委的高度肯定。全校各团支部在芙蓉二开展主题团日活动、专题学习、读书会等活动80余场，覆盖1700余人。六是深化新媒体思想宣传阵地建设。搭建以“青春厦大”“厦门大学青春飞翔”为主体的融媒体矩阵，通过微信、微博、抖音、B站等新媒体窗口为青年发声，与青年实时互动热点话题。其中，“青春厦大”微信号有关注人数66041人，常读用户比例稳定保持在20%以上，原创内容多次入选全国基层团组织微信公众号热文当周榜单，多篇原创推送、视频阅读量过万，被主流媒体转载宣传，进一步增强学校团属媒体传播力、引导力、影响力和公信力。形成“团团成长记”“奔涌吧后浪”“学在厦园”“人在厦大”等特色品牌专栏，形成良好的朋辈激励效应。持续推出学习党的二十大精神、团十九大精神“青字号”主题宣传产品，加强“青年化”阐释。设计“兔年新春礼包”“2023毕业礼盒”等深受青年喜爱的文创作品，拓展文化宣传载体，拉近与学生的距离。利用校院联动机制，以“团团新闻联播”专栏为载体，合作创造高质量原创新媒体作品，切实加强团属阵地传播。七是加强青年理论研究。面向基层团干部确定5个重点研究课题、8个一般课题立项，引导团干部深入实际、深入基层、深入青年，力争形成一批有分量的理论文章，推出一批高质量的研究成果。针对青年普遍关注的热点问题进行深入解读，加强正面引导、回应青年关切，更好地推进党的理论青年化阐释。举办青年理论研究研讨会，交流研究成果，深化思想认识。

提升学生的社会化能力，进一步担当组织青年奋斗的先锋力量。一是扎实推进学生社会实践工作。开展两期厦门大学“职业体验·大学生社区挂职计划”，选派222名优秀团学骨干赴社区担任团组织副书记，以项目制工作方式参与基层社区治理，在基层社区实践中受教育、长才干、作贡献，推动落地志愿服务项目98个，形成528篇民情日志、96篇调研报告。引导广大青年学生上好与现实相结合的“大思政课”，持续组织“三下乡”“返家乡”社会实践，通过组建博士生地方经济发展服务团等壮大青春智库。年内，共组织1100余支团队、4200余名学生参与寒假社会实践。集中组织900多支团队、近万名师生参与暑期社会实践。二是深化创新创业活动。充分发挥“挑战杯”“创青春”等重要赛事的牵引作用，助力拔尖创新人才培养。在第十三届“挑战杯”中国大学生创业计划竞赛全国决赛中获得1金、5铜。在第十八届“挑战杯”全国大学生课外学术科技作品竞赛主体赛道中突破性获特等奖2项。科创竞赛机制建设和政策保障不断完善，推动学校出台《厦门大学“挑战杯”赛事管理与激励办法》。助力科学普及工作，组织开展2023年全国青少年高校科学营厦门大学分营暨福建省级营活动。三是提升志愿服务水平。组织1500余名优秀青年志愿者为海峡论坛、九八投洽会、金鸡电影节、世界田联钻石联赛、奥运会女足亚洲预选赛等大型赛会提供高质量志愿服务。出台《厦门大学志愿服务“金木棉奖章”评选办法》，评选4个“金木棉奖章集体”和50名“金木棉奖章个人”，发挥先进典型的示范带动作用。举办“雷锋精神代代传”公益市集、“青春共绘 木棉花开”12·5志愿服务文化节，引导团员青年亲身参与、浸润式感受学校志愿服务文化，在活动体验中提升国情认知、坚定理想信念。四是加强校园文化建设。深入挖掘校本文化的教育功能，改编音乐舞蹈史诗《南强颂》，作为福建省高雅艺术进校园剧目和福建省重点扶持文艺项目，赴漳州、泉州等地开展巡演，覆盖近万人；复排原创音乐剧《最美的青春》，获厦门市“三爱”主题教育活动一等奖、福建省大学生戏剧节三等奖。举办“学习新思想 唱响新征程”校园合唱节，覆盖34个院系近千名学生；开展华语校园歌手赛厦门大学选拔赛暨校园十大歌手赛，唱响“请党放心 强国有我”的青春誓言。组织本校师生参与、承办福建省大学生艺术节；受邀参与中国网络文明之夜、央视《多情的土地2023》节目、海峡论坛、“三下乡”文艺演出等国家、省、市级演出16场，获好评。带领学生参加墨尔本国际器乐声乐大赛、中国大学生街舞锦标赛等赛事，获国际级奖7项、国家级奖28项，省级奖26项。

提升服务大局和服务学生工作水平，进一步建设党联系青年的桥梁纽带。一是着力防范化解意识形态工作领域风险隐患。增强政治敏锐性，把防范风险有机融入团的日常工作，在重要敏感时期及特殊时间节点，充分发挥校团委机关团干部对接联系基层工作机制，及时发现青年群体思想变化和风险苗头，第一时间好防范及应对准备，筑牢思想防线。二是积极融入基层社会治理体系。坚定不移地以社区为主场景，带领青年走进社区、走进乡村、走进基层。与厦门团市委共建开展“社区青春行动”，与思明区、湖里区、翔安区、海沧区50余社区形成长期结对共建关系，依托街道“新时代文明实践中心所(站)”“青年之家”等阵地，采取“供需对接”和“项目化运作”等方式，推动64个志愿服务项目落地社区，1.1万余名厦大青年深入基层、走进群众，广泛开展关爱少年儿童、社区环境改造、助老金晖行动、乡村振兴和文化宣传等小而实、小而美的常态化志愿服务项目，服务社区居民人数超过2.3万人。三是持续赋能乡村振兴行动。选拔22名优秀学生组建第26届研究生支教团，指导第24届、25届研究生支教团在服务地做好教学、团学、助学工作。选拔6名志愿者参加2023年西部计划，派遣前往新疆维吾尔自治区1人、新疆生产建设兵团3人、美丽中国支教专项2人。在9月公布的“2022年西部计划绩效考核”结果中，校团委获评优秀等次高校项目办。四是积极拓展青年外事工作。选派师生赴印度尼西亚参加第18届东盟暨第8届东盟及中日韩大学联盟青年文化论坛，推进青年国际交流和中华文化传播。促成与东盟基金会、中国-东盟合作基金以及中国驻东盟使团的“中国-东盟青年交流营”项目合作。创新开展“颉颃计划”大学生海外社会实践活动，分赴印度尼西亚、新加坡和马来西亚等“一带一路”共建国家开展实践调研。五是巩固和扩大新时代青年爱国统一战线。打造“情牵厦金”两岸青年学子文化研习营系列活动。受邀参加第二十一届海峡青年论坛，与对岸青年深化交流、增进友谊，共商青年事，共建青年桥。重点推荐学生骨干参加澳门大学纪念五四运动104周年活动暨第二十五届澳门大学学生会青年领袖峰会，与澳门兄弟高校学生骨干深入交流探讨。六是全力助推青年就业。推报6件创业项目参加团中央2023年大学生创业帮扶计划。帮助学生树立正确就业观，持续推进大学生实习“扬帆计划”就业创业专项行动，组织学生走进加多宝、厦门烟草、晋江知名企业等参访，组织“笃行计划”促进大学生就业创业系列讲座2场。开展访企拓岗，与陕西汽车控股集团有限公司达成实习就业合作；组织“千校万岗”系列招聘活动，帮助更多青年学生充分就业。七是健全青年权益保障体制与维护体系。立足服务宗旨，重点打造“六位一体”权益工作体系，通过“权益面对面”“调研点到点”“行动手拉手”“解忧键对键”“服务实打实”，以期实现“师生心连心”，积极服务学生成长成才。召开第五十四届学生代表大会、第三十三届研究生代表大会，选举产生常任代表103名，广泛征集学生在权益维护、学业发展、身心健康、社会融入等方面的诉求，形成提案75件，上届大会提案办复率100%。编制权益月报，及时关注、汇集、回应日常学习生活中青年学生的呼声和需求。畅通日常权益反馈渠道，关注学生急难愁盼的问题，及时联系学校相关职能部门，解决相关问题100余件。加强厦门大学学生模拟政协协会建设，发挥引导学生有序参与校园治理的政治功能，开展专题培训3场，举办校园模拟提案大赛，参加第十届提案中国全国大学生模拟政协提案大赛并获得全国三等奖。

巩固深化团学组织改革，进一步建设紧跟党走的先进组织。一是巩固深化共青团改革。落实《中共厦门大学委员会贯彻落实〈关于改革创新高校共青团工作 切实增强思想政治引领实效的若干措施〉实施方案》。编写、完善《厦门大学基层团组织标准化工作手册》，推动基层团组织工作规范化，着力增强团支部教育功能。完善“团建指导员”制度，规范化制度化开展“推优工作”。持续加强团干部队伍建设，狠抓团干部的党性修养和业务能力提升。选派5名团干部到团中央、福建省教育团工委、厦门团市委、思明团区委挂职锻炼，不断拓宽团干部成才渠道。强化示范引领，以团员教育评议为基础，开展“两优两红”“向上向善好青年”等评选活动，选树一批先进个人、先进组织。二是巩固深化学生会组织改革。成功召开学校第五十四次学生代表大会、第三十三次研究生代表大会，逐步完善常任代表制度、学生代表提案制度，真正发挥学生代表大会制度引导学生有序参与校园治理的政治功能。修订《学生会组织工作指导文件汇编》，制定《关于加强厦门大学学生会组织工作人员作风建设的管理办法》，强化组织建设，营造风清气正的学生会组织形象。健全完善组织运行体制机制，纵深推进二级学生会组织改革，做好二级学生会组织的指导、服务工作，开展学生会组织述职评议2场，激发组织整体活力。继续加强组织联动，为推进校院常态化交流、院际合作互助夯实基础，为促进校内外优势资源共享拓宽平台。三是巩固深化学生社团改革。进一步贯彻落实《高校学生社团管理暂行办法》，深化学生社团综合改革，着力发挥社团临时党、团支部的政治引领功能和思想教育功能，支持学生社团规范、健康发展。开展厦门大学社团文化节、“文化荟萃、走入园区”系列社团活动、推进“百鹭计划”社团骨干培训、演武小学素养课堂共建项目等品牌项目，全年举办各类线上线下社团活动859场，覆盖49038人次。开展学生社团品牌活动立项支持项目，多维度展现学校学生社团品牌活动建设成果。2023年，各类学生社团获35个国家级奖项和34个省级奖项，阳光心理志愿者社团等3个社团入选“榜样100”全国大学生优秀社团排行榜，社团影响力和覆盖面逐步扩大。

（吴光锡　王岩芳）

【举办主题团日活动】 3—7月，举办“看万山红遍：厦大青年学习展演中国共产党人的精神谱系”主题团日活动，并在建南大会堂汇报演出。活动围绕中共中央宣传部发布的第一批纳入中国共产党人精神谱系的46个伟大精神，以“万名团员自主学习、千个支部研讨交流、百篇优秀心得展示、十个精品红剧展演”的形式组织开展，生动再现中国共产党人为人民谋幸福、为民族谋复兴的百年奋斗历史，阐释了以伟大建党精神为源头的精神谱系，彰显了各团支部学习党的创新理论的成效，同时也全面展示学校团员青年朝气蓬勃、健康向上的精神风貌。

（洪佳敏　王心君　吴光锡）

【在第十三届“挑战杯”中国大学生创业计划竞赛国赛中勇夺佳绩】 年内，第十三届“挑战杯”中国大学生创业计划竞赛全国决赛中，学校获1项金奖、5项铜奖。其中，航空航天学院“智造光学——先进光学元件加工装备全球领航者”斩获金奖，是本届比赛“科技创新与未来产业”组福建省唯一金奖。此外，公共卫生学院“犀牛生物科技——全自动核酸现场检测领军者”，电子科学与技术学院“雀影医疗——便携式磁共振智能成像仪”，教育研究院“情系山河：劳动教育振兴‘空心村’的探索者”，航空航天学院“柔芯生物——高集成度3D心肌组织芯片”，电影学院“惜影力——民间珍稀音像文献发掘整理修复推广”斩获铜奖。

（林致尧　张馨月　王岩芳　姚祖婵）

【开展“情牵厦金”两岸青年学子文化研习营系列活动】 为贯彻落实《中共中央 国务院关于支持福建探索海峡两岸融合发展新路　建设两岸融合发展示范区的意见》，深化厦门大学与金门大学校际交流合作，引导两岸学生感受海峡两岸的同根同源，共同弘扬中华优秀传统文化，3月31日—4月4日、11月23—27日“情牵厦金”厦门大学2023年两岸青年学子文化研习营和“情牵厦金”两岸青年学子文化研习营暨首届厦门大学—金门大学棒球邀请赛举行。“情牵厦金”两岸青年学子文化研习营系列活动获得福建省“我为同学做实事”项目交流展示活动“十佳项目”。

（杨家麒　周林琪）

【承办高校共青团服务大学生科技创新暨第十八届“挑战杯”竞赛工作培训班】　4月2—4日，由共青团中央青年发展部主办，共青团福建省委、福建省学生联合会和学校联合承办的高校共青团服务大学生科技创新暨第十八届“挑战杯”竞赛工作培训班（厦门站）在学校举行，来自福建、江西、广东、广西、海南、贵州、云南7个省（自治区）的省（区）级团委学校的负责人、高校团委负责人、高校科技创新指导教师等共153名学员参加，培训内容包括第十八届“挑战杯”竞赛赛事改革总体考虑及筹备进展、“挑战杯”竞赛优秀作品分析及参赛辅导、优秀组织单位和指导教师经验分享、分组讨论和参观考察。

（吴怡佳　王岩芳　姚祖婵）

【“囊萤星火”青年讲师团获评2022年度全省“基层理论宣讲先进集体”并入选团中央案例选编】　厦门大学“囊萤星火”青年讲师团聚焦推进党的创新理论“青年化”阐释，以“青春思政微课”宣讲品牌作为加强大学生思想政治教育的重要抓手，推动青年理论武装融入青年大学生日常学习工作和生活中。4月，讲师团项目入选共青团中央宣传部编印的《共青团推进习近平新时代中国特色社会主义思想“青年化”阐释工作案例选编》，讲师团被中共福建省委宣传部、中共福建省委讲师团授予2022年度全省“基层理论宣讲先进集体”。

（陈茹晴　刘　莹　吴光锡）

【参加“让青春绽放绚丽之花”——福建青年宣讲党的二十大精神活动取得优异成绩】　4月，省委宣传部、省委网信办、省委省直机关工委、省委教育工委、省委讲师团、省国资委、团省委、省广播影视集团等八部门联合举办“让青春绽放绚丽之花”——福建青年宣讲党的二十大精神活动。讲师团成员、公共事务学院2021级硕士研究生石浩和生命科学学院2020级硕士研究生潘月涵，与全省各系统、各领域优秀青年同台竞技，分别获一等奖、三等奖。

（陈茹晴　刘　莹　吴光锡）

【举行纪念五四运动104周年升旗仪式】　为纪念五四运动104周年，5月4日上午，学校近千名团员青年在思明、翔安、漳州校区同步举行庄严的升国旗仪式。进行升国旗唱国歌、相聚团旗下重温入团誓词、朗诵《国旗下的礼赞》等活动，通过追忆英雄先辈的光辉事迹，回顾厦门大学与国同向同行、奋进一流征程的办学历程，展现了在共青团的伟大事业中，青年人胸怀祖国、矢志奉献的使命担当。

（蔡笑霜　杨家麒　朱祎濛　周林琪　林　蕊　姚祖婵）

【多个集体和个人获共青团中央、福建团省委表彰】　年内，学校坚持培养和选树先进典型，强化示范引领，一批团组织和团员青年获团中央、团省委表彰。生命科学学院教授黄烯获评“福建省青年五四奖章个人标兵”，海洋种业青年科学家团队获评“福建省青年五四奖章集体”，新闻传播学院马克思主义新闻观理论研修班先锋团支部获评“福建省五四红旗团支部”，国际中文教育学院/海外教育学院罗亦纾获评“福建省优秀共青团员”。　（洪佳敏　吴光锡）

【举办厦门大学第二十一期青年马克思主义者培养工程学生骨干培训班】　本期培训班于5月20日开班，来自三个校区82名学员参与培训。本期培训班着力选优配强师资力量，形成“成长导师、专业教师、实践老师”三位一体模式，以“老马”带“青马”。系统化开展马克思主义理论授课，开展《共产党宣言》原著导读课程、“调查研究”专题培训以及《〈资本论〉原著历史材料辨析》《厦门市推进两岸融合发展，打造台胞台企登陆第一家园》主题讲座，开展“吾辈之志保家之愿，吾辈之责强国之任”电影团课，联合厦门大学马克思主义理论研修班、“扬才计划”代表、“石榴籽”学生骨干培训班代表、“行远计划”代表、“颉颃计划”代表，开展“笃行实干赴山海，挺膺担当向未来”暑期社会实践成果交流分享会。发动学员参与国家级、省级、市级青少年模拟政协提案征集活动。开展“青春向延安·南强践初心”主题社会实践，进行情景式、互动式、宣讲式深度学习，开展直播助农、爱心助学等活动，开展社会调研，为乡村振兴建言献策。

（杨家麒　周林琪）

【厦门大学研究生支教团“这条小鱼在乎”奖助学故事走红网络】　5月，学校研究生支教团“这条小鱼在乎”奖助学故事刷屏网络，获“人民日报”“新华社”“共青团中央”等诸多主流媒体点赞报道，全网流量热度近1.5亿。25年来，厦门大学研究生支教团扎根“西海固”接力耕耘，年复一年讲述“这条小鱼在乎”的资助育人故事，已成为厦门大学青年志愿者活动的品牌项目，得到了社会各界的广泛赞誉。年内，研究生支教团共募集一对一奖助学金200余万元，资助了3056名宁夏乡镇中学家庭经济困难学生。

（王心君　吴光锡）

【召开厦门大学学生社团建设管理评议委员会】　5月、11月分别召开学生社团建设管理评议委员会，有序推进学生社团换届、注册、纳新及年审等工作，对社团组织建设、活动开展等提供规范指导，完善校党委统一领导、相关职能部门共同参与的学生社团工作机制。　（蔡笑霜　周林琪）

【在福建省2022—2023学年寒假“我和我身边的中华优秀传统文化”主题社会实践活动中喜获佳绩】　年内，学校组织180支团队、815名学生参加福建省“我和我身边的中华优秀传统文化”寒假社会实践，形成调研报告115篇。在总结评选中，学校获评优秀组织单位，获评优秀团队3个、优秀实践个人3人、优秀实践成果3项。

（杨雨岚　巫慧娟　林　蕊）

【联合主办“鹭岛青年说”——厦门青年宣讲比赛并派选手参赛取得优异成绩】　7月，由厦门团市委和校团委联合主办，“囊萤星火”青年讲师团承办了“鹭岛青年说”——厦门青年宣讲比赛。讲师团成员、公共事务学院2022级硕士研究生杨圆圆和化学与化工学院2022级本科生阿迪力江·阿力木参加比赛，分别获得一等奖和二等奖。

（陈茹晴　刘　莹　吴光锡）

【团中央第一书记阿东来校调研共青团工作】　7月18日，共青团中央书记处第一书记阿东莅校调研，并围绕“深入学习领会习近平总书记在同团中央新一届领导班子集体谈话时的重要讲话精神，全面贯彻落实团十九大工作部署”主题，与厦大青年师生代表座谈交流并作宣讲。此外，阿东一行先后前往学校校史馆、学校青年马克思主义者培养工程实践基地，回顾厦门大学百余年办学历程中的重要节点、事件和成果，重温习近平总书记对学校建设发展和人才培养做出的重要指示精神，并现场观摩了“青马学员说”活动。

（洪佳敏　吴光锡）

【开展“颉颃计划”大学生海外社会实践】　为承继校主先生“能与世界各大学相颉颃”之立校宏愿，年内，学校创新开展“颉颃计划”大学生海外社会实践，集中组织61名本硕博学生，奔赴“一带一路”共建国家，走进国际组织、政府机构、中资企业和知名高校，围绕中华文化海外传播、中外合作模式优化、高等教育境外办学等主题开展调研。本次实践成果丰硕，开发“产业化智能分析引擎”小程序平台；制作1部多语种MV；创作3个曲艺作品；形成3个纪录视频；产出5篇调研报告、5篇资政报告，该项目获评“全国优秀品牌项目”。活动获人民日报、新华网等媒体报道。

（杨雨岚　巫慧娟　林　蕊）

【开展2023年“我最喜爱的十位老师”评选活动】　9月10日，厦门大学2023年“我最喜爱的十位老师”评选活动颁奖典礼在建南大会堂举行，爱秋体育馆设分会场同步转播。通过表彰在科研教学、师德师风等方面具有突出成绩的教师，弘扬尊师重教的传统美德，鼓励学校教师不断落实立德树人根本任务，坚守初心使命，培根铸魂育新人。

（杨家麒　朱祎濛　周林琪　林　蕊）

【在“追寻领袖足迹 感悟思想伟力”2023年福建省大学生暑期社会实践活动中喜获佳绩】　学校牵头福建省“追寻领袖足迹 感悟思想伟力”社会实践全国线路活动，联合省内7所高校43名师生前往浙江、上海、北京等地，“读经典著作、研创新理论、讲福建故事、做时代新人”。在总结评选中，学校获评优秀组织单位，6人获评优秀指导教师，6人获评优秀实践个人，获评优秀实践成果特等奖2项、一等奖4项、二等奖4项、三等奖4项。

（杨雨岚　巫慧娟　林　蕊）

【在第十八届“挑战杯”大学生课外学术科技作品竞赛国赛中荣获佳绩】　10月27—31日，学校在第十八届“挑战杯”全国大学生课外学术科技作品竞赛中取得优异成绩，在主赛道中荣获特等奖2项，二等奖1项，三等奖3项；“红色专项活动”赛道中荣获一等奖1项；“黑科技”展示活动中获得“星系级”作品1项、“行星级”作品2项、“卫星级”作品1项；在“揭榜挂帅”专项赛中荣获一等奖1项。

（程子航　王岩芳　姚祖婵）

【在志愿服务项目大赛中获得佳绩】　在第六届中国青年志愿服务公益创业赛中，教育研究院“情系山河：劳动教育振兴‘空心村’的探索者”项目获银奖。在福建省新时代文明实践志愿服务项目大赛中，学校7个项目共获1金、6银，其中“囊萤星火”青年理论微宣讲志愿服务项目获金奖，充分展现了厦大青年学子的专业能力、社会关怀与创新水平。

（王心君　吴光锡）

【在第十届“创青春”大赛中斩获1金、1银】　11月27日，学校在第十届“创青春”中国青年创新创业大赛中取得1金、1银新突破，“显示芯片全生产工艺外观缺陷检测解决方案提供商”项目获得数字经济专项赛成长组全国金奖，“微纳光学组织切片成像系统及其产业化”项目获得社会企业专项赛创新组全国银奖。

（陈　晨　程子航　王岩芳　姚祖婵）

【承办福建省第七届大学生艺术节】　年内，学校承办“厚植家国情怀 涵养进取品格”福建省第七届大学生艺术节，开展器乐、舞蹈、艺术作品等集中展演，覆盖省内超85%高校，汇集500余件作品。学校获一等奖9项，二等奖8项，三等奖7项，个人专项奖1项，优秀组织奖1项。

（蔡笑霜　周林琪）

【举办厦门大学2023年学生社团文化节】　年内，为纪念“一二·九”运动88周年，校团委举办“社彩纷呈奋进一流 团聚青春再攀高峰”2023年学生社团文化节。本次活动在思明校区、翔安校区同步举办，涵盖社团风采表演、文化展示、社团纳新与定向越野挑战赛等。（蔡笑霜　周林琪）

【厦大学生荣获第十四届中国青年志愿者优秀个人奖】　在团中央、中国青年志愿者协会开展的第十四届中国青年志愿者优秀个人奖、组织奖评选中，2022级凝聚态物理专业研究生周博语参评并荣获优秀个人奖，这是由共青团中央、中国青年志愿者协会授予的我国青年志愿服务领域最高荣誉。

（王心君　吴光锡）

【在全国“三下乡”社会实践活动中再创佳绩】　在2023年全国大中专学生志愿者暑期文化科技卫生“三下乡”社会实践活动总结通报中，校团委获评全国社会实践优秀单位；“踏足迹 促融合”两岸青年实践团、“仁心暖疆”实践团获评全国社会实践优秀团队；管理学院专任教师潘维廉获评全国社会实践优秀个人；“颉颃计划”海外社会实践项目获评全国优秀品牌项目。此外，“山海交厝”实践队的调研报告《黄厝转型记，山海新篇章——民宿主视角下的城中村可持续发展路径研究》获评本年度“三下乡”“返家乡”社会实践优秀调研报告；“青春向延安，南强践初心”实践队视频入选2023年大学生“三下乡”“返家乡”社会实践成果网络主题展播；“石榴籽·新疆行”实践队在“新疆学子百村行”专项活动中获评优秀团队；“鹰润童心”实践队在“法治中国青春行”专项活动中获评优秀团队；在中国青年报2023年全国大学生暑期实践展示活动中，“空天报国”实践队获评“全国大学生暑期实践团队top100”，鹰润童心青少年普法项目获评“全国大学生暑期实践项目top100”。（杨雨岚　巫慧娟　林　蕊）

【在福建省大中专学生志愿者暑期“三下乡”社会实践活动中再创佳绩】　年内，在2023年福建省大中专学生志愿者暑期“三下乡”社会实践活动优秀工作典型评选中，经济学院团委获评省级先进单位，获评省级优秀团队3支，省级先进工作者4名，省级先进个人5名。此外，在“河小禹”专项行动中还获评优秀调研报告1篇，主题演讲比赛优秀奖1个。环境与生态学院1名学生当选福建省第三批“校园河长”。

（杨雨岚　巫慧娟　林　蕊）

附　录

厦门大学第五十四届学生会主席团名单

古欣愉（女）　孙瑀珩（女）　杨舒娈（女）　赵丽芳（女）
郑晨祺

厦门大学第三十三届研究生会主席团名单

王飞雨（女）　苏文涛　吴克敏　郭非然（女）
潘铧康

厦门大学第二十五届研究生支教团名单

申　昱　史瑞先（女）　冯晓慧（女）　许　愿（女）
苏宛莹（女）　李　艳（女）　肖美纯（女）　吴璐峰
张诗怡（女）　张睿晨　林艺玲（女）　林衍含（女）
罗　烨　郑子言　袁　婷（女）　郭晓语（女）
唐晓宇　梁怡婷（女）　曾文雯（女）　谢泓鑫
赖伟航　熊柏臻

厦门大学2023年“我最喜爱的十位老师”名单

环境与生态学院	于　鑫
材料学院	白　华
电子科学与技术学院	吴挺竹
外文学院	张雅惠
公共卫生学院	陈田木
物理科学与技术学院	陈理想
管理学院	屈文洲
信息学院	晁　飞
医学院	梁　青
新闻传播学院	谢清果

厦门大学2023年学生社团一览表

（学生社团总数143个）

思想政治类（16个）

习近平新时代中国特色社会主义思想青年研习社	《资本论》研习社
党规党纪学生研习社	马列经典著作读书社
“上弦求是”青马知行社	囊萤之光研习社
爱廉社	马克思主义新闻观研习社
农民之子协会	海洋先锋社团
学生模拟政协协会	生态文明学生研习社
中国式现代化法律文化传播学社	马克思主义政治经济学学习社
厦门大学国关南洋学社	习近平总书记关于教育的重要论述研习社

学术科技类（43个）

留学知识交流协会	旅游学社	文化遗产学社	无人机创新社
哲海潮学社	模拟联合国	天文同好会	机器人爱好者联盟
史韵学社	国际组织人才发展协会	创客协会	航空爱好者协会
粤语社	人类学社	软件学社（开放原子开源社团）	绿野协会
法学社	外文学社	OpenHarmony 技术俱乐部	中医协会

续表

辩论学社	广告学社	网络空间安全协会	朝花夕拾药植标本社
市场营销协会	乡村营建社	人工智能学生社团	数学建模社
青年会计学社	数字建造社	第九艺术游创社	电子创芯协会
电子商务学社	科幻协会	Utalk 协会	南强电子设计协会
管理学社	中国式现代化电影青年研习社	海洋微藻社团	影视协会
财务学社	化工设计与应用软件协会	蔚蓝社	

创新创业类(5 个)

职业发展协会	大学生就业与创业协会	素质拓展协会
创业联盟	凤凰花影社	

文化体育类(64 个)

美食协会	高尔夫球协会	舟艇协会	摄影协会
西藏文化交流协会	健身气功协会	足球协会	钢琴协会
AUSM 魔术协会	健身社	篮球协会	热门音乐社
推理协会	棋牌联盟	毽球协会	静迹动漫社
花韵手工社	街舞协会	射艺协会	雅风民乐社
茶学社	排球协会	极限飞盘协会	书画协会
魔方社	排舞协会	啦啦操协会	岛配音社
读者协会	攀树协会	击剑协会	启风话剧朗诵社
桥牌社	乒乓球协会	马拉松协会	南强话剧社
3X-GAME 轮滑协会	跆拳道协会	琼华汉服社	京剧协会
FB2 跑酷社	体育舞蹈协会	学生潜水协会	博乐相声社
棒垒球协会	跳绳协会	鼓浪文学社	国风文化社
登山协会	网球协会	梧栖诗社	中华文化促进学社
定向越野协会	围棋协会	吉他协会	游泳协会
帆船协会	武术协会	陶韵社	瑜伽协会
橄榄球协会	学院太极武艺	古琴社	羽毛球协会

志愿公益类(8 个)

荣耀基层社团	竹蜻蜓支教协会	阳光心理志愿者社团	健康与生活促进会
学生公益会	凤凰花社	西部梦想社团	“科普进社区”社团

自律互助类(7 个)

军鹰协会	无偿献血协会	爱心社	“乐亦思数”社团
南强乡村学社	环保协会	天路行	

2023 年厦门大学重要奖项获奖名单

国际级奖项

第 9 届墨尔本国际器乐声乐大赛中国赛区预选赛
西洋器乐合奏组一等奖
学生艺术团管乐队

ID.DANCE 中韩国际舞蹈艺术影像作品展暨“元舞者”影像展
银奖、铜奖、最佳人气奖
学生艺术团舞蹈一队

PDE 国际舞蹈大赛总决赛
银奖、铜奖
学生艺术团舞蹈一队

国家级奖项

第十四届中国青年志愿者优秀个人奖
周博语

第六届中国青年志愿服务项目大赛
银奖
情系山河:劳动教育振兴“空心村”的探索者志愿服务项目

第十三届“挑战杯”中国大学生创业计划竞赛国赛
金奖
航空航天学院　智造光学——先进光学元件加工装备全球领航者
铜奖
公共卫生学院　犀牛生物科技——全自动核酸现场检测领军者
电子科学与技术学院　雀影医疗——便携式磁共振智能成像仪
教育研究院　情系山河:劳动教育振兴“空心村”的探索者
航空航天学院　柔芯生物——高集成度 3D 心肌组织芯片
电影学院　惜影力——民间珍稀音像文献发掘整理修复推广

第十八届“挑战杯”大学生课外学术科技作品竞赛国赛主赛道
特等奖
电子科学与技术学院　微纳光学组织切片成像系统
电子科学与技术学院　基于相变材料的动态多功能太赫兹超构表面
二等奖
管理学院　新能之火燃华夏,产供安全兴家国——我国新能源产业链供应链安全调查研究
三等奖
公共事务学院　青山变“金山”:如何走好乡村生态资源价值实现之路?——基于福建省三明市 10 乡镇 40 村的调查
台湾研究院　“融陆”新生活:台湾学生在祖国大陆就读的融合发展研究
管理学院　民企乾乾翻作浪,亲清脉脉化为桥——福建省民营经济高质量发展的模式研究

第十八届“挑战杯”大学生课外学术科技作品竞赛国赛“红色专项”活动
一等奖
电影学院　唤醒“沉睡”的红色影像——基于中国红色影像修复的调研与实践

第十八届“挑战杯”大学生课外学术科技作品竞赛国赛“黑科技”展示活动
“星系级”作品
航空航天学院　“随声而动”非接触隔空移液
“行星级”作品
能源学院　蓝能可贵——双碳目标下的海洋能发电装置设计
公共卫生学院　施福德(SHIFT)——介入栓塞材料功能化配药系统开创者
“卫星级”作品
航空航天学院　航空面齿轮抗胶合数字孪生智能制造系统

第十八届“挑战杯”大学生课外学术科技作品竞赛国赛“揭榜挂帅”专项赛
一等奖
教育研究院　新时代高校“双困”毕业生就业困局及破解路径——以 X 高校为例

第十届“创青春”中国青年创新创业大赛
金奖
航空航天学院　显示芯片全生产工艺外观缺陷检测解决方案提供商
银奖
电子科学与技术学院　微纳光学组织切片成像系统及其产业化

2023 年全国大中专学生志愿者暑期文化科技卫生“三下乡”社会实践活动
全国社会实践优秀单位
厦门大学团委

全国社会实践优秀团队
台湾研究院　“踏足迹　促融合”两岸青年实践团
医学院　“仁心暖疆”实践团
全国社会实践优秀个人
管理学院专任教师　潘维廉
全国优秀品牌项目
“颉颃计划”海外社会实践项目
“新疆学子百村行”专项活动优秀团队
管理学院　“石榴籽·新疆行”实践队
“法治中国青春行”专项活动优秀团队
法学院　“鹰润童心”实践队

2023年度“三下乡”“返家乡”社会实践
全国优秀调研报告
“山海交厝”实践队　《黄厝转型记，山海新篇章——民宿主视角下的城中村可持续发展路径研究》

2023年大学生“三下乡”“返家乡”社会实践成果网络主题展播
“青春向延安，南强践初心”实践队

2023年团中央“七彩假期”志愿服务示范团队
“锦字红书”支教队
一鹭童行实践队

中青报2023年全国大学生暑期实践展示活动
全国大学生暑期实践团队top100
航空航天学院　“空天报国”实践队
全国大学生暑期实践项目top100
法学院　“鹰润童心”青少年普法项目

2023年立邦“为爱上色”中国大学生农村支教奖
全国优秀奖、最佳视频奖
西部梦想社团固原支教队

2023年南风窗调研中国大赛
国家三等奖
一探究竟队
南风窗调研中国百强
深绿一“厦”实践队
数字强疆实践队
红色寓站实践队
博学经世实践队
“锦字红书”支教队
博士生地方经济发展服务团宁德实践队

第十六届中国大学生体育舞蹈锦标赛
第一名、第二名
学生艺术团体育舞蹈队

2023年第五届国际标准舞公开赛
第一名
学生艺术团体育舞蹈队

2023年中国大学生街舞锦标赛
南方赛区冠军、全国亚军
学生艺术团街舞队

北京国际舞蹈影像季BIDVF2023
三等奖
学生艺术团舞蹈一队

2023第30届中国国际广告节中国广告模特大赛
最佳活力奖、最佳表现力奖、十佳模特奖、明日之星奖
学生艺术团模特队

“榜样100”全国优秀团队荣誉称号
阳光心理志愿者社团
西部梦想社团
竹蜻蜓支教协会

第十四届中国杯帆船赛
亚军
帆船协会

省级奖项

第二十届“福建青年五四奖章个人标兵”
黄烯　生命科学学院

2022年度“福建省青年五四奖章集体”
海洋种业青年科学家团队

2022年度“福建省五四红旗团支部”
新闻传播学院马克思主义新闻观理论研修班先锋团支部

2022年度“福建省优秀共青团员”
罗亦纾　国际中文教育学院/海外教育学院

2023年福建省志愿服务项目大赛
金奖
“囊萤星火”青年理论微宣讲志愿服务项目
银奖
朝夕相伴·邻距离——社区治理效能提升志愿服务项目
开“心”福见——低龄小学生心理健康志愿服务项目
一村一茶一味道“青选至”乡村茶农增收帮扶志愿服务项目
“睛”彩有你——儿童视力守护志愿服务项目
老幼所依——一站式双龄共养志愿服务项目

信仰灯火——厦门大学革命史宣讲志愿服务项目

"让青春绽放绚丽之花"福建青年宣讲党的二十大精神活动

一等奖

石浩 《青春不以山海为远》

三等奖

潘月涵 《青春赛道上的一粒好种子》

2022 年度全省"基层理论宣讲先进集体"

厦门大学"囊萤星火"青年讲师团

第十六届"挑战杯"福建省大学生课外学术科技作品竞赛决赛

特等奖

电子科学与技术学院 太赫兹超构表面自由调控电磁波极化与波前

电子科学与技术学院 智能云脑成像平台

管理学院 民企乾乾翻作浪,亲清脉脉化为桥——福建省民营经济高质量发展的模式研究

台湾研究院 "融陆"新生活:台湾学生在祖国大陆就读的融合发展研究

管理学院 新能熠火映华夏,供安全兴家国——我国新能源产业链供应链安全调查研究

一等奖

航空航天学院 高精度高刚性液体静压导轨总成

电子科学与技术学院 微纳光学组织切片成像系统

药学院 微纤维管束结晶器的药物微纳米共晶连续制备技术

公共事务学院 青山变"金山":如何走好乡村生态资源价值实现之路?——基于福建省三明市 10 乡镇 40 村的调查

二等奖

航空航天学院 "悬落自如"超声微流控

航空航天学院 航空面齿轮抗胶合数字孪生智能制造系统

化学化工学院 基于泡沫分离技术提取发酵液中 β-葡聚糖酶

药学院 一种制备简易有着高效油水分离性能的超疏水绵的合成及应用

管理学院 "创业拼搏雪域间":藏区农牧民创业意愿及其影响机制研究——基于云南和青海涉藏地区 5 县 20 乡镇的调查

法学院 居可求安,国"记"民生:居住权制度的完善路径构建——基于福建五地市居住权登记状况实证研究

公共事务学院 "数"能生巧,行"智"有效:何以挑起数字乡村建设的"金扁担"?——基于福建省试点经验的总结与推广

社会与人类学院 "输血"改"造血":"时间银行"创新养老模式的运行机制与提升路径研究——以厦门市为例

马克思主义学院 新时代数字乡村建设的探索与实践——基于福建省八个试点地区的调查研究

国际关系学院 从"丝路相接"到"心路相通":非政府组织对中缅建共建项目影响机制

三等奖

电影学院 惜影力:挽救消逝中的记忆——关于中国影像文献抢救性修复的调研与实践

第十六届"挑战杯"福建省大学生课外学术科技作品竞赛"红色专项"活动

特等奖

电影学院 唤醒"沉睡"的红色影像——基于中国红色影像修复的调研与实践

三等奖

外文学院 打造"青年宣讲轻骑兵",推动主题教育"声入人心"——厦门大学囊萤星火青年讲师团"青春思政微课"典型案例

数学科学学院 新时代景润青年——基础学科实践育人的厦大探索

马克思主义学院 城市红色博物馆运营状况和发展前景分析——以厦门市为例

第十六届"挑战杯"福建省大学生课外学术科技作品竞赛"黑科技"专项活动

"星系级"作品

航空航天学院 "随声而动" 非接触隔空移液

"恒星级"作品

公共卫生学院 施福德(SHIFT)——介入栓塞材料功能化配药系统开创者

"行星级"作品

化学化工学院 返老还"铜"——铜抗氧化新方案

航空航天学院 航空面齿轮抗胶合数字孪生智能制造系统

能源学院 "蓝"能可贵——双碳目标下的海洋能发电装置设计

"卫星级"作品

生命科学学院 微菌天眼——血流感染诊断全球领跑者

电影学院 变电站巡检机器人

公共卫生学院 快速现用现配"生物精准核弹"库——TARE 诊疗用放射性微球创造者

信息学院 回归当下——基于生理反馈的 VR 正念空间

第十二届福建大学生"创业之星"评选

优秀组织奖

厦门大学

大学生"创业之星"

航空航天学院 厦门敷为科技有限公司

管理学院 路卓慧通(厦门)科技有限公司

艺术学院 厦门禾旬文化传媒有限公司

2023年福建省大中专学生志愿者暑期"三下乡"社会实践活动优秀工作典型

省级先进单位

经济学院团委

省级优秀团队

"青春向延安　南强践初心"青马工程大学生骨干培训班社会实践团

省级优秀团队"河小禹"专项行动

守护东西溪"河小禹"暑期社会实践团队

省级优秀团队"铸牢中华民族共同体意识·百校同心八闽行"专项活动

"数字强疆"实践队(优秀调研报告:数字化治理背景下的民族地区农户增收路径研究)

省级先进工作者

林　密　马克思主义学院副院长、教授

许一婷　材料学院党委委员、教授

孟　旭　航空航天学院辅导员、讲师

王　坤　管理学院团委副书记

省级先进个人

黄紫陌　艺术学院2021级音乐系本科生

王飞雨　公共事务学院2022级公共管理系硕士生

汤逸淇　外文学院2021级英语语言文学系本科生

李　贤　公共卫生学院2021级儿少卫生与妇幼保健学专业博士生

陈　鹏　法学院2022级法律(非法学)专业硕士生

2023年福建省大学生志愿者暑期社会实践"河小禹"专项行动

优秀"河小禹"实践队

守护东西溪"河小禹"暑期社会实践团队

优秀调研报告

《木兰溪生态治理与水资源保护调研报告》(厦门大学兰溪水韵实践队)

主题演讲比赛优秀奖

汤雪莹　新闻传播学院

福建省第三批"校园河长"

范逸飞　环境与生态学院2022级生态学专业学生

周　亮　嘉庚学院环境科学与工程学院院长助理、副教授

艾婉芸　嘉庚学院2021级环境科学与工程专业学生

福建省2022—2023学年寒假"我和我身边的中华优秀传统文化"主题社会实践

优秀组织单位

厦门大学

优秀实践成果

《晋江福林村古街数字博物馆》

《平潭西营遗址的发掘与壳丘头遗址群的实地调研》

《探寻八闽文化:八闽传统艺术南音》

优秀实践团队

马克思主义学院　讲好八闽大地上的"大思政课"社会实践队

教育研究院　"探寻闽台文化,助力两岸交流"实践队

生命科学学院　刺桐探查实践队

优秀实践个人

杨钧琰　外文学院

黄怡宁　艺术学院

于正伟　数学科学学院团委书记

福建省2023年"追寻领袖足迹　感悟思想伟力"暑期社会实践专项活动

优秀组织单位

厦门大学

优秀指导教师

刘也、郭晓玲、刘璇、张宇宙、刘玲、晏振宇

优秀实践个人

刘思明、冯歆然、郝佳晨、刘雨婷、刘家宝、于亚楠

优秀实践成果特等奖

刘思明　《社会实践的"大思政课"样态分析——基于对福建省大学生暑期社会实践活动的研究》

黄雅彬　《党群服务中心实现中国特色社会主义空间正义——基于福建省党建创新案例分析》

优秀实践成果一等奖

郝佳晨　《人民至上的理念溯源——基于习近平福建足迹的阐释》

何朕芳　《村规民约:中国式法治现代化下的乡村治理工具》

邹睿杨、廖文军、乔列成、黄张妍、曾莹芳　《"博学"济农促乡村振兴,"经世"济邦推高质发展》

赵祖一、陈渊泽、崔宁仪、于亚楠、王海川　《东南亚高校人才培养的特点及启示——以新加坡、马来西亚四所高校为例》

优秀实践成果二等奖

朱广坤　《福建省乡村振兴水平区域差异研究——基于福建省四地区九地市数据分析》

"3820"探险家队　《追寻习近平福建足迹,感悟思想伟力——以福州"3820"战略工程为例》

刘雨婷　《习近平总书记关于坚持系统观念重要论述的逻辑阐释——基于对〈习近平福建足迹〉的思考》

冯歆然　《马克思精神生产理论视域下的历史文化遗产保护研究》

优秀实践成果三等奖

黄雅彬　《远亲不如近邻——近邻党建实现党的坚强领导》

于亚楠　《一张蓝图绘就美丽厦门》

李姝磊　《从"家本位"养老到"社区养老":推动养老服务高质量发展》

方溢超　《中国共产党坚持胸怀天下的生成逻辑、实践表现和价值意蕴》

福建省第七届大学生艺术节

舞蹈类一等奖

《诙韵薪传》

《足迹》

器乐类一等奖

《胜利在召唤》

《王西麟交响音诗——动》

《夏日探戈》

朗诵类二等奖

《千里生命线》

声乐类一等奖

《大地之声》

Dawn and Dusk

声乐类二等奖

《亲爱的祖国我爱你》

个人专项奖

《亲爱的祖国我爱你》

绘画类一等奖

《漫游无垠》

《存在状态 2023》

绘画类三等奖

《八市 · 厦门印象》

书法、篆刻类一等奖

《兰亭集序》

书法、篆刻类二等奖

《七律 · 长征》

书法、篆刻类三等奖

《挺膺担当》

设计类三等奖

《山海之间 爱心厦门》

摄影类二等奖

《青年新征程 山河新气象》

微电影类二等奖

《毛泽东诗意画卷》

微电影类三等奖

《新闻 新问》

《雄鸡图》

《中国的居里夫人——王承书》

高校美育改革创新优秀案例二等奖

《高校美育专兼职教师队伍建设——以美育课程整合育美之人》

《以美育人，以德树人——厦门大学嘉庚学院“阅读＋美育”协同育人模式》

《山海相连，美育同行——艺术实践助力闽宁协作帮扶》

高校美育改革创新优秀案例三等奖

《乘着音乐的翅膀——厦门大学一流美育课程〈走进音乐厅—管弦乐世界的中国民歌〉教学探索与思考》

第十届“提案中国 · 全国大学生模拟政协提案大赛”三等奖

模拟政协协会

妇委会工作

【概况】 年内，学校妇女委员会（简称妇委会）全面贯彻习近平新时代中国特色社会主义思想，深刻领悟“两个确立”的决定性意义，增强“四个意识”、坚定“四个自信”、做到“两个维护”，全面学习宣传贯彻党的二十大精神、中国妇女十三大精神及学校第十二次党代会精神，在上级妇联的指导下，在校党委和校行政的领导下，在基层妇委会的大力支持和配合下，围绕学校中心工作，服务大局，主动融入学校的各项工作，团结动员广大女教职工和女学生坚定不移听党话、跟党走，争当建设者、倡导者、奋斗者，做出巾帼新贡献。（董佳闻）

【强化妇女思想政治引领】 2月，参与校工会第32期干部学习班学习，深入学习贯彻习近平新时代中国特色社会主义思想和党的二十大精神。5月，组织妇委会委员和基层妇委会主任走进乡村，开展三八红旗手“五进”宣讲活动，组织集中学习《习近平走进百姓家》。11月，开办妇女干部履职能力提升班，集中学习习近平总书记在同全国妇联新一届领导班子成员集体谈话时的重要讲话精神、《习近平关于妇女儿童和妇联工作论述摘编》及中国妇女十三大精神。加强学习宣传教育力度，及时部署并指导基层妇委会学习宣传贯彻习近平总书记对妇女儿童工作做出的重要指示精神、习近平总书记在同全国妇联新一届领导班子成员集体谈话时的重要讲话精神、《习近平关于妇女儿童和妇联工作论述摘编》、中国妇女十三大精神等。（董佳闻）

【动员妇女立足岗位做贡献】 1月，协助开展全国城乡妇女岗位建功先进集体（个人）复查。3月，组织开展厦门大学纪念“三八”国际妇女节113周年座谈会，围绕“凝聚‘她’力量，奋进新征程”主题，畅谈思考感悟，对学校改革发展提出意见和建议。生命科学学院教授陈兰芬荣获“全国巾帼建功标兵”称号，经济学院教授潘越荣获“福建省三八红旗手”称号，化学化工学院办公室授牌“福建省巾帼文明岗”。6月，协助做好第十五届海峡论坛 · 海峡妇女论坛参访及宣传片拍摄等工作，为增进两岸妇女交流合作，强化两岸历史联结和情感纽带作贡献。7月，协助开展闽台交流基地自查工作，厦门大学生物博物馆作为学校唯一省级海峡儿童联谊交流基地通过验收。9月，开展教师节花艺培训。12月，开展评选2022—2023年度厦门大学三八红旗手（集体）活动，表彰先进，树立榜样。（董佳闻）

【建设好家庭好家风好家教】 3月，组织推荐环境与生态学院黄凌风、严越家庭参评福建省绿色家庭，获评后对其开展宣传表彰、赠予服务礼遇卡。同月，推荐荣获市最美家庭的郭建鹏、杨凌燕家庭参与市妇联组织的最美家庭视频拍摄，视频在全市范围内展出。5月，开展首届“最美家庭日”活动，邀请荣获省最美家庭的本校家庭分享科学教子、和谐邻里等的家风故事，推动学校家庭家教家风建设高质量发展。重视家庭教育发展，优选书籍赠予参加活动的教职工，推动家长和孩子沟通交流，贯彻落实《家庭教育促进法》，推动亲子共读。11月，开办家庭教育小讲坛，提升家庭沟通能力。宣传推动本校教师参与厦门市家庭成长研习活动，荣获家庭教育理论通识类赛道三等奖和家庭教育成长研习类赛道三等奖。

（董佳闻）

【做实做细维权关爱服务】 年内，开展国际三八妇女节慰问工作，为20名住院、重症和有特殊困难的在职女教职工送温暖。组织厦门大学第十一届女教职工气排球比赛，18支队伍近160名运动员参赛，用运动筑起健康防线。6月，开展“关爱女性健康 享受幸福人生”讲座，以女性健康带动家庭健康，助力健康中国建设。7月，支持材料学院、航空航天学院等单位新建哺乳室（女职工休息室）。11月，宣传发放《中华人民共和国妇女权益保障法》，增强妇女干部法治观念和维权意识。联合举办以女性参与·乡村振兴·共同富裕为主题的第十二期芙蓉湖畔对话，探讨乡村振兴中女性力量的参与与重要性，推进性别平等观念的传播和落实。

（董佳闻）

【扩大学校妇女工作影响力】 2月，组织集中培训并带队参加2023年第四届“巾帼杯”厦门女子乒乓球比赛，荣获团体第五名佳绩。3月，带队参加厦门市妇联组织的“筑梦新征程·绽放种花家”健步行活动，展现女教职工风采。3月、7月，参加厦门市妇联执委（扩大）会议，10月，参加全市妇联干部（执委）履职能力提升培训班，增强妇女干部履职意识和履职能力，为厦门市妇女工作贡献厦大力量。7月，与厦门市妇联等单位联合举办的“萤火计划”——2023年“逐梦童行　情暖童心”暑期公益研学夏令营，聚焦儿童思想引领、特殊群体关爱。协助做好中国—中亚妇女论坛工作，组织留学生参会人员及学生志愿者，为论坛圆满召开贡献力量。11月，与厦门市妇联等单位联合主办“共筑海洋命运共同体 鹭岛她行动”活动，我校女性师生深度参与了此次国际海洋周行动。加强与来访单位交流，与全国妇联、福建省妇联、新疆和田妇联、山东大学妇委会等单位交流妇女工作。

（董佳闻）

·教育教学与学科建设·

本科生教育

【概况】 年内，教务处以习近平新时代中国特色社会主义思想为指导，深入学习贯彻党的二十大精神和厦门大学第十二次党代会精神，把党建工作与教学管理工作同安排、同部署，切实落实立德树人根本任务，坚持育人为本、质量为先，通过有组织拔尖创新人才培养，走好人才自主培养之路。

年内录取本(预)科新生 5373 人(不含马来西亚分校，下同)，其中本科生 5297 人，少数民族预科 76 人。本科新生中，内地大陆生 4927 人，台港澳侨本科新生 242 人，国际学生 128 人。截至 12 月 31 日，在校本科生共计 21379 人(含第二学士学位生 1 人，下同)。在校本科新生共计 5160 人，其中内地大陆生 4903 人，台港澳侨学生 169 人，国际学生 88 人(含临床医学 MBBS 专业 11 人)。2023 届本科毕业班学生 5346 人，共 4724 名学生毕业，41 名学生结业，4724 名授予学士学位，23 名学生结业换发毕业证书、授予学士学位。440 名学生获得辅修专业证书，286 名学生获得辅修学士学位。年内，本科生报名转专业 668 人，录取 320 人，志愿满足率为 47.9%；18 个辅修专业共录取学生 691 人。

全校有 104 个本科专业，涵盖文学、哲学、历史学、法学、经济学、管理学、理学、工学、建筑学、医学、艺术学等 11 个学科门类，人文社科类、理工医科类专业比例均为 50%。

坚持为党育人为国育才，落实立德树人根本任务。一是创新思政课程教学。按照“六个相统一”要求，深化“专题教学＋网络教学＋实践教学”三位一体教学创新。持续开展“思政对话 · 百年史光”等系列专题讲座 176 场次，邀请二十大代表、全国劳模以及名师名家 36 人次走进思政课堂，有效提升思政课亲和力、感染力。开展“问题导向、多维协同”实践教学改革，在全国设立实践教学基地近 20 个，教学站点 160 多个，追寻“总书记在福建”的足迹，形成具有区域特色的实践教学品牌。二是推进课程思政高质量建设。落实《厦门大学课程思政建设实施方案》《厦门大学落实“大思政课”建设工作方案》，加强课程思政组织领导，完善课程思政校院联动机制。持续推进课程思政示范项目建设，立项 36 门本科示范课程、6 个示范专业；入选福建省课程思政示范课程 5 门、教学名师和教学团队 5 个；入选福建省高校课程思政优秀教学案例 6 个。组织 2020 年立项的校级本科课程思政示范课程开展结题验收，共 31 门课程通过验收，其中 9 门课程验收结果为优秀。发挥教育部课程思政教学研究示范中心引领作用，加强课程思政教学研究，新立项 16 个校级课程思政类教研项目，探索思政教育与各学科专业课程教学有机结合的有效途径。落实“课程思政进教学大纲专项工作”，在教学大纲中明确课程思政目标要求，在教学内容中有机融入思想政治教育元素。上线厦门大学课程思政教学资源综合平台，为教师提供课程思政建设、交流、学习和共享于一体的教学资源服务平台。打造“课程思政‘云课堂’”微信公众号系列推送，推广课程思政建设先进经验和做法，累计 24 个优秀案例上线新华网“新华思政”平台交流展示。编制课程思政典型案例集、论文集，汇编《厦门大学课程思政教学案例选编》《厦门大学课程思政教学论文选粹》。加强课程思政研修交流，举办课程思政骨干教师培训班，开展普通本科教育课程思政示范课程相应任课教师培训、课程思政教学沙龙、课程思政教学示范公开课、新进教师为本科生授课准入培训等一系列培训研修活动，支持专业课程教师与马克思主义学院、教育研究院教师联合开展课程建设及教研攻关，着力提升教师课程思政建设意识与能力水平。三是落实教材建设与管理。做好党的二十大精神进教材工作，共 35 部本校教师主编的教材修订。完善教材激励机制，持续资助教材编写出版，共资助 86.4 万元、出版 15 部教材。启动首批“十四五”精品教材立项建设，培育建设 54 项重点立项教材、46 项一般立项教材项目，推动教材建设提品质、出精品、创经典。积极参与化学、生物学、数学、经济学、物理学等“101 计划”学科课程教材建设。提升教材建设与研究支撑能力，推进福建省教材建设重点研究基地建设，新设立会计学和审计学本科与研究生教材研究与建设基地、海洋科学教材研究与建设基地、面向新工科的计算机本科专业教材建设与研究基地、民间历史文献与区域史研究教材建设基地等 4 个校级教材研究与建设基地，配套立项 12 个校级教材研究项目。4 本教材入选“十四五”首批职业教育国家规划教材。邀请高教出版社等头部出版社资深编辑开展教材建设培训交流，提升教师教材建设能力，推进新形态教材建设。推进教材管理信息化建设，教材教辅选用信息实现在系统进行信息化备案。夯实学院教材管理主体责任，落实凡编必审、凡选必审要求，严格教材选用与编写审查，对本校教师主编教材与课堂教学选用教材开展相关内容排查整改工作，确保体现正确的政治方向和价值导向。

深化教育教学改革,着力造就拔尖创新人才。一是本科教育内涵式高质量发展。印发《厦门大学本科教学委员会章程(2023年修订)》,进一步加强本科教学委员会在本科教育教学事务中的研究、咨询、指导和监督作用。贯彻落实《教育部等五部门关于印发普通高等教育学科专业设置调整优化改革方案的通知》《福建省教育厅关于普通本科高校学科专业结构调整优化的指导意见》等文件精神,制定2023—2025年专业调整计划,编制形成《厦门大学学科专业设置调整优化改革实施方案》,进一步推动学科专业结构优化调整,完善专业动态调整机制。年内,艺术教育、智能科学与技术、护理学3个专业暂停招生,酒店管理、工程管理、保险学3个专业作为专业方向并入学院其他专业。推荐马克思主义理论、运动训练2个专业申报2023年度新专业,人工智能、化学测量学与技术、储能科学与工程、国际新闻与传播、基础医学、审计学、数据科学与大数据技术等7个专业通过新增学士学位授权审核。指导中医学专业顺利完成教育部高等学校中医学类专业教学指导委员专家入校考查工作,并通过认证(有效期6年)。坚持以“四新”建设为引领,对标教育部一流专业建设“双万”计划,深化64个国家级一流本科专业建设点、34个省级一流专业建设点建设工作。二是拔尖人才培养新模式。编制《厦门大学南强基础学科拔尖创新人才培养计划实施方案(2023—2035年)》,聚焦基础学科拔尖人才培养,进一步明确下一阶段工作目标和工作举措。以国际暑期学校建设为平台,打造学术共同体,拓展拔尖学生的学术视野,提升其跨文化理解和交流能力。编制2023—2025年基础学科“成长伙伴”国际暑期学校建设规划和2023年度工作方案,组织相关学科基地开展系列活动,其中,数学学科的东南联合暑期学校获教育部第12期《拔尖通讯》报道。教育部网站报道了《厦门大学大力推进基础学科拔尖人才培养》《厦门大学“四维发力”积极推进拔尖创新人才培养》。深入实施“英才计划”,录取70名学员,组织数学、物理、化学、生物和计算机等五个学科25位知名专家学者组成导师团队,开展师生见面交流、福建省中学生“英才计划”厦门大学宣讲等活动。成立专家组和专项工作组,推进教师教学成果评价改革方案和学业评价方案改革,以深化教育评价改革为牵引,研制教学与科研业绩对标表,进一步提升教学业绩“认可度”与“显现度”;完善学业综合评价体系,建立更加科学合理的学生综合评价激励和引导机制,提升各类拔尖创新人才培养的效能。三是大类交叉融通。进一步完善大类招生培养,84个专业实施大类招生培养,占招生专业85.7%。开展全面提升人才自主培养质量(本科生培养)专题调研,形成关于专业体系调整升级等12个主题的调研报告,深度剖析存在的问题及下阶段工作思路、举措。认真学习贯彻落实学校第十二次党代会精神,落实“1+7+1”行动,编制细化“博学至善”行动方案。四是一流金课培育。以“两性一度”为标准,提升课程质量,推进五类“金课”建设。28门课程入选第二批国家级一流本科课程,其中线上一流课程8门,虚拟仿真实验教学一流课程6门,线下一流课程9门,线上线下混合式一流课程3门,社会实践一流课程2门。32门课程入选2023年省级一流本科课程,其中线上一流课程4门,虚拟仿真实验教学一流课程9门,线下一流课程11门,线上线下混合式一流课程3门,社会实践一流课程5门。组织做好第三批国家级一流本科课程申报推荐工作,77门课程参评,其中线上课程13门,虚拟仿真实验教学课程13门,线下课程37门,线上线下混合式课程10门,社会实践课程4门。累计举办14场“一流本科课程建设和申报指导分享会”,加强一流课程建设与申报针对性指导。加强数字教育资源建设与共享,累计立项建设30门国家级线上一流本科课程、20门教育部精品资源共享课、10门教育部精品视频公开课、67门省级线上一流课程、9门省级创新创业精品资源共享课,138门慕课在国家高等教育智慧教育平台、中国大学MOOC、学堂在线、人卫慕课、学银在线等平台开课,累计开设1052期,报名人次数达394.1万人次;建设460门次SPOC课程,累计超9.4万人次选课。加强“金课”示范引领,协同宣传部全新开辟“发现宝藏课堂”系列宣传栏目,聚焦课堂教学累计推出16篇课程报道,展示生动多彩的厦大课堂。积极参与教育部中西部高校青年教师融合式教学进修项目,与清华大学等6所高校共同承担培训任务,全年共开放13门国家级一流课程,助力提升中西部高校青年教师教学能力和育人水平。五是提升课程质量。2022—2023学年全校开设本科课程4646门、8238门次,在职教授为本科生授课的比例为91.97%。专为外院开设专业课150门次,选课8419人次。通过“厦门大学智慧教务”小程序、“线上巡课平台”等信息平台开展数字化督导,及时掌握学生考勤、师生线下上课情况,2022—2023学年全校学生日考勤签到率92%左右。出台《厦门大学线上课程应用管理流程》,鼓励高层次人才积极申报,鼓励教师合理应用优质线上教学资源,积极探索混合式教学模式,推动教学创新,提升课堂教学质量和学生学习成效。落实学院主体责任,加强意识形态、内容审查和质量监督,严把政治关、学术关、质量关。推进学校自主建设的线上、线上线下混合式、虚拟仿真一流本科课程在校内开展教学应用。2023—2024学年秋季学期全校开设本科课程3758门次,开展混合式教学196门次,占课程总量的5.2%。六是教学课程组建设。组织各教学单位对教学课程组进行2020—2022年阶段性评估工作,进一步梳理、更新课程组名单,调整后全校共设置教学课程组454个。积极推进新型基层教学组织建设,以课程(群)教学、专业建设、教学研究改革等为主题开展多元探索,推进教育部7个虚拟教研室建设试点建设,新增6个省级虚拟教研室,立项15个校级虚拟教研室,营造智慧教研良好氛围,努力打造一流教师团队。《探索多学科融合野外实习课程教学模式,建立青年骨干教师培训交流机制》入选教育部虚拟教研室试点建设典型教研方法(全国 100 个);《氢能与燃料电池课程知识图谱》入选教育部虚拟教研室试点建设典型教研成果(全国 50 个)。七是启动名师奖励计划。出台《厦门大学南强教学名师奖励计划》,首届评选卓越教学名师 7 人、卓越教学团队 3 个。八是构建朋辈学习共同体。出台《厦门大学学业朋辈导师促进计划工作方案》,设立专项经费支持,在全校范围内共遴选核心课程 110 门,选聘朋辈导师 164 人,聚焦学生专业核心竞争力提升,形成"学在厦大"的浓厚氛围。

以评促改评建结合,提升质量保障能力。做好评估专项工作。学校顺利完成新一轮审核评估,并获得了教育部专家组的充分肯定。本轮审核评估按照线上入校一体化设计开展,学校于 11—12 月接受教育审核评估专家的考察。11 月 23 日起,由 21 名专家组成的线上评估专家组,通过全面审读评估材料、线上访(座)谈、听课看课等审核考察学校本科教育教学情况。线上评估专家组由 21 名专家组成,通过为期三周的线上深度考察,全面审读了"1+3+3"报告等材料,线上听课、看课 75 门次,调阅专业人才培养方案 55 份,课程试卷 621 份,毕业论文 132 份,其他材料 29 份;开展了集体座谈 5 场;对 51 人次开展线上访谈,包括校领导 12 人次,管理干部 39 人次。12 月 20—22 日,入校评估组的 11 名专家入校考察。其间听课、看课 20 门次;开展师生集体座谈 4 场;开展访谈 32 场;调阅材料 392 份;并走访了校史馆、本科教育教学展和新工科大楼等。通过走访调研、听课看课、座谈访谈、查阅资料等方式,对学校本科教育教学情况进行深入全面了解。做好日常质量保障工作。2022—2023 学年本科教学督导共听课 885 门次,期初共巡查课堂 5374 门次,期末共巡查考场 2883 门次,抽查教学档案 4206 份。开展 2021 级本科生教育质量调查工作、2023 届本科毕业生教育质量调研工作,从学生课内外学习体验、学习投入、能力发展以及教育满意程度等方面进行全面调研评估。常态化组织开展本科课程学生过程性、终结性评价,规范培养方案管理,优化教务系统培养方案功能,组织教学单位开展 2019—2022 级培养方案核对、汇编工作,强化培养方案信息公开。编制形成《厦门大学本科教育教学质量手册》,共包括质量保障理念、质量保障标准等六大部分内容。探索内部质量保障理念。坚持立德树人,确立"为学生全面卓越发展保驾护航"核心质保理念,构建人才培养全生命周期质量标准,持续完善以数据挖掘分析为基础,以日常教学监控、年度评估、学习经历调查等为手段,涵盖人才培养全过程、质量保障全环节的"自我检查、自我诊断、自我反馈、自我整改"的内部质量保障机制,营造"自强不息、止于至善""守正创新、追求卓越""大爱无疆、严管厚爱"的卓越质量文化。树立了质量保障七个基本原则:坚持以学生为中心、坚持学习成果导向、坚持以学术为根基、坚持以教师为主体、坚持全员参与质保、坚持系统整体协调、坚持自我持续改进。设计覆盖五个质量保障环节,精细优化五度指标,动态挖掘分析八维数据,形成具有世界标准、中国特色、厦大风格的质量保障体系(DIMCF-IQA)。健全数字化的质量保障平台。新建内部质量保障平台,实现教学质量数据的系统归集,教学动态数据的监测与分析,推动学院评估、专业评估、课程评估等质量保障流程再造,提升数据治理能力,强化持续改进的闭环管理,初步完成平台的部署工作,试运行学生评教模块。实行人才培养目标责任制。开展 2022 年度教学目标责任制考核工作,以各教学单位 2022 年责任目标指标为依据,通过学院自评、学校考核,海洋与地球学院等 6 个本科教学单位获"示范引领奖"、物理科学与技术学院等 4 个本科教学单位获"进步之星奖"、32 个本科教学单位考核"合格",并根据考核结果划拨 832 万元本科教学绩效经费。开展教学研究成果展示。组织开展 2023 年教学研究论文的征集工作,通过论文征集、格式审查、查重检测、专家评审反馈等环节,共遴选 71 篇教学研究论文,结集出版了《2023 高等教育教学实践探索:厦门大学解决方案》。《国际标准中国特色的"厦大 IQA 模式"研究与实践》入选首批"全国高校质量文化建设示范案例",是全国首批 16 所入选高校之一。

加强实验教学建设,强化实践环节育人功能。建设经费投入方面。完成 2024 年度中央修购专项项目申报与评审工作,8 个项目申报金额 9941.65 万元,评审通过金额 9926.05 万元;完成 2023 年度中央修购专项项目建设工作,9 个项目实际合同金额 5769.07 万元。先后投入约 200 万元,完成翔安校区新工科研发大楼工程创新实践教学平台文化氛围提升工程,工创平台总使用面积 10616 平方米,设备 3000 余台套,设备总值 5000 余万元,逐步建设成为以"4 个实验实训平台、1 个创意创新空间、1 个公共服务中心"为支撑,集"开放共享、交叉融合、创意创新"三位于一体的全校最大的综合实践育人平台。实践教学规范管理方面。完成 6 个国家级实验教学示范中心 5 年阶段性总结工作,教育部专家入校评审 6 个中心考察结果均为合格,其中生命科学国家级实验教学示范中心与化学国家级实验教学示范中心作为福建省优秀案例推荐至教育部。印发《厦门大学本科教学实验室开放管理办法(暂行)》,为学生开展自主性、研究性、创新性实践学习创造条件,促进本科实验教学改革创新,提高本科教学实验室使用效益,首批 80 项实验室开放项目顺利立项并实施。新修订《厦门大学实验教学人员工作守则》《厦门大学实验技术人员工作守则》《厦门大学本科生实验守则》,以及《厦门大学本科实验教学管理办法(试行)》《厦门大学教学实验中心管理工作规程》等制度,共同形成完备的实验教学制度体系,实现了从实验教学的顶层设计、管理框架、教学组织、教学改革到过程质量保障等方面的规范管理。修订《厦门大学本科校外实践教育基地建设管理办法》,严格规范实践基地的建设与管理要求。新立项 12 个校级实践基地,将实践基地建设经费纳入实习运行经费统筹使用，推动实践基地深化改革，探索校企联合培养人才新机制。组织各学院全面梳理摸排院级、校级、省级和国家级实践基地建设情况及近3年实习教学开展成效，撤销46个校级实践基地。学校共有109个实践基地，其中3个国家级基地、9个省级基地。建立大学生实习公共服务平台数据月填报制度。首次开展“印象黑河、行知筑基”实习实训活动。实验实习教学改革方面。2022—2023学年，开设独立设课的实验课程578门次；开出实验项目数共计3403个，其中综合性、设计性等实验项目比例为61.1%。以迎接本科教育教学审核评估为契机，举办第二届实验教学比赛，共有12个团队获得比赛奖项。以虚拟仿真实验教学项目建设作为深化实验教学改革着力点，不断推进信息技术与实验教学的深度融合，推行虚拟仿真项目体系化改革，推动前沿科研成果和生产一线实践成果转化为实验教学项目，强化实验教学高阶科研训练。开展2022年度三个校级虚拟仿真规划二期建设，新增6个项目入选第二批国家级虚拟仿真实验教学一流课程、9个项目入选2023年省级虚拟仿真实验教学一流课程，截至2023年年底，学校共有9门国家级、40门省级虚拟仿真实验教学一流课程。

深化创新创业教育改革，培养学生创新实践能力。“互联网+”大赛活动方面。组织第九届中国国际“互联网+”大学生创新创业大赛参赛工作，全校报名1877项，参赛学生近万人次。举办第七届厦门大学本科生创新创业年会、“2023创新创业教育论坛”等活动，营造全校创新创业教育氛围。组织839个红旅活动，近4000人次参加，立项14个校级重点红旅团队，将红旅活动与实习实训、社会实践相结合，更大范围、更高层次、更深程度上开展“青年红色筑梦之旅”活动。打造科创竞赛平台。继续打造校级跨学科学业竞赛平台，立项254个竞赛项目，校内103个、校外151个。国际遗传工程机器大赛(iGEM)获第十三个金奖；全国大学生电子设计竞赛中获2项一等奖，5项二等奖；在全国大学生嵌入式芯片与系统设计竞赛中获一等奖2项，以及最高奖项龙芯中科杯。本研一体举办厦门大学第七届大学生创新创业年会。召开总结表彰大会，设立专项资金，表彰奖励优秀指导教师、先进集体、先进个人、优秀学业竞赛项目等。举办年会成果展览，展示2023年竞赛、科创项目，集中展现学校学生创新创业风采。编制年度总结材料，并汲取经验，理清思路，创新举措，更好地推进科创竞赛工作。继续扩大科创训练平台影响力，推进建设国家级、省级、校级、院级四级大创项目体系，年内共立项院级项目1540个，从中遴选校级、省级、国家级项目分别为1048个、601个、201个，重点推荐4个项目申报重点支持领域项目；立项23个校长基金本科生项目，重点培育，共有32个本科学院5819人次学生参加。全校范围内试行大创项目学院主体管理，学校承担监督和质量监控的角色。注重项目检查验收、择优推荐、奖励优秀。共结题验收大创项目1606个，中期检查698项。5个项目入选第十六届全国大学生创新创业年会。推进本科生创新实践平台建设，加强平台考核和退出机制，2022年度考核退出2个平台，截至2023年底全校共有27个校级平台。推进厦门大学拔尖学生贵重实验仪器设备开放创新基金项目申报，本年度厦门大学拔尖学生贵重实验仪器设备开放创新基金项目立项6个重点项目、12个普通项目。

推进数字教育建设，赋能高质量教学。实施数字化教育行动计划。加强平台建设统筹规划，逐步完善或建设若干智慧学习、管理、服务子平台，促进各平台间的信息共享和数据融通，推动教务管理精细化、教育服务精准化和资源配置最优化。本年度共签约建设平台6个，合同总金额900余万元。资源供给共享水平提升。加强数字教育资源建设与共享，2门课程获全国“慕课与线上线下混合式典型教学案例”。支撑课程思政示范课程视频拍摄，积累课程思政教学资源，截至2003年底有《华夏传播概论》等21门课程思政案例在“新华思政”平台上线。受邀推广“生物药剂学与药物动力学”“微生物学与免疫学实验”等20门慕课在“学习强国”学习平台上线。积极推荐学校10门MOOC课程展示在中国大学MOOC、学堂在线首页。在建成的在线开放课程中遴选出代表本校特色的课程向福建省在线教育联盟成员高校进行课程应用共享，供课126门。优质MOOC课程被山东大学、四川大学、中国地质大学(武汉)等38所高校付费选用。

加强学籍学务管理，助力学生学业发展。加强学生管理。出台《厦门大学“强基计划”学生管理办法》，进一步梳理强基转段实施细则和培养方案，明确可申请转段的研究生学科专业的清单。2020级强基计划学生共有108人通过转段考核，进入本研衔接阶段继续学习，转段率91.5%，其中硕士生95人、直博生13人。出台《厦门大学大类培养学生专业分流暂行办法》，适应学校大类招生培养改革，满足学生个性化学习需求，引导学生合理选择专业。整理2022级各学院/跨院系大类专业分流办法并汇编成册。制定《关于提升本科国际学生培养工作的实施方案》，强化国际学生服务保障。学业预警全覆盖。出台《厦门大学本科生学业预警管理办法(试行)》，依托教务系统集成式、一体化的教务数据，开发学业预警系统，设置三级预警指标，每学期开学初，对本科生的学分修读情况逐一进行精准核查，形成有效的学业预警、学业淘汰、学业发展机制。组织院系在教务系统中完成上半年及下半年学业预警工作，累计预警6535人次，其中一级学业预警4011人次，二级学业预警2324人次，三级学业预警200人次，做到学业预警应覆盖全覆盖。优化学籍服务。配备学籍学务服务队伍，在学生事务大厅提供学业服务窗口，提供本研学业证明自助打印、学业政策咨询等一揽子现场服务，为学生提供一站式的政策解读和解决方案。年内，通过厦大信息门户建设可信化平台，约为本研学生提供3.5万份学业证明电子下载和认证；提供本研教务咨询服务约3000人次；本研学籍学务证明自助打印约 8.8 万份；规范人工用印流程，累计提供 378 人次学籍学务用印服务。学籍数据管控方面，多部门协同，实现本研学生“人脸识别”的报到注册新模式，简化学生报到流程，提升注册系统自助化、便利化、智能化。对在校生学籍基本信息进行动态更新，累计约完成 2.7 万条学籍信息变更，174 名学生和 8 名校友身份复核备案，16 名校友学历勘误工作。实现学籍异动全流程线上审批，共完成休学、复学等学籍异动审批 5757 人次。其他专项学籍学务工作方面，完成包含口试、笔试在内的 4 次全国大学英语四、六级考试组织工作，共 24871 人次考生报考，其中报考四级考试 7339 人次，报考六级考试 17532 人次，再创历史新高；2023 年与三明学院、广西师范大学新签订本科生交流学习项目协议书，与吉林大学续签本科生学习项目协议书，全年共派出 31 名学生赴境内高校交流学习，新接收 227 名学生到本校交流学习，同时做好在校交流生日常咨询服务，提供咨询服务 400 余人次。

（柯雅清　翁　挺　杨建波　刘　辉　郑毅芳　魏　艳　杨　炎）

【8 个项目获高等教育(本科)国家级教学成果奖】　7 月，教育部批准 2022 年国家级教学成果奖获奖项目，学校作为第一完成单位获一等奖 1 项，二等奖 7 项。其中，《服务全球化战略，培养高质量人才——经济学科国际化人才培养体系创新》获国家级教学成果一等奖，《引领·保障·服务：国家级教师教学发展示范中心建设的十年实践》等 7 个项目获国家级教学成果二等奖。（李艳勤）

【新增国家高层次人才特殊支持计划教学名师 2 人】　10 月，教育部公布第八批国家高层次人才特殊支持计划教学名师名单，谭忠教授、胡荣教授入选。（李艳勤）

【获教育部第四届杰出教学奖 1 项、创新创业英才奖 1 项】　4 月，教育部举办第四届教学大师奖、杰出教学奖和创新创业英才奖（即“教学三大奖”）颁奖典礼。本届共评出教学大师奖 1 个、杰出教学奖 9 个、创新创业英才奖 10 个。中国科学院院士、学校化学化工学院教授孙世刚荣获“杰出教学奖”，2012 级医学博士肖传兴荣获“创新创业英才奖”。（柯雅清）

【获第三届全国高校教师教学创新大赛一等奖、三等奖和优秀组织奖】　8 月，第三届全国高校教师教学创新大赛在浙江大学举行，学校建筑与土木工程学院李渊教授获一等奖、生命科学学院章军副教授获三等奖。学校同时获得第三届福建省高校教师教学创新大赛优秀组织奖。（柯素晓）

【28 门课程被认定为第二批国家级一流本科课程】　6 月，教育部公布第二批国家级一流本科课程认定结果，学校 28 门课程被认定为国家级一流本科课程，其中线上一流课程 8 门、虚拟仿真实验教学一流课程 6 门、线下一流课程 9 门、线上线下混合式一流课程 3 门、社会实践一流课程 2 门。学校累计 72 门课程入选国家级一流本科课程。（卢　婧）

【6 个项目入选第二批国家级虚拟仿真实验教学一流本科课程】　5 月，教育部公布第二批国家级一流本科课程认定结果，学校“鼻喷流感病毒载体新冠疫苗设计与评价”等 6 个项目入选第二批国家级虚拟仿真实验教学一流本科课程，入选率 100％。（刘　辉　王雪燕）

【4 部教材入选首批“十四五”职业教育国家规划教材书目】　6 月，教育部办公厅公布首批“十四五”职业教育国家规划教材书目，学校 4 部教材入选。（卢　婧）

【在第九届中国国际大学生创新大赛全国总决赛获奖】　12 月，第九届中国国际大学生创新大赛全国总决赛在天津大学举办，学校共 11 个项目入围总决赛，获 2 金、2 银、7 铜。（赖　瑶）

【教育部网站报道厦门大学大力推进基础学科拔尖人才培养】　3 月，教育部网站刊发题为《厦门大学大力推进基础学科拔尖人才培养》文章，专题报道学校落实立德树人根本任务，在组织领导、选才机制、培养模式、专家引领等方面聚力用劲，加快构建中国特色、世界水平的基础学科拔尖人才培养体系的做法和成效。（李艳勤）

【入选首批全国高校质量文化建设示范案例】　4 月，全国高校质量保障机构联盟（CIQA）发布了关于“全国高校质量文化建设示范案例”首批评选结果的公告，学校报送的《国际标准 中国特色的“厦大 IQA 模式”研究与实践》入选成为 16 个“首批全国高校质量文化建设示范案例”之一。（杨建波）

【33 个产学合作育人项目获教育部立项】　2 月、12 月，学校产学合作协同育人项目分获教育立项 18 个、15 个，共 33 个。（刘　辉）

【5 个国家级第二批新工科研究与实践项目顺利通过结题验收】　11 月，教育部公布第二批全国新工科研究与实践项目结题验收名单，“新工科背景下电子信息工程专业多元协同人才培养模式的改革与实践”等 5 个项目顺利通过结题验收。（李艳勤）

【6 个国家级实验教学示范中心顺利完成教育部 5 年工作评估】　7 月，学校生命科学等 6 个国家级实验教学示范中心在集美大学做近 5 年工作情况汇报并接受教育部专家入校实地检查后，顺利通过此次教育部审核评估工作，其中化学国家级实验教学示范中心和生命科学国家级实验教学示范中心被作为典型案例推荐至教育部。（刘　辉）

【完成 2023 年中央修购实验设备购置项目】　年内，在 7 个学部级实验室建设与运行管理团队共同配合下，2024 年度中央修购专项项目申报与评审工作顺利完成，8 个项目申报金额 9941.65 万元，评审通过金额 9926.05 万元；2023 年度中央修购专项项目建设工作顺利完成，9 个项目实际合同金额 5769.07 万元。（刘　辉）

【5 个项目入选第十六届全国大学生创新创业年会】　12 月，在教育部主办的第十六届全国大学生创新创业年会上，学校 5 个项目入选参展，其中入选学术论文 3 篇、改革成果项目 2 个。（赖　瑶）

【32 门课程入选 2023 年省级一流本科课程】　11 月，福建省教育厅公布 2023 年省级一流本科课程名单，学校 32 门课程入选，其中有线上一流课程 4 门、线下一流课程 11 门、线上线下

混合式一流课程3门、社会实践一流课程5门、虚拟仿真实验教学一流课程9门。学校累计217门课程入选省级一流本科课程。（卢　婧）

【9个项目入选第三批省级虚拟仿真实验教学一流本科课程】 11月，福建省教育厅公布2023年省级一流本科课程，学校“富勒烯新材料——从基础到应用虚拟仿真实验”等9个项目入选第三批省级虚拟仿真实验教学一流本科课程。（王雪燕）

【6个虚拟教研室入选省级首批虚拟教研室建设点】 12月，福建省教育厅公布了首批虚拟教研室建设点名单，学校6个虚拟教研室入选。

（杨建波）

【7个项目入选省级第三批课程思政示范项目（普通高等教育类）】 12月，福建省教育厅公布第三批课程思政示范项目（普通高等教育类）名单，学校入选课程思政示范课程7门、课程思政教学名师和团队7个，其中本科示范课程5门、课程思政教学名师和团队5个。（卢　婧）

【18个项目获批省级教育教学研究项目】 9月，福建省教育厅公布2023年本科高校教育教学研究项目立项名单，学校18个项目获批省级立项。其中，“历史学强基计划本研一体化培养的探索与实践”等5个项目获得省级重大项目立项，“‘促兴趣—升能力—强实践’立体化双创教育教学体系的探索”等11个项目获省级一般项目（本科教育类）立项，“‘互联网＋’赋能新时代大学生双创教育改革创新：内涵、机制与实践”等2个项目获省级一般项目（国赛激励类）立项。

（李艳勤）

【7个专业通过新增学士学位授权审核】 6月，福建省学位委员会公布2023年新增学士学位授权专业名单，学校7个专业增列为学士学位授权专业。（蒋玉琳）

【编制《厦门大学南强基础学科拔尖创新人才培养计划实施方案（2023—2035年）》】 6月，为全面落实教育部关于加强基础学科人才培养工作的重大战略部署，切实提升新时代学校基础学科拔尖创新人才自主培养质量，学校认真开展调研、组织专家论证，编制形成《厦门大学南强基础学科拔尖创新人才培养计划实施方案（2023—2035年）》。（杨建波）

【编制《厦门大学学科专业改革实施方案》】 10月，根据《教育部高等教育司关于开展2023年普通高等学校本科专业设置工作的通知》（教高司函〔2023〕5号）要求，学校认真贯彻落实《教育部等五部门关于印发普通高等教育学科专业设置调整优化改革方案的通知》文件精神，结合学校实际，编制形成《厦门大学学科专业改革实施方案》。（蒋玉琳）

【开展全面提升人才自主培养质量（本科生培养）专题调研】 3—4月，根据学校第十二次党代会筹备工作部署，认真组织开展全面提升人才自主培养质量（本科生培养）专题调研，聚焦专业体系调整升级等12项重点、难点问题，形成了《全面提升人才自主培养质量（本科生培养）专题调研报告》。（杨建波）

【升级内部质量保障体系】 年内，坚持以立德树人为根本，紧紧围绕促进学生“成长、成才、成就”主线，确立“为学生全面卓越发展保驾护航”的核心质保理念，形成质量保障七个基本原则。设计覆盖五个质量保障环节，精细优化五度指标，动态挖掘分析八维数据，形成具有世界标准、中国特色、厦大风格的质量保障体系（DIMCF-IQA）。（杨建波）

【继续实施人才培养目标责任制】 6月，组织开展上一年度教学目标责任制考核工作，以各单位目标责任书确定的任务目标为依据，通过学院自评、学校考核，海洋与地球学院等6个本科教学单位获“示范引领奖”，历史与文化遗产学院等4个本科教学单位获“进步之星奖”，32个本科教学单位考核“合格”。（杨建波）

【启动厦门大学南强教学名师奖励计划并开展首届评选】 3月，印发《厦门大学南强教学名师奖励计划》，每两年评选一次，对获奖个人连续四年每年奖励10万元，对获奖团队连续四年每年奖励30万元，鼓励科研能力好的优秀教师把更多时间投入本科教学。4月，奖励计划开展首届评选，得到全校各院系的热烈响应。经评审，共评出卓越教学名师7人、卓越教学团队3个。奖励计划的实施，为践行教书育人使命、强化科研反哺教学、突出教育教学实绩和发挥示范引领作用，提供重要抓手。（郑毅芳）

【举办第二届实验教学比赛】 3—12月，学校举办第二届实验教学比赛，通过比赛总结实验教学改革成果、夯实实验教学内涵。本届比赛突出全员参赛，将原来的实验A组、B组、C组调整为文科组、理工组、生化医组；突出学院选拔，各学院组织承担本科实验教学任务的专任教师（或工程、实验系列专业技术人员）全员参加实验教学选拔比赛；突出专家督导，安排专家到院（系）督促和指导实验教学比赛。15个学院23个团队参赛，12个团队获奖，其中1个团队获最佳教学设计奖。（王雪燕）

【举办第七届厦门大学大学生创新创业年会】 校庆期间，首次本研一体举办第七届厦门大学大学生创新创业年会暨第九届厦门大学“互联网＋”大学生创新创业大赛启动仪式。年会包括2022年度本科生创新创业成果展、2022年度大学生科创竞赛总结表彰和第九届厦门大学“互联网＋”大学生创新创业大赛启动仪式。

（赖　瑶）

【举办中国高等教育学会创新创业教育分会2023年会暨“智慧引领·生成未来”创新创业创造主旨论坛】 11月3—5日，该论坛在学校举办。大会期间共举办7场平行论坛，平行论坛紧扣“智慧引领 生成未来”主题，聚焦创新创业教育改革发展中的各方面核心问题，由来自不同领域的专家学者作了精彩的分享，并进行了深入的研讨和交流。

（赖　瑶　刘　辉）

【举办首届海峡两岸大学生机器人竞赛与工程教育交流会】 11月25—26日，学校举办2023年海峡两岸大学生机器人竞赛与工程教育交流会，由教务处主办、航空航天学院承办。来自厦门大学、金门大学、集美大学等14个高校70支代表队的200余名师生代表参加交流会与比赛。会上，来自厦门大学、金门大学、上海交通大学、深圳科创学院等高校的专家学者，以及地方政府创业主管领导、青年创业精英，共同交流讨论，各抒己见，就如何培养面向新时代新工科人才的培养模式、实践探索等开展了主题探讨与交流。（赖　瑶）

【新设立厦门大学多学科综合实践教育基地】 10月，与南平市教育局共建，依托南平市示范性综合实践基地设立校级实践大平台，生命科学学院等5个院系参与，拟开展生物学野外实习、田野考古、中华传统文化研究、多学科融合“五育并举”的综合实践活动及其他教育教学、学术交流等，以建立人才培养、科学研究、社会服务、文化传播等多元一体的资源共享机制和合作平台，打造高水平多学科联合、综合性实践基地，助力“五育并举”拔尖创新人才培养。（王雪燕）

【部署建设6个校级智慧教育平台】 年内，学校共签约建设平台6个，合同总金额约900万元，6个平台包括：智慧教务管理平台（持续迭代）、数字教学平台（部署阶段）、实验教学信息化管理平台（已运行）、建设数字实验平台（已运行）、教务数据安全沙箱平台（已运行）、建设教学质量保障平台（部署阶段），全校数字教育生态9个平台中8个已进入建设或运行阶段。（刘　辉）

【工程创新实践教学平台文化提升工程顺利竣工】 年内，学校投入近200万元，完成翔安校区新工科研发大楼工程创新实践教学平台文化氛围提升工程，为师生交流互动，教与学、学与创的有机融合创造良好环境。年内，平台作为本科教育教学入校考核专家集中考察点之一并顺利完成考察接待工作。（刘　辉）

【组织拔尖学生贵重实验仪器设备开放创新基金项目申报立项】 5月，学校举办第三届厦门大学拔尖学生贵重实验仪器设备开放创新基金项目立项活动，共立项6个重点项目和12个普通项目。该基金旨在加强本科生创新意识和科研能力，重点资助强基、拔尖专业本科生进入学校国家重点实验室，推动国家重点实验室的科研优势向本科生拓展，提升学生创新科研能力，培养创新拔尖人才。（赖　瑶）

【首次开展“印象黑河 行知筑基”实习活动】 年内，学校组织10名学生前往黑河市政府机关事业单位开展为期4周的实习实训，认真开展实习行前安全教育、组织学生参加黑河市实习实训启动仪式等，进一步丰富实习教学内涵。（王雪燕）

【首届强基计划学生完成本研衔接转段】 7月，学校发布《关于做好2020级强基计划学生本研衔接转段工作的通知》，启动首届强基计划学生的转段考核工作。经公示无异议，2020级强基计划学生共有108人通过转段考核，进入本研衔接阶段继续学习，转段率91.5%，其中硕士生95人、直博生13人。（杨　炎）

【启动厦门大学学业朋辈导师促进计划】 3月，聚焦学生专业核心竞争力提升，发挥优秀本科生在课程学习的引领示范作用，开展“学业朋辈导师促进计划”试点工作；8月，在总结试点工作经验基础上，印发《厦门大学学业朋辈导师促进计划工作方案》，设立专项经费支持。秋季学期全校遴选核心课程110门，选聘朋辈导师164人。至12月底，开展课程辅导1868次，辅导总时长4215小时，参加辅导10156人次，参加课后评价7729人次（参评率76.1%），评价平均分99.3，形成“学在厦大”的浓厚氛围。（郑毅芳）

【鼓励校内课程开展混合式教学创新】 6月，出台《厦门大学线上课程应用管理流程》，推进学校自主建设的线上、线上线下混合式、虚拟仿真一流本科课程在校内开展教学应用。鼓励高层次人才申报，鼓励教师合理应用优质线上教学资源，积极探索混合式教学模式，推动教学创新，提升课堂教学质量和学生学习成效。落实学院主体责任，加强课程的意识形态管理、内容审查和质量监督，严把政治关、学术关、质量关。（郑毅芳）

【实验教学信息化管理系统正式上线运行】 年内，学校顺利上线首个校级实验教学信息化管理系统，该系统在工程实践创新教学平台试运行一学期后，已在全校顺利推广使用。（刘　辉）

【打造智慧教育平台，提升管理服务能力】 年内，学校通过“厦门大学智慧教务”小程序、“线上巡课平台”等信息平台开展数字化督导，及时掌握学生考勤、师生线下上课情况，2022—2023学年全校学生日考勤签到率92%左右。研发“学业朋辈导师工作平台”，跟踪运行情况、开展质量监控。本研教务系统教师界面完成整体升级；开发“监考通知与反馈”模块并于年底试运行，监考信息可自动通过企业微信推送、提醒监考人员；教材教辅选用信息实现在系统进行信息化备案，进一步提升信息服务精准度和工作效能。（郑毅芳）

【升级注册报到模式】 9月，协同研究生院、保卫处、网络中心等部门，实现本研学生“人脸识别”的注册报到新模式，注册系统自动读取学校门禁系统数据，简化学生报到流程，提升注册系统的自助化、便利化、智能化。（魏　艳）

【首次编制《本科实践教学案例选编》】 年内，为做好以评促建工作，学校组织各学院梳理凝练实验、实习、科创竞赛等实践教学典型案例，遴选汇编16个学院37个案例，以示范推广实践教学先进经验。（王雪燕）

【新建立学生实习数据月填报制度】 年内，学校依托教育部全国大学生实习公共服务系统，每个月底组织各学院将本月完成的实习相关数据填入系统，实时、全面监测实习课程教学开展情况及实践基地建设使用成效，以数字赋能实习服务和管理，推动提升实习教学质量。（王雪燕）

【印发《厦门大学本科教学委员会章程（2023年修订）》】 10月，学校修订印发《厦门大学本科教学委员会章程（2023年修订）》（厦大教〔2023〕99号），进一步加强本科教学委员会在本科教育教学事务中的研究、咨询、指导和监督作用，推动本科人才培养内涵式高质量发展。（杨建波　蒋玉琳）

【修订实验教学3项管理制度】 年内，学校新修订《厦门大学实验教学人员工作守则》《厦门大学实验技术人员工作守则》《厦门大学本科生实验守则》,与《厦门大学本科实验教学管理办法(试行)》《厦门大学教学实验中心管理工作规程》等制度,共同形成实验教学完备的制度体系,实现了从实验教学的顶层设计、管理框架、教学组织、教学改革到过程质量保障等方面的规范管理。(王雪燕)

【出台《厦门大学本科教学实验室开放管理办法》】 7月2日,学校正式发布《厦门大学本科教学实验室开放管理办法(暂行)》,办法旨在为适应学生(含本科生及研究生)个性化学习需求,为学生开展自主性、研究性、创新性实践学习创造条件,促进本科实验教学改革创新,提高本科教学实验室使用效益,首批80个实验室开放项目于10月30日立项公布。(刘 辉)

【修订《厦门大学本科校外实践教育基地建设管理办法》】 此次修订进一步夯实实践基地对人才培养的支撑作用;严格规范实践基地的建设与管理要求,明确实践基地校院二级管理机制与框架、共建单位选择原则、实践基地六大建设任务、实践基地设立程序及质量检查评估要求等;进一步建立健全实习实践教学质量提升机制,以促进实践基地建设质量持续提升。(王雪燕)

【印发《厦门大学本科生学业预警管理办法(试行)》】 4月,印发《厦门大学本科生学业预警管理办法(试行)》(厦大教〔2023〕41号),进一步加强学风建设,加强对本科生学业的过程管理,充分发挥学校、学生、家庭三结合教育的功能,引导、帮助学生顺利完成学业,保障学校人才培养质量。

(魏 艳)

【内地本科招生生源质量保持较高水平】 年内,学校在各省普通文科/历史类、理科/物理类所有省份出档线超出批次线平均值为134.58分、170分,高考综合改革(不分文理)省份出档线超出批次线平均值为184.83分。医学类投放计划增加,录取位次稳中有升;创意与创新学院录取学生文化成绩、专业成绩逐年提高;马来西亚分校录取位次继续回升。普通类专业志愿满足率保持较高水平,其中第一志愿满足率60.46%,全志愿满足率94.17%。

(王雪芝 许瀚翔 吴斯妍)

【强基计划试点高考出分前考核】 年内,学校服务国家重大战略需求,加强基础学科拔尖创新人才选拔培养,探索多维度考核评价模式。经批准,学校年内继续开展基础学科招生改革试点(也称"强基计划"),在数学类、物理学、化学类、生物科学类、历史学、哲学等6个专业招生。学校优化招生政策,完善招考流程,试点高考出分前考核模式,52%录取学生的文化成绩高于生源省份厦门大学普通类出档分数线,生源质量较往年明显提升。

(王雪芝 许瀚翔 吴斯妍)

【贯彻落实招收农村和脱贫地区学生工作】 年内,学校继续贯彻落实教育部招收农村和脱贫地区学生工作有关文件精神,编制并录取国家专项计划323名(含南疆单列计划3名),编制并录取高校专项计划("凤凰计划")110名。

(王雪芝 许瀚翔 吴斯妍)

【组织完成特殊类型招生考试工作】 年内,外语类保送生、高水平运动队、强基计划等特殊类型招生考试组织工作顺利完成。外语类保送生招生考试工作采用网络远程笔试、面试方式开展,13个省份149名考生参与考核。高水平运动队男子篮球项目专项测试在学校组织开展,6个省份9名考生参与考核。强基计划初试笔试在全国11个城市14个考点实施线下机考,2599名考生参加考试;复试笔试、面试及体育测试在学校举行,634名考生参加考试。

(王雪芝 许瀚翔 吴斯妍)

【推动落实本科招生宣传学院包省制】 年内,学校实施本科招生宣传学院包省制改革,建立"学校主导、学院主责、招生宣传组主抓,上下一体、协同工作"的机制,构建全体师生"人人都是招生宣传员"的工作格局。制度实施以来,各学院高度重视、积极组织精干力量参与,宣传队伍建设有力,各宣传组制定详细计划,积极推进计划落实,组建38个招生宣传组、700多人的招生宣传队伍,3月以来开展800余场招生宣传活动,包括407场高招咨询会、125场教授进中学科普讲座、155场招生宣讲、53场交流座谈,新增154个优质生源基地,接待近100位中学校长、2000余名中学生,宣传成效逐步呈现。

(王雪芝 许瀚翔 吴斯妍)

【聚焦学科专业特色做好招生宣传】 年内,学校举办"与你相约 学在厦大"线上校园开放日活动,校党委书记张荣、校长张宗益向广大高考学生发出诚挚邀约;教务处、学生处、招考办分别介绍学校人才培养政策、招生政策等;与新华网联合拍摄云游厦园视频,带领观众漫步厦园,全方位展现"山海花园学府,中国南方之强"的独特魅力。活动在新华网、新浪网、腾讯网、搜狐网等多个主流媒体平台同时发布,点击量近200万人次,有力有效传播厦大声音。组织"厦大教授带你选专业"系列本科招生宣传活动,来自29个学院69名教师参与线上直播,累计观看量近28万人次。

(王雪芝 许瀚翔 吴斯妍)

【举办厦门大学第十八届教学比赛】 该比赛活动历时8个月,全校206个团队222名教师报名参加学院选拔赛,共有31个学院推荐96个团队161名教师参加青年教师教学比赛、英语教学比赛、教学创新比赛和实验教学比赛四个比赛项目,14名教师(团队)获一等奖,35名教师(团队)获二等奖,5名教师获得最佳教学设计奖。其间,组织教学指导专家28人次,赴15个学院担任比赛评委并开展指导工作。累计安排70人次指导教师开展43场次154课时集中磨课,吸引88人次教师自愿参加。组织"实验、实习教学迎评促建推进会暨实验教学业务培训会""教学创新大赛的材料准备""实验课程教学示范与点评"等教学沙龙活动。上线教学比赛平台,实现教学比赛从报名、咨询、指导、比赛到反馈、研讨、提升的全过程技术支持。(甘雅娟)

【教学比赛再获佳绩】 学校推荐10名教师参加第三届福建省教学创新比赛,为备赛教师安排一对一磨课26场次53课时,开展集中培训6场次22课时,为参加国赛的教师安排一对一磨课16场次40课时。全国高校教师教学创新大赛中，李渊教授（团队）和章军副教授（团队）分别获新工科正高组一等奖，基础课程副高组三等奖。福建省高校教师教学创新大赛中，李渊教授（团队）、章军副教授（团队）获一等奖，刘婧媛教授（团队）、晏振宇副教授（团队）获二等奖，邱鲤鲤工程师（团队）获三等奖，学校获优秀组织奖。（甘雅娟）

【举办两期新入职教师集中培训】年内，学校分 2 批次组织全校 22 个单位 47 名新入职教师和 42 个单位 100 名教师参加集中教学培训活动。新入职教师培训以促进教师站稳讲台、站好讲台为目标，安排专家讲座、教学工作坊、教学示范和现场参访等活动，形成从教学大纲设计、备课上课、课程考核等完整教学过程训练，促进新教师尽快转变角色，融入学校、融入教学科研团队。组织新入职教师参访嘉庚创新实验室、厦门云天半导体科技有限公司、厦门龙胜达照明电器有限公司等高新企业，有效拓宽教师教学视野，强化课程教学与实际生产联系。结合新入职教师集中教学培训，中心严格新进教师本科授课资格准入制度，推动学院严格落实新入职教师课程试讲、助教考核工作，累计分 4 个批次完成授课资格审核工作，为 24 个单位 70 名教师颁发《厦门大学教师岗前培训合格证书》。（甘雅娟）

【组织第十一期骨干教师研修活动】7—9 月，厦门大学第十一期骨干教师研修夏令营研修活动完成，全校 28 个单位 77 名骨干教师参营。活动以促进骨干教师树立现代教育教学理念、熟悉教育教学理论、引导教师研究教学创新教学为目标，邀请国家教学名师郭祥群教授、林亚南教授等 14 名专家组成的教学指导组全程参加指导。参营教师通过专题报告、名师设坛、教学示范与研讨、工作坊等环节，通过名师一对一指导，有效提升教学能力。为引导教师正确平衡科研与教学，夏令营安排新入职教师参观厦门大学嘉庚创新实验室，并特别邀请新加坡工程院院士、嘉庚讲席教授洪明辉开展“青年教师与科学家面对面”教学沙龙，与青年教师共话成长经历及体会，为青年教师带来一堂生动的“教学科研人生导论课”。（甘雅娟）

【组织知识产权专员培训活动】4 月 28 日，学校组织知识产权专员培训，全校共 192 人参加培训，167 人参加考试并获得知识产权专员证书，证书将作为后续申报厦门大学和厦门市政府专利导航和高价值专利培育类项目的申报材料。（甘雅娟）

【组织 2023 年中医学专业临床教师研修夏令营】8 月 26—27 日，学校组织 2023 年中医学专业临床教师研修夏令营。培训围绕师德师风、教育强国、医学教育和人才培养、课堂教学设计与实施、翻转课堂等主题，通过两天沉浸式学习，以专题讲座、教学工作坊、教学示范等形式多样的研修活动，推动学员将新理念、新方法融入具体的临床教学实践。（甘雅娟）

【开展日常教学咨询沙龙活动】年内，学校继续为新入职教师第一堂课拍摄教学影像。年内累计为 23 个单位 34 名教师拍摄 80 个课程实录视频，共拍摄 2029 个新入职教师 4042 课时视频，成为教师成长的重要档案。结合教师成长影像库建设，有针对性地为新入职教师开展“课程思政教学设计与实践”“以学习者为中心的课堂教学”“建构良好师生关系的理念与实践”“鼓励异步教学中学生对学习的投入”等系列教学工作坊。围绕课程思政能力、跨界融合教学能力和数字素养能力，不间断地开展课程思政、写作教学等教学咨询、教学沙龙、教学工作坊，全年累计组织 415.5 个学时 127 场次，共 945 人次参加。（甘雅娟）

【教学成果获 2023 年国家级二等奖】7 月，教师发展中心申报的《引领·保障·服务：国家级教师教学发展示范中心建设的十年实践》教学成果获国家级教学成果奖二等奖。10 月，被教育部教育质量评估中心选入《高校教师发展中心建设优秀案例汇编》。（甘雅娟）

厦门大学 2023 年本科专业设置

学院	系	招生大类名称	分流专业	学制	授予学位
电影学院	戏剧影视系	人文科学试验班	戏剧影视文学	四年	艺术学
中国语言文学系		人文科学试验班	汉语言文学	四年	文学
中国语言文学系		人文科学试验班	汉语言	四年	文学
历史与文化遗产学院	历史学系	人文科学试验班	历史学	四年	历史学
历史与文化遗产学院	考古学系	人文科学试验班	考古学	四年	历史学
哲学系		人文科学试验班	哲学	四年	哲学

续表

学　院	系	招生大类名称	分流专业	学　制	授予学位
新闻传播学院	新闻学系	新闻传播学类	新闻学	四年	文学
			广播电视学	四年	文学
	广告学系		广告学	四年	文学
	传播学系		传播学	四年	文学
			国际新闻与传播	四年	文学
外文学院	英语语言文学系 日语语言文学系 法语语言文学系 欧洲语言文学系	外国语言文学类	英语、日语、法语、俄语、德语、西班牙语	四年	文学
	英语语言文学系 日语语言文学系 法语语言文学系 欧洲语言文学系	外国语言文学类+会计学/财务管理	英语、日语、法语、俄语、德语、西班牙语	四年	文学
法学院		法学类	法学	四年	法学
社会与人类学院	社会学系	社会学类	社会学	四年	法学
	社会工作系		社会工作	四年	法学
	人类学与民族学系		人类学	四年	法学
公共事务学院	政治学系	公共管理类（含政治学类）	政治学与行政学	四年	法学
	公共管理系		行政管理	四年	管理学
国际关系学院	国际关系系		国际政治	四年	法学
	侨务与外交系		外交学	四年	法学
经济学院	金融系	经济学类	金融学	四年	经济学
			金融工程	四年	经济学
			保险学*	四年	经济学
	财政系		财政学	四年	经济学
			税收学	四年	经济学
	国际经济与贸易系		国际经济与贸易	四年	经济学
			国际商务	四年	管理学
	经济学系		经济学	四年	经济学
	统计学与数据科学系		经济统计学	四年	经济学

续表

<table>
<tr><th>学　院</th><th>系</th><th>招生大类名称</th><th>分流专业</th><th>学　制</th><th>授予学位</th></tr>
<tr><td>王亚南经济研究院</td><td></td><td>经济学类</td><td>经济学</td><td>四年</td><td>经济学</td></tr>
<tr><td rowspan="2">经济学院</td><td rowspan="2">统计学与数据科学系</td><td>统计学类</td><td>统计学</td><td>四年</td><td>理学</td></tr>
<tr><td>数据科学与大数据技术</td><td>数据科学与大数据技术</td><td>四年</td><td>理学</td></tr>
<tr><td rowspan="10">管理学院</td><td rowspan="2">会计学系</td><td rowspan="3">会计学(含会计学、财务管理、审计学)</td><td>会计学</td><td>四年</td><td>管理学</td></tr>
<tr><td>审计学</td><td>四年</td><td>管理学</td></tr>
<tr><td>财务学系</td><td>财务管理</td><td>四年</td><td>管理学</td></tr>
<tr><td rowspan="2">企业管理系</td><td rowspan="5">工商管理类</td><td>人力资源管理</td><td>四年</td><td>管理学</td></tr>
<tr><td>工商管理</td><td>四年</td><td>管理学</td></tr>
<tr><td>市场学系</td><td>市场营销</td><td>四年</td><td>管理学</td></tr>
<tr><td rowspan="2">旅游与酒店管理系</td><td>旅游管理</td><td>四年</td><td>管理学</td></tr>
<tr><td>酒店管理*</td><td>四年</td><td>管理学</td></tr>
<tr><td rowspan="2">管理科学系</td><td rowspan="2">管理科学与工程类</td><td>管理科学</td><td>四年</td><td>管理学</td></tr>
<tr><td>电子商务</td><td>四年</td><td>管理学</td></tr>
<tr><td rowspan="3">数学科学学院</td><td>数学与应用数学系</td><td rowspan="3">数学类</td><td>数学与应用数学</td><td>四年</td><td>理学</td></tr>
<tr><td>信息与计算数学系</td><td>信息与计算科学</td><td>四年</td><td>理学</td></tr>
<tr><td>概率与数理统计系</td><td>统计学</td><td>四年</td><td>理学</td></tr>
<tr><td rowspan="2">物理科学与技术学院</td><td>物理学系</td><td rowspan="2">物理类</td><td>物理学</td><td>四年</td><td>理学</td></tr>
<tr><td>天文学系</td><td>天文学</td><td>四年</td><td>理学</td></tr>
<tr><td rowspan="6">化学化工学院</td><td rowspan="3">化学系</td><td rowspan="7">化学类(含化学化工材料类)</td><td>化学</td><td>四年</td><td>理学</td></tr>
<tr><td>能源化学</td><td>四年</td><td>理学</td></tr>
<tr><td>化学测量学与技术</td><td>四年</td><td>理学</td></tr>
<tr><td>化学生物学系</td><td>化学生物学</td><td>四年</td><td>理学</td></tr>
<tr><td rowspan="2">化学工程与生物工程系</td><td>化学工程与工艺</td><td>四年</td><td>工学</td></tr>
<tr><td>生物工程</td><td>四年</td><td>工学</td></tr>
<tr><td>材料学院</td><td>材料科学与工程系</td><td>材料科学与工程</td><td>四年</td><td>工学</td></tr>
<tr><td rowspan="2">能源学院</td><td rowspan="2"></td><td rowspan="2">能源动力类</td><td>新能源科学与工程</td><td>四年</td><td>工学</td></tr>
<tr><td>储能科学与工程</td><td>四年</td><td>工学</td></tr>
</table>

续表

学　院	系	招生大类名称	分流专业	学　制	授予学位
海洋与地球学院	海洋化学与地球化学系	理科试验班（海洋生态环境类）	海洋科学	四年	理学
	物理海洋学系				
	地质海洋系				
	海洋生物科学与技术系				
	应用海洋物理与工程系		海洋技术	四年	理学
环境与生态学院	环境科学系		环境科学	四年	理学
	生态学系		生态学	四年	理学
	环境与生态工程系		环境生态工程	四年	工学
信息学院	人工智能系	计算机类	人工智能	四年	工学
			智能科学与技术*	四年	工学
	计算机科学与技术系		计算机科学与技术	四年	工学
			网络空间安全	四年	工学
	软件工程系		软件工程	四年	工学
			数字媒体技术(分流到该专业的学生将由信息、电影学院联合培养)	四年	工学
			数据科学与大数据技术*	四年	工学
	信息与通信工程系	电子信息类	通信工程	四年	工学
电子科学与技术学院	电子工程系		电子信息工程	四年	工学
	微电子与集成电路系		集成电路设计与集成系统	四年	工学
			微电子科学与工程	四年	工学
	电子科学系		电子信息科学与技术	四年	工学
			电磁场与无线技术	四年	工学

续表

学　院	系	招生大类名称	分流专业	学　制	授予学位
航空航天学院	仪器与电气系	工科试验班	电气工程及其自动化	四年	工学
			测控技术与仪器	四年	工学
	机电工程系		机械设计制造及其自动化	四年	工学
	动力工程系		飞行器动力工程	四年	工学
	飞行器系		飞行器设计与工程	四年	工学
	自动化系		自动化	四年	工学
建筑与土木工程学院	建筑系	建筑类	★建筑学	五年	建筑学
			★城乡规划	五年	工学
	城市规划系	土木类	土木工程	四年	工学
	土木工程系		工程管理*	四年	工学
生命科学学院	生物学系	生物科学类	生物科学	四年	理学
	生物化学系		生物技术	四年	理学
	免疫与微生物学系				
	遗传与发育生物学系				
	细胞生物学系				
医学院	基础医学系	基础医学	★基础医学	五年	医学
	临床医学系	临床医学	★临床医学	五年	医学
	口腔医学系	口腔医学	★口腔医学	五年	医学
	中医学系	中医学	★中医学	五年	医学
	护理学系	护理学	护理学*	四年	理学
公共卫生学院	预防医学系	公共卫生与预防医学类	★预防医学	五年	医学
	实验医学系		医学检验技术	四年	理学
药学院	药学系	药学	药学	四年	理学
艺术学院	音乐系	音乐学	音乐学	四年	艺术学
		音乐表演	音乐表演	四年	艺术学
		舞蹈表演	舞蹈表演	四年	艺术学
	美术系	绘画	绘画	四年	艺术学
		艺术教育（美术教育方向）*	艺术教育（美术教育方向）*	四年	艺术学

续表

学　院	系	招生大类名称	分流专业	学　制	授予学位
创意与创新学院		视觉传达设计（中外合作办学）	视觉传达设计	四年	艺术学
		环境设计（中外合作办学）	环境设计	四年	艺术学
		数字媒体艺术（中外合作办学）	数字媒体艺术	四年	艺术学
国际中文教育学院/海外教育学院		汉语言	汉语言	四年	文学

注：全校普通全日制本科教育共31个学院，104个专业（四年制97个，五年制7个，带“★”标志的专业为五年制）；带“*”的智能科学与技术、数据科学与大数据技术（信息学院）、艺术学院的艺术教育（美术教育方向）专业、经济学院的保险学专业、管理学院的酒店管理专业、建筑与土木工程学院的工程管理专业、医学院的护理学专业2023年暂未招生。

非新高考省份理科试验班（生命科学与医学类）大类，包含生物科学、生物技术、预防医学、医学检验技术4个专业；新高考“3＋1＋2”模式省份设置理科试验班（生命科学与医学类）大类，包含生物科学、生物技术、基础医学3个专业。

厦门大学2023年辅修专业设置

序号	学　院	辅修专业
1	经济学院	经济学
2	法学院	法学
3	王亚南经济研究院	金融学（数理）
4		统计学（数理）
5		经济学（数理）
6	管理学院	工商管理
7		财务管理
8	财务管理与会计研究院	会计学
9		财务管理
10	人文学院	汉语言文学
11		汉语言
12		哲学
13		戏剧影视文学
14	社会与人类学院	人类学
15		社会学

2022 年国家级高等教育教学成果奖(本科)(8＋1 项)

序号	单位	成果名称	项目完成人	获奖情况	备注
1	经济学院、王亚南经济研究院	服务全球化战略,培养高质量人才——经济学科国际化人才培养体系创新	洪永淼、牛霖琳、周颖刚、林细细、黄娟娟、孟　磊、邓晶晶、张　宇、蒋冠宏、张兴祥、薛涧坡、朱孟楠、钟锃光、杨子砚、Jaehong Kim	一等奖	
2	教师发展中心	引领·保障·服务:国家级教师教学发展示范中心建设的十年实践	邬大光、计国君、薛成龙、朱水涌、郭祥群、林亚南、谢作栩、郑　宏、吴　凡、郭建鹏	二等奖	
3	生命科学学院	以实践为核心的生命科学一流人才培养体系探索	韩家淮、李勤喜、左正宏、徐　虹、周大旺、程　喆、邓贤明、侯学良、邬小兵、石　艳、江子扬	二等奖	
4	化学化工学院	"德育为先、交叉融合"的化学类专业建设与实践	吕　鑫、朱亚先、郑兰荪、黎　朝、任艳平、曹晓宇、邓顺柳、黄加乐、刘俊杰、任　斌、李　军、王翊如、杨家麒、刘恩恩、谢兆雄	二等奖	
5	公共卫生学院	以国家战略和公众健康需求为导向,构建学—练—战的公共卫生教育厦大模式	张　军、夏宁邵、林忠宁、张　珑、赵　苒、李红卫、陈田木、袁　权、方　亚、陈静威、郑铁生、葛胜祥、庄　曦、雷　照、安　然	二等奖	
6	管理学院	会计学教学模式创新与教材体系改革:AI 技术冲击、中国文化嵌入与伦理关注	杜兴强、李建发、刘　峰、张国清、蔡　宁、郭晓梅、林　涛、曾　泉、计国君、章永奎、刘潇肖、沈　哲、叶　军、杨　绮、郑伟民	二等奖	
7	公共事务学院	中国特色公共政策课程建设 30 年探索:系统设计与教学实践	陈振明、陈　芳、魏丽艳、吕志奎、李德国、李艳霞、周　茜、林雪霏、林　艾	二等奖	
8	海洋与地球学院	海洋思政:学思行的统一	蔡明刚、陈　敏、黄邦钦、陈建明、于　鑫、张宜辉、蔡笑霜、蔡毅华、王文卿、柯宏伟、刘丽华、曾隆隆、李杨帆、王春卉、周孔霖	二等奖	
9	教师发展中心	从质量控制走向质量文化:大学人才培养质量保证体系的创新发展	顾祥林、朱　泓、计国君、吴志军、刘志军、李亚东、朱伟文、陈以一、张伟平、蔡三发、黄一如、赵鸿铎、许维胜、邓慧萍、杨文卓	一等奖	参与单位

第二批国家级一流本科课程(28 门)

序号	学院	课程名称	类别	负责人	入选年度
1	外文学院	学术英语写作基础	线上一流课程	江桂英	2023
2	经济学院	多元统计分析	线上一流课程	刘婧媛	2023
3	电子科学与技术学院	激光原理与技术	线上一流课程	黄朝红	2023
4	数学科学学院	离散数学	线上一流课程	金贤安	2023

续表

序号	学院	课程名称	类别	负责人	入选年度
5	信息学院	Spark 编程基础	线上一流课程	林子雨	2023
6	外文学院	俄罗斯文化之旅	线上一流课程	徐 琪	2023
7	医学院	针灸学	线上一流课程	孟宪军	2023
8	经济学院	属性数据分析	线上一流课程	冯峥晖	2023
9	海洋与地球学院	化学海洋学基础	线下一流课程	陈 敏	2023
10	王亚南经济研究院	计量经济学	线下一流课程	方 颖	2023
11	管理学院	财务会计理论专题	线下一流课程	杜兴强	2023
12	化学化工学院	结构化学	线下一流课程	吕 鑫	2023
13	经济学院	财务报表分析	线下一流课程	潘 越	2023
14	公共事务学院	公共管理学	线下一流课程	吕志奎	2023
15	经济学院	金融经济学	线下一流课程	周颖刚	2023
16	新闻传播学院	广告心理学	线下一流课程	曾秀芹	2023
17	法学院	刑事诉讼法学	线下一流课程	刘学敏	2023
18	管理学院	创业管理	线上线下混合式一流课程	木志荣	2023
19	生命科学学院	微生物学与免疫学实验	线上线下混合式一流课程	张连茹	2023
20	信息学院	概率统计 A	线上线下混合式一流课程	曾华琳	2023
21	医学院	社会实践	社会实践一流课程	李 晴	2023
22	航空航天学院	互联网创业引导与实践	社会实践一流课程	王 颖	2023
23	生命科学学院	鼻喷流感病毒载体 新冠疫苗设计与评价	虚拟仿真实验教学一流课程	陈毅歆	2023
24	物理科学与技术学院	Ⅱ-Ⅵ族半导体外延 及其探测器制作虚拟仿真实验	虚拟仿真实验教学一流课程	康俊勇	2023
25	海洋与地球学院	大洋水中痕量金属洁净 分析虚拟仿真实验	虚拟仿真实验教学一流课程	蔡毅华	2023
26	化学化工学院	柔性纳米通道膜材料的制备 与测试分析虚拟仿真实验	虚拟仿真实验教学一流课程	侯 旭	2023
27	公共卫生学院	现场流行病学调查虚拟仿真实践	虚拟仿真实验教学一流课程	张 军	2023
28	经济学院	税务稽查虚拟仿真实验	虚拟仿真实验教学一流课程	林文生	2023

2023 年度福建省一流本科课程(32 门)

序号	学院	课程名称	类别	负责人	入选年度
1	管理学院	金融工程	线上一流课程	郑振龙	2023
2	公共卫生学院	卫生统计学	线上一流课程	方　亚	2023
3	数学科学学院	高等代数习题课	线上一流课程	杜　妮	2023
4	信息学院	大数据导论(通识课版)	线上一流课程	林子雨	2023
5	外文学院	大学英语 3 级	线上线下混合式一流课程	江桂英	2023
6	医学院	基础护理学二	线上线下混合式一流课程	刘　洋	2023
7	管理学院	国际企业管理	线上线下混合式一流课程	陈福添	2023
8	经济学院、王亚南经济研究院	数理经济学	线下一流课程	杨子砚	2023
9	化学化工学院	创新创意思维与方法导论	线下一流课程	杨　柳	2023
10	经济学院	国际税收	线下一流课程	魏志华	2023
11	经济学院、王亚南经济研究院	国际经济学	线下一流课程	彭水军	2023
12	国际关系学院	当代国际关系	线下一流课程	冯立军	2023
13	生命科学学院	生命科学导论	线下一流课程	杨春燕	2023
14	管理学院	整合营销传播	线下一流课程	袁喜娜	2023
15	新闻传播学院	市场调查	线下一流课程	陈素白	2023
16	环境与生态学院	植物生物学实验	线下一流课程	朱学艺	2023
17	航空航天学院	现代控制理论	线下一流课程	曾建平	2023
18	体育教学部	高尔夫球	线下一流课程	傅　亮	2023
19	海洋与地球学院	海洋碳汇探索虚拟仿真实验	虚拟仿真实验教学一流课程	李骁麟	2023
20	化学化工学院	富勒烯新材料——从基础到应用虚拟仿真实验	虚拟仿真实验教学一流课程	谢素原	2023
21	管理学院	基于数字文旅背景的世界遗产活化与开发利用虚拟仿真项目	虚拟仿真实验教学一流课程	伍晓奕	2023
22	经济学院、王亚南经济研究院	基于激励的环境监管虚拟仿真实验	虚拟仿真实验教学一流课程	蔡晶晶	2023
23	能源学院	竹三剩物炼制液体燃料前体与可持续性评价虚拟仿真实验	虚拟仿真实验教学一流课程	曾宪海	2023

续表

序号	学院	课程名称	类别	负责人	入选年度
24	经济学院、王亚南经济研究院	应对气候变化的合作博弈虚拟仿真实验	虚拟仿真实验教学一流课程	李　智	2023
25	公共卫生学院	可调谐多波长光致超声关键技术及其小动物分子影像检测技术虚拟仿真实验	虚拟仿真实验教学一流课程	赵庆亮	2023
26	航空航天学院	电积镍智慧产线 PLC 控制程序设计与调试虚拟仿真实验	虚拟仿真实验教学一流课程	李继芳	2023
27	化学化工学院	教学质谱仪的自搭建、调试及应用	虚拟仿真实验教学一流课程	郑兰荪	2023
28	马克思主义学院	社会调查方法论	社会实践一流课程	石红梅	2023
29	生命科学学院	生物学实践	社会实践一流课程	程　喆	2023
30	建筑与土木工程学院	国土空间规划数字技术实践	社会实践一流课程	邱鲤鲤	2023
31	物理科学与技术学院	科技双创理论与实践	社会实践一流课程	郭文熹	2023
32	社会与人类学院	社会工作伦理	社会实践一流课程	卢　玮	2023

福建省课程思政示范课程(本科)(5门)

序号	学院	课程思政示范课程	课程思政教学名师和团队	入选年度
1	数学科学学院	高等代数(Ⅰ)	杜　妮、阮诗佺、林　鹭、林亚南、陈继勇、易少云	2023
2	药学院	天然药物化学	丘鹰昆、陈海峰、林　挺、田文静、吴　振、邱　彦、傅丽芬、吴意红	2023
3	生命科学学院	遗传与分子生物学实验	章　军、王亚梅、杨玉荣、程　通、顾　颖、黄秋英、王　勤、赵　扬	2023
4	经济学院	财务报表分析	潘　越、魏志华、宁　博、黄娟娟、杨楚仪	2023
5	王亚南经济研究院	社会主义政治经济学	张兴祥、洪永淼、侯金光、李嘉楠、杨子砚、林友宏、徐春华、邓晶晶	2023

福建省虚拟教研室建设点(6个)

序号	学院	项目名称	负责人	入选年度
1	建筑与土木工程学院	面向建筑遗产保护的数智技术课程群虚拟教研室	李　渊	2023
2	材料学院	高分子加工课程虚拟教研室	戴李宗	2023
3	邹至庄经济研究院	计量经济学课程群虚拟教研室	洪永淼	2023
4	数学科学学院	高等代数课程虚拟教研室	林亚南	2023
5	外文学院	一流俄语专业建设虚拟教研室	徐　琪	2023
6	电子科学与技术学院	产教融合半导体光电虚拟教研室	陈　忠	2023

福建省教育教学改革研究项目(本科)(18 项)

序号	学院	项目名称	负责人	入选年度	备注
1	历史与文化遗产学院	历史学强基计划本研一体化培养的探索与实践	李　莉	2023	重大项目
2	教育研究院	课程思政视域下新时代大学生价值观的影响机制与教学干预研究	郭建鹏	2023	重大项目
3	药学院	产学研深度融合的药学人才培养体系创新与实践	刘　文	2023	重大项目
4	化学化工学院	自搭建仪器、多学科交叉的化学类实验教学体系建设与实践	邓顺柳	2023	重大项目
5	管理学院	“二十大”精神引领下的会计学本科教学改革研究	蔡　宁	2023	重大项目
6	物理科学与技术学院	“促兴趣—升能力—强实践”立体化双创教育教学体系的探索	郭文熹	2023	
7	哲学系	新文科建设背景下哲学学科自主拔尖人才培养路径探索	朱　菁	2023	
8	公共卫生学院	跨学科共建共享外来入侵物种生物安全的三维教学模式	张　磊	2023	
9	国际关系学院	区域国别创新人才培养路径的探索与实践	包广将	2023	
10	教育研究院	本科高校教师结构对其科研创新的影响研究——以福建省为例	黄依梵	2023	
11	信息学院	嵌入式软件特色化人才培养模式探索与实践	王晓黎	2023	
12	新闻传播学院	传播学自主知识体系的构建与教学体系重塑的综合改革研究	谢清果	2023	
13	医学院	双一流背景下基于 OBE 教学理念的人体解剖学教学改革与实践	冷历歌	2023	
14	环境与生态学院	以国家野外科学观测研究站为依托的生态学“双一流”学科特色专业课程实践体系建设	卢豪良	2023	
15	数学科学学院	《数值逼近》课程数字化创新教学模式探究	陈黄鑫	2023	
16	法学院	中国特色法学话语体系背景下“课程思政”建设研究	王杏飞	2023	
17	航空航天学院	“互联网+”赋能新时代大学生双创教育改革创新:内涵、机制与实践	林　蔚	2023	
18	建筑与土木工程学院	新工科背景下“学—研—创—产”多元协同的新城市科学人才创新创业能力培养路径研究	张若曦	2023	

厦门大学2023年各类内地本(预)科招生类别构成表

录取类别		人　数
内地学生（5580人）	普通高等学校全国统一招生考试	3343
	强基计划	119
	外语类保送生	40
	高水平运动队	23
	艺术类	194
	中外合作办学	244
	高校专项计划	110
	国家专项计划(含南疆单列计划)	323
	国家民委计划	2
	面向厦门	53
	面向漳州	50
	医学类	267
	定向西藏就业	10
	内地西藏班	35
	内地新疆班	35
	少数民族预科转本科	76
	厦门大学马来西亚分校	580
	少数民族预科班	76
总计		5580

研究生教育

【概况】 学校设有研究生院、6个学部、34个学院(直属系、直属中心)和17个研究院,形成了覆盖哲学、经济学、法学、教育学、文学、历史学、理学、工学、医学、管理学、艺术学、交叉学科12个学科门类的学科体系。2022年,化学、生物学、海洋科学、生态学、统计学、教育学共6个学科入选国家公布的第二轮“双一流”建设学科名单。在全国新一轮学科评估中,高峰学科、优势学科数量实现倍增,取得历史最好成绩。

年内,全校学历教育研究生25492人。其中,硕士研究生19758人(含港澳台生202人、外籍生174人)、博士研究生5734人(含港澳台生102人、外籍生126人)。学历研究生中学术型硕士研究生7116人、专业学位硕士研究生12642人、学术型博士研究生5394人、专业学位博士研究生340人。学位教育研究生1人。学历教育专业学位硕士研究生人数与学术型硕士研究生人数的比例达到1.8∶1。

学校研究生教育专任教师近3000人。其中,教授、副教授占比74%。共有两院院士35人(含双聘18人),发展中国家科学院院士4人,中国医学科学院学部委员4人,国家重点研发计划项目负责人56人,国家级领军人才179人次,国家级青年人才223人次;国家创新研究群体12个、国家自然科学基金基础科学中心项目2个、教育部创新团队9个,国家级教学名师6人。

学校为研究生培养提供一批高水平的研究平台。设有300多个研究机构,其中国家(全国)重点实验室6个、国家级协同创新中心2个、国家工程技术研究中心1个、国家工程实验室1个、国家地方联合工程研究中心(实验室)5个、国家产教融合创新平台2个、国家野外科学观测研究站1

个、国家高端智库(培育)1个、教育部集成攻关大平台1个、教育部重点实验室6个、教育部工程研究中心3个、教育部研究创新中心1个、教育部野外科学观测研究站1个、教育部人文社科重点研究基地5个、铸牢中华民族共同体意识研究基地1个、省部共建协同创新中心1个、文化和旅游部重点实验室1个、国家药监局重点实验室1个、国家能源局创新研发中心1个。

研究生院以党的二十大精神为指引,深入学习贯彻习近平总书记关于教育的重要论述,把学校第十二次党代会精神和要求转化为研究生教育工作的指导思想和目标任务,加快推进研究生教育治理体系和治理能力现代化,以高质量内涵式发展为目标打造一流的研究生教育体系,为厦门大学建设中国高等教育东南中心提供支撑保障。

构建三位一体的"大思政课"格局。持续开展校内外专家进思政课堂活动,强化港澳台生、外籍生国情课建设,"认识当代中国"国情教育课获教育部港澳台学生国情教育精品课程建设立项。持续推进课程思政示范课程建设,2门研究生课程入选福建省第三批课程思政示范课程建设项目。优化教材体系,加强课程教材选用;创新研究生体育赛事形式,举办师生合作参赛的首届"闽都·南强杯"研究生体育竞赛。

加强导师队伍建设。修订《厦门大学研究生导师招生资格年度审核实施办法》,优化高层次人才申请首次招收研究生招生资格审核流程,强化对导师立德树人工作实效的考核。完善常态化分类培训体系,与教师发展中心联合举办厦门大学2023年新任研究生导师集中研修活动,全校190名新任研究生导师参加。丰富研究生导师培训内容,年内共开设新文科系列讲座2辑11讲、"求索"专题讲座4期。

深化人才培养模式改革。修订出台《厦门大学"南强优秀博士生培育计划"实施办法》,优化学生入选基本条件,进一步强化过程管理;举行政策解读会,举办首次南强优博计划博士生座谈会,遴选入选博士生组建"南强优博计划"活动管理团队;策划组织厦门大学首届"南强杯"研究生三分钟学术演讲比赛。推进教育部国家优秀中小学教师培养计划(简称"国优计划")专项培养。年内,共择优录取47名"国优计划"学生。作为首批30所"国优计划"试点高校之一,高度重视试点工作,加强政策宣传,积极整合学科优质资源,精心设计专项培养方案,凝聚高水平教学团队,与厦门市教育局合作在厦门市9所优质中学设立教育实践基地,全力保障"国优计划"的实施。推进教育部区域国别学高层次急需人才专项培养。年内,入选区域国别学高层次急需人才培养首批试点高校(全国15所高校),计划每年遴选10名博士生进行专项培养。依托南洋研究院的学科优势,制定专项人才培养实施方案,加强国际交流和境外田野调查等培养环节,与3家科研院所签订联合培养协议,探索高校与科研院所联合培养高层次急需人才新模式。

加快专业学位研究生分类培养改革。推进工程硕博士培养改革专项试点工作。制定年度工作进展计划表及2023级专项试点项目培养方案,加强过程管理规范。加强校企导师沟通合作,组织厦门大学首届工程硕博士专项校企导师见面会。推进校企产教融合联培基地建设。拓展与重点行业领域、龙头企业建立稳定的专业学位联合培养示范基地,与福建省肿瘤医院、厦门乾照股份有限公司、泉州海西社工事业发展中心等10家企事业单位共建研究生联合培养基地;5个基地获评2022年福建省产教融合研究生联合培养基地。推进订单式专项人才培养。聚焦化合物半导体方向,以物理科学与技术学院为牵头单位,联合三安光电、乾照光电、金磊光电等多家上市公司,开展集成电路订单式专项人才培养,完成首届推免生招生工作。大力推进原创性案例建设。与宁德时代联合申报并入选教育部首批12家企业案例研究基地;5个项目(美丽中国2项、大国智造1项、中国科创1项、中华传承1项)入选教育部学位与研究生教育中心、中国专业学位案例中心2022年主题案例建设项目。田中群院士牵头申请的名校名企名家重大案例立项项目获得教育部学位中心立项;5个专业学位教学案例获评2022年省级优秀教学案例。

推进研究生教育国际化。新增中法"蔡元培博士交流项目"立项1个。开展高水平、创新、中外合作等30多个国家公派留学项目人员遴选,其中119人获得国家公派留学资格。共资助23名博士生出国(境)访学、48名博士生出国(境)参加国际会议,2名研究生赴国际组织和国家重点单位实习实践。资助学院邀请境外知名专家学者开展37场高水平学术讲座。启动2023年国际研究生专班建设。组织具有来华留学工作基础、国际学生就读意愿强的学科专业开设全英文授课专班,设置具有学科特色和竞争力的国际化人才培养方案。首批共立项10个国际硕士研究生专班。启动"槿鹭优研计划",以在分校建有学位授权点的相关学院学科为支撑,统筹总校和分校各自的综合优势,合作培养具有广阔国际视野和系统专业知识的优秀国际研究生。

强化学位论文和学位授予质量管理。加强制度规范。出台《厦门大学学位授予工作细则》,完善博士、硕士专业学位授予标准;出台《厦门大学研究生学位论文质量管理办法》,明确不同类别研究生学位论文质量要求,强化专业学位论文应用导向。严格学位授予审核管理。年内共授予博士学位930人、学术型硕士学位2045人、硕士专业学位3138人、同等学力申请硕士学位276人。根据福建省教育厅公布的评选结果,共获评43篇福建省优秀博士学位论文、31篇学术学位优秀硕士学位论文及25篇专业学位优秀硕士学位论文。

深入推进博士研究生申请学位创新成果改革。出台《厦门大学博士研究生申请学位创新成果认定实施细则》,发布《关于以博士学位论文申请博士学位创新成果认定有关工作的通知》,规范以博士学位论文申请博士学位创新成果认定有关工作程序。年内，组织完成2批次博士研究生以博士学位论文申请学位创新成果认定的校外专家评审工作。

持续推进学科建设。以需求为导向，进一步优化学科专业结构，自主审核增列航空宇航科学与技术、基础医学、药学3个一级学科博士学位授权点，知识产权、体育2个硕士专业学位授权点；对应调整增列艺术学一级学科博士学位授权点及音乐、戏剧与影视、美术与书法、设计、文物5个硕士专业学位授权点，不再保留戏剧与影视学一级学科博士学位授权点、美术学一级学科硕士学位授权点、文物与博物馆硕士专业学位授权点、艺术硕士专业学位授权点。全力加强学位授权点内涵建设，有序推进2020—2025年学位授权点周期性核验工作，编制完成《厦门大学研究生教育发展质量年度报告(2022年)》，组织指导参评学位点编制2022年《学位授权点建设年度报告》和撰写《学位授权点自我评估报告》，开展专家现场评估；组织相关学位授权点认真完成2023年学位授权点专项核验工作。积极推进学科交叉融合。持续建设五大优势特色领域，继续设立学科交叉专项，培育建设3个校级学科交叉中心。举办交叉科学论坛系列活动，推动学科交叉融合。推进福建省高校数学学科、物理学学科、海洋经济学科联盟及政产学研用金联盟建设。

统筹推进“双一流”建设。加强内部质量监控，做好建设情况的自评和总结。完成第二轮“双一流”建设中期自评工作。完成上一年“双一流”绩效自评工作，完成大学监测数据和学科监测数据集中填报，形成福建省“双一流”学科建设情况报告，18个学科入选福建省第二轮“双一流”建设学科。做好“双一流”建设经费及项目管理，完成本年度“双一流”中央引导专项奖金申报和预算编制相关工作，制定本年度“双一流”建设项目实施方案，组织开展校内“双一流”项目立项、年度经费预算编制及相关项目管理工作，完成下一年度“双一流”中央引导专项资金及省市共建经费申报工作。

落细落实管理服务。实施研究生教育质量目标责任制。根据学院年初制定的目标指标开展年度绩效考核，设立“示范引领”和“进步之星”两类考核标准，综合考查37个学院各项指标任务完成情况，共8个学院获示范引领奖，5个学院获进步之星奖。通过目标责任制度推动学院更多发挥主动性和创新性，促进人才培养质量要求落地落实。在医学与生命科学学部试点改革的基础上，全面推进各学部人才培养管理团队建设，进一步打通校院管理、跨学科融通、本研教学管理间的壁垒，促进资源共享，创新管理机制，践行“一线规则”，改革教学人员考核评价体系，激发队伍干事创业热情。举办研究生秘书管理服务能力提升培训班，全校近100名研究生秘书参训。持续优化学籍管理服务系统功能，提升线上学籍管理服务效率。组织2023届7000余名应届毕业生完成线上图像采集和学历电子注册；上线结业生答辩资格申请、转专业申请等应用；优化线上学籍注册，简化流程，即使疫情期间开学准时注册率仍能达99.8%。持续推进厦门大学本研一体化教务管理系统二期(研究生培养与学位管理专项)建设工作。完成研究生科研成果管理、研究生答辩与学位管理、学位论文质量管理相关功能模块的整体建设，运行达到预期要求。

以新媒体打造学术交流平台。年内，厦门大学研究生教育公众号共发布210篇文章；厦大群贤公众号共发布168篇文章；厦大群贤视频号已直播、录播50场学术讲座，观看人数达4.8万多人、观看次数6.4万多次、点赞8万多次，为师生提供信息服务、政策宣讲，加强师德师风建设，传播正能量，促进跨学科交流提供平台，助力校园向上学术氛围的形成。

(苏月英 蔡鹏程 吴圣芳 陈 权 胡 雄 李 娟 李敏利 唐 苗 洪海鹰 冒 澄 马利娜 庄诗潮 熊雨婷 廖伟楠 李小梅 黄娉婷 严 弋 郑晖阁 董宇昕 万贤秀)

【承办中国学位与研究生教育学会信息管理委员会2023年学术年会】 3月30—31日，学校承办中国学位与研究生教育学会信息管理委员会2023年学术年会。教育部学位与研究生教育发展中心、中国学位与研究生教育学会、福建省教育厅高教处(学位办)领导、130余所高校与行业企业的近300名代表齐聚厦门大学。本次学术年会为推进数字化转型，提升数字教育能力，撬动研究生教育教学模式、教育理念、管理方式等全面变革提供了新思路、新方向，为中国研究生教育高质量发展注入新动能。

(严 弋)

【共同发起成立中国-东盟研究生教育联盟】 8月30日，由贵州师范大学主办，学校、马来西亚拉曼大学协办的2023中国-东盟研究生教育国际论坛在贵州师范大学举办，东盟国家高校、国内多所高校代表参加本次论坛。为建立中国-东盟研究生教育常态化交流机制，由贵州师范大学、厦门大学等高校共同发起成立中国-东盟研究生教育联盟，举办联盟成立仪式并发布《中国-东盟研究生教育国际合作倡议书》，进一步深化各方在教育领域的交流与合作，推动中国和东盟国家研究生教育高质量发展。

(陈 权 唐 苗)

【张荣书记为全体研究生新生讲授开学第一课】 9月7日，校党委书记张荣为全体研究生新生讲授题为“珍惜华年 挺膺担当 争做强国建设的栋梁之才”的开学第一课，带领学生深入学习领会党的二十大对教育、科技、人才工作部署的时代背景、重要内涵和深刻意义，结合厦门大学百年发展历程，希望学生能担负起“天将降大任于斯人”的使命，在以中国式现代化全面推进中华民族伟大复兴的强国伟业中彰显厦大人的责任和担当。

(郑晖阁)

【举办厦门大学首届“闽都·南强杯”研究生体育竞赛】 10月15日，首届“闽都·南强杯”厦门大学研究生体育竞赛开幕式在思明校区思源谷和翔安校区水上基地同步举行。此次竞赛涵盖龙舟竞速和极限飞盘两个项目，分别在两校区同步开展，来自30个学院的90余支队伍共千余名师生参赛。本次竞赛创新研究生体育赛事形式，开创了专属研究生和导师的体育竞赛活动，是全面实施学校“博学至善”行动，推进“五育并举”，完善研究生自主培养体系，高质量培养卓越人才的创新实践。（李　娟）

【举办厦门大学首届工程硕博士专项校企导师见面会】　10 月 25 日，学校首届工程硕博士专项校企导师见面会在翔安校区举行，国家电网有限公司等七家合作企业专项试点工作负责人，以及合作企业导师代表受邀参加此次见面会。本次工程硕博士专项校企导师见面会是学校探索建立校企协同、产教协同培养研究生的长效工作机制，为工程硕博士培养改革专项试点提供可推广示范样板的一项有益尝试，推动加快实现校企“四共”（共同招生、共同培养、共同选题、共享成果）、“四通”（师资互通、课程打通、平台融通、政策畅通）机制。

（胡　雄　郑晖阁）

【教育部学位管理与研究生教育司领导莅临学校调研】　11 月 14 日，教育部教师工作司司长、学位管理与研究生教育司司长、国务院学位委员会办公室副主任任友群带队到学校调研指导工作，充分肯定了学校“双一流”建设和人才培养工作取得的成效，对学校今后工作提出了建设性的指导意见，并希望学校能充分发挥高等教育东南中心的区域优势，在高等教育改革创新方面多出引领性经验，推进“双一流”建设和人才培养工作更上新台阶。（郑晖阁）

【举办厦门大学专业学位研究生培养工作推进会】　11 月 15 日下午，学校召开专业学位研究生培养工作推进会，旨在深入探讨专业学位研究生培养的目标任务和改革重点，凝聚思想共识、建设合力，加快构建高质量的研究生分类培养体系。张宗益校长做大会主旨报告并就学校下一步如何统筹谋划专业学位建设，全方位加快专业学位研究生教育高质量发展提出重要指导意见。学校制定厦门大学专业学位研究生质量提升行动计划，出台《厦门大学专业学位研究生培养管理办法》《厦门大学行业导师选聘实施细则（试行）》和《厦门大学研究生培养指导委员会管理章程》等系列文件。（李敏利）

【承办中国专业学位案例建设专家咨询委员会年会暨案例建设研讨会】　11 月 16 日，受教育部学位与研究生教育发展中心委托，研究生院与管理学院联合承办中国专业学位案例建设专家咨询委员会年会暨案例建设研讨会，学校与宁德时代签署企业案例研究基地共建协议。（郑晖阁）

【举办厦门大学首届“南强杯”研究生三分钟学术演讲比赛】　11 月 27 日，厦门大学首届“南强杯”研究生三分钟学术演讲比赛决赛成功举办，6 名选手获一等奖，6 名选手获二等奖，8 名选手获三等奖。本次比赛由“南强优博计划”博士生活动管理团队组织，以“学术创新一展风采，与时俱进追求卓越”为主题，旨在促进研究生跨学科学术交流，激励研究生不断追求卓越、挑战自我。（唐　苗）

【举行厦门大学首届“国优计划”研究生开班仪式】　12 月 28 日，厦门大学首届“国家优秀中小学教师培养计划”（简称“国优计划”）开班仪式举行，厦门市教育局领导、“国优计划”9 所教育实践基地中学负责人、实践导师代表，以及学校相关单位负责人、导师代表、首届“国优计划”研究生等出席仪式。“国优计划”是教育部实施科教兴国战略、吸引优秀人才培养优秀人才的重要部署。本次开班仪式旨在推动各学院、导师、实践基地进一步凝聚共识、同心协力，共同完成“国优计划”培养任务，激励“国优计划”学生坚定理想信念、锤炼真实本领，尽快成长为基础教育的生力军和中坚力量。（吴圣芳）

【获评“中国研究生创新实践系列大赛十年发展重要贡献单位”】　年内，学校获得中国研究生创新实践系列大赛各类赛事全国一等奖 10 项、二等奖 24 项、三等奖 36 项，优秀组织奖 6 项；学校获评“中国研究生创新实践系列大赛十年发展重要贡献单位”；深化研究生创新实践教育，除了组织研究生参加创新系列竞赛外，还持续开展田野调查基金项目；组织 15 支博士生地方经济发展服务团前往宁夏隆德等地开展社会实践，助力地方经济发展；支持 16 个单位举办 12 个暑期学校项目和 8 个博士研究生论坛（会议）等，取得新成效。

（蔡鹏程　胡　雄）

【获国家级研究生教学成果奖】　2023 年公布的 2022 年度国家级教学成果奖名单中，学校研究生教学成果获国家级二等奖 5 项，获奖数比往年大幅提升，在全国高校中排名第 10（并列），实现研究生教学成果获奖的重大突破。（吴圣芳）

【研究生以第一作者在 *Science*、*Nature* 及其子刊上发表论文 25 篇】　年内，学校研究生以第一作者在 *Science*、*Nature* 及其子刊上发表了高水平论文 25 篇，其 *Science* 发表 1 篇，*Nature* 发表 2 篇。（董宇昕）

【研究生招考持续实现质量型扩招】　年内，录取的内地硕士研究生中，来自“双一流”建设高校的学生占比 59%。录取的内地博士研究生中，硕士研究生学历来自“双一流”建设高校的学生占比 73%；本科学历来自“双一流”建设高校的学生占比 47%。

（蒋勤慧　宗续春　林　靓　陈　晨　王　鑫）

【完善 2023 年复试录取工作机制】　年内，学校制定《厦门大学 2023 年硕士研究生复试录取工作方案》《厦门大学 2023 年博士研究生申请考核工作指导意见》，严格落实各项制度。加强复试全过程管理，依托学校人才培养管理团队，成立 6 个巡查小组，分学部对研究生复试录取工作全覆盖巡查和督导。

（蒋勤慧　宗续春　林　靓　陈　晨　王　鑫）

【继续加强研究生招生信息化建设】　年内，学校持续加强招生信息化建设，优化考生报考和院系管理流程，实现无纸化审签招生专业目录，升级博士报名系统，提高工作效率；实现人脸识别系统与大学生夏令营系统对接，方便营员入校；采购电子阅卷系统，提高评卷效率和准确率。

（蒋勤慧　宗续春　林　靓　陈　晨　王　鑫）

【推免生录取人数创历史新高】　年内，学校组织开展多场次招生宣讲会、线上答疑会。夏令营报名 23136 人，同比增长 15.7%；录取 2024 级推免生（含直博生）2285 人，较 2023 级增加 52 人，创历史新高。推免生（含

直博生)来自双一流建设高校的1811人,较2023级增加76人,同比增长4.4%。（蒋勤慧 宗续春 林靓 陈晨 王鑫）

【新增国家优秀中小学教师培养等专项招生项目】 年内,学校入选国家"国优计划"首批试点30所"双一流"建设高校,学校根据《教育部关于实施国家优秀中小学教师培养计划的意见》要求,共录取24名理工类优秀推免生,其中,本校生源14名,校外生源10名,分布在化学化工学院、生命科学学院、材料学院、数学科学学院和物理科学与技术学院等5个学院。（蒋勤慧 宗续春 林靓 陈晨 王鑫）

【顺利开展首届强基计划学生本研衔接转段工作】 年内,学校为首届强基计划学生科学设计"强基计划"转段方案,顺利开展本研衔接转段工作。化学化工学院、历史与文化遗产学院、信息学院、生命科学学院、数学科学学院、物理科学与技术学院和哲学系等7个院系共录取108名"强基计划"研究生,其中硕士生95名、博士生13名,转段率高达90%。（蒋勤慧 宗续春 林靓 陈晨 王鑫）

【调整厦门大学报考点受理报考范围】 年内,经与上级主管部门多次协商,学校全国硕士研究生招生考试报考点(代码:3504)受理考生范围从接受厦门市报考厦大考生调整为"报考全国统考、管理类联考、法律硕士联考的厦门大学(含厦门大学马来西亚分校)普通全日制应届本科毕业生"。全国硕士研究生招生考试报名期间,除安排电话咨询,学校还在思明校区学生事务大厅设立网上确认现场咨询窗口,为考生答疑解惑,提供精细化服务。（蒋勤慧 宗续春 林靓 陈晨 王鑫）

【考试管理团队落实各类考试组织管理工作】 年内,学校组织教师和考务人员共400余人,克服疫情期间人员紧缺问题,全力完成全国硕士研究生招生考试本校105个科目共28064份试卷的评卷工作,受理1892人/次成绩复查申请,继续保持零差错。8月,重建试卷保密室,组建考试管理团队,指派专人统筹协调报考点和招生单位工作,提前制定组考方案和应急预案。研究生考试组织中,严格落实命题、制卷、寄送等各环节过程管理,完善工作台账,重点加强对关键环节、岗位、人员的监管,形成多人审核和责任共担机制,顺利完成共计105个科目23560份自命题试卷的制卷工作并寄发全国750个校外考点;指派专人按时接收整理校外95个招生单位1144份自命题试卷,完成3个考点共65间考场编排工作;严格落实"智能安检门"、无线电信号(含5G)屏蔽全覆盖、考点外集中存放手机、考务工作人员培训考核全覆盖全达标、推进考中降低手机信号频率等要求,构建"五位一体"立体防护网,实现研考工作"三无""三稳""三确保"的考务工作目标。（蒋勤慧 宗续春 林靓 陈晨 王鑫）

【组织新任研究生导师研修活动】 11月25日,2023年新任研究生导师集中研修活动举行,33个学院(研究院、直属系)和附属单位的190名新任研究生导师参加。培训活动以弘扬教育精神为主题,邀请获"2023年新时代中国杰出教育家"称号的邬大光教授、国家教学名师林亚南教授,以及青年骨干导师郑晓剑教授、化学化工学院叶龙武教授做专题报告。活动邀请历史与文化遗产学院王日根、外文学院辛志英、管理学院计国君、社会与人类学院王传超、物理科学与技术学院赵鸿、海洋与地球学院陈敏、航空航天学院尤延铖、柔性电子(未来技术)研究院李林、化学化工学院任斌、生命科学学院袁晶等一批资深或优秀中青年研究生导师,分享自己在长期教学科研过程中指导学生的经验和工作心得体会,为提高新任研究生导师的指导能力提供借鉴。（甘雅娟）

附　录

厦门大学2023年内地研究生录取情况统计表

地区	录取层次	统计方式	招生类别	录取人数
内地	硕士生	录取类别	非定向	4887
			定向	1302
		入学方式	统考	4045
			推免	2144
		学习方式	全日制	4987
			非全日制	1202
		学位类型	学术学位	2367
			专业学位	3822

续表

地区	录取层次	统计方式	招生类别	录取人数
内地	硕士生	计划性质	普通计划	6013
			支教团推免计划	19
			少数民族高层次骨干人才计划	86
			退役大学生士兵计划	20
			工程硕博士计划	51
内地	博士生	录取类别	非定向	1256
			定向	110
		入学方式	普通招考	3
			申请考核	976
			硕博连读	298
			本科直博	89
		学习方式	全日制	1305
			非全日制	61
		学位类型	学术学位	1233
			专业学位	133
		计划性质	普通计划	1280
			少数民族高层次骨干人才计划	23
			对口支援西部地区高校计划	13
			援疆师资计划	2
			部省合建高校计划	5
			高校思政工作骨干计划	3
			工程硕博士计划	40

美育与通识教育

【概要】 年内，学校深入贯彻党的二十大精神，坚守立德树人根本任务，以教育部本科教育教学审核评估为契机，深化美育与通识教育改革，全面促进学生综合素质与卓越能力均衡发展。

年内，开设 607 门次美育通识课程，29264 人次选修，选课率 76%。其中，美育课程 92 门次，选课率 86%；写作课程 38 门次，932 人选修，选课率 83%。打造“人文大讲堂”系列讲座式课程，翔安、漳州校区共举办 65 讲(累计 1249 讲)。推出“科研启蒙”“聊解《资本论》”“人工智能应用与实践”“芯片世界中的创新启蒙”等跨学科融合课程，激发学术创新活力。邀请诺贝尔奖获得者本亚明·利斯特(Benjamin List)等，举办 3 场“群贤大讲堂”和 4 场“博雅茶座”，线上线下听众约 2 万人次。成功排演《哥德巴赫猜想》《遥望海天月》《长汀往事》等美育精品原创校史话剧，全年校内外演出 12 场，参与学生 384 人次，覆盖 29 个学院，吸引校内外观众约 1.1 万人次。《哥德巴赫猜想》受邀作为第十六届“春华秋实”艺术院校舞台艺术精品在国家大剧院展演，为“科学家故事戏剧节”专项演出首开序幕，这是学校系列校史剧目首次在国家大剧院展演。《长汀往事》获第五届福建省大学生戏剧节综合奖 1 项、单项奖 3 项。《遥望海天月》圆满完成福州汇报演出。立项美育第二课堂项目 24 个，引入高雅艺术进校园 2 场，举办其他校园文化活动6场，并在翔安校区创设“博雅空间”举办特色活动2场。学校美育与通识教育成果受到广泛关注，新华每日电讯发表题为《一场戏，万人空巷，一堂课，一抢而空》的文章，剖析“厦大美育通识课为什么这么火”，被中国青年报、人民网、中新网、央广网、东南网等报道。

（李仕耘）

【厦门大学写作教学中心举行揭牌仪式】 3月，学校举行写作教学中心揭牌仪式，副校长周大旺为首批完成写作课程培训并顺利结业的教师代表颁发培训结业证书。分析性写作课程组代表刘安华副教授、公文写作课程组代表洪镔副教授、媒体写作课程组代表叶虎副教授和创意写作课程组代表李菁副教授分别从不同角度介绍学校写作课程的建设情况，交流心得体会。（李仕耘）

【打造标志性讲座平台】 年内，学校打造“群贤大讲堂”“博雅茶座”等品牌讲座平台，促进学科交叉融合，提升校园的学术文化氛围。年内，共有7场高端讲座举办，分别是加拿大工程院院士、卡尔加里大学机械及制造工程系主任孙巧教授的讲座《机器人时代结构柔性的崭新使命》、诺贝尔奖获得者本亚明·利斯特(Benjamin List)的讲座“Universal Organocatalysts for Our World”、窦贤康院士的讲座《凝聚科技人才，推动学术创新》、联合国秘书长气候特使彼得·汤姆森(Peter Thomson)的讲座《推进蓝色转型愿景，构建和谐生态关系》，以及本校教授袁晶的讲座《自强不息 止于至善——厦大科学家的故事》、陈敏教授的讲座《我们的海洋，我们的未来》、庄国土教授的讲座《错综复杂 迎难而上——党的二十大报告对国际局势新判断》和故宫博物院研究院余辉的讲座《如何读出古画里的历史信息》。（李仕耘）

【构筑美育实践高地，开展高雅艺术进校园活动】 年内，学校组织郑小瑛歌剧艺术中心进校园举办“中外经典双联歌剧——《紫藤花》&《快乐寡妇》表演音乐会”，支持学校原创歌剧《陈嘉庚》在三个校区巡演，承办“高雅艺术进校园，国粹京剧进厦大”等演出活动。（李仕耘）

【打造翔安校区“博雅空间”】 年内，学校与翔安校区新华书店共同打造美育与通识教育博雅空间，开展书香阅读、作者分享会等形式多样的活动，如《千里江山图》品鉴活动等。

（李仕耘）

继续教育

【概况】 年内，继续教育管理处深入贯彻落实习近平总书记关于继续教育与学习型社会建设的重要指示批示精神，并结合学校第十二次党代会提出的目标任务，围绕继续教育规范管理等方面务实高效地开展了各项工作。

在学历继续教育方面，网络教育收尾工作稳步进行。网络教育毕（结）业学生7332人，学位授予人数1378人。截至年底，有在籍学生9213人，校外学习中心58个，其中关停的校外学习中心8个，休眠的校外学习中心12个，正常运营学习中心38个。对关停和休眠的校外学习中心的学生采取包括直接接手管理等措施，确保学生完成学业。非学历教育方面，教育培训强劲复苏，培训规模和收入再创新高，共审批立项3090个，举办项目2935个，参训学员162309人次，培训规模是2022年的4倍，是疫情前2019年的1.5倍，也超过2020—2022年三年总和；培训费收入创历史新高，是上一年的2倍，是2019年的1.2倍，也超过2018年的高峰水平；在培训费到款入账方面，全年入账比达99.9%；超12.59%完成年度培训费预算收入目标。截至12月31日，学校参与非学历教育的办学单位有42个。年内，还完成非学历教育专项整治整改工作。（盛世维）

【选聘非学历教育督导组】 3月14日，选聘3名具有丰富经验的教职工组成学校非学历教育督导组，共督查办学项目总计819个，督查率28%。通过每周随堂听课等形式对全校范围内的非学历教育课程进行抽查，发现问题，即刻纠正，发现违规行为，即刻予以处理。年内，督导组共查处违规办学行为3起。（盛世维）

【修订《厦门大学非学历教育管理办法》《厦门大学非学历教育经费管理办法》】 8月1日，两办法修订后发布。此次修订是在遵照教育部《普通高等学校举办非学历教育管理规定（试行）》和学校主题教育问题整改要求基础上，广泛征求意见建议，结合近年来办学实践和实际进行的，有助于学校对不同类别培训班实施更加精细化、合理化、个性化的分类管理，为非学历教育长远可持续发展提供有力支撑。（盛世维）

【成立厦门大学现代远程教育（网络教育）试点结束工作领导小组】 9月12日，成立厦门大学现代远程教育（网络教育）试点结束工作领导小组，下设工作小组，由继续教育学院、继续教育管理处、财务处、综治办等单位的有关人员组成，具体落实领导小组制定的政策。（李金水）

【入选人社部数字技术工程师培育项目第二批培训机构】 9月25日，成功入选人社部数字技术工程师培育项目第二批培训机构，并获批“人工智能工程技术人员”“集成电路工程技术人员”两个职业方向的国家级数字技术工程师培训资质。至此，学校已获批大数据、区块链、智能制造、人工智能、集成电路等5个国家数字技术工程师培育项目培训资质。

（施当波）

【加入金砖创新基地战略咨询委员会】 11月15日，金砖创新基地战略咨询委员会第一次全体会议在厦门召开，副校长邓朝晖出席会议并受聘第一届战略咨询委员会委员。邓朝晖参与了本年度金砖创新发展报告的撰稿工作，主持撰写了以创新促进共同发展和可持续发展为主题的《金砖国家新工业革命伙伴关系创新发展报告》的部分章节内容。

（盛世维）

【协办2023年金砖国家新工业革命技术与治理卓越人才培训班】 11月15—28日，由金砖创新基地主办，学校协办的2023年金砖国家新工业革命技术与治理卓越人才培训班在厦门大学举行。培训班以新工业革命技术与治理为主题，旨在加强金砖国家与新兴市场国家和发展中国家在新兴技术领域合作，让新兴数字技术造福各国人民。来自 22 个国家的 23 名学员在厦大校园进行了为期两周的学习和生活。培训期间，继续教育管理处牵头协调组织全校各相关部门支持配合，保障培训班教学和后勤服务相关工作的顺利进行。

（盛世维）

【印发《关于加强非学历教育教学管理有关工作的通知》】 12 月 12 日，学校印发《关于加强非学历教育教学管理有关工作的通知》(2023) 厦大继教 3 号，狠抓师资管理和教学管理。

（盛世维）

【非学历教育改革创新典型案例入选教育部重点培育建设任务名单】 12月15日，组织申报的《创新培训模式，智力帮扶宁夏隆德乡村振兴》作为非学历教育改革创新典型案例入选教育部2023年学习型社会建设(高等继续教育领域)重点培育建设任务名单。（盛世维）

海外教育

【概况】 2022—2023 学年，学校来华国际学生 1478 人，其中长期生 1058 人，短期生 420 人。截至 12 月 31 日，学校在籍台港澳学历生 1017 人，其中台湾地区 440 人、香港地区 390 人、澳门地区 187 人。

年内，录取国际学历生 259 人，含本科生 156 人、硕士 79 人、博士生 24 人，同比增长 51.5%。

（严　娴　蒋玉塔）

【实行国际生报名时间差异化管理】 年内，学校针对不同类别奖学金生和自费国际生申请者设置三个不同的报名截止时间。（蒋玉塔）

【税务法学硕士联合培养项目录取人数增长】 年内，财政部、国家税务总局、厦门大学与经合组织税务法学硕士联合培养项目录取 14 个商务部奖学金生，比上一年增加 4 人。

（蒋玉塔）

【疫情后恢复国外实地招生宣传】 新冠疫情后，学校组织人员前往马来西亚、新加坡、越南、俄罗斯、亚美尼亚、阿联酋、荷兰、印度尼西亚、柬埔寨、加纳、埃及等 11 个国家参展和招生宣传。（蒋玉塔）

【组织特色学科国际招生系列直播】 年内，学校组织历史与文化遗产学院、新闻传播学院、外文学院、国际中文教育学院/海外教育学院、经济学院、管理学院、公共事务学院、化学化工学院、建筑与土木工程学院、生命科学学院、公共卫生学院、药学院、医学院、环境与生态学院、海洋与海岸带发展研究院等 15 个学院 33 名中外师生开设 15 场特色学科国际招生系列直播。（蒋玉塔）

【“花开中国”名校台港澳青年互访计划启动】 3 月 9 日，学校策划发起的“花开中国”名校台港澳青年互访计划启动，首期组织 2023 年春季学期台港澳交换生赴武汉大学进行学术交流，并前往湖北省博物馆、辛亥革命博物馆、东风汽车公司等处开展实践教育活动。（王键澜）

【举办“情牵厦金”2023 年两岸青年学子文化研习营】 3 月 31 日—4 月 4 日，由校团委、台港澳事务办公室和厦门市两岸交流协会共同主办的“情牵厦金”2023 年两岸青年学子文化研习营举办，来自金门大学及铭传大学金门校区共计 53 名师生，与厦门大学师生共同参与为期 5 天的学术交流及文化参访活动。（王键澜）

【厦门大学香港学生职业沙龙举办】 4 月 8 日，厦门大学香港学生职业沙龙举办。来自香港特别行政区政府驻福建联络处、戴德梁行、香港大公文汇传媒集团、香港工会联合会福建中心等单位的工作人员围绕公务员招考、人生规划、文创传媒行业职业发展和大湾区青年就业计划等主题举办讲座，并组织香港学生前往厦门广播电视集团进行职业体验。

（王键澜）

【香港“义连班”一行来访】 4 月 10 日，香港特区政府沙田民政事务处联同地区青年团体“义连班”及香港福建社团联会青年委员会共同组织“福建省交流学习之旅”访问团，携香港 16 所中学的青年学生访问厦门大学，与学校师生交流座谈。香港中联办新界工作部副处长袁名别、沙田民政事务专员柯家乐担任随团顾问。

（王键澜）

【“花开中国”名校台港澳青年互访计划(第二期)举办】 5 月 11—14 日，“花开中国”名校台港澳青年互访计划(第二期)举办，与漳平市“同沐华夏风 共绘同心圆”漳台基层交流系列活动(第一期)合并举办。来自武汉大学、北京大学、厦门大学近 30 名台生及带队教师参加活动。

（王键澜）

【首个“共促两岸融合发展实践点”挂牌】 6 月 9 日，厦门大学—高崎边检站“共促两岸融合发展实践点”挂牌仪式在五通客运码头举行。这是“两岸高等教育融合发展实践基地”启动建设以来，学校与涉台实务部门、企事业单位合作建设的首个“共促两岸融合发展实践点”。（王键澜）

【王沪宁看望厦门大学在校台湾学生】 6 月 16 日，中共中央政治局常委、全国政协主席王沪宁在闽参加第十五届海峡论坛大会期间到校看望在校台湾学生。（王键澜）

【海外青少年研学营来访】 7 月 20 日，由 40 名吉尔吉斯斯坦、乌兹别克斯坦、马来西亚和泰国的青少年组成的海外青少年研学营来校参观并进行座谈交流。（黄真真）

【厦门大学—厦门市文化和旅游局“共促两岸融合发展实践点”授牌仪式举行】 9 月 22 日，厦门大学—厦门市文化和旅游局“共促两岸融合发展实践点”授牌仪式在厦门市文化馆举行，副校长史大林教授出席授牌仪式并致辞。（王键澜）

【举办“融通新鹭”两岸学子城市文化之旅】 9 月 22—24 日，“融通新鹭”两岸学子城市文化之旅举行，学校台湾本科新生、台湾 8 所高校来校交换生及交换生朋辈导师等近 80 人开启三天两夜的厦门“高素质、高颜值、现代化、国际化”城市文化之旅。

（王键澜）

【香港升学规划教育座谈会举办】 9月26日，香港特别行政区政府驻福建联络处与学校共同举办“香港升学规划教育座谈会”，向有意前往香港修读专上教育课程的内地高校学生，

推广香港升学的优势，介绍特区政府引进人才新措施和各类输入人才计划的资讯。　　（王键澜）

【“中国—OECD联合培养税务法学硕士项目”首次举行线下开学典礼】

10月9日，由学校与国家税务总局、财政部和经济合作与发展组织（OECD）合作开设的“中国—OECD联合培养税务法学硕士项目”首次举行线下开学典礼。　　（李美双）

【“花开中国”名校台港澳青年互访计划第三期举行】 11月23—26日，厦门大学“花开中国”名校台港澳青年互访计划第三期在吉林长春举行。学校组织厦门大学台港澳学生（含交换生）到吉林大学交流访问，参访长春博物馆、工业企业和规划馆等地，体验冰雪运动，引导学生探寻祖国东北地区的历史与文化。　　（王键澜）

·科学研究与社会服务·

自然科学与技术研究

【概况】 年内，学校坚持“四个面向”，以有组织推进有组织服务区域和国家经济社会发展，持续深化科研创新体制机制改革，优化科研分类评价体系，建设重大科研创新平台，承担重大科研攻关任务，产出创新性研究成果。理工医总到位经费 22.62 亿元，其中校本级到位经费 19.10 亿元，同比增长 11.45%。

服务国家和地方战略需求情况。国家自然科学基金方面，共获立项 345 个，直接经费 2.29 亿元。其中，面上项目 159 个；青年基金项目 126 个；杰出青年科学基金项目 4 个，并列全国高校第 17 位；优秀青年科学基金项目 7 个，并列全国高校第 16 位。200 万元以上重点重大类项目 23 个，其中重点项目 4 个，联合基金重点支持项目 8 个；重大研究计划集成项目 2 个，1000 万元以上重大项目 2 个。科技部项目方面，获批重点研发计划牵头项目 15 个，主持课题 24 个，立项经费 2.94 亿元，40 个超过 200 万元。其他部委项目方面，共获立项 86 个，立项金额 5124 万元，立项经费数同比增长 37%，其中 200 万元以上项目 4 个，100 万以上项目 19 个。省市、地方科技项目方面，学校获批福建省科技计划项目牵头 28 个，参与 12 个，立项经费 1120.8 万元；获批福建省自然科学基金各类项目 88 个，立项经费 962 万元，其中面上项目 50 个、青年创新项目 20 个、重点项目 5 个、杰出青年项目 13 个。获批厦门市科技计划项目牵头项目 67 个，立项经费 901 万元。其他省市科技计划参与项目 16 个，立项经费 462.4 万元。校长基金教师类项目（理工医科）方面，新增项目资助 109 个，立项经费 3163.86 万元。其中，新立自由探索项目 60 个、培育项目 7 个、青年创新一般项目 13 个、优秀青年团队项目 2 个、重大项目预研基金项目 26 个、战略发展类项目 1 个。

服务地方、服务社会、服务经济发展情况。横向项目方面，全年共立项 980 个，合同金额 4.86 亿元；到位经费 4.4 亿元（不含暂存），同比增长 1.85%；单项 100 万元及以上项目 127 个，单项 500 万元及以上项目 11 个。校地校企合作方面，推进产学研用深度融合，助力企业创新能力建设。支持行业龙头企业牵头，将产业链上下游有优势、有条件的企业和学校组成非实体创新联合体、联合研究中心、联合实验室，开展技术攻关。依托厦门大学生物医疗转化院与福建省妇幼保健院、深圳市护家科技有限公司和河南真实生物科技有限公司深入合作共建校企合作校级科研机构，聚焦新能源、新材料、半导体、人工智能等领域探索合作机制，新增与各地企事业单位共建院级科研平台 28 个。其中，化学化工学院与瓮福集团成立联合研发中心，双方合作研发的首个产能 10kg/h 实验装置顺利投入使用，提质磷酸与电子级磷酸项目投产后预计单项年产值一亿元。协同校基金会争取捐赠资金指定捐赠，成立科研创新中心开展基础研究。探索与华为等头部企业合作新模式。

人才团队和科研平台建设情况。学校大力推进院士增选工作，郑南峰教授（化学部）、张荣教授（信息技术科学部）当选为中国科学院院士；夏宁邵教授（医药卫生学部）当选为中国工程院院士。本届新增选“两院”院士人数并列全国高校第 6。新增国家高层次人才特殊支持计划“科技创新领军人才”4 人，国家外国专家重点支撑计划 2 项。推进国家级科研平台建设重组。获批传染病疫苗研发全国重点实验室。扎实推进全国重点实验室和高端电子化学品国家工程中心重组工作，推进国家集成电路、国家医学攻关产教融合创新平台建设，分别获得 2.02 亿元、1.2 亿元配套资金。海洋负排放（ONCE）国际大科学计划成为中央科技委员会审批通过的第一个、国务院批复立项的第二个国际大科学计划，已覆盖全球 33 个国家 79 个科研院所，总投资额超 100 亿元。获批多媒体可信感知与高效计算教育部重点实验室、教育部干眼医药基础研究创新中心。参与联合申报的国家能源用户侧储能创新研发中心入围国家能源研发创新平台名单。获批先进储能技术福建省高校重点实验室、智慧低碳建筑技术福建省高校重点实验室。获批福建省半导体光电科技经济融合服务平台项目。获批闽台医保研究院。

科技成果情况。科技奖励方面，学校以第一完成单位获各类奖项 51 项。政府类奖励 35 项：获福建省科学技术奖 22 项，其中获颁重大贡献奖 1 项、一等奖 4 项、二等奖 11 项、三等奖 6 项，获奖总数及获得一等奖数量位列全省第一，获奖总数创历史新高；获厦门市奖 13 项，其中重大贡献奖 1 项、创新杰出人才奖 2 项、一等奖 4 项、二等奖 4 项、三等奖 2 项，获奖数创历史新高。获颁人才奖 13 项：第三届全国创新争先奖 1 人、本年度何梁何利基金科学与技术奖 1 人、第五届科学探索奖 1 人、第十一届紫金科技创新奖特别奖 1 人、第十七届福建青年科技奖 3 人、本年度福建省最美科技工作者 1 人、本年度福建省优秀科技工作者 2 人、2023 年厦门市最美科技工作者 3 人。获颁专利奖 2 项：厦门市专利奖特等奖1项、厦门市专利奖二等奖1项。获评中国科学十大进展1项。专利方面，年内学校申请专利1400件，授权640件，其中国内授权专利总数604件，国际授权专利36件；申请计算机软件著作权275件，获批244件。学术论文方面，以厦门大学为第一单位或通讯作者单位在*Nature*正刊上发表论文4篇，在*Science*正刊上发表论文1篇，在*Cell*正刊上发表论文2篇；以第一完成单位在CNS子刊上发表论文80篇，其中*Nature*子刊51篇、*Science*子刊9篇、*Cell*子刊20篇。（周　景）

【获批传染病疫苗研发全国重点实验室】 学校、翔安创新实验室共同组建的传染病疫苗研发全国重点实验室于3月15日获科技部批复，夏宁邵院士担任实验室主任，为攻克疫苗"卡脖子"技术难题、研发创新疫苗产品以及应对新发突发传染病提供有力支撑。（周　景）

【获批国家重点研发计划牵头项目15个】 年内，学校获批国家重点研发计划牵头项目15个，主持课题24个，参与课题/项目53个，立项经费2.94亿元，超过200万元的项目/课题数有40项。（周　景）

【获批国家杰出青年科学基金项目4个】 年内，学校获国家杰出青年科学基金项目4个，并列全国高校第17位。分别为化学化工学院洪文晶教授主持的"单分子电子学"项目、化学化工学院朱志教授主持的"微纳尺度生物分析"项目、萨本栋微米纳米科学技术研究院周伟教授主持的"功能微结构精密加工"项目、医学院王鑫教授主持的"认知障碍疾病的分子机理"项目。（肖泓芮　周　景）

【获批国家优秀青年科学基金项目7个】 年内，学校获批国家优秀青年科学基金项目7个，并列全国高校第16位。分别为物理科学与技术学院孙谋远教授主持的"时域天文与致密天体"项目、物理科学与技术学院杨哲森教授主持的"非厄米能带理论"项目、材料学院王耀辉教授主持的"界面水分子的原位拉曼光谱研究"项目、医学院王科嘉教授主持的"T细胞演进与功能研究"项目、环境与生态学院陈宇新教授主持的"陆地植物多样性与生产力关系"项目、海洋与地球学院沈渊教授主持的"海洋溶解有机碳循环"项目、公共卫生学院张天英教授主持的"病毒性感染的免疫防治"项目。（肖泓芮　周　景）

【获批国家自然科学基金重点项目4个】 年内，学校生命科学学院吴乔教授主持的"整合膜蛋白ITM2B及其剪切体的双向功能：调控脂代谢或促进迁移体形成"项目、海洋与地球学院薛惠洁教授主持的"印度尼西亚海环流时空变化及其对生源要素收支的作用"项目、电子科学与技术学院屈小波教授主持的"心脏磁共振智能多参数同步成像方法及应用"项目、生命科学学院尤涵教授主持的"乳酸诱导的表观遗传修饰重编程是BRAF通路靶向药耐药的治疗脆弱点"项目获批国家自然科学基金重点项目。（肖泓芮　周　景）

【获福建省科学技术奖22项】 年内，能源学院孙世刚教授获2022年度福建省科学技术奖科技重大贡献奖，药学院刘文教授课题组研究成果"肿瘤靶点JMJD6的功能、分子机制和干预研究"、海洋与地球学院王克坚教授课题组研究成果"海洋动物新型抗菌肽的发现及其产品创制与应用"、航空航天学院王奕首教授课题组研究成果"重大装备复合材料结构全生命周期健康监测关键技术与应用"、公共卫生学院夏宁邵教授课题组研究成果"重组人乳头瘤病毒16/18型双价疫苗（大肠杆菌）的研制与应用"获2022年度福建省科学技术奖一等奖。（苏　欣　周　景）

【获厦门市专利奖特等奖1项】 年内，公共卫生学院夏宁邵教授课题组研究成果"截短的人乳头瘤病毒16型L1蛋白"荣获中国专利优秀奖。（苏　欣　周　景）

【获批其他重大项目4个】 年内，海洋与地球学院史大林教授承担的福建省教育厅海洋经济政产学研用金及学科联盟项目获批福建省高校学科联盟建设立项经费800万元；海洋与地球学院王克坚教授承担的海洋多肽在日化用品的开发与应用项目获厦门市海洋发展局—海洋经济发展专项—海洋经济发展重大示范项目立项经费279.6万元；徐鹏教授承担的大黄鱼遗传育种创新平台建设和新品种培育项目获批福建省海洋与渔业局其他项目立项经费220万元；医学院张云武教授承担的靶向Tau蛋白在阿尔茨海默病和孤独症谱系障碍中的诊治作用及相关机理研究项目获批福建省卫生健康委第三批卫生健康中青年科研重大专项立项经费200万元。（谢淑明　周　景）

附　录

厦门大学国家级、部级科研平台一览表

国家级科研创新平台列表

序号	科研创新平台名称	批准部门	批准时间	依托学院	平台负责人
1	能源材料化学协同创新中心	教育部	2014	化学化工学院	田中群
2	两岸关系和平发展协同创新中心	教育部	2014	台湾研究院	李建发

续表

序号	科研创新平台名称	批准部门	批准时间	依托学院	平台负责人
3	固体表面物理化学国家重点实验室	科技部	1987-05	化学化工学院	王　野
4	近海海洋环境科学国家重点实验室	科技部	2005-03	海洋与地球学院	戴民汉
5	细胞应激生物学国家重点实验室	科技部	2011-01	生命科学学院	韩家淮
6	分子疫苗学和分子诊断学国家重点实验室	科技部(省部共建)	2013-12	公共卫生学院	夏宁邵
7	国家传染病诊断试剂与疫苗工程技术研究中心	科技部	2005-12	公共卫生学院	夏宁邵
8	醇醚酯化工清洁生产国家工程实验室	国家发展改革委	2008-06	化学化工学院	袁友珠
9	天然产物源靶向药物国家地方联合工程实验室	国家发展改革委(省部共建)	2013-11	生命科学学院	林圣彩
10	新能源汽车动力电源技术国家地方联合工程实验室	国家发展改革委	2015-3	化学化工学院	赵金保
11	海洋生物制备技术国家地方联合工程实验室	国家发展改革委(省部共建)	2015-12	海洋与地球学院	王克坚
12	纳米材料制备技术国家地方联合工程研究中心	国家发展改革委(省部共建)	2017-12	化学化工学院	郑兰荪
13	导航与位置服务技术国家地方联合工程研究中心	国家发展改革委(省部共建)	2019-02	信息学院	石江宏
14	国家集成电路产教融合创新平台	教育部、国家发展改革委、工信部共建	2019-06	电子科学与技术学院	张　荣
15	台湾海峡海洋生态系统国家野外科学观测研究站	科技部	2021-10	海洋与地球学院、环境与生态学院	黄邦钦
16	疫苗与分子诊断关键核心技术集成攻关大平台	教育部	2021-12	公共卫生学院	夏宁邵
17	海水养殖生物育种全国重点实验室	科技部	2022-11	海洋与地球学院	徐　鹏
18	国家医学攻关产教融合创新平台	国家发展改革委、教育部	2022-12	公共卫生学院	夏宁邵
19	传染病疫苗研发全国重点实验室	科技部	2023-03	公共卫生学院	夏宁邵

部级科研创新平台列表

序号	科研创新平台名称	批准部门	批准时间	依托学院	平台负责人
1	水声通信与海洋信息技术教育部重点实验室	教育部	2005-12	信息学院、海洋与地球学院	商少平
2	电化学技术教育部工程研究中心	教育部	2006-08	化学化工学院	赵金保
3	微纳光电子材料与器件教育部工程研究中心	教育部	2007-10	物理科学与技术学院	康俊勇
4	滨海湿地生态系统教育部重点实验室	教育部	2007-12	环境与生态学院	黄邦钦
5	分子诊断教育部工程研究中心	教育部	2009-11	生命科学学院	李庆阁
6	高性能陶瓷纤维教育部重点实验室	教育部	2009-12	材料学院	彭栋梁
7	计量经济学教育部重点实验室	教育部	2009-12	王亚南经济研究院	洪永淼
8	谱学分析与仪器教育部重点实验室	教育部	2013-09	化学化工学院	江云宝
9	医用生物制品省部共建协同创新中心	教育部（省部共建）	2020-09	公共卫生学院	夏宁邵
10	台湾海峡海洋生态系统教育部野外科学观测研究站	教育部	2020-09	海洋与地球学院、环境与生态学院	黄邦钦
11	传染性疾病检测技术研究与评价重点实验室	国家药监局	2021-02	公共卫生学院	夏宁邵
12	闽台非遗文化数字化保护与智能处理文化和旅游部重点实验室	文化和旅游部	2021-05	信息学院、建筑学院、人文学院、电影学院	史晓东
13	多媒体可信感知与高校计算教育部重点实验室	教育部	2023-03	信息学院	纪荣嵘
14	干眼医药基础研究创新中心	教育部	2023-05	医学院	李庆阁
15	国家能源用户侧储能创新研发中心	国家能源局	2023-04	能源学院	郑志锋

2023 年厦门大学科技成果一览表

2022 年度福建省科学技术奖

序号	奖励名称	等级	成果名称	完成单位	完成人员
1	福建省科学技术奖	科技重大贡献奖	—	厦门大学	孙世刚
2	福建省科学技术奖	一等奖	肿瘤靶点 JMJD6 的功能、分子机制和干预研究	厦门大学	刘　文、肖荣权、冉　挺、易　佳、黄琦绚
3	福建省科学技术奖	一等奖	海洋动物新型抗菌肽的发现及其产品创制与应用	厦门大学、厦门海嘉成生物科技有限公司、福建省华龙饲料有限公司	王克坚、彭　会、陈芳奕、黄贞胜、郭　庆
4	福建省科学技术奖	一等奖	重大装备复合材料结构全生命周期健康监测关键技术与应用	厦门大学、厦门市特种设备检验检测院	王奕首、卿新林、孙　虎、李卫彬、吴会强、曾志伟、伏喜斌、薛文东、刘琦华、刘　晓
5	福建省科学技术奖	一等奖	重组人乳头瘤病毒 16/18 型双价疫苗（大肠杆菌）的研制与应用	厦门大学、厦门万泰沧海生物技术有限公司	夏宁邵、李少伟、张　军、吴　婷、潘晖榕、顾　颖、黄　博、李仲艺、黄守杰、沈文通
6	福建省科学技术奖	二等奖	诊疗一体化影像探针及临床应用研究	厦门大学	刘　刚、楚成超、张现忠、王骁勇、张　阳
7	福建省科学技术奖	二等奖	海洋硝化过程的驱动因子与全球变化	厦门大学	高树基、万显会、郑珍珍、徐　敏、杨进宇
8	福建省科学技术奖	二等奖	轴承式单向超越离合器研发及产业化	厦门大学、传孚科技（厦门）有限公司、福建省三明齿轮箱有限责任公司	许水电、曾景华、李延福、许　涛、姚　斌、陈菊花、余振芳
9	福建省科学技术奖	二等奖	城市大脑视觉数据高效感知与智能中台分析技术及其产业化	厦门大学、福州大学、浙江大华技术股份有限公司、中国移动通信集团福建有限公司、厦门大数据有限公司、南强智视（厦门）科技有限公司	纪荣嵘、郭文忠、殷　俊、洪　青、姜　山、王振宁、林贤明
10	福建省科学技术奖	二等奖	基于“知识＋层次”的视觉感知理解理论和方法	厦门大学、华东师范大学	曲延云、谢　源、张志忠、李翠华、罗小同
11	福建省科学技术奖	二等奖	高效高密模块化 UPS 及其智能管理关键技术与应用	厦门大学、厦门市爱维达电子有限公司、厦门金龙联合汽车工业有限公司、福建福清核电有限公司、中兴通讯股份有限公司	何良宗、陈一逢、李　伟、马铁军、谢凤华、曾　涛、王勇军

续表

序号	奖励名称	等级	成果名称	完成单位	完成人员
12	福建省科学技术奖	二等奖	面向智能网联汽车的三维环境感知关键技术及产业化	厦门大学、厦门雅迅网络股份有限公司、贵州航天天马机电科技有限公司、易图通科技(北京)有限公司	温程璐、涂岩恺、刘伟权、王海龙、程　明、刘秋平、王　程
13	福建省科学技术奖	二等奖	全地形车辆橡胶材料关键技术研发与绿色制造	厦门大学、厦门正新橡胶工业有限公司、万新(厦门)新材料有限公司、厦门正新海燕轮胎有限公司	戴李宗、曹和胜、兰加水、许一婷、袁丛辉、许智明、曾碧榕
14	福建省科学技术奖	二等奖	核反应堆控制棒用高安全性中子吸收材料研发及应用	厦门大学、上海核工程研究设计院股份有限公司、中国科学院上海硅酸盐研究所	冉　广、卢俊强、朱丽兵、张兆泉、林建新、汤春桃、范武刚
15	福建省科学技术奖	二等奖	变换光学隐身、反隐身及超散射基础研究	厦门大学、苏州大学、上海交通大学	陈焕阳、徐亚东、罗旭东、杨　涛、徐　林
16	福建省科学技术奖	二等奖	建筑智能传感监控和状态评估的关键技术与管理平台	厦门大学、中建海峡建设发展有限公司、华侨大学、福建金鼎建筑发展有限公司、三明客家源建设工程有限公司、福建恒声建设集团有限公司	雷　鹰、董小鹏、王　耀、刘丽君、廖成皓、王　成、陈仁心
17	福建省科学技术奖	三等奖	基于生消周期藻类细胞特征的水华监测方法与关键控制技术	厦门大学、福建省水利水电勘测设计研究院有限公司、中国科学院城市环境研究所	于　鑫、陈　辉、李　曦、李晶晶、王立武
18	福建省科学技术奖	三等奖	致密天体爆发机制的多信使研究	厦门大学	刘　彤、李　昂、顾为民
19	福建省科学技术奖	三等奖	网络化客流需求条件下的城市轨道交通智能运输关键技术及决策平台	厦门大学、北京交通大学、海环科技集团股份有限公司、中工建设集团(福建)有限公司	许旺土、许心越、张　薇、李建民、刘四德
20	福建省科学技术奖	三等奖	信息智能处理系统安全防护关键技术研究与应用	厦门大学、福建联迪商用设备有限公司、睿云联(厦门)网络通讯技术有限公司、福建省中电海峡智能装备研究院	高志斌、黄联芬、林　英、黄　悦、冯　超

续表

序号	奖励名称	等级	成果名称	完成单位	完成人员
21	福建省科学技术奖	三等奖	智能终端语音交互技术研发与产业化	厦门大学、海信视像科技股份有限公司、厦门市美亚柏科信息股份有限公司、厦门天聪智能软件有限公司	洪青阳、童　峰、李　琳、杨善松、马　明
22	福建省科学技术奖	三等奖	氢燃料电池应急通信指挥车关键技术及产业化	厦门大学、龙岩市海德馨汽车有限公司、国网福建省电力有限公司龙岩供电公司、福建铭泰集团有限公司	黄建祥、褚旭阳、吴弊静、吴东锋、郑猷泉

人文社会科学研究

【概况】 学校稳步推进人文社会科学工作，全年到账经费 16832.19 万元，其中纵向经费 10172.99 万元，横向经费 6659.20 万元。

科研项目方面，文科各类科研项目新增立项 711 个，其中，纵向项目 344 个，横向(含境外)项目 367 个。国家社科基金各类项目立项总数 81 个，并列全国高校第 4 位。其中，获批国家社科基金年度项目 48 个，位列全国高校第 6 位；获批研究阐释党的二十大精神国家社科基金重大项目 4 个，位列全国高校第 6 位；获批国家社科基金冷门绝学研究专项 3 个，位列全国高校第 1 位。获批国家社科基金后期资助暨优秀博士论文出版项目 12 个，位列全国高校第 9 位。

成果产出方面，年内共报送决策咨询报告 507 篇，在教育部发布的全国高校决策咨询信息采用情况排名中，学校位列全国高校第 5 位，相比于上一年第 12 位，上升 7 位。获福建省第十五届社科优秀成果奖 114 项，获奖总数及各奖项获奖数均位列全省之首。

中国式现代化研究方面，设立“中国式现代化研究”“文化传承发展研究”“中国式现代化出版专项”等；组织“中国式现代化中的人文社会科学：使命、担当与情怀”系列学术活动，邀请 1500 余名国内外专家学者围绕全球治理、国际传播、中华传统文化等议题展开讨论，深入推动中国式现代化研究。开展“海外学者谈中国式现代化”视频拍摄活动，邀请来自德、英、法等 14 个国家的世界社会主义政党代表，围绕“中国式现代化的成功经验”主题展开访谈，进一步扩大厦门大学中国式现代化研究的海外传播力与国际影响力。

智库平台建设方面，新增铸牢中华民族共同体意识研究基地、国家革命文物协同研究中心 2 个全国性科研平台。新增 7 个福建省重点智库，数量位居全省之首。

期刊建设方面，与中宣部合办“如何利用国内学术刊物有效对外发声座谈会”，邀请《中国社会科学》、人大书报资料中心及 10 余名各学科顶级刊物主要负责人来厦交流；举办“办刊经验座谈会”，邀请二级编审田卫平做专题报告；召开“中国式现代化与自主知识体系建设：学术期刊的责任与担当”论坛，来自国内各学术机构和期刊单位的 40 余名专家学者围绕中国式现代化主题展开讨论。

新文科建设方面，推出新文科系列讲座第七、第八辑，内容涵盖健康老龄化、ChatGPT、数字人文等方面。举办首期新文科学术沙龙“新文科视野中的历史文化遗产保护与利用——鼓浪屿世界文化遗产为例”，为专家学者提供高质量的跨学科交流平台。新增 8 个首批福建省哲学社会科学重点实验室，数量位居全省之首。

(张鹭瑶)

【举办各类高水平论坛】 3 月 18 日，举办厦门大学外文学科新百年系列高端学术论坛之“跨学科视域下的外国文学研究论坛”。4 月 4—5 日，举办中国式现代化与全人类共同价值国际学术研讨会，并于 4 月举办“中国式现代化中的人文社会科学：使命、担当与情怀”系列学术活动。11 月 2 日，第 36 届中国电影金鸡奖主要活动“2023 中国电影教育与产业论坛暨中国电影家协会电影教育与产业发展委员会第三届换届大会”在学校举办。11 月 18 日，“2023 全国广告学术研讨会暨厦门大学广告学专业创办 40 周年”举办。11 月 25—26 日，第四届国际中文教育智库论坛举办。12 月 2 日，“中国式现代化与自主知识体系建设：学术期刊的责任与担当”论坛举办。12 月 6—7 日，在国务院学位委员会公共管理学科评议组指导下，“数智化时代的公共政策：范式变化与学科建设”学术研讨会举办。12 月 10 日，2023 高等教育国际论坛年会举办。

(张鹭瑶)

【新增 2 个文科全国性科研平台】 4 月，学校新增铸牢中华民族共同体意识研究基地、国家革命文物协同研

究中心2个两个全国性科研平台。（张鹭瑶）

【新增5项国家社科基金中华学术外译项目】 5月5日，学校获立国家社科基金中华学术外译项目5个，位列全国高校第4位。（张鹭瑶）

【多本文科期刊再次入选“中文社会科学引文索引”（CSSCI）来源期刊】 年内，学校刊物《中国经济问题》《中国社会经济史研究》《南洋问题研究》再次入选为“中文社会科学引文索引”（2023—2024）来源期刊，《台湾研究集刊》入选“中文社会科学引文索引”（2023—2024）扩展版来源期刊。（张鹭瑶）

【福建省社会科学基金项目立项数再次位列全省高校之首】 9月5日，学校获立福建省社会科学基金项目38个，立项数连续五年位列全省高校之首。（张鹭瑶）

【获立2023年国家社科基金年度项目48个】 9月22日，学校获立国家社科基金年度项目48个，位列全国高校第6位。（张鹭瑶）

【获批8个福建省哲学社会科学重点实验室】 10月11日，学校8个文科实验室获批首批省级哲学社会科学重点实验室，数量位居全省之首。（张鹭瑶）

【获“郭沫若中国历史学奖”优秀史学刊物奖】 10月20日，《中国社会经济史研究》荣获“郭沫若中国历史学奖”优秀史学刊物奖。（张鹭瑶）

【获批7个福建省重点智库】 10月，学校7个智库入选福建省重点智库、省重点智库培育单位，入选数居全省首位。（张鹭瑶）

【厦门大学东南考古研究中心揭牌】 11月4日，“中国式现代化与文化自信——新时代考古学科的使命与担当”学术研讨会暨东南考古研究中心揭牌仪式在平潭国惠国际酒店会议中心顺利召开。开幕式上举行东南考古研究中心揭牌仪式。（张鹭瑶）

【举办“经典重释与文化传承”学术论坛暨《南方文坛》2023年度优秀论文颁奖活动】 11月15—18日，由《南方文坛》杂志与中国语言文学系联合举办的“经典重释与文化传承”学术论坛暨《南方文坛》2023年度优秀论文奖颁奖活动在厦门举办，围绕文学经典的重读与重释进行了深入探讨，激扬前沿思想。（张鹭瑶）

【举办首期新文科学术沙龙】 11月16日，“新文科视野中的历史文化遗产保护与利用——鼓浪屿世界文化遗产为例”新文科学术沙龙举办。（张鹭瑶）

【厦门大学哲学学科百年回眸与创新发展大会举行】 12月2日，厦门大学哲学系学科百年回眸与创新发展大会举办。大会邀请了国内外知名学者、海内外系友、关心支持哲学学科发展的社会各界人士、嘉宾等，与哲学系师生共同追忆不凡的百年奋斗历程，共谋哲学学科发展新蓝图。校党委书记、中国科学院院士张荣教授出席大会并致辞。哲学系党委书记杨松教授主持大会。（张鹭瑶）

【厦门大学教育学一流学科建设咨询座谈会举行】 12月9日，厦门大学教育学一流学科建设咨询座谈会举办。教育部党组成员、副部长吴岩，中国高等教育学会副会长、教育部原副部长林蕙青，校长张宗益，教育研究院教师代表等参加座谈。座谈会由中国高等教育学会副会长、校务委员会副主任邬大光主持。（张鹭瑶）

【国家社科基金冷门绝学研究专项立项数位列全国高校之首】 12月13日，学校获立本年度国家社科基金冷门绝学研究专项3个，其中学术团队项目2个，学者个人项目1个，立项总数和学术团队项目立项数均位列全国高校之首。（张鹭瑶）

【114项成果获福建省第十五届社会科学优秀成果奖】 12月29日，学校共有114项成果获福建省第十五届社科优秀成果奖，获奖总数及各奖项获奖数均位列全省之首。（张鹭瑶）

附　录

厦门大学文科2011协同创新中心（国家级）一览表

协同创新中心名称	主要依托学院	负责人	备　注
两岸关系和平发展协同创新中心	台湾研究院	刘国深	国家级认定

厦门大学国家高端智库（培育）一览表

国家高端智库（培育）名称	负责人
厦门大学台湾研究院	李　鹏

厦门大学文科 2011 协同创新中心(省级)一览表

协同创新中心名称	主要依托学院	负责人	备　注
能源经济与能源政策协同创新中心	管理学院	林伯强	省级认定
公共政策与地方治理协同创新中心	公共事务学院	陈振明	省级认定

教育部人文社会科学重点研究基地一览表

研究基地名称	基地主任
厦门大学高等教育发展研究中心	刘振天
厦门大学东南亚研究中心	范宏伟
厦门大学会计发展研究中心	刘　峰
厦门大学台湾研究中心	陈先才
厦门大学宏观经济研究中心	洪永淼

铸牢中华民族共同体意识研究基地

机构名称	基地主任
厦门大学中华民族研究中心	林东伟

教育部重点实验室(文科)

实验室名称	负责人
“计量经济学”教育部重点实验室(厦门大学)	洪永淼

国别与区域研究中心

序号	类别	机构名称	负责人	学院
1	国别与区域研究中心	新西兰研究中心	王伟光	公共事务学院
2	国别与区域研究中心	东盟研究中心	高艳杰	南洋研究院
3	国别与区域研究中心	新加坡研究中心	许　可	南洋研究院
4	国别与区域研究中心	马来西亚研究所	刘计峰	南洋研究院
5	国别与区域研究中心	印度尼西亚研究中心	包广将	南洋研究院
6	国别与区域研究中心	港澳台研究中心	张宝蓉	台湾研究院

人文社科国家部委基地一览表

基地名称	批准机构	负责人
国家语言资源监测与研究教育教材中心	教育部语信司	苏新春
厦门大学女性/性别研究与培训基地	全国妇联	邓朝晖

续表

基地名称	批准机构	负责人
国家统计局统计科学研究所厦门大学研究基地	国家统计局	朱建平
国家旅游局中国旅游研究院台湾旅游研究基地	国家旅游局	黄福才
国家林业局中国农村林业改革发展研究基地	国家林业局	朱冬亮
厦门大学中国残障人事业发展研究中心	中国残联	高和荣
厦门大学现代公共法律服务理论研究与人才培训基地	司法部	杨　斌
厦门大学语言文字研究与推广基地	国家语委	杨　斌
民政部政策理论研究基地	民政部	彭　莉
国家知识产权战略实施(厦门大学)研究基地	国家知识产权局	林秀芹

福建省社会科学研究基地

基地名称	首席专家	基地主任
中国特色社会主义研究中心	冯　霞	徐进功
公共服务质量研究中心	陈振明	陈振明
海洋法与中国东南海疆研究中心	施余兵	施余兵
马克思主义的规范与认知理论研究中心	朱　菁	曹剑波
国家治理能力建设研究中心	朱仁显	朱仁显

福建省哲学社会科学重点实验室

名称	类别	负责人	依托学院
厦门大学两岸融合发展与国家统一政策模拟实验室	试点	陈先才	台湾研究院
厦门大学大数据金融交叉实验室	试点	郭晔	经济学院
厦门大学生物人类学实验室	试点	王传超	社会与人类学院
厦门大学能源经济与绿色智慧发展实验室	培育	姚昕	经济学院
厦门大学三海(海峡、海丝、海洋)国际新闻传播大数据实验室	培育	余清楚	新闻传播学院
厦门大学神经管理学与人工智能实验室	培育	陈亚盛	管理学院
厦门大学语言认知智能实验室	培育	胡深爱	外文学院
厦门大学科技考古实验室	培育	葛威	历史与文化遗产学院

福建省高等学校文科研究基地

基地名称	负责人
厦门大学哲学与当代社会研究中心	陈　玲
厦门大学中国社会经济史研究中心	王日根

续表

基地名称	负责人
厦门大学公共财政研究中心	王艺明
厦门大学世界经济研究中心	黄梅波
厦门大学国际经济法研究中心	曾华群
厦门大学企业发展战略研究中心	周　星
厦门大学公共政策与政府创新研究中心	陈振明
厦门大学金融研究中心	朱孟楠
厦门大学人类学研究中心	董建辉
厦门大学数据挖掘研究中心	朱建平
厦门大学财税金融法治研究中心	廖益新
厦门大学立法研究中心	宋方青
中华文化传播研究中心	谢清果
县域社会治理能力建设研究中心	黄新华
马克思主义基础理论研究中心	张有奎

福建省高校特色新型智库

智库名称	负责人	依托学院
“一带一路”与东南亚研究院	李一平	国际关系学院/南洋研究院
社会经济政策量化评估中心	洪永淼	经济学院
人才战略研究所	陈振明	公共政策研究院
创新与知识产权研究中心	林秀芹	知识产权研究院
国家与社会治理法治化研究中心	宋方青	法学院
中国营商环境研究中心	许志端	管理学院

福建省重点智库建设试点/培育单位

名　称	类别	负责人	依托学院
厦门大学台湾研究院	重点智库	李　鹏	台湾研究院
厦门大学中国(福建)自贸区研究院	重点智库	王艺明	经济学院
厦门大学福建海洋可持续发展研究院	重点智库	薛雄志	环境与生态学院
厦门大学中国营商环境研究中心	培育单位	许志端	管理学院
厦门大学中国能源政策研究院	培育单位	林伯强	管理学院
厦门大学福建文化传承发展研究中心	培育单位	谢清果	新闻传播学院
厦门大学电影产业研究中心	培育单位	李晓红	电影学院

2023年度厦门大学国家社科基金项目立项一览表

序号	项目名称	负责人	所在单位	项目类别
1	中国式现代化进程中加强新兴领域立法研究	郭春镇	法学院	研究阐释党的二十大精神国家社科基金重大项目
2	传承中华优秀传统法律文化研究	周东平	法学院	研究阐释党的二十大精神国家社科基金重大项目
3	坚持和完善“一国两制”制度体系研究	季　烨	台湾研究院	研究阐释党的二十大精神国家社科基金重大项目
4	新时代党解决台湾问题的总体方略研究	李　鹏	台湾研究院	研究阐释党的二十大精神国家社科基金重点项目
5	新时期开放中提升国际循环质量和水平以畅通国内国际双循环的实现路径研究	彭水军	经济学院	研究阐释党的二十大精神国家社科基金重大项目
6	促进各种类型企业平等发展公平竞争的体制机制和政策体系研究	潘　越	经济学院	研究阐释党的二十大精神国家社科基金重点项目
7	大数据方法在宏观经济预测中的应用研究	郑挺国	经济学院	国家社科基金重大项目
8	数据要素促进共同富裕的理论机制与实践路径研究	柏培文	经济学院	国家社科基金重大项目
9	数字经济对区域协调发展的影响与对策研究	蔡庆丰	经济学院	国家社科基金重大项目
10	以高水平开放促进构建新发展格局的理论基础、指标测度及实践策略研究	陈　雯	经济学院	国家社科基金重大项目
11	全国统一大市场的发展进程测度和评价研究	许永洪	经济学院	国家社科基金重大项目
12	数字中国建设促进经济高质量发展的机制与路径研究	游家兴	管理学院	国家社科基金重大项目
13	中国式现代化理论的哲学研究	张有奎	马克思主义学院	国家社科基金重大项目
14	20世纪中国文学“选本学”研究	徐　勇	哲学系	国家社科基金重大项目
15	茅盾文学奖作品的话剧改编研究	王晓红	电影学院	国家社科基金一般项目
16	经济法学方法论的拓补研究	史欣媛	法学院	国家社科基金青年项目
17	民法典多数人之债疑难问题研究	齐　云	法学院	国家社科基金一般项目
18	司法解释权的监督制约体系研究	王杏飞	法学院	国家社科基金一般项目
19	中国特色法治宣传教育体系研究	郑金雄	法学院	国家社科基金一般项目
20	生物多样性保护政策的全过程评估机制及其应用研究	陈　芳	公共事务学院	国家社科基金一般项目

续表

序号	项目名称	负责人	所在单位	项目类别
21	父亲参与养育对父子双方心理健康的长期影响研究	郭夏玫	公共事务学院	国家社科基金一般项目
22	西藏公共文化与铸牢中华民族共同体意识研究	杨　玲	公共事务学院	国家社科基金一般项目
23	中国家庭代际支持的多主体健康效应及提升路径研究	杨雅真	公共事务学院	国家社科基金青年项目
24	突发公共事件中公众机构信任调适及其优化研究	游　宇	公共事务学院	国家社科基金一般项目
25	“一高三低”困境下弱势创业者反脆弱机制研究	唐炎钊	管理学院	国家社科基金一般项目
26	科创板影响企业科技创新的外部效应研究	王志强	管理学院	国家社科基金一般项目
27	以居民幸福为导向的乡村旅游高质量发展研究	余及斌	管理学院	国家社科基金青年项目
28	跨国基础设施建设推动边疆民族地区乡村振兴研究	苏世天	国际关系学院	国家社科基金青年项目
29	东盟国家海洋安全认知与政策选择及中国的对策研究	许　可	国际关系学院	国家社科基金一般项目
30	华裔新生代数字话语与身份认同关系研究	吕伯宁	国际中文教育学院	国家社科基金青年项目
31	我国异质性股权互依性、成因、机制与经济后果研究	黄晓然	经济学院	国家社科基金一般项目
32	数字化转型驱动旅游产业高质量发展的机制与路径研究	彭　倩	经济学院	国家社科基金青年项目
33	中国增值税税负归宿及其制度效应研究	童锦治	经济学院	国家社科基金一般项目
34	共同富裕进程中省界县域农村相对贫困的识别与治理研究	徐春华	经济学院	国家社科基金一般项目
35	中间品贸易自由化对企业价值链升级与绿色低碳转型的影响及对策研究	许梅恋	经济学院	国家社科基金一般项目
36	链式指数方法与中国统计实践问题研究	杨　灿	经济学院	国家社科基金重点项目
37	数字经济提升中国产业链供应链韧性的机制与实现路径研究	余长林	经济学院	国家社科基金一般项目
38	人工智能技术应用对劳动力行业间配置和工资的影响研究	赵西亮	经济学院	国家社科基金一般项目
39	墓砖铭文与汉晋南北朝社会群体研究	林昌丈	历史学院	国家社科基金一般项目

续表

序号	项目名称	负责人	所在单位	项目类别
40	辽宁喇嘛洞墓地所见夫余社会变迁的考古学研究	刘　翀	历史学院	国家社科基金一般项目
41	明清以来会馆文化研究	王日根	历史学院	国家社科基金一般项目
42	社会主义协商民主防范化解重大风险内在机制与实现路径	李　建	马克思主义学院	国家社科基金一般项目
43	数字时代新业态劳动者技能形成的机制研究	许弘智	马克思主义学院	国家社科基金青年项目
44	后真相语境下风险沟通的困境及化解路径研究	卜玉梅	社会与人类学院	国家社科基金一般项目
45	古基因组学视野下华南西部更、全新世之交人群演化研究	郭健新	社会与人类学院	国家社科基金青年项目
46	儿童友好社区创建的行动研究	卢玮	社会与人类学院	国家社科基金一般项目
47	中国式现代化与社会工作自主知识体系建构研究	童　敏	社会与人类学院	国家社科基金重点项目
48	新型人类胚胎研究的法律规制	吕建伟	生命科学学院	国家社科基金青年项目
49	大统战格局下壮大台湾爱国统一力量研究	王贞威	台湾研究院	国家社科基金一般项目
50	我国夏季奥运战略实施成效、现实困境及突破路径研究	焦芳钱	体育教学部	国家社科基金一般项目
51	美国意大利裔文学中的地理与政治策略研究	周南翼	外文学院	国家社科基金一般项目
52	基于人工智能的中国形象图像塑造机制与策略研究	冯海燕	新闻传播学院	国家社科基金一般项目
53	交叉性理论视角下老年人数字贫困机理与干预研究	熊　慧	新闻传播学院	国家社科基金一般项目
54	体医融合背景下骨关节炎运动干预服务提供模式研究	倪国新	医院	国家社科基金一般项目
55	《北溪字义》通释与研究	冯　兵	哲学系	国家社科基金重点项目
56	习近平总书记关于尊重和保障人权重要论述研究	林育川	哲学系	国家社科基金重点项目
57	当代知识规范问题研究	田海滨	哲学系	国家社科基金青年项目
58	科学哲学视野下的微生物学范式转变研究	杨仕健	哲学系	国家社科基金一般项目
59	世界观转变与形成时期的马克思思想规范性维度研究(1837—1848)	杨　松	哲学系	国家社科基金一般项目

续表

序号	项目名称	负责人	所在单位	项目类别
60	西方汉学中的中国山水美学思想研究	代　迅	中文系	国家社科基金重点项目
61	出土汉代简帛古书中的转写问题研究	暨慧琳	中文系	国家社科基金青年项目
62	基于海南闽语的接触性语法演变机制研究	杨望龙	中文系	国家社科基金青年项目
63	城市级联灾害预防的风险评估理论方法研究	刘昭阁	公共事务学院	国家社科基金 后期资助重点项目
64	管理层讨论与分析文本具体度的资本市场效应研究	黄炳艺	管理学院	国家社科基金 后期资助重点项目
65	复杂性环境下战略管理理论研究——基于 NK 模型仿真方法	刘雪锋	管理学院	国家社科基金 后期资助一般项目
66	证券市场跨境监管合作的经济后果评估研究	陈晓琦	财会院	国家社科基金 后期资助一般项目
67	刑法私法化:理念与路径	熊亚文	法学院	国家社科基金 后期资助一般项目
68	老龄化社会的社区应对及嵌入式养老设施建设研究	向立群	建筑与土木工程学院	国家社科基金 后期资助一般项目
69	养老保障制度改革及其经济效应评估	蔡伟贤	经济学院	国家社科基金 后期资助一般项目
70	国外马克思主义政治经济学的新进展与反思	高　岭	经济学院	国家社科基金 后期资助一般项目
71	基于金融高频数据的资产波动率和日内系统性风险研究	赵　华	经济学院	国家社科基金 后期资助一般项目
72	新加坡华人庙宇社群化研究	曾　玲	历史与文化遗产学院	国家社科基金 后期资助一般项目
73	非经典(剩余)逻辑判定问题的一般性研究	林　哲	哲学系	国家社科基金 后期资助一般项目
74	马克思对蒲鲁东的批判:一种历史性的解读	陈　铮	马克思主义学院	国家社科基金后期资助 优秀博士论文出版项目
75	印尼华人历史文献《开吧历代史纪》的整理与研究	聂德宁	国际关系学院	国家社科基金 冷门绝学研究专项
76	闽台民间历史文献整理与研究	郑振满	历史与文化遗产学院	国家社科基金 冷门绝学研究专项
77	古籍子部谱录类科技思想的收集整理及其现代价值研究	陈　玲	哲学系	国家社科基金 冷门绝学研究专项
78	台湾少数民族通史	陈支平	历史与文化遗产学院	“铸牢中华民族共同体意识” 研究专项

续表

序号	项目名称	负责人	所在单位	项目类别
79	通过课程思政培养大学生社会主义核心价值观的教学创新研究	郭建鹏	教育研究院	国家社科基金高校思想政治理论课研究专项
80	"双碳"战略背景下公司环境绩效和"环境一捐赠"式伪善防范研究	杜兴强	管理学院	国家社科基金专项项目
81	以建设中华民族现代文明为使命构建中国伦理学自主知识体系	张　曦	哲学系	国家社科基金专项项目

2023年度厦门大学全国教育规划项目立项一览表

序号	项目名称	负责人	所在单位	项目类别
1	中国特色高校评价体系的内涵与建构研究	别敦荣	教育研究院	全国教育科学规划重大项目
2	超越"同质内卷":普及化时代我国高等教育多样性研究	陈兴德	教育研究院	全国教育科学规划一般项目
3	我国高校国家重点实验室学科结构对其创新绩效的影响研究	黄依梵	教育研究院	全国教育科学规划青年项目
4	我国研究型大学"非升即走"改革试点成效与问题研究	陈　斌	教育研究院	全国教育科学规划青年项目

2023年度厦门大学全国艺术科学规划项目立项一览表

序号	项目名称	负责人	所在单位	项目类别
1	中国幻想电影想象世界的建构与接受研究	李　卉	电影学院	全国艺术科学规划青年项目

2023年度厦门大学教育部人文社会科学研究项目立项一览表

序号	项目名称	负责人	所在单位	项目类别
1	基于多感官体验的视障者友好型艺术博物馆设计研究	付婧莞	创新与创意学院	青年基金项目
2	县域乡村生活空间供需特征及互动机制研究	张园林	建筑学院	青年基金项目
3	数字化教学情境下研究生高阶思维能力培养机制研究	杨　梓	教育研究院	青年基金项目
4	民国时期教育心理学体系发展与学科中国化研究	周　颖	教育研究院	青年基金项目
5	期权隐含风险的识别与提取:基于机器学习的视角	陈　坚	经济学院	规划基金项目

续表

序号	项目名称	负责人	所在单位	项目类别
6	数据驱动的稳健高维投资优化模型研究	梅小玲	经济学院	青年基金项目
7	我国市级地方政府债务风险溢出传导机制及风险防控对策研究	徐海峰	经济学院	青年基金项目
8	“双碳”背景下资产搁浅风险的经济金融影响评估——基于复杂网络视角	易　彪	经济学院	青年基金项目
9	委托—代理理论视角下科研人才激励政策效果评估	周斯凡	经济学院	青年基金项目
10	分析的马克思主义方法论研究	傅志伟	马克思主义学院	青年基金项目
11	马来西亚柔佛州华人庙宇碑铭文献汇编与研究(1800—2020)	许源泰	马来西亚校区	规划基金项目
12	身体素养视域下高校体育教育高质量发展机制与路径研究	黄浩洁	体育教学部	青年基金项目
13	高校专利开放许可费定价模型构建及应用研究	韩　闯	图书馆	规划基金项目
14	基于机器学习的图书馆纸电图书协同采选模型构建及应用研究	钟建法	图书馆	规划基金项目
15	中美俄国防部网站多模态话语意义建构对比研究	李　妍	外文学院	规划基金项目
16	含不可观测异质性与多重均衡的不完全信息静态博弈的计量分析:理论与应用	江　硕	王亚南经济研究院	青年基金项目
17	餐饮(外卖)服务业的行业生产率研究	王璐航	王亚南经济研究院	规划基金项目
18	复杂抽样下数据融合技术的研究	王中雷	王亚南经济研究院	规划基金项目
19	新时代推进祖国完全统一的法治体系与法治话语研究	季　烨	台湾研究中心	重点研究基地重大项目
20	新时代推进祖国完全统一下的两岸规则衔接与机制对接研究	王　华	台湾研究中心	重点研究基地重大项目
21	新时代推进祖国完全统一下两岸融合发展新路探索研究	苏美祥	台湾研究中心	重点研究基地重大项目
22	新时代推进祖国完全统一的外部环境塑造研究	严安林	台湾研究中心	重点研究基地重大项目
23	中国宏观经济计量模型研究与应用	王燕武	宏观经济研究中心	重点研究基地重大项目
24	创新驱动型经济发展战略研究	余长林	宏观经济研究中心	重点研究基地重大项目

续表

序号	项目名称	负责人	所在单位	项目类别
25	基于微观异质性的宏观调控政策传导机制研究	李　戎	宏观经济研究中心	重点研究基地重大项目
26	宏观政策的经济分析与定量评估研究	孙　毅	宏观经济研究中心	重点研究基地重大项目
27	高等教育评价与质量保障体系研究	刘振天	高等教育发展研究中心	重点研究基地重大项目
28	高等教育数字化转型研究	陈武元	高等教育发展研究中心	重点研究基地重大项目
29	新时代中国高校治理能力研究	覃红霞	高等教育发展研究中心	重点研究基地重大项目
30	高等教育分类与转型发展研究	卢晓中	高等教育发展研究中心	重点研究基地重大项目
31	21世纪以来中美战略博弈背景下东盟各国关于“南海问题”的政策演变及影响研究	冯立军	东南亚研究中心	重点研究基地重大项目
32	美国政府对东盟认知的历史嬗变及其对“印太战略”的影响研究	高艳杰	东南亚研究中心	重点研究基地重大项目
33	东南亚离散族裔的远距离民族主义研究	梁茂春	东南亚研究中心	重点研究基地重大项目
34	百年未有之大变局下华侨华人与中国的对外关系研究	沈燕清	国际关系学院/南洋研究院	重点研究基地重大项目
35	海外道教经典的流传与中华文化认同研究	黄永锋	哲学系	重点研究基地重大项目
36	咸同财政转型之资料整理与研究	任智勇	历史与遗产学院	重点研究基地重大项目
37	共同富裕背景下的城市治理现代化与城乡融合发展研究	于文轩	公共事务学院	重点研究基地重大项目

2023年度厦门大学福建省社会科学基金项目立项一览表

序号	项目名称	负责人	所在单位	项目类别
1	习近平总书记关于党的自我革命战略思想的原创性贡献研究	冯　霞	马克思主义学院	年度项目
2	中国式现代化的本质要求研究	庄三红	马克思主义学院	年度项目
3	推进国家安全体系和能力现代化，坚决维护国家安全和社会稳定研究	龚　旭	管理学院	年度项目
4	构建人类命运共同体视域下中国式现代化的世界意义研究	李　丹	公共事务学院	年度项目
5	智能化金融市场系统性风险规制的公私法合作机制研究	阳建勋	法学院	年度项目
6	元朝中央财政管理机构研究	李春圆	历史与文化遗产学院	年度项目

续表

序号	项目名称	负责人	所在单位	项目类别
7	福建影视作品在新马地区的对外传播实践与话语体系建构研究	罗　幸	电影学院	年度项目
8	我国高校俄语口译教育信息化应用体系建设研究	顾鸿飞	外文学院	年度项目
9	高质量共建“一带一路”下中国企业“走出去”的非市场战略研究	杨军节	马来西亚分校	年度项目
10	“国立福建音专”大提琴教育史研究(1938—1949)	刘　洋	艺术学院	年度项目
11	交互式绘本提升孤独症儿童社交能力的路径研究	林　琳	创意与创新学院	年度项目
12	北宋极边州治理研究	徐东升	历史与文化遗产学院	年度项目
13	数字福建视野下老年人同辈技术支持模式与促进机制研究	熊　慧	新闻传播学院	年度项目
14	基于机器学习的图书馆纸电图书协同采选模型构建及其应用研究	钟建法	图书馆	年度项目
15	选举政治视角下的菲律宾对华政策研究	黄　飞	国际关系学院/南洋研究院	年度项目
16	卢卡奇物化理论的当代诠释研究	洪　楼	马克思主义学院	年度项目
17	闽北地区闽越墓葬的社会考古学调查与研究	刘　翀	历史与文化遗产学院	年度项目
18	俄国驻福州领事馆文献整理与研究(1882—1911)	于丹红	外文学院	年度项目
19	多区域投入产出表的优化编制方法研究	郑正喜	经济学院	年度项目
20	科技强国背景下福建省研发资本存量和全要素生产率重估研究	许永洪	经济学院	年度项目
21	风险文化理论体系构建及本土化研究	卜玉梅	社会与人类学院	年度项目
22	马克思与蒲鲁东学术关系的文本阐释	陈　铮	马克思主义学院	年度项目
23	抗战时期闽台民间文学整理与研究	李朝霞	社科处	年度项目
24	聂鲁达作品在中国的译介和接受研究	王佳祺	外文学院	年度项目
25	地缘政治变局下我国高等教育国际化面临的风险及其应对策略研究	徐冰娜	教育研究院	年度项目
26	维吾尔语动词语法化个案研究	奥斯曼·阿卜杜克热木	中国语言文学系	年度项目

续表

序号	项目名称	负责人	所在单位	项目类别
27	日本《韵镜》文献唐音假名标记与近代汉语方音史研究	钟雪珂	中国语言文学系	年度项目
28	县域乡村生活空间整体性特征与形成机制研究	张园林	建筑与土木工程学院	年度项目
29	治理现代化目标下实施公司治理准则对非上市企业创新绩效的影响研究	侯芳芳	财务管理与会计研究院	年度项目
30	福建城市新移民出行满意度及其建成环境影响机理研究	刘吉祥	建筑与土木工程学院	年度项目
31	企业群体视角下投资者关注对企业社会责任表现的影响研究	李皖昀	财务管理与会计研究院	年度项目
32	新时代新征程下福建旅游经济韧性内涵、测度与机制研究	彭　倩	经济学院	年度项目
33	基于异质企业 DSGE 模型的后疫情时代经济复苏的数值模拟	吴致霆	财务管理与会计研究院	年度项目
34	数据安全刑法治理的模式转换与立法完善研究	熊亚文	法学院	年度项目
35	数字化战略视角下生物遗传资源的国际法规制研究	郑晓欧	法学院	年度项目
36	美国对华战略竞争背景下两岸价值链中的权力转移研究	杨伊婧	台湾研究院	年度项目
37	东南沿海地区新石器时代彩陶研究	张　俭	历史与文化遗产学院	年度项目
38	乡村振兴背景下社区环境对青年发展的影响	李　潇	社会与人类学院	年度项目
39	股市 ESG 投资行为与企业碳减排	王　彧	经济学院	年度项目
40	短视频泛娱乐化对青少年价值观塑造的影响与对策研究	叶国全	新闻传播学院	年度项目
41	中柬命运共同体视阈下习近平治国理政思想在柬埔寨的传播	罗晶晶	公共事务学院	年度项目
42	儿童哲学视野下中华优秀传统文化传承与创新研究	黄　睿	哲学系	年度项目
43	动态系统理论视角下写作意愿与行为交互关系研究	高云端	外文学院	年度项目
44	福建高校体育数字化发展路径研究	骆腾昆	体育教学部	年度项目
45	中国式现代化视域下的精神文明建设	朱仁显	公共事务学院	特别委托项目
46	福建省省以下财政体制研究	童锦治	经济学院	特别委托项目

续表

序号	项目名称	负责人	所在单位	项目类别
47	济贫是何种道德义务？——全球贫困治理的一个伦理争论及其对实现共同富裕的启示	韦庭学	哲学系	特别委托项目
48	赋权提治:政务服务如何影响企业劳动生产率？——来自 12333 人社服务热线设立的证据	魏志华	经济学院	特别委托项目
49	境外主流媒体合作引导方式方法创新研究	胡　悦	新闻传播学院	特别委托项目
50	民营企业经营诉求、心态及对策研究	王　彧	经济学院	特别委托项目
51	福建涉海遗产活化和新时代海洋文化载体培育研究	王日根	历史与文化遗产学院	特别委托项目
52	德、法、日福文化比较及针对性海外传播研究	陈　菁	外文学院	特别委托项目
53	府检联动的基层实践和办案机制	陆而启	法学院	特别委托项目
54	习近平经济思想的体系化研究	朱东波	马克思主义学院	特别委托项目
55	推进城乡精神文明建设融合发展研究	朱冬亮	马克思主义学院	特别委托项目
56	如何理解“人口规模巨大的现代化”	肖　斌	马克思主义学院	特别委托项目
57	中国共产党是团结奋斗最可靠的主心骨	徐进功	马克思主义学院	特别委托项目
58	伟大建党精神的时代价值	徐雅芬	马克思主义学院	特别委托项目
59	在“继续进行自我批评”中保持蓬勃生机	李　建	马克思主义学院	特别委托项目
60	习近平总书记世界一流大学建设重要论述再探析	别敦荣	教育研究院	特别委托项目
61	实施新时代民营经济强省战略是新发展阶段新福建建设的重要举措	张兴祥	经济学院	特别委托项目
62	新形势下深化闽台新闻传播交流合作的研究	陈经超	新闻传播学院	特别委托项目
63	党的自我革命制度规范体系研究	曾钰诚	中国特色社会主义研究中心	基地重大项目
64	习近平新时代中国特色社会主义思想的方法论研究	杨青梅	中国特色社会主义研究中心	基地重大项目
65	新时代“党管政法”战略与实践研究	刘远志	中国特色社会主义研究中心	基地重大项目

续表

序号	项目名称	负责人	所在单位	项目类别
66	习近平推进中国式现代化的福建探索研究	晏振宇	中国特色社会主义研究中心	基地重大项目
67	公共服务的行为与实验研究途径	潘颖秋	公共服务质量研究中心	基地重大项目
68	福建省高质量公共服务标准研究	朱芳芳	公共服务质量研究中心	基地重大项目
69	福建加快建设人与自然和谐共生的现代化研究	薛雄志	公共服务质量研究中心	基地重大项目
70	中华优秀治国理政传统思想创造性转化	郑若婷	公共服务质量研究中心	基地重大项目
71	斯匹次卑尔根群岛海洋争端与中国对策研究	董利民	海洋法与中国东南海疆研究中心	基地重大项目
72	船员跨境派遣劳动权益保障机制的研究	孙笑涵	海洋法与中国东南海疆研究中心	基地重大项目
73	新兴海洋产业发展的税法保障研究	韩龙河	海洋法与中国东南海疆研究中心	基地重大项目
74	澎湖水道法律地位及交通管理措施研究	徐　鹏	海洋法与中国东南海疆研究中心	基地重大项目
75	闽南海洋文化在海丝沿线国家法治合作中的作用及发展研究	陈荣新	海洋法与中国东南海疆研究中心	基地重大项目

产业化与经营性资产管理

资产经营管理

【概况】 年内，厦门大学资产经营有限公司(简称资产公司)所属的全资控股参股企业共24家，其中全资企业12家、控股企业1家和参股企业11家。纳入资产公司合并报表范围的企业共14家，包括厦门大学资产经营有限公司、厦门大学国家大学科技园有限公司、厦门嘉庚教育发展有限公司、厦门大学建筑设计研究院有限公司、厦门市厦达施工图审查有限公司、厦门大学城乡规划设计研究院有限公司、厦门大学出版社有限责任公司、厦门大学电子出版社有限责任公司、厦门大学国际学术交流中心有限公司、厦门南强后勤服务有限公司、厦门南强物业服务有限公司等。截至12月31日，资产公司及全资控股企业在职职工总数2866人，离退休职工总数279人。　(徐新华　涂桃秀)

【强化党对企业的全面领导】 年内，资产公司全面贯彻习近平新时代中国特色社会主义思想和党的二十大精神，以习近平总书记致厦门大学建校100周年重要贺信精神领航，深入学习宣传贯彻学校第十二次党代会精神，扎实开展学习贯彻习近平新时代中国特色社会主义思想主题教育，把理论学习、调查研究、推动发展、检视整改等贯通起来，推动主题教育成果转化为学校所属企业、产研院高质量发展的实绩实效。加强党风廉政建设，严格落实意识形态工作责任制和党管意识形态原则，重视安全生产，推动学校所属企业改革发展稳定。增强基层党组织的影响力和凝聚力，积极吸收优秀职工、业务骨干加入党组织，本年度新发展党员10名，按期转正党员8名。根据企业改革和隶属关系调整，成立资产公司团委。　(钟雯娟)

【加强所属企业管理】 年内，资产公司建立健全产权清晰、权责明确、事企分开、管理科学的现代企业制度。参与拟定《厦门大学企业国有资产管理暂行办法(修订)》《厦门大学资产经营有限公司企业负责人薪酬管理办法(试行)》,制定出台《厦门大学资产经营有限公司关于企业重大经营事项报批报备管理暂行办法》《厦门大学资产经营有限公司全资及控股企业年度经营绩效考核评价办法》《厦门大学资产经营有限公司所属企业负责人履行经济责任重要风险提示清单》《厦门大学资产经营有限公司参股企业管理办法》等制度,完善考核评价体系,健全监督机制,防范化解风险,促进企业高质量发展。

(罗永权　徐新华)

【落实巡视整改】 年内,资产公司根据教育部文件要求,推进落实校企改革落实情况"回头看"发现问题整改工作,督促发现问题的整改,汇总整改工作进展情况,按季度上报《正在整改问题台账》。(徐新华)

【继续推进校办企业改革】 年内,经中共厦门大学第十一届委员会第205次会议研究决定,厦门南强建筑工程有限公司的改革方式由脱钩剥离调整为清理关闭。资产公司按工作方案组建工作小组,完成了人员安置、项目情况梳理等工作,全力推进厦门南强建筑工程有限公司的清理关闭工作。(徐新华)

【推动科技成果转化工作】 年内,资产公司制定《厦门大学职务科技成果赋权协议书》及相关附件,开展《厦门大学科技成果转移转化组织实施管理办法(试行)》修订工作。年内,学校科技成果转让、实施许可共签订72项:其中,普通转让、许可类51项,往年横向项目收益提成类5项,开放许可类16项;签订合同金额2.24亿元,到账金额1.3亿元。(蔡海萍)

【推动嘉庚高新技术研究院建设】 年内,嘉庚高新技术研究院履行学校科技成果转化日常管理职能,进驻"金砖未来创新园"。嘉庚高新技术研究院获批与厦门大学联合建设"厦门大学知识产权运营中心"项目,入选厦门市科学技术局第二批重点研发机构。嘉庚高新技术研究院参与"中国—金砖国家新时代科创孵化园"综合服务中心筹建工作。

(张金龙　蔡海萍)

国家大学科技园

【概况】 厦门大学国家大学科技园(简称科技园)持续完善基础设施建设,推动园区招商工作,获评"厦门市创业孵化示范基地"。年内,思明元宇宙暨数字影视产业园注册企业37家,望海园入驻企业31家;集美园区入驻各类校企研发平台18个,科技创新企业73家。(蔡海萍)

【建设科技园区域科技创新中心】 年内,学校按照"一地一重点、一院一特色"的思路,打造一批彰显地域、文化和产业特色的校地合作范例,积极融入区域经济与社会发展。在重庆市、四川省绵阳市与合作单位签约共同建立厦门大学科技园区域创新转化中心。截至2023年底,已在福建省福清市、德化县,江苏省扬州市、四川省绵阳市等地建设区域科技创新中心。(蔡海萍)

【打造高水平"厦门大学科创梦工场"产教融合创新平台】 "厦门大学科创梦工场"依托中国技术交易所(厦门海丝)科创服务中心建设,免费向学校科研团队提供科技成果转化相关服务,包括技术需求对接、技术合同登记、协助厦门市"双百人才"申报、项目挂牌及公示和项目推广等,致力于打造科技创新及成果转化全链条服务。年内,协助学校相关课题组登记技术合同224项,合同总额2.21亿元;开展技术经纪人/经理人培训2期,培养126名合格持证技术经纪人,开展各类产学研合作活动22场,成功开展"厦门大学科技成果直通车"品牌活动。"厦大科创梦工场"公众号累计发布推送学校优质科技成果100余项。(张金龙　蔡海萍)

【组织开展学校科技成果宣传推广工作】 年内,科技园举办科技成果直通车活动、科技成果发布会等推广交流活动;参加第二十一届中国·海峡创新项目成果交易会、第二届江苏产学研合作对接大会、2023世界航海装备大会和第二十五届中国国际高新技术成果交易会等;首次开展"厦门大学富有转化潜力科技成果"征集评选活动。(蔡海萍)

产业技术研究院

【概况】 年内,产业技术研究院各平台工作持续推进。高端基础传动件产业研发中心承担的3个项目进展顺利,项目总经费3118万元,年度到位项目经费655.25万元。中心完成了风力储能应用系统的示范工程设计,形成了批量生产的能力。

新材料(富勒烯)研究平台围绕富勒烯等碳基材料的合成、分离和功能化应用研究开展工作,申请了3项发明专利,开发了"富勒烯虚拟仿真实验软件1.0",以平台工作为基础开发的"富勒烯新材料——从基础到应用虚拟仿真实验"课程入选福建省一流本科课程,与福建福迩金生物科技有限公司共建工业化生产富勒烯生产线,设计年产20吨富勒烯粉,2023年已完成安装。富勒烯宏量制备纯化高效液相色谱、X射线衍射仪、化学吸附仪、物理吸附仪、同步热分析仪和拉曼光谱仪等设备完成安装,投入使用将有效提升平台乃至厦门大学漳州校区的实验研发效率。

纳米制备平台负责人郑南峰教授当选中国科学院院士。平台持续优化纳米催化剂规模化生产技术、设备和工艺升级。开发了4,4′-二氨基二苯醚(ODA)的绿色加氢合成技术。平台突破传统技术高污染高成本的难题,开发出高选择性纳米界面催化技术,可在温和条件下实现99%以上的选择性,产品纯度达99.5%以上。截至2023年底,催化剂已通过每年吨级中试验证,成本低,寿命长,焦油少,工艺清洁,极具产业应用前景。开发了3-甲基-2-氨基苯甲酸绿色催化加氢技术,将催化剂成本降低50%以上,完成10升反应釜小试实验,并在企业完成百公斤级别中试试验,转化率大于99%,选择性大于99%。平台承担的国家重点研发计划《纳米界面催化剂的绿色加氢技术开发》正式通过验收。

多肽药物产业化研发平台持续推进多肽创新药的研发。抗新型冠状病毒感染肺炎的多肽融合抑制剂产品升级，完成了初步的安全性评价、药代动力学研究和动物体内药效实验，通过新一轮优化设计，获得药效提高3倍的新化合物，对新冠病毒Delta变种有效，具有一定的预防和治疗效果。开展SP2023001多肽原料药小试工艺开发与优化，该药物原料药粗品纯度可达80%，精制纯化后的样品纯度达到99%，满足原料药的药用标准。平台年度经费到账390万元。

化工安全联合实验室在化工反应风险评估、精细化工研究等方面，依托厦门大学承担的项目累计到账经费118.7万元。赫尔标准电池绝热量热仪完成安装调试并投入使用，全自动反应量热系统、微量热仪和康宁连续流微反应设备完成安装调试，反应风险评估能力进一步提升。

超临界流体实验室开展了聚氨酯板掺杂保温材料的改性研究，确定了实验室小试测试各项生产工艺参数，完成了中试测试。开展了隔热砖改性研究，完成了实验室小试测试各项生产工艺。开展了混凝土砖掺杂保温骨料的改性研究，确定了实验室小试测试各项生产工艺参数。

高端基础传动件研发中心结合基础传动件、空气动力与气动采储应用三大板块的应用研发，以压缩空气为核心，着力打造“风能-电力＋动力＋冷暖”新型清洁能源系统，已具备中小批量生产能力，为快速推广应用奠定基础。在福建省和厦门市各级部门的支持下，智能摩擦与新型轴承检测平台已完成竣工验收，平台建设将有效推动高端轴承等“卡脖子”核心基础零部件的研发应用，助力传统产业升级。　（李彦玲）

主要教学科研服务机构

图　书　馆

【概况】 年内，图书馆深入学习贯彻厦门大学第十二次党代会精神，紧紧围绕图书馆“十四五”规划，压实责任、精准发力，充分发挥自身优势，推进图书馆事业高质量发展。

全面加强党建和思政工作。图书馆党委牢牢把握学习贯彻习近平新时代中国特色社会主义思想主题教育总要求，突出主题主线，采取务实举措，力求在以学铸魂、以学增智、以学正风、以学促干方面取得实实在在的成效。坚持问题导向，聚焦影响单位改革发展的重点难点，深入开展调查研究，抓实整治整改。深化巡视整改成果，着力提高馆员意识形态能力，守牢高校意识形态阵地。加强班子建设，落实党风廉政建设责任制，修订党委会会议和党政联席会议议事规则，推动全面从严治党向基层延伸。重视支部建设，健全“三会一课”和“固定党日＋”活动，推动党建与业务融合发展。主动挖掘馆藏资源、发挥特色优势，深入推进“三全育人”综合改革。

稳步推进馆藏资源建设。文献资源购置费全年累计2952.95万元，其中电子资源购置费2375.53万元，占比80.45%。中外文图书年新增8.49万册，中外文期刊年新增5551册；电子馆藏资源年新增55.28万册；新增订购电子资源5个，总量达193个；组织试用数据库114个；重要数据库使用量为2424.60万篇(册/次)，其中电子期刊(含会议论文)下载1383.38万篇，电子图书(含学位论文)下载288.49万册(次)。继续支持并指导马来西亚分校图书馆和院系资料室建设，法学图书馆新馆建设有序推进。根据学校办学空间调整需要，完成经济与管理分馆撤并搬迁工作。

切实提升服务保障能力。全年开馆352天，接待读者267.97万人次，外借图书22.85万册。通过科学论证，参与实施教育部扩大投资校园数字化转型子项目，全力加强智慧图书馆建设。改善图书馆设备设施条件，推动实施总馆屋面漏水修缮工程，更换总馆、海韵学生公寓分馆的图书运输梯。开展IT基础建设，改善用电环境，完善数据机房配套设施，通过云计算、分布式存储等加大智慧图书馆算力基座。完善综合信息管理系统，建设文化长廊多媒体展示平台、云桌面系统。搭建全文索引系统、书目查找系统及读者违规行为登记系统等。新增结业研究生(含未授学位研究生)申请使用图书馆线上审批流程。新增教职工家属开通图书馆入馆权限线上申请流程。

持续完善学科建设支持体系。推进面向全校教学、科研、管理的科技查新、科研成果收录引用证明等一站式学科咨询服务。围绕学校“双一流”学科建设需要，为社会科学研究处、科学技术处和各学院(直属系、研究院)提供科研数据支撑服务42次，包括学科分析报告、排名数据等5项；完成科技查新262项。完成查收查引服务5554人次、3.12万条，提供学科咨询服务1145次，发布图书馆资源及服务信息推送2197条。结合学校实施的“博学至善”行动开展信息素养教育，新生培训、部分嵌入式课程及“i学堂”系列讲座趋于成熟，累计授课106场，参与人次达12.3万。

深入推进高校书香校园建设。开展丰富多样的阅读推广活动，融合线下活动与线上新媒体服务方式，举办“八斗荐书”主题书展、“书香满园庭”读书会、“21天共读之旅”、经典剧本朗读会、“Talk”英语沙龙、国学小课堂、古籍修复体验等活动90余场。图书馆馆员李颖策划的“让阅读更走‘心’”案例入选《图书馆报》主办的“2023阅读推广典型案例”。以厦门大学读者协会为依托，建立与学生读者之间的深度联系，全年承办或协办搜书大赛、读书分享会及新生入馆导览等活动20余场;全年共有301名学生助理参与图书馆各部门管理工作,1853名学生志愿者参与图书馆日常巡查、文明督导、图书整理等志愿服务活动。微信公众号关注用户超过15.8万(订阅号约9.8万、服务号约6万),订阅号全年发文310篇,其中发布每月新书、主题书单、名师荐读、经典导读等50余篇。哔哩哔哩网站全年发布视频97条,累计发布248条,总播放次数超过51.5万,关注人数突破3.5万人,发布视频数量、总播放次数和关注人数在国内高校图书馆中均居首位。

全力激活馆员队伍内生动力。新引进博士后出站人员1名,硕士毕业生2名。截至年底,图书馆正式员工139人,其中正高职称5人,副高职称36人,中级职称90人。鼓励馆员积极开展科研活动和申报各类科研课题,全年在人文社科核心学术刊物上共发表论文7篇,获批教育部人文社科规划基金项目2个、福建省社科基金一般项目1个、福建省科技厅创新战略研究项目1个。鼓励馆员参加学校组织的集体活动,荣获学校教职工趣味运动会一等奖、女子气排球联赛冠军、游泳运动会团体总分第三名、田径运动会团体总分第五名和体育道德风尚奖。

不断拓展对外交流与合作。继续加强与国内外相关机构的合作与交流,通过组织学习交流及参加学术研讨会,不断扩大影响力。借助市校合作框架协议,与厦门市市场监督管理局(知识产权局)共同完成了“厦门知识产权发展指数和五大产业知识产权发展状况”课题调研报告。参与教育部高等学校科学研究发展中心牵头组织的高校知识产权信息服务管理规范及业务标准制定工作以及《2021年高校知识产权年度报告》的撰写。参与CALIS联机编目中心的各项工作,2022—2023年度荣获CALIS“联合目录馆藏数据库建设先进单位”、“中文数据库建设先进单位”、“西文数据库建设先进单位”、“俄文数据库建设先进单位”、“小语种数据库建设先进单位”等称号。　　(陈宇人)

【校长张宗益一行到图书馆调研】 2月14日,校长张宗益一行到图书馆调研文献信息资源建设和馆员队伍建设情况,并与图书馆领导班子成员和部分职工交流座谈。校党委常委、副校长邓朝晖,校长助理、学校办公室主任李智勇等陪同调研。调研座谈会由邓朝晖主持。　　(陈宇人)

【发现并修复福州琉球馆《宪示》碑拓片】 4月,图书馆古籍修复团队在整理馆藏典籍文献时,搜检出清同治十二年(1873年)《宪示》碑拓片,共计5幅。据专家推测,该拓片是著名历史学家傅衣凌教授带队实地考察福州琉球通商史迹时,组织人工摹拓后流入学校。福州琉球馆在抗日战争时期毁于战火,碑石散佚。本次发现的琉球馆《宪示》碑拓片作为原始遗迹,具有重要的文物价值,是清代中琉友好交流史的物证。开展对碑拓片的修复及保护工作,更是贯彻落实习近平总书记关于历史文化遗产保护重要指示精神的具体体现。　　(盛　承)

【市校签署共建世界知识产权组织在华技术与创新支持中心(TISC)合作协议】 5月,厦门市政府与厦门大学就共建厦门大学TISC签署了合作协议,明确由厦门市市场监督管理局(知识产权局)具体从资金、政策和工作上给予厦门大学TISC支持和指导,深化双方合作。在厦门市市场监督管理局(知识产权局)推荐下,学校入选首批福建省专利导航服务基地。5月4日,在厦门市与厦门大学市校合作联席会议上,图书馆馆长钞晓鸿教授在接受中新社记者采访时称,图书馆/知识产权信息服务中心是厦门大学TISC的依托实体,在知识产权信息公共服务、跨区域协作、理论研究以及知识产权信息分析等方面做出了突出成绩。　　(林　静)

【组织党员赴闽西开展主题教育学习班实践教学】 7月15—16日,为深入开展学习贯彻习近平新时代中国特色社会主义思想主题教育,赓续红色血脉,践行初心使命,引导全馆党员进一步提升政治素养、涵养优良作风、增强履职能力,图书馆党委组织全馆党员赴连城、上杭开展学习贯彻习近平新时代中国特色社会主义思想主题教育学习班实践教学。　　(陈全松　陈佳桦)

【获评厦门大学第一批“服务育人示范岗”单位】 12月12日,厦门大学第一批“服务育人示范岗”授牌仪式在颂恩楼220会议室举办,图书馆/德旺图书馆(翔安分馆、储存图书馆)获评“服务育人示范岗”单位。近年来,德旺图书馆立足翔安校区学科特色,依托丰富的馆藏资源、多元化的活动空间,秉持全心全意为读者服务的宗旨,着力“五心”(文献资源中心、文化交流中心、阅读学习中心、信息素养中心、创新支持中心)布局规划,践行服务育人工作,丰富服务育人内涵,完善服务育人体系,为学校人才培养提供重要支撑。　　(高　雅)

【荣获福建省高等学校图书情报工作委员会多个奖项】 12月15日,在福建省高等学校图书情报工作委员会开展的2023年度先进集体和先进工作者评选活动中,厦门大学图书馆被授予“福建省高校图书馆2022—2023年度先进集体”称号和福建省高校图书馆“闽宁协作”贡献奖。吴至艺、李颖、胡友斌三名馆员荣获“2022—2023年度先进工作者”称号,另有28名馆员获颁“光荣在馆三十年”荣誉奖章。在当天揭晓的福建省高校图书馆信息素养教育案例大赛中,图书馆馆员李显辉提交的案例《“i学堂”信息素养云端课堂》获一等奖。

(林俊伟　陈丽娟)

【图书馆数学与智力玩具空间入选中国数学会首批科普教育基地】 12月23日,中国数学会2023年学术年会在辽宁大连召开。会议为首批入选中国数学会科普教育基地的8个单位授牌,厦门大学图书馆数学与智力玩具空间(以下简称“空间”)名列其中。空间创建于2019年,位于厦门大学翔安校区德旺图书馆五楼,主要用于收藏、展示智力玩具,在常规展览的基础上,定期举办主题特展,开展相关体验、教学与研习活动。截至年底,空间已经收藏了各类智力玩具4000余件,藏品主要来源于德国林格尔(Ringel)教授伉俪、厦门大学林亚南教授以及社会爱心人士的捐赠。暑假期间,空间作为福建省委宣传部"行见八闽"思政研学项目的研学点,面向中小学生开展的研学体验活动,充分发挥了实践育人职能。

（谢明诠　毕媛媛　高　雅）

档案馆/文博管理中心

【概况】　年内,档案馆/文博管理中心深入开展学习贯彻习近平新时代中国特色社会主义思想主题教育,重点学习习近平总书记在文化传承发展座谈会上的重要讲话、习近平总书记对宣传思想文化工作的重要指示,把习近平总书记的指示批示落实到推动厦门大学优秀传统文化传承发展的工作中。围绕"谱写档案文博育人新篇章"主题,赴校内外单位开展调研共建,探索运用前沿技术赋能档案、藏品的活化利用,以丰富的档案文博资源反哺师生文化生活。党员领导干部紧密结合分管领域工作,以《中国式现代化视阈下档案工作之守正创新》《闽西南建党的播种机和策源地——中共厦门大学支部的诞生及其影响》《中国式现代化新征程上高校文博育人事业的高质量发展》为题讲授党课。

守正创新,优化业务服务。承担"把厦门大学办得更好"专题学习空间布置。完成鲁迅纪念馆展陈更新。完成厦门大学档案资源管理系统三期的建设和验收,启动四期建设。制定厦门大学第十二次党代会、疫情防控专题档案的收集归档方案。收集、整理和归集档案42317件,提供17808件次查询利用。年度展出藏品1263件,对所辖展馆进行了近40次版面、视频、多媒体内容的修改和实物展品更新。举办"谢玉铭、谢希德、谢希文先生珍贵史料捐赠仪式"。

培根铸魂,提升育人实效。重视内部团队提升,开展16期"档案文博沙龙"。组建由162名学生构成的讲解员队伍,开展讲解员培训,举办讲解员风采大赛。保障重要参观和接待讲解251场次,提供志愿讲解服务3000余次,所辖展馆全年接待参观量超35万人次。开展科普进校园活动10余场次,以"四时有趣——厦大文物里的春夏秋冬"为题,深入厦门第一中学等中小学和社区进行科普服务。获评"福建省红色文化遗产保护利用先进典型""省级离退休干部党员传承红色基因学习教育基地""厦门党员教育实训基地"。

数智赋能,创新育人形式。策划"厦大历次党代会史话""博物馆里的中国传统色"等系列文章。推出文物三维图像展示,建设校史馆、革命史展览馆VR全景线上展馆。举办国际博物馆日活动,推出《雄鸡图》国风影片及AR/VR互动体验。举办国际档案日活动,推出档案数字人"厦小档"。

（魏　昊　卢魏安琪）

【完成档案资源管理系统三期建设和验收】　年内,扩大数字化档案资源规模,完成A4纸张规模的扫描近153万页,录入档案数据53万条,充实教学档案、研究生学位档案、文书档案专题数据库。完成档案资源管理资源系统与图书馆论文系统的对接,导入教务系统往届毕业生论文数据至档案资源管理系统。开展档案资源管理系统与办公自动化系统电子公文归档对接。

（蔡秋才）

【保障王亚南纪念馆开馆运营】　年内,推动南强物业入驻王亚南纪念馆,开展每日巡查、清洁、消杀工作。对展板图文错漏、多媒体设备故障等问题及时跟进处理。联合经济学院打造一支由24名学生组成的讲解员队伍,经过一对一培训、考核,为参访团组提供优质讲解服务,展示学生风采,弘扬优良校风。

（卢魏安琪）

【举办"5·18"国际博物馆日主题活动】　年内,整合资源,围绕"国际博物馆日""全国科技活动周""全国科技工作者日",以"数智赋能 文博育人"为主题,在思明校区、翔安校区推出活化文物的《雄鸡图》国风影片及AR/VR互动体验,开展"展馆走透透""我是守护者""博物馆奇妙夜"等系列子活动。活动吸引万名师生、校友及社会公众线上线下踊跃参与,得到央视频、厦门电视台、海峡导报、厦门日报、厦门网、东南网等媒体报道。

（戴海波）

【举办"6·9"国际档案日主题活动】　年内,开展部门文书档案、声像档案,研究生、本科生学籍学位档案归档培训。档案馆与电影学院合作推出档案数字人"厦小档",通过AI交互平台进行语音、文字对话,普及档案收、管、存、用相关规定和业务办理流程。

（魏　昊）

【完成厦门大学鲁迅纪念馆整体展陈更新】　年内,开展鲁迅纪念馆展厅修缮、展陈更新工作,收集、扫描并修复鲁迅纪念馆展陈照片与展品,拆除旧展陈,设计施工新展陈,改善参观体验。更新改造后的鲁迅纪念馆,功能布局更加合理、展陈设计更加生动,于5月18日重新开放,并配合国际博物馆日活动,以崭新面貌迎接各方观众。

（陈世展　刘珊珊　谢华斌）

【做好学科大型纪念活动档案的收集整理】　年内,做好厦门大学新闻学部创建100周年、经济学科新百年暨经济学院成立40周年、外文学科创建100周年、物理学科创建100周年等大型纪念活动档案的归档培训指导和收集整理,共收集整理档案272件。

（薛小勤）

【修订管理规定】　年内,研究确认教师工作部、机关党委、招生与考试办公室、继续教育管理处、招投标中心、学科建设办公室、美育与通识教育中心、文科期刊中心、文博管理中心部门文件材料归档范围和档案保管期限,修订《厦门大学部门文件材料归档范围和档案保管期限规定》,指导部门文件材料应归尽归、应交尽交。

（薛小勤）

【深耕档案文博管理服务育人领域】　年内档案馆/文博管理中心获评厦门大学首批"服务育人示范岗"单位、厦门大学2020—2022年保密工作先进集体、2023年福建省高校档案宣传信息工作先进单位,获2023年福建省高校档案学术论文优秀组织奖。组织的文章《厦门大学校庆:文化教育洗礼,"思政大课"》,在《中国文化报》专版刊发。与福建省档案局、上海交通大学档案文博管理中心、福建省科技档案馆、复旦大学档案馆、古田会议纪念馆、陈嘉庚纪念馆、华侨博物院等单位开展联学交流。派员参加高教学会校史研究分会校史馆建设与管理论坛、全国文化遗产活化利用培训、省市档案学会学术年会。（魏 昊）

【"选育培用"并举建设学生讲解员队伍】 年内，组建由162名学生构成的涵盖本硕博、涉及多个专业学科的讲解员队伍。结合美育"第二课堂"开展讲解员培训活动，聚焦讲解工作需求，围绕理论修养、业务素质、应急安全、实践实训四个主题，邀请建筑与土木工程学院院长张建霖、上海宋庆龄故居纪念馆宣教部主任杭垚等校内外专家赋能课堂，开展7场专题培训。举办"闽都·嘉庚杯"讲解员风采大赛，吸引70名学生报名参赛。承担"本科教育教学人才培养成果展"讲解任务。组织选拔优秀讲解员参加首届"博协杯"全国博物馆讲解大赛。（杨娉婷）

【推进人类博物馆藏品分类建档】 年内，根据人类博物馆藏品质地、器型、类别等属性，对等级文物重新进行科学排架、合理布局。制作文物保护装具，装入保护囊匣，放置调湿片、防虫剂等保护耗材，打印资产和文物标签，保证藏品保管妥善、管理有序、查用方便。一物一档，初步编制438件等级文物《藏品编目卡片》《藏品档案》。（王华芹）

【开展档案文博、校史信息化建设】 年内，持续推进资源信息化建设，启动首期文物三维数字扫描工作，搭建"网上展馆展示系统""文物三维模型展示系统"。档案馆/文博管理中心网站经筹备与升级改版，于年底焕新上线，网上展馆、文物三维展示、网上办事等功能均在网站部署，为档案文博研究、校史研究、文物保护和研究提供有力支撑，为观众提供线上展馆沉浸式参观体验。

（周 鼐 陈世展 刘珊珊）

【举办科普进校园活动】 以人类博物馆馆藏文物为切入点，采用展览及互动课堂的方式，打造"四时有趣——厦大文物里的春夏秋冬"品牌课程，深入厦门第一中学、双十中学、外国语学校、科技中学、演武小学等开展"博物育美 科技筑梦"科普进校园活动，吸引4000人次参与。

（孙 雯 黄思溶）

【联合校内外单位举办专题展览、学术研讨会】 年内，协助举办"陈嘉庚与华侨博物院"专题展览；承办"洞天遗珍——万寿岩遗址出土文物展"，展览走进复旦大学；联合主办"华侨华人与中国教育现代化"学术研讨会。（陈世展）

现代教育技术与实践训练中心

【概况】 年内，现代教育技术与实践训练中心承担全校14栋教学楼274间公共教室教学设备设施的建设、改造、维护、管理与技术支持工作。做好7×14小时线下技术支持与服务，提供7×24小时线上服务。完成翔安校区坤銮楼15间新建多媒体教室建设，更新改造投影设备89套，显示系统更新22套，公共机房更新2间，公共主机房服务器更新4台、万兆交换机新增2台，交互式平板更新22台，公共教室教师机更新100台，讲台显示器外置改造52个，翔安校区一号楼多媒体中控设备更新70套，更新翔安校区四号楼公共机房扩声系统，标准化考场监控系统更新核心交换机2台、存储服务器含存储硬盘2台，高频在线式UPS 1套、图形工作站新增3台、数字拍摄系统新增2套。更新9间公共教室固定课桌椅、274间公共教室教师椅、公共教学楼教师休息室（包括新建数学沙龙和思政工坊）家具家电等。翔安校区公共教学楼新增一批修读空间（共168个座位），新建7间专用自习教室，优化自习教室体系，为师生提供更舒适安全的教学、交流与休息环境。服务30门国家级线上一流本科课程、67门省级线上一流课程、138门慕课、460门次SPOC课程，深入服务课程建设团队，累计协助认证学生38483人，教师794人，课程在线教学服务率（线上一流课程一票否决指标）维持在95%以上。（刘李春）

【组织第九届中国国际"互联网＋"大学生创新创业大赛参赛工作】 年内，中心以大赛为契机和载体，将参赛项目组织培育工作融入全校创新创业教育改革工作格局。一是圆满完成校赛，与航空航天学院合作创新办赛模式，全校广泛发动、重点培育、深度走访、积极调研，共走访13个重点学院，充分动员师生和校友参赛，参赛团队历经学生报名、组委会初选、专家网络评审、总决赛等。二是扎实开展项目辅导。举办厦门大学2023年创新创业教育论坛，组织3场系列讲座，邀请大赛评委专家为项目组进行辅导76场，选拔出最有潜力和竞争力的优秀项目，完成省赛推荐工作，邀请国赛专家为项目问诊把脉，积极向学院、创业团队反馈专家意见，及时改进后续保障和支持工作，从而层层遴选择优，不断打磨改进。举办训练营，邀请大赛评委专家为项目组进行辅导。三是扎实推进"青年红色筑梦之旅"活动，将红旅活动与实习实训、社会实践相结合，更大范围、更高层次、更深程度开展"青年红色筑梦之旅"活动，共组织申报14个红旅活动重点项目。本届国赛共获得2金、2银、7铜。（刘李春）

【建设数字化教育平台】 年内，中心全方位推动构建数字化教育平台。完成校级智慧教育、教务数据安全沙箱、虚拟仿真（数字实验）教学、实验教学信息化管理系统、教学质量保障五个平台的建设。通过平台建设实现线上线下融通、课内课外互动的混合、翻转、交互式创新教学。适度提供数据开放，更有效、更充分、更安全地挖掘教学大数据价值。使用信息化手段提升实验教学管理水平，规范实验教学过程，促进教学实验室资源开放共享。建立状态数据采集分析与教学质量常态监测系统、教学质量评价管理平台，解决专业教学发展过程中的问题，提高决策效率与效益。

（刘李春）

【提升教学技术支持和教师服务水平】 年内，中心全链条支持课程建设、全环节跟踪课程应用、全方位推广课程共享，推动教学改革和课程建设上新台阶。组织常态化录播调研，录制厦门大学本科课程思政示范课程、教育部教师工作司中西部高校青年教师融合式教学研修项目精品数字课程资源、教育部“拔尖计划2.0”全国线上书院主题周活动拍摄、教学创新大赛视频拍摄、第三批国家级一流课程视频共计207门次、2900余学时课程资源。梳理形成《厦门大学线上课程建设及上线指南》《教学视频拍摄注意事项(拍摄菜单)》等,规范课程建设及应用环境。举办“厦门大学新形态数字化融合课程建设研讨会”“一流课程申报辅导”“第三批国家级一流本科课程申报工作安排及录制说明会”“数字化建设沙龙”等,并协助教师开展教学分析与过程性评价。开展慕课推广,上线12门双语课程;精选13门一流课程通过克隆班面向中西部高校教师开展在线教学培训,覆盖中西部23个省份,1079名教师;21门课程思政案例在“新华思政”平台上线;20门慕课在“学习强国”学习平台上线;10门慕课在中国大学MOOC、学堂在线首页展示;优质慕课被38所高校付费选用;126门优质课程向福建省在线教育联盟成员高校进行课程应用共享,兄弟高校累计1111人选课。　(杨　飏)

【做好工程创新实践教学平台建设与管理工作】 年内,中心完成新工科大楼工创平台实验室建设项目、文化提升项目,提高平台的美观度与舒适度,打造成学生实践创新的理想空间,可满足全校机械、电气、电子工程训练、大学物理等实验及科创活动等需求。在新工科大楼与西部片区二号楼规划建设科创空间,为学生提供跨学科交流和实践平台,鼓励创意、培育创新、孵化创业。出台《翔安校区工程创新实践平台科创空间管理办法》《翔安校区工程创新实践平台科创空间日常管理办法》《工创平台科创空间学生运营团队组织办法》等文件,并组织学生运营团队,对平台进行精细化管理,举办“工创未来系列活动”9期。　(刘李春)

【完成本科教育教学审核评估线上听课看课技术支持工作】 年内,中心按照学校本科教育教学审核评估工作要求,组建本科教育教学审核评估线上听课看课工作小组,负责全校公共教室及学院自管教室线上听课看课培训、演练、线上会议技术支持、现场技术支持与设备保障工作,累计保障听课看课任务75门次,为评估专家线上听课看课提供技术支持保障。

(刘李春)

信息与网络中心

【概况】 中心基于学校“三中心、两平台、一门户”智慧校园数字化框架,进一步加强信息化数据治理和数字化基础设施底座建设。在信息化数据治理方面,制定统一网络安全标准与数据交换标准,深化信息数据共享应用,完善学校数据资产的管理能力,持续减少数据孤岛和安全短板的存在,应用大数据技术支持科学决策以提升学校管理能力;在数字化基础设施底座建设方面,推进综合提供虚拟计算、科学计算、云存储、物理服务器托管的多元化算力平台建设,充分发挥学校自建、校企共建、算力租用等多种形式的不同优点,为院系部处与科研团队提供多元、便捷、稳定、高性价比的算力支撑能力。

(许卓斌)

【实施学生免费上网的“新囊萤计划”项目】 年内,中心完成思明、翔安校区16000多间学生宿舍“一舍一AP”的无线网改造,为每位在读学生提供“一人一账号”的免费互联网接入服务。系统于8月开通运行,截至12月,思明校区和翔安校区共部署宿舍AP16187颗,已有约1.24万学生,2.59万台终端接入使用。

(许卓斌　潘竹虹　潘艺鹏　薛伟胜　邓文亮　康信作)

【全面提升虚拟化云计算中心和超算中心建设和服务水平】 年内,中心完成翔安校区数据中心机房扩容模块建设,新增18个机柜托管空间,提升全校院系部处的服务器托管能力,新增4个存储IO节点及600T裸存储空间,提升对全校院系部处信息化应用的虚拟化服务器支撑能力;探索多元化算力发展模式,完成中国移动厦大专属机房的互通链路建设、移动AI计算盒服务建设、轻量化液冷计算柜试点建设。截至12月,形成了总计821台高性能服务器的大型云计算与科学计算集群,为教学科研提供稳定高效的多元化算力资源和应用部署环境。

(何伟平　方少荣　薛伟胜　邓文亮)

【持续加强三校区主干网络规划、建设和管理工作】 年内,学校总出口带宽达62G,其中学生宿舍网40G,科研、教学、办公及公共区域网22G。完成三校区核心网络提升工作,思明、翔安、漳州三校区的核心主干带宽设备和链路提升至100G网络支持,为快速应用迁移、大数据应用以及高带宽的教学提供高瞬时带宽保障,提升学校网络空间的基础支撑与安全运维。

(陈晓筹　卢晓莉　杨奕锦　郑少杰)

【推进5G虚拟校园网融合建设项目】 年内,中心积极探索组网技术方案,搭建测试环境,构建双域二次鉴权融合网络,推进5G+校园网试点、智慧校园物联网配套建设。截至12月,中心已开通电信5G物联网接入并试运行。　(陈晓筹　卢晓莉　杨奕锦　郑少杰　陈明希　薛伟胜　邓文亮)

【实施并完成FITI未来网节点建设和本地实验网建设等项目】 厦门大学是FITI的26个一类节点之一,年内已成功实施完成100G高速带宽的FITI未来网核心节点建设,其中包括思明校区网络机房改造,节点网络设备和服务器的上线运行;同时使用国家拨款和学校投入经费,购置服务器、网络设备、试验设备、传输设备等,构建跨校区(思明校区和翔安校区)高速可编程本地试验网。

(许卓斌　陈晓筹　潘艺鹏　杨奕锦　何伟平)

【建设完善教师主页项目】 年内,中心完成教师主页平台的部署上线,通过提供一对一的企业微信技术支持,组建学生团队协助教师录入数据等方式,成功推进医学院、教育研究院、外文学院、经济学院等8个学院使用教师主页平台,其中教育研究院教师已全员上线。中心还协助医学院和经济学院,通过改造学院网站师资队伍栏目，实现教师数据实时与教师主页同步。截至12月，教师主页平台已有104名教师和4个团队入驻，累计访问量达273304人次。

（郑海山　余钰炜　陈灿彬　邓玲玲）

【持续提升学校视频会议保障能力】 年内，中心完成腾讯会议资源部署，形成100方会议室20个、300方会议室3个、500方会议室3个、1000方会议室1个、会议室连接器2个的视频会议资源保障能力。中心将腾讯会议服务平台与学校身份认证体系、企业微信体系对接，提升网络教学、科研和管理服务体验。截至12月，全校通过视频会议系统累计召开视频会议2.3万次、总参会人数12万人，实现总参会时长14.73万小时。

（余钰炜　江湍　童家平　陈灿彬　刘燕文）

【上线并试运行日志易日志管理系统】 年内，学校日志管理系统已经接入了反代日志、统一身份认证日志、OA系统日志、一站式服务大厅系统日志等系统日志。通过对日志分析，可对明显的异常登录账号有效识别，实现对统一身份认证登录日志进行用户登录分析。截至12月，中心通过分析和审计，总共发现异常账号被盗255个，冻结黑名单IP38个。同时排查到部分钓鱼公众号，及时处置密码泄露的学生账号超过2000个。

（郑海山　余钰炜　陈灿彬　张恺　林霞）

【持续推进学校身份中心平台和数字校园卡系统建设管理】 年内，中心将校友、自聘、外聘、公务、培训、服务、访客等各类人员纳入学校身份中心平台，实现线上自助领卡和身份赋能。推进数字校园卡在校门通行、图书馆通道、借还书、自助选座等身份认证应用。年内，数字校园卡用户数134181人，年消费笔数1009万条，消费金额7582万元。持续加强信息技术咨询服务，年内通过OA系统、流程引擎、邮件、电话、现场等多种渠道，累计服务师生超2万人次，落实包括统一身份认证、邮件系统、IP资源、网络服务、公共存储、校园VPN、高性能计算资源、无线网络、虚拟主机等在内的各类信息技术咨询服务。

（吴宇力　陈明希　薛伟胜　邓文亮　康信作　江晓莲　邓玲玲　林郑玲）

【组织专业网络安全培训】 年内，中心统筹组织“2023年厦门大学教育系统网络安全保障专业人员培训（简称ECSP）”专班，来自校内职能部门和二级学院的52名网络信息工作人员参加培训及考试。此次培训提升了学校相关工作人员整体网络安全意识和防护水平。

（郑海山　张恺　林霞）

【完成办公自动化系统、电子邮件系统的软件信创化改造】 中心统筹推进学校信创工作，以“能替尽替、真替真用”为原则，进行试点先行工作，年内完成邮件系统和办公自动化两个核心业务的国产操作系统替换，改造后系统平稳运行，进一步提高了学校关键业务的安全性。

（潘竹虹　何伟平　屈斌　江晓莲）

实验动物中心

【概况】 年内，实验动物中心两栋大楼建筑面积1.39万平方米。设有模式动物室、实验动物室、繁殖室、质量监控室、胚胎净化室、精子保种室、细胞培养室、教学科研室、办公室、供应室、后勤保障室以及ABSL-2动物实验室、福建省转基因与基因剔除小鼠培育与研究共用技术服务平台。中心在编教职工13人，其中教师系列1人，实验/工程技术人员12人，含副高级职称4人、中级职称8人、初级职称1人。中心党支部成员7人。中心自聘劳务派遣人员96人，退休7人，返聘5人。

全年完成医学院“实验动物学”研究生课程44学时，授课学生数112人。开展7期屏障环境动物实验室安全培训，合计788人参加。屏障环境动物实验室A、B、C、D、E、F、K1、K2、K3、K6、K7、K8区全面启用，完成第三次实验动物生产许可证和使用许可证的申请，屏障环境单日小鼠饲养量达2.8万笼，普通环境动物实验室兔、豚鼠、犬、猴、小型猪单日饲养量达280笼。获得本年度中央修购项目——实验动物中心（一期）屏障区域修缮资助共115万元。首次完成无菌小鼠实验室的生产和使用许可证申领，实现下一年面向全校开放的目标。

全年为学校相关学院提供教学使用的小鼠、大鼠、豚鼠、新西兰兔等动物共6303只，为241个课题组完成4120批次实验动物采购订单，为课题组日均代养实验动物达1.98万笼小鼠共9.9万只、120笼大鼠共580只、兔260只、猴3只、犬20只以及小型猪2只，为246个课题组提供851项动物实验技术服务，为全校相关科研项目办理240份实验动物伦理审查证明并出具伦理号。全校实验动物年使用量18.2万只，实验动物质量控制自检采样1990只，实验动物存活率99.18%，新进种源小鼠品系净化完成率94.6%。利用体外受精技术完成1400批次获得4.3万只小鼠；完成226个品系728只雄鼠精子冷冻保存，成功率90%；完成冷冻精子复苏验证，生产小鼠475只；完成45株基因修饰小鼠新品系的构建。完成30批次共15355千克全校实验动物尸体无害化环保处理工作。完成课题组实验人员52126人次进入动物实验室的服务工作。

完善实验室6项规章制度和操作流程修订。坚决执行学校实验室安全管理制度，做好节假日和重大时间节点的值班巡查工作，强化中心网站和微信群管理；全年无重大人员事故和动物感染事件发生；实验室全年开放无休息日；无安全责任事故和泄密事件发生；组织实验室安全培训3次，生物安全演练2次；开展消防安全检查4次，消防演练2次；物业24小时值班值守。

（苏金华　纪慈数　陈福　郑秀青　贺颖　吴素琴　何雪娟　高华）

【开展党建工作】 年内，全体教职员工认真学习党的二十大精神，学习领会习近平总书记在学习贯彻习近平新时代中国特色社会主义思想主题教育工作会议上的重要讲话精神，学习《习近平新时代中国特色社会主义思想专题摘编》《习近平关于调查研究论述摘编》等，在学校党员和干部教育培训管理系统上均完成学习目标。中心党支部坚持“两学一做”常态化学习，完成线上、线下学习15次；认真执行“三会一课”制度，定期召开组织生活会，完成线上、线下支部党员大会28次，支委会9次，支部书记上党课1次，特色活动6次。完成支部院级党建立项1个，校内党支部共建1个。推选3名党员发展对象，1人获院级“优秀党务工作者”称号。

（邵志强 苏金华 宋 婧）

【加强设施建设】 年内，中心完成转基因平台胚胎操作实验室全新风空调系统建设。更换一期大楼旧摄像头，安装新IP摄像头70个。采用热泵技术进行热量回收，降低蒸汽机房温度5℃以上，每年可节约6万度电。所有消毒舱均使用过氧化氢机提升消毒效果和运行安全性。自主升级开发的实验动物网上办公系统，加快动物实验审批流程，增加课题组笼位数统计、动物伦理号匹配查询等模块。自行设计网上收费系统，与学校财务处结算系统对接联通。

（高 华 吴素琴 苏金华）

【加强对外交流学习】 年内，加强与兄弟单位和企业的交流学习，如中国军事医学科学院、中国医学科学院、广西科学院医学与健康研究院、南湖实验室、苏州西山生物有限公司、江苏赛诺菲有限公司、广东药康生物科技有限公司、北京维通利华有限公司、北京科奥协力有限公司、江苏协同生物科技有限公司、福州别敦斯有限公司等单位。全年组织教师参加线上线下学术会议11场次。苏金华担任福建省实验动物学会副会长兼实验动物检测技术与生物安全专业委员会主任委员，贺颖担任实验动物青年委员会副主任委员，吴素琴担任实验动物设施与资源专业委员会副主任委员。 （苏金华）

《厦门大学学报(自然科学版)》编辑部

【概况】 《厦门大学学报（自然科学版）》（以下简称“该刊”）于1926年创刊，由教育部主管、厦门大学主办，是国内外公开发行的自然科学类综合性学术期刊（双月刊）。该刊主要刊登基础科学、技术科学、应用科学领域有影响力的科技论文，栏目包括厦门大学研究亮点、南强青年学者、综述、研究论文、研究简报。

该刊设编委会和编辑部两个机构：编委会是该刊的学术指导机构，7月完成编委会换届工作，新一届编委会由33名编委组成，成员均为厦门大学各学科有关专家，其中负责人为主编（1人）、副主编（7人）；编辑部是该刊的编辑出版机构，有专职人员6人，包括副主任（主持工作）1人、编辑4人、编务1人。副主任负责主持全面工作及每期发表论文的终审终校，4名编辑分别负责不同学科的稿件处理，编务负责来稿登记、发行、档案管理、财务等工作。

年内共出版6期，发表稿件116篇，退稿率55.60%，“双一流”大学和中国科学院系统作者刊载率83.62%，省部级及以上基金资助项目论文比87%，每期均准时出版发行。7月，按照编委会及编辑部制定的标准，评选2021—2022年度“十佳优秀论文”并予以表彰。

编辑出版方面。始终把提高刊物质量摆在首位，并落实到编辑工作的每个环节。在审稿环节，坚持落实“三审制”；在编辑加工、校对环节，严格按照国家标准进行编校，以制度建设保证质量，确保差错率低于国家标准；在出版发行环节，做好排版、印刷的监督检查以及发行工作的及时对接。第2期、第6期封面设计有局部变更，分别在中部醒目位置添加“厦大物理学科百年专辑”字样、“厦门大学数学学科百年庆”标志。贯彻落实《教育部科学技术与信息化司关于组织学术期刊开展弘扬科学家精神专题宣传的函》精神，6期封二均发布“科学家精神”人物宣传海报。

学术影响力方面。据2023年版《中国学术期刊影响因子年报》，该刊的复合影响因子为1.154，综合影响因子为0.775，比2022年版（0.912和0.632）均进一步提高。据中国知网《学术精要数据库》最新数据显示，2022—2023年该刊新增高影响力论文3篇，包括2篇“高下载论文”和1篇“高PCSI论文”。该刊继续被《中文核心期刊要目总览》、《中国科技核心期刊》、《中国科学引文数据库（扩展版）》、《科技期刊世界影响力指数（WJCI）报告》、中国知网、维普咨询、超星期刊、万方数据、博看网、中邮阅读网等国内数据库收录；继续被英国《物理学、电技术、计算机与控制信息社数据库》（INSPEC）（前身《科学文摘》）数据库、美国《化学文摘》（CA）、日本科学技术振兴机构数据库（JST）、俄罗斯《文摘杂志》等国际数据库收录。

编辑队伍培养方面。通过双周例会制度促使稿件处理规范化，全体编辑汇报稿件处理情况，集体讨论疑难问题，编辑轮流讲解出版编校论文，针对期刊发展形势、学术动态及编辑业务知识进行学习，不断强化编辑规范，提高编辑出版素养。按照国家新闻出版署和人力资源社会保障部2020年9月印发的《出版专业技术人员继续教育规定》，组织全体人员参加线上、线下期刊业务培训班，4名编辑均按照要求完成本年度至少90学时的培训，并取得本年度继续教育培训合格证书。编辑部副主任及编辑积极参加出版行业重要学术会议及相关学科的学术会议，关注出版行业最新动态和科研领域前沿进展。副主任邱仲潘参加中国高校科技期刊研究会技术期刊专委会2023年学术会议，并做题为《论文写在祖国大地，喜结知遇国企良缘》的报告；副编审徐婷婷参加福建省高校学术期刊研究会第十次会员代表大会暨2023年学术年会，并做题为《高校学报网站同行评议伦理规范的调查与完善》的报告。

社会服务方面。积极发挥党建引领作用，推动业务工作开展。6月与医管办党支部合作，联合附属翔安医院院长办公室党支部组织医科师生开展“科研诚信，生命伦理”主题共建研学活动，以学术服务助力学风建设；12月与自然资源部第三海洋研究所科测联合党支部开展“学习厦门海堤精神，共话海洋科技发展”主题教育，加强谋划中文科技期刊创新发展的交流。

提出编辑部“四心”服务承诺，强化服务意识；建立翔安校区工作站，和航空航天学院合作成立编辑部首个“一站式”学生社区工作点，定期安排编辑前往工作站（点）开展联络工作，为师生解答论文写作与投稿方面的疑惑，提供更加便捷、高效的学术服务。

继续开展“编辑部进学院”系列活动，在翔安校区举办“论文写在祖国大地上”主题沙龙1场，分别在化学化工学院、近海海洋环境科学国家重点实验室、航空航天学院开展《科技论文写作与投稿交流》讲座各1场，为师生介绍编辑部工作流程、收稿要求、论文写作规范，以及作者与编辑、审稿人高效沟通技巧等内容。（陈君子）

【出版“厦大物理学科百年专辑”】 为庆祝厦门大学物理学科创立100周年，展现学科近年来的一些亮点成果和前沿进展，于2023年第2期刊载12篇“厦大物理学科百年专辑”论文，并特邀物理科学与技术学院院长陈张海教授为专辑撰写序言《弘扬嘉庚精神，再创本栋辉煌——厦门大学物理学科百年发展回顾》。截至12月31日中国知网统计数据显示，单篇论文最高下载量573次，其中2篇各被引用1次。（陈君子）

【出版“海洋环境科学专题”】 为集中展示厦门大学海洋环境学科近年来的重要科研成果，于第3期刊载14篇“海洋环境科学专题”论文。截至12月31日中国知网统计数据显示，单篇论文最高下载量502次，其中2篇各被引用1次。（陈君子）

【出版“厦门市仪器仪表学会成立38周年专题”】 为庆祝厦门市仪器仪表学会成立三十八周年，集中展示近年来航空航天学院自动化系师生及合作者的重要科研成果，于第4期刊载23篇“厦门市仪器仪表学会成立三十八周年专题”论文并特邀厦门市仪器仪表学会前理事长黄元庆撰写序言《仪器强国，智感未来——厦门市仪器仪表学会成立三十八周年》。截至12月31日中国知网统计数据显示，单篇论文最高下载量386次。（陈君子）

【出版“环境功能材料与技术专题”】 为集中展示厦门大学环境功能材料与技术近年来的重要科研成果，于第5期刊载6篇“环境功能材料与技术专题”论文。截至12月31日中国知网统计数据显示，单篇论文最高下载量162次。（陈君子）

【出版“厦门大学数学学科百年庆专辑”】 为庆祝厦门大学数学学科创立100周年，展现数学科学学院主要方向与团队的研究特色和近年来取得的重要进展，于第6期刊载15篇“厦门大学数学学科百年庆专辑”论文并特邀数学科学学院院友林群院士为专辑撰写序言《弘扬科学精神，赓续百年征程——厦门大学数学学科创设100周年》。截至12月31日中国知网统计数据显示，单篇论文最高下载量148次。（陈君子）

【出版“南强青年学者专栏”论文】 在2019年9月开设“南强青年学者专栏”的基础上，进一步加强该专栏建设，向入选本校“南强青年拔尖人才支持计划”的优秀青年学者组约稿件，并在文末附加“学者简介”。第3期发表海洋与地球学院郑强教授作为第一作者兼通信作者撰稿的综述论文《海洋超微型蓝细菌聚球藻的生态学研究进展》，截至12月31日中国知网统计数据显示，下载量148次。第3期发表环境与生态学院肖武鹏副教授作为通信作者撰稿的综述论文《海洋初级生产力与输出生产力的时滞效应研究进展》，截至12月31日的中国知网统计数据显示下载量141次。第5期发表环境与生态学院区然雯副教授作为第一作者兼通信作者撰稿的综述论文《光热响应金属有机框架材料的应用研究进展》，截至12月31日中国知网统计数据显示下载量162次。（陈君子）

【加强论文宣传推广】 借助已签约的维普非晓学术精准传播平台的大数据分析技术，筛选目标读者，并通过邮件（中英文）进行论文精准推送，截至12月31日，共计推送16500人次，邮件平均打开率为48.4%。通过微信公众号进一步加大论文宣传力度，全年发布合集“#汇编”（精选论文汇编）推文消息4条、合集“#特邀综述”（特邀综述推介）推文消息4条。作为全国高校学报首创，于年内发起首届《厦门大学学报（自然科学版）》短视频摘要大赛，大赛吸引22支团队参赛，最终评出10个获奖作品，并利用改革网、《科技日报》、《数字出版研究》、《上海视觉艺术学院学报》、厦门大学图书馆对获奖视频进行二次宣传。（陈君子）

《厦门大学学报（哲学社会科学版）》编辑部

【概况】 年内，《厦门大学学报（哲学社会科学版）》（简称“《学报（哲社版）》”）出版6期，发表论文88篇。其中，外稿46篇，内稿42篇，知名高校作者论文83篇，省部级及以上基金资助项目论文76篇，顶尖人才论文63篇。据《中国学术期刊影响因子年报（人文社会科学·2023版）》统计，《学报（哲社版）》复合影响因子3.3，居全国人文社会科学综合类期刊（611家）第49位。《学报（哲社版）》继续入选《中文社会科学引文索引（CSSCI）来源期刊目录（2023—2024）》，继续入编《中文核心期刊要目总览》2023年版（即第10版）。

推进栏目建设，引领学术发展。《学报（哲社版）》编辑部以习近平新时代中国特色社会主义思想为指导，围绕年度重点选题开设了《马克思主义研究》《党的二十大精神阐释》《中国式现代化研究》《习近平新时代中国特色社会主义思想研究》《新时代哲学社会科学体系构建》《台湾研究》《南洋研究》《科技与社会研究》《戏剧戏曲与影视研究》《涉外法治研究》《中国传统法律文化研究》等专栏。

强化版权意识，完善制度建设。为规避侵害作者著作权的法律风险，编辑部制定了《〈厦门大学学报（哲学社会科学版）〉论文版权转让合同》，完善著作权保护机制。为适应工作实际,编辑部修订了《关于加强研究和宣传马克思主义的规定》《综合性期刊文献引证技术规范》《文稿编排规范实施细则》等多项制度,制定了《党政联席会议议事规则》《编辑人员继续教育规定》,确保制度的合理性、适用性和有效性。

举办各类学术活动,搭建学术交流平台。编辑部举办了第三届“年度优秀论文”“年度优秀栏目”评选活动,组织召开《厦门大学学报(哲社版)》第三届“年度优秀论文”颁奖典礼暨期刊高质量发展研讨会和本年度评刊会,与华南理工大学经济与金融学院联合主办了“数字经济与高质量发展论坛”。全年共 49 人次外出参加了 41 个学术会议或编辑业务培训。

策划年度重点选题,引导学术研究方向。为高质量完成下一年度编辑出版工作,推进期刊高质量发展,编辑部向编委会委员征集下一年度重点选题,通过遴选,形成《〈厦门大学学报(哲社版)〉2024 年度重点选题方向》,刊登在第 6 期封三上,帮助作者提前了解本刊下一年度的组稿用稿方向。

促进党建与业务融合发展,推动主题教育成果转化。整理汇总 2018—2023 年发表于学报《习近平新时代中国特色社会主义思想研究》《马克思主义研究》栏目的文章,在微信公众号“厦门大学学报哲社版”上推出合辑。聚焦《南洋研究》栏目,采取座谈调研、实地考察、个别访谈等方式,先后对国际关系学院/南洋研究院、中文系、新闻传播学院、国际中文教育学院分管科研的院系领导及教师代表展开调研,共组织召开座谈会 3 次,个别访谈教师 8 人,强化特色栏目品牌建设。通过支部共建、召开讲座、实地调研等方式,与国际关系学院/南洋研究院、法学院、管理学院、档案馆/文博管理中心等单位加强联络沟通和信息共享,前往全国哲学社会科学工作办公室、新华文摘杂志社、中国人民大学书报资料中心、《北京大学学报(哲学社会科学版)》编辑部、西南大学、重庆大学、闽南师范大学等开展调研活动。

加强媒体融合发展,推进数字化建设。更新升级线上采编系统,继续参与“中国高校系列专业期刊”的编辑工作,与中国知网等数字媒体发行平台保持合作,积极运营本刊微信公众平台,推进媒体融合发展,扩大期刊的学术影响力和传播力。截至 12 月 31 日,微信公众号“厦门大学学报哲社版”总用户 9378 个,同比增长超过 30%,全年推送 113 条链接,涵盖每期目次和内容摘要、单篇论文全文、整期精彩回顾、期刊电子书和编辑部资讯动态。　(陈净逾)

【举办第三届“年度优秀论文”和“年度优秀栏目”评选活动】　3—4 月,举办第三届“年度优秀论文”和“年度优秀栏目”评选活动,从 2021 年刊发的所有文章和专栏中评选出 10 篇“年度优秀论文”和 3 个“年度优秀栏目”,对外公布获奖名单,举办颁奖典礼,召开期刊高质量发展研讨会,邀请校领导、获奖论文作者、编委会成员和校内专家学者共同探讨期刊发展思路和学界研究热点,并在《厦门大学报》第 1425 期上刊发专版报道。

(陈净逾)

【期刊获“全国高校权威社科期刊”奖项】　9 月,在全国高等学校文科学报研究会公布的第七届高校社科学术期刊质量检查与评估结果中,《学报(哲社版)》荣获文科学报最高奖项“全国高校权威社科期刊”。

(陈净逾)

【《马克思主义研究》栏目入选 2023 年福建省报刊十大名栏目】　9 月,福建省新闻出版局公布 2023 年福建省报刊十大名栏目扶持资金评审结果,《马克思主义研究》栏目入选,获得资助 15 万元。　(陈净逾)

厦门大学出版社

【概况】　厦门大学出版社成立于 1985 年 5 月,是“国家一级出版社”“全国百佳图书出版单位”,也是福建省唯一的大学出版社,在经济学、管理学、法学、广告教育、东南亚研究、台湾研究、文史研究、海洋研究、文献整理等方面凝练出自己的特色,所出版的图书近 13% 获国家级和省级以上奖励。有在职员工 110 人(含派遣人员),其中学校编制人员 12 名;编校人员 56 名,其中具有高级职称的人员 14 名。出版各类新书 9000 余种,电子音像制品近 300 种。自 2019 年起,连续 5 年获评“全国图书出版单位社会效益评价考核”优秀等级。自 2012 年起,连续 12 年入选“中国图书海外馆藏影响力出版 100 强”。所出版图书获省、市多项荣誉,市场价值、知名度、美誉度高。

年内,出版社党总支持续深入推进党建与事业发展深度融合,重点学习宣传贯彻党的二十大精神,开展学习贯彻习近平新时代中国特色社会主义思想主题教育。出版社第一党支部获厦门大学 2022—2023 年先进基层党组织荣誉。年内,出版社连续 10 年获评全国优秀教材经销商,再度获得厦门市思明区“纳税大户”称号,获厦门大学定点扶贫和帮扶工作先进集体及个人荣誉。

年内,厦门大学出版社出版新书 328 种,再版 51 种,重印 151 种。完成《王亚南全集》全二十卷的出版工作,助力弘扬厦大精神、传播厦大文化。《中国旅游产业转型升级动态演进研究》获国家出版基金资助,《汉魏六朝墓砖铭文辑录校释(二)》获国家古籍整理出版专项经费资助。《民事诉讼争点整理实质化的原理与方法》等 6 个项目获国家社科基金后期资助,《电气工程概论》等 5 种教材入选首批“十四五”职业教育国家规划教材。《福建华侨革命简史》入选 2023 年全国高校出版社主题出版选题,《生活中的保险》入选 2023 年全国农家书屋重点推荐图书目录。《文化影响与会计审计行为研究》《渡海薪传——中国大陆迁台建筑师及其对中国建筑文脉的传承与发展》《互联网背景下的表达权研究》《闽南传统民居营造技艺》获福建省优秀出版项目资助,包括上述图书在内的 12 种书获 2023 年度福建省重点出版项目立项。《福建理学史》获评 2023 年度“闽版好书”,《诗经诗解》获评 2023 年度“闽版好书”提名奖。《高等学校分类设置与质量提升研究》获福建省第十五届社会科学优秀成果奖一等奖，《西藏百年经济史》获西藏自治区哲学社会科学优秀成果奖二等奖。由厦门大学党委书记张荣主编，厦门大学党委常务副书记林东伟副主编，厦门大学出版社出版的《高校党建与事业发展深度融合：厦门大学的探索与实践》入选《中国出版传媒商报》季度影响力图书（主题出版）。（刘一莹）

【校党委常委、副校长邱伟杰一行调研】 1月9日，副校长邱伟杰，资产经营有限公司党委书记黄宇霞、总经理沈小平一行莅临出版社调研，出版社领导班子参加座谈。出版社社长郑文礼和总编辑施高翔分别就出版社上一年经营情况和社会效益取得成绩等进行汇报，党总支书记洪秋霞就出版社捐赠校基金会事宜提出建议。邱伟杰对出版社整体情况、人才建设及事业发展表示关心，并对捐赠基金事宜提出指导意见。（张　怡）

【校长张宗益一行调研】 2月14日，校长张宗益、校长助理方颖、党委宣传部部长高和荣一行莅临出版社调研，与出版社领导班子成员、各部门负责人座谈交流。出版社社长郑文礼报告了出版社基本情况，详细介绍了出版社的历史、特色、单位规模、近五年发展主要成绩、存在的困难和解决思路。出版社党总支书记洪秋霞、总编辑施高翔重点围绕做好教材学术出版，服务学校学科评估与“双一流”建设，汇报相关工作进展。方颖、高和荣分别从把好意识形态关口、教材建设、争取基金资助等方面，提出意见建议。张宗益肯定了出版社在为高校教学科研服务和文化传承传播中所做的工作，并指出出版社要立足自身优势，继续做好学术教材品牌建设；要健全市场化经营机制，着力深化劳动、人事、分配三项制度改革；完善绩效考核和考核结果运用机制，激发全社职工的干事创业活力；处理好改革发展稳定的关系，以高效治理保障出版社高质量发展。（张　怡）

【与资产经营有限公司党委联学党的二十大精神】 2月17日，出版社党总支与资产经营有限公司党委开展联学活动，邀请校党委副书记、马克思主义学院院长、学习贯彻党的二十大精神省委宣讲团成员徐进功教授，为全体党员、入党积极分子讲授党的二十大报告专题辅导党课。（张　怡）

【前往北京调研学习】 2月22—23日，出版社党总支书记洪秋霞、总编辑施高翔、副社长欧光江率队，前往北京调研学习，分别到中国人民大学出版社、社会科学文献出版社、清华大学出版社座谈交流，主要围绕大学出版社发展战略、学术专著与高校教材策划与营销、书稿三审三校流程管控、事业部管理办法、数字出版发展战略等内容开展深入探讨。（刘一莹）

【参加第35届北京图书订货会】 2月24—26日，出版社党总支书记洪秋霞、总编辑施高翔、副社长欧光江率队参加由中国出版协会、中国书刊发行业协会主管主办的第35届北京图书订货会。本届订货会以“新征程坚定文化自信，高质量再创出版辉煌”为主题，出版社展示了《王亚南全集》、《吴瑞甫全集》、“魅力・老潘”系列等独具特色的图书。（刘一莹）

【召开第一届教职工代表大会第五次会议暨2022年度总结表彰大会】 3月1日，出版社第一届教职工代表大会第五次会议暨2022年度总结表彰大会在出版社大会议室召开。社长郑文礼作厦门大学出版社上一年度工作总结、本年度工作计划以及上一年度财务执行报告、本年度预算方案。总编辑施高翔做本年度选题规划报告。大会审议并通过了工作报告和工作计划。副社长欧光江宣布“出版社2022年度好书”和“出版社2022年度优秀员工”名单，年度好书获奖责编代表以及获奖员工代表上台发言。党总支书记洪秋霞致闭幕词。（潘　瑛）

【召开董事会2023年第一次会议】 3月10日，出版社董事会2023年第一次会议召开。资产经营有限公司党委书记黄宇霞，出版社第二届董事会副董事长蒋东明及部分董事、监事出席会议，出版社新一届董事会全体董事和监事参加会议。黄宇霞宣读厦门大学资产经营有限公司《关于调整厦门大学出版社有限责任公司董事会成员、监事的通知》《关于调整厦门大学电子出版社有限责任公司董事会成员、监事的通知》。出版社社长郑文礼向大会汇报了出版社近五年的建设和发展情况，参会人员探讨交流发展思路，提出主动出击抓好教材建设增长点、提高编辑的市场判断力和策划能力、做好图书品牌建设工作形成规模效益等建议。（张　怡）

【举办“一带一路”建设中国际贸易和投资风险防控法律实务丛书首发式】 3月13日，“一带一路”建设中国际贸易和投资风险防控法律实务丛书首发式在西南政法大学国家级涉外法治研究基地中国-东盟法律研究中心隆重召开。首发式主办单位为西南政法大学、厦门大学出版社。西南政法大学党委书记樊伟，厦门大学出版社总编辑施高翔，重庆市贸促会法务部部长于光建，丛书分卷主编、合作单位代表广东省律师协会副会长、深圳市前海国合法律研究院执行院长陈方出席并致辞。（李　宁）

【与校党委教师工作部联合开展专题讲座】 3月23日，出版社联合校党委教师工作部举行厦门大学出版社“望海听潮”学习沙龙第九期暨厦门大学“教师工作坊”第五期专题讲座，邀请中国出版协会副理事长、国家社科基金社会学学科组评审专家谢寿光讲授《数字时代的人文社科图书选题策划》。社会科学文献出版社副社长谢炜、厦门大学党委教师工作部副部长伍伟平莅临指导，出版社、教师工作部全体党员和编校人员参加学习。谢寿光从选题策划的概念释义入手，详细讲解选题策划的基本要素、制约因素、主要内容、基本步骤和前提条件，并结合数字时代背景剖析人文社科图书策划的特点。（刘一莹）

【社会科学文献出版社谢炜副社长一行调研】 3月27日，社会科学文献出版社副社长谢炜、数据中心主任黄元洪莅临交流，出版社党总支书记洪秋霞、副总编辑陈进才及相关科室编辑参加座谈会。谢炜首先对社科文献出版社的发展和数字化建设概况进行简要介绍，黄元洪结合具体示

例，分别从对内的系统建设和对外的服务平台入手介绍，展示覆盖多元产品形态案例模板的构建和应用情况。（刘一莹）

【召开学习贯彻习近平新时代中国特色社会主义思想主题教育动员会】 4月20日，出版社召开学习贯彻习近平新时代中国特色社会主义思想主题教育动员会。厦门大学学习贯彻习近平新时代中国特色社会主义思想主题教育第六巡回指导组组长谢银辉、副组长周一钦、联络员蔡娴出席会议，出版社党总支委员、领导班子成员以及全体在职党员、退休党员代表参加会议。（张 怡）

【与学生工作部(处)第二党支部开展共建活动】 4月21日，出版社第一党支部联合学生工作部(处)第二党支部开展"书香校园"主题党日活动，邀请建筑与土木工程学院院长张建霖教授作《家国情怀：厦大的建筑文化》专题讲座。（江珏玙）

【获厦门大学第二十二届"出版杯"教职工篮球赛第五名】 4月23日，庆祝建校102周年第二十二届"出版杯"教职工篮球赛在思明校区明培体育馆圆满落幕，出版社篮球队获第五名。作为赛事的发起单位和冠名方，出版社秉持提升教职工身体素质、增进学校各部门友谊的办赛理念，为校园体育发展注入强劲的动力，推进实施全民健身国家战略。（赵康健）

【召开干部任免宣布会议】 5月9日，学校党委在出版社618会议室召开出版社干部任免宣布会议，会议由校党委常委、组织部/统战部部长孙理主持。校党委常务副书记林东伟代表校党委宣读了关于出版社干部任免决定：张伟同志任中共厦门大学出版社总支部委员会委员、书记；免去洪秋霞同志中共厦门大学出版社总支部委员会书记、委员职务。（张 怡）

【召开三场主题教育调研座谈会】 5月18日、22日、24日，出版社党总支书记张伟、社长郑文礼、总编辑施高翔分别面向全社各部门召开三场调研座谈会。参与人员包括出版社中层干部、一线职工代表等。调研收集到关乎出版社事业发展、员工急难愁盼等问题10项，为进一步推动解决问题、促进事业发展提供切入口。（张 怡）

【与湄洲湾职业技术学院签订战略合作协议】 5月29日，出版社与湄洲湾职业技术学院举行战略合作签约仪式。湄洲湾职业技术学院院长许冬红、教务处处长李智仁、党政办公室主任陈志君、宣传部副部长陈各辉、图书馆副馆长阮亿明，出版社社长郑文礼、总编辑施高翔、副社长欧光江以及双方有关部门同志参加仪式。郑文礼和许冬红代表双方签署战略合作协议。（张佐群）

【湖南大学出版社调研】 6月2日，湖南大学出版社社长李文邦一行四人到出版社座谈交流，出版社领导班子及有关中层干部、特聘编审参加座谈。双方围绕校庆系列图书的出版以及出版社建设与发展等方面进行交流探讨。社长郑文礼简要介绍出版社的整体情况、出版特色与亮点等，特聘编审宋文艳介绍厦门大学百年校庆系列图书出版工作情况，分享相关的出版经验和取得的成果。出版社党总支书记张伟代表出版社向湖南大学出版社赠送学校百年校庆系列图书。（张 怡）

【协办2023年福建省高校军事理论课教师研讨会】 6月9—11日，由马克思主义学院主办、出版社协办的2023年福建省高校军事理论课教师研讨会在厦门召开。福建省委教育工委委员、省教育厅党组成员、副厅长李绚，校党委常委、组织部/统战部部长孙理，福建省教育厅体卫艺语处处长苏贻堆莅临指导，学校有关部门负责人、省内各高校军事教学分管领导及学科带头教师以及出版社党总支书记张伟、社长郑文礼、总编辑施高翔、副社长欧光江参加了会议。研讨会邀请吴温暖教授、军事科学院方宁研究员等学者为来自全省52所高校80余名老师作国防教育专题讲座。（吴 辉）

【参加第二十九届北京国际图书博览会】 6月15—18日，第二十九届北京国际图书博览会在北京国家会议中心举办。出版社党总支书记张伟、总编辑施高翔、特聘编审宋文艳带队，携近200种精品图书亮相书展。6月15日上午，中共福建省委常委、宣传部部长张彦，中共福建省委宣传部副部长、省新闻出版局(省版权局)局长、一级巡视员肖贵新到出版社展台视察指导。张彦翻阅了《王亚南全集》等重点图书，对出版社在主题出版等领域的发展和效益的提高予以指导和勉励。（冀 钦）

【召开庆祝中国共产党成立102周年暨2022—2023年优秀共产党员、优秀党务工作者表彰会】 7月7日，出版社召开庆祝中国共产党成立102周年暨2022—2023年优秀共产党员、优秀党务工作者表彰会，全体在职党员、退休党员代表参会。会议表彰出版社7名优秀共产党员、2名优秀党务工作者。会后，出版社党总支书记张伟上"学习贯彻党的二十大精神，不断推进马克思主义中国化时代化"专题党课。（张 怡）

【与厦门市图书馆开展共建活动】 8月11日，出版社党总支和厦门市图书馆党总支共建活动在厦门市图书馆集美新城馆举行。出版社党总支书记张伟，厦门市出版物发行业协会会长、出版社原社长蒋东明，厦门市图书馆党总支副书记、副馆长曾兴德，厦门市图书馆党总支委员、副馆长薛寒秋，厦门大学出版社党总支委员、副社长欧光江，厦门市图书馆第二党支部书记、集美新城图书馆主任林志军，以及出版社第三党支部和厦门市图书馆第二党支部党员参加活动。双方进一步开展交流，并签订党建共建协议。（朱 楷）

【参加第十九届海峡两岸图书交易会】 9月21—23日，出版社党总支书记张伟、社长郑文礼、总编辑施高翔带领编辑和营销队伍参加展会。出版社集中展示了《为吾国放一异彩——厦门大学与伟大祖国》《厦门大学百年校史》《王亚南全集》等厦门大学百年校庆系列图书，《台海文献汇刊》《福建理学史》以及"改革开放40年法律制度变迁"丛书、"魅力老潘"系列、儿童中国文化导读系列等。出版社首次在展区推出盖章打卡活动，向观展者随机赠送盖章本和明信片等南强文创产品。（张 洁）

【获 2022—2023 年度“闽版好书”奖及提名奖】 9 月 27 日，在福建省第十七届“书香八闽”全民读书月启动仪式上，福建省委常委、宣传部部长张彦等为 2022—2023 年度“闽版好书”获奖单位颁奖，出版社的《福建理学史》入选 2022—2023 年度“闽版好书”，《诗经诗解》获提名奖。（刘一莹）

【召开《海洋文化十八讲》编写工作推进会】 10 月 9 日，出版社组织召开《海洋文化十八讲（大学生读本）》编写工作推进会。戴民汉院士、朱家麟老师、王日根教授等主要作者以及出版社党总支书记张伟、总编辑施高翔、副总编辑陈进才参加会议。会议就本书的内容安排、体例范式、质量把控和进度安排几个方面开展交流讨论。（刘一莹）

【获厦门大学定点扶贫和帮扶工作先进集体等表彰】 10 月 17 日，在厦门大学定点扶贫和帮扶工作先进集体和个人表彰仪式上，出版社获“厦门大学定点扶贫和帮扶工作先进集体”称号，副社长欧光江获“厦门大学定点扶贫和帮扶工作先进个人”称号。（张　怡）

【召开 2023 年重阳节退休员工座谈会】 10 月 23 日，出版社召开重阳节退休员工座谈会，出版社领导班子、各部门负责人、退休员工代表参加座谈。参会人员热烈交谈，讨论出版社建设与发展，积极为出版社高质量发展和建社 40 周年庆祝活动建言献策。（张　怡）

【与华侨大学签订出版学研究生工作站联合建设协议】 10 月 24 日，出版社与华侨大学举办出版学研究生工作站联合建设协议的签约仪式。华侨大学党委常委、副校长兼新闻与传播学院院长万安伦，新闻与传播学院党委书记兼副院长林庆祥、出版学科教授潘文年，出版社党总支书记张伟、社长郑文礼及双方有关代表参加仪式。双方就此次合作建设开展交流研讨，万安伦和郑文礼代表双方签署协议。（张　怡）

【召开高质量发展座谈会】 11 月 6 日，高质量发展座谈会在出版社召开，中宣部出版局副局长李一昕、福建省委宣传部副部长肖贵新、校党委副书记全海、华侨大学副校长万安伦、中宣部出版局研究处处长周巧玲、福建省委宣传部出版管理处处长袁俊华等领导以及福建省 6 家出版社的领导参加会议。会议围绕编辑队伍建设、财税政策、融合发展、双效考核等高质量发展相关议题进行沟通交流，提供意见建议。（刘一莹）

【开展红色实践学习活动】 11 月 10—11 日，出版社党总支组织 70 余名党员、入党积极分子和群众代表前往三明市开展红色学习活动。（张　怡）

【举办《高山景行——潘懋元先生纪念文集》新书发布会】 12 月 11 日，“潘懋元先生高等教育思想学术研讨会”在科学艺术中心三楼报告厅举行，出版社的《高山景行——潘懋元先生纪念文集》在会上首次亮相发布。中国高等教育学会副会长、国家民委原副部长级专职委员管培俊，福建省委教育工委书记、厅长叶燊，校长张宗益出席会议，有关出版社代表和师生参加会议。教育研究院院长别敦荣主持新书发布仪式。张宗益校长，潘懋元家属代表潘世墨教授，作者和编辑团队的邬大光教授、陈斌副教授，主编代表雷志忠老师，以及出版社党总支书记张伟等出版社代表为新书发布揭幕。（刘炫圻）

【召开全面从严治党暨党风廉政建设专题会议】 12 月 14 日，出版社党总支在 618 会议室召开全面从严治党暨党风廉政建设专题会议。出版社领导班子、党总支委员、党支部书记参加会议。会议讨论梳理出版社存在的廉政风险点，并根据分管范围、负责业务等实际情况逐项落实整改和监督责任人。会上，出版社领导班子签署《厦门大学出版社干部廉洁自律承诺书》。（张　怡）

【联合主办福建省应用型本科高校经管类教材建设专题研讨会】 12 月 15 日，由出版社与福建商学院联合主办的福建省应用型本科高校经管类教材建设专题研讨会在福州顺利召开，来自全省 15 所高校的校领导、教务处处长、经管类专业学院院长，以及出版社党总支书记张伟、总编辑施高翔等参加了本次会议。会议确立了新形势下教材往新形态发展的目标，具体讨论了拟联合编写的经管类应用型特色教材书目，统筹规划了教材编委会组建等事宜。（张　洁）

【召开工会委员会换届选举大会】 12 月 19 日，出版社召开工会委员会换届选举大会。副总编辑陈进才宣读厦门大学工会委员会《关于同意召开出版社工会会员大会的批复》《关于同意出版社工会委员会委员、主席候选人预备人选的批复》。出版社工会主席惠诚忠作本届工会委员会工作报告及经费收支情况说明。经过投票表决，选举出下一届工会委员会委员，惠诚忠为工会委员会主席。（潘　瑛）

后勤集团

【概况】 后勤集团坚持以习近平新时代中国特色社会主义思想为指导，深入学习贯彻党的二十大精神和学校第十二次党代会精神，紧扣学校立德树人根本任务和集团“质量提升年”中心工作，稳中求进，以高质量党建引领高质量发展，凝心聚力为学校新一轮“双一流”建设提供坚实有力的后勤服务保障。

以学促干推进主题教育见行见效。集团党委扎实开展学习贯彻习近平新时代中国特色社会主义思想主题教育，共开展主题教育专题读书班 12 次、专题研讨 4 次、中心组（扩大）学习 17 次、主题党课 15 次；组织党员、骨干到遵义、东山、延安等红色基地开展主题教育实践教学活动；召开专题调研座谈会 15 场、现场调研 25 次，与全国 33 所兄弟院校后勤部门相互调研交流，梳理解决问题清单 21 条，形成专题调研报告 1 篇。围绕邓朝晖副校长牵头的“立德树人根本任务，构建服务育人协同机制”调研专题，优化服务育人协同机制，选树典型模范，在集团官网、官微发布“最美后勤人”系列报道 9 篇，其中海韵学生公寓安防员纪艳艳获评学校第一批“服务育人示范岗”个人。集团工作案例《党建与业务融合，开创后勤育人新格局》入选校党委书记张荣主编的理论文章与工作案例合集，集团党委和南强后勤党支部均获评“厦门大学2022—2023年先进基层党组织”。

从严从紧推动主体责任落实落细。加强党对集团的全面领导，贯彻执行民主集中制，全年共召开党委会会议17次、党政联席会议17次。严肃党内政治生活，召开党支部书记工作例会10次，落实党支部书记抓基层党建述职评议考核；发展新党员17名、转正党员11名，按期足额交纳党费7万余元，按程序做好学校第十二次党代会代表推选工作。积极配合开展十二届校党委第一轮巡视工作和领导干部离任审计工作，扎实开展高校后勤领域专项治理工作。加强党风廉政建设，开展警示教育大会，签订廉政责任书；各党支部书记讲“正风肃纪 廉洁自律”专题党课。抓牢安全稳定工作，共召开意识形态工作专题会3次，召开安全工作会15次，开展消防、食品、用电、防台防汛等各种安全专项检查20次，与学校保卫处等部门开展联合检查6次，开展防灾减灾月、安全生产月等专项安全生产活动。

多措并举筑牢服务质量之基。全力为师生办实事，三校区“一站式”后勤服务大厅坚持“快、准、优”的服务理念，做到让师生少跑腿，思明校区后勤服务大厅开展“后勤帮帮帮”座谈会，及时答复学生的问题、回应诉求，赢得了师生员工的广泛好评。推进重点项目进展，更换学生宿舍家具约7505套、热水器近420台；完成漳州校区北区餐厅三楼装修改造；建成思明校区大车库充电桩；推进翔安校区快递服务中心建设。尽心做好日常服务保障，全年完成日常水电维修近2万次，完成学生宿舍报修约3.4万起，完成校区班车通勤约1.2万趟次。尽心做好重大服务保障，完成1.4万余名毕业生离校与1.7万余名新生入住工作；制作毕业（学位）证书3万余套、培训结业证书13.3万余套、印刷品约45万份，完成2023届毕业冷餐会供餐、毕业典礼服务保障及嘉庚学院20周年庆保障工作；台风季期间，防御“杜苏芮”“海葵”等台风，落实24小时值班值守，备物资、排隐患，清路障、抓抢修，保护校园、师生安全。

铆足干劲夯实业务质量之本。拓展校外餐饮与校外物业项目，探索合作模式，做好后勤品牌。全年新增7个食堂项目与3个物业项目，成功续约13个食堂项目与13个物业项目；圆满完成95期、6000余名学员会务培训任务。与福建省长汀职业中专学校、厦门工商旅游学校签订合作协议；与中国建设银行厦门市分行、中国民生银行厦门分行签订战略合作协议。

齐心协力走好管理质量之路。强化内控管理，着力完成ISO质量管理体系内外审工作和HACCP食品安全管理体系贯标执行；全面推进“5D”现场管理体系向纵深推进，“5D”现场管理受到全国高校餐饮、社会餐饮借鉴推崇，向社会、同行业输出厦大后勤标准。《昂青年文明号之势，展数名员工奋斗风采》《党建进社区工作初探——以厦门大学后勤集团物业党支部打造海韵北区幸福生活圈为例》两篇工作案例入选中国教育后勤协会“大学校园物业管理典型案例”。

多措并举培养人才质量之核。人才是第一资源，集团不断强化“人才”核心要素，落实用才育才工作。通过以赛代练、以赛促学，为员工提供交流展示学习的平台，营造崇尚技能、弘扬工匠精神的浓厚氛围。全年共有56名员工获得各类职业资格证书；集团员工在全国闽菜烹饪技能竞赛中斩获5金、3银、6铜佳绩；在第21届校教职工运动会中获得三等奖。

（吴韶清　李哲雯）

【助力国家乡村振兴工作】 年内，与隆德县签约采购农特产品200万元，与光泽县签约定向采购农特产品80万元，向宁夏固原市隆德县第四中学捐款20万元，荣获“厦门大学定点扶贫和帮扶工作先进集体”。

（吴韶清　李哲雯）

【加强一流后勤建设】 1月，思明校区后勤服务大厅获评厦门“e政务”2022年度便民服务站最佳伙伴；5月，漳州校区中区餐厅荣获“2023—2025年”省级青年文明号；5月，厦门大学住宿、环境、餐厅在高等教育专业评价机构软科2023中国大学生满意度调查中分别获得全国高校第二、第二、第六名，再次排名全国高校前列；9月，勤业餐厅厨师组被共青团中央等23家全国创建青年文明号活动组委会成员单位联合授予第21届“一星级全国青年文明号”。

（吴韶清　李哲雯）

【推动集团高质量发展】 集团倾力将翔安校区思源餐厅打造成集餐饮、学习、研讨、聚会于一体的多功能、智慧型育人综合体，兼具“时尚味、科技味、学术味、劳动味、思政味”的“五味”餐厅。4月6日，思源餐厅落成开业，以一流的后勤保障助力学校“创新引擎”高质量发展。

（吴韶清　李哲雯）

【推进三全育人工作】 坚持敬老爱老服务，集团全年为教工住宅离退休教师提供义务水电维修23人次，出动安防队员275人次为行动不便的离退休教师及家属提供抬担架服务65人次。开展劳动教育，为学生提供“八闽园”劳动实践基地、东苑餐厅二楼厨艺培训基地、花圃园艺培训基地等，共有3908人次参与劳动教育实践。全年集团员工拾金不昧约1.5万起、总价值约435万元，帮扶病困学生等好人好事共514起，收到感谢信30封、锦旗10面。（吴韶清　李哲雯）

【持续发力提升集团影响力】 5月，集团协同中国教育后勤协会成功举办全国高校后勤管理干部后勤管理风险防控专题研修班。10月，成功召开福建省教育后勤协会筹备委员会。11月，举办福建省高校首届八闽美食节，邀请金门大学与福州大学、华侨大学等省内八所高校参与，传承新闽菜，为师生提供美食盛宴。全年在《中国青年报》《厦门日报》、厦视新闻频道等媒体发布稿件19篇（条）。

（吴韶清　李哲雯）

分析测试中心

【概况】 截至 12 月 31 日，分析测试中心拥有大型仪器设备 100 台套，其中，50 万元以上仪器设备 20 台套，进口仪器设备 80 台套。全部仪器设备资产原值 4877.92 万元，其中，50 万元以上仪器设备资产原值 4107.82 万元，进口仪器设备资产原值 4799.86 万元。分析测试中心总面积 2235 平方米，其中办公面积 100 平方米，实验室面积 2135 平方米，P2 等级以上生物安全实验室 18 平方米。

分析测试中心有 8 个学院分中心，分别是化学化工学院分中心、生命科学学院分中心、材料学院分中心、海洋与地球学院分中心、环境与生态学院分中心、电子科学与技术学院分中心、物理科学与技术学院分中心、航空航天学院分中心，正式员工 116 人，其中研究生及以上学历 103 人，大学本科学历 12 人，专科及以下学历 1 人，正高级技术职称人员 21 人，副高级技术职称人员 40 人，中级技术职称人员 52 人，初级技术职称人员 2 人。技术负责人 1 人，质量负责人 1 人，授权签字人 18 人，内审员 31 人，监督员 28 人，安全员 16 人。

获得资质认定（计量认证）的检验检测能力中，检验检测类别包括 8 大类，即物质鉴定、材料分析、海洋监测与调查、水和废水、土壤和沉积物、噪声、振动、半导体器件。包含成分分析等 15 小类，31 项参数。检验检测依据的方法标准 76 项，其中国家标准 45 项、JY/T 标准 9 项、其他行业标准及地方标准 12 项、国际标准 3 项、自编非标准方法 7 项。

检验检测服务领域涉及海洋环境、化工、材料、电子电器等，服务国民经济行业主要有化学原料和化学制品制造业、橡胶和塑料制品业、研究和试验发展、专业技术服务业、科技推广和应用服务业、生态保护等。服务地域为全国范围，客户类型以企业、大专院校、科研院所为主。检验检测业务量涉及领域的百分比：海洋环境监测 94%、化工 1%、材料测试 5%。

年内，分析测试中心面向校内外单位提供检测技术支持与服务，校内服务样品数 954072 个，机时数 63494 小时，培训人数 1113 人，校内服务收入 274.5 万元；社会服务样品数 579 个，机时数 468 小时，培训人数 83 人，出具 CMA 报告数 25 份，服务收入 72.95 万元。

服务科技研发项目 28 项，其中，国家级项目 16 项，省部级项目 12 项。科研经费总计 1164.0 万元，其中，国家级项目 687.5 万元，省部级项目 476.6 万元。使用 CMA 资质申请科研项目 4 项，到账经费 60.3 万元。

按照《关于组织开展 2023 年度检验检测机构监督抽查工作的通知》（国市监检测发〔2023〕90 号）要求，依据《2023 年度国家级资质认定检验检测机构自查表》开展自查，完成 18 项自查内容。组织开展相关学院科研仪器平台（实验室）间互查互审，抽调 18 名内审员，检查 45 个实验室现场，查阅记录档案资料，开具 14 项不符合项报告，按有关要求完成相应整改内容。

组织仪器设备检定校准 45 台，内部校准 31 台，其他比对 23 台；完成方法标准查新 152 项次；完成标准变更 2 项。对水和废水类别中活性磷酸盐项目，对噪声类别中水下噪声项目，对振动类别中建筑工程容许振动项目，对半导体器件类别中发光二极管光电色热综合检测的热参数、器件/灯具表面热场分布项目等 4 类检测能力进行结果有效性监控，获得满意结果。

年内，发明专利申请 38 个，发明专利授权 16 个。

（余自中　吴彩胜　欧燕飞　赵凯歌）

【获奖励情况】 年内，电子科学与技术学院分中心“产教、科教、学科交叉三融合协同育人的电子类研究生培养模式的创新与实践”项目获得国家高等教育教学成果二等奖；“高品质芯片级封装 LED 关键技术研发及产业化应用”项目获得厦门市科学技术进步三等奖。航空航天学院分中心肖望强教授获得厦门市第十二批拔尖人才、福建省本科高校教育教学研究典型案例库入选证书。年内，获得厦门市科学仪器设备资源共享优惠补贴 8.6 万元。

（余自中　吴彩胜　欧燕飞　赵凯歌）

【高校实验室间比对结果满意】 年内，参加教育部高校评审组开展的年度高校实验室间比对活动，项目有未知粉末物相鉴定、未知有机化合物结构鉴定，仪器有 Ultima Ⅳ X 射线衍射仪、Cary 5000 紫外可见近红外分光光度计、Nicolet iS50 傅里叶变换红外光谱仪、Flash Smart 元素分析仪、AVⅡ 400MHz 液体核磁共振波谱仪、安捷伦 1290—6546 超高效液相色谱四极杆飞行时间串联质谱仪。比对结果满意。

（余自中　吴彩胜　欧燕飞　赵凯歌）

附　录

2023 年各学院分中心测试服务及服务的科研项目情况表

序号	测试服务及服务的科研项目		化学化工学院分中心	物理科学与技术学院分中心	电子科学与技术学院分中心	材料学院分中心	生命科学学院分中心	海洋与地球学院分中心	环境与生态学院分中心	航空航天学院分中心	合计
1	测试服务校内收入(万元)		148.9	30.4	0	45.4	32.6	0	17.2	0	274.5
2	测试服务校外收入(万元)		14.2	00.0	7.4	5.1	00.0	00.0	00.0	00.0	26.7
3	CMA 报告份数		8	0	0	13	0	4	0	0	25
4	非 CMA 报告份数		0	0	0	0	0	0	0	0	0
5	校内测试服务	样品数(个)	80452	6606	5829	10118	3214	813678	34154	21	954072
		机时数(小时)	26071	2663	5835	5069	4480	16996	2330	50	63494
		校内培训人数	792	35	58	191	12	15	10	0	1113
6	校外测试服务	样品数(个)	836	0	86	63	0	190	0	26	1201
		机时数(小时)	579	0	384	58	0	60	0	56	1137
		校外培训人数	0	0	0	5	0	0	0	0	5
7	资质认定仪器服务的科研项目	国家级项目数	4	1	8	0	0	2	1	0	16
		国家级经费(万元)	245.8	33.4	188.7	00.0	0	208.0	11.6	00.0	687.5
		省部级项目数	0	0	8	0	0	2	0	2	12
		省部级经费(万元)	00.0	00.0	280.8	00.0	0	105.8	00.0	90.0	476.6

国际学术交流中心

【概况】　厦门大学国际学术交流中心有限公司(简称“交流中心”)成立于 1991 年 6 月,为学校直属后勤服务机构。交流中心实行企业化管理,业务范围涵盖会议、住宿、餐饮、商务休闲、出行保障等,为学校各类重大活动、学术交流活动提供优质的接待和服务保障。

交流中心由思明校区总部(逸夫楼、科学艺术中心、蔡清洁楼等)、翔安校区分公司(翔安校区宾馆、南存钿楼)、梧桐楼分公司(林梧桐楼)和凌云分公司(华侨之家)组成。交流中心下设办公室、人力质培、工程、财务、安保等职能部门及运营、房务、餐饮、车队等业务部门。截至 12 月 31 日,交流中心拥有会场 44 个、客房 1035 间、餐厅 4 个、公务车辆 21 部、职工 355 人(其中党员 64 人)。

(王家瑜)

【党建引领发展】　年内,中心贯彻“第一议题”制度,深入学习贯彻习近平新时代中国特色社会主义思想和党的二十大精神,组织开展 13 次交流中心党总支理论学习中心组学习。以“五星‘嘉·园’志愿服务先锋队”党建品牌为抓手,推动党建与业务融合向纵深发展。严把党员发展入口关,共发展新党员 5 人,转正预备党员 6 人,加强党员的教育,组织党员前往闽西革命老区接受党性教育。

(王家瑜)

【加强与各兄弟院校同行交流学习】　2 月 9 日,交流中心当选为全国(部分)高校接待交流联合会第二十届理事长单位,交流中心总经理黄镭当选为新一届理事长,并在广西师范大学、上海外国语大学等高校指导举办相关研讨会议。　(王家瑜)

【加大对口院校帮扶力度】　加强与隆德、光泽、平和等对口帮扶地区职业学校交流互动,全年共接收实习生 8 批次 66 人,为生源地区培养酒店管理专业人才。　(王家瑜)

【优化会议服务保障】　升级科学艺术中心设施设备,增设 LED 屏幕 3 个。完成柬埔寨重要团组来访、中央首长视察、中国网络文明大会、中国共产党厦门大学第十二次党员代表大会、厦门大学 2023 年秋季工作研讨会等 1100 余次重要活动保障，会场使用 2800 余场次，电子屏宣传 100 余次。（王家瑜）

【提升住宿服务体验】 提前预留房源，制定住宿预估方案，优先保障学校重要活动住宿需求。开通携程平台预订，优化自助入住机使用功能，做好预订、报备入校、住店审核等工作，提高入住办理效率，为学校各类会议活动等提供住宿 10 万余间。（王家瑜）

【满足个性化就餐需求】 根据季节和时令特点推陈出新，不定期更新古法煲汤品类，推出闽南特色菜，增设烧腊餐品。在逸夫楼小广场设立“校内服务站”玻璃屋，向师生提供饮品、西点等服务。丰富餐饮活动，推出新学期特色小吃，策划传统节日餐饮活动，通过环境布置、活动安排、特色餐饮等举措为师生营造浓厚节日氛围。（王家瑜）

【做好重大活动运输保障工作】 交流中心车队新增车辆 2 部，完成校领导外出实践学习、中央指导组调研、高等教育国际论坛等重要用车服务保障工作，出车 8300 余趟次。（王家瑜）

【丰富校园文创推广】 拓展产品品类，推出石井咖啡杯、石墨烯护颈产品等，完成“厦门大学主题视觉”“厦门大学春夏秋冬”等系列产品设计。拓宽销售渠道，协同校团委，成立学生设计团队，推进线上运营管理。加大宣传推广，参与厦门市文创行业协会相关展览及同行交流会，推进高校之间文创产业的交流协作。推动品牌建设，启动“助农助残”项目，与管理学院乡村振兴学生团队及残疾人企业合作，推出残疾人文创品牌合作联名产品。（王家瑜）

定点与挂钩帮扶工作

【概述】 2023 年，厦门大学深入学习贯彻党的二十大精神，坚持以习近平总书记致学校建校 100 周年重要贺信精神领航，扎根山海协作事业，扎实做好中央单位定点帮扶和福建省挂钩帮扶工作，助力宁夏隆德县和福建光泽县推进乡村全面振兴。年内，学校召开 2 次党委常委会、9 次专题会议认真研究、具体推进定点帮扶与促进乡村振兴专项工作。召开定点扶贫和帮扶工作先进典型表彰大会，承办教育部直属高校服务乡村振兴培训班，协同教育部发展规划司在厦大和隆德县开展乡村振兴主题教育实地调研。《“加减乘除法”破解帮扶村产业发展难题》《“这条小鱼在乎”帮扶项目：教育振兴乡村的正能量传播》分别获评第七届、第八届教育部直属高校精准帮扶典型项目。《人民日报》、新华网、《中国青年报》等主流媒体报道学校定点帮扶工作的做法和成效。校党委书记张荣、校长张宗益等校领导 10 批 11 人次赴帮扶地调研，实地推进工作；设立“闽宁协作”社会实践专项，共组织 35 支队伍、340 余名师生赴隆德县和光泽县受教育、长才干、作贡献。选派深圳研究院副院长陈国渊同志挂职担任隆德县委常委、副县长，选派海洋与地球学院戴立欣挂职担任沙塘镇张树村党支部第一书记。严格落实“四个不摘”要求，直接投入帮扶资金 1059.41 万元；引进帮扶资金 1766.92 万元；培训基层干部 3564 人次；培训乡村振兴带头人及技术人员 2021 人次；采购脱贫地区农产品 535.97 万元；帮助销售脱贫地区农产品 1819.72 万元。（曾泽鹏）

【产业振兴】 强化科技赋能，服务产业升级。制定实施《厦门大学定点及挂钩帮扶科技特派员管理办法》，划拨专项经费支持科研人员投身帮扶工作。2023 年完成首批 22 名科技特派员选任工作，覆盖生命科学、生物工程、信息技术、高新材料等多个领域，在隆德县和光泽县启动科技帮扶项目近 30 个。在隆德深化校地企三方共建食品药品检测平台，定期召开工作例会，加强当地检测人员培训，支持平台完成多项食品药品检测扩项，持续捐赠检测设备。继续推广厦大自主育种的新型高产胡萝卜，采用庭院种植、“龙头企业＋合作社＋农户”联农带农等模式，种植 300 亩，带动 50 余个农户增收 20 余万元。深入推进青贮饲料微生物制剂生产应用，制剂车间取得生产许可证，产品覆盖隆德县 5 个乡镇的养殖户。通过引进资金、技术赋能等形式推动厦门大学康业扶贫产业园转型升级，投入专项资金打造园区消费帮扶直播平台，支持产业园在银川等地开设外销窗口和供应链服务中心，推动产品走出大山。2023 年，产业园实现工业总产值 6.9 亿元，稳定就业 1200 余人。携手兴业证券股份有限公司探索“高校＋金融机构”协力帮扶模式，在隆德县试点开展“公益＋保险＋期货”隆德肉牛饲料保价项目并实现赔付金额 84.99 万元，赔付率 283.3%。做好节日福利采购，联系校友企业赴隆德县考察，在国家扶贫日举办厦门大学 2023 年精准帮扶特色产品展销会，继续开设厦门大学精准帮扶特色产品直营中心及食堂窗口，持续推动消费帮扶。（曾泽鹏）

【人才振兴】 发挥教育优势，夯实人才根基。积极开办乡村振兴、学习党的二十大精神等主题的基层干部培训班，组织文旅、科技等各类讲座，开展田间地头农机示教等。继续教育学院实施的“创新培训模式，智力帮扶宁夏隆德乡村振兴”入选 2023 年学习型社会建设（高等继续教育领域）重点任务名单。接续选派 4 名研究生赴隆德四中支教，开展“这条小鱼在乎”助学活动，为 333 名学生募集助学金 22.38 万元；继续推出“南强名师云讲堂”系列活动，每场覆盖近万名师生；组织“凤凰花班”“七彩假期”暑期实践活动。联系中国海洋发展基金会在隆德县捐建宁夏第一所海洋图书馆，捐赠价值 20 万元海洋类图书；艺术学院、外文学院、数学科学学院、物理科学与技术学院、化学化工学院、海洋与地球学院、生命科学学院、药学院在隆德县、光泽县的乡村和学校开设素质拓展营、科普课堂、美育活动；校团委、建筑与土木工程学院向隆德中小学捐赠图书等价值 3 万元。开展县中托管帮扶工作，厦大外文学院与隆德县高级中学签订新一轮定点帮扶框架协议，开展英语特色辅导等工作；举办县中托管帮扶研学营，组织首期隆德县高级中学22名师生到校研学；捐赠价值415.53万元的电子显微镜，助力隆德县高级中学打造特色生物课堂。国际学术交流中心接收近30名隆德县、光泽县职业学校学生来校实习实践。（曾泽鹏）

【文化振兴】 深挖艺术潜力，促进文化交融。协助隆德县委统战部举行“山海偕行石榴红”隆、闽书画交流展，展现民族团结进步成果，助力隆德县铸牢中华民族团结示范县建设；举办庆祝厦门大学建校102周年书画交流展，开设隆德县文化作品专区，展出隆德县特色书画作品。推出“山海情缘手风琴专场”青春音乐会，组织研究生支教团与艺术学院师生同台演绎，以网络直播形式为隆德县、海原县等26000余名宁夏学生送上手风琴音乐盛宴。艺术学院3批次100余名师生赴光泽县十里铺村，完成6000余平方米墙绘任务，打造美丽乡村“网红打卡点”；在隆德乡村绘制产业主题墙绘400余平方米，用艺术扮靓美丽乡村。电影学院开展光泽县崇仁古街书院壁画数字化修复工作。（曾泽鹏）

【生态振兴】 提升人居环境，助力生态振兴。划拨专项资金，支持隆德县沙塘镇张树村、新民村环境卫生提升工程，开展清洁取暖工程。建筑与土木工程学院组织20余名专家服务光泽县乡村建设，推进武夷山国家公园门户社区规划、光泽县市民广场改造等城乡建设项目15个。积极发挥乡村振兴工作站功能作用，指导推动张树村多个农户开展厕所改造。（曾泽鹏）

【组织振兴】 突出党建引领，筑牢战斗堡垒。组织“双带头人”教师党支部书记“海誓山盟·乡村振兴”志合示范班走进光泽乡村接受教育，并发挥专业优势对接帮扶需求。划拨专项培训资金30万元，支持隆德县开展乡镇领导干部、驻村干部专题培训，建强干部队伍，提升基层治理水平。组织化学化工学院、生命科学学院、药学院、新闻传播学院、医学院等党支部与隆德县张树村党支部共同开展联学党的二十大精神、点亮“西”望助学工程、乡村义诊等支部活动，以党建引领乡村发展。继续支持张树村养牛合作社、牛羊肉加工车间及农机服务合作社发展，向隆德县张树村村集体企业厦隆农业综合服务中心采购牛肉100万元，划拨专项经费50万元支持村集体种植冷凉蔬菜，以产业、消费帮扶助力村集体创收。划拨10万元专项资金用于支持杨河乡综合治理服务中心治理项目，划拨15万元支持沙塘镇锦屏村便民服务中心建设项目，助力基层组织提升服务质效。（曾泽鹏）

【健康帮扶】 加大支医力度，守护百姓健康。组织5家附属医院“组团式”赴隆德县开展帮扶，累计接诊患者417人次、会诊疑难病例39例，其中全院大会诊病例1例、教学查房25次、手术示教7例、学术讲座12次，培训医护人员220人次，并协同建设临床科室。附属翔安医院连续五年派出医疗团队，以“专家出诊＋带教查房＋手术带教＋学术讲座”的形式开展健康帮扶，接诊病人35人次，开展手术3例，开设讲座2场，培训医护人才46人次。公共卫生学院师生为隆德县四中260名学生开设“心理健康促进与青春健康”课程，并举行心理健康家长讲座和教师培训，累计覆盖6450人次。实施“送医下乡”行动，组织医学院师生走进隆德乡村开展义诊服务，为村民进行治疗及康复训练指导，并举行健康宣教和送药入户活动；邀请医疗专家团深入隆德县乡村开展义诊活动，累计服务204人次，赠药20余种，涵盖8个专科、10余种当地老年多发病。持续加强远程会诊平台建设，推动附属翔安医院与隆德县人民医院开展常态化病例研讨；向隆德县人民医院投入帮扶资金70万元捐建制氧系统，实现医院制氧量由每小时25立方米提高到30立方米，可满足500多名住院患者同时吸氧。（曾泽鹏）

对口支援工作

【概述】 2023年，厦门大学深入学习贯彻党的二十大精神，坚持以习近平总书记致厦门大学建校100周年重要贺信精神领航，加强组织领导，聚焦人才培养、队伍建设、学科发展、科研交流，扎实做好与西藏民族大学、贵州师范大学、青海民族大学、新疆大学、昌吉学院、广西师范大学、三明学院、宁夏大学、成都医学院、闽江学院、闽南师范大学、厦门理工学院的对口支援及合建工作。（曾泽鹏）

【协作共商】 召开党委常委会、校长办公会以及专题会议研究对口支援工作有关事项。校领导带队参加中西部高等教育振兴工作会，教育援青、援疆、援藏工作会议，交流对口支援工作。建立常态化互访机制，校领导9批9人次、中国科学院院士2批3人次前往受援高校调研，受援高校领导13批30人次到访学校推进工作。与广西师范大学、三明学院签订首轮对口支援合作协议。与各高校协商制定年度工作计划，确保对口支援工作落到实处。（曾泽鹏）

【人才共育】 深化本科生联合培养，签订“联合培养本科生协议书”，支持受援高校选派本科生来校交流学习，年内，累计接收贵州师范大学、西藏民族大学、青海民族大学、昌吉学院、三明学院、广西师范大学、闽江学院、成都医学院等高校145名本科生前来交流学习。强化研究生交流学习，通过定向培养研究生、接受受援高校研究生短期交流、招收受援高校推免生、接收受援高校优秀本科生参加夏令营等形式，接收29名在读研究生到校短期交流。支持受援高校学生升学。接收受援高校本科生、研究生来校深造，年内共招录122名本科生、15名硕士生到校学习。推动厦大学生到受援高校成长，引导36名毕业生到受援高校就业，承担教学科研工作，夯实受援高校人才队伍基础。支持受援高校提升教学质量，向受援高校开放线上课程，资源共享，搭建线上课程平台；协调厦门大学化学化工学院教学团队积极与新疆大学化学学院课程组对接，帮助新疆大学化学学院开展人才培养模式改革和课程建设；公共卫生学院邀请成都医学院部分教师共同参与编写由实验医学系

主导的医学检验技术新型课程体系教材(人民卫生出版社)。 (曾泽鹏)

【科研共进】 加强科研交流指导,组织各校科研部门保持密切交流,对受援高校申报各类国家级项目开展指导,受援高校申报国家级、省级课题项目获批数提升。化学化工学院与广西师范大学化学与药学学院开展多形式经验交流,共享重点实验室重组经验。建强科研合作平台,协同受援高校探索科研合作新形式新途径,持续加强“贵州师范大学—厦门大学中国天眼联合天体物理实验室”建设,与青海民族大学共建青海高质量发展研究院,继续推动与神华宁煤集团、宁夏大学三方共建产学研合作基地,围绕重大共性技术攻关、高端人才共享、高层次人才培养、产学研融合等方面开展合作。联合开展项目研究,与宁夏大学专家共同申报项目课题,获批资助323万元,合作发表论文5篇;与青海民族大学专家联合申报项目课题2个,获批经费67万元,发表文章1篇,申请专利2项;公共卫生学院投入50万元资金,开放5个课题项目与成都医学院共同研究。加强学术交流,携手多所受援高校共同举办产业“四地”赋能青海高质量发展学术研讨会、2023年金融支持建设海峡两岸融合发展示范区研讨会、2023中国—东盟研究生教育国际论坛、第三届民族学贺兰山论坛等全国性学术盛会,持续选派专家学者赴受援高校开设讲座。 (曾泽鹏)

【学科共建】 选派相关领域专家深度参与受援高校学位点的启动、申报、中期检查和验收等工作,从申报材料撰写、研究方向设计、组织会议论证等各方面给予全方位指导帮助。协助青海民族大学申报化学学科博士点,郑兰荪、孙世刚、谢素原等院士、专家、学者赴青海民族大学指导博士点申报工作。选派专家指导帮助受援高校专业建设,数学科学学院赴贵州师范大学指导学科建设,携手开展“联学共建”暨学科建设研讨会,邀请国内知名专家学者同赴青海民族大学,助力数学学科建设。指导西藏民族大学法学、数据科学与大数据技术等专业,帮助制定培养方案。邀请闽江学院新华都商学院参加由厦门大学经济学科倡议成立的“闽宁财经学科大思政联盟”第一次年会。公共卫生学院协助成都医学院申报的公共卫生与预防医学学科入选四川省双一流贡嘎计划建设学科名单。 (曾泽鹏)

【师资共促】 利用定向培养博士研究生、少数民族骨干计划等专项招生计划,年内,共招收15名对口支援高校教师攻读博士学位,提升受援高校师资水平。推动干部挂职,选派化学化工学院教授唐果挂职担任新疆大学化学学院副院长,选派航空航天学院副教授林冬云挂职担任昌吉学院能源与控制工程学院副院长。数学科学学院教授钱建国、教育研究院教授史秋衡、航空航天学院副研究员朱睿继续在青海民族大学、贵州师范大学和西藏民族大学挂职。接受西藏民族大学和广西师范大学各1名干部来校挂职锻炼。畅通交流渠道,共接收贵州师范大学、青海民族大学、闽南师范大学、闽江学院4所高校8名教师来校进修学习。接受受援高校委托的教师进修或培训,承办广西师范大学“教学管理人员综合能力提升专题研修班”、三明学院“领导干部暑期研讨班”,合计培训100余人。 (曾泽鹏)

·管理与后勤保障·

人事管理

【概况】 截至12月31日，学校共有专任教师2838人，工程、实验等系列专业技术人员1068人，专职党政管理人员990人，辅导员142人，工勤等其他人员16人，在站博士后研究人员606人。专任教师中，教授、副教授2144人，占75.5%；具有博士学位的2545人，占89.7%；具有国(境)外博士学位的669人，占23.6%；具有10个月以上国(境)外学习工作经历的1900人，占66.9%。

学校共有两院院士35人(含双聘18人)，发展中国家科学院院士4人，发达国家工程院院士1人，中国医学科学院学部委员4人，国家重点研发计划项目负责人41人，国家级教学名师6人，国家级领军人才179人次，国家级青年人才223人次；国家创新研究群体12个、国家自然科学基金基础科学中心项目2个、教育部创新团队9个。

着力强化人才队伍思想政治引领。严格执行人才引进政审制度，坚持政治标准和学术标准相统一、把政治标准放在首位的原则，推进全方位、全链条考察工作机制。建立健全教职员工准入查询制度，坚持将师德师风作为人才引进、职务评聘、考核评优的首要要求和第一标准。加强高层次人才理想信念教育，推荐20余名高层次人才参加国家、省市研修班，组织50余名青年骨干教师赴井冈山、红旗渠参加南强青年拔尖人才国情研修班，引导各类人才感党恩、听党话、跟党走。持续举办南强新睿讲坛，发挥高层次人才示范引领作用，搭建起高层次人才与学生、学术同行，与学术前辈交流切磋的特色平台。

深化卓越人才体系建设。通过直播的方式成功举办2023年南强青年学者云论坛，利用各类新媒体以及网络平台资源做好招聘宣传工作，来自全球20个国家和地区的近400名优秀青年学者参加。积极“走出去”开展海外招聘，校领导率团分别在美国、新加坡等国家成功举办多场青年学者和校友交流会，主动出击上门求才、有效拓展引才渠道。深入实施讲席教授、南强特聘教授、南强重点岗位教授、南强青年拔尖人才等支持计划，在人文社科领域试点设立冠名讲席教授岗位。组织召开人文社科师资队伍建设座谈会，凝智聚力推动人文社科人才引育工作。年内，新增87人纳入卓越人才体系岗位支持，包括聘任陈嘉庚讲席教授2人、“亿联”管理学科讲席教授2人、南强特聘教授8人、南强重点岗位教授11人，新增南强青年拔尖人才A类人才35人(其中新引进人才14人)、南强青年拔尖人才B类人才29人(其中新引进人才21人)。

积极推进各项人才计划。年内，新增中国科学院院士2人、中国工程院院士1人，国家级领军人才17人、国家级青年人才39人。308人入选省级高层次人才，344人入选市级高层次人才。50人入选国家资助博士后研究人员计划，其中4人入选“博新计划”。

积极服务教职工发展提升。聚焦立德树人、爱国爱校、政策解读、安全教育、身心健康、专业素养等六大模块优化新教工入职培训方案，新增“探寻红色足迹感悟厦大精神”主题定向越野和健康管理讲座等活动。顺利举办第二期党政管理干部服务型管理能力提升培训班。研究专业性较强党政管理岗位的专业技术职务任职资格认定工作试点开展方案。推荐71名教师、9名博士后申报国家公派、单位公派等研修项目7个；组织部分新教工参加福建省岗前培训。

完善人才引育制度。继续为8个“人才特区”试点单位打包下拨引才专项经费，赋予试点单位更大的引才自主权，发挥用人主体在人才培养、引进和使用中的积极作用。推进人才引育目标责任制，研究制定下一年度各教学科研单位的人才引育目标，深化落实各单位人才引育主体责任，将人才引育指标作为党政领导班子考核评优的关键指标。调整南强青年拔尖人才同行专家通讯评审频次，由每季度送审调整为最长不超过2周，加快优秀人才引进速度。进一步优化教师岗位招聘计划发布方案，研究新引进助理教授支持计划，着力加大青年人才引进力度。人事处、北京小米公益基金会、学校教育发展基金会制定“小米青年学者”项目管理办法并组织评审会，推选10名青年教师为“小米青年学者”，助力青年人才成长发展。

推进人才评价体系改革。坚持破“五唯”、立“新标”，按照优质优先、等质等效、分级分类的原则，以优化人才评价指标和标准为牵引，进一步加大人才引进评价、专任教师职务聘任和绩效考核评价、专业技术岗位等级聘用制度等改革力度，促进师资队伍整体水平提升。优化南强青年拔尖人才支持计划遴选标准，完善新进教师职务聘任有关规定，严把教师队伍入口关。完善教师绩效考核评价指标体系、专业技术岗位等级聘用标准，形成“一意见、两办法、两张表”。将部分评奖评优项目纳入教师考核评价体系，根据项目特点研究差异化评价标准。推荐5名教师作为享受政府特殊津贴专家人选，推荐 6 名教师获得福建省优秀教师称号。

完善聘任聘用工作。面向海内外发布专任教师招聘岗位，发布职务聘任和长聘岗位评估工作通知，组织学校长聘教职评估专家组会议，通过破格聘用、院长特别提名、院士特别举荐等特别程序聘用，进一步拓宽人才引进通道，着力破除“五唯”倾向。调整学校召开专业技术职务聘任委员会会议的频次，加强聘任工作组织领导，优化聘任工作节奏。做好校内合聘思政课教师的分类管理工作，印发《厦门大学校内合聘思想政治理论课教师实施办法(2023 年)》。研究制定外教队伍建设改革方案，增强薪酬待遇竞争力，进一步优化聘任条件和考核标准，提升外教队伍质量。优化非全职教师队伍学科布局，完善经费分担机制。进一步明确临床教师教学工作量及成果分级认定标准，规范临床教师职务聘任工作。

优化调整各类人员考核工作。认真落实《事业单位工作人员考核规定》，进一步优化年度考核程序，细化挂职、援派、驻外等人员考核要求，强化考核结果运用，加强教工党支部政治把关。严格按照程序、标准推进聘期考核，扩大重点抽查范围，推进岗位绩效能上能下。落实教授为本科生上课制度，完成教师工程、实验等系列专业技术人员年度考核工作。完成 406 位中层领导人员和 761 位科级及以下人员(含工勤)的年度考核，开展 311 位职员的聘期考核工作，做好首批 49 位预任制党政管理人员的合同期考核。

完善单位考核工作。坚持目标牵引和任务驱动，围绕学科建设、党建与思想政治、队伍建设、人才培养、科学研究、国际化等方面科学设置教学科研单位考核关键内涵指标，切实发挥单位考核的导向作用，推动有组织的人才引进和人才培养。有序完成上一年教学科研单位、机关部处和直属单位考核工作。

加强专职科研队伍建设。完善专职科研队伍制度，制定完成《厦门大学专职科研岗位设置与管理办法》。持续提升博士后招收竞争力，不断提高博士后队伍培养质量。新招收博士后 245 人，与上一年同比增长约 40%；1 个项目获第二届全国博士后创新创业大赛优胜奖，2 人获“全国优秀博士后”称号，3 人依托学校入选国家级青年人才，4 人入选“博新计划”，46 人入选国家资助博士后研究人员计划 BC 档(获助率高达 69.9%)；新增马克思主义理论、集成电路科学与工程、机械工程、公共卫生与预防医学等 4 个博士后科研流动站，全校博士后科研流动站总数量达 36 个。新招收科研助理 725 人，计划完成度为 144%。

提高服务保障水平。建立健全人才工作领导小组定期集体研究、集中部署的人才发展工作机制，召开 3 次人才工作领导小组会议，研究审定人才队伍建设规划和各项人才政策，落实高层次人才的薪酬、住房、科研启动费、团队建设等支持措施。编制 2023 年“双一流”师资队伍建设项目任务书，做好高层次人才科研启动费、购房补贴、各类政府补助经费的发放和管理工作。继续落实南强青年拔尖人才 A 类人才及以上层次人才的全额资助博士后招收支持措施。用好用足省市人才政策，积极争取地方党委、政府支持，协调解决高层次人才及家庭在住房、医疗、保险、税收、配偶就业、子女教育等方面的实际困难，做好个性化服务工作。在高层次人才对外宣传、出国(境)审批等方面，稳妥做好人才安全保护工作。继续深化“放管服”改革，落实用人单位主体责任，下拨各学院人才业务费，由学院自主用于人才引进相关工作。举办人才人事队伍履职能力提升班，着力提升人才人事工作者业务能力和专业水平。

推进绩效工资分配制度改革。按照《关于进一步完善校内各二级单位绩效工资发放管理办法的通知》要求，做好各二级单位绩效工资发放的管理工作。年内，共有 18 个单位因事业发展等原因申请提高绩效工资发放控制额度并获得学校批准。按照《关于工程、实验等系列专业技术人员试行绩效工资“打包”核拨制度的通知》要求，继续落实工程、实验等系列专业技术人员绩效工资核拨工作。参照厦门市事业单位在职人员月发绩效工资的结构和比例，优化调整在职人员月发绩效工资结构。

提升干部保健服务水平。建立体检健康两机制，全面保障教职员工健康工作。有序开展保健体检、重点人员个性化体检、处级干部专场体检，试点机关部门集中健康体检工作；强化市校联动，全力做好医疗保障工作。全年组织上门诊疗 30 余次、协调绿色通道就诊等 60 余人次；开展系列暖人心工程。建立高龄保健对象厦大医院就近体检机制、异地生活的保健对象异地体检报销机制，人事处、离退休工作部、厦大医院、南强物业推动设立海韵北区义诊点，为退休教职工做好健康保障。

做好教职工奖惩工作。做好各类荣誉评奖推荐工作。1 人获评上一年度“海洋人物”；3 人荣获南强杰出贡献奖，有 7 个课题组和 270 位教职工获其他 24 个奖教金奖项；1 人荣获卢嘉锡优秀导师奖，3 人荣获宝钢优秀教师奖；推荐 41 位教师申办从教荣誉证书。按规定做好相关处分工作。给予 2 人降低岗位等级处分，给予 1 人记过处分。

做好新教工入职服务。年内，共有 175 位新教工入职到岗，其中专任教师 109 位、教师以外专业技术人员 18 位、党政管理人员和辅导员 48 位；共受理 341 位教职工和劳务派遣人员的新引进人才生活补贴申请，发放补贴 2406 万元。

开展党政管理及辅导员招聘。年内，发布党政管理和辅导员岗位需求 65 个，其中党政管理岗位 57 个、辅导员岗位 8 个；经资格审查、笔试、面试等环节，录用党政管理人员 50 人、辅导员 8 人。

加强重点工作总结和宣传。向教育部、省市等各级部门共报送 20 余篇人才人事相关文稿。形成《坚持党管人才，深化人才强校，为与时俱进建设世界一流大学筑牢人才基石》党建与事业发展深度融合专题文章，刊发于《高校党建与事业发展深度融合——厦门大学的探索与实践》。在厦门大学主页、机关党委网站、机关党建微信公众号、党委人才办/人事处网站、人事人才微信公众号等发布22篇人才人事宣传报告，全方位展示学校人才队伍的建设成效。

深入开展调查研究。深度聚焦学校人才引育体系，坚持目标引领和问题导向相结合，通过座谈交流、个别访谈、实地调研、问卷调查、案例分析等不同方式，与国家相关部委和科研院所的专家学者、兄弟高校以及校内相关职能部门和部分学院（研究院）负责人、人才代表、人事秘书以及博士后流动站工作人员等深入开展交流研讨。通过20余场次有计划、分批次、有重点的调查研究，摸清实情、找准症结，提出下一步解决实际问题、推动学校人才事业发展的方向、思路和举措，形成《深入实施新时代人才强校战略为与时俱进建设世界一流大学筑牢人才基石》主题教育专题调研报告，举办调研成果交流会，将调研成果进一步转化为抢抓机遇、解决难题、促进发展、开创新局的具体行动。

积极推动改革发展。坚持以深化调查研究推动解决改革发展难题，通过以完善人才引育体系为目标，以优化评价指标和标准为牵引，制定完善一系列人才人事制度文件。修订新聘助理教授申请条件，制定教职员工准入查询实施办法、教学为主型外籍教师队伍建设方案、专职科研岗位设置与管理办法、教学科研单位考核关键内涵指标，已开始执行。提供深入研讨、征求意见、专家咨询等，形成新引进助理教授支持计划（讨论稿）、关于进一步深化专任教师岗位绩效考核评价体系改革的若干意见（讨论稿）、专任教师岗位绩效考核评价办法（修订稿）和专任教师评价指标分级分类表（讨论稿）、教师及其他专业技术岗位等级设置实施方案（修订稿）和专业技术二级、三级岗位竞聘条件表（讨论稿）。广开渠道征集教职工对人才人事工作的意见建议，针对人才引育体系、人才资助力度以及人文社科学术领军人才等方面的整改问题，多次召开专题会议，研究制定整改具体计划和整改时限，定期总结报送整改情况和成效，推动检视整改取得实效。（李　军　李承华　柯自聪　蔡莉莉　叶雅璇　叶又菁　何小芳　曾天从　叶丛葵　林　强　叶　丹　蓝亦芃　叶伟玮　赖斯炜　黄灵波　林一奇　胡婧涵　赖静雯　林伟庆　胡咏晖　郭异冰　李戌一　陈艺芬　肖悦悦　李　静　邱海英　王燕宁　陈依杭　黄熠锋　李轶涵）

【举办南强青年学者云论坛】 1月6日，学校通过“云端”直播的方式举办2023年南强青年学者云论坛，论坛受到青年学者们的热烈反响。副校长江云宝出席论坛。

（蓝亦芃　邱海英　陈艺芬）

【调整离退休人员待遇】 3月，参照厦门市关于规范事业单位离退休人员生活补贴的政策，经学校研究，决定从2022年1月起，按照厦门市事业单位标准发放学校离退休人员生活补贴，提高离退休人员待遇。

（林　强）

【出台《厦门大学教职员工准入查询实施办法（试行）》】 6月1日，出台《厦门大学教职员工准入查询实施办法（试行）》，落实《教育部关于推开教职员工准入查询工作的通知》关于建立健全教职员工准入查询制度、实施教职员工准入查询工作的要求。

（王燕宁）

【1人获评2022年度“海洋人物”】 6月，由自然资源部组织评选的2022年度“海洋人物”揭晓，全国共评选10位获奖者，海洋与地球学院教授、碳中和创新研究中心首席科学家焦念志院士荣获此殊荣。（赖静雯）

【53名博士后获助中国博士后科学基金资助】 6月、11月，中国博士后科学基金会公布博士后科学基金获资助人员名单，学校53名博士后获助。

（何小芳　胡咏晖）

【举办南强青年拔尖人才国情研修班】 7月10—22日，学校举办南强青年拔尖人才学习贯彻党的二十大精神国情研修班，吸引全校各学院50余名南强青年拔尖人才参加。

（叶丛葵）

【6名教师获“福建省优秀教师”称号】 9月，福建省人力资源和社会保障厅、福建省教育厅公布了福建省优秀教师和优秀教育工作者名单，能源学院冉广教授、化学化工学院吕鑫教授、历史与文化遗产学院张闻捷教授、社会与人类学院胡荣教授、环境与生态学院黄凌风教授、经济学院潘越教授荣获“福建省优秀教师”称号。

（赖静雯）

【新设4个博士后科研流动站】 10月，根据人社部、全国博管会公布的2023年批准新设博士后科研流动站名单，学校获批新设马克思主义理论、集成电路科学与工程、机械工程、公共卫生与预防医学等4个博士后科研流动站。（何小芳　胡咏晖）

【4人入选2023年度博士后创新人才支持计划】 10月，全国博管会公布2023年度博士后创新人才支持计划获选结果，学校4人入选。

（何小芳　胡咏晖）

【学校举办2023年新教工入职培训】 10—12月，学校组织开展新教工入职培训，培训内容围绕立德树人、爱国爱校、政策解读、安全教育、身心健康、专业素养等六大模块开展。在开班式上，校长张宗益以《做“大先生” 育“大英才” 担“大使命”》为题作“校长第一课”，副校长江云宝主持。共160位新教工参加培训。（赖静雯）

【评选厦门大学小米青年学者】 11月，厦门大学“小米青年学者”评审会顺利举行。校党委常委、副校长江云宝出席并讲话，专家组组长陈张海、相关单位评审专家以及小米集团和小米公益基金会代表出席评审会。学校7家单位共15名候选人参加了本次评审会。经会议评审，最终确定数学科学学院黄文等10人为本年度厦门大学“小米青年学者”项目推荐人选。（叶又菁）

【46人入选国家资助博士后研究人员计划（B档、C档）】 12月，全国博管会公布本年度国家资助博士后研究人员计划（B档、C档）获选结果，学校46人入选。（何小芳　胡咏晖）

政策研究与发展规划

【概况】 年内，学校坚持以习近平新时代中国特色社会主义思想为指导，深入学习贯彻落实党的二十大精神，胜利召开学校第十二次党代会，全面推进“十四五”规划实施，协调推进综合改革和教育评价改革，努力推动学校高质量内涵式发展。

推进党代会筹备等工作。组织开展学校第十二次党代会筹备工作调研，聚焦16个重点关键领域开展专题研究，形成研究报告。在深入调查研究的基础上起草党代会报告，广泛征求意见，不断修改完善报告。党代会报告通过厦门大学第十二次党代会审议，面向全校印发。编制印发党代会目标任务分解方案，研究制定《厦门大学加快打造中国高等教育东南中心 深入推进世界一流大学建设行动计划（升强行动 2024—2028年）》，推动党代会各项任务举措落实落细。

全面推进“十四五”规划实施。开展规划实施年度监测，形成监测报告。开展规划实施中期评估工作，梳理总结关键指标执行情况和重大项目、重点任务、重要改革实施进展情况，分析存在问题，提出对策建议，形成中期评估报告，在校长办公会上通报。

协调推进综合改革和教育评价改革。围绕“三个有组织”，深化改革创新，编制综合改革战略工程试点方案报送教育部。加强评价改革统筹推进，对具体任务进行跟踪督查，结合主题教育开展调研，形成专题调研报告。开展学校教育评价改革阶段评估，形成评估报告报送教育部。推进章程修订，章程修正案通过教育部核准。

加强政策研究。策划出版《高校党建与事业发展深度融合——厦门大学的探索与实践》，提出党建与事业发展深度融合的“厦大方案”。聚焦厦大面向新百年发展战略加强研究，形成调研报告。围绕“强国建设、厦大何为”研究形成教育强国建设规划纲要建议和调研报告报送教育部。围绕中国高校海外办学等专题开展调研，形成调研报告报送有关部委和省市相关部门。

推进数据管理与统计工作。开展教育事业综合统计调查表填报，加强制度建设，制定统计数据管理办法。推进学校情基础数据库系统建设。加强学校改革发展有关专题研究和信息动态分析，编发《政策研究》《校情专报》《决策参考》《高教动态》。

（林胜兰）

【开展厦门大学第十二次党员代表大会筹备调研工作】 3月，组织全校各单位围绕如何全面贯彻落实党的二十大精神、如何加强党的全面领导、如何全面深化综合改革等六个方面的问题开展调研，形成调研报告。3—5月，聚焦新百年战略谋划、加强党的领导和党的建设、全面提升人才自主培养质量等16个重点关键领域组织开展15场专题调研座谈会，听取各领域专家学者意见和建议，并形成专题调研报告，为学校党代会报告起草提供支撑。（林胜兰）

【编制《厦门大学加快打造中国高等教育东南中心 深入推进世界一流大学建设行动计划（升强行动 2024—2028年）》】 9月，学校第十二次党代会胜利召开，明确了与时俱进建设世界一流大学的新使命新任务，提出了打造中国高等教育东南中心的新时代担当。为贯彻落实学校第十二次党代会精神，切实将党代会的“规划图”转化为“施工图”，在深入调研分析和广泛征求意见基础上，研究制定《厦门大学加快打造中国高等教育东南中心 深入推进世界一流大学建设行动计划（升强行动 2024—2028年）》，推动高质量打造中国高等教育东南中心，高水平建设中国特色世界一流大学。（林胜兰）

【开展学校“十四五”规划实施中期评估】 7月，为全面评估“十四五”规划实施情况，持续推动规划各项任务顺利实施，启动学校“十四五”规划实施中期评估工作。围绕学校“十四五”规划内容，聚焦规划所提出的目标指标、重点任务、重大项目、重要改革等推进情况进行综合评估，面向全校师生开展问卷调查。在此基础上，完成《〈厦门大学“十四五”规划和2035年远景目标纲要〉实施中期评估报告》。

（林胜兰）

【开展学校教育评价改革阶段评估】 12月，根据教育部工作部署，组织开展教育评价改革阶段评估工作，组织召开职能部门交流会和学院调研会，面向学校师生开展问卷调查，全面调研学校教育评价改革推进情况。在此基础上，系统总结教育评价阶段进展，深入分析问题，提出对策建议，形成学校下一年教育评价改革拟重点推进事项，并报送教育部。（林胜兰）

【编制完成《厦门大学综合改革战略工程试点方案》】 4月，根据教育部工作部署，启动综合改革战略工程试点方案编制工作，围绕有组织拔尖创新人才培养、有组织科研、有组织服务国家和区域经济社会发展“三个有组织”深化改革创新，凝练学校改革主攻方向，提出针对性重大改革举措，形成《厦门大学综合改革战略工程试点方案》报送教育部。

（林胜兰）

【《厦门大学章程修正案》获教育部核准】 7月17日，学校按程序向教育部报送章程修订申请核准材料。10月30日，教育部印发《关于同意厦门大学章程部分条款修改的批复》（教政法函〔2023〕27号），对《厦门大学章程修正案》予以核准。12月1日，面向全校和社会全文公布新修订的《厦门大学章程》。（林胜兰）

【出版《高校党建与事业发展深度融合——厦门大学的探索与实践》】 深入开展高校党建与事业发展深度融合研究，积极探索、总结凝练学校推动党建与事业发展深度融合的经验做法，组织编写《高校党建与事业发展深度融合——厦门大学的探索与实践》，6月正式出版。该书从高校党建理论、机关党建引领、基层深度融合实践三个方面论述党建与事业发展深度融合的“厦大方案”，入选中国出版传媒商报本年第二季度影响力书单。（林胜兰）

【推进“数据支持学校决策”机制建设】 年内，建立校情数据管理与应用体系，规范数据采集与更新、数据组织与存储、数据分析与应用等环节，完成重点监测指标数据归集，推进“数据支持学校决策”机制建设。

（林胜兰）

【加强统计工作制度建设】 12月，落实《中华人民共和国统计法》和福建省教育事业统计数据质量核查工作要求，研究制定学校统计数据管理与应用暂行办法，完善统计数据管理与应用工作机制，明确数据产生单位与使用单位主体的职责，规范统计数据对外发布流程，为统计管理与应用工作提供制度保障。（林胜兰）

国内合作

【概况】 年内，学校全面贯彻党的二十大精神，以习近平总书记重要贺信精神领航，按照学校党委、行政的部署，坚持“顶天立地”“共建合作”战略，以“创新服务理念、增强服务意识、提高服务水平、做出一流贡献”为出发点，聚势创新发展，聚力应用研究，聚焦合作实效，助推学校“双一流”建设，全面提升服务区域发展和国家战略能力。

深化全面合作，聚焦服务国家新发展格局提优。深化与中国外文局、国家卫星海洋应用中心等政府机构，与中国农业银行、中国联通、中国日报社、中国金融期货交易所、中国民生银行、深圳市湾区金融科技研究院等行业企业，与山东大学、苏州国家实验室等科研院所建立战略合作关系。引导学院、师生对外开展全方位合作，全年校内二级单位与江西省文物局等地方政府，与阿里云计算有限公司等行业企业，与贵州省自然资源勘测规划研究院等科研院所签署协议，共签订一般合同32个。加强与山东省、广西壮族自治区、四川省、山西省、宁夏回族自治区、重庆市等省市，与中国航天科工集团、国泰君安证券、字节跳动等企业，与南京大学、重庆大学、东南大学等高校的交流合作，开辟与国家部委、省、市合作新通道，探索与头部企业、重点行业合作新模式，以更高站位、更宽视野提升服务国家战略能力。

融入福建发展，聚焦服务区域高质量发展提速。深化与福建省九市一区战略合作，编制《厦门大学服务福建发展年报2022》。召开第三次厦门市与厦门大学市校合作联席会议，在厦门市科技创新大会上与厦门市签署新一轮战略合作协议，按照多层级、常态化、项目化、清单式的对接合作机制，统筹协调推进福建省创新实验室、高端电子化学品国家工程研究中心重组、附属学校、附属医院等各项市校合作工作，落实24项市校合作清单事项并转入常态化跟踪状态，塑造市校合作融合样板。与泉州市、龙岩市新罗区和长汀县、福建省生态环境厅、福建省消防救援总队、厦门市禁毒委员会签署战略合作协议，举办泉州开放日等特色活动。加强与福州市、漳州市、三明市、莆田市、南平市、宁德市、平潭综合实验区等地市的交流合作，以更接地气、更富创新姿态推动服务新福建建设。

建好地方研究院，聚焦推进校地平台建设提质。围绕长江经济带发展、长三角一体化发展、成渝地区双城经济圈建设、革命老区高质量发展、支持福建探索海峡两岸融合发展新路 建设两岸融合发展示范区等战略机遇，与衢州市合作共建衢州基地和衢州高端电子化学品创新研究院，四川研究院正式入驻四川天府新区，昆山厦大创新中心召开领导小组会议，龙岩厦大产教融合研究院顺利改制，九江研究院、古雷石化研究院、平潭研究院等地方研究院加快建设，以一体多翼、一干多枝呈现校地融合发展样态。（翁晨希）

【召开厦门市与厦门大学市校合作联席会议】 5月4日，厦门市与厦门大学市校合作联席会议召开，市校双方共商合作大计，共谋融合发展。厦门市委书记崔永辉、市长黄文辉、市人大常委会主任杨国豪、市政协主席魏克良，校党委书记张荣、校长张宗益参加。会议通报了市校合作进展情况，并审议通过了厦门市与厦门大学市校合作联席会议制度修订方案及成员调整建议名单。为进一步深化合作，市校双方在会上签署了共建厦门大学附属翔安医院协议书、共建厦门大学附属学校框架协议、共建世界知识产权组织在华技术与创新支持中心（TISC）框架协议、火炬集团收购厦大科技园翔安园区部分资产的协议。（翁晨希）

【在厦门大学建校102周年发展大会上与中国外文出版发行事业局、长汀县签署协议】 在4月6日召开的厦门大学建校102周年发展大会上，厦门大学与中国外文出版发行事业局签署战略合作协议，在人才培养、科研合作、翻译实践、社会服务和对外交流等多个领域开展务实合作。与长汀县人民政府签署对口支持协议，在党性教育培训、文化交流、人才交流、医疗合作、教育合作、支持长汀县绿色建材产业园等多个领域开展对口支持合作。（翁晨希）

【与中国农业银行签署新一轮战略合作协议】 4月14日，与中国农业银行新一轮战略合作协议签约仪式在厦门大学举行。中国农业银行时任党委副书记、行长付万军，校长张宗益、校党委常务副书记林东伟、校长助理李智勇参加仪式。在张宗益、付万军的见证下，林东伟、中国农业银行机构业务部总经理王延田代表双方签署《厦门大学 中国农业银行股份有限公司战略合作协议》。根据协议，银校双方将在党建共建、金融服务、人才培养、乡村振兴、智慧校园、产学研用等方面开展更深层次、更广领域和更高水平的务实交流合作，共同探索银校长期业务合作的新模式，助推金融支持教育高质量发展。中国农业银行还将向厦门大学捐款设立“中国农业银行奖教学金”，并全力支持厦门大学智慧校园建设、学科建设、研究院、实验室、乡村振兴等各项高质量建设发展项目。（翁晨希）

【与中国联通签署战略合作协议】 4月25日，与中国联合网络通信集团有限公司（以下简称“中国联通”）战略合作协议签约仪式在厦门大学举行。中国联通时任党组书记、董事长刘烈宏，校长张宗益、副校长邓朝晖、校长助理李智勇参加仪式。在张宗益、刘烈宏等的见证下，邓朝晖、中国联通集团公司政企BG高级副总裁（常务）冯华骏代表双方签署《厦门大学与中国联合网络通信有限公司战略合作协议》。根据协议，校企双方将在信息化应用建设、科研项目、人才培养等方面开展更深层次、更广领

域、更高水平的交流合作。中国联通将支持厦门大学新型基础设施建设、通信业务合作、科研项目合作、人才培养等。 （翁晨希）

【深化与泉州市全面合作】 在6月2日举行的泉州南翼国家高新区建设指挥部揭牌暨南安市分指挥部揭牌仪式上，学校与泉州市人民政府签署新一轮战略合作协议。根据协议，双方将在战略研究、科技、人才、教育、医疗、文化、招商等方面开展全面务实合作。12月29日，泉州市联合学校举办厦门大学“泉州开放日”暨泉州市送岗引才进厦大活动。泉州市委副书记、组织部部长、党校校长卢秀萍，校党委常务副书记林东伟，校党委副书记徐进功，校党委常委、组织部部长、统战部部长孙理参加有关活动。泉州市送岗引才岗位推介会上进行了泉州市“选优生”政策、泉州市引才环境和现场岗位推介，开展“泉州校园引才大使”宣讲，并签署了四项校地合作协议。泉州专场招聘会在厦门大学思明校区三家村广场举行。泉州市共召集187家企事业单位，提供了2000多个优质岗位。开放日当天，还召开了学校泉州籍人才代表见面会、泉州籍学生代表交流座谈会。 （翁晨希）

【与山东大学签署新一轮战略合作协议】 6月6日，校党委书记张荣、校长张宗益率党政代表团赴山东等地调研期间，山东大学与厦门大学战略合作协议签约仪式在山东大学举行。山东大学党委书记郭新立、校长李术才，校领导陈向阳、王君松、桑晓旻、曹现强，校长助理邢占军参加活动。根据协议，两校将在学科建设、师资队伍、人才培养、科学研究、资源共享等方面拓展合作空间和领域。两校一致认为，战略合作协议的签署，是深入学习贯彻习近平新时代中国特色社会主义思想主题教育的具体行动，是推进贯彻落实习近平总书记关于加快建设教育强国重要指示精神的有力举措，标志着两校深化务实合作、携手推动高质量发展迈入新阶段。 （翁晨希）

【与厦门市禁毒委员会签署战略合作协议】 6月25日，厦门市禁毒委员会与厦门大学战略合作协议签约仪式在学校举行。厦门市副市长、市禁毒委主任陈育煌，市政府副秘书长、市禁毒委副主任杜昌营，市公安局副局长、市禁毒委副主任林传灿，校党委常务副书记林东伟，副校长江云宝参加仪式。林传灿与江云宝代表双方签署战略合作协议。陈育煌、林东伟、杜昌营及学校办公室主任陈怀锋见证签约。与会人员共同观看了视频《深化校地合作 共建无毒厦门》。根据协议，双方将携手在推进特区禁毒立法、开展“无毒示范校园”建设等八大方面开展深度合作。当天下午，厦门市第二届“最美禁毒人”发布仪式在厦门大学建南大会堂举行，市直相关单位领导、各区禁毒民警、专干、社工、志愿者代表、高校学生代表等近1500人参加仪式。 （翁晨希）

【与福建省消防救援总队签署合作协议】 7月5日，与福建省消防救援总队合作协议签约仪式在厦门大学举行。仪式前，校党委书记张荣会见了福建省消防救援总队党委书记、政治委员赖世雄一行，双方就拓展防灾救灾减灾灭灾领域全方位合作进行深入交流。福建省消防救援总队党委委员、副总队长陈立民，总队党委委员、政治部主任陈培志，厦门市消防救援支队党委副书记、支队长张少见，副校长江云宝、校党委常委孙理参加会见。在赖世雄、江云宝等的见证下，陈培志、孙理代表双方签署合作协议。赖世雄、江云宝共同为“福建省消防救援总队思想政治教育基地”“厦门大学消防救援科普基地”揭牌。根据协议，双方将在消防学科建设、人才协作培养、火灾防治策略、火灾实验研究、法治研究实践、消防安全教育等方面开展更深层次、更广领域、更高水平的交流合作。 （翁晨希）

【深化与龙岩市全面合作】 9月17日，校党委书记张荣、校长张宗益率学校第十二届党委常委、校长助理集体赴龙岩学习调研期间，在理学院办学旧址潮海楼，与龙岩市共同举行“厦门大学在龙岩”展览馆揭牌仪式和校地合作签约仪式。张荣和龙岩市委书记余红胜共同为展览馆揭牌，并在签约仪式上讲话。副校长江云宝和龙岩市委常委、副市长王洋签署《关于支持龙岩建设高水平产业研究院合作备忘录》。江云宝和新罗区政府主要负责同志签署《校地合作协议》。根据《合作备忘录》，学校将发挥人才与科研优势，支持龙岩市建设有色金属、机械装备与专用汽车、新材料新能源、环保科技等四个产业研究院，助推龙岩市科技创新和产业发展。根据《校地合作协议》，学校将与新罗区在产业发展、乡村振兴、人才培养、技术交流、成果转化等方面开展深入合作。 （翁晨希）

【与国家卫星海洋应用中心签署战略合作协议】 10月17日，与国家卫星海洋应用中心战略合作协议签约仪式在厦门大学举行。国家卫星海洋应用中心原党委书记、主任林明森，副校长史大林参加并签署合作协议，共同为“近海环境卫星遥感实验室”揭牌。根据协议，双方将在共建近海环境卫星遥感实验室、人员互聘、研究生联合培养、成果转化等方面开展全方位合作。 （翁晨希）

【与中国金融期货交易所签署合作备忘录】 11月9日，与中国金融期货交易所（以下简称“中金所”）投资者教育纳入国民教育体系合作备忘录签约仪式在厦门大学举行。中金所党委书记、董事长何庆文，党委委员、副总经理盛春红，厦门证监局党委书记、局长李永春，党委委员、纪委书记王海智，校党委书记张荣、副校长方颖参加仪式。在何庆文、李永春、张荣的见证下，盛春红、方颖代表双方签署《投资者教育纳入国民教育体系合作备忘录》。根据备忘录，双方将在课程开发、教辅教材编制与出版、学生实习实践、科研合作、科普活动等方面开展深入合作。以本次签约仪式为契机，中金所、厦门证监局、厦门证券期货基金业协会共同举办“全面注册制，投教一‘鹭’行”投教进校园活动，通过投教节目演绎、优秀投教视频展播、现场知识讲解、投教知识问答等多种形式，让学生们在互动体验中学习金融期货知识，帮助学生树立风险意识和理性投资

意识，远离各类金融违法违规行为。（翁晨希）

【与中国日报社签署国际传播战略合作框架协议】 12月12日，与中国日报社国际传播战略合作框架协议签约仪式在厦门大学举行。中国日报社副总编辑刘伟玲，事业发展部主任龚铮铮，校党委副书记徐进功，校党委常委高和荣参加仪式。在刘伟玲、徐进功的见证下，龚铮铮、高和荣代表双方签署《中国日报社 厦门大学国际传播战略合作框架协议》。根据协议，双方将在国际传播、融媒体建设、人才培养等方面开展深入合作。（翁晨希）

【与中国民生银行签署新一轮战略合作协议】 12月20日，中国民生银行党委书记、董事长高迎欣一行到访学校并签署新一轮战略合作协议。校党委书记张荣会见高迎欣一行。在张荣、高迎欣的见证下，副校长邱伟杰和中国民生银行副行长石杰代表双方签署《厦门大学 中国民生银行股份有限公司战略合作协议》。根据协议，双方将在助力新文科建设、创新创业支持保障、综合融资服务、财资管理服务、个人金融服务、其他非金融服务等领域开展全面合作。（翁晨希）

【与衢州市签署战略合作协议、共建衢州高端电子化学品创新研究院】 3月20日，衢州市重大创新平台签约揭牌仪式暨院士成果发布会在衢州市行政中心举行。校党委副书记徐进功，中国科学院院士、化学化工学院孙世刚教授参加会议。仪式环节，徐进功与衢州市政府副市长李宁签署《衢州市人民政府 厦门大学战略合作协议》。根据协议，市校双方将在战略研究、科技合作、人才交流、教育培训、研究院建设等方面开展全面务实合作。会上还举行了衢州市科学技术局与化学化工学院合作共建衢州基地和衢州高端电子化学品创新研究院协议书签约仪式。根据协议，双方将重点聚焦国家高端电子化学品产业创新发展和突破产业“卡脖子”技术研发等重大需求，规划开展高端电子化学品、新能源材料和技术、电化学工程技术、精细化工等方面研发，加强关键核心技术攻关，共建化工实习基地和中试平台，促进技术和产品实现落地转化，努力建成全国一流的科创和成果转化大平台。（翁晨希）

【召开四川研究院第一次领导小组会议】 6月13日，四川天府新区厦大创新研究院第一次领导小组会议在成都召开。四川天府新区党工委副书记、成都科学城党工委书记邱旭东，副校长江云宝参加会议。会议审议、表决了四川天府新区厦大创新研究院领导小组名单、研究院院长和执行院长人选，审议研究院相关管理制度和年度工作计划。（翁晨希）

【龙岩厦大产教融合研究院挂牌】 7月1日，龙岩厦大产教融合研究院挂牌仪式暨发展座谈会在龙岩市科技创业园举行。龙岩市科学技术局、厦门大学、龙岩学院、厦门大学龙岩校友会等相关负责人，龙岩市企业家代表和研究院全体成员参加活动。会上，龙岩市委编办为研究院颁发了事业单位法人证书。（翁晨希）

【召开昆山厦大创新中心建设交流座谈会】 7月13日，昆山厦大创新中心建设交流座谈会在昆山召开。昆山市委常委、常务副市长沈一平，市委常委、昆山高新区党工委书记孙道寻，副市长钱许东，副校长江云宝参加相应活动。其间，江云宝一行还实地调研并听取中心发展情况汇报，考察中心入驻企业。（翁晨希）

附　录

2023年厦门大学国内合作重大合同签署情况

合同名称	相对方签约主体	签约日期
福建省生态环境厅　厦门大学合作协议	福建省生态环境厅	2023年3月2日
厦门大学—深圳市湾区金融科技研究院谅解备忘录	深圳市湾区金融科技研究院	2023年3月10日
衢州市人民政府　厦门大学战略合作协议	衢州市人民政府	2023年3月20日
衢州市科学技术局与厦门大学化学化工学院合作共建衢州基地和衢州高端电子化学品创新研究院协议书	衢州市科学技术局	2023年3月20日
厦门市人民政府　厦门大学战略合作框架协议	厦门市人民政府	2023年3月29日
中国外文出版发行事业局与厦门大学战略合作协议	中国外文出版发行事业局	2023年4月6日
厦门大学　长汀县人民政府对口支持合作协议	长汀县人民政府	2023年4月6日

续表

合同名称	相对方签约主体	签约日期
厦门大学　中国农业银行战略合作协议	中国农业银行股份有限公司	2023 年 4 月 14 日
厦门大学与中国联合网络通信集团有限公司战略合作协议	中国联合网络通信集团有限公司	2023 年 4 月 25 日
泉州市人民政府　厦门大学战略合作框架协议	泉州市人民政府	2023 年 6 月 2 日
厦门大学—山东大学战略合作协议书	山东大学	2023 年 6 月 6 日
厦门市禁毒委员会　厦门大学战略合作框架协议书	厦门市禁毒委员会	2023 年 6 月 25 日
福建省消防救援总队与厦门大学合作协议	福建省消防救援总队	2023 年 7 月 5 日
厦门大学　龙岩市新罗区人民政府校地合作协议	龙岩市新罗区人民政府	2023 年 9 月 17 日
国家卫星海洋应用中心　厦门大学战略合作协议	国家卫星海洋应用中心	2023 年 10 月 17 日
厦门大学　中国金融期货交易所投资者教育纳入国民教育体系合作备忘录	中国金融期货交易所	2023 年 11 月 9 日
苏州国家实验室　厦门大学战略合作协议	苏州国家实验室	2023 年 12 月 4 日
中国日报社　厦门大学国际传播战略合作框架协议	中国日报社	2023 年 12 月 12 日
厦门大学　中国民生银行股份有限公司战略合作协议	中国民生银行股份有限公司	2023 年 12 月 20 日

财务工作

【概况】 年内，学校坚持以习近平新时代中国特色社会主义思想为指导，深入学习贯彻党的二十大精神，全面准确学习领会学校第十二次党代会精神，紧紧围绕学校的中心工作和发展目标，坚持“统筹规划、科学支出、业财融合、提质增效”，努力增收节支，完善财务管理体制机制，不断提升财务管理和服务水平，确保各项财务工作稳步推进，为学校的稳定发展提供有力的财务保障。

强化政策研究，积极争取财政资金。深入研究和精准把握政策方向，积极加强与财政部、教育部以及省市等各级政府部门之间的沟通协调。经多方努力，年初财政部、教育部在下达的本年度预算控制数中增加学校调整因素 300 万元，年中追加学校国拨基建拨款 2.1 亿元，年末追加学校“双一流”专项经费拨款 2400 万元；落实省市共建经费 6 亿元、医学学科共建经费 2000 万元、电影学院共建经费 2500 万元等财政拨款及时足额拨付到位。学校本级年度综合收入到账 68.43 亿元，较 2022 年(66.34 亿元，不含债务预算收入)增加 2.09 亿元。

加强经费统筹，优化支出结构。年内，学校综合财务支出 66.58 亿元，其中，中央财政资金支出 25.68 亿元，年度预算执行率达到 99.61%。坚持尽力而为、量力而行，优先保障基本运行和重点支出，集中财力办大事，把钱用在刀刃上、关键处。坚持“保重点、保运行、保民生”，充分保障民生。

优化报销流程，提高核算工作质量。简化财务报销手续，建立完善的财务报销制度，提高报销效率。梳理工作岗位职责，更新完善审核手册，推动会计核算工作规范化、标准化。

规范收费管理，确保应收尽收。严格执行收费政策，按照教育收费相关政策法规，做好各类收费审核、收费备案、新增收费项目立项、收费公示等工作。不断扩宽缴费渠道，完善缴费流程，构建线上线下相结合的学生缴费服务平台，扎实做好新学年收费工作，定期催缴欠费，截至 12 月 31 日，2022—2023 学年学生完费率 99.49%。

加强内控建设，防范财务风险。制定工作方案、明确工作时间节点，完成《2023 年度行政事业单位内部控制报告》编报工作。学校内控建设经验做法和取得的成效作为典型案例报送教育部。制定 2023 年度内控建设工作计划，发布《关于开展 2023 年内部控制建设工作的通知》，要求经济活动内控建设涉及的部门和所有二级学院持续推进内控建设常态化，更新迭代内控手册，扎实做好校内“半年一报”的内控报告制度。

深化科研管理改革，促进科研创新发展。实行“首问责任制”和“一次性告知”服务，解答各类科研财务业务事项时一次性完整告知办理程序。推动科研经费“一站式”管理服务，1 月上线中央资金往来票据(电子版)管理系统，纵向课题经费票据实现电子化，完成科研课题从立项、到账、认领、开票、入账、结题闭环管理，让系统多“跑路”，老师少“跑腿”，提高科研经费管理使用效率。

用心用力用情，做好师生服务。秉承“主动服务、靠前服务、精准服务”的理念，财务处建立对接各学院、研究院的财务工作联络机制，采取“分组负责”的形式结对，建立网格化、精细化的财务管理模式，深入了解学院实际需求，更加精准地为师生办实事解难题。

把握政策机遇，尽享政策红利。根据《研发机构采购国产设备增值税退税管理办法》，积极落实采购国产设备退税政策，截至12月31日，共申报并收到退税款2237.39万元，其中本年度收到退税款653.92万元，降低教学科研成本。

强化培训机制，加强队伍建设。定期开展业务学习培训，组织学习财务法规和规章制度，掌握财经政策和专业知识。深入学习《会计人员职业道德规范》，组织全校财务人员开展会计人员职业道德规范测试。形成业务讨论机制，及时总结日常财务难点热点，着力攻克师生反映强烈的问题。（廖晓军）

【持续推进财务信息化建设】 年内，完成财务信息系统升级改造，采用“RPA机器人”模式实现财政一体化支付的自动化，提高国库资金支付的工作效率。完善网上预约报销系统，增加“票据智能报销”和“我的票夹”模块，自动识别电子发票并填写报销内容，简化师生报销填写的流程。为学校处级以上干部个人申报事项提供个人收入数据，将数据导入财务处“驾驶舱”平台，并加强数据传递过程中的隐私保护。（洪煌辉）

【加强财会监督】 全年累计发出32份财会监督警示函，针对审计、专项检查、日常核算中发现的问题向相关单位发放财会监督警示函或财务建议书，涵盖加快中央财政项目预算执行进度、规范会议费报销等方面，注重事前监督提示预警、及早控制，事中监督纠错纠偏、及时止损。

（王昊伟）

【实施会计凭证影像化】 1月1日，推行会计凭证影像化。升级会计档案管理系统，配置高速扫描设备，完成会计凭证的批量扫描工作，满足师生“足不出户”即可查询会计档案的需求，实现对会计凭证电子数据和实物单据的可追溯性和可控性管理。为后期经费管理、会计凭证查阅、财务审计、科研结题等提供便利，解决跨校区凭证取阅困难，查阅凭证耗时耗力等问题。（肖晶晶）

【开展2022年度个税汇算清缴】 面向师生开展上一年度个人所得税的政策宣传和汇算工作。为部分师生实现税务局主动帮助退税，使师生员工充分享受税务政策红利。学校共有6464人填写了个人所得税专项附加扣除，享受税收红利超过1271.53万元。（叶　凌）

审计工作

【概况】 年内，学校坚持以习近平新时代中国特色社会主义思想为指导，深入学习贯彻党的二十大和二十届中央审计委员会第一次会议精神，推动落实学校第十二次党代会决策部署，以促进学校事业高质量发展为主轴主线，紧盯重点领域、关键环节推进审计、开展监督，以有力有效的审计监督服务保障党和学校工作大局，学校审计处获得“2020—2022年全省内部审计先进集体”荣誉称号。

高质量推进审计全覆盖，开展8个工程全过程跟踪审计，完成工程竣工结算审计78项，完成职能管理部门、学院和地方研究院等单位经济责任人经济责任审计11项，完成学校年度预决算审计1项、工程管理内部控制审计1项、贵重仪器绩效审计1项，发现问题166条，提出审计建议88条，形成常态化、动态化震慑。

推动审计成果权威高效运用，促进学校节约投资1642.84万元，督促完成审计问题整改147条，挽回经济损失783.08万元，促进各单位完善制度61项，优化业务流程171项，以有力有效的审计监督服务保障党和学校事业工作高质量发展。

立足审计实践，深化审计理论研究。完成中国教育审计学会2021年度科研课题《新时期高校重大政策措施落实的跟踪审计研究》。《高校财会监督、审计监督、纪检监察监督贯通融合机制研究》获得中国教育会计学会2023年重点科研课题立项。围绕学校工程审计实例，形成工作案例《审研互融 研审相长——探索工程管理审计增值路径》并在《厦大党政工作研究》2023年第4期发表。

防风险促规范，筑牢防范风险的防火墙。梳理风险清单，全面增强风险管理意识，促进规范管理。聚焦贯彻落实党和国家经济方针政策和决策部署、制定与实施单位发展规划情况、重大经济决策管理等17个领域，编印《厦门大学中层领导人员履行经济责任重要风险提示清单》。围绕建设工程审批、招标、合同、施工、变更、验收和结决算管理等7个方面，拟定《建设工程管理审计重要潜在风险清单》。

抓协同促发展，构建贯通协同监督格局。制定《厦门大学关于纪检监察监督巡视监督与审计监督财会监督贯通协同的实施细则》。学校纪检监察机构牵头，与财务处、科技处、社科处、资产与后勤事务管理处、实验室与设备管理处等7个部门组建专项治理小组，推动查纠一体，防范风险。通过审计项目意向征集、发送“风险提示函”、情况通报、会议交流等方式，构建“信息沟通、工作联通、成果融通”大监督工作格局，推动全面从严治党向纵深发展，全面提升学校监管水平。（曾梦爱）

外事工作

【概况】 年内，教职工因公出国交流1027人次，赴台港澳交流322人次，线上参加涉外会议48人次。学生因公出国交流735人次，赴台港澳交流185人次，线上参加国(境)外交流32人次。全年举办涉外学术讲座431场，申报国际会议37场，申报两岸会议8场。全年聘请来校工作的外籍教职工 242 人,其中全职 114 人,非全职 128 人。办理外籍教职工及家属居留许可手续 128 人次,办理外籍教职工工作许可证手续 113 人次,办理高端人才确认函 20 份,办理申请永久居留证手续 4 人次。2022—2023 学年学校来华国际学生 1478 人,其中长期生 1058 人,短期生 420 人。截至 12 月 31 日,学校在籍台港澳学历生 1017 人,其中台湾地区 440 人、香港地区 390 人、澳门地区 187 人。

全年新签及续签境外合作协议 46 份(新签 21 份,续签 25 份),校际友好学校达 270 所,其中美洲 57 所、亚洲 69 所(台港澳 42 所)、欧洲 86 所、大洋洲 13 所、非洲 3 所,其中排名世界 200 强以内的合作高校已达 54 所。

积极拓展交流合作。接待高级别来访团组如柬埔寨国王西哈莫尼、新加坡驻华大使陈海泉、柬埔寨邮电部部长谢万迪、沙特阿拉伯投资部副部长赛乐、澳门特别行政区行政长官贺一诚、2023 高等教育国际论坛年会境外嘉宾等近 200 人次。重启线下重要访问,保障校领导因公出国共 11 批次,因公出境共 8 批次,其中,学校党委书记张荣率团赴马来西亚进行工作访问,校长张宗益两次率团出访东南亚,分别访问菲律宾、文莱、新加坡和印度尼西亚、马来西亚、柬埔寨等高校,进一步加强校际层面交流,深入拓展与东南亚各界高层次、多方位合作。

持续深化多边平台合作。受教育部委托,牵头福建、广东、广西、海南、云南及厦门、深圳等地教育部门成功举办 2023 年海上丝绸之路国际产学研用合作会议。持续做强做实“21 世纪海上丝绸之路”大学联盟,主办了“21 世纪海上丝绸之路”大学联盟 2023 国际暑期项目——守护海洋文化遗产。联合“一带一路”研究院开展系列学术活动,成功举办 24 场讲座。加入中国—东盟研究生教育联盟和“一带一路”语言教育文化组织联盟,在国际舞台上提升学校知名度与影响力。

深入开展台港澳合作与交流。学校党委书记张荣率团访问港澳,进一步加强学校与港澳地区的教育交流与合作。校长张宗益率团赴金门访问交流,是 2020 年以来大陆高校校长首次率团赴台开展校际学术交流。实施“两岸高等教育融合发展能力提升计划”,共立项 28 个项目。建设“两岸高等教育融合发展实践基地”,共完成 11 个实践点挂牌。开展台港澳青年交流互访,举办“融通新鹭”两岸学子城市文化之旅、“花开中国”名校台港澳青年互访计划、“情牵厦金”两岸青年学子文化研习营等项目。

推动中华文化海外传播。组织外籍教职工前往闽南大戏院欣赏昆曲《西厢记》;前往传统茶道馆,体验汉服文化和茶道,探索东方哲学思想;前往固原市隆德县和银川市永宁县闽宁镇探访乡村振兴风采,感悟乡村振兴中的中国智慧和中国力量;赴泉州开展“探寻海丝印迹”专项体验交流活动,加深对中西方文明交融的海丝魅力体验感。举办外籍教职工汉语口语培训班,提高学校外籍教职工的汉语水平,促进中华文化海外传播。举行 2023—2024 学年外籍教职工工作交流会。（严　娴）

【香港工会联合会福建中心副主任一行来访】 2 月 10 日,香港工会联合会福建中心副主任李焯男一行来访,与台港澳事务办公室、学生工作部(处)探讨有关共同服务内地香港学生就业发展的事宜。（王键澜）

【学校参加第 23 届中国国际教育年会】 2 月 16—18 日,第 23 届中国国际教育年会在北京国际会议中心举办。海外办学事务办公室执行主任兼国际合作与交流处副处长余宏波(主持工作)应邀参会并发言。（郑照阳）

【挪威驻广州总领事一行来访】 2 月 23 日,挪威驻广州总领事海歌一行来访,与近海海洋环境科学国家重点实验室代表座谈。（李美双）

【“花开中国”名校台港澳青年互访计划启动】 3 月 9 日,由学校策划发起的“花开中国”名校台港澳青年互访计划启动,首期组织春季学期台港澳交换生赴武汉大学进行学术交流,并前往湖北省博物馆、辛亥革命博物馆、东风汽车公司等地开展实践教育活动。（王键澜）

【匈牙利企业发展基金会来访】 3 月 21 日,匈牙利企业发展基金会执行董事马尔顿·布劳恩(Márton Braun)一行来访,与一带一路研究院代表座谈。（李美双）

【巴黎政治学院代表来访】 3 月 22 日,巴黎政治学院中国代表处负责人刘华胤来访,与国际合作与交流处、外文学院和管理学院代表座谈。（李美双）

【举办“情牵厦金”2023 年两岸青年学子文化研习营】 3 月 31 日—4 月 4 日,由校团委、台港澳事务办公室和厦门市两岸交流协会共同主办的“情牵厦金”2023 年两岸青年学子文化研习营举办,来自金门大学及铭传大学金门校区共计 53 名师生,与学校师生共同参与为期 5 天的学术交流及文化参访活动。（王键澜）

【尼日利亚纳姆迪·阿齐克韦大学校长来访】 4 月 5 日,尼日利亚纳姆迪·阿齐克韦大学(Nnamdi Azikiwe University)校长查尔斯·埃赛莫奈教授(Charles Esimone)来访,校长张宗益会见来宾。（李美双）

【德国慕尼黑大学副校长来访】 4 月 7 日,德国慕尼黑大学副校长叶翰(Hans van Ess)来访,与国际合作与交流处、国际中文教育学院代表座谈。（李美双）

【香港作家梁凤仪博士一行来访】 4 月 7 日,“黄宜弘楼”捐赠人、香港著名财经作家、企业家、慈善家梁凤仪博士携香港中文大学、“香港勤＋缘慈善基金会”等单位代表来校考察交流。校党委副书记徐进功会见来宾。（王键澜）

【举办厦门大学香港学生职业沙龙】 4 月 8 日,厦门大学香港学生职业沙龙举办。来自香港特别行政区政府驻福建联络处、戴德梁行、香港大公文汇传媒集团、香港工会联合会福建中心等单位的工作人员,围绕公务员招考、人生规划、文创传媒行业职业发展和大湾区青年就业计划等主题举办讲座,并组织香港学生前往厦门广播电视集团进行职业体验。（王键澜）

【香港青年团体来访】 4 月 10 日,香港特区政府沙田民政事务处联同地区青年团体“义连班”及香港福建社团联会青年委员会共同举办的“福建省交流学习之旅”，携香港16所中学的青年学生访问学校，与学校师生交流座谈。香港中联办新界工作部副处长袁名别、沙田民政事务专员柯家乐担任随团顾问。（王键澜）

【“地球卫士奖”获得者来访】 4月12日，全球环境与发展领袖、联合国环境保护领域最高奖——“地球卫士奖”获得者埃里克·索尔海姆（Erik Solheim）先生来访，并进行题为《全球环境变化与绿色发展》的第1166期南强讲座。校长张宗益出席活动并颁发“南强学术讲座”纪念牌。（李美双）

【美国亚利桑那大学代表来访】 4月19日，美国亚利桑那大学（University of Arizona）亚洲招生顾问、中国中心主任张泳（Peter Zhang）来访，与经济学院商谈项目合作相关事宜。（陈薪羽）

【台东县议会议长一行来访】 4月21日，台东县议会议长吴秀华一行来校参访，学校台港澳办及相关部门接待来宾。（王键澜）

【柬埔寨邮电部部长来访】 4月23日，柬埔寨邮电部部长谢万迪（Vandeth Chea）率团来访，校长张宗益会见来宾，双方就如何提升中柬两国之间的友好交流进行了讨论。（黄真真）

【英国纽卡斯尔大学及孔子学院代表来访并参加孔子学院理事会】 4月27—28日，英国纽卡斯尔大学国际事务副校长理查德·戴维斯（Richard Davies）、孔子学院外方院长安舟（Andrew Law）一行来访，校长张宗益会见来宾。（刘金龙）

【意大利威尼斯大学代表来访】 4月28日，威尼斯大学代表团李集雅（Tiziana Lippiello）一行两人来访，并签订两校谅解备忘录和学生交流协议，校党委书记张荣会见来宾。（李美双）

【匈牙利驻广州总领馆代表来访】 4月28日，匈牙利驻广州总领馆代表团华培德（Peter Varfi）一行来访，与招生与考试办公室、国际合作与交流处、外文学院及电子科学与技术学院代表进行座谈。（李美双）

【日本静冈产业大学校长来访】 5月5日，日本静冈产业大学校长堀川知广（Horikawa Tomohiro）一行来访，校长张宗益会见来宾，就两校进一步深化合作达成了一致意见。（黄真真）

【新西兰中国友好协会主席来访】 5月10日，新西兰中国友好协会主席黎开盛（Lipscombe）来访，校长助理方颖会见来宾。黎开盛与国际合作与交流处、国际中文教育学院、公共事务学院代表座谈。（李美双）

【举办“花开中国”名校台港澳青年互访计划（第二期）】 5月11—14日，“花开中国”名校台港澳青年互访计划（第二期）举办，与漳平市“同沐华夏风 共绘同心圆”漳台基层交流系列活动（第一期）合并举办。来自武汉大学、北京大学、厦门大学三校近30名台生及带队教师参加活动。（王键澜）

【马来西亚团组来访】 5月14—16日，马中商务理事会前主席丹斯里黄家定（Ong Ka Ting）、马来西亚高教部前副部长拿督斯里何国忠（Hou Kok Chung）来校访问，赴国际关系学院/南洋研究院开展讲座，参加客座教授敦聘仪式。（郑照阳）

【马来西亚征阳集团来访】 5月18—20日，马来西亚征阳集团执行主席丹斯里拿督戴良业（Ter Leong Yap）率团来访，与公共卫生学院围绕公共健康、疫苗开发等领域进行座谈。（郑照阳）

【铭传大学副校长率团来访】 5月25日，铭传大学副校长王金龙一行来访，出席第九届两岸大学生影像联展暨凤凰花毕业季影展开幕式。校长助理方颖会见来宾。（王键澜）

【世新大学副校长率团来访】 5月26日，世新大学副校长李功勤一行来访，出席第九届两岸大学生影像联展暨凤凰花毕业季影展开幕式。校长助理方颖会见来宾。（王键澜）

【香港特区政府驻福建联络处主任一行来访】 5月31日，香港特区政府驻福建联络处主任郑震生一行来校交流座谈，探讨双方未来合作事宜。（王键澜）

【澳门城市大学副校长率团来访】 6月2日，澳门城市大学副校长叶桂平一行来访。校长助理李智勇会见来宾。叶桂平一行与研究生院、台湾研究院、南洋研究院、公共事务学院等单位的相关负责人和专家探讨科研平台建设、人才联合培养等合作项目。（王键澜）

【美国美华友好协会团组来访】 6月5日，美国美华友好协会会长冯振发、美国华采商业银行副总裁宋昂一行2人来访，校党委副书记、纪委书记全海会见来宾。（陈薪羽）

【校领导访问菲律宾、文莱、新加坡】 6月7—15日，校长张宗益率团访问菲律宾大学、雅典耀大学、文莱大学、新加坡国立大学、南洋理工大学和新加坡管理大学等高校，洽谈拓展交流合作。（黄真真）

【美国哈佛—燕京学社副院长来访】 6月9日，美国哈佛—燕京学社副院长李若虹博士来访，面向人文社科领域青年教师、博士研究生举办访问学者项目宣讲活动。（陈薪羽）

【厦门大学首个“共促两岸融合发展实践点”挂牌】 6月9日，“厦门大学—高崎边检站共促两岸融合发展实践点”挂牌仪式在五通客运码头举行。这是“两岸高等教育融合发展实践基地”启动建设以来与涉台实务部门、企事业单位合作建设的首个实践点。（王键澜）

【法国勒阿弗尔大学代表来访】 6月12—14日，全球八校联盟轮值主席单位法国勒阿弗尔大学副校长让·诺尔·卡斯托里奥（Jean Noël Castorio）和常务副校长迪米特里·列斐伏尔（Dimitri Lefebvre）来访，校长助理方颖会见来宾。（郑照阳 李美双）

【王沪宁看望厦门大学在校台湾学生】 6月16日，中共中央政治局常委、全国政协主席王沪宁在闽参加第十五届海峡论坛大会期间到校看望在校台湾学生。（王键澜）

【台湾元智大学校长率团来访】 6月18日，台湾元智大学校长廖庆荣一行访问学校，校长张宗益会见来宾。（王键澜）

【举办全校外事专题培训班】 6月20日，国际合作与交流处举办全校外事专题培训班。培训班围绕国家安全形势、涉外活动审批流程等方面进行详细讲解，传达上级涉外文件精神，强调各项外事纪律，进一步提升学校外事干部涉外管理工作能力。各学院（研究院）负责外事领导、学校职能部门和院系相关业务经办人、各学院（研究院）外事秘书参训。（严 娴）

【法国驻广州总领馆及高等教育署广州中心代表来访】 6月27日，法国驻广州总领馆及高等教育署广州中心代表敖礼威（Olivier NGO）一行来访，与国际合作与交流处、数学科学学院、外文学院代表座谈。（李美双）

【厦门大学与香港理工大学合办学术交流活动】 6月30日—7月2日，学校与香港理工大学合办“建筑业跨区域合作的挑战与应对策略”学术交流活动。香港理工大学协理副校长（环球合作）、环球事务总监沈岐平教授带队参加。（王键澜）

【尼日利亚纳姆迪·阿齐克韦大学校长率团来访并参加孔子学院理事会】 7月13日，纳姆迪·阿齐克韦大学校长查尔斯·埃赛莫奈教授率团来访，校长张宗益会见来宾。代表团还参加了纳姆迪·阿齐克韦大学孔子学院年度理事会。（李美双）

【海外青少年研学营来访】 7月20日，由40位吉尔吉斯斯坦、乌兹别克斯坦、马来西亚和泰国的青少年组成的海外青少年研学营来校参观并座谈交流。（黄真真）

【举行2023年教育部“平安留学”行前培训会(厦门)】 7月20日，2023年教育部“平安留学”行前培训会（厦门）暨“出国第一课”领保知识进高校活动在学校思明校区科艺中心举行，翔安校区同步线上直播。培训会为留学师生普及海外领事保护知识，增强师生自我防范意识和能力，进一步维护师生“走出去”的海外合法权益。（林腾驹）

【匈牙利经贸代表团来访】 7月21日，匈牙利经贸代表团代表楚豪耶·伊姆莱（Csuhaj V. Imre）一行来访，副校长方颖会见来宾。（李美双）

【台湾淡江大学校长率团来访】 7月21日，台湾淡江大学校长葛焕昭率团来访。两校举行合作协议续签仪式。淡江大学校长葛焕昭、副校长陈小雀，厦门大学党委常务副书记林东伟，副校长、研究生院常务副院长方颖出席签约仪式及座谈会。（王键澜）

【举行“21世纪海上丝绸之路”大学联盟国际暑期项目】 7月29日—8月3日，举行2023年“21世纪海上丝绸之路”大学联盟国际暑期项目，吸引来自8国21所联盟高校的40名中外学生参加。项目形式包括举办专题讲座、文化展示系列活动、实地体验等。（李嘉琪）

【台湾师范大学进修推广学院来访】 8月7日，台湾师范大学进修推广学院院长胡衍南一行来访。（王键澜）

【举办“外国使节看渔业”活动】 8月25日，由农业农村部和外交部组织的有关国家驻华使节包括阿曼驻华大使、苏里南驻华大使等一行11人来校访问，与海洋学科专家就中国海洋渔业管理和发展成就等举行座谈对话。（陈薪羽）

【台湾逢甲大学代表来访】 8月25日，逢甲大学大陆事务办公室主任刘霈来访，探讨深化两校交流合作有关事宜。（王键澜）

【塞尔维亚诺维萨德大学代表来访】 9月12日，塞尔维亚诺维萨德大学博扬·拉利奇教授（Bojan Lalić）教授来访，与国际合作与交流处、一带一路研究院代表座谈。（李美双）

【日中投资促进机构代表来访】 9月7日，日中投资促进机构秘书长兼日本瑞穗银行理事冈丰树（Toyoki Oka）一行来访。副校长邓朝晖会见来宾，双方就继续推进学校与日本高校和各界加强合作进行了交流。随后，冈丰树与管理学院财务系师生代表座谈交流。（黄真真）

【沙特投资部副部长来访】 9月8日，厦门大学校友、沙特阿拉伯王国投资部副部长赛乐（Saleh Ali Khabti）一行来访。校党委书记张荣和副校长史大林会见来宾。双方就共同推进学校与沙方在人才培养基地建设、中沙氢能合作创新示范区和公共卫生领域等方面的务实合作达成一致意见。随后，赛乐一行在化学报告厅与化学化工学院2023级本科新生开展了座谈交流。（黄真真）

【菲律宾驻华大使来访】 9月8日，菲律宾驻华大使吉米·弗古律斯（Jaime A. FlorCruz）一行来访，赴国际关系学院/南洋研究院交流座谈。（黄真真）

【新西兰惠灵顿市代表团来访】 9月18日，新西兰惠灵顿市长托芮·法瑙（Tory Whanau）率代表团一行32人来访，校长张宗益会见来宾。访问团与学生代表互动座谈，并参加“惠灵顿电影之约”活动。（李美双）

【英国创意艺术大学校长来访】 9月19日，英国创意艺术大学校长巴希尔·马库（Bashir Makhoul）来访，校党委书记张荣会见来宾，并为其举办客座教授敦聘仪式。（刘金龙）

【校长张宗益率团访问印尼、马来西亚和柬埔寨】 9月18—27日，校长张宗益率团前往印尼、马来西亚和柬埔寨访问，与印尼大学新签署合作备忘录和学生交换协议，与艾尔朗加大学和金边皇家大学新签署合作备忘录。（郑照阳 黄真真）

【厦门大学—厦门市文化和旅游局“共促两岸融合发展实践点”授牌仪式举行】 9月22日，授牌仪式在厦门市文化馆举行，副校长史大林出席仪式并致辞。（王键澜）

【泰国驻厦门总领事馆代表来访】 9月22日，泰国驻厦门总领事馆副总领事冰忆莲（Nilobol Pimdee）一行来访，副校长史大林会见来宾，双方就加强学生交流、推进学校与泰国各方面合作进行了探讨。（黄真真）

【举办“融通新鹭”两岸学子城市文化之旅】 9月22—24日，“融通新鹭”两岸学子城市文化之旅举办，学校2023级台湾籍本科新生、台湾8所高校来校交换生及交换生朋辈导师等近80人开启三天两夜的厦门“高素质、高颜值、现代化、国际化”城市文化之旅。（王键澜）

【香港升学规划教育座谈会举办】 9月26日，香港特别行政区政府驻福建联络处与学校共同举办“香港升学规划教育座谈会”，向有意来香港修读专上教育课程的内地高校学生介

绍特区政府引进人才新措施和各类输入人才计划的资讯。（王键澜）

【厦门大学马来西亚分校共建协议签署十周年座谈会举行】 10月3日，厦门大学马来西亚分校共建协议签署十周年座谈会暨“一带一路”研讨会在科学艺术中心举行。福建省人大常委会副主任李德金、外交部亚洲司公参房新文、教育部国际合作与交流司副司长陈伟、厦门市政府副市长廖华生等嘉宾莅会。（郑照阳）

【“中国—OECD联合培养税务法学硕士项目”首次举行线下开学典礼】 10月9日，由学校与国家税务总局、财政部和经济合作与发展组织(OECD)合作开设的“中国—OECD联合培养税务法学硕士项目”首次举行线下开学典礼。（李美双）

【英国诺丁汉特伦特大学代表来访】 10月9日，英国诺丁汉特伦特大学外事副校长希里安·瑞恩(Cillian Ryan)及外事副校长特别顾问陆懋祖一行来访，副校长史大林会见来宾。（刘金龙）

【印尼东爪哇省代表团来访】 10月11日，印尼东爪哇省交通厅厅长约诺(Nyono)一行来访，与国际合作与交流处和航空航天学院、能源学院教师代表交流座谈。（黄真真）

【国际科学理事会首席执行官来访】 10月11—12日，国际科学理事会首席执行官萨尔瓦托雷·阿里科(Salvatore Aricò)来访，校长张宗益会见来宾。（陈薪羽）

【新加坡驻厦门总领事馆总领事一行来访】 10月16日，新加坡驻厦门总领事馆总领事庄志嘉(Chng Tze Chia)一行来访，校长张宗益会见来宾，双方就持续深化学校与新加坡各高校的实质合作进行了交流。（黄真真）

【校党委书记张荣率团访问港澳】 10月16—20日，校党委书记张荣率团访问港澳，拜访有关机构及高校，调研港澳教育，拓展校际合作，探索推动学校在闽港澳合作中发挥更大作用。（王键澜）

【台湾辅仁大学校长率团来访】 10月19—20日，台湾辅仁大学校长江汉声一行来访，就医疗科研、临床医学的学科建设、学生培养等方面的交流合作展开座谈研讨。校长张宗益、副校长史大林会见来宾。（王键澜）

【金门大学食品科学系来访交流】 10月20日，金门大学食品科学系与药学院来访进行产学研合作交流研讨。（王键澜）

【东盟常驻代表委员会来访】 10月23日，东盟常驻代表委员会一行18人来访。中国驻东盟大使侯艳琪出席交流座谈会，校长张宗益、副校长史大林等与来宾交流座谈。（黄真真）

【英国赫尔大学代表来访】 10月24日，全球八校联盟秘书处单位英国赫尔大学艺术学院院长安德鲁·金(Andrew King)、公众参与和科学传播学教授马克·洛奇(Mark Lorch)和全球战略部副主任多米尼克·格林菲尔德(Dominic Greenfield)一行来访，副校长史大林会见来宾。赫尔大学副校长菲利普·吉尔马丁(Philip Gilmartin)教授线上参与座谈。（郑照阳　刘金龙）

【港区全国政协委员考察团来校调研】 10月25日，全国政协副主席梁振英率港区全国政协委员考察团来校调研指导，深入了解学校的办学历程和重要学术科研成果，并看望香港籍学生代表。（王键澜）

【澳门特别行政区行政长官贺一诚一行来校调研】 10月26日，澳门特别行政区行政长官贺一诚一行来校调研，推动人才培养及高等教育合作等事宜。校党委书记张荣，中国科学院院士、地球科学与技术学部主任、福建海洋创新实验室（筹）筹建召集人戴民汉，副校长史大林等陪同调研。（王键澜）

【校长张宗益率团访问金门】 10月27日，校长张宗益率交流团一行6人抵达金门，对金门大学展开为期两天的交流访问，就深化具体领域的校际合作进行了研究。（王键澜）

【“2023海上丝绸之路国际产学研用合作会议”举办】 10月29日，会议开幕会在厦门国际会议中心酒店举办。会议以“开辟产学研用新领域，塑造海丝发展新优势”为主题，聚焦丝绸之路国际产学研用合作交流。10月29—30日，学校举办2023海上丝绸之路国际产学研用合作会议未来显示分会。11月9日，学校举办2023海上丝绸之路国际产学研用合作会议海洋科技与工程分会。（李嘉琪）

【美国新泽西州立罗格斯大学副校长一行来访】 10月30日，罗格斯大学副校长埃里克·加芬克尔(Eric Garfunkel)教授一行来访，副校长史大林会见来宾并共同签署两校校际合作备忘录，中国驻纽约总领馆教育参赞余有根线上出席签约活动。（陈薪羽）

【美国纽约电影学院校长一行来访】 10月31日，纽约电影学院校长迈克尔·杨(Michael Young)、常务副校长（中国区）朱宇华(Joy Zhu)以及纪录片导演比尔·因里诺弗(Bill Einreinhofer)一行来访，校长张宗益会见来宾。（陈薪羽）

【举行纽约电影学院纪录片放映活动】 10月31日，由学校与纽约电影学院联合承办的纪录片《动荡的历史：美国、中国和杜立特空袭东京》校内放映交流活动在科学艺术中心举办，副校长方颖出席活动并致辞。（陈薪羽）

【美国加州地方政府团来访】 11月6日，美国美华友好协会会长冯振发、前加州财长江俊辉(John Chiang)、加州赫莫萨比奇市市长雷·杰克逊(Ray Jackson)等一行来访，校长张宗益会见来宾。（陈薪羽）

【德国驻广州总领事馆代表来访】 11月6日，德国驻广州总领事馆卢永岚(Jana Ludwig)一行来访，与国际合作与交流处、外文学院德语系代表座谈。（李美双）

【联合国秘书长海洋特使来访】 11月8日，联合国秘书长海洋特使彼得·汤姆森(Peter Thomson)来访并做客第九期群贤大讲堂，校党委书记张荣出席活动并致辞。（陈薪羽）

【英国作家来校讲座】 11月8日，英国剑桥作家柯瑞思(Nicholas Chrimes)来访，并开设中西文明交流互鉴讲座。（郑照阳）

【塞尔维亚诺维萨德大学代表来访】 11月20日，塞尔维亚诺维萨德大学博扬·拉利奇教授来访，与一带一路研究院代表座谈，并开设讲座。（李美双）

【美国特拉华州立大学副校长一行来访】 11月22日，美国特拉华州立大学副校长安东尼奥·博伊尔(Antonio Boyle)一行来校交流，副校长史大林会见来宾。（陈薪羽）

【爱尔兰圣三一大学亚洲中心主任来访】 11月22日，爱尔兰圣三一大学亚洲中心主任内森·希尔教授(Nathan Hill)来访，并向中文系师生开设讲座。（郑照阳）

【"花开中国"名校台港澳青年互访计划第三期举行】 11月23—26日，厦门大学"花开中国"名校台港澳青年互访计划第三期在吉林长春举行。活动组织学校台港澳学生(含交换生)到吉林大学交流访问，参访长春博物馆、工业企业和规划馆等地，体验冰雪运动，引导学生探寻祖国东北地区的历史与文化。（王健澜）

【爱尔兰都柏林大学代表团来访】 11月24日，爱尔兰都柏林大学代表团来访，与经济学院、电影学院、外文学院和中文系商讨合作。（李美双）

【开展2023年教育部"平安留学"行前培训现场教学活动(厦门)】 11月25日，组织学校各类公派出国项目的师生以及自费出国留学的学生、学院外事秘书等前往集美参加2023年教育部"平安留学"行前培训现场教学活动(厦门)。（林腾驹）

【"一带一路"智库学者联合考察团来访】 12月5日，"一带一路"智库学者联合考察团来访，与一带一路研究院学者座谈交流。本次考察团由巴基斯坦全球丝绸之路研究联盟主席泽米尔·阿万(Zamir Awan)担任团长，成员为来自巴基斯坦、罗马尼亚、匈牙利、坦桑尼亚、保加利亚、塞尔维亚、叙利亚、赞比亚、波兰、马来西亚、哈萨克斯坦等11国的政产学研专家。（黄真真）

【校党委书记张荣率团访问马来西亚】 12月10—13日，校党委书记张荣率团访问马来西亚，其间访问了韩江传媒大学学院和槟城知名半导体企业 NSW Automation 和 NationGate，就加强人才培养、合作办学、学术交流、校企合作等议题进行探讨。张荣一行前往马来西亚分校与师生交流座谈，并调研分校图书馆、国际学术交流中心、教工宿舍、教学楼等的建设和运行情况。（黄真真）

【英国南安普顿大学代表来校参加孔子学院理事会】 12月12日，英国南安普顿大学国际事务副校长安德鲁·阿瑟顿(Andrew Atherton)率团来访，参加南安普顿大学孔子学院年度理事会，副校长史大林参会。（刘金龙）

【印尼媒体代表团来访】 12月15日，印尼媒体代表团来访，与国际关系学院/南洋研究院专家学者座谈交流。代表团由中爪哇省信息传播局局长瑞娜(Riena Retnaningrum)，体育、青年与旅游局局长阿广(Agung Hariyadi)等组成。（黄真真）

【柬埔寨国王西哈莫尼来访】 12月20日，柬埔寨国王西哈莫尼来访，校长张宗益出席接待。西哈莫尼看望柬埔寨在厦留学生代表，并感谢中方帮助柬方培养人才和对柬埔寨留学生的关心，希望继续加强两国教育合作，为柬埔寨学生提供更多来华学习交流的机会。（郑照阳　黄真真）

【拉美智库考察团来访】 12月22日，拉美智库考察团来校访问，并与一带一路研究院专家举行座谈交流，探讨在智库方面的合作。（陈薪羽）

【澳门青年教师考察交流团一行来访】 12月28日，澳门青年教师考察交流团来校参访。座谈会上，台湾研究院刘文戈作题为《学习中国共产党第二十次全国代表大会精神 坚定不移推进祖国统一大业》的专题讲座。（王健澜）

附　录

2023年重要代表团到访情况一览表

国外代表团

驻华使领馆来访

2月23日	挪威驻广州总领事馆海歌一行
4月12日	挪威驻广州总领事馆海歌一行
4月28日	匈牙利驻广州总领事华培德一行
5月11日	美国驻华大使馆、驻广州总领事馆代表团组
6月27日	法国驻广州总领馆及高等教育署广州中心敖礼威一行

续表

8月8日	新加坡驻华大使陈海泉一行
8月25日	“外国使节看渔业”活动，包括阿曼驻华大使、苏里南驻华大使等一行
9月8日	菲律宾驻华大使吉米· 弗古律斯一行
9月22日	泰国驻厦门总领事馆副总领事冰忆莲一行
10月16日	新加坡驻厦门总领事馆总领事庄志嘉一行
10月16日	法国驻华使馆政务参赞梅佳琳
10月23日	东盟常驻代表委员会一行18人
11月6日	德国驻广州总领事馆卢永岚一行
台港澳地区代表团	
2月10日	香港工会联合会福建中心副主任李焯男一行
3月19日	海峡两岸交流中心“两岸青年厦门行”在陆台青一行
4月7日	香港青年新世界及星学汇交流团
4月7日	香港作家梁凤仪博士一行
4月8日	香港特区政府驻福建联络处主任郑震生、香港工联会福建中心一行
4月10日	香港特区政府沙田民政事务处联同地区青年团体“义连班”及香港福建社团联会青年委员携香港十六所中学青年一行
4月21日	台东县议会议长吴秀华一行
5月7日	台湾省教育会代表团一行
5月25日	铭传大学副校长王金龙一行
5月26日	世新大学副校长李功勤一行
5月31日	香港特区政府驻福建联络处主任郑震生一行
6月2日	澳门城市大学副校长叶桂平一行
6月14日	澳门大学副校长许敬文一行
6月18日	台湾元智大学校长廖庆荣一行
6月28日	“鲲鹏会”台青团一行
6月28日	台湾暨南国际大学大中华地区教育咨询主任一行
7月14日	第十五届海峡论坛·第二届海峡两岸(福州)传统武术展演大会台湾嘉宾一行
7月15日	厦门银行台湾青年实习营110名台湾学生一行
7月15日	“闽南烟火·两岸情书”台湾青年教师团闽南文化研学营一行
7月21日	台湾淡江大学校长葛焕昭一行
8月2日	外交部驻澳公署组织澳门青少年外交知识竞赛获奖师生一行

续表

8月5日	香港工联会福建咨询服务中心率在粤香港青年一行
8月7日	台湾师范大学进修推广学院院长一行
8月11日	香港职业发展服务处率香港青少年交流团一行
8月17日	香港教育工作者联会率香港教育界福建文化教育考察团一行
8月18日	澳门公务员团体负责人优秀子女福建参观交流团一行
8月25日	逢甲大学大陆事务办公室主任刘霈一行
9月9日	海峡两岸青少年中华姓氏源流知识竞赛台湾参赛师生一行
9月25日	台湾少数民族学者参访团一行
10月18日	台湾资讯应用发展协会
10月19—20日	台湾辅仁大学校长江汉声一行
10月20日	金门大学食品科学系一行
10月21日	香港圣公会圣本德中学一行
10月25日	全国政协副主席梁振英率港区全国政协委员考察团一行
10月26日	澳门特别行政区行政长官贺一诚一行
11月16日	华梵大学一行
11月24日	金门大学土木与工程管理学系一行
12月9—11日	中华文教艺术基金会主席许伯夷一行
12月9—11日	澳门大学副校长马许愿
12月9—10日	香港浸会大学副校长周伟立
12月9—11日	台湾淡江大学商管学院院长杨立人
12月9—11日	台湾东华大学校长赵涵捷
12月10—11日	澳门科技大学校长顾问兼会计研究中心主任林志军
12月11日	香港明爱马鞍山中学师生一行
12月12日	台湾新北市中和区冠穗里里长郭祥亿一行
12月28日	澳门青年教师考察交流团
12月28日	香港暨南义工团

其他团组

3月21日	匈牙利企业发展基金会马尔顿·布劳恩一行
3月22日	法国巴黎政治学院中国办事处负责人刘华胤
4月5日	尼日利亚纳姆迪·阿齐克韦校长查尔斯·埃赛莫奈
4月7日	德国慕尼黑大学副校长叶翰
4月19日	美国亚利桑那大学

续表

4 月 23 日	柬埔寨邮电部部长谢万迪一行
4 月 27—28 日	英国纽卡斯尔大学副校长理查德·戴维斯一行
4 月 28 日	意大利威尼斯大学校长李集雅一行
5 月 5 日	日本静冈产业大学校长堀川知广一行
5 月 10 日	新西兰中国友好协会主席黎开盛
5 月 14—16 日	马中商务理事会前主席丹斯里黄家定团组
5 月 18 日	马来西亚征阳集团执行主席丹斯里拿督戴良业团组
5 月 25 日	印度 ABP 媒体记者团
6 月 5 日	美国美华友好协会会长冯振发团组
6 月 9 日	美国哈佛燕京学社来访
6 月 12—14 日	法国勒阿弗尔大学副校长让·诺尔·卡斯托里奥团组
7 月 13 日	尼日利亚纳姆迪·阿齐克韦校长查尔斯·埃赛莫奈一行
7 月 20 日	青春同行·福建有约—海外青少年研学营
7 月 21 日	匈牙利经贸代表团
9 月 7 日	日中投资促进机构秘书长兼日本瑞穗银行理事冈丰树一行
9 月 8 日	我校校友、沙特阿拉伯王国投资部副部长赛乐一行
9 月 12 日	塞尔维亚诺维萨德大学博扬·拉利奇教授
9 月 18 日	新西兰惠灵顿市长托芮·法瑙一行
9 月 19 日	英国创意艺术大学校长巴希尔·马库
10 月 9 日	英国诺丁汉特伦特大学副校长希里安·瑞恩一行
10 月 11 日	印尼东爪哇省访华团
10 月 11—12 日	国际科学理事会首席执行官来访
10 月 24 日	英国赫尔大学一行来访
10 月 30 日	美国新泽西州立罗格斯大学来访
10 月 31 日	纽约电影学院一行来访
11 月 6 日	美国加州地方政府团来访
11 月 8 日	联合国秘书长海洋事务特使来访
11 月 8 日	英国作家柯瑞思来校讲座
11 月 20 日	塞尔维亚诺维萨德大学博扬·拉利奇教授
11 月 22 日	美国特拉华州立大学来访

续表

11 月 22 日	爱尔兰圣三一大学亚洲中心主任来访
11 月 24 日	爱尔兰都柏林大学代表团
12 月 5 日	“一带一路”智库学者联合考察团
12 月 12 日	英国南安普顿大学副校长安德鲁·阿瑟顿一行
12 月 15 日	印尼媒体代表团
12 月 20 日	柬埔寨国王西哈莫尼一行
12 月 22 日	拉美智库考察团来访

2023 年厦门大学校领导出国(境)访问情况一览表

访问时间	访问国家/地区	访问单位	带队校领导
2 月 17—19 日	中国香港	厦门大学旅港校友会	邱伟杰
3 月 22—26 日	马来西亚	厦门大学马来西亚分校	全　海
4 月 11—14 日	中国香港、中国澳门	香港教育局、澳门城市大学	江云宝
5 月 6—12 日	中国香港、中国澳门	中联办、京港学术交流中心、香港浸会大学、澳门大学、香港福建中学(观塘)、澳门圣若瑟教区中学第六校	徐进功
6 月 7—15 日	菲律宾、文莱 新加坡	菲律宾大学、雅典耀大学、文莱大学、新加坡国立大学、南洋理工大学、新加坡管理大学、中国驻菲律宾大使馆、中国驻文莱大使馆	张宗益
7 月 5—7 日	中国香港	香港教育局、香港大学、香港理工大学	方　颖
7 月 18—23 日	美国	纽约电影学院、哈佛大学	江云宝
9 月 18—24 日	美国	哥伦比亚大学、罗格斯大学	方　颖
9 月 18—27 日	印尼、马来西亚、柬埔寨	印尼大学、艾尔朗加大学、东盟及中日韩大学联盟秘书处、中国驻东盟使团、马来亚大学、厦门大学马来西亚分校、柬埔寨皇家金边大学、东南亚大学、金边美国大学、柬埔寨柬华理事总会、柬埔寨福建商会、柬埔寨皇家警卫队司令和柬埔寨外交部	张宗益
9 月 24—26 日	中国香港	厦门大学旅港校友会	林东伟
9 月 24—27 日	新加坡	新加坡科技研究局、新加坡国立大学、新加坡南洋理工大学	江云宝
9 月 26—10 月 3 日	美国	波士顿学院	史大林
10 月 3—10 日	法国、马耳他	勒阿弗尔大学、经济合作与发展组织(OECD)总部、马耳他大学孔子学院及其教学点、中国驻马耳他大使馆	林东伟
10 月 8—12 日	日本	The 18th annual meeting of the Internet Governance Forum (IGF)	邓朝晖

续表

访问时间	访问国家/地区	访问单位	带队校领导
10月16—20日	中国香港、中国澳门	中央政府驻港联络办、中央政府驻澳联络办、香港教育局、澳门教青局、香港大学、香港中文大学、香港科技大学、澳门大学、澳门城市大学、香港珠海学院、香港数码港	张　荣
10月27日	中国台湾	金门大学	张宗益
11月5—6日	中国香港	厦门大学旅港校友会	徐进功
11月27日—12月1日	日本	广岛大学(参加第十三届中日大学校长论坛)、千叶大学、早稻田大学	史大林
12月10—13日	马来西亚	韩江传媒大学学院知名半导体企业NSW Automation和NationGate、马来西亚分校、中国驻马来西亚大使馆	张　荣

2023年厦门大学新(续)签合作协议一览表

协议名称	签约院校	国家/地区	签署人	签约时间
拉罗谢尔大学和厦门大学关于林家宝的博士联合培养协议	拉罗谢尔大学	法国	张宗益 方　颖 谭绍滨 许传炬	1月1日(新)
厦门大学与波尔多大学框架合作协议	波尔多大学	法国	张宗益	2月3日(续)
厦门大学与波尔多大学校外人员临时接待合同	波尔多大学	法国	谭绍滨	2月16日(新)
中国国际中文教育基金会与厦门大学和中东技术大学关于合作建设孔子学院的协议	中东技术大学	土耳其	张　荣 张宗益 方　颖	2月21日(续)
厦门大学管理学院与QTEM合作协议	QTEM经济管理硕士网络	全球	吴超鹏	3月15日(续)
厦门大学与静宜大学学术交流备忘录	静宜大学	中国台湾	张宗益	3月21日(续)
厦门大学与静宜大学学生交流协议书	静宜大学	中国台湾	张宗益	3月21日(续)
厦门大学与波尔多大学合作协议附录一：数学-物理科学领域的工程师项目合作协议	波尔多大学	法国	张宗益	4月13日(续)
厦门大学与香港城市大学联合培养博士研究生合作协议	香港城市大学	中国香港	张宗益	4月19日(续)
厦门大学与威尼斯大学合作备忘录	威尼斯大学	意大利	张　荣	4月28日(新)
厦门大学与威尼斯大学补充协议	威尼斯大学	意大利	张　荣	4月28日(新)
厦门大学与中兴大学学术交流合作合约	中兴大学	中国台湾	张宗益	5月12日(续)
厦门大学与中兴大学学生交换合约	中兴大学	中国台湾	张宗益	5月12日(续)
厦门大学与纽约电影学院3+1/3+2本硕连读学位合作培养项目协议	纽约电影学院	美国	方　颖	5月30日(新)
厦门大学与雅典耀大学合作谅解备忘录	雅典耀大学	菲律宾	张宗益	6月8日(续)

续表

协议名称	签约院校	国家/地区	签署人	签约时间
厦门大学与文莱大学合作谅解备忘录	文莱大学	文莱	张宗益	6月12日(续)
厦门大学财务管理与会计研究院与美国杜兰大学弗里曼商学院硕士留学准备课程项目协议	杜兰大学	美国	胡金帅	7月13日(续)
厦门大学经济学院与淡江大学学校财团法人淡江大学商管学院学生交换合约书(院级)	淡江大学	中国台湾	钟　威 周颖刚	7月21日(续)
厦门大学与淡江大学学术交流合约书	淡江大学	中国台湾	张宗益	7月26日(续)
厦门大学与淡江大学学生交流合约书	淡江大学	中国台湾	张宗益	7月26日(续)
卢森堡收入研究所(LIS)和厦门大学邹至庄经济研究院合作协议	卢森堡收入研究所(LIS)	卢森堡	洪永淼	7月31日(新)
厦门大学与台湾艺术大学学生交流协定书	台湾艺术大学	中国台湾	张宗益	8月12日(续)
新西兰梅西大学创意艺术学院与中华人民共和国厦门大学电影学院合作意向书	梅西大学	新西兰	李晓红	9月18日(新)
厦门大学与印度尼西亚大学合作谅解备忘录	印尼大学	印尼	张宗益	9月19日(新)
厦门大学与印度尼西亚大学学生交换协议	印尼大学	印尼	张宗益	9月19日(新)
中国厦门大学与印度尼西亚艾尔朗加大学学术交流合作谅解备忘录	艾尔朗加大学	印尼	张宗益	9月20日(新)
厦门大学国际关系学院/南洋研究院与马来亚大学人文与社会科学学院教育研究合作协议	马来亚大学	马来西亚	张宗益 高艳杰	9月21日(新)
厦门大学与金边皇家大学合作备忘录	金边皇家大学	柬埔寨	张宗益	9月26日(新)
厦门大学建筑与土木工程学院与英国纽卡斯尔大学地理、规划和景观学院联合培养协议	纽卡斯尔大学	英国	张建霖	9月26日(续)
香港科技大学人文社会科学学院与厦门大学哲学系研究生交流协议(院级)	香港科技大学	中国香港	朱菁	9月30日(续)
厦门大学哲学系与香港科技大学人文社会科学学院学生联合培养项目协议	香港科技大学	中国香港	朱菁	9月30日(续)
厦门大学环境与生态学院与瑞典隆德大学工学院合作协议	瑞典隆德大学	瑞典	王新红	10月6日(续)
都柏林城市大学翻译技术理学硕士学位与翻译学文学硕士学位联合培养项目协议	都柏林城市大学	爱尔兰	陈菁	10月9日(续)
厦门大学邹至庄经济研究院与数量经济学平台(QuantEcon)合作协议	数量经济学平台(QuantEcon)	美国	洪永淼	10月12日(新)
厦门大学与千叶大学学术交流合作备忘录	千叶大学	日本	张宗益	10月24日(新)
厦门大学与千叶大学学生交换协议	千叶大学	日本	张宗益	10月24日(新)
卡迪夫大学工程学院和厦门大学建筑与土木工程学院联合培养协议	卡迪夫大学	英国	张建霖	10月25日(新)
厦门大学与新泽西州立罗格斯大学合作备忘录	新泽西州立罗格斯大学	美国	史大林	10月31日(新)
厦门大学与菲律宾米沙鄢大学合作备忘录	菲律宾米沙鄢大学	菲律宾	张宗益	11月1日(新)

续表

协议名称	签约院校	国家/地区	签署人	签约时间
厦门大学管理学院与法国昂热高等商学院合作协议	昂热高等商学院	法国	白云涛	11月9日(续)
中匈“一带一路”智库合作四方协议	福建海丝股权基金管理有限公司、匈牙利企业发展基金会、匈牙利约翰·冯·诺依曼大学欧亚中心	匈牙利	陈武元	11月18日(新)
厦门大学与台湾师范大学学术合作交流备忘录	台湾师范大学	中国台湾	张宗益	11月30日(续)
厦门大学与台湾师范大学学生交换约定书	台湾师范大学	中国台湾	张宗益	11月30日(续)
香港科技大学与厦门大学本科生交换协议	香港科技大学	中国香港	史大林	12月12日(新)
厦门大学国际关系学院/南洋研究院与那不勒斯东方大学学术交流框架性协议	那不勒斯东方大学	意大利	高艳杰	12月20日(续)
厦门大学与纽约电影学院学生访学项目协议	纽约电影学院	美国	方颖	12月29日(新)

2023年厦门大学举办国际会议一览表

举办时间	会议全称(中文)	主办/承办/合办单位
1月9—12日	第六届厦门海洋环境开放科学大会	近海海洋环境科学国家重点实验室
3月10—12日	“中国式现代化与华侨华人”学术研讨会	国际关系学院
3月25—26日	厦门大学外文学科新百年系列学术论坛——语言:功能、应用与认知	外文学院
4月4—7日	中国式现代化与全人类共同价值国际学术研讨会	社科处
4月6—8日	中国式现代化与国际中文教育发展论坛	国际中文教育学院/海外教育学院
4月29日	厦门大学外文学科新百年系列学术论坛——“共同体视阈下的国别区域研究”论坛	外文学院
6月14—16日	中日氢能源产业合作论坛	能源学院
6月30—7月2日	全欧/全英中国经济学会2023年会	经济学院
7月7—9日	面板数据与时间序列计量经济学前沿国际研讨会	王亚南经济研究院
9月14—15日	“国际法适用于网络空间的中欧专家工作组”年度研讨会(第三届)	法学院
9月24—28日	表层海洋-低层大气研究(SOLAS)战略研讨会	近海海洋环境科学国家重点实验室
10月8—10日	中德研讨会:范德华半导体材料光谱学	化学化工学院
10月16—20日	热化和涨落关系研讨会	物理科学与技术学院
10月20—22日	第五届分子影像学厦门论坛	公共卫生学院
10月20—23日	2023厦门软物质论坛	物理科学与技术学院

续表

举办时间	会议全称(中文)	主办/承办/合办单位
10 月 28—31 日	2023 海上丝绸之路国际产学研用合作会议未来显示分论坛暨 Micro LED 显示产业年会	物理科学与技术学院
10 月 31—11 月 3 日	自然学术会议——面向可持续世界的柔性电子	柔性电子(未来技术)研究院
11 月 2—5 日	第 7 届亚太国际工程计算方法学术会议	建筑与土木工程学院
11 月 5—7 日	国际海洋考察理事会(ICES)和北太平洋科学组织(PICES)海洋负排放联合工作组会议	碳中和创新研究中心
11 月 8—8 日	海洋负排放国际大科学计划开放科学大会	碳中和创新研究中心
11 月 8—11 日	2023 海上丝绸之路国际产学研用合作会议海洋科技与工程分论坛	海洋与地球学院
11 月 9—11 日	海洋负排放国际大科学计划委员会会议	碳中和创新研究中心
11 月 9—12 日	2023 永续海洋论坛	环境与生态学院
11 月 9—12 日	2023 年数字孪生海洋国际会议	近海海洋环境科学国家重点实验室
11 月 10—14 日	中国-东盟海藻合作论坛	海洋与地球学院
11 月 15—17 日	第二届达沃斯世界经济论坛全球能源社区-中国能源社区论坛	管理学院
11 月 16—19 日	2023 年油脂化学品与可持续发展国际研讨会	化学化工学院
11 月 23—25 日	固体表面物理化学国家重点实验室咨询委员会 2023 年会	化学化工学院
11 月 24—27 日	第九届全国稳定同位素生态学学术研讨会暨中国生态学学会稳定同位素生态专业委员会 2023 年学术年会	环境与生态学院
11 月 25—28 日	第四届亚太能源存储与转化会议	化学化工学院
11 月 27—29 日	2023 Cumulus 联盟北京年会厦门大学平行会议“设计中的福祉”	创意与创新学院
11 月 28—30 日	人工智能应用电化学国际研讨会	化学化工学院
12 月 1—3 日	第十七届安全、防伪、识别国际会议	电子科学与技术学院
12 月 8—11 日	第三届中日催化与精准合成会议(厦门)	化学化工学院
12 月 8—12 日	2023 年厦门多复变与复几何学术研讨会	数学科学学院
12 月 9—10 日	2023 高等教育国际论坛年会	教育研究院
12 月 18—22 日	二十世纪下半叶亚洲电影的多元景观	电影学院

2023 年厦门大学举办两岸会议一览表

举办时间	会议全称(中文)	主办/承办/合办单位
4 月 15—17 日	中国式现代化与新时代两岸关系发展论坛暨第九届文厦论坛	台湾研究院
7 月 3—5 日	“当前台湾政情及两岸关系发展”学术研讨会	台湾研究院
7 月 7—11 日	第九届两岸学子论坛	台湾研究院

续表

举办时间	会议全称(中文)	主办/承办/合办单位
10月31—11月1日	第十届海峡两岸海洋环境监测与预报技术研讨会	环境与生态学院
11月2—3日	2023年闽台知识产权圆桌会议	知识产权研究院
11月3—5日	2023年海峡两岸微观经济研讨会	王亚南经济研究院
11月4—5日	2023年海峡两岸商业秘密保护学术论坛	知识产权研究院
12月1—3日	第六届两岸社会保障论坛	台湾研究院

资产与后勤事务管理

【概况】 年内,学校坚持以习近平新时代中国特色社会主义思想为指导,深入学习贯彻党的二十大和学校第十二次党代会精神,认真落实学校各项资产与后勤事务工作部署,凝心聚力、砥砺奋进,以优良作风、优质服务、优异成绩助力学校"双一流"建设。

截至12月31日,学校资产登记土地面积491.99公顷,其中思明校区(含校外科研基地)178.10公顷,漳州校区(不含嘉庚学院)71.21公顷,翔安校区242.68公顷。学校核算登记的固定资产原值158.5亿元,其中房屋建筑面积244.96万平方米,原值89.86亿元;通用设备187599台(件/套),原值45.86亿元;专用设备20069台(件/套),原值15.20亿元;文物陈列品7173台(件/套),原值198.98万元;家具用具装具97309台(件/套),原值2.24亿元。图书档案1417万册(个),原值5.42亿元。全年安全用电3.96亿度,用水718.35万吨,中水回用174.12万吨,水电费总支出13369.24万元,回收6239.45万元,净支出7129.79万元。

规范国有资产管理。年内收取公房资源使用费1619万元、商业用房租金5525万元。完成国有资产出租出借报备手续5批次,涉及资产原值1970.20万元;国有资产处置事项3批次,涉及资产原值12764.23万元,全年国有资产处置收入145.50万元。

提升民生服务质效。安排教师入住周转房59人次、博士后公寓117人次。发放住房货币化补贴38人次,补贴金额517万元。继续推进老旧住宅电梯增设工作,截至12月31日,累计开工41梯,完工34梯。

实现采购提质增效。全年货物、服务及工程采购立项(不含试剂耗材平台)24993个,预算总额8.18亿元,成交总额7.86亿元,节约率3.91%。试剂耗材询购平台统一结算9次,共11310个结算单,总金额1.67亿元,涉及100个二级单位(含附属医院)。

完善基础设施建设。完成本年度各类修缮项目273个,总金额1.44亿元。重点工程包括思明校区新区1～3号楼、翔安校区西部片区等学生宿舍修缮;数理大楼、新工科大楼、文宣楼等教学科研楼改造;颂恩楼二楼会议室、翔安学生活动中心等活动场所改造;海韵园总配电室等基础设施改造。

推进平安校园建设。完善和强化校园食品安全管理,定期开展学校传染病防控和食品安全管理联合巡查,结合重要时间节点开展防洪防台风、森林防火等工作检查,开展应急演练,排查整改安全隐患;加强学校应急抢险救灾队伍建设,及时补充抢险救灾物资储备;完成翔安校区西部片区5、6号楼周边、丰庭餐厅南侧等汽车停车场建设,消除群贤北路西侧路段及凌云公寓片区道路安全隐患,解决翔安校区停车拥挤及交通安全隐患问题。

提升育人实效。落实校园环境与基础设施维护日常巡查制度;推进雨污分流改造工程、校园生活垃圾分类工作;开展爱国卫生运动,持续做好校园公共区域、教工住宅、学生宿舍环境卫生整治和绿化工作;完成敬贤3号、东区22号、海滨30～34号、海滨1～6号周边全民健身场地建设;做好文明校园宣传教育,举办世界无烟日、节水宣传周、节能宣传周等宣传活动。

推进幼儿园建设。举办幼儿园建园70周年庆祝大会及系列活动,继续创造一流的育儿环境,提升办园水平。

夯实自身建设。采用"双随机、一公开"方式开展本年度采购工作内部专项检查,在学校采购信息公告网公开检查结果,提升学校采购工作规范化、科学化、精细化水平。开展业务培训,内容涵盖法律法规、相关线上平台及实务操作等。承办中国教育后勤协会房产管理专业委员会2023年主任、秘书长工作会议暨案例评审会,协助招投标中心承办教育部直属高校政府采购专项培训班,与各高校同行深入开展交流,夯实业务基础,提升业务能力。

(徐玮辰　黄冬莲　郑姗杉　陈心怡　袁华玉　江耀明　徐伟斌　揭莉萍)

【试剂耗材询购平台二期工程管控品模块上线】 4月,试剂耗材询购平台升级。5月,管控品模块在化学化工学院、物理科学与技术学院试运行。11月,管控品模块在全校范围内正式上线,为学校师生教学所需易制毒易制爆材料审批、购买和台账管理工作提供便利,规范管理流程。

(刘会芳)

【推进海韵北区产权办理工作】 4—5月,缴纳学校购买海韵北区住宅和车位环节的契税和印花税。10—11月,海韵北区现场收取、预审住宅和车位产权办理材料。11—12月,向厦门市税务部门申报并缴交住宅交易税费

(含代缴个人应交税费),完成 306 套安置房的税费代缴工作。12 月 20—26 日,厦门市不动产登记中心现场收取海韵北区安置房及相应校内旧房不动产登记材料,完成 267 套安置房及 263 套校内旧房的产权收件工作。(陈霖锋 陈顺源 徐泽兰 郑姗杉)

【完成海滨新区 1～3 号楼整体修缮工作】 7 月、11 月,先后完成海滨新区 1～3 号楼学生宿舍整体修缮工作,修缮内容主要包括室内、走廊、外立面、屋面改造,热水、空调、监控、网络安装,室外环境提升等。(吴 熹)

【完成信息学院配套建设工作】 8 月,完成信息学院配套改造工程(二期),新建道路面积 9500 平方米,配套建设翔安校区 5、6 号楼周边和丰庭餐厅南侧汽车停车场。(朱亚鑫)

【顺利完成大生里教工住宅回迁工作】 大生里 43 个回迁户签订住房合同并装修入住,跟进处理 1 个回迁户信访问题。推进大生里回迁后续管理服务工作,规范物业管理条例,协调处理住户装修、用电改造、工程维保等事项。(付慧珊)

【推进高林、五缘 121 套未配售房源产权办理工作】 12 月 15 日,取得配售房源房款的发票,协调厦门市税务局推进契税办理、印花税缴交,协调不动产登记中心产权办理。截至 12 月 31 日,73 户周转入住高林保障房教职工签订《厦门大学高林居住区保障性住房使用权协议书》。(徐泽兰)

【基本完成学校第一批老旧小区改造】 年内,学校 3 个住宅片区入选厦门市 2023 年首批老旧小区改造项目,该项目由政府出资建设,涵盖 36 栋、526 户、建筑面积 3.7 万平方米,总投资约 1000 万元。12 月,基本完成雨污管网改造、燃气管道铺设、区间道路沥青铺设、弱电管线下地等 10 余个基础类改造提升项目,整体提升小区环境和居住舒适度。《高校老旧教工住宅改造提升探索——以厦门大学老旧小区改造项目为例》被中国教育后勤协会房产管理专业委员会评为“2023 年度高校房产管理案例”优秀典型案例。(许书环)

【推进海韵园教学科研用房调整工作】 12 月,基本完成信息学院、电子科学与技术学院搬迁工作,推进海韵园数学科学学院、物理科学与技术学院用房资源整合集中及社会与人类学院搬迁工作。(钱 昆)

【基本完成思明校区雨污分流改造工程】 年内,思明校区雨污分流改造工程基本完成,该项目由政府出资建设,改造雨污水管网约 2.2 万米,涉及污水主系统新建、管道修复及局部雨水管道改造等,项目总投资约 5760 万元。(徐伟斌)

【校园垃圾分类工作推向深入】 思明校区于 2 月、11 月开展生活垃圾分类考评工作各 1 次,5 月、10 月举办生活垃圾分类宣讲培训各 1 次,年内建成垃圾分类屋 10 座。翔安校区增加垃圾转运车 2 部,更换破损垃圾分类桶 590 个,新增垃圾分类责任牌 41 个,更换学生公寓垃圾分类点强光照明灯。(傅燕姗)

招投标工作

【概况】 年内,学校坚持以习近平新时代中国特色社会主义思想为指导,扎实开展学习贯彻习近平新时代中国特色社会主义思想主题教育,认真学习宣传贯彻学校第十二次党代会精神,围绕学校年度发展目标和工作要点,持续强化内控制度执行和廉政风险防控,全过程、全要素规范采购行为和采购流程,依法合规做好学校采购工作,以新担当、新作为、新气象全力服务学校高质量发展。推进学校重点基本建设项目实施“评定分离”。研究《关于厦门大学重点基本建设项目招标实施“评定分离”的建议》。出台《厦门大学重点建设项目“评定分离”招标管理办法(试行)》(厦大综〔2023〕26 号)、《厦门大学重点基本建设项目“评定分离”招标工作保密管理规定》(厦大资产〔2023〕9 号)和《厦门大学采购招标廉政建设管理规定》(厦大资产〔2023〕10 号),进一步落实招标人主体责任,更好地提高学校工程质量,降低工程成本,防范廉政风险。

截至 12 月 31 日,中心年度采购项目共成交 324 个,采购总预算 144190.69 万元,中标总金额 133940.86 万元,节约金额 10249.83 万元,节约率 7.11%;店面招(拍)租 37 次,首年度合同金额 1085.34 万元。(张福中 李 苗 秦 岭 陈伟德)

【政府采购负面清单监管工作实现全覆盖】 修订《厦门大学政府采购负面清单(2021 年版)》,形成《厦门大学政府采购负面清单 1(2023 年版)》《厦门大学政府采购负面清单 2(2023 年版)》,将该清单适用主体从用户单位、业务主管部门扩大到包括招投标中心、采购代理机构、评审专家,实现负面清单监管工作的全覆盖,于 1 月 1 日正式启用。(李 苗)

【承办教育部直属高校政府采购专项培训班】 为落实深化政府采购制度改革要求,提高教育部直属高校政府采购工作制度化、信息化水平,中国教育会计学会高校政府采购分会委托学校于 5 月 22—24 日承办教育部直属高校政府采购专项培训班。厦门大学以《打造政采全链条管理的“厦大模板”推进学校采购“放管服”改革》为题向与会 75 所直属高校政府采购负责人和相关工作人员介绍学校采购工作改革探索情况。(李 苗)

【完成厦门大学基本建设工程首个“评定分离”方式招标任务】 9 月,顺利完成学校海韵园二期“德旺商学院、电影学院和综合文体大楼”主体工程首个“评定分离”方式招标任务。中建五局海西投资建设有限公司和中国建筑第五工程局有限公司(联合体)中标,中标价约 65302.57 万元。(张福中)

【完成厦门大学国家医学攻关产教融合创新平台专项采购】 推进厦门大学国家医学攻关产教融合创新平台(疫苗研发)建设项目采购工作,该专项采购共计 73 个项目,预算金额 10779.12 万元,中标金额 10245.36 万元。(张福中 秦 岭)

【厦门大学翔安校区开评标室正式启用】 11 月 16 日,设在翔安校区西部片区 3 号楼 1 楼的校区开评标室正式启用,实现开评标一体化,推动校区间采购开评标服务保障能力同等化。(李 苗)

实验室与设备管理

【概况】 年内，学校坚持以习近平新时代中国特色社会主义思想为指导，贯彻落实学校第十二次党代会精神，瞄准学科发展与学科交叉需求，创新管理体制机制，促进实验室与贵重仪器设备管理内涵式可持续发展。

提升贵重仪器设备资源配置能力与开放共享水平。建立资源效益多维评价监管机制，强化对大型仪器事中事后监管，制定评价考核管理方案，开展仪器绩效审计，将考核评价与资源分配联动。建立支撑科研教学一流服务体系，以共享平台为依托，学校大型科研仪器有力支撑重大科研任务、重大平台建设和创新成果产出。建立多元化全方位对外共享模式，制定对外服务合同管理办法，举办仪器共享平台协同创新发展论坛，开设"厦大仪器共享专栏"，倡议发起闽西南高校大型仪器开放共享联盟。建立全周期一站式共享网络体系，与国家、地方对接，建设实验室智慧管理平台，推动仪器开放运行与实验室管理的精细化、规范化、标准化。进一步规范贵重仪器设备开放使用收费管理，发挥贵重仪器设备开放使用收费的激励引导作用，实现贵重仪器设备开放使用收入 2933.16 万元。推进贵重仪器设备二次资源配置，优化盘活存量仪器资源，调剂调拨贵重仪器设备 839 台(套)。开展实验公房减免房产资源使用费审核，免费使用实验公房面积 27509.37 平方米，减免租金 99.03 万元。发挥贵重仪器设备对人才培养的促进作用，组织开展第三届厦门大学拔尖学生贵重实验仪器设备开放创新基金申报和评审，年内共计 6 个重点项目、12 个普通项目立项，中国教育报以题为《贵重实验仪器设备向拔尖学生开放——厦门大学为学生在基础学科前沿领域探索提供支持》为题做报道。学校向重大科研基础设施和大型科研仪器国家网络管理平台上报单价 50 万元以上贵重仪器设备 725 台套，其中 584 台(套)贵重仪器设备纳入集约化管理。学校牵头成立闽西南高校大型仪器开放共享联盟，带动区域融合发展，为厦门市 38 家单位提供测试服务，其中"三高"企业 8 家。中国教育报以《高校大型仪器不再"独享"——厦门大学推动大型仪器与周边高校和单位共享》《厦门大学依托网络平台推进大型仪器对外开放服务——高校仪器设备共享带来了什么》为题做连续报道。

排查安全隐患，筑牢安全防线。坚持抓日常、抓专项与抓节点相结合，将安全隐患排查整治常态化。规范实验室危险废物贮存环境管理和识别标志设置，完成全校 18 个危险废物贮存库和 1098 个危险废物贮存点的标签、标识规范化更新工作，全年组织危险废物清运 180 批次，处置危险废物 283.34 吨，实现思明校区剧毒化学品清零。加强实验室特种设备安全管理，全面清查学校实验室特种设备基本情况，并统一纳入"特种设备安全监管系统"管理。健全完善应急管理体系，积极开展应急演练，推动全要素、全过程协同联动，验证完善应急预案，提升应急管理合力，全年组织开展实验室应急演练 9 场次，提升实验室事故事件应急的组织、协调和现场处置能力。全方位加强实验室安全教育，举办内容丰富、形式多样的实验室安全知识教育，全年开展实验室安全教育培训 15 场次，举办第九届实验室风采大赛、2023 年实验室安全与卫生知识竞赛、"安全生产月"、"消防安全宣传月"等品牌特色活动。

根据学校实验室与仪器设备管理事业发展新形势开展制度建设，制定实施《厦门大学贵重实验仪器设备评价考核管理办法》《厦门大学实验室安全分类分级管理办法(试行)》《厦门大学实验室危险废物处置管理办法》《厦门大学实验室防洪防台风应急预案(2023 年修订)》《厦门大学贵重实验仪器设备开放共享服务合同管理细则(试行)》，让实验室管理有章可循，有据可依。

捐物献智精准帮扶，担当作为助力乡村振兴。主动融入闽宁协作大局，整合各方力量推进三方共建检测实验室合作框架协议内容实施。组建宁夏隆德帮扶共建专班小组赴隆德县开展精准帮扶，围绕"产研""教育"，开展仪器培训与标准实验室建设管理专题经验交流，面向隆德县科技工作者、高级中学师生举办科普讲座，深入张树村微生物制剂车间开展技术帮扶。邀请隆德县食品药品检测中心的 5 名技术人员赴厦门大学进行业务培训。协调化学化工学院、生命科学学院、现代教育技术与实践训练中心，筹集 4 台仪器、90 台计算机和 4 台投影机，固定资产总值 549.5 万元，捐赠宁夏隆德县对口援建项目。推进实验室信息化建设。建设厦门大学实验室智慧管理平台，整合现有实验室管理信息化资源，共享联用不同系统间数据，推动精准管理和科学决策。启动厦门大学实验室危险废物暂存间数智化技术改造提升项目建设，开发厦门大学实验室危险废物管理系统，实现从产生到转运、暂存、处置的全流程线上管理。启动实验室综合管理平台升级改造项目。

截至 12 月 31 日，全校单台(套)10 万元以上的教学科研仪器设备 6983 台(套)，价值 39.6 亿元，当年新增 3.7 亿元；单台(套)40 万元以上的教学科研仪器设备 1895 台(套)，价值 28.8 亿元，当年新增 2.9 亿元。年内共完成全校各单位 396 台(套)单价 10 万元(含)以上普通贵重仪器设备的购置前可行性论证，其中 136 台(套)单价 40 万(含)～100 万(不含)的贵重仪器设备，25 台(套)单价超过 100 万(含)的贵重仪器设备；6807 台(套)批量贵重仪器设备。共计完成 7203 台(套)贵重仪器设备的购置前可行性论证；完成 229 台(套)单价 10 万(含)以上贵重仪器设备的报废前可行性论证。 (罗剑梁 张 晶)

【重大科研基础设施和大型科研仪器开放共享评价考核连获优秀】 科技部、财政部会同有关部门，委托国家科技基础条件平台中心开展 2023 年中央级高校和科研院所等单位科研设施与仪器开放共享评价考核工作，厦门大学获评"优秀"，位居全国参评高校前列。 (张 晶)

【落实免税进口科研仪器设备开放共享管理办法】 学校已获批免税进口科研仪器设备开放共享简易程序，并发布管理办法规范免税进口仪器开放共享管理。年内，学校落实免税进口科研仪器设备开放共享管理办法，共计向高崎海关报备监管期内开放共享免税进口科研仪器设备 124 台(套)，资产总值 7954 万元，免税进口仪器设备监管期内向外单位开放共享 39 次。 (陈 芃)

【解决进口科研生物材料入境困难问题】 对接中国海关数据中心和厦门海关卫生检疫处，协助生命科学学院、海洋与地球学院等二级单位办理中国电子口岸 IC 卡，获取“互联网＋海关”登录权限，打通特殊生物样本入境渠道。梳理校内特殊生物样本出入境审批申请办事流程，提升卫生检疫审批申请便利度和规范化。 (许丽婷)

【开展实验室安全员党员先锋岗中期考核】 对首批入选的 20 个“实验室安全员党员先锋岗”创建单位开展中期考核工作。采取听取汇报、交流座谈、实地考察形式做出综合性评价。 (张重阳)

附　录

2023 年厦门大学部分贵重仪器设备分布情况

单位名称	合　计	
	台/件	金额(元)
数学科学学院	3	735200.0
物理科学与技术学院	208	119844224.6
化学化工学院	1116	587811136.7
信息学院	165	51874351.2
材料学院	335	257303985.8
建筑与土木工程学院	32	10682736.1
能源学院	109	61457632.2
萨本栋微米纳米科学技术研究院	117	63779834.6
航天航空学院	227	97537077.0
石墨烯工程与产业研究院	48	68596846.1
电子科学与技术学院	246	133969257.5
人工智能研究院	83	30327230.0
柔性电子(未来技术)研究院	8	3314600.0
生命科学学院	467	284753993.7
公共卫生学院	308	204524166.4
药学院	127	74441801.0
医学院	307	132267328.8
海洋与地球学院	947	791070825.9
环境与生态学院	216	71298715.6
实验动物中心	215	53814183.9
附属翔安医院	612	484742051.1

基建工作

【概况】 年内,学校认真学习贯彻党的二十大精神,积极落实学校第十二次党代会工作部署,弘扬建设"团结、奋进、高效、廉洁"团队文化,扎实推进各项工作,按时完成有关项目,进一步提升学校办学条件,助力学校"双一流"建设。

提升党建质量,党建基建深度融合。推进主题教育走深走实,促进翔安校区博士后公寓一期A地块、快递服务中心等民生项目按期开工;强化党建引领,开展"支部建在项目上,党旗飘扬在工地上"行动,推动翔安校区博士后公寓一期工程A地块项目总承包单位成立临时党支部。

聚焦廉政风险,完善内控制度建设。成立厦门大学基建工程领域廉政风险防控工作领导小组;印发实施《厦门大学基本建设项目招标与采购工作实施细则》《厦门大学基建处处务会议议事规则》《厦门大学基建处建筑材料品牌管理办法》《厦门大学基本建设项目施工应急管理办法》《基建处关于加强团队建设的十条规定》等文件。

加强内外沟通,推进重点工作进展。推动厦门市10月开工建设跨演武路地下车行通道项目;顺利完成基建项目相关招标8个、招标节约6319万元,其中海韵园二期主体建筑工程为学校首个采用"评定分离"施工招标的项目;完成翔安校区新工科研发大楼等6个项目合同结算、核减金额1103万元。

强化施工管理,保障项目安全稳定。翔安校区中部学生食堂、动物及生物安全三级实验室、信息学院改扩建5、6号楼顺利竣工,海韵园二期主体建筑工程、翔安校区博士后公寓一期A地块开工建设,法学院扩建项目完成结构验收,翔安校区快递服务中心项目进入收尾阶段。

(王培杰 赖君鸿)

【中部学生食堂竣工】 工程于2月21日通过竣工验收,4月投入使用,命名为"思源餐厅"。项目位于厦门大学翔安校区中部,占地面积4362平方米,总建筑面积12968平方米,地上3层、地下1层,主要为餐厅、厨房、配套服务及设备用房等。由厦门大学建筑设计研究院有限公司设计,乐嘉建设工程有限公司施工,筑力(福建)建设发展有限公司监理。 (郑敏峰)

【信息学院5号楼改扩建工程竣工】 改扩建工程于2022年9月开工建设,2023年5月完成验收后进行装修施工,9月投入使用。项目位于翔安校区西部片区,占地面积6020平方米,总建筑面积10957平方米(其中扩建面积3871平方米),地上5层,共1幢,主要为信息学院科研用房。由厦门大学建筑设计研究院有限公司设计,展文建设有限公司施工,厦门长实建设有限公司监理。 (范仁俊)

【信息学院6号楼改扩建工程竣工】 改扩建工程于2022年9月开工建设,2023年5月完成验收后进行装修施工,9月投入使用。项目位于翔安校区西部片区,占地面积11424平方米,总建筑面积7536平方米(其中扩建面积1935平方米),地上3层,共1幢,主要建设信息学院科研用房。由厦门大学建筑设计研究院有限公司设计,福建滨初建设工程有限公司施工,厦门长实建设有限公司监理。

(范仁俊)

【法学院扩建工程持续推进】 工程于2022年6月开工建设,2023年12月完成主体结构验收,正在进行室内外装修施工。项目位于思明校区海滨路、法学院西侧,占地面积5587平方米,总建筑面积27712平方米,地下2层、地上7层,共1幢,主要建设内容为法学图书馆、公共教室、实验室、研究中心、巡回法庭及地下车库等。项目由厦门大学建筑设计研究院有限公司设计,福建互助建筑工程有限公司施工,福州诺成工程项目管理有限公司监理。 (黄 立)

【海韵园二期项目持续推进】 9月5日顺利完成主体建筑工程招标,于10月11日开工建设。项目位于厦门大学思明校区东部,包含德旺商学院大楼、电影学院大楼和综合文体中心大楼,占地面积53600平方米,总建筑面积169250平方米,地下5层、地上10层,共4幢,主要建设科研用房、教学用房、实验实习用房、体育用房和配套生活用房等。项目基坑支护及土石方工程由厦门地质工程勘察院设计,福建巨铸集团有限公司施工;主体建筑工程由厦门大学建筑设计研究院有限公司设计,中建五局海西投资建设有限公司、中国建筑第五工程局有限公司(联合体)施工,厦门基业衡信有限公司监理。基坑支护及土石方工程于8月28日竣工验收。

(翁伟福)

【翔安校区博士后公寓一期工程A地块项目持续推进】 工程于8月21日开工建设。项目位于厦门大学翔安校区西侧,占地面积11146平方米,总建筑面积26083平方米,共6幢,地下1层,其中1~5号楼地上11层,6号楼地上1层,主要建设博士后公寓及配套用房。项目由厦门大学建筑设计研究院有限公司设计,福建磊鑫(集团)有限公司施工,厦门大学建筑设计研究院有限公司监理。

(沈英滢 郑敏峰)

【翔安校区快递服务中心项目持续推进】 工程于7月20日开工建设,11月6日完成主体结构验收。项目位于翔安校区中部,占地面积2238平方米,总建筑面积968平方米,地上1层,共1幢,主要建设配套生活用房。项目由厦门大学建筑设计研究院有限公司设计,元宏集团有限公司施工,厦门大学建筑设计研究院有限公司监理。 (沈英滢 郑敏峰)

医科管理

【概况】 年内,学校坚持以习近平新时代中国特色社会主义思想为指导,深入学习贯彻党的二十大精神和学校第十二次党代会精神,扎实开展学习贯彻习近平新时代中国特色社会主义思想主题教育,学习贯彻习近平总书记关于教育、科技、卫生与健康工作的重要论述精神,坚决按照中央、部省市和学校决策部署,以新医科建设为契机,深化医教协同,推动医学教育创新发展。

推进成立医学院心血管科学学系，跟踪了解临床科系建设进展。强化临床教学基地管理服务，推进新设附属龙岩中医院建设。做好重要公务活动、赛事和考试等医疗保障，为建校 102 周年发展大会、2023 年高等教育国际论坛年会、新一轮本科教育教学审核评估专家入校评估、2024 年研究生入学考试等 40 余场次重要公务活动、赛事和考试等提供医疗保障，助力健康校园建设。做好学校新型冠状病毒感染防控工作，完善校地联防联控机制，加强与属地卫健疾控部门、附属医院的常态化联系。建设学校健康驿站，做好核酸快检通道开通、新冠病毒疫苗接种等工作。

（郑俊艺）

【厦门大学附属龙岩中医院揭牌】 5 月10 日，厦门大学附属龙岩中医院揭牌，龙岩市委常委、宣传部部长杨溢，副校长周大旺，中国科学院院士、医学部主任、医学院院长韩家淮，龙岩市中医院负责人，医科建设与管理办公室、医学院负责人以及马来西亚分校实习生代表参加仪式。（郑俊艺）

【多学科医疗队赴隆德开展健康帮扶支医活动】 9 月 17—23 日，学校组建多学科医疗队赴隆德县人民医院开展健康帮扶支医活动，累计接诊患者 417 人次、会诊疑难病例 41 例、全院大会诊病例 1 例、教学查房 25 次、手术示教 7 例、学术讲座 12 次，培训近 220 人次。（郑俊艺）

【入选第二批全国学校急救教育试点学校】 11 月 3 日，教育部办公厅发布《关于做好第二批全国学校急救教育试点建设和管理工作的通知》，学校入选第二批试点建设单位，全国共 1000 所学校（含福建 30 所）入选。

（郑俊艺）

【成立医学院心血管科学学系】 11 月 29 日，医学与生命科学学部成立医学院心血管科学学系，王焱任心血管科学学系主任。（郑俊艺）

【开展应急救护培训系列活动】 10—12 月，“健康校园、急救有我”应急救护培训系列活动在厦门大学附属翔安医院、医学院临床技能培训中心举办，共开展 5 场培训，来自思明校区、翔安校区和漳州校区的 240 余名师生参加。（郑俊艺）

【开展艾滋病日宣传教育活动】 12 月 1 日，学校组织公共卫生学院、学生工作部（处）、翔安校区管委会、漳州校区管委会等单位，开展艾滋病日宣传教育活动，推动校园艾滋病防控工作。（郑俊艺）

校友会与教育基金会工作

校友工作

【概况】 校友总会坚持以习近平新时代中国特色社会主义思想为指导，深入学习贯彻党的二十大和二十届一中、二中全会精神，以习近平总书记致厦门大学建校 100 周年重要贺信精神领航，紧密围绕学校第十二次党代会总体部署，持续提升服务校友能力与水平，为建设“世界一流大学”添砖加瓦。

抓好党委巡视工作整改落实。根据校党委第一巡视组反馈巡视意见和整改建议，制定《校友总会秘书处落实校党委巡视反馈整改方案任务分解表》，深入贯彻学校党委关于巡视工作重要部署，推动巡视反馈意见整改按计划有序落实。

推动校友工作制度化规范化。推动注册、换届工作。浙江省厦门大学校友会获准注册，四川省厦门大学校友会注册工作取得关键性进展，温州、泰国、上海、江西、菲律宾、宁夏、广西、珠海、青岛 9 地校友会完成换届。召开校友总会第十八届常务理事会议，加强校友组织建设，提升校友服务质量。深化校院两级校友工作体制机制。赴化学化工学院、创意与创新学院、国际中文教育学院/海外教育学院、历史与文化遗产学院、继续教育学院调研校友工作。召开首期厦门大学校友工作沙龙。倡导各学院举办校友年级联络员聘任仪式，新聘 2023 届年级联络员 523 名。聘请律师团队担任总会法律顾问。

加强与全球校友的沟通联络。参加校友会年会活动、组织校友座谈、走访校友企业、拜访校友，增进与校友交流互动。推进“校友卡”制办，累计发放实体校园卡 36742 张。完成校友总会网站改版，提升校友使用体验；运营“厦大人”公众号，用户数增加至 60969 人。制作第 64、65 期《厦大校友通讯》。按期向海内外校友寄发《厦门大学报》等。推动校友馆展陈功能提升，校庆期间接待各界校友 2000 余人次。

主动做好服务校友系列工作。设计开发厦大校友服务系统，为校友、校友会组织提供返校预约、终身学习、活动组织等全方位服务；推出校友工作协同平台，为院系校友工作提供便捷渠道。做好 1987 级校友秩年返校、1988 级校友“至善楼”冠名、旅港校友会“群贤毕至——厦门大学百年华诞书画作品展”冠名等服务工作。推出毕业季新校友服务活动，在公众号推出致毕业生软文、在三校区张贴海报、在三家村广场开展路演，引导 2023 届毕业生加入地方校友会。联合发起举办校友网球、足球邀请赛；协助举办环校跑、校友访问马来西亚分校足球友谊赛等活动。协同做好校友奖教励学金项目立项申报工作和捐赠人捐赠后续反馈事宜。

助力学校教育事业发展大局。邀请会计系 1986 级校友徐华东、计统系 1984 届施建军、物理学系 1980 级李希龙三位校友为 2023 届毕业生讲话，邀请 1977 级数学系陈纯校友为 2023 级新生讲话。组织 2023 年“天南地北厦大人”暑期社会实践，联合各院系采写22篇校友典型故事。联络校友助力学校自强思源、马克思主义研修班等暑期社会实践队赴当地调研，支持“颉颃计划”实践团赴东南亚考察。为招生片区负责学院和地方校友会搭桥，发动校友会支持招生宣讲。

支持校友会服务当地社会发展。支持无锡市主办2023太湖人才峰会。协助厦门市集美区赴香港进行校友招商，助力思明区在香港举办南强经济校友招商基金园区推介会。联合承办厦门校友经济联盟大会。联合举办“厦门大学火炬创星荟创新创业大赛”。 （李绍玉）

【召开校友总会常务理事会会议】 4月6日下午，校友总会第十八届常务理事会会议在思明校区颂恩楼215会议室召开。校长、校友总会理事长张宗益，以及常务理事会成员出席会议。会议由副校长、校友总会副理事长邱伟杰主持，表决通过增补国际交流与合作处余宏波、浙江暨杭州校友会陈纯为常务理事。常务理事围绕“发挥理事会作用，推动校友工作高质量发展”主题展开研讨。

（李绍玉）

【浙江省厦门大学校友会获准正式成立】 9月8日，浙江省厦门大学校友会获得浙江省民政厅批准成立，12月10日在浙江杭州举办成立大会。校党委常务副书记林东伟，校党委原副书记、校友总会副理事长赖虹凯等出席大会。会议选举陈纯任会长，陈红根、丁建林任执行会长，徐振晓任监事长。 （李绍玉）

【新增成立三个学院、学科分会】 9月16日下午，厦门校友会历史学科分会成立大会在思明校区勤业餐厅三楼举行，会议选举甘秋洋校友任会长、程金财校友任监事长、解美婷校友任秘书长。11月12日上午，厦门校友会社会与人类学院分会成立大会在化学报告厅举行，会议选举王哲校友任会长、吴小杭校友任秘书长。12月24日上午，校友会科仪机电微纳分会成立大会在思明校区科学艺术中心音乐厅举行，会议选举廖惠航校友任会长、张建福校友任监事长。

（李绍玉）

【1987级校友返校举办周年庆】 8月4—7日，1987级1000多名校友返校，共赴因疫情延期两年的毕业30周年聚会，邀请学校领导、老师在上弦场合影，组织参观校史馆、革命历史馆、现代文学馆、鲁迅纪念馆、人类博物馆、校友馆、校友之家和翔安校区，并于8月6日晚在厦门国际会议中心酒店举办“厦门大学1987级毕业三十周年主题晚会”。 （李绍玉）

【1988级校友冠名“至善楼”】 4月6日下午，1988级100多名校友返校，参加“至善楼”冠名揭幕活动。校长、校友总会理事长张宗益，捐赠方代表、1988级校友联谊会会长杨永东，校友滕达等出席。 （李绍玉）

【旅港校友会举办书画展】 4月2日下午，由旅港校友会和艺术学院共同举办的“群贤毕至——厦门大学百年华诞书画作品展”在科学艺术中心一楼展厅开幕。旅港校友会100多名校友、嘉宾参加活动。100余幅艺术画作先后在思明、翔安、漳州三校区巡展，展后捐赠学校助力育人事业。

（李绍玉）

【设计开发厦大校友服务系统】 设计搭建校友服务系统，为校友和校友组织提供信息收集与发布、返校预约、校友会活动、校友终身学习、创业帮扶、企业招聘、立项捐赠等全方位、立体化服务。系统建设分为三阶段，集校友信息管理、数字校园卡办理、工作沟通等功能于一体的校友工作协同平台已上线，为院系校友工作提供资源共享、信息互通、学习交流的渠道。 （李绍玉）

【合办厦门校友经济联盟大会】 3月29日下午，2023年厦门校友经济联盟大会在厦门国际会议中心酒店举行，来自全国96所高校及本地中小学的250多名校友代表出席大会。该联盟是厦门市与在厦高校、外地知名高校在厦校友会、部分市属中小学校友会共同为校友提供服务而建立的协调机构。副校长、校友总会副理事长邱伟杰任该联盟常务副主席，滕达校友任轮值副主席，曾通校友任副主席，黄小芳校友任轮值副秘书长等，洪明辉校友、李建宏校友为大会致辞。 （李绍玉）

【联合举办创星荟创新创业大赛】 11月10日下午，首届厦门大学火炬创星荟创新创业大赛颁奖典礼在厦门禹洲温德姆至尊豪廷大酒店举行。大赛历时7个月，最终16个项目分获创新团队组、创新企业组一、二、三等奖及优胜奖。火炬创星荟创新创业系列活动由厦门大学、厦门火炬高新区管委会、学校创新创业教育领导小组指导，校友总会秘书处、创新创业教育办公室、厦门高新技术创业中心有限公司、物理科学与技术学院、材料学院、能源学院、航空航天学院、电子科学与技术学院共同主办。

（李绍玉）

教育基金会工作

【概况】 厦门大学教育发展基金会（以下简称“基金会”）围绕学校办学发展中心任务，加强与国内外校友和社会各界的联系和互动，做好捐赠和基金会管理的各项工作。

加强内控建设，坚持依法办会。获得2023—2025年度公益性捐赠税前扣除资格，获批2023—2027年度非营利组织免税资格。召开理事会会议，完成部分理事调整，审议并表决通过了《厦门大学捐赠管理办法（修正稿）》《厦门大学教育发展基金会财务管理办法（修正稿）》《厦门大学教育发展基金会接待清单（修正稿）》。完成第八轮校内巡视整改工作落实工作。通过教育部、财政部捐赠项目财政配比检查组专项核查。完成本年教育部捐赠收入财政配比申报工作。

弘扬捐赠精神，培育感恩文化。办好厦门大学教育发展基金会微信公众号，举办中国高等教育学会教育基金工作研究分会2023年第二次培训会议暨筹资论坛。

创新筹资方式，优化捐赠服务，为厦门大学建设发展争取更多社会支持。主动对接外文学院、物理科学与技术学院、新闻传播学院、哲学系、数学科学学院做好相关学科周年庆典筹资工作，做好“至善楼”揭幕仪式、北京新时代征程文化发展集团有限公司捐赠仪式、"安踏茁壮公益教育基金"启动仪式、"小米青年学者"项目签约仪式相关工作。持续做好各类奖学、奖教金的发放与管理，以及捐赠单位执行反馈工作。

积极拓展捐赠渠道，广泛开展和落实各项公益活动。基金会全年总计捐赠收入 23213.57 万元，公益活动支出 22812.07 万元，实现投资收益 725.94 万元。（张闻博）

【入围"2022 高校基金会微信公众号 50 强"】 2 月 28 日，2022 年全国高校基金会微信公众号 50 强榜单公布，基金会微信公众号跻身全部四个榜单前 10 名，其中"最受欢迎榜"第 3 名、"最佳全能榜"第 7 名、"最勤奋榜"第 7 名、"最具传播力榜"第 9 名。（张闻博）

【通过 2023 年中央高校捐赠配比专项资金核查】 核查组对学校在 2018 年 7 月至 2022 年 12 月间总计申报合格财政配比项目 407 个、涉及捐赠收入 7.56 亿元、获得财政配比资金 2.22 亿元展开专项核查，最终核查合格率为 99.73%。（张闻博）

【完成第八轮校内巡视整改落实工作】 针对校党委第一巡视组反馈的 31 个问题，制定整改措施 64 条狠抓落实。经过阶段性整改，应整改问题 31 个，已完成整改的 28 个，已取得阶段性成效但需长期坚持的 3 个。应落实整改措施 64 条，集中整改期内落实整改措施 59 条，常态化坚持 5 条。（张闻博）

【召开第三届理事会 2023 年会议】 7 月12 日，基金会第三届理事会 2023 年会议在颂恩楼 215 会议室举行。会议选举李峰、王智兰、陈锦华、周颖刚、吴超鹏、于文轩、廖志丹、邓贤明、刘弢为理事，审议并表决通过《厦门大学捐赠管理办法（修订稿）》《厦门大学教育发展基金会财务管理办法（修订稿）》《厦门大学教育发展基金会接待清单（修订稿）》，审议通过了基金会上一年度工作报告、财务报告和本年度工作计划、财务预算。（张闻博）

【举办中国高等教育学会教育基金工作研究分会 2023 年第二次培训会议暨筹资论坛】 11 月 19—22 日，由中国高等教育学会教育基金工作研究分会主办、基金会承办的中国高等教育学会教育基金工作研究分会 2023 年第二次培训会议暨筹资论坛在厦门举行。会议主题为"机遇与挑战：新时期高校教育基金会发展探析"，来自全国各地 100 所高校的 180 名教育基金工作者参加了本次活动。（张闻博）

附 录

2023 年厦门大学教育发展基金会接受大额捐赠一览

序号	捐赠人	金额（万元）	项目
1	河仁慈善基金会	8000.00	德旺商学院建设
2	福建省惠泽慈善基金会	2000.00	高层次人才引进及科研启动费、医学院建设
3	福建鑫鑫投资有限公司	2000.00	厦门大学教育发展基金
4	李耀昇	2000.00	厦门大学教育发展基金
5	林海川、潘俊玲伉俪	800.00	翔安校区音乐广场建设
6	闽都陈嘉庚公益基金会	657.60	闽都教育发展基金
7	安踏体育用品集团有限公司	500.00	安踏茁壮公益教育基金
8	福建省和敏慈善基金会	500.00	安踏集团和敏基金会教育基金
9	厦门信和达电子有限公司	500.00	信和达基金

校区管理

漳州校区

【概况】 漳州校区坚持以习近平新时代中国特色社会主义思想为指导，全面贯彻落实党的二十大精神、学校第十二次党代会精神，锐意进取、真抓实干，校区各项工作快速发展。

新增嘉庚学院 2023 级专升本新生入驻漳州校区，校区办学规模不断扩大。截至 12 月 31 日，校区共有在校学生 21032 人，其中创意与创新学院本科生 1015 人，嘉庚学院本科生 18157 人、硕士研究生（厦门大学与嘉庚学院联合培养)90人、专升本学生370人,国际学院自主留学项目学生1334人,产业技术研究院硕士研究生12人、博士研究生12人,古雷石化研究院硕士研究生42人。

校区运行机制更加完善。成功举办健身大课堂、"法同行"公益讲座等常态化或专项工会活动,形成校工会工作在漳州校区延伸的新格局。举办"书记下午茶"座谈会、"至善求是"大联学、优秀大学生成长感悟分享会、学生工作例会、团干例会等团学活动,有效提升团学工作在各校区的统一性。新增信息与网络中心驻点漳州校区办公专员,实现相关工作在校区的常态化延伸。

基础设施建设稳步推进。完成南侨路排洪渠修缮,消除漏水坍塌安全隐患。建成生化主楼自行车停车场及若谷停车场,改善停车条件。中门增设岗亭,北、中、南门更新电动伸缩门,改善校门形象。勤业、囊萤园区新建人脸识别速通门系统,北区餐厅、虎头水库新建监控系统,主楼群4号楼公共教室监控信号接入监控中心统一管理,提高安防能力。启动老旧配电设施设备更新改造一期项目,完成设备生产、配电室改造等前期工作,推进解决北区用电容量不足的难题。

师生健康服务有效强化。组织2批次校区专场鼻喷疫苗接种,共计接种978人次。按照"乙类乙管"要求优化管理措施,推进健康驿站建设,加强药品等相关物资储备,校区医务室为驿站师生提供咨询和用药指导。

校园文化生活日益丰富。举办全国劳动模范进校园先进事迹报告会等讲座,以及"我们的节日"等传承传统文化活动,为优秀传统文化在校区发挥更大影响和作用搭建平台。开展清明祭扫、升国旗仪式、烈士纪念日敬献花篮仪式、群贤毕至——厦门大学百年华诞书画作品展、党校名家讲坛等多校区统一的校园文化活动,活跃校区文化氛围。对接《陈嘉庚》《南强颂》在漳州校区专场演出,促进了优质文化资源跨校区流通。组织师生赴其他校区观看《紫藤花》《快乐寡妇》《遥望海天月》等演出,参加"海岳学术云"系列讲座,应急救护培训,以及"健康厦大102"环校跑等文体活动,加强了校区间常态化的校园文化交流和互动。

平安校园建设扎实推进。以落实教育系统重大事故隐患专项排查整治2023行动为主线,建立隐患清单,扎实开展整改,年内,清单中180余项任务基本整改到位或已采取相应措施,无重大隐患。开展实验室消防应急处置演练1场,各类演练、培训11场,组织校园防洪防台风安全检查4次,完成化学品中转库排洪沟杂草、沉沙清理作业3次。校区人防、物防配备进一步加强:中门增加专岗门卫14名,新增运载电动平板车1部、巡逻电动摩托车8部,增加投入防汛物资1批、治安和消防器材器械若干批。"安嘉出行"交通安全督导志愿服务队持续在南北门斑马线进行交通劝导工作,并新成立"砼心同行"厦门大学漳州校区校园安全督导志愿服务队,在交通高峰期于主干道、重要路口等位置,引导行人、车辆有序通行。嘉庚学院、后勤集团漳州校区服务办建立应急抢险志愿者队伍。

校地联动协作持续深化。协调漳州开发区教育部门设置保密室,完成全国大学英语四、六级考试漳州校区考点申报工作。邀请漳州市、漳州开发区相关单位入校协助开展校园道路安全技术分析及研判,防洪备汛地质安全隐患排查,以及消防、交通、防诈骗等安全宣传。与漳州开发区交警大队建立校园周边违停整治警校联动机制,持续净化校园周边交通环境。与开发区第一医院发热门诊建立联动机制,建立稳定对接及专业救治绿色通道,保证校区健康驿站应急备勤,进一步完善师生健康和卫生应急保障协调联动机制。　(刘　芬)

【停车设施建设稳步推进】　3月6日,校区敬贤教师公寓室外停车场12台新能源汽车充电桩完成安装、调试并投入使用。3月中旬,生化主楼自行车停车场建成并投入使用,提供自行车停车位约300个,由学生志愿者开展常态化规范自行车停放志愿服务活动。10月中旬,若谷园区地面停车场竣工,在完成安防监控设备安装、安全提示和引导布置等工作后投入使用,提供机动车停车位23个,并同步修缮更新电动车、自行车停车区。　(刘　芬)

【主题教育扎实有效开展】　4—8月,校区各单位牢牢把握"学思想、强党性、重实践、建新功"总要求,认真组织、扎实推进学习贯彻习近平新时代中国特色社会主义思想主题教育有效开展。通过习近平新时代中国特色社会主义思想大讲坛、习近平新时代中国特色社会主义思想读书社、新思想学习沙龙、主题教育知识竞赛、实践教学等多样化学习活动筑牢思想根基。聚焦事业发展中遇到的难题新题,深入一线开展调查研究、领题解题,着力推动解决了校区在交通管理、后勤保障服务、公共区域宣传载体管理、毕业生就业、中外教师融合机制等方面的一批实际问题,切实推动了党的建设与事业发展深度融合,各项工作取得新进展、新成效。

(刘　芬)

翔安校区

【概况】　截至12月31日,翔安校区共有11个学院、15个国家级科研平台和嘉庚创新实验室、翔安创新实验室入驻,教职员工3766人(含后勤人员628人),在校学生18582人,其中本科生8713人、硕士研究生6751人、博士研究生2627人、少数民族预科班学生76人、其他类型学生415人。

党建与事业发展深度融合。推动学习宣传贯彻党的二十大精神工作方案落实落地,认真开展学习贯彻习近平新时代中国特色社会主义思想主题教育,学习贯彻学校第十二次党代会精神,协助"党校名家讲坛""师德师风讲坛"等报告会在校区举办。开展"建设一流保障体系,提升翔安校区建设品质"调查研究,下沉学院开展主题教育调研座谈会,走访周边社区、学校、街道等,召开主题教育调研成果交流会。印发翔安校区

"五位一体"校园建设方案，召开工作组专题会，统筹推进生态、人文、健康、平安、智慧校园建设。完善党支部共建共创机制，以"五味"思源餐厅建设为目标，建设育人综合体。

校园安全稳定有序。实施《厦门大学翔安校区电动车管理办法（试行）》，稳步推进电动车综合治理工作。出台《厦门大学翔安校区校园工程项目环境与秩序管理办法》，确保校园环境和秩序维护有规可循。整合技防资源，提升监控中心多场景应急指挥协调能力。加强人防联动，持续开展交通专项整治、夏季百日治安重点巡查、种植养殖专项清理、校外违规送餐整治等工作。有序推进消防工作，开展安全大检查，完成 49 处消防管网抢修，开展消防培训讲座、应急疏散演练与灭火实操演练共 16 场次。深化校地联动，组建师生反诈先锋队，结合国家安全教育、安全生产月、禁毒宣传月等时间节点，做好宣传教育工作。加强实验室生物安全、辐射安全、特种设备安全管理，加强实验室管控化学品、实验室危险废物处置管理。

宣传工作聚焦聚力。加强宣传思想文化阵地建设，修订《厦门大学翔安校区校园公共区域宣传载体管理办法》。积极推进翔安校区英文网站建设，召开师生座谈会，完善设计方案。组织校区宣传骨干赴福州、南平开展宣传思想文化学习，邀请南平市委网信办、福建教育电视台、省总工会全媒体中心等单位资深新闻工作者开展专题讲座。创新宣传模式，开设"厦门大学翔安校区"微信视频号，展示服务师生工作成效。加强新媒体传播体系研究和实践，在《厦大党政工作研究》发表论文 1 篇，统筹校区各新媒体平台资源，宣传学风建设成果。结合世界环境日宣传，系统总结校区推动绿色发展、建设生态校园的实践经验，经验成果在"新福建"等平台发布。

人才培养守正创新。坚持德育为先，举办"身边的好同学"优秀大学生评选活动，保障毕业典礼暨学位授予仪式、本科生军训结业典礼在翔安校区落地。坚持智育为重，与厦门大学学报（自然科学版）联合举办首届短视频摘要大赛，打造校区浓厚的科研学术氛围；制定落实学风建设行动方案，强化学业发展领航。坚持体育为基，保障第 58 届学生田径运动会翔安校区分赛场顺利举行，在五期学生公寓增设"轻健身室"，举办第二届"爱秋杯"师生羽毛球联谊赛，八闽园定向越野赛等系列活动，承办"健康厦大 102"环校跑活动。坚持美育为要，举办德旺图书馆校歌墙揭幕活动、首届湖畔夕阳草地交响音乐会，协同美育与通识教育中心、文博中心展演《陈嘉庚》《遥望海天月》《长汀往事》校史剧目，举办"群贤大讲堂""博雅茶座""5·18 国际博物馆日"，增强以美育人教育实效。坚持劳育为本，联合开展"生科豆香，予您芬芳"劳动教育主题活动。

服务保障细致入微。协同联动，保障本科教育教学审核评估工作顺利完成。支持信息学院、电子科学与技术学院承办厦门市中小学创客大赛，海洋与地球学院举办海洋科学开放日，信息学院举办首届学生学术科技月系列活动，国际中文与教育学院/海外教育学院举办第十一届"中国日"文化节等活动。组建翔安校区校园讲解志愿者队伍，制定管理办法和培训方案，联合文博管理中心开展讲解技巧与业务能力训练，高质量、高标准做好翔安校区接待、展馆介绍、校史宣讲工作。完成动物及生物安全三级实验室建设、学生活动中心修缮、新工科大楼航空航天科技创新中心改造及公共区域改造工程等项目，启动翔安校区爱秋体育馆改造，保障快递服务中心及博士后公寓一期 A 地块开工建设。优化校园交通设施，完成交通提升规划方案，改造群贤西路非机动车道，增设映雪园区非动车停车区，调整修复校区道路标志标线；增补校门人脸速通门及人证核验机，校区学习工作生活条件进一步改善。

校地合作更加深入。推动签署三方共建协议，高水平办好厦大附属翔安实验学校。主动对接翔安区教育局协调基础教育资源，推动解决教职工子女就读优质区属学校需求。与翔安南部片区开发建设指挥部召开联席会议，支持翔安区人民政府，举办第一届海峡两岸动漫配音大赛颁奖典礼，服务两岸融合发展示范区建设。联合翔安团区委启动两期"职业体验·大学生社区挂职计划"，组织学生到香山街道挂职。

（高　捷　王双生）

【思源餐厅落成启用】　4 月 6 日，思源餐厅落成暨启用活动举办。思源餐厅用餐区域共计 3 层，总建筑面积 12968 平方米，以嘉庚建筑风格、闽南元素为主基调，以"一大两小"的椭圆建筑组合呈现，新增用餐座位 2000 余个，同时建有超市、饮品店、文印店等配套设施，着力打造兼具"思政味、科技味、学术味、劳动味、时尚味"的"五味"育人综合体。（高　捷　王双生）

【推进"行见八闽"大中小学思想政治教育一体化建设】　4 月 8 日，"行见八闽"大思政课研学实践圈建设推进会在德旺图书馆 2 号报告厅举行。7 月 31 日，"行见八闽"大思政课主题夏令营开营，来自厦门、泉州等地的优秀初中生代表，在翔安校区开展为期 3 天的研学实践。　（高　捷）

【举办厦门大学 2023 届毕业典礼暨学位授予仪式】　6 月 28 日，学校毕业典礼首次在爱秋体育馆举行。13 个学院 2093 名毕业生在翔安校区参加典礼，校党委书记张荣、校长张宗益等校领导及学位评定委员会委员出席典礼，为毕业生拨正流苏。1954 名家长在场观礼。　（高　捷）

【举办翔安校区 2023 年全民阅读系列活动】　4 月 23 日，举办翔安校区 2023 年"4·23 世界读书日"暨全民阅读系列活动启动仪式，发布全民阅读系列活动方案。7 月 5 日，新华书店厦大校园店开业，挂牌"博雅空间"，校企合力打造满足校区师生阅读需求和开放多元、特色鲜明、互动交流的复合式校园文化活动场所。邀请周昌乐教授与学生共话读书故事，组织师生参加著名播音员李瑞英、主持人季小军、"馒头大师"张玮等名家讲座活动。

（高　捷　王双生）

【开通地铁接驳定制公交专线】
翔安校区管委会协调厦门市交通委员会、厦门公交集团翔安公共交通有限公司开通翔安校区至地铁3号线浦边站接驳定制公交专线，5月起正式运行，有效解决部分教职工乘坐地铁上下班通勤“最后一公里”难题。

（高　捷）

【提升公共教室综合服务保障水平】 在学武楼、坤銮楼、文宣楼、西部片区2号楼等公共教学楼增设19间教师休息室、研讨间，配备有86英寸平板一体机、会议桌、沙发、教师工作室、储物柜等。学武楼增设休读空间，共168个座位，优化公共区域环境照明。

（高　捷）

【推进翔安校区电动车综合治理】 3月18日，学校发布并实施《厦门大学翔安校区电动车管理办法（试行）》，协调交警部门“流动车管所”进校挂牌，协助师生办理电动自行车挂牌登记1500余车次。下沉学院开展交通安全政策宣讲，推动电动车回收、置换、换电池、维修等系列综合服务进校园。

（高　捷）

【与翔安南部片区开发建设指挥部召开联席会议】 10月13日，翔安南部片区开发建设指挥部与翔安校区联席会议在翔南片区指挥部召开。会议双方围绕人才引育、校企合作、两岸融合、配套保障等方面共商合作大计，共谋融合发展。

（高　捷）

【推进厦大附属翔安实验学校建设】 10月25日，厦大附属翔安实验学校启钟暨签约授牌仪式举行，学校与翔安区教育局、厦门第一中学签署支持厦大附属翔安实验学校办学协议书，挂牌“福建省厦门第一中学合作校”，并与物理科学与技术学院、电子科学与技术学院、附属翔安医院开展合作共建。选派医学院冷历歌副教授挂职副校长。校区管委会配合做好教职工子女入学情况摸底、招生宣讲、探校日活动等工作，组织校区社团为厦大附属翔安实验学校开设5门特色社团课程。

（高　捷）

·嘉庚学院·

【概况】 年内，厦门大学嘉庚学院（以下简称嘉庚学院）坚持党的教育方针，坚持立德树人。全体教职工以建校20周年为契机，铭记初心，自强不息，守正创新，持续深化学科专业内涵建设，不断提高人才培养质量。

嘉庚学院党委坚决贯彻落实习近平总书记重要讲话精神和上级党委部署，牢牢把握“学思想、强党性、重实践、建新功”的总要求，在顶层设计、深学细悟、访难问策、以改促建、实干担当五个方面下真功，推动学习贯彻习近平新时代中国特色社会主义思想主题教育不断取得新成效。完成学校章程修订工作。成立关工委，支持和帮助青年师生全面发展。精心筹备组织第一届教代会和第四届工代会，依法维护教职工权益，促进学校民主建设。

年内，共有54个本科专业面向全国招生4690人，本一线（特殊录取控制线）上录取86人，绝大部分省（区、市）艺术类录分数线有所提高。共有本科毕业生4402人，毕业率为96.50%，学位授予率为99.93%。

新增汉语言文学、行政管理、市场营销、电子商务、工商管理、土木工程6个专业专升本招生，共计录取379人。机器人工程专业成功增列学士学位授权审核专业。

新增2门国家级一流本科课程，5门省级一流本科课程。2名教师入选福建省课程思政专家库、1名教师入选福建省新工科教育专家库、1名教师入选福建省新文科教育专家库。新增厦门市高层次人才C类6人，新增福建省优秀教师1人，3名教师入选2023年全球前2%顶尖科学家榜单。

嘉庚学院与漳州市芗城区人民政府、漳州信息产业集团建立校地（校企）战略合作。联合漳州金峰经济开发区管委会、漳州信息产业集团共同举办漳州市高校服务数字经济专场对接活动，积极开展社会服务工作，助力乡村振兴。新增省市级个人科技特派员48人次，省市级团队科技特派员队伍4支。

深入推进全员促就业工作计划。全年累计针对毕业生就业开展校级线下专题会议6场，组织教育部、教育厅就业工作视频会议专场5场，开展院系就业专题座谈研讨会9场；开展校级线上线下双选会16场、院系双选会4场、宣讲会76场。积极开展“访企拓岗促就业”专项行动，深入用人单位，调研人才需求和人才培养建议，共计走访208家企业。

（王　萌）

【获大学生阳光游泳锦标赛国赛1金、1银、1铜】 3月22日，在第4届中国大学生阳光体育游泳锦标赛中，设计与创意学院学生闫泽获得男子甲组50米仰泳金牌、50米自由泳铜牌；人文与传播学院学子李婧希获得女子甲组100米仰泳银牌。

（王　萌）

【与芗城区签订建立校地战略合作框架协议】 4月19日，副院长洪永强和芗城区副区长杨志辉分别代表嘉庚学院和芗城区签署校地战略合作框架协议书。双方将从“产业升级、生态文旅、乡村振兴、人才合作和教育高质量发展”等领域展开深入合作。

（王　萌）

【推动主题教育取得新成效】 4月20日，嘉庚学院召开学习贯彻习近平新时代中国特色社会主义思想主题教育动员会议。通过领导干部“自主学”、关键少数“带头学”、集中研讨“互动学”、多措并举“覆盖学”和外出实践“现场学”，扎实开展7次读书班集中研讨学习和5次党委理论学习中心组专题学习，处级领导干部党员讲授主题教育专题党课5场，举办了8场习近平新时代中国特色社会主义思想大讲坛。

（王　萌）

【国家级一流课程建设实现突破】 5月30日，2门课程被认定为第二批国家级一流本科课程，实现历史性突破。其中，英语语言文化学院张海波教授牵头建设的“大学英语2”获评“线上一流课程”，环境科学与工程学院院长助理周亮老师牵头建设的“生态工程学”获评“社会实践一流课程”。

（王　萌）

【本科高校环境满意度全国第一】 6月，在教育部高校招生阳光工程指定平台“阳光高考网”公布的全国本科高校的院校满意度数据中，嘉庚学院综合满意度并列排名全国第二十、环境满意度并列排名全国第一。

（王　萌）

【成立重庆、莆田校友会】 7月16日，嘉庚学院重庆校友会成立，人文与传播学院2009届校友张晶当选为会长，管理学院2016届校友王迪当选为秘书长；9月17日，嘉庚学院莆田校友会成立，人文与传播学院2009届校友陈上当选为会长，国际商务学院2010届校友杨智垚当选为秘书长，会计与金融学院2008届校友邱荣涵当选为监事长。

（王　萌）

【入选推动福建省哲学社会科学繁荣发展典型案例】 年内，人文与传播学院苏新春教授团队的科研平台建设案例“加强应用型科研平台建设，服务国家语言战略”，入选推动福建省哲学社会科学繁荣发展典型案例。

（王　萌）

【获“挑战杯”专项赛全国特等奖】 9月16—17日，国际商务学院的大学生团队，以《毕业即失业？基于7423份高校毕业生就业困难的调查与可雇佣力提升研究》斩获第十八届“挑战杯”全国大学生课外学术科技作品

竞赛“揭榜挂帅”专项赛全国特等奖。（王　萌）

【3名教师入选全球前2%顶尖科学家榜单】　10月4日，美国斯坦福大学发布了第六版《全球前2%顶尖科学家榜单2023》，管理学院吴凡教授、信息科学与技术学院张盈谦教授入选全球前2%顶尖科学家“2023年度科学影响力排行榜”。机电工程与自动化学院林惠民教授同时入选全球前2%顶尖科学家“终身科学影响力排行榜”和“2023年度科学影响力排行榜”。（王　萌）

【举办建校20周年校庆活动】　10月21日，嘉庚学院举行建校20周年庆祝大会，举办系列庆祝活动：校庆晚会、校友歌会、校庆讲座、办学成果展、校庆摄影展等，发布校庆纪念文集，举办了昔日同仁座谈会、校企校地合作座谈会、“恰同学少年”校友论坛、长期服务教职工感恩午餐会和长期服务奖颁奖仪式、校友“重回宿舍”、校友回“嘉”体育赛事、各类捐赠仪式等活动。校庆期间，回来参加校庆活动的校友超过7000人，约占校友总数的九分之一。（王　萌）

【首颁杰出贡献奖】　10月21日，嘉庚学院颁发了首届“杰出贡献奖”，以表彰为学院建设发展做出重要贡献的教职工，树立教书育人先进典型。副院长戴一峰教授和环境科学与工程学院院长卢昌义教授获奖。（王　萌）

【机电工程与自动化学院揭牌成立】　为进一步优化学科设置，10月21日，在厦门大学嘉庚学院建设20周年之际，机电工程与自动化学院揭牌成立，对机电工程与自动化专业的进一步发展起到关键作用。（王　萌）

【中区网球馆改造工程启动】　10月21日，工程启动仪式在中区网球场举行。网球场改造工程总占地面积1000余平方米，总投资约1000万元。（王　萌）

【2个项目入选省高校思想政治工作精品项目】　11月1日，“‘自强·至善’新生入学教育项目”与“双碳战略引领下大思政实践育人体系的探索与构建”2个项目入选2023年福建省高校思想政治工作精品项目。（王　萌）

【举办厦门市第十四届社会科学界学术年会】　11月22日，举办2023年厦门市第十四届社会科学界学术年会嘉庚学院分论坛。（王　萌）

【福建东南卫视专题报道卢昌义教授】　12月22日，福建东南卫视纪录片《海洋季风》“海洋奇迹”专题，报道了嘉庚学院环境科学与工程学院院长卢昌义教授45年来在红树林建设、生态修复方面的事迹。（王　萌）

·马来西亚分校·

【概况】 厦门大学马来西亚分校（以下简称“分校”）是第一所也是目前唯一一所由中国“双一流”建设高校全资设立的、具有独立校园的海外分校，也是中国大学在马来西亚设立的第一所分校，被誉为“一带一路”上璀璨的教育明珠。分校位于马来西亚首都吉隆坡南郊雪兰莪州，占地约60.7公顷，规划总建筑面积47万平方米，规划总投资约13亿林吉特。

分校高质量开展多学科多层次办学。设有10个学院，开设23个本科专业，11个硕士专业和6个博士专业，并设有2个预科专业。年内，分校神经科学和行为学、工程学进入ESI全球前1%。截至12月31日，分校有在校生7100余人，来自马来西亚、中国、印度尼西亚、赞比亚、孟加拉国等40多个国家和地区。年内，分校共有1491名学生顺利毕业，其中，本科生1454名，硕士生37名。分校开展高质量教育教学，着力培养学生创新精神和实践能力，学生积极参加各类竞赛活动并取得佳绩。

分校持续打造高水平国际化师资队伍。有专任教师352人，行政人员241人，来自20多个国家和地区，专任教师80%以上拥有博士学位，优秀教师在教学和科研领域屡获殊荣。年内，分校有10名教师入选斯坦福大学发布的“全球前2%科学家”名单；王伟俊副教授连续5年入选科睿唯安“全球前1%科学家”名单；刘俊延助理教授获评马来西亚“国家杰出青年教育工作者”。

分校着力提升科技创新能力。分校师生已在国际SCI期刊上发表论文1495篇，其中，作为第一作者/通讯作者发表论文635篇，总被引用62171次。11月17日，国际顶尖学术期刊*Science*以封面论文形式刊发了分校能源与化工学院温国绅副教授团队的最新研究成果：“Curbing Global Solid Waste Emissions toward Net-zero Warming Futures”，该论文的第一作者为分校新能源科学与工程系硕士生许正轩，通讯作者为其导师温国绅副教授。

分校坚持基础研究与应用研究并重。年内，分校积极承接包括马来西亚科技部委托课题在内的重大项目，有6名学者获得马来西亚基础研究基金项目（FRGS）资助。2月，分校与马来西亚科技部下属2家公司签署合作协议，获得马来西亚科技部项目经费超600万林吉特。

分校促进多元文化交融互鉴。年内，分校举办或协办嘉庚国际论坛、广东“文化海外行”系列活动、“南萤杯”国际华语大专辩论赛、国际华语水平大赛等重要文化活动，推动中华文化传播交流。举办开斋节、“屠妖节”等文化活动，为师生开展跨文化交流营造良好氛围，推动多元文化和谐共生。

分校注重增强可持续发展能力。年内，分校凌云1号教师公寓、凌云7号学生宿舍、百姓大楼图书馆投入使用，条件进一步改善。分校学术交流中心装修工作有序开展，校内超市、食堂等公共服务设施建设持续推进，满足多元化办学需求。（丁　彧）

【新增本硕博专业】 年内，分校新增1个本科专业（传播学）、2个硕士专业（物理、金融学）和1个博士专业（物理）。（丁　彧）

【2个学科进入ESI全球前1%】 年内，分校神经科学和行为学、工程学进入ESI全球前1%。（丁　彧）

【7个专业通过MQA全认证】 年内，分校4个本科专业（中医、英文、海洋科学、电子信息），以及3个硕士专业（化工、数学与应用数学、新能源科学与工程）通过马来西亚学术鉴定局（MQA）全认证（Full Accreditation）。（丁　彧）

【成功举办2023年毕业典礼】 9月23—24日，分校成功举办2023年毕业典礼。年内，分校共有1491名学生顺利毕业，其中，本科生1454名，硕士生37名。（丁　彧）

【分校图书馆正式启用】 5月26日，分校图书馆正式启用。该图书馆位于分校主楼——百姓大楼的G-6层，约3.6万平方米，遵循中国普通高等学校图书馆的建设标准，上架藏书110733册，其中西文图书占65%，中文图书占35%。设有各种功能的书库区、阅览区、研讨区、展示区、科创区等丰富多样的内部空间，为师生提供更加优质的硬件保障。（丁　彧）

【厦门大学马来西亚分校共建协议签署十周年座谈会举行】 10月3日，厦门大学马来西亚分校共建协议签署十周年座谈会暨“一带一路”研讨会在科学艺术中心举行。福建省人大常委会副主任李德金、外交部亚洲司公参房新文、教育部国际合作与交流司副司长陈伟、厦门市副市长廖华生等嘉宾莅会。（郑照阳）

【校领导访问马来西亚】 12月10—13日，校党委书记张荣率团访问马来西亚，其间访问了韩江传媒大学学院和槟城知名半导体企业NSW Automation和NationGate，就加强人才培养、合作办学、学术交流、校企合作等议题进行探讨。张荣一行前往马来西亚分校与师生交流座谈，并调研图书馆、国际学术交流中心、教工宿舍、教学楼等的建设和运行情况。（黄真真）

·附属医院与附属学校·

附属医院

厦门大学附属翔安医院

【概况】　厦门大学附属翔安医院(以下简称翔安医院)是由厦门市政府与厦门大学按照三级甲等医院标准共同建设的非营利性公立医院。作为学校唯一的直属附属医院,翔安医院秉承"自强不息、止于至善"的校训,坚持"医术至精、仁心至善"的建院理念,以"国内一流、国际知名"为目标,按照三级甲等医院标准建设成一所集医疗、教学、科研、预防为一体的综合性临床研究型医院。

翔安医院拥有两个院区,分别为翔安院区(主院区)和思明院区(分院区,原厦门大学医院)。翔安院区占地面积24万平方米,规划床位3000张,截至2023年底已投入用地12万平方米,建设床位1000张,建筑总面积15.68万平方米。思明院区占地面积1.14万平方米,建筑总面积1.29万平方米,核定床位135张。

医院开设48个临床医技科室,配置了3.0T磁共振成像系统、双源CT、VitalBeam系统医用直线加速器、PET-CT等国际先进的诊断和治疗设备。医院坚持人才引进与培育并举,着力建设拔尖创新人才队伍截至2023年底,已引进院士首席专家5名、长江学者3名、"新世纪百千万人才工程"国家级人选4名、国务院政府特殊津贴专家3名、国家"万人计划"人才1名、国家优青1名、万人计划青年拔尖人才1名,拥有省级人才22人、市级人才61人、厦门大学南强青年拔尖人才4人。

翔安医院重点规划器官移植中心、急危重症中心、肿瘤防治中心、胸肺疾病中心、骨科中心、眼耳鼻喉中心、心血管病中心、中医老年中心等高水平医学中心,建立以诊治疑、难、重症为特色的临床医疗体系。器官移植科、眼科、中医老年病科获批福建省临床重点专科,皮肤科获批厦门市临床重点专科,普外科、胸外科、心脏大血管外科、骨科、泌尿外科、耳鼻咽喉头颈外科、心内科等科室均能开展区域领先的医疗技术。2020年至今,医院每年开展肝、肾移植手术和航空紧急医疗救援的例数位居福建省医疗机构首位,获批成为福建省紧急医学救援基地。医院心血管病中心联合山东大学齐鲁医院中国工程院张运院士团队,成立院士专家工作站,聚焦重大慢病基础与临床研究领域,持续创新心血管疾病和肿瘤研究技术。

翔安医院发挥临床研究优势,建设国家级科研教学平台,拥有1个教育部基础研究创新中心、1个国家临床教学培训示范中心、1个中国医学救援协会航空医疗救护培训基地、3个福建省重点实验室、1个福建省医学工程研究中心、3个厦门市重点实验室、1个厦门市医学研究中心、1个海峡两岸科技平台,建设了厦门大学胸肺疾病研究所、器官移植临床中心和中华医学会肿瘤学分会腹膜后肿瘤专业委员会厦门大学研究中心,科研产出丰硕。　(陈　甜)

【医院领导班子调整】　1月4日,何伟玲同志担任翔安医院执行院长兼厦门大学医院院长;2月2日,左正宏同志担任翔安医院党委书记;5月25日,邱兴烽同志挂任翔安医院副院长;8月11日,聘任姚庆强为翔安医院副院长;12月29日,何伟玲同志担任翔安医院院长、党委副书记兼厦门大学医院院长。　(黄　浩)

【肝肾移植数量位居福建省前列】　3月10日,翔安医院举办厦门大学器官移植临床医学中心、厦门市人体器官移植质量控制中心启动大会暨2023年度第一次市人体器官移植质量控制中心会议。5月,医院器官移植中心获评厦门市2023年"最美科技工作者团体"。年内,翔安医院共完成51例肝移植手术(含2例小儿肝移植手术)、62例肾移植手术,累计完成202例肝移植手术、221例肾移植手术、1例肝肾联合移植手术、2例二次肝移植手术、2例小儿肝移植手术,肝肾移植数量居福建省医疗机构前列,创下一个月内完成26例肝肾移植手术的佳绩。　(陈　甜)

【成立思明院区管理委员会】　4月3日,翔安医院召开思明院区(厦大医院)职工大会,宣布成立思明院区管理委员会,落实一院两区一体化管理。　(陈　甜)

【举办建院四周年活动,开启高质量发展新征程】　4月6日,翔安医院举行建院四周年活动。活动围绕医院管理和学科建设主题进行授课。院

长何伟玲作医院年度发展报告，并举行了上一年度表彰颁奖仪式和科室主任本年度目标责任书现场签约仪式。（陈　甜）

【启动健康进校园系列活动之健康联络员项目】 4月27日，翔安医院启动健康进校园系列活动之健康联络员项目。该项目由学校各单位工会主席作为联络人对接医院健康联络员，通过结对子的方式为厦大师生提供健康咨询、联络就医需求、开展义诊科普等。（黄　浩）

【签订共建厦门大学附属翔安医院协议书】 5月4日，厦门市与厦门大学代表在市校合作联席会上签订共建厦门大学附属翔安医院协议，明确双方将校地共建，标志着翔安医院作为学校直属附属医院的同时，也纳入厦门市属公立医院的管理范畴。（陈　甜）

【荣获第二届国家医疗相关标准执行竞技赛三等奖】 6月15—16日，翔安医院参加"火速践行标准，保障民众健康"第二届国家医疗相关标准执行竞技赛荣获三等奖。翔安医院是福建省唯一一家进入全国赛标准竞技赛道的单位。（陈　甜）

【2个项目获批2023年福建省临床重点专科建设项目】 6月26日，翔安医院眼科和中医老年病科获批2023年省级临床重点专科建设项目。（陈　甜）

【成为福建省紧急医学救援基地】 7月26日，福建省卫生健康委发文确认翔安医院为福建省紧急医学救援基地，是闽西南地区唯一获批的医疗机构。年内，翔安医院开展航空紧急医学救援4批次4人次，累计完成航空紧急医学救援38批次48人次，救援数量居国内医疗机构前列。急诊医学科护士钟奎在"谁与争锋"急诊绿色通道救护典型案例比赛中连获佳绩，先后获得"省赛"创伤组一等奖和"国赛"创伤组银奖。（陈　甜）

【厦门市眼科专业质量控制中心挂靠翔安医院】 8月4日，厦门市眼科专业质量控制中心挂靠翔安医院，成为继人体器官移植质控中心之后医院获批的又一个市级医疗质控中心。12月7日，厦门市眼科专业质量控制中心启动大会暨2023年度第一次市眼科专业质量控制中心工作会议在翔安医院召开。（陈　甜）

【获批成立院士专家工作站】 8月22日，翔安医院与中国工程院张运院士团队在第23届福建省科协年会上签署《重大慢性疾病基础与临床研究》合作项目，申报并获批院士专家工作站，聚焦重大慢病基础与临床研究领域开展深度合作。11月17日，张运院士专家工作站揭牌。（陈　甜）

【在厦门大学第21届教职工运动会获佳绩】 11月3—5日，厦门大学召开第21届教职工运动会，翔安医院获"教职工运动会团体总分第七名"和"教职工运动会体育道德风尚奖"。（黄　浩）

【承办"生命接力 百城行动"相约厦门系列活动】 11月10—11日，"生命接力 百城行动"相约厦门、"生命接力先锋队"走进厦门联学联建主题党日暨施予受志愿服务主题活动暨全国人体器官捐献系统性多学科协作(SMDC)厦门专题培训班在厦召开。翔安医院正式加入"生命接力先锋队"党建联盟，成立施予受志愿服务队，成为人体器官捐献多学科协作网(SMDC)示范基地。（陈　甜）

【加快依法治院进程】 11月20日，翔安医院召开第一届职工代表大会第五次会议，审议通过了《厦门大学附属翔安医院章程(2023年修订)》。（曾琳欢）

【被授予科普教育基地】 11月30日，中华护理学会向翔安医院授予"中华护理学会全国科普教育基地"，成为厦门市首家也是唯一一家全国护理科普教育基地。翔安医院同时还是"福建省护理学会科普教育基地"(厦门市唯一)。（陈　甜）

【积极开展新技术新业务和区域领先技术】 翔安医院临床科室积极开展新技术新业务和区域领先技术业务，如：心脏大血管外科开展主动脉瓣修复重建术(AVNeo)、体外膜肺氧合(ECMO)技术，眼科开展泪液生物标志物的临床检测和应用、眼球后钝性注射治疗难治性黄斑水肿技术，骨科实施福建省首例颈后路棘突悬吊式颈椎管扩大成形、颈椎管内肿瘤摘除术，胃肠外科开展院内首例3D腹腔镜下完全腹腔镜根治性全胃切除术。（王安娜）

【持续推进"三甲"创建工作】 年内，翔安医院严格落实医疗质量院科两级管理，推进18项核心制度质量控制管理，开展全面提升医疗质量、患者安全、手术质量安全提升、肿瘤诊疗质量提升等专项行动，立足患者就医需求实行多项优化服务举措，全面提升患者就医体验。持续推进创"三甲"工作，完成两轮自评和互评。在2022年度国家三级公立医院绩效考核中考核结果为B++，居全国综合医院前31%、厦门市第四。（陈　甜）

【着力建设拔尖创新人才队伍】 年内，翔安医院引进全职国家优青、国务院政府特殊津贴获得者、中国中西医结合学会普通外科第四届专业委员会常务委员、广东省医学会脊柱外科学会副主任委员、福建省医学会肾脏病分会副主任委员等高层次人才13名；入选省级人才4人(均为福建省引进高层次人才C类)，市级人才12人(厦门市拔尖人才1人，厦门市杰出青年人才1人，厦门市高层次人才B类4人、C类3人，骨干人才3人)，翔安区级人才2人(均为区拔尖人才)，校级人才2人(均为厦门大学南强青年拔尖人才A类)。（陈　炜）

【多名专家新任国家、省级学会主委、副主委、会长】 年内，翔安医院全职引进的多名专家新任国家、省级学会主委、副主委、会长，包括：院长何伟玲教授担任中国医院协会精准医疗分会副会长、福建省海峡肿瘤防治科技交流协会胃肠肿瘤分会会长，乳甲外科张国君教授担任中国人体健康科技促进会现代医院精益管理专业委员会副主任委员，肝胆外科李文岗教授担任中国医师协会外科医师分会腹膜后及软组织肿瘤专家工作组副组长，普外科、器官移植中心彭志海教授担任福建省海峡医药卫生交流协会肝病分会会长，肾脏移植科范昱教授担任福建省医学会器官移植学分会第四届委员会副主任委员，胸外科卜梁主任医师担任中国抗癌协会纵隔肿瘤整合康复专委会副主任委员,护理部姜洋副主任担任福建省护理学会肿瘤分委会副主任委员,眼科李世迎主任医师担任福建省中医药学会眼科分会副主任委员,全科医学科杜振双副主任医师担任福建省海峡医药卫生协会全科医学分会执行会长,神经内科宋亚彬副主任医师担任福建省海峡医药卫生协会全科医学分会副主任委员。（王安娜）

【获批高水平科研项目】 年内,翔安医院获批国家自然科学基金项目13个、福建省级项目13个、厦门市级项目19个、横向课题等其他项目4个,总资助金额超3300万元。发表文章199篇,其中以第一作者或通讯作者身份发表文章147篇,SCI 118篇,*Cell*、*Nature*、*Science*(CNS)子刊10篇,JCR一区67篇、二区33篇,中文29篇(其中核心期刊论文8篇)。建立医院双聘教授制,激发科研创新活力。（余 丹）

【履行大学直属附属医院临床教学和人才培养职责】 年内,翔安医院教师共承担课程教学4230学时,较2022年增加80.3%;招收博士研究生17名、硕士研究生57名,50名硕士研究生、12名博士生顺利毕业;落实临床医学类专业"2.5+2.5"人才培养模式,推动临床医学学术型研究生临床实习、实践工作,推动医学院开展临床医学专业性博士点的申报和论证工作。加强实习实训基地建设,承接225名实习生,覆盖近40个临床科室,较2022年度增长76%。

（余 丹）

【认真落实培养医学人才、帮扶医疗技术的社会职责】 年内,翔安医院对口帮扶宁夏回族自治区固原市隆德县人民医院,开展支医活动3批次、7人次,远程会诊3次、11人次,远程教学4次,派出多个学科专家出诊、带教查房、指导手术、学术讲座等,对疑难病例进行远程会诊和线上指导,此外还指派1名高级职称医师支援新疆吉木萨尔县卫健局,推动对口帮扶由"输血"向"造血"转变。翔安医院荣获"厦门大学定点扶贫和帮扶工作先进集体",眼科梅淑萍副主任医师获评"厦门大学定点扶贫和帮扶工作先进个人"。（陈 甜）

【加强国家临床教学培训示范中心建设】 年内,翔安医院依托国家临床教学培训示范中心,成立厦门大学医学中心全科医学实践教学基地,与福建海医会共建厦门(翔安)与金门医疗卫生融合发展示范点和国家临床教学培训示范中心海峡两岸培训基地。中心配置沉浸式院前急救VR训练系统、神经血管介入手术模拟系统、临床解剖学平台等国际先进的教学系统和设备,承接了厦门市重症救治技能实操比赛、基层卫生人员能力提升培训项目、妇幼健康职业技能竞赛等大型活动,培训厦门大学医学院中医学专业学生连续3年获技能考核全国第一的佳绩。12月1日,翔安医院进入厦门市人力资源和社会保障局公布的新一轮市级专业技术人员继续教育基地名单。（陈 甜）

【扎实开展学习贯彻习近平新时代中国特色社会主义思想主题教育】 4—8月,医院党委全面开展主题教育,召开动员部署会,印发工作方案,领导班子带头为党员干部讲授专题党课8次,赴三明举办主题教育读书班;开展实地调研15次,座谈会共征求80余人意见建议,报送4个问题、1个专项整治方案,出台17条政策措施,制定方案制度3份,建立长效机制,切实推动主题教育见行见效。

（陈雪枫）

【扎实开展医药领域腐败问题集中整治工作】 9—12月,翔安医院党委扎实开展医疗领域腐败问题集中整治工作。先后4次召开党委会第一议题学习,3次召开领导小组会议专题研究落实工作,3次召开中层干部例会进行动员部署。组织全院职工就"五定"清单对标对表开展自查自纠工作2次,覆盖率100%。配合上级部门开展专项排查5次,开展医药反腐专题廉政教育9场次,修订完善长效机制10项。组织召开医院党风廉政教育警示大会暨供应商廉洁大会,推动医院党风廉政建设和清廉医院建设走深走实。（章 哲）

【开展"一校一策"专项整治工作】 年内,按照厦门大学"一校一策"专项整治工作的要求,翔安医院积极履行医保基金监管主体责任,部署医保基金自查自纠专项工作,分析问题原因,即查即改、立行立改。医院建立医保基金使用监管体系,搭建信息化平台规范医保使用行为;开展日常医保基金使用稽核工作及专项工作,高压遏制违规行为;建立医保基金使用行为负面清单,走入各个临床科室进行宣讲;针对大金额特定违规行为,多部门联合开展专项整治。截至年底,根据厦门市医保局反馈情况,医院涉及医保违规金额占医疗收入的比率,在厦门市同级别三级医院中属于较低水平;医院药占比和卫生材料占比持续下降。（陈 翎）

厦门大学附属中山医院

【概况】 厦门大学附属中山医院(以下简称附属中山医院)始建于1928年,由爱国华侨和地方知名人士为弘扬中山先生"天下为公,造福社会"的精神捐资兴建而成,时任厦门大学校长、医学专家林文庆博士出任首任院长。随着厦门经济特区发展,中山医院迁址重建,于1988年7月1日复办开诊。2005年,中山医院成为厦门大学首家附属医院,截至2023年有3个院区(院本部、金榜分部、厦禾分部),已发展成为集医疗、教学、科研、预防保健于一体的三级甲等综合性医院和世界知名高水平研究型大学附属医院。

医院有编制床位2500张,有教职员工3200余人,其中副高以上专家近750名、硕士及博士869名、硕士生导师和博士生导师108名,承担厦门大学医学院、福建医科大学、厦门医学院等多所医学院校临床专业课程教学工作,也是厦门大学、福建医科大学博士硕士研究生培养单位。

医院有3个国家临床重点专科、15个福建省临床重点专科、4个市领先学科、9个市临床重点学科、5个市医学优势亚专科、5个名医工作室、5个国家级和市级医学中心、8个医学研究所、9个省市重点实验室/科研平台、10个国家级和省级培训中心/基地。此外，还是国家药物临床试验机构、国家医疗器械临床试验机构、人体器官移植医院。

中山医院拥有全球创新的首款彩色光谱 CT、高端能谱 CT、第二代双源 CT、福建省首台 3.0T 光速磁共振（光速 MRI），头部伽马刀、直线加速器、双平板数字减影血管造影 X 线机（DSA）、正电子发射型计算机断层扫描仪（PET-CT）、单光子发射型电子计算机断层扫描仪（SPECT）等先进医疗设备，2021 年新引进当时全球最新的第四代达芬奇机器人手术系统（Xi），多个学科率先开展了临床新技术和新项目，填补了多项医疗技术空白。

年内，附属中山医院在上级部门和院党委的正确领导下，深入学习贯彻习近平新时代中国特色社会主义思想和习近平总书记关于健康中国建设的重要论述，推动各项工作实现高质量发展。以建院 95 周年为契机，举办公立医院高质量发展交流大会、中山医学联席会，进一步提升医院文化软实力。连续两年荣登中国医院竞争力排行榜“顶级医院 100 强”，连续 5 年获得国家三级公立医院绩效考核 A 级以上佳绩，连续 3 年为厦门市“十大医疗技术评选”入选项目最多的医院。不断拓展学科建设深度，大普外科跻身国家临床重点专科，胸外科和神经外科晋级福建省临床重点专科，医院获多项国家级资质。推动智慧医院建设，荣获 2023 年第三届卫生健康行业网络安全技能大赛全国二等奖，成为全市首家开展“互联网＋护理服务”的三甲综合医院。智慧医疗服务，让群众就医更加便捷和高效。门急诊综合大楼建设有序推进，各项安全生产工作有力落实。

（*石青青*）

【持续提升患者就医体验】 年内，医院深入开展学习贯彻习近平新时代中国特色社会主义思想主题教育，创新组织社会监督员暗访门急诊就诊全流程，开展门急诊就医体验专题整治工作。重新凝练党建品牌口号，发布党建品牌标志。牵头在全市开展肺癌和肠癌筛查，创新举措走在全国前列。全面开放周末门诊，持续开展日间手术、多学科诊疗、特色专病门诊，进一步提升医疗服务水平。（*石青青*）

【举办纪念建院 95 周年系列活动】 年内，系统总结医院 95 载发展历程和办院经验，高度凝练“博爱中山 精诚至善”党建品牌内涵，发布党建品牌标志。举办以“传承创新 勇毅前行”为主题的公立医院高质量发展交流大会、中山医学联席会以及系列学术论坛；开展系列专家义诊活动、健康科普讲座；举办院庆文艺汇演、“我与中山共成长”征文、摄影、微视频比赛；制作形象宣传片、创作首支院歌、编著首部院史书籍，凝聚起干事创业的强大合力。（*石青青*）

【学科建设取得新突破】 年内，大普外科（胃肠外科、普外科、肝胆胰外科、血管外科、乳腺外科、肿瘤微创与介入治疗科）成功晋级国家临床重点专科，胸外科和神经外科成功晋级福建省临床重点专科，消化内科获评福建省肠道微生态与消化系统疾病防治临床医学研究中心，医院综合实力受到行业认可。（*石青青*）

【医疗技术评选连续 3 年厦门第一】 连续 3 年为厦门市“十大医疗技术评选”入选项目最多的医院，获奖项目分别为：普外科“经胸 经口联合入路腔镜甲状腺癌根治术”、嗓音科“高速摄影技术在咽喉反流性疾病发生振动的应用”、胃肠外科“腔镜辅助自然腔道取标本系统性胃系膜切除术：一种新型的胃癌根治术”、胸外科“基于围手术期预测模型食管癌精准化、个体化治疗”。（*石青青*）

【医疗新技术新项目再创佳绩】 年内，医院坚持创新驱动，新增 31 项新技术新项目，为患者提供更加精准化和个性化的诊疗。呼吸与危重症医学科成功开展福建省首例胸腔镜下 APCPlus 联合切割吻合器技术治疗慢性阻塞性肺疾病合并巨大肺大疱患者，心内科在福建省率先应用全降解封堵器为先天心脏病患儿进行封堵治疗，肝胆胰外科在全市率先开展经皮经肝穿刺胆道镜取石术。

（*石青青*）

【首部院史书籍正式出版】 年内，医院首部院史书籍《博爱中山 迈向百年》由厦门大学出版社正式出版，主编为党委书记吴启锋、院长蔡建春，人民日报客户端、人民网等多家国家级媒体刊发了书评报道。（*石青青*）

【吴朝辉获评全国岗位学雷锋标兵】 年内，胸外科援非医生吴朝辉被中宣部命名为全国岗位学雷锋标兵，为福建省唯一人选个人。（*石青青*）

【扩容城市医联体】 年内，“中山＋”城市医联体成员单位从 8 个增至 17 个，包括 11 家社区卫生服务中心、3 所二级综合性医院和 3 所专科医院。牵头与省内外 16 家对口帮扶（支援）医院和共建医院签约成立区域专科联盟。（*石青青*）

【获多项国家级资质】 年内，医院获评国家高级认知中心、全国首批国家甲状腺癌规范诊疗质控试点单位、外科基础技能提升项目培训（省级）基地；挂牌国内首批全国 CINV 规范化管理示范病房、国家级“幽门螺杆菌规范化诊治门诊示范中心”和“乙肝临床治愈门诊”；亮相信息网络大会，获全国二等奖，肾脏病管理案例获评国家级优秀案例等。（*石青青*）

【在各领域取得斐然成绩】 年内，嗓音科获厦门市科技进步奖一等奖，急诊抢救室获评“全国五一巾帼标兵岗”，刘慧恒获评“福建省先进工作者”，胸外科获市“五一先锋号”，眼科谢婷玉、急诊部赵小燕、神经内科朱仁敬获厦门市“最美医师”。医院获医师报社授予的全国“十大医学人文品牌医院”称号，获评“黄秀敏劳模和工匠人才创新工作室”“刘慧恒劳模和工匠人才创新工作室”“庄佩耘职工技术创新工作室”和“杨天赐职工技术创新工作室”等 4 个创新工作室。

（*石青青*）

【两岸学术交流日益广泛】 5 月下旬，医院主办第八届海峡两岸脑血管病暨神经病学研讨班。6 月中旬，承办第十一届海峡两岸消化论坛。7 月上旬，举办第十一届中山医学联席会。10 月中旬，承办第七届海峡两岸医院感染控制学术研讨会暨医院感染防控新进展学习班。（*石青青*）

【蔡建春院长团队参加手术视频大赛获行业殊荣】 年内，蔡建春院长作为中国 NOSES 福建省分会理事长，带领福建战队在第三届国际 NOSES

经典手术视频大赛上勇夺亚军，获“银牌团队”称号。年内，蔡建春还获“厦门行业(数字)工匠”称号。

(石青青)

【吴启锋书记受邀参加国家级媒体开栏访谈】　年内，吴启锋书记受邀参加人民日报健康客户端《书记访谈》的首期节目录制，访谈内容为《党建引领医院高质量发展》，时长40分钟，在人民日报健康客户端等16个平台播放，累计观看量超47万。　(石青青)

厦门大学附属东南医院

【概况】　厦门大学附属东南医院(联勤保障部队第九〇九医院)是一所集医疗、教学、科研、预防、保健为一体的全军首批三级甲等医院，是厦门大学附属医院，是厦门大学、福建医科大学等8所高等院校教学医院及硕博士研究生联合培养点。医院环境优美，占地面积24.87公顷，位于福建省漳州市。展开床位1500张，年门急诊量130万人次、收容量5万余人次、手术量3万余台次。配有PET/CT、3.0T磁共振、双源CT、ECMO等总价值6亿元的现代化医疗设备。

医院学科设置齐全，技术力量雄厚，有中高级职称技术人员700余名。先后获批1个军队临床重点专科(骨科)，2个联勤医学重点专科(骨科、心胸外科)，2个联勤医学优质专科(放射诊断科、烧伤与创伤外科)，2个东部战区医学专科中心(放射诊断科、心胸外科)，拥有博士后科研工作站，是国家临床药师培训基地及健康管理示范基地。在创伤外科、脊柱外科和大面积烧伤救治技术等方面处于国内领先水平，介入、内镜等微创诊疗和危重症救治技术处于区域先进水平。

医院坚持内涵发展，秉承“厚德、精业、鼎新、奉献”的院训，不断提升医疗水平和服务能力。是27家县区级医院和卫生院的医联体单位牵头医院。近年来，医院先后获得包括国家科学基金、省部级重点项目等各类课题200余项，获福建省科技进步奖一等奖4项，国家发明专利24项，连续23年获军队或省部级科技进步二等奖。医院先后被上级表彰为“全军卫勤保障先进单位”“依法治军先进单位”“‘三个服务’先进单位”“科研创新先进单位”“先进师旅团级党委”“保障打赢先进单位”等，获“全国三八红旗单位”和“军队优质护理服务示范医院”等荣誉称号。

年内，医院坚持质量建院，门急诊116.60万人次，收容量5.42万人次，手术量2.93万台次，医疗数量、质量持续稳定。先后获批国家自然科学基金项目、军队高层次人才条件项目、福建省自然科学基金项目等军地科研项目26个，总资助经费513万元。获国家发明专利1项、实用新型专利39项，发表SCI论文20篇、核心期刊论文156篇。易云峰获评福建省优秀科技工作者。　(蔡　杰)

【发展质量更高迈进】　科学论证重点学科发展规划方案，深化救治中心和质控中心建设，获批骨科、烧伤、介入等8个市级医疗质控中心。成立骨显微病区，搬迁骨科、神外科、普外科、肾内科等科室，优化1500张核定床位，科学编配床位设置。

(蔡　杰　林添寿)

【军民融合更加深入】　深化军警民联防机制，与27家驻地医疗机构签约结成“紧密型”医联体，组织军地联动救治演练并开展业务帮带。扎实开展“联勤军医老区行”义诊活动，累计赴老区社区送医送药送温暖15场次。积极与漳州市卫生健康委对接，126人纳入地方高级职称专家库，32人纳入科研评审专家库。(蔡　杰　伊美双)

【科研成果更加丰硕】　获批国家自然科学基金青年项目1个，军地等各类课题25项，总资助经费超过500万元。获批国家发明专利1项、实用新型专利39项，发表SCI论文20篇、核心期刊论文156篇。获得福建省抗癌协会科技二等奖、福建护理科技奖一等奖、中华护理科技奖二等奖各1项。

(钟渊福)

【为民服务更有质量】　扎实开展“医疗质量提升年”活动，积极推开更有温度、更有内涵、更有质量的为民医疗服务，狠抓核心医疗制度落实、狠抓医疗技能提升、狠抓护理质量改进、严守医疗安全底线，积极营造“人民军医为人民，收受红包负人民”浓厚氛围，药占比同比持平、耗占比下降10%、患者住院费用下降16.8%，人民群众就医满意度持续提升，全年共收到患者锦旗100余面。

(蔡　杰)

厦门大学附属厦门眼科中心

【概况】　厦门大学附属厦门眼科中心创建于1997年，2006年成为厦门大学附属医院，2012年获评国家临床重点专科，是集医疗、教学、科研、眼健康于一体的国家三级甲等眼科医院。

医院为国内眼科疑难病例诊治中心之一，设有国家博士后科研工作站、福建省院士专家工作站、全国眼科名医工作站；拥有国家药物临床试验机构、国家住院医师规范化培训基地、眼科研究所、转化医学研究所等临床培训研究平台；曾先后获批福建省临床重点专科、福建省眼科与视觉科学重点实验室、福建省眼表与角膜疾病重点实验室、厦门市医学重点专科建设单位，荣获国家卫生健康委医院改革创新奖等荣誉。

医院建立了完备的眼科亚专科体系，开设白内障、眼底病(玻璃体、视网膜)、屈光、青光眼、斜视与小儿眼病、眼表与角膜病、眼整形、眼外伤八大亚专科，并开设眼视光和医疗美容科等。

医院携手全国近百家医院建立医联体合作，并逐步在全国范围内开展糖尿病视网膜病变筛查等眼科疾病的社区筛查、治疗、社区管理康复及培训等相关工作，积极落实眼病慢病防治管理，助力完成了“十三五”全国眼健康规划，并持续助力推动“十四五”全国眼健康规划。

年内，新录用员工135人，其中医护人员36人；引进博士毕业生4人，硕士毕业生8人，本科毕业生37人。

科研方面，中国医学科学院主办2022年中国医院科技量值厦门大学附属厦门眼科中心科研影响力名列第21位，位列福建省第一名。其中，科研项目立项23个；福建省眼表与角膜病重点实验室通过验收，厦门市眼表与角膜疾病重点实验室通过考核评估，获批厦门市眼部疾病重点实验室；本年度新获批授权专利项目31个，转化1个；科研项目验收结题46个；发表文章109篇，其中SCI 62篇，各类核心期刊19篇，出版著作4本，参与制定专家共识和应用指南共15篇。

第二十七次全国眼科年会特邀医院专家主持及发言15人次。投稿且被录用的论文合计608篇。其中论文发言23篇，手术视频1篇，纸质壁报及电子壁报53篇，电子壁报249篇，书面交流245篇，列题37篇。

（刘　琳）

【获2022年全国科技活动周及重大示范活动表彰】 2月，全国科普工作联席会议、科技部科技人才与科学普及司颁发了2022年度全国科技活动周及重大示范活动优秀单位荣誉证书，表彰在科技活动周中积极参与、热情服务表现优异的单位，医院获此殊荣。（刘　琳）

【全国GCP机构药物临床试验量值排行榜】 3月，医院首度入围《全国GCP机构药物临床试验量值排行榜》“牵头榜”、再次入列“眼科专科榜”（福建省排名第一）。（刘　琳）

【被授予厦门市眼部疾病重点实验室】 5月，医院被授予厦门市眼部疾病重点实验室。该项目由厦门市科学技术局进行专业的审核和考察，最终给予认定授牌。（刘　琳）

【厦门眼科中心医疗美容科开科】 7月20日，医疗美容科在五缘院区举行开科仪式。（刘　琳）

【眼表与角膜病重点实验室通过验收】 7月，福建省科学技术厅对18家省重点实验室（企业类）开展了验收工作，眼表与角膜病重点实验室成功通过验收并授牌。（刘　琳）

【厦门眼科中心眼健康科普馆开馆】 10月31日，福建省首家智慧化眼健康科普馆——厦门大学附属厦门眼科中心眼健康科普馆在厦门眼科中心五缘院区开馆。（刘　琳）

【入选厦门市医院协会“年度医疗十大创新技术”】 11月，医院“视力快筛信息化系统”获评厦门市医院协会第三届“年度医疗十大创新技术”项目，“视力快筛信息化技术推广项目”经国家卫生健康技术应用推广项目专家论证会论证，成功入选中国民族卫生协会本年度“卫生健康技术重点推广项目”。（刘　琳）

厦门大学附属东方医院

【概况】 厦门大学附属东方医院于2018年11月转隶编为联勤保障部队第九〇〇医院，是一家具有光荣历史，集医疗、预防、保健、教学、科研为一体的大型综合性“三级甲等医院”。医院先后被民政部授予“军民团结、坚如磐石”荣誉称号，被国家原卫生部、联合国儿童基金会、世界卫生组织授予“爱婴医院”称号，被国家原卫生部评为“国际紧急救援中心网络医院”，被联合国授予“和平勋章”，被国家原卫生部评为全国首批“数字化医院示范单位”，被评为“全国文化建设先进单位”“全军先进医院”“全军研究型医院建设示范单位”“全军医院信息化建设先进单位”“全军保障社会化工作先进单位”等，连续4次被表彰为“全军为部队服务先进医院”。

医院学科特色突出，有国家临床重点专科军队建设项目3个，全军研究所、专科中心、基地10个，福建省临床重点专科5个，全军和福建省重点实验室3个，国际科技合作基地2个，国家药物临床试验机构专业16个，福建省工程技术研究中心2个。

（刘冉芸）

【干部病房二科被表彰为“全国巾帼文明岗”】 “三八”国际劳动妇女节前夕，干部病房二科被表彰为“全国巾帼文明岗”荣誉称号。（刘冉芸）

【获批军队和福建省重点学科（研究中心）、实验室15个】 4月13日，医院举行军队临床重点专科、联勤保障部队联勤医学重点专科和优质专科、福建省临床医学研究中心、福建省重点实验室授牌仪式。医院领导为获军队和福建省授予的15个重点学科（研究中心）、实验室进行授牌。消化内科获评军队临床重点专科，消化内科、普通外科、神经外科和器官移植科获评联勤保障部队联勤医学重点专科，呼吸与危重症医学科、心血管内科、肾脏病科、肿瘤科、儿科、检验科获评联勤保障部队联勤医学优质专科。医院检验科获评福建省适配体精准检验临床医学研究中心、福建省适配体重点实验室，消化内科获评福建省消化内镜技术临床医学研究中心，肾脏病科获评福建省肾脏疾病临床医学研究中心。（刘冉芸）

【成功开展福建省首台放射外科手术系统（INTRABEAM）术中放疗】 4月12日，普外科、骨科、放射治疗科多学科合作，成功开展福建省首台INTRABEAM术中放疗。（刘冉芸）

【协办2023年福建省执业药师继续教育培训班】 4月24日—5月8日，2023年福建省执业药师继续教育培训班（福建卫生职业技术学院面授点）在福州举行。培训班由福建省药师协会指导，福建卫生职业技术学院主办、医院协办。福建省药师协会、省内外医疗机构、医药企事业单位228名学员参加了培训。（刘冉芸）

【医院护理人员获多项省级表彰】 医院护理人员喜获福建省护理学会“优秀护理工作者”、福建省第十一届“小鹰”护理基金奖、福建省第八届“驼人杯”护理创新发明奖一等奖。

（刘冉芸）

厦门大学附属第一医院

【概况】 厦门大学附属第一医院创办于1937年8月，前身是爱国华侨胡文虎先生捐资成立的“福建省立医院”，位于厦门岛内鸿山脚下，地处市中心，从50张床位、87人起步，悬壶济世、救死扶伤，医院步履坚实地走过了86年。除院本部外，还拥有6家分院、1家互联网医院、1家护理院，是一所集医疗、教学、科研、预防及康复为一体的闽西南规模最大的三级甲等综合性医院。

医院紧紧抓住高质量发展机遇，以打造高水平医院为目标，通过不断加强学科建设、优化就诊流程、提升医疗质量、加强信息支撑等措施，跻身福建省高水平三级甲等综合性医院第一梯队，是全国首家“双料”通过HIMSS EMRAM住院、门急诊双7级和国际JCI学术医学中心认证的大型综合性医院。连续5年获评全国三级公立医院绩效考核A+等级(全国三级公立医院前3%)，进入全国百强，排名稳居全市第一。连续6年跻身“中国医院竞争力·顶级医院百强榜”，位列第84位，最早实现厦门市全国顶级医院百强榜零的突破，继续领跑闽西南。同时在中国智慧医院HIC 100强中排名全国第6，是全省首家“双通过”国家信息化建设标准的医院(国家互联互通标准化成熟度等级“五级乙等”、电子病历系统功能应用水平分级评价“六级医院”)。医院在2020年顺利通过中国医院竞争力五星级医院认证，并成为全国首家智慧医院HIC 7级的医院。年内，荣获第六届厦门市质量奖称号，医院卓越管理模式获得政府部门充分肯定，成为全市质量管理的标杆和卓越典范。获评中国科学院“2022互联网医院100强”榜单第37名，是福建省唯一入围的医疗机构。

医院有编制床位数2500张，设有69个临床医技科室；拥有4个国家重点专科、3个国家临床医学研究中心福建省分中心、3个福建省临床医学研究中心、25个福建省临床重点专科、3个厦门大学学系、4个厦门市临床医学中心、2个厦门市拔尖专科、5个厦门市医学领先学科、4个厦门市医学中心，10个厦门市医学规划专科、19个市级质控中心、7个市级专病防治中心，数量均为全市第一，还有8个厦门市重点专科、3个厦门市医学优势亚专科。在2022年度中国医学院校科技量值(STEM)暨2018—2022年总科技量值(ASTEM)中，医院共有9个学科进入百强榜，学科进榜数位居福建省前三、厦门市第一，有19个学科进入百强榜。在2021年度华东区域医院专科声誉排行榜中，4个学科获得提名，获提名数居厦门市首位。2019年市卫生健康委委托第三方对全市医院评价，第一医院综合实力排名全市第一，医疗技术、质量安全等6个维度排名第一。

医院有职工4600余人，其中中共党员1335名，正高626人，副高1056人，中高级专业技术人才3245人，博士356人，硕士885人，博士生导师25人、硕士生导师218人，享受国务院政府特殊津贴专家22人；签约院士工作站1个，名医工作室团队6个，委聘双主任6名，院聘专家12名，客座教授/研究员19名。医院拥有原卫生部有突出贡献中青年专家1名、福建省卫生健康突出贡献中青年专家4名、福建省高层次人才43名、新世纪百千万人才工程省级人选2名、福建省卫生健康中青年领军人才研修培养项目人选2名，入选厦门市本土领军人才10名、厦门市拔尖人才16名、厦门市杰出人才2名、厦门市高层次人才229名、厦门市高层次卫生人才5名、厦门市高层次留学人员19名、厦门市青年创新人才12名，2人获厦门市科学技术重大贡献奖，5人获厦门市科技创新杰出人才奖，各类人才数量居全市医疗机构第一。拥有的先进设备包括：闽西南首台螺旋断层放射治疗系统(TOMO)，PETMR1台；最新型号、全球第二台装机的PETCT(GE Discovery MI)、闽西南首个达芬奇手术机器人(IS3000)、福建省首台乳腺CT(Koning)、闽南地区首台飞秒激光角膜屈光治疗仪(Carl Zeiss)，CT 11台、磁共振8台、DSA 5台、ECT 2台、瓦里安直线加速器3台等。

医院已建设省、市级科研平台35个，其中6个省级平台(三家福建省临床医学研究中心均获得国家临床医学研究中心福建分中心认定)，获批23个市级科研平台，6个厦门大学院级研究所。获批厦门市唯一的细胞治疗研究中心，获批成立市首家临床医学研究院，获批首批省市级临床医学研究中心且获批数为厦门首位。医院于2006年设立福建省地市级医院首家博士后工作站，已培养出站博士后59人，拥有在站博士后23人，连续两届获评“国家优秀博士后科研工作站”，开展临床博士后培养复合型人才。在国家局备案23个药物临床试验专业、37个医疗器械临床试验专业。共获得国家、省、市级课题1279个立项，其中国家自然科学基金187项，立项总数位居厦门市医疗系统首位。年内，获批24个国家自然科学基金项目，立项数占厦门市卫生系统50%以上，首次获批国家社会科学基金一般项目1个，学术影响力不断提高。“抗肿瘤新药临床评价技术示范性平台”获批国家科技重大专项课题立项，是省医疗机构首次获得的国家科技重大专项课题。获评2020—2022年全国GCP机构药物临床试验量值排行榜综合医院榜第36名，福建省内排名第一，获批仿制药一致性评价项目数量全国排名第十。共获各级各类科学技术奖85项，其中获市科技重大贡献奖1项，市科技进步奖一等奖8项，市科技创新杰出人才奖5项。2014—2023年SCI论文年发表数连续10年突破100篇，2020年以来每年发表SCI论文数均超过200篇，目前单篇影响因子最高87.244。

医院作为厦门大学的附属医院，承担厦门大学和厦门医学院、福建医科大学、福建中医药大学等其他三所医学院校本科生、研究生(含硕士与博士)的理论授课、临床见习和实习等教学任务。在院本科生300余人、研究生320余人、进修生50余人。设有内、外、妇、儿、急诊、护理等25个临床教研室，临床教师840余人。拥有19个国家级住院医师规范化培训基地及1个普外科专科医师规范化培训基地，住院医师规范化培训在培医师(不含专硕)310余人。设有临床教学技能培训中心，含15个功能实训区。医院为福建省专培医师理论结业考试厦门地区唯一考点，曾连续10年承担福建省住培外科基地结业综合考核考务工作。

医院全体人员勇挑重担，牢记公立医院的使命与担当。2020年以来，面对突如其来的新冠疫情，全院上下同心协力抗击疫情，杏林分院作为厦门市新型冠状病毒感染肺炎定点救治医院，在市委、市政府和市卫生健康委的支持及全院职工的努力下，以责任和担当筑起了疫情防控的“铜墙铁壁”，实现了确诊病例和疑似病例阶段性“双清零”、医务人员“零感染”、危重症患者100%治愈、无死亡病例的阶段性胜利。同时，医院积极派出医务人员奔赴湖北、上海、河北、海南、贵州以及福州、泉州、莆田、厦门同安等高中风险区域参与疫情防控和救治，2021年9月厦门本土疫情发生时，累计派出医务人员到“抗疫”一线高达12000余人次，支援数量居厦门市首位，用实际行动诠释了“一院人”的力量和担当，获得了“全国抗击新冠肺炎疫情先进集体”荣誉称号。

医院认真落实加强公立医院党的建设要求，以“医鹭仁心·一院人”党建品牌为引领，推动党建与业务深度融合，秉承“患者为本、质量至上、科教兴院、文化强院”的宗旨，始终践行“仁心仁术，至诚至善”的院训，诠释勤奋、担当、德技双馨的“一院人”的精神。2005—2023年，医院已有8人获得全国医师行业最高奖项——中国医师奖(全市共12人)。先后获评“全国卫生系统先进集体”、“全国信息化创新医疗服务模式十佳医院”、“全国百家改革创新医院”、“福建省文明单位”、“福建省五一劳动奖状”单位、“2018—2020年全国改善医疗服务先进典型医院”等。医院始终与人民群众的健康福祉紧密联系在一起，紧紧围绕习近平总书记“健康中国”蓝图，为人民群众提供优质的健康服务，矢志不渝地悉心守护一方百姓健康。（徐　鑫）

【全国公立医院绩效考核和顶级医院百强榜名次稳步提升】 年内，在国家卫生健康委公布的2022年度全国三级公立医院绩效考核榜单中，医院连续5年进入国家三级公立医院绩效考核全国百强，位列A+阵营，排名第72。连续6年跻身“中国医院竞争力·顶级医院百强榜”，位列第84，排名创历史新高，居全市第一。

（徐　鑫）

【智慧医院建设卓有成效】 年内，医院顺利通过国家医院智慧服务三级评审。连续6年进入中国智慧医院HIC 100强榜单，排名保持在全国第六，福建第一。进入2023届顶级医院HIC80强榜单，排名全国第四，福建第一。互联网医院入围“2022年全国互联网医院100强”，位列第37，成为省内唯一入围的医疗机构。

（徐　鑫）

【荣获第六届厦门市质量奖】 年内，荣获第六届厦门市质量奖，这是厦门市乃至福建省医疗卫生行业首次获得政府部门颁发的最高质量奖。

（徐　鑫）

【学科建设再攀高峰】 年内，医院新获批神经外科国家临床重点专科，至此有国家临床重点专科4个，数量为全市之最。新获批1个国家中西医协同“旗舰”科室建设项目；获批妇产科、烧伤科和中西医结合康复医学科3个省级临床重点专科；成立厦门大学医学院中西医结合学系；新增日间医疗管理质控中心、血液病学质控中心、医疗废物管理质控中心3个厦门市医疗质量控制中心。拥有25个福建省临床重点专科，19个市级质控中心，3个厦门大学学系，数量均居全市第一。（徐　鑫）

【学科实力持续提升】 年内，在2022年度中国医学科学院发布的中国医院科技量值(STEM)排行榜上，共有9个学科入围全国百强，分别为：风湿病学与自体免疫病学、耳鼻咽喉科学、内分泌病学与代谢病学、神经外科学、普通外科学、胸外科学、血液病学、肿瘤学、妇产科学，学科进榜数位居福建省前三、厦门市第一。在复旦大学医院管理研究所发布的2022年度华东区域医院专科声誉排行榜上，血液科、泌尿外科、核医学科、风湿免疫科、全科医学获提名，其中风湿免疫科首次上榜，泌尿外科还获全国专科声誉提名。（徐　鑫）

【顺利完成肝脏移植手术】 年内，医院重新创建器官移植与捐献体系，构建移植相关学科群，组建肝移植围手术期MDT团队，时隔17年，再度成功开展3例肝移植手术；完成全院首台成人改良背驮式肝脏移植手术，成立闽西南儿童肝病一体化诊疗联盟，成为全国人体器官捐献系统多学科协作网合作基地挂靠单位。

（徐　鑫）

【新技术项目质量持续向好】 年内，医院共开展新技术新项目80个，其中8项国家级新技术，6项省级新技术；2项新技术入选厦门市“年度医疗十大创新技术”项目。持续开展达芬奇手术机器人手术，累计开展2267台，2023年共开展654台，其中泌尿外科累计突破千例，成为“达芬奇手术机器人中国泌尿外科临床手术教学示范中心”；妇产科运用妇产科机器人开展手术量，位居全省第一。

（徐　鑫）

【成立国际诊疗部】 年内，医院国际诊疗部正式对外开诊。国际诊疗部以多学科联合诊疗为特色，致力于为国际友人、重点服务对象以及各种大型保障任务提供高质量就诊专属通道。（徐　鑫）

【成立院前急救科】 年内，医院作为首批承接院前急救站点的综合性三甲医院，正式成立院前急救站，实现“上车即入院”。接受调度日均12.39车次，同比增长104.85%；3分钟出车率99.07%，危重症患者处置率100%，病历完成率100%，病人服务满意度98.32%。（徐　鑫）

【荣获“国之名医·优秀风范”称号】 年内，第六届国之名医盛典在北京人民日报社举行，林勤教授、徐兵教授被授予“国之名医·优秀风范”荣誉称号，福建省内仅有6名专家入选榜单。（徐　鑫）

【荣获厦门市科学技术重大贡献奖】 年内，厦门市科技创新大会成功召开，王占祥教授荣获厦门市科技重大贡献奖，徐兵教授荣获厦门市科技创新杰出人才奖。（徐　鑫）

【科研平台建设硕果累累】 年内，医院正式揭牌成立厦门市细胞治疗研究中心。新获批厦门市骨与运动康复重点实验室、厦门市放射性药物研发与转化重点实验室2个厦门市重点实验室，截至年底，医院共有科研平台35个。（徐　鑫）

【科研成果再创佳绩】 年内，医院共获批各级各类科研项目124个，创年立项数及资助经费额度历史新高；其中国家自然科学基金项目24个，资助经费1753万元，立项数和资助经费均创历史新高，居厦门市卫生系统首位。获各级各类科技奖9项，发表SCI论文217篇，影响因子最高分87.244分，刷新历年纪录。（徐　鑫）

【全国GCP机构药物临床试验量值排名福建省第一】 年内，在中国药学会药物临床评价研究专委会最新发布的《全国GCP机构药物临床试验量值》排行榜中，医院名列全国总榜第50位，综合医院榜第36位，排名福建省第一。（徐　鑫）

【接续开展对口援藏工作】 作为厦门市唯一一家援藏医疗单位，年内医院派出第二批援藏医疗队5名医护骨干前往左贡县人民医院接续开展对口帮扶工作。（徐　鑫）

【以日间手术推动改善医疗服务】 年内，成立并启用舒适化治疗中心，设置虚拟舒适化治疗中心病房，打通住院服务堵点，创新医疗服务模式，获评全国首批日间医疗质量规范化管理哨点医院，是福建省唯一上榜医院。全年共开展16366台日间手术，单日最高手术量达到150台，同比增长8.27%，24小时日间手术占择期手术的28.36%，稳步提高医疗质量和医疗效率。医院《日间手术全闭环管理模式探索》案例斩获全国日间手术优秀案例大赛总决赛一等奖；《基于全闭环管理模式的日间医疗全面质量控制体系的实践》案例荣获改善医疗服务行动全国医院擂台赛国家卓越案例。（徐　鑫）

【荣获首届福建省核医学青年医师知识竞赛冠军】 年内，在由福建省医学会核医学分会、福建省核学会举办的“首届福建省核医学青年医师知识竞赛”中，医院核医学科研究生战队获得首届福建省核医学青年医师知识竞赛冠军，是唯一一支超过80分的队伍。（徐　鑫）

【创新医疗服务模式，推动医联体发展】 年内，医院与思明区莲前、厦港、滨海、鼓浪屿、中华、鹭江、嘉莲、开元、梧村、筼筜等10家街道社区卫生服务中心签署了医联体合作协议。（徐　鑫）

【深化落实分级诊疗及双向转诊工作】 年内，心内科、内分泌糖尿病科、神经内科等17个科室60余名专家前往莲前、厦港、中华、滨海等10余家社区坐诊、带教，合计门诊量约1.1万人次，下基层的学科数、医师团队数、诊疗量位列全市第一。（徐　鑫）

【离退休工作获得省级荣誉表彰】 年内，医院在中山路志愿服务驿站成立由30名老专家及老护理人员组成的“银发先锋工作室”，定期开展老专家义诊健康咨询活动。医院获评省级“老年人健身康乐家园‘示范单位’”；离退休临床党支部被评为省级“离退休干部‘六好’示范党支部”；“银发先锋工作室”被评为省级“银发先锋工作室”。（徐　鑫）

【连续三年蝉联地方宣传先进集体】 年内，医院荣获2022年度全国传媒经营“金推手奖”优秀品牌新媒体奖；获评《健康报》社“地方宣传先进集体”，是厦门市卫生系统唯一一家连续3年获此殊荣的医疗卫生机构；获评《福建卫生报》全省卫生健康新闻宣传工作先进单位。（徐　鑫）

厦门大学附属成功医院

【概况】 厦门大学附属成功医院（以下简称成功医院）是陆军第七十三集团军医院，前身为华东野战军第十三纵队医疗队，1947年9月组建于山东省平度县，1949年6月随部队南下福建，1951年进驻厦门。建院以来，医院名称和隶属关系几经变化，1950年11月改编为第31军医院，1963年7月更名为第174医院，1999年4月转隶联勤第18分部，2016年9月转隶东部战区陆军保障部，2018年9月转隶陆军第73集团军，由原第174医院、厦门警备区医院和集团军门诊部合并组建成陆军第七十三集团军医院。

医院占地面积共4.95公顷，由医疗办公主营区、金榜营区、坂头保障点和将军祠、江头家属区等组成。主营区主要由办公楼、门诊综合楼、住院大楼和陆军中转站组成，占地1.95公顷。

医院是一所集医疗、教学和科研为一体的三级甲等综合性医院。展开床位1080张，有工作人员1570余人，其中博士14人，硕士176人，兼职教授2人、副教授5人，博导1人，硕导19人。医院有PET-CT、320排CT、3.0T核磁共振、西门子超高端双源CT、伽玛刀、高能电子直线加速器、平板DSA、显微手术系统等各种先进诊疗设备，总价值约6亿元。年平均门急诊量100余万人次、收容3.5万人次、手术量1.5万台次，年均医疗毛收入约10亿元。（李金才）

【深入开展学习贯彻习近平新时代中国特色社会主义思想主题教育】 年内，医院分2批次深入开展学习贯彻习近平新时代中国特色社会主义思想主题教育，统筹组织5次党课辅导、3场体会交流、4次外请授课、8期“‘医’堂好课”。先后赴井冈山、国家安全教育馆、一线基层部队，开展联学共建活动，做法被军地媒体报道。创新组织情景再现式读书会、直播互动式歌咏比赛，6个支部自主开展党建活动。编创《守护》《光荣的第73集团军医院》等节目，在军队纸媒刊稿10篇，在新媒体刊稿50余篇。（李金才）

【成立战创伤救治中心】 9月20日，厦门大学附属成功医院举行战创伤救治中心揭牌仪式，聘任陆军特色医学中心战创伤医学科张连阳主任为首席专家并进行专题授课，中心采取“1+3+N”学科设置模式，下设1个主体学科、3个支撑学科及部分基础学科。中心有博士12名、硕士36名。（李金才）

【多措并举抓人才队伍建设】 年内，医院首次召开医院建设专家组会议，制定配套政策措施，推进“三项人才工程”建设，人才队伍实力稳步增强。先后赴14所院校走访招聘，共新招录95人。辐射帮带部队，接收72名医疗卫勤军官、141名基层卫生人员临床轮训，承办战区陆军心理骨干、战救骨干技能培训班，组织120随车急救培训及2期野战手术、重伤救治培训班。骨科主治医师王博文入选厦门市创新创业人才计划。（李金才）

【深入贯彻《陆军护理质量指标》】 医院作为战区陆军护理质量机制负责单位，8月8日，在东部战区陆军所属医疗单位开展《陆军护理质量指标》运用情况调研。（李金才）

【开展首届护理质量持续改进优秀项目评选活动】 2—12月，引导30个护理单元以项目管理的形式开展护理质量持续改进活动，12月6日举行项目结项汇报暨优秀项目评选活动，其中10个项目被评选为优秀项目。（李金才）

【引进“美丽心灵志愿服务”】 医院通过厦门市文明办引进“美丽心灵志愿服务”。5月19日服务队进驻医院，截至年底，有103名志愿者，无偿服务患者及家属50余万人次。（李金才）

【新购置一批先进医疗设备】 年内，医院投入3544万元购置高精尖、大型医疗设备，每台50万元以上的设备共新进23台(套)。（李金才）

【普通外科和烧伤整形外科获批“陆军临床重点培育专科”】 12月20日，陆军后勤部卫生局在网上公示陆军临床重点培育专科评审结果，医院普通外科和烧伤整形外科上榜。医院普通外科和烧伤整形外科获批“陆军临床重点培育专科”。（李金才）

【科研成果新突破】 年内，获批陆军后勤自主科研计划项目、省级自然科学基金项目各1个，市级科研项目5个，发表SCI论文11篇。全年共获批科研课题12项、经费2000余万元。刘珊珊团队研究的课题“移动急救系统的需求及论证分析研究”获东部战区陆军优秀技术创新成果一等奖，黄建明团队研究的课题“肩关节部位损伤的系列技术创新与应用”获东部战区陆军优秀技术创新成果二等奖。（李金才）

厦门大学附属福州第二医院

【概况】 年内，在福州市委市政府和主管委的正确领导和大力支持下，厦门大学附属福州第二医院全面贯彻党的二十大和二十届二中全会精神，全院职工励精图治，团结奋进，以建设高质量发展的医院为目标，紧紧围绕国家公立医院绩效考核、三甲综合医院评审、福州市市属公立医院主要领导绩效考核及医改各项指标要求，通过业财融合，将质控结果与绩效紧密结合，狠抓医疗内涵建设，持续改善医疗服务，较好地完成了全年各项工作。（刘　娟）

【新增一个省级西医类重点专科】 医院内分泌科获评省级西医类重点专科。（刘　娟）

【获评2023年度全国三八红旗集体】 3月8日，医院急诊科获评2023年度全国三八红旗集体。9月19日，急诊科获评2023年度全国三八红旗集体二星级全国青年文明号。（刘　娟）

【牵头组建医养结合医联体】 4月6日，医院与17家医养结合机构及基层医疗卫生机构签约组建医养结合医疗联合体，并向成员单位授牌。（刘　娟）

【康复楼启用】 4月12日，医院康复楼正式启用。康复科使用面积近10000m²，规划200张床位，引进大量先进康复设备，将打造成为全省综合性医院中规模最大的康复治疗中心。（刘　娟）

【组建福州市第二总医院】 5月15日，组建福州市第二总医院，6月19日，福州市第二总医院正式揭牌。（刘　娟）

【牵头组建福建省地市级暨县级医院急诊专科医联体】 5月27日，医院与52家地市级成员单位、90家县级成员单位签约组建福建省地市级暨县级医院急诊专科医联体。（刘　娟）

【获加速康复外科骨科试点医院突出贡献奖】 6月27日，国家卫生健康委授予医院加速康复外科骨科试点医院突出贡献奖。（刘　娟）

【组建福建省中西医结合学会骨关节保护与矫形分会】 6月30日，医院牵头组建福建省中西医结合学会骨关节保护与矫形分会。（刘　娟）

【举办中国医师节庆祝大会】 8月17日，医院举办中国医师节庆祝大会，同时举办友谊拉歌赛。（刘　娟）

【获2023年度医疗质量安全持续改进典型案例评选“优秀组织单位”奖】 8月18日，国家卫生健康委医院管理研究所公布2023年度医疗质量安全持续改进典型案例入围名单，医院获评“优秀组织单位”，位列全部参选单位第12名。（刘　娟）

【获第二届CMQC中国医疗质量大会医疗质量持续改进典型案例评选“优秀组织单位”奖】 9月8—10日，医院获国家卫生健康委医院管理研究所主办的第二届CMQC中国医疗质量大会医疗质量持续改进典型案例“优秀组织单位”奖。（刘　娟）

【获首届福建省康复科普大赛奖项】 9月22日，医院4个参赛作品分别获得首届福建省康复科普大赛特等奖、二等奖、三等奖。（刘　娟）

【共建福州市第二总医院罗源医院】 10月15日，医院与罗源县政府、罗源县总医院合作共建福州市第二总医院罗源医院。（刘　娟）

【成为首批国家骨科与运动康复临床医学研究中心伦理审查互认联盟成员单位】 11月30日，医院成为首批国家骨科与运动康复临床医学研究中心伦理审查互认联盟成员单位。（刘　娟）

【牵头组建闽东北骨科专科联盟】 11月21日，医院牵头福州、莆田、南平、宁德及平潭综合实验区的54家成员单位成立闽东北骨科专科联盟。（刘　娟）

【成为国家骨科医学中心保膝联盟全国首批28家成员单位之一】 12月17日，国家骨科医学中心认定医院为国家骨科医学中心保膝联盟全国首批28家成员单位之一。（刘　娟）

【获全国超级显微血管吻合技能大赛中专家组二等奖】 12月22—24日，医院在全国超级显微血管吻合技能大赛中获专家组二等奖。（刘　娟）

厦门大学附属心血管病医院

【概述】 2001年，厦门市委市政府会同海外华侨及国际知名学者，成立厦门市心脏中心；2011年，作为公立医院改革试点，中心相对独立；2014年，市委、市政府正式决定中心全面独立，选址五缘湾畔建设新址，并于2015年1月更名为厦门市心血管病医院；2016年9月，医院正式获批成为厦门大学附属心血管病医院（以下简称厦心医院），厦门市心脏中心为第二名称。医院是福建省内唯一的三级心血管病专科医院，为海峡西岸最具影响力的复杂、危重心血管疾病诊治机构。

2019年6月，医院整体搬迁至五缘湾新址，设有床位600张，湖滨南路旧址停用。医院设有心内科、胸痛中心、导管室、CCU、心外科、手术室、ICU、检验部、超声医学部、影像科、健康管理中心、核医学科等科室，是委省共建国家心血管病区域医疗中心和国家心血管疾病临床医学研究中心分中心，是国家胸痛中心四家区域认证中心之一，心内科为国家临床重点专科，心外科、超声科、影像科及护理为省级临床重点专科。医院为卫生部首批心血管病介入诊疗培训基地、国家首批心血管病专科医师规范化培训基地、美国心脏学会专业示范中心、中国房颤中心、中国心衰中心、中国心脏康复中心、中国高血压达标中心；拥有国家博士后科研工作站、省市院士专家工作站、厦门大学医学院心血管病研究所、厦门市心血管病重点实验室等高层次科研平台；获中国医师奖、福建省科技进步一等奖、福建省卫生计生系统先进集体、厦门市科技重大贡献奖，获评最有人情味的医院等。年内，医院门急诊人数为249764人次，手术总台数为19986台。

医院有员工907人，副高以上专家148人，硕士、博士260人，硕士生导师和博士生导师13人，教授、副教授9人，承担厦门大学医学院多项临床专业课程，也是厦门大学博士、硕士研究生培养单位。

【国家公立医院绩效考核CMI值连续5年位列全国第二】 年内，2022年度国家三级公立医院绩效考核公布，厦心医院CMI值（病例组合指数，评判医疗服务技术难度的重要国际指标）连续5年位列其他专科（手术组）全国第二，仅次于中国医学科学院阜外医院，同时其他专科（手术组）总分成绩再创新高，持续保持福建省第一名，获最优等A级。患者满意度持续提升，位列福建省二级以上公立医院第二名。（许良友）

【发起“心苗”访问学者计划项目】 年内，为解决全球心血管专科医师紧缺问题，医院发起“心苗”访问学者计划项目，每年招收15～20名外籍心血管青年医生，来厦接受心血管专科培训。该项目于4月，由国家国际发展合作署全球发展促进中心，在联合国总部举办的全球发展倡议高级别主题宣介活动上，面向全球推介。2023年已完成2名萨尔瓦多学员培训，尚有来自越南、马来西亚、缅甸等国3名学员在训，同时收到巴西、俄罗斯等10国近20名医生报名。（许良友）

【常态化开展金砖国家医疗合作】 年内，在市外办协助下，医院与厦门友好城市——巴西福塔莱萨市的梅塞亚纳医院建立合作意向，与白俄罗斯国立科研机构“明斯克外科、移植和血液科学实践中心”达成初步合作意向。积极拓展对内金砖合作，与通用技术集团国际控股有限公司、宝石花医疗健康投资控股集团有限公司签署战略合作框架协议。年内被列为“习近平新时代中国特色社会主义思想在厦实践外事参访点”，多批次接待外事参访团。（许良友）

【牵头组建厦门市心血管健康产业技术创新联合体】 “9·8投洽会”期间，医院携手国内心血管创新医疗器械企业参展，以“推动国产创新研发，破解卡脖子难题”为主题亮相“全球合作展区”，展示国产心血管创新医疗器械的发展。同时医院牵头联合心血管领域科研机构及产业链上下游企业等共同组建了厦门市心血管健康产业技术创新联合体，为厦门市首个生物医药领域的创新联合体。截至年底，产业基地入驻企业已达10家。（许良友）

【成立中国心血管医生俱乐部厦门中心】 3月，医院引入葛均波院士领衔的中国心血管医生俱乐部（CCI），成立CCI厦门中心。作为CCI在东南地区的首个分支机构，该中心将深度链接CCI及全国顶尖心血管医疗创新资源，结合厦门市科技局、火炬高新区管委会和厦心医院共建“厦门心血管健康产业协同创新基地”的产业化赋能机制，借助厦门金砖国家创新基地对外合作窗口，以国际化视野开展学术交流、技术培训、协同研发、人才培养、成果转化、平台服务及项目孵化等工作，共同搭建临床医生、科研人员、工程师及企业高管等的交流合作平台，打通医疗创新器械从概念到产品的关键链条，助力厦门心血管健康产业高质量发展。（许良友）

【入选国家首批心脏瓣膜病介入中心】 5月，医院入选国家第一批12家心脏瓣膜病介入中心，为福建省首家。医院已完成700余例心脏瓣膜病的微创介入手术，手术量全省最多，居全国前列，患者平均年龄74岁以上，最大者98岁，均预后良好，多项技术为全国乃至全球最早开展。同时联合国内医疗器械公司，完成多个创新器械的全国、全球首例人体植入，牵头开展多项全国多中心的临床试验。（许良友）

【开展全球首例机器人经导管二尖瓣微创手术】 12月，医院完成全球首例机器人经导管二尖瓣微创手术。该手术应用的机器人系统具有高度灵活的操控性，能进行更加精准的定位和移动，处理手术中更微小及复杂的解剖情况，从而提高手术操作的精度及安全性，减少手术时间，降低患者术中并发症发生的概率，进一步保证患者安全。借助5G通信技术，医生还可以远程操控机器人完成心脏手术。（许良友）

【完成福建首例全球最小全磁悬浮人工心脏植入】 3月，医院完成我国首个具有完全自主知识产权，已获国家药品监督管理局批准的完全磁悬浮人工心脏的植入手术。该心脏辅助系统是全球最小全磁悬浮人工心脏，仅有180克左右，代表着医疗器械最先进的技术水平。（许良友）

【引培并举构筑心血管人才高地】 年内，医院申报并被认定福建省医疗卫生高层次人才团队1支、福建省高层次人才C类人才3人、厦门市第六批杰出青年人才2人、厦门市高层次人才 C 类人才 10 人、厦门市第十二批拔尖人才 1 人;推荐参评福建省第四批“雏鹰计划”青年拔尖人才 1 人,福建省卫生健康突出贡献中青年专家 1 人,厦门市高层次卫生人才 3 人,厦门市第八批青年创新创业人才 1 人,医院人才层次进一步提高,为二次创业进一步充实人才队伍。

(许良友)

【科教工作成绩突出】 年内,医院主持各级各类科研项目新立项 32 个,共获资助经费 605 万元,同比增长 42.7%。其中获批 7 个国家自然科学基金项目(面上基金项目 3 个,青年基金项目 4 个),资助总经费 270 万元。获批省级科研项目 16 个,市级科研项目 8 个,其中 1 个为厦门市科技计划项目未来产业领域项目,获资助 100 万元。“可视化荧光成像引导缺血性脑卒中精准诊疗新技术及应用”项目获 2022 年度厦门市科技进步三等奖。2022 年度中国医院科技量值(STEM)暨五年总科技量值(ASTEM)中,医院“心血管病”学科排名上升至全国第 83 名,为福建省“心血管病”学科唯一进入全国百强的医院。医院员工作为通讯作者、第一作者共发表期刊论文 108 篇,其中 SCI 论文 58 篇,中文论文 50 篇,参编著作 4 部。同时医院持续加大厦门大学医学院心血管病研究所(简称心研所)的建设力度,大力引进高层次科研人才,目前心研所研究人员共 29 人,其中 2022 年引进专职科研人员 9 名,含 5 名副研究员,2 名博士后。教学方面,指导大学生创新创业训练计划项目 5 个,获批厦门医学院教育教学改革研究项目 1 个。心外科教学案例获校级专业学位研究生优秀教学案例(医学院唯一)。 (许良友)

【获评全国护理科普教育基地】 12 月,经过自评、省市护理学会推荐和中华护理学会评审等评定程序,医院获评“全国护理科普教育基地”。

(许良友)

【举办海医会心血管专委会第十四届年会】 11 月,医院举办“海峡两岸医药卫生交流协会心血管专委会第十四届年会暨海峡心血管病健康发展学术会议”,共吸引了 2000 余人线下参会、8.7 万人次线上参加。其间 28 例高难手术直播展示了国际最前沿的心血管介入技术。 (许良友)

厦门大学附属妇女儿童医院

【概况】 厦门市妇幼保健院(厦门大学附属妇女儿童医院)创建于 1959 年,建筑面积 6.3 万平方米,是集保健、医疗、教学、科研为一体的大型三级甲等妇幼保健院,承担着为全市妇女、儿童提供保健及医疗服务、指导培训基层妇幼保健工作、统计全市妇幼卫生信息、健康教育、教学、科研等任务。致力于努力降低孕产妇死亡率、婴儿死亡率,促进优生优育,提高出生人口素质,提高妇女儿童健康水平。

医院有编制床位 700 张,职工 1360 余名。年门诊量 148.5 万余人次,年分娩量 1.1 万人次,出院 4.8 万余人次,手术量 2.2 万余人次,服务范围已辐射至厦门周边多个地区。

医院坚持妇幼卫生工作方针,围绕“一法两纲”的核心任务,开展妇女儿童各期保健,妇女病筛查、诊断、治疗全程化服务及儿科疾病筛查、诊断、治疗全程化服务。积极引进各学科高端人才,努力加强学科建设,打造核心竞争力,形成一批在海峡西岸具有影响力的学科。首次在全国妇幼保健机构绩效考核中排名全省第一。

医院拥有 15 个国家及省级基地:国家住院医师规培妇产科和儿科基地、国家卫生健康委妇科内镜培训基地、国家级儿童早期发展示范基地、国家级儿童健康管理示范基地、福建省产前诊断培训基地、国家卫生健康委助听器验配师(四级)培训基地、美国儿科学会中国教育基地,福建省博士后创新实践基地、福建省产教融合研究生联合培养基地、中国妇幼保健协会专科助产士临床培训基地、中华护理学会助产士专科(京外)临床培训建设基地、福建省助产士专科护士临床教学基地、福建省新生儿专科护士临床教学基地、中国妇女基金会“避孕长效基地”、中国康复医学会“儿童康复专科培训基地”,拥有 18 个中心:国家妇产疾病临床医学研究中心分中心、中国妇女盆底功能障碍防治项目技术培训中心、福建省新生儿救护网络分中心、福建省厦门新生儿疾病筛查分中心、福建省厦门听力筛查诊断中心、福建省产前诊断分中心、国家“生殖健康诊疗服务能力(厦门)地区指导中心、厦门市产科诊疗质控中心、厦门市产科危重症转诊救治中心、厦门市慢性妇科炎症专病防治中心、厦门市儿童孤独症早期评估干预中心、厦门市出生缺陷综合防治中心、厦门市优生优育指导中心、厦门市适龄妇女免费‘两癌’筛查项目牵头单位和质控中心、厦门市围产医学临床医学研究中心、厦门市辅助生殖技术质控中心、厦门市产前筛查(诊断)质控中心、厦门市妇科专业质量控制中心,拥有 4 个福建省省级临床重点建设专科:妇科、产科、医学检验科、新生儿科,拥有 1 个厦门市拔尖专科建设项目:妇产科,拥有 1 个市级领先学科:产前诊断科,拥有 3 个市级重点实验室:生殖与遗传重点实验室、产科重大临床疾病基础与临床研究重点实验室、围产儿—新生儿感染重点实验室,拥有 2 个厦门市医学优势亚专科:新生儿科、儿童神经康复科,拥有 3 个市级重点专科:产前诊断科、新生儿科、儿童神经康复科,拥有 4 个市级规划重点专科:产科、小儿外科微创、儿童保健科、妇女保健科。

聘请中国工程院郎景和院士为名誉院长,提升妇产科相关学科建设、人才培养、专科整体建设规划等方面水平。医院设立 3 个名医工作室,即厦门市首个产科刘兴会名医工作室以及新生儿科陈超名医工作室、儿内科徐虹名医工作室。医院聘请 6 个特聘主任,儿童发育行为科聘请广州中山大学附属第三医院儿童发育行为中心主任邹小兵教授,麻醉科聘请广州市妇女儿童医疗中心麻醉科主任宋兴荣教授,小儿外科聘请首都医科大学附属北京儿童医院新生儿外科主任黄金狮教授,超声医学科聘请南方医科大学附属深圳市妇幼保健院超声医学科主任李胜利教授，生殖医学科聘请山东大学附属生殖医院生殖内分泌科主任石玉华教授，妇科聘请山东大学特聘教授及杰出名医、山东大学齐鲁医院妇产科学科带头人孔北华教授。与美国约翰斯·霍普金斯医院、波士顿儿童医院等多家国际著名医疗科研机构建立了长期友好合作关系，管理理念、专业技术、服务模式逐步与国际接轨进而推进医院全面发展，与国内一流医院接轨。2019—2023年，获批中国与世界卫生组织合作项目、国家自然科学基金项目、"863"计划合作课题、省科技重点课题等国际和省市级科研课题近200个，获多项省市科技进步奖。举办国家级和省级继续教育项目160余个。

医院已通过电子病历系统功能应用水平分级评价五级评审，取得互联互通标准化成熟度测评四级甲等授牌。医院自主研发的信息软件已取得5项计算机软件著作权登记证书。医院先后获得国家原卫生计生委(现国家卫生健康委)进一步改善医疗服务——优质服务示范医院、全国妇幼卫生工作先进单位、全国"三八红旗"集体、福建省卫生计生系统先进集体、福建省省级文明单位、党风廉政建设工作先进单位、福建省"三八红旗"集体等数十项荣誉称号。

2018年，厦门市妇幼保健院集美院区项目获批，拟建800张床位。

(温雅倩)

【被授予儿童营养标准与规范培训基地资质】 3月，医院被授予儿童营养标准与规范培训基地资质牌子(牌匾落款时间为2022年12月)，这是医院继国家级儿童早期发展示范基地、国家级儿童健康管理示范基地之后，在儿童保健领域取得的又一项国家级资质。 (温雅倩)

【入选中国医院竞争力排行妇产、儿童100强榜单】 2022届中国医院竞争力排行妇产、儿童100强榜单出炉，医院位列第36名。 (温雅倩)

【市卫生健康委姚冠华主任来院召开干部工作会议】 6月6日，医院召开干部会议，免去苏志英同志中共厦门市妇幼保健院委员会副书记、院长职务；7月20日，医院召开干部会议宣布，蔡庆福同志任厦门市妇幼保健院党委委员、总会计师，免去郑明端同志厦门市妇幼保健院党委委员、总会计师职务。8月7日，医院召开干部会议宣布，吴谨准同志任厦门市妇幼保健院党委副书记、院长，试用期一年。免去其厦门市妇幼保健院副院长职务。11月6日，医院召开干部会议宣布，杨宏毅同志任厦门市妇幼保健院党委委员、副院长。 (温雅倩)

【开展"共谋新院发展，共创你我未来"主题教育活动】 6月，医院党委结合"一院两区"发展规划，带领党员干部"深学争优、敢为争先、实干争效"，开展"共谋新院发展，共创你我未来"主题实践系列活动。 (温雅倩)

【新生儿科获批省级临床重点专科建设项目】 年内，新生儿科入选福建省2023年省级临床重点专科建设项目，是医院继妇科、产科、医学检验科之后又一入选专科。 (温雅倩)

【"国家妇产疾病临床医学研究中心分中心"授牌】 7月7日，在北京协和医院林巧稚妇产科学术论坛上，郎景和院士为国家妇产疾病临床医学研究中心分中心授牌，是福建省唯一的分中心。 (温雅倩)

【妇产科学科技量值(STEM)排名再创新高】 2022年中国医院科技量值(STEM)妇产科学排名公布，医院排名再创历史新高，位列第62名。

(温雅倩)

【荣获"中国现代医院管理医院文化建设典型案例奖"】 在国家卫生健康委能力建设和继续教育中心主办的第八届中国现代医院管理能力建设与发展大会上，医院选送的党建文化案例获得"中国现代医院管理医院文化建设典型案例奖"，获此奖项的医院全国仅8家，医院也是福建省唯一获奖单位。 (温雅倩)

【成功举办厦门市第29届职工技术比赛暨"稚爱杯"青年医学检验师技术比赛】 8月27日，厦门市第29届职工技术比赛"稚爱杯"青年医学检验师技术比赛圆满落幕。本次大赛由厦门市劳动竞赛委员会主办，厦门市总工会、厦门市卫生健康委员会指导，医院、厦门大学公共卫生学院、厦门市医院协会联合承办。 (温雅倩)

【省委副书记罗东川莅临医院调研公立医院党建工作】 9月8日下午，省委副书记罗东川来到医院，认真听取医院建设发展、基层党组织建设等情况介绍，详细了解省级党建重点培育项目"稚爱廉心"党建工作进展情况。

(温雅倩)

【召开学习贯彻习近平新时代中国特色社会主义思想主题教育动员部署会】 9月25日，医院党委召开主题教育动员部署会，市卫生健康委副主任王萍，市卫生健康委机关党委三级调研员陈境琨到会指导，医院领导班子、各党支部书记参加会议。会议由党委副书记、院长吴谨准主持。

(温雅倩)

【顺利通过智慧服务三级评审】 11月16日，医院顺利通过国家医院智慧服务分级——三级(最高级)评审。 (温雅倩)

【荣获厦门市妇幼健康职业技能竞赛团体一等奖】 11月24日，由市卫生健康委员会、市总工会联合主办的"稚爱杯"2023年厦门市妇幼健康职业技能竞赛中，医院荣获团体第一名的好成绩，并荣获赛事特别贡献奖。

(温雅倩)

【举办学习贯彻习近平新时代中国特色社会主义思想主题教育培训班】 11月17—18日，医院党委举办学习贯彻习近平新时代中国特色社会主义思想主题教育培训班。厦门市卫生健康委员会副主任许龙作开班式致辞，医院党委领导班子成员 、党支部书记、科室主任(含副主任及负责人)、专职党务干部共100余人参加培训。 (温雅倩)

【乳腺科、医疗美容科诊室搬迁】 年内，乳腺科、医疗美容科顺利完成优化升级。11月26日，新诊室于2号楼7楼正式启用。 (温雅倩)

【举办主题教育微党课大赛】 12月1日，医院党委举办"稚爱生命 初心闪耀"主题教育微党课大赛。市卫生健康委党组成员、副主任陈文锋，市卫健委直属党委副书记、机关党委专职副书记代翔出席活动。医院党委领导班子成员、党支部书记、党员代表等100余人参加活动。 (温雅倩)

【陈晶职工技术创新工作室授牌】 12月20日，市总工会党组成员、副主席朱秀敏，市机关事业工联会经审会主任、市直机关事业工会工委二级调研员周剑锋等一行人莅临医院，为“陈晶职工技术创新工作室”授牌。（温雅倩）

【党建案例获厦门市基层党建创新案例一等奖】 12月21日，由厦门市委组织部主办、厦门广电集团承办的“党建添动能 创新激活力——厦门市首届基层党建创新案例成果展示交流活动”举办。医院党建案例《稚爱生命 医者廉心——五个聚焦谱写党建引领高质量发展新篇章》荣获厦门市基层党建创新案例一等奖。（温雅倩）

【全国妇幼保健机构绩效考核再获佳绩】 国家卫生健康委公布2022年度全国妇幼保健机构绩效考核结果，医院再次获评等级A＋。此次考核，医院在持续发展、运行效率、服务提供、满意度评价方面，均超全国同类机构平均水平，在门诊服务对象预约诊疗率、辖区健康教育活动覆盖率、医务人员满意度等多个项目中获得满分。（温雅倩）

厦门大学附属龙岩中医院

【概况】 厦门大学附属龙岩中医院创办于1958年，是一所集临床医疗、健康保健、教学科研为一体的三级甲等综合性中医院，国家中医住院（全科）医师规范化培训基地，厦门大学附属医院，福建省文明单位。

医院总院占地1.8公顷，有门诊大楼、病房大楼、教学医技大楼共3栋已建成投入使用，建筑面积58361平方米。医院核定床位编制750张（实际开放床位840张），全院职工802人，其中高级职称112名，硕士、博士105人。设有16个住院病区和35个临床科室及15个医技辅助科室，各专科技术力量中医优势突出。拥有1个国家级中医重点专科培育项目（脾胃病科）；5个省级中医重点专科（骨伤科、针灸科、治未病科、中医护理学、儿童脑病康复科）；1个闽西中医康复诊疗中心；2个省级“创双高”建设项目（骨伤科、针灸科）；1个省级中医重点专科建设项目（肾病科）；3个市名中医专科，1个市级临床医学重点专科。

年内，医院大力开展医教研活动，承担各大医学院校临床、护理医学生的教学任务，是福建中医药大学、福建卫生职业技术学院、厦门医学院、泉州医学高等专科学校、漳州卫生职业学院等院校教学医院。拥有国家级名老中医经验继承指导老师2人，硕士生导师8人，兼职教授3人，副教授3人，全国优秀中医临床人才2人，省名中医2人，市名中医5人，省级基层老中医药传承指导老师12名，全国中医药创新骨干人才1人，全国中医护理骨干人才3人。开设余庆阳、章浩军全国名老中医药专家传承工作室，余氏骨伤学术流派传承工作室，岭南罗氏妇科流派传承工作室厦门大学附属龙岩中医院工作站，福建杜建老年病学术流派传承工作室；为省级非物质文化遗产项目——“余氏骨伤疗法”、市级非物质文化遗产项目——“李氏肛肠疗法”的保护单位。成立“中国针灸学会 福建省针灸学会 专家工作站（龙岩）”、“针灸辅助生殖工作室”，依托各工作站（室）优势，更加注重科研创新、专科建设、流派传承，拥有在研的地厅级课题22项，福建中医药大学校管课题10项。

弘扬国粹精髓，致力岐黄事业，服务人民大众，把医院建设成为全省乃至全国一流水平的市级中医院，是厦门大学附属龙岩中医院坚持不懈的奋斗目标。医院以“定位闽粤赣，走向全世界”为医院愿景，以打造“闽粤赣边有中医药特色优势的省级中医区域医疗中心”为发展定位，以中西医结合，突出中医药特色优势作为医院发展方向，实施“以重点专科为引领，带领临床科室发展”及坚持“以病人为中心”、推进“政府放心、职工信任、群众满意的中医院”的发展战略。（王小芸）

【与广州中医药大学第一附属医院签订医联体合作协议】 2月13日，广州—龙岩卫生健康对口合作座谈会暨重点医院结对签约仪式在广州举行，医院与广州中医药大学第一附属医院签订了医联体合作协议，助力打造医联体建设“广州—龙岩新样板”。（王小芸）

【获“龙岩市三八红旗集体”称号】 3月8日，医院获“龙岩市三八红旗集体”称号，阙秀琴副院长获“龙岩市三八红旗手标兵”称号。（王小芸）

【引进复旦大学附属华山医院贾杰教授团队】 3月11日，复旦大学附属华山医院贾杰教授团队与医院签订柔性人才引进协议，贾杰教授名医工作室正式揭牌。（王小芸）

【接受三级中医院现场评价】 3月10日，福建省卫生健康委中医处处长、一级调研员钱新春带领评价检查组一行5人莅临医院开展2022年度三级中医医院现场评价，并召开反馈会。（王小芸）

【广州中医药大学第一附属医院副院长关彤率队来访】 3月20日，广州中医药大学第一附属医院副院长关彤一行至医院参观交流，探讨紧密型医联体合作单位建设工作。（王小芸）

【迎接厦门大学非直属附属医院评审】 3月23日，福建省卫生健康委员会科技教育处副处长罗瑜燕带领评审专家组一行6人至医院开展厦门大学非直属附属医院评审工作，通过实地考察、查看资料、座谈交流等方式全面细致、准确客观的评审，并于反馈会上提出了宝贵意见和建议，为医院进一步深化校企合作，加强医教研工作提供方向。（王小芸）

【签约医养结合服务】 4月，与龙岩市同心圆（香港）护理院举行医养结合服务签约及授牌仪式，将于护理院内设立家庭病床，定期提供上门检查、治疗等医疗服务，更好地满足老年人健康养老服务需求。（王小芸）

【中国针灸学会、福建省针灸学会专家来院开展系列活动】 4月19—20日，中国针灸学会、福建省针灸学会专家服务团来院开展学术讲座、义诊活动等“贯彻落实党的二十大精神、我为群众办实事”系列活动。（王小芸）

【针灸科主任谢建谋获“福建省先进工作者”称号】 4月，2023年福建省庆祝“五一”国际劳动节暨表彰劳动模范和先进工作者大会在福州召开，针灸科谢建谋荣获“福建省先进工作者”称号。 （王小芸）

【举办广州中医药大学第一附属医院紧密型医联体签约揭牌仪式】 5月8日，医院与广州中医药大学第一附属医院紧密型医联体签约揭牌仪式顺利举行。 （王小芸）

【举办厦门大学附属龙岩中医院揭牌仪式】 5月10日，厦门大学附属龙岩中医院揭牌仪式顺利举行，随后双方进行座谈，就下一步合作进行了深入探讨和交流。 （王小芸）

【承办龙岩市首届药膳制作技能大赛并获得嘉奖】 5月22—23日，由龙岩市卫生健康委、商务局、文旅局主办，医院承办的“龙岩市首届药膳制作技能大赛”成功举办。医院代表队获团体奖一等奖，薯蓣花神糕获得主食类金奖、春笙百龙卷获得热菜类银奖、参苓健脾猪肚汤获得汤羹类银奖，指导老师肖佳娜获得特别贡献奖及优秀指导老师奖。 （王小芸）

【举办国家级继续教育项目“内病外治中医护理适宜技术创新应用培训班”】 6月7—9日，医院成功举办国家级继续教育项目“内病外治中医护理适宜技术创新应用培训班”，来自全国各地近300名学员参加。

（王小芸）

【加入“海丝肛肠联盟”】 7月22日，医院加入“海丝肛肠联盟”，成为“海丝肛肠联盟理事单位”，今后将在临床技术、学科建设、人才培养等方面开展深入合作，打造具有高水平的中医特色肛肠专科。 （王小芸）

【广州中医药大学第一附属医院院长李俊率队来访】 8月18—19日，广州中医药大学第一附属医院院长李俊一行至医院参观交流，就加大合作力度、提高合作层次，拓展合作广度深度进行了座谈，并举办了义诊活动共庆医师节。 （王小芸）

【举办广州·龙岩对口合作医院院长（副院长）聘任仪式】 9月8日，广州·龙岩对口合作医院院长（副院长）聘任仪式在医院成功举办，广州、龙岩两市卫生健康委主要负责人及两地对口合作医院的有关领导、教授和专家参加活动。 （王小芸）

【郭伟任龙岩市中医院党委书记】 9月18日，中共龙岩市卫生健康委员会党组发布任职通知，郭伟同志任医院党委书记。 （王小芸）

【北部新城分院揭牌】 10月9日，医院北部新城分院举行揭牌仪式，并正式投入运营，初步实现一院两区格局。 （王小芸）

【阙秀琴任龙岩市中医院院长】 10月9日，中共龙岩市卫生健康委员会党组发布任职通知，阙秀琴同志任医院院长。 （王小芸）

【与厦门大学附属翔安医院合作共建医联体】 10月21日，医院与厦门大学附属翔安医院举办医联体合作签约揭牌仪式，随后开展了山海协作大型义诊活动。 （王小芸）

【举办DSA室揭牌并投入试运营】 10月27日，医院DSA室揭牌并投入试运营，填补了医院在介入领域的空白。 （王小芸）

【举行“中国针灸学会 福建省针灸学会 龙岩专家工作站”续签仪式】 11月4日，“中国针灸学会 福建省针灸学会 龙岩专家工作站”续签仪式在龙岩顺利举行。 （王小芸）

【牵头组建“龙岩市中医康复联盟”】 11月5日，由医院牵头组建的龙岩市中医康复专科联盟在医院北部新城分院成立，全市共21家医疗机构参与，该联盟将按建设方案与协议内容发挥实效，提升全市中医康复水平。

（王小芸）

【多个工作室（站）落户医院】 11月，“福建杜建老年病学术流派龙岩市中医院传承工作室”“陈民藩国医大师传承工作室二级工作站”“石荣福建省名中医传承工作室二级工作站”落户医院，医院将依托工作室（站）优势，发挥专家引领、指导和示范作用，加快重点特色专科建设。 （王小芸）

【接受省卫生健康委检查组开展重点专科验收】 12月14日，福建省卫生健康委组织重点专科评估专家来院开展第七批省级中医重点专科建设（培育）项目评审验收工作，医院治未病科、中医护理学、儿童脑病康复科顺利通过的验收。 （王小芸）

附属学校

厦门大学附属实验中学

【概况】 厦门大学附属实验中学（简称“厦大附中”）由漳州招商局经济技术开发区和厦门大学联合创建于2007年12月，是一所公办完全中学，教学业务由漳州市教育局直管。2008年初中招生，2009年高中招生。厦大附中是福建省教育改革试点项目学校、省普通高中多样化办学试点学校、省首批课程改革基地学校。2018年6月15日，学校被福建省教育厅正式批准为省一级达标高中，2018年12月29日，学校被福建省教育厅确认为福建省首批示范性普通高中建设学校。学校有80个班级，在校学生3921人，教职工282人。教师中应届大学毕业生主要来自教育部直属6所师范大学、“211工程”师范院校和“985工程”综合性大学，研究生学历教师占教师总数50%。有特级教师2人，正高级教师3人，省级学科带头人及培养对象6人，市级研究型名师4人，市级学科带头人、骨干教师23人。厦大附中与厦门大学漳州校区融为一体，文化和学术氛围浓厚。占地 18.56 公顷，规划建筑面积 11.6 万平方米。国内部校舍全部按规划已建成，建筑面积约 10 万平方米。（原　强）

【办学质量不断提升】　年内，荣获福建省义务教育教改基地校称号。高考本一上线率 88.52%，本科达线率 98.92%。全省排名物理类前 100 名 1 人（第 66 名）、历史类前 50 名共 2 人（第 18 名、第 42 名），其中 4 名学生被清华大学或北京大学录取，“985”高校录取 103 人，分别被包括北京大学、清华大学在内的全部 39 所“985”高校中的 35 所录取，覆盖面广，录取率 22.15%；“211”高校录取 198 人，录取率 42.58%；“双一流”高校录取 212 人，录取率 46.59%。其中 C9 高校录取全覆盖，共录取 28 人（2022 年 16 人），具体为：北京大学 2 人、清华大学 2 人、复旦大学 1 人、上海交通大学 2 人、南京大学 5 人、浙江大学 2 人、中国科学技术大学 2 人、哈尔滨工业大学 6 人、西安交通大学 6 人。共有 7 人次通过强基计划录取。中考成绩全部在籍学生 660 人，405 分以上（全市普高线 400 分）631 人，普高达线率 95.6%，再创新高。总分 715 分以上全区 225 人（含回籍生），厦大附中 191 人，占比 84.89%。普高录取 516 人，录取率 78.18%。

荣获第三届福建省示范性普通高中建设学校网球展示活动“团体三等奖”。攀岩队获 2022 年福建省示范性高中建设学校攀岩展示活动团体三等奖和“体育道德风尚奖”。在 2023 年度漳州市中小学生阳光体育联赛中，荣获乒乓球高中女子单打冠、亚军，高中混合双打冠军、亚军、季军，以及第四至第七名若干，高中组团体总分第一，代表漳州市参加省中学生乒乓球联赛获高中组团体总分三等奖；获市中小学生阳光体育联赛、青少年体育舞蹈锦标赛单人四项全能组第一、二、三名，初中组团体第一；初中男子、女子篮球队分获漳州市第五名、第三名，高中男子篮球队获得漳州市第七名；获围棋比赛个人第二名、第六名，初中组团体第二名；获羽毛球赛高中男女单打第四至第七名若干，高中团体第四名；荣获“中联永亨·安若小镇杯”2023 年度厦门武术大赛男子 C 组 2 个全省第二名，1 个全省第三名。初中男子足球队获得漳州市第五名，初中女子足球队获得漳州市第六名，高中男子足球队获得漳州市第七名；在游泳比赛中获得漳州市第一名 4 人次，第二名 5 人次，第三名 3 人次，第四至第八名若干。学校办学水平、知名度和美誉度继续提升。（原　强）

【学科竞赛稳步前进】　年内，学生参加数学、物理、化学、生物、信息五大学科奥赛荣获佳绩，全年共获省三等奖以上 53 个，其中国赛二等奖 3 个、国赛三等奖 1 个、省一等奖 10 个、省二等奖 13 个、省三等奖 26 个。8 月 10—14 日，学校成功举办全国第 22 届女子数学奥赛，共有 36 支代表队 143 人参赛，成为福建省继福州一中、厦门一中、福建师大附中之外，第四所承办全国性奥林匹克赛事的中学。学校代表队获 1 金、2 银、1 铜好成绩，其中 1 学生获金牌并进入全国中学生数学冬令营。（原　强）

【校园写作 润泽生命】　年内，学生在《中国校园文学》、《中学生阅读》、《作文通讯》、闽南日报等各级各类报刊上公开发表作品计 339 篇。学生出版作品三部：《试扑流萤》《黎明之前》《自渡》，8 月 11 日在厦大附中文学馆举行了新书发布会。学生在各级各类写作比赛中 300 余人次获奖。教师公开发表教育教学论文 65 篇。市级课题各结题 2 个、立项 3 个，省级课题立项 3 个，区级课题结题 13 个。全学年 24 人次应邀外出开讲座。

（原　强）

【校园文化 特色彰显】　年内，学校开展的主题文化活动有：迎中秋灯谜展猜、第九届汉字听写大赛、社团迎新联欢文艺汇演、第七届篝火晚会、第十三届学生硬笔书法大赛、第二届英语趣配音大赛、第十三届十佳歌手大赛、第十一届“亦乐杯”围棋比赛、新春广场钢琴演奏会、迎元宵猜灯谜活动、第十二届戏剧节、志愿者“体验生活”、第三届乒乓球比赛、心理社蜗牛慢递、“学习雷锋精神 关爱老年人”志愿服务活动、第七届象棋比赛、清明祭英烈纪念活动、第十一届初高中时政和党史知识竞赛、第十四届辩论赛、第三届诗词大会、诵读社“英雄”主题诵读活动和趣配音活动、世界环境日宣传活动、五四青年节表彰大会暨新团员入团宣誓仪式、第五届传统文化知识竞赛、第十三届校园合唱节、“三珍一节”主题活动、少先队退队暨优秀少先队员表彰大会、第十一届跳蚤市场活动、为中高考加油、初三和高三毕业典礼等。（原　强）

厦门大学附属科技中学

【概况】　年内，厦门大学附属科技中学（简称科中）两校区共有 118 个班，在册学生 5540 余人，教职工 478 人，是福建省一级达标学校、福建省示范性普通高中建设校、福建省普通高中特色示范项目建设校、福建省文明校园，并先后获颁“全国海洋意识教育基地”和第一批“全国中小学生研学教育实践基地”，3 月，以专家评分第一的身份获批挂牌“福建省科普创作基地”。（陈　远）

【教师发展亮点多】　名师队伍壮大，形成优秀教师群体。学校高度重视各级名师的成长与培养，已形成梯度适宜、结构合理的教师团队，优秀教师群体基本形成。其中特级教师 1 名、市专家型教师 7 名、市学科带头人 14 名、市骨干教师 99 名、市骨干班主任 14 名、市专家型教师培养对象 3 名、市学科带头人培养对象 6 名、市骨干教师培养对象 20 名。教师黄捷、宿志高相继成为厦门市“名师工作室”领衔人，另有 8 名教师为厦门市名师工作室核心成员、36 名教师被确认为厦门市名师工作室研修人员。

教师岗位练兵活动获得佳绩。学校于年初就制定教师教学能力岗位练兵工作计划，扎实开展各项教师岗位练兵活动，教师各项技能比赛硕果累累：40 名教师在市第十届微课程比赛中获奖；13 个项目在 2023 年厦门市义务教育阶段作业设计评选中获奖；3 个项目在 2023 年厦门市中小学实验教学说课活动中获奖；在 2023

年“基础教育精品课”评选活动中，共有8名教师的作品获“省优”奖，46名教师的作品获“市优”奖；在2023年中小学优质课评选中，共有3名教师的作品获“省优”奖，15名教师的作品获“市优”奖，其中一等奖3人，二等奖7人，三等奖5人。

重视教师专业发展，教育科研成果丰硕。学校建立教师专业发展档案，加强文献研修，2023年度科中教师论文61篇获市级以上汇编；课题研究方面，省级课题结题1项，在研3项；市级课题在研15项；区级课题结题16项，在研14项。　（陈　远）

【德育工作频出彩】 德育工作以“立德树人”为根本目标，落实党的教育方针和《中小学德育工作指南》要求，全面培养学生的道德情操、核心素养、关键能力，形成了有学校特色的“123456”德育工作模式，即坚持培育和践行社会主义核心价值观“一条主线”；守住校内德育课堂、校外德育基地“两个阵地”；常抓常规管理、加强队伍建设、创设活动载体“三项工作”；用好课程育人、文化育人、活动育人、实践育人“四个载体”；整合班主任、科任教师、学生干部、家长、社会力量“五支队伍”；形成了海洋教育、劳动教育、心理教育、家庭教育、足球棒球、民族团结教育“六大亮点”。2023年，科中继续以“学生·教师·家长”三位一体的“部落”共同体建设为核心，构建和谐共生共育的文化体系。各年段继续深化以“部落”共同体为载体，开展部落学业互帮互助活动，结合家长“部落”的各类资源，开展多样的“部落”拓展活动。将习惯养成、勤俭节约、爱党爱国等专题教育等德育活动，设计大赛、读书交流、知识分享等启智活动，跑步、篮球赛、足球赛等健体活动，垃圾分类、菜园种植、班级责任区等劳动实践以“部落”共同体为平台进行，有效提升了家校合作水平。

2023年市级班主任专业能力大赛中，科技中学育人故事征文与现场比赛共获得一等奖4人次；二等奖1人次；三等奖4人次，成效良好。10月，《从心开始，静待花开》入选厦门市家庭教育典型案例；《一核两翼 打造有科技特色的文明素养培育体系》德育工作方案入选福建省第四批“一校一案”落实《中小学德育工作指南》典型案例；《爱的N次方——厦门大学附属科技中学“我和我的家庭”系列活动》入选厦门市家庭教育典型案例。　（陈　远）

【学生发展成绩佳】 学校不断完善课程建设与管理，继续加强“双减”政策背景和初高中新教材形势下校本作业编制改革的研究，进一步深化评价管理改革，致力于培养学生全面发展和创新能力，学生发展方面成效显著。厦门大学提供了丰富科研平台和实验室设施，鼓励学生参与科学研究和创新项目，进一步激发学生的求知欲望和自主学习能力，在中高考中取得了优异的成绩。其中物理类660分以上4人，物理类640分以上10人，600分以上38人，省排前200名1人，前500名2人，前1000名3人。创新班的“博学部落”24名学生均分达到633分。历史类600分以上10人，省排前50名1人，前1000名3人。

2023届中考翔安校区中考成绩获得同翔片区“中考质量保持前列”和“P值进步较大”的嘉奖。中考成绩位于全市前列，小中考两科市排第四。在数学、物理、化学、生物、信息学奥林匹克竞赛中共获得省级奖项26项、市级奖项169项，其中省一等奖2名、省二等奖13名、市一等奖30名；第39届厦门市青少年科技创新大赛：送省参赛5项，市一等奖2项，市二等奖5项，市三等奖7项；2023年英才计划入选大幅增加至9人，位居全市第二；获评2022—2024年度“英才计划”中学培养基地，学校为福建省入选4所中学之一。　（陈　远）

厦门大学附属演武小学

【概况】 年内，厦门市演武小学共有49个教学班，学生2435人，教职工139人（含非编），其中专任教师中级以上职称48人，高级4人，大专、本科、研究生学历有122人，省级名校长1人，省级骨干教师2人，县级及以上骨干教师60人。

厦门市演武小学注重意识形态宣传，校园网、公众号等宣传阵地的文章发布审批和管理规范有序。年内，多次获重要媒体正面刊发，如《中国教育报》，福建省教育厅、福建教育微言、思明教育等网络媒体，进一步提升了影响力。积极创新思政模式，开展“大中小”思政课一体化活动。与厦门大学历史与文化遗产学院、演武社区共同打造“行见演武”活动，让学生走进社区、了解家乡、用“知行合一”书写“思政之大”。这项工作受到了各级肯定，得到省级、市级、区级媒体报道，作为思明区小学代表向厦门市教育局汇报工作经验，参与市级思政课题研究。

年内，厦门市演武小学荣获第七届（2020—2023学年）小学教育教学质量奖（已蝉联7届教育教学质量奖），获评思明区第三届教师专业发展学校，荣获思明区家庭教育示范校园称号、思明区优秀教研组（语文组）称号，顺利举办思明区“校长论坛”、福建省教改示范性建设学校成果展示等大型活动。

（卢　馨　陈　旭　吴海燕）

【保卫工作平稳有序】 顺利完成消防安全、反恐安全、安全生产隐患排查、校园周边安全整治、防灾减灾、食品安全专项检查、网络专项整治摸排、交通安全、防溺水宣传、防诈骗宣传等工作，发布微信公众号文章7篇，组织反恐应急演练4次，定期组织校园安全工作例会，较好完成了上级安排的安全工作。

（卢　馨　陈　旭　吴海燕）

【德育活动丰富多彩】 德育工作围绕“养正开新”文化理念开展丰富多彩的学生活动。2023年度开展主题教育活动和各种专题讲座54场，内容涵盖美育、安全、法制、健康等。同时，加大有育人价值社区资源的开发，加大家长学校和家长委员会的工作力度，开设家长讲坛300余场。

（卢　馨　陈　旭　吴海燕）

【校园文化建设和宣传有效推进】 年内，以学生为中心，打造校园三百计划:打造“百看不厌的校园”“百听不厌的课堂”“百花齐放的课程”。完成《校看十年》拍摄、教育共同体宣传片拍摄、海峡导报文明校园采写、《中国教育报》校园专访、《智慧学校》专著的编写等工作,另外,还完成了知识产权校本课程2.0教材编写及小记者校本课程教材编写。

(卢　馨　陈　旭　吴海燕)

【“课程、课堂和课题”研究成效显著】 年内,梳理教师专业发展“四格三环五阶梯”培养模式及“四大共同体”的培养路径,目标精准,路径清晰。培养省级、市级、区级学科带头人6人,各级骨干教师60人。有9名骨干教师担任片区正副教研组长职务。有5名教师有立项课题,省级3个、市级2个、区级8个。开展“三新”实验项目研究,促进新课标落地,组织教师参加技能大赛,在“课堂教学变革比赛”中,学校共有7名老师以片区第一名的好成绩晋级区赛,其中教师戴瑶瑶和刘馨还在区级比赛中脱颖而出,代表思明区参加市赛,并获得市赛一等奖的好成绩。

(卢　馨　陈　旭　吴海燕)

【学业发展水平有效提升】 以智慧校园建设为平台,建立了360°学生评价制度,长效型的评价机制让整个校园都充满活力。学生全面发展,体美劳等各项活动、比赛在全国、省、市摘金夺银。此外,力行社团课程化,利用校内外资源成立90多个社团,涵盖多个领域和学科。2023学年教师获各级各类奖78人次,参加各级论文汇编36人次,学生获各级各类奖615人次。依托教改项目,推进信息化教学模式发展,继续挖掘教育信息化的亮点和特色,发挥不同学科优势,通过形式多样的研讨活动,展现线上线下融合教育探索成果。

(卢　馨　陈　旭　吴海燕)

【区域联动建设优秀片区及共同体】 年内,同步推进片区负责校工作和第二批思明区教育共同体工作,和思明区多所学校构建联动共建、携手发展的关系。进一步发挥片区中心校辐射作用,创建优秀片区。积极发挥辐射、指导、协调和组织管理工作,带动演武小学片区学校共同进步。创建思明区优秀片区,获得首届优秀片区评选二等奖。携手伙伴校,打造跨校紧密共同体文化。年内,牵手故宫和前埔小学,构建思明区第二批教育紧密共同体,本着优质均衡、共同发展的目标,力争缩小校际差距,全面推进思明区义务教育优质均衡水平。相继组织开展大型活动9场。

(卢　馨　陈　旭　吴海燕)

厦门大学附属音乐学校

【概况】 厦门市音乐学校是厦门市人民政府于1990年在鼓浪屿创办的九年义务教育音乐特色学校及中等音乐学校,2009年加挂“厦门大学附属音乐学校”校名。2013年,在湖里区开辟新校区,形成鼓浪屿校区和五通校区“一校两区”办学格局。2017年开办普通高中艺术教育实验班,探索“普职融通”和普通高中多样化、特色化发展。9月以来,学校有101个教学班,在校生3300余人,在编教职工347人,其中特级教师1名,正高级教师2名,省市级名师、学科带头人、骨干教师近100人。

(周　勤　程孟妮)

【加强党建工作,引领学校高质量发展】 开展学习贯彻习近平新时代中国特色社会主义思想主题教育,开展理论学习中心组学习8次,组织读书班3期,专题党课8场,专题研讨7次,下基层调研15次,解剖典型案例2个,形成调研报告7篇,现场办公解决问题6个。“四下基层”优秀案例《努力实现学生从“趴睡”到“躺睡”》被市委教育工委作为典型案例留存,并被厦门广播电视台报道。“鼓浪传琴韵”党建品牌荣获市教育工委优秀党建品牌称号,党建案例《鼓浪琴韵党旗飘扬》荣获厦门市基层党建创新案例三等奖。与金海社区、军营村、象屿集团等结对共建,开展了音乐文化送社区、送乡村、送企业等活动,助力城市基层党建工作。抓实意识形态工作,落实“一会一报”制度、“三审三校”制度;建立完善网络意识形态工作机制,加强网络平台阵地建设,与湖里区网安支队密切配合开展网络安全自查。

(周　勤　程孟妮)

【融合音乐特色,推进思政课一体化建设】 创新“音乐+思政”的形式,融合音乐艺术特色,创新打造“行走式、情景式、体验式”音乐党史课、音乐思政课,将思想性、艺术性、观赏性融入党员党性教育、学生思政教育等。推进“鼓浪屿音乐文化提升”活动,开展每周鼓浪屿志愿服务活动,上好“行走式”音乐思政课。11月28日,学校与厦门大学艺术学院开展“大中小思政教育一体化”研讨活动。打造“思政音乐剧”。由校党委发起的红色主题思政音乐剧项目正式启动。这是继学校系列音乐党课之后的又一创新力作,展现“舞台上的音乐思政课”。校长带头上好思政课,开展“校长有约”系列活动,带领学生了解音校音乐文化,带头深化思政课教学改革。

(周　勤　程孟妮)

【抓牢队伍建设,培养德能兼具和润教师】 加强师德师风建设。举行师德宣誓、签订师德承诺书,青年教师座谈会,开展“修师德,正师风,当好学生引路人”师德学习讨论,加强教师警示教育。年内,共有60多名教师获各级表彰,吴朝阳获评省级优秀教师,4人获市教育系统单项奖。设立“身边的榜样”专栏,开设“和美·教师”系列报道,推送阮宇航、潘灿丽老师优秀事迹在市局公众号报道。促进教师专业发展。常态化随堂推门听课,开展跨学科主题和美教育教师发展论坛;成立名师工作室、青年教师学习共同体,岗位大练兵备战教师教学能力大赛。开展课题研究,立项13个,在研67个,开设校级以上公开课88节,文化科教师获奖超过130人,第六届市中小学教学能力竞赛有19人获奖,教师杨佳祺获一等奖。开设大师班和专家课,举办专业教师技能大赛和室内乐专场。强化德育队伍建设。组织德育工作研讨会暨德育骨干教师培训活动。实现以赛促教、赛教结合提升班主任队伍能力,举办班主任专业能力岗位练兵线上比赛,选送5名班主任参加市赛全部获奖。

(周　勤　程孟妮)

【**推进校本教研,落实"双减"提质增效**】 各学科组加强校本研训,从教研活动,观察量表制作,大单元教学等多方面积极研讨;自主研发校本作业,积极推行作业分层的设计。6个学科获得省义务教育阶段(跨学科)优秀作业设计奖,3个学科获市一等奖,中小学合计14个学科获奖。探索跨学科项目式学习,提升学科趣味性,培养学生能力。依托科技节开展跨学科项目式学习,对校本课成果进行展示。开心农场结合生物学科开展的生态文明建设被《福建日报》等报道。学校还入选"福建省基础教育研究基地校"(初中数学组)。

(周 勤 程孟妮)

【**德育创新聚力,"三全"育人培根铸魂**】 开展"新时代好少年·传承经典筑梦未来"主题教育读书活动,创新中学部趣味大课间活动,组织中学部篮足联赛竞赛,组织"用爱乐抢 老班最靓"迎新年班主任为学生抢零食活动,《厦门日报》等媒体关注报道。充分利用"校长有约"活动平台,开展多场校长有约暖心交流活动。制定心理危机干预机制,形成问题学生的筛查制度。学校入选省第四批中小学心理健康教育特色学校。

(周 勤 程孟妮)

【**立足音乐教育,立美育人发展特色强校**】 自主开发以提升"音乐素养"为核心的美育校本课程体系。新增现代音乐专业。加强学生艺术社团的建设。管乐团参加"中华杯"中国第十六届优秀管乐团展演荣获"示范乐团"称号;小学生合唱团在"鹭岛少年"中小学生合唱展演获奖。承办多个重要音乐活动。承办第二、第三届上海音乐学院鼓浪屿音乐周系列活动,市2023年"同心共筑中国梦"青少年儿童歌手赛,市第六期学校管乐指挥培训班。开展"灿烂五月艺术节"系列音乐活动。开展艺术类活动121场、大师专家课35场、音乐会74场、鼓浪屿行走音乐会28场。

(周 勤 程孟妮)

【**"百师万家"共阅读,打造书香润泽的校园**】 市教育学会家庭教育专委会"百师万家"共读活动启动仪式在学校开启。组织教师朗读分享68期,家长参与阅读打卡共8787人次。组织"百师万家"共读线上线下分享活动共28场。指导学生阅读,语文组开展整本书阅读,教师阮宇航荣获教育系统新时代阅读活动先进典型,学校被评为市小学生语文阅读风采比赛优秀组织奖。学生在新时代好少年"传承经典筑梦未来"演讲和朗诵省市展示中获奖。成立教师读书会,举办教师读书沙龙"从互相倾听到协同学习,构建以学习为中心的课堂",开展《项目式教学——为学生创造沉浸式体验》读书分享活动。 (周 勤 程孟妮)

【**加强合作交流,贡献音校特色教育智慧**】 深化与上海音乐学院等高校合作3月、12月分别承办上海音乐学院第二、第三届鼓浪屿音乐周。音乐周期间,由上海音乐学院主办的第二届民族声乐教学与理论研究论坛及民族声乐大师课在学校成功举办。与英国博航特沃辛学校、皇家威尔士音乐与戏剧学院等开展合作交流,提升专业教育国际化水平。与雅马哈公司合作共建"音乐远程教育教室",推进人工智能音乐教学。与鼓浪屿景区管委会合作,提升鼓浪屿音乐文化氛围和品质。与翔安区萃英小学建立帮扶共建关系,学科教师送教下乡,推进区域优质教育资源交流共享。加强闽宁帮扶合作,结对帮扶西滩小学。 (周 勤 程孟妮)

厦门大学附属实验小学

【**概况**】 厦门大学附属实验小学是国家级漳州招商局经济技术开发区与厦门大学联合创办的一所公立学校,位于厦门湾南岸,与南太武山隔海相望,2011年9月正式开学,年内增加明德校区,全校56个班,134名教师,2740名学生。学校秉承厦大的爱国精神、革命精神、自强精神、科学精神及"自强不息,止于至善"校训,本着"为学生的终身发展打好底色"的办学理念,努力建设"自强至善"的文明校园,发展学生,成就教师,踏实进取,开拓创新,不断为师生搭建成长的舞台。 (邹远生)

【**五育融合**】 学校实施素质教育,以"五节"(读书节、艺术节、英语节、体育节、科技节)活动为载体,以红领巾广播站、国旗下讲话、班队活动为阵地,以"红领巾奖章"争章活动、"亦乐之星"、"十大附小之星"、"文明班级"评选活动为抓手,"五育"并举,不断丰富校园文化内涵,培养德、智、体、美、劳全面发展,有责任、有担当的学生。年内,学生获省级奖7人次,获市级奖178人次,获区级奖91人次,五年级8班小白杨中队获评"2023年度全国红领巾中队",六年级3班中队获评福建省优秀中队。 (邹远生)

【**科研兴校**】 学校以赛促研,开展优质课比赛、教学技能大赛、南片区青年教师教学比武、作业设计比赛、课标考核等各种形式的业务比武以及课题研究等活动,推动教师专业成长,成果显著:5人次获省级奖,37人次获市级奖,38人次获区级奖;形成了"阅读·思考·表达"为主线的课题链,全校有省级、市级、区级三级在研课题12个,涵盖各学科;发表CN论文15篇。 (邹远生)

【**特色风采**】 学校贯彻落实"双减"政策,利用课后服务时间开展全校性社团课,引进优质资源,开设器乐、绘画、运动、手工、编程、IT、文学等七大类近70个社团,全员社团成为学校特色之一。学校重视优秀传统文化的传承,普及民乐,2017年成为福建省民乐普及型学校,民乐团不断发展壮大,成为声部齐全有影响力的乐团,在漳州市文化艺术展演中屡获一等奖。先后获评漳州市义务教育标准化学校、福建省义务教育管理标准化学校、省级书香校园、5A平安校园、语言文字规范化学校等。

(邹远生)

厦门大学附属第二中学

【**概况**】 厦门大学附属第二中学是全国和谐校园创建先进学校、国家级体育传统项目学校、省示范性高中、省一级达标学校、省文明校园、省教育科研基地校、省首批普通高中课程改革基地学校、省首批义务教育教改示范性学校、省中小学心理健康教育特色学校和省中小学校园文化美育环境示范校。作为厦门市办学历史最悠久的学校，学校由毓德女学(1870年)、怀仁女校(1877年)、英华书院(1898年)、厦大校友中学(1949年)、鼓浪屿侨办中学(1959年)等先后合并而成。孵化出厦门外国语学校和厦门市音乐学校，形成了足球、英语、音乐三大办学特色，是厦门市备受瞩目和最具海外影响力的学校之一。

学校设有初高中三个校区，五缘校区高中部位于五缘湾畔五缘学村，集美校区高中部位于集美区后溪镇，鼓浪屿校区初中部坐落于鼓浪屿，是一所寄宿制公办完全中学。学校有80个教学班(其中鼓浪屿校区初中部18个班，五缘校区高中部42个班，集美校区高中部20个班)，在编在职教职工303人，其中专任教师282人，专任教师均具有本科及以上学历，其中硕士研究生84人，正高级教师3人，特级教师3人，省市级学科带头人13人、市专家型教师1人、市专家型教师培养对象2人、市学科带头人培养对象13人。

学校以习近平新时代中国特色社会主义思想为指导，全面学习宣传贯彻党的二十大精神，坚持和加强党对学校工作的全面领导，扎实开展主题教育，落实立德树人根本任务，深学争优，敢于争先，实干争效，高质量推进省示范性高中建设，推动一校三区新格局下各项事业高质量特色发展。 (林琳楠)

【深化党建引领，提升发展引领能力】 年内，学校推动主题教育走深走实。把开展好主题教育作为首要政治任务，有力有序做好各项工作，确保主题教育取得实效。开展特色党建活动。深入禾缘社区、后溪镇溪西村、内厝社区开展“双报到”交流活动；举行“庆七一，忆初心”等主题党日活动。发挥支部战斗堡垒和党员先锋模范作用。以“四下基层”为抓手，切实解决师生急难愁盼问题。加强支部和党员队伍建设。开展创建“党员先锋岗”活动。持续推进全面从严治党。筑牢意识形态阵地，打造风清气正校园。围绕意识形态组织中心组集中专题学习2次，召开专题研究会1次，综合分析意识形态领域重大情况1次，党内通报意识形态领域情况1次。 (林琳楠)

【落实立德树人，促进学生全面发展】 年内，依托王守琼名师工作室推进思政一体化，让思政课成为魅力课堂。《半月谈》、教育部官网关于厦门市思政课建设报道均提及学校典型案例；学校作品获思政金课省二等奖。承办市中小学心理健康教育课程建设专题培训班，学校入选省第四批中小学心理健康教育特色学校。 (林琳楠)

【深化教学研究，提升教育质量】 学校先后被确认为省示范性普通高中和省义务教育教改基地校，是为数不多的初中、高中省级“双示范”学校。学校师生在各级各类教育教学比赛中屡创佳绩。定期邀请厦大专家教授开展南强讲堂活动。开展科技节、学科文化节研究性学习等活动，提升科学素养。 (林琳楠)

【深耕科研兴校，夯实教师专业发展】 年内，1名教师获评省优秀教师，5名教师获市教育系统单项奖，1教师家庭获评“最美家庭”。多措并举，加大教师队伍建设。持续推进“青蓝工程”“提升工程”“卓越工程”。开展师徒结对，教学师徒共101对，班主任师徒共46对。发挥王守琼名师工作室和周英鹏名师工作室的引领作用，二者获评估优秀等级。推动名师培养计划，协同厦门大学推进优秀师资培养。 (林琳楠)

【强化后勤保障，打造平安校园】 年内，作为市教育局推荐单位，接受市专家组综治安全考评。承办第三届“桃李杯”消防安全业务大比拼活动。 (林琳楠)

【聚焦特色发展，彰显办学特色】 年内，高中足球队晋级全国总决赛；青少年校园足球中小学联赛取得13连冠，《人民日报》发文报道学校足球特色。重点抓好足球队、击剑队、篮球队、柔力球队、田径队和陆上皮划艇队的建设，均取得好成绩。办高水平艺术社团，深化艺术交流合作。参加市教育系统2023年教师节文艺汇演。承办市民文化节“我们曾经唱过的歌”、“鹭岛少年”合唱音乐会。参加2023年中国金鸡百花电影节电影音乐会、第九届鼓浪屿诗歌节开幕晚会。录制新歌《蜗牛》，发布原创歌曲《予屿》。打造劳动教育品牌，构建劳动特色课程。组织“新时代青年下乡”劳动实践活动。初中部开展“无物业周”系列活动参加市中小学劳动教育成果展示活动。 (林琳楠)

【加强对外交流，深化合作共赢】 年内，王守琼在“普通高中优质特色发展暨福建省教育科研协同创新基地建设10周年”研讨活动中作主题发言。开展对长汀县新桥中学、顺昌第一中学、龙岩高级中学、宁夏闽宁中学音乐学校、大同中学的帮扶工作。对新桥中学教育帮扶的案例受到全国政协表扬。开展省市教学观摩研讨活动。举办市级教学开放活动、省高中毕业班语文学科备考专题教研活动。 (林琳楠)

【凝聚强大合力，助推学校发展】 立足“一校三区”新格局。9月，集美校区正式开办。高起点规划，高质量办学。市教育局机关退休老领导一行30余人、学校退休老教师一行50余人先后到集美校区指导工作。《厦门教工》本年度第2期介绍学校工会典型案例。学校被授予市直属学校教职工趣味运动会“突出贡献奖”；英语组被授予市“五一先锋号”。团聚青春力量，筑牢信仰之基。深化团员和青年的思想政治教育，开展“4+1”专题学习。举办春季业余党校。学校英华足球队获评“2023年厦门青年五四奖章”集体。学校在各大媒体刊登报道22篇，其中国家级媒体报道3篇，省级媒体报道3篇。学校官微共发布新闻稿500余篇，受关注度持续提升。 (林琳楠)

· 人物名录 ·

中国科学院院士

田昭武　唐崇惕　黄本立　万惠霖　赵玉芬　郑兰荪
田中群　焦念志　韩家淮　孙世刚　戴民汉　谢素原
林圣彩　张　荣　郑南峰

中国工程院院士

夏宁邵

中国科学院外籍院士

萨支唐

发展中国家科学院院士

田昭武　田中群　焦念志　吕永龙

中国医学科学院学术咨询委员会学部委员

赵玉芬　唐崇惕　韩家淮　夏宁邵

厦门大学陈嘉庚讲席教授

郑兰荪　田中群　孙世刚　焦念志　韩家淮　戴民汉
吕永龙　夏宁邵　谢素原　林圣彩　洪明辉　张　荣
郑南峰

厦门大学“唐世凤”海洋学科讲席教授

李忠平　柴　扉

厦门大学“亿联”管理学科讲席教授

吴世农　林伯强

厦门大学南强特聘教授

吴　乔　黄邦钦　吴　玮　陈振明　黄培强　江云宝
谢兆雄　杨　勇　陈　敏　吕　鑫　任　斌　胡　荣
龙腊生　王大志　吴晨旭　王　野　赵　鸿　顾为民
颜晓梅　彭栋梁　刘祖国　方　颖　张云武　尤　涵
杨朝勇　张晓坤　赵金保　高树基　张　杰　龙小宁
方陶陶　史大林　陈兰芬　刘　刚　李剑锋　解荣军
卿新林　王海滨　朱　菁　张国君　罗华耿　陈张海
黄小青　傅　钢　张　宇　张宜辉　邓贤明　纪荣嵘
侯　旭　吴超鹏　方　宁　刘向阳　段安民　薛惠洁
张慧骝　赵西林　张　瑶　高锦豪　叶龙武　刘　文
汪　骋　戴桓青　尤延铖　田华雨　张宗益　冉　广
徐海超　程　俊　徐　鹏　洪海征　PHILIPP KAPRANOV
袁　晶　彭水军　王　鑫　朱　志　周　伟　洪文晶

厦门大学南强重点岗位教授

戴李宗　康俊勇　李　非　朱孟楠　王日根　董建辉
郑振龙　刘国深　徐崇利　陈国进　李耀群　谭　忠
袁友珠　许传炬　柯才焕　卢英华　郑海雷　陈　忠
钞晓鸿　邬大光　曹泽星　程立新　李　军　谭绍滨
孙道恒　徐国栋　王秋泉　王克坚　朱冬亮　董全峰
欧阳高亮　吴德印　张先清　曹文志　王东东　雷　鹰
杭　纬　李无未　李博安　俞春东　金光辉　陈明树
赵　仪　王艳艳　郑金成　王洪睿　刘海鹏　王　娇
郑挺国　孔祥建　王朝晖　林东海　林　鹿　王菡子
刘　峰　蔡伟伟　邱建贤　梁万珍　杨　斌　吴川六
王俊峰　谭元植　代　迅　廖洪钢　陈焕阳　于　鑫
刘振天　张　军　史秋衡　王绍森　黄凌风　严重玲
杜兴强　蔡平河　王　宇　周志有　陈先才　高和荣
詹东平　王　程　周颖刚　郑志锋　张　峰　于大全
商少平　杨志林　唐卫华　李建发　刘　涛　宋方青
朱仁显　郭东辉　商少凌　邹振东　付　国　赵婷婷
葛胜祥　别敦荣　叶玉英　陈鹭真　李勤喜　徐延辉
蔡明刚　魏　敏　李庆顺　修　鹏　鲍　威　张一鸣
夏　超

在岗教授名录

田中群　孙世刚　郑兰荪　吴世农　杨　斌　陈振明
黄培强　江云宝　吴　玮　邬大光　刘　峰　杨　勇
袁友珠　徐崇利　程立新　郑振龙　蔡志平　戴民汉
王日根　李　非　李耀群　周朝晖　胡建宇　康俊勇
谭绍滨　李无未　徐国栋　胡　荣　商少平　严重玲
朱孟楠　许传炬　陈　忠　郑海雷　黄邦钦　蒋　月
林圣彩　吴晨旭　王克坚　焦念志　刘泽亮　王　野
彭丽芳　李春园　孙道恒　李建发　吴　乔　宋方青
曹泽星　谭　忠　戴李宗　罗学涛　曾文华　夏宁邵

史晓东 郭东辉 韩家淮 史秋衡 吕　鑫 刘升发
李　琦 李庆阁 吴崇伯 张铭洪 陈　敏 陈国进
柯才焕 黄文达 程　恩 谢兆雄 赵　鸿 王绍森
朱建平 陶　涛 朱仁显 刘庆林 刘国深 许志端
李美华 邱春晖 陈　曦 陈晓明 林季红 宓锦校
蔡淑惠 徐延辉 王洪才 丁振华 于　飞 弓振斌
王玉琼 王秋泉 王翠萍 叶本兰 任　斌 杜兴强
张建霖 陈松岩 林秀芹 曾建平 谢素原 戴亦一
雷　鹰 丁丽瑛 王大志 王志强 叶　勇 李东辉
李常青 杨晨晖 张　榕 周　星 徐雅芬 曹志平
商少凌 彭　莉 薛雄志 杭　纬 颜晓梅 彭栋梁
李博安 刘祖国 俞春东 林伯强 张四清 夏雅丽
龙腊生 朱炎生 伍火熊 严荣沐 李晓红 肖　伟
吴德印 张　军 周东平 钞晓鸿 郭朝阳 黄凌风
龚　敏 董全峰 詹庄平 黄　涛 邹振东 温庭斌
韩守法 靳全文 王瑞芳 张云武 曾锦章 吕忠显
李　磊 王团老 卢英华 叶少琴 任　磊 李　军
李　成[1] 李兰英 陈辉萍 林致远 林德荣 郑若玲
屈文洲 侯　亮 姜艳霞 耿　虎 唐炎钊 曹文志
程金发 童　峰 童　敏 蔡平河 尤　涵 陈明树
陶　懿 朱红平 周忠华 赵　仪 杨朝勇 韩爱东
廖明宏 胡天惠 王　宇 王东东 王备战 白正简
兰维瑶 朱冬亮 朱小勤 刘志云 刘连泰 刘继春
孙志军 孙洪飞 纪志梁 苏新龙 李　丹 肖　虹
何丽新 余章宝 张　兵 张　侃 张中新 张存禄
张传国 张明志 张建寰 陈　菁 林　枫 欧阳锋
顾为民 徐进功 高丰光 郭　航 郭卫东 郭晓梅
彭水军 董建辉 韩水华 靳　涛 戴淑庚 郑金成
董　俊 王洪睿 王瑞方 李　勇 王　娇 曾志伟
朱玉峻 戚　智 王艺明 王德文 刘文松 李明哲
李勤喜 吴晓晖 何旭敏 陈　雯 陈　蓉 林　涛
周化民 周郁蓓 胡　华 翁梓华 高和荣 郭占荣
席文明 唐礼智 黄春庆 阎立峰 张　宇 方环海
吕　苗 张晓坤 王朝晖 吴文华 林东海 丁少雄
王　烨 王海斌 王新红 文玉华 许文彬 李书平
余　臻 张先清 张庆红 张志强 罗林开 胡朝霞
欧阳高亮 施雪琴 贾立山 徐东升 翁　建 唐余亮
黄　令 黄健雄 彭兴跃 缪朝炜 徐秀琴 王菡子
蔡伟伟 邱建贤 赵金保 吴伟泰 别敦荣 李　炜
高树基 WILLIAM NEIL BROWN 辛志英 王　程
丁兴号 元惠萍 石　巍 朱平辉 任　力 刘暾东
江桂英 李　鹏 李卫东 李少伟 杨志林 时　康
吴光辉 何　宁 何　坚 张有奎 张德富 陈　焰
陈舒华 林致诚 易　林 罗思东 金光辉 郑泽芝
赵　华 赵叶珠 胡　旭 钟春平 姚俊峰 钱小燕
徐　琪 郭　晔 黄文财 黄晓佳 黄朝阳 曹剑波
常大群 梁若冰 葛东涛 董继扬 韩　宇 蔡春露
潘　越 魏　敏 张　杰 高锦豪 文超祥 邓贤明
龙小宁 方陶陶 梁万珍 尤延铖 刘向阳 叶龙武
王文卿 石江宏 田　蕴 冯江华 朱　铉 刘海鹏
李权龙 张　羽 张文化 张连茹 张剑文 金贤安
周涵韬 黄永锋 蔡庆丰 袁　晶 文　磊 周　虎
王鸣生 郑南峰 林忠宁 陈　颖 党宏月 陈　虎
叶　军 林　鹿 伞海生 刘　晔 刘晓杰 江智渊
江毓武 苏欲晓 李蔚青 肖　珉 肖　亮 吴川六
吴超鹏 何元春 宋　刚 张文生 张家兴 陈兰芬
陈爱贞 陈海峰 范宏伟 林　斌 周志有 柏培文
顾鸿飞 钱建状 黄金良 韩秀丽 詹东平 蔡明刚
熊晓鹏 黎四芳 史大林 王俊峰 刘　文 刘　刚
程　俊 李秋红 冯　霞 纪荣嵘 李剑锋 程　鹏
吴隆增 徐海超 王艳艳 王培勇 王惠琼 方　颖
巴亚斯古楞 古　泉 吕毅军 刘　敏 许二斌
李　静 杨　权 杨士姚 杨伟锋 肖晓燕 吴荣华
余煜玺 张　瑶 陈　宏 陈立杰 陈远志 陈能汪
陈理想 周　赟 郑若娟 郑挺国 段永纯 郭春镇
唐永红 彭云峰 彭本荣 曾立毅 谢清果 解荣军
付　国 谭元植 肖能明 陈亚盛 林坤德 代　迅
刘文贤 王　鑫 夏　超 廖洪钢 罗雄彪 汪　骋
王　华 王远鹏 王焰金 方匡南 左正宏 卢盛荣
朱　志 朱红梅 刘向荣 刘志宇 刘雪锋 汤立国
孙　云 李艳霞 李智君 吴　婷 吴志明 吴清锋
沈英嘉 张国清 张艳涛 陈　军 陈　玲 陈少东
卓　勇 黄　烯 彭荔红 谢晓东 蔡　宁 蔡端俊
薛茂强 周颖刚 吴亚林 卿新林 洪文晶
STEPHAN STEINKE 攀　登 王兆林 徐　鹏
王　清 王德利 方　正 方秦华 孔祥建 吐　松
刘　彤 刘文飞 李　成[2] 杨小怡 杨律青 吴　翀
吴顺情 邱　彦 邱红峰 张　文 张少军 陈先才
陈贵富 陈胜凯 陈海强 林　明 周　伟 周　红
周　波 侯　旭 洪世键 洪学敏 黄　凯 傅　钢
焦建华 游家兴 戴鸿斌 王海滨 汤志义 陈焕阳
李文岗 张永有 张亚辉 陈勇兵 朱　菁 付立群
张洪良 俞容山 张国君 张　荣 王　颖 牛霖琳
石红梅 叶社房 冉　广 白云涛 匡　勤 成　瑾
曲延云 吕志奎 伍晓奕 刘中华 汤　凯 许一婷
孙丽岩 苏　琼 李　昂 李　娜 李君涛 吴育辉
吴清强 吴德会 吴德志 余长林 汪冰冰 张延东
张仲楠 陈明茹 陈鹭剑 陈鹭真 林俊聪 罗正钱
周颖慧 赵向琴 钟　威 洪海征 姚　昕 夏　路
黄寿峰 曹晓宇 葛胜祥 覃红霞 程　明 曾秀芹
谢贞发 蔡聪波 蔡毅华 颜佳伟 武剑锋 许　零
田　娜 杜　魁 杜拴平 李奇渊 张宝蓉 陈　闯
曹　阳 程庆进 熊　涛 杨　晔 张凌娟 程继东
王　帅 王传超 乐　耀 王晓阳 胡　晟 曹　彬
郑志锋 王斌举 马　剑 王杉霖 王桂芝 邓　明
卢正敏 庄伟芬 刘昆宏 刘学敏 江　敏 孙莉萍
李　安 李　渊 李杨帆 杨惠玲 吴　薇 何晓萍
汪晓云 沈　哲 沈　雁 张　弘 张宜辉 陈仕玺
陈吕萍 陈素白 陈航姿 范贤光 林舒勇 罗进辉
周志东 周雪香 屈小波 赵西亮 赵英汝 赵春宁

魏志华　袁吉锋　黄佳良　张亚霖　刘波　杜丹
林树海　方晓亮　冯立军　刘勇　牟敦果　李晓林
杨东勇　杨寒松　吴琳琳　余兆菊　张会永　陈小芬
周剑扬　施余兵　殷琦　郭建鹏　曾宪海　潘颖秋
于文轩　赵颖俊　宗利利　张峰　张宸崧　吴吉林
申河清　陈洪敏　卓春祥　罗华耿　于鑫　张曦
余世霖　陈张海　薛涧坡　姜涛　熊海峰　霍浩华
毛开睿　刁培俊　于大全　王耿　王明华　水海刚
付宏燕　白华　冯丹青　邢菲　朱宇　伊晓东
许永洪　孙传旺　孙海信　李莉　李骁麟　李晓潮
杨松　连明生　吴云龙　吴水平　吴建洋　何良宗
张文舟　张兴祥　陈坚　陈忠纯　陈晓彦　陈健敏
陈福平　林雁勤　罗德林　周湘鲁　郑啸　郑永宽
祝青园　袁权　袁喜娜　郭惠芬　黄娆　龚磊
龚正良　梁君荣　傅馨　焦芳钱　游伟伟　赖永炫
蔡伟贤　潘超青　魏爱棠　郑世进　许韧　刘振天
张金宝　郑金雄　黄小青　李继秋　林晓凤　刘亮
梁勇　瞿清明　刘悦　霍帅东　王波[3]　吕永龙
任长亮　徐勇　龚浩群　王瑁　王荔红　王奕首
王凌云　木志荣　邓顺柳　石峰　卢仙聪　叶玉英
乔永忠　朱杰敏　朱锦锋　任智勇　刘国坤　刘婧媛
许旺土　孙勇　苏劲松　苏培峰　李焱　李木易
李立新　李城希　杨光勇　杨宗保　肖望强　沈燕清
宋翀　张文静　张秋根　张闻捷　张燕来　陈中贵
陈志为　陈黄鑫　林密　林琛　林友辉　林育川
罗文新　岳光辉　郑伟平　郑红花　郑明森　郑晓剑
姚荣迁　贺达海　徐岚　徐俊　郭勇健　黄向春
黄金兰　曹知勉　曹慕昆　程通　崔勇　吕晓雯
吴雅苹　宋彦龄　谢顺吉　蔡熙乾　刘赦　王波[4]
杨伟锋　毛志平　陈嘉嘉　黄文　李鸿珠　林娟
揭祖亮　刘欢　向乔　李非栗　王为磊　乔羽
林海昕　苏纪豪　方宁　吴伟胜　邹斯嘉　李姜辉
唐卫华　黄添枝　王夺　王磊　王燕武　王霏
方广智　卢豪良　叶美丹　刘胜兴　江玮　阳建勋
严严　严金海　苏伟　李卫彬　李程　沈小波
张达志　张建　张润　张惟捷　张淼　张慧君
陈竑焘　陈铭　陈鹏　林育纯　季烨　周华
郑国庆　赵晶　洪文兴　袁飞　原宗丽　徐大鹏
徐虹　高艳杰　黄加乐　黄玥　黄胜利　梁建国
蒋冠宏　雷艳红　谭巧国　曹名锋　徐斌[5]　赵婷婷
段安民　曹青云　靳宇　薛惠洁　刘泉　张慧骝
赵西林　邓文波　张华　张桥保　柳欣　袁丛辉
刘涛　戴桓青　PAVLO OLEKSANDROVYCH DRAL
张力　张龙　陆钊洪　王行之　李光　李忠平
黄宏龄　田华雨　罗周卿　杨明辉　黄晓星　张一鸣
卢成仁　张宗益　张增凯　张翔　冯兵　郑燚明
JAEHONG KIM　王兰　王连生　王海龙　毛波
艾春香　孙萍　李迎星　李学　李思维　李琳
李德国　李鑫　杨立朝　杨曦　吴炳辉　张丹
张庆昭　张贻雄　张亮　张前炎　张晶　张鹏
陈荣钱　陈猛　陈强　陈毅歆　武力超　罗亚威
罗幸　周绮凤　胡金帅　胡深爱　姜源　洪明辉
徐国冲　高婧　郭文熹　郭香会　唐瑭　黄悦
曹娟　龚文娟　温程璐　熊慧　缪惠芳　魏丽艳
廖赛虎　吕柯伟　郭浩　柴扉　张博　于浩然
乐世敏　冯思轶　林伟南　郑建伟　曹刘娟　孔双博
成康　刘文文　杨扬　吴彩胜　范凤茹　郑强
董金超　任金波　何沙沙　蔡宏琛　魏现奎　吴欣
PHILIPP KAPRANOV　林楷强　黄玉清　王杏飞
吴艺明　梁亮亮　李庆顺　曹玲　王树涛　李林
谢国华　修鹏　鲍威　马盛林　王伟光　王振忠
方厚升　朱圣明　朱学艺　刘奎　阳妙艳　李伟文
杨波　吴茜　吴素贞　余铌娜　沈桂平　张宇锋
张勇　陈博翼　苗瑞丹　林玉妹　林亚清　林雪霏
罗珍　金华　周达　郑伟民　郑高峰　洪青阳
徐新英　徐斌[6]　高祥　黄炳艺　葛威　蒋昭阳
喻骁　曾念寅　孙晓帅　杨述良　冷历歌　韩晓祎
谢清水　王科嘉　王耀辉　孙谋远　杨哲森　沈渊
张天英　陈宇新　欧阳鑫昊　倪骁然　郑靖　游智鸿
潘思骏　方润　高月

注：

（1）以评聘为厦门大学教授的时间先后为序。时间相同者，以姓氏笔画为序。

（2）小标1为物理科学与技术学院李成，小标2为管理学院李成，小标3为生命科学学院王波，小标4为哲学系王波，小标5为管理学院徐斌，小标6为电子科学与技术学院徐斌。

逝世人物名单

张连英　邱松庆　徐尊坤　方妙英　刘秀熙　王长荣
颜剑飞　王士铁　叶明礼　陈敏兰　蔡师仁　潘容华
周济　胡伟君　郭启宗　黄启巽　孙旺根　张宗剑
林梅馨　辜联昆　潘幼仲　黄渭铭　李强　杨照南
陈天骥　张清辨　邱万兴　林其泉　林树西　叶文程
刘兰英　游钰　林鸿庆　洪永安　叶希庆　庄钟庆
林秀敏　洪淑惠　林君华　叶淑俭　郑文贞　陈国金
董德霖　沈桢　林添明　解联序　张其永　吕承深
王荣宗　张瀛洲　王上进　黄婉仪　赵时燕　李佳一
杨亚宽　许克平　陈旭华　杨忠案　蔡美丽　陈丽娘
李少菁　张西西　陈扬明　蔡毓贤　杨丽宣　陈志扬
周应钦　尤忠贤　詹树魁　苏登记　林能在　骆秀銮
朱国清　金意同　林耀华　强仲安　陈亚凤　孙锡麟
张藩贤　郑慎宜　蔡妙治　薛芳祝　车长针　瞿国文
陈亚九　徐慎初　黄延庆　吕联钟　周木易　李稻根
潘惠琼　苏立华　朱素治　林水羡　陈慧贞　姚宗元
许水源　李健康　黄世欣　胡咏絮　阮丽燕　孙景雪
林伟　林生财　庄宝煌　林去病

注：以逝世的时间先后为序。时间相同者，以姓氏笔画为序。

·学校文件·

党委工作文件选目

文　　号	文件名称
厦大委综〔2023〕3 号	中共厦门大学委员会关于深入学习贯彻党的二十大精神 在推进中国式现代化进程中与时俱进建设世界一流大学的决定
厦大委综〔2023〕4 号	关于印发《厦门大学 2022 年工作总结》的通知
厦大委综〔2023〕5 号	关于印发《厦门大学 2023 年工作计划要点》的通知
厦大委综〔2023〕10 号	关于深入开展厦门大学第十二次党代会筹备工作调研的通知
厦大委综〔2023〕17 号	关于印发《厦门大学 2023 年全民国家安全教育日宣传教育活动实施方案》的通知
厦大委综〔2023〕18 号	中共厦门大学委员会印发《关于在全校大兴调查研究的实施方案》的通知
厦大委综〔2023〕19 号	关于印发《厦门大学庆祝中国共产党成立 102 周年活动方案》的通知
厦大委综〔2023〕34 号	关于印发《厦门大学师德集中学习教育实施方案》的通知
厦大委综〔2023〕36 号	关于召开中共厦门大学第十二次党员代表大会的通知
厦大委综〔2023〕41 号	中共厦门大学委员会关于学习宣传贯彻学校第十二次党代会精神的通知
厦大委综〔2023〕42 号	关于印发中国共产党厦门大学第十二次党员代表大会党委报告的通知
厦大委综〔2023〕43 号	关于印发《中共厦门大学第十二次党员代表大会目标任务分解方案》的通知
厦大委综〔2023〕45 号	关于印发《面向全校广大团员和青年开展学习贯彻习近平新时代中国特色社会主义思想主题教育实施方案》的通知
厦大委综〔2023〕47 号	关于印发《厦门大学部分基层工会委员会换届选举工作方案》的通知
厦大委综〔2023〕51 号	中共厦门大学委员会关于开展 2023 年全面从严治党主体责任落实情况检查的通知
厦大委组〔2023〕7 号	关于水海刚等任职的批复

续表

文　号	文件名称
厦大委组〔2023〕8 号	关于曾云声任职的通知
厦大委组〔2023〕9 号	关于邱旺土同志任职的通知
厦大委组〔2023〕10 号	关于吴国瑛等同志职务任免的通知
厦大委组〔2023〕11 号	关于石慧霞等同志职务任免的通知
厦大委组〔2023〕12 号	关于左正宏等同志职务任免的通知
厦大委组〔2023〕13 号	关于陈芃等职务任免的通知
厦大委组〔2023〕33 号	关于洪少丹等职务任免的通知
厦大委组〔2023〕34 号	关于林金枝免职的通知
厦大委组〔2023〕35 号	关于周颖刚任职的通知
厦大委组〔2023〕36 号	关于马进龙等同志职务任免的通知
厦大委组〔2023〕37 号	关于马进龙免职的通知
厦大委组〔2023〕38 号	关于郭锦星等同志职务任免的通知
厦大委组〔2023〕39 号	关于郭锦星同志免职的通知
厦大委组〔2023〕40 号	关于曾惠容任职的通知
厦大委组〔2023〕41 号	关于徐琪等同志试用期满正式任职的通知
厦大委组〔2023〕42 号	关于王程等试用期满正式任职的通知
厦大委组〔2023〕43 号	关于丁彧同志免职的通知
厦大委组〔2023〕51 号	关于梁振伟任职的通知
厦大委组〔2023〕52 号	关于梁振伟同志免职的通知
厦大委组〔2023〕56 号	关于舒继武免职的通知
厦大委组〔2023〕57 号	关于舒继武同志免职的通知
厦大委组〔2023〕58 号	关于李国安免职的通知

续表

文　　号	文件名称
厦大委组〔2023〕59 号	关于洪文兴同志任职的通知
厦大委组〔2023〕60 号	关于李荔敏任职的通知
厦大委组〔2023〕63 号	关于公布厦门大学“双带头人”教师党支部书记工作室建设单位验收通过名单的通知
厦大委组〔2023〕65 号	关于印发《厦门大学学习贯彻习近平新时代中国特色社会主义思想主题教育领导小组及其办公室组成方案》的通知
厦大委组〔2023〕66 号	关于印发《厦门大学学习贯彻习近平新时代中国特色社会主义思想主题教育领导小组及其办公室工作职责》的通知
厦大委组〔2023〕67 号	关于余自中等职务任免的通知
厦大委组〔2023〕68 号	关于张军奎等职务任免的通知
厦大委组〔2023〕69 号	关于张军奎同志免职的通知
厦大委组〔2023〕70 号	关于肖亮任职的通知
厦大委组〔2023〕71 号	关于吴福武任职的通知
厦大委组〔2023〕72 号	关于吴福武免职的通知
厦大委组〔2023〕73 号	关于郑建华免职的通知
厦大委组〔2023〕74 号	关于王颖免职的通知
厦大委组〔2023〕75 号	关于别敦荣任职的通知
厦大委组〔2023〕76 号	关于覃红霞等职务任免的通知
厦大委组〔2023〕77 号	关于骆庭伟等任职的通知
厦大委组〔2023〕78 号	关于刘群鑫等任职的通知
厦大委组〔2023〕79 号	关于龚浩群等职务任免的批复
厦大委组〔2023〕81 号	关于印发《厦门大学学习贯彻习近平新时代中国特色社会主义思想主题教育实施方案》的通知
厦大委组〔2023〕83 号	关于唐礼智免职的通知
厦大委组〔2023〕84 号	关于陈雪玲同志任职的通知
厦大委组〔2023〕85 号	关于陈雪玲同志免职的通知

续表

文　　号	文件名称
厦大委组〔2023〕86 号	关于张伟等同志职务任免的通知
厦大委组〔2023〕87 号	关于张伟免职的通知
厦大委组〔2023〕88 号	关于周蕾同志任职的通知
厦大委组〔2023〕89 号	关于高忠华等同志职务任免的通知
厦大委组〔2023〕90 号	关于邱七星等任职的通知
厦大委组〔2023〕91 号	关于张明智等同志职务任免的通知
厦大委组〔2023〕92 号	关于王晟等同志职务任免的通知
厦大委组〔2023〕93 号	关于陈怀锋等职务任免的通知
厦大委组〔2023〕94 号	关于陈怀锋等同志职务任免的通知
厦大委组〔2023〕95 号	关于王沈扬等职务任免的通知
厦大委组〔2023〕96 号	关于王沈扬免职的通知
厦大委组〔2023〕97 号	关于黄宇霞等同志职务任免的通知
厦大委组〔2023〕98 号	关于伍伟平等同志职务任免的通知
厦大委组〔2023〕99 号	关于伍伟平同志免职的通知
厦大委组〔2023〕100 号	关于廖志丹等同志职务任免的通知
厦大委组〔2023〕101 号	关于廖志丹同志免职的通知
厦大委组〔2023〕102 号	关于许和山等职务任免的通知
厦大委组〔2023〕103 号	关于许和山等同志职务任免的通知
厦大委组〔2023〕104 号	关于何丽新等同志职务任免的通知
厦大委组〔2023〕105 号	关于何丽新免职的通知
厦大委组〔2023〕106 号	关于李峰等同志职务任免的通知
厦大委组〔2023〕107 号	关于李峰等职务任免的通知

续表

文　号	文件名称
厦大委组〔2023〕108 号	关于洪春生等同志职务任免的通知
厦大委组〔2023〕109 号	关于洪春生同志免职的通知
厦大委组〔2023〕110 号	关于石慧霞免职的通知
厦大委组〔2023〕111 号	关于郑庆喜任职的通知
厦大委组〔2023〕112 号	关于郑庆喜免职的通知
厦大委组〔2023〕113 号	关于洪秋霞等同志职务任免的通知
厦大委组〔2023〕114 号	关于印发《中共厦门大学第十二次党员代表大会代表产生办法》的通知
厦大委组〔2023〕115 号	关于印发《中共厦门大学第十二届委员会和中共厦门大学第十二届纪律检查委员会委员候选人预备人选产生办法》的通知
厦大委组〔2023〕119 号	关于印发《厦门大学院(系)党委会(党总支)会议议事规则》的通知
厦大委组〔2023〕120 号	关于印发《厦门大学院(系)党政联席会议议事规则》的通知
厦大委组〔2023〕121 号	关于高婧任职的批复
厦大委组〔2023〕122 号	关于佳宏伟等继续挂任职务的通知
厦大委组〔2023〕124 号	关于罗亚威任职的通知
厦大委组〔2023〕125 号	关于徐进功等任职的通知
厦大委组〔2023〕126 号	关于王洁松同志任职的通知
厦大委组〔2023〕127 号	关于邱兴烽挂任职务的通知
厦大委组〔2023〕132 号	关于陈国渊任职的通知
厦大委组〔2023〕133 号	关于余清楚免职的通知
厦大委组〔2023〕135 号	关于夏智勇等挂任职务的通知
厦大委组〔2023〕143 号	关于袁飞等试用期满正式任职的通知
厦大委组〔2023〕144 号	关于陈智博等职务任免的通知
厦大委组〔2023〕145 号	关于戴蓥任职的通知

续表

文　　号	文件名称
厦大委组〔2023〕146 号	关于周民钦等同志职务任免的通知
厦大委组〔2023〕147 号	关于陈智博同志免职的通知
厦大委组〔2023〕148 号	关于杨建中同志任职的通知
厦大委组〔2023〕149 号	关于杨建中同志免职的通知
厦大委组〔2023〕150 号	关于李静同志任职的通知
厦大委组〔2023〕151 号	关于杨机像等同志职务任免的通知
厦大委组〔2023〕152 号	关于王晓萌等同志职务任免的通知
厦大委组〔2023〕153 号	关于郑莉同志免职的通知
厦大委组〔2023〕154 号	关于邹江涛等职务任免的通知
厦大委组〔2023〕155 号	关于邹江涛同志免职的通知
厦大委组〔2023〕156 号	关于张宇斌同志任职的通知
厦大委组〔2023〕157 号	关于乐无恙等同志职务任免的通知
厦大委组〔2023〕159 号	关于曾国斌免职的通知
厦大委组〔2023〕162 号	关于刘宁同志任职的通知
厦大委组〔2023〕163 号	关于刘宁免职的通知
厦大委组〔2023〕164 号	关于洪真裁同志职务任免的通知
厦大委组〔2023〕165 号	关于葛郝锐同志职务任免的通知
厦大委组〔2023〕166 号	关于洪春生同志任职的通知
厦大委组〔2023〕167 号	关于潘越等职务任免的通知
厦大委组〔2023〕168 号	关于王瑛慧任职的通知
厦大委组〔2023〕169 号	关于黄寿峰任职的通知
厦大委组〔2023〕170 号	关于王瑛慧同志免职的通知

续表

文　　号	文件名称
厦大委组〔2023〕171 号	关于崔庆炜任职的通知
厦大委组〔2023〕172 号	关于王智兰任职的通知
厦大委组〔2023〕173 号	关于王智兰免职的通知
厦大委组〔2023〕174 号	关于伍伟平同志任职的通知
厦大委组〔2023〕175 号	关于周蕾同志任职的通知
厦大委组〔2023〕176 号	关于王晟同志任职的通知
厦大委组〔2023〕177 号	关于朱少龙任职的通知
厦大委组〔2023〕178 号	关于黄铭杰任职的通知
厦大委组〔2023〕179 号	关于吴光锡同志任职的通知
厦大委组〔2023〕180 号	关于黄玥任职的通知
厦大委组〔2023〕183 号	关于曹慕昆任职的批复
厦大委组〔2023〕184 号	关于印发《中共厦门大学委员会落实〈党委(党组)落实全面从严治党主体责任规定〉实施办法》的通知
厦大委组〔2023〕185 号	关于印发《厦门大学基层党委(党总支)落实全面从严治党主体责任清单(示范文本)》的通知
厦大委组〔2023〕203 号	关于厦门大学党委、纪委换届选举结果的通知
厦大委组〔2023〕204 号	关于调整中共厦门大学委员会巡视工作领导小组成员的通知
厦大委组〔2023〕213 号	关于陈运动任职的通知
厦大委组〔2023〕216 号	关于印发《中共厦门大学委员会关于加强新形势下发展教师党员工作的意见》的通知
厦大委组〔2023〕220 号	关于杨柳免职的通知
厦大委组〔2023〕221 号	关于张淼试用期满正式任职的通知
厦大委组〔2023〕222 号	关于朱宇等任职的批复
厦大委组〔2023〕223 号	关于张艳涛等同志试用期满正式任职的通知
厦大委组〔2023〕224 号	关于纪荣嵘等试用期满正式任职的通知

续表

文　　号	文件名称
厦大委组〔2023〕225 号	关于黄建新等任职的通知
厦大委组〔2023〕226 号	关于刘晓峰同志任职的通知
厦大委组〔2023〕227 号	关于黄俊清等同志职务任免的通知
厦大委组〔2023〕228 号	关于刘建敏等同志职务任免的通知
厦大委组〔2023〕229 号	关于邹海燕同志免职的通知
厦大委组〔2023〕230 号	关于方银水任职的通知
厦大委组〔2023〕231 号	关于林蕊等同志职务任免的通知
厦大委组〔2023〕232 号	关于林蕊同志免职的通知
厦大委组〔2023〕233 号	关于傅万里同志免职的通知
厦大委组〔2023〕234 号	关于刘建敏同志免职的通知
厦大委组〔2023〕236 号	关于吕鑫免职的通知
厦大委组〔2023〕237 号	关于谢银辉免职的通知
厦大委组〔2023〕238 号	关于周一钦等免职的通知
厦大委组〔2023〕239 号	关于傅志伟等挂任职务的通知
厦大委组〔2023〕240 号	关于吴雅苹任职的通知
厦大委组〔2023〕248 号	关于李成任职的通知
厦大委组〔2023〕249 号	关于王杏飞等挂任职务的通知
厦大委组〔2023〕250 号	关于谢兆雄同志免职的通知
厦大委组〔2023〕251 号	关于谢兆雄免职的通知
厦大委组〔2023〕252 号	关于谢兆雄等同志职务任免的通知
厦大委组〔2023〕254 号	关于吴隆增免职的批复
厦大委组〔2023〕255 号	关于肖望强免职的批复

续表

文　　号	文件名称
厦大委组〔2023〕259 号	关于林升栋任职的通知
厦大委组〔2023〕260 号	关于薛涧坡等任职的通知
厦大委组〔2023〕261 号	关于何伟玲任职的通知
厦大委组〔2023〕262 号	关于何伟玲同志任职的通知
厦大委组〔2023〕263 号	关于高艳杰任职的通知
厦大委组〔2023〕264 号	关于高艳杰同志任职的通知
厦大委组〔2023〕265 号	关于刘文任职的通知
厦大委组〔2023〕266 号	关于陈兰芬等任职的通
厦大委组〔2023〕267 号	关于杨柳同志任职的通知
厦大委组〔2023〕268 号	关于黄新华同志免职的通知
厦大委组〔2023〕269 号	关于叶秀蓉同志任职的通知
厦大委组〔2023〕270 号	关于叶秀蓉同志免职的通知
厦大委组〔2023〕272 号	关于郭建鹏任职的通知
厦大委组〔2023〕274 号	关于赵晓慧任职的通知
厦大委组〔2023〕275 号	关于赵晓慧同志免职的通知
厦大委组〔2023〕276 号	关于廖晓波等任职的通知
厦大委组〔2023〕277 号	关于林晶同志任职的通知
厦大委组〔2023〕278 号	关于陈秋虹同志任职的通知
厦大委组〔2023〕279 号	关于卢增夫同志任职的通知
厦大委组〔2023〕280 号	关于冉广任职的通知
厦大委组〔2023〕281 号	关于何鸿鸣任职的通知
厦大委组〔2023〕282 号	关于郑伟平任职的通知

续表

文　　号	文件名称
厦大委组〔2023〕283 号	关于龚树丰任职的通知
厦大委组〔2023〕284 号	关于沈辛毅同志任职的通知
厦大委组〔2023〕285 号	关于曾天从同志任职的通知
厦大委组〔2023〕286 号	关于韩海雄同志任职的通知
厦大委组〔2023〕287 号	关于徐莹同志任职的通知
厦大委组〔2023〕290 号	关于衣远等挂任职务的通知
厦大委组〔2023〕291 号	关于陈有亮免职的通知
厦大委组〔2023〕292 号	关于张保平免职的通知
厦大委组〔2023〕293 号	关于林智雄任职的通知
厦大委组〔2023〕294 号	关于李思维任职的通知
厦大离退休〔2023〕1 号	关于印发《厦门大学教职工荣誉退休工作实施方案》的通知
厦大委保〔2023〕1 号	关于开展厦门大学 2020—2022 年保密工作先进集体和先进个人评选表彰工作的通知
厦大委保〔2023〕3 号	关于表彰厦门大学 2020—2022 年保密工作先进集体和先进个人的决定
厦大纪〔2023〕2 号	关于印发《厦门大学纪检监察机构与学校党委会商机制实施办法(试行)》的通知
厦大纪〔2023〕3 号	关于印发《厦门大学二级纪律检查委员会日常监督工作指南》的通知

行政工作文件选目

文　　号	文件名称
厦大综〔2023〕12 号	关于印发《厦门大学 2023 年定点帮扶工作计划要点》的通知
厦大综〔2023〕22 号	关于印发《厦门大学 2023 年全国防灾减灾日宣传教育活动实施方案》的通知
厦大综〔2023〕23 号	关于印发《厦门大学 2023 年安全工作计划要点》的通知
厦大综〔2023〕24 号	关于印发《厦门大学防洪防台风应急预案(2023 年修订)》的通知

续表

文　　号	文件名称
厦大综〔2023〕27 号	关于印发《厦门大学 2023 年“安全生产月”活动实施方案》的通知
厦大综〔2023〕28 号	关于印发《厦门大学落实教育系统重大事故隐患专项排查整治 2023 行动实施方案》的通知
厦大综〔2023〕36 号	关于公布厦门大学第三批“黄大年式教师团队”入选名单的通知
厦大综〔2023〕40 号	关于做好庆祝 2023 年教师节有关工作的通知
厦大综〔2023〕41 号	关于印发《厦门大学思明校区电动自行车管理暂行办法》的通知
厦大综〔2023〕45 号	关于表彰厦门大学定点扶贫和帮扶工作先进集体及个人的决定
厦大综〔2023〕48 号	关于印发《厦门大学章程(2023 年修订版)》的通知
厦大人〔2023〕1 号	关于成立厦门大学写作教学中心课程建设工作组的通知
厦大人〔2023〕4 号	关于成立厦门大学第五次全国经济普查工作领导小组的通知
厦大人〔2023〕6 号	关于下达厦门大学人文与艺术高等研究院党政管理编制的通知
厦大人〔2023〕8 号	厦门大学关于聘任唐瑭等 117 人担任相应教师职务的通知
厦大人〔2023〕9 号	厦门大学关于聘任耿旭朴等 28 人担任相应工程、实验等系列专业技术职务的通知
厦大人〔2023〕10 号	关于成立厦门大学招生与考试办公室的通知
厦大人〔2023〕16 号	关于厦门大学人文与艺术高等研究院岗位设置方案调整的通知
厦大人〔2023〕19 号	关于确定刘国星等 26 人职员职级的通知
厦大人〔2023〕21 号	关于调整厦门大学专业技术职务聘任委员会成员的通知
厦大人〔2023〕25 号	关于调整厦门大学工程技术学部委员会委员名单的通知
厦大人〔2023〕28 号	关于成立本科教育教学审核评估工作领导小组办公室的通知
厦大人〔2023〕29 号	关于批准确认赖竟玭等 2 位同志助教职务任职资格的通知
厦大人〔2023〕30 号	厦门大学关于聘任刘心和等 2 位辅导员担任相应职务的通知
厦大人〔2023〕31 号	厦门大学关于聘任张博等 51 人担任相应教师职务的通知
厦大人〔2023〕36 号	关于调整厦门大学防洪防台风工作领导小组成员的通知
厦大人〔2023〕37 号	关于调整厦门大学奖学金评奖委员会成员的通知

续表

文　　号	文件名称
厦大人〔2023〕39 号	关于公布厦门大学 2023 年奖教金获奖名单的通知
厦大人〔2023〕40 号	关于做好职员和工勤人员 2022 年聘期考核(定期评价)工作的通知
厦大人〔2023〕55 号	关于调整厦门大学第十届学位评定委员会成员名单的通知
厦大人〔2023〕56 号	关于成立厦门大学海洋气象与气候变化研究中心的通知
厦大人〔2023〕58 号	厦门大学关于“医学与生命科学学部临床专业科系兼职管理细则(试行)”的批复
厦大人〔2023〕59 号	关于调整《厦门大学学报(自然科学版)》编委会成员的通知
厦大人〔2023〕62 号	关于成立厦门大学老旧小区改造工作领导小组的通知
厦大人〔2023〕63 号	厦门大学关于 2022—2023 学年教师及工程、实验等系列专业技术人员年度考核工作的通知
厦大人〔2023〕64 号	关于调整厦门大学医学伦理委员会委员的通知
厦大人〔2023〕65 号	关于公布中共厦门大学委员会巡视工作领导小组办公室岗位设置方案的通知
厦大人〔2023〕66 号	关于厦门大学中东研究中心更名及调整挂靠单位的通知
厦大人〔2023〕67 号	关于厦门大学研究生院学位与学科建设办公室更名的通知
厦大人〔2023〕68 号	关于印发《厦门大学教职员工准入查询实施办法(试行)》的通知
厦大人〔2023〕72 号	关于成立厦门大学革命文物协同研究中心的通知
厦大人〔2023〕74 号	厦门大学关于聘任刘宗泓等 10 人担任相应工程、实验等系列专业技术职务的通知
厦大人〔2023〕75 号	厦门大学关于聘任王杏飞等 32 人担任相应教师职务的通知
厦大人〔2023〕76 号	厦门大学关于续聘邵晨等 153 人担任相应临床教师职务的通知
厦大人〔2023〕77 号	厦门大学关于聘任宣长春等 5 人担任副教授职务的通知
厦大人〔2023〕78 号	厦门大学关于 2023 年教师职务聘任工作的通知
厦大人〔2023〕79 号	厦门大学关于 2023 年教师长聘岗位评估工作的通知
厦大人〔2023〕80 号	厦门大学关于 2023 年工程、实验等系列专业技术职务聘任工作的通知
厦大人〔2023〕82 号	关于调整厦门大学校务委员会成员的通知
厦大人〔2023〕83 号	关于聘任吴维等 6 位辅导员担任讲师职务的通知

续表

文　　号	文件名称
厦大人〔2023〕84 号	关于聂鑫等 34 位学院党委副书记评定相应教师职称的通知
厦大人〔2023〕85 号	厦门大学关于聘任李世迎等 195 人担任相应临床教师职务的通知
厦大人〔2023〕86 号	厦门大学关于 2023 年卫生系列专业技术职务聘任工作的通知
厦大人〔2023〕87 号	厦门大学关于 2023 年教师及工程、实验等系列专业技术人员聘期考核工作的通知
厦大人〔2023〕93 号	关于 2023 年辅导员聘期考核工作的通知
厦大人〔2023〕95 号	关于成立厦门大学现代远程教育(网络教育)试点结束工作领导小组的通知
厦大人〔2023〕96 号	关于调整部分单位科级及以下辅导员编制岗位的通知
厦大人〔2023〕98 号	关于成立厦门大学工程硕博士专项工作领导小组的通知
厦大人〔2023〕102 号	厦门大学关于聘任王孝艳等 6 人担任相应工程、实验等系列专业技术职务的通知
厦大人〔2023〕103 号	厦门大学关于推荐 2023 年青年骨干教师出国研修项目候选人的函
厦大人〔2023〕104 号	关于成立厦门大学国家优秀中小学教师培养计划专项工作领导小组的通知
厦大人〔2023〕105 号	关于成立厦门大学国际传播研究中心的通知
厦大人〔2023〕107 号	关于调整厦门大学生物研究工作安全指导委员会成员的通知
厦大人〔2023〕108 号	关于成立厦门大学新时代漳州 110 研究中心的通知
厦大人〔2023〕109 号	关于调整厦门大学医学与生命科学学部(医学部)委员名单的通知
厦大人〔2023〕111 号	厦门大学关于聘任何沙沙等 22 人担任相应教师职务的通知
厦大人〔2023〕113 号	关于调整厦门大学学生表彰奖励评审委员会成员的通知
厦大人〔2023〕114 号	关于 2023 年辅导员教师职务高聘工作的通知
厦大人〔2023〕117 号	关于调整厦门大学审计委员会成员的通知
厦大人〔2023〕122 号	关于成立厦门大学—华福证券福建产业金融研究中心的通知
厦大人〔2023〕123 号	关于成立厦门大学习近平经济思想教研中心的通知
厦大人〔2023〕124 号	关于调整厦门大学机构编制委员会成员的通知
厦大人〔2023〕125 号	厦门大学关于聘任王树涛等 18 人担任相应教师职务的通知

续表

文　　号	文件名称
厦大人〔2023〕127 号	关于调整厦门大学职员聘任委员会成员的通知
厦大人〔2023〕129 号	关于成立厦门大学东南考古研究中心的通知
厦大人〔2023〕133 号	关于调整厦门大学革命文物协同研究中心机构及岗位设置的通知
厦大人〔2023〕134 号	厦门大学关于 2023 年党政管理及工勤岗位人员年度考核工作的通知
厦大人〔2023〕135 号	关于 2023 年职员职级聘任工作的通知
厦大人〔2023〕136 号	关于厦门大学汉语言文字应用和推广研究中心更名的通知
厦大人〔2023〕137 号	关于厦门大学现代法律服务研究中心更名的通知
厦大人〔2023〕138 号	关于变更厦门大学海峡两岸性别教学与研究合作中心挂靠单位的通知
厦大人〔2023〕139 号	关于将厦门大学澳大利亚研究中心等 4 个机构调整为院级自设科研机构的通知
厦大人〔2023〕140 号	关于撤销厦门大学劳动经济研究中心等 14 个机构的通知
厦大人〔2023〕141 号	关于厦门大学苏氏(瑞福)东南亚研究中心更名的通知
厦大人〔2023〕142 号	关于厦门大学(正泰数据)资产综合管控研究所更名的通知
厦大人〔2023〕143 号	关于调整厦门大学毕业生就业创业工作领导小组成员的通知
厦大学〔2023〕3 号	关于做好 2023 年征兵工作的通知
厦大学〔2023〕4 号	关于做好 2023 届毕业生就业创业工作的通知
厦大学〔2023〕5 号	关于开展第十八届“挑战杯”厦门大学学生课外学术科技作品竞赛春季赛的通知
厦大学〔2023〕6 号	关于评选 2022 年毕业生就业创业工作先进单位和先进个人的通知
厦大学〔2023〕10 号	关于印发《厦门大学“开学第一课”系列教育引导活动实施方案》的通知
厦大学〔2023〕11 号	关于 2023 年校庆期间校级奖学金评奖工作的通知
厦大学〔2023〕23 号	关于颁发 2022 年度“吴宣恭科研奖学金”的决定
厦大学〔2023〕28 号	关于颁发厦门大学 2023 年度校庆期间校级奖学金的决定
厦大学〔2023〕34 号	关于表彰厦门大学 2022 年学生就业创业工作先进单位和先进个人的决定
厦大学〔2023〕40 号	关于印发《厦门大学 2023 届毕业生就业“百日冲刺”行动方案》的通知

续表

文　　号	文件名称
厦大学〔2023〕55 号	关于印发《2023 年毕业生工作日程安排表》的通知
厦大学〔2023〕56 号	关于 2023 届毕业生办理离校手续的通知
厦大学〔2023〕58 号	关于表彰厦门大学 2022—2023 学年毕业班“优秀三好学生”“三好学生”和“优秀学生干部”的决定
厦大学〔2023〕59 号	关于表彰厦门大学 2023 届“优秀毕业生”的决定
厦大学〔2023〕60 号	关于表彰厦门大学 2022—2023 学年毕业班本科生优秀学生奖学金获奖学生的决定
厦大学〔2023〕64 号	厦门大学关于报送 2022 年度学生资助工作开展情况问卷调查材料的函
厦大学〔2023〕66 号	关于印发《厦门大学学业朋辈导师促进计划工作方案》的通知
厦大学〔2023〕70 号	关于做好 2023 级新生入学教育工作的通知
厦大学〔2023〕73 号	关于 2023 级本科新生军训工作的通知
厦大学〔2023〕74 号	关于表彰厦门大学 2023—2024 学年“优秀三好学生”“三好学生”和“优秀学生干部”的决定
厦大学〔2023〕80 号	关于开展教育部 2023 年港澳及华侨学生奖学金、台湾学生奖学金评审工作的通知
厦大学〔2023〕82 号	关于颁发 2023 年下半年校级奖学金的决定
厦大学〔2023〕83 号	关于举办第十四届“挑战杯”厦门大学学生创业计划竞赛的通知
厦大学〔2023〕87 号	关于表彰厦门大学 2023—2024 学年本科生优秀学生奖学金获奖学生的决定
厦大研〔2023〕4 号	“关于授予马来西亚分校 TAN YONGXIU 等同学硕士学位的决定”
厦大研〔2023〕18 号	关于印发《厦门大学“南强优秀博士生培育计划”实施办法》的通知
厦大研〔2023〕32 号	关于印发《厦门大学学位授予工作细则》的通知
厦大研〔2023〕33 号	关于印发《厦门大学研究生学位论文质量管理办法》的通知
厦大研〔2023〕35 号	关于授予马来西亚分校 BONG JENN JACK 等同学硕士学位的决定
厦大研〔2023〕37 号	关于授予董皓等同学博士学位、梁庆文等同学硕士学位的决定
厦大研〔2023〕43 号	关于授予徐志文等同学硕士学位的决定
厦大研〔2023〕47 号	关于印发《厦门大学研究生导师招生资格年度审核实施办法》的通知
厦大研〔2023〕51 号	关于举办首届厦门大学“南强杯”研究生体育竞赛的通知

续表

文　　号	文件名称
厦大研〔2023〕70 号	关于授予周红菊等同学博士学位、李默等同学硕士学位的决定
厦大研〔2023〕72 号	关于授予马来西亚分校 SEK JIAMIN 等同学硕士学位的决定
厦大教〔2023〕1 号	关于公布 2022 年厦门大学高等教育教学成果获奖名单的通知
厦大教〔2023〕2 号	关于授予马来西亚分校 Ng Seh Ho 等同学学士学位的决定
厦大教〔2023〕3 号	关于公布 2022 年厦门大学基础教育教学成果获奖名单的通知
厦大教〔2023〕4 号	关于授予陈晓玲等同学学士学位的决定
厦大教〔2023〕6 号	关于公布 2023 年度厦门大学本科教学督导组成员名单的通知
厦大教〔2023〕10 号	关于公布厦门大学第十七届教学比赛组织奖获奖名单的通知
厦大教〔2023〕13 号	关于印发《厦门大学新时代美育工作方案(2021—2025)》(修订)的通知
厦大教〔2023〕14 号	关于公布厦门大学第十七届教学比赛获奖名单的通知
厦大教〔2023〕19 号	关于印发《厦门大学本科新开课管理办法》的通知
厦大教〔2023〕20 号	关于做好 2023 年度本科专业设置工作的通知
厦大教〔2023〕23 号	关于聘请蔡震等 98 人为厦门大学学生创新创业导师的通知
厦大教〔2023〕27 号	关于印发《厦门大学南强教学名师奖励计划》的通知
厦大教〔2023〕28 号	关于表彰第七届厦门大学大学生创新创业年会优秀科创竞赛等项目的决定
厦大教〔2023〕31 号	关于表彰第八届厦门大学“互联网＋”大学生创新创业大赛优秀组织奖的决定
厦大教〔2023〕32 号	关于举办厦门大学第十八届教学比赛的通知
厦大教〔2023〕34 号	关于开展 2023 年厦门大学南强教学名师评选工作的通知
厦大教〔2023〕36 号	关于公布 2022 年厦门大学教材研究与建设基地名单的通知
厦大教〔2023〕37 号	关于公布 2022 年厦门大学课程思政教学研究项目立项名单的通知
厦大教〔2023〕38 号	关于公布 2023 年校级大学生校外实践教育基地建设项目名单的通知
厦大教〔2023〕39 号	关于公布 2022 年厦门大学课程思政示范课程建设项目立项名单的通知
厦大教〔2023〕40 号	关于撤销一批校级大学生校外实践教育基地的通知

续表

文　　号	文件名称
厦大教〔2023〕41 号	关于印发《厦门大学本科生学业预警管理办法(试行)》的通知
厦大教〔2023〕42 号	关于印发《厦门大学强基计划学生管理办法》的通知
厦大教〔2023〕48 号	关于公布 2023 年"厦门大学南强教学名师奖励计划"入选名单的通知
厦大教〔2023〕49 号	关于公布 2022 年厦门大学教学改革研究项目(教材研究专项)立项名单的通知
厦大教〔2023〕51 号	关于公布 2023 年厦门大学校长基金本科生项目名单的通知
厦大教〔2023〕52 号	关于举办"宝太杯"第九届厦门大学"互联网＋"大学生创新创业大赛的通知
厦大教〔2023〕53 号	关于印发《厦门大学本科校外实践教育基地建设管理办法》的通知
厦大教〔2023〕54 号	关于印发《厦门大学大类培养学生专业分流暂行办法》的通知
厦大教〔2023〕55 号	关于公布 2023 年第一批大学生创新创业训练计划项目名单的通知
厦大教〔2023〕57 号	关于印发《厦门大学 2023—2024 学年校历》的通知
厦大教〔2023〕58 号	关于公布 2023 年转专业学生名单的通知
厦大教〔2023〕62 号	关于授予尚小雅等同学学士学位的决定
厦大教〔2023〕63 号	关于印发《厦门大学本科教学实验室开放管理办法(暂行)》的通知
厦大教〔2023〕65 号	关于公布"宝太杯"第九届厦门大学"互联网＋"大学生创新创业大赛获奖名单的通知
厦大教〔2023〕70 号	关于做好 2024 年推荐优秀应届本科毕业生免试攻读研究生工作的通知
厦大教〔2023〕71 号	关于开展 2023 年福建省高校教育教学改革研究项目申报工作的通知
厦大教〔2023〕72 号	关于公布 2023 年厦门大学虚拟教研室建设项目立项名单的通知
厦大教〔2023〕73 号	关于做好 2020 级强基计划学生本研衔接转段工作的通知
厦大教〔2023〕78 号	关于公布 2022 年度目标责任制考核结果的通知
厦大教〔2023〕81 号	关于授予马来西亚分校刘宇涛等同学学士学位的决定
厦大教〔2023〕84 号	关于组织申报霍英东教育基金会 2023 年高等院校教育教学奖的通知
厦大教〔2023〕88 号	关于公布 2023 年第二批大学生创新创业训练计划项目名单的通知
厦大教〔2023〕89 号	关于调整厦门大学教学课程组名单的通知

续表

文　号	文件名称
厦大教〔2023〕99 号	关于印发《厦门大学本科教学委员会章程(2023 年修订)》的通知
厦大教〔2023〕109 号	关于开展 2023 年度省级和校级教育教学改革研究项目结题验收工作的通知
厦大教〔2023〕116 号	关于公布 2023 年厦门大学课程思政示范课程建设项目立项名单的通知
厦大教〔2023〕117 号	关于公布 2023 年厦门大学课程思政示范专业建设项目立项名单的通知
厦大教〔2023〕118 号	关于公布 2023 年厦门大学课程思政教学研究项目立项名单的通知
厦大教〔2023〕121 号	关于表彰 2023 年厦门大学思想政治理论课实践教学优秀成果、优秀指导教师的决定
厦大教〔2023〕122 号	关于公布 2024 年度厦门大学本科教学督导组成员名单的通知
厦大教〔2023〕126 号	关于授予马来西亚分校 LIANG WAI SEE 等同学学士学位的决定
厦大教〔2023〕127 号	关于授予康振霞等同学学士学位的决定
厦大科〔2023〕3 号	关于印发《厦门大学定点及挂钩帮扶科技特派员管理办法》的通知
厦大科〔2023〕93 号	关于印发《厦门大学知识产权管理手册》的通知
厦大招考〔2023〕22 号	关于做好厦门大学 2023 级新生入学资格复查工作的通知
厦大招考〔2023〕27 号	关于印发《厦门大学招生考试工作管理办法》的通知
厦大财〔2023〕17 号	关于开展 2023 年内部控制建设工作的通知
厦大财〔2023〕20 号	关于组织开展 2022 年度内部控制报告编报工作的通知
厦大财〔2023〕30 号	关于印发《厦门大学 2023—2024 学年本科生、研究生、港澳台侨生、国际生学费及住宿费等收费标准》的通知
厦大财〔2023〕31 号	关于 2023 级新生报到注册缴费有关事项的通知
厦大财〔2023〕32 号	关于 2023—2024 学年二至五年级学生报到注册缴费有关事项的通知
厦大资产〔2023〕4 号	关于印发《厦门大学企业国有资产管理暂行办法(修订)》的通知
厦大资经〔2023〕9 号	关于征集评选“2023 年度厦门大学富有转化潜力科技成果”的通知
厦大继教〔2023〕2 号	关于公布 2023 年度厦门大学非学历教育督导组成员名单的通知
厦大继教〔2023〕6 号	关于印发《厦门大学非学历教育管理办法》的通知
厦大继教〔2023〕7 号	关于印发《厦门大学非学历教育经费管理办法》的通知

续表

文　　号	文件名称
厦大继教〔2023〕9 号	关于公布 2024 年度厦门大学非学历教育督导组成员名单的通知
厦大设备〔2023〕1 号	关于印发《厦门大学贵重实验仪器设备评价考核管理办法》的通知
厦大设备〔2023〕4 号	关于印发《厦门大学实验室安全分类分级管理办法(试行)》的通知
厦大设备〔2023〕5 号	关于印发《厦门大学贵重实验仪器设备开放共享服务合同管理细则(试行)》的通知
厦大招生〔2023〕2 号	关于印发《厦门大学本科招生宣传分省(市)学院负责制实施办法(试行)》的通知

·表彰与奖励·

2023年各项奖教金获奖名单

一、南强杰出贡献奖

陈振明(公共政策研究院、公共事务学院)

孙世刚(化学化工学院)

戴民汉(海洋与地球学院)

二、田昭武学科交叉奖

(一)特等奖

"天然产物与药物不对称合成"课题组(化学化工学院)

(二)一等奖

"教育与经济研究"课题组(教育研究院)

"碳基化学品催化"课题组(化学化工学院)

"材料电化学与表面工程"课题组(化学化工学院)

"肿瘤代谢与组织再生"课题组(生命科学学院)

"海洋底栖生物学"课题组(海洋与地球学院)

"生物医学多组学数据智能分析"课题组(信息学院)

三、龙胜达实验室建设管理突出贡献奖

施芝元(电子科学与技术学院(国家示范性微电子学院))

四、何宜慈讲座教授奖教金

谢清果(新闻传播学院)

周星(管理学院)

于文轩(公共政策研究院)

熊海峰(化学化工学院)

解荣军(材料学院)

王奕首(航空航天学院)

五、萨本栋讲座教授奖教金

陈理想(物理科学与技术学院)

孔祥建(化学化工学院)

张宸崧(生命科学学院)

李卫彬(航空航天学院)

六、葛家澍奖(科研奖)

魏敏(管理学院)

胡金帅(财务管理与会计研究院)

黄鸣奋(电影学院)

七、林祖赓青年科技奖

(一)一等奖

胡晟(化学化工学院)

(二)二等奖

魏湫龙(材料学院)

霍帅东(药学院)

八、柳玉滨青年科研奖

(一)一等奖

陈博翼(历史与文化遗产学院)

张曦(哲学系)

郑挺国(经济学院)

倪骁然(经济学院)

吴胜涛(社会与人类学院)

熊涛(数学科学学院)

成康(化学化工学院)

宋彦龄(化学化工学院)

张桥保(材料学院)

吴彩胜(药学院)

(二)二等奖

张惟捷(中国语言文学系)

吴琳琳(新闻传播学院)

林娟(经济学院)

薛涧坡(王亚南经济研究院)

成瑾(管理学院)

周琛(法学院)

王荣宇(公共事务学院)

许清池(物理科学与技术学院)

孙谋远(物理科学与技术学院)

王翔(化学化工学院)

林玉妹(化学化工学院)

林杰(材料学院)

欧阳鑫昊(生命科学学院)

陈友淦(海洋与地球学院)

鲍红艳(海洋与地球学院)

叶龙芳(电子科学与技术学院(国家示范性微电子学院))

沈志荣(信息学院)

九、中国电信天翼奖教金

(一)教学类

蔡海锋(马克思主义学院)

(二)科研类

李仙飞(马克思主义学院)

(三)辅导员
艾孜麦提江·吉力力(学生工作部〈处〉/人民武装部)
胡长占(新闻传播学院)
蔡宇(外文学院)
徐惠聪(经济学院)
尚策(化学化工学院)
江子扬(生命科学学院)
冉丽莎(社会与人类学院)
刘长青(信息学院)

十、谢正赞体育奖教金

黄惠玲(体育教学部)
徐登攀(体育教学部)
黄铭杰(财务处)
林晖(化学化工学院)
李武静(教育研究院)
张晴(电影学院)

十一、邓子基数字经济交叉学科突破奖

(一)二等奖
林伯强(管理学院)
刘晔(经济学院)

十二、洪华生海洋与环境科学教育奖教金

(一)前沿交叉研究奖
陈曦(化学化工学院)
张瑶(海洋与地球学院)
(二)优秀科普人才奖
甘少敏(海洋与地球学院)

十三、自强奖教金

(一)管理类
张冉(材料学院)
(二)教科辅类
张峰(国际中文教育学院/海外教育学院)

十四、清源奖

(一)教学类
丁锦秀(经济学院)
王璐航(王亚南经济研究院)
余世霖(数学科学学院)
(二)科研类
蔡端俊(物理科学与技术学院)
林建斌(化学化工学院)
黄佳良(生命科学学院)

十五、中国建设银行奖教金

(一)教学类
刘云霞(经济学院)
王兰(法学院)
晏振宇(马克思主义学院)
徐延辉(社会与人类学院)
白正简(数学科学学院)
杜妮(数学科学学院)
石艳(生命科学学院)
沈英嘉(环境与生态学院)
李水荣(能源学院)
(二)科研类
黄合水(新闻传播学院)
吴微(管理学院)
黄令(化学化工学院)
邓永智(海洋与地球学院)
郑子峥(公共卫生学院)
林鹿(能源学院)
李静(萨本栋微米纳米科学技术研究院)
陈忠纯(台湾研究院)
文静(教育研究院)
(三)管理类
张晟鹏(学校办公室)
杨文安(学生工作部〈处〉/人民武装部)
林一奇(人才工作办公室/人事处)
陈熙(财务处)
李晓钟(国内合作办公室)
白沚凡(信息学院)
(四)教科辅类
贲毅(实验室与设备管理处)
洪荣墩(物理科学与技术学院)
翁玉华(化学化工学院)
张秀明(材料学院)
陈纪新(海洋与地球学院)
田慧敏(医学院)

十六、中国工商银行奖教金

(一)教学类
赵西亮(经济学院)
王天民(法学院)
杨寒松(艺术学院)
王付兵(国际关系学院/南洋研究院)
杨凌燕(社会与人类学院)
沈亮(化学化工学院)
庄国洪(医学院)
褚旭阳(萨本栋微米纳米科学技术研究院)
(二)管理类
夏艳辉(管理学院)
林少婷(法学院)
邱莹(社会与人类学院)
艾浩(国际学院)
(三)教科辅类
周理斌(图书馆)
闫俊美(环境与生态学院)
袁满琼(公共卫生学院)

十七、中国银行奖教金

(一)教学类
洪迎华(中国语言文学系)
刁培俊(历史与文化遗产学院)
杨颖(新闻传播学院)
顾鸿飞(外文学院)

郑金雄（法学院）
李林平（国际中文教育学院/海外教育学院）
郑国庆（电影学院）
王亚梅（生命科学学院）
夏琳（药学院）
张尧立（能源学院）
王晓光（航空航天学院）
沈桂平（电子科学与技术学院〈国家示范性微电子学院〉）
（二）管理类
林轶凡（艺术学院）
何冬梅（国际中文教育学院/海外教育学院）
赖婷婷（台湾研究院）
陈精锋（电子科学与技术学院〈国家示范性微电子学院〉）
（三）教科辅类
吴彩明（生命科学学院）
刘丽华（海洋与地球学院）
黄金池（能源学院）
郑玲玲（萨本栋微米纳米科学技术研究院）

十八、至善奖教金

（一）教学类
沈哲（管理学院）
蔡宁（管理学院）
孙旭飞（物理科学与技术学院）
（二）科研类
蔡伟贤（经济学院）
方斌（管理学院）
吴红军（管理学院）
（三）管理类
秦红梅（统战部）
潘小佳（经济学院）
郭晓音（化学化工学院）

十九、张亦春奖教金

（一）教学类
陈善昂（经济学院）
王岱（公共卫生学院）
（二）科研类
马盛林（萨本栋微米纳米科学技术研究院）

二十、潘懋元奖教金

（一）教学类
文家奕（经济学院）
（二）科研类
胡建宇（海洋与地球学院）
（三）教科辅类
张仕婧（教育研究院）

二十一、鹭燕奖教金

（一）教学类
任星（外文学院）
李剑（公共事务学院）
叶李艺（化学化工学院）
王一菊（航空航天学院）
林子雨（信息学院）
（二）科研类
梁青（外文学院）
蒋冠宏（经济学院）
王焰金（数学科学学院）
陈江溪（材料学院）
闫成（航空航天学院）
陈桂鹏（航空航天学院）
（三）管理类
沈辛毅（离退休工作部〈处〉）
庄燕燕（科学技术处）
肖晶晶（财务处）
骆宏（基建处）
吴安婷（经济学院）
（四）教科辅类
黄灵智（艺术学院）
张锦彬（材料学院）
杜俊鸥（环境与生态学院）
刘真（医学院）

二十二、闽都陈嘉庚公益基金会·厦门国际银行奖教金

（一）教学类
黄钏（外文学院）
杨绮（管理学院）
杨志林（物理科学与技术学院）
杨柳林（化学化工学院）
杨玉荣（生命科学学院）
蔡明刚（海洋与地球学院）
黄晓佳（环境与生态学院）
傅亮（体育教学部）
王柔洁（国际学院）
（二）科研类
赖国栋（历史与文化遗产学院）
杨何（外文学院）
李珊（财务管理与会计研究院）
杨帆（法学院）
杨秀云（公共事务学院）
崔旭（艺术学院）
李耀群（化学化工学院）
陈东霞（建筑与土木工程学院）
温程璐（信息学院）
（三）管理类
林志伟（组织部/党的建设工作办公室）
占群丽（学生工作部〈处〉/人民武装部）
廖玲（离退休工作部〈处〉）
高捷（翔安校区）
蔡怡景（经济学院）
李招英（海洋与地球学院）
（四）教科辅类
陈志梅（图书馆）
张冬辉（现代教育技术与实践训练中心）

李薇(化学化工学院)
彭永莹(生命科学学院)
郑晓霞(继续教育学院)
朱逸(信息学院)

二十三、曹德旺奖教金

(一)教学类
许梦涵(经济学院)
林清恋(管理学院)
李安(数学科学学院)
陈振华(化学化工学院)
刘国坤(环境与生态学院)
李伟文(电子科学与技术学院〈国家示范性微电子学院〉)

(二)科研类
陈航姿(生命科学学院)
王科嘉(医学院)
陈田木(公共卫生学院)
王丽娟(体育教学部)

(三)管理类
范光胜(继续教育管理处)
许书环(资产与后勤事务管理处)
陈瑶华(校友总会秘书处)
潘嘉倩(管理学院)

(四)教科辅类
麦林(图书馆)
李真(药学院)
刘恺之(电子科学与技术学院〈国家示范性微电子学院〉)

二十四、龙胜达奖教金

(一)管理类
张夏(宣传部/教师工作部)
吴惠明(实验室与设备管理处)
郭志福(翔安校区)
沈晓红(物理科学与技术学院)
陈晓兰(化学化工学院)
马利娜(生命科学学院)
林妍(生命科学学院)
易佩荣(医学院)
肖佳(继续教育学院)
赖媛(航空航天学院)
王裕民(后勤集团)
李小红(国际学术交流中心)

(二)教科辅类
邵剑彬(图书馆)
张毅(现代教育技术与实践训练中心)
洪雅贞(生命科学学院)
朱红梅(海洋与地球学院)
吴学文(海洋与地球学院)
孙灏(医学院)
胡天林(航空航天学院)
徐立(附属翔安医院)

二十五、大北农奖教金

(一)教学类
郭伟峰(哲学系)
付悦(管理学院)
唐炎钊(管理学院)
陈文捷(创意与创新学院)
黄柳青(材料学院)
余凤玲(海洋与地球学院)
周红(建筑与土木工程学院)
王海龙(医学院)
曾文华(信息学院)

(二)科研类
李梦玲(经济学院)
杜之利(管理学院)
张姜知(国际中文教育学院/海外教育学院)
陈宇新(环境与生态学院)
李程(医学院)
肖日葵(台湾研究院)
覃红霞(教育研究院)
吴挺竹(电子科学与技术学院〈国家示范性微电子学院〉)
肖亮(信息学院)

(三)管理类
李雅真(学校办公室)
曾天从(人才工作办公室/人事处)
吴圣芳(研究生院)
卢婧(教务处)
庄毅伟(资产与后勤事务管理处)
石义凯(翔安校区)

(四)教科辅类
郑燕萍(化学化工学院)
董士刚(能源学院)
张华姿(台湾研究院)
刘建元(资产经营有限公司)
陈丙年(校医院)
吉光荣(附属翔安医院)

2023 年学生表彰与奖励名单

通令嘉奖

许继聪
赵蚰竹
瞬捷科技团队
智造光学团队

通报表扬

国际中文教育学院/海外教育学院“西部计划”志愿服务团队
永不放弃台达杯团队
Alpha 团队
视听广告小组
南强至纯团队
文忆复醒团队
“肝癌先知”团队
ACM 队
盛厦流芯团队
帅琳玲
孙　辉

厦门大学 2023 年春季学期毕业班“三好学生”“优秀三好学生”“优秀学生干部”“优秀毕业生”名单

中国语言文学系

黄羽彤　三好学生
杨紫晗　三好学生
余小倩　三好学生
黄　翎　三好学生
李怡婷　三好学生
彭梦思　三好学生
林晓辰　三好学生
林书羽　三好学生
郑靖怡　三好学生
严小香　三好学生
宁一奇　优秀三好学生
袁婉彦　优秀三好学生
周晓宇　优秀三好学生
乔　玥　优秀学生干部
周林励　优秀学生干部
卓秋霞　优秀学生干部
宁一奇　优秀毕业生
周林励　优秀毕业生
李佳璇　优秀毕业生
黄羽彤　优秀毕业生
赖叔青　优秀毕业生
袁婉彦　优秀毕业生
陈屿璠　优秀毕业生
李怡婷　优秀毕业生
黄　翎　优秀毕业生
陈冰琳　优秀毕业生
周晓宇　优秀毕业生
刘燕飞　优秀毕业生
张品格　优秀毕业生
严小香　优秀毕业生
陈逸鸣　优秀毕业生

历史与文化遗产学院

白欣瑶　三好学生
孙　潮　三好学生
康伊帆　三好学生
刘晓英　三好学生
李丙林　三好学生
朱一诺　三好学生
柯　雯　三好学生
王　佳　三好学生
洪钰琳　三好学生
梁育玮　优秀三好学生
焦帅帅　优秀三好学生
龚雨嫣　优秀学生干部
肖瑀泽　优秀学生干部
黄炜豪　优秀毕业生
李　睿　优秀毕业生
康伊帆　优秀毕业生
赵希萌　优秀毕业生
姬高歌　优秀毕业生
刘太远　优秀毕业生
陈立君　优秀毕业生
邱荟文　优秀毕业生
曹心悦　优秀毕业生
罗亦姝　优秀毕业生
郑梅婷　优秀毕业生

哲学系

戴霞蔚　三好学生
李睿铭　三好学生
胡　蝶　三好学生
娄金凤　三好学生
陈梦群　三好学生
陈　滨　优秀三好学生
王译恒　优秀三好学生
谢伊辛　优秀学生干部
陈　立　优秀学生干部
凌泉灵　优秀毕业生
陈　滨　优秀毕业生
戴霞蔚　优秀毕业生
陈钦武　优秀毕业生
王译恒　优秀毕业生
彭　玉　优秀毕业生

新闻传播学院

林心怡　三好学生
安越洋　三好学生
范姗姗　三好学生
黄　雪　三好学生
詹远航　三好学生
蔡欣如　三好学生
简奕晗　三好学生
陈淑云　三好学生
董睿晗　三好学生
苏宛莹　三好学生
吴珮琪　三好学生
严　旭　三好学生
董　旭　三好学生
蔡雨煊　三好学生
张凤羽　三好学生
李彦兮　三好学生
万　晨　三好学生
徐僖鞠　三好学生
李　瑶　三好学生
方晓洁　三好学生
彭乐怡　三好学生
曹宇雯　三好学生
李子甜　三好学生
马志远　优秀三好学生
吴奇隆　优秀三好学生
何小豪　优秀三好学生
李　昕　优秀三好学生
何欣璐　优秀三好学生
杨逸婷　优秀三好学生
杨瑞彬　优秀学生干部
赵梓涵　优秀学生干部
刘清浦　优秀学生干部
蒋　捷　优秀学生干部
刘中静　优秀学生干部
王惠敏　优秀学生干部
董睿晗　优秀毕业生
李子薇　优秀毕业生

林梦欣　优秀毕业生
范姗姗　优秀毕业生
何小豪　优秀毕业生
詹远航　优秀毕业生
江心茹　优秀毕业生
沈丁凡　优秀毕业生
林心怡　优秀毕业生
简奕晗　优秀毕业生
陈　佳　优秀毕业生
杨粟予　优秀毕业生
徐惠婷　优秀毕业生
凌仔鑫　优秀毕业生
李彦兮　优秀毕业生
蒋　捷　优秀毕业生
朱晔蕾　优秀毕业生
刘中静　优秀毕业生
何欣璐　优秀毕业生
方晓洁　优秀毕业生
王惠敏　优秀毕业生
曹可晨　优秀毕业生
杨逸婷　优秀毕业生
侯紫彤　优秀毕业生
董　旭　优秀毕业生
李　昕　优秀毕业生
张凤羽　优秀毕业生

外文学院

杨　沐　三好学生
吕芯玥　三好学生
刘雨欣　三好学生
殷孟晋　三好学生
杨淳婷　三好学生
蔡颖怡　三好学生
汤　恒　三好学生
安雪莹　三好学生
于晓凡　三好学生
周明蓉　三好学生
王　露　三好学生
丘韫娴　三好学生
许亲亲　三好学生
郑琦琦　三好学生
龚　晓　三好学生
李玉君　三好学生
吴　彬　三好学生
郑丽婷　三好学生
杨　毓　三好学生
俞倩瑶　三好学生
方思琦　三好学生
张雨晨　三好学生
粟扬帆　三好学生
王　瑞　三好学生
叶雨昕　三好学生
王思思　三好学生
施林江　优秀三好学生
柳浩宇　优秀三好学生
朴明惠　优秀三好学生
王梓琦　优秀三好学生
李崎桉　优秀三好学生
蔡铭锋　优秀三好学生
黄　晶　优秀学生干部
王紫君　优秀学生干部
叶露谦　优秀学生干部
柯　虹　优秀学生干部
王澜钧　优秀学生干部
周佳睿　优秀学生干部
安雪莹　优秀毕业生
杨淳婷　优秀毕业生
姚韵棋　优秀毕业生
刘雨欣　优秀毕业生
游芷琪　优秀毕业生
黄　晶　优秀毕业生
王梓琦　优秀毕业生
汤　恒　优秀毕业生
张晰秋　优秀毕业生
张心怡　优秀毕业生
王梓霖　优秀毕业生
李嘉允　优秀毕业生
黄欣璐　优秀毕业生
施林江　优秀毕业生
柳浩宇　优秀毕业生
许亲亲　优秀毕业生
张书萍　优秀毕业生
于晓凡　优秀毕业生
郭星彤　优秀毕业生
周欣仪　优秀毕业生
李崎桉　优秀毕业生
成嘉麒　优秀毕业生
杜楚灵　优秀毕业生
方思琦　优秀毕业生
王澜钧　优秀毕业生
陈小静　优秀毕业生
袁　翔　优秀毕业生
蔡铭锋　优秀毕业生
虞一菲　优秀毕业生
周佳睿　优秀毕业生

艺术学院

李姝颖　三好学生
罗可心　三好学生
孙　启　三好学生
柯力源　三好学生
赵蕴文　三好学生
谢墨晗　三好学生
熊畅影　三好学生
陈沈雅歌　三好学生
刘楚萱　三好学生
罗　烨　三好学生
姚文祺　三好学生
冯瑞雪　三好学生
郑　怡　三好学生
李泓铮　三好学生
梁亦秦　三好学生
张雨今　三好学生
陈德馨　三好学生
方　洁　三好学生
方维安　三好学生
郭昕烨　三好学生
陈佳仪　三好学生
吴雨濛　三好学生
杨　盼　三好学生
钟雪纯　三好学生
付昌坤　三好学生
谢薇薇　三好学生
周　婧　优秀三好学生
石欣冉　优秀三好学生
钟艺雯　优秀三好学生
沈斯涵　优秀三好学生
陆诗莹　优秀三好学生
万　烨　优秀三好学生
林乙鹏　优秀学生干部
李家豪　优秀学生干部
魏婧莹　优秀学生干部
杨德睿　优秀学生干部
景馨逸　优秀学生干部
朱铮桢　优秀学生干部
温子娴　优秀毕业生
舒　延　优秀毕业生
石欣冉　优秀毕业生
何佳润　优秀毕业生
钟艺雯　优秀毕业生
杨德睿　优秀毕业生
周棣洋　优秀毕业生
景馨逸　优秀毕业生
梁亦秦　优秀毕业生
沈斯涵　优秀毕业生
郑疏影　优秀毕业生
郑　怡　优秀毕业生
邹晶宇　优秀毕业生
孙　启　优秀毕业生
叶雨心　优秀毕业生

蔡尔瞻　优秀毕业生
陈佳仪　优秀毕业生
陈德馨　优秀毕业生
周　婧　优秀毕业生
陈倩仪　优秀毕业生
陆诗莹　优秀毕业生
尹　力　优秀毕业生
方　洁　优秀毕业生
高子星　优秀毕业生
李姝颖　优秀毕业生
魏丁洁　优秀毕业生
陈桐欣　优秀毕业生
顾超男　优秀毕业生
王肇兴　优秀毕业生
吴雨濛　优秀毕业生
吕泉辉　优秀毕业生
周靖雯　优秀毕业生

国际中文教育学院/海外教育学院

柳　琪　三好学生
欧阳希　三好学生
胡　青　三好学生
桑移凡　三好学生
王会蒙　三好学生
范梓硕　优秀三好学生
许鸿滨　优秀学生干部
甘娟娟　优秀毕业生
李佩怡　优秀毕业生
姜立恒　优秀毕业生
戴　萌　优秀毕业生
肖靖阳　优秀毕业生
陈贝颖　优秀毕业生

国际学院

丘子涵　三好学生
李泽宇　三好学生
闫毓龙　三好学生
苏　瑾　三好学生
吴诗婕　三好学生
袁英岚　三好学生
凌忍言　三好学生
徐沈颖　三好学生
闫理正　三好学生
李思祺　三好学生
李潇潇　三好学生
陈贝舞　三好学生
张洪宝　三好学生
杨泳坤　三好学生
谢初旖　优秀三好学生
薛景隆　优秀三好学生
黄　睿　优秀三好学生
郝卫东　优秀三好学生
夏迪哲　优秀学生干部
许剑豪　优秀学生干部
柯　东　优秀学生干部
邱聪桐　优秀学生干部
陈贝舞　优秀毕业生
凌忍言　优秀毕业生
袁英岚　优秀毕业生
李思祺　优秀毕业生
龚瑞韬　优秀毕业生
邱聪桐　优秀毕业生
王禹馨　优秀毕业生
周宇城　优秀毕业生
闫理正　优秀毕业生
李泽宇　优秀毕业生
雷铠璐　优秀毕业生
陆际远　优秀毕业生
练舒榆　优秀毕业生
张依涵　优秀毕业生
陈月婵　优秀毕业生
谢初旖　优秀毕业生
徐沈颖　优秀毕业生
颜沁雯　优秀毕业生

电影学院

卓琦婧　三好学生
龙欣雨　三好学生
鲍　斌　三好学生
葛雨晴　三好学生
张正慧　优秀三好学生
柳嘉慧　优秀三好学生
石宇涵　优秀学生干部
杜昀阳　优秀学生干部
石宇涵　优秀毕业生
张正慧　优秀毕业生
杨润宜　优秀毕业生
孙亚男　优秀毕业生
岳宗胜　优秀毕业生

经济学院

许书涵　三好学生
苏宏颖　三好学生
陈佳宁　三好学生
陈诗宇　三好学生
韩梦圆　三好学生
刘　盈　三好学生
郑宇昕　三好学生
洪天鑫　三好学生
李渊泓　三好学生
杨欣怡　三好学生
黄立涵　三好学生
林培慧　三好学生
张海莹　三好学生
黄军杰　三好学生
许必荣　三好学生
张梓洛　三好学生
刘　辰　三好学生
陈安然　三好学生
丁雅云　三好学生
吕　侣　三好学生
林　昕　三好学生
俞　悦　三好学生
王可心　三好学生
郭汶谨　三好学生
李若菡　三好学生
苏暐淇　三好学生
蔡胜泽　三好学生
牛　童　三好学生
戴　昀　三好学生
石乐萌　三好学生
黄嘉琦　三好学生
黄诗涵　三好学生
罗晓媛　三好学生
雍琪娟　三好学生
程芷好　三好学生
彭雨洁　三好学生
罗紫璇　三好学生
陈宇洁　三好学生
黄晨暄　三好学生
崔　畅　三好学生
彭　景　三好学生
陈美琳　三好学生
邹玉洁　三好学生
刘恩杰　三好学生
余一飞　三好学生
陈嘉慧　三好学生
郑雅雯　三好学生
陈雅洁　三好学生
尚宏丽　三好学生
姚炜彤　三好学生
许新阳　三好学生
刘晖晖　三好学生
魏世颖　三好学生
黄时文　三好学生
杨思琪　三好学生
谢威扬　三好学生
曹颖颖　三好学生
王积荣　三好学生
吴思思　三好学生

陈　莹　三好学生
程茜伊　三好学生
陈东美　三好学生
赵　莹　三好学生
何佳鑫　三好学生
苏心怡　三好学生
薛　梦　三好学生
蒋文婕　三好学生
柯雪莹　三好学生
吴晓萌　三好学生
刚铭君　三好学生
徐晓婷　三好学生
罗佩晴　三好学生
侍　倩　三好学生
王雪纯　三好学生
王英杰　三好学生
赵　岩　三好学生
吴睿珂　三好学生
陈芳敏　三好学生
陈卓恒　三好学生
张鹏飞　三好学生
蒲　丹　三好学生
林雨琤　优秀三好学生
王　恬　优秀三好学生
蔡坤凌　优秀三好学生
陈淑沄　优秀三好学生
王　涵　优秀三好学生
曹蒙梦　优秀三好学生
叶　芝　优秀三好学生
刘冬语　优秀三好学生
潘康裕　优秀三好学生
刘毓青　优秀三好学生
汤潇潇　优秀三好学生
张伟贤　优秀三好学生
易湘瑜　优秀三好学生
郭芷茹　优秀三好学生
林玉仁　优秀三好学生
黄雯榕　优秀三好学生
杨淇岩　优秀三好学生
刘倩思　优秀三好学生
陈怡萍　优秀三好学生
魏晓楠　优秀三好学生
沈小源　优秀三好学生
姚珂涵　优秀学生干部
林泽邦　优秀学生干部
褚恒洋　优秀学生干部
陈梦雅　优秀学生干部
杨光瑾　优秀学生干部
孔子怡　优秀学生干部
李宇宁　优秀学生干部
陈斯贤　优秀学生干部
何居远　优秀学生干部
赵　昊　优秀学生干部
陈　欣　优秀学生干部
李尚泽　优秀学生干部
高亚娟　优秀学生干部
许　津　优秀学生干部
王子贺　优秀学生干部
黄少茹　优秀学生干部
洪筱筱　优秀学生干部
张高晖　优秀学生干部
丁海婷　优秀学生干部
陈彦辰　优秀学生干部
曹思敏　优秀学生干部
周　林　优秀学生干部
许书涵　优秀毕业生
苏丹蕾　优秀毕业生
叶逸飞　优秀毕业生
陈佳宁　优秀毕业生
罗昊宁　优秀毕业生
王　恬　优秀毕业生
蔡坤凌　优秀毕业生
韩梦圆　优秀毕业生
姚珂涵　优秀毕业生
黑敏楠　优秀毕业生
刘　盈　优秀毕业生
郑宇昕　优秀毕业生
徐光宇　优秀毕业生
胡小雯　优秀毕业生
曹斯琪　优秀毕业生
陈梦雅　优秀毕业生
陈淑沄　优秀毕业生
张梓洛　优秀毕业生
李　乐　优秀毕业生
俞　悦　优秀毕业生
许必荣　优秀毕业生
施小奇　优秀毕业生
郑毅帆　优秀毕业生
曹蒙梦　优秀毕业生
邓逸杰　优秀毕业生
吕　侣　优秀毕业生
林　昕　优秀毕业生
王　珺　优秀毕业生
王可心　优秀毕业生
郭汶谨　优秀毕业生
孔子怡　优秀毕业生
林思彤　优秀毕业生
王锦蓉　优秀毕业生
郑成霖　优秀毕业生
吴泽松　优秀毕业生
王　越　优秀毕业生
曹　璇　优秀毕业生
邹玉洁　优秀毕业生
吕亦斐　优秀毕业生
石乐萌　优秀毕业生
叶　芝　优秀毕业生
刘航岐　优秀毕业生
李芳怡　优秀毕业生
陈　欣　优秀毕业生
彭熙文　优秀毕业生
蔡胜泽　优秀毕业生
赵　昊　优秀毕业生
何居远　优秀毕业生
袁晨曦　优秀毕业生
程芷妤　优秀毕业生
潘康裕　优秀毕业生
黄佳敏　优秀毕业生
崔　畅　优秀毕业生
李尚泽　优秀毕业生
马莎莎　优秀毕业生
刘岳欣　优秀毕业生
贾梦珍　优秀毕业生
易湘瑜　优秀毕业生
郭芷茹　优秀毕业生
张佳英　优秀毕业生
尚宏丽　优秀毕业生
姚炜彤　优秀毕业生
许　津　优秀毕业生
杨淇岩　优秀毕业生
杨　潇　优秀毕业生
曾祈华　优秀毕业生
蒋宛金　优秀毕业生
吴贞静　优秀毕业生
吴欢欢　优秀毕业生
王子贺　优秀毕业生
黄少茹　优秀毕业生
陈　莹　优秀毕业生
郑凤娥　优秀毕业生
张伟贤　优秀毕业生
赵　莹　优秀毕业生
何佳鑫　优秀毕业生
陈怡萍　优秀毕业生
刘倩思　优秀毕业生
苏心怡　优秀毕业生
蒋文婕　优秀毕业生
刘伟杰　优秀毕业生
蒋刘侠　优秀毕业生
陈丹霓　优秀毕业生
吴晓萌　优秀毕业生
张瀚文　优秀毕业生

曹珂迪　优秀毕业生
陈彦辰　优秀毕业生
刚铭君　优秀毕业生
黄时文　优秀毕业生
陈嘉慧　优秀毕业生
黄酬子佑　优秀毕业生
唐　琳　优秀毕业生
罗佩晴　优秀毕业生
郭晟宇　优秀毕业生
任　蕊　优秀毕业生
周　林　优秀毕业生
陈芳敏　优秀毕业生
陈卓恒　优秀毕业生
魏晓楠　优秀毕业生
沈小源　优秀毕业生
蒋　烁　优秀毕业生
李炳财　优秀毕业生

王亚南经济研究院

徐莉娜　三好学生
何柏毅　三好学生
陈诗燕　三好学生
林继超　三好学生
张俊凯　三好学生
郑丰楷　三好学生
李　珣　三好学生
郑晓蓉　三好学生
谢玉湘　三好学生
未钟琴　三好学生
王心怡　三好学生
蔡彦皞　优秀三好学生
尤舒宁　优秀三好学生
叶蔚然　优秀三好学生
黄明珠　优秀学生干部
林沂菲　优秀学生干部
蔡彦皞　优秀毕业生
何柏毅　优秀毕业生
楼帅舟　优秀毕业生
伍舒妮　优秀毕业生
熊　涓　优秀毕业生
尤舒宁　优秀毕业生
施冰扬　优秀毕业生
陈佳妮　优秀毕业生
叶蔚然　优秀毕业生
任蓝翔　优秀毕业生
谢玉湘　优秀毕业生
未钟琴　优秀毕业生

邹至庄经济研究院

杨梦俊　优秀毕业生

管理学院

王毓泽　三好学生
应佳楠　三好学生
陈　臻　三好学生
陈　凡　三好学生
王瑞杰　三好学生
李佳睿　三好学生
唐　举　三好学生
乔翔钺　三好学生
叶子莲　三好学生
张超颖　三好学生
褚夏迪　三好学生
杨鹏熙　三好学生
林　婧　三好学生
郑　珅　三好学生
黄韩钿　三好学生
王桢艳　三好学生
黄海群　三好学生
王怡方　三好学生
杨斓景　三好学生
宋寅寅　三好学生
赖凌峰　三好学生
刘方仪　三好学生
王奕聪　三好学生
许嘉婷　三好学生
李沁钰　三好学生
程光彬　三好学生
孙梦蝶　三好学生
张思媚　三好学生
卢巧玲　三好学生
高胜男　三好学生
陈震宇　三好学生
郭诗雨　三好学生
承杲阳　三好学生
茹靖雪　三好学生
曹　昊　三好学生
阮琳槟　三好学生
阙瑜嬛　三好学生
郑蓉蓉　三好学生
牛博文　三好学生
潘鸿伶　三好学生
刘文意　三好学生
周晓宇　三好学生
朱虹明　三好学生
张冲冲　三好学生
刘　玥　三好学生
丁　玎　优秀三好学生
张　欣　优秀三好学生
马　莹　优秀三好学生
李　妍　优秀三好学生
张哲铭　优秀三好学生
刘向伯　优秀三好学生
李　艳　优秀三好学生
曹　丹　优秀三好学生
金裕静　优秀三好学生
刘欣宇　优秀三好学生
刘海潮　优秀三好学生
台英旭　优秀三好学生
陈怡婷　优秀三好学生
檀之舟　优秀三好学生
熊柏臻　优秀学生干部
陈启元　优秀学生干部
林潇骁　优秀学生干部
刘若彤　优秀学生干部
陆颖恬　优秀学生干部
李雪慧　优秀学生干部
陈金呈　优秀学生干部
王路加　优秀学生干部
曹　洁　优秀学生干部
朱润清　优秀学生干部
辛立柱　优秀学生干部
马　莹　优秀毕业生
李　珂　优秀毕业生
应佳楠　优秀毕业生
耿海洋　优秀毕业生
王子旭　优秀毕业生
林　胜　优秀毕业生
李　妍　优秀毕业生
叶子莲　优秀毕业生
熊柏臻　优秀毕业生
张超颖　优秀毕业生
侯　婕　优秀毕业生
张哲铭　优秀毕业生
褚夏迪　优秀毕业生
杨鹏熙　优秀毕业生
林　婧　优秀毕业生
李汪彦　优秀毕业生
陈启元　优秀毕业生
郑　珅　优秀毕业生
蒋沂佑　优秀毕业生
杨子欣　优秀毕业生
刘若彤　优秀毕业生
唐　举　优秀毕业生
林潇骁　优秀毕业生
李　艳　优秀毕业生
刘向伯　优秀毕业生
王桢艳　优秀毕业生
陈思覃　优秀毕业生
丁　玎　优秀毕业生
曹　丹　优秀毕业生

王雅琨　优秀毕业生
李雪慧　优秀毕业生
黄馨影　优秀毕业生
李甜甜　优秀毕业生
徐　君　优秀毕业生
宋寅寅　优秀毕业生
王奕聪　优秀毕业生
许嘉婷　优秀毕业生
程光彬　优秀毕业生
张思媚　优秀毕业生
姚燕玲　优秀毕业生
吴　涵　优秀毕业生
卢巧玲　优秀毕业生
胡明月　优秀毕业生
陈盈颖　优秀毕业生
黎　骞　优秀毕业生
杨公云　优秀毕业生
刘欣宇　优秀毕业生
吴浩翔　优秀毕业生
茹靖雪　优秀毕业生
彭　婉　优秀毕业生
陆颖恬　优秀毕业生
承杲阳　优秀毕业生
刘海潮　优秀毕业生
曹　昊　优秀毕业生
台英旭　优秀毕业生
陈怡婷　优秀毕业生
洪　颖　优秀毕业生
郑蓉蓉　优秀毕业生
朱朋虎　优秀毕业生
仵荣鑫　优秀毕业生
白　锐　优秀毕业生
刘晓玲　优秀毕业生
陈文川　优秀毕业生
石　昕　优秀毕业生

财务管理与会计研究院

陈安祺　三好学生
陈安祺　优秀毕业生

法学院

黄琪琪　三好学生
刘雅茹贵　三好学生
董　玮　三好学生
郝培璇　三好学生
冉婧雯　三好学生
詹韫如　三好学生
陈小琳　三好学生
陈思宇　三好学生
徐嘉琪　三好学生
劳逸辰　三好学生
杨银钧　三好学生
荣　婷　三好学生
刘　庆　三好学生
杨　颖　三好学生
燕邦国　三好学生
时　典　三好学生
马梵哲　三好学生
陈舒遥　三好学生
林雅星　三好学生
刘漪漪　三好学生
何美琴　三好学生
郑祝坚　三好学生
黄慧敏　三好学生
雷　卉　三好学生
郝艺颖　三好学生
王海洋　三好学生
宗诗坤　优秀三好学生
郑同舟　优秀三好学生
陈依菱　优秀三好学生
杨雯雯　优秀三好学生
廖阳冠　优秀三好学生
朱熠梦　优秀三好学生
刘通成　优秀三好学生
侯雨呈　优秀三好学生
魏佳轩　优秀三好学生
郑靖蕾　优秀学生干部
陈文威　优秀学生干部
高琳越　优秀学生干部
温娟娟　优秀学生干部
梁少娴　优秀学生干部
鄢攀曲　优秀学生干部
苏　琦　优秀学生干部
张向宇　优秀学生干部
宗诗坤　优秀毕业生
刘雅茹贵　优秀毕业生
郑佳铭　优秀毕业生
陈文煊　优秀毕业生
詹韫如　优秀毕业生
林冬旭　优秀毕业生
刘怡含　优秀毕业生
劳逸辰　优秀毕业生
郝培璇　优秀毕业生
谢婧雯　优秀毕业生
张云壹　优秀毕业生
高琳越　优秀毕业生
郑同舟　优秀毕业生
陈书凡　优秀毕业生
温娟娟　优秀毕业生
杨雯雯　优秀毕业生
郑舒涵　优秀毕业生
朱倩茹　优秀毕业生
邵凯丽　优秀毕业生
陈舒遥　优秀毕业生
林雅星　优秀毕业生
刘通成　优秀毕业生
刘漪漪　优秀毕业生
陈诗馨　优秀毕业生
侯雨呈　优秀毕业生
何美琴　优秀毕业生
郑祝坚　优秀毕业生
刘小草　优秀毕业生
荣　婷　优秀毕业生
黄慧敏　优秀毕业生
雷　卉　优秀毕业生
朱熠梦　优秀毕业生
毛舒韫　优秀毕业生
时　典　优秀毕业生
黄伟佳　优秀毕业生
张人天　优秀毕业生
马梵哲　优秀毕业生
洪菡珑　优秀毕业生
陈荣新　优秀毕业生

知识产权研究院

徐瑛琪　三好学生
崔利楠　三好学生
林锦晖　优秀学生干部
张佳鑫　优秀毕业生
代晓焜　优秀毕业生

公共事务学院

苏雅朋　三好学生
黄心怡　三好学生
张玉梅　三好学生
刘岩松　三好学生
董克朋　三好学生
童诗淇　三好学生
孙紫盈　三好学生
王　浩　三好学生
李雪玲　三好学生
张瑞泽　三好学生
邱　婷　三好学生
张　婧　三好学生
潘令麒　三好学生
常海霞　三好学生
石　术　三好学生
郑　炜　三好学生
夏　瑜　优秀三好学生
陈心悦　优秀三好学生

黄银花　优秀三好学生
邬家峰　优秀三好学生
刘莹莹　优秀学生干部
李银杏　优秀学生干部
张奕婷　优秀学生干部
李　颖　优秀学生干部
夏　瑜　优秀毕业生
李思妍　优秀毕业生
蔡晨雯　优秀毕业生
苏雅朋　优秀毕业生
王　浩　优秀毕业生
李嘉懿　优秀毕业生
刘岩松　优秀毕业生
郭　娟　优秀毕业生
商兆岩　优秀毕业生
陈心悦　优秀毕业生
蓝浦城　优秀毕业生
向成佩　优秀毕业生
林波岑　优秀毕业生
张　冯　优秀毕业生
姬　洁　优秀毕业生
刘红凯　优秀毕业生
陆锦添　优秀毕业生
杨奕晖　优秀毕业生
廖智柳　优秀毕业生

公共政策研究院

李皖晴　三好学生
卢之卿　优秀毕业生
王大卫　优秀毕业生

马克思主义学院

吴　波　三好学生
杨雨岚　三好学生
王玮妮　三好学生
钱文静　三好学生
卢　鹏　三好学生
毛清萍　优秀三好学生
唐　帅　优秀学生干部
李路静　优秀毕业生
黄而彬　优秀毕业生
聂嘉琪　优秀毕业生
连传钊　优秀毕业生
张罗丹　优秀毕业生
吴春金　优秀毕业生
杨　安　优秀毕业生

国际关系学院/南洋研究院

肖　越　三好学生
刘思雯　三好学生
曹晨溪　三好学生
滕吉鹏　三好学生
饶金山　三好学生
张雨微　优秀三好学生
李怡童　优秀三好学生
邢鹤缤　优秀学生干部
李昊冉　优秀学生干部
梁嘉好　优秀毕业生
赵怡然　优秀毕业生
罗州阳　优秀毕业生
叶玉惠　优秀毕业生
林晓丰　优秀毕业生
陈祥明　优秀毕业生

教育研究院

林丽丽　三好学生
王　柳　三好学生
王君仪　三好学生
孙昕妍　三好学生
骆　慧　优秀三好学生
王洪国　优秀学生干部
唐　祯　优秀毕业生
吴荧秋　优秀毕业生
王润青　优秀毕业生
毛鹏程　优秀毕业生

台湾研究院

李伟杰　三好学生
刘孜涵　三好学生
吴雪珍　三好学生
李嘉欣　三好学生
徐梦琪　优秀三好学生
肖子乐　优秀学生干部
许　晴　优秀毕业生
苏甜田　优秀毕业生
胡雪儿　优秀毕业生
郭剑峰　优秀毕业生
王胜民　优秀毕业生

社会与人类学院

张诗钰　三好学生
颜雪琪　三好学生
周凡荻　三好学生
唐雨晴　三好学生
马　艳　三好学生
薛钧嫚　三好学生
徐　磊　三好学生
张纪超　三好学生
段泽丽　三好学生
邱睿婕　优秀三好学生
韩雪颖　优秀三好学生
林兆琦　优秀三好学生
梁怡婷　优秀学生干部
唐晓宇　优秀学生干部
谢怡景　优秀学生干部
杜满春　优秀毕业生
蔺雨欣　优秀毕业生
朱　妍　优秀毕业生
王雪霏　优秀毕业生
侯好雪　优秀毕业生
常海洋　优秀毕业生
赵　静　优秀毕业生
林若璇　优秀毕业生
汪玫珺　优秀毕业生
谢胜杰　优秀毕业生
施　宇　优秀毕业生
李　东　优秀毕业生

数学科学学院

孟昭芮　三好学生
杨凌涵　三好学生
李龙泉　三好学生
李子辉　三好学生
吕　涵　三好学生
郝起正　三好学生
杨陈曦　三好学生
张小敏　三好学生
尤婉红　三好学生
蒋金定　三好学生
江伟峰　三好学生
虎文婷　三好学生
韩妍妍　三好学生
尹丽冯　三好学生
陈滟柠　优秀三好学生
林子凌　优秀三好学生
阮承超　优秀三好学生
范　川　优秀三好学生
廖智勇　优秀学生干部
陈彦欣　优秀学生干部
蒋金阳　优秀学生干部
张　瑜　优秀学生干部
杨凌涵　优秀毕业生
陈滟柠　优秀毕业生
廖智勇　优秀毕业生
吕　涵　优秀毕业生
林子凌　优秀毕业生
毋唯盟　优秀毕业生
杨陈曦　优秀毕业生
陈融融　优秀毕业生
王龙杰　优秀毕业生

李龙泉　优秀毕业生
何彬豪　优秀毕业生
严凌云　优秀毕业生
吴宇宁　优秀毕业生
陈淑丽　优秀毕业生
杨　洁　优秀毕业生
吴忠二　优秀毕业生
孙晓惠　优秀毕业生
张　鹏　优秀毕业生
王韦龙　优秀毕业生
蒋　帅　优秀毕业生

物理科学与技术学院

陈佳怡　三好学生
赖伟航　三好学生
谭啸环　三好学生
金泽宇　三好学生
柯泓鸣　三好学生
李海英　三好学生
黄　楠　三好学生
何伟博　三好学生
傅丽诗　三好学生
郭蓉蓉　三好学生
黄子超　三好学生
李渝超　三好学生
费煜晨　三好学生
赵春东　三好学生
廖　晔　三好学生
杨成彪　三好学生
罗林山　三好学生
高稔现　三好学生
刘加美　优秀三好学生
张子溦　优秀三好学生
薛高飞　优秀三好学生
林　飞　优秀三好学生
刘蔚中　优秀学生干部
余天泽　优秀学生干部
翁绵辉　优秀学生干部
郑秋宇　优秀学生干部
陈　洁　优秀毕业生
金泽宇　优秀毕业生
王舒炜　优秀毕业生
刘加美　优秀毕业生
朱乐烨　优秀毕业生
刘蔚中　优秀毕业生
吴蕴涵　优秀毕业生
吕　峥　优秀毕业生
张子溦　优秀毕业生
吴桂香　优秀毕业生
柯泓鸣　优秀毕业生

李　硕　优秀毕业生
肖泽鸿　优秀毕业生
方韶晨　优秀毕业生
付　然　优秀毕业生
徐艺华　优秀毕业生
石　澜　优秀毕业生
杨徐军　优秀毕业生
徐　克　优秀毕业生
梁　涛　优秀毕业生
唐　燕　优秀毕业生

化学化工学院

刘伟杰　三好学生
章惠朱　三好学生
吴嘉丹　三好学生
李周玥　三好学生
廖　芯　三好学生
徐　洲　三好学生
李轶凡　三好学生
姜弼涵　三好学生
薛太玲　三好学生
吴俊薇　三好学生
董源婷　三好学生
黄　猛　三好学生
杨　晋　三好学生
朱　春　三好学生
卓亚琦　三好学生
吴昀丞　三好学生
魏梦西　三好学生
刘立高　三好学生
王宝源　三好学生
薛钧炜　三好学生
郑　琰　三好学生
李　潇　三好学生
邓小蝶　三好学生
李　杰　三好学生
熊伟明　三好学生
谢宏兴　三好学生
张伟佳　三好学生
刘国庆　三好学生
林蓉艳　三好学生
陈泽敏　三好学生
戴朋朋　三好学生
陈少锋　三好学生
张淑敏　三好学生
冀伟杰　三好学生
肖思强　三好学生
肖宇抗　三好学生
鲍苏苏　三好学生
曾　叶　三好学生

吴小红　三好学生
王辉猛　三好学生
陈佳辉　三好学生
李　莎　三好学生
马思媛　三好学生
魏晓宇　三好学生
孙　森　三好学生
王志伟　三好学生
冯慧姝　三好学生
梁子腾　三好学生
费家维　三好学生
侯　晴　三好学生
魏笛野　三好学生
余珂森　优秀三好学生
刘琬玲　优秀三好学生
刘　卓　优秀三好学生
张雨豪　优秀三好学生
方佳仪　优秀三好学生
杨丛桦　优秀三好学生
杨淑雯　优秀三好学生
戴欣凤　优秀三好学生
康伟伟　优秀三好学生
李　锐　优秀三好学生
田子玉　优秀三好学生
宋伟申　优秀三好学生
武东政　优秀三好学生
束晓敏　优秀三好学生
孙宗强　优秀三好学生
陈春君　优秀学生干部
李　翀　优秀学生干部
王　蕊　优秀学生干部
谢榕杰　优秀学生干部
吴有会　优秀学生干部
袁芷薇　优秀学生干部
张　烁　优秀学生干部
周雨生　优秀学生干部
郭胜男　优秀学生干部
李　玄　优秀学生干部
兰志鹏　优秀学生干部
肖　弦　优秀学生干部
曲啸洋　优秀学生干部
李姝荣　优秀学生干部
范云燕　优秀学生干部
陈春君　优秀毕业生
刘伟杰　优秀毕业生
谢昀昊　优秀毕业生
章惠朱　优秀毕业生
吴嘉丹　优秀毕业生
秦宇航　优秀毕业生
祁　佳　优秀毕业生

杨文楷　优秀毕业生
张雨豪　优秀毕业生
李轶凡　优秀毕业生
王　蕊　优秀毕业生
宁玉华　优秀毕业生
余珂淼　优秀毕业生
李周玥　优秀毕业生
孙雨涵　优秀毕业生
谢榕杰　优秀毕业生
陈　欣　优秀毕业生
刘琬玲　优秀毕业生
林诗妍　优秀毕业生
黄晓丹　优秀毕业生
姜弼涵　优秀毕业生
孙一丹　优秀毕业生
李　锐　优秀毕业生
田子玉　优秀毕业生
吴有会　优秀毕业生
杨　晋　优秀毕业生
宋伟申　优秀毕业生
孙怡鸥　优秀毕业生
高乐涵　优秀毕业生
方佳仪　优秀毕业生
卓亚琦　优秀毕业生
刘立高　优秀毕业生
周雨生　优秀毕业生
张舒雅　优秀毕业生
任昆龙　优秀毕业生
袁芷薇　优秀毕业生
张　烁　优秀毕业生
杨淑雯　优秀毕业生
刘晨希　优秀毕业生
戴欣凤　优秀毕业生
许冬冬　优秀毕业生
王　浩　优秀毕业生
邱静茹　优秀毕业生
黄怡心　优秀毕业生
王　梅　优秀毕业生
张伟佳　优秀毕业生
王　辉　优秀毕业生
黄子豪　优秀毕业生
逯新宇　优秀毕业生
李文婷　优秀毕业生
唐　慧　优秀毕业生
肖程月　优秀毕业生
康伟伟　优秀毕业生
郭胜男　优秀毕业生
戴朋朋　优秀毕业生
季哲惠　优秀毕业生
王明敏　优秀毕业生
江小燕　优秀毕业生
龚巧彬　优秀毕业生
樊亭亭　优秀毕业生
吴小红　优秀毕业生
陈曼婷　优秀毕业生
曾　叶　优秀毕业生
武东政　优秀毕业生
鲍苏苏　优秀毕业生
邓　兰　优秀毕业生
李　莎　优秀毕业生
马思媛　优秀毕业生
胡慧慧　优秀毕业生
张重建　优秀毕业生
孙宗强　优秀毕业生
冯慧姝　优秀毕业生
范云燕　优秀毕业生

信息学院

王　佩　三好学生
李梦成　三好学生
柯昭熙　三好学生
赖章宇　三好学生
王欣怡　三好学生
林鲁翼　三好学生
梁雪慧　三好学生
王筱彤　三好学生
宋昊东　三好学生
黄斐桢　三好学生
朱嘉煜　三好学生
李彦浩　三好学生
朱业帆　三好学生
陈宇辉　三好学生
赵　峻　三好学生
王旭升　三好学生
佟　涬　三好学生
周子涵　三好学生
王子夏　三好学生
顾子潇　三好学生
雷鸿宇　三好学生
韩　蕖　三好学生
张永存　三好学生
杨　浩　三好学生
鲍贵栋　三好学生
万鲲鹏　三好学生
张凯芸　三好学生
马祎炜　三好学生
邓立文　三好学生
余　诗　三好学生
周　倩　三好学生
赵信博　三好学生
谢欣雨　三好学生
沈东方　三好学生
蓝宇翔　三好学生
孙　文　三好学生
冯　晓　三好学生
闵子君　优秀三好学生
刘洁琳　优秀三好学生
林渝杰　优秀三好学生
高艺桐　优秀三好学生
刘　畅　优秀三好学生
吴雨娟　优秀三好学生
耿　毅　优秀三好学生
黄蕴怡　优秀三好学生
黄焜泽　优秀三好学生
林宇鑫　优秀三好学生
詹翁怡　优秀三好学生
梁怡婷　优秀三好学生
卫天阔　优秀三好学生
陈臻臻　优秀三好学生
黄仁伟　优秀三好学生
宋　丹　优秀三好学生
钟凯琪　优秀三好学生
李惟聪　优秀学生干部
李　鑫　优秀学生干部
许以晴　优秀学生干部
赵露丹　优秀学生干部
陈鑫钰　优秀学生干部
曹木谙　优秀学生干部
王艺霖　优秀学生干部
牛国航　优秀学生干部
绳　梓　优秀学生干部
侯天翔　优秀学生干部
闵子君　优秀毕业生
郑嘉炜　优秀毕业生
刘洁琳　优秀毕业生
宓　禹　优秀毕业生
童何苗　优秀毕业生
李梦成　优秀毕业生
赖章宇　优秀毕业生
王欣怡　优秀毕业生
高艺桐　优秀毕业生
林鲁翼　优秀毕业生
王　垚　优秀毕业生
申　昱　优秀毕业生
郭佳睿　优秀毕业生
赵育茹　优秀毕业生
杨佳晖　优秀毕业生
刘　畅　优秀毕业生
张　璐　优秀毕业生
罗　懿　优秀毕业生

赵露丹　优秀毕业生
黎昊阳　优秀毕业生
黄楚翘　优秀毕业生
黄斐桢　优秀毕业生
曾雯婷　优秀毕业生
朱嘉煜　优秀毕业生
耿　毅　优秀毕业生
吴雨娟　优秀毕业生
黄蕴怡　优秀毕业生
许以晴　优秀毕业生
朱业帆　优秀毕业生
陈宇辉　优秀毕业生
王筱彤　优秀毕业生
黄静凌　优秀毕业生
赵　峻　优秀毕业生
陈炫均　优秀毕业生
黄焜泽　优秀毕业生
张玉洁　优秀毕业生
蒋欣雨　优秀毕业生
郭子毅　优秀毕业生
佟　淳　优秀毕业生
申奥怡　优秀毕业生
李智梁　优秀毕业生
王耀祥　优秀毕业生
那玮睿　优秀毕业生
詹翁怡　优秀毕业生
把徐进　优秀毕业生
戈沁沁　优秀毕业生
曹木谙　优秀毕业生
赵云飞　优秀毕业生
鲍贵栋　优秀毕业生
万鲲鹏　优秀毕业生
邓立文　优秀毕业生
洪浩恺　优秀毕业生
周正林　优秀毕业生
李晓希　优秀毕业生
柴　舒　优秀毕业生
卫天阔　优秀毕业生
梁　浩　优秀毕业生
周　倩　优秀毕业生
牛国航　优秀毕业生
黄仁伟　优秀毕业生
陈臻臻　优秀毕业生
王艺霖　优秀毕业生
梁怡婷　优秀毕业生
赵信博　优秀毕业生
余　诗　优秀毕业生
林　璐　优秀毕业生
赵文浩　优秀毕业生
陈柏宏　优秀毕业生
朱　航　优秀毕业生
寿铁祺　优秀毕业生
蓝宇翔　优秀毕业生
侯天翔　优秀毕业生
杨　浩　优秀毕业生
罗瑞祥　优秀毕业生
尚心怡　优秀毕业生
孙　文　优秀毕业生
沈东方　优秀毕业生
丁建文　优秀毕业生
俞心宇　优秀毕业生
程志鹏　优秀毕业生
林元国　优秀毕业生

材料学院

罗艺允　三好学生
孙静怡　三好学生
杨瑞芬　三好学生
尹　燕　三好学生
张露瑶　三好学生
张泽文慧　三好学生
郑以诺　三好学生
曾海艺　三好学生
丁庆威　三好学生
林　珠　三好学生
欧阳日　三好学生
郑师威　三好学生
杨天伦　三好学生
赵梧汐　三好学生
刘　超　三好学生
陈　婷　三好学生
赵海燕　三好学生
孟国庆　三好学生
郭慰彬　三好学生
黄静雅　优秀三好学生
景长威　优秀三好学生
罗丽丽　优秀三好学生
董雨侨　优秀三好学生
林　亮　优秀三好学生
郭　琳　优秀学生干部
王时超　优秀学生干部
蔡艺馨　优秀学生干部
易新丹　优秀学生干部
陈金珠　优秀学生干部
杜琨鹏　优秀毕业生
李萌晴　优秀毕业生
孙晨曦　优秀毕业生
吴嘉坤　优秀毕业生
羊周玥　优秀毕业生
尹　燕　优秀毕业生
张露瑶　优秀毕业生
郑以诺　优秀毕业生
蔡艺馨　优秀毕业生
曾海艺　优秀毕业生
何思源　优秀毕业生
林　珠　优秀毕业生
杨天伦　优秀毕业生
郑师威　优秀毕业生
陈　婷　优秀毕业生
赵梧汐　优秀毕业生
肖本胜　优秀毕业生
杜国政　优秀毕业生
孟国庆　优秀毕业生
赵海燕　优秀毕业生
罗丽丽　优秀毕业生
叶伟彬　优秀毕业生
林　亮　优秀毕业生

建筑与土木工程学院

陈鹏林　三好学生
方义铭　三好学生
孙泽文　三好学生
王雨晴　三好学生
王奕祺　三好学生
王一苇　三好学生
范宇婕　三好学生
董沂昕　三好学生
林雨漩　三好学生
彭晟嘉　三好学生
刘雯雯　三好学生
郭　晶　三好学生
孙　昊　三好学生
向彦霖　三好学生
陈　俊　三好学生
陈银平　三好学生
许晓岚　三好学生
杨华刚　三好学生
刘雨晴　优秀三好学生
杨晓雨　优秀三好学生
阮旭芝　优秀三好学生
刘　阳　优秀三好学生
李　涛　优秀学生干部
蔡增娱　优秀学生干部
迟潇玲　优秀学生干部
刘颖喆　优秀学生干部
王佳媛　优秀毕业生
廖方淳　优秀毕业生
王雨晴　优秀毕业生
刘雨晴　优秀毕业生
陈鹏林　优秀毕业生

陈可嘉　优秀毕业生
范宇婕　优秀毕业生
罗心芮　优秀毕业生
董沂昕　优秀毕业生
孙泽文　优秀毕业生
杨晓雨　优秀毕业生
郭东波　优秀毕业生
刘颖喆　优秀毕业生
朱柯桢　优秀毕业生
阮旭芝　优秀毕业生
郭　晶　优秀毕业生
林　哲　优秀毕业生
迟潇玲　优秀毕业生
黄佳鸿　优秀毕业生
吴晓龙　优秀毕业生
杨华刚　优秀毕业生
许晓岚　优秀毕业生

能源学院

薛纪元　三好学生
肖　扬　三好学生
陈晓倩　三好学生
辛青奚　三好学生
汪家诚　三好学生
刘　艳　三好学生
陈家红　三好学生
彭美兰　三好学生
庄霓虹　三好学生
刘君珂　三好学生
王　琴　优秀三好学生
王　麒　优秀三好学生
陈炳霖　优秀三好学生
陈海宁　优秀学生干部
郑陈熙　优秀学生干部
刘少峰　优秀学生干部
李佳姝　优秀毕业生
张芷然　优秀毕业生
陈登煌　优秀毕业生
赵丹婷　优秀毕业生
吴梦洁　优秀毕业生
王中华　优秀毕业生
杨馨语　优秀毕业生
曾安琪　优秀毕业生
谭义勇　优秀毕业生
李成凤　优秀毕业生
阮　伟　优秀毕业生
何娴雅　优秀毕业生
贾文龙　优秀毕业生

萨本栋微米纳米科学技术研究院

王青峰　三好学生
蓝　伟　三好学生
何智飞　三好学生
陈隽毓　三好学生
朱政超　三好学生
林伟铭　三好学生
刘　佩　三好学生
张一鸣　三好学生
尹靖博　优秀学生干部
刘庆卓　优秀毕业生
肖池夆　优秀毕业生
曾　亮　优秀毕业生
吴天成　优秀毕业生
薛芳芳　优秀毕业生

航空航天学院

张　雨　三好学生
赵娉婷　三好学生
许晋滨　三好学生
崔　灿　三好学生
陈思宇　三好学生
张力中　三好学生
张菁菁　三好学生
陈香霖　三好学生
庄少彬　三好学生
韩兆翔　三好学生
王靖淇　三好学生
张沛祺　三好学生
章利成　三好学生
叶霈涛　三好学生
郭潇玥　三好学生
王津聿　三好学生
穆雨涵　三好学生
郭新力　三好学生
阮　琳　三好学生
许越超　三好学生
杨增智　三好学生
郑　昊　三好学生
张晓迎　三好学生
吴　谦　三好学生
王逸群　三好学生
李宛书　三好学生
魏明悦　三好学生
杜思远　三好学生
汤鸿杰　三好学生
马林峰　三好学生
卢嘉祺　三好学生
桑毓曼　三好学生
廖卫林　三好学生
姚张瑞　三好学生
邓醒明　三好学生
曹　盛　三好学生
叶倩雯　三好学生
马晓帆　三好学生
杨凌云　优秀三好学生
谢　天　优秀三好学生
王若山　优秀三好学生
张斐怡　优秀三好学生
陈嘉慧　优秀三好学生
吴世仪　优秀三好学生
陈禹涵　优秀三好学生
张结艳　优秀三好学生
黄颂萌　优秀三好学生
杨　慎　优秀三好学生
邵薇涵　优秀三好学生
王　舒　优秀学生干部
蒲霜筠　优秀学生干部
王泽旭　优秀学生干部
邹　浩　优秀学生干部
曾国龙　优秀学生干部
沈子乔　优秀学生干部
王　潇　优秀学生干部
付振峰　优秀学生干部
温潍齐　优秀学生干部
吴汶鸿　优秀学生干部
张　雨　优秀毕业生
杨宏芷宁　优秀毕业生
赵娉婷　优秀毕业生
崔　灿　优秀毕业生
郭潇玥　优秀毕业生
吴世仪　优秀毕业生
章利成　优秀毕业生
王津聿　优秀毕业生
陈嘉慧　优秀毕业生
张菁菁　优秀毕业生
张沛祺　优秀毕业生
叶霈涛　优秀毕业生
张力中　优秀毕业生
林书墨　优秀毕业生
袁廷玉　优秀毕业生
曾昕玥　优秀毕业生
李宛书　优秀毕业生
王靖淇　优秀毕业生
王　舒　优秀毕业生
杨凌云　优秀毕业生
韩兆翔　优秀毕业生
阮　琳　优秀毕业生
陈禹涵　优秀毕业生
王若山　优秀毕业生

李建鹏　优秀毕业生
陈思宇　优秀毕业生
张斐怡　优秀毕业生
王泽旭　优秀毕业生
蒲霜筠　优秀毕业生
郭新力　优秀毕业生
许越超　优秀毕业生
穆雨涵　优秀毕业生
张晓迎　优秀毕业生
谢　天　优秀毕业生
曾国龙　优秀毕业生
陈俊韩　优秀毕业生
宋沛强　优秀毕业生
马鑫月　优秀毕业生
苟兴林　优秀毕业生
胡　月　优秀毕业生
刘润富　优秀毕业生
苏思行　优秀毕业生
杨　磊　优秀毕业生
李志强　优秀毕业生
邱佳钰　优秀毕业生
何　聪　优秀毕业生
岳玲玲　优秀毕业生
何增明　优秀毕业生
陈　熠　优秀毕业生
黄晨辉　优秀毕业生
钱　远　优秀毕业生
贺丽媛　优秀毕业生
黄景山　优秀毕业生

电子科学与技术学院

王薛瑜　三好学生
王晨旭　三好学生
周钦泽　三好学生
陆琴欢　三好学生
黄键昕　三好学生
王　臻　三好学生
赵川影　三好学生
李　涵　三好学生
陈　苗　三好学生
蔡洋洋　三好学生
朱峻岩　三好学生
王宇斌　三好学生
黄雅晴　三好学生
廖元熙　三好学生
郑　潇　三好学生
吕子月　三好学生
莫晓辉　三好学生
吴　琦　三好学生
黄淑华　三好学生
胡　威　三好学生
曾培鑫　三好学生
朱方圆　三好学生
陈舒琪　三好学生
成　煜　三好学生
张　跃　三好学生
王振标　三好学生
许良胜　三好学生
林云秀　三好学生
杨雅迪　三好学生
张泽亮　三好学生
杨芮牧　三好学生
余　睿　三好学生
陈　丽　三好学生
杨镓华　三好学生
乔艳平　三好学生
王宇程　优秀三好学生
黄强开来　优秀三好学生
林朴坚　优秀三好学生
刘建法　优秀三好学生
谢童彤　优秀三好学生
殷　瑜　优秀三好学生
关超恒　优秀三好学生
邓荣良　优秀三好学生
徐　欢　优秀三好学生
谢泓鑫　优秀学生干部
蒋忠杰　优秀学生干部
孙意昂　优秀学生干部
汪玉萍　优秀学生干部
樊森平　优秀学生干部
张泽阳　优秀学生干部
杨章琪　优秀学生干部
林　杰　优秀学生干部
吴金霞　优秀学生干部
王宇程　优秀毕业生
王薛瑜　优秀毕业生
林展辉　优秀毕业生
王晨旭　优秀毕业生
陆琴欢　优秀毕业生
黄键昕　优秀毕业生
蒋忠杰　优秀毕业生
王　臻　优秀毕业生
王　锐　优秀毕业生
黄添豪　优秀毕业生
黄强开来　优秀毕业生
王伊婧　优秀毕业生
陈　苗　优秀毕业生
谢泓鑫　优秀毕业生
王　越　优秀毕业生
林朴坚　优秀毕业生
王子昂　优秀毕业生
黄雅晴　优秀毕业生
刘建法　优秀毕业生
葛世泽　优秀毕业生
黄学渊　优秀毕业生
陈斯杰　优秀毕业生
李明昊　优秀毕业生
洪锦芬　优秀毕业生
王中玉　优秀毕业生
潘　攀　优秀毕业生
郑婉馨　优秀毕业生
沈云飞　优秀毕业生
曾海龙　优秀毕业生
林　杰　优秀毕业生
唐嘉乐　优秀毕业生
陈炜明　优秀毕业生
曾培鑫　优秀毕业生
朱方圆　优秀毕业生
袁锦涛　优秀毕业生
方浩铭　优秀毕业生
黄宇扬　优秀毕业生
赵乐一　优秀毕业生
周泽锴　优秀毕业生
梁昊天　优秀毕业生
钟　苗　优秀毕业生
谢文泉　优秀毕业生
陈作桓　优秀毕业生
刘雪莹　优秀毕业生

生命科学学院

韩一诺　三好学生
彭世昌　三好学生
卫文钊　三好学生
洪诗琪　三好学生
林美玲　三好学生
谢　璇　三好学生
万芷辰　三好学生
汪晨曦　三好学生
李子煜　三好学生
戴　婷　三好学生
宋慧琳　三好学生
伍桐瑶　三好学生
李柯为　三好学生
王婧昕　三好学生
李鸿瑞　三好学生
余莹莹　三好学生
唐佳瑜　三好学生
蔡涵义　三好学生
甘国红　三好学生
蒋美佳　三好学生

高　飞　三好学生
丁小艳　三好学生
刘惠敏　三好学生
潘成蹊　三好学生
吴红宁　三好学生
林小芬　三好学生
刘　冰　三好学生
王　帅　三好学生
林诺琪　优秀三好学生
王江红　优秀三好学生
李泽俊　优秀三好学生
林鸿滔　优秀三好学生
谢佳璇　优秀三好学生
潘月涵　优秀三好学生
陈　天　优秀三好学生
林燕玲　优秀三好学生
梁嘉庆　优秀三好学生
覃思悠　优秀学生干部
林元一　优秀学生干部
吴　娜　优秀学生干部
杨世澳　优秀学生干部
谢王楠　优秀学生干部
罗印林　优秀学生干部
洪敏清　优秀学生干部
王婧昕　优秀毕业生
汪晨曦　优秀毕业生
万芷辰　优秀毕业生
韩一诺　优秀毕业生
李子煜　优秀毕业生
戴　婷　优秀毕业生
曾　宇　优秀毕业生
林诺琪　优秀毕业生
宋慧琳　优秀毕业生
伍桐瑶　优秀毕业生
章雅雯　优秀毕业生
王子傲　优秀毕业生
王　瑜　优秀毕业生
练梦寒　优秀毕业生
何楚贤　优秀毕业生
黄　膑　优秀毕业生
廖　菱　优秀毕业生
张姝茜　优秀毕业生
王予忻　优秀毕业生
甘国红　优秀毕业生
谢佳璇　优秀毕业生
张金蕾　优秀毕业生
曾　典　优秀毕业生
夏思宇　优秀毕业生
潘月涵　优秀毕业生
许钰洁　优秀毕业生
马　昊　优秀毕业生
洪敏清　优秀毕业生
李燕燕　优秀毕业生
潘成蹊　优秀毕业生
侯玲凤　优秀毕业生
付碧霞　优秀毕业生
蒋美佳　优秀毕业生
高　飞　优秀毕业生
施一龙　优秀毕业生
陈　翔　优秀毕业生
张思琦　优秀毕业生
梁嘉庆　优秀毕业生
张　颖　优秀毕业生
王　帅　优秀毕业生
林燕玲　优秀毕业生
王笑颖　优秀毕业生

公共卫生学院

朱雨荷　三好学生
刘炜康　三好学生
苏热亚·尼加提　三好学生
杨天龙　三好学生
张芸瑞　三好学生
黄杰锋　三好学生
柳金涛　三好学生
刘雅青　三好学生
王一如　三好学生
吴帅莹　三好学生
文雪君　三好学生
韩　楹　三好学生
袁　娜　三好学生
李佩瑶　三好学生
李深瑞　三好学生
郭晓璟　三好学生
高颢瑾　三好学生
王　洁　三好学生
张灵菡　三好学生
张倩玉　优秀三好学生
张　薇　优秀三好学生
芮　佳　优秀三好学生
毕若萌　优秀三好学生
代　琪　优秀三好学生
闫　宇　优秀学生干部
袁　玲　优秀学生干部
徐　浩　优秀学生干部
柯妍姝　优秀学生干部
陈　师　优秀学生干部
张倩玉　优秀毕业生
刘炜康　优秀毕业生
杨天龙　优秀毕业生
邓　彬　优秀毕业生
张　倍　优秀毕业生
陈洁瑶　优秀毕业生
罗　丽　优秀毕业生
张　薇　优秀毕业生
贾毛妮　优秀毕业生
张泽云　优秀毕业生
高　敏　优秀毕业生
苏热亚·尼加提　优秀毕业生
芮　佳　优秀毕业生
李　实　优秀毕业生
文雪君　优秀毕业生
袁　娜　优秀毕业生
柯妍姝　优秀毕业生
李佩瑶　优秀毕业生
毕若萌　优秀毕业生
吴　云　优秀毕业生
王　洁　优秀毕业生
蔡　颖　优秀毕业生
蔡雯昕　优秀毕业生

药学院

彭小雨　三好学生
宋恬恬　三好学生
康冰琪　三好学生
何　静　三好学生
李思慧　三好学生
彭苏雅　三好学生
叶校璇　三好学生
朱红红　三好学生
尹洁丽　三好学生
林丽萍　三好学生
姜晓娟　三好学生
李志果　三好学生
董郅豪　优秀三好学生
钱小雨　优秀三好学生
刘敏婷　优秀三好学生
赵　研　优秀学生干部
张苗苗　优秀学生干部
卫子恒　优秀学生干部
何　静　优秀毕业生
高　珺　优秀毕业生
李思慧　优秀毕业生
董郅豪　优秀毕业生
宋恬恬　优秀毕业生
赵　研　优秀毕业生
彭小雨　优秀毕业生
郭晓丹　优秀毕业生
杜春春　优秀毕业生
钱小雨　优秀毕业生

李志果　优秀毕业生
刘敏婷　优秀毕业生
姜晓娟　优秀毕业生
王国良　优秀毕业生
周　宓　优秀毕业生

医学院

朱　颖　三好学生
叶信淮　三好学生
林佳妹　三好学生
李雨心　三好学生
闫博然　三好学生
杨　烨　三好学生
尹欣妍　三好学生
李涵乔　三好学生
赵睿琪　三好学生
胡瑞珍　三好学生
宗明溪　三好学生
刘奕梅　三好学生
汪财樟　三好学生
陈宇琼　三好学生
赵紫薇　三好学生
苏伟祺　三好学生
徐祺敏　三好学生
黄志文　三好学生
刘　莹　三好学生
李　思　三好学生
赵文鹏　三好学生
李梦琪　三好学生
韩　玉　三好学生
王广东　三好学生
章宁晴　三好学生
诸灵祺　三好学生
何雪梅　三好学生
李金鑫　三好学生
明梓何　三好学生
张雅鑫　三好学生
张　豪　三好学生
林巧茹　三好学生
黄志猛　三好学生
陈文婕　三好学生
阿西阿各　三好学生
林需枰　三好学生
程书语　三好学生
张吉喆　三好学生
刘建平　三好学生
吴峥嵘　三好学生
韦铭彦　三好学生
赵　悦　三好学生
吴佐星　三好学生

许秋燕　三好学生
张新娟　三好学生
魏　敏　三好学生
鲍筱蕊　三好学生
张　硕　三好学生
张灵菲　优秀三好学生
王天一　优秀三好学生
蒋惠萱　优秀三好学生
司睿婵　优秀三好学生
赵　霖　优秀三好学生
郑　岚　优秀三好学生
刘佳静　优秀三好学生
周　萍　优秀三好学生
吴　健　优秀三好学生
王梦缘　优秀三好学生
于闻哲　优秀三好学生
韩　忆　优秀三好学生
李詹颖　优秀学生干部
余旺胜　优秀学生干部
李元婕　优秀学生干部
李　黎　优秀学生干部
李莹莹　优秀学生干部
石　诚　优秀学生干部
陈喻伦　优秀学生干部
刘雨雯　优秀学生干部
游旭婷　优秀学生干部
张雯晶　优秀学生干部
任胜男　优秀学生干部
王梦丹　优秀学生干部
徐洁芳　优秀毕业生
张灵菲　优秀毕业生
朱　颖　优秀毕业生
宗明溪　优秀毕业生
郭鋆鋆　优秀毕业生
郭　浩　优秀毕业生
王天一　优秀毕业生
黄小育　优秀毕业生
叶丁玮　优秀毕业生
闫博然　优秀毕业生
苏伟祺　优秀毕业生
徐祺敏　优秀毕业生
蒋惠萱　优秀毕业生
刘子畅　优秀毕业生
赵志强　优秀毕业生
蒋子康　优秀毕业生
张毓芹　优秀毕业生
李莹莹　优秀毕业生
刘芊芊　优秀毕业生
司睿婵　优秀毕业生
赵　霖　优秀毕业生

黄志文　优秀毕业生
胡小艺　优秀毕业生
刘　莹　优秀毕业生
刘雨雯　优秀毕业生
林需枰　优秀毕业生
毛伊洁　优秀毕业生
李金鑫　优秀毕业生
刘佳静　优秀毕业生
汪　鑫　优秀毕业生
周　萍　优秀毕业生
王广东　优秀毕业生
明梓何　优秀毕业生
李　姝　优秀毕业生
张　豪　优秀毕业生
张雅鑫　优秀毕业生
张泽鑫　优秀毕业生
赵文鹏　优秀毕业生
李梦琪　优秀毕业生
刘秋宏　优秀毕业生
郑雅雯　优秀毕业生
林巧茹　优秀毕业生
张雯晶　优秀毕业生
诸灵祺　优秀毕业生
焦　珍　优秀毕业生
陈文婕　优秀毕业生
吴　健　优秀毕业生
王梦缘　优秀毕业生
王　铮　优秀毕业生
刘建平　优秀毕业生
程书语　优秀毕业生
任胜男　优秀毕业生
赵　悦　优秀毕业生
许秋燕　优秀毕业生
于闻哲　优秀毕业生
洪育娟　优秀毕业生
郭田田　优秀毕业生
韩　忆　优秀毕业生
魏　敏　优秀毕业生

海洋与地球学院

罗　典　三好学生
谭晓澜　三好学生
赖庭羿　三好学生
林温敏　三好学生
陈思婧　三好学生
戴茵如　三好学生
杨宜霖　三好学生
李雪琪　三好学生
周彦志　三好学生
方辰予　三好学生

纪鸿景　三好学生
刘圣涛　三好学生
任明星　三好学生
高　林　三好学生
王怡人　三好学生
索　宁　三好学生
张晓婷　三好学生
颜梦珍　三好学生
梅　康　三好学生
崔耀宗　三好学生
曹培政　三好学生
于文超　三好学生
白玉麟　三好学生
胡水木　优秀三好学生
陈蓓涵　优秀三好学生
赵矣昊　优秀三好学生
黄熠锋　优秀三好学生
杨雅慧　优秀三好学生
王　姝　优秀三好学生
周娜娜　优秀学生干部
贾小雨　优秀学生干部
简　敖　优秀学生干部
张若洋　优秀学生干部
刘宇斯　优秀学生干部
李莎莎　优秀学生干部
陈蓓涵　优秀毕业生
胡水木　优秀毕业生
聂林蔚　优秀毕业生
陈思婧　优秀毕业生
张　松　优秀毕业生
欧彦宁　优秀毕业生
简　敖　优秀毕业生
贾小雨　优秀毕业生
杨宜霖　优秀毕业生
周娜娜　优秀毕业生
赵矣昊　优秀毕业生
原子豪　优秀毕业生
方辰予　优秀毕业生
靳宇波　优秀毕业生
杨雅慧　优秀毕业生
纪鸿景　优秀毕业生
索　宁　优秀毕业生
黄熠锋　优秀毕业生
许继聪　优秀毕业生
张若洋　优秀毕业生
吕梦蓉　优秀毕业生
戚柳倩　优秀毕业生
刘圣涛　优秀毕业生
王怡人　优秀毕业生
刘雨佶　优秀毕业生
张晓婷　优秀毕业生
于文超　优秀毕业生
陈　奇　优秀毕业生
李碧君　优秀毕业生
崔耀宗　优秀毕业生

环境与生态学院

商　瑞　三好学生
石颖霖　三好学生
李家惠　三好学生
吴相民　三好学生
江婉霖　三好学生
黄宇宁　三好学生
金璐倩　三好学生
赵小雨　三好学生
孙　卿　三好学生
钱义谦　三好学生
李松涛　三好学生
苏　健　三好学生
薄光永　三好学生
郭泽军　三好学生
王芬芳　三好学生
白卓安　三好学生
谢哲宇　三好学生
黄海婷　优秀三好学生
高天楚　优秀三好学生
何　乐　优秀三好学生
闫瑞峰　优秀三好学生
李　鹏　优秀三好学生
洪恺声　优秀学生干部
曾　圣　优秀学生干部
张馨予　优秀学生干部
原琤玉　优秀学生干部
吴圣捷　优秀学生干部
肖思晗　优秀毕业生
高天楚　优秀毕业生
张　妤　优秀毕业生
吴相民　优秀毕业生
黄海婷　优秀毕业生
洪恺声　优秀毕业生
高悦皓　优秀毕业生
朱子雯　优秀毕业生
安轶阳　优秀毕业生
艾　瑶　优秀毕业生
陈语齐　优秀毕业生
张一萍　优秀毕业生
王小俊　优秀毕业生
李　香　优秀毕业生
吴秋玲　优秀毕业生
陈何勋　优秀毕业生
钟友辉　优秀毕业生
郭桢丽　优秀毕业生
黄幼芳　优秀毕业生
陈静静　优秀毕业生
张露丹　优秀毕业生
陈家辉　优秀毕业生
叶成松　优秀毕业生

厦门大学 2023 年秋季学期
“三好学生”“优秀三好学生”“优秀学生干部”名单

中国语言文学系

谢妍冰　三好学生
许宁馨　三好学生
吴　双　三好学生
池金晶　三好学生
赵卓然　三好学生
黄佳华　三好学生
席铃珊　三好学生
仇汉宇　三好学生
陈欣睿　三好学生
李师慧　三好学生
林初晴　三好学生
盛　雪　三好学生
徐雯雯　三好学生
连晨阳　三好学生
戴一诺　三好学生
张媛媛　三好学生
梁文捷　三好学生
潘　骆　三好学生
郑巧燕　三好学生
阳思彤　三好学生
冯仟慧　三好学生
张冰凝　三好学生
黄承龄　三好学生
金美杰　三好学生
钟怡茗　三好学生
蔡菲玲　三好学生

王珂欣　三好学生
刘　燕　三好学生
杨心怡　三好学生
瓦雨晴　三好学生
肖雨璇　三好学生
陈文辉　三好学生
练　韬　优秀三好学生
杨佳慧　优秀三好学生
肖　玥　优秀三好学生
黄宇童　优秀三好学生
林　洁　优秀三好学生
孟凡钰　优秀三好学生
乔雪玮　优秀三好学生
洪嘉俊　优秀三好学生
洪婉秋　优秀学生干部
文　静　优秀学生干部
陈　扬　优秀学生干部
田晓宇　优秀学生干部
孙梦瑶　优秀学生干部
林莹婷　优秀学生干部
张　鸿　优秀学生干部
李东育　优秀学生干部

历史与文化遗产学院

陈　畅　三好学生
江韵琳　三好学生
郭嘉航　三好学生
潘旖旎　三好学生
李　岚　三好学生
张思怡　三好学生
朱洪涛　三好学生
张可颖　三好学生
张亦扬　三好学生
靳蒙蒙　三好学生
张含笑　三好学生
范家嘉　三好学生
林　晨　三好学生
陈寒荟　三好学生
林子欣　三好学生
吴晓非　三好学生
黄雅贞　三好学生
欧阳鹭婷　三好学生
任思宇　三好学生
王牧焜　三好学生
钟俊南　三好学生
刘　朝　三好学生
张子珂　三好学生
周若昳　三好学生
刘力铭　三好学生
徐　洋　三好学生
周衍丞　三好学生
李睿诗　三好学生
苗永清　三好学生
王越洋　三好学生
于　悦　优秀三好学生
芦思依　优秀三好学生
古欣愉　优秀三好学生
孙子淇　优秀三好学生
楼芷萱　优秀三好学生
高杨霄　优秀三好学生
孙雨桐　优秀三好学生
罗安琪　优秀学生干部
孟照尧　优秀学生干部
李梓睿　优秀学生干部
贺豫杭　优秀学生干部
王永明　优秀学生干部
易　辉　优秀学生干部

哲学系

许心元　三好学生
杨　青　三好学生
曾子涵　三好学生
赖旻琪　三好学生
李筱喆　三好学生
刘琦荟　三好学生
易佳琪　三好学生
王庆宁　三好学生
覃心怡　三好学生
林郑豪　三好学生
林玉玲　三好学生
李陆明　三好学生
周东阳　三好学生
吉美瑶　三好学生
吴林智　三好学生
张　泽　三好学生
田　萌　三好学生
雷　歌　优秀三好学生
雷子乔　优秀三好学生
杨焯然　优秀三好学生
樊一锐　优秀三好学生
周凌彦　优秀三好学生
黄榆茜　优秀学生干部
谢馨平　优秀学生干部
李雨佳　优秀学生干部
李　乔　优秀学生干部
任铭铭　优秀学生干部

新闻传播学院

王子涵　三好学生
马敬雯　三好学生
吴宜臻　三好学生
吴彦瑾　三好学生
李怡璇　三好学生
张蓓玫　三好学生
张怡文　三好学生
郝晨智　三好学生
金成蔚　三好学生
井　智　三好学生
翁芊杉　三好学生
黄小乐　三好学生
高胜怡　三好学生
李可彤　三好学生
余主荣　三好学生
李静雯　三好学生
吴　越　三好学生
李　莹　三好学生
谢艺婕　三好学生
刘雅静　三好学生
杨柏昕　三好学生
李天天　三好学生
冯诗茜　三好学生
冼勇钦　三好学生
李梓沁　三好学生
陈思彤　三好学生
黄楚涵　三好学生
冯钰森　三好学生
范文韬　三好学生
岳欣彤　三好学生
朱孟轩　三好学生
张洁芬　三好学生
陈亦萍　三好学生
项　倩　三好学生
郑龙钊　三好学生
丁　睿　三好学生
刘　岚　三好学生
王东旭　三好学生
王梦思　三好学生
张江科　三好学生
程睿琼　三好学生
江　萌　三好学生
胡敏佳　三好学生
许黄子仰　三好学生
张晓芸　三好学生
胡彦岚　三好学生
顾炜思嘉　三好学生
林　毅　三好学生
李紫煦　三好学生
廖韩轻　三好学生
赵阳阳　三好学生
谢丹熔　三好学生

赵雅南　三好学生
胡韵涵　三好学生
黄佳琪　优秀三好学生
吴静雯　优秀三好学生
杨　昕　优秀三好学生
武骁晗　优秀三好学生
许博众　优秀三好学生
严煦宁　优秀三好学生
徐碧鸿　优秀三好学生
陈巧玲　优秀三好学生
战泓玮　优秀三好学生
林宇阳　优秀三好学生
尤　佳　优秀三好学生
陈子彤　优秀三好学生
赵可欣　优秀三好学生
庄湘怡　优秀学生干部
何若溪　优秀学生干部
林煜俊　优秀学生干部
欧宜婷　优秀学生干部
吴凯茵　优秀学生干部
冯子馨　优秀学生干部
林晓彤　优秀学生干部
林　芯　优秀学生干部
刘佳桐　优秀学生干部
曹书圆　优秀学生干部
胡鹏　优秀学生干部
张婉卿　优秀学生干部
黄源榕　优秀学生干部
王　瑶　优秀学生干部

外文学院

李康荣　三好学生
敖静宜　三好学生
周羽莉　三好学生
梁雅琪　三好学生
卓　晔　三好学生
吴　衍　三好学生
何淑瑶　三好学生
杨鑫怡　三好学生
丁奕臻　三好学生
潘雨薇　三好学生
朱梦璇　三好学生
董　宁　三好学生
顾　淳　三好学生
叶佳倩　三好学生
李　珊　三好学生
陈锦旖　三好学生
陈　敏　三好学生
杨钧琰　三好学生
王璐祎　三好学生
李　璟　三好学生
王仟艺　三好学生
谢丹妃　三好学生
周　妍　三好学生
翁明阳　三好学生
曾语诺　三好学生
卢含谊　三好学生
林小彤　三好学生
郑方楠　三好学生
徐素梅　三好学生
孟昭存　三好学生
易茗岚　三好学生
洪荣荣　三好学生
曾柳茗　三好学生
陈靖怡　三好学生
张德榕　三好学生
张乐佳　三好学生
徐子悦　三好学生
何润婷　三好学生
仲文元　三好学生
尹元齐　三好学生
杨　薇　三好学生
周佳怡　三好学生
陈　铃　三好学生
刘晓晴　三好学生
高如玉　三好学生
张新月　三好学生
施雨宁　三好学生
吕明十　三好学生
宋格非　三好学生
贾思寒　三好学生
王心悦　三好学生
郭雨鑫　三好学生
邱华东　三好学生
施佳颖　三好学生
李鑫颖　三好学生
牛　培　三好学生
程玲瑛　三好学生
姚书勤　三好学生
李钰明　三好学生
谢冰璇　三好学生
唐馨明　三好学生
陆美彤　三好学生
徐方忆　三好学生
胡雨燕　三好学生
郑泽麟　三好学生
郭心怡　三好学生
王　雨　三好学生
席　津　三好学生
张丽娜　三好学生
邱雾晨　三好学生
于馨悦　三好学生
王心怡　三好学生
郑欣苹　三好学生
李欣润　三好学生
陈漫榕　优秀三好学生
赵子仪　优秀三好学生
刘芯羽　优秀三好学生
李雪瑶　优秀三好学生
田　婧　优秀三好学生
曹嘉妮　优秀三好学生
刁芳菲　优秀三好学生
连栩莹　优秀三好学生
陈若青　优秀三好学生
丁亦可　优秀三好学生
黄洋洋　优秀三好学生
于　璐　优秀三好学生
金子艺　优秀三好学生
伦子淇　优秀三好学生
孙　玥　优秀三好学生
陈婷婷　优秀三好学生
王力平　优秀三好学生
唐永玮　优秀三好学生
谢昕悦　优秀学生干部
杨　韵　优秀学生干部
颜　旭　优秀学生干部
汤逸淇　优秀学生干部
洪奕桢　优秀学生干部
刘一含　优秀学生干部
陈颢月　优秀学生干部
陈靖哲　优秀学生干部
郭泽章　优秀学生干部
杨雅闳　优秀学生干部
胡嘉恬　优秀学生干部
陈熙言　优秀学生干部
刘　婉　优秀学生干部
刘珊宁　优秀学生干部
李悦　优秀学生干部
司俊龙　优秀学生干部
张钰琳　优秀学生干部
付心雨　优秀学生干部
黄　洁　优秀学生干部

艺术学院

陈妍宇　三好学生
吴钰琳　三好学生
罗晨雨　三好学生
汪之韵　三好学生
俞子筠　三好学生
金玥贝　三好学生

韩鸣宇 三好学生
钱思羽 三好学生
叶蕊绮 三好学生
白玥茹 三好学生
陈嘉芝 三好学生
李卓谕 三好学生
周鑫柯 三好学生
张之晗 三好学生
王祎冉 三好学生
渠焓艺 三好学生
曾一弘 三好学生
李嘉乐 三好学生
陈 昕 三好学生
池子乐 三好学生
王子楠 三好学生
姚博文 三好学生
马天陈 三好学生
李 倩 三好学生
陈 诺 三好学生
王静雪 三好学生
贾雨霏 三好学生
邢凯玥 三好学生
李炳坤 三好学生
朱 畅 三好学生
吕晨奕 三好学生
黄 颖 三好学生
侯清怡 三好学生
谢一宁 三好学生
余楚灵 三好学生
王盈盈 三好学生
尹伟拓 三好学生
林 枫 三好学生
张煜婕 三好学生
王晨媛 三好学生
吴仕琦 三好学生
周思羽 三好学生
彭佳荟 三好学生
熊萱旎 三好学生
余咏思 三好学生
吴青霞 三好学生
邓恬霖 三好学生
管梦昀 三好学生
郭俊婧 三好学生
吴作霆 优秀三好学生
陆俊伊 优秀三好学生
林佳仪 优秀三好学生
赵婧然 优秀三好学生
付渤淮 优秀三好学生
黄紫陌 优秀三好学生
徐苏杭 优秀三好学生
高 彧 优秀三好学生
艾平心 优秀三好学生
项楚兮 优秀三好学生
卢康欣 优秀三好学生
林颖菁 优秀三好学生
蓝乐凌 优秀学生干部
冯晓婷 优秀学生干部
边城池 优秀学生干部
曾意桐 优秀学生干部
韩墨林 优秀学生干部
丁志涵 优秀学生干部
黄怡宁 优秀学生干部
姜植元 优秀学生干部
杜骋涵 优秀学生干部
章 艺 优秀学生干部
李永烨 优秀学生干部
钱 雨 优秀学生干部
唐婉茹 优秀学生干部
曾文莉 优秀学生干部

国际中文教育学院/海外教育学院

张枫茹 三好学生
李小雨 三好学生
宋玮鸿 三好学生
杨 春 三好学生
谷朝萌 三好学生
张 艺 优秀三好学生
潘嘉仪 优秀学生干部
孙昊泽 优秀学生干部

创新创意学院

赵 兆 三好学生
张银芝 三好学生
张艺耀 三好学生
张安琪 三好学生
俞梦鹭 三好学生
邢凯荣 三好学生
王诗茗 三好学生
汪涵歆 三好学生
宋雨城 三好学生
秦诗玥 三好学生
马羽琪 三好学生
刘舒羽 三好学生
关凌怡 三好学生
范家豪 三好学生
翟丽媛 三好学生
陈孔艳 三好学生
蒋雨桐 三好学生
周思含 三好学生
张雨凡 三好学生
伊 然 三好学生
杨若西 三好学生
杨程皓 三好学生
谢鸣斯 三好学生
谢丛笑 三好学生
王子诺 三好学生
王云仟 三好学生
石正仪 三好学生
冉亦欣 三好学生
曲 颖 三好学生
潘 隽 三好学生
马乐闻 三好学生
林雅歆 三好学生
李莎淇 三好学生
李佩锦 三好学生
李寒池 三好学生
雷丛熙 三好学生
季峻明 三好学生
胡倡晗 三好学生
何秋实 三好学生
谷晗菲 三好学生
甘苗欣 三好学生
段 洋 三好学生
邸煜媛 三好学生
常茜菲 三好学生
张 楠 三好学生
张敏茨 三好学生
殷 悦 三好学生
杨斯渺 三好学生
杨鼎湄 三好学生
吴思融 三好学生
潘诗雨 三好学生
欧阳雯菲 三好学生
娄煦冉 三好学生
李清芝 三好学生
李 婕 三好学生
胡哲文 三好学生
杜琼钰 三好学生
陈昱璇 三好学生
蔡卓颖 三好学生
许亦舒 优秀三好学生
王紫昀 优秀三好学生
马程程 优秀三好学生
林佳怡 优秀三好学生
洪思徐 优秀三好学生
曹嘉文 优秀三好学生
汤韵格 优秀三好学生
芮樱绮 优秀三好学生
罗艺丹 优秀三好学生
蒋鸿洋 优秀三好学生

樊　桦　优秀三好学生
周　锐　优秀三好学生
张怡彤　优秀三好学生
陈兰馨　优秀三好学生
曹欣然　优秀三好学生
许天鸣　优秀学生干部
夏　萱　优秀学生干部
王雨萱　优秀学生干部
田雨萌　优秀学生干部
陈嘉茵　优秀学生干部
袁玮彤　优秀学生干部
杨　艺　优秀学生干部
宋　艺　优秀学生干部
叶　佳　优秀学生干部
任静仪　优秀学生干部
马璐怡　优秀学生干部
刘妍烁　优秀学生干部
陈牧言　优秀学生干部
孙远哲　优秀学生干部

电影学院

谢粟湘　三好学生
罗莞萦　三好学生
吴明昊　三好学生
张冠力　三好学生
金　琳　三好学生
杨玉舒　三好学生
谢雨瑄　三好学生
张浩林　三好学生
周荣洲　三好学生
黄子瑜　三好学生
陈文晴　三好学生
王　晴　三好学生
林祺钦　三好学生
李逸凡　三好学生
黄舒榆　优秀三好学生
王雪晶　优秀三好学生
汪湛穹　优秀三好学生
李星欣　优秀三好学生
安雨童　优秀学生干部
李玲贤　优秀学生干部
杜江宁　优秀学生干部
刘易宣　优秀学生干部

经济学院

夏光宇　三好学生
秦一飞　三好学生
曾佳怡　三好学生
严曼秋　三好学生
莫钦宇　三好学生
肖夏丽　三好学生
杜诗睿　三好学生
王徐佳　三好学生
陈青林　三好学生
杨尚金　三好学生
陈　璐　三好学生
张鹏飞　三好学生
邢　佩　三好学生
贾英平　三好学生
童泽凯　三好学生
姜昱彤　三好学生
王淳艺　三好学生
王凯玥　三好学生
金雨婷　三好学生
朱凯尔　三好学生
侯展翔　三好学生
张慧怡　三好学生
陈维茜　三好学生
曾怡杨　三好学生
王晓茹　三好学生
刘蕾蕾　三好学生
何凯吉　三好学生
孔景苑　三好学生
江雨欣　三好学生
彭子睿　三好学生
陈艺婷　三好学生
陈湘芸　三好学生
张诗雨　三好学生
江熙瑶　三好学生
谭渝燕　三好学生
陈艳鹭　三好学生
何润欣　三好学生
蒋晴茜　三好学生
李欣馨　三好学生
朱书慧　三好学生
杨诗玥　三好学生
杨弘宇　三好学生
李　宁　三好学生
李　焰　三好学生
陈　希　三好学生
林欣莹　三好学生
顾锦楠　三好学生
牟思璐　三好学生
詹雪芬　三好学生
苏维敏　三好学生
杨鸿滢　三好学生
余诗瑶　三好学生
陈丽光　三好学生
邢紫娱　三好学生
邱　天　三好学生
刘云飞　三好学生
王静璠　三好学生
郭媛媛　三好学生
骆梓叙　三好学生
杨　阳　三好学生
杜晨阳　三好学生
吴锐剑　三好学生
林楚濠　三好学生
李紫莹　三好学生
顾　珺　三好学生
孙硕罡　三好学生
杨正康　三好学生
林楚杨　三好学生
刘姝言　三好学生
万美含　三好学生
南奇蕊　三好学生
连涵宇　三好学生
李霁云　三好学生
郑钧予　三好学生
蒋柳婷　三好学生
孙思源　三好学生
向宇鹭　三好学生
张安然　三好学生
刘　琛　三好学生
林　慧　三好学生
王语桐　三好学生
周佳迅　三好学生
陈　璐　三好学生
李亦菲　三好学生
余锐琦　三好学生
陈　颖　三好学生
张　扬　三好学生
林与石　三好学生
陈彦琪　三好学生
叶声杰　三好学生
陈乐铭　三好学生
于雪婧　三好学生
陈昕如　三好学生
张伊琳　三好学生
高　安　三好学生
陈瑜倩　三好学生
王硕宇　三好学生
林蔚然　三好学生
刘昀洁　三好学生
孟芮冰　三好学生
王天行　三好学生
杨翊菲　三好学生
徐海川　三好学生
黄诗颖　三好学生
沈凤霞　三好学生

丁　未　三好学生
陈佳涵　三好学生
杨子慧　三好学生
陈纯华　三好学生
陈佳琦　三好学生
李舒洁　三好学生
方佳茹　三好学生
张紫欣　三好学生
郑　好　三好学生
陈　晰　三好学生
钟明慧　三好学生
张以轩　三好学生
王江林　三好学生
李金豪　三好学生
陈楚灵　三好学生
卢璟桐　三好学生
程浩蓝　三好学生
燕禹希　三好学生
师　蕊　三好学生
孙诗语　三好学生
吕泓虹　三好学生
刘小藩　三好学生
郭润涵　三好学生
施　琪　三好学生
李鑫琦　三好学生
侯祉伊　三好学生
陈茭婷　三好学生
张瑞函　三好学生
严紫凝　三好学生
胡　均　三好学生
李明静　三好学生
雒锦华　三好学生
何夫曼　三好学生
王玥儿　三好学生
梁方志　三好学生
许雯雯　三好学生
朱　迪　三好学生
刘元月　三好学生
丁赛杰　三好学生
刘　昊　三好学生
舒少文　三好学生
魏书芳　三好学生
徐晓芳　三好学生
孔文恺　三好学生
刘小菊　三好学生
王志成　三好学生
刘琬怡　三好学生
陈奕奕　三好学生
张铜芮　三好学生
逄东雪　三好学生
曹佳圆　三好学生
刘佳丽　三好学生
谢婕妤　三好学生
许　晨　三好学生
叶森鑫　三好学生
王　俊　三好学生
许　瑶　三好学生
吴海瑶　三好学生
章美芳　三好学生
李钰煊　三好学生
陶睿奇　三好学生
卢泽伟　三好学生
杨　耀　三好学生
吴雯雯　三好学生
余铭鑫　三好学生
缪　灵　三好学生
王株梅　三好学生
王卢兰　三好学生
滕沈悦　三好学生
周梦晨　三好学生
赵萌萌　三好学生
尹宏兰　三好学生
刘少梅　三好学生
冯熙雯　三好学生
刘　琳　三好学生
温若钰　三好学生
戴玉泉　三好学生
林若与　三好学生
陈忆箫　三好学生
叶淑敏　三好学生
张静怡　三好学生
陈晓洁　三好学生
张润宇　三好学生
刘　璇　三好学生
冉芙小　三好学生
邓雯青　三好学生
陈智文　三好学生
任泽荣　三好学生
安　鹏　三好学生
肖世龙　三好学生
韩雪倩　三好学生
林白雪　三好学生
孟小淇　三好学生
陈雅琦　三好学生
徐嘉欣　三好学生
王诗媛　三好学生
陈玉琳　三好学生
叶晓芬　三好学生
王舒琪　三好学生
林思琪　三好学生
王号洁　三好学生
廖思思　三好学生
姜彦婷　三好学生
宋　轶　三好学生
肖　彤　三好学生
杜玉洁　三好学生
吴　红　三好学生
徐　蕊　三好学生
吕英铭　三好学生
林雪倪　三好学生
郑晞文　三好学生
郑文雯　三好学生
曹　颖　三好学生
范小杰　三好学生
蔡欣奇　三好学生
廖梦洁　三好学生
苏思怡　三好学生
柳雅姿　三好学生
陈智龙　三好学生
王　博　三好学生
刘姿君　三好学生
张翊楠　优秀三好学生
姜　锵　优秀三好学生
孙玉成　优秀三好学生
凌聿璠　优秀三好学生
王滢钰　优秀三好学生
林旭清　优秀三好学生
杨开程　优秀三好学生
宋思佳　优秀三好学生
李诗婕　优秀三好学生
吴欣怡　优秀三好学生
徐凤盛　优秀三好学生
柳紫荻　优秀三好学生
卢哲霞　优秀三好学生
陈晶晶　优秀三好学生
彭　奕　优秀三好学生
王靖妮　优秀三好学生
李刚彬　优秀三好学生
林嘉怡　优秀三好学生
张妍妍　优秀三好学生
郑炜烨　优秀三好学生
田　原　优秀三好学生
修奕琳　优秀三好学生
许文钧　优秀三好学生
周　泉　优秀三好学生
卓　东　优秀三好学生
陆　畅　优秀三好学生
鲁子阳　优秀三好学生
任枳燃　优秀三好学生
郑乐萱　优秀三好学生

吴诗盈　优秀三好学生
方　悦　优秀三好学生
谭采霓　优秀三好学生
付　瑶　优秀三好学生
吴佳敏　优秀三好学生
杨思雨　优秀三好学生
吴奇艳　优秀三好学生
张文悦　优秀三好学生
罗琪琪　优秀三好学生
黄　涛　优秀三好学生
麦宁暄　优秀三好学生
肖皓天　优秀三好学生
秦培博　优秀三好学生
梁　慰　优秀三好学生
林诗怡　优秀三好学生
张　萌　优秀三好学生
杨珩昱　优秀三好学生
薛宇森　优秀三好学生
叶子夕　优秀三好学生
戴世隆　优秀三好学生
付　琪　优秀三好学生
张　曼　优秀三好学生
叶思圆　优秀三好学生
王雪晴　优秀三好学生
谢佳玲　优秀三好学生
杜　淼　优秀三好学生
张梦倪　优秀三好学生
程　煜　优秀学生干部
陈　蓥　优秀学生干部
姚代楠　优秀学生干部
胡晓瑞　优秀学生干部
李　萱　优秀学生干部
张　驰　优秀学生干部
程玉霞　优秀学生干部
尹雪臻　优秀学生干部
陈鸿彬　优秀学生干部
钟雨轩　优秀学生干部
宋梓玉　优秀学生干部
隆雨彤　优秀学生干部
李劭晗　优秀学生干部
方元康　优秀学生干部
李世武　优秀学生干部
张　驰　优秀学生干部
林子祥　优秀学生干部
王玢莹　优秀学生干部
刘子涵　优秀学生干部
蔡煌壕　优秀学生干部
姬铭石　优秀学生干部
陈佳婧　优秀学生干部
黄家俊　优秀学生干部

赵林楠　优秀学生干部
范珂铭　优秀学生干部
江心怡　优秀学生干部
肖昱帆　优秀学生干部
杨萧卉　优秀学生干部
林琼心　优秀学生干部
石乐颜　优秀学生干部
王焱烨　优秀学生干部
陈　煦　优秀学生干部
陈小璐　优秀学生干部
叶君妍　优秀学生干部
施雯静　优秀学生干部
廖文军　优秀学生干部
刘琳琪　优秀学生干部
程　艳　优秀学生干部
刘丽琳　优秀学生干部
赵轲轲　优秀学生干部
黄昊谋　优秀学生干部
邹紫莹　优秀学生干部
赵樱郦　优秀学生干部
艾慧婷　优秀学生干部
姚权芳　优秀学生干部
陈金锋　优秀学生干部
刘家宝　优秀学生干部
陈一鹦　优秀学生干部
刘　玥　优秀学生干部
曹啸林　优秀学生干部
李卢瀚　优秀学生干部
柳芙蓉　优秀学生干部
肖晨光　优秀学生干部
刘小源　优秀学生干部
姚嘉伟　优秀学生干部
董泽慧　优秀学生干部

王亚南经济研究院

邱芸茜　三好学生
黄玎淏　三好学生
余子涵　三好学生
杨　蕊　三好学生
杨　森　三好学生
兰宗斌　三好学生
张　傲　三好学生
王　辉　三好学生
游　田　三好学生
黄泽源　三好学生
连婷晖　三好学生
许棋璐　三好学生
车萃雯　三好学生
郭梦圆　三好学生
常思嘉　三好学生

李佳欢　三好学生
黄芷怡　三好学生
余思睿　三好学生
王湘晴　优秀三好学生
闫世苗　优秀三好学生
赵方瑜　优秀三好学生
吴佳婕　优秀三好学生
徐敏婧　优秀三好学生
谢宗霖　优秀三好学生
江　莹　优秀学生干部
于　艺　优秀学生干部
乔列成　优秀学生干部
李姝璇　优秀学生干部
周禹彤　优秀学生干部

邹至庄经济研究院

周品言　三好学生
王新茹　三好学生
程佳慧　三好学生
杨玲莉　三好学生
邹睿杨　优秀学生干部

管理学院

陆思橙　三好学生
王雨彤　三好学生
尚倪宏　三好学生
傅婉滢　三好学生
侯　佳　三好学生
陈美宏　三好学生
赵晨月　三好学生
薛长虹　三好学生
余晓悦　三好学生
蒋　曦　三好学生
陈丽情　三好学生
林鹏晖　三好学生
林　宸　三好学生
刘燕玲　三好学生
郑丽萍　三好学生
李　琪　三好学生
蔡　君　三好学生
洪嘉慧　三好学生
杨露萍　三好学生
应舒恬　三好学生
冯文卓　三好学生
徐旻璐　三好学生
黄毅群　三好学生
张忆颖　三好学生
叶泽锦　三好学生
陈阅微　三好学生
王紫瑞　三好学生

舒迪雅　三好学生
许浩财　三好学生
刘晓颖　三好学生
高芳婷　三好学生
王温翔　三好学生
王雨桓　三好学生
钟其臻　三好学生
张力文　三好学生
夏怡文　三好学生
蓝臻明　三好学生
李芊叶　三好学生
周　谨　三好学生
何　璐　三好学生
张　玮　三好学生
王秉钰　三好学生
余佳熹　三好学生
李昱昊　三好学生
黄可依　三好学生
田文兰　三好学生
付晶月　三好学生
方香惠子　三好学生
徐怡轩　三好学生
陈岱荣　三好学生
张晨玥　三好学生
郭佳惠　三好学生
杨晓妍　三好学生
林昕妍　三好学生
陈雨欣　三好学生
王　情　三好学生
王钰茗　三好学生
倪宇轩　三好学生
赵依菲　三好学生
刘　倩　三好学生
陈酉琰　三好学生
刘丁嘉　三好学生
周思祺　三好学生
盛明扬　三好学生
冯舒涵　三好学生
陈乐瑶　三好学生
李苏真　三好学生
陈茜垚　三好学生
黄　罡　三好学生
许　祯　三好学生
陈楚依　三好学生
代博文　三好学生
罗琪双　三好学生
王雨菲　三好学生
卢欣雅　三好学生
秦　晨　三好学生
林　麟　三好学生
彭　艳　三好学生
刘　敏　三好学生
邵一凡　三好学生
黄利瑶　三好学生
董怀丽　三好学生
陈琳琳　三好学生
周昱成　三好学生
李　成　三好学生
徐　杰　三好学生
霍　岍　三好学生
徐冲冲　三好学生
刘文琪　三好学生
付梦茹　三好学生
陈家辉　三好学生
郝晶晶　三好学生
郭　爽　三好学生
潘思婕　三好学生
陈永鑫　三好学生
陈思思　三好学生
胡　坚　三好学生
曾晓雨　三好学生
彭如春　三好学生
李睿宁　三好学生
张　凯　三好学生
胡丽婷　三好学生
师楚涵　三好学生
夏添誉　三好学生
曾雪梅　三好学生
柯昕玥　三好学生
魏欣燕　三好学生
徐　洁　三好学生
吴　婕　三好学生
尤娉婷　三好学生
廖子健　三好学生
林联想　三好学生
赵聆娟　三好学生
王洁露　三好学生
郭　毅　三好学生
高　源　三好学生
李佳丽　三好学生
孔玉舒　三好学生
邓紫怡　三好学生
张　烁　三好学生
戴芷歆　三好学生
樊玉婷　三好学生
管海馨　三好学生
涂　芸　三好学生
王　笛　三好学生
赵于卓　三好学生
朱慧琳　三好学生
郭非然　三好学生
胡灿辉　三好学生
杨　渲　三好学生
何　明　三好学生
李亦琦　三好学生
廖　琴　三好学生
梁思洁　三好学生
李　娜　三好学生
陈春照　三好学生
黄艺嵚　三好学生
高灵敏　三好学生
罗昊天　三好学生
万若溪　三好学生
龚福深　优秀三好学生
曾玉铃　优秀三好学生
何依璇　优秀三好学生
赵　睿　优秀三好学生
梅紫晨　优秀三好学生
侯亚南　优秀三好学生
唐　颂　优秀三好学生
朱　峪　优秀三好学生
吴璐希　优秀三好学生
王钰豪　优秀三好学生
骆茹莹　优秀三好学生
刘銮宇　优秀三好学生
林宇昊　优秀三好学生
乔梦雪　优秀三好学生
李婧涵　优秀三好学生
黄　钰　优秀三好学生
王欣彤　优秀三好学生
秦雪婷　优秀三好学生
王佳宜　优秀三好学生
柯浩涵　优秀三好学生
洪京雅　优秀三好学生
苏　彤　优秀三好学生
黄晨晨　优秀三好学生
谢永靖　优秀三好学生
许晓逸　优秀三好学生
林安岚　优秀三好学生
蒋礼蔚　优秀三好学生
徐国丽　优秀三好学生
林钰冰　优秀三好学生
周世豪　优秀三好学生
赵娅妮　优秀三好学生
陈梦媛　优秀三好学生
高晓倩　优秀三好学生
黄佳佳　优秀三好学生
董昱辰　优秀三好学生
李茹煊　优秀三好学生
张文驰　优秀学生干部

游丽华　优秀学生干部
陈天然　优秀学生干部
陈玉菲　优秀学生干部
胡安琪　优秀学生干部
赵若涵　优秀学生干部
张悦然　优秀学生干部
姜慧男　优秀学生干部
赵小叶　优秀学生干部
张正贤　优秀学生干部
喻晓然　优秀学生干部
王荣凯　优秀学生干部
徐传力　优秀学生干部
申玲瑄　优秀学生干部
许俊杰　优秀学生干部
蔡　鹏　优秀学生干部
林渝晴　优秀学生干部
姚佩宇　优秀学生干部
余和美　优秀学生干部
韦嘉淇　优秀学生干部
张雨桐　优秀学生干部
金天宇　优秀学生干部
徐佳琪　优秀学生干部
王芊雯　优秀学生干部
江璐兰　优秀学生干部
李骁宇　优秀学生干部
张　腾　优秀学生干部
胡　亮　优秀学生干部
唐浩博　优秀学生干部
李　洁　优秀学生干部
王昕怡　优秀学生干部
杜佳佳　优秀学生干部
黄涵婧　优秀学生干部
王　雨　优秀学生干部
向陶钧　优秀学生干部
黎霖泽　优秀学生干部
刘雨欣　优秀学生干部
王　涵　优秀学生干部
李荣坤　优秀学生干部
陈逸扬　优秀学生干部
闫家铭　优秀学生干部
叶紫薇　优秀学生干部
刘豫青　优秀学生干部

财务管理与会计研究院

陈怡雯　三好学生
张梦娇　三好学生
司徒海莹　优秀三好学生

法学院

王丽雯　三好学生
蓝玲艳　三好学生
曹　露　三好学生
张诗雨　三好学生
闫　清　三好学生
黄菊兰　三好学生
何佳芮　三好学生
吴垚婧　三好学生
刘艳清　三好学生
林雨欣　三好学生
郭　蕾　三好学生
姚逸扬　三好学生
温皓洁　三好学生
余亭仪　三好学生
郝博媛　三好学生
郑君逑　三好学生
杜安喆　三好学生
池灵瑶　三好学生
陈雨婕　三好学生
敬馨露　三好学生
曾依萌　三好学生
朱　婷　三好学生
张思越　三好学生
曾怡月　三好学生
陈锦炫　三好学生
吴雅芸　三好学生
陈佳鑫　三好学生
赵　奕　三好学生
林梦琪　三好学生
李美垚　三好学生
张一丹　三好学生
巫安琦　三好学生
孙晗斐　三好学生
林钰漫　三好学生
包柠榛　三好学生
邓翔宇　三好学生
崔　虹　三好学生
黄奕恺　三好学生
冯建娜　三好学生
刘安迪　三好学生
庄　媛　三好学生
嵇红涛　三好学生
孙　伟　三好学生
韩　笑　三好学生
赵诗洁　三好学生
王飞宇　三好学生
张小燕　三好学生
吴舒妤　三好学生
钮　璇　三好学生
杨弋戈　三好学生
吴依妮　三好学生
孙淑敏　三好学生
杨心怡　三好学生
亓文斐　三好学生
蒋金鑫　三好学生
连　静　三好学生
杜文哲　三好学生
钟心奕　三好学生
念仰天　三好学生
向纹烨　三好学生
刘曼琳　三好学生
林舒平　三好学生
林　霖　三好学生
黄　珺　三好学生
孙　雯　三好学生
何胜男　三好学生
陈诗敏　三好学生
叶宗源　三好学生
潘银丽　三好学生
吴卉轩　三好学生
邹菁雨　三好学生
陈红洁　三好学生
盖梦佳　三好学生
黄江静　三好学生
董佳宁　三好学生
吴彭雯　三好学生
陈　沛　三好学生
张高齐　三好学生
陈梓涵　三好学生
程庄语　优秀三好学生
周雨桐　优秀三好学生
魏嘉仪　优秀三好学生
赵若萱　优秀三好学生
胡毓灵　优秀三好学生
沈罗萱　优秀三好学生
刘文昊　优秀三好学生
郑鑫瑜　优秀三好学生
滕海月　优秀三好学生
曾巍芳　优秀三好学生
徐维咛　优秀三好学生
谢炜静　优秀三好学生
孟梧茜　优秀三好学生
郑佳琪　优秀三好学生
毛宇欣　优秀三好学生
高子音　优秀三好学生
苏文涛　优秀三好学生
董书捷　优秀三好学生
徐陈焰　优秀三好学生
孙佳艺　优秀学生干部
叶馨悦　优秀学生干部
倪一凡　优秀学生干部

肖鹏飞　优秀学生干部
杨梓妍　优秀学生干部
杨佳佳　优秀学生干部
陈斯牵牵　优秀学生干部
陈婧瑜　优秀学生干部
陈子涵　优秀学生干部
陈　易　优秀学生干部
李恩民　优秀学生干部
晏天莹　优秀学生干部
刘锦华　优秀学生干部
林巧柠　优秀学生干部
伍旋航　优秀学生干部
李　璇　优秀学生干部
吴高丰　优秀学生干部
林晏泽　优秀学生干部
陈　炘　优秀学生干部
张宁欣　优秀学生干部
黄楚金　优秀学生干部
张　章　优秀学生干部

知识产权研究院

张　鑫　三好学生
陶　成　三好学生
张佳璐　三好学生
邱静霞　三好学生
陈俊凯　优秀三好学生
李泽僖　优秀三好学生

公共事务学院

沈晓菲　三好学生
沈锦波　三好学生
冯文彬　三好学生
张　旭　三好学生
张子琳　三好学生
董怡乐　三好学生
聂金鹤　三好学生
康方沉　三好学生
陈鑫莹　三好学生
赵固月　三好学生
唐瑞雪　三好学生
赵祖一　三好学生
张书玮　三好学生
刘俐伶　三好学生
余　卉　三好学生
曹旖昕　三好学生
张婧竹　三好学生
林瑞洋　三好学生
田依鑫　三好学生
何沐熹　三好学生
杨雪莹　三好学生
林　燕　三好学生
钟青秀　三好学生
张语欣　三好学生
江瑞玉婷　三好学生
何佳宜　三好学生
张卉妍　三好学生
郑慧玲　三好学生
王楚津　三好学生
吴煜双　三好学生
陈佳怡　三好学生
詹晓玲　三好学生
漆静雯　三好学生
陈伊晴　三好学生
张旭哲　三好学生
何雨烯　三好学生
陈晓洁　三好学生
吴则壮　三好学生
卢宇恒　三好学生
周欢欢　三好学生
林晨彬　三好学生
肖依娜　三好学生
王　城　三好学生
巴特敏德　三好学生
丁甜缘　三好学生
陈诗敏　优秀三好学生
管笃笃　优秀三好学生
姚敬晞　优秀三好学生
杨舒娈　优秀三好学生
杨熙垚　优秀三好学生
杨子苇　优秀三好学生
张语薇　优秀三好学生
魏　炜　优秀三好学生
崔宁仪　优秀三好学生
刘　豪　优秀三好学生
马苏莱玛　优秀学生干部
熊丽文　优秀学生干部
蔡芷杉　优秀学生干部
曹思雨　优秀学生干部
纪嘉容　优秀学生干部
汪　瑾　优秀学生干部
杨　露　优秀学生干部
汤珍妮　优秀学生干部
翁诗航　优秀学生干部
林泽臻　优秀学生干部
张　旺　优秀学生干部
詹澳荻　优秀学生干部

公共政策研究院

杨荣罡　优秀三好学生
段渲琪　优秀三好学生

马克思主义学院

贾天宇　三好学生
洪　钧　三好学生
王一帆　三好学生
高玉平　三好学生
李晶晶　三好学生
陈天来　三好学生
黄昊葳　三好学生
冯雨奇　三好学生
王雅琪　三好学生
李　琼　三好学生
刘雨婷　三好学生
冯歆然　三好学生
欧阳申奥　三好学生
蓝心雨　三好学生
杨丽京　优秀三好学生
柯东丽　优秀三好学生
郑银治　优秀三好学生
王家贝　优秀学生干部
张文欣　优秀学生干部
罗仁杰　优秀学生干部
刘思明　优秀学生干部

国际关系学院/南洋研究院

李鸿庆　三好学生
李莹莹　三好学生
路冉琳　三好学生
刘　浩　三好学生
陈星羽　三好学生
谢海芳　三好学生
张　欣　三好学生
杨健斐　三好学生
夏纯悦　三好学生
刘　迪　三好学生
杨国英　三好学生
吴　瑜　三好学生
郑雪瑜　三好学生
董煜粲　三好学生
卞　静　三好学生
林泓玥　优秀三好学生
董鑫妍　优秀三好学生
林　沁　优秀三好学生
李璐灵　优秀学生干部
邓　钰　优秀学生干部
万偲蕾　优秀学生干部

教育研究院

郑雅倩　三好学生
邵剑耀　三好学生
杜笑涵　三好学生

李　瑞　三好学生
乔偲祺　三好学生
李　妙　三好学生
王　艳　三好学生
李贝瑶　三好学生
王晶晶　三好学生
吴雅莎　三好学生
俞兆达　优秀三好学生
吴新蕊　优秀三好学生
王馨然　优秀学生干部
李然然　优秀学生干部

台湾研究院

杨　洋　三好学生
郭亚丽　三好学生
郭宇歆　三好学生
寇雨欣　三好学生
陈小湘　三好学生
陈尤海　三好学生
洪欣莹　三好学生
杨　畅　三好学生
康靖宜　三好学生
乐　观　三好学生
蔡玉洁　优秀三好学生
李舒欣　优秀三好学生
蔡　晶　优秀学生干部
杨延钧　优秀学生干部

社会与人类学院

孙　艳　三好学生
谢　航　三好学生
吴冰冰　三好学生
黄萌寅　三好学生
黄灵奕　三好学生
熊佳怡　三好学生
任宇夏　三好学生
罗燕菲　三好学生
向馨羽　三好学生
曹书涤　三好学生
谢修灵　三好学生
傅诗琪　三好学生
郭欣旻　三好学生
汪丽欣　三好学生
黄岩惠　三好学生
鄧恩童　三好学生
丁卓然　三好学生
晏子萱　三好学生
焦明娟　三好学生
任　婧　三好学生
钟　伟　三好学生

田雪珍　三好学生
计羽翔　三好学生
杨雪婷　三好学生
罗昕怡　三好学生
潘　玥　三好学生
傅秀峰　三好学生
廖超琪　三好学生
王　雪　三好学生
张素敏　三好学生
刘凤鸣　三好学生
钟　娴　三好学生
林卓歆　优秀三好学生
邓向黎　优秀三好学生
樊　玥　优秀三好学生
钭利楠　优秀三好学生
刘韶萱　优秀三好学生
石柏林　优秀三好学生
齐盈瑞　优秀三好学生
周　硕　优秀三好学生
王　娜　优秀三好学生
黄雅艺　优秀学生干部
游玉洁　优秀学生干部
张婉莹　优秀学生干部
严紫椤　优秀学生干部
谢　东　优秀学生干部
陆祖俭　优秀学生干部
韩莉文　优秀学生干部
代梦瑶　优秀学生干部
姚红妍　优秀学生干部
林燕婷　优秀学生干部

数学科学学院

刘梓涵　三好学生
王怡凡　三好学生
王语涵　三好学生
王培泽　三好学生
蓝宇杉　三好学生
李雨濛　三好学生
彭赢荣　三好学生
苏世福　三好学生
唐嘉红　三好学生
叶子俊　三好学生
肖浙俊　三好学生
张　超　三好学生
夏　鑫　三好学生
陈筱筱　三好学生
王　遂　三好学生
吴学敏　三好学生
罗　威　三好学生
谢铭慧　三好学生

张檬丹　三好学生
黄秉章　三好学生
傅凌瑶　三好学生
何奕晗　三好学生
丁禹繁　三好学生
张梦扬　三好学生
张源航　三好学生
吕　阳　三好学生
潘　玥　三好学生
白祎明　三好学生
赵欣雨　三好学生
陈明发　三好学生
张　楠　三好学生
张静媛　三好学生
林书情　三好学生
张　燏　三好学生
蔡超仪　三好学生
陈柏霖　三好学生
包仪涵　三好学生
吴　凯　三好学生
徐　起　三好学生
张子辉　三好学生
谭　豪　三好学生
吴易达　三好学生
许卓莹　三好学生
张波恩　三好学生
陈佳樱　三好学生
贾宏伟　三好学生
吴纪伯　三好学生
那瀚文　优秀三好学生
李威颖　优秀三好学生
李子健　优秀三好学生
王珂峥　优秀三好学生
蔡欣卉　优秀三好学生
李瑾慧　优秀三好学生
王跃衡　优秀三好学生
黄雪玲　优秀三好学生
郭媛媛　优秀三好学生
李秀青　优秀三好学生
朱林昊　优秀三好学生
徐　杰　优秀学生干部
张　敏　优秀学生干部
初冠如　优秀学生干部
陈鲁怡　优秀学生干部
余　仂　优秀学生干部
陈伟舰　优秀学生干部
夏宇轩　优秀学生干部
林方斌　优秀学生干部
沈慧捷　优秀学生干部
王明涵　优秀学生干部

吴金榕　优秀学生干部

物理科学与技术学院

付　聪　三好学生
王一帆　三好学生
蔡柄煌　三好学生
李明昊　三好学生
李泽晨　三好学生
郑　谦　三好学生
孟　恺　三好学生
钟文龙　三好学生
林俊滨　三好学生
凌玉琦　三好学生
孔维怡　三好学生
覃家欣　三好学生
王　铱　三好学生
刘继鸿　三好学生
周　尧　三好学生
陆晋杨　三好学生
薛傲然　三好学生
罗理议　三好学生
杨翊宸　三好学生
许育铭　三好学生
黄何禹　三好学生
庄梓珊　三好学生
许水蓉　三好学生
吴铭键　三好学生
崔兆林　三好学生
陈雅萱　三好学生
孙增威　三好学生
邓凯峰　三好学生
杨晴宇　三好学生
胡宸恺　三好学生
程书建　三好学生
徐　峰　三好学生
张宗南　三好学生
王美婷　三好学生
杨炜华　三好学生
张锐军　三好学生
刘金鑫　三好学生
韩林康　三好学生
侯　韬　三好学生
王　豪　三好学生
于九龙　三好学生
宋姿璇　三好学生
王　迪　三好学生
王有林　三好学生
高林烁　三好学生
赵永鑫　三好学生
舒薇倩　三好学生
余景城　三好学生
徐董浩　三好学生
吴宇晗　三好学生
李文韬　三好学生
雷文涛　三好学生
林新乔　三好学生
夏　爽　三好学生
汪亮玉　三好学生
曹锡悦　三好学生
朱玲俐　三好学生
左婉莹　三好学生
宋欣格　三好学生
周淑英　三好学生
刘　敏　三好学生
陈　涛　三好学生
兰雨瑶　三好学生
陈怡佳　三好学生
于晓滢　三好学生
韦紫澜　三好学生
刘信轩　三好学生
朱佟桔　三好学生
林素吉　三好学生
王宇舟　优秀三好学生
沈晓钰　优秀三好学生
陈瀚炀　优秀三好学生
王　玮　优秀三好学生
陈思田　优秀三好学生
朱玲丽　优秀三好学生
王祥鹤　优秀三好学生
潘慧玲　优秀三好学生
方　钰　优秀三好学生
张奕昆　优秀三好学生
林演文　优秀三好学生
陈镜伊　优秀三好学生
沈　鹏　优秀三好学生
邱鸿伟　优秀三好学生
魏英豪　优秀三好学生
陈聪祯　优秀三好学生
高逸譞　优秀三好学生
陈文庚　优秀三好学生
余星城　优秀学生干部
何艺林　优秀学生干部
邱杰斌　优秀学生干部
何浩冉　优秀学生干部
鲁一帆　优秀学生干部
胡　劼　优秀学生干部
严苛匀　优秀学生干部
马景宜　优秀学生干部
时晗暄　优秀学生干部
苏伟坤　优秀学生干部
徐祥瑞　优秀学生干部
马　硕　优秀学生干部
陈柏逸　优秀学生干部
王　丹　优秀学生干部
楼伟涛　优秀学生干部
孙明虎　优秀学生干部
于佳彤　优秀学生干部
郝　麟　优秀学生干部
赵宇龙　优秀学生干部

化学化工学院

佘柳晴　三好学生
赵开云　三好学生
霍宣竹　三好学生
李嘉辉　三好学生
吕浔荻　三好学生
俞素欣　三好学生
董昊岳　三好学生
句晨男　三好学生
刘家佳　三好学生
施珊珊　三好学生
马思迪　三好学生
林乐雪　三好学生
陈　冲　三好学生
李碧芳　三好学生
代姝睿　三好学生
朱奕辰　三好学生
贾梦琪　三好学生
官亦凡　三好学生
吕志炜　三好学生
陈鹏展　三好学生
王明达　三好学生
付竹青　三好学生
邹苏忠　三好学生
陈思怡　三好学生
张子扬　三好学生
黄飞璐　三好学生
曾嘉祺　三好学生
兰锐昀　三好学生
游艺婷　三好学生
吕欣冉　三好学生
柯晓梅　三好学生
梁梦想　三好学生
林子焱　三好学生
林泽胜　三好学生
康雨涵　三好学生
许嘉仪　三好学生
罗雨晴　三好学生
叶浩楠　三好学生
陈乐颜　三好学生

牛灵灵　三好学生
蔡林峰　三好学生
张金中　三好学生
张　准　三好学生
田东杰　三好学生
姚思聪　三好学生
李　旺　三好学生
周　洁　三好学生
程晓阳　三好学生
冯键强　三好学生
蓝锦基　三好学生
李玉冰　三好学生
鲁艺珍　三好学生
谭　卓　三好学生
张佩佩　三好学生
黄灵熙　三好学生
刘思奕　三好学生
常　蓉　三好学生
赵　亭　三好学生
胡圣男　三好学生
段梦雯　三好学生
梅辉辉　三好学生
何潇洋　三好学生
耿宇欢　三好学生
刘未东　三好学生
陈来科　三好学生
王楚涛　三好学生
张　贝　三好学生
刘尚恒　三好学生
吴　妮　三好学生
刘雪莲　三好学生
王　迪　三好学生
吴杰义　三好学生
谢小婷　三好学生
何秀林　三好学生
尹志红　三好学生
尤斐莹　三好学生
赖英杰　三好学生
刘国峰　三好学生
王　瑶　三好学生
徐　娜　三好学生
徐昕涛　三好学生
余小雨　三好学生
周　含　三好学生
胡清鉴　三好学生
吴思逸　三好学生
岑诗芸　三好学生
陈冠红　三好学生
陈蕾仔　三好学生
陈文斌　三好学生
崔家乐　三好学生
崔林霄　三好学生
崔晓琦　三好学生
伏泓霖　三好学生
黄琪晖　三好学生
黄　欣　三好学生
黄欣宇　三好学生
乐毅华　三好学生
刘家成　三好学生
马昕玥　三好学生
申宇玺　三好学生
王慧群　三好学生
王世豪　三好学生
王星仪　三好学生
王贻兰　三好学生
向小艳　三好学生
于丽华　三好学生
俞　萌　三好学生
张　晨　三好学生
张　迪　三好学生
张家琦　三好学生
张乐泉　三好学生
赵永杰　三好学生
钟秀芳　三好学生
朱炜昊　三好学生
朱永康　三好学生
邹昊宇　三好学生
聂雅婷　三好学生
王文荣　三好学生
肖淑玲　三好学生
许全凤　三好学生
张清兰　三好学生
马　超　三好学生
叶妍颖　三好学生
陈宇狄　三好学生
宋宇航　三好学生
王　雪　三好学生
葛歆玥　三好学生
蒋　媛　三好学生
卢德鑫　三好学生
许琳琪　三好学生
章雅琪　三好学生
朱慧洁　三好学生
何文新　三好学生
李万虎　三好学生
王　妍　三好学生
张　旭　三好学生
朱小雨　三好学生
陈　欣　三好学生
范晓琳　三好学生
洪周怡　三好学生
黎宝运　三好学生
刘海玄　三好学生
刘苏雅　三好学生
潘宏瑞　三好学生
彭孝铭　三好学生
王璐杰　三好学生
赵瀚清　三好学生
庄　怡　三好学生
董玲玲　三好学生
林诗妮　三好学生
毛宇祥　三好学生
王　旭　三好学生
周伟健　三好学生
林子健　三好学生
付　杰　优秀三好学生
林佳睿　优秀三好学生
王雅慧　优秀三好学生
张毅俊　优秀三好学生
林钰盈　优秀三好学生
吴秋锦　优秀三好学生
薛皓馨　优秀三好学生
代馨怡　优秀三好学生
王飞龙　优秀三好学生
喻雅姿　优秀三好学生
吴　优　优秀三好学生
谢行云　优秀三好学生
钟　晶　优秀三好学生
唐玮航　优秀三好学生
厉　昕　优秀三好学生
虞乐建　优秀三好学生
邵先凯　优秀三好学生
晏　豪　优秀三好学生
赵丹卉　优秀三好学生
韩雨航　优秀三好学生
陶明明　优秀三好学生
张宝丹　优秀三好学生
严升恒　优秀三好学生
薛天威　优秀三好学生
朱维杰　优秀三好学生
张明浩　优秀三好学生
张美茜　优秀三好学生
马姣姣　优秀三好学生
张要威　优秀三好学生
戚明强　优秀三好学生
吴丽雯　优秀三好学生
肖　玉　优秀三好学生
高志鸿　优秀三好学生
亢元红　优秀三好学生
马冬旭　优秀三好学生

庞　格　优秀三好学生
张　婷　优秀三好学生
张筱仪　优秀三好学生
周　可　优秀三好学生
陈超凡　优秀三好学生
雷航彬　优秀三好学生
曾泳皓　优秀三好学生
宫　山　优秀三好学生
易　波　优秀学生干部
苏　慧　优秀学生干部
仇冠琛　优秀学生干部
唐　灏　优秀学生干部
王哲祺　优秀学生干部
陈思杰　优秀学生干部
吴莹焕　优秀学生干部
朱华宸　优秀学生干部
于超杰　优秀学生干部
董新华　优秀学生干部
李　洋　优秀学生干部
匡展鹏　优秀学生干部
许东英　优秀学生干部
卢雅婷　优秀学生干部
邱惠娟　优秀学生干部
邹小雪　优秀学生干部
李国敏　优秀学生干部
余诗洁　优秀学生干部
张豪杰　优秀学生干部
余　俊　优秀学生干部
孙元芳　优秀学生干部
戴如丹　优秀学生干部
陈　晖　优秀学生干部
马俊博　优秀学生干部
张心笛　优秀学生干部
朱　灵　优秀学生干部
程耀扬　优秀学生干部
黄雅欣　优秀学生干部
雷文刚　优秀学生干部
薛腾方　优秀学生干部
张　骞　优秀学生干部
张亚雯　优秀学生干部
丛　源　优秀学生干部
黄训杰　优秀学生干部
张乐威　优秀学生干部
彭　慧　优秀学生干部
王镯璇　优秀学生干部
张雨薇　优秀学生干部

信息学院

张梓敬　三好学生
林宏伟　三好学生
黄彬茹　三好学生
邱伟斌　三好学生
胡永桢　三好学生
余　杰　三好学生
姚怀聿　三好学生
李雯怡　三好学生
吕铭峰　三好学生
王昊淼　三好学生
刘恒霖　三好学生
李灵骏　三好学生
陈旸烨　三好学生
方家卫　三好学生
张全珍　三好学生
刘文婧　三好学生
周　和　三好学生
郜振焜　三好学生
陈嘉如　三好学生
雷　昱　三好学生
周佳贝　三好学生
陈佳松　三好学生
傅书懿　三好学生
林佳琪　三好学生
宋梓鑫　三好学生
王文昊　三好学生
徐　迟　三好学生
谢静思　三好学生
潘嘉烨　三好学生
郑银屏　三好学生
杨祎璠　三好学生
王禹皓　三好学生
钟旖勛　三好学生
刘炫妤　三好学生
雷　勇　三好学生
苏荣朋　三好学生
陈何高佳　三好学生
赵吟帆　三好学生
易露杰　三好学生
彭　硕　三好学生
范阳烂　三好学生
李帅浩　三好学生
刘思盈　三好学生
韩可可　三好学生
谢天锐　三好学生
黄凯佳　三好学生
丁延利　三好学生
沈　煜　三好学生
杜俊鹏　三好学生
黄成选　三好学生
马佳瑶　三好学生
张欣珏　三好学生
吴昕桦　三好学生
陈　臻　三好学生
林铭烽　三好学生
徐诗韵　三好学生
杜彧铉　三好学生
方晨鑫　三好学生
王琪芸　三好学生
马承乾　三好学生
黄　勖　三好学生
王昭栋　三好学生
张桓嘉　三好学生
侯好欣　三好学生
邱佳伟　三好学生
江杨新　三好学生
邹　慧　三好学生
黄　忠　三好学生
曹志逸　三好学生
徐森彬　三好学生
李　睿　三好学生
张璐冰　三好学生
施静怡　三好学生
郑凯翔　三好学生
庄永欣　三好学生
季　翔　三好学生
赖昊文　三好学生
杨昊昱　三好学生
张弘扬　三好学生
陈豪威　三好学生
陈远鑫　三好学生
王婷婷　三好学生
刘恒硕　三好学生
陈梓翔　三好学生
兰骏川　三好学生
袁　烨　三好学生
李哲彦　三好学生
刘陈清　三好学生
郑永涵　三好学生
杨文祺　三好学生
许秦玮　三好学生
徐安妮　三好学生
骆玲巧　三好学生
王则宇　三好学生
刘之流　三好学生
刘易杭　三好学生
洪伟鑫　三好学生
林焱婷　三好学生
庞轶轲　三好学生
王锦龙　三好学生
周耿振宇　三好学生
卞源明　三好学生

陈世薇　三好学生
霍彦儒　三好学生
何佳奇　三好学生
方明正　三好学生
李坤泉　三好学生
熊汪贝　三好学生
郑伊依　三好学生
陈培榕　三好学生
江林可　三好学生
施　鑫　三好学生
张　潇　三好学生
李宇航　三好学生
朱宇帆　三好学生
喻国梁　三好学生
刘艺嘉　三好学生
陈易麟　三好学生
艾雨轩　三好学生
杨明轩　三好学生
丁振泽　三好学生
魏炜杰　三好学生
王新喆　三好学生
王紫墨　三好学生
杜春锋　三好学生
汪家诚　三好学生
叶小文　三好学生
白　鹏　三好学生
吴泳蓉　三好学生
王伊琳　三好学生
梅子阳　三好学生
郭　颂　三好学生
钱益新　三好学生
孙嘉沐　三好学生
王昊为　三好学生
孟凤玲　三好学生
洪吉璇　三好学生
刘　伟　三好学生
肖　遥　三好学生
邱震宇　三好学生
郑宏雷　三好学生
连陈宇　三好学生
马菀然　三好学生
王　澳　三好学生
黄烨钒　三好学生
赖祥威　三好学生
李思杰　三好学生
邱玥晖　三好学生
叶鸿燕　三好学生
陈思宇　三好学生
黄世雄　三好学生
张　昆　三好学生
毛怡瑾　三好学生
郑碧媛　三好学生
史卓凡　三好学生
王源宇　三好学生
魏海艳　三好学生
谢雅晶　三好学生
许泽鸿　三好学生
朱凌芸　三好学生
王　祥　三好学生
陈倩如　三好学生
李琛艳　三好学生
李鹏飞　三好学生
徐常升　三好学生
高体民　三好学生
杨芷钰　三好学生
杨国庆　三好学生
胡佳伟　三好学生
洪涯瑶　三好学生
余子祥　三好学生
王妤妃　三好学生
张　帆　三好学生
方宝慧　三好学生
马　跃　三好学生
翁丽娟　三好学生
廖奕洋　三好学生
李　超　三好学生
张　峰　三好学生
张梦龙　三好学生
黄志彬　三好学生
王李媛　三好学生
洪晓杰　三好学生
王金泰　三好学生
黄健亨　三好学生
冯泊翔　三好学生
陈新潼　三好学生
许超慧　三好学生
蔡婧怡　三好学生
林俊哲　三好学生
王田鸽　三好学生
蒋震宇　三好学生
章弘阳　三好学生
刘烁玲　三好学生
王小燕　三好学生
王逸凌　三好学生
孙琦颖　三好学生
邓成浩　三好学生
洪晨星　三好学生
陈江旺　优秀三好学生
冯明宽　优秀三好学生
周　正　优秀三好学生
陈至周　优秀三好学生
孟子杰　优秀三好学生
吴佳熙　优秀三好学生
林志骋　优秀三好学生
郑若楠　优秀三好学生
钱月凯　优秀三好学生
张译文　优秀三好学生
李世豪　优秀三好学生
金菲儿　优秀三好学生
陈　朵　优秀三好学生
蔡昕悦　优秀三好学生
刘丁铭　优秀三好学生
应驰骅　优秀三好学生
黄子安　优秀三好学生
李嘉琪　优秀三好学生
黄　婧　优秀三好学生
夏维成　优秀三好学生
郑晨祺　优秀三好学生
李　好　优秀三好学生
郑祺迪　优秀三好学生
耿　晴　优秀三好学生
林正刚　优秀三好学生
林　铭　优秀三好学生
胡蕊超　优秀三好学生
陈　毅　优秀三好学生
赵家宇　优秀三好学生
雷艺佳　优秀三好学生
华圣佳　优秀三好学生
罗小同　优秀三好学生
翁娟娟　优秀三好学生
林　溦　优秀三好学生
陈锰钊　优秀三好学生
张辰元　优秀三好学生
文日娣　优秀三好学生
苗伊博　优秀三好学生
李　斌　优秀三好学生
吕正芃　优秀三好学生
郑国庆　优秀三好学生
李坤泽　优秀三好学生
杨丹妮　优秀三好学生
王一高　优秀三好学生
邱永茹　优秀三好学生
蓝志彬　优秀三好学生
李慧滢　优秀三好学生
罗高宇　优秀三好学生
单丹丹　优秀三好学生
邢明炜　优秀三好学生
谢哲涵　优秀学生干部
廖　雪　优秀学生干部
叶韦宏　优秀学生干部

赵　阳　优秀学生干部
刘宇菲　优秀学生干部
吴质城　优秀学生干部
宋海山　优秀学生干部
孙萌萌　优秀学生干部
张婷婷　优秀学生干部
马　蕾　优秀学生干部
赵小曼　优秀学生干部
周若妍　优秀学生干部
蒋怡宁　优秀学生干部
杜佳宝　优秀学生干部
顾睿涵　优秀学生干部
顾　畅　优秀学生干部
宋召瑞　优秀学生干部
曾鸿勇　优秀学生干部
项柏豪　优秀学生干部
唐佩洁　优秀学生干部
刘佳美　优秀学生干部
徐文韵　优秀学生干部
叶庄兴　优秀学生干部
贺新凯　优秀学生干部
陈俊龙　优秀学生干部
陈泽海　优秀学生干部
王语婷　优秀学生干部
周　露　优秀学生干部
徐科宇　优秀学生干部
倪斯涵　优秀学生干部
邢舒扬　优秀学生干部
陈　宁　优秀学生干部
王　超　优秀学生干部
刘佳惠　优秀学生干部
杨浩哲　优秀学生干部
罗耀钦　优秀学生干部
吴尚泽　优秀学生干部
沈顺文　优秀学生干部
郑冠仪　优秀学生干部
刘炫慧　优秀学生干部
叶晓英　优秀学生干部
韩尚朋　优秀学生干部
吴昌鲕　优秀学生干部
王舒洋　优秀学生干部
庄子晨　优秀学生干部
周玮丽　优秀学生干部
邓梦连　优秀学生干部
李　晨　优秀学生干部
王颢沄　优秀学生干部
王志遥　优秀学生干部

材料学院

韩青青　三好学生
刘慧龙　三好学生
刘子曦　三好学生
吴　滟　三好学生
梁晓春　三好学生
裴　鹏　三好学生
赵文星　三好学生
陈隽晖　三好学生
郭　城　三好学生
李齐远　三好学生
林　钧　三好学生
秦佳泳　三好学生
孙家平　三好学生
周裕荣　三好学生
普尔凯提江·乃吉米丁　三好学生
雷荣丹　三好学生
马　丽　三好学生
田欣平　三好学生
黄　瑶　三好学生
强佰琪　三好学生
李　岩　三好学生
黄友章　三好学生
白雯昊　三好学生
王俊逸　三好学生
夏永吉　三好学生
张菏潍　三好学生
林泽文　三好学生
王　畅　三好学生
宋加贝　三好学生
吴雪娇　三好学生
陈炜南　三好学生
董佩瑶　三好学生
蔡轩宜　三好学生
齐莲莲　三好学生
乐建平　三好学生
李逸恒　三好学生
郭玉琴　三好学生
林舒敏　三好学生
林　博　三好学生
王洁瑶　三好学生
郑鸿珊　三好学生
吴兆杰　三好学生
林　硕　三好学生
王旭东　三好学生
陈济添　三好学生
朱　杰　三好学生
查校龙　三好学生
高润英　三好学生
颜惠英　三好学生
安　康　三好学生
杨鑫萍　三好学生
林　璐　优秀三好学生
李梦晨　优秀三好学生
曹嘉宏　优秀三好学生
黄　蕊　优秀三好学生
李俊辉　优秀三好学生
黄雯燕　优秀三好学生
邓继东　优秀三好学生
陈致霖　优秀三好学生
罗慧玲　优秀三好学生
郑森燕　优秀三好学生
罗　涛　优秀三好学生
蓝思琦　优秀三好学生
李圆圆　优秀三好学生
关雅雯　优秀学生干部
舒　桐　优秀学生干部
陈鑫杰　优秀学生干部
王绪彪　优秀学生干部
陆晓月　优秀学生干部
高贵阳　优秀学生干部
王世豪　优秀学生干部
吴俐臻　优秀学生干部
陈　龙　优秀学生干部
丁有鹏　优秀学生干部
姜若海　优秀学生干部
王旭诚　优秀学生干部

建筑与土木工程学院

贾坳锜　三好学生
刘峻松　三好学生
陈思钰　三好学生
陈兆其　三好学生
李彬硕　三好学生
范思盈　三好学生
罗海通　三好学生
李子晴　三好学生
高培钰　三好学生
周　愉　三好学生
张婧怡　三好学生
杨永严　三好学生
陈辉煌　三好学生
王　越　三好学生
高浩铭　三好学生
吕洁琳　三好学生
莫迪菲　三好学生
孙紫瑶　三好学生
肖佳仪　三好学生
许　可　三好学生
张　儒　三好学生
鲍可馨　三好学生
段滢滢　三好学生

何　纯　三好学生
吴　莹　三好学生
赵丹妮　三好学生
李昱庭　三好学生
苏琬琦　三好学生
周　静　三好学生
陈沈坚　三好学生
李润妍　三好学生
刘雅茹　三好学生
马家清　三好学生
倪荣清　三好学生
杨睿洋　三好学生
陈雪祺　三好学生
方　颖　三好学生
封　震　三好学生
刘　满　三好学生
唐佳润　三好学生
吕宛育　三好学生
连琦弋　三好学生
韩泽鸿　三好学生
李玉珊　三好学生
王　宁　三好学生
田思嘉　优秀三好学生
岑柱丹　优秀三好学生
王星月　优秀三好学生
占宇俊　优秀三好学生
李生暾　优秀三好学生
黄　晴　优秀三好学生
周若平　优秀三好学生
杨逸飞　优秀三好学生
张可寒　优秀三好学生
邓立克　优秀三好学生
孙庄敬　优秀三好学生
张鑫涛　优秀三好学生
高滨玮　优秀三好学生
赖莹莹　优秀学生干部
曹雨欣　优秀学生干部
方溢凯　优秀学生干部
何慧敏　优秀学生干部
李君楠　优秀学生干部
王　者　优秀学生干部
高政泽　优秀学生干部
孟怡舒　优秀学生干部
迪力扎提·克热木　优秀学生干部
阙权鸿　优秀学生干部
龚天鑫　优秀学生干部
佘紫薇　优秀学生干部
张维有　优秀学生干部
郑宇恒　优秀学生干部

能源学院

张怡卓　三好学生
张燕青　三好学生
赵梓彤　三好学生
林晨锐　三好学生
刘松灵　三好学生
陈思丞　三好学生
陈理杰　三好学生
吕弘毅　三好学生
王慧雯　三好学生
刘凯蕊　三好学生
唐煊浩　三好学生
郑烨峣　三好学生
丁怡婷　三好学生
詹　麟　三好学生
钟紫亮　三好学生
卢许诺　三好学生
温舒晴　三好学生
李孝凯　三好学生
王林海　三好学生
王婕伶　三好学生
卜　扬　三好学生
段金毅　三好学生
邓　亮　三好学生
邓　翊　三好学生
吴　晶　三好学生
黄海涵　三好学生
刘　涛　三好学生
尹　晴　三好学生
樊千雨　三好学生
姚静怡　优秀三好学生
肖可馨　优秀三好学生
陈振兴　优秀三好学生
叶文珊　优秀三好学生
吴念远　优秀三好学生
雷雨电　优秀三好学生
熊贝妮　优秀三好学生
吴常杰　优秀学生干部
曾林辉　优秀学生干部
郭铸盛　优秀学生干部
范吉航　优秀学生干部
谢逸蓝　优秀学生干部
马　森　优秀学生干部
刘鸿远　优秀学生干部
吴炎坤　优秀学生干部

萨本栋微米纳米科学技术研究院

姜同心　三好学生
李志鹏　三好学生
廖嘉琪　三好学生
刘　源　三好学生
程　楚　优秀三好学生
陈虹宇　优秀学生干部

航空航天学院

邹巳宇　三好学生
真毅君　三好学生
赵　凯　三好学生
张紫晗　三好学生
张　哲　三好学生
叶　媛　三好学生
叶淑琳　三好学生
杨力恺　三好学生
许铭权　三好学生
谢雨欣　三好学生
王祎一　三好学生
王　璇　三好学生
万　芊　三好学生
佟佳芮　三好学生
隋卓辰　三好学生
潘　思　三好学生
李永明　三好学生
李婷兰　三好学生
胡雅琦　三好学生
何　西　三好学生
高欣宇　三好学生
方　园　三好学生
方　方　三好学生
杜贤若　三好学生
陈思涵　三好学生
朱　旺　三好学生
朱佳颖　三好学生
周静妍　三好学生
郑学菲　三好学生
郑立灿　三好学生
赵　妍　三好学生
张莉杭　三好学生
张嘉诚　三好学生
张佳颖　三好学生
杨　晶　三好学生
肖　阳　三好学生
萧颖皓　三好学生
王子晗　三好学生
马文博　三好学生
刘傅文　三好学生
林　鑫　三好学生
梁彦阳　三好学生
姜　涞　三好学生
江盛烨　三好学生
耿嘉淦　三好学生

张志超　三好学生
甘　露　三好学生
傅一鸣　三好学生
冯舒铖　三好学生
谌　恭　三好学生
陈　颖　三好学生
陈骏鑫　三好学生
曹　颖　三好学生
赵梓涵　三好学生
赵　懿　三好学生
赵若含　三好学生
赵　典　三好学生
于　莹　三好学生
杨运豪　三好学生
闫雨杭　三好学生
徐桂文　三好学生
吴　烨　三好学生
王樱蓓　三好学生
王贺阳　三好学生
潘思航　三好学生
罗苏英　三好学生
柳文君　三好学生
刘艺颖　三好学生
刘　俊　三好学生
李　滔　三好学生
李明泽　三好学生
李景浔　三好学生
李家伟　三好学生
李佳家　三好学生
付思萌　三好学生
方鸿祥　三好学生
邓　优　三好学生
程毓珺　三好学生
陈立涵　三好学生
陈岫雨樵　三好学生
曾德元　三好学生
蔡宇恒　三好学生
蔡嘉炜　三好学生
蔡缤彦　三好学生
黄腾超　三好学生
邵尊桂　三好学生
陈文雄　三好学生
高钦芸　三好学生
沈远义　三好学生
徐　震　三好学生
蔡　鹤　三好学生
许国强　三好学生
饶　享　三好学生
任佑天　三好学生
王涵博　三好学生
张雨晴　三好学生
史雨鑫　三好学生
汪宇峰　三好学生
刘启斌　三好学生
王佳欣　三好学生
戴　宇　三好学生
黄煜坤　三好学生
张鑫泽　三好学生
伍剑龙　三好学生
张事成　三好学生
陈凤鸣　三好学生
王苏磊　三好学生
李弘熠　三好学生
高伟琪　三好学生
焦　敏　三好学生
黄沅松　三好学生
陈龙翔　三好学生
杨路瑶　三好学生
吴彩龙　三好学生
陈谢冰　三好学生
耿烽智　三好学生
徐智凌　三好学生
黄振枫　三好学生
蔡锦华　三好学生
黄泷章　三好学生
霍潇潇　三好学生
高张弛　三好学生
黄美澳　三好学生
杨泽龙　三好学生
黄宇宸　三好学生
赵珂馨　三好学生
高　松　三好学生
林子琦　三好学生
张鹏飞　三好学生
蔡小茹　三好学生
李锦辉　三好学生
吴　潇　三好学生
陈泽宇　三好学生
刁　博　三好学生
颜伊靖　三好学生
孙尹同　三好学生
刘　源　三好学生
刘思睿　三好学生
黄水林　三好学生
孟琪伟　三好学生
钟易晟　优秀三好学生
林　星　优秀三好学生
孔一诺　优秀三好学生
黄垲焱　优秀三好学生
郝苑雯　优秀三好学生
蔡佳忻　优秀三好学生
张鑫龙　优秀三好学生
肖娜帅　优秀三好学生
罗闻丽雅　优秀三好学生
林雨欣　优秀三好学生
林钧哲　优秀三好学生
范鑫宇　优秀三好学生
杜沛涵　优秀三好学生
董启良　优秀三好学生
赵畅旭　优秀三好学生
向勇卉　优秀三好学生
武新雅　优秀三好学生
邱浩然　优秀三好学生
卢伟峰　优秀三好学生
刘　娜　优秀三好学生
丁晖阳　优秀三好学生
张家熹　优秀三好学生
闫天阳　优秀三好学生
吴敏锽　优秀三好学生
李路骋　优秀三好学生
韩　旭　优秀三好学生
许志伟　优秀三好学生
陈锃琰　优秀三好学生
曾英俊　优秀三好学生
杨辰龙　优秀三好学生
涂佳婕　优秀三好学生
韩东博　优秀三好学生
凌梅婷　优秀三好学生
谢超雄　优秀三好学生
周恭喜　优秀三好学生
孙瑀珩　优秀学生干部
薛银玲　优秀学生干部
王皓正　优秀学生干部
罗龙城　优秀学生干部
林　麟　优秀学生干部
陈银彬　优秀学生干部
陈　雪　优秀学生干部
张伟林　优秀学生干部
张弘博　优秀学生干部
张崇城　优秀学生干部
施铭旭　优秀学生干部
祁宇德　优秀学生干部
寇思丹　优秀学生干部
贾惜妁　优秀学生干部
邹晓静　优秀学生干部
王　翔　优秀学生干部
王鸿钦　优秀学生干部
任嘉珉　优秀学生干部
刘可凡　优秀学生干部
焦一轩　优秀学生干部

傅诗铭　优秀学生干部
党田雨　优秀学生干部
陈锦文　优秀学生干部
吴盛华　优秀学生干部
黄　号　优秀学生干部
童晓珊　优秀学生干部
黄楚亮　优秀学生干部
汪　鑫　优秀学生干部
古观成　优秀学生干部
高崇善　优秀学生干部
谢晶晶　优秀学生干部
张辰威　优秀学生干部
朱范薇　优秀学生干部
孙　望　优秀学生干部
林超宇　优秀学生干部
洪秀敏　优秀学生干部

电子科学与技术学院

高泽斌　三好学生
张　鼎　三好学生
王华森　三好学生
张晋维　三好学生
潘　威　三好学生
叶　晨　三好学生
石　欢　三好学生
林益涵　三好学生
沈悦鑫　三好学生
吕彬桂　三好学生
陈梅雪　三好学生
申爽爽　三好学生
肖文慧　三好学生
冯金晨　三好学生
孙超彦　三好学生
符苡榕　三好学生
朱辰播　三好学生
王铭恺　三好学生
黄子馨　三好学生
刘子杰　三好学生
王以诺　三好学生
严雅雯　三好学生
梅蓉蓉　三好学生
陈璇葳　三好学生
柯逸松　三好学生
李培鑫　三好学生
黎文慧　三好学生
彭婧雯　三好学生
蓝明秋　三好学生
刘昱彤　三好学生
林劭华　三好学生
阎峙坤　三好学生
苏达钊　三好学生
李思思　三好学生
李晓其　三好学生
童　尧　三好学生
黄小凯　三好学生
黎子恒　三好学生
王煜锦　三好学生
何家彬　三好学生
李习奥　三好学生
沈宇翔　三好学生
游子婷　三好学生
林雅妮　三好学生
陈臻炫　三好学生
王姝文　三好学生
赵阳垒　三好学生
夏宇清　三好学生
赵国堡　三好学生
常亚杰　三好学生
钟晨明　三好学生
韦　超　三好学生
侯　鑫　三好学生
郑　曦　三好学生
卢霆威　三好学生
申家情　三好学生
陈欣然　三好学生
姜卓颖　三好学生
江　莹　三好学生
李　珏　三好学生
陈梓乔　三好学生
武梦远　三好学生
赵　琳　三好学生
郑实琛　三好学生
李雨恒　三好学生
陈毓蕾　三好学生
陈益航　三好学生
陈　桓　三好学生
刘杰鹏　三好学生
宋　辉　三好学生
黎赛军　三好学生
吴柳滨　三好学生
杨晋乾　三好学生
曹立杰　三好学生
何灿辉　三好学生
李　波　三好学生
康　傲　三好学生
祝鸿媛　三好学生
杜志强　三好学生
吴　庆　三好学生
江小帆　三好学生
张宜静　三好学生
朱悦悦　三好学生
黄余前　三好学生
吴治霖　三好学生
朱嘉恒　三好学生
王清柳　三好学生
唐潮仙　三好学生
林晓琳　三好学生
沈　佳　三好学生
杨金鑫　三好学生
吴宗宇　三好学生
张鹤译　三好学生
林向钰婕　三好学生
周　京　三好学生
丁振锋　三好学生
徐世航　三好学生
倪傲东　三好学生
朱逸臻　三好学生
金可欣　三好学生
苏　祺　三好学生
蓝景滨　三好学生
许奕晶　三好学生
龙明滔　三好学生
林子祺　优秀三好学生
唐子旋　优秀三好学生
李志毅　优秀三好学生
谢晓爵　优秀三好学生
张　之　优秀三好学生
张润渲　优秀三好学生
杨　毅　优秀三好学生
陈梦娇　优秀三好学生
邱盛强　优秀三好学生
詹继玮　优秀三好学生
曹思程　优秀三好学生
王袁瑞泽　优秀三好学生
王浩然　优秀三好学生
赖寿强　优秀三好学生
高　源　优秀三好学生
赵雨泉　优秀三好学生
何王凤　优秀三好学生
李长清　优秀三好学生
王继兴　优秀三好学生
廖鑫辉　优秀三好学生
姜远远　优秀三好学生
陈凯彬　优秀三好学生
邓桂芬　优秀三好学生
王汉捷　优秀三好学生
黄毅凯　优秀三好学生
任英哲　优秀三好学生
蔡文轩　优秀学生干部
陈增宇　优秀学生干部

朱　珠　优秀学生干部
张瑜阳　优秀学生干部
吴　恒　优秀学生干部
余婧阳　优秀学生干部
王　洋　优秀学生干部
张祁祁　优秀学生干部
艾思丹　优秀学生干部
纪振洲　优秀学生干部
万芷萱　优秀学生干部
陈　胜　优秀学生干部
曾思科　优秀学生干部
薛喻宸　优秀学生干部
王曼玉　优秀学生干部
常珊珊　优秀学生干部
吴雨伦　优秀学生干部
秦庆党　优秀学生干部
余靖伊　优秀学生干部
胡　航　优秀学生干部
刘　蓉　优秀学生干部
田媛媛　优秀学生干部
钟岩松　优秀学生干部
戴荣彬　优秀学生干部
杨明雪　优秀学生干部
蔡雅琪　优秀学生干部
于嘉榕　优秀学生干部
李登海　优秀学生干部

生命科学学院

王富燕　三好学生
朱　玥　三好学生
周远媛　三好学生
蒋　群　三好学生
郝梦园　三好学生
何钰婷　三好学生
翁　兮　三好学生
陈　娜　三好学生
段荣荣　三好学生
方　悦　三好学生
徐钰婷　三好学生
杨如渊　三好学生
张墨飞　三好学生
张紫洁　三好学生
周晓婷　三好学生
黄莹莹　三好学生
俞哲涵　三好学生
钟艺航　三好学生
曾　彦　三好学生
洪季舟　三好学生
段逸扬　三好学生
杨准易　三好学生
刘瞬恒　三好学生
张欣悦　三好学生
耿上上　三好学生
林孜妍　三好学生
李小竹　三好学生
李冰艳　三好学生
钟梓轩　三好学生
张雨梦　三好学生
陈可人　三好学生
陈馨蕙　三好学生
戴雨晟　三好学生
傅琪文　三好学生
何羽涵　三好学生
陆俊臣　三好学生
时渝涵　三好学生
王若思　三好学生
张俊琳　三好学生
左思佳　三好学生
邓松涵　三好学生
黄林霞　三好学生
黄子桐　三好学生
刘立菲　三好学生
孟小雅　三好学生
周珮如　三好学生
乐　意　三好学生
刘雪岩　三好学生
岳启轩　三好学生
郭剑光　三好学生
郑华雷　三好学生
李昌红　三好学生
刘一蔓　三好学生
张智荣　三好学生
陈舒铭　三好学生
林丽荣　三好学生
晏　亭　三好学生
王依依　三好学生
周　钰　三好学生
柴国林　三好学生
陈浩锋　三好学生
崔丹琪　三好学生
邓千美　三好学生
何光辉　三好学生
洪　帆　三好学生
兰欣洁　三好学生
李浩然　三好学生
李文娟　三好学生
梁芷萁　三好学生
林冠中　三好学生
刘　鹏　三好学生
刘书麟　三好学生
卢一涵　三好学生
米香宇　三好学生
潘宗莲　三好学生
邱璇慧　三好学生
陶姗姗　三好学生
王笑然　三好学生
王玉莹　三好学生
吴亚哲　三好学生
闫　玮　三好学生
杨兆辉　三好学生
叶　鑫　三好学生
岳晓庆　三好学生
张平香　三好学生
张　茜　三好学生
张晓铭　三好学生
庄艺璇　三好学生
陈惠晴　三好学生
陈诗瑶　三好学生
戴景平　三好学生
高佳华　三好学生
高　松　三好学生
姜子玮　三好学生
王　鸿　三好学生
徐明珠　三好学生
余　烽　三好学生
朱　宇　三好学生
庄　昊　优秀三好学生
刘可伊　优秀三好学生
彭天云　优秀三好学生
王一聃　优秀三好学生
赵佳怡　优秀三好学生
郑敏奕　优秀三好学生
肖郡灵　优秀三好学生
邢栋栋　优秀三好学生
厉心予　优秀三好学生
刘子墨　优秀三好学生
马　睿　优秀三好学生
王尚菲　优秀三好学生
洪丹妮　优秀三好学生
吴培玲　优秀三好学生
钱兹英　优秀三好学生
唐　晨　优秀三好学生
魏冬梅　优秀三好学生
崔玲艳　优秀三好学生
方　昕　优秀三好学生
刘常乾　优秀三好学生
张胜男　优秀三好学生
方芸旋　优秀三好学生
孙达超　优秀三好学生
叶凌霄　优秀三好学生

张富聪　优秀三好学生
周梓卓　优秀学生干部
廖欣缘　优秀学生干部
苏锦福　优秀学生干部
叶心筠　优秀学生干部
王雨晨　优秀学生干部
陈渝麒　优秀学生干部
岳思妍　优秀学生干部
林智宏　优秀学生干部
段亚晗　优秀学生干部
陆雯琦　优秀学生干部
吕孟璇　优秀学生干部
袁萍萍　优秀学生干部
陈娉仪　优秀学生干部
裴盛祥　优秀学生干部
吴　楠　优秀学生干部
高　英　优秀学生干部
黄杜娟　优秀学生干部
江雅楠　优秀学生干部
江羽宸　优秀学生干部
林佳佳　优秀学生干部
宋婧雅　优秀学生干部
苏萍萍　优秀学生干部
陈昭影　优秀学生干部
蒋金汐　优秀学生干部
孙思阳　优秀学生干部

公共卫生学院

余千千　三好学生
彭映雪　三好学生
夏伊澜　三好学生
赵虹锋　三好学生
陈嘉茵　三好学生
王艾欣　三好学生
沙婉秋　三好学生
魏翘楚　三好学生
梁沐枫　三好学生
周雨婷　三好学生
许颖琳　三好学生
席睿芝　三好学生
李浩嘉　三好学生
黄曦仪　三好学生
吴显亮　三好学生
刘小琪　三好学生
方玥婷　三好学生
雷　丽　三好学生
刘珂语　三好学生
赵潇颖　三好学生
刘新湄　三好学生
杨斯为　三好学生
孙　辉　三好学生
梁海旭　三好学生
李　贤　三好学生
李宏伟　三好学生
邱凌娴　三好学生
叶子容　三好学生
褚美洁　三好学生
豆梁丁　三好学生
李　韵　三好学生
唐小群　三好学生
杨诗婷　三好学生
郑雅婷　三好学生
安一博　三好学生
方芷薇　三好学生
史可为　三好学生
梁媛媛　三好学生
林鸿雁　三好学生
曾雪源　三好学生
蒋雯玲　三好学生
孙鑫飞　三好学生
方　康　三好学生
张瑾雯　三好学生
张　雁　三好学生
孙梦云　三好学生
林舒静　三好学生
苏　融　三好学生
余兴源　三好学生
杨　源　三好学生
吴慧玲　三好学生
翁烨婷　三好学生
马张烨　三好学生
汪　晨　三好学生
徐宸欣　三好学生
薛富宇　三好学生
苏艳红　三好学生
郑怡萱　优秀三好学生
刘晨璐　优秀三好学生
孙艺文　优秀三好学生
杨欣怡　优秀三好学生
姜若晗　优秀三好学生
黄洁颖　优秀三好学生
曾繁天　优秀三好学生
陈　祺　优秀三好学生
陈燕玲　优秀三好学生
何　钢　优秀三好学生
马宏浩　优秀三好学生
瞿会敏　优秀三好学生
段　颖　优秀三好学生
毛　立　优秀三好学生
王佳怡　优秀学生干部
邹胜乾　优秀学生干部
王　捧　优秀学生干部
高泽滢　优秀学生干部
曾　琼　优秀学生干部
杨容惠　优秀学生干部
程屹浦　优秀学生干部
王　楷　优秀学生干部
朱培嘉　优秀学生干部
黄　直　优秀学生干部
沈凡暄　优秀学生干部
赵灿阳　优秀学生干部
秦亚桐　优秀学生干部
杨启帆　优秀学生干部
张馨月　优秀学生干部

药学院

刘楚熠　三好学生
吕家忆　三好学生
赵书悦　三好学生
刘滢佳　三好学生
吴欣怡　三好学生
陈晓雅　三好学生
杨旖含　三好学生
张俊彪　三好学生
石筱玥　三好学生
李　婧　三好学生
李雨晴　三好学生
陈　铃　三好学生
严佳璐　三好学生
邓成玲　三好学生
林诗琪　三好学生
吕承昱　三好学生
赵钰彤　三好学生
马尔蔓　三好学生
胡国升　三好学生
许倩楠　三好学生
刘　晨　三好学生
赵泰格　三好学生
胡　伟　三好学生
黄振坤　三好学生
赖锡玉　三好学生
林　茜　三好学生
杜雨婷　三好学生
李　婷　三好学生
李　杰　三好学生
陈宝吟　三好学生
彭家茵　三好学生
王　琪　三好学生
张浩凡　三好学生
索紫矜　三好学生

郭嘉琪　三好学生
林秀柯　三好学生
徐欣悦　三好学生
闫春茹　三好学生
乌皓祎　三好学生
刘晓晓　优秀三好学生
林鸿鹏　优秀三好学生
林雅雯　优秀三好学生
曹书琪　优秀三好学生
李俊彤　优秀三好学生
何凤明　优秀三好学生
廖志环　优秀三好学生
陈　莹　优秀三好学生
张宇恒　优秀三好学生
毛流洲　优秀三好学生
胡　倩　优秀学生干部
冯诗怡　优秀学生干部
吴丝蝶　优秀学生干部
甘梦瑶　优秀学生干部
隋　怡　优秀学生干部
易佳缙　优秀学生干部
杨伊静　优秀学生干部
林可昕　优秀学生干部
王　晨　优秀学生干部
吉　丽　优秀学生干部

医学院

覃秋福　三好学生
李天丽　三好学生
陈长梦　三好学生
高露媛　三好学生
廖景熠　三好学生
王文泱　三好学生
付宇佳　三好学生
顾若婷　三好学生
俞　玲　三好学生
魏欣欣　三好学生
江钰荧　三好学生
王雪敏　三好学生
黄骞紫　三好学生
邓传琴　三好学生
卢澄仪　三好学生
毋思思　三好学生
李书凝　三好学生
马茜来　三好学生
杨元贵　三好学生
叶文鑫　三好学生
李　潇　三好学生
陈丽君　三好学生
段晓倩　三好学生

林政凯　三好学生
吕一凡　三好学生
苏煊怡　三好学生
任冰洁　三好学生
刘晟骏　三好学生
范翰征　三好学生
倪郅楷　三好学生
张茗尤　三好学生
王禹昕　三好学生
李锐璇　三好学生
王睿哲　三好学生
吴泽镐　三好学生
代玉洁　三好学生
唐浩诺　三好学生
黄　阳　三好学生
程玺璇　三好学生
张雅君　三好学生
高　婷　三好学生
黄祯垚　三好学生
叶　媛　三好学生
王乐楠　三好学生
邵一卓　三好学生
陈以诺　三好学生
张文锐　三好学生
姚巧灵　三好学生
吴歆若　三好学生
刘伊婷　三好学生
程晓磊　三好学生
张宇桐　三好学生
葛巧巧　三好学生
汤琦烨　三好学生
李　蓁　三好学生
王崇林　三好学生
黄仪萍　三好学生
武潇琳　三好学生
张英杰　三好学生
蔡心玥　三好学生
徐唐家　三好学生
余岱璟　三好学生
张昭嘉　三好学生
龚恺玥　三好学生
黄烁星　三好学生
王　悦　三好学生
王婉冰　三好学生
石志源　三好学生
苗逢霖　三好学生
刘艳秋　三好学生
赵　雪　三好学生
王　昭　三好学生
陈文凯　三好学生

朱子锐　三好学生
冯　可　三好学生
周圣美　三好学生
郑　双　三好学生
郑家粱　三好学生
张帅帅　三好学生
张世超　三好学生
叶晨曦　三好学生
杨　璐　三好学生
杨佳怡　三好学生
杨　杭　三好学生
杨　晨　三好学生
许　愿　三好学生
王　依　三好学生
王　鑫　三好学生
王静致远　三好学生
陶新戈　三好学生
唐　娜　三好学生
孙晓航　三好学生
蒲　鑫　三好学生
马玉玺　三好学生
卢美琪　三好学生
林　勇　三好学生
林燕滨　三好学生
李婷婷　三好学生
李　珂　三好学生
李江泉　三好学生
李成昕　三好学生
雷紫钰　三好学生
范雪琪　三好学生
范伶林　三好学生
戴春梅　三好学生
程一哲　三好学生
陈志远　三好学生
钟毓婧　三好学生
赵立然　三好学生
张一茜　三好学生
张思思　三好学生
张明炎　三好学生
张玲瑜　三好学生
张　可　三好学生
袁溪纹　三好学生
俞　悦　三好学生
殷艺真　三好学生
轩芬琪　三好学生
徐　昊　三好学生
席佳蒙　三好学生
王丽君　三好学生
苏佩雪　三好学生
宋时旭　三好学生

饶世豪　三好学生
阙梦茹　三好学生
钮　睿　三好学生
刘雅婷　三好学生
刘思嘉　三好学生
刘　静　三好学生
刘　滨　三好学生
何松琳　三好学生
何俊杰　三好学生
郭田甜　三好学生
冯传盛　三好学生
陈明翼　三好学生
龙娜沙　优秀三好学生
廖星兰　优秀三好学生
张明璇　优秀三好学生
陈　杰　优秀三好学生
段抒伶　优秀三好学生
安熙怡　优秀三好学生
余高毅　优秀三好学生
杨棋翔　优秀三好学生
史薇燕　优秀三好学生
雷镜涵　优秀三好学生
陈婧芊　优秀三好学生
王曼羽　优秀三好学生
杨慕华　优秀三好学生
李仲雯　优秀三好学生
朱彦明　优秀三好学生
王玉涛　优秀三好学生
钟梦雅　优秀三好学生
翁福添　优秀三好学生
陈伟玲　优秀三好学生
朱媛媛　优秀三好学生
高艺洋　优秀三好学生
郑泽原　优秀三好学生
许静莹　优秀三好学生
徐伟植　优秀三好学生
苏　萌　优秀三好学生
沈　筱　优秀三好学生
林佳琳　优秀三好学生
郑锦珍　优秀三好学生
夏　琨　优秀三好学生
区泽豪　优秀三好学生
刘安昊　优秀三好学生
胡玉汝　优秀三好学生
蔡佳宇　优秀三好学生
曾译乐　优秀学生干部
苏碧华　优秀学生干部
庞梦莎　优秀学生干部
黄嘉骥　优秀学生干部
吕欣静　优秀学生干部
蔡逸翔　优秀学生干部
曹子丫　优秀学生干部
李昊霖　优秀学生干部
万澄雨　优秀学生干部
欧梦雪　优秀学生干部
黄梓钰　优秀学生干部
杨思雨　优秀学生干部
王一筠　优秀学生干部
严惠琳　优秀学生干部
王星宇　优秀学生干部
刘奕琪　优秀学生干部
王　珂　优秀学生干部
占　萍　优秀学生干部
杨　博　优秀学生干部
秦丹铱　优秀学生干部
楼康良　优秀学生干部
龙秋月　优秀学生干部
赵智育　优秀学生干部
张林林　优秀学生干部
杨慧颖　优秀学生干部
王　婷　优秀学生干部
宋帅帅　优秀学生干部
李鑫标　优秀学生干部
徐兰君　优秀学生干部
林震航　优秀学生干部
李　锐　优秀学生干部
孔令升　优秀学生干部
陈翠婷　优秀学生干部

海洋与地球学院

虎靖杰　三好学生
张启元　三好学生
匡家旗　三好学生
牛　越　三好学生
陈雨佳　三好学生
厉　馨　三好学生
曾　琦　三好学生
戴王兴　三好学生
王芷林　三好学生
王莹莹　三好学生
马欣怡　三好学生
严雨露　三好学生
王文举　三好学生
徐宇航　三好学生
杨卓远　三好学生
魏婉婧　三好学生
徐嘉融　三好学生
郭艾星　三好学生
方庭昕　三好学生
翟欣婷　三好学生
黄鑫悦　三好学生
赵玉青　三好学生
洪子惠　三好学生
齐　林　三好学生
杜倪颉　三好学生
周明昭　三好学生
徐子灵　三好学生
熊峰伟　三好学生
陈丽英　三好学生
刘峻宇　三好学生
马耀斌　三好学生
徐伟南　三好学生
朱政亮　三好学生
刘　钊　三好学生
程艺琳　三好学生
慈东箭　三好学生
马小艺　三好学生
欧文湛　三好学生
冯苗胜　三好学生
傅寒晶　三好学生
王　宇　三好学生
袁柳婷　三好学生
陈佳欣　三好学生
贺博闻　三好学生
姜洲　三好学生
郑裕彤　三好学生
韦幸君　三好学生
邓月萍　三好学生
林婉霞　三好学生
谭智杰　三好学生
张　琪　三好学生
李灿如　三好学生
姚吉祥　三好学生
朱秀玲　三好学生
何亚洁　三好学生
徐博林　三好学生
郑婉茹　三好学生
林楚浛　三好学生
杜雪晴　三好学生
江汀森　三好学生
刘欣祝　三好学生
罗　祺　三好学生
罗　圆　三好学生
王　刚　三好学生
赵龙腾　三好学生
周雨晴　三好学生
林灼莹　三好学生
涂申奥　优秀三好学生
惠原婧希　优秀三好学生
刘　榄　优秀三好学生

计　铮　优秀三好学生
蒋　越　优秀三好学生
黄莉晴　优秀三好学生
汪　渝　优秀三好学生
张　墨　优秀三好学生
李嘉恒　优秀三好学生
宋鲁平　优秀三好学生
叶坚栋　优秀三好学生
许　庆　优秀三好学生
詹肖茜　优秀三好学生
宋　迟　优秀三好学生
吴艺语　优秀三好学生
汪　铃　优秀三好学生
苏芷仪　优秀学生干部
柴子健　优秀学生干部
刘雯惠　优秀学生干部
林双盛　优秀学生干部
肖宇航　优秀学生干部
陈笑雨　优秀学生干部
李祉仪　优秀学生干部
刘子菁　优秀学生干部
龚之頔　优秀学生干部
李子旋　优秀学生干部
张爱玉　优秀学生干部
朱广坤　优秀学生干部
黄培鸿　优秀学生干部
李温情　优秀学生干部
蔺雯雯　优秀学生干部
王　容　优秀学生干部
林美伶　优秀学生干部

环境与生态学院

张浩坤　三好学生
罗贤涛　三好学生
章　钰　三好学生
张　嫄　三好学生
张家康　三好学生
林倩如　三好学生
孟　欣　三好学生
李中艺　三好学生
刘　苗　三好学生
郭畇彤　三好学生
鲁诗怡　三好学生
齐　珊　三好学生
刘峰林　三好学生
陈子妍　三好学生
牟　彤　三好学生
孙天宏　三好学生
孟　欣　三好学生
刘智恩　三好学生
林冠嘉　三好学生
杨华国　三好学生
王业鑫　三好学生
张睿杰　三好学生
彭宇凡　三好学生
李建国　三好学生
郑仕侃　三好学生
牛丽君　三好学生
汪　欢　三好学生
关　乾　三好学生
肖昕彦　三好学生
张　雪　三好学生
张晓婷　三好学生
江旭东　三好学生
殷　倩　三好学生
张伟锋　三好学生
于　宏　三好学生
牛耀路　三好学生
冯雅萱　三好学生
方俊华　三好学生
程健铧　三好学生
王婧潇　三好学生
曾鸿李　三好学生
黄欣怡　三好学生
齐雅楠　三好学生
谢雨薇　三好学生
吴建勇　三好学生
程栋栋　三好学生
张月月　三好学生
李青桦　三好学生
王中堂　三好学生
袁文静　三好学生
江德钧　三好学生
林依纯　三好学生
李田雨　优秀三好学生
徐亦琪　优秀三好学生
温　畅　优秀三好学生
吴一比　优秀三好学生
张艺霖　优秀三好学生
李　杭　优秀三好学生
张　萌　优秀三好学生
宋道冲　优秀三好学生
李汉一　优秀三好学生
谢弘宇　优秀三好学生
张宇菁　优秀三好学生
刘善乐　优秀三好学生
郑佳宝　优秀三好学生
和菊芳　优秀学生干部
赵思敏　优秀学生干部
张　艺　优秀学生干部
吴秀欢　优秀学生干部
申　振　优秀学生干部
张伟平　优秀学生干部
陈梓隆　优秀学生干部
董　事　优秀学生干部
吴朝阳　优秀学生干部
洪　瑛　优秀学生干部
安旭鹏　优秀学生干部
张欣宜　优秀学生干部

2023年本科生国家奖学金获奖学生名单

中国语言文学系

张雨荷　练　韬　龚涵月　肖　玥　林莹婷

历史与文化遗产学院

陈　畅　张亦扬　古欣愉

哲学系

马晓研　雷子乔

新闻传播学院

黄佳琪　王　赫　杨　昕　晏子凌　许博众　姜鑫祥
徐碧鸿

外文学院

曹飞艳　王　楠　杨业渠　曾语诺　陈若青　田　婧
杨钧琰　金子艺　于　璐　王皓天　丁亦可

艺术学院

吴作霆　曾意桐　陆俊伊　徐苏杭　曾一弘　黄紫陌
高　彧　卢康欣　项楚兮

创意与创新学院

马程程　许亦舒　王鹤凝　田雨萌　林佳怡　陈权欣
罗艺丹　蒋鸿洋　芮樱绮　周　锐　张　楠　陈兰馨
曹欣然

电影学院

黄舒榆　王雪晶

经济学院

林月敏　李诗婕　彭　奕　邢紫娱　李刚彬　王靖妮
卢哲霞　何昊翰　柳紫荻　张妍妍　张翊楠　严曼秋
陈青林　陈　璐　周佳迅　田　原　孙思源　孙硕罡
林旭清　卓　东　任枳燃　杨开程　丁　未　付　瑶
郑乐萱　苏楒祺　周　泉　鲁子阳　林蔚然

王亚南经济研究院

王泽宁

管理学院

龚福深　傅婉滢　陈美宏　孙泽楠　赵　睿　曾玉铃
何依璇　吴玭灿　朱　峪　张正贤　陈林昀　骆茹莹
吴璐希　喻晓然　王佳宜　乔梦雪　柯浩涵　李婧涵
黄　钰　余和美　王欣彤

法学院

程庄语　周雨桐　魏嘉仪　沈罗萱　徐晓丽　张凯硕
张思越

公共事务学院

韩晓轩　陈昭霖　姚敬晞　王琳娜　丁甜缘　何沐熹

国际关系学院

何　涵　董鑫妍

社会与人类学院

施亚童　孔一舟　曹书涤　游玉洁

数学科学学院

李威颖　袁骏熙　王珂峥　宋祉航　黄秉章　白祎明

物理科学与技术学院

沈晓钰　余星城　许安冉　朱玲丽　潘慧玲　王祥鹤
王宇舟　方　钰

化学化工学院

付　杰　佘柳晴　施珊珊　王雅慧　李　立　吴秋锦
王哲祺　代馨怡　喻雅姿　吴　忧　游艺婷

信息学院

张梓敬　陈江旺　刘恒霖　孟子杰　吴佳熙　周　和
潘嘉烨　苏荣朋　韩可可　蒋怡宁　蔡昕悦　陈　臻
应驰骅　黄子安　黄　婧　郑晨祺　李世豪　李　好
叶庄兴　李哲彦　耿　晴　胡蕊超　王则宇　郑永涵
赵家宇　刘艺嘉

材料学院

林　璐　曹嘉宏　黄　蕊　李俊辉

建筑与土木工程学院

杨思瀚　黄心思　杨秀佳　李可欣　王　越　周若平
杨逸飞

能源学院

刘松灵　陈理杰　叶文珊

航空航天学院

黄垲焱　钟易晟　孔一诺　郝苑雯　蔡佳忻　陈　吉
张鑫龙　林钧哲　杜沛涵　林雨欣　郑立灿　肖娜帅
刘　娜　丁晖阳　卢伟峰　向勇卉　武新雅　赵畅旭

电子科学与技术学院

孙超彦　谢晓爵　李书琦　唐子旋　孙忠琳　张润渲
张　之　杨　毅　黎子恒　詹继玮

生命科学学院

彭天云　周梓卓　庄　昊　郑敏奕　俞哲涵　赵佳怡
马　睿　王尚菲　段亚晗　厉心予

公共卫生学院

郑怡萱　彭映雪　刘晨璐　姜若晗　刘珂语

药学院

刘晓晓　林鸿鹏　石筱玥　林诗琪

医学院

张明璇　廖星兰　赵可欣　龙娜沙　尤嘉文　杨雅岚
余高毅　安熙怡　王雪敏　史薇燕　杨棋翔　庄懿新
朱彦明　李　蓁

海洋与地球学院

涂申奥　虎靖杰　蒋　越　计　铮　黄莉晴　汪　渝

环境与生态学院

李田雨　徐亦琪　林倩如　叶展图　李　杭

2023年本科生国家励志奖学金获奖学生名单

中国语言文学系

刘乃歆 雷芯乔 赵卓然 黄佳华 杨佳慧 银舒宁
李 晗 唐梓欣 刘洁洁 林卓雅 连晨阳 徐子姝
蔡欣悦 叶璟臻 冯仟慧 郑巧燕

历史与文化遗产学院

周逸驰 张巧娅 靳蒙蒙 苏文青 马 哲 白倩倩
白雅璇

哲学系

马 瑞 吴择荣 朱晓月 林雨涵

新闻传播学院

赵 蓉 魏艳鸽 马敬雯 吴宜臻 陈 旺 胡安琪
王增妍 吴玲玲 欧宜婷 王 辉 冯子馨 李 莹
蒋文昕 阿依加玛丽·哎尔肯 郑宇宁 冯钰森
林 勇 宋佳婧 曹钰婕

外文学院

王志洋 吴 衍 龚先明 杨钦贻 陆梦媛 董 宁
李 姝 陈 婷 刘艺杰 徐素梅 赵梓珺 张静茵
邓春花 黄乐萍 刘晓晴 吴和江 贾思寒 施佳颖
赵海棠

艺术学院

冯晓婷 唐丹阳 王奥运 房小媛 吕金珂 张仁嘉
邓榕榕 刘昱齐 马文慧 谢雨辰 王静雪 钱韵如
邱晨薇 苏淑娜 肖 雄 王艺婷 刘金穗 黄 颖
陈培熔 李雨飞 汤思琦 杜美杭 李煜畅 陈婷婷

创意与创新学院

袁 梦 胡雨柔

电影学院

安雨童 李玲贤 张冠力 穆雅莉

经济学院

胡 蓉 詹雪芬 尤筱励 陶 霞 柳欣博 班钰涵
李 鹏 邱 天 李 焰 邓汶龙 廖如杨 谭渝燕
张双双 张 颖 孟子正 王雅雯 于蒙蒙 丁雪燕
兰佳祥 李 卓 邱晓爽 赵丽芳 杜诗睿 肖夏丽
李思翰 罗 莉 胡晓瑞 凌聿璠 张 珣 叶声杰
郝嘉欣 刘东辉 田欣怡 曾闽琦 许文钧 张心怡
南奇蕊 赵林楠 陈 晰 陈小璐 陈 馨 邓佳靓
杜文君 郝佳乐 侯祉伊 柯毓松 李金豪 李明静
李涌泉 丘 芸 师 蕊 王新茹 吴 磊 沈凤霞
孙灵雪 王天行

王亚南经济研究院

刘 鹏

管理学院

朱梅真 李青恬 侯 佳 张佳怡 蔡 君 曾诗芸
郑丽萍 帕丽扎·库来江 陈丽情 曾 曼 张 萌
吴梦玲 陈虹印 吴智涵 巴丽红·达吾肯 李 琦
赵小叶 熊巧文 缪锦锋 刘晓颖 李佳瑶 李萌萌
杨 舟 李海玲 田文兰 姚佩宇 卓振益 裴淑缘
赵桂羚 罗心如 黄欣榆 高芳婷 许浩财 王芊雯
李苏真 陈茜垚 王 倩 刘 畅 陈雨欣 刘 菊
程怡佳 许鑫维 张炜佳

法学院

陈霖暄 蓝玲艳 李玉栋 闫 清 黄菊兰 谢晓燕
阮楷萍 胡毓灵 何佳芮 郝博媛 敬馨露 郑威铭
张涓涓 蔡欣仪 胡蔓娇 陈欣苑 王诗妍 温皓洁
赵海琪 林钰漫 涂鑫雨 贾子布 马佳嘉 郭博雅

公共事务学院

罗晓红 田 鑫 陈锦斌 陈 锐 陈 睿 王嘉雯
桑 洋 王子旖 杨小钱 杨 林 蒋奕鸣 王 婧
汪 瑾 邓丰萍

国际关系学院

刘耀玉 任慧瑛 章丁于 毛友琦 拜鑫宇 谢海芳

社会与人类学院

彭飞燕 吴冰冰 仇文娇 林 现 谢修灵 张董妮
雍慧蓉 黄灵奕 彭艳莹 钭利楠 徐卓文 谢 凯
吴尚积

数学科学学院

唐嘉红 王怡凡 刘梓涵 苏艺雄 张檬丹 文 杰
朱晋君 阮威鹏 吕 阳 刘梦晗 周家辉

物理科学与技术学院

张 硕 陈瀚炀 陈思田 高 宸 付 聪 邱杰斌
田 宇 魏良睿 黄舒静 杨 毅 陈振杰 庄梓珊
王星宇 杨礼鹏 于晓滢 吴子彧 蒋呈谦 杨晴宇

化学化工学院

易 波 武浩冉 陈雨晴 王俊凯 蒋佳宏 陈苏洋
张姝彤 黄会梅 句晨男 罗亦成 段 恒 董媚菱
吕锦程 蔡宇超 周小瑞 闫羽佳 王飞龙 贾梦琪
于超杰 曾嘉祺 黄飞璐 吕欣冉 段一龙 梁梦想

裴银豪　匡展鹏　段　意　卢雅婷　牛灵灵　林子健

信息学院

张传喜　何厚鑫　蒋纯宇　李雯怡　叶韦宏　余　杰
刘文婧　陈龙庆　王梦折　冯良玉　李佳栋　苏婉靖
廖曼菲　雷　勇　张世辉　范阳烂　刘思盈　崔方博
韩奇言　丁延利　傅梦琦　马佳瑶　姚依妍　赖文豪
马承乾　杜佳宝　赵祥宇　金为轩　陈正海　曾鸿勇
徐森彬　刘孟瑶　赵志强　刘恒硕　王婷婷　杨昊昱
林丹凤　马　龙　王辉艺　罗　敏　张豪杰　梁献中
王成浩　骆玲巧　邱鸿磊　王紫墨　刘陈清　何佳奇
林焱婷　刘智文　徐安妮　赵香爱　侯宛彤　周　露

材料学院

刘子曦　徐苏江　高宇婷　梁晓春　彭　波　赵文星
潘诗语　孙家平　熊绍欣　杨婉嫆　殷康理　闫榕培
普尔凯提江·乃吉米丁　杜建宏　马　丽　张博智
强佰琪

建筑与土木工程学院

肖　灿　王　杰　岑柱丹　罗海通　田思嘉　陶公伍
杨　帆　王　宁　谭扬深　李子晴　唐俊懿　陈辉煌
杨永严　胡庆铧　刘战扬　武芸竹　赵丹妮　邓成刚
段滢滢　迪力扎提·克热木　孟怡舒　焦　玲　陈荣琪

能源学院

姚静怡　杨陈涛　张汉林　徐倡悦　钟紫亮　李文保
黎明月

航空航天学院

林　麟　张紫嫣　王　璇　张　哲　真毅君　许铭权
王明达　王腾仪　罗龙城　吴云川　隋卓辰　张紫晗
陈　雪　董　帅　许华明　孙福键　李永明　叶淑琳
赖家磊　徐丽芬　吕宁芫　姜　涞　包　蕊　马文博
曹　颖　张明浩　曹玉雪　左博文　崔智超　林　鑫
张莉杭　罗　聪　覃塬堡　陈思铭　丁思源　王高洁
江盛烨　张志超　唐乾峰　于　莹　邓　优　李虹茜
程毓珺　王　磊　高竞祎　蔡缤彦　唐福东　苏玮恒
李程厚　罗苏英　郭新伟

电子科学与技术学院

吕彬桂　李志毅　吴　恒　陈梅雪　陈龙坤　叶　晨
石　欢　凌欣如　江茹俊　张定波　郭　靖　孟舒文
胡正军　黎文慧　高海洋　王　洋　陈渊彬　翟树盛
李柄权　葛文旭　余木燕　任云鑫　梅蓉蓉　纪振洲
万竞怡　郭文重　陈　胜　邓先豪　周思芳　吴升玉
王萌萌

生命科学学院

刘　凤　郝梦园　周晓婷　张闳应　田雨丘　许佳林
吴嘉仪　刘弟露　段荣荣　薛　佳　李兰芳　彭　瑞
张　敏　吴　榆　李冰艳　张琳昊　欧思路　张炳煌
张永琪　陈嵘琦　黄林霞　周文洁　刘子涵　许俊熠
陈姿涵

公共卫生学院

和　越　周礼妍　李　璨　木克代斯·吐尔逊程坦坦
杨欣怡　王满闲　任慧琴　董昌辉　方楚莹　李文倩
李浩嘉　王梓滢　程　丽　马浩文　李　鹏　刘　旋
柯嘉宣　杨　婷　郝田雪　汪希河　任宣行　唐潮彬

药学院

吕家忆　胡　倩　陈晓雅　李月莹　崔　婷　唐　瑞
冯诗怡　胡仰旺　张俊彪　李　婧　王　珊　李雨晴
占　婕　胡　倩　邓成玲　甘潆圻　沈志煌　吴　煌
吕承昱　吕佳晖　汪杭青

医学院

毋思思　刘桂杉　陈柏玲　陈　爽　兰芳芳　叶　楠
连家琳　曾译乐　杨元贵　贾甜甜　王子轩　李天丽
李　鱼　陈丽君　赖晓静　王若卿　况婷婷　王安齐
江心阳　毛思颖　黄馨儿　段抒伶　方小榕　黄骞紫
王煜薇　苏碧华　李闽蜀　乔　瑜　唐　琪　任冰洁
李锐璇　王　晶　冷籼瑾　封涣瑜　王崇林　张雅君
龚恺玥　唐浩诺　王玉涛　罗馨灵　储涵烨　兰淑华
邓嘉琳　刘伊婷　谢海峰　郭梦静　吕慧情　杨慕华
刘　坪

海洋与地球学院

牛　越　曾　琦　白清才　张佳怡　姚火全　许宏丽
齐　林　徐嘉融　赵玉青　梁超奇　郭映宏　唐舒琴
周明昭　张耀增

环境与生态学院

和菊芳　郑雪茹　曾樱芝　张亭玉　赵思敏　何伟欣
史一君　刘　蝶　孟　欣　刘峰林　刘智恩　项　治
林　霖　石卓文　马嘉鑫　王康乐

2023 年研究生国家奖学金获奖学生名单

中国语言文学系
金美杰　蔡菲玲　洪嘉俊

历史与文化遗产学院
刘俊豪　易　辉　子　珂

人工智能研究院
程利东

哲学系
刘舒雯　吉美瑶

新闻传播学院
王皓然　刘诗雨　刘子聪　孙于晴　许黄子仰

外文学院
徐方忆　郑泽麟　杨伊画

艺术学院
黄甜儿

国际中文教育学院/海外教育学院
于思佳　张枫茹

电影学院
汪湛穹　李星欣

经济学院
占妍泓　李晶茂　张文悦　金朝辉　左旭光　闵嘉琳
赵　岩　方玉文　柯进军　金　奇　王亚冲　任泽荣
曾莹芳　陈雅嘉　付　琪　张晗雨　王耘晓　杜　森
姜彦婷　薛宇森　陈晓洁　郑文雯　陈佳晖　张梦倪
刘　琳　陈浩天　张　曼　曹　颖　叶思圆

王亚南经济研究院
范馨月　黄琨皓　谢宗霖

管理学院
彭　艳　周一成　苏　彤　刘　敏　董怀丽　邵一凡
林安岚　曾晓雨　王雨婷　赵娅妮　杨　渲　赵聆娟
贾逸群　杜佳佳　郭　爽　孔玉舒　李佳丽

财务管理与会计研究院
司徒海莹

法学院
陈昊泽　林慰曾　曾巍芳　孟梧茜　苏文涛　李锦翔
郑佳琪　徐维吟　伍旋航　徐陈焰　董佳宁　董书捷

知识产权研究院
王　轩

公共事务学院
刘丽红　赖丽琴　刘　豪

马克思主义学院
杨丽京　柯东丽　李晶晶

国际关系学院/南洋研究院
李泳琪

教育研究院
凌　鹊　赵祥辉　刘景华　王　艳

台湾研究院
刘　畅　俞婧婷

社会与人类学院
李志滨　钟　伟　唐嘉琪

数学科学学院
黄雪玲　张旭文　张洪侠　李秀青　王佳鹏

物理科学与技术学院
朱水洪　齐艳青　邱鸿伟　周子岳　王有林　赵佳晨
陈聪祯　陈文庚

化学化工学院
陈超龙　苏禹铭　钟德　陈天生　彭　微　陈淑琪
张海棠　程晓阳　虞乐建　张宝丹　余诗洁　张　彪
林　莉　严升恒　朱维杰　林　黎　邹小雪　胡鑫焱
黄家玉　白蒙培　尤斐莹　杨小平　杨凌鸥　肖正义
陈蕾仔　余小雨　黄　欣　赖英杰　游紫云　高志鸿
亢元红　陈冠红　雷航彬　王文成　熊　辉

信息学院
罗小同　富振奇　罗　根　吴　海　张易亮　毛怡瑾
李漓江　庄子晨　叶方晨　张辰元　王源宇　刘贤滨
邓培伟　邱玥晖　陈锰钊　王昊为　钟智星　李鹏飞

材料学院
邓继东　朱烨琦　宋加贝　乐建平　董佩瑶　陈致霖
蔡轩宜

建筑与土木工程学院
邓立克　马家清　高滨玮　张鑫涛　汤世隆

能源学院

马　森　段金毅　雷雨电

萨本栋微米纳米科学技术研究院

邵尊桂　曾英俊　曾紫悦　何蓥平　李兰兰　李志鹏
赵福鑫　朱　彬

航空航天学院

程　冰　李　寒　黄致远　刘方岩　童晓珊　许　博
张劭捷

电子科学与技术学院

谢奕浓　王浩然　赖寿强　侯　鑫　黄瑞东　熊梦园
武梦远　黄毅凯　陈　桓　宋　辉　任英哲　何灿辉
李长清　林铸良　廖鑫辉

生命科学学院

王金芳　韦晓燕　杨淑真　沈　锐　宋飞波　郑娜英
洪丹妮　高　欢　黄　洋　温世雄　方　昕　庄艺璇
刘常乾　谷　壮　宋婧雅　解晨笛　魏佳乐

公共卫生学院

梁海旭　曾繁天　安义权　郑雅婷　奚邦朝　何　钢
郭怡超　王　星

药学院

何凤明　陈　莹　毛流洲

医学院

陈文凯　逄一臻　王婉冰　于子洋　蔡敏清　胡云霆
马芳玲　苏　萌　王传征　王　茂　许静莹　赵洋洋
赵智育　蔡佳宇　范伶林　冯添顺　徐伟植

海洋与地球学院

杨逍宇　王志轩　宋鲁平　罗伟成　刘峻宇　张　墨
李佳顺　赵龙腾　朱秀玲　吴艺语　宋　迟　李子旋
李玉蕊

环境与生态学院

林陆健　李汉一　李杭茜　牛丽君　张圣琪　张凯婷
罗司宇　谢弘宇　刘善乐　朱　珠

厦门大学2022—2023学年毕业班本科生优秀奖学金及获奖情况

序号	奖学金名称	奖励人数
1	学业优秀奖学金一等	440
2	学业优秀奖学金二等	653
3	社会工作奖学金	172
4	社会实践奖学金	81
5	文体优秀奖学金	107
6	学术创新奖学金	265
7	学业进步奖学金	8
8	志愿服务奖学金	67

厦门大学2023年秋季学期本科生优秀奖学金及获奖情况

序号	奖学金名称	人数
1	学业优秀奖学金一等奖	1512
2	学业优秀奖学金二等奖	2463
3	社会工作奖学金	676
4	社会实践奖学金	446

续表

序号	奖学金名称	人数
5	文体优秀奖学金	490
6	学术创新奖学金	848
7	学业进步奖学金	24
8	志愿服务奖学金	391

厦门大学 2023 年校级奖学金及获奖情况

序号	奖学金名称	奖励人数
1	文庆奖学金	10
2	本栋奖学金	10
3	亚南奖学金	10
4	蔡启瑞奖学金	10
5	曹德旺奖学金	94
6	陈唱国际奖学金	15
7	出版奖学金	12
8	大北农奖学金	60
9	傅鹰奖学金	10
10	葛家澍奖学金	10
11	葛文海、洪葛文杏奖学金	2
12	黄希烈奖学金	30
13	黄仲咸奖学金	100
14	金兆芬曹潜龙奖学金	20
15	立方奖学金	6
16	林祖赓青年科技奖	5
17	柳玉滨青年科技奖	43
18	卢嘉锡奖学金	9
19	鹭燕奖学金	100
20	钱伯海奖学金	8
21	清寒奖学金	20
22	邱华炳奖学金	20

续表

序号	奖学金名称	奖励人数
23	萨本栋博士研究助研金	1
24	萨黄淑慎奖学金	5
25	吴宣恭奖学金	20
26	谢正赞体育奖学金	15
27	鑫展旺奖学金	9
28	余绪缨奖学金	20
29	张亦春奖学金	23
30	至善奖学金	16
31	中国工商银行奖学金	100
32	中国建设银行奖学金	100
33	中国银行奖学金	66
34	庄绍华奖学金	40
35	自强奖学金	2
36	陈掌谔奖学金	30
37	国际学生奖学金(二等)	17
38	国际学生奖学金(一等)	6
39	洪华生海洋与环境领域前沿交叉研究奖学金	3
40	洪华生海洋与环境领域优秀科普人才奖学金	2
41	闽都·国际银行奖学金	100
42	潘懋元奖学金(二等)	10
43	潘懋元奖学金(一等)	4
44	吴宣恭科研奖学金	19(人/小组)
45	宝钢优秀学生特等奖学金	1
46	宝钢优秀学生奖学金	6
47	宝钢优秀港澳台学生奖学金	6
48	宏信奖学金	16
49	华为奖学金	12
50	中国航天科技集团公司 CASC 公益奖学金	18

2022 年度厦门大学共青团工作先进集体、先进个人名单

2022 年度厦门大学五四红旗团委

艺术学院团委
经济学院团委
法学院团委
公共事务学院团委
台湾研究院团委
化学化工学院团委

2022 年度厦门大学五四红旗团支部标兵

管理学院 2022 级工商 2 班团支部
马克思主义学院 2021 级团支部
教育研究院 2021 级硕士生团支部
社会与人类学院 2020 级人类学本科生团支部
物理科学与技术学院 20 级 3 班团支部
信息学院 2020 级人工智能系本科生 1 班团支部
材料学院 2021 级硕士生第一团支部
公共卫生学院研究生第六团支部
药学院 2022 级药学硕士 1 班团支部
环境与生态学院 2021 级研究生第三团支部

2022 年度厦门大学五四红旗团支部

中国语言文学系、历史与文化遗产学院、哲学系

本科生
历史与文化遗产学院 2021 级本科生团支部
研究生
中国语言文学系 2020 级文学硕士班团支部
中国语言文学系 2022 级文学硕士班团支部
哲学系 2022 级硕士生团支部

新闻传播学院

本科生
新闻传播学院 2021 级广视班团支部
新闻传播学院马克思主义新闻观理论研修班团支部
研究生
新闻传播学院 2022 级学硕团支部

外文学院

本科生
外文学院 2021 级本科英专 4 班团支部
外文学院 2021 级本科英专 2 班团支部
外文学院 2022 级本科英专 3 班团支部
外文学院 2022 级本科德专团支部
研究生
外文学院 2022 级硕士一班团支部

艺术学院

本科生
艺术学院 2020 级音表舞表本科团支部
艺术学院 2022 级美术系本科团支部
研究生
艺术学院 2022 级研究生团支部

国际中文教育学院/海外教育学院

研究生
国际中文教育学院/海外教育学院 2021 级研究生团支部

创意与创新学院

本科生
创意与创新学院 2020 级视觉传达设计四班本科生团支部
创意与创新学院 2021 级数字媒体艺术一班本科生团支部
创意与创新学院 2021 级数字媒体艺术三班本科生团支部

电影学院

本科生
电影学院 2022 级本科生团支部
研究生
电影学院 2020 级研究生团支部

经济学院

本科生

经济学院 2022 级本科生第二团支部

经济学院 2021 级财政系财政学团支部

经济学院 2021 级国际经济与贸易二班团支部

经济学院 2020 级统计学本科国际化试点班团支部

经济学院 2019 级统计学本科国际化试点班团支部

研究生

王亚南经济研究院 2022 级硕士团支部

经济学院 2022 级经研所、宏观中心、能源中心硕士团支部

经济学院 2021 级国贸系硕士团支部

管理学院

本科生

管理学院 2021 级 07 班电子商务团支部

管理学院 2022 级工商 01 班团支部

管理学院 2022 级会计 05 班团支部

管理学院 2022 级会计 10 班团支部

研究生

管理学院 2020 级旅游管理硕士团支部

管理学院 2021 级企业管理系硕士团支部

管理学院 2021 级能源政策研究院硕士团支部

管理学院 2022 级审计专硕团支部

法学院

本科生

法学院本科 2020 级 1 班团支部

研究生

法学院 2021 级法律硕士(非法本)1 班团支部

法学院 2022 级法本法硕团支部

法学院 2022 级法律硕士(非法学)2 班团支部

公共事务学院

本科生

公共事务学院 2021 级行政管理 1 班本科生团支部

研究生

公共事务学院 2022 级公共管理系硕士第一团支部

国际关系学院/南洋研究院

本科生

国际关系学院/南洋研究院本科 2021 级团支部

研究生

国际关系学院/南洋研究院硕士 2021 级团支部

台湾研究院

研究生

台湾研究院 2022 级硕士生团支部

社会与人类学院

研究生

社会与人类学院 2021 级社会工作硕士生团支部

数学科学学院

本科生

数学科学学院 2020 级统计学本科生团支部

研究生

数学科学学院 2021 级硕士生团支部

物理科学与技术学院

本科生

物理科学与技术学院 2021 级物理 3 班团支部

研究生

物理科学与技术学院 2020 级物理系硕士二班团支部

物理科学与技术学院 2022 级物理系硕士三班团支部

化学化工学院

本科生

化学化工学院 2019 级化学 2 班本科团支部

化学化工学院 2021 级生工班本科团支部

化学化工学院 2022 级化学类 7 班本科团支部

研究生

化学化工学院 2021 级硕士 4 班团支部

化学化工学院 2021 级硕士 5 班团支部

化学化工学院 2022 级硕士 4 班团支部

信息学院

本科生

信息学院 2022 级计算机大类 6 班本科团支部

信息学院 2021 级本科生软件工程类 1 班本科团支部

信息学院 2021 级计算机科学与技术系本科 3 班本科团支部

研究生

信息学院计算机科学与技术系 2021 级硕士生团支部

信息学院计算机科学与技术系 2022 级研究生团支部

材料学院

本科生

材料学院 2021 级本科生 1 班团支部

研究生

材料学院 2021 级硕士生第三团支部

建筑与土木工程学院

本科生

建筑与土木工程学院 2018 级城乡规划系本科团支部

研究生

建筑与土木工程学院 2021 级土木工程系研究生团支部

能源学院

本科生

能源学院 2021 级本科 1 班团支部

研究生

能源学院 2021 级研究生团支部

航空航天学院

本科生

航空航天学院 2020 级自动化系本科 2 班团支部

航空航天学院 2020 级仪电系电气 1 班团支部

航空航天学院 2021 级自动化系本科 2 班团支部

航空航天学院 2022 级工科试验班 5 班团支部

研究生

航空航天学院博士生团支部

航空航天学院 2022 级仪电系硕士生团支部

电子科学与技术学院

本科生

电子科学与技术学院 2020 级集成电路设计与集成系统本科生团支部

电子科学与技术学院 2021 级电子工程系本科生团支部

研究生

电子科学与技术学院 2021 级电子科学系硕士生团支部

电子科学与技术学院 2021 级电磁声学研究院硕士生团支部

生命科学学院

本科生

生命科学学院委员会 2021 级 1 班团支部

生命科学学院委员会 2021 级 4 班团支部

研究生

生命科学学院委员会研究生工程中心 2 班团支部

生命科学学院委员会研究生生物医学 5 班团支部

公共卫生学院

本科生

公共卫生学院 2021 级检验班团支部

药学院

本科生

药学院 2021 级本科生三班(拔尖班)团支部

医学院

本科生

医学院本科生 2020 级临床一班团支部

医学院本科生 2021 级中医班团支部

医学院本科生 2022 级护理班团支部

研究生

医学院 2021 级学术硕士内科班团支部

医学院 2022 级学术硕士翔安班团支部

医学院 2022 级学术硕士内科班团支部

海洋与地球学院

本科生

海洋与地球学院 2022 级理科试验班海洋生态环境类本科生第二团支部

海洋与地球学院 2020 级海洋物理本科生团支部

研究生

海洋与地球学院国家重点实验室海洋化学研究生团支部

海洋与地球学院海洋底栖生物研究生团支部

环境与生态学院

本科生

环境与生态学院 2022 级理科试验班海洋生态环境类本科生第七团支部

少数民族预科生管理中心

少数民族预科生管理中心少数民族预科班团支部

2022 年度厦门大学优秀共青团干部

吕凤楠	中国语言文学系团委书记
刘　群	航空航天学院辅导员
华盈鑫	数学科学学院辅导员(外派团福建省委挂职)
李思颖	公共事务学院辅导员
杨家麒	化学化工学院团委副书记(外派团厦门市委挂职)
陈国全	艺术学院团委书记
林　清	生命科学学院辅导员(外派福建省团教育工委挂职)
吴　维	法学院团委副书记
郑　娟	电影学院团委书记
曾祥轩	国际关系学院/南洋研究院团委书记
游璐茜	公共卫生学院团委书记
鲍小佳	医学院团委副书记
蔡　宇	外文学院团委副书记

2022年度厦门大学优秀团支部(团总支)书记

中国语言文学系、历史与文化遗产学院、哲学系
本科生
高　曦(团总支书记)
苟　钦
研究生
王永明(团总支书记)
周晓宇　肖雨璇　吴林智

新闻传播学院
本科生
郑涵仪(团总支书记)
胡　鹏　武骁晗
研究生
林欣洁(团总支书记)
郑漫漫

外文学院
本科生
史涵君(团总支书记)
洪奕桢　汤逸淇　胡嘉恬　刘珊宁
研究生
付心雨(团总支书记)
霍安瑜

艺术学院
本科生
韩墨林(团总支书记)
赵王典　章　艺
研究生
赵馨平

国际中文教育学院/海外教育学院
研究生
段若琳(团总支书记)
陈　敏

创意创新学院
本科生
林佳怡　樊　桦　芮樱绮

电影学院
本科生
李雨佳
研究生
王乔泊晨(团总支书记)

经济学院
本科生
兰佳祥(团总支书记)
任枳燃　严曼秋
研究生
叶森鑫(团总支书记)
王　俊

管理学院
本科生
梁　骁(团总支书记)
陈阅微　乔梦雪　韦嘉淇　杨昶皕
研究生
林安岚(团总支书记)
胡丽婷　曹　洁　管海馨　黄涵婧

法学院
本科生
陈歌洋(团总支书记)
邓乔尹
研究生
何朕芳(团总支书记)
李　璇　吴彭雯　张　章

公共事务学院
本科生
杨靖辉(团总支书记)
王婧怡
研究生
崔宁仪(团总支书记)
林晨彬

马克思主义学院
研究生
章温玲(团总支书记)
黄昊葳

国际关系学院/南洋研究院
本科生
韩如雪
研究生
班紫云

教育研究院
研究生
李然然(团总支书记)
冯　梅

台湾研究院

研究生

洪欣莹(团总支书记)

金睿晓

社会与人类学院

本科生

施亚童(团总支书记)

严紫椤

研究生

韩莉文(团总支书记)

陈　琳

数学科学学院

本科生

阮俊玮(团总支书记)

张飞扬

研究生

吴金榕(团总支书记)

物理科学与技术学院

本科生

邱杰斌(团总支书记)

孙嘉雯

研究生

周　豪(团总支书记)

李渝超　夏　爽

化学化工学院

本科生

张雨豪(团总支书记)

江萱瑶　曾嘉祺　董新华

研究生

陈超凡(团总支书记)

乐毅华　周　可　王文荣

信息学院

本科生

赵小曼(团总支书记)

孟　媛　王语婷　周若妍　项柏豪

研究生

郑冠仪(团总支书记)

刘　伟　王舒洋

材料学院

本科生

关雅雯(团总支书记)

陈鑫杰

研究生

林舒敏(团总支书记)

郑森燕

建筑与土木工程学院

本科生

方溢凯(团总支书记)

研究生

严庭婷(团总支书记)

能源学院

本科生

杨柔迪(团总支书记)

韩清杨

研究生

何　源(团总支书记)

熊贝妮

航空航天学院

本科生

邓炫懿(团总支书记)

佟佳芮　徐开磊　刘可凡

研究生

陈凤鸣(团总支书记)

涂佳婕　陈锦文

电子科学与技术学院

本科生

吴　恒(团总支书记)

易少楠　朱辰璠

研究生

秦庆党(团总支书记)

张仁主　严一鸣

生命科学学院

本科生

林智宏　刘正茂

研究生

陈娉仪(团总支书记)

高　英

公共卫生学院

本科生

王满闲(团总支书记)

张　滨

研究生

沈凡暄(团总支书记)

蔡艳花

药学院

本科生

胡　倩(团总支书记)

胡仰旺

研究生

卢　晟(团总支书记)

林可昕

医学院

本科生

吕欣静(团总支书记)

严晶雯　黄梦茹　陈俊松

研究生

王　依(团总支书记)

唐　娜　张　可　傅雪铭

海洋与地球学院

本科生

王莹莹(团总支书记)

林灼莹　王子怡

研究生

宋　迟(团总支书记)

张爱玉　吴艺语

环境与生态学院

本科生

苏　晗(团总支书记)

吴明真

研究生

张欣宜(团总支书记)

少数民族预科生管理中心

预科生

石渝杨

2022 年度厦门大学十佳共青团员

马程程　创意与创新学院 2020 级本科生

王　楠　外文学院 2020 级本科生

毛延廷　厦门大学研究生支教团

叶淑敏　经济学院 2021 级硕士研究生

杨柏昕　新闻传播学院 2021 级本科生

杨　博　医学院 2021 级博士研究生

张文欣　马克思主义学院 2021 级硕士研究生

钟易晟　航空航天学院 2020 级本科生

谢榕杰　化学化工学院 2019 级本科生

潘月涵　生命科学学院 2020 级硕士研究生

2022 年度厦门大学优秀共青团员

中国语言文学系、历史与文化遗产学院、哲学系

本科生

陈欣睿　徐雯雯　练　韬　杨云超　李洁荛　黄榆茜　赵若曦　刘琦荟　孙　潮　张心豪　孟照芫　张思怡　古欣愉　程子航　谢馨平

研究生

任思宇　余　惠　孙雨桐　苗永清　王　赞　田　萌　郭晓倩　张　鸿　冯巧梅　刘　燕

新闻传播学院

本科生

范姗姗　何若溪　王星宇　赵　蓉　晏子凌　余　睿　徐碧鸿　郭烨桐　佟禹蒙　李雨芊　田欣鹭　李晓倩　郝晨智　苏宛莹

研究生

尤　佳　游　红　赖洁薇　徐晨怡　吴　丹　谢丹熔　曹书圆　柳含露　孙于晴　顾炜思嘉

外文学院

本科生

陈漫榕　王梓琦　周芝岍　曹飞艳　谢晓羽　陈　诺　梁雅琪　何淑瑶　郑海涛　曹嘉妮　李立卓　郭泽章　连栩莹　陈若青　林心怡　施雨宁　黄佳怡　杨钧琰　卓　晔　罗　洁　曹欣滢　唐诗雨　李　娜

研究生

王澜钧　陈婷婷　李钰明　黄　洁　唐永玮　王力平　彭　靖

艺术学院

本科生

杨德睿　陆诗莹　冯瑞雪　曾意桐　刘昱齐　陆俊伊　赵晓洋　李　倩　彭子易　邢凯玥　付渤淮　沈涵忆　尹伟拓
吕晨奕　崔子豪

研究生

黄甜儿

国际中文教育学院/海外教育学院

研究生

罗亦纾　宋玮鸿　叶微微

国际学院

本科生

雷铠璐　凌忍言　邱聪桐

创意与创新学院

本科生

汪涵歆　蒋鸿洋　王云仟　刘晓浦　石　雨　李莎淇　杨程皓　洪思徐

电影学院

本科生

谢雨瑄　谢粟湘　李东芳

研究生

陈文晴

经济学院

本科生

赵林楠　余子涵　李　萱　方　悦　黄诗颖　林蔚然　刘伟堃　叶君妍　朱辅钰　周　泉　李亦菲　王玢莹　王农耕
李霁云　余锐琦　朱铠祺　郑梓妍　杜诗睿　蔡云菲　黄思诺　曹蒙梦　陈淑沄　崔　畅　罗紫璇　王锦蓉　张梓洛
陈小雪　黑敏楠　罗晓媛　姚珂涵　李刚彬　杨　阳　江熙瑶　邢紫娱　吴锐剑　李欣馨　王泽宁　杨诗玥　陈湘芸
牟思璐　鲁铖祉　郑钧予

研究生

王　辉　张瀚文　刘倩思　许　瑶　王　博　林若与　蔡静雯　秦培博　梁瑞欣　王株梅　刘家宝　黄昊谋　刘琳琪
明宏宣　单紫叶　周梦晨　李燕花　刘　璇　吕英铭　余晨帆　王常贺　温煜婷　薛宇森　安　鹏　张艺佳　任紫奕
叶思圆　高　莹　何睿文　刘姿君　陈均林　梁　钰　吴　红

管理学院

本科生

游丽华　陈天然　刘灵姗　房小迪　陈美宏　刘嘉仪　曾诗芸　胡安琪　侯　佳　吴智涵　孙园媛　李骁宇　刘丁嘉
江璐兰　肖韫泽　黄　钰　傅钰景　余和美　罗佳欣　刘一霖　方香惠子申玲瑄　黄晓湘　张忆颖　潘世厚　赵　轩
徐传力　王紫瑞　林渝晴　马瑞郴　许浩财　赵小叶　熊柏臻

研究生

许嘉婷　郑蓉蓉　曾雪梅　江　怡　邓凯琳　刘文琪　蒲意辉　周世豪　赵娅妮　宋　烨　徐　洁　张　凯　郭　爽
潘思婕　杜佳佳　张星月　钟雨清　黎霖泽　刘子杨　董智丽　刘　敏　陈十硕　孙雨昕

法学院

本科生

陈文威　刘怡含　郑同舟　倪一凡　张　琳　张　意　刘文昊　陈佳鑫　林梦琪　李惟源　王湘博　肖鹏飞　张凯硕

蓝玲艳　李嘉琦　杨佳佳　陈斯牵牵

研究生

张博妍　谢炜静　黄雨婷　曾巍芳　胡小莉　念仰天　刘　庆　晏天莹　杨文波　鄢攀曲　董书捷　黄舒灵　陈诗敏
彭子潇　苏文涛　孙　雯　郑佳琪

公共事务学院

本科生

莫　凡　董克朋　张玉梅　方　宁　纪嘉容　曹思雨　常　皓　董怡乐　杨小钱　林衍含　翁林佳雨

研究生

詹澳荻　吴艺敏　刘军萍　孔存达　张卉妍

马克思主义学院

研究生

刘思明　罗仁杰　张罗丹　刘雨婷

国际关系学院/南洋研究院

本科生

毛钰茹　周　洋　何　涵　杨雨婷

研究生

万偲蕾　夏纯悦

教育研究院

研究生

乔偲祺　熊丽嘉　陈玉蕾

台湾研究院

研究生

林书廷　王复俊

社会与人类学院

本科生

谢　东　仇文娇　游玉洁　张婉莹　樊　玥　邓向黎　梁怡婷　唐晓宇　曹书涤

研究生

谢胜杰　代梦瑶　马怡乐

数学科学学院

本科生

廖智勇　蔡豫进　王语涵　李雨濛　刘思怡　谢铭慧　连嘉晋　潘　玥　赵欣雨　覃译贤

研究生

吴　蓉　陈佳樱　徐　起　郭欣宸　张子辉

物理科学与技术学院

本科生

余星城　刘蔚中　付　聪　蔡柄煌　汪鑫志　胡　劼　肖雨欣　魏子晔　时晗暄　刘鸿博

研究生

郝　麟　陈柏逸　张泽阳　赵永鑫　于佳彤　吴宇晗　孙明虎　王　丹　叶　颖　周博语

化学化工学院

本科生

李嘉辉　林泽胜　陈丽娇　段一龙　谢卓承　付竹青　官亦凡　马　睿　曹沛源　付　杰　王雅慧　郑子言　吴嘉丹　宁玉华　陈　欣　陈思怡　聂雨石　阿迪力江·阿力木

研究生

杨淑雯　李文婷　游锦漩　李梦佳　刘思奕　韩雨航　雷文刚　吴佳琪　于亚楠　马冬旭　郭　烨　张　骞　曹俊雨　孙劭迪　余　俊　徐文静　那　行　田文海　姜懿娜　董玲玲　张　旭　曾泳皓　邓雨茜　葛歆玥　宋雨鸿　薛亚轩　鄢新力　胡紫薇　张乐威　陶家伟　许琳琪　薛腾方

信息学院

本科生

孟子杰　金菲儿　叶韦宏　徐文韵　马　蕾　白一然　郑晨祺　雷　勇　陈可涵　谢哲涵　李　好　蒋怡宁　丁延利　朱纪玉　刘恒霖　詹翁怡　杜佳宝　申奥怡　朱嘉煜　张婷婷　吴佳熙　潘嘉烨　宋海山　周　和　孙萌萌　郑银屏　应驰骅　李嘉琪　李伟峰　胡蕊超　贺新凯　白翌辰　陈泽海　林铭烽　桂思敏　陈梓翔

研究生

李　斌　孟凤玲　张辰元　庄子晨　丁　港　杨浩哲　徐常升　王志遥　周玮丽　王艺霖　罗高宇　罗耀钦　吴尚泽　沈顺文　詹泽生　吕正芃　余锦辉　苗伊博　张　昆　连陈宇　邓　阳　何　妍　李　超

材料学院

本科生

崔宇航　阙　浩　裴　鹏　曹嘉宏　谌若愚　陆晓月

研究生

高贵阳　赵海燕　陈致霖　吴俐臻　梁　莹　黄闽熠　黄　霖　朱旭滔　王世豪

建筑与土木工程学院

本科生

李林茜　张婧怡　张云帆　陈兆其　何慧敏　范思盈　陈鹏林　赖莹莹　杨思瀚　李君楠　王城树

研究生

刘雅茹　贺胜春　郑宇恒　杨　森　佘紫薇　林晋扬

能源学院

本科生

肖可馨　吕弘毅　叶文珊　张子竣　陈振兴

研究生

谭义勇　刘鸿远　雷雨电　卢嘉鸣

航空航天学院

本科生

唐福东　丁晖阳　方鸿祥　邱浩然　武新雅　刘　畅　杜沛涵　张佳颖　孙瑀珩　王子晗　林钧哲　高蓉雪　王　潇　张菁菁　韩兆翔　王　舒　张晓迎　金奥云　何　西　张紫晗　王皓正　黄垲焱　王明达　薛银玲　杨　晶　邹茗芳　梁彦阳　寇思丹

研究生

林超宇　张鑫泽　曹　盛　洪秀敏　宋羽佳　谢超雄　黄楚亮　刘庆卓　陈　旭　焦　敏　何嘉玮　戴　敏　闫天阳　陈嘉麟　汪　鑫　王涵博　吴敏锃　陈龙翔

电子科学与技术学院

本科生

陈梅雪　张瑜阳　陈增宇　高泽斌　叶　晨　孙忠琳　孙超彦　余婧阳　黄子馨　艾思丹　刘宏宇　杨　毅　连若苹　张祁祁　林劭华　蔡文轩　李书琦

研究生

余靖伊　马思佳　宋　辉　陈益航　朱方圆　田媛媛　吴少城　廖鑫辉　尤惠月　王继兴　胡　威　康　傲　赵雨泉　何王凤　杨　浩　王汉捷　钟岩松

生命科学学院

本科生

王尚菲　林斯瑾　张俊琳　刘瞬恒　李小竹　吴凯鸿　邹朋来　刘可伊　彭天云　伍桐瑶　宋慧琳　吕孟璇　李冰艳　詹怡然

研究生

张金蕾　庄艺璇　张胜男　张平香　崔玲艳　许钰洁　黄杜娟　廖　婷　刘宏汉　王玉莹　李文娟　魏冬梅　钱兹英　侯玲凤　刘　冰

公共卫生学院

本科生

许颖琳　王艾欣　陈　师　姜若晗　柯妍姝　苏安琪　夏伊澜

研究生

郑雅婷　赵灿阳　胡　祐　曾馨莹　魏林江　黄　直　陈　祺　王乃禛　杨梓梅　郑廷权

药学院

本科生

康冰琪　杜依然　刘晓晓　吴丝蝶　李俊彤　马尔蔓

研究生

陈　莹　姜晓娟　李志果　季晓萱　郭嘉琪　索紫矜　余哲炜

医学院

本科生

曾译乐　廖星兰　龙娜沙　杨棋翔　张明璇　张昊亮　陈志杰　王玉涛　黄嘉骥　吴依然　杨丰泽　李仲雯　李锐璇　史薇燕　王禹昕　赵睿霖　储涵烨　唐　琪　李　蓁　李嘉祺　刘奕琪

研究生

郭志祥　楼康良　朱子锐　潘高涧　孔令升　陈明翼　李虹瑾　俞　悦　徐　昊　罗常鸿　李江泉　周慧文　陈钰玲　朱艺钒　林佳琳　张荣荣　马灵姗　张林林

海洋与地球学院

本科生

陈思婧　金均昊　刘雯惠　虎靖杰　陈　辰　翟欣婷　杨　成　李祉仪　汤韫玮　谭晓澜　裴宇琪　徐嘉融

研究生

李灿如　李子旋　徐博林　谭智杰　林婉霞　汪　铃　郑裕彤　谢金燕　李　卓　纪鸿景　侯懿玲

环境与生态学院

本科生

龙宇声　高天楚　张睿杰　林倩如　和菊芳　邱毓芳　安轶阳　江婉霖　程诗雨　林捷如　张浩坤

研究生

冯淑芳　李松涛　牛耀路　潘心悦　苏曼琳　王　璐　张月月　郑欣怡　洪　瑛

少数民族预科生管理中心

预科生

胡雨菡

机关团委

陈燕玲　郑俊艺　赵梁杰　谢晨馨

国际学术交流中心

叶守丽　李小燕

后勤集团

潘垚林　曾鹭彬　戴宇杰

附属翔安医院

张　贵　李　婉　冯舒婷

·毕业生名单·

毕业本科生名单

中国语言文学系

艾依诚 步濡羽 蔡子娴 陈慧萍 陈咏媛 陈屿璠 程培琳 邓国意 樊文歆 方立明 方映婷 冯晓慧 甘 纳 高斯琦 谷芷言 何晶晶 贺嘉俊 胡 璟 黄 翎 黄羽彤 赖叔青 兰雨珊 黎树成 李佳璇 李景昭 李炜鑫 李怡婷 梁家骅 林佳曼 刘佩佩 刘诗滢 刘西米 刘怡宁 卢 颖 罗钰鸣 麦尔耶姆古丽·麦麦提依明 孟庆昊 米尔阿力木江·库热什 宁一奇 努热曼古丽·艾合提 潘 露 彭子昊 岂艺文 钱虹伊 乔 玥 任玉涛 沈涵锋 石雪冰 史瑞先 孙千涵 孙雅萱 唐 淇 田凡冉 田 宇 万慧琴 王慧琴 王若晖 王 雅 王子怡 韦缨姿 魏闰生 肖璐嘉 谢承瑾 谢思颖 徐千惠 许婉焱 鄢翔颖 杨茂珩 杨美玲 杨文涛 杨艺溢 杨紫晗 姚 颖 余小倩 余智瑶 袁婉彦 张德平 张佳文 张静怡 张美玲 张语婧 赵璐铭 赵知雨 郑培宏 周林励 周 懿 周 颖 周昱雯 周之祯 朱 俊 NG XUAN ZIN

历史与文化遗产学院

白欣瑶 曹涵清 陈炳国 邓 蕾 范晓彤 龚雨嫣 洪盈浚 黄炜豪 黄文娟 黄义孜 蒋晓彤 康伊帆 赖梅芳 李洪云 李辉辉 李 睿 李宇轩 梁育玮 林聪晓 林雯珏 罗 罡 马海波 马艺侨 莫超越 彭智豪 孙 潮 塔 拉 王 晨 王 珩 王宏伟 王旻浩 姚明含 张 笑 张盈盈 张允中 赵 锐 赵希萌 赵宇鹏 郑雯雨 周识宇 周宇锋 JOSEPH BEH KAI ZEK

哲学系

曹泽睿 曾俊胤 曾珮瑶 陈 滨 陈晓莹 戴霞蔚 郭琛恺 黄 劲 李俊一 李睿铭 李硕毓 梁逸玮 凌泉灵 刘爱雨 卢 萍 唐梓耘 翁欣怡 肖中扬 谢伊辛 杨 洪 张 鼎 赵虹虹 周瑞鑫

新闻传播学院

安越洋 蔡静怡 蔡欣如 曹凌菲 曾苏扬 曾湘杰 车儒昊 陈 佳 陈佳瑜 陈 珊 陈淑云 陈怡宁 陈靖轩 旦增达色 旦增拉姆 旦增卓嘎 邓必赢 董睿晗 杜冰彬 范姗姗 奉琛宇 付国雄 顾蕙晞 关雯文 郭羿彤 哈泠羽 郝玉婷 何任泽一 何小豪 何欣怡 胡欣雨 许 诺 黄 磊 黄 雪 黄嘉怡 简奕晗 江美欣 江心茹 金 燕 柯雅清 孔翘楚 李泓霆 李佳雯 李家权 李明鸽 李 汝 李潇雅 李逸凡 李子薇 梁颖琳 林静怡 林梦欣 林诗沁 林心怡 林志鑫 凌仔鑫 刘冀哲 刘清浦 刘世棋 刘思颖 刘欣然 刘雅思 刘依璇 刘雨嫣 陆蔚璎 罗 千 骆 越 吕亭澂 马志远 麦恺欣 毛语晨 倪新纪 欧尔雅 帕丽扎·波拉提 潘欣宜 钱正寒 邱灵越 邱思洁 邱文彬 阮瑜颖 沈丁凡 宋 迪 宋鸿磊 苏宛莹 孙文希 孙亦锋 孙英智 唐源森 滕亚伦 田 竹 王梦溪 王淑慧 王舒雨 王鑫瑞 王逸轩 王泽宇 吴 柳 吴珮琪 吴奇隆 吴世鸿 夏虎行 谢莉苹 徐惠婷 徐庆琳 徐心仪 徐梓婕 许 愿 严 旭 严煦如 杨昊隆 杨瑞彬 杨思睿 杨斯淇 杨粟予 杨 田 游自强 余灵吉 余盈洁 詹远航 张 洁 张景惠 张力文 张秦頔 张如茵 张欣仪 张至垚 张雨虹 赵诗琪 赵梓涵 郑世杰 钟雯雯 周嘉悦 周 妮 周思婷 周益华 朱 嫣 朱 颜 庄银鸿 EIRENNE GABRIELLA TANUN CHAN SIAN YANG HENG WAN RU JENNY SUYUE WEINERT NGUYEN NGOC ANH THAM YU HAO WU FANG CRISTINA

外文学院

安雪莹 蔡国星 蔡 栖 蔡颖怡 曹田慧 常 好 陈纪筠 陈洛铭 陈 律 陈倩妮 陈思捷 陈思瑞 陈晓琳

陈晓濛 陈心梅 陈欣宇 陈燕翎 程飞斐 褚泓雨 妲娃赛珍 邓珊 邓镒宏 丁佳欣 范可可 冯小连 尕童
高晗 高伟航 高悦涵 葛筱雨 龚琦茗 龚晓 古欣然 郭陈陈 郭广进 郭舒婷 郭星彤 郭永靖 何俊磊
何心云 胡瑾瑢 胡员张 黄晶 黄佩美 黄欣璐 黄雅芳 黄彦颖 黄永鸿 黄子芹 黄舒婷 简晶 江晓乐
姜乐芃 姜雨 蒋文治 康玉婷 柯虹 李传旺 李冠甫 李宏扬 李嘉允 李俊毅 李丽欣 李灵潇 李时雨
李蔚 李文慧 李欣怡 李玉君 李泽颖 廖荟 林涵 林泓罕 林可欣 林丽姗 刘丽娇 刘美伦 刘思晓
刘怡婷 刘懿慧 刘雨欣 柳浩宇 罗倩 吕芯玥 吕忆遥 马青青 马文辉 马玉娴 马祯聪 潘县梅 潘钰
彭文燕 蒲兰 朴明惠 钱思程 秦紫尚 丘韫娴 曲英铭 冉娜 阮鸿星 申隽睿 师林玮 施林江 隋辰斌
隋思勤 覃彦榕 汤恒 唐晓琼 陶卓涵 田志豪 万佳乐 万嘉奕 万雨洁 汪浩然 汪妍安琪 王辰琦 王露
王诺涵 王睿 王心怡 王一一 王昱 王珍韦 王梓霖 王梓琦 王紫君 韦伊 韦祎 温佳泓 吴宝罡
乌蓝托娅 吴迪 吴希玥 吴怡凡 吴毅龙 武梦瑶 夏羽含 谢珑珑 徐静颖 徐小琰 许亲亲 许奕杰 杨承赟
杨陈舒淇 杨淳婷 杨佳琦 杨峻沣 杨沐 杨琪 杨依琳 姚韵棋 叶露谦 叶明华 叶文杰 殷孟晋 游芷琪
于晓凡 于伊凡 袁婷 院兆睿 张彩烨 张丹滢 张皓宁 张霁晴 张嘉韵 张靖涵 张凯源 张明远 张书萍
张思楠 张晰秋 张心怡 张扬 张依琳 张雨菲 张炜俊 赵嘉诚 赵姝璇 郑丽婷 郑培毅 郑琦琦 郑雯渝
郑迅航 郑允喜 郑拓宇 周静怡 周明蓉 周欣仪 周鑫源 周逸潇 周悦 周芝岍 朱江 庄皓如 邹欣玥
JEON SEUNGHUN

艺术学院

安琪儿 蔡尔瞻 蔡元方 曹朔源 曹子琪 陈池 陈德馨 陈铎文 陈佳晶 陈佳仪 陈佳仪 陈凯迪 陈倩仪
陈沈雅歌 陈诗诗 陈诗怡 陈舒雯 陈文鑫 陈吴筝 陈夏诗语 陈晓琪 陈欣楠 陈晔涵 陈伊晴 陈正 程柯盈
程晓敏 池楚楚 戴闰琪 邓非雨 邓佳瑜 丁维中 董仁杰 杜欣悦 段欣欣 范雨霏 方洁 方维安 冯晨
冯瑞雪 高歌 高佳 高子星 龚如艳 郭泊丁 郭思婕 郭昕烨 郭怡榕 郭泽禹 郭子菲 韩汀萱 何佳润
何诗菱 和珈育 洪婧瑀 洪祎玮 侯志鑫 胡荣斐 胡旭辰 黄洛文 黄沛廷 黄薇 黄欣怡 黄栩薇 黄梓琦
纪鸿渝 贾凯莱 江柯 景馨逸 柯力嘉 柯力源 兰章扬 郎千惠 黎文琳 李畅 李朝龙 李川 李泓铮
李家豪 李建斌 李晶 李秋凝 李若彤 李珊珊 李诗琪 李姝颖 李爽 李文帅 李湘君 李响 李欣怡
李悠 李悦馨 梁恬怡 梁亦秦 廖莞 林欢雨 林婉玉 林衍岑 林乙鹏 林雨佳 林雨熔 刘奥悦 刘楚萱
刘嘉鹏 刘婧洁 刘林 刘润昊 刘思妤 刘新元 楼典昊 卢道宜 卢飘若 卢思涵 卢艳阳 鲁京源 陆诗莹
栾钱金子 罗景涵 罗可心 罗烨 吕金汶 吕坤池 马丹阳 马利亚 毛高荣 苗舜媛 南天馨 念孜盈 牛晓艺
彭诗懿 彭星雨 钱亦凡 饶秩龙 任静 申艺思 沈斯涵 施妍君 石欣冉 石志媛 舒延 舒悦 帅云枫
宋歌 孙启 孙小棠 孙逸秋 汤千萌 陶聪 陶洁 王博民 王鸿韬 王姣 王婧 王鲲 王诗怡
王文君 王熙荣 王欣 王雪歌 王宇轩 王雨欣 王智珑 魏丁洁 魏婧莹 魏雨霏 温子娴 吴承骏 吴棋
吴沁原 吴限 吴欣媛 吴亦帆 吴雨桐 吴真 伍晓彤 武小萌 武子涵 希琴 夏浩然 肖宇伦 谢墨晗
谢绮燕 谢若涵 熊畅影 徐江涛 徐笑言 徐娅雯 许金戈 许书豪 许望月 许晓冰 许雅淇 许焱鑫 鄢柏寒
杨晨希 杨德睿 杨海峰 杨健艺 杨珂悦 杨玲 杨露浴 杨裕强 杨志超 姚文祺 叶雨心 叶泽华 叶子霖
殷嘉浓 尹力 尹舒 尤诗霖 尤欣欣 游孟涵 于博 于乐洋 于岳 张琛 张吉倩 张诗清 张思琦
张炜 张雪莹 张亦竹 张逸雯 张雨 张雨今 张哲 张志婷 张子娟 张子晴 赵海同 赵佳佳 赵晓
赵颖 赵蕴文 郑博元 郑疏影 郑舜隆 郑怡 郑子涵 钟锐仪 钟星琳 钟艺雯 周棣洋 周涵 周婧
周萱惠 周子丹 朱丹丹 朱海琦 朱丽珍 朱明杰 朱沫霖 朱玉 朱元真 朱芷晗 庄依达 邹晶宇 邹倩
邹苇如

国际学院

曹贯宇 曹爽 曾婕 陈贝舞 陈冬夏 陈梦瑶 陈若彤 陈舒灿 陈祎诺 陈怡 陈月婵 陈琢 崔梓轩
代涵琳 戴文枞 邓超 方圆 费梓凡 冯嫣然 干子昂 龚瑞韬 龚天伟 龚艺 龚雨柠 关筱彤 关羽潇
郭安澜 郭旭 郝卫东 何昕蕾 何雨晴 贺腾昊 胡隽浩 胡依一 华夏 黄晨鑫 黄冲亚 黄慧菁 黄莉莉
黄睿 黄馨怡 贾咏琪 江光煜 江嘉晖 金仁哲 靳安和 柯东 雷铠璐 李丹雯 李佳凝 李思敏 李思祺
李潇潇 李怡然 李玉滢 李泽宇 李智鹏塬 李洲 李子鲲 李子琪 练舒榆 林佳敏 林佳怡 林锴越 林润泽
林中达 凌忍言 刘晨岚 刘佳音 刘锦桐 刘峻宇 刘扬雁 刘之明 卢南俊 陆际远 陆滢如 陆宇阳 罗文妤
罗艺博 马跃展 马越 毛辰晖 潘奇颖 潘燕 潘逸伦 彭诗棋 秦榕珂 丘子涵 邱聪桐 邱艺书 屈峰灏
任浩宇 任彦臻 盛欣雨 石佳逸 宋春雨 宋嘉杨 宋志杰 苏瑾 孙奥 孙培艺 孙茜 孙守祥 唐墨萱
陶也 田惠萍 万奕 汪菲凡 王成宇 王成之 王涵 王乐妍 王斯雨 王欣言 王宇飞 王宇婧 王禹馨
王泽新 王哲言 王稚皓 王梓瑜 魏乐夫 吴宏鹏 吴明睿 吴诗婕 吴思滢 伍峻枫 夏迪哲 肖永康 谢初旖

谢佳潜　谢泽南　谢志君　徐沈颖　徐瑜婕　徐　泽　许剑豪　许毅凡　薛景隆　薛伊恬　闫理正　闫毓龙　颜沁雯
杨可怡　杨明骅　杨尚博　杨一宁　杨泳坤　叶莉佳　叶淑燕　叶　帅　叶未央　易林燊　游皓林　于千雯　余锦豪
袁英岚　詹家琦　张耿浚　张洪宝　张慧琳　张琳雪　张　楠　张思楠　张一卓　张依涵　张羽涵　张芸汀　赵坤灵
赵龙杰　赵英淇　周　然　周宇城　周钰茜　朱培源

电影学院

陈　斌　陈美彤　付晓洁　贺川玲　侯羽能　康海宁　康振霞　李雨知　李元昊　林诗媛　刘文莉　龙欣雨　吕孟樊
其乐蒙　任凌缃　阮兰雅　石宇涵　田　飞　田　雪　韦文骄　翁　翔　吾赛尔·那孜别克　徐涵茜　杨润宜　杨玉慧
张正慧　卓琦婧

经济学院

阿卜杜喀迪尔·麦麦提　阿卜杜拉·阿布拉　安　聪　柏复翔　包赫延　鲍玉虹　闭文辅　蔡惠君　蔡静湄　蔡坤凌
蔡胜泽　蔡诗莹　曹浩然　曹蒙梦　曹琪燕　曹斯琪　曹　璇　曹泽龙　曾　畅　曾泓嘉　曾　微　陈安然　陈碧滢
陈　畅　陈　辰　陈道凯　陈杜炜　陈丰磊　陈　航　陈佳宁　陈俊达　陈俊宏　陈坤泽　陈璐衡　陈美琳　陈梦雅
陈明清　陈清俐　陈少剑　陈诗宇　陈诗苑　陈淑沄　陈思睿　陈思羽　陈斯贤　陈伟鹏　陈伟强　陈玮杰　陈文盛
陈小雪　陈筱滢　陈心怡　陈　欣　陈嫣然　陈一鹏　陈奕鸣　陈逸凌　陈宇洁　陈育彬　陈钰滢　陈岳奇　陈正梅
陈子琪　陈嘉禧　陈祥钧　陈艺杰　程芷妤　褚恒洋　崔　畅　戴　昀　丹臻旺钦　单心月　单志远　旦增卓嘎　德央啦
邓键濠　邓逸杰　丁芳洁　丁可欣　丁　宁　丁雯雯　丁雅云　丁妍心　董铭一　董新宇　窦仙姚　杜静雯　杜宇星
杜　昱　樊丁丁　方林炜　方怡晴　方　颖　方悦人　方政皓　冯艾蒨　冯　回　冯　祺　冯　轩　冯　颖　佛丽君
傅寒雪　富天慧　甘致蕙　高　昳　高榕蔓　高恬篱　葛泊延　耿晓萌　关茹菲　管奕扬　管颖杰　郭可欣　郭师航
郭淑婷　郭汶谨　郭轶群　韩梦圆　郝凤娇　何　昶　何寸杰　何光俊　何靖杰　何居远　何茜茜　何昕怡　何依杭
何　尹　贺博钰　黑敏楠　洪天鑫　洪欣桐　胡锦毅　胡景昱　胡琪迪　胡小雯　胡怡璇　黄晨暄　黄佳敏　黄军杰
黄立涵　黄伦杰　黄美轩　黄沈雪　黄诗涵　黄炜林　黄文杰　黄　莺　黄　郁　黄郁真　黄子妍　黄嘉琦　黄顺凯
惠舒纯　纪　洁　纪哲源　江森宇　江晓艺　江乙一　江志炜　焦方伟　金丽衍　金　铃　金英美　晋玉星　靳　曲
卡地霞·那孜尔巴依　阚天航　康君洁　康丽圆　孔子怡　赖箐菁　雷啸天　李博宇　李辰辉　李芳怡　李浩然
李佳霖　李杰予　李康源　李珂欣　李　乐　李敏楠　李明津　李沛雨　李润峰　李若菡　李尚泽　李淑颖　李威坤
李伟贤　李　想　李欣悦　李秀梅　李雅茹　李亚婷　李奕新　李宇嘉　李宇宁　李　昱　李渊泓　李元超　李照坤
李智超　李子晴　连诗绮　梁峻维　梁智聪　廖霆烽　林飞扬　林耿贤　林　瀚　林浩宇　林慧芝　林嘉澍　林靖翔
林钧伟　林　肯　林培慧　林思彤　林苏婷　林婷婷　林菀滢　林纤茜　林　昕　林　鑫　林秀慧　林彦辰　林毅欣
林雨琤　林育璇　林泽邦　林紫韬　刘　辰　刘铖荣　刘冬语　刘　枫　刘杭岭　刘航岐　刘金博　刘　京　刘凯欣
刘梦华　刘名宇　刘　琦　刘琦璐　刘若琪　刘伟东　刘文芩　刘雅玄　刘　耀　刘　烨　刘逸儒　刘　盈　刘雨杭
刘语涵　刘昱池　刘毓青　刘真秀　刘志宇　柳鸿楷　卢映帆　陆义朋　罗晨城　罗承德　罗东明　罗昊宁　罗慧婧
罗凯尹　罗林逸　罗文烨　罗晓媛　罗雅韵　罗紫璇　洛桑朗杰　骆金苗　骆　旭　吕　佀　吕　诺　吕亦斐　吕子颖
马嘉润　马明胜　马莎莎　马文韬　马潇郡　马雪茗　毛嘉怡　孟昌宏　尼玛旺旦　倪　辰　牛嘉仪　牛　童　牛鑫鑫
牛　阳　牛子昂　潘奥霖　潘康裕　潘欣雨　潘宇樾　庞　翀　庞思芸　彭　景　彭暐婷　彭熙文　彭雪化　彭雨洁
彭臻晖　皮　洋　戚晓宇　祁海超　綦世隆　丘静然　邱永墩　曲　艺　饶　淼　芮慧玲　沈佳敏　施小奇　施忆清
石乐萌　石平旺　石子泓　史广平　史岳泽　寿弈韬　宋晨阳　宋佳懿　宋　珂　苏丹蕾　苏宏颖　苏璟瑶　苏　睿
苏暐淇　苏文昱　苏雅纯　苏炜竣　孙　奥　孙菡治　孙华彪　孙睿溥　孙诗芸　孙雅婷　谭　婷　汤潇潇　汤昀睿
唐　朗　唐雨豪　陶思琪　陶　娅　田　茜　童忠浩　万芮霖　万雨婷　汪康馨　王安琪　王　博　王朝芃　王德艺
王　涵　王辉龙　王佳宜　王　洁　王锦蓉　王　珺　王可心　王明志　王　骞　王清媚　王　恬　王祥家　王欣悦
王新璐　王秀怡　王亚男　王　瑶　王叶萌　王一卉　王益泰　王宥心　王宇祺　王雨忻　王煜智　王　越　王泽焜
王征宇　王卓琳　王子铭　王紫玲　王紫萱　韦新夏　韦彦宇　魏熙雯　温雨晨　翁志伟　吴楚云　吴端旭　吴浩辰
吴宏靖　吴敬生　吴斯倩　吴　桐　吴　欣　吴雪婷　吴泽际　吴泽齐　吴泽松　吴哲夫　吴文洲　吴彦宇　吴昱霖
伍彦颖　武紫怡　奚润东　席　阳　席韵喆　夏小涵　冼华盈　向　军　向好婕　项子露　肖家盛　谢惠芬　谢洁漪
谢诗凡　谢世龙　邢　彤　修燕华　徐光宇　徐敬之　徐婷婷　徐艺搏　徐英楷　许必荣　许　萌　许　诺　许诗艺
许书涵　许思莹　许馨元　许咏馨　旭世康　薛鹏飞　严颖琪　颜庭玉　严颖姿　羊　灿　杨光瑾　杨浩永　杨锦淳
杨梦娇　杨　琦　杨若禹　杨思佳　杨心怡　杨欣怡　杨雅奇　杨沂瑾　姚珂涵　叶冰雨　叶嘉莹　叶小彩　叶逸飞
叶杨艾华　叶雨菲　叶　芝　殷月涛　印兆琦　雍琪娟　于洪泽　于　阳　于　洋　余飞明　余润泽　余　玥　俞　悦
袁晨曦　袁一方　张聪迪　张　凡　张海莹　张佳鑫　张嘉帅　张嘉欣　张倩茹　张睿智　张时雨　张　婷　张先艳
张晓佳　张晓炜　张　昕　张欣怡　张兴裕　张意涵　张宇程　张　羽　张雨飞　张　月　张悦心　张　政　张中旭

张倬千　张卓玛　张梓洛　赵昊　赵可　赵磊　赵美欣　赵烯宇　赵晅　赵胤博　赵于霆　郑成霖　郑崇凯
郑晗婷　郑思源　郑心怡　郑毅帆　郑宇昕　钟宏声　周美格　周维　周翔　周欣宴　周寅龙　周子涵　周子娟
朱家宝　朱淇　朱婷宜　朱忆萌　朱玙璠　祝思远　庄锦旋　庄婧玙　庄盈　卓楷　邹佳樾　邹旭涛　邹妍
邹宇凡　邹玉洁　SILIKHOUN SOUPHATHIDA　YEOH ZI LI

王亚南经济研究院

蔡佳宁　蔡欣悦　蔡彦皞　曹益宁　陈佳玉　陈诗燕　邓远航　甘德弘　高子贺　韩林峰　韩雨沛　何柏毅　洪景元
李佳烨　林继超　林珂妍　林心昀　刘睿　楼帅舟　钱诚　秦艺婷　盛禹欣　宋硕　谭滢　徐莉娜　薛鑫平
夷梓源　岳康桥　张嘉淇　张梦婷

管理学院

艾尔帕特江·阿不力孜　鲍艺一　才吉卓玛　曹辰涛　曹雪圆　曾淘延　曾琬茹　曾琬婷　曾尧鑫　陈柏匀　陈凡
陈果　陈怀宇　陈佳豪　陈佳炜　陈嘉玮　陈琳　陈璐　陈曼佳　陈启元　陈诗颖　陈思覃　陈伟强　陈玮烨
陈希雯　陈亿宁　陈毅　陈胤齐　陈俞欣　陈宇　陈雨亭　陈哲澳　陈臻　陈致远　陈子尧　陈梓洁　陈力行
陈琳　程琳森　程萌鑫　程怡康　褚夏迪　崔亚菲　戴雨晗　戴梓欣　邓璟　邓育萌　翟伟晨　丁玎　丁文杰
丁馨伟　杜笑笑　杜昀辰　段多启　樊怡馨　樊艺璇　樊优　范文雁　方陈飞扬　房可心　冯特力　冯伟桦　冯艳清
冯宇　傅可嘉　傅煜乔　高辰煜　高嘉妍　高若嘉　高颖昊　高瑜　高源　高云欣　耿海洋　龚唯　顾琳瑶
古再里努尔·麦麦提尼亚孜　古扎丽努尔·喀斯木　顾笑盈　关晓滢　桂昊　郭盈盈　郭雨琛　郭芷菡　韩柳霞
韩昕彤　韩雨贝　韩紫薇　何洁　何浪　何丽萍　贺宇轩　侯冠辰　侯婕　侯凯莉　胡荐芋　花瑞宁　黄韩钿
黄锦瑜　黄珏　黄倩芬　黄芮　黄思源　黄婉萍　黄贤　黄彦智　黄颖　黄子怡　黄梓敏　黄玮程　吉鸿轩
贾琳方　江芷欣　姜凯曦　姜玺阳　蒋沂佑　蒋淑仪　解潮明　鞠明洋　康霖　柯玉洁　孔垂瑄　赖德清　赖翎凤
蓝小贞　雷佳璇　雷罗敏　黎晃鳞　黎婷　黎艺欣　李晨菲　李涵　李华阳　李煌源　李佳睿　李杰斌　李君
李珂　李丽文　李美奇　李珮　李青龙　李青猛　李汪彦　李文越　李晓均　李心琪　李妍　李艳　李艺玲
李颖　李宇轩　李泽瑞　李泽睿　李子航　梁习媛　梁越颖　廖倚　林程炜　林晗　林慧敏　林婧　林灵倩
林鹏南　林胜　林诗婷　林姝晴　林潇骁　林晓佳　林欣怡　林延杰　林依莹　林颖怡　林雨彤　林臻杰　林子媛
凌心语　刘佳丽　刘佳敏　刘茂　刘敏　刘琼琳　刘润峰　刘若彤　刘廷伟　刘婉红　刘炜航　刘向伯　刘星宇
刘璇　刘永琦　刘雨桢　刘泽旭　刘之荣　陆萍　栾绪宝　罗思雨　罗振伦　吕文方　马启越　马素馨　马莹
马志国　毛思怡　茆立明　米拉迪力·买买提江　苗小雨　潘若羽　潘松鹏　潘雅妮　潘隐垚　裴闻达　彭派
彭先蕾　祁佳钰　钱灿　乔翔钺　秦宇奇　阮子祺　赛力克别克·对山汗　邵思铭　邵逸梵　邵子晗　申心怡
施鸿雁　施翊凯　石晶晶　石双　石依凡　宋玲丹　苏畅雨　苏芷宜　孙晨曦　孙培源　孙舒扬　谭继　唐举
唐兴　陶友玲　滕晓静　田怡馨　童润琪　屠玉璞　吐尔孙买买提·库尔班　汪丁倩　汪启凡　王冰　王驰
王丹丹　王迪　王戈冰　王皓　王健霖　王金艺　王景博　王堃　王蒙蒙　王孟洋　王鹏宇　王瑞杰　王森
王尚锟　王文博　王祥　王晓民　王心怡　王亚辰　王妍　王叶芃　王一凡　王毓泽　王湛芸　王桢艳　王子涵
王子旭　魏威　温书萌　文雨　吴冰雨薇　吴璨　吴世宇　吴烨　吴韵冰　武子涵　肖美纯　谢辉俊　谢佳怡
谢瑾琛　谢天　谢玉欣　邢运利　熊柏臻　徐鹤丹　徐嘉曦　徐进博　徐璐　徐佩聪　徐欣林　徐鑫耀　徐颖
许晓琪　许耀元　许逸伦　薛佳妮　薛昕奕　亚力昆·吐尔洪　闫梦琪　闫睿涵　严悦宁　燕多　杨飞飞　杨洪轩
杨佳　杨佳欣　杨佳仪　杨佳颖　杨鹏熙　杨施怡　杨思琪　杨思远　杨天钰　杨襄　杨依依　杨奕楠　杨毅
杨宇航　杨禹帆　杨子欣　杨子贞　姚岚清　姚文慧　姚肖英　叶德瑞　叶丰　叶凯乐　叶子莲　叶彤　应佳楠
雍清瑞　油鸿为　于卓　余欣然　俞果　俞逸璇　袁鸿　袁嘉睿　袁绮慧　原旌奥　扎西措姆　张超颖　张东凯
张蕙淇　张洁怡　张景山　张芃　张沁涵　张书博　张舒怡　张斯淇　张小曼　张心怡　张欣　张雪娆　张雪怡
张艺　张宇　张悦洋　张哲铭　张竹君　张梓霖　章傲泽　章丞上　赵斌　赵冰　赵海贝　赵佳微　赵思雨
赵奕程　赵振如　折雨辰　郑昊轩　郑俊杰　郑沛晰　郑澎涛　郑珅　郑舒元　郑欣悦　郑柏欣　郑婷婷　郑旭烜
钟雨彤　钟子虹　衷暄　周晨　周光启　周恒　周凯怡　周可凡　周彭博　周小惠　周亚萱　周雨欣　周竹颖
朱立伟　朱民城　朱泳兴　庄林峰　卓晓莹　卓越　邹佳辰　邹桢皓　左佳宁　ANGELINA MAXWELL WIJAYA
GAN ZU CHUEN　KWEE YEN MIN　SOFIA PAULA ZHUANG

法学院

艾博塔·巴哈提　安琪　蔡年泽　陈书凡　陈思宇　陈文威　陈文煊　陈小琳　陈依兰　陈依菱　陈章祺　陈子聪
旦增玉珍　迪丽达·巴合提　董玮　盖紫怡　高琳越　郭子安　郭子茜　韩雪寒　郝培璇　何雅倩　扈荣茜　黄琪琪
黄斯琦　黄行健　黄咏霖　黄志煌　吉雪倩　蹇姝　蒋财昇　赖珍　劳逸辰　劳曼雯　李飞菲　李美真　李天一

李心苗　李　鑫　李莹莹　连云菲　林成康　林冬旭　林海滨　林翰泽　林靖涛　林　鹏　林　好　刘　杰　刘小龙
刘芯蕊　刘雅茹贵　刘晏伶　刘怡含　卢劭锴　鲁锦程　陆芯谊　马一清　马　颖　穆凯代斯·赛孜古尔　聂钰琪
帕丽扎·买合木提　彭子尧　冉婧雯　任艳芳　赛音吉娅　沈雪语　沈子晴　宋　达　苏　洋　孙苗苗　汤雨倩　万书柳
王梦叶　王乔瑀　王思怡　王伟静　王亦民　王　盈　王芸洁　王卓昱　危晓玥　韦纪源　韦敏慧　魏天祺　文明松
吴璐峰　谢　晋　谢婧雯　谢　攀　谢思媛　谢媛媛　邢晓薇　熊佩瑶　徐嘉琪　许可栋　薛　婧　杨默涵　杨银钧
杨佑柠　叶景芸　叶凌昀　叶欣兰　叶忆普　尹以绮　雍斯轩　詹韫如　张君恒　张　珂　张昆莹　张　宇　张裕坡
张源远　张云壹　张泽轩　赵　畅　赵康宁　赵澜茗　赵雅琪　郑佳铭　郑靖蕾　郑同舟　钟唐慧　周　洁　周　俊
周妍男　周紫蕾　朱予宁　朱雨晴　朱张润子　庄缘缘　宗诗坤　祖海柃　祖丽皮耶姆·依米提
MARUYAMA HIROKI

公共事务学院

阿衣早克热·艾沙　阿依哈娜提·叶尔包利　蔡晨雯　陈　欢　陈小彤　陈心悦　陈怡帆　陈盈羽　陈召玺　池佳婕
董克朋　董馨雨　谷盈春　郭　娟　郭雨林　贺泽新　侯晓琳　黄心怡　江　浪　江玮欣　景　慧　拉　菊　雷日杭
李嘉懿　李景慧　李婧菲　李老顺　李赛豪　李思妍　李　迅　李银杏　梁安琪　梁家宁　梁明炮　林衍含　林艺玲
刘恩治　刘飞燕　刘昊媛　刘佳馨　刘岩松　刘莹莹　刘梓萱　柳书岩　陆怡文　陆　悦　陆　舟　马　玉　庞希月
邱晓雯　热依拉·阿布都热依木　阮梦烁　商兆岩　佘雨桐　苏雅朋　孙梦菲　孙紫盈　索德马　谭俊超　陶思澄
童诗淇　王　辰　王　浩　王坤裕　王铭玮　王沙沙　王　陶　王怡然　王艺斐　魏　凡　吴　剑　吴婧瑜　吴静微
吴琴芳　吴若轩　吴诗茹　吴雨欣　伍林龙　夏　瑜　向世壕　徐霖熙　颜圣豪　颜振烜　央　吉　杨思怡　杨　玥
叶惠真　叶小雨　詹璐瑞　张鸿鹏　张　曼　张梦艳　张思思　张馨雨　张奕桢　张宇轩　张玉梅　赵　璐　赵梓书
钟云民　周羽曈　朱　郡　朱柯岱　CHUA YEE SHAN

国际关系学院/南洋研究院

白玛曲珍　曹晨溪　陈楚瑜　陈少媛　旦增珠扎　梁嘉好　林诺翔　刘思邈　刘思雯　罗州阳　千慧玲　仁增拉姆　苏沿霖
童佳娜　王飙霖　王董宁　王美丹　王淑瑶　魏浩鹏　吴亚轩　肖　越　邢鹤缤　杨志仁　叶埕滨　张雨微　张钰蒙
张正阳　赵雯婧　赵怡然　郑建豪　周芮帆　宗世荣　ABDOU RAHAMAN HAMADOU INOUSSA
ALEXANDRA DWI PUTRI　KAWAMURA HONAMI　KHAIROV ZAINIDDIN
THITIMA PHADTHAISONG

社会与人类学院

昂沙尔·卡马尔丁　巴特·苏赫　曾超卓　曾小芳　曾雅淳　常海洋　陈可可　陈一佳　次　旦　杜海娜　杜满春
顿珠加措　范赛磊　冯　泽　符瑜悦　高惠敏　谷若溪　韩雪颖　侯好雪　胡景梁　黄皖新　黄星劼　黄悦月　金　橙
库得来提　李嘉煌　李　琪　李思嘉　李婉圯　梁怡婷　林绮思　林若璇　蔺雨欣　龙　龙　路　璐　罗语逍　马可暄
马　艳　马莹瑜　孟秋桐　邱睿婕　石德豪　孙晓菁　塔力哈尔·吐尔汗　覃俊生　唐晓宇　唐雨晴　王佳怡　王宣皓
王李昊瑀　王雪霏　王昭阳　吴汉霖　薛钧嫚　颜雪琪　杨晨曦　杨雅涵　杨　雨　叶家豆　尹露露　张初皓　张佳昕
张诗钰　张心驰　张馨宇　张鑫涛　赵　春　赵　静　周凡荻　周欣曼　朱　妍

数学科学学院

卜　凡　蔡伽炫　曹　玉　曾代兴　曾芷霖　常皓峻　陈建秋　陈景轩　陈融融　陈旭海　陈彦欣　陈滟柠　陈　阳
陈　尧　陈　允　陈振宇　池　奕　邓贤兵　段昊阳　范伯雍　方悦悦　冯丹辰　甘李祎帆　郭佩文　郭垚成　郝起正
何彬豪　侯景瀚　胡力伟　胡庆凌　胡嵩涛　胡雅楠　黄柏铭　黄敦鹏　黄　龙　黄予晨　纪睿泽　李辉龙　李龙泉
李　萍　李忆南　李子辉　廖智勇　林晨露　林秋子　林泽鑫　林子凌　刘宏鑫　吕　涵　吕吉鹏　马嘉禾　孟昭芮
母唯盟　倪胤枫　彭妍霓　岂　震　乔佳卉　邱润楠　宋春阳　苏志杰　孙登宇　孙正文　谭定航　谭喆方　唐　潮
涂细安　汪星宇　汪智勇　王龙杰　王琪玥　王秋雯　王　赛　王仕锦　王天润　王奕丰　王越洋　魏先琪　吴和苑
吴文琦　徐琨鹏　颜力越　颜渝钧　杨陈曦　杨惠茹　杨佳卓　杨凌涵　杨文慧　于笑洋　张成骥　张棼淇　张含冰
张　萌　张梦雪　张星宇　赵康馨　赵奕名　赵梓钰　郑子川　朱瑞琪　邹新驰

物理科学与技术学院

蔡文杰　曾　超　陈佳怡　陈建松　陈　洁　陈科亮　陈雨诗　陈梓麒　董智琛　段欣宇　方成贯　傅承阳　傅丽诗
龚智瑞　管　宇　郭熙辰　郭相廷　郭旭东　韩家宝　何伟博　呼殷泽　胡琪玥　胡兴龙　黄　楠　黄逸川　黄哲睿
江宇阳　蒋博涵　蒋　莉　金泽宇　柯泓鸣　赖麒鸿　赖伟航　李昌洋　李　果　李海英　李佳文　李家鸿　李明航

李文斐　李旭彤　李易寰　李玥祺　梁朝越　林佳欣　林俊豪　刘浩琪　刘加美　刘佳宁　刘　烁　刘蔚中　刘　杨
刘昱作　刘正冉　柳国庆　龙　鹏　龙泳达　卢俊辰　卢玉娥　罗　皓　吕　峥　梅岩松　莫颜冰　倪仁德　彭　昊
戚书菡　冉　波　史建喜　帅琳玲　苏伟朋　孙伯林　谭啸环　王纪雨　王健博　王舒炜　王有顺　王　宇　王　昭
王子昂　魏盛龙　吴桂香　吴蕴涵　冼靖桓　谢佳欣　熊云竹　胥　源　徐　凡　徐艺轩　闫兴涛　杨　洋　姚昱声
叶耿楠　于智贤　余天泽　张　吉　张　俊　张书乔　张　馨　张章勇　张芷馨　张子溦　赵　冲　赵建钢　赵瑞捷
郑慧雯　钟雨航　周制城　朱乐烨　朱禛祺　宗泽昊

航空航天学院

柏育松　卞嘉炜　蔡博皓　蔡　昊　蔡泽恺　蔡子贤　曹承煦　曹新燕　曾国龙　曾海峰　曾豪杰　曾宏涛　曾昕玥
常青霄　陈航国　陈浩南　陈宏宇　陈嘉慧　陈剑杰　陈凯隆　陈　亮　陈乃婷　陈胜奎　陈帅广　陈思涵　陈思宇
陈　涛　陈　彤　陈香霖　陈馨琦　陈禹涵　陈昱辰　崔　灿　崔宇轩　戴颖琪　丁　野　董昊天　董世程　董世礼
杜佳猛　杜思远　杜展鹏　段晓渝　范楚宁　方晨亮　冯敬超　高　鹏　高书毫　高卓浩　官　卓　郭红应　郭唯嘉
郭潇玥　郭新力　郭智涵　国家瑞　韩学思　韩　阳　韩兆翔　何威望　何文隆　何旭东　何羽双　胡锦浩　胡开勇
胡骐麟　胡艺凡　黄炳龙　黄清涟　黄志城　贾正浩　江昊烨　江文迪　江泽杰　江志豪　姜　松　姜镇宇　蒋　杰
蒋雨涛　金奥云　金可依　金　鹏　康佳昕　匡　辉　旷　群　赖锦洋　赖潇逸　赖亦宁　蓝建鸿　黎永杰　李　辰
李晨曦　李　成　李春雨　李发展　李皓林　李及锋　李建鹏　李　劲　李　璐　李坪蔚　李淑娟　李　双　李　顺
李宛书　李雯琪　李　霄　李晓君　李兴凯　李焰星　李义博　李　元　李云帆　李　喆　李振宁　李志斌　李　卓
廖　澜　廖伟鸿　廖玉婷　廖莺涵　林海蓬　林　昊　林浩文　林嘉晟　林柯帆　林龙彬　林沐晨　林世豪　林书墨
林有为　林宇茜　林　泽　林钟睿　刘　晨　刘　琦　刘思嘉　刘太乾　刘相亿　刘　学　刘轶鹏　刘　毅　刘宇恒
刘渊涛　龙泳羽　娄　佳　卢雅芸　鹿耕源　罗晋夫　罗嗣骁　罗心苑　麻若琇　马佳可　马锦浩　马天昊　孟婷婷
穆雨涵　倪思辰　倪章蓉　潘少震　潘沿宏　彭锦浩　蒲霜筠　普　龙　乔恩俊　秦　乾　邱蕃煜　瞿钶耘　阮　琳
阮韦靖　尚庆彪　沈子乔　石宝明　史栩腾　舒易天　宋金航　宋利明　苏楚政　苏卓南　孙墨洋　孙双荣　孙　颖
覃　涛　谭皓哲　谭文政　唐宏韬　唐盛浩　唐宇凡　陶玉梅　万　阳　王　淳　王昊择　王　弘　王　辉　王　江
王金龙　王津聿　王靖淇　王俊辉　王俊翔　王鹭翔　王梦欣　王梦雨　王清泉　王融禄　王润泽　王若山　王世豪
王姝慧　王　舒　王　田　王宵辉　王　潇　王　阳　王伊尧　王逸群　王宇帆　王宇峰　王宇鹏　王雨诺　王泽明
王泽鹏　王泽旭　王正东　魏明悦　魏亦琦　魏裕彬　吴楚毅　吴佳伟　吴　建　吴　谦　吴世仪　吴奕凯　吴梓煌
向官一　向　澜　肖博涛　肖仁杰　谢吉元　谢家乐　谢康伟　谢　涛　谢　天　熊光宇　徐成宽　徐　飞　徐文强
徐学洲　徐于崇　许晋滨　许　可　许路遥　许轩昂　许　煜　许越超　许圳鸿　薛岳霖　闫皓然　闫著渊　颜雅琦
杨　超　杨成伟　杨　鹤　杨宏林　杨宏芷宁　杨佳豪　杨佳一　杨开元　杨坤　杨凌云　杨美彬　杨鹏　杨荃潞
杨　舜　杨文朝　杨文杰　杨增智　姚陈阳　叶霈涛　叶艺超　易得才　殷海滨　尹凯奥　应雨滉　雍　容　余　帅
余素菲　余天策　余岩芹　俞楚倩　袁任珂　袁廷玉　张奥林　张斐怡　张翰林　张　昊　张昊坤　张　浩　张菁菁
张力中　张沛祺　张　琪　张锐意　张首一　张思琦　张思韫　张晓迎　张馨月　张亚琛　张　烨　张永东　张　雨
张泽基　张振邦　张志豪　张智博　章　吉　章佳铖　章利成　赵德博　赵娉婷　赵仕淳　赵小青　郑　昊　郑　清
郑清滨　郑少龙　郑苏玲　钟焕庆　周风帆　周海清　周佳泓　周家瑞　周　俊　周秋霜　周之橹　周宗顺　朱博楷
朱浩元　朱真慧　朱子怡　庄少彬　庄炜祥　邹　浩

化学化工学院

蔡湘程　曹　靖　曹一丹　曹智卓　曾柳清　曾颜锐　查潮升　巢文杰　陈春君　陈东威　陈宏轩　陈　婕　陈俊志
陈隆昊　陈明滢　陈琪凡　陈婉琪　陈　欣　陈雪冰　陈燕慧　陈耀星　陈宇欣　程光彦　程小蓉　邓　典　丁美芳
董　赫　范何佳　高安民　高雅文　韩子妍　何恩煜　何嘉怡　侯秀璇　侯一帆　胡涵彬　化敬言　黄　鼎　黄浩松
黄佳傲　黄晓纯　黄晓丹　黄晓楠　黄言吉　黄屹兮　霍淑珍　贾汝清　江桦东　江家田　江萱瑶　江枝辉　姜弼涵
姜宛妤　金兆轲　赖锦炜　赖怡帆　李　程　李　翀　李昊翔　李佳昊　李满丝润　李明辉　李沛茏　李荣豪　李思琪
李一辰　李轶凡　李莹莹　李宇豪　李昱涛　李赈之　李周玥　李洲洋　梁点一　梁若曦　廖维中　廖　芯　林　耿
林南淇　林清泉　林诗妍　林英淼　刘斌阳　刘朝阳　刘晨希　刘芳园　刘　航　刘　辉　刘　宁　刘思宇　刘特特
刘琬玲　刘伟杰　刘欣洋　刘玉玲　刘　卓　陆　成　陆接丞　罗京楷　吕航标　吕培淙　吕泽宇　马栋良　莫浩威
宁玉华　欧彦池　潘启桦　祁　佳　秦宇航　秦雨璇　邱煜哲　曲铭宇　全家良　沙利源　沈达文　盛　鑫　石恒宇
史　骏　苏　舒　苏湘玉　粟旻韬　孙晨超　孙婧欧　孙雨涵　孙云峰　谭晨蕾　汤　杰　滕宇翔　田　艳　汪天问
汪郑雪晴　王彬豪　王程玄　王舸扬　王瀚韬　王皓天　王青墨　王　蕊　王　瑞　王瑞峰　王世桢　王婷婷　王　轩
王　震　王政涛　王卓鸿　卫海天　魏林涛　魏子淇　魏梓轩　翁晨勇　翁晓楠　吴方威　吴　慧　吴嘉丹　吴小通
吴易旻　吴　勇　伍　岳　肖添杰　肖向洋　谢恩蓉　谢婧雯　谢林海　谢榕杰　谢　韬　谢昀昊　邢会霖　徐　洲

许翰杰 薛程 薛太玲 杨博轩 杨可玥 杨磊 杨琪凡 杨文楷 姚远 叶承霖 尤振龙 游臻 余峰
余宏越 余珂淼 岳星辰 张弛 张鸿钰 张锦岩 张俊 张珺炜 张秋明 张全昊 张欣怡 张扬 张逸晨
张咏松 张雨豪 张子钰 张宗泽 章惠朱 赵博深 赵博轩 赵庆奥 赵泽城 郑歌轶 郑雅匀 郑子言 郑梓豪
钟思喆 钟营 周慧 周建辉 祝珺 庄海妮

材料学院

安子一 曹楚悦 曾华溢 陈峰 陈锦华 陈刘震寰 杜琨鹏 范瑞洋 冯铵淇 冯泽华 龚昊 顾佳瑜 郭柯杞
郭琳 韩龙飞 韩晓东 何儒斌 胡浩渊 黄晨宇 黄静雅 黄乐恒 纪维新 贾嘉坤 简诗琪 景长威 李春晓
李萌晴 李心远 李彦颉 刘恒 刘家乐 龙源昌 罗艺允 吕柏霖 马艳芳 马逸殊 宁海川 牛雅君 普钰然
邱振航 曲诺 阙浩 尚小雅 邵子涵 沈镇强 舒扬 宋泽昕 孙晨曦 孙静怡 谭珂贤 唐明衎 王若楠
王时超 王以宁 王子涵 吴嘉坤 吴梦婷 吴宇帆 武杰 胥爽 徐梦洁 羊周玥 阳晨 杨存旭 杨瑞芬
杨睿一 杨壹棚 杨智杰 尹燕 雍力 袁琛 张彬 张浩毅 张力豪 张露瑶 张亚婕 张予婕 张越
张泽文慧 张忠 郑以诺 周捷 周亮 左致平

海洋与地球学院

巴逸群 曾逸 陈蓓涵 陈海川 陈泓羽 陈佳萱 陈露瑶 陈若 陈思含 陈思婧 陈旭康 陈宇皓 陈昱祺
陈政 程晨 戴玮汝 戴茵如 方辰予 高畅婧楠 高乐桐 管芳龙 韩坤林 胡水木 胡莹 黄安磊 黄可
黄婷婷 黄源 黄昀 贾梦楠 贾小雨 简敖 江航 江心宇 金均昊 赖庭羿 李矗敬元 李佳彬 李睿
李婉冬 李小龙 李雪琪 李元辰 李云轩 李志明 廖伟豪 林嘉琪 林如萍 林温敏 林子莘 凌峰 刘澈
刘励阳 刘鹏隆 刘雪林 刘一衡 卢思懿 陆宏涛 罗典 罗致远 梅国新 孟德昊 聂潮骏 聂林蔚 牛彦飞
欧彦鸿 欧彦宁 潘丽琴 潘刘彤 潘世涓 齐浩宇 乔袁帅 冉山川 阮福明 申奥 石尚 舒雨 谭博文
谭涵茜 谭晓澜 汪牧畋 王笳凝 王智均 王紫琪 韦汝娇 卫卓然 魏兴翰 温欣谋 翁振武 吴柳苗 吴逸尘
向穗惠 谢敏捷 许明涛 颜福烨 颜宁欣 杨斌 杨晨昱 杨洹婕 杨宜霖 杨瑛琦 叶馨 原子豪 张昊玥
张松 张文翔 张亦弛 张羿弓 张泽群 张治华 赵矣昊 赵芷仪 郑浩赐 郑蔓美 钟霆威 周道隆 周娜娜
周彦志 周宴芝 周盈 朱轩仪 朱子龙 LIM JUN WEI

环境与生态学院

安轶阳 安雨诺 曾华华 曾圣 曾玉凤 曾煜琪 曾子亦 陈彬海 陈嘉晖 陈锦宏 陈可 陈少聪 陈志辉
成竞扬 程雅馨 程月 代祥升 单淞铼 旦增曲珍 丁舒涵 杜靖宇 范咏舰 冯乐妍 高天楚 高悦皓 辜昱皓
郭睿 郭晓语 洪恺声 侯若男 黄海婷 黄凯恩 黄宇宁 霍金语 江林珂 江婉霖 姜缘 李安然 李飞
李家惠 李嘉杰 李婷 连杰 廖雨晴 刘敏 刘通 刘闻莉 刘星雨 龙江玥 马君楷 欧行健 商瑞
石颖霖 苏哲洋 索央 谭智文 田倚杭 王爱洁 王良晨 王龙伟 王思嘉 王思溱 王玥 吴晶晶 吴相民
吴晓文 武文慧 肖思晗 肖文赜 谢江璘 熊桐 徐垠 杨宏兴 叶有蕊 游钟海 余思汶 余新月 郁成峰
占艳丽 张好 张湘玥 张雨 张治宇 郑灵欣 郑欣宜 钟紫云 周萌睿 周为佳 朱瑞茜 朱子雯 邹江逸

信息学院

把徐进 白玛央宗 毕然 蔡偲劼 蔡光磊 曹恒毅 曹木谙 曾庆昌 曾雯婷 曾湛 曾圳祥 曾梓纯 产健健
陈德侠 陈栋 陈皓 陈恒 陈佳鹏 陈建杰 陈建坤 陈俊涛 陈林硕 陈龙飞 陈沛瑜 陈朴熙 陈琦
陈秋娴 陈烁 陈思雨 陈伟鸿 陈鑫钰 陈炫均 陈延明 陈扬涛 陈也 陈奕州 陈逸轩 陈亿龙 陈宇辉
陈泽华 陈泽楷 陈泽云 陈智涛 陈家志 程昊天 驰宇 崔冠青 单琳涵 邓海东 邓思健 邓涛 丁东
丁雅晴 董畅 董厚泽 董家源 董璐 董思琦 董学玉 杜冠霖 杜京京 杜鑫 段亚博 范文瑾 方明俊
方正 冯贤陆 冯星迪 付俊豪 甘鑫超 高帆 高浩博 高孝楠 高言峰 高妍 高艺桐 高逸飞 戈沁沁
格列加措 葛虹妤 耿昊 耿毅 宫纪童 谷聪 顾哲瑞 顾子潇 关伟健 管韫之 郭浩楠 郭佳睿 郭珏
郭启翔 郭琮 郭子毅 韩蘖 韩麒鸿 韩愈好 何成竹 何洪睿 何嘉辰 何依娜 何赟 贺子豪 洪青青
洪伟斌 洪炜涵 洪欣怡 侯洁 侯睿云 胡凯昱 胡庆国 胡先宇 胡羽珊 黄楚翘 黄斐桢 黄浩 黄静凌
黄峻杰 黄凯鹏 黄焜泽 黄盟涵 黄鹏飞 黄蓉 黄添悦 黄伟中 黄文轩 黄一博 黄宇琛 黄蕴怡 黄泽睿
黄祖荣 姬颖超 纪俊祥 贾帅 蒋斯特 蒋欣雨 蒋仲阳 柯昭熙 赖章宇 郎秀晨 雷婵旖 雷鸿宇 黎昊阳
黎文佳 李彬华 李灿煌 李成甲 李闯 李涵 李浩霖 李嘉成 李嘉龙 李梦成 李攀 李睿鑫 李世豪
李惟聪 李小雨 李欣民 李鑫 李彦浩 李洋 李逸萱 李渝斌 李雨坤 李雨婷 李兆丰 李芝怡 李智梁
李子寒 李子桐 栗祥然 梁家铭 梁磊 梁思越 梁雪慧 廖陈承 廖洁 廖锦圣 廖艺海 林采缘 林承润

林纪柏 林纪元 林嘉濠 林鉴斌 林柳灏 林鲁翼 林世龙 林世强 林玮骞 林炜航 林永灿 林渝杰 林宇鑫
林 泽 林哲恺 林智鹏 刘冰帅 刘灿艺 刘 畅 刘 晨 刘赫昭 刘洁琳 刘劲松 刘京辉 刘 琪 刘 琦
刘瑞航 刘睿哲 刘少哲 刘世立 刘 兀 刘印宇 刘云骢 刘云龙 刘 章 刘志涛 刘子贤 柳永奇 卢逸飞
鲁奕纬 罗 晨 罗敏华 罗少龙 罗 懿 骆钜恒 吕崇想 马生斌 马天宇 马瞻希 孟祥宏 孟泽鹏 宓 禹
米玛普赤 苗泽远 闵子君 莫松寅 那玮睿 尼玛多吉 聂文杰 潘迪斯 潘东屿 潘 洋 潘 越 彭 灏 彭禹腾
彭正雷 齐旺拉姆 其乐甘 邱 硕 饶蔚彩 邵元杰 申奥怡 申 昱 沈欣海 石淞元 石伟宁 石文涛 司礼玮
宋楚瑞 宋昊东 宋俊杰 宋沐洋 宋子涵 苏碧洋 苏强生 苏上龙 苏向龙 孙明策 孙文秀 孙泽港 覃仁权
谭佳伟 唐博宇 唐海迪 唐荷凝 唐文权 陶冠豪 陶思怡 陶 炜 陶 未 滕煜东 田紫格 佟 浡 童何苗
万志强 汪颐芳 汪郅琪 王奥宇 王超冉 王楚珂 王冠霖 王河山 王 栎 王明昊 王 佩 王鹏博 王秋鹏
王 然 王瑞霖 王伟龙 王文飞 王文凯 王小雨 王筱彤 王欣怡 王旭升 王言光 王 垚 王耀祥 王一番
王易非 王宇浩 王禹薇 王 郑 王智海 王忠禹 王子涵 王子夏 王子轩 王子怡 魏凌霄 魏腾飞 魏智杰
吴聪霞 吴东航 吴 浩 吴火龙 吴婉婷 吴英豪 吴雨娟 武正阳 向 晨 向文汉 项芝影 谢超亦 谢健祥
谢千龙 谢兴旺 谢展豪 熊雪皓 熊一峰 徐荪睿 徐中宪 徐梓淏 许苍柏 许联骏 许以晴 许震祥 闫柯舒
严凯岳 严 芮 颜集源 杨 彬 杨海涛 杨 珩 杨佳晖 杨家乐 杨捷媛 杨 奎 杨昕宇 杨哲远 姚彦宇
叶薛华 叶 子 殷 琛 殷泊钦 殷梓怡 余 军 余思慧 袁佳哲 詹翁怡 张 朝 张 帆 张昊宇 张浩涵
张浩山 张鸿伟 张晖婧 张佳强 张家铭 张嘉庆 张景哓 张俊杰 张俊杰 张凯清 张 璐 张 奇 张瑞璠
张睿晨 张盛洋 张诗怡 张 帅 张腾宽 张喜盈 张肖北 张秀燕 张轩语 张炫烨 张雅芬 张亚楠 张 仪
张怡佳 张颖颖 张永存 张 宇 张 宇 张雨潇 张玉洁 张泽楷 张泽荣 张自待 赵 峻 赵露丹 赵 睿
赵炜涛 赵文婷 赵 欣 赵欣蕾 赵宇杭 赵育茹 郑博识 郑嘉炜 郑凯轩 郑前程 郑仁杰 郑一境 郑雨薇
郑志豪 钟宇哲 周 健 周柯翰 周雅兰 周卓然 周子涵 朱佳敏 朱嘉煜 朱树聪 朱业帆 朱逸行 祝贤臻
庄佳鹏 庄荣桢 庄淑丹 庄秀权 庄旭彬 邹婧怡 邹凌风 邹鹏飞 邹宇凡 ONG SHENG TENG

建筑与土木工程学院

安诗语 巴艳·卡德尔汗 蔡增娱 常海佳 陈 琛 陈可嘉 陈利萍 陈鹏林 陈 涛 陈新一 陈蕴哲 崔 敏
丁梓峰 董 华 董沂昕 杜思为 杜欣冉 范宇婕 范宇琦 方义铭 高凌云 高圣岚 海立鹏 何 骏 何凯锋
何雨欣 贺伟雄 侯晚晴 胡云畅 黄福龙 黄富庚 黄 文 黄语馨 江中宇 柯少翔 孔浩宇 赖瑜婷 李 倪
李 涛 梁雨晴 廖方淳 林恒阳 林 莹 林雨漩 刘官沛 刘思毅 刘文强 刘雨晴 刘雨薇 陆映琛 罗心芮
吕 灏 马仕杰 娜扎开提·艾尼 尼 珍 彭铭哲 亓国祥 邱宜成 撒世杰 沈知言 孙百合 孙伟淦 孙泽文
唐家梁 王程欣 王佳媛 王 莉 王一苇 王奕祺 王雨晴 王仲毅 王子焓 韦泓宇 韦玉欢 卫振飞 魏辰宇
魏名苑 翁吉鑫 吴洪宇 吴淼森 吴乃熙 肖佩如 熊雅姝 胥庆周 徐峻廷 徐一丹 颜坤森 杨 森 杨天延
杨晓雨 杨 绚 杨 颖 杨永佳 姚 珊 原浩南 张安瑞 张承博 张聪俐 张 航 张 弘 张 璐 张小龙
张欣怡 张雪芹 张 烨 张子强 赵嘉宁 赵文慧 赵雅馨 郑欣悦 郑修祺 钟凯宏 周 璇 朱星宇

能源学院

陈登煌 陈海宁 陈 昊 陈绍星 陈晓倩 成镇宇 黄泓铭 黄继勇 黄泽凯 李冰冰 李季淞 李佳姝 李佳璇
李颜彤 李雨轩 林志强 刘贤杰 刘雨欣 蒙中昊 潘泽彬 普 片 任禹铄 申轶凡 施仲涨 石晟凯 唐家俊
陶 园 王邦言 王梦洁 王 琴 王炜东 魏志海 吴梦洁 吴献章 肖 扬 辛青奚 薛纪元 尹 然 詹智伟
张 彪 张嘉晋 张 静 张文杰 张远杰 张芷然 张志强 赵丹婷 邹航 CHEN JIN XIN

电子科学与技术学院(国家示范性微电子学院)

毕龙飞 蔡伟斌 蔡洋洋 蔡雨瑄 曹丽英 曹 炜 曹湫扬 陈鸿权 陈煌煌 陈 丽 陈龙翔 陈庆国 陈宇晖
陈宇霖 陈志庄 陈智鸿 陈 茁 陈 姿 程傅磊 崔旭凤 戴雨秋 邓竞翔 翟昊天 丁家龙 杜俊蓉 杜康帅
杜祎寒 杜玉前 冯丽洁 高帅华 高斯婕 高天宝 官鸿达 韩 欣 何怀琨 何文婕 厚小丹 呼晓径 黄 豪
黄 河 黄键昕 黄 磊 黄林昊 黄 萍 黄强开来 黄添豪 黄韦均 黄雅晴 黄 尧 黄永鹏 黄 煜 黄智翔
蒋景云 蒋忠杰 金蓉婷 康泽贤 柯 可 柯珊荣 柯少雄 况玉洁 李登辉 李 涵 李纪新 李婧雯 李凯龙
李铃铃 李令闻 李腾洋 梁桂湖 梁绍锋 廖祺烨 廖元熙 林海鹏 林朴坚 林特榕 林右侪 林展辉 刘 斌
刘建法 刘靖宇 刘孟珂 刘 棋 刘欣雨 刘学铜 刘亦秦 刘子奕 卢淏天 陆琴欢 罗 明 罗庆鸿 罗先宙
罗晓薇 罗云姝 马林林 宁绿叶 欧鸿泽 欧亿强 潘易轩 任子游 生浚博 施明杰 苏阳杰 孙琰雯 孙意昂
覃 朗 汤宸哲 汤培毅 唐泽伟 田倩倩 田 鑫 万鹏伟 汪胜发 汪玉萍 王晨旭 王达凯 王浩宇 王 科
王 苗 王 锐 王薛瑜 王伊婧 王宇斌 王宇程 王 媛 王 越 王 臻 王子昂 维丽斯 魏雁升 巫高峰

吴燕菲　夏菁懋　夏雨冰　肖　杨　谢泓鑫　谢嘉豪　谢康斌　熊　凯　徐浩旻　徐隽姝　许景德　许彦哲　薛晓婷
严思颖　杨程凯　杨栋霖　杨雯婧　杨晓东　杨学诚　叶欣滢　于　越　俞　昊　袁　聪　袁　涛　詹昱松　张碧川
张浩然　张家睿　张俊捷　张浚琰　张　焜　张珊珊　张祥宇　张昕旸　章志清　赵川影　赵丹敏　郑　潇　郑智伟
钟振勇　周　昊　周家豪　周钦泽　周　勇　朱峻岩　朱宇涛　朱正清　庄佳佳　庄志晨　卓梦晓　邹雨新
KOK EE SYUEN

生命科学学院

布庆芳　蔡本禄　曹湘蕾　曾　诚　曾友泓　曾　宇　陈　浩　陈明慧　陈思琪　陈思薇　陈啸澳　陈燕雯　陈　瑶
陈长春　陈紫岚　崔立枫　戴　婷　地里夏提邓舒隐　董亦辰　杜琳娜　范世龙　范雅宁　房熙恒　傅慧琳　傅懋之
高天赐　葛佳琪　顾　霖　郭晨旻　郭泓君　郭之昊　韩　晶　韩齐乾　韩一诺　何楚贤　何　瑾　何忠华　洪诗琪
侯湘敏　胡延庆　黄　膑　黄　玲　黄淇鑫　黄荣耀　黄思渝　黄苏蕾　纪范彪　柯敬琨　柯震宇　赖雨薇　兰　桑
黎睿奇　李　璠　李恒恒　李鸿瑞　李佳康　李佳兴　李柯为　李　玲　李歆月　李泽俊　李正蹊　李子蕙　李子煜
厉　晗　练梦寒　梁婉婷　廖　菱　廖浏奇　林鸿滔　林慧永　林美玲　林诺琪　林依凡　林元一　林展鹏　林浙江
刘希西　刘元媛　刘云翔　刘泽源　刘子豪　柳庆庆　龙　丹　楼益强　栾鑫鹏　罗雅婧　马向琴　毛日冬　孟原正
潘昱颖　裴俊辉　彭世昌　彭玉清　秦　峰　秦天辰　邱浩仁　邱江黎　邱　洁　冉严会　饶家诚　任祯雨　任姿睿
邵乔轩　盛羽翔　施鸿宇　宋慧琳　孙翔宇　覃思悠　汤瑞瑶　唐嘉绮　陶韵丞　万芷辰　汪晨曦　汪　跃　王　锭
王海燕　王江红　王金萍　王婧昕　王静怡　王廷育　王心茗　王　旭　王业隆　王　瑜　王予忻　王增阁　王　卓
王子傲　王子涵　王子怡　卫文钊　吴官耀　吴鸣涛　吴　娜　吴　娜　吴一锴　吴兆琦　伍桐瑶　武长简　向永乐
肖　祥　谢　璇　谢宜辰　谢雨薇　徐菁潞　徐宗明　严文昱　杨皓琨　杨世澳　杨世峥　杨舒涵　杨思园　杨雁搏
杨　燕　杨悠悠　姚本涛　尹油九　游思婕　余灵灵　张凯瑞　张科淳　张姝茜　张曦丹　张心雨　张　亚　张轶宣
张雨腾　章奥威　章舒窈　章雅雯　赵梦乔　赵艳波　赵志琮　周程浩　周楚爵　周一鸣　朱俊宇　朱　鑫
LEE JIAN HUI　WONG ZOVIN

医学院

阿地拉·阿迪力　阿里亚·玉赛音　艾力菲热·艾合买提　安　衡　包嘉辰　蔡　涵　蔡佳敏　曹　璇　曾伟宝
常欣雅　陈戈文瀚　陈寒涵　陈　翰　陈　灏　陈亨利　陈欢迪　陈健坤　陈静宏　陈　露　陈　明　陈茜仪　陈雯欣
陈　扬　陈怡欣　陈宇琼　陈　煜　陈子真　陈小森　邓德珍　丁睿杰　丁　一　董雨宁　杜慧丽　樊　星　冯樱樱
傅芃彬　高　攀　高培辉　耿　帅　古丽孜巴·库尔班管文韬　郭桂红　郭　浩　郭泓鑫　郭　钰　郭鋆鋆　郭子涵
何天伟　胡璟轩　胡瑞珍　胡旭东　黄　丽　黄曼伦　黄　熔　黄　瑞　黄舒琪　黄小育　黄晓辰　黄心阳　黄彦勋
黄雨萱　黄志文　黄志勇　黄智泷　蒋惠萱　蒋桨也　蒋子康　靳福真　赖卿月　李　超　李宸钰　李方舟　李　飞
李国玉　李涵乔　李佳辉　李佳锐　李锦鑫　李　黎　李丽萍　李　森　李沛钰　李　睿　李睿超　李　威　李小健
李　洋　李莹莹　李永烁　李雨心　李　昱　李元婕　李詹颖　李长卿　梁宁罡　梁文旭　林佳姝　林君蓉　林珑琴
林依勤　林逸龙　林雨薇　刘　灿　刘　航　刘华英　刘晶晶　刘宁静　刘芊芊　刘奕梅　刘子畅　陆雄勋　罗　辉
罗淑月　吕亮成　吕珮嘉　马　翠　马风宝　马　骧　马小萍　马玉鑫　欧炯伶　彭超然　买迪那木·托乎地　孟敬轲
穆耶赛尔·艾尼瓦尔　努尔夏西·卡得拉力　邱惠琪　邱雨柔　任钟若汶　申　跃　沈建伟　沈诗涵　盛羽轩
殳　程　司睿婵　司帅雷　苏伟祺　苏　煜　覃张航　谭浩然　童璟铭　汪财樟　王朝伟　王晨曦　王党收　王高爽
王昊翔　王厚云　王慧婷　王佳丽　王可翎　王乐怡　王铭勤　王润杰　王诗颖　王天一　王文宇　王永威　王运泽
王振泽　韦永娜　吴琳萍　吴尚洁　吴馨楠　吴雨灵　吴兹惠　吴子琴　肖　炀　徐家一　徐洁芳　徐祺敏　许芮绮
鄢丽晶　闫博然　杨奥岚　杨昊翔　杨赫令　杨江丽　杨　杰　杨可心　杨　宁　杨钦茹　杨　然　杨甜甜　杨　亭
杨　烨　杨　忠　叶丁玮　叶信淮　尹欣妍　余旺胜　余文婷　余潇晗　元欣悦　占　鸿　张丽英　张琳涵　张琳婧
张灵菲　张秋婕　张世玉　张曦文　张心烨　张耀文　张一弛　张依洛　张毓芹　张喆南　赵　霖　赵睿琪　赵文婧
赵宇辰　赵志强　赵紫薇　钟沈鸣　周家欣　周　磊　朱　楷　朱　颖　朱云玲　朱致学　祝欣园　宗明溪　邹　野
祖丽娜·阿木提　MICHAELA HENRY NIO NATHAN

公共卫生学院

阿尔心·艾力　阿力克斯·木合亚提　阿依努尔·要力达西　毕若萌　蔡雯昕　蔡　颖　曹　宇　曾佩宁
曾文雯　陈　师　陈　双　陈　悦　陈紫桂　池余睿　代　琪　德庆旺姆　董　悦　段　涵　多吉卓玛　冯婧超　高颢瑾
衮桑卓玛　郭晓璟　黄丹萍　黄　慧　黄丽晶　黄　颖　黄　宇　黄泽波　柯妍姝　雷泽恺　李钧儒　李佩瑶　李　骞
李深瑞　李　涛　梁　帅　廖梦俊　林良权　刘炳海　刘垂伟　刘芯蕊　罗茂雪　罗　琪　欧宗正　潘皓熠　裴　伟
蒲海荣　沈　颖　汪雪纯　王海又　王　洁　王瑞嘉　王若愚　王　彧　吴　笛　吴文伟　吴雨晴　吴　云　吴桢雯

谢昉　熊文强　徐王梓　杨龙　叶思思　易云贵　余炫　喻晓芳　袁娜　张何嵩　张俊达　张乐心　张灵菡
张瑞云　张葳　赵博韬　郑晨　郑天奇　钟莲华　朱国峰　左嗣苗

药学院

陈慧莹　陈孟秋　陈昱坤　程琦　戴建伟　董郅豪　段海琼　段秋香　范诗淇　封安银　冯文正　高畅　高珺
郝向阳　何静　胡静　黄驰　姜楚环　康冰琪　赖鹏飞　李伯睿　李昊阳　李思慧　李欣　李雪黎　林信婷
刘天艺　刘雨欣　刘云　罗苏勇　吕政波　毛蓬勃　孟子涵　彭苏雅　彭小雨　彭钰洁　赏霖骄　申富贵　石凤
宋金秋　宋恬恬　粟正婵　孙一凡　覃锐　唐梓清　田璐宁　王汉臣　王利民　王欣月　王信岳　王雅琳　王伊诺
吴凯嵘　吴艳楠　徐昕卉　杨坤　杨璐　杨敏　杨荣玉　叶子嘉　殷丽娜　袁铨　再努热·阿力木　张柯萱
张沛森　张雯雯　张洋洋　赵京豫　赵冉冉　赵研　周易扬　朱国雄　邹恒通

继续教育学院

阿布都热合曼·沙比尔　阿米娜姆·凯尤木　阿娜努尔·克热木　阿依古力·阿布力米提　艾斌斌　艾靖　安金津
艾力努古丽·艾尔肯　艾散江·亚森　艾孜孜古丽·艾合买提　安娟　安亮　安少谋　安生鹏　安玉莲
傲尔根　巴成吉　白兵兵　白才　白川　白梦金　白明　白全明　白香兰　白艳　白杨　白宇　柏佳
柏天　柏宇轩　摆雪　包蕾　包丽丽　包妍婷　包遵梅　薄林　薄王斌　薄玉花　薄梓璇　鲍春霞　鲍纯杰
鲍丹丹　鲍东宝　鲍方洲　鲍琳旎　鲍其芳　鲍秋霞　鲍瑞龙　鲍银玲　暴少英　比依扎提·拜早拉　毕官军　毕金华
毕均成　毕荣飞　边太生　卞爱军　卞鸽飞　卞敏秀　卞雄峰　宾开源　卜凡闯　卜睿晖　蔡爱萍　蔡彩娟　蔡春宇
蔡丹丹　蔡锋　蔡芙蓉　蔡富明　蔡冠东　蔡桂生　蔡桂珍　蔡国琼　蔡海龙　蔡海燕　蔡华军　蔡欢欢　蔡惠端
蔡佳英　蔡建斌　蔡建香　蔡娇莹　蔡君君　蔡雷　蔡丽君　蔡丽容　蔡莉　蔡林平　蔡玲　蔡美伦　蔡猛
蔡琪　蔡琦雯　蔡巧玲　蔡巧云　蔡巧云　蔡秋雪　蔡荣华　蔡茹妆　蔡森海　蔡珊珊　蔡沈玲　蔡淑勤　蔡舒
蔡舒婉　蔡双梅　蔡思佳　蔡思琦　蔡思妍　蔡婷　蔡万花　蔡薇　蔡伟庆　蔡伟玮　蔡伟艳　蔡文成　蔡文静
蔡武跃　蔡晓娟　蔡晓丽　蔡晓瑜　蔡新莉　蔡鑫皇　蔡鑫旭　蔡星宇　蔡旭东　蔡雪峰　蔡雪梅　蔡雅冰　蔡雅玲
蔡雅榕　蔡妍妍　蔡燕玲　蔡燕贞　蔡依冰　蔡漪　蔡仪敏　蔡益安　蔡毅恒　蔡毅真　蔡颖　蔡永辉　蔡永萍
蔡玉祥　蔡之浩　蔡志斌　蔡志兵　蔡仲　曹彬　曹冲环　曹凤杰　曹广州　曹杭杰　曹华生　曹剑　曹经纬
曹晶晶　曹景斌　曹俊杰　曹峻榕　曹磊　曹丽静　曹利华　曹莉君　曹明文　曹娜娜　曹沛华　曹琦星　曹千凡
曹倩　曹晴阳　曹蕊　曹赛君　曹绅　曹思涵　曹素芳　曹鑫海　曹彦　曹艳兰　曹艳琼　曹燕　曹雨
曹媛媛　曹正勇　曹忠玲　曹自强　岑彩菊　曾柏兰　曾碧芬　曾楚吟　曾赐宝　曾达峰　曾达忻　曾东强　曾霏霏
曾光华　曾广琦　曾杭琼　曾衡　曾华议　曾欢欢　曾辉华　曾惠雯　曾慧兰　曾纪平　曾佳敏　曾坚　曾建
曾建军　曾建珍　曾楗城　曾洁　曾锦杰　曾靖坤　曾军　曾坤鹏　曾礼玲　曾丽冬　曾丽娟　曾荔樟　曾连娥
曾路荣　曾美娥　曾美玲　曾鸣　曾木平　曾培云　曾少婷　曾绍彬　曾舒展　曾汀瑶　曾文志　曾湘如　曾祥鸿
曾小蕊　曾小娴　曾晓蕾　曾晓林　曾晓倩　曾秀梅　曾雅晨　曾雅玲　曾延岚　曾亿华　曾莺莺　曾荧荧　曾颖颖
曾玉洁　曾玉林　曾昭黎　曾子涛　茶瀛　查梦兰　查秀云　查招　柴亚坤　柴子龙　产子贤　常虹　常坤
常莉蓉　常强　常强　常瑞　常舒奇　常卫　常文馨　常心怡　常宇宏　常忠银　晁昊　车煜　陈阿比
陈阿梅　陈宝　陈宝亮　陈宝玉　陈贝贝　陈贝贝　陈碧莲　陈碧双　陈斌　陈斌　陈冰　陈波　陈彩虹
陈曾雨　陈超勇　陈陈　陈晨　陈晨　陈晨　陈晨　陈诚　陈诚　陈程达　陈楚珊　陈楚婷　陈创
陈春华　陈春金　陈春境　陈春丽　陈春梅　陈春秀　陈慈杭　陈翠华　陈存昊　陈丹　陈丹　陈丹凤　陈道义
陈德城　陈登科　陈东东　陈东升　陈东新　陈冬虹　陈冬凌　陈冬梅　陈栋　陈法行　陈芳琳　陈飞　陈飞丽
陈菲　陈锋　陈凤　陈凤萍　陈福安　陈福源　陈淦　陈刚　陈耿创　陈冠彬　陈光浩　陈光明　陈广霞
陈桂玲　陈桂源　陈国芬　陈国伟　陈果　陈海军　陈海龙　陈海虾　陈海昕　陈海燕　陈汉卿　陈瀚霖　陈航
陈好科　陈昊　陈昊东　陈昊炜　陈浩　陈浩　陈浩　陈浩彪　陈恒　陈红单　陈红磊　陈红英　陈宏鑫
陈宏毅　陈华友　陈桦聪　陈欢　陈欢欢　陈辉　陈辉　陈辉　陈辉煌　陈惠　陈惠华　陈惠萍　陈慧
陈慧萍　陈纪明　陈继亮　陈加炜　陈佳芬　陈佳佳　陈佳佳　陈佳丽　陈佳林　陈佳玲　陈佳娜　陈佳楠　陈佳伟
陈佳欣　陈家家　陈家乐　陈嘉津　陈嘉俊　陈嘉敏　陈嘉源　陈建辉　陈建萍　陈建荣　陈建如　陈江汇　陈江荣
陈江伟　陈娇　陈姣姣　陈杰　陈杰　陈洁　陈洁　陈洁洁　陈洁莹　陈洁珍　陈捷　陈介方　陈金红
陈金洪　陈金坤　陈金水　陈锦秀　陈瑾棋　陈进　陈晶莹　陈景羽　陈靖　陈靖　陈静　陈静　陈静
陈静贤　陈静音　陈静远　陈炯荣　陈娟　陈军龙　陈君瑞　陈钧伟　陈俊锋　陈俊凯　陈俊翔　陈俊羊　陈峻榕
陈凯曼　陈凯欣　陈楷文　陈科　陈可耀　陈昆仑　陈来　陈兰清　陈乐　陈乐乐　陈乐松　陈乐央　陈磊
陈黎鑫　陈礼　陈礼炳　陈历　陈立伟　陈丽　陈丽纯　陈丽红　陈丽华　陈丽华　陈丽洁　陈丽萍　陈丽容
陈丽英　陈丽云　陈丽珍　陈良超　陈亮　陈亮　陈亮　陈亮　陈亮　陈亮文　陈林　陈林忠　陈霖海

陈 麟	陈 泠	陈 玲	陈 玲	陈 玲	陈柳杰	陈 龙	陈 龙	陈 龙	陈 龙	陈龙樽	陈满贤	陈美虹
陈美华	陈美娟	陈美铃	陈美艺	陈美媛	陈 萌	陈梦娇	陈密娜	陈民华	陈民中	陈 敏	陈 敏	陈敏敏
陈明妃	陈明杰	陈明娟	陈明远	陈明珠	陈 铭	陈 铭	陈乃雷	陈 宁	陈宁欣	陈培君	陈培蕾	陈珮临
陈 鹏	陈 鹏	陈鹏锦	陈 苹	陈 萍	陈其河	陈奇煜	陈 琪	陈琦楠	陈 麒	陈启明	陈乾祺	陈 倩
陈倩雯	陈倩云	陈强富	陈巧霞	陈钦玲	陈勤霞	陈青青	陈青青	陈清显	陈清燕	陈清云	陈庆锋	陈庆永
陈琼香	陈秋红	陈秋娟	陈秋兰	陈秋梅	陈秋霞	陈秋燕	陈秋月	陈仁和	陈榕萍	陈如意	陈赛君	陈三仔
陈 姗	陈 珊	陈珊妹	陈珊珊	陈韶森	陈少华	陈少娟	陈少卿	陈少颖	陈绍冲	陈绍玲	陈圣青	陈诗涵
陈诗锜	陈诗雅	陈诗瑶	陈诗韵	陈施茗	陈仕杰	陈守云	陈书夏	陈淑萍	陈淑燕	陈淑真	陈舒婷	陈树江
陈双美	陈水良	陈水全	陈顺权	陈思秀	陈素华	陈太胜	陈太勇	陈 涛	陈天荣	陈天翔	陈甜甜	陈 婷
陈婷婷	陈婷羽	陈同江	陈 威	陈 威	陈威宏	陈 微	陈维芬	陈维昆	陈维扬	陈维宇	陈伟豪	陈伟康
陈伟伦	陈伟平	陈伟强	陈 玮	陈 玮	陈 炜	陈卫东	陈卫静	陈蔚宇	陈 文	陈文昌	陈文纯	陈文静
陈文龙	陈文莹	陈文珍	陈雯婷	陈雯雁	陈武彪	陈 熙	陈 霞	陈 霞	陈贤婷	陈 娴	陈显洲	陈祥滔
陈 翔	陈向辉	陈潇逸	陈小芳	陈小妹	陈小榕	陈小霞	陈晓丹	陈晓端	陈晓芳	陈晓港	陈晓琍	陈晓玲
陈晓强	陈晓青	陈晓清	陈晓雪	陈晓燕	陈晓珠	陈 昕	陈新彬	陈新庆	陈 鑫	陈 鑫	陈鑫潮	陈星燕
陈幸堃	陈秀彬	陈秀玲	陈秀珠	陈 旭	陈 旋	陈学毕	陈学良	陈学正	陈 雪	陈雪华	陈雪娇	陈雪姣
陈雪坤	陈雪萍	陈雪琴	陈雪清	陈 雅	陈 雅	陈雅娟	陈雅丽	陈雅玲	陈雅玲	陈雅情	陈雅晴	陈雅如
陈雅婷	陈亚庆	陈 艳	陈 艳	陈艳芳	陈艳霞	陈 燕	陈燕华	陈燕华	陈燕萍	陈燕萍	陈燕如	陈燕瑜
陈燕珍	陈燕珍	陈扬平	陈 阳	陈 阳	陈 杨	陈 洋	陈 洋	陈洋生	陈洋洋	陈洋洋	陈 漾	陈 瑶
陈耀锋	陈耀广	陈 烨	陈一凡	陈一军	陈一琼	陈伊林	陈依清	陈 义	陈艺博	陈奕为	陈逸菁	陈逸明
陈银华	陈银珠	陈 寅	陈印捐	陈胤妃	陈 英	陈 盈	陈 莹	陈 颖	陈 颖	陈 颖	陈 颖	陈映龙
陈永盛	陈永兴	陈 泳	陈勇君	陈勇前	陈幼清	陈 宇	陈 宇	陈宇亮	陈宇培	陈宇舒	陈玉斌	陈玉婷
陈玉文	陈玉章	陈育佳	陈煜杭	陈元富	陈园园	陈月玲	陈月燕	陈 悦	陈 云	陈云娇	陈云艳	陈云贞
陈 芸	陈泽聪	陈泽霖	陈泽荣	陈泽珊	陈泽新	陈章斌	陈长君	陈珍妮	陈 真	陈铮铮	陈之广	陈之好
陈芝月	陈志红	陈志金	陈志强	陈志雄	陈志勇	陈志宇	陈志远	陈 智	陈智祥	陈珠钦	陈子珅	陈子瑶
陈子怡	陈紫莹	陈尊镇	谌钇吉	成爱霞	成 静	成 志	程 奥	程 超	程芳芳	程建伟	程建文	程 静
程 静	程菊梅	程 凯	程利伟	程利英	程美红	程 娜	程鹏飞	程润超	程事业	程斯放	程腾波	程婷婷
程文言	程 霞	程小蕴	程 妍	程 瑶	程园园	程跃杨	程 越	程云娇	程智林	程子卿	池 波	池芳芳
池佳敏	池笑君	池秀梅	储 能	储未维	储子庆	楚晶晶	褚聪聪	次成木旦巴		丛 明	崔彩梅	崔 璨
崔 辰	崔 程	崔春苗	崔飞飞	崔戈锋	崔国花	崔国欣	崔海日	崔宏涛	崔宏燕	崔立强	崔利华	崔沥双
崔倩倩	崔少奎	崔烁锋	崔文清	崔 贤	崔新平	崔兴恺	崔雪芳	崔 洋	崔洋溢	达海燕	代秉清	代琨又
代 丽	代 双	代长青	戴贝茹	戴蓓蕾	戴彩仪	戴海燕	戴皓然	戴慧萍	戴家丰	戴杰祥	戴金亮	戴攀宏
戴沁怡	戴蕊清	戴文凤	戴文英	戴 雪	戴亚婷	戴一闻	戴亦仑	戴映文	戴宇宸	戴玉娣	戴媛媛	戴宗杰
单宝玲	单 曹	单纪瑄	单铃林	单圣洺	单树佳	单晓琳	党志伟	邓 斌	邓斌华	邓 超	邓春兰	邓慈添
邓凡华	邓涵尹	邓华权	邓 欢	邓吉豪	邓剑萍	邓锦棠	邓晶晶	邓凯文	邓丽琴	邓明义	邓牡丹	邓千千
邓群柳	邓 爽	邓 婷	邓 雯	邓小玲	邓小婷	邓小燕	邓晓兵	邓晓磊	邓雪兰	邓勋洪	邓燕屏	邓垚钰
邓怿斌	邓宇敏	邓振芬	邓振满	邓志琴	狄 敏	翟曾葵	翟蒙蒙	翟伟波	翟玉琦	翟智慧	邸云豪	刁佳慧
刁思杰	刁 燚	丁邦伟	丁碧玉	丁 聪	丁丹洋	丁海丽	丁红梅	丁 辉	丁 慧	丁 杰	丁俊凯	丁俊榕
丁奎元	丁 坤	丁揽月	丁蕾蕾	丁美健	丁明阳	丁 鹏	丁莎莎	丁少强	丁腾飞	丁筱梅	丁孝祠	丁 勇
丁雨文	丁 源	丁志强	董承业	董 晟	董翠萍	董昳子	董进城	董腈灏	董静林	董克钻	董力源	董 亮
董苗燕	董楠英	董 鹏	董 芹	董清清	董升凯	董 胜	董淑霞	董天宏	董韦凯	董文娟	董雯倩	董 晓
董歆韵	董 鑫	董星辰	董雪莲	董永杰	董雨鑫	董园园	董云强	董中文	董忠平	豆昌松	窦培文	窦秀珍
窦 卓	杜常凤	杜广峰	杜海霞	杜 浩	杜 衡	杜宏建	杜 虎	杜慧兰	杜 舰	杜 杰	杜金飞	杜 娟
杜军骉	杜 钧	杜丽君	杜铭锦	杜 娜	杜 倩	杜生威	杜淑娇	杜婉玲	杜秀丽	杜钰璟	杜召军	杜振凯
杜子娟	端木苏阳	端 阳	段成斌	段乐乐	段普臣	段钦轩	段世习	段祥府	段雅莹	段玉凌	段玉霞	段远平
段志男	凡 洪	凡月丽	樊博文	樊春梅	樊 娟	樊文彦	樊永梅	樊竹筠	范传翔	范道顺	范定锐	范格格
范贵钰	范佳梅	范利华	范玲宁	范凌洁	范茂慧	范梦华	范 南	范秋萍	范圣义	范文兵	范文琼	范贤斌
范秀芳	范秀玲	范雅娜	范燕锋	范燕青	范宇荣	范月琴	范长兵	范志华	范子玉	方二强	方光旭	方国荣
方海平	方汉宏	方 华	方慧萍	方慧旋	方 婕	方丽雄	方莲贞	方曼玲	方 明	方明霞	方 琦	方巧霞
方 秦	方清河	方清研	方少鹏	方思楠	方蔚宁	方 欣	方 欣	方兴莉	方燕持	方燕丹	方 阳	方艺丹
方益群	方谊娴	方 勇	方雨诺	房文聪	房 钰	费 明	费腾飞	丰斯泰	冯博威	冯才文	冯 超	冯朝彬

冯　称　冯传晶　冯凤谊　冯　吉　冯建城　冯金文　冯劲龙　冯　静　冯　凯　冯可宁　冯坤宇　冯　琳　冯梦瑶
冯启朋　冯　群　冯淑蕙　冯天华　冯婷婷　冯小丹　冯雪娟　冯艳丽　冯燕珊　冯瑶瑶　冯　毅　冯长斌　冯长虹
冯正伟　冯志伟　伏扬扬　符峻恺　符　召　付博予　付道胜　付方珺　付　豪　付佳豪　付林波　付荣贵　付世琦
付　伟　付小翠　付小萍　付兴启　付艳芳　付一凡　付　莹　付　宇　傅飞虎　傅洪玉　傅　金　傅金燕　傅凯凯
傅丽芬　傅梦婷　傅庆耿　傅容生　傅婉璐　傅文芳　傅霄玮　傅晓帆　傅晓璐　傅亚伟　傅艳红　傅怡琳　傅毅超
尕松拉毛　甘翠梅　甘翠文　甘慧玲　甘昕卉　甘贞乐　甘志国　干彬倩　干李冬　高彩英　高　畅　高　畅　高　畅
高春永　高德虎　高德丽　高　飞　高海鹏　高浩然　高惠珊　高　骥　高　建　高　洁　高金娴　高锦标　高景昊
高　敬　高镜辉　高立宇　高　丽　高　凌　高　梅　高美金　高　萌　高梦妍　高木子　高　鹏　高　茜　高　强
高乔龙　高书敏　高淑梅　高思思　高思莹　高　涛　高田颐　高亭亭　高伟杰　高　玮　高文婵　高　翔　高小兰
高晓璐　高协红　高旭梅　高　彦　高　洋　高　洋　高业宝　高　怡　高银发　高银树　高宇宸　高玉羡　高　玥
高　云　高　云　高　云　高云龙　高智颖　高中华　高紫薇　戈婷婷　葛城满　葛汉锋　葛　磊　葛　敏　葛甜甜
葛　婷　葛文跃　葛　欣　葛雅婷　葛　雁　葛　月　葛正伟　葛子权　耿建伟　耿俊杰　耿苗苗　耿　月　耿子牛
公萍萍　龚　安　龚海成　龚华妙　龚　凯　龚立峰　龚　敏　龚楠楠　龚如梦　龚珊珊　龚婷婷　龚伟明　龚炜杰
龚鑫磊　龚　艳　龚艳梅　龚玉琳　龚兆钧　龚　正　巩　妍　巩艳欢　苟佳成　辜德鹏　古雪莲　谷家鹏　谷　爽
谷文强　谷贤君　谷亚飞　顾　丹　顾嘉伟　顾婧莲　顾　军　顾俊峰　顾丽琴　顾鹏程　顾　赛　顾水红　顾维维
顾晓峰　顾晓晓　顾旭东　顾垚斌　顾　宇　顾照人　顾铮华　关冬来　关　丰　关海青　关　亮　关　婷　官碧红
官世成　管国强　管小娜　管银中　管志铖　归　冠　桂佳敏　桂艳华　桂竹青　郭碧端　郭　晟　郭乘麟　郭丹丹
郭登舟　郭东海　郭飞扬　郭菲娜　郭　峰　郭赶赶　郭广杰　郭海波　郭海申　郭晖阳　郭建川　郭建将　郭建奇
郭金钗　郭晶惠　郭景虹　郭静励　郭　娟　郭娟娟　郭　军　郭昆晖　郭　磊　郭立金　郭　丽　郭丽君　郭丽君
郭丽婷　郭丽贞　郭俐莆　郭灵健　郭　玲　郭梅红　郭梦毅　郭　敏　郭铭琳　郭妮妮　郭萍萍　郭其铧　郭乾和
郭倩娣　郭庆国　郭　瑞　郭少华　郭舒淇　郭素红　郭伟峰　郭伟利　郭玮艺　郭文婷　郭小丽　郭小谋　郭晓峰
郭晓华　郭晓敏　郭秀宾　郭秀敏　郭秀玉　郭雪红　郭雪晴　郭雅琦　郭亚奇　郭艳红　郭艳慧　郭燕萍　郭燕云
郭耀宗　郭烨玲　郭艺玲　郭奕途　郭荧欣　郭映晖　郭永财　郭玉博　郭玉凤　郭　玥　郭云超　郭云丽　郭　韵
郭韵诗　郭蕴宜　郭泽鹏　郭正飞　郭志富　郭志伟　郭转银　郭紫青　过声翠　韩碧涛　韩定碧　韩昊东　韩　红
韩洪昌　韩建华　韩俊杰　韩　琳　韩梦婷　韩　戎　韩　蕊　韩　睿　韩小威　韩　笑　韩燕坤　韩　雨　韩玉冰
韩玉君　韩　煜　韩　芸　韩泽鹏　韩振东　韩志鹏　杭怡伶　郝丹丹　郝　刚　郝　猛　郝　荣　郝寿银　郝咏秋
何朝会　何成华　何丹丹　何德海　何东玲　何东晓　何　芳　何符堂　何国栋　何国贤　何海松　何海燕　何华彬
何佳佳　何佳玲　何家威　何江林　何江涛　何金超　何　军　何科达　何丽丽　何连娣　何　亮　何林峰　何林艳
何琳斌　何　灵　何玲敏　何路敬　何梦蕃　何苗苗　何名章　何　强　何秋美　何　容　何善智　何盛招　何　姝
何思圻　何天凯　何　婷　何万里　何　伟　何伟静　何伟玲　何文群　何小忠　何晓波　何晓晨　何新峰　何旭钦
何雪冰　何雅静　何亚莉　何胭枝　何艳红　何阳镇　何毅盈　何　垠　何玉政　何月华　何长忠　何志平　何志平
何治强　何忠剑　何子杰　和福宏　贺　灿　贺　李　贺相喜　贺新月　贺弋轩　衡淑敏　洪爱华　洪翠琴　洪芳女
洪凤雅　洪桂兰　洪海霞　洪　静　洪利杰　洪　亮　洪美春　洪巧端　洪秋兰　洪文杰　洪小花　洪小英　洪晓光
洪新伟　洪学灵　洪燕秋　洪怡君　洪茵茵　洪　瑜　洪钰宸　洪跃生　洪云宽　洪志海　洪志明　侯继宗　侯金法
侯　军　侯曼曼　侯孟琦　侯欣宇　侯彦如　侯子荐　侯晓艳　忽烁烁　胡阿标　胡爱娇　胡爱连　胡灿斌　胡朝燕
胡晨亮　胡诚轩　胡城诚　胡楚强　胡创伟　胡春燕　胡翠云　胡等毅　胡　蝶　胡东亚　胡芳芳　胡　飞　胡飞飞
胡国敏　胡　晗　胡　皓　胡　红　胡慧敏　胡慧源　胡继翔　胡　佳　胡佳佳　胡家香　胡　嘉　胡金兰　胡谨绎
胡静静　胡俊龙　胡　凯　胡　康　胡康康　胡　蕾　胡立军　胡丽娟　胡连军　胡玲琴　胡玲荣　胡鹭红　胡　宁
胡　强　胡庆兰　胡　蕊　胡姗姗　胡　珊　胡思敏　胡素芳　胡天辰　胡天云　胡婷婷　胡统松　胡　微　胡喜龙
胡　侠　胡小婷　胡晓丹　胡晓红　胡晓静　胡旭塔　胡雪梅　胡亚婷　胡　洋　胡耀文　胡耀宗　胡一鸣　胡祎璇
胡莹莹　胡雨晴　胡雨婷　胡钰晗　胡　月　胡云淑　胡云云　胡志强　胡志贤　胡卓亭　胡紫熙　胡祖喜　扈晓天
花继青　花　韬　花　言　华　钧　华小芳　华　鑫　黄安寅　黄碧君　黄　彬　黄炳尧　黄彩灵　黄彩云　黄　灿
黄曾悦　黄昶曦　黄　超　黄　超　黄晨曦　黄春宝　黄春林　黄春林　黄春儒　黄春艳　黄翠婷　黄达理　黄大芳
黄丹丹　黄丹凤　黄灯玉　黄殿文　黄碟碟　黄东灵　黄二燕　黄　帆　黄芳全　黄飞腾　黄飞燕　黄凤龙　黄凤梅
黄　高　黄光杰　黄桂霞　黄海桃　黄海燕　黄海英　黄海宇　黄红红　黄宏楼　黄宏伟　黄鸿坤　黄华群　黄华星
黄怀英　黄焕然　黄　慧　黄火平　黄积煌　黄佳丽　黄佳奕　黄佳逸　黄佳毅　黄家德　黄嘉琳　黄嘉欣　黄　建
黄建福　黄建明　黄建伟　黄健峰　黄键宏　黄江海　黄　杰　黄金成　黄金盾　黄金明　黄金婷　黄金相　黄锦媚
黄　京　黄景东　黄静蓉　黄　娟　黄　珏　黄俊锟　黄俊鹏　黄开森　黄　凯　黄凯文　黄坤林　黄　磊　黄　黎
黄　丽　黄丽花　黄丽丽　黄丽丽　黄丽莉　黄丽鸥　黄丽苹　黄丽荣　黄丽霞　黄丽云　黄丽珍　黄　恋　黄　林
黄麟轩　黄灵超　黄　玲　黄玲燕　黄　柳　黄隆昌　黄路桐　黄鹭芳　黄漫纯　黄　梅　黄梅红　黄美连　黄敏仪

黄明明　黄明珠　黄慕瑜　黄欧敏　黄培德　黄娉华　黄萍玲　黄萍萍　黄其岗　黄淇淇　黄绮歆　黄　钱　黄　茜
黄巧芬　黄　钦　黄清鹏　黄庆铭　黄庆鹏　黄庆栓　黄秋凤　黄秋林　黄秋玲　黄忍伟　黄日凤　黄　蓉　黄　锐
黄　锐　黄瑞洁　黄杉杉　黄声城　黄世昌　黄世兰　黄守军　黄淑汝　黄淑莹　黄舒萍　黄水生　黄顺吉　黄思远
黄素芬　黄天长　黄婷婷　黄婷婷　黄婉露　黄婉琴　黄　威　黄伟豪　黄炜滨　黄为银　黄文成　黄文华　黄文辉
黄文靖　黄文娟　黄文庭　黄贤洲　黄小春　黄小红　黄小龙　黄小琴　黄小宇　黄晓光　黄晓坚　黄晓娟　黄晓明
黄晓青　黄晓珊　黄晓彤　黄晓钊　黄筱玲　黄心萍　黄心悦　黄新平　黄馨琪　黄鑫杰　黄兴辉　黄兴宇　黄秀静
黄秀茹　黄秀贞　黄　旭　黄　旭　黄炫炤　黄学达　黄学梅　黄雅君　黄雅丽　黄雅敏　黄亚君　黄亚伦　黄艳丽
黄焱辉　黄　燕　黄燕萍　黄耀雄　黄一婷　黄伊雪　黄祎波　黄乙轩　黄　毅　黄茵茵　黄　颖　黄永德　黄有辉
黄幼茹　黄愉琳　黄瑜婷　黄玉龙　黄裕禄　黄毓琳　黄元察　黄缘煌　黄源灿　黄跃红　黄　越　黄　赟　黄泽河
黄长林　黄兆彬　黄兆明　黄哲宇　黄真瑜　黄振华　黄镇亨　黄志刚　黄志金　黄志雄　黄忠志　黄种德　黄梓晗
黄梓淇　黄紫玉　惠建国　霍　堃　霍敏欣　霍文列　姬培庆　吉俊晓　吉伟萍　吉　翔　计丽娜　计　倩　纪春梅
纪　侃　纪克林　纪　平　纪孝铮　季爱娟　季寒冬　季江明　季俊杰　季苏莉　荚　琳　荚秀峰　贾保琦　贾　灿
贾春梅　贾德胜　贾红岩　贾　静　贾鹏鹰　贾挺章　贾　燕　贾莺娟　贾振忠　菅梓君　简慧君　简佳希　简嘉浚
简赛珍　蹇欣荣　江　兵　江彩君　江　端　江芳婷　江芳英　江　丰　江海龙　江汉祥　江　虹　江鸿飞　江华娟
江金城　江立国　江　玲　江泷杰　江隆正　江美艳　江楠楠　江培飞　江其辉　江巧姚　江瑞芳　江沈聪　江淑红
江舒婕　江　婷　江卫兵　江熹珍　江　霞　江显清　江小龙　江小平　江晓庆　江仰锋　江一新　江艺华　江艺祥
江懿鑫　江　雨　江　玥　江志华　江仲洋　姜　昊　姜　宏　姜　华　姜嘉伦　姜　娟　姜俊威　姜立疆　姜萌萌
姜梦云　姜　娜　姜青青　姜　嵩　姜　亭　姜祥辉　姜雅芳　姜　艳　姜业森　姜郅豪　蒋爱荣　蒋芳芬　蒋　锋
蒋佛琴　蒋海纯　蒋华敏　蒋慧云　蒋继成　蒋加旭　蒋　洁　蒋　洁　蒋乐天　蒋立芳　蒋丽萍　蒋　莉　蒋曼曼
蒋明刚　蒋铭康　蒋　娜　蒋　娜　蒋　清　蒋擎宇　蒋瑞琦　蒋　珊　蒋维康　蒋文雯　蒋小霞　蒋晓焜　蒋亚凤
蒋　瑶　蒋月清　蒋长城　蒋长江　蒋志新　焦　晨　揭　丹　揭小本　揭雪华　揭英耀　解小磊　解艳洁　解志康
金保玲　金凤君　金福乐　金国勇　金海侠　金慧奇　金　洁　金　晶　金　晶　金　菊　金雷鹏　金　磊　金丽梨
金　灵　金巧巧　金尚农　金仕平　金　嵩　金　涛　金婷婷　金伟平　金香花　金小杰　金晓燕　金　燕　金逸健
金语涵　金　臻　井宏兵　井争志　景美蓉　居　婷　居　伟　居　伟　琚　晨　鞠采杉　鞠志浩　喀日罕·亚森
康彬晟　康彩雯　康健琳　康姣姣　康俊逵　康客松　康美云　康铭涛　康珊宝　康思思　康文新　康喜中　康娴斌
康　艳　康怡婷　康钰焱　亢　琳　柯炳辉　柯步勤　柯彩虹　柯美好　柯巧丽　柯庆良　柯雯倩　柯小芳　柯燕军
柯紫逸　孔春燕　孔凡莹　孔嘉俊　孔令军　孔令云　孔梦丹　孔明辉　孔容芳　孔晓炜　寇雪艳　匡景阳　邝　斌
邝桂铃　邝兰庆　旷小勇　况彩娟　赖碧港　赖财生　赖传龙　赖春辉　赖翠萍　赖港生　赖冠鹏　赖桂麟　赖宏火
赖鸿波　赖辉玲　赖家磊　赖锦荣　赖静文　赖开杭　赖侃昕　赖丽芳　赖美兰　赖明瑞　赖鹏宇　赖巧莲　赖秋霞
赖书田　赖滕滕　赖　威　赖文恺　赖文萍　赖文琦　赖五生　赖晓祥　赖　鑫　赖旭森　赖银峰　赖永滨　赖永红
赖　宇　赖宇凌　赖仔娇　赖梓航　兰　岚　兰丽平　兰树人　兰伟高　兰永琴　兰宇森　蓝美玲　蓝新元　蓝燕平
劳顺昭　劳依文　乐碧霞　乐丽萍　雷碧清　雷　佳　雷金花　雷丽娴　雷　璐　雷　露　雷梅榕　雷桥生　雷小仟
雷钰贞　雷　渊　雷　云　雷运梅　冷　丽　黎碧燕　黎　波　黎冬秀　黎汉武　黎惠芳　黎佳俊　黎婧莹　黎　林
黎群群　黎伟忠　黎歆然　黎雅玲　黎亚清　黎耀森　黎玥彤　黎长武　李　傲　李柏帆　李保朋　李　贝　李碧林
李　彪　李　斌　李　斌　李　冰　李冰雪　李　博　李彩虹　李灿榕　李常华　李超宇　李　晨　李　晨　李　程
李　程　李川朋　李传丽　李春芳　李春蕊　李春生　李春燕　李　聪　李　存　李大维　李丹丹　李丹晓　李德阳
李登选　李典典　李东飞　李东升　李冬梅　李　栋　李方英　李　芳　李芳芳　李　放　李　飞　李丰桦　李冯璐
李　凤　李福刚　李福英　李　刚　李戈浩　李观婷　李桂玲　李国平　李国强　李国旺　李海宾　李海静　李海燕
李寒玉　李　航　李　昊　李　浩　李　皓　李贺斌　李红星　李泓锋　李洪坤　李鸿祥　李　花　李　华　李　欢
李焕南　李　惠　李惠群　李　慧　李　慧　李　慧　李慧姣　李慧源　李季蔚　李　佳　李　佳　李佳诚　李佳霖
李佳泠　李佳伟　李佳文　李佳益　李佳泽　李家豪　李家奇　李家艳　李嘉辰　李嘉豪　李嘉欣　李嘉鑫　李嘉愉
李建辉　李建军　李建鹏　李建伟　李建霞　李建宇　李　剑　李江晨　李江伟　李蒋楠鑫　李娇娇　李娇娴　李杰榕
李　洁　李　捷　李金虹　李金庭　李金霞　李金鑫　李金旭　李金阳　李　晶　李井红　李　菊　李　菊　李　娟
李　娟　李　军　李　君　李君红　李君辉　李　俊　李　俊　李　俊　李俊桦　李俊平　李俊文　李俊逸　李俊禹
李　骏　李　凯　李克辉　李坤山　李　乐　李　磊　李　磊　李　磊　李　磊　李蕾斯　李黎明　李　丽　李　丽
李丽平　李丽萍　李莉莉　李连山　李　亮　李亮亮　李林妹　李　琳　李　凌　李柳芳　李柳琼　李　露　李漫如
李　茂　李茂琴　李　梅　李　梅　李梅双　李美玲　李　萌　李妙虹　李妙宜　李　敏　李敏丽　李名江　李　明
李明辉　李明慧　李明轩　李明泽　李　娜　李　娜　李　娜　李　娜　李南娟　李　宁　李鹏翔　李其珣　李　琪
李琦龙　李启宁　李千令　李　仟　李　倩　李　强　李巧璇　李琴彪　李青利　李庆尧　李秋萍　李秋盈　李权祝
李　群　李荣群　李荣荣　李荣荣　李荣彦　李　蓉　李　儒　李　瑞　李瑞敏　李瑞威　李润方　李若愚　李三多

李　森　李　莎　李少妹　李少鹏　李绍阳　李　升　李生财　李圣楠　李胜云　李士军　李世杰　李世婷　李姝婧

李鼠伟　李树根　李　帅　李帅帅　李拴红　李双全　李思得　李思琦　李斯娜　李寺锋　李塔慧　李亭亭　李亭亭

李　婷　李　婷　李　挺　李　彤　李　婉　李　万　李万传　李万军　李　威　李　巍　李　巍　李　巍　李伟峰

李伟见　李伟久　李尾莲　李文海　李文俊　李文连　李文琼　李文艺　李文湛　李文正　李文宗　李　雯　李雯颖

李希阳　李　夏　李香爱　李向林　李小波　李小芳　李小利　李小龙　李小南　李小芹　李小琴　李小清　李小双

李小燕　李小雨　李小卓　李晓博　李晓峰　李晓光　李晓杰　李晓玲　李晓玲　李晓婷　李晓霞　李晓妍　李孝祥

李　欣　李　欣　李新芳　李新平　李新生　李　鑫　李兴杰　李秀华　李秀云　李徐林　李学梅　李雪冬　李雪飞

李雪林　李雪梅　李雪苹　李雪婷　李雅涛　李　亚　李亚东　李亚东　李亚广　李亚乐　李亚楠　李亚文　李　岩

李岩枫　李　衍　李彦霖　李　艳　李艳楠　李艳萍　李艳霞　李雁鹏　李　燕　李　燕　李　燕　李燕芳　李燕敏

李　扬　李　阳　李　阳　李杨雯　李　瑶　李耀群　李一博　李一飞　李一新　李易浓　李毅辉　李毅嘉　李　熠

李银坤　李应维　李英梅　李荧屏　李盈慧　李　莹　李莹莹　李　颖　李影秋　李永财　李永莉　李永鑫　李泳莹

李俞萱　李　宇　李　雨　李玉虎　李玉玲　李玉玲　李玉鹏　李玉平　李玉琴　李玉婷　李钰坤　李元森　李元元

李园园　李沅锦　李　媛　李　岳　李岳兴　李　跃　李　赟　李云芳　李云天　李　赞　李泽阳　李展高　李长丽

李　曌　李　哲　李　喆　李珍燕　李珍莹　李　振　李振妃　李振华　李振辉　李征兵　李政财　李志军　李志鹏

李志全　李志宇　李　智　李智辉　李　竹　李渚芳　李壮壮　李壮壮　李宗民　李宗源　李祖儿　理文会　郦一甫

郦智锋　连茂东　连巧甜　连秋萌　连晓婷　连雅惠　连亚明　连毓生　廉　明　廉　旭　练丽萍　梁　琛　梁　成

梁炽辉　梁　笛　梁东强　梁桂申　梁桂媛　梁海霞　梁海英　梁浩彦　梁基业　梁稼杰　梁　静　梁恺晗　梁丽华

梁丽君　梁丽绵　梁　莲　梁美凤　梁美华　梁　娜　梁巧玲　梁　琴　梁珊珊　梁善文　梁诗敏　梁素艳　梁　涛

梁腾源　梁　天　梁西然　梁　星　梁星龙　梁秀容　梁燕青　梁奕正　梁　颖　梁永恒　梁永辉　梁志业　廖承云

廖春红　廖春梅　廖芳芸　廖飞鸽　廖冯扬　廖付勇　廖桂兰　廖浩兴　廖黄欢　廖慧瑄　廖家琳　廖洁莹　廖景萍

廖靖宇　廖　丽　廖　良　廖秋霞　廖　容　廖尚祥　廖淑芬　廖苇苇　廖文玉　廖新科　廖雪芳　廖　晏　廖烨祥

廖逸霖　廖勇杰　廖元庆　廖栽文　廖　珠　林爱红　林爱朱　林宝旦　林碧娟　林　彬　林彬彬　林斌祥　林　博

林彩眉　林彩英　林昌文　林　超　林晨骏　林成志　林程杰　林楚彪　林春玲　林春香　林　聪　林翠云　林达金

林帝华　林东茂　林冬霞　林　芬　林　芬　林　峰　林凤英　林高海　林光贤　林桂兰　林国隆　林国伟　林海城

林海茜　林海燕　林海燕　林汉良　林汉钮　林豪伟　林　浩　林浩汇　林浩明　林　皓　林宏思　林洪涛　林　华

林焕斌　林惠玲　林惠娜　林惠英　林　慧　林火彬　林　佳　林佳慧　林佳琪　林家桥　林嘉鑫　林建鸿　林建辉

林建家　林江云　林　杰　林　杰　林　金　林金萍　林金艳　林金珍　林金钟　林锦端　林锦花　林晋如　林　婧

林静妮　林静雯　林君芽　林俊杰　林　凯　林凯程　林浪坤　林　蕾　林黎明　林丽冰　林丽娜　林丽萍　林丽清

林丽群　林丽婷　林丽霞　林莉莉　林莉莉　林联青　林亮庆　林　琳　林　霖　林　灵　林玲玲　林龙珊　林曼莉

林　莽　林　梅　林梅榕　林美晨　林美观　林美娟　林美玲　林　妹　林梦珊　林妙纯　林妙凤　林妙婷　林　敏

林敏杰　林敏敏　林明圆　林念慈　林　宁　林佩君　林　平　林萍萍　林其邦　林奇源　林　琦　林　祺　林　谦

林清德　林庆玲　林秋玲　林秋敏　林秋霞　林泉宁　林　荣　林荣丰　林　容　林汝溪　林瑞萍　林润麟　林三妹

林三英　林　珊　林韶辉　林少丹　林少华　林少敏　林劭文　林　升　林盛琳　林士清　林世达　林寿华　林淑芬

林淑锋　林淑慧　林淑婷　林　舒　林水娇　林思铭　林穗庄　林天培　林　挺　林婉婷　林　伟　林伟能　林伟州

林文俊　林文龙　林文隆　林文清　林文正　林　雯　林　霞　林夏锴　林贤峰　林小丽　林小梅　林小霞　林　晓

林晓东　林晓平　林晓奇　林晓清　林晓清　林晓瑜　林心怡　林新霞　林　歆　林鑫媛　林星宇　林兴木　林秀娟

林秀丽　林秀文　林　旭　林旭日　林雪霏　林雪敏　林雪琦　林雪燕　林亚梅　林　艳　林艳芳　林艳瑜　林　燕

林燕玲　林燕晓　林燕燕　林耀武　林怡清　林艺红　林艺玮　林奕翰　林奕辉　林奕琳　林意辉　林毅敏　林殷福

林莹静　林莹莹　林雍昊　林　勇　林幼贞　林渝燕　林雨珊　林育辉　林昱阳　林裕煊　林圆圆　林媛莉　林月琴

林跃明　林泽宇　林贞兰　林珍珍　林振堆　林振勇　林　铮　林芷榕　林志彬　林志成　林志锋　林志华　林志燕

林仲伯　林子辉　林紫涵　林紫盈　凌国才　凌　君　凌秀秀　凌允瑶　刘爱雪　刘柏珊　刘宝莹　刘必珠　刘碧霞

刘　标　刘　彬　刘　斌　刘　斌　刘冰洋　刘　兵　刘　波　刘　波　刘　彩　刘彩云　刘灿祥　刘婵婵　刘　畅

刘　超　刘　超　刘　晨　刘晨亮　刘成玉　刘　程　刘创娴　刘春霞　刘纯玲　刘纯钊　刘　聪　刘聪聪　刘丹燕

刘　迪　刘　娣　刘　定　刘东岳　刘冬梅　刘　栋　刘　多　刘多田　刘恩锋　刘二秀　刘　凡　刘凡林　刘　芳

刘凤香　刘凤春　刘福明　刘　鸽　刘广亮　刘海兰　刘海丽　刘海伦　刘韩楚　刘浩宇　刘皓月　刘　红　刘红叶

刘洪涛　刘华养　刘　欢　刘　欢　刘　焕　刘会兰　刘惠欣　刘　慧　刘慧莉　刘慧颖　刘继米　刘　佳　刘　佳

刘佳慧　刘佳鑫　刘佳煜　刘家琪　刘嘉骏　刘见妆　刘建生　刘剑英　刘健峰　刘健荣　刘　江　刘娇娇　刘姣姣

刘　杰　刘　杰　刘　杰　刘　杰　刘　杰　刘　杰　刘　洁　刘金锋　刘金玲　刘金涛　刘金霞　刘经城　刘　晶

刘晶宇　刘憬泽　刘　静　刘　静　刘　静　刘静威　刘静霞　刘　娟　刘　军　刘　军　刘军强　刘　君　刘俊杰

刘俊农　刘　凯　刘凯凯　刘矿辉　刘昆明　刘腊秀　刘　兰　刘兰心　刘　雷　刘　雷　刘　礼　刘　立　刘立蕊

刘　丽　刘丽华　刘丽榕　刘丽云　刘莉霞　刘连英　刘　琳　刘琳琳　刘　玲　刘　玲　刘玲玲　刘　留　刘　柳
刘龙虎　刘璐璐　刘　露　刘马金生　刘茂泽　刘　梅　刘　梅　刘　梅　刘美娇　刘　媚　刘萌萌　刘梦莹　刘苗苗
刘　明　刘明举　刘木子　刘南丁　刘沛恒　刘鹏飞　刘　萍　刘祺琦　刘启达　刘　倩　刘强强　刘巧灵　刘　琴
刘　青　刘　青　刘青青　刘　琼　刘权辉　刘荣华　刘茹茹　刘　蕊　刘瑞平　刘瑞贤　刘润森　刘若男　刘若惜
刘赛男　刘　莎　刘善华　刘胜利　刘胜贤　刘盛宇　刘师洁　刘世师　刘仕强　刘书平　刘淑刚　刘　帅　刘爽爽
刘顺花　刘思岐　刘思思　刘　松　刘颂玲　刘　苏　刘素军　刘泰红　刘　涛　刘　涛　刘　涛　刘涛巍　刘腾斌
刘亭好　刘婷婷　刘婷婷　刘　通　刘婉莹　刘王丽　刘　威　刘　威　刘伟剑　刘伟梅　刘伟琦　刘伟荣　刘为芳
刘　文　刘文兰　刘文珊　刘文英　刘雯青　刘　曦　刘　霞　刘　霞　刘夏兰　刘先昊　刘宪峰　刘祥辰　刘　霄
刘　霄　刘小贝　刘小财　刘小兰　刘晓彬　刘晓波　刘晓柯　刘晓乐　刘晓青　刘晓旭　刘晓燕　刘　新　刘鑫发
刘鑫龙　刘　星　刘星星　刘星宇　刘秀洁　刘秀军　刘旭辉　刘雅彬　刘雅文　刘亚飞　刘亚辉　刘亚赛　刘　夔
刘　艳　刘艳艳　刘燕玲　刘燕璇　刘　阳　刘　阳　刘　杨　刘　洋　刘　晔　刘铱艳　刘以豪　刘奕廷　刘益珍
刘应红　刘　莹　刘　影　刘影霞　刘永平　刘　勇　刘勇发　刘佑强　刘好光　刘宇航　刘玉婷　刘玉玺　刘　钰
刘　原　刘月英　刘悦悦　刘增林　刘长骑　刘兆桂　刘珍廷　刘真真　刘振明　刘镇辉　刘志祥　刘志泽　刘　智
刘　智　刘中贤　刘忠祥　刘炷良　刘子琛　刘子健　刘子敬　刘子巧　刘子怡　刘自花　刘自力　刘自梅　柳瀚轩
柳佳佳　柳　琼　柳孝金　柳艳芳　柳奕晴　柳　芸　龙　淼　龙明丽　龙苏杭　龙　天　龙通勇　龙耀舸　龙永厚
龙智鹏　娄　高　娄鑫波　楼吉标　楼　爽　楼　尉　楼小东　卢安祺　卢　波　卢丹丹　卢冠良　卢佳宝　卢嘉辉
卢建民　卢金波　卢　晶　卢骏贤　卢磊宾　卢丽苗　卢梦维　卢妙真　卢　敏　卢明珠　卢榕鑫　卢升中　卢淑娟
卢舒怡　卢　婷　卢伟浩　卢文锡　卢文瑜　卢　霞　卢　霞　卢　潇　卢晓河　卢晓强　卢新福　卢　鑫　卢艳香
卢　旸　卢义祥　卢毅晖　卢永朵　卢玉华　卢垣道　卢运东　卢镇鹏　芦琳娜　鲁玉峰　陆炳羽　陆东浩　陆国琼
陆海彪　陆娇娇　陆亮亮　陆明成　陆　倩　陆垧东　陆慎栋　陆诗尧　陆　婷　陆维豪　陆刁安　陆仙伟　陆彦利
陆杨红　陆　遥　陆业丽　陆　怡　陆逸帆　陆莹莹　陆　颖　陆　颖　陆裕锋　陆云杰　路朝女　路　璐　路　坦
路希凤　栾　杰　栾军星　栾志杰　罗百胜　罗碧玲　罗炳旺　罗　灿　罗潮海　罗　诚　罗　达　罗　芳　罗　芬
罗海萍　罗海霞　罗和标　罗　欢　罗佳欣　罗　劼　罗金梅　罗菊根　罗娟萍　罗骏宇　罗力烽　罗丽芬　罗丽丽
罗　玲　罗鲁毅　罗　梦　罗敏萍　罗娜娜　罗　萍　罗淇禹　罗乾龙　罗清仙　罗庆隆　罗　秋　罗权洲　罗镕镕
罗　瑞　罗　珅　罗　涛　罗添旺　罗廷彪　罗婉颖　罗　伟　罗伟建　罗伟军　罗熙熙　罗小玲　罗晓云　罗鑫畅
罗艳娟　罗　阳　罗银兰　罗玉平　罗振昌　罗正军　罗治伟　罗周汉　骆彩梅　骆红梅　骆梨梨　骆培萍　骆清河
骆世坚　骆雯倩　骆亚会　骆正明　吕安安　吕贝贝　吕　超　吕定龙　吕海涛　吕　恒　吕宏将　吕　华　吕惠敏
吕　慧　吕晶晶　吕俊明　吕良杰　吕灵姗　吕孟杰　吕娜英　吕欧亚　吕　佩　吕　朋　吕青虹　吕秋盈　吕荣丽
吕淑君　吕添祥　吕婷婷　吕文鑫　吕汶奇　吕小兵　吕炫启　吕学杰　吕亚琴　吕　毅　吕　勇　吕月婷　吕长红
麻孟学　马贝贝　马毕霖　马　宾　马　博　马晨玉　马楚红　马丹妮　马冬仪　马二星　马锋超　马观法　马海涛
马海涛　马海燕　马红霞　马惠婧　马　娇　马　姣　马　洁　马晶晶　马　静　马　俊　马　凯　马　澜　马　磊
马　丽　马丽华　马丽娟　马丽容　马　亮　马凌云　马　铭　马能刚　马　飘　马　倩　马　琴　马青山　马　全
马仁丹　马仁杰　马　瑞　马诗棋　马世虎　马淑莹　马思源　马素玲　马　涛　马腾越　马　旺　马　骁　马小凤
马小伟　马小燕　马啸东　马学敏　马学信　马雪婷　马亚亚　马延敏　马意梅　马银霞　马引丽　马宇昕　马玉芳
马　月　马　真　马　铮　马志英　玛尔哈巴·阿林　麦秋萍　麦智培　满　宁　毛春婴　毛　辉　毛剑虹　毛良富
毛灵富　毛咪芳　毛赛倩　毛文安　毛晓宇　毛兆晨　茆　梅　梅成成　梅梦丹　梅　晴　梅　维　梅玉琨　梅竹君
梅子寒　门天琦　蒙俊群　孟凡娜　孟龙龙　孟彤丹　孟祥伟　孟　雪　孟询珣　孟　颖　孟云忠　孟　琢　苗翔飞
米尔扎提·米吉提　米尔扎提·万里　苗英杰　闵静静　闵　甜　闵一帆　明春花　明　帆　莫必秀　莫广湛　莫家耀
莫庆土　莫润云　莫小红　莫银坪　莫志伟　牟灵爱　缪本威　缪超勤　缪晨昕　缪楚楚　缪秋华　缪秋秋　缪舒灵
缪绣云　慕元松　穆登赢　穆浛睿　穆启海　那菈·图尔贡　尼扎洪·艾克木　倪爱朋　倪超杰　倪　铖　倪丹萍
倪　好　倪　佳　倪建新　倪金鑫　倪丽珊　倪敏盈　倪双雄　倪伟伟　倪炜坤　倪　武　倪　欣　倪益清　念燕丽
聂　聪　聂飞轮　聂凤梅　聂会宇　聂佳力　聂家欣　聂世博　聂秀穗　宁　辉　宁俊娜　宁梦琪　宁　鑫　宁兆平
牛　翠　牛　佳　牛　莉　牛　萍　牛香杰　牛雅楠　牛玉颖　农星兴　努荣古丽·毛拉麦提　欧光万　欧锦隆
欧开宝　欧胜君　欧舒婷　欧向霖　欧学文　欧艳萍　欧燕婷　欧阳锦凡　欧阳静盈　欧阳升　欧阳小芬　欧阳钰婷　潘彩瑜
欧阳渊杰　欧阳志来　潘晨阳　潘春宇　潘　翠　潘海军　潘　红　潘鸿燕　潘怀军　潘　慧　潘剑秋　潘静安　潘君妃
潘　俊　潘开红　潘李萱　潘丽程　潘林垦　潘　玲　潘柳芬　潘　鹏　潘勤勤　潘儒林　潘少洪　潘士早　潘万春
潘伟琴　潘小晖　潘晓丹　潘雅雯　潘燕冠　潘　漪　潘　赟　潘长金　潘　哲　潘卓航　泮珊珊　庞　剑　庞敬轩
庞开磊　庞李晨　庞立乾　庞　璐　庞倩倩　庞伟航　庞小龙　庞　星　裴军凤　彭爱云　彭　勃　彭冬冬　彭　飞
彭　枫　彭海玲　彭海英　彭赫梅　彭　宏　彭吉梅　彭娇红　彭金霞　彭　景　彭静文　彭　逵　彭坤凤　彭茂杨
彭　敏　彭　朋　彭　品　彭其粒　彭青露　彭青青　彭　蓉　彭盛凤　彭四凤　彭　泰　彭　涛　彭　莛　彭文彬

彭文涛 彭小东 彭欣怡 彭雪颖 彭雪珍 彭燕芳 彭 杨 彭宜鹏 彭 颖 彭友娟 彭玉芳 彭玉娟 彭占文
彭振起 彭梓鑫 皮依玲 平大伟 平 俭 蒲 乐 蒲淑仪 蒲晓波 蒲宇君 蒲 昱 濮凤林 濮丽亚 朴丽花
朴英兰 戚海瑞 戚慧丽 戚子超 亓 蕾 齐广伟 齐开泉 齐素芬 齐 瑶 齐 张 齐志新 祁昌浩 祁华岳
钱才华 钱承超 钱 浩 钱晶晶 钱 坤 钱 琨 钱立旺 钱梦霞 钱萍萍 钱淑华 钱淑婷 钱万斌 钱 源
钱祯强 钱 震 钱中燕 强 捷 乔丰勇 乔君君 乔 梁 乔 雪 乔 治 秦厚银 秦 科 秦 坤 秦皖荣
秦晓燕 秦雅钰 秦宗兰 卿尚锐 卿 艳 卿 莹 丘春华 丘洁纯 丘露莹 丘 孟 丘 荣 丘 英 丘志生
邱宝完 邱 斌 邱 滨 邱冰倩 邱彩红 邱昌森 邱 诚 邱春辉 邱富强 邱桂河 邱国群 邱海琴 邱 华
邱华瑞 邱加庆 邱娇弟 邱俊艳 邱凯威 邱丽娥 邱 亮 邱亮亮 邱美兰 邱 萌 邱 明 邱琪峻 邱茹洁
邱思雯 邱婉婷 邱琬薇 邱维聪 邱小华 邱小莉 邱晓莉 邱艳琴 邱燕红 邱祎鑫 邱怡锦 邱幼敏 邱 月
邱泽涛 邱珍妮 邱真真 邱震寰 裘娜莎 裘培华 曲功园 曲功月 曲梦龙 曲思成 曲思迪 曲振武 屈恩来
屈家乐 屈志辉 璩 飞 瞿 臣 瞿佳佳 瞿雪梅 瞿勇军 阙菊花 阙小金 阙玉英 冉彦涛 饶龙鑫 饶 楠
饶萍萍 饶思敏 饶友明 饶于勇 热米拉·艾尼瓦尔 任范平 任国伟 任浩天 任 杰 任 坤 任丽琼 任玲娜
任明辉 任盼盼 任仕贤 任思强 任相友 任晓亮 任兴华 任雪平 任亚君 任养玉 任 翼 任玉斌 任峥晖
任洲洋 茹景泽 汝晓婷 阮彩金 阮大壮 阮端端 阮国栋 阮惠芳 阮慧慧 阮金娜 阮美芬 阮琼芳 阮 祥
阮雅婷 阮 艺 阮 宙 芮道锋 芮小强 色克妮古丽·艾合买提 沙宏宇 沙 金 沙秋宏 沙 沙 沙 圣
沙依巴·亚生 商东亚 上官春艳 尚付生 尚 普 邵 纯 邵聪聪 邵凤珠 邵海峰 邵健秋 邵 江 邵 杰
邵楷朕宇 邵康伟 邵灵雪 邵 培 邵 平 邵倩婷 邵仕坤 邵 腾 邵 婉 邵希伦 邵小平 邵晓丽 邵旭东
邵 雪 邵雅琪 邵 玉 邵豫鲁 邵长兴 佘龙飞 佘玉玲 申亮伟 申志文 沈碧林 沈冰梅 沈波谕 沈 博
沈 忱 沈 成 沈冬旭 沈芳芳 沈冠羽 沈恒玉 沈慧敏 沈佳进 沈佳牧 沈 建 沈建红 沈建宇 沈 杰
沈璟佳 沈静怡 沈 娟 沈 珺 沈 凯 沈 磊 沈黎明 沈李翔 沈丽琼 沈丽香 沈利燕 沈 梁 沈林杰
沈菱晰 沈柳梅 沈培均 沈沛文 沈佩蓓 沈鹏彬 沈秋珠 沈淑贞 沈 松 沈 卫 沈熙杰 沈小英 沈晓东
沈晓红 沈晓良 沈晓玲 沈晓雪 沈晓雨 沈晓珍 沈秀娟 沈栩佳 沈 旭 沈 轩 沈一鹏 沈 英 沈永丰
沈永云 沈玉卿 沈煜健 沈月松 沈赞梅 沈振辉 沈正华 沈志虹 沈智纯 绳文博 盛飞愉 盛红丽 盛 佳
盛天磊 盛于蓝 盛正捷 盛转红 师家超 施赐贵 施东海 施 惠 施敏珠 施明明 施秦焕 施 巍 施蔚然
施武杰 施小华 施晓晟 施雅雅 施艺超 施 臻 石 博 石海明 石家傲 石江霞 石金贤 石 磊 石 磊
石 亮 石玲玲 石留音 石隆标 石南翔 石 宁 石鹏举 石 桥 石圣男 石仕辉 石树垒 石艳娜 石 颖
石育育 石志敏 石 柱 时建美 时 磊 史彩平 史 超 史国翔 史黎江 史林洋 史 琳 史美群 史 宁
史泰龙 史喜军 史艳章 史迎东 史正俊 侍孙乾 是轶群 舒 芳 舒 玲 舒顺意 舒婷婷 舒杨丽 帅 晨
司红艳 司马永磊 司 敏 司 芹 司 媛 司正浩 司志杰 宋程程 宋传磊 宋德成 宋迪龙 宋非凡 宋皓姝
宋红波 宋红日 宋洪刚 宋 佳 宋金乔 宋景燕 宋丽荣 宋丽雅 宋 玲 宋琪琪 宋巧云 宋琬莹 宋威威
宋晓玲 宋歆羡 宋星星 宋旭洲 宋雪松 宋 燕 宋占成 宋占武 宋振华 苏安艳 苏宝明 苏碧珍 苏彩芳
苏承智 苏春华 苏 丹 苏丹叶 苏菲菲 苏高祥 苏桂龙 苏国林 苏海波 苏浩贤 苏焕凯 苏佳顺 苏家颖
苏 娟 苏 岚 苏丽凤 苏丽群 苏丽微 苏丽佑 苏莉莉 苏琳琳 苏露莹 苏妙清 苏敏建 苏明伟 苏 苹
苏启文 苏青青 苏清梨 苏琼晶 苏荣娜 苏瑞明 苏姗雅 苏始盛 苏淑平 苏婷婷 苏旺发 苏伟南 苏蔚蓝
苏文成 苏文辉 苏晓晨 苏晓芳 苏晓楠 苏杏珊 苏 妍 苏燕梅 苏忆梅 苏奕芸 苏玙璠 苏裕玲 苏远华
苏 悦 苏 云 苏 臻 苏志标 苏志宏 苏志华 苏卓灵 宿 丽 粟 娟 隋 蕊 孙 波 孙道隆 孙冬梅
孙芳芳 孙芳羽 孙峰平 孙扶摇 孙福花 孙光敢 孙光远 孙 浩 孙慧敏 孙佳露 孙嘉琪 孙剑炜 孙 洁
孙 洁 孙金亮 孙晶晶 孙靖超 孙 娟 孙 锴 孙 科 孙克兵 孙立彬 孙丽丹 孙丽娟 孙美玲 孙 萌
孙梦琪 孙明东 孙 娜 孙 宁 孙盼盼 孙朋亮 孙朋朋 孙 平 孙淇雨 孙 茜 孙 琴 孙 青 孙 权
孙瑞虎 孙瑞鹏 孙少强 孙诗婷 孙士超 孙守文 孙帅帅 孙水平 孙顺顺 孙 硕 孙 涛 孙 伟 孙文超
孙文君 孙文平 孙向红 孙小宝 孙小明 孙小茜 孙晓晶 孙鑫勇 孙栩钊 孙学娟 孙亚萌 孙 岩 孙晏旻
孙燕娟 孙 杨 孙垚斌 孙 野 孙尤辉 孙 宇 孙 玉 孙玉君 孙玉叶 孙媛媛 孙 玥 孙悦桐 孙 云
孙泽维 孙兆良 孙振桓 孙梓坚 孙宗琴 索晨程 锁开灵 谈钗钗 谈 琥 谈 欢 覃翠燕 覃义举 覃玉谊
覃长寿 覃芷倩 谭超然 谭 菲 谭皓文 谭惠梅 谭建华 谭 琳 谭群娣 谭 硕 谭思诗 谭苏军 谭婉怡
谭玺龙 谭宜娜 谭雨鑫 谭梓浩 檀建军 汤多春 汤 凡 汤刚峰 汤海洋 汤浩霖 汤会会 汤佳佳 汤 健
汤劲东 汤丽斌 汤丽凤 汤秋霞 汤荣磊 汤瑞斌 汤淑玲 汤素英 汤炜鑫 汤慰惠 汤晓纯 汤艺洪 汤雨竹
汤子俊 唐阿娟 唐丹芳 唐芳桃 唐国梅 唐 海 唐浩清 唐 环 唐加会 唐九敏 唐俊杰 唐开宾 唐 苗
唐 敏 唐明惠 唐强辉 唐 琴 唐秋美 唐莎莎 唐体敏 唐天如 唐 伟 唐 玮 唐为伟 唐小凤 唐小利
唐小婷 唐小勇 唐 新 唐 星 唐雪贞 唐雅莉 唐艳群 唐艳英 唐钥芸 唐 毅 唐胤杰 唐 英 唐永晶
唐 玥 唐智明 陶春梅 陶 进 陶末玲 陶 微 陶文琼 陶秀娟 陶 娅 陶怡能 陶正飞 滕德财 滕浩伦

滕　珂 滕雅娟 滕议文 滕禹豪 滕　远 滕张坤 田步凡 田春锋 田道昌 田恩荣 田　芬 田虹玉 田俊雄
田兰花 田　鹏 田荣昌 田　润 田　爽 田　硕 田素权 田维强 田　也 田　颖 田永霞 帖琴修 童华健
童　军 童　丽 童　敏 童晓翠 童晓慧 童新培 涂国英 涂　欢 涂林涛 涂文君 涂晓红 涂晓红 涂秀婷
涂学东 涂泽基 屠健明 屠玄霖 土旦加参 万北京 万光耀 万宏权 万　件 万丽敏 万　亮 万林林 万璐璐
万念君 万庆贺 万松涛 万陶霞 万韦唯 万亿科 万银银 万永海 万泳江 万有娟 万玉蓉 万　增 万志华
汪　超 汪丹丹 汪定君 汪　芳 汪富刚 汪国金 汪海维 汪合云 汪剑阳 汪晶晶 汪　娟 汪　莉 汪羚悦
汪柳闸 汪　露 汪露佳 汪　萍 汪奇霞 汪琪援 汪琼琼 汪　群 汪涛涛 汪　婷 汪　昕 汪新福 汪延辉
汪雁荣 汪　杨 汪　洋 汪　洋 汪义灿 汪云飞 王阿晨 王阿凤 王爱娣 王爱芬 王爱华 王傲乐 王保强
王贝贝 王本军 王　斌 王　冰 王冰彬 王　波 王博文 王博闻 王彩萍 王灿凤 王昌强 王辰晴 王陈斌
王陈飞 王　晟 王程琪 王　冲 王　冲 王楚庭 王　川 王春林 王春雨 王聪龙 王翠云 王　达 王大力
王丹彤 王德坤 王登刚 王登金 王殿堂 王东红 王冬琪 王栋晓 王　芳 王　飞 王飞剑 王　芬 王枫慧
王　峰 王凤玲 王福红 王福宽 王复员 王富铭 王富霞 王刚喜 王冠斌 王国明 王国舜 王国威 王国鑫
王国燕 王海峰 王海鹏 王海卿 王海全 王海文 王海晓 王海英 王翰卿 王　昊 王　浩 王　浩 王浩霖
王皓弘 王颢雯 王　贺 王贺金 王红霞 王　虎 王　华 王　欢 王　欢 王　欢 王欢欢 王会芹 王惠娟
王惠玲 王慧莹 王加祥 王　佳 王　佳 王佳丽 王佳林 王佳梦 王佳祺 王家乐 王家琪 王　嘉 王嘉男
王建辉 王建萍 王建伟 王　健 王健康 王　杰 王　洁 王洁玲 王介甫 王金金 王金俊 王金鑫 王金铀
王锦元 王京京 王晶晶 王晶晶 王晶鑫 王井侠 王　景 王竞艳 王敬淳 王　靖 王　娟 王　娟 王娟娟
王军伟 王　俊 王　俊 王　俊 王俊豪 王俊虎 王俊杰 王俊清 王俊毅 王　凯 王凯丽 王刊刊 王　康
王可可 王克成 王奎伟 王奎旭 王坤太 王兰兰 王兰珍 王　乐 王　磊 王　磊 王李丹 王立苗 王　丽
王　丽 王　丽 王丽芳 王丽娟 王丽君 王丽丽 王丽娜 王丽娜 王丽萍 王丽琦 王丽珊 王　利 王利春
王俐丹 王俐俐 王　莉 王莉苹 王连福 王良干 王　亮 王　亮 王　亮 王　林 王　琳 王　琳 王　琳
王灵华 王灵杰 王灵灵 王玲瑶 王　龙 王　龙 王璐琦 王　露 王露露 王茂先 王美灵 王美星 王美莺
王梦鸽 王梦奇 王梦田 王梦怡 王　苗 王敏丽 王明成 王明明 王　鸣 王牧川 王　娜 王　娜 王娜娜
王　能 王　沛 王　鹏 王　鹏 王鹏飞 王鹏辉 王　平 王萍萍 王璞玉 王奇洪 王琪琳 王　琦 王　琦
王启阳 王　倩 王　倩 王　倩 王　倩 王倩楠 王　强 王巧芳 王巧玲 王巧沙 王巧云 王钦煌 王钦哲
王琴英 王清叶 王庆滨 王庆元 王　琼 王秋玲 王秋喻 王泉仲 王然然 王荣棍 王荣荣 王蕊萍 王瑞瑞
王瑞雪 王润凯 王若谷 王若莲 王森森 王姗姗 王韶莹 王少传 王少玲 王绍懂 王　升 王圣苗 王师豪
王石蕊 王世界 王淑梅 王舒漩 王　澍 王　帅 王硕洋 王思佳 王思思 王斯巍 王斯霞 王　松 王松林
王素芬 王堂伟 王桃桃 王腾玉 王腾云 王天成 王　恬 王　婷 王　婷 王　巍 王维维 王　伟 王　伟
王　伟 王伟纯 王伟光 王伟宏 王伟杰 王伟杰 王伟军 王伟强 王伟英 王　玮 王炜桦 王文博 王文鹏
王文韬 王　希 王香兰 王　翔 王　翔 王小丹 王小凤 王小玲 王小龙 王小沛 王小影 王晓晖 王晓辉
王晓慧 王晓静 王晓梅 王晓阳 王晓英 王孝兵 王啸南 王　昕 王昕雨 王　欣 王　新 王新岩 王新洋
王馨萍 王馨瑶 王　鑫 王　鑫 王鑫蕊 王鑫欣 王　秀 王秀利 王秀萍 王续远 王　悬 王　璇 王学超
王学永 王雪梅 王雅红 王雅莉 王雅玲 王雅男 王雅蓉 王雅雯 王亚粉 王亚娟 王亚男 王亚平 王彦广
王彦礼 王　艳 王艳丽 王艳荣 王　雁 王　燕 王　燕 王　燕 王　燕 王燕涛 王燕瑜 王燕真 王阳子
王杨林 王一强 王　怡 王怡婷 王怡永 王旖旎 王旖炜 王艺娜 王艺棋 王艺璇 王奕晨 王奕轩 王逸琪
王溢塞 王　毅 王毅鹏 王银刚 王　瑛 王迎弟 王　莹 王　莹 王莹铃 王　颖 王颖超 王颖祺 王颖钦
王　永 王永春 王永利 王永莉 王永涛 王尤莉 王友海 王有信 王俞倩 王　瑜 王宇蕾 王宇琦 王雨湘
王玉成 王玉洁 王玉玺 王玉一 王昱江 王　钰 王　钰 王　煜 王煜华 王园媛 王　原 王　媛 王　媛
王媛梅 王　玥 王　悦 王悦猛 王云飞 王运楠 王泽岩 王泽宇 王　钊 王召进 王兆轲 王　哲 王　振
王　政 王政东 王　直 王志涵 王志鸿 王志华 王志杰 王志强 王智慧 王智平 王转转 王　卓 王　卓
王子豪 王子豪 王子豪 王子恒 王子健 王梓晴 王梓炫 王紫玄 王自立 韦碧琪 韦春燕 韦德胜 韦宏俊
韦　惠 韦吉坤 韦建辉 韦兰慧 韦丽芳 韦明森 韦小棉 韦玉辉 卫佳丽 卫乐凡 卫　婷 魏晨慧 魏炽凯
魏川航 魏传标 魏伏超 魏格浩 魏广健 魏海燕 魏宏来 魏佳炜 魏江涛 魏　靖 魏　磊 魏亮亮 魏璐华
魏露露 魏美妙 魏明杰 魏　娜 魏　鹏 魏　萍 魏世香 魏书云 魏仙妮 魏晓飞 魏晓磊 魏晓庆 魏艳春
魏　英 魏　颖 魏永松 魏　勇 魏裕祥 魏园缘 魏允霞 魏忠刚 温华平 温惠玲 温晓彬 温心愉 温雪璐
温亚雅 温志伦 温自成 文福源 文嘉辉 文建秋 文杰成 文　静 文　娟 文丽英 文玲玲 文习亮 文向荣
文晓丽 闻　佳 翁　涵 翁巾竣 翁丽军 翁龙辉 翁伟梅 翁雯婷 翁西霞 翁晓婷 翁旖璞 翁　艺 翁宇鸿
瓮甲甲 乌拉伊木·亚森 邬俊赟 巫进文 巫倪萍 巫升辉 巫秀梅 吴阿惠 吴爱静 吴白婷 吴碧云 吴　彬
吴　彬 吴斌斌 吴　冰 吴彩金 吴彩娟 吴昌林 吴朝洪 吴　辰 吴晨烂 吴成林 吴楚音 吴传成 吴春景

吴春晓 吴翠榕 吴丹 吴德苏 吴发兴 吴凡 吴凡 吴芳妹 吴凤兰 吴凤莲 吴高椿 吴贵聪 吴贵霞
吴桂华 吴桂平 吴国昊 吴国辉 吴浩江 吴亨宝 吴洪英 吴欢 吴惠虹 吴惠娟 吴慧慧 吴慧萍 吴慧珍
吴季芳 吴佳 吴佳惠 吴家龙 吴建 吴建春 吴江维 吴金铃 吴金阳 吴锦洲 吴瑾煜 吴劲秋 吴晶
吴晶晶 吴景丽 吴炯 吴娟 吴娟 吴娟 吴军 吴军辉 吴俊 吴俊逸 吴开庆 吴凯 吴康佳
吴坤海 吴锟 吴雷 吴磊 吴磊 吴立峰 吴丽丽 吴丽莉 吴良玉 吴林华 吴林轩 吴灵灵 吴玲玲
吴玲英 吴璐丹 吴曼玲 吴美佳 吴美颜 吴梦媛 吴梦芝 吴民强 吴敏 吴明峰 吴培锻 吴培武 吴培贤
吴佩 吴佩琳 吴萍菲 吴萍萍 吴奇琛 吴棋 吴茜 吴巧真 吴青 吴青柳 吴青松 吴清欣 吴庆月
吴琼杰 吴瑞端 吴睿煊 吴润旺 吴善琪 吴绍文 吴生发 吴盛繁 吴士奎 吴姝 吴淑贞 吴双 吴思惠
吴斯特 吴斯尉 吴婷婷 吴伟 吴伟明 吴伟琪 吴玮 吴卫平 吴为炎 吴文斌 吴文隆 吴文星 吴文燕
吴雯雯 吴乌首 吴夏虹 吴娴 吴限泽 吴香 吴祥 吴小春 吴小惠 吴小燕 吴小燕 吴晓鸿 吴晓龙
吴晓婷 吴欣妙 吴新晖 吴兴刚 吴徐平 吴学琴 吴雪芳 吴雪娟 吴雅旻 吴雅萍 吴雅雯 吴艳 吴艳晨
吴艳萍 吴艳婷 吴燕红 吴燕清 吴扬婕 吴阳青 吴业伟 吴仪 吴艺娜 吴艺燕 吴逸凡 吴殷彦 吴英
吴英赫 吴永芳 吴永梅 吴永泉 吴永枝 吴幼玲 吴宇杰 吴玉峰 吴玉华 吴玉杰 吴玉明 吴育贤 吴元波
吴远兴 吴月明 吴月英 吴悦天 吴跃斌 吴越秀 吴云星 吴泽瀚 吴真真 吴振鹏 吴正阳 吴至宦 吴志滨
吴志丁 吴志辉 吴志萍 吴志强 吴智敏 吴忠 吴宗延 伍秉贤 伍广林 伍君君 伍王翠 伍新龙 伍展荣
武春龙 武国渊 武建彪 武魁 武利琴 武明君 武学龙 武煜群 武芸 奚成岚 奚家美 奚静 奚娟娟
奚倩 奚晓虎 习先锦 席爽 席旺 夏斌 夏承玉 夏德懿 夏冠军 夏海龙 夏会林 夏俊 夏凯科
夏亮 夏南松 夏清清 夏秋玲 夏伟 夏小君 夏晓霞 夏雪 夏一杰 夏逸超 夏宇龙 夏悦 冼立权
冼泽芳 相荣 向诚 向恒 向峻锋 向茜 向松 项楚楚 项丽 项士涛 项顺香 肖碧钦 肖兵
肖超 肖晨叶 肖芬芬 肖寒玲 肖鸿飞 肖虎 肖金果 肖金花 肖锦力 肖敬轩 肖君 肖丽辉 肖丽玲
肖丽平 肖敏 肖平 肖琪 肖顺文 肖思琪 肖婷玉 肖巍萍 肖伟群 肖玮 肖温振 肖雯雯 肖小平
肖学毅 肖岩 肖燕雅 肖迎红 谢宝坤 谢冰 谢朝辉 谢承廷 谢丹 谢笛音 谢东 谢冬梅 谢芳
谢菲 谢馥励 谢广平 谢广球 谢海芬 谢杭勇 谢宏勇 谢焕明 谢慧敏 谢慧钰 谢嘉傲 谢坚 谢健德
谢结文 谢金必 谢金华 谢锦炼 谢婧 谢婧雯 谢婧怡 谢静莹 谢凯云 谢奎辉 谢浪丽 谢丽琴 谢丽竹
谢美玲 谢名列 谢启恒 谢汝纯 谢瑞红 谢少波 谢少成 谢生艳 谢士贺 谢书健 谢书凌 谢淑娴 谢顺芳
谢思 谢素拉 谢涛 谢婉霞 谢文凯 谢文亮 谢文涛 谢文婷 谢文艳 谢贤杰 谢小梅 谢晓红 谢晓璞
谢晓宇 谢欣祺 谢新华 谢兴文 谢璇 谢艳华 谢艳琼 谢燕纯 谢洋 谢耀霖 谢义欢 谢易珍 谢颖娟
谢影 谢映映 谢正羽 谢志贞 谢周慧 谢追辉 辛华 辛慧敏 辛有国 辛卓鲜 邢彬 邢夺 邢金冠
邢静静 邢丽 邢茂旭 邢少翔 邢苇鹏 邢献虎 邢晓宾 邢云云 熊安丽 熊操 熊慧容 熊康瑞 熊兰
熊宁 熊琴 熊伟良 熊鑫才 熊雅琴 熊艳青 熊之琳 熊子豪 修美清 胥小林 徐冥 徐苍海 徐超
徐超南 徐晨旭 徐楚冰 徐丹 徐丁杰 徐东华 徐冬冬 徐凡 徐芳芳 徐凤 徐刚 徐根华 徐官平
徐海峰 徐海明 徐浩峰 徐红 徐宏永 徐鸿浩 徐金辉 徐金艳 徐晶晶 徐静池 徐钜培 徐君 徐俊
徐克龙 徐蕾蕾 徐立萍 徐丽芳 徐丽萍 徐俪恩 徐良轩 徐亮 徐琳寒 徐琳琳 徐麟枫 徐羚 徐璐
徐梅珍 徐镁丰 徐梦雅 徐敏 徐敏 徐明向 徐沐阳 徐鹏举 徐萍 徐骞 徐钦炜 徐沁妍 徐锐
徐瑞 徐若馨 徐珊珊 徐生兵 徐书琴 徐淑娟 徐松 徐堂欢 徐涛 徐渟珊 徐伟 徐伟伟 徐委委
徐卫东 徐卫和 徐文龙 徐惜艾 徐向猛 徐小岭 徐晓龙 徐晓青 徐晓艳 徐晓昀 徐新华 徐秀华 徐秀良
徐秀哲 徐雪凯 徐雪云 徐亚琪 徐言超 徐岩松 徐燕华 徐燕真 徐一超 徐一星 徐怡然 徐义志 徐艺珊
徐莹 徐有生 徐战 徐长平 徐振强 徐峥 徐正 徐志洁 徐志伟 徐忠辉 徐忠荣 许宝英 许超
许晨佳 许晨阳 许晟捷 许春玲 许弟明 许芳 许飞虎 许芬 许峰 许福祥 许高兰 许光兴 许海锋
许浩欣 许红红 许泓彬 许惠芬 许慧慧 许加星 许佳佳 许家成 许建 许建辉 许建山 许杰 许洁珊
许津源 许锦芳 许锦林 许锦涛 许劲盼 许晶 许竟超 许军林 许凯 许凯鹏 许康丽 许蓝心 许乐天
许丽 许玲玲 许刘 许美娟 许孟蝶 许梦婷 许淼水 许妙玲 许宁 许佩君 许鹏燕 许鹏跃 许鹏赟
许琼 许蓉蓉 许锐 许瑞 许瑞芳 许胜燚 许书凤 许淑娟 许淑怡 许淑云 许素雅 许天贞 许婷婷
许婷婷 许瞳 许万文 许文娟 许文婷 许贤英 许小华 许小珠 许晓丽 许晓艳 许秀绢 许旭辉 许雅莉
许亚荣 许杨洁 许尧 许茵芳 许颖红 许育惠 许苑娉 许昭君 许哲哲 许智敏 许中运 许梓涵 轩曼玉
薛成文 薛锋 薛汉丰 薛建伟 薛美霞 薛瑞娟 薛时焕 薛同 薛伟伟 薛小丹 薛小强 薛晓悦 薛欣扬
薛云凤 薛志祥 闫菡 闫乐 闫龙 闫梦雪 闫鹏飞 闫鹊名 闫伟杰 闫学文 闫雅楠 闫颖 闫圆圆
严爱丽 严波 严博强 严春萍 严东华 严峰 严军 严钧豪 严立国 严梦吟 严明 严鑫达 严燕茹
严颖焜 严珠颖 阎飞 阎焕 阎佳莉 阎鹏举 阎玄哲 颜炳福 颜峰 颜璐璐 颜铭 颜其伟 颜学敏
颜艺林 颜宇 颜志杰 晏绍珍 晏霞玲 阳芳琴 阳友 杨白 杨柏燊 杨宝靖 杨宝生 杨碧芬 杨彬

杨斌栋 杨博文 杨晨 杨承业 杨程宇 杨春花 杨春晓 杨春燕 杨椿 杨椿玉 杨聪 杨栋梁 杨恩泰
杨恩增 杨帆 杨帆 杨璠 杨方梅 杨飞 杨飞 杨飞红 杨凤帆 杨干浔 杨钢 杨光宇 杨桂枫
杨桂华 杨国琳 杨海达 杨海东 杨海慧 杨涵钦 杨恒兵 杨红 杨鸿翔 杨厚保 杨华 杨华 杨桦枫
杨璜 杨辉扬 杨惠芳 杨惠燕 杨慧 杨慧颖 杨加瑞 杨佳琛 杨佳晖 杨家俊 杨嘉荣 杨嘉伟 杨建明
杨杰鹏 杨洁 杨洁玲 杨金莹 杨锦萍 杨景兰 杨敬聪 杨靖艺 杨静静 杨静文 杨静雯 杨君 杨俊杰
杨俊毅 杨凯强 杨丽 杨丽 杨丽坤 杨丽娴 杨利 杨莉 杨良海 杨琳阳 杨灵美 杨玲 杨柳
杨柳纯 杨梅 杨梅 杨美红 杨美云 杨梦迪 杨敏 杨敏 杨敏 杨明川 杨明明 杨木玲 杨娜
杨南 杨宁 杨攀 杨彭 杨鹏 杨平山 杨萍萍 杨启贤 杨倩 杨清妹 杨清强 杨清雅 杨如峰
杨如楷 杨若旖 杨莎莉 杨少雄 杨绍鑫 杨生斌 杨帅 杨帅 杨水蓉 杨硕 杨素玲 杨素蒙 杨腾超
杨天 杨婷 杨婷 杨婷婷 杨挽涛 杨婉嘉 杨威 杨伟明 杨卫君 杨文娟 杨文科 杨文龙 杨文文
杨霞 杨小彬 杨小飞 杨小锋 杨小燕 杨晓彬 杨晓凤 杨晓静 杨晓伟 杨晓艳 杨秀钦 杨秀秀 杨旋坤
杨雪 杨雪 杨雪聪 杨雪君 杨雪梅 杨雅燕 杨延晓 杨艳 杨艳虹 杨燕红 杨燕泰 杨阳 杨阳
杨洋 杨义杰 杨艺婷 杨艺伟 杨易 杨益敏 杨莹 杨颖 杨永慧 杨勇 杨勇 杨幼丹 杨于玄
杨宇飞 杨玉婷 杨育泰 杨钰妮 杨煜 杨园园 杨圆圆 杨月刚 杨泽青 杨增亚 杨兆国 杨振 杨振振
杨震龙 杨正 杨智臣 杨周春 杨竹 杨子静 杨梓轩 姚兵 姚承佑 姚翠英 姚德晶雪 姚焕 姚辉辉
姚惠珊 姚建建 姚娟 姚俊秋 姚磊鑫 姚丽丽 姚丽明 姚灵 姚凌凌 姚璐琳 姚培培 姚倩云 姚生宝
姚望 姚晓岚 姚瑶 姚毅文 姚云 姚章胜 姚振宇 姚志静 姚志鹏 叶冰倩 叶丹 叶丹 叶德凯
叶德雄 叶迪浩 叶恩奇 叶飞 叶凤琼 叶凤舒 叶国沐 叶国勤 叶国仙 叶浩伟 叶红霞 叶黄彦 叶惠琼
叶慧君 叶佳鸿 叶家明 叶嘉琦 叶坚 叶剑成 叶剑生 叶洁 叶静芳 叶静远 叶理弟 叶联海 叶玲
叶玲燕 叶绿化 叶妹妹 叶敏 叶明旭 叶讷 叶奇鹰 叶巧丽 叶俏佤 叶晴霞 叶庆波 叶庆林 叶秋英
叶秋莹 叶仁琳 叶容凤 叶少君 叶淞 叶童奇 叶旺城 叶小玲 叶小梅 叶小文 叶新铱 叶鑫华 叶秀琴
叶雅芬 叶雅静 叶雅珍 叶艺娴 叶优 叶志英 叶志泽 伊尔凡·乌木提江 伊娜·热衣木白克 伊文静 易昌菊
易春望 易丽君 易乃艳 易守梅 易晓恒 易永冰 羿小婷 音长春 殷冰倩 殷春梅 殷欢 殷俊昌 殷琪
殷强 殷芹 鄞健新 尹彬 尹波 尹乐乐 尹明悦 尹晴霞 尹秀源 尹志豪 应黎蓉 应琴 雍亮
雍艳 尤春红 尤春英 尤俞丹 犹秋洁 游德万 游建辉 游玛丽 游如捷 游舒婷 游艺云 游盈 于恩浩
于海涛 于泓泰 于佳琳 于建国 于九零 于娟娟 于庆 于锐燕 于汀 于小桐 于晓玲 于欣洋 于阳玲
于子钦 余传顺 余丹青 余恩慧 余范范 余根炫 余更悦 余浩 余鸿涛 余欢 余辉煌 余杰 余杰
余金晓 余静 余境琦 余俊 余恺璇 余乐 余丽珊 余苗苗 余人龙 余升 余世航 余树武 余水汉
余水芹 余文琴 余喜琴 余喜笙 余湘龙 余欣 余秀云 余亚娟 余妍琛 余燕婷 余燕艺 余洋 余永
余泳衡 余泽璇 余志翔 余宗珏 於冯 俞冲 俞飞 俞观金海 俞昊 俞浩 俞佳俊 俞健 俞明君
俞能耀 俞荣娣 俞绍明 俞甜甜 俞炜华 俞谢锦 俞学丽 俞燕梅 俞志勇 虞增伟 禹春豪 禹嘉鹏 禹彤
郁谌韬 郁春雷 郁聪 郁飞 郁小玲 郁有娟 喻涛 元楚君 元立超 员河河 员焱焱 袁斌丰 袁冬苓
袁芳 袁光学 袁海荣 袁浩 袁宏凌 袁佳莉 袁佳琦 袁佳青 袁杰涛 袁洁羽 袁金荣 袁俊涛 袁康丽
袁丽云 袁璐宁 袁敏华 袁宁 袁盼盼 袁士胜 袁锡琼 袁晓梦 袁性聪 袁艳 袁艳英 袁泳珊 袁有民
袁于雍 袁源 袁泽伟 袁郑香 袁钟萍 袁卓仁 岳大江 岳茗 岳子旭 臧浩 臧皓哲 詹博 詹芳华
詹慧雯 詹嘉薏 詹进元 詹娟 詹丽红 詹丽华 詹丽娇 詹丽霞 詹鹏 詹水珍 詹伟 詹翔 詹晓云
詹兴坚 詹旭韩 詹志淼 展瑞泽 占曼 占彦波 张爱兵 张爱丽 张爱萍 张爱琴 张安伟 张宝东 张宝来
张保平 张碧颜 张彬 张彬彬 张斌 张斌捷 张冰冰 张冰冰 张兵 张波 张波 张博 张博文
张步暖 张灿祥 张婵娟 张昌金 张超锐 张超艺 张陈弟 张晨瑞 张晨雯 张晨曦 张成 张垂平 张春连
张春梅 张春琴 张春树 张聪 张琮琦 张翠红 张翠萍 张存斌 张丹 张丹丹 张丹灵 张冬宝 张恩硕
张二辉 张芳芳 张飞 张锋 张凤娟 张凤英 张夫亮 张芙芙 张福海 张福季 张富清 张冠杰 张光耀
张桂凤 张桂妹 张桂月 张郭洋 张国铖 张国富 张国俊 张国平 张国庆 张国燕 张国志 张海玲 张海涛
张海婷 张海云 张涵婷 张寒珠 张汉超 张航嘉 张浩程 张和莉 张恒源 张红芳 张红梅 张宏鑫 张洪良
张鸿仟 张鸿胜 张华峰 张华锋 张华顺 张华谢 张华增 张欢 张欢欢 张焕炜 张荟 张惠 张惠清
张惠姿 张慧 张慧燕 张继菱 张继业 张佳佳 张佳妮 张佳琪 张佳玉 张佳治 张家立 张嘉豪 张建军
张建军 张建新 张剑华 张健 张健 张健竹 张键 张姣 张杰 张杰 张杰文 张洁 张洁
张金标 张金弟 张金理 张金乔 张津郑 张锦愿 张进忠 张敬佳 张靖豪 张靖平 张静 张静 张静文
张镜辉 张娟 张军生 张俊 张俊诚 张俊峰 张俊豪 张开丽 张凯 张宽灯 张坤 张坤彬 张蕾
张李祯 张理想 张立兵 张丽 张丽 张丽芬 张丽花 张丽莉 张丽敏 张丽萍 张丽莎 张丽双 张丽英
张利 张莉梅 张亮 张亮 张林 张林林 张霖英 张苓 张玲 张玲 张玲 张玲 张玲

张　玲 张玲俐 张　璐 张璐璐 张鹭燕 张露露 张　茂 张茂兴 张美锦 张美菊 张美君 张美美 张美美
张美炎 张　猛 张梦帆 张梦桢 张妙楠 张　敏 张　敏 张　明 张明珠 张娜娜 张　南 张南炎 张　宁
张　宁 张盼盼 张佩佩 张佩雯 张　鹏 张　鹏 张　鹏 张　鹏 张　鹏 张　鹏 张鹏翼 张品品 张　琪
张琪林 张倩倩 张倩倩 张强辉 张青莲 张青桃 张清飘 张　庆 张庆祥 张庆战 张秋兰 张荣兵 张容容
张锐棋 张　瑞 张瑞强 张润武 张　赛 张　赛 张　森 张莎莎 张　姗 张闪闪 张闪闪 张尚昆 张少涵
张少明 张少庭 张升华 张生晨 张　盛 张仕民 张书贤 张淑娟 张淑兰 张淑素 张曙光 张　帅 张思齐
张思源 张思远 张松雅 张宋琴 张　涛 张　涛 张天明 张　婷 张　婷 张桐嘉 张　婉 张婉婉 张万云
张　微 张微微 张　薇 张维浩 张　伟 张　伟 张伟进 张伟利 张伟鹏 张　玮 张卫明 张文斌 张文峰
张文佳 张文琦 张文艺 张文艺 张文政 张武标 张西源 张希翠 张喜庭 张　霞 张湘妮 张祥标 张　翔
张　翔 张潇云 张　霄 张小芳 张小红 张小康 张小丽 张小龙 张小銮 张小梦 张小敏 张小明 张小千
张小勤 张小玉 张晓蓓 张晓玲 张晓妮 张晓通 张晓燕 张晓英 张啸强 张欣欣 张　新 张新春 张新颖
张歆雨 张　鑫 张　鑫 张鑫琛 张鑫海 张鑫鑫 张信蕾 张　秀 张秀凤 张秀会 张秀娟 张秀霞 张煦欣
张学芳 张学良 张学茹 张　雪 张雪峰 张雪伟 张亚玲 张娅妮 张延恒 张　妍 张　岩 张　岩 张炎珠
张沿沿 张彦辉 张　艳 张　艳 张　艳 张　艳 张　艳 张艳春 张艳芳 张　焱 张　燕 张　燕 张燕文
张燕霞 张　杨 张杨珠 张　洋 张　尧 张　曜 张　耀 张业健 张一梅 张怡欣 张义良 张奕顺 张益填
张逸珠 张　翊 张熠灵 张银桥 张　英 张英建 张英龙 张英秋 张英英 张迎金 张迎霞 张　莹 张　滢
张　颖 张永和 张　勇 张幼茹 张　瑜 张　宇 张　宇 张宇宁 张宇轩 张　雨 张　雨 张　雨 张雨薇
张雨阳 张语嫣 张　玉 张　玉 张　玉 张玉婵 张玉芳 张玉华 张玉祥 张育恒 张　钰 张钰龙 张煜坤
张　元 张元庆 张原源 张远恒 张媛媛 张月红 张月琦 张跃树 张　越 张云龙 张云龙 张泽彬 张泽腾
张泽熙 张泽轩 张泽荧 张占宝 张占亮 张长奇 张　哲 张哲巍 张　珍 张振雷 张振岳 张正龙 张志捷
张志军 张志涛 张智恒 张智渊 张忠钢 张子杰 张自然 章丹英 章杭成 章皓天 章娇姝 章　晶 章立成
章美丽 章　旺 章心瀚 章兴涌 章　炀 章益平 章　毅 章　越 赵柄霖 赵　宸 赵晨展 赵承妍 赵　晟
赵传播 赵传春 赵　纯 赵大勤 赵　丹 赵丹怡 赵东雪 赵恩林 赵　凡 赵　峰 赵凤求 赵凤晓 赵复屹
赵　刚 赵海秋 赵涵姿 赵汉平 赵　赫 赵红果 赵洪禄 赵　慧 赵慧杰 赵际伟 赵继生 赵　杰 赵　杰
赵金金 赵金伟 赵金艳 赵金芝 赵　晋 赵　静 赵娟娟 赵君敏 赵开梦 赵锴杨 赵珂珂 赵兰香 赵　理
赵丽娜 赵利欣 赵　亮 赵灵所 赵玲红 赵路蓉 赵璐佳 赵曼曼 赵梅香 赵美丽 赵梦遥 赵梦影 赵妙婷
赵敏敏 赵　楠 赵　攀 赵培桦 赵培培 赵培钊 赵鹏鹏 赵　倩 赵　琴 赵　晴 赵　庆 赵庆伟 赵秋香
赵　然 赵诗雨 赵淑婷 赵素然 赵天铭 赵天铭 赵王立松 赵伟明 赵伟世 赵雯瑜 赵武松 赵显文 赵　祥
赵　翔 赵　欣 赵　宣 赵　漩 赵雅仙 赵亚飞 赵亚楠 赵　岩 赵杨华 赵怡雯 赵英杰 赵莹莹 赵永俊
赵勇刚 赵　宇 赵　煜 赵元夫 赵月超 赵悦甯 赵　泽 赵泽同 赵张明 赵长桥 赵志强 赵子如 真玲丽
甄河川 甄　磊 郑宝丽 郑碧杰 郑碧联 郑昌浩 郑晨琳 郑晨煜 郑　程 郑程辉 郑楚君 郑德明 郑　东
郑方方 郑芳芳 郑　飞 郑国涛 郑海燕 郑航辉 郑禾琳 郑贺华 郑宏丽 郑宏泰 郑惠强 郑慧珍 郑　佳
郑　健 郑洁琼 郑　结 郑金凤 郑锦胜 郑娟娟 郑俊卿 郑丽丽 郑丽玲 郑丽萍 郑丽萍 郑　莉 郑莉颖
郑　亮 郑林林 郑琳雯 郑玲红 郑　铃 郑美芳 郑美珍 郑铭锐 郑娜飞 郑佩盈 郑鹏飞 郑棋菡 郑　强
郑　巧 郑庆梅 郑秋密 郑日妍 郑如兵 郑锐进 郑　胜 郑淑芬 郑淑芬 郑淑芬 郑思荧 郑天骄 郑　挺
郑　望 郑伟聪 郑伟民 郑炜波 郑尉辰 郑　文 郑文鹤 郑小丹 郑晓涵 郑晓兰 郑新梅 郑　鑫 郑秀春
郑秀亮 郑秀娜 郑秀香 郑秀芸 郑学浪 郑雪清 郑雅艳 郑燕红 郑阳静 郑　艺 郑艺杰 郑艺君 郑毅平
郑英森 郑樱燕 郑永春 郑永如 郑玉赛 郑玉贞 郑郁琳 郑圆圆 郑月明 郑云辉 郑　泽 郑芝挺 郑志勇
郑志忠 郑智翀 郑仲涛 郑子林 支文成 钟才昌 钟楚婷 钟楚乙 钟楚云 钟春英 钟贵彬 钟泓超 钟慧娟
钟佳佳 钟金保 钟锦榕 钟军民 钟丽彩 钟丽娟 钟莉莉 钟琴英 钟荣杰 钟荣康 钟绍冰 钟绍奎 钟姝妍
钟威华 钟卫琴 钟文婷 钟文媛 钟小丽 钟晓楠 钟晓秋 钟新章 钟秀英 钟亚芳 钟彦喆 钟映琪 钟远方
钟佐军 仲　冲 仲思远 仲　特 仲亚军 仲媛媛 周必铨 周朝月 周　晨 周晨月 周楚雄 周传贵 周冬华
周冬霞 周方丽 周　飞 周　菲 周海丽 周海娜 周含林 周　豪 周华明 周汇亿 周绘新 周　慧 周慧娴
周吉平 周嘉欣 周建立 周　健 周　姣 周　洁 周锦丹 周　静 周静凤 周　俊 周凯威 周来燕 周　磊
周　磊 周李灵 周里扬 周丽珍 周利容 周　良 周林甫 周　琳 周美丹 周美玉 周　蜜 周明军 周明威
周木易 周　年 周鹏鹏 周平平 周　萍 周　萍 周　强 周　庆 周箐雯 周　蓉 周　榕 周　睿 周睿奕
周赛军 周升学 周胜海 周胜如 周书萍 周淑萍 周思彤 周素群 周婷辉 周　通 周　婉 周　薇 周　伟
周伟豪 周卫平 周渭民 周　文 周文兵 周文栋 周文理 周文龙 周文文 周小刚 周小利 周晓舟 周孝刚
周新标 周新虎 周新江 周　鑫 周　鑫 周鑫蕊 周星录 周　雄 周旭东 周旭东 周　叙 周雪珠 周雅婷
周亚飞 周亚婷 周　妍 周艳艳 周燕青 周　杨 周一映 周怡廷 周　益 周　溢 周迎龙 周　莹 周　颖

周　颖　周　颖　周永胜　周友凤　周有利　周瑜婧　周玉榕　周玉堂　周裕玲　周　玥　周　张　周正贵　周之然
周芝海　周志隆　周志明　周子荃　周宗鑫　朱奥洲　朱宝娣　朱宝贵　朱宝秋　朱兵凤　朱彩艳　朱昌兵　朱陈霖
朱春花　朱春艳　朱道翠　朱道宗　朱栋才　朱方婷　朱芳玉　朱菲菲　朱霏霏　朱峰立　朱伏华　朱海箭　朱海江
朱海霞　朱航程　朱浩浩　朱慧珊　朱佳凯　朱佳美　朱简逸　朱剑豪　朱　杰　朱　杰　朱　洁　朱金丽　朱　进
朱　静　朱　静　朱　娟　朱昆鹏　朱立成　朱　丽　朱丽芳　朱丽娟　朱丽娜　朱丽娜　朱丽沙　朱莉莉　朱良鹏
朱　林　朱　琳　朱陆霞　朱茂茂　朱　妹　朱孟敬　朱女华　朱千怡　朱　倩　朱巧莉　朱巧婷　朱庆华　朱荣斌
朱荣超　朱容海　朱善善　朱少波　朱胜军　朱水健　朱顺军　朱顺兴　朱思杨　朱孙静　朱　涛　朱维娜　朱伟强
朱卫芬　朱文浩　朱　希　朱先基　朱娴玉　朱　祥　朱小芬　朱小晗　朱晓丹　朱晓兰　朱晓彤　朱秀玲　朱学科
朱亚杰　朱娅丽　朱烨培　朱益锋　朱迎鸽　朱勇宏　朱玉琪　朱袁铖　朱媛媛　朱　跃　朱云兰　朱鋆琳　朱泽民
朱占鳌　朱长伟　朱真真　朱　振　朱振浩　朱正豪　朱志强　朱智裕　朱　壮　诸晨娟　诸静明　祝　波　祝　俊
祝孟云　祝妙香　祝胜男　祝顺珍　祝　鑫　庄　波　庄彩燕　庄潮建　庄　馥　庄　瀚　庄汇霞　庄佳元　庄杰川
庄克服　庄良芳　庄明星　庄仁妹　庄榕清　庄少滨　庄婷婷　庄伟彬　庄文林　庄文强　庄文真　庄锡辉　庄小虹
庄晓琳　庄璇瑚　庄雅芬　庄亚香　庄有郑　庄　瑜　庄垸清　庄云飞　庄赞腾　庄哲涵　卓发火　卓锦秀　卓　凯
卓梦临　卓梦泠　卓娉婷　卓英坤　宗国念　纵慧珍　邹必来　邹　斌　邹　超　邹晨琳　邹春香　邹国栋　邹惠琴
邹佳君　邹建强　邹剑云　邹　健　邹金龙　邹乐乐　邹丽英　邹利和　邹玲丽　邹美茜　邹秋梅　邹秋霞　邹荣辉
邹瑞芬　邹淑华　邹文李　邹翔琛　邹雪琴　邹　阳　邹仪伟　邹　瑜　邹运乐　邹湞源　邹志刚　邹卓豪　左安琪
左　斌　左光满　左　珏　左双华　左宗义

2023 年毕业国内硕士

中国语言文学系

林书羽　毛　婷　彭梦思　宋琬婷　杨昭燕　詹乃杰　郑靖怡　陈镜穗　林巧连　沈　芳　孙明铭　易丽雯　张　兵
周　佳　张秀娟　陈冰琳　丁璐瑶　林晓辰　林　颖　罗嘉婷　王学澜　辛腾旋　钟楚妍　王子宁　白文静　何天凝
潘　婕　王靖宏　许显晖　曾　玥　周晓宇　卓秋霞　蔡苗媛　黄若虚　刘燕飞　王雅萍　岳家滨　郑红艳　刘雪聪
齐　璐　徐颖超　张　峻

历史与文化遗产学院

郭　宸　胡立珂　马一童　牛钟艳　谈海彤　吴兴翔　席佳仪　朱　燕　宋春晓　曹心悦　陈　慧　陈立君　陈璐琪
黄　婷　柯　雯　李丙林　李　梅　刘太远　刘晓英　卢映辉　马念怡　邱荟文　谭　涵　陶嘉洋　万银旭　王　佳
杨双荣　姚秀雅　朱一诺　万力胜　张家喜　敖前昌　陈　婧　姬高歌　黎一瑾　李佳莹　李敬兴　李瑞丰　林　垚
罗亦姝　任　燕　王　悦　肖瑀泽　于　沉　张海颖　张明菲　郑梅婷　林　芸　陈　欣　陈　帆　雷智淋　李　洹
李芊雨　王乙竹

哲学系

梁庆文　缪文诚　谭英杰　吕　浩　邱　钰　王瑞琛　陈梦群　王译恒　王梓赟　朱坤伦　彭　玉　李治言　娄金凤
徐笑文　蔡彦玲　陈钦武　张　瑜　郭家佳　胡　蝶　林崧驰

新闻传播学院

卜芾津　陈敏娴　韩昱瑞　胡　彦　黄柄瑞　黄蔡琪　李方凌　林　红　万　晨　钟　蕾　黄丹亭　陈怡楠　蒋　捷
蒋晶晶　刘中静　王梦婷　王　昱　杨逸婷　余梦婷　张　羚　张文琪　赵　璐　朱文慧　陈智信　冯绮晴　郑沛嵘
吴钧昊　巴鑫禹　蔡莉铭　蔡雨煊　曹可晨　曹宇雯　陈安康　陈贝迪　陈　亮　陈　凌　陈　倩　程琳绚　代粤冬
邓涵尹　董　旭　段笑天　傅桢晗　龚思倩　郭天奇　郭童心　何　晶　何　婷　何欣璐　侯紫彤　胡双悦　胡煜苗
黄铭雪　黄晓娟　解璐莹　柯文杏　兰鸿志　李　昕　李彦兮　李　瑶　李依睿　刘思琦　刘苏琳　刘遥佳　刘雨静
路晓敏　吕时娟　吕颖楠　罗嘉豪　孟　莹　聂　震　农晓玲　欧阳钰敏　秦　雯　宋琳姝　王宸游　王惠敏　王　晶
王棉棉　王　馨　王缘平　夏晓草　徐明瑶　徐僖鞠　徐漪澜　许静妍　颜子雄　杨雯卿　杨　忆　姚京志　尹思琪
应洁一　袁奥恒　曾良科　翟瑞雪　张凤羽　赵美玲　郑心仪　郑钰潆　钟财芬　周云梦　周卓路　朱晔蕾　左崚倩
黄舒婷　李悦闻　朱恩民　安舒齐　戴旭泽　方晓洁　郭嫣然　李伯媛　李民龙　彭乐怡　王　森　杨　娜　卓心玥
张修辅　樊春雪　姜丹力

外文学院

丁雪雯 刘佳乐 刘昕彤 彭敬丹 叶雨昕 周佳睿 褚婉仪 李辰曦 罗延翔 杨茜茜 叶友余 黄 薇 李美茹
王文勤 武 杰 王殊璟 杨 毓 袁小艺 周秋萍 陈诗雨 陈咨晓 李 慧 刘悦媛 续 静 郝 然 廖欣怡
林茹慧 阙漓瑞 韦凯文 章显宗 曹琴琴 粟扬帆 肖 肖 叶秋萍 郑丽婷 安柯睿 罗廷廉 麦凯婷 谭姝琪
王澜钧 咸美荣 谢沛妍 徐海焱 叶倩如 虞一菲 庾 洋 张雅乐 郑蓓妮 朱芳萍 蔡铭锋 陈 晨 成嘉麒
杜楚灵 郭文婷 胡 冕 黄泽贵 简 慧 蒋 婕 李鸿健 李嘉华 李 钦 刘慧颖 罗茜湄 罗文珺 孙 洁
王瑾涵 王 瑞 王 欣 吴 彬 吴晓庆 吴月玲 夏楚琴 谢倚祈 熊晶晶 易卓璇 曾丽萍 张景珊 章姗姗
赵天奕 周 瑾 陈小静 成思清 程婷婷 樊 星 方思琦 甘丽媛 洪珊珊 贾子琳 赖雅晴 李璐扬 李崎桉
刘子源 潘泽宇 唐 梦 俞倩瑶 袁 翔 张海昌 张 妍 李 默 张雨晨

艺术学院

陈孝婉 傅友洲 郝玉林 黄仪涵 江媛媛 林丽娜 申雨晨 史明君 王晓琦 王肇兴 吴佳妍 吴雨濛 许诗婷
赵静文 林皑皑 黄书羽 田简尔 吴抒炜 叶诗倩 朱铮桢 王婉彬 肖 倩 余燕玲 王慈琳 生 辉 陈雅萍
黎夏劭 林楚萱 林郁媛 刘 森 刘晓晶 刘雨奇 吕泉辉 石宏伟 王梦蝶 肖滢帧 徐艺欣 杨 盼 张文静
陈诗如 丁雨桐 郭子琳 黄 恺 黄艺娜 李亚飞 李逸兰 林芊慧 林嫣然 苏斌瑜 唐 琳 吴纯依 吴 华
吴若昕 吴馨帼 杨 婷 张盛娴 陈彦希 吴宛恬 邱 悦 周紫芩 张 蕊 陈龙慧 陈桐欣 陈雨微 付昌坤
顾超男 李安琪 梁志怡 刘 怡 孙大伟 王丽莹 王 嫣 谢薇薇 徐 睿 杨 帆 杨 飞 叶思琦 喻天娇
郑钰韵 周靖雯 庄妍妍 胡昳璇 林运国 俞凌臻 章青霞 钟雪纯 李奕凡

国际中文教育学院/海外教育学院

陈小莉 张 骏 戴 萌 薛婉婉 余 婉 陈晓雯 漆苏平 沈蕾蕾 谢 莉 崔 颖 耿旭琛 姜立恒 李佳琪
吕怡溪 罗亦纾 巫梦真 谢 艳 徐亚欣 徐梓涵 袁开芬 苑月月 郑帏方 钟 秋 蔡雪芳 陈 敏 陈小玲
樊浩纳 符世怡 韩雪梅 何君扬 黄惠鸿 雷馨阳 李佩怡 李妍丽 吕 策 栾晓雯 毛美雪 彭 倩 冉红明
王惠芳 王 津 翁 瑾 巫晓瑕 吴柯颖 肖靖阳 许鸿滨 许嘉玥 薛艳昕 尹爱灵 张令仪 李佳欣 王 璐
陈贝颖 甘娟娟 江 悦 赵婉君 王 钰 章振东 周海婷 蹇 蛟

电影学院

鲍 斌 杜昀阳 高英丹 葛雨晴 胡可璇 康 婷 李 敏 林佳灵 刘 婷 柳嘉慧 石筛镜 孙亚男 吴 昊
杨子淇

经济学院

潘 成 陈丹霓 丁海婷 丁雨洁 高香玉 郝峰宇 洪琪珊 黄弘源 黄 坤 姜宽岳 李玲学 李文抡 林 舒
林玉仁 刘恩杰 刘叶婷 孟文涵 沈慧媛 宋啸宇 谭雅倩 王乐强 王乙婷 吴贞静 谢威扬 许新阳 杨佳弋
张巧蓉 张治华 周天昊 邹翔武 程敏佳 戴敏敏 丁靖雯 冯 璐 郭 岚 胡 婷 蒋宛金 乐乔颖 李 茹
李 恬 李旭旻 陆雅洁 聂 爽 田邦仪 王蒙蒙 王雪纯 吴依凡 徐 蕾 薛 梦 殷 楠 尤晓荣 张 铭
张伟贤 张学瑾 张 宇 章 蕾 庄书钰 陈东美 陈 幸 程茜伊 丁柏文 甘恩民 何子秋 黄 鹏 李诗雨
林雅婷 刘晖晖 刘文佳 龙亦凡 孙 岳 王梦陈 夏世萍 肖辉煌 周诗羽 王子源 翁雄莹 冯琬茵 官文来
雷 颖 芦德香 秦 岩 童 旻 杨 潇 张晨曦 张锦韬 张舒越 苏虹霏 孙无难 高宁林 蔡雅莉 陈咏琦
池添俐 方心怡 李慧芳 刘虎呈 吕蒙恩 骆振琳 吴欢欢 肖成琳 徐锦荣 张 轲 赵刘菊 史 元 丁禹君
干思雨 胡佳琦 黄 睿 李孟洁 李绮静 李笑萦 刘倩思 罗佩晴 饶竞远 寿容儿 王岚珊 王立超 王威山
王银燕 王子贺 吴子涵 许德建 杨翰林 于松宁 曹旭冉 李忠华 邱晓鹏 谭子彬 杨淇岩 陈雅洁 丛 岩
杜美娟 沈 兵 周航润 陈虹冰 杜子萍 黄超芬 林国松 刘潇南 王 艺 许 震 杨晶晶 曾繁毅 郑 旭
朱燕妮 耿嘉岐 陈 雪 杜一鸣 白天霖 白玉瑞 蔡倪暄 房 颖 黄祥程 廖钎铅 刘 方 刘思璇 牛建智
潘 颖 尚宏丽 侍 倩 魏世颖 吴良恺 余一飞 赵 莹 郑涵方 胡 颖 周俊岑 刘宇婷 田 妍 赵怡婷
成 喆 邱蓬泽 朱 巍 何佳鑫 刘星乐 杨 佳 张高晖 邹玲安 彭涵宇 曹颖颖 邓建波 冯小燕 甘玉琴
李诗藤 王子健 吴晓萌 徐瑞铎 余小虎 郑小莹 陈 莹 方爱琴 高励治 黄慧敏 黄 俊 黄少茹 黄 嵩
李 琪 林晓莹 林 妍 彭文婕 唐 琳 伍尹雯 徐振锋 杨思琪 叶亚倩 张瀚文 张思梅 张一帆 张钰洁
郑 韫 陈 志 邓永浩 胡秀美 刘 洁 施浩东 翁思筠 吴征宇 姚炜彤 张信哲 陈 杨 汪 澜 谢欣雨
郑连军 马化翼 王 瑜 张岳笛 张兆华 白 露 秦 静 王泽琳 张 慧 边博琨 蔡聚萍 曹珂迪 陈靖捷

陈珞 陈南铮 陈锘 陈威 陈雅雯 陈彦辰 陈怡萍 陈宇婷 邓婵 杜雪静 杜艺璇 方玲莉 顾悦琳
郭晟宇 胡鸿程 蒋刘侠 康怡凡 黎乘源 李婷 李雅妮 李艺 李殷 梁新宇 廖灵通 林启明 林舒婷
林易新 刘峰 刘建 刘思敏 刘岳欣 吕祥民 罗承东 马嘉婧 缪泽惠 宁发俊 潘畅畅 裴璐 彭巍
任淼 沈丽萍 石苗苗 宋香迎 苏心怡 孙硕 谭伟晟 唐欣 田姝姝 童佳玥 庹菱 王豪 王积荣
王颖琪 翁欣 吴敬轩 吴思思 夏韦昕 谢智敏 徐博淑 许艳茹 杨杰 杨雯 姚渝 叶咨琛 尹凡
游楚娴 余梦鑫 俞垚 曾祈华 张春勇 张帆 张逢永 张港鹏 张含悦 张鸿靖 张啸峰 张忆琳 张哲铭
郑雅雯 郑宇 周雅娜 朱含晖 陈婉 程章继 杜艺琳 方浩男 贺迎悦 胡江杰 黄敬垚 黄瑛 李颜延
廖欣瑜 林曦 林雅鑫 刘鹤 刘思园 柳昭怡 骆夏榕 马乐 邱建杭 王霄楠 王梓名 夏禹 萧柳芳
肖比诺 谢雪墩 尤红燕 张婧 张玥华 赵彦哲 郑月灵 郑志斌 朱小曦 吴永钊 郑达予 白文媛 郭靖
贾梦珍 李亚楠 林辉煌 林逸航 林珍 罗慧敏 汤清瑶 吴源 肖博雅 许薇 杨光裕 张海萍 张吉翔
张宇 曹朦迪 陈嘉慧 邓南茜 范茹 高亚娟 郭芷茹 刘一达 杨娜 易湘瑜 余育炫 张舒颖 陈臻祥
黄辉 彭瑞琪 孙可心 杨嫔 张雨生 曹镖魁 曹思敏 戴冰冰 冯启阳 高如云 葛宇腾 洪晓丹 洪筱筱
黄酬子佑 黄海娟 黄雯榕 黄一蓝 江尧 李晨静 李含玉 李洪伟 李美仪 李梦梵 林洪伟 蔺煜斐 刘礼
刘茗 刘镕宁 刘伟杰 刘晓婷 马芸 牟洪泉 彭丽颖 任翘翘 田丰华 王博 王语柔 王恺玚 王琳睿
王思慧 王颜溶 王耀波 巫伟峰 吴凌霄 夏汝姿 徐晓婷 许津 张佳英 张夏欣 张扬 张一诺 郑凤娥
朱钰霖 左甜甜 王伟健 李思骏 芦栋杰 邱国梁 张博宇 赵秋鸿 郑彦钦 朱天棚 艾书荟 杜焱 刚铭君
龚文浩 郭华忠 胡天培 黄时文 蒋文婕 金田 柯雪莹 刘泽平 汪建民 王仲毅 闫芋君 严馨莹 叶娅
赵金平 赵明明 郑淇尹 周金龙 李明夷 宋浩明 唐瑞琪 叶蔚然 黄海丽 顾瑜枫 陈春雨 黄林月 刘杰
任蓝翔 孙鹏程 谢雁来 朱梦晨 欧伟东 范小龙 李昂 苏韩 熊崧淳 周白冰 陈方圆 程帅 丁帅军
黄明珠 黄梓鹏 李珣 林世民 刘琳枫 刘梓悦 罗哲 马明禹 彭子席 万梦 吴晗妍 向召程 熊涓
徐若暄 易永钿 尤舒宁 张华瑞 张俊凯 郑丰楷 郑晓蓉 陈佳妮 陈俊源 陈泽霖 程学坤 韩家炜 胡玉洁
黄佳怡 黄茂湘 李天喜 李伟 林沂菲 陆雯炳 马庆利 施冰扬 滕柳熹 伍舒妮 许春兰 鄢志明 杨茂林
余炫 郑兴权 周可鑫 周易 黎子超 阮梓洋 史文轩 肖法典 黄志伟 陈晓雯 赵倩 沈婷芳 吉思语
陈伟锦 李琳峰 梁钟云 杨勇 庄勤彬 余抒婷 郑天磊 易小丁 张楠楠 陈以恒 葛申益 李爽雁 程娇花
林家宁 谭咏婕 许榕 郑祯祯 林玲 陈鹭超 王凤进 方恩特

王亚南经济研究院

李明夷 宋浩明 唐瑞琪 叶蔚然 黄海丽 顾瑜枫 陈春雨 黄林月 刘杰 任蓝翔 孙鹏程 谢雁来 朱梦晨
欧伟东 范小龙 李昂 苏韩 熊崧淳 周白冰 陈方圆 程帅 丁帅军 黄明珠 黄梓鹏 李珣 林世民
刘琳枫 刘梓悦 罗哲 马明禹 彭子席 万梦 吴晗妍 向召程 熊涓 徐若暄 易永钿 尤舒宁 张华瑞
张俊凯 郑丰楷 郑晓蓉 陈佳妮 陈俊源 陈泽霖 程学坤 韩家炜 胡玉洁 黄佳怡 黄茂湘 李天喜 李伟
林沂菲 陆雯炳 马庆利 施冰扬 滕柳熹 伍舒妮 许春兰 鄢志明 杨茂林 余炫 郑兴权 周可鑫 周易
黎子超 阮梓洋 史文轩 肖法典 庄勤彬 余抒婷 郑天磊

管理学院

查大鑫 胡舒婷 骆畅畅 马梦雨 苏宁 孙永恒 谭玉璐 王鹏 王仕佳 王晓倩 谢心仪 徐寅寅 许嘉婷
尹川 曾嘉祥 张思媚 郑子键 卓榕生 陈成铅 陈洁 丁峰 杜文波 廖微 刘荣生 王文军 许剑怡
杨京涛 段晨旭 孔晓涛 孟然 孙佳宁 王瑞 杨杰 张宏 张健 蔡姝泓 陈晞 党圣洁 高浚霖
洪颖 吴彦泽 许容倩 滕秋 陈昕仪 谢文婷 尧美琪 郑蓉蓉 阙瑜嬛 蔡开发 李鹏超 刘茶英 涂莉莉
王一宏 许允纯 陈娉娉 郭瑑璐 李平旭 马腾飞 王威 洪舒亮 靳佳佳 康泓 李春虹 李志锋 吴丹翎
吴雪冰 袁东升 曹佳颖 陈金呈 陈恬 陈义震 冯佳乐 郭睿卿 何猛 黄怡 黄志翔 李甜甜 李星慰
刘柳 刘帅 刘思远 刘文意 刘子钊 马皓月 梅朝阳 彭启政 台英旭 谭天琪 王聪 王思一 王雅琨
王一冰 王奕聪 王逸诚 吴芳芳 吴怡 谢清玉 杨鑫 杨子豪 姚燕玲 余晶晶 袁丁钤 张淑敏 张伟强
张昱婕 章丛殷 赵树茂 郑嘉玮 钟舒扬 仲和林 朱丹 朱睿鑫 邹舒倩 邹思阳 蔡欣瑜 管仕仲 郭汉杰
赖智寅 李一平 卢玉兰 欧孝严 彭小萃 施昶咏 孙春甲 拓守继 王锴 肖平 谢圣坤 谢晓晓 岳云鹏
郑佩琍 郑莎莉 蔡长江 陈珂 陈凌峰 陈茜茜 陈思 邓世炜 杜俊侃 高希慧 纪元 李静姝 李志
廖慈爱 林晨 林骥 林孔鑫 林丽婵 欧越 彭慧琼 齐焕然 苏怡曼 王超强 巫银芳 徐智慧 许为锴
薛驰骋 叶兵 叶晓松 余振 张广平 张可 张蓉 郑实 朱爱妹 朱征东 蔡枝森 陈乃华 付丽萍
胡腾 胡泽馨 焦光英 孔德聪 赖华秀 冷旭 李凤娟 梁议尹 林逸婷 林毅捷 苏锦德 孙永芳 王娟
翁祖平 巫菁 许建发 许诺 姚晨珊 叶强 张柳辉 周颖 朱丹 庄项宽 曹丹 曹婷 查星廷

陈苏炀　陈苇衡　陈盈颖　陈泽鹏　戴　鹏　丁少杰　杜雨鸿　韩昕瑜　何　晴　黄周玉　赖凌峰　李敏华　李　佩
李雪慧　梁雅磊　梁　妍　刘方仪　刘思佳　陆子寅　毛秋萌　潘闻轩　茹靖雪　谭妙晶　汤　美　陶怡菲　王贝贝
王　竞　王　轩　邢莹莹　杨雯静　杨雪琪　叶　露　尹　璐　俞佳璇　张一姿　赵天宇　钟乐笑　周莹玉　余茂林
陈晓静　陈怡婷　陈滢行　单淑璠　宫瑶瑶　郭　婷　何泾威　黄海群　黄馨影　李一川　李妤婕　厉冰玟　廖子涵
刘维乾　马慧丽　泮佳怡　彭晓凤　屈小雯　阮琳槟　唐琳薇　王　思　王怡方　王　瑜　吴浩翔　吴清婷　伍诗雨
夏忠星　谢舒仪　张　瑞　张　哲　郑丽群　房希萍　黄晓伟　林秀云　卢晓玲　夏阳阳　杨晓庆　叶臻辉　张　弘
郑文淮　周　鑫　林丛青　蔡泽华　陈珂琦　陈丽殷　赖辛莎　林子璇　凌彬宸　刘正鹏　罗燕婷　王　淞　吴晶晶
吴明峰　杨静雯　张玉洁　周　宇　邹康华　洪嘉欣　蔡珏霖　蔡晓珊　曹　昊　陈淑妍　陈　霜　陈婉玲　程光彬
单钰铭　丁大程　冯　珊　付春燕　郭诗雨　郭　爽　韩启文　洪晓东　胡宗鼎　黄小琰　康晶晶　黎　骞　李　刚
李弘腾　李淑文　李肖惠　李羽茜　李　玥　林诗雪　林　夕　刘　聪　刘海潮　刘华哲　刘　辉　刘李湘　刘梦蕾
刘　淼　龙瑞津　卢巧玲　陆颖恬　罗澄静　孟子晴　牛君秀　潘鸿伶　潘佳莉　彭佩仪　彭雨丽　乔雪珍　沙小雨
施雨萍　宋寅寅　孙其昌　王　昊　王天麟　王小明　王　卓　吴向东　徐　靖　许牧林　许笑添　许馨音　许振川
杨公云　杨鸣婧　袁著屿　曾萍红　张　露　张人哲　张瑞龄　张希雅　张彦博　朱家航　祝　泽　庄程煜　邹维佳
陈子易　林慧聪　刘　畅　潘晋勇　王琳煜　吴婧玥　徐　虎　薛　婷　张艺琼　张钟灵　赵梦迪　吕佳柔　许瑾熙
叶鸿鑫　曹　洁　陈亦梅　陈宇杰　陈震宇　高胜男　郭雪茹　郝晨汐　刘麒麟　彭　婉　任　羡　王超颖　叶姿怡
钟　晗　曹静杰　黄清瑜　邵　梅　蔡沛伶　杜代如　高佳佳　胡明月　金　莹　靳淑梅　李沁钰　刘欣宇　楼锦秀
马卓冉　秦　怡　王苇健　吴　涵　吴　军　夏语欣　许家玮　杨斓景　张　楚　张嘉炜　张　奕　赵　琪　李胜晖
林景照　陈　琪　程青青　罗林淇　牛博文　叶奕钦　承杲阳　何　颖　姜文清　李宏国　梁文豪　施梦鑫　王紫轩
吴坤宇　吴　璇　吴　振　杨园盈　张秀林　陈佳颖　葛俊云　管柯琴　胡莹莹　金裕静　孙　轶　王珞嘉　谢璐檬
徐　君　黄璇璇　黄　颖　吴子航　杨金荣　庄　捷　陈熹远　何　恬　张劲松　张　俊　张荣钦　曹红岩　陈昆妙
陈　琳　陈素玉　陈雯君　陈祥任　陈依阔　陈志梅　丁雯君　范梦岚　高碧丹　高杰伟　高　珊　何力丰　侯瑞霞
黄冬冬　赖超飞　李　鑫　李招之　林俊莉　林萍萍　林小华　刘　灿　刘婉晖　刘　玮　牛俊文　齐丽娟　涂乔逵
王　蕾　王　沛　王　潇　王再康　文　菲　吴小剑　吴哲力　伍国宇　徐　伟　叶　航　于　洋　余华常　张　驰
张　帆　张轩玮　赵明芳　周雷振　朱　恺　邹韡捷　陈必中　林梦君　罗玉川　那洪涛　苏静波　朱海鹏　蔡天怀
陈　楷　邓丹丹　林梦瑶　吕蕾蕾　念娅妮　邱建烜　王　夏　肖润民　周翀冲　杜文华　赵洪平　李秋雨　陈成辉
吴盛凡　李江冰　胡　珺　洪凤怡　王小蕊　何财宁　黄　棋　宫　磊　郭　鹏　彭光华　周双军　庄乃清　庄瑜华
方　杰　王亚普　张倩倩　林伟民　黄　婧　彭丹宏　谢　珺　钟增玮　黄梦维　唐　冰　姚　营　程英哲　高洋洋
赖人为　赖志凤　李　伟　林　琪　林榕晶　刘　巍　潘珍艳　沈庆铭　沈苑婷　王红星　杨　新　余裕武　曾玉玲
郑绍涛　郑伟平　庄建峰　敖　婷　鲍霖寰　陈嘉璧　陈木兵　陈添富　崔福林　葛袁君　何梅春　华　琳　华贤楠
黄荣忠　黄瑞英　黄燕冰　姜佳文　兰方舟　林　馨　林　云　林智源　刘琳晶　刘美银　刘　轩　马　烨　彭秋玫
王宝健　王中培　吴　熙　伍　朗　肖　文　肖旭阳　余升乐　张昌平　张　帆　张祥威　张亚芳　张禹晨　钟文杉
庄欢子　邹奇斌　孙梦蝶　胡欣慧　沈　晨　徐林美　童文强　苗凤高　马旭莹　梁胜才　王鸿茜　骆　苇　黄　倩
刘牧川　林旋里　冯　钰　林　峰　蔡睿超　柯招萍　王颖希　赖日春　熊　涛　施一舟　刘乾乾　梅学全　汪长生
王培奇　陈荣光　崔淑玲　李彦江　乔　聪　汤建健　黄馨瑶　杨浩峰　张冰强　蔡和平　陈功勍　丰献坤　胡廷铮
雷泽萱　林建锋　林巧凤　毛　熙　蒲姝君　邱　勇　孙　画　涂文宇　王改革　王　晶　杨健萍　院　萌　张　晖
张　力　周　全　姜　浩　唐经娟　赵　兰　成宝亮　陈冠宇　陈　爽　符瑜鑫　贾俊毅　陆世昌　罗梓月　肖　迪
杨婷婷　袁　静　曾强盛　蔡馥娅　柴　智　陈丽君　陈茂芳　代　颖　江世钦　李佳松　刘　容　倪彦彬　谭金龙
檀小红　陶登峰　吴连娣　黄朝英　陈丽花　陈诗熠　程　成　刘之煌　杨昕晨　林佩萱　林　辛　王澜岚　邬梅娟
张增华　郑晓娟　周秀峰　敖长静　蔡婧劼　陈翰赟　陈　鉴　陈晓裕　傅静娴　高　扬　官凤梅　洪江峰　李丽婷
林慰忱　林　雄　刘　莉　刘巧燕　鹿存华　罗　洋　沈燕琳　谭鹏浩　万　刚　王海冰　王露儿　韦建华　吴冠丹
吴俊锋　夏梓杰　阎　易　杨俊贤　姚　超　易玮昱　余新燚　詹佳宁　张耿汉　张嘉卉　张康宁　张学昕　张羽彤
曹　灵　陈建凡　陈　魁　陈柔嘉　陈　雯　陈炎平　陈周吟　邓诗颖　黄长顽　黄启航　黄宜婷　贾　旭　简丽琴
李　丹　梁　晋　梁　娟　廖宇龙　林金英　林伟杰　刘成军　刘　格　刘　蕾　刘　晔　马　野　裴　锐　宋铭睿
王步云　王小勇　王英丽　韦京梦　吴添珍　向小鑫　肖龙兰　熊　畅　熊继南　薛美恩　杨宇轩　余优生　曾庆龄
曾小兰　曾一鸣　张晶晶　张梦婷　张灼斌　周菁�　陈慧萍　傅月莲　高清志　郭小阳　黄鹏辉　黄育新　廖晓文
刘琼兰　刘　新　宋　龙　王赞青　吴梦春　张　震　周灿黔　周晓意　余　果　陈志松　李　嘉　李盈盈　林少筠
卢明通　罗彦君　罗　艺　潘　阳　蔡昱洲　邓适官　黄　馨　江智华　卢鹭萍　马理群　倪　欣　苏洲炜　汤　玥
王明娟　徐光源　杨　源　叶林萍　叶茂榕　尤秀娇　朱敏洁　郭佩琳　吴宇馨　姚蒙萌　张雪琴　赵芷仪　张巧利
王路加　林雪纯　郑　湘　邹妮容　林　佳　张职娟　金　娜　傅飞晏　张　霞　陶　勇　郑　方　朱生龙　张　超

司志会 王新兰 张诗婷 付永超 林悦 黄狄超 孙雪娇 练镇强 李珍珍 陈宣伊 姚巧青 薛叶挺 郑颖
吕晓雯 罗娟娟 刘杰 温庚金 于本金 张臻 郑金凤 周亚兰 蔡艺斌 陈天雨 崔百瑞 林源君 林展航
刘燕卿 牛建辉 吴昌妃 吴雪英 张奕阳 盛礼扬 刘宜生 陈明卓 史嘉熹 欧闻 余阳 王榕斌 桑子舒
吴国栋 吴清勇 伍若珊 傅一姗 陈国祥 谢赋 许文祺 林永彩 萧烈 李秋虹 郑婷婷 陈晨 黄雪雅
侯凯腾 付文心 黄斯捷 王剑宇 肖凌欣 郑高文 王黎明 杨玥 郭枫 林剑敏 杨国

财务管理与会计研究院

陈安祺 陈东阳 杜兰珺 吕明丽 严西雅 张良琪 周子渝 黄豆豆 黄宇 唐锦滢 夏欣 杨英龙

法学院

余洁 吴镇桓 黄培峰 赖真真 蔡丽燕 陈柳含 陈煜磐 陈子凡 陈梓豪 邓文彬 董方倩 杜福波 杜晶晶
俄木布洛 范洪源 方嘉玉 冯文慧 盖业瑄 高栩 何美琴 黄桂洪 黄航涛 黄慧敏 江梓超 金铃 赖泽奇
蓝方婧 雷卉 黎巧嫦 李椿辉 李露 李文斌 林涵 林慧 林倩芸 林雨欣 刘金新 刘敏 刘茜
刘通成 刘宗泽 柳冠华 吕涛 罗文成 马梵哲 倪可妙 欧阳明琦 邱振杰 史金炆 舒长凯 孙聪 孙伟婷
汪浩然 汪璟奕 王凯琪 王雷 王熹 温娟娟 肖阳阳 辛超煌 徐思婷 闫效鼎 严沁雪 颜成志 燕邦国
杨佳琳 杨雯雯 叶子怡 余澄澄 余雅云 俞慧琳 袁敏 袁媛 曾隽锋 占梦萍 张朝涌 张芳果 张慧蓉
张佳蔚 张人天 张彦君 张义唯 张雨馨 章梓辉 赵爽爽 郑祝坚 钟红燕 周鹏 周蓉 周杨 周子欣
朱海军 蔡越珣 陈涵 陈思瑜 陈颖 陈越 高婷婷 何志远 李子卿 林雪婷 刘卿然 刘燊华 刘威
龙思卉 毛泽敏 桑叶 汤志 唐理远浩 王仕 吴晗玥 吴梅芳 杨思森 张林虎 张秋燕 张艳辉 张一晖
张咏昕 章伟蔚 郑昕宇 周枭 刘欣 蔡柯珏 车晓轩 陈青依 陈诗馨 陈舒遥 陈威 陈小雅 陈榆
陈智超 陈紫娴 程凯琦 丁忆童 都鹏民 郭长轩 韩佳牧 胡慧 黄颖熙 金舒祺 李东 李思航 李鋆
林靖 林梓璇 刘漪漪 马文菁 潘锦涵 潘颖 丘惟彦 施伟萍 时典 王旭航 翁姑阿加 徐琪 许彩艳
杨泓婧 杨军 杨凯希 杨世杰 叶琳 岳靓 曾丽娜 张玲玲 张文达 钟代品 朱倩茹 陈海军 陈建清
戴锦霞 甘晶晶 郭韫倩 柯文兴 林炎杰 刘格玮 刘慷翎 秦玉 王霖 吴珍妮 夏晓榕 张丽丽 王姗
许雨晴 江萍萍 兰金玉 刘璇 刘昱东 毛舒韫 佘子钰 张欣钰 赵壮 梁少娴 林蕙芸 吴伊淇 杨颖
陈莉 陈思洁 代婷 侯雨呈 邵凯丽 谢昕豫 熊高宁 熊文文 颜梓彬 陈金 黄海清 王欢 王千慧
朱金枝 毕天琪 陈青蕙 傅凰娇 何晨韵 黄伟佳 黄元圆 柯扬 廖阳冠 乔彦玮 苏琦 田园 王汐玮
许秀洁 郑沐婷 郑舒涵 陈晓萌 陈长 戴紫微 危斯晴 张文博 姜昊炎 赖震 李绍铭 刘小草 姚宇涵
陈奕名 袁维 张雨昕 王思文 邓丽仪 管丛薇 郭梦姮 洪松 兰丹翎 林岑 林昌诚 刘旭晖 潘婕
荣婷 曾芳冰 朱源宇 邹思远 黄可馨 刘逸芳 马佳楠 吴崔元 张梦妮 朱杨泽 朱熠梦 陈毓慧 林雅星
刘家隆 王鑫 鄢攀曲 何岱桦 黄蕊 李枫辉 吕秋鸿 杨超 蔡博彦 魏锋 范双全 林思远 潘进
余滨榕 游学成

知识产权研究院

代晓焜 林锦晖 马佳怡 崔利楠 范梦 高艾泠 刘平 刘主权 齐昕妍 秦瑞翰 冉彬蓉 徐瑛琪 张金熠
张少聪 曹鋆 陈金荆 陈云川 李俊逸 李薇 苗振琪 汪俊威 张可铮 解晓露 凌晓苏 尚国鹏 苏旭
郗菲 张佳鑫 朱晓彤 蓝可 林可梅 王陈炜铭 王嘉 曾亮 詹静

公共事务学院

程荔宜 何玥君 侯家俊 姬洁 季芸菲 蓝浦城 李雪玲 李逸靖 林波岑 刘红凯 邱梦馨 唐勤 吴霏
向成佩 徐玉琦 许玉君 杨文珂 余海霞 张婧 张奕婷 甄晓燕 周雅馨 黄雅欣 黄银花 马菁 邱婷
张冯 张瑞泽 安舟 程思 樊世明 冯猛 葛强 刘旭光 齐红梅 王光灿 王磊 王梓 张芮
朱晖娟 蔡伟淦 邓颖 迪丽阿热·艾斯开尔 杜兆刚 范江辉 付一博 傅建华 黄健薇 李馨 刘俐煌
倪拓鑫 沈俊达 王嘉彬 王荣飞 王怡晴 魏曼红 项阳 徐峰 叶冬 张铮 宿倩倩 陈婧 赖凌毅
李静 李楠 李泽琨 刘锦汀 欧智楠 施文秀 宋颖西 云凤琳 赵桐 朱迪 朱葳 范玥 刘小科
哈利木拉提·阿拜都拉 吴婷婷 蔡靖倩 蔡潇婧 陈书元 陈莹 陈煜鹏 方嘉南 官斌 何展鹏 洪培菁
黄君如 黄彦明 黄峥倩 黄政升 李菊萍 梁佳雯 林观玲 林若青 林艳秋 林珍萍 卢诗婳 皮丽敏 任宝君
孙剑威 王依璐 翁丽华 肖璇 许筱璟 颜芳芳 姚丹 张军晓 郑艺颖 杨奕晖 常海霞 管予强 林铭娴
潘令麒 尚惊涛 孙喜斌 邹文雅 陈柳园 冷雪雁 徐月霞 李颖 陆锦添 吕新 张琪桠 许婷婷 陈梦莹
黄文冰 林晨毅 彭茜 方琮 郭凯 郭凯群 霍美辰 霍同远 李辉 闫保生 张妍 蔡尚镑 陈城一

陈晓炜 陈云婷 傅珺蕾 郭碧芳 何 皓 黄海茜 黄美凤 李菁菁 林金凤 刘星麟 邵宇新 滕希元 肖 林 游方棋 余晨倩 郑毅雄 周文菁 帕如再木·努拉合买提 蒲仁达西 蔡洪林 陈朝雄 陈 辰 陈圣楠 丁 娜 方浩成 郭小妮 胡欣悦 胡毓梅 黄泽芃 赖昕玟 李聪伟 李嘉瑾 李 楠 林 璠 林慧敏 林婷燕 林逍霄 林晓烨 林怡欣 王心怡 吴碧蕾 谢锐和 薛庄艳 叶 琦 张榕江 周炜聆 朱妙玲 吕燕宁 陈梦婧 吴玮理 邵倩楠 吴文玲 郭智伟 曹 星 黄臻炜 林臻韡 周伟维

公共政策研究院

陈 骞 李皖晴 刘立华 卢之卿 王大卫 王福国 闫相伊 石鹭琳 张 慧 高上友 林超群

马克思主义学院

陈小芳 陈 云 董 媛 段晋美 高阳阳 郭 磊 胡亚珂 黄而彬 黄瀚屹 黄婷婷 黄相宜 黎晓琳 李 涵 李路静 李 萍 李仰素 连传钊 廖小婷 林超群 林 雪 刘婵婵 刘佳欣 刘 鑫 马诗晴 毛清萍 聂嘉琪 冉 敏 尚玉霜 唐 帅 王红艳 王玮妮 王雯萱 王艺情 王永杰 吴 波 吴春金 吴文娟 谢雨欣 闫舒贤 闫旭杰 杨 康 杨 娜 杨雨岚 姚 玺 游志杰 于金艳 余婷婷 张罗丹 张 莹 章 翔 赵梦迪 朱 聪

国际关系学院/南洋研究院

李怡童 罗静远 闵谭林 彭萌萌 唐知秋 滕吉鹏 林晓丰 饶金山 陶星坤 叶玉惠 张利娟 邹欣语 陈祥明 李昊冉 刘 岩 王晓雪 吴致静 杨雪蓓

台湾研究院

符传杰 高宇轩 连紫含 刘孜涵 林坤伟 卢苗苗 吴雪珍 李伟杰 苏甜田 徐崇花 徐梦琪 岳 娟 张金水 刘怡畅 李湘宇 阮雪玉 许 晴 许高维 洪思音 魏祺钰 向 耶 肖子乐 张玉洋

教育研究院

李秋霞 卢文英 吴 彬 伍凤繁 唐 蜜 王雅丽 周雪芳 林岫崎 唐舟赢 王怡雯 毕昊杰 李雨涛 骆 慧 孙昕妍 唐 祯 王君仪 王 柳 王润青 吴杏英 吴荧秋 揭雨晨 李文婷 林丽丽 任玉莹 陈瑞贤 李萍萍 李红菲 刘文君 王洪国 王悦霖

社会与人类学院

施 宇 袁珂鑫 段泽丽 张纪超 张璐瑶 庄 蕾 高原星 韩 仰 汪玫珺 杨沛林 蔡静娴 丁思辉 李 睿 祁 诚 张 颖 陈昭昭 龚燕秋 李君蕊 林婧雯 吴鸣鹤 吴燕清 周 悦 蔡诗婕 林彤蔚 刘连冬 缪辛颖 邵晓曼 林大均 陈幼琼 龚雯璐 黄金桦 马 璐 吴传洪 谢胜杰 谢怡景 徐 磊 周庭轩 朱家玲

数学科学学院

陈俊钢 陈丽君 杜文帅 关图安 郭金池 黄 旻 黄伟琅 江伟峰 蒋金定 蒋金阳 柯春旺 李 洋 李易洲 刘方玉 刘 格 刘家浩 秦婉璐 阮承超 唐丹康 王 昊 王怀瑾 王 敏 王秋晨 王 彤 王维恺 王漪颖 魏 爽 严凌云 杨 洁 杨启夏 印天晗 尤婉红 余 航 张小敏 周彬楠 周恩阳 朱可夫 陈诞蔚 陈淑丽 李珂卓 李子恒 毛宇彤 梅海锋 王 帅 吴宇宁 徐芃迪 徐晓宇 颜贤众 张 瑜 张 煜 赵亚奇

物理科学与技术学院

汪 琳 陈炳光 付津铂 水杭营 秦宇青 王静宜 魏宇航 陈 盟 陈喜文 郭蓉蓉 黄一帆 柯海波 李迎秋 林丛豪 林泽锋 彭芳林 邢 欢 薛高飞 叶 凡 叶钊余 张 浩 张 轩 邓 冉 王超杰 吴浩溶 付 然 郭 欢 王艺梦 黄飞鸿 石 澜 蔡叶杭 陈玲玲 陈小强 杜甫烨 方韶晨 胡玮琳 黄子超 姜高晓 井 源 兰超飞 李 硕 李婉婧 李渝超 廖 晔 刘易斯 曲 魁 万 景 万新旺 王小杰 翁绵辉 吴启鹏 杨徐军 叶祝涛 应永发 曾生林 张宇航 郑秋宇 钟 祺 赵春东 朱佰鸿 陈 晨 陈志伟 程 烽 杜阳建 方梦可 费煜晨 胡 汛 黄 鑫 沈晓鑫 孙华龙 檀 鹏 肖泽鸿 徐艺华 许少华 许书逸 杨成彪 于本宇 袁 萌 张 波 张 望 张晓娟 郑江鑫 周其程 周瑞民 翁泽锴

航空航天学院

刘润富 谢作帝 张焕彬 郭 翔 叶倩雯 温潍齐 陈志敏 高 祥 龚资浩 赖希宁 卢锦枫 马林峰 钱华敏

汪鑫　尹一淇　张申鸣　张万阳　李志敏　刘策　蔡梦音　蔡敏男　蔡泽锴　杜瀚　苟兴林　李其炎　刘志伟
刘宗阳　吕孟阳　王司昭　岳玲玲　张扬闻　赵凡毅　朱凌　温成平　曹姝琪　陈思　陈泽帆　董书宇　汤鸿杰
汤祎麒　黄潇　鲍越　曹盛　陈锦豪　陈敬强　丁楷文　高晨虎　何聪　何增明　胡月　贾丰瑞　江海龙
蒋创宇　邱典庆　邵堃　宋翘楚　苏振宇　王启星　严晓晗　余成　曾剑鸿　张结艳　张俊龙　周康　何承阐
洪唐宝　王家骏　温正优　熊立勋　陈昊怿　高舒凯　黄自杰　杨冰雅　杨磊　陈柯　陈熠　付振峰　黄颂萌
钱远　卿涛　沈磊　时金崧　吴文昌　郑旻辉　何佳宽　王彪　王钟雪　张凯瑞　廖卫林　吴彤　杨钰萍
陈梦婷　李乐　刘易斯　叶必超　尹艺玲　李志强　宋沛强　崔森博　郭佳慧　何嘉玮　何婧　黄晨辉　黄鑫
蓝承波　李先江　廖志鹏　吕平愿　王俊富　王亭峻　徐佳玮　周寒　屈何升　蔡俊峰　李想　刘健豪　邵薇涵
曾金　张靖雨　陈祺航　戴黄山　邓醒明　方寒月　管俊杰　贺丽媛　李涵　廖梓柔　马智　秦威　桑毓曼
苏思行　夏豪威　辛瑞　杨慎　姚张瑞　周滨　周汉雄　庄琰　蔡坤彬　陈俊韩　陈明韬　范子豪　洪端钦
黄俊豪　黄祎　江信禧　康玥　李志杰　练启威　林仁豪　林志强　卢柏明　陆志锋　马鑫月　欧洋　彭惠金
邱佳钰　盛玮桐　吴哲　吴梓康　徐希德　杨巧铃　杨孜孜　曾亮　张禾佳　张建　张俊杰　周鹤翔　朱为旺
冯丽莹　蒋梦满　李惠林　卢嘉祺　吴汶鸿　张加劲　朱欣莘　朱子清　徐硕

化学化工学院

蔡志鸿　陈少锋　陈思昊　陈行杰　陈园园　崔苗苗　单利利　邓永亮　董源婷　豆杨成　方汇政　龚宏波　郭渝鑫
韩天阳　胡新瑞　黄丽云　黄耀炜　黄珍欣　黄子豪　蒋章堂　景新超　李查德邓　李晨　李唯楚　李想　李玄
凌誉　刘乐乐　刘茜　刘文强　刘文清　柳文秀　罗兴彬　马才　彭佳敏　蒲树环　钱泽皓　任昆龙　邵丽婷
谭鹏飞　唐慧　王辉　王家军　王梅　王硕　王小童　王啸　王兴国　王叶霏　王子钦　魏雪儿　魏宇晴
夏萌　夏毅辉　肖宇抗　熊珂　徐冰妍　徐成蹊　徐沙　薛钧炜　杨梦寒　姚鑫　叶子义　占自祥　张浩
张烁　张逸璐　张泽鹏　赵骄阳　周皓　周雨生　庄晓维　邹春晓　邹金含　曹敏　陈碧娴　陈博　戴欣凤
高晓彬　郭云龙　何沾凝　贺晟　侯耀林　胡世遗　胡元飞　黄春兰　黄键　黄思颖　孔毅　李晨捷　李岚
李世航　李旭成　刘聪磊　刘旭　刘宗奎　穆亚文　沈婕准　施雅婷　石俊蕊　宋思林　宋伟申　孙军旗　唐子恒
陶佳梁　王浩　王浩宇　王慧敏　王玲玲　王小琪　王鑫　王炫群　王颖　位念　项懿　徐雪　许佳黛
杨浩东　杨静琦　杨庆莉　杨吴迪　姚文欣　游文韬　袁芷薇　张杰　张玲　张业强　张亦铭　赵梦昕　钟鸣琦
朱志鹏　陈连金　陈雨馨　陈忠岩　高健　高宇冲　郭培文　何悦越　胡加伟　胡敏　黄猛　季哲惠　冀伟杰
姜加奇　康蕊　康思因　兰志鹏　李豪　李佳霖　李科燕　李琪　李锐　李伟杰　李文婷　李耀光　李宇泽
廖忆晨　林芳禾　林建文　林丽娜　刘爱玲　刘博文　刘昶　刘建军　刘钪　卢银珠　罗学儒　马成栋　马凯
彭姣　宋婷　苏佳莹　孙怡鸥　谭双陵　田子玉　王策　王钏湖　王明敏　王苏玲　王燕　吴建飞　吴昀丞
肖思强　肖弦　肖钟毓　谢宏兴　熊菲　熊伟明　严聿捷　杨玳雯　杨晋　杨立婷　袁梓锋　张谋堃　张淞玮
张伟佳　张智　赵浩东　赵嘉飞　赵美娟　赵仲辰　郑萍云　钟静静　庄景健　火佳琪　江小燕　康伟伟　林荣健
刘鑫源　路泰歌　田佳鑫　张新桅　郑琰　孙一丹　翁悦　邢广恬　杨淑雯　刘彦辉　吴俊薇　杨佳睿　易贵钦
洪江凤　侯紫婷　李涵　李抗　王璐　魏梦西　吴有会　肖程月　叶子忱　曾琦　张寒松　张谦信　张晓艺
张咏　卓亚琦　陈俊宏　蔡蕊　郭胜男　孔垂莲　孔德蓉　李良　林杰　王赟　温翰荣　徐彩蝶　许歌阳
叶敏　张淑敏　张亦可　张钰金　陈婷婷　蔡梓熳　陈月花　高乐涵　何佳丽　李定昌　李杰　卢锴洪　许冬冬
叶清福　应悦　张敏　孔雪　刘文杰　梅山格　史杭　孙露莹　王茹　吴壮壮　杨莹　郑伟琛　陈泽敏
戴朋朋　段子韬　范子威　方佳仪　方艺欣　付江健　龚巧彬　郭佳瑶　何念秋　黄怡心　纪睿一　黎亚琪　李昌鑫
李睢盱　李香　李珍　梁晓杜　林蓉艳　刘晨希　刘国庆　刘立高　逯新宇　马鑫涛　穆长乐　倪洪斌　邱静茹
邱明烨　桑贤行　邵博孝　司勤勤　汤雨辰　王宝源　王丹　王浩尚　王康军　王宇　徐超颖　颜雅妮　杨丛桦
詹颖杰　张耿睿　张曙　张塽　赵体清　郑安妮　郑俊榕　朱春　任佳怿　汪梦婕　谢育霖　曾龙辉　郭晓旭
康弼伦　陈语嫣　洪润辰　姜绍伟　李潇　李雨柔　林昊金　王青青　吴昱奇　胥丽纯　张舒雅　左翠翠　张莹琨
邓小蝶　邓俊先　邵东阳　施建楠　王正坤　侯汝雪　王悦　侯梦莹　王钰　陈妍　顾雨欣　黄佳城　李征宇
熊雨　杨子贤　唐婷　李灏　宋杏蕊　丁冠天　曹星宇　叶玲

材料学院

兰漂　罗丽丽　孟国庆　缪仲熙　王雨钢　郑丹丹　周祥富　左海燕　陈锋　黄汀怡　李苗　刘强　王金艺
杨天伦　张宇　赵梧汐　蔡艺馨　谌梦玲　黄岩　金超　李富中　梁家浩　刘伟成　孟佳豪　杨远浩　陈晓冬
施巧英　余辉　王云华　郑祥宏　卜彤　蔡景锋　陈帅帅　陈婷　陈晓强　成序　池诚　崔云瑞　邓浩
丁何磊　丁庆威　董家浩　杜国政　费轩　高嘉飞　韩庆豪　贺慰　胡春　胡亚楠　黄静　黄林辉　黄晓倚
黄芸　焦正琦　李俊斌　梁金意　廖龙辉　林辰学　林青青　林珠　刘爱琳　刘超　刘烈　刘文鑫　刘翔东

罗志得 欧阳嘉露 欧阳日 邱晓文 沈天成 宋思思 谈天 唐可 王玉峰 吴涛 吴子爽 伍运帆 肖本胜
邢冠男 徐启翔 薛志超 闫天宇 严佳琪 严远高 杨洋 于佳玉 曾海艺 张晨杰 赵必诚 赵刚 赵海燕
郑师威 郑志兵 周伟盈 边勇军 陈可迎 杜涵梓 何健敏 何思源 柯正雨 雷育杰 王秋丽 徐慧 易新丹
余方拯 张伟豪 张煜 仲家慧 周浩 陈金珠 陈俊豪 何诏之 黄豪 黄玲玲 贾思涵 李孟伟 李新
刘原尚 龙芬 吴枫 肖诚 谢祎馨 曾志成 郑锦旸 李世钦 罗宁韬 徐亮 张亮

海洋与地球学院

李君炜 曹莎莎 李光亮 李思慧 马家骏 聂婧璇 孙海洋 王怡人 张颖 章博文 赵洋 周烁 朱亦辉
康佳雯 欧静 谭晶 陈钰灵 邓婷 韩世华 黄熠锋 吕炳辰 吕梦蓉 戚柳倩 任明星 孙亚飞 万惠芸
王承望 王纪宽 王利荣 许继聪 杨锦昌 易明照 袁俊宜 张若洋 赵君 周贝 侯聪聪 夏雪雪 云华祎
陈柔石 陈友根 程婷 邓舜昀 董昌杰 高林 纪鸿景 简久婷 靳宇波 柯舒婷 寇郁蕾 赖信连 林诗惠
刘培豪 刘宇斯 曲昂 邵智博 孙超 索宁 唐一昌 王天惠 王禹莎 魏梦娇 谢姝妤 颜丽婷 颜梦珍
杨国晗 杨琼琼 杨雅慧 袁岚瑛 张萍 张新艳 张旭 郑筱琛 周霂芷 周润杰 朱珺玮 高畅 惠必鹏
李睿帆 刘圣涛 吴辛杰 熊梅 张晓婷 何毅文 黄伟迪 刘雨佶 邱逸凡 汪远伦 吴文龙 张涛 葛迪
黄一鸣 李诗梦 李准飞 林玮鸿 牛京菁 王金苹 杨宽 岳新利 李锦涛 欧阳霞 杨璟 徐冉 孙上云
王俊 曾佳玲 刘曼君

环境与生态学院

柳雨 艾瑶 陈倩 陈向文 陈兆彦 陈治学 程鹤逸 池冰婕 郭宁戈 郭强 郭芮 郭桢丽 何乐
洪怡萍 黄敏敏 金璐倩 李晓 梁凯杰 林娜妮 刘静文 鲁介一 马贤雯 钱晋虹 钱义谦 沈海琪 宋仕威
宋羽茜 苏健 孙卿 谭信露 王静静 王文伟 王伊凡 魏柳锋 伍思攀 信瑞瑞 原琤玉 张诚卓 张一萍
张宇晨 钟友辉 周婷婷 梁芊芊 薄光永 陈蓓昀 陈何勋 杜犇犇 韩钊敏 李松涛 李香 刘崧 孙国翠
孙文静 王婷婷 王炜 吴李波 吴秋玲 吴越 谢文倩 于颖奇 张明志 张烁宇 张小丹 赵小雨 周阳
陈语齐 江雨诗 揭颖 田长庆 魏雅婷 吴喜萍 张馨予 周华 卓思棋 刘乐瑢 陈一悦 康淑珍 王小俊
相美任 闫瑞峰 姚蕊 余镒琦 曹玟 罗辉 吴馨仪 信佳岐 苑紫怡 钟梅茹 赵润野 罗斯遥 张衡
吴嘉伟 杨鹏 胡小芬

信息学院

段瑞 曹江圣 陈飞 陈海樱 丁港 冯嘉东 郭建森 洪越 李季 李明 李晓凡 林雅南 刘高栋
刘洪 骆芃宇 邱雷 阙权庆 寿铁祺 王明凯 王志勇 吴炜 徐心怡 张悦 赵文浩 周联昱 朱旭
周家俊 常雨晴 陈柏宏 陈伟 陈姚伶 陈源 陈梓豪 范帅 方韩 傅娆 高健楠 龚国文 龚红彬
郭晗韵 郭江坡 何科雨 何雪钦 洪泽波 侯天翔 胡鹏 胡倩 胡亚伟 黄和龙 黄静 黄连福 黄晓杨
黄越涵 黄梓杰 姜润青 金佳宝 金榕榕 金志浩 亢宏媛 孔霞 蓝宇翔 李贝 李豪 李嘉伟 李杪宇
李宇扬 梁秋源 林成轩 林海 林锦 林靖渝 林俊豪 林培旋 刘官山 刘洪金 刘俊 刘韫祺 罗瑞祥
马文熙 马晓妍 马莹 穆若忱 潘璟 钱品馨 邱日煌 尚心怡 沈东方 盛漫锦 施亮伟 苏小娜 覃翔
王昊杰 王一帆 王亦楷 王志华 文亚杰 吴东航 吴楷生 吴连伟 吴虞 肖航 许观平 许文婕 许泽铨
颜彬彬 杨丰宏 杨浩 杨琪 叶苑燕 余梁 俞心宇 占祥锦 张凯芸 张亦希 张英豪 赵涛 郑珊珊
钟林威 仲仁豪 朱朝阳 朱航 邹心怡 程晨 王彩娥 游泽平 张国栋 王文栋 魏绍宇 方姝曼 黄锐
周圣淋 周巡 洪浩恺 林磊 饶文浩 项宇涵 叶苏航 周正林 吴宇航 叶培根 蔡金彬 柴泽华 陈威
陈智毅 邓立文 何晶 胡文轩 黄泽 赖昭红 李力钧 李晓冉 李晓希 李子越 李梓泷 林扬豪 刘姝嫔
刘文锋 刘兴彬 柳栋怀 卢宇航 陆瑶 罗艺伟 米芃 牛瑶 宋海昕 宋佳欣 王彬玲 王秋林 王鑫
吴科春 席山涵 许添硕 杨志鹏 叶超杰 叶晗 应岳 俞振杰 赵俊豪 周锦琳 朱源 李毅男 吴明瑞
陈倩 丁建文 丁艺伟 蒋辉 赖少鹏 李杰峰 林佳煜 吕胜博 王圣哲 王仕琪 肖振宇 徐学欣 袁鹏轩
张乐 张同辉 郑渊 胡婉婷 陈靖 陈宇鑫 戴宇星 邓文晋 范菲凡 李艺娴 连洁 林岚良 林璐
林平远 刘畅 刘佳辉 任天翔 任望龙 石晨希 孙承昱 孙文 汤静静 王莹 王泽玺 魏潇阳 许霏
许全星 杨千慧 余炬波 郑林义 钟捷凌 孙仲玄 郭晓媛 郭煜 黄扬妍 施佳霖 田甜 王欣然 王艺霖
谢新典 许诗雨 曾婉钰 赵云飞 周倩 柴舒 陈聪华 陈臻臻 李文洁 梁浩 林昀浩 刘庭壮 秦娴
王润峰 诸哲楠 董琦 李炯承 饶智杰 汤智榕 曹涵林 陈方哲 陈绿东 陈鹏飞 陈涛 高达庆 韩思萍
何楚楚 黄琛 黄轩 李鹏敏 梁怡婷 林炳祝 林晓鹏 林晓森 刘恒宇 罗川 牟新月 牛国航 彭驿玲
时雨 苏丹萍 孙玉莹 万鲲鹏 王倩茹 王翊霏 卫天阔 魏鑫全 吴姝洁 谢浩宇 谢欣雨 许伟坚 杨建红

叶彤　游丽艳　张镇波　赵采锦　郑超茹　周观星　周洋　余诗　鲍贵栋　蔡森林　蔡勇彬　陈清建　陈睿哲
陈旭　邓鹏飞　丁之元　洪良坡　黄乐兴　黄仁伟　江瑜　廖瑞恒　林璐　林孟晨　任金凯　绳梓　苏宇辰
隋晓宇　谢作源　颜晓豪　张少敏　张子龙　赵信博　郑亚男　朱正杰　庄易鸿　黄翔宇　桑晓倩　陈钧　李彤
张斯禹

建筑与土木工程学院

陈碧菲　陈超　丁双立　郭晶　韩鸿宇　黄培灿　黄盈悦　刘雯雯　王茹茹　王诗御　温佳浩　曾馥琳　陈银平
陈洲武　付赛赛　傅爱　黄维　寇雪妮　赖军龙　林睿颖　刘哲瑄　阮旭芝　张亚蕾　周月明　林哲　陈俊
林智炜　周辰昊　蔡嘉爵　蔡柠　蔡政　陈建　陈少聪　陈泽宁　程琰　迟潇玲　冯宇良　龚晨晓　顾佳楠
黄志维　金志强　孔庆虎　孔庆辉　林志荣　林祖泉　刘凌汉　刘思涌　马杰　饶聪　宋怀辉　孙昊　王俊杰
王思凡　王言峰　颜涛　杨潞铭　杨鑫　杨雪菲　俞至权　张春　张金国　赵萍楠　安鸿洁　陈杰　胡英强
李柄源　刘阳　龙歆　马用超　潘伟　裘虹瑜　王振宇　武云杰　黄佳鸿　曹源钢　陈雨琦　丁一凡　符敏琪
郭东波　胡兆钰　李希达　李欣月　李雪　林京胜　刘颖喆　刘雨鸥　泥博文　欧阳皓月　潘阳剑　彭晟嘉　濮可馨
商滢　王鑫　吴晓龙　吴怡萱　夏彦文　向彦霖　熊慎兵　闫盛康　赵若云　郑文婷　周鸣　朱柯桢　朱艳

能源学院

杜慧雷　胡潇天　刘辉　裴怡茹　施纯森　覃珌潭　王是淇　谢榕顺　赵弟宏　何婀雅　李和阳　王中华　张文娴
陈家红　陈志强　李成凤　林倩倩　刘强　阮伟　谢世俊　熊帮伦　杨馨语　郑陈熙　蔡宇航　崔伟　邓赛赛
杜傲宇　樊旭　郭鸿权　何争　金超　金华江　李杰　李寅琛　廖永超　刘超然　刘君珂　刘少峰　刘艳
刘泽坤　吕忠伟　罗虹键　罗炜艳　马绍昆　彭锦雪　彭美兰　谭义勇　汪家诚　王麒　王志鹏　谢伟臻　徐大为
杨刚　杨晋蓉　曾安琪　张靖　张叶涵　郑浩辉　郑家文　周利涛　庄霓虹　陈明昊　宋阳　农贵彤　乔一玺
祝鑫煜

电子科学与技术学院

赵磊　陈舒琪　费俊杰　梁昊天　姚艺文　张跃　马永杰　谢文泉　童驰峰　陈俊辉　梁培杰　潘飞　魏斌
吴思远　关超恒　金建峰　李静妍　吕鑫逸　齐峰　苏圣东　陶迪　王彦　王振标　吴汇鸿　杨章琪　赵乐一
钟苗　周泽锴　许良胜　陈仲凯　成煜　金天羽　吴贝　吴舒月　杨智勇　袁扣祥　王世豪　杨芮牧　黄荣楠
林晓冰　吴清森　武子钰　叶明淦　安铖　乔迁　杨叶宁　陈孔涛　冯凯　葛世泽　何志斌　洪锦芬　林芳
林云秀　王中玉　郑婉馨　蔡光师　甘丽娜　郭威　瞿纪杰　孔新宇　雷钧　齐文　王银松　吴钦　杨建威
袁金亮　邹靖宇　王梓毓　杨雅迪　曹伟航　陈昶旗　陈可封　陈斯杰　程斌　戴征东　范发槟　关鹏　胡威
黄淑华　黄学渊　林嘉珍　刘亚军　罗漫漫　潘攀　沈琛耀　石成堃　唐嘉乐　王梦媛　吴灵赟　谢茂炜　许海翔
余睿　张泽阳　李智　陈金杰　陈智聪　傅巍勇　李浩华　王捷　吴哲　彭洋　王玮　林燕红　曹剑鹏
戴立兴　邓荣良　黄岳　李琪瑶　李顺　林泓悦　吕团聚　钱孝伟　宋亚威　孙耀纪　王奚骥　叶方顺　周伟彬
曾海龙　罗攀　罗靖　骆倩楠　倪志凯　杨铮显　庄文曦　陈宏海　陈慧敏　陈金兰　陈丽　陈松　陈祥
方浩铭　郭展宏　何也　黄上琳　黄自鑫　林杰　潘建华　裴勇　彭倩雯　沈楚惠　孙方晋　汪冰　王健
王燕婷　吴瑾瑜　先后松　肖梦香　邢美君　袁逸飞　曾培鑫　张溥杰　朱方圆　伍熙阳　周帅帅　陈遵权　黄海涛
郑加鑫　艾子康　骆阳俊　沈禹衡　杨豪杰　袁锦涛　包舒超　陈丹枫　胡芝慧　马浩哲　苏童　殷瑜　周庆
朱纪云　晁辉　陈炜明　陈文澄　丁佳宁　丁耀鑫　董广贤　樊森平　甘利鹏　郭清玉　黄宇扬　蒋辉煌　来晓苑
雷臻　李明昊　梁逸航　孟子钦　沈云飞　宋武贤　孙逸晨　韦舒婷　晏天宇　张弛　郑雅霖　周慧王　蔡淼敏
李明杭　李文凤　吴琦　张泽亮　柯双杰　莫晓辉　郑辉方　余少聪　耿文华　管敬龙　曹润泽　何靖　李宁
杨润青

萨本栋微米纳米科学技术研究院

周姝判　王仕奇　於航　张欣雅　郑兴　周可升　余圣锋　张文博　付东碧　饶红艳　谢哲欣　曾亮　程浩
霍春安　王蔚瑜　尹靖博　赖晶　刘佩　吴天成　赵淑钰　陈鸿荣　黄智斌　戴乐山　冯奇凡　孔嘉琦　刘浩威
平坦　吴凯杭　姚薇　张绒绒　张一鸣　朱志成　邹玉玲　吴魁熙　李辉堆　温五四　谢嘉欣　谢名华　张馨月
程期慧　黄中和　廖志榕　刘沛源　严旭杰　赵诗恒　陈隽毓　宋文俊　王青峰　陈春华　陈琦翔　陈贤德　陈泽波
陈志文　陈智全　杜志宏　何智飞　胡蝶　胡佳俊　黄维鹏　蓝伟　李晨阳　李旭　练少勋　林帆　林伟铭
刘玲玲　刘庆卓　罗潇潇　南晓萱　施哲彦　孙万士　王任鹏　王翌旭　王杼荣　夏虎　肖池牵　徐攀华　尤珊珊
游裕如　赵才明　朱明义　朱宁　朱政超　潘晓川　王衡阳　李海平　杨子轩　邹佳豪　田远舰　唐浩　姚宇超
严星

生命科学学院

王建华　周上上　李任建　汪　韬　谢　璐　赵　蕊　蔡涵义　蔡奕祺　常　峰　陈佳明　陈灵悦　陈思怡　陈锶雨
陈　天　陈文静　陈亚琪　池晓枫　仇宝钗　党步云　邓瑞妍　邓雅琴　方乾骄　符百文　付碧霞　付美玲　傅鸿灿
甘国红　高　飞　郭珩宇　郭少奇　郭祥举　郭雅真　何军亮　何普婧　洪敏清　洪培诚　侯玲凤　胡华珠　胡洁璐
胡小曼　华铮翼　黄　晨　贾田惠　江显仪　蒋佳珊　蒋金露　蒋美佳　赖慧娴　李海阁　李妮娜　李清涵　李学文
李燕燕　李震元　梁宸宇　梁文琪　林梦璐　林　熙　林小芬　刘德旺　刘　河　刘华清　刘惠敏　刘俊巧　刘凌锐
刘星星　刘　岩　刘志安　娄　瑞　卢　洲　罗　娟　罗印林　骆世杰　马　昊　马汇丰　宁　丹　潘成蹊　潘慧敏
潘月涵　孙　驰　孙晓玉　唐佳瑜　唐甜雨　唐远芳　田静怡　仝百川　万　琳　万岳莹　王金晴　王茜茜　王双敏
王芯玥　王旭然　王艳颖　王叶晨　魏梦丽　文　佳　吴　斌　吴红宁　吴惠燊　吴艺婷　吴宇晨　夏浩棠　夏思宇
谢佳璇　谢健源　谢婷婷　谢王楠　邢文馨　熊　燕　徐同冉　许玲真　许舒文　许钰洁　严　玲　杨　汞　杨剑蒙
杨姝悦　杨　朔　杨颂佳　杨　宇　叶昭贞　应　伟　余莹莹　余咏琳　俞凯伦　曾　典　张丹丽　张金定　张金蕾
张　娜　张韶芮　张魏昱　张怡馨　张云芳　张子阳　钟晓莉　周慧静　朱安琪　武　媚　舒　楠　李　锋

医学院

沈明宇　陈慕飏　方　园　谷梦青　何春晓　黎园园　李玉茹　林　立　吕国辉　任胜男　王嘉钰　谢　菲　徐新眉
轩二影　闫星宇　杨　敏　杨尚臣　张　腾　周丽颖　朱飞翔　杜　玥　韩　玉　黄莉红　黄玲玲　林晓洁　刘　莹
沈倩雯　杨万宝　章宁晴　许艺松　鄂雅琦　贾俊君　亢重傲　潘广超　王子威　张奋业　郑小娇　焦　珍　李冰慧
李玉环　李珍儿　刘佳静　田显盛　王良杰　王雅婷　吴　芳　游旭婷　张雯晶　周昉雯　康　琦　陈彬阳　陈楚冰
陈　俊　范丽媛　高艳清　关晓燕　胡小艺　黄永东　蓝晶莹　李明明　李燕玲　李英侠　廖长娣　林白薇　林秀超
刘秋宏　刘诗晓　毛伊洁　齐瑞强　孙斐宇　王嘉欣　王淘淘　翁　琳　徐晨曦　张毕方　吴晨曦　陈佳乐　陈喻伦
胡静怡　吴姿倩　杨　霞　赵　贝　李慈涓　陈　锐　何　芸　毛晗馨　王晓彤　王永镜　韦子瀚　郑雅雯　周　璇
曹家豪　岑雪松　程书语　高　畅　何　岩　洪志俊　江海峰　李金鑫　李　姝　刘圣洁　柳延阔　罗　雨　马铭钧
任彦韬　文培臻　吴首坤　邢逸群　杨丁汀　杨鹍傲　张泽鑫　郑雄伟　朱　强　胡　敏　孙钦坤　杨　镶　杨梦洁
吴益明　康佳雨　刘雨雯　沈颖慧　宋淑琳　汪　鑫　韦铭彦　徐　洁　徐良震　杨亚琼　张圣鹏　赵　伟　齐方育
杨　阳　邹　聪　陈洪宇　党永颖　何雪梅　李梦琪　李　悦　罗　忠　明梓何　吴亚婷　杨　璐　张吉喆　张峻羚
张林君　张　欣　张钰琪　赵森霞　张　雯　包　涵　黄爱玲　沈慧丹　蔡　腾　郭　蕊　孙　雪　妥　璇　王梦缘
王　铮　张　婷　李甲楠　陈文婕　赫飞宇　李小双　李冠贤　谭晓锋　王誉琏　吴小倩　杨璐颖　刘中天　陈明璋
阿西阿各　邓晓琪　荀盼盼　何理想　黄斯旸　黄艺荣　纪炜炽　李晨帆　林佳玲　刘　洁　莫思凡　倪　威　潘明明
盛新歌　宋　佶　苏莉嘉　田宇辰　王广东　王伟敏　王媛媛　杨淑蓉　杨　卓　叶　洁　张　琦　张小敏　朱凯伦
邹　榕　陈　莹　黄志猛　李胭脂　林巧茹　马晓慧　杨　庆　徐初川　徐如闯　张雅鑫　陈相茹　程静雯　邓月静
何海奇　洪　敏　洪燕玲　孟庭华　阮家佶　吴　健　杨　振　张　燕　陈　莉　陈顺然　陈文翔　陈　政　傅柳铭
龚娅丽　何艺坚　黄丹蕾　黄子阳　况析穆　赖新发　李林涛　李　思　林　成　林思豪　林霈枰　刘建平　刘金林
刘　凯　刘宁泉　刘　昀　沈金清　石　诚　涂承权　汪学琦　王光泽　王　硕　吴华星　吴峥嵘　谢　可　徐志文
杨剑鑫　杨为祝　袁长粮　张　聪　张　曦　张潇文　张宇思　赵文鹏　钟　凯　周　潇　朱皖宁　诸灵祺　庄　鳌
段　芳　李芙蓉　刘士璇　马金秀　石　远　叶荣慧　余润芳　张文蕾　林育安　刘　彬　石　珂　张玉洁　周晓洁
朱美漪　吴燕云　钟龙华　周　萍　施青青　陈雅芬　沈晓艳　宋贤屿　徐菀璟　曾　彪　郭梦雨　胡　婷　马舒伦
张　豪　孙艳宇　赵紫维

公共卫生学院

杜　超　甘舒扬　景靳彭　林亚洁　刘伟佳　苏热亚·尼加提　孙　远　王　涛　王一如　张凯强　陈世棱　李俊伟
刘博闻　庞世尧　颜　阳　杨佳羽　张芸瑞　郝梦玲　靳舒驰　余梦芹　朱雨荷　高　敏　黄琼姿　黄紫妍　李　婷
李婷玉　任　康　任苗苗　史康琳　王家伟　王宗樟　夏雨天　谢巧玲　闫　宇　杨玉婷　张　薇　陈士涵　敖正宏
陈　号　陈敏怡　陈　芮　陈颖希　陈遇洁　程茜雅　邓　彬　杜欣远　范丽达　范晓炜　冯婉茹　高春柳　郭银莉
韩　暾　何锦航　贺庭娟　胡　静　胡怡莎　黄葆露　黄杰锋　贾毛妮　贾鑫华　兰雨露　李沛桦　李玮玮　李卓阳
廖雨婷　林　岚　林　默　刘　婵　刘　佳　刘　婷　刘炜康　刘雅青　刘艳琳　刘　悦　柳金涛　卢　嵘　罗　丽
潘　杰　彭思影　沈淑媛　孙　杰　王广顺　王　涵　王江雅慧　王　蕾　王　琳　王灵叶　王肖肖　魏　龙　吴帅莹
吴雅茹　向超益　徐传海　徐　浩　徐予浛　杨　娟　杨蓉蓉　杨天龙　袁　玲　张　倍　张洪瑞　张倩玉　张宜仁
张泽云　郑凯丽　郑丽彬　郑兆轩　朱昊天　林琦钰　陈洁瑶　何禹桥　徐驰雨

药学院

包晶晶　卫子恒　杜春春　高　玥　顾永婷　黄　青　林宇超　龙　旭　王秀美　吴雨航　颜　晗　尹思航　余哲炜
白　雪　姜晓娟　李学剑　李志果　林丽萍　刘敏婷　尹洁丽　刘雨晴　李　坤　彭乙家　唐国娅　王传应　姚　虔
叶校璇　张芮腾　甄体东　周季萱　周培艺　周绾萱　曹　冰　陈俊璋　陈新蕊　范　凯　高　原　郭晓丹　何　琪
纪　翔　李帮颖　林伟民　林怡安　刘伟容　钱小雨　孙　柯　王礼博　向子迅　徐云卿　薛佳奇　元　航　袁　丹
张　婧　张苗苗　张晓雅　赵姗姗　郑玲娜　郑逸格　周君芝　周子琪　朱海梦　朱红红　卓双雁

2023年毕业国内博士

中国语言文学系

冯阿鹏　严小香　周士瑶　张品格　陈逸鸣　林雨鋆　罗莹钰　廖淑瑶　王　彪　陈祖燕

历史与文化遗产学院

何茂旭　鄢宇倩　马　俊　胡舒扬　梁新堂　赵红强　方　圆　于　帅　焦帅帅　柯丽玉　李璐男　徐　蒙　饶瑨雨
王文轩　徐慕君　张泽宇　张智钰　郑鹏程　刘慧钦　王立柱　廖锦超

哲学系

刘付华东　高　操　董　皓　李铭佳　张　一　韩　娟　许晓东

新闻传播学院

陈　瑞　李子甜　顾晨昱　柳　莹　王　丹　姬金凤　黄浩宇　刘　露　罗　炜　董　熠　静思宇　徐秀丽　刘　韬

外文学院

梁　曦　王　迪　邱　敏　吴　琼

电影学院

魏惠娜　王海丽　岳宗胜　黄云涛　刘晓臣　牟英杰

经济学院

蔡争争　吕函枰　陈芳敏　陈卓恒　黎　涵　李炳财　李艳旭　任伟聪　沈小源　王孝华　王英杰　陈永安　陈贤孟
李　辉　张鹏飞　韩　静　纪　翔　李相霖　苏树联　杨宇舟　张立洁　张美扬　范　锐　王子奇　田　野　魏晓楠
王卫卿　王亚文　何　慧　倪　博　侯力铭　胡文涛　黄梦琪　徐云娇　李晓伟　邢钊芃　王　鹏　蒋　烁　周　林
张宸瑞　张　浩　曹伟伟　蒲　丹　任　蕊　范振中　徐敏娜　黄子耀　袁煜玲　张　露　梁佩凤　汪　朋　武亚倩
杨清福　丁海丽

王亚南经济研究院

钟纬霖　郑元丰　康圣鸿　李坤致　贺荣鑫　谢玉湘　陈俊昇　未钟琴　蒋　雯　袁聪颖　宋沐青　周　玮　林英俊
温珍瀚　曹云辉　洪岑岑　黄鸿岚

管理学院

高佳燕　高艺红　蒋骄亮　葛　瑶　刘晓玲　许　鋆　张　欢　杨兴燚　谢　平　黄赶祥　梁彩懿　刘振原　石海荣
黄　锹　马威伟　石　昕　陈思岑　陈文川　时　昭　魏海湘　杨　洋　李玉敏　孙专专　杨　晨　陈国福　朱虹明
侯思雨　张凯俊　白　锐　仵荣鑫　朱朋虎　刘　玥　侯静茹　李海丽　杨玉晓　王泽豪　朱晓荞　李　珮　袁　红
郑天宇　张春莹　黄芸芷

财务管理与会计研究院

彭晨宸

法学院

邱子键　王海洋　向浩源　张向宇　陈　勇　薛储佳　朱欣蕾　朱正远　徐　婧　陈　娟　陈荣新　柯月婷　温志媛
王一斐　洪菡珑　格根其日　李炳辰　肖　飒　陈　璐　余俊缘　许少彬　王　帅

知识产权研究院

丁吉隆　林权一

公共事务学院

黄　山　陈　昭　韩　笑　廖智柳　范绍丰　夏会琴　夏文强　石　术　马健裕　邬家峰

公共政策研究院

黄　英　魏景容

马克思主义学院

陈　翎　娄　澜　钱文静　杨　安　卢　鹏　代俊远　杨丽京　邱丹文　王红卓　谢　莹

国际关系学院/南洋研究院

刘　凯　丁　梦　刘文静　陈　攻　曾守正　蓝翊嘉

台湾研究院

李　昕　马　丁　赵静燕　佃　杰　李嘉欣　李　旭　王辉辉　王胜民　郭伟展　胡雪儿　杜世雄　郭剑峰　王梦诗
宫高杰　王艺桦　夏　昂　亢　萌　杨无敌　赖秀俞　李　婷　郑　博　齐笑婕

教育研究院

许　露　罗菊芳　毛鹏程　黄　芳　苟斐斐　黄蕴蓓　史正东　唐本文　王　春　王鲁刚　李　政　郭红霞　胡小平
都继微　黄　敏

社会与人类学院

娜木罕　兰娟娟　李天静　徐森艺　卓玛青措　李　东　林彬彬　林兆琦　龚灿林

数学科学学院

吴忠二　韩妍妍　虎文婷　黄昌池　蒋　帅　库福立　李心亮　毛伟豪　王　根　徐赛国　尹丽冯　李佳音　郑南艺
范　川　黄官兰　任　欢　孙晓惠　王韦龙　张　鹏　韩芳宇　石　超　郑瑞玲　王世杰　崔腾腾　张洪侠　王志好
关夏夏

物理科学与技术学院

张志杰　余清正　黄保全　缪志强　余姣真　葛树成　李亚盟　李　炎　梁　涛　刘海洋　苏　悦　张若桐　林　飞
曾雅丽　屈　静　胡　桓　赵继忠　孙　皓　唐永华　徐　飞　徐　克　钱　坤　吴雪峰　罗林山　唐　燕　吴文标
罗　雯　艾比布拉·阿布都拉　吐尔洪江·吾拉木卢　捷　王小丹　高稔现　靳　俊

航空航天学院

沈吴冰懿　邓　钊　冯　玥　李星优　黄　波　雷鹏立　黄景山　曾英杰　韩晓东　余映红　曾现萍　范宇凌　武东杰
王　宁　唐志敏　叶蓬超　朱　胜　陈柏华　刘伟强　钱令武　伍　卫　吴敏玲　栾振业　郭延定　马晓帆　游明琳
丁鹏程　贺梦悦　康国毅　余深宝　谢　娇

化学化工学院

孙菡蕾　陈佳辉　裴腾飞　田　间　徐　伟　曾　叶　朱奕轩　李　航　陈婷婷　王志伟　杨珍妮　丁兴雨　卫彩云
贺雪峰　陈珊珊　王之野　尤鹏耀　曹　昉　陈曼婷　贺莘茹　胡慧慧　黄晓锋　李姝荣　马晓慧　潘中华　王飞凡

伍　巧　徐侨飞　杨　汤　张宏刚　张喜博　张雨生　闫丽珍　曾巨星　苟　飞　林隆辉　刘圣红　权晶晶　翁培敏
高超鸿　林嘉盛　马思媛　石　迪　泽花姐　卓凯玥　李　茜　曾嘉豪　陈福山　崔　浩　揭亮华　刘志凯　师晓楠
徐方舟　邹　果　黄　崇　赖小丽　刘　鑫　张应奇　董永迪　陈伟坤　戴　棚　范云燕　冯慧姝　侯　晴　黄　筝
刘惠杰　孙宗强　王平石　王旺阳　曾　雷　张仕林　张溢格　曹茂丰　陈汉明　陈　钱　陈晓轩　陈志康　邓　兰
董佳宁　樊亭亭　冯施施　胡阿娟　江一煌　黎燕荣　李　莎　连　曼　林建德　刘晓晨　柳晓英　马燈辉　彭　炜
乔立青　曲啸洋　宋希彤　孙　岩　唐敬筱　王辉猛　王　琼　吴小红　薛　鹏　闫　森　余　捷　张会珍　张　月
张重建　郑培锟　金　磊　章丽娜　高文斌　王　羽　邹　顶　鲍苏苏　陈映汶　卢连宇　苏丽云　陈　晨　罗祥杰
孙　淼　吴秋月　王子芫　郑志平　蔡沅廷　陈李珏　阮朋朋　石沛琛　梁子腾　石崛立　王春燕　徐伟铖　徐翔宇
庄永斌　董远清　刘　宁　束晓敏　王超志　尹　坤　武东政　王雁鸿　王　晶　冷宜昕　王彤彤　江　锋　王子逢
周丽君　汪　超　王　伟　贺逍俊　魏会方　魏晓宇　赵旭蕊　林鹏翔　董学军　马法学　陈斌文　杜　鹏　张雪鹏
吕政贤　魏嘉雯　高　凡　郭　睿　刘　珍　陈　星　段曾平　李金晶　林芳媛　刘俊杰　成　丹　牛余杰　刘海城
卢丹丹　曹利亚　李　广　段佳宁　蒋　宇　刘大锋　毛　军　魏笛野　李　科　程晓阳

材料学院

罗晓颖　陈　诚　董雨侨　郭慰彬　林　亮　叶伟彬　张贺贺　陈昌健　潘少彬　陈广玉　陈　炜　王　晓　李文龙
夏　龙　马　锐　伊　港　张　强

海洋与地球学院

马铁凡　万　茹　姚　瑶　郑豪文　崔耀宗　韩丽丽　王晨颖　甘　洋　陈　琳　马明蕾　肖仕聪　周志雄　陈　奇
董迷忍　冯雪金　付倩倩　李　贺　孙永旭　谢　乐　邹伟广　李　超　曹培政　王荣鑫　董尔谦　何小刚　李　双
周　瑛　陈炎超　孟祥玉　孙陆宇　肖起珍　李碧君　王家迎　于文超　黄　雷　杨紫菲　梅　康　薛思涵　杜墨戈
唐国文　赵秀峰　林忠亮　袁忠伟　许子夫　赵伟强　刘巧红　马　赫　白玉麒　曹晓颖　刘　乐　刘　璐　王　姝
袁吉贵　赵　宇　周阳亮　黄龙飞　李积山　张伟宾　白玉麟　王晓飞

环境与生态学院

马　慧　郝赛琦　陈家辉　郭泽军　林秋莲　罗浩然　吴圣捷　张露丹　程华民　刘浩然　路则洋　白卓安　黄幼芳
王芬芳　张　宇　刘晓彬　仙旋旋　丁　升　黄智洵　张祯宇　陈静静　林燕鸿　谢哲宇　杨素珍　张　振　杨妙鸿
赵蚰竹　黄　艺　王骏博　王博雨　王宇正　姜成朴　李　鹏　孙　庚　王启芳　蔡述杰　解兴伟　魏　辉　刘思佳
王　曜　梁鹏宇　廖雅静

信息学院

刘　祎　李玉磊　金淑婷　张泽清　彭　军　林嘉亮　胡　杰　李　杰　凌永国　张文静　王颖东　李　丽　林元国
雷中岳　程志鹏　冯　晓　宋　丹　丰慧芳　程　林　王　阳　井长兴　侯文太　刘　辰　齐　强　苏燕飞　武　惠
富振奇　高铭暄　孙铭浩　代　亮　张　欣

建筑与土木工程学院

许晓岚　张　宁　杨华刚　邓立克　杨佳麟

能源学院

蔡源凤　马思汉　陈炳霖　陈高峰　李兴勇　李　妍　吕　超　余　鑫　贾文龙　谢媚娜

电子科学与技术学院

陈定昭　陶思岑　白晶晶　李家文　刘其强　刘雪莹　肖　雯　李青璇　关云卿　陈作桓　徐　欢　杨镓华　张　静
李　弘　吴　健　郭　磊　陈英时　彭　阳　王建文　李　朝　林修己　陈衍晖　阮秋君　黄程达　冯　烨　刘星星
邱天予　吴金霞

萨本栋微米纳米科学技术研究院

吴益根　王中宝　武　超　郑　鹏　连晓振　潘　迪　郝　锐　莫炳杰　贺　苗　吴晓敏　龙　登　薛芳芳　郑人榕
李新颖　吴晓东　莫靖宇　王　腾　叶　超　陈华坛　马兴娟

生命科学学院

包 晗　覃仙玲　朱晓莹　杨璐溪　赵希景　梁嘉庆　李 燕　吴宇晴　章津嘉　胡艳艳　李玉席　王 燕　张燕飞
李 豪　卢瑞鹏　倪珩箫　王锦阳　陈 翔　黄巧玲　林康凤　欧阳聪　王慧慧　王 帅　魏 甜　张致远　蔡治煜
郭莹莹　郑仲征　李 剑　李俊宏　付玉冰　胡里晨　刘健楠　史文珂　韩久盼　何小雨　兰艳平　梁 波　梁沛钢
卢炯聪　田 野　王雨萱　谢 军　艾婷婷　蔡浩星　陈瑾文　付 饶　洪文斌　林燕玲　施一龙　宋甲宝　孙 力
王 茜　王笑颖　吴思鹏　夏子涵　曾 洁　张 颖　庄仲极　张思琦　莫棋文　刘 伟　张伯昕　侯博文　唐 晨
梁 芮　刘宏汉　李 浩　钟燕泓　刘俊佳　李 蓓　张 勇　陈鹏达　陈志仁　廖堃玉　邓婷婷　王致萍

医学院

卢汉文　洪育娟　周媛媛　郭田田　侯积环　岳 鑫　林晓宁　杨雪鸥　于 强　骆宜茗　孙 杨　赵 敏　王 婷
张功业　赵秋波　鲍筱蕊　陈钦伟　陈晏冰　程效申　郭俞利　和丹雪　贺唯唯　李济伟　李军最　李清坚　李卫斌
李旭颖　厉陈力　刘小东　刘彦博　刘宗俊麟　吕安琪　欧阳维杰　石大发　宋 菲　王梦丹　王伟伟　王玮玮　王炎子
王 越　文 静　吴 婵　吴佐星　谢 芳　谢富安　徐佳佳　徐世全　许秋燕　于 淼　于闻哲　余 伟　张海彬

公共卫生学院

白 霜　葛建林　张建中　贾天嵘　郭雪染　程红伟　邓华平　李 实　刘欢欢　马 建　孙 祥　文雪君　徐 晗
徐 晓　许大壮　尹志超　韩 楹　林少武　方建阳　冯宇硕　芮 佳　陈奋天　罗国兴　任文峰　方 芳　刘珺懿

药学院

黄 颖　黄建刚　张小薇　陈 雪　黄琦绚　林 刚　王超杰　王国良　周 宓　吴润东　尹梅梅　张厚检　张 硕
张新娟　张永渠　赵 慧　赵 悦　郑乃珍　魏 敏　韩 忆　陈 凯　刘发荣　梁来英　排孜丽亚·买提阿西木
姚东博　卢俣焱　尹 斌　张登虹　周云强

外籍毕业本科生名单

国籍	姓名	性别	学院	专业
英国	JOSHUA JOHN LEDGER	男	国际中文教育学院/海外教育学院	汉语言(文化方向)
泰国	JIRAKUNWATHANA SUCHADA	女	国际中文教育学院/海外教育学院	汉语言(文化方向)
泰国	KITARIYAPHON KOTCHANIPHAT	女	国际中文教育学院/海外教育学院	汉语言(文化方向)
日本	YANAGIDA ATSUHIRO	男	国际中文教育学院/海外教育学院	汉语言(文化方向)
埃塞俄比亚	BELETE HANA MULATU	女	国际中文教育学院/海外教育学院	汉语言(教育方向)
泰国	MANITA TEERACHUTPORN	女	国际中文教育学院/海外教育学院	汉语言(教育方向)
越南	MAI HOAI TAM	女	国际中文教育学院/海外教育学院	汉语言(经贸方向)
印度尼西亚	ROBERT SIE NARTA	男	国际中文教育学院/海外教育学院	汉语言(经贸方向)
泰国	RUENGVISANKUL ONWANYA	女	国际中文教育学院/海外教育学院	汉语言(经贸方向)
印度尼西亚	AMANDA FELICA	女	国际中文教育学院/海外教育学院	汉语言(经贸方向)
印度尼西亚	ANGEL VINECIA CHANDRA	女	国际中文教育学院/海外教育学院	汉语言(经贸方向)
印度尼西亚	PAULINA	女	国际中文教育学院/海外教育学院	汉语言(经贸方向)

续表

国籍	姓名	性别	学院	专业
老挝	SILIKHOUN PHAVINY	女	国际中文教育学院/海外教育学院	汉语言(经贸方向)
印度尼西亚	ANGELINE LOVELYN	女	国际中文教育学院/海外教育学院	汉语言(经贸方向)
印度尼西亚	WILBERT AXEL CUANGDINATA	男	国际中文教育学院/海外教育学院	汉语言(经贸方向)
印度尼西亚	JASMINE PARAMITHA	女	国际中文教育学院/海外教育学院	汉语言(经贸方向)
英国	DANIEL LOUIS MAYERS	男	国际中文教育学院/海外教育学院	汉语言(经贸方向)
印度尼西亚	ANGELYN LAU	女	国际中文教育学院/海外教育学院	汉语言(经贸方向)
加纳	KONSUA GRACE AKUA	女	国际中文教育学院/海外教育学院	汉语言(经贸方向)
印度尼西亚	VIONITA	女	国际中文教育学院/海外教育学院	汉语言(经贸方向)
泰国	KHATHAYUT CHAO	男	国际中文教育学院/海外教育学院	汉语言(经贸方向)
韩国	HONG JINYEONG	男	国际中文教育学院/海外教育学院	汉语言(经贸方向)
尼日利亚	AZUBUIKE OLUCHI ERNEST	男	国际中文教育学院/海外教育学院	汉语言(经贸方向)
土耳其	HUSEYIN KAAN KARACA	男	国际中文教育学院/海外教育学院	汉语言(经贸方向)
泰国	SERTSANDEE KANTAPORN	女	国际中文教育学院/海外教育学院	汉语言(教育方向)
土耳其	AKDAG OSMAN	男	国际中文教育学院/海外教育学院	汉语言(经贸方向)
印度尼西亚	NATHAN YANTHO	男	国际中文教育学院/海外教育学院	汉语言(经贸方向)
印度尼西亚	GEDE ARLAND INDRAYANA	男	国际中文教育学院/海外教育学院	汉语言(教育方向)
泰国	THANAPORN JAITHIANGTHAMYING	女	国际中文教育学院/海外教育学院	汉语言(教育方向)
也门	BIN ATEEQ HUSSEIN MOHAMMED SALEH	男	国际中文教育学院/海外教育学院	汉语言(经贸方向)

外籍毕业研究生名单

国籍	姓名	性别	学院	类别	专业
孟加拉国	MD OMAR FARUK	男	财务管理与会计研究院	硕士	财务学
巴基斯坦	SYED SAQLAIN HAIDER	男	法学院	硕士	民商法学
土耳其	BAHADIR BICER	男	法学院	硕士	国际法学
美国	HALLMAN JUSTIN JOSEPH	男	法学院	硕士	国际法学
俄罗斯联邦	VLADIMIROVA OLGA	女	国际关系学院/南洋研究院	硕士	国际关系
美国	MICHELLE ANTOINETTE WARR	女	国际关系学院/南洋研究院	硕士	国际关系
西班牙	CHENWEI MEI	女	国际中文教育学院/海外教育学院	硕士	国际汉语教育

续表

国籍	姓名	性别	学院	类别	专业
韩国	CHOI AHYOUNG	女	国际中文教育学院/海外教育学院	硕士	国际汉语教育
泰国	SAE-PHUNG SUMALI	女	国际中文教育学院/海外教育学院	硕士	汉语国际教育
泰国	KHLUBHIRUN KRITTIYAPORN	女	国际中文教育学院/海外教育学院	硕士	汉语国际教育
韩国	LEE SEULONG	男	国际中文教育学院/海外教育学院	硕士	汉语国际教育
亚美尼亚	MKRTCHYAN ANNA	女	国际中文教育学院/海外教育学院	硕士	汉语国际教育
美国	RONG JIE ZHANG	男	管理学院	硕士	财务学
尼日利亚	ASOGWA TOCHUKWU EMMANUEL	男	环境与生态学院	硕士	海洋事务
孟加拉国	MD RASEL AHMED	男	环境与生态学院	硕士	海洋事务
马来西亚	CHOOI DI SHAN	男	化学化工学院	硕士	化学工程
马来西亚	ONG SUI CHANG	男	化学化工学院	硕士	物理化学
尼日利亚	CHIKELU EMMANUEL CHUKWUAGOZIEM	男	化学化工学院	硕士	化学工程
美国	MARK MARVIN WATERS	男	外文学院	硕士	英语笔译
加纳	ESTHER AHIABOR	女	王亚南经济研究院	硕士	金融工程
印度尼西亚	KOMANG RUSMAYANTI	女	新闻传播学院	硕士	传播学
加拿大	SI HAN CHEN	女	新闻传播学院	硕士	新闻与传播
意大利	UMBERTO DAMASIO	男	新闻传播学院	硕士	新闻与传播
印度尼西亚	WENDELYN LEO	女	新闻传播学院	硕士	新闻学
俄罗斯	VYGRAN OLESIA	女	法学院	硕士	法律(法学)
孟加拉国	RAIHAN KABIR	男	国际关系学院/南洋研究院	硕士	国际关系
尼泊尔	KUSHAL THAPALIYA	男	王亚南经济研究院	硕士	数量经济学
柬埔寨	RATHA MUN	男	医学院	硕士	内科学
柬埔寨	PHANITH THOU	男	医学院	硕士	妇产科学
越南	LU GIA PHUNG	女	中国语言文学系	硕士	语言学及应用语言学
加拿大	ZHIYAN LI	男	管理学院	硕士	工商管理
哈萨克斯坦	BERKINBEK ZHANERKE	女	人文学院	硕士	汉语言文字学
美国	ANDREW VAJHUABMUAS VANGH	男	法学院	博士	国际法学
加纳	PALMER PRINCE DAGADU	男	法学院	博士	国际法学
加纳	ROCKSON SAI	男	管理学院	博士	技术经济及管理
加纳	STEPHEN DUAH AGYEMAN	男	管理学院	博士	技术经济及管理
加纳	MICHAEL ADU OKYERE	男	管理学院	博士	技术经济及管理

续表

国籍	姓名	性别	学院	类别	专业
埃及	NEDAA AHMED HELMI HUSSAIN	女	环境与生态学院	博士	生态学
巴基斯坦	SAJID ALI	男	化学化工学院	博士	化学工程
哈萨克斯坦	AMINA SHALDARBEKOVA	女	教育研究院	博士	高等教育学
坦桑尼亚	ROBERT LUCAS KANIKI	男	教育研究院	博士	高等教育学
巴基斯坦	MUHAMMAD ASIF	男	数学科学学院	博士	计算数学
莫桑比克	SERGIO NAMBURETE MENETE	男	外文学院	博士	外国语言学及应用语言学
加纳	VICTOR EDEM SOSOO	男	王亚南经济研究院	博士	金融学
斯里兰卡	EKANAYAKE MUDIYANSELAGE CHULABHAYA LANKANATHA EKANAYAKE	男	信息学院	博士	计算机科学与技术
越南	HOANG THI THU THUY	女	中国语言文学系	博士	汉语言文字学
加拿大	WEN WEI CHOW	女	管理学院	博士	旅游管理
乌克兰	KATERYNA BUGAYEVSKA	女	社会与人类学院	博士	人类学
孟加拉国	MOHAMMAD ISLAM BISWAS	男	财务管理与会计研究院	博士	会计学
马来西亚	TENG JING SHIN	女	国际中文教育学院/海外教育学院	博士	对外汉语教学
孟加拉国	KAZI BELAYET HOSSAIN	男	环境与生态学院	博士	海洋事务
牙买加	JENESHIA CHRYS ANN JARRETT	女	经济学院	博士	西方经济学
意大利	GIACOMO CARUSO	男	社会与人类学院	博士	人类学
泰国	JULARAT KAMNOI	女	社会与人类学院	博士	人类学
伊拉克	ABDULLAH JASSIM MUHAMED BANIMANSOOR	男	外文学院	博士	英语语言文学
伊拉克	MOHEMMED LATEEF AZIZ TWAYEJ	男	外文学院	博士	英语语言文学
尼日利亚	JIBRIL MUHAMMAD ADAM	男	信息学院	博士	计算机科学与技术
巴基斯坦	MUHAMMAD KAMRAN AFZAL BHATTI	男	信息学院	博士	计算机科学与技术
巴基斯坦	GHANA REHMAN	女	化学化工学院	博士	分析化学

双学位毕业生名单

姓　名	主修专业	辅修专业
毕　然	数字媒体技术	经济学
蔡静怡	传播学	经济学
曹　玉	数学与应用数学	经济学
曾华溢	材料科学与工程	经济学

续表

姓　名	主修专业	辅修专业
陈蓓涵	海洋科学	经济学
陈登煌	新能源科学与工程	经济学
陈　栋	软件工程	经济学
陈海宁	新能源科学与工程	经济学

续表

姓　名	主修专业	辅修专业
陈可可	社会学	经济学
陈乃婷	测控技术与仪器	经济学
陈雯欣	护理学	经济学
陈晓莹	哲学	经济学
陈　欣	化学	经济学
陈馨琦	自动化	经济学
陈雨诗	物理学	经济学
邓镒宏	英语	经济学
杜琳娜	生物技术	经济学
段晓渝	飞行器设计与工程	经济学
樊艺璇	管理科学	经济学
范瑞洋	材料科学与工程	经济学
范雅宁	生物技术	经济学
冯小连	俄语	经济学
付国雄	传播学	经济学
龚琦茗	德语	经济学
郭桂红	护理学	经济学
郭潇玥	测控技术与仪器	经济学
郭雨林	政治学与行政学	经济学
韩晓东	材料科学与工程	经济学
何忠华	生物科学	经济学
胡景梁	社会学	经济学
胡开勇	自动化	经济学
胡依一	会计学(国际学院)	经济学
黄　膑	生物技术	经济学
黄　浩	数字媒体技术	经济学
黄凯恩	环境科学	经济学
黄　翎	汉语言文学	经济学
黄鹏飞	数字媒体技术	经济学
黄婉萍	管理科学	经济学
黄心怡	行政管理	经济学
黄　尧	电子信息工程	经济学
黄语馨	土木工程	经济学
霍金语	环境科学	经济学
简　敖	海洋科学	经济学
江昊烨	机械设计制造及其自动化	经济学
江文迪	机械设计制造及其自动化	经济学

续表

姓　名	主修专业	辅修专业
姜弼涵	化学	经济学
姜　缘	环境生态工程	经济学
蒋文治	日语	经济学
康冰琪	药学	经济学
孔浩宇	城乡规划	经济学
孔翘楚	传播学	经济学
赖麒鸿	物理学	经济学
李佳璇	新能源科学与工程	经济学
李淑娟	电气工程及其自动化	经济学
李思慧	药学	经济学
李思妍	行政管理	经济学
李雪琪	海洋科学	经济学
梁朝越	物理学	经济学
梁雪慧	软件工程	经济学
梁亦秦	音乐表演	经济学
廖雨晴	环境科学	经济学
林慧永	生物技术	经济学
林佳怡	会计学(国际学院)	经济学
林　婧	管理科学	经济学
林锴越	金融学(国际学院)	经济学
林诺翔	国际政治	经济学
林若璇	人类学	经济学
林雨薇	护理学	经济学
凌仔鑫	广告学	经济学
刘宁静	护理学	经济学
刘诗滢	汉语言文学	经济学
刘廷伟	会计学	经济学
刘文莉	戏剧影视文学	经济学
刘岩松	政治学与行政学	经济学
刘雨欣	新能源科学与工程	经济学
龙欣雨	戏剧影视文学	经济学
陆怡文	行政管理	经济学
吕亭溦	广播电视学	经济学
马启越	人力资源管理	经济学
马　莹	会计学	经济学
聂潮骏	海洋技术	经济学
潘泽彬	新能源科学与工程	经济学

续表

姓　名	主修专业	辅修专业
庞希月	行政管理	经济学
其乐甘	通信工程	经济学
岂艺文	汉语言文学	经济学
冉　娜	英语	经济学
任禹铄	新能源科学与工程	经济学
商兆岩	行政管理	经济学
申奥怡	数字媒体技术	经济学
石恒宇	化学	经济学
石佳逸	会计学(国际学院)	经济学
苏上龙	软件工程	经济学
苏向龙	通信工程	经济学
孙　潮	历史学	经济学
孙雅萱	汉语言文学	经济学
田倚杭	环境生态工程	经济学
童诗淇	行政管理	经济学
万慧琴	汉语言	经济学
汪晨曦	生物技术	经济学
王邦言	新能源科学与工程	经济学
王海燕	生物技术	经济学
王梦洁	新能源科学与工程	经济学
王　琴	新能源科学与工程	经济学
王思嘉	环境科学	经济学
王信岳	药学	经济学
王亦民	法学	经济学
王宇鹏	电气工程及其自动化	经济学
王　玥	环境生态工程	经济学
王昭阳	人类学	经济学
王智海	网络空间安全	经济学
王　卓	生物技术	经济学
韦　伊	英语	经济学
魏裕彬	自动化	经济学
魏子淇	能源化学	经济学
吴宝罡	日语	经济学
吴嘉丹	化学生物学	经济学
吴晶晶	环境科学	经济学
吴静微	行政管理	经济学
吴乃熙	土木工程	经济学

续表

姓　名	主修专业	辅修专业
吴亦帆	绘画	经济学
武　杰	材料科学与工程	经济学
谢　璇	生物科学	经济学
熊光宇	自动化	经济学
熊　凯	电子信息科学与技术	经济学
熊　桐	环境生态工程	经济学
许　可	机械设计制造及其自动化	经济学
薛　程	化学	经济学
薛太玲	化学	经济学
颜圣豪	行政管理	经济学
杨捷媛	通信工程	经济学
杨瑞芬	材料科学与工程	经济学
杨　森	土木工程	经济学
杨　舜	飞行器设计与工程	经济学
杨思琪	会计学	经济学
杨思怡	行政管理	经济学
杨文杰	机械设计制造及其自动化	经济学
杨瑛琦	海洋技术	经济学
杨智杰	材料科学与工程	经济学
叶薛华	人工智能	经济学
叶　子	数字媒体技术	经济学
雍清瑞	旅游管理	经济学
于伊凡	英语	经济学
余思汶	环境科学	经济学
余天泽	物理学	经济学
袁　琛	材料科学与工程	经济学
张　彬	材料科学与工程	经济学
张　凡	统计学	经济学
张　好	环境科学	经济学
张嘉晋	新能源科学与工程	经济学
张力文	传播学	经济学
张力中	电气工程及其自动化	经济学
张　璐	软件工程	经济学
张露瑶	材料科学与工程	经济学
张首一	飞行器动力工程	经济学
张晓迎	机械设计制造及其自动化	经济学
张亚婕	材料科学与工程	经济学

续表

姓　名	主修专业	辅修专业
张奕桢	行政管理	经济学
张宇轩	行政管理	经济学
张　雨	环境生态工程	经济学
赵虹虹	哲学	经济学
赵　璐	行政管理	经济学
郑建豪	外交学	经济学
郑蔓美	海洋技术	经济学
郑仁杰	软件工程	经济学
钟紫云	环境科学	经济学
周欣曼	社会学	经济学
周彦志	海洋科学	经济学
周钰茜	会计学(国际学院)	经济学
朱瑞茜	环境科学	经济学
卓梦晓	电子信息科学与技术	经济学
JENNY SUYUE WEINERT	广告学	经济学(数理)
陈雪冰	化学	经济学(数理)
陈耀星	化学工程与工艺	经济学(数理)
胡力伟	数学与应用数学	经济学(数理)
梁家宁	行政管理	经济学(数理)
梁逸玮	哲学	经济学(数理)
唐晓琼	日语	经济学(数理)
王子铭	国际商务	经济学(数理)
白玛曲珍	国际政治	法学
蔡颖怡	德语	法学
曹晨溪	外交学	法学
曹子琪	音乐表演	法学
陈利萍	建筑学	法学
陈诗苑	经济学(经济学院)	法学
陈思含	海洋技术	法学
陈小彤	行政管理	法学
陈盈羽	行政管理	法学
陈屿璠	汉语言文学	法学
戴　昀	金融学	法学
范姗姗	传播学	法学
高　佳	绘画	法学
龚如艳	艺术教育	法学

续表

姓　名	主修专业	辅修专业
韩雪颖	人类学	法学
何晶晶	汉语言	法学
何心云	法语	法学
洪欣桐	金融学	法学
姜乐芃	日语	法学
金　橙	社会学	法学
柯雅清	广告学	法学
李泓铮	音乐表演	法学
李嘉懿	行政管理	法学
李　睿	历史学	法学
李睿铭	哲学	法学
李银杏	行政管理	法学
林衍含	行政管理	法学
刘恩治	行政管理	法学
刘佳馨	政治学与行政学	法学
龙　龙	社会学	法学
路　璐	社会工作	法学
罗雅韵	经济学(经济学院)	法学
马海波	历史学	法学
孟昭芮	信息与计算科学	法学
牛　童	金融工程	法学
牛子昂	经济学(经济学院)	法学
钱亦凡	环境设计	法学
邱江黎	生物科学	法学
施鸿雁	会计学	法学
陶思澄	行政管理	法学
田　宇	汉语言	法学
王诺涵	西班牙语	法学
王若晖	汉语言文学	法学
王　舒	飞行器设计与工程	法学
王　瑶	金融学	法学
王一苇	城乡规划	法学
魏浩鹏	外交学	法学
魏雨霏	音乐表演	法学
吴婧瑜	行政管理	法学
吴梦婷	材料科学与工程	法学
吴世仪	测控技术与仪器	法学

续表

姓　名	主修专业	辅修专业
吴希玥	西班牙语	法学
谢伊辛	哲学	法学
徐梓淏	数字媒体技术	法学
许咏馨	金融学	法学
薛钧嫚	社会学	法学
闫毓龙	会计学(国际学院)	法学
阳　晨	材料科学与工程	法学
杨思佳	经济统计学	法学
杨宇航	会计学	法学
油鸿为	电子商务	法学
院兆睿	日语	法学
赵康馨	统计学	法学
郑雯雨	历史学	法学
周萱惠	音乐表演	法学
周　颖	汉语言	法学
蔡　栖	英语	金融学(数理)
曾佩宁	医学检验技术	金融学(数理)
陈亨利	护理学	金融学(数理)
陈嘉慧	电气工程及其自动化	金融学(数理)
陈明慧	生物技术	金融学(数理)
陈思琪	生物技术	金融学(数理)
陈晓琳	英语	金融学(数理)
陈　允	数学与应用数学	金融学(数理)
丁佳欣	西班牙语	金融学(数理)
冯乐妍	环境科学	金融学(数理)
高畅婧楠	海洋科学	金融学(数理)
管韫之	计算机科学与技术	金融学(数理)
郭　琳	材料科学与工程	金融学(数理)
郭师航	统计学	金融学(数理)
何任泽一	传播学	金融学(数理)
洪诗琪	生物技术	金融学(数理)
黄楚翘	软件工程	金融学(数理)
黄继勇	新能源科学与工程	金融学(数理)
柯　虹	英语	金融学(数理)
柯玉洁	财务管理	金融学(数理)
黎艺欣	管理科学	金融学(数理)
李伯睿	药学	金融学(数理)

续表

姓　名	主修专业	辅修专业
李季淞	新能源科学与工程	金融学(数理)
李明航	物理学	金融学(数理)
李佩瑶	预防医学	金融学(数理)
李雯琪	自动化	金融学(数理)
李　霄	自动化	金融学(数理)
林可欣	法语	金融学(数理)
林灵倩	会计学	金融学(数理)
林美玲	生物技术	金融学(数理)
林诺琪	生物技术	金融学(数理)
林宇茜	自动化	金融学(数理)
刘梓萱	行政管理	金融学(数理)
龙泳羽	自动化	金融学(数理)
罗艺博	会计学(国际学院)	金融学(数理)
吕吉鹏	信息与计算科学	金融学(数理)
孟婷婷	飞行器动力工程	金融学(数理)
乔　玥	汉语言文学	金融学(数理)
丘韫娴	法语	金融学(数理)
邱浩仁	生物技术	金融学(数理)
阙　浩	材料科学与工程	金融学(数理)
宋春阳	信息与计算科学	金融学(数理)
唐嘉绮	生物技术	金融学(数理)
田志豪	日语	金融学(数理)
王　辉	测控技术与仪器	金融学(数理)
王清泉	自动化	金融学(数理)
王　潇	电气工程及其自动化	金融学(数理)
王欣言	会计学(国际学院)	金融学(数理)
王宥心	国际商务	金融学(数理)
王泽鹏	自动化	金融学(数理)
王子傲	生物科学	金融学(数理)
王子夏	软件工程	金融学(数理)
王紫琪	海洋技术	金融学(数理)
吴官耀	生物技术	金融学(数理)
吴梦洁	新能源科学与工程	金融学(数理)
邢会霖	化学生物学	金融学(数理)
徐王梓	医学检验技术	金融学(数理)
闫睿涵	会计学	金融学(数理)
杨淳婷	英语	金融学(数理)

续表

姓　名	主修专业	辅修专业
杨宏兴	生态学	金融学(数理)
杨凌涵	统计学	金融学(数理)
杨子欣	财务管理	金融学(数理)
叶信淮	护理学	金融学(数理)
游皓林	会计学(国际学院)	金融学(数理)
詹韫如	法学	金融学(数理)
张东凯	会计学	金融学(数理)
张凯源	日语	金融学(数理)
张馨月	自动化	金融学(数理)
张芷馨	物理学	金融学(数理)
张治宇	环境科学	金融学(数理)
张子钰	生物工程	金融学(数理)
郑灵欣	环境科学	金融学(数理)
郑欣宜	环境科学	金融学(数理)
郑迅航	英语	金融学(数理)
周　昊	电子信息工程	金融学(数理)
周　捷	材料科学与工程	金融学(数理)
朱　楷	临床医学	金融学(数理)
邹新驰	信息与计算科学	金融学(数理)
曹贯宇	会计学(国际学院)	统计学(数理)
曹　宇	医学检验技术	统计学(数理)
程雅馨	环境生态工程	统计学(数理)
戴雨晗	财务管理	统计学(数理)
高子贺	经济学(王亚南经济研究院)	统计学(数理)
龚瑞韬	会计学(国际学院)	统计学(数理)
何　赟	软件工程	统计学(数理)
华　夏	金融学(国际学院)	统计学(数理)
黄添悦	软件工程	统计学(数理)
纪俊祥	计算机科学与技术	统计学(数理)
蒋欣雨	软件工程	统计学(数理)
金仁哲	金融学(国际学院)	统计学(数理)
雷铠璐	会计学(国际学院)	统计学(数理)
李浩然	国际商务	统计学(数理)
李及锋	自动化	统计学(数理)
李嘉杰	环境生态工程	统计学(数理)
李泽宇	金融学(国际学院)	统计学(数理)

续表

姓　名	主修专业	辅修专业
李子琪	金融学(国际学院)	统计学(数理)
练舒榆	会计学(国际学院)	统计学(数理)
廖　澜	测控技术与仪器	统计学(数理)
廖　倚	工商管理	统计学(数理)
林　瀚	财政学	统计学(数理)
刘杭岭	金融学	统计学(数理)
穆雨涵	机械设计制造及其自动化	统计学(数理)
潘　燕	金融学(国际学院)	统计学(数理)
裴　伟	预防医学	统计学(数理)
申铁凡	新能源科学与工程	统计学(数理)
孙守祥	金融学(国际学院)	统计学(数理)
陶　未	数字媒体技术	统计学(数理)
万　奕	金融学(国际学院)	统计学(数理)
王彬豪	化学	统计学(数理)
王成宇	会计学(国际学院)	统计学(数理)
王稚皓	金融学(国际学院)	统计学(数理)
王子怡	计算机科学与技术	统计学(数理)
吴泽际	国际商务	统计学(数理)
伍峻枫	金融学(国际学院)	统计学(数理)
杨世澳	生物科学	统计学(数理)
詹璐瑞	行政管理	统计学(数理)
张斐怡	自动化	统计学(数理)
张喜盈	计算机科学与技术	统计学(数理)
张芸汀	会计学(国际学院)	统计学(数理)
赵龙杰	金融学(国际学院)	统计学(数理)
郑毅帆	财政学	统计学(数理)
周　然	会计学(国际学院)	统计学(数理)
朱子龙	海洋科学	统计学(数理)
曹　靖	化学工程与工艺	会计学
曾雅淳	社会工作	会计学
曾芷霖	信息与计算科学	会计学
陈心梅	日　语	会计学
陈咏媛	汉语言	会计学
陈宇欣	生物工程	会计学
佛丽君	数据科学与大数据技术	会计学

续表

姓　名	主修专业	辅修专业
古欣然	西班牙语	会计学
黄斯琦	法学	会计学
李嘉允	德语	会计学
李心远	材料科学与工程	会计学
李欣怡	法语	会计学
梁育玮	历史学	会计学
刘思宇	化学	会计学
赛音吉娅	法学	会计学
唐淇	汉语言	会计学
王乔瑀	法学	会计学
卫振飞	土木工程	会计学
杨　沐	法语	会计学
杨　琪	英语	会计学
杨银钧	法学	会计学
俞　悦	财政学	会计学
郑　珅	管理科学	会计学
周明蓉	德语	会计学
朱　淇	经济统计学	会计学
陈　婕	化学	财务管理
陈倩仪	环境设计	财务管理
方悦悦	统计学	财务管理
高悦涵	日语	财务管理
胡瑾瑢	法语	财务管理
黄　郁	财政学	财务管理
李佳雯	传播学	财务管理
凌泉灵	哲学	财务管理
刘懿慧	西班牙语	财务管理
曲英铭	英语	财务管理
万嘉奕	德语	财务管理
王慧琴	汉语言文学	财务管理
谢墨晗	音乐学	财务管理
袁婉彦	汉语言文学	财务管理
赵雯婧	外交学	财务管理
朱　嫣	广告学	财务管理
褚泓雨	日语	汉语言文学
戴霞蔚	哲学	汉语言文学
高　晗	法语	汉语言文学

续表

姓　名	主修专业	辅修专业
徐霖熙	行政管理	汉语言文学
杨健艺	舞蹈表演	汉语言文学
杨雅涵	社会学	汉语言文学
张盈盈	历史学	汉语言文学
仁增拉姆	国际政治	历史学
张初皓	社会学	历史学
冯　祺	经济统计学	哲学
高琳越	法学	哲学
陈怡宁	广播电视学	戏剧影视文学
李潇雅	广播电视学	戏剧影视文学
张丹滢	日语	戏剧影视文学
郑琦琦	法语	戏剧影视文学
方　洁	视觉传达设计	人类学
李欣怡	绘画	人类学
石欣冉	音乐学	人类学
汤千萌	音乐表演	人类学
王一一	德语	人类学
赵　锐	历史学	人类学
李子鲲	会计学(国际学院)	政治学与行政学(台湾研究交叉学科)
林海蓬	测控技术与仪器	政治学与行政学(台湾研究交叉学科)
陆宇阳	会计学(国际学院)	政治学与行政学(台湾研究交叉学科)
盛欣雨	金融学(国际学院)	政治学与行政学(台湾研究交叉学科)
唐雨晴	人类学	政治学与行政学(台湾研究交叉学科)
王梓瑜	金融学(国际学院)	政治学与行政学(台湾研究交叉学科)
夏迪哲	金融学(国际学院)	政治学与行政学(台湾研究交叉学科)
张盛洋	计算机科学与技术	政治学与行政学(台湾研究交叉学科)
胡艺凡	自动化	工商管理
李佳彬	海洋技术	工商管理
郭广进	法语	汉语言

· 2023 年大事记 ·

1 月

1 月 13 日　厦门大学 2023 年新春茶话会在科学艺术中心举行。校党委书记张荣主持茶话会，校长张宗益致新春贺词。

1 月 19 日　*Cell* 杂志刊发厦门大学医学院王科嘉团队的论文“Opioid-Induced Fragile-Like Regulatory T Cells Contribute to Withdrawal”。该研究成果揭示了成瘾人群外周免疫微环境变化，建立起脆弱样调节性 T 细胞与成瘾戒断行为的免疫学联系，为阿片药物成瘾戒断治疗开辟新思路、提供新靶点。

2 月

2 月 10 日　厦门大学 2022 年度基层党委（党总支）书记抓基层党建工作述职评议会在科学艺术中心召开。校党委书记张荣讲话，校长张宗益出席会议。

2 月 11—12 日　厦门大学 2023 年重点工作研讨会在科学艺术中心召开。研讨会主题为：以习近平新时代中国特色社会主义思想为指导，紧紧围绕深入学习贯彻党的二十大精神这条主线，坚持和加强党对学校工作的全面领导，全面贯彻党的教育方针，切实落实立德树人根本任务，多措并举加强人才队伍建设，全力以赴迎接本科教育教学审核评估，深入推进“十四五”规划实施和第二轮“双一流”建设，持续塑造学校发展新动能新优势，不断打开中国特色世界一流大学建设新天地，以实际行动和优异成绩迎接学校第十二次党代会胜利召开。校党委书记张荣作动员讲话，校长张宗益作总结讲话。

2 月 17 日　何梁何利基金 2021 和 2022 年度颁奖大会在北京举行。厦门大学化学化工学院教授郑南峰荣获 2021 年度何梁何利基金科学与技术创新奖（青年创新奖）。

2 月 17 日　厦门大学 2023 年工作布置会在科学艺术中心召开。校党委书记张荣、校长张宗益分别总结 2022 年度学校党建和思想政治工作、行政工作情况，并就 2023 年度重点工作进行部署。

2 月 18 日　福建省委书记周祖翼到厦门大学调研，深入了解近海海洋环境科学国家重点实验室、嘉庚创新实验室等科技创新平台建设情况。校党委书记张荣、校长张宗益陪同调研。

3 月

3 月 2 日　*Cell* 杂志刊发厦门大学医学院王鑫教授团队的论文“β2-microglobulin Functions as an Endogenous Nmdar Antagonist to Impair Synaptic Function”。该研究成果解析了唐氏综合征外周免疫与中枢神经系统病理的关联，为理解唐氏认知损伤机制提供了全新视角。

3 月 15 日　教育部党组成员、副部长吴岩到厦门大学调研，召开“高等教育研究服务国家战略的使命担当”专题座谈会。校党委书记张荣、校长张宗益参加调研。

3 月 15 日　厦门大学传达学习 2023 年全国两会精神大会在科学艺术中心召开。全国人大代表、校党委书记张荣，全国人大代表、经济学院教授潘越，全国政协委员、信息学院教授廖明宏先后传达全国两会精神。校长张宗益主持会议。

3 月 17 日　科技部高技术研究发展中心发布“2022 年度中国科学十大进展”。厦门大学化学化工学院、固体表面物理化学国家重点实验室谢素原院士团队和袁友珠教授团队研究成果“温和压力条件下实现乙二醇合成”入选。

3 月 28 日　福建省政协主席、党组书记滕佳材到厦门大学调研，深入了解学校整体办学情况，重点考察学校在经济研究、海洋强国、开放办学等领域的特色举措。厦门市政协主席魏克良，校党委书记张荣陪同调研。

3 月 29 日　*Nature* 杂志刊发厦门大学柔性电子（未来技术）研究院、嘉庚创新实验室唐卫华教授团队与四川大学、南京理工大学、德国波茨坦大学以及瑞士联邦材料科学与技术研究所合作的论文“All-perovskite Tandem 1 cm^2 Cells With Improved Interface Quality”。该研究成果揭示了全钙钛矿叠层太阳电池的重要进展。

4 月

4 月 6 日　厦门大学建校 102 周年发展大会在建南大会堂召开。大会为公共政策研究院、公共事务学院教授陈振明，中国科学院院士、化学化工学院教授孙世刚，中国科学院院士、海洋与地球学院教授戴民汉颁发“南强杰出贡献奖”。校党委书记张荣、校长张宗益出席大会并讲话。

4 月 8 日　“行见八闽”大思政课研学实践圈建设推进会在厦门大学翔安校区举行。福建省委常委、宣传部部长张彦，校长张宗益等共同启动“行见八闽”大思政课研学实践圈建设。

4 月 9 日　第四届教学大师奖、杰出教学奖和创新创业英才奖颁奖典礼在重庆大学举行。中国科学院院士、厦门大学化学化工学院教授孙世刚荣获“杰出教学奖”，厦门大学 2012 级医学博士肖传兴荣获“创新创业英才奖”。

4月13日 厦门大学学习贯彻习近平新时代中国特色社会主义思想主题教育动员大会在科学艺术中心召开。中央第五十七指导组组长王建国到会指导并讲话。校长张宗益受校党委书记张荣委托主持会议并作动员讲话。

4月19日 全国政协副主席陈武率调研组到厦门大学调研，深入了解学校医学与生命科学学部、医学院建设情况。全国政协常委、教科卫体委员会主任陈宝生，全国政协委员、农业和农村委员会副主任胡盛寿，全国政协常委、致公党中央常委赵家军等参加调研。校党委书记张荣陪同调研。

4月24日 厦门大学学习贯彻习近平新时代中国特色社会主义思想主题教育读书班开班式在科学艺术中心召开。马克思主义学院教授张有奎做《开辟马克思主义中国化时代化新境界——深入学习贯彻习近平新时代中国特色社会主义思想》专题辅导报告。校党委书记张荣作动员讲话。

4月27日 厦门大学2023年学生就业创业工作会在科学艺术中心召开。会上，为6个单位颁发厦门大学2022年学生就业创业工作先进单位，为29名党政人员、辅导员、专任教师颁发厦门大学2022年学生就业创业工作先进个人类。校长张宗益出席会议并讲话。

5月

5月4日 厦门市与厦门大学市校合作联席会议在厦门海悦山庄酒店召开。会议通报市校合作进展情况，审议通过厦门市与厦门大学市校合作联席会议制度修订方案及成员调整建议名单，签署共建厦门大学附属翔安医院协议书、共建厦门大学附属学校框架协议、共建世界知识产权组织在华技术与创新支持中心（TISC）框架协议、火炬集团收购厦大科技园翔安园区部分资产的协议。厦门市委书记崔永辉、市长黄文辉、市人大常委会主任杨国豪、市政协主席魏克良，校党委书记张荣、校长张宗益出席会议。

5月4—13日 厦门大学举办处级领导干部学习贯彻党的二十大精神集中轮训班。校党委书记张荣、校长张宗益分别以《深入学习贯彻党的二十大精神 为以中国式现代化全面推进中华民族伟大复兴作出厦门大学新的更大贡献》《深入学习贯彻党的二十大精神 推动学校各项事业高质量发展》为题，为全体学员讲授党课。

5月17日 *Nature* 杂志刊发厦门大学化学化工学院侯旭教授团队郑靖副教授与香港大学唐晋尧教授团队合作的论文“Photochromism from Wavelength-Selective Colloidal Phase Segregation”。该研究设计开发了一种新型光活性胶体材料，为彩色电子纸和自供电光学伪装提供更简便的方法。

5月19日 五所中管高校学习贯彻习近平新时代中国特色社会主义思想主题教育工作座谈会在厦门大学召开。会上，中央第五十七指导组传达中央有关会议要求，听取五所中管高校主题教育工作汇报，并安排部署下一阶段工作。中央第五十七指导组组长王建国主持会议并讲话。校党委书记张荣参加会议并汇报。

5月19日 厦门大学第八届教职工代表大会第三次会议暨第二十三届工会会员代表大会第三次会议在科学艺术中心召开。校党委书记张荣、校长张宗益出席会议并讲话。

5月30日 教育部公布第二批国家级一流本科课程认定结果，厦门大学28门课程入选，累计已有72门课程被认定为国家级一流本科课程。

5月30日 由中国科学院院士、厦门大学化学化工学院教授赵玉芬团队牵头，联合中国科学院上海技术物理研究所、浙江工商大学、宁波大学承担的“蛋白与核酸共起源及密码子起源的分子进化研究”项目作为中国空间站应用与发展阶段的首批项目，跟随神舟十六号乘组进驻空间站问天舱开展在轨实验。

5月31日 2022年度中央单位定点帮扶工作成效考核评价结果公布，厦门大学连续第四年获评最高等次“好”。

6月

6月6—8日 校党委书记张荣、校长张宗益率团赴山东、江苏等地，围绕“与时俱进建设世界一流大学”主题开展调研。调研期间，与山东大学签署战略合作协议，进一步提升合作层次、深化合作内涵，推动两校办学事业高质量发展。

6月15日 第十届全国人大常委会副委员长、中国关工委主任顾秀莲到厦门大学调研关心下一代工作。福建省关工委主任刘群英、校党委书记张荣陪同调研。

6月16日 全国政协主席王沪宁到厦门大学调研，深入了解学校办学情况，看望在校台湾学生。校党委书记张荣、校长张宗益陪同调研。

6月21日 厦门大学2023年赴西部、基层、国家重要行业就业毕业生出征仪式在科学艺术中心举行。校党委书记张荣出席仪式并讲话。

6月27—28日 厦门大学2023届毕业典礼暨学位授予仪式在思明校区建南大会堂和翔安校区爱秋体育馆举行，送别10428名毕业生。校长张宗益以《在大模型时代“主动进化 踏浪前行”》为题发表讲话，勉励毕业生要主动拥抱AI时代新变化，不断拓展认知边界，升级思维模式，打破常规束缚，善于运用新技术、新手段，探索解决问题的新思路、新方法，为强国复兴伟业贡献青春力量。

6月28—29日 厦门大学学习贯彻习近平新时代中国特色社会主义思想主题教育校级领导班子调研成果交流会在颂恩楼召开。中央第五十七指导组组长王建国到会指导。校党委书记张荣主持会议并作总结讲话。

6月30日 厦门大学庆祝中国共产党成立102周年暨2022—2023年“两优一先”表彰会在科学艺术中心召开，进一步选树典型、表彰先进，激励广大师生员工为与时俱进建设世界一流大学目标团结奋斗、勇毅前行。校党委书记张荣，校长张宗益出席会议。

7月

7月13日 厦门大学党委教师工作委员会2023年第一次会议（扩大）暨师德师风建设工作推进会在科学艺术中

心召开。会议通报教育部公布的第十二批违反教师职业行为十项准则典型案例及2023年上半年国内高校教师师德失范热点事件,传达学习《教育部办公厅关于进一步规范高等学校师生关系有关行为的通知》精神。校党委书记、校党委教师工作委员会主任张荣,校长张宗益出席会议并讲话。

7月17日 第五届“科学探索奖”获奖名单揭晓。厦门大学生命科学学院教授邓贤明入选。

7月18日 共青团中央书记处第一书记阿东到厦门大学调研,围绕“深入学习领会习近平总书记在同团中央新一届领导班子集体谈话时的重要讲话精神,全面贯彻落实团十九大工作部署”主题,与青年师生代表座谈交流并作宣讲。校党委书记张荣出席座谈会并讲话。

7月21日 教育部公布2022年高等教育国家级教学成果奖获奖名单。厦门大学作为第一完成单位,本科项目获一等奖1项,二等奖7项;研究生项目获二等奖5项,获奖总数为历届最好成绩。

7月24日 厦门大学通过由国家知识产权局、教育部和中国标准化研究院联合编制的《高等学校知识产权管理规范》(GB/T33251-2016)国家标准审核认证,取得《知识产权管理体系认证证书》。

8月

8月22—23日 福建省委书记周祖翼率领福建省代表团赴宁夏考察并召开交流座谈会。校党委书记张荣参加相关活动,调研闽宁协作产业发展情况,看望福建省援宁干部人才及在宁夏服务的厦门大学研究生支教团和社会实践队成员。

8月25日 厦门大学学习贯彻习近平新时代中国特色社会主义思想主题教育校级领导班子专题民主生活会在颂恩楼召开。会议通报校级领导班子2022年度民主生活会整改措施落实情况,以及主题教育检视整改落实情况。中央第五十七指导组组长王建国到会指导并作点评。校党委书记张荣主持会议。

8月30日 教育部公布第三批“全国高校黄大年式教师团队”创建示范活动入围名单。厦门大学国家传染病诊断试剂与疫苗工程技术研究中心教师团队入选。

9月

9月1—2日 中国共产党厦门大学第十二次党员代表大会在科学艺术中心召开。大会主题为:高举中国特色社会主义伟大旗帜,全面贯彻习近平新时代中国特色社会主义思想和党的二十大精神,以习近平总书记致厦门大学建校100周年重要贺信精神领航,弘扬嘉庚精神,再攀南强新峰,牢记嘱托、勇担使命,与时俱进建设世界一流大学,为以中国式现代化全面推进中华民族伟大复兴做出新的更大贡献。福建省委常委、宣传部部长张彦,教育部学位管理与研究生教育司司长、国务院学位委员会办公室副主任洪大用,厦门市委常委、组织部部长陈沈阳出席大会并讲话。校党委书记张荣代表中共厦门大学第十一届委员会向大会做题为《牢记嘱托 勇担使命 为与时俱进建设世界一流大学而团结奋斗》的报告,校长张宗益主持大会。

9月6日 *Nature* 杂志刊发厦门大学化学化工学院廖洪钢教授、孙世刚院士团队与北京化工大学陈建峰院士团队和美国阿贡国家实验室徐桂良、Khalil Amine研究员团队合作的论文“Visualizing Interfacial Collective Reaction Behaviour of Li-S Batteries”。该研究成果基于自主研发建立的高时空分辨电化学原位液相透射电子显微系统(EC-TEM),首次发现锂硫电池电荷储存聚集反应新机制。

9月7日 厦门大学2023级新生开学典礼在建南大会堂举行。校长张宗益以《拥抱大学 臻于至善》为题发表讲话,勉励新同学志存高远,实现人生价值的极臻;博学慎思,塑造底层认知的极简;求真笃行,追求创新创造的极致;立德修心,涵养人格品性的极美,在新的赶考之路上书写不负韶华的青春答卷。

9月8日 厦门大学2023年新教职工入职典礼在科学艺术中心举行。校党委书记张荣、校长张宗益出席典礼。

9月8日 厦门大学学习贯彻习近平新时代中国特色社会主义思想主题教育总结大会在科学艺术中心召开。中央第五十七指导组副组长孟庆瑜出席大会并讲话。校党委书记张荣作主题教育总结讲话,校长张宗益主持会议。

9月11—12日 厦门大学2023年秋季工作研讨会在科学艺术中心召开。研讨会主题为:学习贯彻厦门大学第十二次党代会精神,研究学校在新发展阶段遇到的重点难点问题,探讨解决对策和落实举措,凝心聚力推动内涵式高质量发展,加快建设中国高等教育东南中心,与时俱进建设世界一流大学。校党委书记张荣、校长张宗益出席会议并讲话。

9月14日 厦门大学2023年秋季学期工作布置会在科艺中心召开。校党委书记张荣、校长张宗益分别总结上半年学校党建和思想政治工作、行政工作情况,并就下半年重点工作进行部署。

9月16—17日 校党委书记张荣、校长张宗益率校第十二届党委常委、校长助理集体赴赣州、龙岩学习调研。

10月

10月3日 厦门大学马来西亚分校共建协议签署十周年座谈会暨“一带一路”研讨会在科学艺术中心召开。福建省人大常委会党组副书记、副主任李德金,外交部亚洲司公参房新文,教育部国际合作与交流司副司长陈伟,厦门市人民政府副市长廖华生出席会议并致辞。校党委书记张荣出席会议并讲话,校长张宗益主持会议。

10月12日 由厦门大学、中国食品药品检定研究院和万泰生物联合研制的戊型肝炎病毒抗原尿液检测试剂盒(胶体金法、荧光免疫层析法)获得国家药品监督管理局批准上市。该试剂为全球首个以尿液抗原为靶标的戊肝诊断试剂,填补了相关产品和技术空白,其临床评估结果显示检测准确度为98.58%,对全球戊肝患者的临床诊断与治疗管理具有重大意义。

10月16—20日 校党委书记张荣率团访问港澳。中央政府驻港联络办主任郑雁雄、副主任卢新宁,中央政府驻澳联络办副主任严植婵参加活动。

10月17日 厦门大学定点扶贫和帮扶工作先进典型表彰仪式暨2023年精准帮扶特色产品展销会启动仪式在三家村广场举行。

10月21日 厦门大学嘉庚学院建校20周年庆祝大会在漳州校区举行。校长张宗益出席大会并讲话。

10月25日 全国政协副主席梁振英率港区全国政协委员考察团到厦门大学调研，深入了解厦门大学百余年办学历程和重要学术科研成果，并看望香港籍学生代表。全国政协港澳台侨委员会副主任、福建省政协原主席崔玉英，全国政协常委、委员，福建省政协副主席阮诗玮，厦门市政协主席魏克良、市政协副主席国桂荣，校党委书记张荣参加调研。

10月26日 澳门特别行政区行政长官贺一诚到厦门大学调研，深入了解近海海洋环境科学国家重点实验室、国家传染病诊断试剂疫苗工程技术研究中心建设情况，并就进一步深化厦门大学与澳门特别行政区高等教育合作有关事宜展开交流。校党委书记张荣陪同调研。

10月26日 新华社党组书记、社长傅华到厦门大学调研，考察台湾研究院两岸融合发展与国家统一政策模拟实验室建设情况。校党委书记张荣陪同调研。

10月27—28日 校长张宗益率团赴金门大学交流访问。访问期间，与金门大学就积极融入两岸融合发展示范区建设，进一步深化校际合作进行深入交流。

10月30日 "新基石研究员项目"第二期获资助名单发布。厦门大学化学化工学院教授、嘉庚创新实验室主任、纳米材料制备技术国家地方联合工程研究中心主任郑南峰入选。

11月

11月3日 中共中央对外联络部部长刘建超到厦门大学调研，召开"新时代党的对外交往工作高质量发展"专题座谈会。校长张宗益参加调研。

11月3日 厦门大学第58届学生田径运动会、第21届教职工运动会及第32届老年人体育健身大会开幕式在思明校区演武田径场和翔安校区一期田径场举行。校长张宗益出席开幕式。

11月8—11日 第二届海洋负排放开放科学大会在厦门举行。8日，大会开幕式暨厦门大学第九期群贤大讲堂在科学艺术中心召开。来自国内外多所高校、科研院所及机构的专家学者、业界人士齐聚一堂，围绕"落实负排放方案、推动可持续发展"，为应对气候变化共商海洋解决方案。联合国秘书长海洋特使彼得·汤姆森(Peter Thomson)，国家自然科学基金委员会主任、中国科学院院士窦贤康做大会报告。

11月16—17日 *Science* 杂志以封面论文形式刊发厦门大学马来西亚分校能源与化工学院温国绅副教授(Ts. Dr. Vincent Woon Kok Sin)团队的论文"Curbing Global Solid Waste Emissions toward Net-zero Warming Futures"。该研究成果聚焦通过改善全球固体废物管理，探索减缓气候变暖的新途径。

11月21日 厦门大学2023年全面从严治党工作会议暨警示教育大会在科学艺术中心召开。会议传达学习党的二十大和二十届中央纪委二次全会关于全面从严治党战略部署，通报近年来校内外落实全面从严治党主体责任不力的相关问题及典型案例。校党委书记张荣出席会议并讲话，校长张宗益主持会议。

11月22日 中国科学院、中国工程院分别发布《关于公布2023年中国科学院院士增选当选院士名单的公告》《关于公布中国工程院2023年院士增选当选院士名单的公告》。厦门大学郑南峰教授(化学部)、张荣教授(信息技术科学部)当选为中国科学院院士，夏宁邵教授(医药卫生学部)当选为中国工程院院士。

11月28日 厦门大学原创话剧《哥德巴赫猜想》作为国家大剧院第十六届"春华秋实"艺术院校舞台艺术精品展演的特别呈现，在国家大剧院为"科学家故事戏剧节"专项演出首开序幕。

12月

12月6日 *Nature* 杂志刊发厦门大学海洋与地球学院、近海海洋环境科学国家重点实验室王为磊教授团队的论文"Biological Carbon Pump Estimate Based on Multidecadal Hydrographic Data"。该研究成果利用自主研发的逆向反演模式，推演出全球尺度海洋生物碳泵的分布格局，揭示了平流+扩散输出在全球生物碳泵及深层海洋碳收支中的重要作用，为全球变化背景下海洋碳汇的估算提供重要参考。

12月10日 2023高等教育国际论坛年会在厦门大学科学艺术中心召开。论坛主题为"数字时代与高等教育可持续发展"。教育部党组成员、副部长吴岩，福建省委常委、宣传部部长张彦，中国科学院院士、厦门大学党委书记张荣出席论坛并致辞，联合国教科文组织东亚多部门地区办事处主任、驻华代表夏泽翰作视频致辞。校长张宗益做《数字化时代对高等教育人才培养的挑战》主旨报告。

12月15日 厦门大学2023年度教职工荣休仪式在科学艺术中心举行。校长张宗益出席仪式并讲话。

12月19日 何梁何利基金2023年度颁奖大会在北京举行。中国科学院院士、厦门大学生命科学学院教授林圣彩荣获2023年度何梁何利基金科学与技术进步奖(生命科学奖)。

12月20日 柬埔寨国王诺罗敦·西哈莫尼访问厦门大学，看望柬埔寨在厦留学生代表。厦门市市长黄文辉，中国驻柬埔寨大使王文天，校长张宗益陪同调研。

12月22日 厦门大学本科教育教学审核评估专家意见交流会在科学艺术中心召开。专家组组长、中国科学院院士、兰州大学校长严纯华代表专家组交流总体意见，专家组成员就学校进一步发挥独特区位优势、加强教育数字化改革、提升国际化办学能力、推进学科专业均衡发展、加强新时代师资队伍建设、推广产教融合人才培养经验等方面提出意见建议。校党委书记张荣、校长张宗益出席会议。

·附　录·

校　历

厦 门 大 学 2022-2023 学 年 校 历
Xiamen University Calendar 2022-2023

教务处编制

2022年

周 WK	月 Mth	日 Sun	一 Mon	二 Tue	三 Wed	四 Thu	五 Fri	六 Sat
	一月 JAN							1
		2	3	4	5	6	7	8
		9	10	11	12	13	14	15
		16	17	18	19	20	21	22
		23	24	25	26	27	28	29
		30	31					
	二月 FEB			1	2	3	4	5
		6	7	8	9	10	11	12
		13	14	15	16	17	18	19
		20	21	22	23	24	25	26
		27	28					
	三月 MAR			1	2	3	4	5
		6	7	8	9	10	11	12
		13	14	15	16	17	18	19
		20	21	22	23	24	25	26
		27	28	29	30	31		
	四月 APR						1	2
		3	4	5	6	7	8	9
		10	11	12	13	14	15	16
		17	18	19	20	21	22	23
		24	25	26	27	28	29	30
	五月 MAY	1	2	3	4	5	6	7
		8	9	10	11	12	13	14
		15	16	17	18	19	20	21
		22	23	24	25	26	27	28
		29	30	31				
	六月 JUN				1	2	3	4
		5	6	7	8	9	10	11
		12	13	14	15	16	17	18
		19	20	21	22	23	24	25
		26	27	28	29	30		

周 WK	月 Mth	日 Sun	一 Mon	二 Tue	三 Wed	四 Thu	五 Fri	六 Sat
	七月 JUL						1	2
		3	4	5	6	7	8	9
		10	11	12	13	14	15	16
		17	18	19	20	21	22	23
		24	25	26	27	28	29	30
		31						
	八月 AUG		1	2	3	4	5	6
		7	8	9	10	11	12	13
		14	15	16	17	18	19	20
		21	22	23	24	25	26	27
		28	29	30	31			
	九月 SEP					1	2	3
		4	5	6	7	8	9	10
1		11	12	13	14	15	16	17
2		18	19	20	21	22	23	24
3		25	26	27	28	29	30	
	十月 OCT							1
4		2	3	4	5	6	7	8
5		9	10	11	12	13	14	15
6		16	17	18	19	20	21	22
7		23	24	25	26	27	28	29
8		30	31					
	十一月 NOV			1	2	3	4	5
9		6	7	8	9	10	11	12
10		13	14	15	16	17	18	19
11		20	21	22	23	24	25	26
12		27	28	29	30			
	十二月 DEC					1	2	3
13		4	5	6	7	8	9	10
14		11	12	13	14	15	16	17
15		18	19	20	21	22	23	24
16		25	26	27	28	29	30	31

2023年

周 WK	月 Mth	日 Sun	一 Mon	二 Tue	三 Wed	四 Thu	五 Fri	六 Sat
17	一月 JAN	1	2	3	4	5	6	7
18		8	9	10	11	12	13	14
寒假		15	16	17	18	19	20	21
		22	23	24	25	26	27	28
		29	30	31				
	二月 FEB				1	2	3	4
		5	6	7	8	9	10	11
1		12	13	14	15	16	17	18
2		19	20	21	22	23	24	25
3		26	27	28				
	三月 MAR				1	2	3	4
4		5	6	7	8	9	10	11
5		12	13	14	15	16	17	18
6		19	20	21	22	23	24	25
7		26	27	28	29	30	31	
	四月 APR							1
8		2	3	4	5	6	7	8
9		9	10	11	12	13	14	15
10		16	17	18	19	20	21	22
11		23	24	25	26	27	28	29
12		30						
	五月 MAY		1	2	3	4	5	6
13		7	8	9	10	11	12	13
14		14	15	16	17	18	19	20
15		21	22	23	24	25	26	27
16		28	29	30	31			
	六月 JUN					1	2	3
17		4	5	6	7	8	9	10
18		11	12	13	14	15	16	17
1		18	19	20	21	22	23	24
2		25	26	27	28	29	30	

周 WK	月 Mth	日 Sun	一 Mon	二 Tue	三 Wed	四 Thu	五 Fri	六 Sat
	七月 JUL							1
3		2	3	4	5	6	7	8
4		9	10	11	12	13	14	15
5		16	17	18	19	20	21	22
暑假		23	24	25	26	27	28	29
		30	31					
	八月 AUG			1	2	3	4	5
		6	7	8	9	10	11	12
		13	14	15	16	17	18	19
		20	21	22	23	24	25	26
		27	28	29	30	31		
	九月 SEP						1	2
		3	4	5	6	7	8	9
		10	11	12	13	14	15	16
		17	18	19	20	21	22	23
		24	25	26	27	28	29	30
	十月 OCT	1	2	3	4	5	6	7
		8	9	10	11	12	13	14
		15	16	17	18	19	20	21
		22	23	24	25	26	27	28
		29	30	31				
	十一月 NOV				1	2	3	4
		5	6	7	8	9	10	11
		12	13	14	15	16	17	18
		19	20	21	22	23	24	25
		26	27	28	29	30		
	十二月 DEC						1	2
		3	4	5	6	7	8	9
		10	11	12	13	14	15	16
		17	18	19	20	21	22	23
		24	25	26	27	28	29	30
		31						

★1. 第一学期（共18周）：2022年9月12日-2023年1月14日　注册日期：2022年9月12日（二至五年级本科生和研究生）上课日期：2022年9月13日

2. 第二学期（共18周）：2023年2月12日-2023年6月17日　注册日期：2023年2月12日（本科生和研究生）　上课日期：2023年2月13日（农历正月二十三）

3. 第三学期（共5周 ）：2023年6月18日-2023年7月22日　寒假（共4周）：2023年1月15日-2023年2月11日　暑假(共7周）：2023年7月23日-9月9日

4. 重要节日：中秋节（2022年9月10日）、国庆节（2022年10月1日）、春节（2023年1月22日）、清明节（2023年4月5日）、劳动节（2023年5月1日）、端午节（2023年6月22日）

5. 校运动会（2022年11月）、校庆（2023年4月6日）、毕业周（2023年6月）

6. 2022级新生以录取通知书为准；法定节假日按国家规定放假

★1. First Semester (18weeks): Sept.12,2022—Jan.14,2023　Registration: Sept.12,2022　Course Date: Sept.13,2022

2. Second Semester (18 weeks): Feb.12,2023—Jun.17,2023　Registration: Feb.12,2023　Course Date: Feb.13,2023

3. Short Semester (5 weeks): Jun.18,2023—Jul.22,2023
Winter Vacation (4 weeks): Jan.15,2023—Feb.11,2023　Summer Vacation (7 weeks): Jul.23,2023—Sept.9,2023

4. Important festivals: Mid-Autumn Festival: Sept.10,2022　National Day: Oct.1,2022　Spring Festival: Jan.22,2023
Qingming Festival: Apr 5,2023　Labor Day: May 1,2023　Dragon Boat Festival: Jun.22,2023

5. Sports Day: November 2022　University Anniversary: Apr 6,2023
Graduation Week: June 2023

6. Registration for freshmen: in accordance with the admission letter　Public Holidays: in accordance with the government announcements.

厦　门　大　学　2023-2024　学　年　校　历

Xiamen University Calendar 2023-2024

教务处编制

2023年

周	月	日	一	二	三	四	五	六
WK	Mth	Sun	Mon	Tue	Wed	Thu	Fri	Sat
	一月 JAN	1	2	3	4	5	6	7
		8	9	10	11	12	13	14
		15	16	17	18	19	20	21
		22	23	24	25	26	27	28
		29	30	31				
	二月 FEB				**1**	**2**	**3**	4
		5	6	7	8	9	10	11
		12	13	14	15	16	17	18
		19	20	21	22	23	24	25
		26	27	28				
	三月 MAR				1	2	3	4
		5	6	7	8	9	10	11
		12	13	14	15	16	17	18
		19	20	21	22	23	24	25
		26	27	28	29	30	31	
	四月 APR							1
		2	3	4	5	6	7	8
		9	10	11	12	13	14	15
		16	17	18	19	20	21	22
		23	24	25	26	27	28	29
		30						
	五月 MAY		1	2	3	4	5	6
		7	8	9	10	11	12	13
		14	15	16	17	18	19	20
		21	22	23	24	25	26	27
		28	29	30	31			
	六月 JUN					1	2	3
		4	5	6	7	8	9	10
		11	12	13	14	15	16	17
		18	19	20	21	22	23	24
		25	26	27	28	29	30	

周	月	日	一	二	三	四	五	六
WK	Mth	Sun	Mon	Tue	Wed	Thu	Fri	Sat
	七月 JUL							1
		2	3	4	5	6	7	8
		9	10	11	12	13	14	15
		16	17	18	19	20	21	22
		23	24	25	26	27	28	29
		30	31					
	八月 AUG			1	2	3	4	5
		6	7	8	9	10	11	12
		13	14	15	16	17	18	19
		20	21	22	23	24	25	26
		27	28	29	30	31		
	九月 SEP						1	2
		3	4	5	6	7	8	9
1		10	11	12	13	14	15	16
2		17	18	19	20	21	22	23
3		24	25	26	27	28	29	30
4	十月 OCT	1	2	3	4	5	6	7
5		8	9	10	11	12	13	14
6		15	16	17	18	19	20	21
7		22	23	24	25	26	27	28
8		29	30	31				
	十一月 NOV				1	2	3	4
9		5	6	7	8	9	10	11
10		12	13	14	15	16	17	18
11		19	20	21	22	23	24	25
12		26	27	28	29	30		
	十二月 DEC						1	2
13		3	4	5	6	7	8	9
14		10	11	12	13	14	15	16
15		17	18	19	20	21	22	23
16		24	25	26	27	28	29	30
17		31						

2024年

周	月	日	一	二	三	四	五	六
WK	Mth	Sun	Mon	Tue	Wed	Thu	Fri	Sat
	一月 JAN		1	2	3	4	5	6
18		7	8	9	10	11	12	13
寒假		14	15	16	17	18	19	20
		21	22	23	24	25	26	27
		28	29	30	31			
	二月 FEB					1	2	3
		4	5	6	7	8	9	10
		11	12	13	14	15	16	17
		18	19	20	21	22	23	24
1		25	26	27	28	29		
	三月 MAR						1	2
2		3	4	5	6	7	8	9
3		10	11	12	13	14	15	16
4		17	18	19	20	21	22	23
5		24	25	26	27	28	29	30
6		31						
	四月 APR		1	2	3	4	5	6
7		7	8	9	10	11	12	13
8		14	15	16	17	18	19	20
9		21	22	23	24	25	26	27
10		28	29	30				
	五月 MAY				1	2	3	4
11		5	6	7	8	9	10	11
12		12	13	14	15	16	17	18
13		19	20	21	22	23	24	25
14		26	27	28	29	30	31	
	六月 JUN							1
15		2	3	4	5	6	7	8
16		9	10	11	12	13	14	15
17		16	17	18	19	20	21	22
1		23	24	25	26	27	28	29
2		30						

周	月	日	一	二	三	四	五	六
WK	Mth	Sun	Mon	Tue	Wed	Thu	Fri	Sat
	七月 JUL		1	2	3	4	5	6
3		7	8	9	10	11	12	13
4		14	15	16	17	18	19	20
暑假		21	22	23	24	25	26	27
		28	29	30	31			
	八月 AUG					1	2	3
		4	5	6	7	8	9	10
		11	12	13	14	15	16	17
		18	19	20	21	22	23	24
		25	26	27	28	29	30	31
	九月 SEP	1	2	3	4	5	6	7
		8	9	10	11	12	13	14
		15	16	17	18	19	20	21
		22	23	24	25	26	27	28
		29	30					
	十月 OCT			1	2	3	4	5
		6	7	8	9	10	11	12
		13	14	15	16	17	18	19
		20	21	22	23	24	25	26
		27	28	29	30	31		
	十一月 NOV						1	2
		3	4	5	6	7	8	9
		10	11	12	13	14	15	16
		17	18	19	20	21	22	23
		24	25	26	27	28	29	30
	十二月 DEC	1	2	3	4	5	6	7
		8	9	10	11	12	13	14
		15	16	17	18	19	20	21
		22	23	24	25	26	27	28
		29	30	31				

★1. 第一学期（共18周）：2023年9月10日-2024年1月13日　　注册日期：2023年9月10日（二至五年级本科生和研究生）上课日期：2023年9月11日

2. 第二学期（共17周）：2024年2月25日-2024年6月22日　　注册日期：2024年2月25日（本科生和研究生）　　上课日期：2024年2月26日（农历正月十七）

3. 第三学期（共4周 ）：2024年6月23日-2024年7月20日　　寒假（共6周）：2024年1月14日-2024年2月24日　　暑假(共6周）：2024年7月21日-8月31日

4. 重要节日：中秋（2023年9月29日）、国庆（2023年10月1日）、春节（2024年2月10日）、清明（2024年4月4日）、劳动节（2024年5月1日）、端午节（2024年6月10日）

5. 校运动会（2023年11月）、校庆（2024年4月6日）、毕业典礼（2024年6月）

6. 校学位评定委员会会议：2023年12月26日、2024年6月26日

7. 2023级新生以录取通知书为准；法定节假日按国家规定放假

★1. First Semester (18 weeks): Sept.10,2023—Jan.13,2024　　Registration: Sept.10,2023　　Course Date: Sept.11,2023

2. Second Semester (17 weeks): Feb.25,2024—Jun.22,2024　　Registration: Feb.25,2024　　Course Date: Feb.26,2024

3. Short Semester (4 weeks): Jun.23,2024—Jul.20,2024

Winter Vacation (6 weeks): Jan.14,2024—Feb.24,2024　　Summer Vacation (6 weeks): Jul.21,2024—Aug.31,2024

4. Important festivals: Mid-Autumn Festival: Sept.29,2023　　National Day: Oct.1,2023　　Spring Festival: Feb.10,2024

Qingming Festival: Apr.4,2024　　Labor Day: May.1,2024　　Dragon Boat Festival: Jun.10,2024

5. Sports Day: November 2023　　University Anniversary: Apr.6,2024

Graduation Ceremony: June 2024

6. Meetings of the XMU Academic Degree Evaluation Committee: Dec.26,2023 ; Jun.26,2024

7. Registration for freshmen: in accordance with the admission letter　　Public Holidays: in accordance with the government announcements.

媒体消息索引

1 月

人民日报	《“见证一个更加繁荣进步、幸福美好的中国”》
人民日报	《共同的理想　共同的事业(新时代画卷)——来自三个科技工作者家庭的故事》
央视社会与法频道	《中国之治——城市治理法治支撑　福建厦门:凝聚基层力量　共建和谐家园》
光明日报	《新年愈新　年俗不俗——几位青年学者的年俗观察》
光明日报	《2022 年度中国生命科学十大进展公布》
中国教育报	《厦大成立中国式现代化研究院》
学习时报	《卢嘉锡:我国结构化学学科的开拓者》
人民网	《厦门大学王亚南纪念馆开馆》
人民网	《让青春在奋斗中绽放！全国高校思政课名师工作室(厦门大学)举办名师圆桌会议》
中国青年报客户端	《“陪你慢慢变好 · 迎春到”跨年联播丨铸魂 · 树人》

2 月

新华社	《纪录片〈百年巨匠——陈嘉庚〉在厦门大学举办开机仪式》
光明日报	《厦门大学:瞄准国家需求,创新人才培养》
中国教育报	《红树林的守望者——厦门大学环境与生态学院师生投身生态环境保护》
中新社	《(两会 · 同心)廖明宏:加强两岸高等教育人才交流有助互利共赢》
中国青年报	《美育为何成为新时代青年的刚需课程》
中国教育电视台	《中国教育电视台连线张荣书记　阐述高校在加强基础研究中的重要作用》
人民网	《厦门大学:搭建“一站式”学籍服务矩阵,开启学生服务数字化新体验》
新华网	《纪录片〈百年巨匠——陈嘉庚〉在厦门大学举办开机仪式》
中新网	《〈百年巨匠 · 教育篇之陈嘉庚篇〉开机　“华侨旗帜”流芳百世》
人民日报客户端	《厦大管理学院与厦门证监局、深交所、长城国瑞证券深化四方合作》

3 月

人民日报	《代表委员热议预算报告　“国家账本”提振市场信心》
瞭望	《治国理政纪事丨马上就办　真抓实干》
新华社	《“两岸学者面对面”系列学术活动在厦门大学启动》
新华社	《新华全媒+丨 2022 年度中国科学十大进展发布》
光明日报	《厦门大学经济学院教授潘越代表:坚持做大“蛋糕”分好“蛋糕”两手抓》
光明日报	《多维度多视角讲好“大思政课”——厦门大学思想政治理论教育改革创新纪实》
光明日报	《2022 年度中国科学十大进展发布》
经济日报	《更好统筹质的有效提升和量的合理增长》
经济日报	《全国政协界别调整,增设“环境资源界”——新界别肩负新使命》
经济日报	《坚定历史自信　增强历史主动——代表委员热议习近平总书记关于有效应对国际国内风险挑战的 24 字方针》
科技日报	《连线代表委员　张荣:培养一流人才　创造一流成果　作出一流贡献》
中国教育报	《教育,实现国富民强的磅礴力量》
中国教育报	《凝聚起加强基础研究的强大合力——代表委员热议切实加强基础研究》
中国教育报	《让学科交叉成为创新“策源地”——访全国人大代表、厦门大学党委书记张荣》
中国教育报	《攻坚克难促公平　踔厉奋发提质量——两会内外热议政府工作报告》
中新社	《“中国式现代化与华侨华人”国际学术研讨会在厦门大学举办》
中新社	《“两岸学者面对面”系列活动启动　首场畅谈“闽台历史人群”》
中新社	《东西问 · 人物丨陈孔立:台湾研究“南派泰斗”》

中国青年报	《百名厦大学子“上岗”社区团组织副书记》
中国纪检监察报	《全面贯彻落实党的二十大精神开局之年召开的重要会议凝聚奋进力量》
人民网	《〈强国说〉第一期　蒋昌建@全国人大代表张荣　破解“卡脖子”技术难题　高校应怎样发挥作用?》
人民网	《全国人大代表、厦门大学党委书记张荣:积极融入国家战略布局及新发展格局　勇闯科研创新“无人区”》
人民网	《走街串巷探福州　台湾青年感叹大陆社区“绣花”功夫》
人民网	《76 名厦大学子挂职街道社区　厦门思明基层团组织迎来“青春动能”》
央广网	《铸牢中华民族共同体意识论坛——中华民族交往交流交融史的东南视域学术研讨会在厦门大学举办》
央广网	《产学融合推动经济复苏　厦门大学 MBA 在行动》
央广网	《让青春在基层闪光　76 名厦大学子上岗思明区街道社区“副书记”》
中国日报网	《台湾青年选择在大陆生活　最大的感受就是太方便了》
中新网	《中外人士跨界探讨“中国式现代化与华侨华人”》
中新网	《两岸大学生领袖营福州举办　闽台青年交流社区治理经验》
中新网	《祝融号火星车、中国天眼等成果入选 2022 年度中国科学十大进展》
中新网	《“两岸学者面对面”系列活动启动　首场聚焦“闽台历史人群”》
中新网	《两岸学者面对面交流　汪毅夫感慨“老来多健忘　唯不忘相思”》
中新网	《〈厦门传:海上花园之城〉新书首发　“厦门人”潘维廉赞不绝口》
中新网	《变“关键变量”为“最大增量”:厦门致力科技创新引领发展动能转换》
科学网	《张荣代表:统筹资源打破科教融合两张皮》
科学网	《科学家揭示唐氏综合征认知损伤新机制》
人民日报客户端	《厦门思明:76 名厦大学子挂职街道社区“副书记”》
新华社客户端	《厦大研究生支教团:把大学课堂“搬”到大山里》
中国青年报客户端	《百名厦大学子“上岗”社区团组织副书记》

4 月

人民日报	《厦门大学教授侯旭专注研究液基材料系统　在微观世界里建造“液体之门”》
新华社	《两岸学者:中国式现代化为台胞提供广阔机遇》
新华社	《福建启动大思政课研学实践圈试点建设》
新华社	《“两岸学者面对面”共议两岸经济与产业交流合作》
新华社	《专家学者:汪辜会谈意义重大　影响深远　启迪今天》
央视中文国际频道	《“情牵厦金”厦门大学 2023 年两岸青年学子文化研习营开营》
央视中文国际频道	《中国季度宏观经济 2023 年春季预测报告在厦门发布》
光明日报	《调整学科布局、改革人才培养模式、建设重磅科技平台——看厦门大学如何打造创新引擎》
光明日报	《汇聚更多力量守护红树林》
科技日报	《不再是超能力,隐身术“坠入凡尘”》
科技日报	《解锁“纳米王子”新功能——一项煤制乙二醇重大成果背后的故事》
中国教育报	《98 名厦大学子“上岗”社区团组织副书记》
中国教育报	《第四届“教学三大奖”颁奖》
中新社	《第二届台湾史青年学者研讨会在平潭开幕　两岸学者、学生参会》
中新社	《两岸学者对谈经济产业合作:往来 30 年,扩大深化交流是共同愿望》
人民网	《厦门大学外文学科创建 100 周年发展大会举行》
新华网	《“科学大师名校宣传工程”广西汇演活动启动》
新华网	《厦门大学火炬创星荟创新创业系列活动启动》
央广网	《厦门大学召开建校 102 周年发展大会》
央广网	《俞敏洪厦大开讲》
央广网	《厦门大学举行外文学科创建 100 周年发展大会》
央广网	《厦大发布中国宏观经济预测与分析报告》
光明网	《“中国季度宏观经济模型(CQMM)2023 年春季预测报告”发布》

中新网	《两岸学界厦门研讨中国式现代化与新时代两岸关系发展》
中新网	《厦门大学举行建校 102 周年发展大会　致力建设世界一流大学》
中新网	《厦门大学举办中国式现代化与国际中文教育发展论坛》
中新网	《两岸学者聚焦中国式现代化　为台湾青年带来广阔发展空间》
中新网	《厦门大学在〈星洲日报〉设东南亚问题评论系列专栏》
中新网	《厦大启动火炬创星荟创新创业系列活动》
中新网	《11 项科研合作项目签约　厦门大学助推集成电路产业创新发展》
中新网	《110 秒带你看这场高规格的"两岸学者面对面"》
中新网	《两岸学者对谈经济产业合作:扩大深化交流是共愿》
中新网	《厦大电影学院〈嘉庚立志〉剧组拍摄圆满完成》
中国教育新闻网	《中国高教学会宣传分会第二次会员代表大会暨 2023 理事年会论坛举行》
中国科技网	《对话"地球卫士":探路全球环境变化与绿色发展》
经济参考网	《中国季度宏观经济模型 2023 年春季预测报告发布》
光明日报客户端	《陈景润、师昌绪等科学家话剧创作座谈会在广西举办》
光明日报客户端	《厦门大学举行外文学科创建 100 周年发展大会》
经济日报客户端	《厦门大学发布中国季度宏观经济模型 2023 年春季预测报告》
中国教育报客户端	《厦门大学修复影片〈香魂女〉亮相北京国际电影节》
央广网客户端	《"科学强国,追光而行"　厦大举行物理学科创建百年纪念活动》
央广网客户端	《厦大百年的一堂物理课》
央广网客户端	《教育学一流学科建设与中国式教育现代化高端论坛在厦举行》
金融时报客户端	《中国宏观经济预测与分析 2023 年春季发布会暨中国经济高质量发展论坛成功举办》

5 月

人民日报	《中管高校深入开展学习贯彻习近平新时代中国特色社会主义思想主题教育——锚定目标任务　深学细照笃行》
人民日报海外版	《厦门大学举行国际中文教育发展论坛　探讨如何更好开展中文教学》
新华社	《凝心铸魂固根本　同心聚力育人才——中管高校扎实推进学习贯彻习近平新时代中国特色社会主义思想主题教育》
新华社	《厦门大学首办港澳台学生就业专场招聘会》
新华社	《47 部作品亮相第九届两岸大学生影像联展》
央视"新闻联播"	《【学思想　强党性　重实践　建新功】履职尽责　同题共答　深入开展主题教育》
科技日报	《我科研团队开发出"变色龙"般新型材料》
科技日报	《学习时代楷模　建设海洋强国——科研工作者热议学习万步炎"时代楷模"精神》
中国教育报	《青春为马　驰骋山海》
人民网	《"石榴籽　手拉手"　厦门大学联动多校推进大中小学思政教育一体化建设》
央广网	《厦门大学首办港澳台学生就业暨实习专场招聘会》
央广网	《"两岸学者面对面"系列活动第三场在厦门大学举办》
中新网	《厦门市校合作共建世界知识产权组织在华技术与创新支持中心》
中新网	《马来西亚丹斯里黄家定与拿督斯里何国忠获聘为厦门大学客座教授》
中新网	《"两岸学者面对面"在厦畅谈"两岸心灵契合"》
中新网	《谈及"两岸心灵契合",两岸学者为何潸然落泪?》
人民日报客户端	《第九届两岸大学生影像联展在厦门开幕》
光明日报客户端	《我和我的村｜我和娃们有约定》
经济日报客户端	《厦门市与厦门大学进一步深化市校合作》
中国青年报客户端	《三维动画短片〈少先队歌,从这里唱起〉讲述中国少年先锋队队歌起源》

6 月

Xinhua News	GLOBALink｜American Professor Devoted to Writing Books on China for over 30 Years
人民日报	《让更多孩子勇敢逐梦》
新华每日电讯	《美籍教授潘维廉的中国情缘》

新华每日电讯	《一场戏，万人空巷　一堂课，一抢而空》
新华每日电讯	《第十五届海峡论坛大会在厦门举行》
新华社	《全国高校体育工作高质量发展研讨会开幕》
光明日报	《厦门大学：用理论创新引导教学实践》
科技日报	《又一阿尔茨海默病治疗靶点被发现》
中国教育报	《厦门大学为学生在基础学科前沿领域探索提供支持　贵重实验仪器设备向拔尖学生开放》
人民网	《厦大学子倾情演绎“中国经济学”首倡者的故事首登榕城话剧舞台》
新华网	《厦门大学原创话剧〈遥望海天月〉在榕演出》
央广网	《学思想　强党性　重实践　建新功丨中央第五十七指导组同题共答、严督实导　推动主题教育成果转化为高等教育高质量发展的不竭动力》
央广网	《厦门市禁毒委与厦门大学签署战略合作协议》
央视频	《厦门大学原创话剧〈遥望海天月〉在福州首场演出圆满举行》
中新网	《厦门大学原创话剧上演　再现王亚南首倡“中国经济学”往事》
中新网	《厦门大学原创话剧〈遥望海天月〉福州上演》
中国教育新闻网	《高校大型仪器不再“独享”　厦门大学推动大型仪器与周边高校和单位共享》
经济日报客户端	《厦门大学原创话剧〈遥望海天月〉汇报演出在福州举行》

7 月

光明日报	《中央第五十七指导组：严督实导　以高质量调研推动主题教育走实走深》
光明日报	《厦门大学：“鸿雁计划”为高质量就业“添翼”》
科技日报	《试验证明国产九价 HPV 疫苗与进口疫苗效果相当》
中国青年报	《大学生“请进场”，中华传统文化“潮”起来》
中国科学报	《拓扑自旋固态光源芯片研制成功》
中国文化报	《厦门大学校庆：文化教育洗礼，“思政大课”》
央广网	《潘维廉做客“文化大讲堂”分享“如何讲好中国故事”》
央广网	《厦大学子打造“耕读学堂”模式　赋能乡村振兴》
中新网	《中国知名高校大学生角逐“我是外交官”全国大学生外交风采大赛》
中国科技网	《厦大团队成功研制新型自旋固态光源芯片》
科学网	《厦大团队研制成功拓扑自旋固态光源芯片》
人民日报客户端	《鹭岛传新声，“我是外交官”全国大学生外交风采大赛正式开幕》
人民日报客户端	《新突破！厦大团队成功研制拓扑自旋固态光源芯片》
光明日报客户端	《厦大团队成功研制拓扑自旋固态光源芯片》
央广网客户端	《厦大学生赴热带雨林进行社会实践》

8 月

央视新闻频道《新闻直播间》	《中国巨树科考队发布两棵 1400 岁左右巨树等身照　攀树师郑达雄：百米高空为巨树“量身高”》
央视新闻频道《新闻直播间》	《攀树师郑达雄　不止于攀登　攀树课让学生感悟生命力》
央视新闻客户端	《新闻周刊丨不止于攀登！在攀树课上他带学生感悟生命力》
光明日报	《厦门大学：全校一盘棋建设优势学科高峰学科》
科技日报	《厦门大学：在大自然中锤炼科学精神》
科技日报	《看不见的“针”让诊断更精准》
中国教育报	《厦门大学依托网络平台推进大型仪器对外开放服务——高校仪器设备共享带来了什么》
中国教育报	《厦门大学抓住主线在调查研究中领题解题——以新成效推动学校发展再上新台阶》
中国青年报	《“仪式感”打造厦大学生的“独家记忆”》
中央广电总台国际在线	《厦门大学电影学院：追寻红色足迹　感悟影人匠心》
人民网	《厦门大学外文学院“英才报国”暑期社会实践队走进北京》
人民网	《如何与时俱进建设世界一流大学？厦门大学以五年扎实步伐给出答案》
新华网	《厦大学子奔赴海外　讲述中国故事》

中国日报网	《安溪举办"赓续红色血脉·传承红色基因"活动》
中新网	《泉州安溪县举办"赓续红色血脉·传承红色基因"活动》
中新网	《学、企界人士厦门擘画高端电子电镀产教研融合发展新蓝图》
中新网	《厦门大学学子探访杭州:感受篆刻文化魅力》
中新网	《中国物理学会 2023 年秋季学术会议在宁夏开幕》
中新网	《数字经济赋能农户增收　高校学子暑期调研"数字强疆"》
中新网	《厦大学子奔赴海外展开调研实践》
中国科技网	《聚焦信息通信技术前沿　环球科学家蓝海论坛在厦门举行》
人民日报客户端	《点赞！厦大研制微生物添加剂,助力牧民降本增效》

9 月

星洲日报	《"三马一体"架构　开启中马教育交流合作新篇章》
央视新闻频道《新闻 1＋1》	《闽台亲上亲,对两岸意味着什么?》
央视新闻频道《焦点访谈》	《闽台亲上亲,对两岸意味着什么?》
光明日报	《厦门大学:为国家培养更多拔尖创新人才》
科技日报	《我科研团队揭示电荷储存聚集反应新机制》
中国教育报	《在海外办一所"接地气"的大学——厦门大学马来西亚分校办学纪实》
人民网	《龙岩市与厦门大学签订〈关于支持龙岩建设高水平产业研究院合作备忘录〉》
新华网	《厦大电影学院师生调研全景艺术科技》
新华网	《大陆方面出台示范区新政策推动两岸融合发展》
新华网	《大陆专家:福建建设好示范区会生动诠释两岸命运共同体》
新华网	《武夷非遗走进厦门大学》
新华网	《厦门大学南洋研究院在马来西亚设立工作站》
央广网	《武夷非遗进厦大　校地合作探索"学研产用"新模式》
央广网	《龙岩市与厦门大学签订〈关于支持龙岩建设高水平产业研究院合作备忘录〉》
央广网	《为电影产业发展注入新活力"惠灵顿电影之约"在厦大举行》
中新网	《厦大召开第十二次党代会:未来中心任务全面建设中国特色世界一流大学》
中新网	《博士团助力宁夏提升传染病监测预警及综合防控能力》
中新网	《台湾同胞热议〈意见〉:深感机遇"无限大"》
中新网	《第四届和平发展论坛聚焦港台民间交流　助推两岸融合发展》
中新网	《武夷非遗走进厦门大学　邀约"全球学子游武夷"》
中新网	《厦门大学南洋研究院马来西亚工作站揭牌》
中新网	《厦门大学马来西亚分校举办 2023 年度毕业典礼》
中国网	《中国共产党厦门大学第十二次党员代表大会开幕》
中国网	《厦大举行 2023 年新教职工入职典礼》
中国经济网	《厦门市校合作促进实务与科研协同发展》
中国科技网	《厦大研究团队发现鼻咽癌早诊标志物》
中国科技网	《破解"黑匣子"我科研团队揭示电荷储存聚集反应新机制》
人民日报客户端	《厦大开展 2023 年大学生暑期海外社会实践》
央视新闻客户端	《时政长镜头|天涯共此时》
央广网客户端	《厦门大学举行 2023 年新教职工入职典礼》

10 月

Xinhua News	China Chat|How Has BRI Transformed Africa
新华社	《厦门大学交流团访问金门大学》
央视新闻频道《携手向未来》	《"一带一路"·十年　厦大马来西亚分校:在海外办接地气的大学》
光明日报	《迈步吧！在保护"地球之肾"的路上——走近青年湿地守护者》
中国日报	China-OECD LLM Programme on Taxation opens in Xiamen
科技日报	《新型双光子荧光探针可快速检测脑瘤》
中国教育报	《厦大科研团队揭示锂硫电池电荷储存聚集反应新机制——打开锂硫电池"黑匣子"》

央广网	《第三届中国宏观经济预测与政策论坛暨经济展望研讨会在厦大举行》
光明网	《“打卡全国科普教育基地”活动走进厦门大学海洋科技博物馆》
光明网	《陈嘉庚先生创办集美学校110周年纪念大会在厦门举办》
中新网	《厦门大学马来西亚分校共建协议签署十周年座谈会举行》
中新网	《中国专家学者厦门研讨科幻电影与科幻产业学术问题》
中新网	《“新基石研究员项目”二期获资助名单揭晓　厦大教授入选》
中国教育新闻网	《厦门大学:课堂设在雨林中、滩涂上》
中国科技网	《考古实证川滇先民主要来自黄河流域》
中国科技网	《获批上市！我国研制出全球首个戊肝尿液检测试剂》
新华社客户端	《厦门大学举办首届“南强杯”研究生体育竞赛》

11月

美国侨报	《面朝大海　笃行致远——厦门大学国际传播研究中心正式揭牌成立》
新华社	《学青会丨53门体育课背后的体教融合——专访厦门大学体育教学部主任林致诚》
新华社	《“两岸学者面对面”共议两岸民生交流合作》
新华社	《“情牵厦金”两岸青年学子文化研习营在厦门开幕》
新华社	《通讯:马来西亚奏响“丝路粤韵”》
央视综合频道《晚间新闻》	《专家详解:呼吸道合胞病毒与支原体感染》
央视电影频道	《电影〈傍晚向日葵〉厦门大学展映》
央视财经频道	《人类文明新形态——中国式现代化》(第5集)《和合之道》
央视综合频道《新闻联播》	《新时代新征程新伟业——实干笃行:福建全面提升产业体系现代化水平》
央视中文国际频道	《厦门、金门两地民众加快“双向奔赴”　同城生活画卷正在铺展》
央视中文国际频道	《厦门探索两岸融合发展之路(三):打造台湾学子成就梦想的理想之城》
中国教育报	《厦门大学持续丰富生物学野外实习场景——雨林滩涂做课堂　求知求真天地间》
中国教育报	《银发苍苍,奔赴下一场山海——银龄教师的故事》
中国青年报	《厦门大学听障博士毕业生赵岫竹:在无声的世界里披荆斩棘》
中国科学报	《减少固体废物可减缓气候变暖》
中国妇女报	《5000余人同时线上“抢课”,厦大〈爱情心理学〉课程受追捧　爱情选修课　成长“必修课”》
中国共青团杂志	《厦门大学:产学研的“青春印记”》
科普时报	《考古证实川滇先民主要来自黄河流域》
人民网	《2023全国广告学术研讨会在厦门举行　同期发布中国广告教育40年发展光荣榜》
人民网	《“新丝路·新十年”中土美食文化节在安卡拉举办》
人民网	《厦门大学国际传播研究中心揭牌　致力于打造我国东南国际传播研究学术高地》
人民网	《土耳其中资企业进高校活动在安卡拉举办》
新华网	《厦大火炬创星荟创新创业大赛奖项揭晓》
新华网	《厦门大学国际传播研究中心揭牌成立》
央广网	《2023全国广告学术研讨会暨厦门大学广告学专业创办40周年庆举行》
央广网	《厦大艺术学院举行建院40周年学科发展大会》
央广网	《厦门大学国际传播研究中心正式揭牌成立》
央广网	《“共和国的脊梁——科学大师名校宣传工程”剧目〈哥德巴赫猜想〉成功上演》
中国日报网	《〈傍晚向日葵〉获金鸡奖两项提名　走进厦大启动高校巡回展映》
中国日报网	XMU Launches New Book on Fujian, Modern Sino-German Relations
中国日报网	XMU Celebrates 40th Anniversary of Its Advertising Major
中新网	《厦大师生共飨劳动教育必修课成果》
中新网	《首届厦门大学火炬创星荟创新创业大赛颁奖》
中新网	《2023嘉庚国际论坛在厦门大学马来西亚分校举行》
中新网	《厦门大学艺术学院建院四十载:艺术学跻身一级学科》
中新网	《中国广告教育历经40年发展成效显著》
中新网	《“两岸学者面对面”畅谈两岸民生交流合作》
中新网	《厦大经济学人百年锐意进取、济世经邦　再展宏图》

中新网	《厦门大学国际传播研究中心揭牌成立　打造中国东南国际传播研究学术高地》
中国科技网	《第三届自然学术会议·柔性电子在福建厦门举行》
中国科技网	《"数字化深海典型生境"大科学计划正式启动　科技创新引领蓝色发展新动能》
中国科技网	《我国积极推动海洋领域国际大科学计划——2023 厦门国际海洋周在福建厦门开幕》
中国科技网	《厦大马校团队提出可减缓气候变暖固体废物管理新方案》
中国科技网	《专家共话第三代半导体发展》
科学网	《〈科学〉论文揭示减少固体废物,可减缓气候变暖》
新华社客户端	《全国广告学术研讨会暨厦门大学广告学专业创办 40 周年庆举行》
央广网客户端	《走进"中国广告的摇篮"　厦门大学广告学专业创办 40 周年》
央广网客户端	《两院院士增选名单出炉　厦门大学 3 人当选》

12 月

Xinhua News	China Focus: Experts Call for Promoting Higher Education Digitalization
人民日报海外版	《厦门大学举办"中国日"文化节》
新华社	《第四届用英语讲中国故事活动走进福建》
新华社	《"青春,要写在大舞台上"——台湾青年大陆逐梦记》
央视电影频道	《中柬电影大师对话论坛在厦门大学举办》
光明日报	《厦门大学:着力打造"景润青年"学生品牌》
光明日报	《厦门"三爱"教育引导学生厚植爱国主义情怀》
科技日报	《科学家首次推演出全球尺度　海洋生物碳泵分布格局》
中国教育报	《聚焦数字时代与高等教育可持续发展　2023 高等教育国际论坛年会举办》
中国教育电视台	《把握数字时代新机遇　推动高等教育可持续发展》
中国教育电视台	《聚焦数智化教育教学改革　培养高质量数学人才》
中国科学报	《研究揭示全球海洋生物碳泵分布格局》
人民网	《2023 高等教育国际论坛年会在厦门大学举办》
人民网	《缅怀大先生风范,弘扬教育家精神》
新华网	《2023 高等教育国际论坛年会在厦门大学举办》
新华网	《"青春,要写在大舞台上"——台湾青年大陆逐梦记》
央广网	《【记嘱托·识校训·践青春】自强不息止于至善　以奋斗之名奉献青春》
央广网	《厦大原创话剧〈哥德巴赫猜想〉在国家大剧院上演》
央广网	《兴业银行厦门分行联合厦门大学开展"反诈金融知识进校园"活动》
央广网	《厦门大学数学学科创建百年》
中国日报网	《2023 高等教育国际论坛年会在厦门大学举办》
中国日报网	《数字时代与高等教育可持续发展——2023 高等教育国际论坛年会成功举办》
中国日报网	《中国日报社与厦门大学签署国际传播战略合作框架协议》
中新网	《厦门大学哲学学科百年回眸:不懈奋斗　终成大器》
中新网	《第六届两岸社会保障论坛在厦门举办》
中新网	《2023 高等教育国际论坛年会在厦门大学举办》
中新网	《厦门大学数学学科创建百年　成为中国数学研究和人才培养重镇之一》
中新网	《规模超千亿！厦门为何能打造"新能源产业创新之城"?》
中国教育新闻网	《华为开发者大赛第二届厦门开发者创新应用大赛在厦举行》
中国科技网	《"共和国的脊梁——科学大师名校宣传工程"剧目〈哥德巴赫猜想〉成功上演》
中国科技网	《话剧〈哥德巴赫猜想〉在国家大剧院上演》
中国科技网	《2023 高等教育国际论坛年会在厦门大学举办》
中国教育在线	《2023 高等教育国际论坛年会在厦门大学举办》
光明日报客户端	《厦门大学举办"中国日"文化节》
光明日报客户端	《"第二届大学迁徙历史与文化研讨会"在福建厦门举行》
中国教育报客户端	《2023 高等教育国际论坛年会在厦门大学举办》
中国教育报客户端	《2023 新时代高校数学教学改革与创新研讨会举办》

·索 引·

(1)本索引采用主题词索引法,按主题词首字汉语拼音顺序排列(首字为阿拉伯数字的,集中置于索引最前面;首字为英文字母的,按其读音置于相关字母最前面)。

(2)索引后面用数字标明内容所在的页码,并用 a、b、c 分别表示在该页的左、中、右位置。

(3)表格除了标明页码,还括注"表"。

(4)为简便起见,主题词中涉及学校的组织机构、会议、活动等,一般均省略"厦门大学"4 个字。

(5)特载、专文、厦门大学概况、机构与干部、人物名录、学校文件、表彰与奖励、毕业生名单、2022 年大事记、附录不做索引。

NUM

"1＋N"建设引航计划　160a
"1＋X"监督机制　278a
101 计划　226a
2011 协同创新中心(国家级)　343(表)
2011 协同创新中心(省级)　344(表)
2022 年度高校与新闻单位互聘交流"双千计划"　96a
2022 年度目标责任制考核本科"示范引领奖"　156b
2022 年度研究生教学单位"示范引领奖"　97b
2022 年度中国科学十大进展　195c,252b
2023 年"看中国·外国青年影像计划·福建行"项目　96c
2023 年度科技项目年终评审交流会　266a
2023 全国广告学术研讨会暨厦门大学广告学专业创办 40 周年庆　97c
2023 软科中国最好学科排名　143b
2023 中国网络文明大会网络辟谣论坛　97a
20 周年系列活动　158b
"21 世纪海上丝绸之路"大学联盟国际暑期项目　388b
3D 染色质结构　255c
45 年院庆学术周暨院庆大会　167c
"5·18"国际博物馆日主题活动　361b
"5·25"大学生心理健康教育月活动(第十七届)　285a
5G 虚拟校园网　363c
6·15 海峡文化与经济发展论坛(第九届)　127a
"6·9"国际档案日主题活动　361c

A

Achenbach 奖　216b
Advanced Materials(《先进材料》)　229b
"AI 驱动的社会科学研究与公共治理新范式的构建"高端学术论坛　156c
A 集刊　167a
阿尔茨海默病　255b
艾滋病日宣传教育　404c
爱尔兰都柏林大学　134b,390a
爱尔兰圣三一大学亚洲中心　390a
爱国廉洁教育主题学习　180a
爱思唯尔 2022"中国高被引学者"榜单　124b
爱思唯尔中国高被引学者　141b
安全、防伪、识别国际会议　219c
安全动员大会　128b
安全工作大会　241a
安全生产月　291b
安子介国际贸易研究奖　123b
澳门城市大学　387c
澳门青年教师　390c
澳门特别行政区行政长官贺一诚　389b

B

Biometrics　126a
巴黎政治学院　386c
拔尖创新人才　414c
拔尖学生贵重实验仪器设备开放创新基金项目　314a
拔尖学生培养试验计划　116c
白华、张金宝、胡晓兰、魏湫龙、王耀辉　201c
百家讲坛　83a
百千瓦级 PEM 电解槽　265a
百师万家　431a
百位专家投教行　129c
搬迁　425c
办公自动化系统软件信创化　364b
办学质量　428a
半导体关键战略材料项目　265a
半导体显示产业年会　189b
帮扶力度　373c
帮扶医疗技术　415a
棒球队　174b
棒球邀请赛　174c
宝钢优秀学生　225b

宝太杯　230c
保卫工作　429c
保险与再保险论坛(第三届)　130c
报考点受理报考范围　331a
北部新城分院　427b
北京大学社会学系　181a
北京国际电影节(第十三届)　115a
北京国际图书博览会(第二十九届)　369b
北京图书订货会(第 35 届)　368b
本地实验网　363c
“本栋”系列火箭　216b
本科高校环境满意度　410c
本科高校教育教学研究项目　90c,93a
本科教材教辅编制　160c
本科教学实验室开放管理办法　315a
本科教学委员会章程　314c
本科教育教学评估　87a,115b
本科教育教学审核评估　79c,92a,122b,122c,123a,157c,160a,164a,199c,208c,219c,243c,363a
本科教育教学专家研讨论证会　82a
本科目标责任制考核　190a
本科生表现　87a
本科生学术论文竞赛　93b
本科生学业预警管理办法　315a
本科生源质量　234b
本科实践教学案例选编　314c
本科校外实践教育基地建设管理办法　315a
本科招生　136c
本科招生生源质量　315a
本科招生宣传　180a,199c,217c,245c,234c
本科招生宣传学院包省制　315b
本科专业设置　316(表)
本硕博专业　412b
本亚明·利斯特　196c
本研教学目标责任制考核　238c
毕业典礼　82c,92a,116a,168a,203c
毕业典礼(2023)　412c
毕业论文　119a
毕业生“毕业一课”　149c
毕业生代表发言　206b
毕业生代表廉洁教育专题活动　277b
毕业生高质量就业　155a
标志性讲座平台　333a
表层海洋—低层大气研究(SO-LAS)战略研讨会　240a,261b
滨海湿地生态系统教育部重点实验室学术委员会会议　245b
博士后创新人才支持计划　225a,379c
博士后科研流动站　225b,379c
博士后流动站　214a
博士论文　156c
博士生实践队调研报告　97b
博士生学术论坛(第十七届)　93b
博士学位授权点　116c
博士学位授权点专项核验　161a
博士学位授权一级学科　216b
博士研究生学术论坛(第六届)　196c
博士研究生学术论坛(第一届)　180b
“博学至善”系列调研活动　284a
部分贵重仪器设备分布　402(表)
部级科研创新平台　339(表)

C

CCGAR 双周论坛第 208 期学术研讨会　144b
Cell　228c,229a,229b
Cell Chemical Biology(《细胞化学生物学》)　228c
Cell Reports　229b
Cell Reports(《细胞报告》)　229a
Cellular & Molecular Immunology(《细胞与分子免疫学》)　228c
CMQC 中国医疗质量大会医疗质量持续改进典型案例(第二届)　422c
COP28 中国角和海洋角 ONCE 系列边会　247a
(CSSCI)来源期刊　343a
材料产业发展高端论坛　204a
材料科学学科　203c
材料科学与工程专业国家级实验教学示范中心　204b
材料设计大赛(第十四届)　204a
材料学院　202(表)
材料知识竞赛(第十一届)　204a
财会监督　385a
财税名家论坛　125a
财务管理与会计系列学术论坛　145c
财务管理与会计研究院　146(表)
财务信息化　385a
蔡启智　247b
参访企业　210a
曹玲团队　261a
测试服务及服务的科研项目　373(表)
产教融合创新平台　358b
产教融合基地　199c
产学合作育人项目　312c
产研融合发展会　222b
产业投资沙龙　264c
产业振兴　374b
超算中心　363b
陈爱贞　124c
陈嘉庚纪念堂　286c
陈杰　115a
陈晶职工技术创新工作室　426a
陈鹭真　245b
陈敏　238c

陈世雄　115b
陈树　137b
陈雯　125b
陈振明　155b,155c,156b
陈子辰　94c
成果发表　258c,259a
成绩　416c
城市管理案例创新大赛(第五届)　157a
城市医联体　416c
城乡规划国际研究生专班　206a
“出版杯”教职工篮球赛第五名(第二十二届)　369a
出版学研究生工作站联合建设协议　370a
出国访问　110b,112a
传播研究所、华夏传播研究会系列学术研讨会　96a
传染病疫苗研发全国重点实验室　266c,337a
“创青春”大赛(第十届)　299b
创新创业　199b
创新创业成果　219c
创新创业大赛(第九届)　117a
创新创业英才奖　236a
创新设计中心　112a
创意与创新学院　111(表)
春季交流会　222a
春季学期教职工大会以及重点工作研讨会　155b
春游活动　126b
从严治党　151c
崔永辉　266c

D

Developmental Cell(《发育细胞》)　229a
DSA室　427c
大力推进基础学科拔尖人才培养　312b
大生里教工住宅　400a
大数据人才交流会　144a
“大思政”建设　130b
大思政联盟　126b
大思政平台共建　125c
大统战工作　293a
大型纪念活动档案　361c
大学迁徙历史与文化研讨会(第二届)　169b
大学生创新创业大赛(第九届)　116b
大学生创新创业年会(第七届)　114c,313c
大学生海外社会实践　299a
大学生科技创新　298a
大学生年度人物(第十七届)　243a
大学生夏令营　160c
大学生阳光游泳锦标赛　410b
大学生艺术节(第七届)　299b
大学生职业规划大赛　131c
大学生职业规划大赛(首届)　284b
大学直属附属医院　415a
大学转型发展研讨会(第二届)　168b
大中小学思政课一体化　160c
大中专学生志愿者暑期“三下乡”社会实践活动　299c
戴民汉　240b
戴民汉团队　260c
党代会　197c
“党的二十大和我的人生路”主题征文　156a
党的二十大精神　81c,86a
党的基本知识学习班　81c
党的领导　357b
党建　364c,373b
党建“双创”工作　269c
党建创新实践基地　241a
党建工作　116a,430b
党建共建　217c
党建活动　162c
党建提升与管理创新奖　100c,241a
党建引领　175a,211c,432a
“党建引领育‘新’人”项目　98a
党建引领育人　233b
党建与事业发展深度融合　160a,380c
党建重点课题调研　269c
“党课新传说”青年讲师团　96a
党团活动月　245a
党团联合教育活动　88a
党委理论学习中心组联学　181a
党委书记班子例会制度　233a
党务干部队伍　288c
党员大会　86b,116c,203c
党员代表大会　269b
党员代表大会情况通报会　274a
党员干部教育培训班　179a
党员教育　128a
党员教育培训活动(第一期)　83c
党员教育培训全覆盖试点单位　287b
党员教育培训总结　287b
党支部工作“立项活动”　178c
党支部和党员　100c
党支部集中换届　233b
党支部沙龙(第二十一期)　203a
党支部书记述职评议会　162b,230a
党支部书记抓党建工作述职评议考核　231c
党支部书记抓基层党建工作述职　81c,86a
党支部书记抓基层党建工作述职评议会　179b
党支部项目　231c
党组织　266c
档案文博管理　361c
档案文博信息化建设　362a
档案资源管理系统三期　361b

导师入驻学生社区 199b
德国慕尼黑大学 386c
德国驻广州总领事馆 389c
德育 431a
德育工作 429a
德育活动 429c
地球深部生物圈环境中病毒的研究 247b
地球卫士奖 387a
邓子基文科资深教授百年诞辰纪念活动 127b
第八届“福建省优秀科技工作者” 196a
第二届教职工代表大会第六次会议 229c
第二届实验教学比赛二等奖 157c
第二课堂 162c
第二批国家级一流本科课程 155c
第二批全国高校“百个研究生样板党支部”创建培育工作验收 142b
第二批全国学校急救教育试点学校 404b
第九届全国大学生基础医学创新研究暨实验设计论坛中南赛区基础临床赛道及“一带一路”国际论坛复赛 234b
第六届学术委员会第一次会议和第一届咨询委员会第一次会议 251a
第十二次党代会代表 100c
第十二次党代会精神 86c,100c,144b,195b,244c
第十二次党代会精神 233a
第十二次党员代表大会 83a,380b
第十二次学生代表大会 229c
第十三次研究生代表大会 229c
第十三次斩获国际遗传工程机器大赛(iGEM)金奖 196c
第十一届厦门冬季学术会议暨厦门大学 2023 年医学学术年会 235c
第一批“服务育人示范岗”单位集体 143c
电动自行车综合治理 290c
“电化学研究范式”暑期学校 2023 251a
电极表面电荷储存聚集反应 196a
电影产业中心 117a
电影交流会 118b
电影胶片论坛 119c
电影教育与产业发展 118a
电影暑期学校 116a
电影学院 113(表)
电影作品回顾展 119c
电子分会 219a
电子科学与技术学位点 219b
电子邮件系统软件信创化 364b
调研 114c,255b,425c
调研交流 176b
调研学习 368b
调研指导 247a
丁俊琪 137c
顶级医院百强榜 420a
定点扶贫和帮扶工作 195b
定点扶贫和帮扶工作先进集体 101b,370a
东阿阿胶股份有限公司 229c
东北师范大学附属中学来校 119a
“东方毅国防教育基金” 285b
东海低氧区多界面碳汇通量观测浮标 247c
东盟常驻代表委员会 389b
东南考古研究中心 89b,343b
东南卫视 411c
董事会 2023 年第一次会议 368b
都柏林项目 107c
“读懂中国” 283b
“读懂中国”主题教育活动 155b
杜兴强 141c
队伍建设 430c
对口援藏 421a
对口院校 373c
对内对外调研交流 106c
对外交流 201a,251c,432c
对外交流学习 365a
对外经贸大学到访 128a
对外宣传 107a
对外学术交流与合作 208a
多学科视域下的国际传播研究学术研讨会 118c
多学科综合实践教育基地 314a
多语种诗歌诵读大赛(第四届) 101b

E

Economic Journal 136c
Ecosystem Health and Sustainability 245a
ESI 全球排名前 0.61‰ 203c
ESI 全球前 1% 412b
俄罗斯联邦政府财政金融大学和中俄数字经济研究中心到访 134c
儿童营养标准与规范培训基地 425a
二十世纪下半叶亚洲电影的多元景观国际会议 119b

F

FITI 未来网 363c
发展质量 417b
法国勒阿弗尔大学 387c
法国驻广州总领馆及高等教育署广州中心 388a
法律硕士专业学位授权点 151a
法学一级学科博士学位授权点 151a
法学院扩建 403b
反恐防暴 290c
反诈先锋队 291c
访企拓岗 114c
访企拓岗促就业 132a
访问 116b

访问菲律宾、文莱和新加坡 180a
访问孔子学院 106a
访问马来西亚 412c
访问学者计划 423b
放射外科手术系统 418c
放映交流 117c
飞发控制一体化技术验证联合实验室 216a
非机动车 291a
非学历教育 176a
非学历教育督导组 333b
非学历教育改革创新典型案例 334a
非学历教育管理办法 333c
非学历教育经费管理办法 333c
菲律宾、文莱、新加坡 387c
菲律宾驻华大使 388c
废液泄漏事件应急演练 203a
分级分类 287b
分级诊疗 421a
分类建档 362a
分校图书馆 412c
分子影像学厦门论坛(第五届) 256c
奋进奖学金 220a
服务 417b
"服务育人"示范岗(首批) 293b
服务育人领域 361c
服务育人示范岗 169a,223b
"服务育人示范岗"单位(第一批) 360c
福建青年五四奖章(第20届) 222b,240c
福建青年宣讲党的二十大精神比赛 155c
福建青年宣讲党的二十大精神活动 298a
福建省"慕课十年典型案例"特等奖 141b
福建省"双带头人"教师党支部书记工作室 219b
福建省"最美高校辅导员"(第二届) 112a
福建省"最美高校辅导员提名人物"称号(第二届) 97c
福建省2023年本科高校教育教学研究项目 151a
福建省2023年度"慕课十年典型案例" 196b
福建省报刊十大名栏目 367b
福建省本科高校教育教学研究项目 186c
福建省本科高校教育教学研究项目立项 142c
福建省大学生暑期社会实践 161a,299a
福建省大学生戏剧节(第五届) 117c,118a
福建省第十五届社会科学优秀成果奖 182b
福建省高层次人才 81b,96a,235b
福建省高等教育学会高等教育学专业委员会成立大会 168a
福建省高等教育研究院 167a
福建省高等学校文科研究基地 345(表)
福建省高校基层党组织"一融双优"典型案例 223b
福建省高校教师教学创新大赛(第三届) 124b
福建省高校军事理论课教师研讨会 369b
福建省高校数学学科联盟 186b
福建省高校特色新型智库 346(表)
福建省高校虚拟教研室建设点 204a
福建省高校重点实验室 207a
福建省核医学青年医师知识竞赛(首届) 421a
福建省级课程思政示范项目 140c
福建省教育教学改革研究项目(本科) 326(表)
福建省解剖学会2023年学术年会 235c
福建省紧急医学救援基地 414a
福建省康复科普大赛(首届) 422c
福建省科学技术奖(2022年度) 337b,340(表)
福建省课程思政示范课程(本科) 325(表)
福建省临床重点专科建设项目 414a
福建省绿色家庭 244a
福建省人工智能学会 118c
福建省社会科学基金项目 343a,353(表)
福建省社会科学研究基地 345(表)
福建省社会科学优秀成果奖(第十五届) 118c,172b,343c
福建省审读阅评沙龙(首届) 123c
福建省推进地市级媒体深度融合研讨交流会 97b
福建省委领导批示 97b
福建省委宣传部、省电影局 116a
福建省先进工作者 252c,427a
福建省消防救援总队 382b
福建省新时代文明实践志愿服务项目大赛(第六届) 141b
福建省虚拟教研室建设点 219b,325(表)
福建省研究生教育精品课程 142c,225c
福建省研究生优秀教学案例 225c
福建省研究生优秀论文 210a
福建省研究生优秀学位论文 132b,144b,200b,219b
福建省药品审评与监测评价中心实训基地 225b
福建省一流本科课程 131b,324(表)
福建省应用型本科高校经管类教材建设专题研讨会 370b
福建省优秀博士学位论文 225c
福建省优秀出版项目 142c
福建省优秀工程勘察设计奖 207b
福建省优秀教师 129c,379b
"福建省优秀科技工作者"(第八届) 253a
福建省优秀硕士论文 206b
福建省优秀硕士学位论文 225c
福建省优秀学位论文评比 186c
福建省哲学社会科学繁荣发展典型案例 410c
福建省哲学社会科学重点实验室 101a,181a,343a,345(表)
福建省哲学社会科学重点实验室培育名单 143a
福建省执业药师继续教育培训班 418c
福建省智库 116b
福建省中西医结合学会骨关节保护与矫形分会 422b
福建省重点智库 343b,346(表)
福建省重点智库培育单位 143a

福利慰问 293c
福厦泉国家自主创新示范区协同创新平台 240a
福州市第二总医院 422b
福州市第二总医院罗源医院 422c
“福籽同心爱中华”主题宣讲比赛(首届) 149b,285a
辅导员素质能力大赛(第五届) 284a
辅修项目颁奖 132a
辅修专业设置 321(表)
妇产科学科技量值(STEM)排名 425b
妇女工作影响力 307b
妇女委员会 82a
妇委会主任增补 187c
妇幼健康职业技能竞赛 425c
附属科技中学共建 210c
附属龙岩中医院 235b
赴日驻点研究 248c
复试录取工作机制 330c
副院长 138b
富邦大讲堂 137c

G

Games and Economic Behavior 134a,129b
甘露糖 255b
肝肾移植 413c
肝脏移植手术 420b
干部队伍建设 199a
干部工作会议 425a
干部教育培训规划 287b
干部论坛 288c
干部任免 92c,149a,208b,220c
干部任免宣布会议 369a
干部试用期满考核 86c
港澳 389a
港澳台学生 234a
港澳台学生就业 172a
港区全国政协委员 389b
高层次人才工作 200b
高等代数习题课 186b
高等教育(本科)国家级教学成果奖 225a,312a
高等教育发展研究中心青海分中心 169c
高等教育国际论坛年会 169b
高等教育研究博士生学术论坛 169b
“高等教育研究服务国家战略的使命担当”专题调研座谈会 167b
高等医学院校“时代新人”培育工作研讨会 233b
高分子加工课程虚拟教研室 204a
高考招生宣传 210b
高考招生咨询 210b
高林、五缘 400a
《高山景行——潘懋元先生纪念文集》新书发布会 370b
高树基团队 260c
高水平合作项目 101a
高水平论坛 342c
高水平研究成果 158a
高校材料学科研究生凌峰论坛(第十一届) 204a
高校调研 240b
高校教师十项准则及负面案例汇编 281a
高校实验室间比对 372c
高校思想政治工作队伍培训研修中心 284a
高校思想政治工作精品项目 170c,411c
高校物理学学科联盟年会 189c
高校宣传工作创新发展论坛(第六届) 272a
高校在线开放课程联盟联席会 141b
高雅艺术进校园活动 333a
“高永福仇璐伉俪奖教奖学金”颁奖(首届) 124a
高质量党建 251a
高质量发展 371c
高质量发展座谈会 370a
《哥德巴赫猜想》 272b
革命史展览馆 286c
个税汇算清缴 385b
个性化就餐 374a
各类内地本(预)科招生类别构成表 327(表)
“给青年一小时·2023 夏至厦门”工作坊 156a
工程创新实践教学平台 363a
工程创新实践教学平台文化提升工程 314a
工程硕博士专项校企导师见面会(首届) 330a
工程研究中心评价 258c
工代会(二十三届三次) 293b
工会 90c,225a,266c
工会、妇委会活动 182a
工会干部学习班(第 32、33 期) 292c
工会工作 293a
工会换届 236a
工会换届选举大会 144b
工会会员代表大会 144b
工会会员代表大会暨换届大会 241a
工会委员会 82a
工会委员会换届 187c
工会委员会换届选举大会 370c
工作室(站)落户 427c
公共服务中心 240c
公共管理硕士专业学位研究生在线示范课程建设计划 156a
公共管理学学位授权点专项核验评议会 157b
公共事务学院/公共政策研究院 154(表)
公共卫生两岸院长讲座(首届) 225b
公共卫生学院 224(表)
公共政策二级学科建设工作组成立暨第一次工作研讨会 157b

公益项目和优质资源　176b
共促两岸融合发展实践点　387c,388c
“共促两岸融合发展实践点”(首个)　334c
“共促两岸融合发展实践点”授牌　334c
共建国际中医药文化交流基地　106c
共建活动　369a,369c
共建教育实践基地　106b
共建厦门大学附属翔安医院协议书　414a
共建数量经济学国际学术交流平台　137c
共建协议　87a,412c
共青团中央、福建团省委表彰　298b
共识宣言　140c
“共筑民族团结”主题实践活动　285a
骨干教师培训　222c
骨干教师研修活动(第十一期)　316b
骨科试点医院突出贡献奖　422b
鼓浪文学大奖赛　82b
鼓浪学术波(首期)　83c,120c
鼓浪学术派(首期)　120c
挂钩帮扶　207c
关工委　219c
“关键少数”　287b
关于加强非学历教育教学管理有关工作的通知　334a
管理规定　361c
《管理世界》　125c,130a
管理学院　139(表)
管理制度建设　201a
贯彻落实全面从严治党主体责任工作会　151c
光电子集成芯片立强大会(第四届)　219a
光明书榜　90c
“光荣在党50周年”纪念章　187c
光影计划　119b
广东校友会　236a
广州·龙岩对口合作医院　427b
广州中医药大学附属第一医院紧密型医联体　427a
广州中医药大学附属第一医院　426c,427b
规章制度　81a
《刽子手进戏园》　118c
郭沫若中国历史学奖　343a
国别与区域研究中心　344(表)
“国和一号”产业链联盟大会　210b
国际传播研究中心揭牌仪式　118c
国际传播研究中心揭牌仪式暨多学科视域下的国际传播研究学术研讨会　97c
国际第三代半导体论坛(第九届)　189c
国际法前沿问题暑期研修班(第十六届)　149c
国际高端代表团　165b
国际高水平杂志　256c
国际关系学院/南洋研究院　163(表)
国际海洋法法庭口头程序　150c
国际汉语史研究　83b
国际汉语史研究中心　83c
国际合作　103b
国际合作平台　207b
国际合作网络　246b
国际会议　149c,156c,397(表)
国际经济法　151a
国际科技组织　246c
国际科学理事会　389a
国际可持续性科学研究院　243b
国际商务硕士校外导师圆桌会议　132b
国际生报名时间差异化管理　334a
国际生态环境科学联合会(IUEES)　245c
国际生专班项目　245b
国际税法全国暑期学校　150a
国际投资法专题研讨会(第十七届)　150c
国际研究生专班　145c,164c
国际艺术与设计院校联盟厦门大学平行会议　112a
国际诊疗部　420c
国际中文教育基地项目　106b
“国际中文教育数智化发展”智库论坛　106b
国际中文教育学院/海外教育学院　105(表)
国家、省级学会　414c
国家安全　291c
国家妇产疾病临床医学研究中心分中心　425b
国家高层次人才特殊支持计划教学名师　312a
国家高端智库(培育)　343(表)
国家公立医院绩效考核　423a
国家骨科医学中心保膝联盟　422c
国家骨科与运动康复临床医学研究中心伦理审查互认联盟成员单位　422c
国家基金立项　206c
国家级大创项目　199c
国家级高等教育教学成果奖(2022年本科)　322(表)
国家级和省级一流本科课程　96b
国家级继续教育项目　427a
国家级教学成果奖　87b,128c,129a,142b,150b,156b,168c,195c,219a,222b,238c,253a,316c
国家级科研创新平台　337(表)
国家级媒体　417a
国家级人才项目　235a,255b
国家级荣誉　161b
国家级实验教学示范中心　200a,312c
国家级新工科研究与实践项目(第二批)　312c
国家级虚拟仿真实验教学一流本科课程(第二批)　312b
国家级研究生教学成果奖　330c
国家级一流本科课程(第二批)　127a,142a,149a,186b,195c,216b,217c,238c,312b,322(表),410c
国家级专业技术人员继续教育基地建设　175c
国家级资质　416c

国家杰出青年科学基金项目　337a
国家临床教学培训示范中心　415b
国家临床执业医师资格考试　234b
国家青年高层次人才项目(海外)　260a
国家社科基金冷门绝学研究专项　165a,343c
国家社科基金项目　81a,93a,117b,130a,131a,343a,347(表)
国家社科基金中华学术外译项目　343a
国家社科基金重大项目　124c,126c,172a
国家社科基金重大项目立项　144c
国家首批心脏瓣膜病介入中心　423c
国家天元数学东南中心　186a
国家卫星海洋应用中心　239c,382c
“国家宪法日”主题宣传教育活动　152a
国家医疗相关标准执行竞技赛(第二届)　414a
国家医学攻关产教融合创新平台　400c
国家艺术基金　114a
国家优秀青年科学基金(海外)　240b
国家优秀青年科学基金项目　337b
国家优秀青年科学基金资助　190a
国家优秀中小学教师培养等专项招生项目　331a
国家语言文字推广基地　81c
国家重点研发计划　203a
国家重点研发计划课题　219c
国家重点研发计划立项　256c
国家重点研发计划牵头项目　337a
国家重点研发计划项目　239b,258b,260c
国家资助博士后研究人员计划　235b,379c
国家自然科学基金科学中心项目　235c
国家自然科学基金联合基金重点支持项目　235c
国家自然科学基金项目　129b,140c
国家自然科学基金项目立项　256c
国家自然科学基金依托单位　266c
国家自然科学基金优秀青年科学基金项目　260a
国家自然科学基金重大项目　245c
国家自然科学基金重大项目结题验收评审会　141a
国家自然科学基金重大项目课题结题　141a
国家自然科学基金重点项目　219a,337b
国内合作高端平台　100a
国内合作重大合同签署　383(表)
国商专硕开题答辩　132b
国外实地招生宣传　334a
国务院学科评议组　117b
“国优计划”研究生开班仪式(首届)　330b
“国之名医·优秀风范”称号　420c
改革发展　175c
改革开放精神　245b

H

海滨新区　400a
海上科学调查航次　261c
海上丝绸之路国际产学研用合作会议　189b,240a,389b
海上丝绸之路历史文献　89c
海上丝绸之路文献集成·历代史籍编　89c
海水营养盐国际比对航次　261c
海水营养盐国际比对航次任务　244a
海丝肛肠联盟　427a
海丝文化交流项目　106b
海丝中央法务区论坛“完善知识产权全链条保护机制”分论坛(第三届)150c
海外青少年研学营　334c,388a
海外新阵地　165b
海外远程教育　106b
海西金融、旅游、健康、消费信心指数　144c
“海峡金融杯”乒乓球比赛(第二届)　124c
海峡两岸大学生机器人竞赛与工程教育交流会(首届)　313c
海峡两岸大学生金融创新创意大赛(第一届)　125b,128b
海峡两岸大学生生物知识竞赛(第三届)　223a
海峡两岸高校现代书院发展　223a
海峡两岸海洋环境监测及预报技术研讨会(第十届)　263a
海峡两岸口译大赛(第九届)　100b
海峡两岸图书交易会(第十九届)　369c
海峡两岸微观经济研讨会　138a
海峡两岸中医文化交流节　234b
“海洋传感器”海洋主题科普艺术展　239c
海洋法高端研讨会　151c
海洋负排放(ONCE)国际大科学计划　246b
“海洋负排放”国际大科学计划　261a
海洋负排放国际标准工作组　246b
海洋负排放国际大科学计划第二届开放科学大会　240a
海洋负排放开放科学大会(第二届)　247a
海洋负排放生态工程范式路线图　247c
海洋环境科学专题　366a
海洋科技博物馆　239c
海洋科技与工程分会　240a
海洋科学　238c
海洋科学开放日(第十二届)　239c,262b
海洋科学学科　238b
海洋科学一级学科博士学位授权点　238b
海洋气象与气候变化研究中心　239b
海洋人物　379b
“海洋人物”称号　240b
“海洋人物”荣誉称号　260b
海洋生物技术奖(学术或工业界)(首届)　239a,260b
《海洋文化十八讲》编写工作推进会　370a
海洋与地球学院　237(表)
海医会心血管专委会　424a
海岳学术云(首期)　120b
海韵北区产权　399c
海韵博士生学术论坛　189c

海韵园办公楼交接 181c
海韵园二期 403b
海韵园教学科研用房 400a
寒假社会实践 168a
汉语言文字应用系列大赛 83b
航空航天学院 215(表)
好家庭好家风好家教 306c
合作办学 115a
《合作发展电影产业人力资源谅解备忘录》 119b
合作交流 431b
合作协议 153a
合作意向书 117b
何梁何利基金科学与技术创新奖 195c
何梁何利基金科学与技术进步奖 223a,259a
核转运蛋白 Hikeshi 髓鞘 256a
红色剧本杀创作大赛(首届) 88a
红色实践学习活动 370b
红色影视作品配音大赛(第二届) 182a
"红心向党"成长营 83c
洪华生海洋与环境科学教育奖(首届) 262a
洪永森 137b
鸿儒奖学金 123b
后勤保障 432b
湖南大学出版社 369b
"互联网+学风建设" 283c
护理质量持续改进优秀项目(首届) 422a
"花开中国"名校台港澳青年互访计划(第二期) 334c,387b
"花开中国"名校台港澳青年互访计划(第三期) 335b,390a
"花开中国"名校台港澳青年互访计划(首期) 334b,386b
华电辽宁公司 265c
华侨大学 370a
华侨华人与中国教育现代化 89b
华商厦庚 265a
化学化工学院 193(表)
环东云谷活动基地 222a
环境功能材料与技术专题 366b
环境科学与工程 244a
《环球时报》 244b
环校跑 174a
环中国海海洋文化遗产调查与研究 89c
换届 167c
黄大年式教师团队 168b,281a
黄辉 97c
黄昆英才班 189a
黄良文讲坛(第十一讲) 131a
黄凌风 244a
黄鸣奋教授新书发布会 117b
"黄牛""黑车"整治 290c
黄宜弘铜像 168c
回馈社会 176b
回眸与创新发展大会 93c
会计凭证影像化 385a
会议服务 373c
火电改核电国际会议(首届) 210c

I

ICI 博士论坛(首届) 110c
IM 两岸青年影展 116c
iScience 241c
I 型经典树突状细胞 256a

J

JASA 134b
Journal of Business & Economic Statistics 124c,126a
Journal of Development Economics 129b
Journal of Econometrics 125c
Journal of Macroeconomics 副主编 136c
机电工程与自动化学院 411b
机器人经导管二尖瓣微创手术 423c
机械工程学科调研 213a
基本建设工程、评定分离 400c
基层党建创新案例 426a
基层党委(党总支)书记抓基层党建工作述职评议会 269b
基层就业人才培养计划 284c
基层理论宣讲先进集体 298a
基层团组织建设 233b
基础科学中心 2022 年学术年会 246c
基础设施建设 251c
基础医学一级学科博士学位授权点 235a
急诊专科医联体 422b
集成电路科学与工程博士后科研流动站 219b
集团影响力 371c
集中调研 100c
"计量建模与经济政策研究"项目中期检查会 137a
计算原理与 Python 编程 137b
技术服务 176a
技术与创新支持中心(TISC) 360b
继续教育 104a
加强管理 357c
家风家训书画作品二等奖 156c
家庭家教家风 293a
嘉庚高新技术研究院 358a
嘉庚科学仪器前沿论坛暨第十三届"厦门表面科学"系列会议 251a
《嘉庚立志》 115b
贾杰教授团队 426c
监控系统 290a
柬埔寨国王 390c
柬埔寨邮电部 387a
建校 20 周年校庆活动 411a

建院 40 周年　103a
建院 95 周年　416b
建院四周年　413c
建筑与土木工程学院　205(表)
《剑桥棱镜:近海的未来》　260c
健康帮扶　375b
健康帮扶支医　404b
健康联络员　414a
健康义诊　294b
健康知识讲座　294b
讲座　158a
奖教金　87a,124c
奖教金颁奖　122c
奖励情况　372c
奖学金捐赠　114a
交叉学科先进能源论坛(第九期)　210b
交流学习与合作　295a
交流座谈　86c,116c
交通标志标线　290b
交通组织　290a
交友平台　294b
焦念志　240b,247b
教材出版　186b
教代会(八届三次)　293b
教工党支部书记抓基层党建工作述职评议　141a
教工游泳运动会(第 30 届)　128a
教师成绩　160b
教师出访　117b
教师发展　428c
教师服务水平　362c
教师干部　118b
教师工作部　368b
《教师工作参考》　281a
教师工作坊　281a
教师工作量考核办法　240c
教师奖项　210b
教师节 40 周年献礼片　118a
教师节座谈会　280c
教师科研突破　161c
教师人事服务手册　240c
教师主页　363c
教授委员会(第五届)　161c
教授委员会(第一届)　92a
教授委员会换届　187c
教学比赛　203b,206c,315c
教学比赛成果　190a
教学成果　100b
教学成果奖　87a
教学技术支持　362c
教学科研佳绩　213b
教学研究　432b
教学研究项目　93c
教研实践基地合作协议　92b
教研室　83c
教研相长　109a
教研项目成果　190b
教育部"101 计划"《计量经济学》教材编写研讨会　137b
教育部"101 计划"计量经济学虚拟教研室工作会议　137b
教育部"101 计划"课程　190a
教育部"十四五"重大项目开题报告会　136b
教育部产学合作协同育人项目(第二批)　206b,217c
教育部产学研合作协同育人项目立项　144c
教育部创新创业英才奖　312a
教育部第三批虚拟教研室建设　195c
教育部电子商务类专业教学指导委员会　141b
教育部干眼医药基础研究创新中心　235c
教育部高校思想政治工作简报　281b
教育部教育质量评估中心专题研讨会　168b
教育部杰出教学奖(第四届)　312a
教育部人文社会科学研究项目　351(表)
教育部人文社会科学重点研究基地　344(表)
教育部涉外法治人才协同培养创新基地(培育)　152a
教育部生物学课程野外实习虚拟教研室　222c
教育部现场考察　234a
教育部学位管理与研究生教育司调研　330a
教育部学位与研究生教育发展中心主题案例　167c
教育部直属高校党建工作　94c
教育部直属高校政府采购专项培训班　400c
教育部重点培育建设任务名单　334a
教育部重点实验室　200c
教育部重点实验室(文科)　344(表)
教育教学奖励　245c
教育教学研究项目　225c
教育教学研讨会　179a
教育评价改革　380b
教育学学科建设专题会　167a
教育学一流学科建设　343c
教育学一流学科建设与中国式教育现代化高端论坛　167b
教育学一流学科建设咨询座谈会　169b
教育研究院　166(表)
教育质量目标责任制　160b
教职工大会　86a,86c,219a,223a
教职工代表大会第五次会议暨 2022 年度总结表彰大会(第一届)　368b
教职工代表大会(第三届第一次会议)　243a
教职工读书会　293c
教职工郊游　131a
教职工女子气排球比赛季军　170c
教职工荣誉退休工作实施方案　286c
教职工慰问　294a

教职工文体活动　220a
教职工运动会(第21届)　174c,414b
教职员工准入查询实施办法(试行)　379b
揭幕仪式　168c
揭牌仪式　106c
节能减排社会实践与科技竞赛(第九届)　243c
杰出访问教授　240b
杰出贡献奖(首届)　411b
杰出系友论坛　93c
结对共建　219b
金门　389b
金门大学食品科学系　389b
“金融科技”专题讲座　136b
金融科技创新大赛(第二届)　128c
金融支持建设海峡两岸融合发展示范区研讨会　127c
金山软件、方正集团到访　124b
金相技能大赛(第八届)　203c
金砖创新基地战略咨询委员会　333c
金砖国家　423b
金砖国家新工业革命技术与治理卓越人才培训班　333c
“进步之星”荣誉称号　168c
进口科研生物材料入境　402b
近代史研究生论坛　88c
近代中国的法律与社会　89c
晋江侨乡实践研究基地　180a
禁毒宣传教育　291b
禁毒宣传月　291b
经典重释与文化传承学术论坛　343b
经济波动与增长学术论坛年会　138a
《经济学(季刊)》　126c,127a
经济学科新百年　123c
经济学科院友乒乓球团体比赛(首届)　125b
经济学科院友羽毛球团体比赛(首届)　125c
经济学系建系百年　131b,131c
经济学院　121(表)
经济学院成立40周年　123c
《经济研究》　126a,126c
经济展望研讨会　137c
精品课程　206a
精品社团　88c
精品展演　103c
精准培训　287b
境内外师生羽毛球交流赛(首届)　172c
境外高校到访　210c
就业促进活动　153a
就业工作　131a
就业工作成果　191b
就业暨实习见习招聘会　203a
就业实习　115a
就业指导　81b
就医体验　416a
举办展览　110c
聚焦学科专业特色做好招生宣传　315c
捐赠ACT银铜钛医用口罩　140c
军民融合　417b

K

开放科学大会(第二届)　261a
开学典礼　83a,117a,129b,151b
康复楼　422b
康斯坦丁·诺沃肖洛夫　197a
抗癌治疗　255c
抗病毒先天免疫反应　255b
考察调研　151c
考察学院建设　116b
考古国际合作　88c
考古学术研讨会　89b
考试组织管理工作　331b
科创产业(湖里)加速器　264a
科创工作　81a
科创竞赛　222c,234a
科创竞赛获奖　191a
科幻电影与科幻产业学术研讨会　117b
科级干部选任考察　288c
科技成果产业化　210a
科技成果宣传　358b
科技成果转化　358a
科技创新2030　200c
科技创新促进联合国可持续发展目标(SDGs)研讨会　243b
科技创新杰出人才奖　196a
科技创新平台　210a
科技创新专题学习　263c
科技项目交流会　264c
科教工作　424a
科教一体化建设　234c
科普教育基地　414b
科普进校园　362a
《科学·进展》　261a
科学探索奖　222b
科学探索奖(第五届)　258c
科研　431c,432b
科研产出　211c
科研成果　152b,165a,174c,186c,190b,201c,417b,420c,422a
科研成果获奖　155a
科研服务中心　223b
科研工作会议(第十七届)　222c
科研共进　376a
科研奖项　93a
科研经费　200c,225c

科研平台建设　420c
科研水平　145a
科研项目　103b,415a
“课程、课堂和课题”研究　430a
课程建设　190a
课程思政　213b
“课程思政”建设　186c
课程思政建设项目　157a
课程思政教学系列沙龙(社会科学学部专场)　180b
课程思政示范课程　93c
课程思政示范课程建设项目　82b
孔子学院　107a
孔子学院比赛　107b
孔子学院年度理事会　107a
跨海之谊薪橡奖　172b
框架合作协议　243a
框架协议　118b
昆山厦大创新中心　383c
困难毕业生群体就业帮扶工作　284c
扩建项目　151b

L

垃圾分类　400b
拉美智库　390c
来华留学教育管理研究学术研讨会　106a
来校调研　116a
蓝色经济发展科技创新团队　241a
劳动教育　168b
劳动教育赋能乡村振兴校企研讨会　168b
劳模精神　293a
老旧小区　400a
离散数学　186b
离退休教师座谈会　82c
离退休教职工“六好”示范党支部　100b,286c
离退休教职工南光学习活动中心　286c
离退休人员待遇　379b
李峰　231c
李家彪　240b
李卫彬　216b
李晓红　117b,120a
李智　125a
理论阐释　160a
理论武装　187b
理论与史学论坛　89a
理事会会议　219a
历史考古青年论坛(第五届)　89c
“历史视野下的经济发展与思想演进”学术研讨会(第三届)　127b
历史文化考察活动　92b
历史学科高质量发展　88c
历史与文化遗产学院　85(表)
立德树人　432b
立项经费　207a
立足岗位做贡献　306b
连续 18 年满意度蝉联第一　144c
连续化加氢催化技术产业交流会　253b
联动共管　291a
联合管理委员会　110c
联合国 BBNJ 政府间谈判　147c
联合国第二届综合海洋碳研究报告　247c
联合国秘书长海洋特使　389c
联欢活动　244b
联学党的二十大精神　368a
联学共建　86a,86b
廉洁家风展　277c
廉洁教育工作案例　130a
良师益友奖(第一届)　130b
梁凤仪　386c
梁青　235b
两岸大学生影像联展暨凤凰花季毕业影展(第九届)　96b
两岸会议　398(表)
两岸金融交流座谈会　127b
两岸青年论坛(第七届)　249a
两岸青年学子文化研习营　297c
两岸社会保障论坛(第六届)　172c,249a
两岸学术　416c
两岸学者面对面　170c
两岸学子论坛(第九届)　172b,248c
两优一先　83a,174b,225a
“两优一先”表彰大会　230b,233a
《瞭望》　96c
临床医学(“5+3”一体化)项目　234c
临床医学博士专业学位授权点　235a
临床医学一级学科博士学位授权点　235a
临床重点专科建设项目　425b
凌峰暑期科研训练(第十六届)　244b
刘婧媛　124c
刘文　228b
刘祖国　235c
留学归国教师国情教育研修班　274c
流浪狗整治　291a
琉球今昔与未来　183b
“六好”示范党支部　243c
龙岩厦大产教融合研究院　244b,383c
龙岩实践考察　96a
龙岩市　382b
龙岩市中医康复联盟　427c
龙岩市中医院党委书记　427b
龙岩市中医院院长　427b
鲁迅纪念馆　361c

《陆军护理质量指标》 422a
陆军临床重点培育专科 422a
鹭江营销学者论坛(第三届) 144a
论文宣传推广 366b
论文在线发表 132c
论文转载 124b
罗亚威 240c
逻辑思维能力竞赛(第十一届) 93b
骆庭伟 247b
吕永龙 241c,243c,244b,245a
绿潮后期大型海藻对碳库的影响及碳源/汇效应 247b
绿盘鲍 239c

M

Management Science 136c
MBA 项目获奖 143c
MEL 本科生暑期科研奖学金项目 262a
MEL 研究生学术论坛(第八届) 262a
Micro－LED 全彩显示模组 265c
Military Medical Research(《军事医学研究》) 229a
MoS2 膜 253c
MPA 教育中心推行系列改革举措 158a
MPA 教育中心组织架构 155b
MQA 全认证 412b
妈妈小屋 294b
马可·波罗—郑和国际海洋法律与政策暑期班(第 15 届) 149c
马克思主义理论本科专业 160c
马克思主义理论博士后科研流动站 161c
马克思主义理论研修班 283b
“马克思主义新闻观”集体备课会 97a
马克思主义学院 159(表)
《马克思主义研究》栏目 367b
马克思主义与中华优秀传统文化研修班 94a
马克思主义政治经济学 129a
马克思主义自主学习行动计划 283b
马来西亚 390b
马来西亚分校共建协议 389a
马来西亚团组 387b
马来西亚征阳集团 387b
“懋元奖”奖教奖学金 167b
梅西大学 117b
湄洲湾职业技术学院 369b
“美国工业界及学术界研究之比较”专题报告 137c
美国哈佛—燕京学社 387c
美国纪录片 117c
美国加州地方政府 389c
美国罗格斯大学到访 134b
美国美华友好协会 387c
美国纽约电影学院 389c
美国纽约电影学院来访 116a
美国特拉华州立大学 390a
美国特拉华州立大学中国语言文化研究中心 106c
美国新泽西州立罗格斯大学 389c
美国亚利桑那大学 387a
美国亚利桑那大学来访 132c
美丽心灵志愿服务 422a
美育服务 104a
美育教育 104a
蒙纳士大学到访 134b
免税进口科研仪器设备开放共享管理办法 402a
缅怀恩师潘懋元先生座谈会 169c
面板数据与时间序列计量经济学前沿国际研讨会 137a
民政部民政政策理论研究奖 181c
民主党派、统战团体负责人培训班 273c
民主生活会 86b,114a,116c,122b,142c,178c
“民族团结进步宣传月” 274b
闽版好书 93a
“闽版好书”奖 370a
“闽版好书”提名奖 370a
闽东北骨科专科联盟 422c
“闽都·南强杯”研究生体育竞赛(首届) 329c
闽都陈嘉庚公益基金会合作项目 175c
闽南方言智能语音项目 83a
闽宁财经学科大思政联盟第一届年会 130b
闽台地方文献与数字人文工作坊 89a
闽台非遗数字化保护与智能处理学术会议(第二届) 118c
闽台文化遗产与海洋文明学术 89a
铭传大学 387b
目标责任制考核 168c
《穆桂英挂帅》 115b

N

Nature 196a,196b,229c
Nature Communications 190c,229c,239b,243c
Nature Electronics 190b
Nature Sustainability 239a
NEJM 256c
NOD 样受体家族蛋白寡聚化组装激活 254c
钠/钾金属负极材料领域进展 203b
南海年会(第十届) 261b
南海治理国际研讨会 151b
“南强杯”研究生三分钟学术演讲比赛(首届) 330b
南强基础学科拔尖创新人才培养计划实施方案 313a
南强教学名师奖励计划 115c,313b
南强杰出贡献奖 155b,260b
南强青年拔尖 B 类人才 156a
南强青年拔尖人才国情研修班 379b
南强青年学者云论坛 210b,379b
南强青年学者专栏 366b

南强群学讲坛　181b
南强群学青年学者论坛(第一届)　180b
“南强同心讲坛”第三讲基层统战干部培训班　274a
“南强同心讲坛”第五讲　274c
南强学术讲座　81c,115b,152b,207c,240b
南强优博培育计划　186c,234c
南强卓越教学名师　82c,155c,238c
南洋数字图书馆　165b
“囊萤书院”启动仪式暨首场专题报告　96b
“囊萤星火”青年讲师团　298a
内部质量保障体系　313b
内地研究生录取情况(2023 年)　331(表)
内控管理　178c
能源材料项目　265b
能源领域重大技术装备　265a
能源学院　209(表)
尼日利亚纳姆迪·阿齐克韦大学　386c,388a
年度“海洋人物”　247b
年度医疗十大创新技术　418b
“年度优秀论文”和“年度优秀栏目”评选活动(第三届)　367b
聂海峰　125a
宁德下党　230b
宁德柘荣　230b
凝聚强大合力　432c
“凝心铸魂强根基、团结奋进新征程”主题教育　273c
纽约电影学院　120a
纽约电影学院纪录片　389c
农业农村部农业主导品种　239c
疟原虫雄配子　255a
挪威驻广州总领事　386b
诺贝尔经济学奖得主萨金特　137c
诺贝尔物理学奖得主　253b

O

ONCE 成员　247b
ONCE 计划　246c
ONCE 计划国内执行机构　246b
ONCE 计划委员会工作会议(第一届)　247a
ONCE 专题国际会议　246c
欧洲自然科学院　118c

P

Physical Review Letters　190b
潘懋元　168c
潘懋元先生高等教育思想学术研讨会　169c
潘越　129c
培训活动　294a
培训基地与战略合作　176c
培训项目　225c
培养人才　131a
培养医学人才　415a
朋辈导师　199c
朋辈导师促进计划　284c
彭水军　125b,126c
“平安留学”行前培训　390a
“平安留学”行前培训会(厦门)　388a
平台建设　161c
平台进展　87c
评估　219b

Q

QJE　124a
“七一”表彰大会　142a
期刊建设会议　131b
其他国家级青年人才支持计划入选者　190a
企业家日活动(首届)　143b
签订共建协议　130c
签订合作协议　131a
签署合作备忘录　143b
签署合作协议　165b
签署培训合作框架协议　132a
签署战略合作协议　229c
钱伯海文科资深教授铜像　131c
强基班　92b
强基计划试点高考出分前考核　315b
强基计划学生本研衔接转段工作(首届)　331a
强基计划学生完成本研衔接转段(首届)　314b
强基哲学本科生联合论坛(第一届)　90c
青海省本科招生　164b
青海省生源座谈会　164b
青骄汇　84a
青年干部沙龙　289a
青年骨干研修班　288c
青年教师　131b,219a
青年教师教学比赛(第十八届)　93b,244c
青年教师教学技能比赛　149a
青年教师教学技能提升沙龙　203b
青年马克思主义者培养工程学生骨干培训班(第二十一期)　298b
青年批评家论坛　82c
青年学者　260a
青年医学检验师技术比赛　425b
“青选至”学生团队　141b
“情牵厦金”2023 年两岸青年学子文化研习营　334b,386c
庆祝中国共产党成立 102 周年暨 2022—2023 年“两优一先”表彰大会　97a
庆祝中国共产党成立 102 周年暨 2022—2023 年优秀共产党员、优秀党务工作者表彰会　369c
邱伟杰一行　368a

秋季新学期重点工作研讨会　156c
区域国别学国家急需高层次人才培养专项　164b
区域国别学一级学科　164a
区域科技创新中心　358b
区域领先技术　414b
屈文洲　143a
衢州市、衢州高端电子化学品创新研究院　383b
全磁悬浮人工心脏植入　423c
全光网络改造　147c
全国(青年)运动会武术套路比赛铜牌(第一届)　143b
全国“三下乡”社会实践活动　299c
全国“挑战杯”　172b
全国GCP机构药物临床试验量值排名　421a
全国GCP机构药物临床试验量值排行榜　418a
全国MBA培养院校“公司理财”核心课程师资研讨会　142c
全国MPAcc学生案例大赛特等奖(第九届)　142a
“全国百篇优秀管理案例”评选(第十四届)　143a
全国表彰　234a
全国超级显微血管吻合技能大赛　422c
全国创新大赛　210c
全国创新争先奖　222b,258c
全国大学生创新创业年会(第十六届)　312c
全国大学生公共经济与政策大赛(首届)　126c
全国大学生暑期实践团队TOP100　216c
全国党建工作样板支部　257c
全国法律专业学位研究生法律文书写作大赛(第七届)　149b
全国妇幼保健机构绩效考核　426a
全国岗位学雷锋标兵　416c
全国高等学校本科教育教学质量发展报告　169a
全国高校毕业生基层就业卓越奖　284c
全国高校高等教育学研究生学术论坛(第五届)　168a
全国高校黄大年式教师团队(第三批)　257c
全国高校教师教学创新大赛　222c,312b
“全国高校权威社科期刊”奖项　367b
全国高校数字艺术大赛　117a
全国高校质量文化建设示范案例(首批)　312c
全国公立医院绩效考核　420a
全国红树林保护与修复研讨会　263b
全国宏观经济学博士生学术论坛(第三届)　138a
全国护理科普教育基地　424a
全国教育规划项目　351(表)
全国教育科学规划　168c
全国教育实证研究论坛(第九届)　169a
全国巾帼文明岗　418b
全国科技活动周　418a
全国科普教育基地　239c
全国两会精神　124a
全国三八红旗集体(2023)　422b
全国首艘“绿色应急拖轮”　265b
全国数量经济学博士生学术论坛　134c
全国税务专业学位研究生教育指导委员会　123b
全国稳定同位素生态学学术研讨会(第九届)　245a
全国学生青年运动会比赛(第一届)　174c
全国学术大会　230c
全国医药院校药学/中药学专业大学生实验技能展示活动(第七届)　228c
全国艺术科学规划项目　351(表)
全国优秀博士后　235b
全国优秀大学生暑期夏令营(第八届)　145b,213c
全国优秀大学生夏令营　196b
全国政协委员　247b
全国知识论研究生暑期学校(第三期)　92b
全国中学生“中心科学”夏令营　196b
全面从严治党　162c,277c
全面从严治党工作会议暨警示教育大会　277c
全面从严治党暨党风廉政建设专题会议　370b
全面从严治党主体责任　186a
全面建设社会主义现代化国家与中国经济学理论创新”研讨会　131b
全面提升人才自主培养质量(本科生培养)专题调研　313b
全欧/全英中国经济学会年会　134a
全球高被引科学家　216c
全球汉语儿童哲学理论与实践公益暑期学校(第五期)　92c
全球气候治理的中国方案与国际传播学术研讨会　98a
全球前2%顶尖科学家榜单　117b,143a,203c,208c,216c,239a,244c,411a
全球税收协定评论大学竞赛(第七届)　149b
全省党员教育电视片观摩交流活动(第十七届)　269b
全院教职工大会及科研大会　156b
全自动微流控核酸分析仪　257c
泉州市　382a
群贤大讲堂　196c

R

Resource and Energy Economics 副主编　125a
燃气突发泄漏事件应急演练　204b
热化与涨落关系国际探讨会　189b
热力学与统计物理基础和前沿进展研讨会　189b
人才队伍建设　164a,421c
人才队伍全流程管理　181b
人才工作　206c
人才共育　375c
人才培养　103c,104a
人才培养目标责任制　313b
人才引育　200b
人才振兴　374c
人工智能应用电化学联合实验室　264b
人工智能与数字经济高端论坛　138a
人类博物馆藏品　362a

人类命运共同体　183b
《人民日报(海外版)》　164b
人民网奖学金　220a
人社部数字技术工程师培育项目培训机构(第二批)　333c
人文社科国家部委基地　344(表)
人文社科科研业绩突出个人　170a
认知障碍疾病治疗　254c
《日本藏〈韵镜〉文献汇刊及释要》　83b
日本静冈产业大学　387b
日常教学咨询沙龙　316c
日间手术　421a
日志易日志管理系统　364a
日中投资促进机构　388b
荣休仪式　132a,236a
荣誉获奖　253b
“融通新鹭”两岸学子城市文化之旅　334c,388c
乳腺癌　254c
软科世界一流学科排名　130b,238c
软科中国大学专业排名 A＋专业　142a

S

Science　229b
Science Advances　229b,239a
Science、*Nature* 及其子刊论文　330c
Springer　243c
萨本栋微米纳米科学技术研究院　212(表)
萨本栋应用物理奖　189b
塞尔维亚诺维萨德大学　388b,390a
赛事奖项　294c
三八红旗集体　426c
《三大队》　120a
三海(海峡、海丝、海洋)国际新闻传播大数据实验室　97b
“三海”海带　239c
三级中医院现场评价　426c
三甲　414c
三全育人　109b,371c
三校国际关系人才培养研讨会　164b
三阴性乳腺癌　255a
沙特投资部　388b
山东大学　382a
上证杯全国高校 ETF 菁英选拔赛　129c
少年科普拓展营　213c
设施建设　365a
设施设备　290b
社会活动　192a
社会科学文献出版社谢炜副社长一行　368b
社会实践　124b,233c
社会实践成果　191a
社会实践活动　88b,150a
社会学实践研究基地揭牌　179b
《社会学研究》　178c
社会与人类学院　177(表)
社区大舞台基层交流　249b
涉海科技成果　239b
身边的好同学(第十届)　245b
身份中心平台　364a
深化中央巡视整改工作专题会　279b
深入学习宣传贯彻党的二十大精神　157c
深圳职业技术大学　168b
审核评估　238b
升旗仪式　298b
升强行动　380b
生发中心反应　255a
生命接力　414b
生命科学教学改革与创新　223b
生命科学学院　221(表)
生态学　244a,244b
生态振兴　375a
生物安全三级实验室　225b
生物安全专题培训　222a
昇腾 AI 创新大赛金奖　216c
省、校级虚拟教研室　186c
省部级　254c
省部级奖励　207b
省基金立项　207a
省级表彰　418c
省级典型党建工作室案例　241a
省级教育教学研究项目　180c,313a
省级课程思政示范项目(普通高等教育类)(第三批)　313a
省级立项　164b
省级荣誉表彰　421b
省级社会实践一流本科课程　181b
省级示范党支部　222c
省级虚拟仿真实验教学一流本科课程(第三批)　313a
省级虚拟教研室建设点(首批)　313a
省级学习教育基地　286c
省级一流本科课程　143c,245a,312c
省级一流课程　186b
省级智库单位　117a
省级重点实验室培育单位　97b
省奖　169c
省社科基金项目　81a
省社科优秀成果奖(第十五届)　87c
省委新型智库项目　97b
省优秀硕士学位论文　98a
师德集中学习教育　233a,280c
师德集中学习教育暨法学院师德师风讲堂　150b
师德师风　103a,128b,245c
师德师风大讲堂　245c
师德师风建设　142b,182a

师德师风讲堂　230b
师生安全　291c
师生党支部　219b
师生运动会　245a
师资队伍建设　187a
师资共促　376c
师资培养　103b
十二届校党委第一轮巡视　233a
十佳党建品牌　103a
十佳党建品牌(首届)　86c,98a,101c,152b,158c,195b
“十佳党建品牌”评选(首届)　269c
十佳网络文明班级　245b
十九大精神　115c
“十四五”规划实施中期评估　380b
“十四五”职业教育国家规划教材书目(首批)　312b
“石榴籽手拉手”活动　285a
时间序列计量经济学与应用宏观经济学前沿研讨会　138a
实践教学　86b,360b
实习基地　114b
实习实训基地　86c
实验教学比赛(第三届)　313c
实验教学比赛(第一届)　203b
实验教学管理制度　314c
实验教学信息化管理系统　314b
实验室安全　291b
实验室安全员党员先锋岗　402c
实验室封顶　266c
示范课程　160c
示范引领奖　180c,186c,238c
《世界经济》　122c
世新大学　387b
市场学系成立十周年　142a
市校共建　118c
市校合作联席会议　381b
试剂耗材询购平台　399c
视频会议保障　364a
收录案例　199a
手术视频大赛　416c
首届新青年全球胜任力人才培养项目　96a
书画展　293c
书记“第一堂思政课”　180c
书记校长访企拓岗促就业专项行动　284b
书记院长有约　243c
书香校园　81b
书香校园建设研讨会　283c
暑期公益夏令营　294c
暑期社会实践　119a,128b,168c
暑期学校　247c
暑托班　294c
“薯来宝”博士生服务团　230a
述职评议　123a
数创金融杯建模大赛(第四届)　143a
数据科学与现代经济统计论坛(第三届)　129c
数据支持学校决策　380c
数学科学学院　185(表)
数学学科百年庆专辑　366b
数学学科创建100周年　186a
数学与智力玩具空间　360c
“数智化时代的公共政策:范式变化与学科建设”学术研讨会　157b
“数字化发展监理与教育典范转移”专题报告　137b
数字化教育平台　362c
数字经济与经济学理论创新研讨会　126b
数字经济与数智金融高端论坛　124c
数字经济与中国式现代化战略研讨会　136b
数字孪生海洋国际峰会　261c
数字校园卡系统　364a
数字影视元宇宙　115c
双带头人　257c
“双带头人”工作室　241b
双向转诊　421a
“双一流”建设中期自评　244b
“双一流”中期建设成效　238b
税务法学硕士联合培养项目　334a
顺利封顶　151b
硕士留学准备课程项目　145c
硕士学位授权点　116c
思明校区雨污分流改造　400b
思明院区管理委员会　413c
思想政治工作　411c
思政工作　175b
思政教育和学科文化建设融合　187c
思政教育活动　152b
思政节目录制　84a
思政课　86b
思政课改革　160a
思政课教师　160b
思政一体化　430c
四川研究院　383c

T

台东县议会议长　387a
台海观察　249a
台海站　263b
台海站第一届学术委员第二次会议　263a
台海站东山实验场　263a
台生成长发展计划　143c
台湾淡江大学　388a
台湾淡江大学到访　132a
台湾逢甲大学　388b

台湾辅仁大学　389a
台湾师范大学进修推广学院　388b
台湾学生　334c,387c
台湾研究院　171(表)
台湾研究中心学术年会　172b
台湾元智大学　387c
泰国驻厦门总领事馆　388c
碳汇交易　244c
唐作藩音韵学奖(第二届)　84a
《桃李无言》　118a
特色发展　432b
特色学科国际招生系列直播　334b
特殊类型招生考试工作　315b
特映活动　114a
体育部主任培训班　174b
体育工作　174c
体育教学部　173(表)
体育赛事　157a,233c,294a
体育特色　174c
体育文化节(首届)　174a
体育先进学院　152c
天津大学博士生学术论坛(第五届)　129c
田野上的思政课　180c
挑战杯　143b,157a
挑战杯(第十八届)　115a,169a,410c
“挑战杯”(第十八届)“星系”级作品　216b
“挑战杯”(第十八届)一等奖　118a
“挑战杯”(第十六届)特等奖　117a
“挑战杯”(第十三届)金奖　216a
“挑战杯”大学生课外学术科技作品竞赛(第十八届)　299b
“挑战杯”竞赛　298a
“挑战杯”全国大学生课外学术科技作品竞赛　219a
“挑战杯”省赛　165a
“挑战杯”中国大学生创业计划竞赛(第十三届)　167b,297c
停车秩序　291a
通过古 DNA 实证新石器到青铜时代川滇先民主要来自黄河流域　181c
通识教育课程　247c
同行交流学习　373c
统计工作制度　380c
统计力学　190a
统战信息工作培训班　274c
图书情报工作委员会　360c
团学工作　88a
团支部工作　114b
团中央第一书记　299a
推免生录取人数创历史新高　330c

W

外国使节看渔业　388b
外国语言文学博士论坛(第六届)　101b
“外国语言文学类＋会计学/财务管理”跨学科人才培养项目　145c
外事专题培训班　387c
外文学科创建 100 周年　98c
外文学院　99(表)
晚清政府国家治理　89a
“万人计划”青年拔尖人才　260a
王传超　179b
王传超教授团队　181c
王沪宁　334c,387c
王克坚　239a
王鸣生　203b
王巍　137c
王晓红　114a,115c
王亚南纪念馆　361b
王亚南经济研究院　133(表)
网络安全培训　364b
“网络大 V”进校园　272a
网络教育部分公共课统一考试　175c
网络宣传与监管　103a
微党课大赛　425c
微党课展演　230a
微纳制造与智能制造暑期学校(第五届)　213c
维权关爱服务　307a
“魏嵩寿奖学金”颁奖(第十六届)　127b
文博领航人才研修班　90a
文化大讲堂　289a
文化活动　107a
文化品牌建设　106b
文化振兴　375a
文科全国性科研平台　342c
文明交流互鉴研究中心　100a
文厦论坛(第九届)　172a
文体工作　164c
文体竞赛　199b
“我是外交官”全国大学生外交风采大赛(第十三届)　164c
我最喜爱的十位老师　143a,190b,225a,235b,244c,299a
邬大光　169a
无偿献血　284a
吴伯僖追思会　189a
吴国瑛　175b
“五四”表彰　167c
五四红旗团委　155c,172a
五四运动 104 周年　298b
五育　431c
武夷非遗　88c
戊型肝炎病毒抗原尿液检测试剂盒　257c
务虚会　122c
物理科学与技术学院基本情况　188(表)

物理学科百年专辑 366a
物理学科战略发展咨询会 189b

X

西南大学到访 130c
西医类重点专科 422b
“惜影力”团队 116b
习近平经济思想 123c,128a
习近平经济思想教研中心 131b
习近平经济思想研讨会(第三届) 123c
习近平文化思想 152a
习近平新时代中国特色社会主义思想 415b,421c
习近平新时代中国特色社会主义思想主题教育 147c,240c,244b,269b,273c,231c
习近平新时代中国特色社会主义思想主题教育动员 425c
习近平新时代中国特色社会主义思想主题教育培训班 425c
戏剧影视学科 114b
戏曲与非遗工作坊(第二届) 116b
系党委书记 82c
《细胞》 235b
细胞密度传感器 256a
细胞命运调控 255c
细胞生物学学会杰出成就奖 222a
厦大—浙大财政学双边论坛(第二届) 125c
厦门大学 MBA 创新创业项目发布会 141c
厦门大学 OpenHarmony 技术俱乐部 200c
厦门大学毕业生摄影展暨广告作品展(第十六届) 96c
厦门大学大学生创新创业年会(第七届) 155c
厦门大学定点扶贫和帮扶工作先进集体 236a
厦门大学—对外经济贸易大学财政学双边论坛(首届) 130a
厦门大学非直属附属医院评审 426c
厦门大学附属龙岩中医院 404a,427a
厦门大学和溪南亚热带雨林生物学野外实习基地 222b
厦门大学继续教育学院院长,中共厦门大学继续教育学院总支部委员会委员、副书记 175b
厦门大学教职工羽毛球混合团体赛亚军(第十四届) 203a
厦门大学立法法理学论坛(第四届、第五届) 149a
厦门大学先进基层党组织 156b
厦门大学现代远程教育(网络教育)试点结束工作领导小组 175c
厦门大学学科专业改革实施方案 313b
厦门大学章程修正案 380c
厦门冬季学术会议(第十一届) 256b
厦门光物质相互作用学术研讨会 190a
厦门海洋环境开放科学大会(第六届) 240a,261b
厦门科学城嘉庚实验室氢能论坛 264a
厦门青年宣讲比赛 298c
厦门软物质论坛 189c
厦门市“五一先锋号”先进集体 204b
厦门市“最美科技工作者团体” 252c
厦门市第十二次社会科学优秀成果 81c
厦门市第十五批“双百计划” 235b
厦门市高质量发展工作先进集体 266c
厦门市海洋产业优秀人才 247b
厦门市湖里区政府 264a
厦门市禁毒委员会 382a
“厦门市就业创业指导基地三星级(市最高级)” 284b
厦门市科技创新殊荣 213b
厦门市科学技术进步奖 257b
厦门市科学技术重大贡献奖 196a,252c,420c
厦门市氢能标准化技术委员会成立大会 264b
厦门市社会科学界学术年会(第十四届) 411c
厦门市社会科学优秀成果奖(第十二次) 114a
厦门市食品药品质量检验研究院 229c
厦门市图书馆 369c
厦门市委理论学习中心组 263c
厦门市心血管健康产业技术创新联合体 423b
厦门市眼部疾病重点实验室 418a
厦门市眼科专业质量控制中心 414a
厦门市仪器仪表学会成立 38 周年专题 366a
厦门市筼筜湖保护中心 244a
厦门市质量奖(第六届) 420b
厦门市专利奖特等奖 257c,337c
厦门校友会社会与人类学院分会 181a
厦门眼科中心 235a
厦门姚明生态科技有限公司 243a
厦门元宇宙产业博览会 115c
厦门院友会会员代表会议 155b
先进典型 293a
先进基层党组织 97a,241a,243a
先进医疗设备 422a
现场教学 230b
现代远程教育(网络教育)试点结束工作领导小组 333c
线上听课看课技术支持 363a
《宪示》碑拓片 360b
乡村振兴 83a,104a,287b,371b
香港“义连班” 334b
香港城市大学来访 119b
香港工会联合会福建中心 386b
香港国际影视展(第二十七届) 114b
香港理工大学 388a
香港青年团体 386c
香港升学规划教育座谈会 334c,388c
香港特区政府驻福建联络处 387b
香港学生职业沙龙 334b,386c
《香魂女》 115a
翔安校区博士后公寓一期 403c
翔安校区开评标室 400c

翔安校区快递服务中心　403c
翔安医院　234c
“向美而行 以美育人”艺术作品展　167b
项目建设立项　200a
消防安全　291b
小米青年学者　379c
肖传兴　236a
肖武鹏　244c
校办企业改革　358a
校本教研　431a
校党委第一轮巡视工作动员部署会　279b
校地共建　104a,291a
校地战略合作框架协议(芗城区)　410b
校级科研机构考核　157c
校级人文社科科研奖励　181c
校级重点立项　231c
校级主题案例　157c
校际青年会计学者学术论坛(第十六届)　141c
校领导出国(境)访问　394(表)
校内课程开展混合式教学创新　314b
校企党建交流　141a
校庆活动　411a
校区搬迁　110a
校史信息化建设　362a
校友工作　109c,192a,199a
校友会　153a,410c
校友联络活动　153a
校友系列讲座　128b
校友走访　81a
校园文创推广　374a
校园文化　103c,293c,428b,429c
校园写作　428b
校园心理剧大赛　104b,285a
校运会　223a
校长基金　199c
协作共商　375c
写作教学中心举行揭牌仪式　333a
“心怀国之大 情系海之深”主旨论坛(第二届)　241a
心理图书展　285b
心理知识竞赛(第五届)　285a
心理咨询　294b
心血管科学学系　235b
心血管人才　423c
新(续)签合作协议　395(表)
新党员宣誓仪式　142a
新发展党员集中培训班　270a
新华社专访　174c
新华思政平台　94a,151a
新基石研究员项目　253a
新技术　416b,420c
新加坡驻厦门总领事馆　389a
新教工入职培训　379c
新教师入职仪式　84a
新教职工入职典礼　280c
“新囊萤计划”项目　363b
新任研究生导师研修活动　331c
新入职教师集中培训　316a
新生“开学第一课”　149c
新时代“漳州 110”研究中心　150b
新时代客家祖地文化　249a
新时代两岸论坛(第二届)　172b
新时代首都原创剧本创作及选题孵化项目　118c
新时代中国高等教育创新发展学术论坛　168a
新时代中国杰出教育家　169a
新文科沙龙(首届)　89b
新闻传播学院　95(表)
新西兰惠灵顿市　388c
新西兰中国友好协会　387b
新型显示领域成果　191a
“新型窄谱发射绿色与红色发光材料及制备技术”项目启动会　203a
新修增订注释全唐诗　82a
新学期工作布置会　86c
新一届工会委员会　161c
新增学士学位授权审核　313a
信息学院(特色化示范性软件学院)　198(表)
信息学院 5 号楼　403b
信息学院 6 号楼　403b
信息学院配套建设　400a
刑事诉讼法学　149a
“行见八闽”大思政课研学实践圈　272a
“行为公共管理与新文科实验室建设”研讨会　156a
行政领导班子　167c
“形势与政策”课程　160b
匈牙利经贸代表团　388a
匈牙利企业发展基金会　386c
匈牙利驻广州总领馆　387a
雄安新区人才合作　284b
虚拟化云计算中心　363b
虚拟教研室建设　210a
许和山　175b
许继聪　240b
宣传平台　291c
宣传先进集体　421b
宣讲　161b
薛涧坡　136c,138b
学风建设　199a
学风建设大会　230b
“学风徐来”系列行动　131c
学工队伍　88a

学工组 155a
学科百年 189a
学科调研 81a,86c,210a
学科发展大会 214a
学科共建 376b
学科规划 86b
学科建设 100c,103b,206a,416b,420b
学科建设、人才培养 204a
学科建设调研 179c
学科建设与人才培养工作促进会 243a
学科竞赛 180c,222c,428b
学科重组 211b
学科综合实力 101b
学社宣讲 89a
学生党支部 109b
学生党支部书记抓基层党建述职评议 140c
学生发展 429b
学生反诈先锋队 284b
学生访学 120a
学生工作 98a,101a,226a
学生工作部(处)第二党支部 369a
学生工作佳绩 161b
学生工作特色单位 223b,243a
学生工作先进单位 223b
学生管理 109a
学生红剧大赛(第十四届) 195b
学生活动 104a
学生获奖 182a
学生讲解员 362a
学生就业 123a,124a
学生社团 300(表)
学生社团建设管理评议委员会 298c
学生社团文化节 299c
学生实习 124a
学生实习数据月填报制度 314c
学生双创竞赛 210c
学生思政工作 186a
学生思政活动 222a
学生田径运动会(第58届) 112a,174c
学生网络素养教育模式 283c
学生文体活动 191b
学生新发展党员 83c
学生学术科技月(首届) 199b
学生志愿服务 81b
学生志愿服务项目品牌体系 88b
“学史崇德 芯火相传”青蓝成长营 219a
学术活动 100a,180c
学术机构体系 164a
学术交流 161c
学术科创竞赛 104b
学术论坛 83b
学术品牌 165a
学术研讨会 362b
学术演讲比赛 169b
学术周 110c
学位点评估 213b
学位论文 169c
学位授权点合格评估 142b,157a
“学习党的二十大 共建生态厦门”调研交流会 243b
“学习党的二十大 青春奋进新征程”主题微党课大赛 243c
“学习二十大 聚焦绿色发展”实践教学活动 243a
学习分享会 127a
学习贯彻习近平文化思想主题宣讲比赛 152a
学习贯彻习近平新时代中国特色社会主义思想主题教育动员会 167c,369a
学习贯彻习近平新时代中国特色社会主义思想主题教育专题民主生活 195a
学校第十二次党代会精神会议 150c,156c
学校教工男排冠军 231a
学校通令嘉奖 216a
学业发展 430a
学业竞赛 152c,234a
学业朋辈导师促进计划 234c,314b
“学院”与“研究院”关系 162c
学院发展座谈会 180a
学院工作 208a
学院共建 225b
学院教授委员会换届 96c
学院院训 160a
学院重组 216a
学者来访 213c
巡视工作 130a
巡视工作领导小组会 279a
巡视整改 358a
训练交流 174b

Y

亚太地区企业并购模拟竞赛(第十一届) 151b
亚太国际工程计算方法学术会议(第7届) 207c
亚太能源存储与转化会议(APEnergy2023)(第四届) 197a
亚太能源存储与转化会议(第四届) 253c
研究成果发表 181a
研究生获奖 87c
研究生教学与培养 234c
研究生教育目标责任年度考核 200b
《研究生经典必读文献》 161a
研究生科研成果 181b
研究生目标责任制考核 186c
研究生培养 81b
研究生培养机制改革 160c

研究生人才培养 156b,161a
研究生实践团队 87b
研究生思政类比赛佳绩 161b
研究生体育竞赛 174b
研究生田野调查基金项目 87b
研究生新生见面会 134a
研究生新生开学第一课 329c
研究生新生师生见面会 137a
研究生学术研讨会(第十六届) 101b
研究生招考 330c
研究生招生 160c
研究生招生信息化建设 330c
研究生支教团 298c
盐沼领域碳汇方法学 244c
眼表与角膜病重点实验室 418a
眼健康科普馆 418a
雁阵工程 195b
央视报道 191a
央视新闻 263a
“扬才计划”党员骨干能力提升培训班(首期) 82a
“扬才开讲了”微党课报告会 270a
杨灿、许永洪 122b
杨玲 117b
姚俊峰 118c
药膳制作技能大赛 427a
药学博士生论坛 230c
药学博士一级学位授权点 228b
药学先锋班 230a
“药学先锋班”开班式(第三期) 230b
药学院 227(表)
药学院工会会员大会 229c
液基活性胶体相分离 196b
“一把手”专题警示教育活动 277b
一带一路 183b,184a
“一带一路”国际传播能力建设论坛(第三届) 97c
“一带一路”建设中国际贸易和投资风险防控法律实务丛书首发式 368b
“一带一路”智库学者 390b
一级学科博士点 200b
一级学科博士学位授权点 244a
一级学科学位授权点 92c
一流本科课程 174c,200a
一流后勤 371b
一流课程 206a
一流课程建设 225b
“一融双优”基层党建工作模式典型案例 216c,269c
“一站式”学生社区综合管理模式建设 285b
医联体 421a,422b,427b
医联体合作协议 426b
医疗服务 421a
医疗技术 416b
医疗美容科 418a
医疗质量安全持续改进典型案例(2023 年) 422c
医学学术年会 256b
医学院心血管科学学系 404c
医养结合 426c
医药产业调研 230b
医药领域腐败问题集中整治工作 415b
医院领导班子 413c
依法治院 414b
艺术学院 102(表)
易班建设推广 283c
意大利威尼斯大学 387a
音乐教育 431a
“银行与公司金融”青年论坛 129c
引才宣讲 240b
引培人才 213a
印尼、马来西亚、柬埔寨 388c
印尼东爪哇省 389a
印尼媒体 390c
“印象黑河 行知筑基”实习 314b
应对台风 211a
应急救护培训 404c
应用经济学高端前沿论坛(第六届) 131b
英国伯明翰大学到访 132c
英国创意艺术大学 388c
英国赫尔大学 389b
英国南安普顿大学 390b
英国纽卡斯尔大学及孔子学院 387a
英国诺丁汉特伦特大学 389a
英国诺丁汉特伦特大学到访 134b
英国作家 389c
影视声音艺术表现和产业发展圆桌论坛 120a
用人单位 114b
优良学风建设试点班级 94a
优秀大学生夏令营 92c
优秀大学生学术夏令营(第十一届) 168b
优秀教学案例 206a
优秀科研机构 83c
优秀片区 430a
优秀网络文明班级 94a
优秀应用案例 147c
优秀组织单位 422c
优质合作项目 109b
游戏人工智能报告 92c
于文轩 156c
于鑫 244c
余安旖 138b
语言认知智能实验室 101a
语言学综合实验室 83b

语言政策智库论坛(第二届)　82b
袁先智　136b
远程沉浸式双向交互案例教室　141b
院名石揭幕仪式　217c
院前急救科　420c
院史　416b
院士专家工作站　414b
院友　157c
院长　228b
院长下午茶　179a
院址建设　201a

Z

曾念寅　216c
曾铮　96c
战创伤救治中心　421c
战略合作协议　87a,117b,183c,239c,369b
张艾弓　115b
张鸣起　152b
张荣　195a,219b
张彦　116b
张瑶团队　261a
张亦春大讲堂第一讲　130b
张雨东　266b
张增凯团队　261a
张宗益　360b
张宗益一行　368a
漳江口红树林生物多样性　263a
漳州东山教学实践　230a
“长江学者奖励计划”特聘教授　259c
招聘会　88a,172a
招生规模　234c
招生宣传　82c,87a,92a,94a,116a,127b
招生宣传工作　156b
招生宣介　130c
招收农村和脱贫地区学生　315b
赵清华　137b
赵蚰竹　243a
哲学系　91(表)
哲学学科百年　93c
哲学学科百年回眸与创新发展大会　343b
哲学学科创新发展学术研讨会　93c
浙江省科学技术发明奖一等奖　247b
针灸学会　426c
整改整治工作　86b
整体搬迁　201a,219c
政策咨询报告　115b
政产学研用　183c
政府采购负面清单监管　400c
“政府与市场关系研究”内部学术交流会　136a
政治经济学高端论坛　129a
政治经济学前沿高级专题系列讲座　128a
政治理论学习　103a
政治学与行政学所　157c
支部党建与事业发展融合　199a
知识产权硕士专业学位授权点　150b
知识产权宣传周系列活动　149a
知识产权研究中心和工作站　147c
知识产权专员培训　316b
职工技术比赛　425b
职业规划　81b
植物贴画创意设计大赛　229c
志愿服务　233c
志愿服务成果　191a
志愿服务活动　152c
志愿服务金木棉奖章个人标兵　90c
志愿服务项目大赛　299b
致敬师恩　294c
智慧服务三级评审　425c
智慧交通　290b
智慧教育平台(校级)　314a
智慧校门　290b
智慧医院　420a
“智慧引领·生成未来”创新创业创造主旨论坛　313c
智库建设　165a,172c
智能财会联盟第三届年度会议　144a
鹰园先锋　152b
中部学生食堂　403a
中德研讨会:范德华半导体材料光谱学　197a
中俄数字经济研究中心到访　134a
中法喜剧电影　117c
中方院长工作例会制度　107a
中共厦门大学继续教育学院党总支委员、书记　175b
中共厦门大学台湾研究院委员会　170c
中国(教育部)留学服务中心　109c
中国—OECD 联合培养税务法学硕士项目　149c,151b,151c,335a,389a
中国—OECD 联合培养税务法学硕士项目协调会　152a
中国博士后科学基金　379b
中国产学研合作促进会产学研合作创新奖　217c
中国产业数字化转型指数　126b
中国唱片集团　117b
中国创新创业高峰论坛　141c
中国催化新秀奖　252c
中国大学迁徙纪念馆　167b
中国大学生获自强之星　220a
中国电视剧大会(首届)　115c
中国电影金鸡奖(第 36 届)　118a,118b
中国电影资料馆安溪数字资源中心　114b
中国一东盟研究生教育联盟　329c

《中国干眼临床诊疗指南》 235c
中国高被引学者 90c,200c,238c,256c
中国高被引学者榜单(社会学) 179b
《中国高等教育评论》 167a
中国高等教育学会创新创业教育分会 143b
中国高等教育学会创新创业教育分会年会(2023 年) 313c
中国高等教育学会高等教育学专业委员会 2023 年学会年会 169a
中国高等教育学会高等教育研究终身成就奖 168c
中国高等院校影视学会 117c
中国工程院院士 223a,257b
中国工会第十八次全国代表大会 292c
中国共产党成立 102 周年 83a,174b
中国管理科学论坛(第八届) 144b
中国国际"互联网+"大学生创新创业大赛(第九届) 143b,228b,362c
中国国际半导体照明论坛(第二十届) 189c
中国国际大学生创新大赛(第九届) 312b
中国国际大学生创新大赛获奖 217a
中国国际教育年会 386b
中国宏观经济预测与分析发布 136c
中国宏观经济预测与政策论坛(第三届) 137c
中国化学会会士 196a,252c
中国会计学会副会长 141c
中国机器人大赛篮球项目冠军 216c
中国计量经济学教育与研究论坛 137a
中国教师报 83b
中国金鸡百花电影节 112c
中国金融期货交易所 382c
中国金融学论坛(首届) 126a
中国经济高质量发展论坛 136c
《中国经济问题》 129a
中国俱乐部杯帆船挑战赛 174c
中国剧协"两新"培训 119a
中国科技青年论坛最佳策论奖(第一届) 238c
中国科学院院士 219b,253a
中国联通 381c
中国美国经济学会 125b
中国民生银行 383a
中国能源政策研究院 144c
中国农业银行 381c
中国企业管理案例与质性研究论坛 144a
中国侨联特聘专家 118c
中国青年志愿服务公益创业赛(第六届) 169a
中国青年志愿者优秀个人奖(第十四届) 299c
中国人民大学到访 123b
中国日报社 383a
中国生命科学十大进展 220c
中国式高等教育现代化建设研究创新团队 168b
中国式现代化 82b,88c,93c
中国式现代化进程中的法治建设研讨会 149a
中国式现代化视域下新闻传播学科创新论坛 96a
中国式现代化与国际中文教育发展论坛 106a
中国式现代化与新时代两岸关系 172a
中国数学会科普教育基地(首批) 360c
中国台港电影研究会 120a
中国特色经济与统计理论研讨会 131c
中国特色社会主义财政理论研讨会 127b
中国统计教育学会 143c
中国统计学会 122b
中国外文出版发行事业局、长汀县 381c
中国细胞生物学学会 258b
中国现代医院管理医院文化建设典型案例奖 425b
中国心血管医生俱乐部厦门中心 423b
中国学位与研究生教育学会信息管理委员会 2023 年学术年会 329b
中国研究生创新实践系列大赛十年发展重要贡献单位 330b
中国研究生金融科技创新大赛(第二届) 128c,131c
中国氧化还原生物学与医学大会 235c
中国药理学会海洋药物药理专业委员会 230c
中国一流学科 178c
中国医师节 422b
中国医药生物技术十大进展 220c
中国医院竞争力排行妇产、儿童 100 强 425a
中国仪器仪表学会奖学金 216b
中国语言文学系 80(表)
中国语言文字与海洋文明高端论坛 82b
中国语言学科发展研讨会 82b
中国针灸学会 福建省针灸学会 龙岩专家工作站 427c
中国政府审计研究中心走进国内高校行动计划(厦门大学站) 144b
中国政治经济学创新论坛 131b
中国专业学位案例建设专家咨询委员会年会暨案例建设研讨会 330a
中华美国学会年会 172a
中华民族研究中心 90a
中华文化传播研究中心 97b
中华姓氏源流知识竞赛 82a
中华学术外译项目 100b
中华优秀出版物奖(第八届) 87c
中美战略博弈与台湾问题 172a
中区网球馆 411b
中日氢能论坛 210b
中外合作办学项目 107c
中文有戏(第十四届) 115c
中小学生暑期夏令营(首届) 90a
中心文科实验室 248c
中央修购实验设备购置项目 312c
中央巡视整改工作会 279a

中医硕士专业学位授权点　235a
中医学专业　234a
中医学专业临床教师研修夏令营　316b
中英文原创诗歌大赛　101b
重大活动运输　374a
重大科研基础设施和大型科研仪器开放共享评价考核　401c
重大事故隐患专项　290a
重大项目　337c
重大项目立项　200c
重点学科　418b
重点用人单位座谈　210b
重点专科验收　427c
重阳节退休员工座谈会　370a
重要代表团到访　390(表)
朱子学的回顾与展望学术研讨会　89b
主干网络　363c
主任交接会　264b
主题案例　125a
主题调研　92b
主题教育　79c,86a,86b,92a,98b,115a,115c,116c,125a,125c,126b,128b,,29b,141c,142a,142c,158c,162b,174a,179c,180b,184c,197c,208c,222a,228b,410b,415b,421c,425b
主题教育大联学(第三场)　142b
主题教育调研座谈会　293b,369a
主题教育动员会　203b
主题教育读书班联学　217c
主题教育学习班　360b
主题教育专题联学　167c
主题联学和学科探索　144a
主题社会实践　298c
主题团日　179b
主题主线　287b
助力乡村振兴　230a
助学金颁发　132a
住宿服务　374a
注册报到模式　314c
“铸牢中华民族共同体意识”主题知识竞赛(首届)　285a
铸牢中华民族共同体意识研究高端论坛(首届)　90a
铸牢中华民族共同体意识研究基地　344(表)
铸牢中华民族共同体意识主题月　274b
专家现场评估　244a
专题党课　116c
专题调研　168b
专题讲座　89a,368b
专题联学　86b
专题展览　362b
专项核验　235a
专项推普培训　83a
专项整治　415b
专业技术支撑队伍培训　240c
专业学位授权点　200b
专业学位研究生案例大赛　155c
专业学位研究生培养工作推进会　330a
《资本论》数字纪念馆　123c,136b
资产经营有限公司党委　368a
“资源安全与经济科学”研讨会(第四届)　132c
资源建设与技术保障　176a
资源与环境专业硕士　244c
资助育人　191c
资助育人品牌活动　284a
子宫上皮调控分娩启动　256a
《自然》　258a,260c
《自然·地球科学》　260c
《自然·可持续发展》　261a
《自然·通讯》　260c,261a
自然科学基金委管理科学部基础科学中心　137a
自我评估专家评议　151a
自主留学项目教育教学评价　109a
字节跳动　116c
综合改革战略工程试点　380c
邹至庄经济研究院　135(表)
《组合数学》　186b
组织振兴　375a
最高荣誉　240b
最美科技工作者　196a
最美科技工作者团体　196a